TRAITÉS
DE PAIX ET DE COMMERCE
ET
DOCUMENTS DIVERS
CONCERNANT
LES RELATIONS DES CHRÉTIENS
AVEC
LES ARABES DE L'AFRIQUE SEPTENTRIONALE
AU MOYEN AGE

RECUEILLIS PAR ORDRE DE L'EMPEREUR

ET PUBLIÉS

AVEC UNE INTRODUCTION HISTORIQUE

PAR

M. L. DE MAS LATRIE

CHEF DE SECTION AUX ARCHIVES DE L'EMPIRE
SOUS-DIRECTEUR DES ÉTUDES A L'ÉCOLE IMPÉRIALE DES CHARTES

PARIS

HENRI PLON, IMPRIMEUR-ÉDITEUR
8, RUE GARANCIÈRE

1866

TRAITÉS
DE PAIX ET DE COMMERCE
ET
DOCUMENTS DIVERS
CONCERNANT
LES RELATIONS DES CHRÉTIENS
AVEC
LES ARABES DE L'AFRIQUE SEPTENTRIONALE
AU MOYEN AGE.

PARIS
TYPOGRAPHIE DE HENRI PLON
IMPRIMEUR DE L'EMPEREUR
8, RUE GARANCIÈRE

PRÉFACE.

La première pensée de ce Recueil appartient à M. le maréchal duc de Dalmatie et à M. Laurence, ancien directeur des affaires d'Algérie.

Ajourné depuis son adoption pour des travaux d'une utilité plus immédiate, le projet semblait devoir être délaissé longtemps encore, suivant toute apparence, quand une circonstance fortuite le fit connaître d'une personne toujours heureuse d'employer, en s'oubliant elle-même, l'auguste et bienveillante confiance dont elle est honorée au profit de ce qui lui paraît avantageux et louable pour le pays et la science.

L'Empereur a daigné m'entretenir un instant de ce Recueil. L'Empereur a bien voulu m'indiquer comment la publication en était aujourd'hui conçue, comment elle devait être agrandie et disposée, pour réunir plus complétement, mais distinctement, le caractère et les notions scientifiques aux résultats plus simples qui peuvent éclairer l'administration publique et les indigènes eux-mêmes sur l'état et la civilisation du pays avant la domination turque.

Comme par le passé, le Recueil concernera exclusivement l'histoire des relations des chrétiens, au moyen âge, avec les États arabes de la partie septentrionale de l'Afrique que les Orientaux appellent le *Magreb*, et dans lequel l'Algérie occupe la place centrale. C'est l'ancien pays des Berbères, désigné longtemps sous le nom d'*États barbaresques*, dénomination purement géographique dans l'origine, à laquelle les événements des trois derniers siècles ont donné un sens et un renom si funestes. A certains égards, les îles Baléares, pendant le règne des princes musulmans, pouvaient se rattacher au sujet, au moins comme indication passagère; mais l'Espagne et le Portugal, dont la situation n'offrirait aucune analogie utile à ces recherches, devaient rester tout à fait à l'écart.

Les documents ne seront plus partiellement traduits et insérés dans un résumé

PRÉFACE.

historique. Publiés intégralement et séparément, ils formeront en quelque sorte un ouvrage indépendant par eux-mêmes. Une Introduction en exposera les principes généraux, rappellera les circonstances qui ont amené la conclusion des traités, montrera l'esprit de bonne foi et de tolérance religieuse qui régna de part et d'autre, pendant plus de cinq cents ans, dans les rapports des chrétiens et des Arabes de l'Ouest, entièrement séparés d'intérêts, dès le XIe siècle, avec les Arabes d'Orient, auxquels ils n'accordèrent jamais leur concours, on peut le dire, tant les exceptions sont rares, pendant les guerres des croisades.

Ainsi se démontrera peut-être par le tableau fidèle du passé la possibilité de voir s'établir dans l'avenir entre les Arabes et nous, et pour l'avantage réciproque des deux peuples, des relations plus franches, en prouvant par les témoignages les plus certains que les animosités et les rancunes qui les ont trop longtemps divisés ne sont ni si invétérées ni si radicales qu'on le pense, et qu'elles tiennent moins à la différence de race et de religion qu'aux instincts fanatiques et cupides qu'une nation, heureusement transformée de nos jours, vint développer au XVIe siècle parmi les populations de la côte d'Afrique en les associant à ses dévastations.

C'est d'après ces vues que j'ai donné sa dernière forme au présent ouvrage.

Les matériaux une première fois réunis avaient été depuis entièrement perdus ou dispersés. Il a fallu retourner en Italie pour relever de nouveau les textes de plusieurs documents qu'on n'avait pu retrouver à Paris ni à Alger. J'ai eu l'occasion d'être informé, durant le cours de ces recherches, que les archives du Bardo, à Tunis, ne renferment aujourd'hui aucun traité conclu avec les puissances chrétiennes antérieur au XVIIe siècle. Ces circonstances justifieront, je l'espère, les retards involontaires apportés à ma publication.

Mon ambition serait satisfaite si je pouvais espérer qu'elle ne parût pas trop indigne de l'intérêt qu'elle a inspiré, de la pensée amicale qui l'a retirée de l'oubli et des faits trop méconnus qu'elle doit remettre en lumière.

L'Introduction présentera l'historique succinct des événements et des relations, basé principalement sur les documents justificatifs que j'ai rassemblés. Je dirai ici quelques mots de ces documents mêmes, en suivant l'ordre des groupes historiques dans lesquels je les ai répartis pour les publier.

Cet ordre est simplement l'ordre chronologique, et il indique assez approximativement la relation suivant laquelle les puissances chrétiennes, après le temps des grandes invasions sarrasines, ont successivement cherché à vivre en bonne intelligence avec les Africains, Rome dans un intérêt religieux, les autres États dans un but commercial et politique.

1. — *Le Saint-Siége.*

Il est permis de croire que durant la période même des incursions et des plus vives hostilités des Arabes contre les pays européens, du VIIIe au Xe siècle, tous rapports n'avaient pas cessé entre les papes, chefs universellement reconnus de l'Église, et les populations chrétiennes de l'Afrique, dont on retrouve les traces vivantes encore au commencement du XIIIe siècle, à travers les périls et les séductions de la domination musulmane. Le commerce profita toujours de ces relations, dont il était souvent l'agent et qu'il facilitait à son tour. On peut considérer comme une chose certaine que, dans la plupart des cas, le même navire qui portait un envoyé ou une missive apostolique avait à son bord des marchands et des marchandises.

Après l'époque des invasions, les papes paraissent les premiers en communications suivies et régulières avec les chrétiens d'Afrique, avec les évêques qui les gouvernaient encore et les souverains arabes dont ils étaient les sujets. La lettre de Grégoire VII à En-Nacer, roi de la Mauritanie sitifienne, en 1076, est le plus précieux monument de ce temps et le plus curieux échantillon de la correspondance facile et amicale qui a existé entre les papes et quelques sultans d'Afrique. On retrouve les mêmes caractères de confiance et de déférence réciproques dans les rapports des rois arabes avec Grégoire IX, qui recommande en 1233 l'évêque de Fez au roi de Maroc, qui agit en 1235, avec le prieur des moines franciscains de Barbarie, comme médiateur d'un accord entre le roi de Tunis et les Génois; dans les lettres d'Innocent IV, qui réclame avec instance la protection des rois de Tunis et de Bougie pour les religieux mineurs occupés dans leurs États au rachat des prisonniers de guerre et au service des oratoires chrétiens, et qui, en 1246 et 1251, va jusqu'à demander au roi de Maroc des villes de sûreté près des côtes pour les populations chrétiennes de ses domaines d'Afrique.

J'ai recueilli avec soin les rares témoignages de ces faits négligés, bien qu'ils se trouvent consignés dans les collections ecclésiastiques livrées depuis longtemps au public. Un seul est nouveau. C'est la bulle adressée en 1290 aux chevaliers et hommes d'armes chrétiens servant dans les armées des sultans de Maroc, de Tunis et de Tlemcen, pour les exhorter à ne jamais blesser, au milieu des dangers qui les entourent, les vertus et l'honneur chrétiens. J'ai trouvé la première mention de ce document précieux dans l'index des lettres apostoliques de la collection La Porte Du Theil, à la Bibliothèque impériale, et j'en ai vu le texte à Rome, en 1844, dans le registre original de Nicolas IV.

Au XIVe siècle, les titres manquent. Ceux que nous avons du XVe ne peuvent plus concerner des chrétiens indigènes. Les évêques mêmes auxquels sont adressées les bulles du XVIe ne résident pas en Afrique, et ne sont plus en réalité que des évêques *in partibus*. L'établissement des Turcs à Alger mit en péril la civilisation et inaugura le règne de la piraterie dans tous les États de la côte d'Afrique. Ce qui avait été jusque-là exceptionnel, et toujours prohibé, fut hautement avoué par les gouvernements et réglé comme un des revenus permanents du pays. L'Europe fut assez forte pour ne pas permettre aux vrais Barbares de prendre pied sur ses terres, mais la Méditerranée revit les scènes de pillage et de terreur qui rappelaient l'époque des invasions, oubliées depuis quatre et cinq siècles.

2. — *Pise.*

Mes premières recherches aux archives de Pise et de Florence remontent aux années 1841 et 1842. Entreprises principalement dans le but de recueillir des documents sur le commerce et les relations des deux républiques toscanes en Orient et en Afrique, elles m'amenèrent à reconnaître bientôt, par l'amicale assistance de M. Bonaini, qui préparait dès lors le magnifique classement terminé aujourd'hui, l'intérêt de quelques documents chrétiens et musulmans et l'existence de plusieurs parchemins arabes dépourvus de traduction, dont les cotes indiquaient vaguement l'objet. C'étaient généralement des traités de paix et de commerce, ou des lettres échangées entre les émirs et la république.

Les archives de l'archevêché de Pise m'ont fourni des lettres et des décisions concernant les affaires religieuses de la colonie pisane établie à Tunis, et en même temps ses affaires commerciales, car l'archevêque fut longtemps le chef politique et religieux de l'État, et les notaires de l'archevêché transcrivaient, pour en assurer la conservation, les actes de toute nature dont on leur confiait l'entérinement. J'ai trouvé dans les archives particulières des familles Gaétoni, Roncioni et Alliata, quelques contrats de nolis, des quittances et autres documents secondaires, fort

PRÉFACE.

utiles néanmoins pour constater la nature et les conditions du commerce extérieur au moyen âge.

J'ai donné en 1848 et 1849, dans la Bibliothèque de l'École des chartes, ceux de ces documents qui n'avaient point paru dans les ouvrages de Tronci, de Flaminio dal Borgo et de Brunetti. Ce n'était là qu'une publication partielle, insuffisante et peu en rapport avec l'importance de la collection et de son objet. Peut-être a-t-elle contribué cependant à déterminer la belle et complète publication de M. Amari, parue en 1863 sous le titre de : *I Diplomi arabi del reale archivio Fiorentino* [1]. Ce livre, digne en tout des précédents travaux du savant auteur, comprend 84 documents originaux, dont 13 en double texte, ce qui porte à 97 le nombre total des pièces qu'il renferme. La plus ancienne est de l'an 1150, la plus récente de 1509; 45 de ces pièces sont des documents chrétiens, rédigés en latin ou en italien; 52 arabes sont publiés dans le texte oriental, avec une traduction italienne de M. Amari. Quant à leur objet, les 84 documents de la collection se répartissent ainsi : 1 concerne les Arabes d'Espagne, 2 les îles Baléares, 40 l'Égypte et la Syrie, 41 les royaumes arabes de l'Ouest ou du Magreb, de Tripoli au Maroc. Leur nature est très-variée : ce sont des lettres échangées entre les rois arabes, leurs ministres ou sujets, et les chefs ou simples citoyens des républiques de Pise et de Florence (un grand nombre concernant la piraterie des chrétiens); des sauf-conduits, des procurations, des édits ou ordonnances en faveur des navigateurs pisans et florentins, des lettres des agents chrétiens à l'étranger, consuls ou ambassadeurs; des instructions diplomatiques et 14 traités de paix et de commerce.

Je ne pouvais songer à réimprimer les documents irréprochablement publiés par M. Amari, et assurés, grâce à l'autorité du nom de l'éditeur, de la plus grande notoriété dans le monde savant. Mon recueil eût été néanmoins incomplet s'il n'eût pas renfermé les documents diplomatiques qui ont servi de base et de règle, pendant tout le moyen âge, aux relations de Pise et de Florence avec le Magreb, car l'inédit n'était nullement une condition de ma publication.

J'ai donc emprunté ou redemandé au livre de M. Amari tous les traités qui rentraient dans les limites historiques et géographiques de mon sujet. Ces traités sont au nombre de onze, en y comprenant une lettre du roi de Tunis à l'archevêque de Pise, dans laquelle sont rappelés et validés les articles d'une convention

---

[1] Un volume grand in-4°. Florence, Lemonnier, 1863.

arrêtée oralement à Tunis avec l'envoyé pisan. Cette lettre, qui peut être considérée comme mon premier traité toscan et le plus ancien traité de ma collection, est de l'an 1157. Le dernier traité de même origine est celui que conclut en 1445 le roi de Tunis avec la république de Florence, héritière des droits et des prétentions de Pise.

J'ai pu placer en regard du texte chrétien de cinq de ces documents, ceux de 1157, 1184, 1353, 1398 et 1421, la traduction que M. Amari a effectuée de la rédaction arabe encore existante.

Un véritable intérêt scientifique s'attache à la comparaison de ces textes, et j'ai donné tout mon soin à mettre en relation facile les articles correspondants des deux rédactions, afin de simplifier la solution de la question d'histoire et de diplomatique qui s'y rattache.

M. Amari pense, et il a par deux fois exprimé cette opinion avec une insistance qui me commande de m'y arrêter [1], M. Amari pense que les rédacteurs ou traducteurs des traités, en exécutant le second exemplaire de l'acte contractuel, d'après un premier instrument, arabe ou chrétien, plus souvent arabe que chrétien, cherchaient, de parti pris et par conséquent déloyalement, à s'écarter de la rédaction antérieure, afin d'empirer le plus qu'ils pouvaient la situation de la nation cocontractante, et d'exagérer les avantages et la position de leur propre nation. Je suis d'un sentiment tout opposé.

Que des différences portant sur le fond même des dispositions d'un accord et ayant par suite une réelle importance ne se rencontrent quelquefois entre les originaux d'un même traité arabe et chrétien, cela est certain, quoique très-rare. Mais que ces différences soient calculées, systématiquement et frauduleusement pratiquées, pour altérer le texte primitif d'un accord au profit de l'une des parties et au détriment de l'autre, c'est ce que je ne puis absolument reconnaître, et ce qui me paraît même impossible. Comprendrait-on l'existence de rapports commerciaux presque journaliers basés sur une convention synallagmatique dont une copie dirait le contraire de l'autre? Tout désaccord sur un point précis, formel et quelque peu considérable, n'arrêterait-il pas à l'instant les transactions? Et la crainte d'une semblable supercherie, si elle eût été habituelle ou seulement éventuelle, n'aurait-elle pas rendu toute négociation ultérieure illusoire et superflue?

[1] Voyez *Diplomi Arabi*, préface, § IV et XXXIII, p. v et LXXII. Cf. p. 479.

PRÉFACE.

L'opinion de M. Amari a pour moi la même autorité que celle des savants auteurs qu'il dit incliner vers son avis. Mais il y a quelque chose de supérieur à l'appréciation des textes, ce sont les textes eux-mêmes. Que l'on compare attentivement les traités assez nombreux qui nous sont parvenus dans les deux formes, arabe et chrétienne, sans en excepter même les traités majorcains de 1181 et 1184, dont nous n'avons pour texte chrétien qu'une analyse exceptionnellement abrégée, et l'on verra si l'on ne retrouve pas de part et d'autre, dans le texte arabe et dans le texte chrétien, sous des rédactions en apparence toutes différentes, telles qu'un Arabe et un Européen en emploieront toujours pour rendre une pensée quelconque, les mêmes clauses, les mêmes conditions, les mêmes dispositions et les mêmes garanties fondamentales.

J'ai donc mis soigneusement en regard, toutes les fois que je l'ai pu, les textes multiples et contemporains du même traité. En ajoutant aux cinq documents pisans de M. Amari deux documents, l'un génois, l'autre aragonais, précédemment publiés par MM. de Sacy et Reinaud, j'ai pu disposer ainsi synoptiquement dans mon Recueil les textes comparés de sept traités, dont l'examen résoudra, je l'espère, la question que je signale.

	Pages
I. Double texte de la lettre du roi de Tunis à l'archevêque de Pise, relative à un traité de paix et de commerce, de l'an 1157.	23
II. Double texte du traité de l'émir de Majorque avec la république de Gênes, de l'an 1181.	109
III. Double texte du traité de l'émir de Majorque avec la république de Pise, de l'an 1184.	367
IV. Double texte du traité conclu entre le roi de Majorque Jacques II et Aboul-Hassan-Ali, roi de Maroc, l'an 1339.	192
V. Double texte du traité de paix et de commerce entre la république de Pise et le roi de Tunis, de l'an 1353.	55
VI. Triple texte du traité entre la république de Pise et le roi de Tunis, de l'an 1397.	70
VII. Double texte du traité conclu entre la république de Florence et le roi de Tunis, l'an 1421.	344

Le plus ancien de ces documents est, comme je l'ai dit, le privilége ou le traité de 1157. Mais j'ai donné, sous le n° 1 de mes documents de Pise, l'extrait de la chronique de Marangone, constatant que dès l'an 1133 des traités de paix avaient été conclus et probablement écrits entre la république et les rois de Maroc et de Tlemcen.

3. — France.

Nous avons bien peu de renseignements sur les rapports de notre pays avec l'Afrique avant l'époque turque, même en ce qui concerne nos provinces méridionales. Quant au nord et à l'ouest, nous ignorons tout. C'est à ne pas oser affirmer ni contester qu'un navire normand ou aquitain, autre qu'un navire croisé, ait touché pour fait de commerce à l'un des ports du Magreb, pendant tout le moyen âge. Mais peut-être nos archives n'ont-elles pas encore donné leur dernier mot à cet égard.

La possession du Roussillon et du bas Languedoc par les rois d'Aragon, la possession non moins longue de la Provence par les rois de la maison d'Anjou-Sicile, peuvent expliquer en partie la dispersion des documents anciens relatifs à l'histoire de ces pays. Les changements des résidences souveraines, la diversité des lieux où les princes ont déposé ou pu déposer les actes de leur autorité : Palerme, Naples, le Mont-Cassin, la Cava, Marseille, Montpellier, Perpignan, Barcelone, ont pu nuire à la conservation de ces actes. Des faits locaux ont pu occasionner aussi leur dispersion ou leur destruction. On s'accorde à dire à Marseille que les Catalans, lors de l'invasion du roi Alphonse V en Provence, l'an 1425, saccagèrent les archives municipales et le palais de la commune, en même temps qu'ils emportèrent les reliques de l'église Saint-Louis.

Il est certain qu'un nombre considérable de documents relatifs à l'administration, au domaine, au commerce et aux affaires générales de Marseille ont dû être détruits ou perdus, car nous n'avons presque rien d'écrit au sujet de la question spéciale qui nous occupe, et qui n'est qu'une branche du commerce général de Marseille par la voie de mer; et, cependant, ces quelques indices suffisent, et prouvent que la Provence ne cessa d'entretenir des rapports commerciaux avec l'Afrique comme avec le reste de la Méditerranée, depuis le XIIe siècle jusqu'au XIVe et au delà.

J'ai emprunté à la collection de Lois maritimes de M. Pardessus, à l'Histoire des actes de la municipalité de Marseille de M. Méry, et aux *Monumenta patriæ* de Turin quelques documents qui établissent ces faits; mes recherches particulières m'ont permis d'y ajouter quelques pièces qui les confirment.

PRÉFACE.   IX

A part deux documents très-secondaires se rattachant à l'expédition du duc de Bourbon en Afrique, en 1390; à part les lettres que le roi de Maroc écrivit en 1282 au roi de Castille et au roi de France, dont j'ai reproduit la principale, les seules pièces relatives à l'Afrique, concernant directement les domaines du roi de France, sont le traité conclu à Tunis trois mois après la mort de saint Louis par Philippe III, roi de France, et Charles d'Anjou, roi de Sicile [1]; et les lettres adressées par Louis XI, vers 1482, aux rois de Bone et de Tunis, pour exprimer à ces princes son désir d'entretenir et de développer avec leurs États le commerce de ses sujets du comté de Provence, dont il venait d'hériter par la mort de son cousin Charles III d'Anjou.

Il paraît que le premier accord, écrit en 1270 sous les murs de Tunis, pour arrêter les conditions de la paix entre Abou-Abd-Allah-Mohammed et les princes chrétiens, fut rédigé en français. Le traité de Jaffa, qui ouvrit Jérusalem à l'empereur Frédéric, le 11 février 1229, fut également rédigé en français et en arabe. L'instrument français du traité de Tunis n'existe plus. On possède seulement aux archives de France [2] une expédition authentique du texte arabe, dressée à Tunis même pour être jointe au texte français et portée en France.

4. — Gênes.

Des dix traités et conventions de commerce conclus par la république de Gênes avec les rois arabes du Magreb ou des îles Baléares, réunis dans mon Recueil, trois ont été d'abord publiés par M. de Sacy : ceux des années 1181 et 1188, venus de Majorque, et celui de 1250, venu de Tunis. J'avais déjà imprimé [3] le traité de Tunis de 1236, d'après les fragments relevés par le P. Semini; je puis donner aujourd'hui le texte complet de cette convention, qui a un intérêt particulier, parce qu'elle est jusqu'à présent la plus ancienne des capitulations obtenues par la république de Gênes des souverains de l'Afrique propre, comprenant alors toute l'Algérie orientale, et qu'elle fut comme le prototype des traités postérieurs échangés entre les deux États. Le texte en a été pris sur l'original même du traité rapporté de Tunis à Gênes, et retrouvé récemment à Turin, à la suite de la mise en ordre des documents provenant des archives de la république de

---

[1] Je donne, p. 93, la traduction française du texte arabe de ce traité, qu'a publiée M. de Sacy.
[2] Archives de l'Empire, J. 937, n° 1.
[3] *Bibliothèque de l'École des chartes*, 1857, 4ᵉ série, t. III, p. 440.

b

Gênes transférés en grande partie à Turin. Il m'a été envoyé par M. le commandeur Castelli, directeur général des archives d'Italie, dont la courtoisie a toujours facilité mes travaux, accueilli et prévenu mes demandes avec le plus obligeant empressement. Les originaux chrétiens des traités de 1272, 1287 et 1391 existent également à Turin, et c'est d'après ces instruments que je publie mon texte. Je n'ai pu retrouver un traité de 1383, formellement rappelé et confirmé par l'accord de 1391.

M. de Sacy, en rendant compte à la classe de littérature et d'histoire de l'ancien Institut des recherches historiques par lui effectuées à Gênes en 1805, à la prière de ses collègues, avait signalé [1] un cahier en papier d'une écriture ancienne, renfermant une copie des traités arabes de 1433, 1445 et 1465. J'ai longtemps, et toujours vainement, recherché ce cahier à Gênes et à Turin. Les derniers classements effectués à Turin l'ont ramené au jour, et j'ai pu ajouter à mon Recueil les trois documents qu'il renferme. Ce sont des textes latins, dressés originairement d'après une première rédaction arabe, du moins en ce qui concerne les deux premiers, et copiés soigneusement et fidèlement sur ce cahier, d'après les enregistrements de la chancellerie ducale, bien que la copie ne soit appuyée d'aucune clause d'authentication à la fin.

Postérieurement au traité de 1465, dont la durée devait être de trente ans, on ne trouve pas trace d'autres accords passés entre la république de Gênes et les royaumes encore indépendants du Magreb. Je n'en connais pas d'antérieur à celui de 1236; mais il est hors de doute que la république de Gênes obtint bien avant cette époque des traités écrits des sultans du Magreb, soit des premiers Hafsides de Tunis, qui semblent ne pas leur avoir été d'abord très-favorables, soit des sultans almohades, qui régnaient sur tout l'Occident berbère, depuis le Maroc jusqu'aux environs d'Alger. Dès 1138, Gênes était en position de faciliter aux Marseillais une convention avec le roi de Maroc. On sait par Caffaro que les consuls génois négocièrent à Maroc même, en 1160, un traité de paix et de commerce avec le grand Abd-el-Moumen, fondateur de la dynastie almohade; et l'on voit, d'après ce que nous savons du traité de Frédéric II et de l'émir de Tunis en 1231, que les villes de Gênes, de Pise, de Marseille et de Venise, avaient dès lors des pactes écrits avec les princes d'Afrique.

[1] Rapport sur les recherches faites dans les archives du gouvernement et autres dépôts publics à Gênes, en 1805. *Mémoires de l'Académie des inscriptions*, nouv. série, t. III, 1818, Hist., p. 120.

M. de Sacy, dont la mission à Gênes avait eu principalement pour but de rechercher des manuscrits et des pièces diplomatiques en langues orientales, exprime la pensée qu'à son avis les textes arabes des traités conclus entre Chrétiens et Musulmans ont dû être toujours fort rares en Europe; et il ajoute, pour justifier son opinion et cette rareté, qu'en général, lors de la rédaction d'un traité entre Arabes et Chrétiens, chaque partie contractante se contentait de conserver la pièce écrite en sa langue[1].

On trouvera que je me hasarde beaucoup en pareille matière; je ne puis néanmoins partager tout à fait l'avis de M. de Sacy. Je crois que le cas d'un exemplaire unique gardé par chaque partie contractante est l'exception. Je crois au contraire, du moins en ce qui concerne les chrétiens, qu'il était dressé habituellement à leur intention ou par leurs soins deux textes originaux de l'accord, l'un en arabe, l'autre en latin, ou dans l'une des langues vulgaires désignées sous le nom de latin. Ces originaux étaient généralement écrits sur deux parchemins séparés, quelquefois réunis sur la même charte, comme nous en avons plusieurs exemples dans les documents de Pise, de Gênes et de la Bibliothèque impériale de Paris. Une expédition du texte arabe était à l'occasion laissée, avec une copie du texte latin, dans les coffres des consulats chrétiens en Afrique[2]. Mais le négociateur chrétien, pour les cas les plus ordinaires, rapportait également avec lui de sa mission un exemplaire du texte musulman.

Si les Archives d'Europe n'ont pas conservé jusqu'à nous un plus grand nombre de pièces arabes, c'est que ces pièces ont été peu à peu négligées, et détruites peut-être, à mesure qu'on s'éloignait du temps où elles pouvaient servir comme documents diplomatiques.

Indépendamment des archives politiques de l'ancienne république, dont les titres ont été, comme je l'ai dit, transportés la plupart à Turin, la ville de Gênes possède encore dans les archives de la Banque de Saint-Georges et dans les archives de ses anciens notaires, intelligemment centralisées, de précieuses sources pour l'histoire de ses institutions, de ses relations, de ses familles, de son commerce, de toute son administration intérieure et coloniale.

Le grand dépôt de ses actes notariés que je n'eusse pu aborder sans le secours de

---

[1] Rapport cité, sur les recherches faites à Gênes en 1805. *Mémoires de l'Académie des inscriptions*, nouv. série, t. III, Hist., p. 94.
[2] Voyez nos documents, p. 244, n., et p. 254, n.

l'Index dressé par Richeri sous le titre de *Pandecte*, renferme des actes remontant au milieu du XIIe siècle, où se trouvent de précieuses notions sur la nature des associations formées entre propriétaires et marchands pour le commerce d'Afrique, et le règlement des indemnités dues aux armateurs pour faits de piraterie, faits aussi fréquemment imputables durant tout le moyen âge à des chrétiens qu'à des Musulmans. Les archives de la Banque de Saint-Georges au XVe siècle, époque à laquelle l'office s'était chargé de l'administration des îles et des colonies de la République, m'ont fourni quelques pièces concernant les démarches faites de concert à Tunis, en 1456, par le conseil de la Banque et le doge de Gênes, afin d'obtenir que les Arabes ne rendissent pas les habitants de l'île de Corse responsables des méfaits d'un de leurs concitoyens, vivant en vrai bandit sur la mer, et attaquant indistinctement les navires de toute nationalité, attendu que les traités existants entre la république et le roi de Tunis devaient protéger les Corses à l'égal des autres sujets génois.

5. — *Deux-Siciles.*

Si on en excepte la convention conclue à Tunis en 1270 avec Abou-Abd-Allah par Philippe le Hardi et son oncle Charles d'Anjou, roi des Deux-Siciles, nous n'avons pas le texte authentique d'un seul des traités qui ont dû être échangés entre les sultans du Magreb et les princes de Naples ou de la Sicile; car le traité de Frédéric II, de l'an 1231, ne nous est connu que par une paraphrase latine assez moderne de l'ancienne rédaction arabe. Le souvenir vivace de vieilles inimitiés, remontant au temps des grandes invasions et à l'expulsion des Arabes de la Sicile, l'occupation d'une partie du littoral tunisien par les rois normands, la possession des îles de Gerba et de Kerkeni toujours revendiquée par leurs successeurs; enfin, un penchant marqué vers la piraterie, tant chez les habitants de la Sardaigne et de la Sicile que chez les Arabes des îles et des côtes du golfe de Cabès, le concours de toutes ces causes augmentait les difficultés inhérentes au voisinage de deux peuples différents de mœurs, de race et de religion. Ainsi s'est perpétué, sans empêcher le commerce, un état presque continuel d'hostilités plus ou moins prononcées entre les Arabes d'Afrique et l'Italie méridionale, particulièrement entre les populations du Magreb oriental et de la Sicile.

Pendant le XIVe et le XVe siècle, on voit les rois de Tunis et les rois de Sicile sans cesse en compétition pour la souveraineté des îles de Gerba, ou occupés de négociations qui n'aboutissent qu'au renouvellement de courtes trêves. Rosario Gregorio avait publié tous les documents intéressants du temps de la première maison de Barcelone, indépendante des rois de Naples et bientôt des rois d'Aragon, des années 1319, 1364, 1392, 1393, 1398 et 1409. Le savant auteur des *Considerazioni* avait seulement indiqué les instructions, les lettres, bans ou provisions consulaires appartenant à la seconde période, durant laquelle la Sicile fut réunie à la couronne d'Aragon et régie par des vice-rois. J'ai cru utile de donner textuellement ces documents; et on les trouvera dans mon Recueil, aux années 1470, 1472, 1473, 1476 et 1479, d'après les transcriptions originales ou les copies exactes qui en existent encore à Palerme, soit aux Archives royales, soit à la Bibliothèque du sénat, dans les papiers du savant Rosario Gregorio lui-même.

Les fragments de la chronique monastique que j'ai transcrits à Saint-Martin, près de Palerme, nous font connaître la part honorable prise par un religieux de l'abbaye dans les relations tour à tour bienveillantes ou difficiles qui existèrent entre Tunis et la Sicile, à l'époque intermédiaire de ses deux dynasties, sous le règne d'Alphonse le Magnanime (1435-1458), qui réunit momentanément les trois couronnes de Naples, d'Aragon et de Sicile.

6. — *Royaume de Majorque.*

La situation particulière des îles Baléares sous les rapports géographique et politique, explique l'exception dont elles ont été l'objet. Elles participent à la fois par leur voisinage et leur population de l'Afrique et de l'Europe, et elles ont formé successivement un royaume musulman et un royaume chrétien. Il pouvait y avoir quelque utilité à insérer dans mon Recueil, comme terme de comparaison, les documents appartenant au règne des princes arabes, qui parvinrent à maintenir quelque temps leur indépendance entre la chute de l'empire almoravide et la conquête chrétienne, du milieu du XIIe siècle au premier quart du XIIIe; je devais absolument y comprendre les traités datant de l'année 1231, ou postérieurs à cette époque, à partir de laquelle les îles furent, de gré ou de force, soumises aux rois de la maison d'Aragon, et tous autres documents propres à éclairer les relations des nouveaux souverains du pays avec les Arabes d'Afrique.

Malheureusement, les documents que j'ai pu recueillir dans cette double direction de vues et de recherches sont bien peu nombreux. Les plus saillants sont les trois traités de 1278, 1313 et 1339, conclus par les rois de Majorque, seigneurs du Roussillon et de Montpellier, avec les rois du Magreb, et publiés par MM. Champollion et Reinaud, d'après les originaux de la Bibliothèque impériale de Paris.

L'un de ces traités, celui de 1339, arrêté à Tlemcen entre Jacques II et Aboul-Hassan, offre une disposition paléographique qui a été, paraît-il, assez rare, quoique les avantages en aient dû être toujours bien sensibles. Les deux textes, chrétien et arabe, y sont écrits sur la même feuille de parchemin, et disposés sur deux colonnes parallèles, se servant réciproquement de contrôle et de commentaire, validées chacune par les signatures et les sceaux des plénipotentiaires respectifs des parties contractantes.

Le portefeuille de la Bibliothèque impériale qui renferme ces précieux monuments, contient aussi l'original des pièces de 1231 et 1235 que j'ai publiées avec les précédentes. La première est l'accord en vertu duquel les Arabes de l'île de Majorque acceptèrent la souveraineté de Jacques Ier d'Aragon. Elle est de la période mixte, pendant laquelle les Arabes et les Chrétiens se partageaient encore la souveraineté des îles.

On trouvera dans les autres divisions de mon Recueil trois documents remontant à l'époque précédente, celle de l'indépendance et de la souveraineté arabe sur les Baléares. Ce sont les traités conclus en 1181, 1184 et 1188 par Abou-Ibrahim-Ishak, seigneur ou alfaqui, et par son fils Abou-Mohammed, qui prit enfin le titre royal d'émir, avec les républiques de Gênes et de Pise[1].

Nous avons une traduction chrétienne interlinéaire du traité de 1188, qui est un décalque du texte original et qui ne donne lieu à aucune observation. Les autres présentent quelques circonstances diplomatiques à remarquer. Ces traités nous sont connus par un double texte authentique : 1° par la rédaction arabe; 2° par une traduction latine contemporaine de l'original arabe, et écrite au dos de l'instrument musulman, existant encore aux archives de Turin et de Florence. Ces traductions latines, publiées l'une complétement par M. Amari, l'autre partiellement par M. de Sacy, et rétablie intégralement dans mon Recueil, sont exécutées dans un système assez différent des traductions des autres traités arrêtés par les rois du continent maugrebin avec les États de Pise, de Gênes, de l'Aragon, et les rois chrétiens des Baléares eux-mêmes.

---

[1] Le traité de 1181 est p. 109; le traité de 1184, p. 367; celui de 1188, p. 113.

Généralement les auteurs des traductions chrétiennes, sans suivre en rien l'économie de la phrase arabe, tout en supprimant ou réduisant considérablement les formules confirmatives et laudatives du commencement et de la fin des rédactions musulmanes, donnent cependant avec plus ou moins d'abréviations le sens détaillé de chaque article. Le texte chrétien désigne souvent l'auteur de la traduction, qui était tantôt le drogman de la douane arabe, tantôt un employé du consulat ou un habitant de la ville, juif ou chrétien, sachant les deux langues; il nomme les personnages témoins et garants de l'interprétation et de la rédaction officielle du document. Les traductions des traités majorcains conclus du temps des rois arabes sont infiniment plus brèves. On sent bien qu'on a là, dans cette traduction abrégée, un travail sérieux, soigné, sincère, qui devait être considéré comme complet, et qui l'est en effet autant qu'une analyse peut l'être; mais c'est une analyse, un sommaire substantiel et officiel, plutôt qu'une traduction. Néanmoins ce résumé donne bien, dans sa concision, le sens et la valeur exacte de toutes les dispositions du texte arabe; et quoiqu'il soit dépourvu des formules de validation rarement omises dans les traités des rois d'Afrique, nous ne doutons pas qu'il ne fût tenu pour lettre publique et authentique chez les chrétiens. Il y a quelquefois des particularités de rédaction qui sont mentionnées seulement dans ces traductions ainsi condensées, et qu'on a négligé de préciser dans l'instrument original[1], preuve évidente que l'auteur de l'analyse tenait ses informations des sources les plus certaines, et qu'il écrivait peut-être en présence, sous les yeux et en quelque sorte sous la garantie des négociateurs et des témoins, assistant incontestablement à la négociation, bien qu'ils n'y soient pas nommés.

7. — Venise.

Le plus beau recueil de documents concernant les rapports des chrétiens avec l'Afrique du nord-ouest au moyen âge est incomparablement le *Livre des diplômes arabes* de M. Amari, dans lequel se trouvent réunies, sur un total de 84 documents, 41 pièces diverses toutes relatives au Magreb, beaucoup en double texte original et contemporain.

Après cette collection, la première qu'on ait spécialement consacrée à l'histoire des rapports pacifiques des Arabes et des chrétiens, l'ensemble le plus considérable

---

[1] Voyez les Documents, p. 112, note.

d'actes publics touchant au même ordre de faits, se trouverait formé des documents répartis entre les deux volumes justificatifs de la savante *Histoire du commerce de Barcelone* de Capmany, et des traités peu nombreux, mais plus précieux encore, comme plus anciens et plus directement originaux, qu'ont donnés MM. Champollion-Figeac et Reinaud.

J'oserai mettre à la suite de ces deux sources capitales le Recueil de mes documents de Gênes et de Venise. Trois de mes 10 traités génois ont été, comme je l'ai dit, imprimés depuis longtemps par M. de Sacy; mais la primeur de la publicité des documents vénitiens me revient, je ne puis dire cependant tout entière, car je dois signaler quelques exceptions notables. Quatre de ces documents ont été publiés déjà; ce sont : 1° le traité de Tunis de l'an 1231, le plus ancien de mes traités vénitiens avec le Magreb, que l'on croyait être signalé par le traité contemporain de Sicile, et que j'ai toujours recherché inutilement aux archives générales de Venise, quand une copie du XVI° siècle en existait depuis longtemps à la bibliothèque Saint-Marc, d'où MM. Tafel et Thomas l'ont extraite pour la placer dans leur utile publication des *Fontes rerum Austriacarum*, partie des documents de Venise; 2° les instructions publiées par Marin du doge Gradenigo à Marin de Molino, envoyé vers l'an 1300 à Tunis afin de soutenir les réclamations qu'avaient à faire valoir contre le gouvernement arabe plusieurs négociants vénitiens et un gentilhomme du grand conseil resté deux ans avec ses chevaux et ses domestiques au service de l'émir; 3° les instructions secrètes du conseil des Dix à François Teldi, chargé en 1504 de se rendre au Caire pour concerter avec le sultan les moyens les plus propres à entraver le commerce des Portugais dans les Indes, dont l'extension menaçait d'une égale crise et l'Égypte et Venise, document curieux, signalé depuis plusieurs années, mais que M. Romanin a le premier publié, en 1856, dans son *Histoire de Venise,* et qu'il m'a paru bon de rapprocher de quelques documents analogues relatifs à la situation générale du commerce vénitien sur les côtes d'Afrique au commencement du XVI° siècle; 4° enfin la nomenclature des marchandises d'exportation et d'importation entre Venise et l'Afrique, extraite de l'ouvrage de Barthélemy di Pasi intitulé *Tariffa de i pesi e misure,* imprimé à Venise en 1540, et resté toujours fort rare.

Grâce à ces additions, dont on voit l'utilité, mon Recueil vénitien se compose de 29 documents, et, je crois pouvoir le répéter, par le nombre et la diversité de ses éléments, il prendra place, je l'espère, sans trop de désavantage, à côté des textes de M. Amari et de Capmany. Dix traités de paix et de commerce nous font connaître les garanties à la faveur desquelles les Vénitiens, avec une sagesse et une prévoyance rarement en défaut, ont exploité pendant quatre cents ans le commerce de Barbarie, qui n'était pour eux qu'une annexe de leurs immenses relations avec l'Égypte. Ces traités, des années 1231, 1251, 1305, 1317, 1356, 1392, 1427, 1438 et 1456, montrent que leurs comptoirs et leurs centres d'affaires dans le Magreb furent toujours, avec leurs consulats, dans les ports de la côte, et qu'ils n'eurent jamais d'établissements permanents ni de relations directes avec l'intérieur du continent. Le privilége de 1320, que l'on croyait[1] émané d'un roi de Tunis, leur a été accordé par un empereur tartare des environs de la mer Caspienne; et les caravanes vénitiennes, autorisées et protégées par ce diplôme, suivaient non le chemin de Tombouctou, mais la vieille route de la mer Noire aux Indes et à la Chine, que Marc Polo avait l'un des premiers enseignée à ses compatriotes.

A ces documents de premier ordre dans la diplomatique commerciale se joignent, pour les compléter et en éclairer de nombreuses particularités : le rapport très-circonstancié du consul Vallareso au doge sur les laborieuses négociations du traité de 1392; les instructions et les lettres de créance aux ambassadeurs de la république de 1300, 1362 et 1518; quelques lettres des doges aux émirs d'Afrique de 1362, 1392 et 1433; les délibérations concernant le commerce et les échelles d'Afrique de 1274-1281, 1508 et 1524, émanées du grand conseil et du sénat; la déclaration de représailles que publia en 1358 une des grandes maisons d'armateurs vénitiens contre l'émir de Tripoli, sorte de guerre maritime privée entre les navires de la famille Venier et les marchands tripolitains, alors indépendants de l'autorité du roi de Tunis, qui laissait subsister dans toute leur valeur les traités généraux de la république et de l'émir; une commission ducale de 1508 destinée au capitaine des galères de Barbarie, renfermant les conditions de la mise aux enchères et le cahier des charges de l'adjudication des galères; un état des consuls vénitiens en Barbarie depuis le XVe siècle; enfin quelques extraits des volumineuses éphémérides de Sanudo le Jeune concernant les expéditions des Espagnols sur les côtes d'Afrique, la prise de Tripoli et de Bougie, la soumission momentanée du roi de Tlemcen à l'Espagne, les courses des pirates turcs chaque jour plus fréquentes dans

---

[1] Marin, *Storia civile e politica del commercio de' Veneziani*, t. IV, p. 287.

l'ouest de la Méditerranée, les voyages des galères vénitiennes de Barbarie, les préoccupations des sultans d'Égypte sur les conquêtes des Portugais dans les Indes, et les mesures impuissantes que leur inspirait la crainte de voir le roi Manuel détourner à son profit le commerce de l'extrême Orient, source précieuse de la fortune des villes de l'Asie centrale et des ports de la mer Rouge et de l'Égypte.

On peut constater une fois de plus, en lisant les documents insérés dans les *Diarii* de Sanudo, combien les textes recueillis de seconde main laissent généralement à désirer. Sanudo était un homme fort instruit et sincère; il mettait grand soin à n'accueillir dans sa vaste chronique que des documents rigoureusement fidèles; et néanmoins il est facile de reconnaître que les pièces données par lui comme textuelles ont perdu trop souvent sous la plume des copistes, quand il n'a pu remonter personnellement aux sources, la couleur, la forme et l'accent de l'original.

Le divan du Caire n'était pas seul à s'alarmer des progrès de la puissance portugaise dans les Indes : nos documents du XVIe siècle constatent que le gouvernement de Venise en avait comme lui, et peut-être avant lui, conçu les plus vives appréhensions, et que les résolutions arrêtées par le sultan pour aider les rois de l'Inde dans leur résistance aux étrangers avaient été secrètement suggérées par les Vénitiens, qui n'osaient en assumer la responsabilité vis-à-vis de l'Europe chrétienne. Les instructions du conseil des Dix aux négociateurs envoyés clandestinement au Caire en 1504 et 1511 ne laissent aucun doute à cet égard. Le conseil avait engagé déjà plusieurs fois le sultan à fournir des troupes et des navires aux rois de Calicut, de Cochin et de Cambaye, à représenter à ces princes que le salut de leur couronne dépendait de l'éloignement des Portugais; il lui conseillait en même temps de faire sur les marchés des Indes d'immenses approvisionnements d'épiceries, afin de soutenir avantageusement la concurrence des achats portugais, obligés à un long détour maritime. Ses dernières instructions ajoutaient des recommandations instantes pour que le divan rejetât les demandes des Français, chez qui s'éveillait le génie commercial, et qui cherchaient depuis l'acquisition de la Provence par Louis XI à établir des relations suivies avec les États de la côte d'Afrique, particulièrement avec l'Égypte.

Peu rassurée par l'union qu'elle avait conclue avec le pape, comme un préservatif contre une nouvelle ligue de Cambrai, Venise se sentait partout menacée à la fois, dans ses possessions de terre ferme par la France et les Impériaux, dans son commerce maritime par les découvertes de la fin du siècle dernier et la prospérité de

Lisbonne. Elle redoublait partout d'efforts afin de conjurer le péril. Mais tout fut inutile contre la force des choses pour fermer à l'Europe la route du cap de Bonne-Espérance, comme seront vaines aujourd'hui les tentatives d'un esprit suranné pour empêcher l'Europe de reconquérir son passage direct vers les Indes, et Marseille de devenir le centre de la nouvelle et immense activité que développera ce grand événement dans toute la Méditerranée.

Au milieu de ses guerres continentales, au milieu des hostilités incessantes des Espagnols et des Turcs, qui se disputaient les villes d'Afrique, le commerce vénitien avait langui dans le Magreb comme ailleurs. L'une de nos dernières pièces est une dépêche du sénat exposant en 1518 à Charles-Quint les doléances de la république, et s'efforçant d'arracher au système d'exclusion qui prévalait alors partout, surtout en Espagne, la permission pour ses galères de trafic, si elles ne pouvaient être admises indistinctement dans toutes les terres soumises au Roi Catholique, de continuer à toucher au moins à Tripoli, à Gerba, à Bougie, au Penon d'Alger (car la ville d'Alger appartenait déjà à Barberousse), puis à Oran et à Velez de Gomera, d'où elles gagneraient comme par le passé les côtes d'Andalousie, au grand profit de la nation vénitienne et du trésor espagnol.

Notre but n'est pas de suivre les faits particuliers du commerce vénitien au dehors de l'Afrique et au delà de ce temps. Avec les Turcs, commence sur les côtes barbaresques une situation nouvelle où tout fut précaire pour les chrétiens de toute race et de tout pays, le commerce et la fortune comme la vie : situation étrange, qui date presque d'hier et que l'on croirait éloignée de plusieurs siècles, où l'on ne sait ce qui doit étonner le plus, de l'excès d'audace des forbans qui organisèrent publiquement la traite des esclaves chrétiens depuis Tripoli jusqu'au Maroc, ou de l'impuissance de l'Europe, qui a laissé subsister pendant trois cents ans ces monstrueux gouvernements, sous ses yeux et à sa porte.

Des 29 documents vénitiens remontant de cette époque à l'an 1231, date de la première pièce, 6 seulement ont été transcrits sur les originaux ou sur les expéditions originales et détachées les remplaçant : les instructions de Gradenigo de 1300, le traité de Tripoli de 1356, la lettre de créance de 1362, la lettre de Foscari au roi de Tunis de 1433, le sauf-conduit de 1506 et la commission pour le capitaine des galères de Barbarie, de 1508.

Les autres documents, à l'exception du rare tarif imprimé de 1540 et des emprunts faits aux manuscrits de Saint-Marc, ont été extraits soit des *Livres des*

Pactes et des *Commémoriaux de la république*[1], qui étaient les cartulaires de l'État dressés et conservés à la chancellerie ducale, soit des registres officiels des délibérations du grand conseil, du conseil des Prégadi ou sénat et du conseil des Dix, parvenu dès le XVIe siècle à la direction occulte ou ostensible de toutes les affaires importantes du gouvernement.

Des 10 traités de paix et de commerce vénitiens que je publie, 8 proviennent des Pactes et des Commémoriaux, un autre des manuscrits de Saint-Marc; un seul, le traité de 1356, a été, comme je l'ai dit, transcrit sur l'original existant aux archives de Venise. C'est une grande feuille de parchemin non scellée, écrite à Tripoli par Boniface de Carpo, notaire de la Seigneurie, en même temps qu'un notaire musulman dressait une expédition arabe, aujourd'hui perdue, dont il est parlé dans le traité, et qui fut annexée à l'instrument chrétien. Le traité a été retrouvé récemment au milieu de pièces originales non encore classées, et placé dans une série que j'ai vu former à regret, parce qu'elle ne me semble pas bien justifiée, sous le titre provisoire, j'espère, de *Documenti turchi e arabi*. Avec ce traité sont les lettres de créance de Pierre Santi, envoyé par le doge en Afrique en 1362, et un grand nombre d'autres documents concernant sans doute les pays musulmans de la Méditerranée, mais presque tous d'origine essentiellement chrétienne.

Il semble que depuis assez longtemps les anciens gardes des archives de la république de Venise aient un peu négligé la conservation de ses chartes, reléguées confusément dans les combles du palais des doges et de l'église Saint-Marc, tandis qu'un ordre attentif a toujours présidé à la conservation de ses innombrables et magnifiques séries de registres. J'ignore si le dépôt des Frari, où les archives générales de la république, après divers déplacements, ont été centralisées en 1815, conserve encore, à part quelques pièces venues de Constantinople, de véritables documents arabes, dictés et écrits en arabe.

Questionné sur ce point par M. de Sacy vers 1805[2], Morelli répondit négativement. Mais peut-être ne faut-il pas prendre tout à fait à la lettre cette réponse. Le célèbre bibliothécaire de Saint-Marc, qui a laissé une si juste réputation de science et de jugement, pouvait parler très-pertinemment de la bibliothèque dont il avait fait sa demeure et son affection, comme Van Praët de la sienne. Vraisemblablement les archives de l'ancienne république lui étaient bien moins connues.

---

[1] Les *Archives des missions scientifiques*, t. II, 1851, renferment une notice sur ces registres.
[2] Rapport déjà cité, *Mém. de l'Académie des inscriptions*, nouv. série, t. III, p. 94, note.

Morelli dut répondre aux questions de son illustre correspondant en donnant pour un fait certain ce qu'il croyait être vrai, et ce que tout le monde autour de lui croyait être la vérité. Que faire de plus à sa place? Entreprendre ou faire exécuter spécialement à cet effet l'exploration d'immenses matériaux insuffisamment mis en ordre, est chose impossible. Consulter les conservateurs et répondre comme eux que, suivant toute apparence, le dépôt ne renferme pas de documents de la nature de ceux que l'on recherche, est tout ce que l'on peut faire. Faut-il en conclure que les documents désirés ne s'y trouvent positivement pas? L'affirmer n'est pas prudent; dire qu'ils n'ont jamais existé ne serait pas moins risqué. Aujourd'hui, après des travaux de classement non exécutés en 1805, la réponse donnée probablement par Chiodo à Morelli, et transmise par Morelli à M. de Sacy, se trouve encore la plus sage. Et pourtant il n'est peut-être pas tout à fait interdit d'espérer, après tant d'heureuses découvertes de l'administration moderne, qu'on retrouvera dans quelque partie oubliée des collections diverses réunies actuellement aux Frari quelques-unes de ces anciennes pièces arabes qui ont dû incontestablement arriver à Venise d'Asie et d'Afrique, avec tant d'autres documents originaux et détachés dont on n'a plus connaissance et qui ont évidemment péri.

J'ai vu d'assez près comment les choses se sont passées à Florence pour me permettre de le rappeler. Il y a vingt ans, on signalait tout au plus cinq ou six chartes arabes existant dans les archives réunies des républiques de Pise et de Florence. Sous l'œil vigilant de M. Bonaini, toutes les liasses se sont ouvertes, et l'on a retrouvé 52 parchemins arabes originaux, qui font la base principale de la belle publication de M. Amari.

8. — *Royaume d'Aragon.*

Les documents aragonais ont un caractère propre et à part. En Italie, les pièces que nous avons recueillies, sauf l'exception naturelle des actes de la cour de Rome, touchent toutes au commerce et conservent l'empreinte d'une origine, d'une intention, d'une vie essentiellement commerciale. En Aragon, les documents ont une portée plus générale et sont surtout politiques. Le commerce n'y a qu'une part de la sollicitude du souverain. Entre les rois d'Aragon et les rois du Magreb, en dehors et au-dessus des affaires de négoce, il y eut toujours à débattre des questions de paix ou de guerre, d'alliance ou de subsides, soit à cause du tribut que les rois d'Aragon prétendirent exiger quelque temps des sultans de Tunis comme héritiers des droits de Charles d'Anjou, soit en raison des secours d'argent, d'hommes et de navires qu'ils accordèrent à quelques-uns des émirs, soit à cause de la coopération effective qu'ils en réclamèrent à leur tour contre leurs ennemis chrétiens et musulmans. Aussi les conventions et les instructions diplomatiques des rois d'Aragon, même quand leur but direct est le commerce, traitent-elles toujours, en même temps et par occasion, de questions politiques ou militaires.

Les documents que je publie dans ce chapitre sont tous empruntés aux collections de Capmany et de M. Champollion-Figeac. Je n'ai pu rien ajouter aux pièces recueillies par mes savants prédécesseurs. Ces documents forment un corps de notions et de faits inappréciables pour l'histoire des relations de l'Aragon avec l'Afrique avant la conquête de l'Algérie par les Turcs, qui suivit de près la réunion de l'Aragon à la Castille et la fondation de la monarchie espagnole. Comme ceux du royaume chrétien des îles Baléares, ils ont pour la France l'intérêt de vrais titres d'histoire nationale, car les princes de la maison d'Aragon et de Majorque, déjà propriétaires du Roussillon, qu'ils ont gardé jusqu'au XVIIe siècle, ont également possédé la seigneurie de Montpellier pendant de longs intervalles, aux XIIIe et XIVe siècles.

Ces documents sont au nombre de 39 environ, en comptant les pièces doubles, et se répartissent ainsi : 7 traités politiques ou commerciaux des années 1271, 1274, 1285, 1309, 1314 (7 janvier et 21 février) et 1323; 8 instructions ou commissions pour les envoyés et négociateurs, des années 1292 à 1361; 14 pièces de correspondance échangées entre les rois d'Aragon ou les conseillers de Barcelone et les rois d'Afrique, et 10 documents divers des années 1227 à 1512, tels que priviléges royaux, lettres des magistrats municipaux de Barcelone ou de Cagliari aux rois d'Aragon et aux consuls catalans résidant en Afrique.

A l'exception du traité de 1271, publié par M. Champollion d'après l'original chrétien venu probablement à Paris de Montpellier ou de Perpignan, et existant encore à la Bibliothèque impériale, tous les autres documents de cette division ont été extraits par Capmany des registres conservés à Barcelone, soit aux archives de la couronne d'Aragon, soit aux archives particulières de la ville.

Nous ne trouvons donc pas ici absolument dans sa première disposition le texte des traités tel qu'il existait sur l'instrument original; mais les transcriptions qui nous en sont parvenues offrent toutes les garanties désirables d'authenticité et d'exactitude. La plupart des documents vénitiens nous sont arrivés de même par des registres politiques, et non par les parchemins primordiaux sur lesquels ils furent d'abord consignés. Sans doute, pour l'étude complète des formes et des formalités purement diplomatiques et paléographiques, rien ne peut valoir le parchemin du premier acte dressé en présence des plénipotentiaires et revêtu de leurs seings. Mais, quant aux résultats historiques, et même pour l'étude d'une grande partie des choses intrinsèques de l'archéologie diplomatique, nos textes sont parfaitement suffisants. Si l'on retrouvait jamais les originaux des traités dont nous n'avons que les transcriptions administrativement exécutées, on n'aurait à constater vraisemblablement qu'un très-petit nombre de différences essentielles entre les deux textes. La comparaison de la charte originale du traité de Tripoli de 1356 avec l'enregistrement officiel qui s'en trouve au livre V des Commémoriaux de Venise en est la preuve. Des titres, qui n'étaient pas à l'original, ont pu être ajoutés quelquefois en tête des documents dans les registres des chancelleries; les énonciations parfois très-longues des suscriptions et des formules de validation ont pu être abrégées; mais le texte du dispositif, le fond même de l'acte, a dû être toujours intégralement reproduit, et ne différerait vraisemblablement de l'original que par les inévitables et involontaires modifications que l'on retrouve dans toutes les transcriptions anciennes, et dont les originaux multiples d'un acte primitif ne sont pas eux-mêmes exempts. Il arrive quelquefois, comme dans le traité de Tripoli, que le second texte, exécuté postérieurement, redresse des *lapsus calami* du premier écrivain.

On remarquera que notre dernier traité est d'une date déjà bien reculée. C'est la convention conclue en 1323 entre le roi d'Aragon et l'émir de Tunis et de Bougie. Il est hors de doute que les rois d'Aragon, postérieurement à l'année 1327, à laquelle expirait le traité de 1323, n'aient arrêté de nouveaux accords politiques ou commerciaux avec les émirs de Tunis et du Maroc. Nous voyons les Catalans et les Roussillonnais jouir au XVe siècle, dans l'est et l'ouest du Magreb, des mêmes facilités commerciales qu'ils avaient aux siècles antérieurs, et invoquer à l'occasion pour leur maintien des pactes récents que l'on ne connaît pas. Nous ne savons où ces traités peuvent se trouver aujourd'hui, s'ils existent, soit à Barcelone, soit ailleurs; et Capmany nous laisse à cet égard dans l'incertitude la plus entière[1].

[1] Voyez sa Préface au tome IV, relative aux archives de la couronne d'Aragon, et la Préface du tome II, relative aux archives de la municipalité de Barcelone.

Les documents royaux concernant l'Afrique sont relativement assez nombreux dans sa collection jusqu'au milieu du XIVe siècle; ils deviennent très-rares à cette époque. Manquent-ils en effet dans les registres des archives de la couronne d'Aragon, dès ce temps et particulièrement dès le XVe siècle; ou bien leur absence de la collection imprimée vient-elle de ce que Capmany, dans ses courtes résidences à Barcelone, n'a pu poursuivre aussi persévéramment sur les registres des archives royales, postérieurs au XIVe siècle, la fructueuse investigation qu'il avait faite des volumes antérieurs? Je ne sais; et je dois avouer que mon attention ne s'est portée sur ces faits qu'après mon départ de Barcelone, où les circonstances ne m'ont pas permis de retourner depuis. Peut-être la réunion de l'Aragon à la Castille consommée sous Charles-Quint, en 1516, amena-t-elle quelques changements dans le mode d'enregistrement ou de conservation des actes de l'autorité souveraine.

Les décisions de la municipalité de Barcelone, que Capmany semble avoir particulièrement relevées à l'époque où les documents des archives politiques lui faisaient peut-être défaut, nous servent au moins à constater par quelques circonstances certaines la permanence des rapports commerciaux des Catalans avec l'Afrique, à peu près dans les mêmes conditions, mais avec beaucoup moins d'étendue qu'aux XIIIe et XIVe siècles. La situation se maintint ainsi pendant toute la durée des dynasties arabes, jusqu'à l'époque où Ferdinand le Catholique, suivant les hautes vues de Ximénès, tenta une conquête dont l'insuccès, occasionné par les événements d'Europe, ne doit pas faire méconnaître la hardiesse et les immenses avantages pour l'Espagne, si elle eût réussi. J'ai donné quelques-uns des priviléges que Ferdinand offrit aux Aragonais après les conquêtes de Pierre de Navarre, dans l'espoir de ranimer leur commerce sur les côtes d'Afrique, où il avait été autrefois si florissant.

9. — *Florence et Piombino.*

Les Florentins furent d'assez bonne heure en relations commerciales avec l'Afrique septentrionale; et ils purent obtenir des émirs de Tunis et du Maroc des priviléges écrits pour protéger leurs opérations, si ce n'est leurs établissements, en ce pays, comme ils en eurent aux XIIIe et XIVe siècles des princes de l'Orient chrétien et musulman. Mais la république de Florence ne paraît avoir traité directement en qualité de puissance maritime avec les rois du Magreb qu'à la suite de la conquête de Pise et de l'acquisition du port de Livourne sur le territoire génois.

PRÉFACE.

Dans les traités de 1421 et 1445, que je donne, l'un d'après l'original chrétien existant encore à Florence, l'autre dans la version italienne du texte arabe due à M. Amari, Florence s'attribue complétement les consulats, les fondoucs, les droits, la position entière, en un mot, de la république de Pise vis-à-vis des émirs; mais elle associe sans réserve et nominalement les Pisans, devenus ses sujets, aux traités et aux avantages qu'elle entend conserver avec eux en Afrique.

Le projet de traité, rédigé vers 1414, au nom du seigneur de Piombino et de l'île d'Elbe, que je ne pouvais négliger, n'a aucune importance historique, et ne reçut jamais vraisemblablement la forme d'un engagement définitif.

C'est le dernier document de la collection, mais non le dernier dans l'ordre chronologique, car il fut suivi du traité florentin de 1445, du traité génois de 1456, et du traité vénitien de 1465, tous trois conclus avec le roi de Tunis pour une durée de trente ans, et tous trois restés probablement en vigueur par des renouvellements exprès ou verbaux jusqu'à la chute des dynasties arabes. Le plus ancien de tous les traités dont nous ayons les dispositions détaillées, est l'accord rappelé dans la lettre du roi de Tunis à l'archevêque de Pise de l'an 1157.

L'ensemble des documents dont je viens d'indiquer les sources et le caractère, et qui forment mon Recueil, s'élève à 115. Dans ce nombre se trouvent 31 lettres de souverains ou de personnages chrétiens adressées à des princes ou à des sujets arabes, 9 lettres de princes ou sujets arabes écrivant à des chrétiens, 19 instructions diplomatiques pour négociateurs chrétiens, et 44 traités de commerce.

Je n'ai rien négligé pour donner les textes les plus exacts que l'on puisse trouver de ces documents. J'en ai pris ou j'ai demandé qu'on en prît toujours la copie sur les transcriptions les plus anciennes, et lorsqu'il a été possible, sur les originaux. Pour les pièces publiées déjà, soit par d'autres éditeurs, soit par moi-même, j'ai tenu, toutes les fois que les circonstances l'ont permis, à vérifier de nouveau les manuscrits d'abord consultés, pour plus de garantie et de fidélité de ma reproduction.

J'ai apporté cependant dans la disposition matérielle des documents, particulièrement dans la publication des traités, qui sont la partie principale de ma collection, une modification essentielle dont je dois rendre compte.

Il est bien rare que les anciens traités soient originairement divisés en paragraphes distincts, et plus rare encore que les paragraphes, quand ils existent, soient numérotés. Il est positif néanmoins qu'en certains cas, lorsqu'on séparait le texte en alinéas formant des articles particuliers, ces articles, dans la pensée des négociateurs et des rédacteurs, avaient entre eux un certain ordre déterminé et bien connu, quoique aucun signe de numération ne les précède. Mais, plus généralement, le texte des conventions, soit sur les instruments primordiaux dressés dans le cours des négociations ou dans leurs suites immédiates, soit sur les registres des transcriptions officielles, ne forme qu'un seul contexte n'ayant que peu ou point de séparations. Le numérotage original et régulier des articles des traités ne date guère que de la fin du XVIe siècle.

J'ai cherché à mettre du jour et de la clarté dans cette masse d'écriture un peu confuse à l'œil et à l'esprit, en y pratiquant toutes les coupures qui, sans occasionner la moindre déviation du sens original, permettent de limiter plus aisément les points précis arrêtés par les négociateurs, et d'en comparer les clauses avec celles des autres traités. J'ai donc séparé constamment du corps du traité les préambules du commencement, les annonces de validation, de date et de traduction de la fin. Quant au dispositif, je l'ai divisé en paragraphes aussi multipliés que possible, et j'ai toujours donné un numéro d'ordre à ces paragraphes. La rédaction des traités en phrases indépendantes, se rapportant aux points successifs de la convention, permet et facilite le plus souvent cette opération. Les citations deviennent ainsi plus simples, les renvois et les conférences d'articles et de traités plus rapides et plus succincts. J'ai cru devoir cependant conserver dans les documents déjà publiés avec divisions et numérotation, les numéros affectés une première fois aux articles, à moins que le nouveau texte ne différât trop de teneur et d'étendue du précédent.

En terminant ces explications préliminaires, je ne puis me dispenser de m'arrêter à une pensée qui se sera présentée, je le crains, à plus d'un esprit. Absolument étranger à la langue arabe, comment aborder la publication de documents dont l'intelligence complète semble exiger la connaissance de l'histoire, des mœurs, des habitudes et du langage des Arabes? A cela je réponds : Tous ces traités, maugrebins ou chrétiens, sont généralement rédigés sur des types dont la forme et les dispositions ont peu varié. En connaissant un certain nombre de conventions arabes traduites par des savants tels que MM. de Sacy, Reinaud et Amari, on peut être assuré de posséder complétement la signification positive et la valeur réelle du texte arabe; on peut donc tirer avec certitude de ces traductions toutes les inductions et toutes les comparaisons possibles. La connaissance directe et philologique de l'expression originale n'ajouterait probablement rien d'historiquement appréciable à ce que tout le monde peut savoir aujourd'hui de ces documents.

Reste le secours des chroniques. D'après ce que l'on sait des chroniques chrétiennes et des histoires arabes traduites depuis la conquête d'Alger, la moisson à cet égard, en ce qui concerne les négociations et les accords diplomatiques, est excessivement pauvre. Les chroniqueurs recueillent et racontent des faits, surtout des faits militaires, et toujours dans un esprit de partialité flagrante; quand ils mentionnent les traités conclus avec les princes étrangers, ce qui est rare, ils donnent peu ou point de renseignements sur les questions réglées par ces traités, encore moins sur les négociations qui les ont précédés, et les conséquences commerciales ou politiques qui ont pu en résulter. Ces lumières, ces éléments d'appréciation et de liaison, il faut les chercher dans l'ensemble des chroniques, et quelquefois dans les parties les plus étrangères aux traités et aux relations extérieures. La source presque unique, et dans tous les cas la plus sûre et la plus féconde, est donc toujours le texte même des traités.

Voilà pourquoi j'ai cru pouvoir me charger sans trop de témérité d'une publication que tant d'autres, mieux désignés, eussent conduite à meilleure fin, et pourquoi j'ai cru devoir ne pas décliner l'honneur et la responsabilité qui m'ont été offerts.

Combien n'aurais-je pas à me féliciter, si ces travaux, venant à être connus de quelques indigènes, pouvaient les déterminer à entrer cordialement dans cette voie d'apaisement et d'entente nationale vers les destinées communes que l'avenir réserve peut-être à l'Algérie, et à laquelle les convie en ce moment le magnifique et sympathique langage dont l'Empereur a le secret!

Paris, 10 mai 1865.

INTRODUCTION HISTORIQUE.

Le Magreb et ses délimitations.

La partie de l'Afrique septentrionale à laquelle se rapportent les traités que nous publions ici et les événements dont nous allons donner un aperçu historique, comme introduction la plus naturelle à ces traités, reçut des Arabes le nom de *Magreb*. Ce mot, qui signifie *Couchant*, s'explique par la situation occidentale de la côte d'Afrique relativement à l'Égypte et aux autres pays où fut le premier siége de la puissance et de la civilisation arabes. Son acception géographique a d'ailleurs beaucoup varié. Assez étendue quelquefois pour comprendre l'Espagne musulmane tout entière avec l'Afrique du Nord, elle est réduite et fixée aujourd'hui, dans le mot Algarves, à l'extrémité méridionale du Portugal.

Les Arabes désignèrent plus particulièrement au moyen âge sous le nom de Magreb cette large portion du continent africain, seule connue des anciens, qui fait face à l'Europe et qui comprend toute la côte méditerranéenne depuis Tripoli jusqu'au Maroc. Les navigateurs et les marchands chrétiens donnèrent au pays son vrai nom, *Berberie*, c'est-à-dire pays des Berbères, ses premiers indigènes. Dans les temps modernes, le régime politique qu'y établirent les Turcs fit prévaloir la forme de *Barbarie*, en ne la justifiant que trop dans sa nouvelle acception; et ces contrées inhospitalières devinrent pour l'Europe civilisée les *Côtes de Barbarie* ou les *États Barbaresques*.

Aux temps de l'empire romain, le pays avait formé cinq grandes provinces : — l'Afrique proprement dite, comprenant trois subdivisions : l'Afrique proconsulaire ou pays de Carthage, avec la Byzacène qui renfermait toute la région des *emporia* ou marchés à grains, du golfe de Cabès au golfe d'Hamamet, et la Tripolitaine; — puis à l'ouest, la Numidie et les trois Mauritanies : la Sitifienne, chef-lieu Sétif; la Césaréenne, chef-lieu Cherchell, et la troisième Mauritanie ou Mauritanie Tingitane, chef-lieu Tanger.

Sans nous astreindre à une précision géographique peu nécessaire à notre objet, nous appellerons Magreb occidental ou Magreb-el-Aksa, tout le pays de l'ancienne Mauritanie Tingitane, formant aujourd'hui l'empire de Maroc, depuis le cours de la Moulouïa jusqu'au cap Noun; Magreb central ou Magreb-el-Aouçath, l'Algérie actuelle, répondant aux deux Mauritanies Césaréenne et Sitifienne et à la Numidie ou province de Constantine; enfin Magreb oriental, les deux régences réunies de Tunis et de Tripoli. Les écrivains arabes ont généralement conservé à la première partie du Magreb oriental le nom romain d'Afrique, *Ifrikiah;* et il est à remarquer que la régence de Tunis est encore désignée sous le nom traditionnel de *royaume d'Afrique* dans le traité conclu par la France avec le bey Hussein-Pacha, le 8 août 1830.

Les notions qui vont suivre ne forment qu'un exposé bien insuffisant de l'histoire de l'Afrique septentrionale et des relations que les nations européennes ont entretenues avec ce pays jusqu'à l'époque de la conquête turque. Nous chercherons du moins, en les présentant sous une forme historique et suivie, à faire connaître les faits et les institutions qui se rattachent à la négociation et à l'exécution des traités de commerce, parce que le commerce a été, en dehors de la sphère religieuse, l'objet principal et le seul intérêt permanent de ces traités.

Avant d'arriver à l'époque où les communications commerciales s'établissent et se régularisent entre les Chrétiens et les Musulmans, nous remonterons rapidement aux événements qui amenèrent les Arabes dans le bassin de la Méditerranée. Nous aurons à montrer ainsi, sous ses deux aspects, leur attitude et leur politique vis-à-vis des nations chrétiennes : équitable à l'égard de celles qui acceptèrent le joug de la conquête, impitoyable et inaccessible à celles qui résistèrent, tant qu'ils eurent l'espoir de les subjuguer. Durant trois siècles d'une prépondérance incontestée sur mer, les Arabes ravagent les côtes et les îles de l'Europe chrétienne; puis, quand leur puissance maritime décline sur la Méditerranée et en Afrique, ils recherchent et entretiennent loyalement des relations pacifiques avec les peuples de l'Italie, de la Gaule et de la Marche d'Espagne, qu'ils avaient si longtemps combattus sans pouvoir les soumettre.

Mobiles des invasions arabes.

Deux mobiles déterminèrent les invasions arabes : l'ambition des grandes conquêtes, mêlée à une soif insatiable de pillage, et la pensée religieuse de propager l'Islamisme pour gagner les récompenses célestes. La bravoure de son peuple dépassa peut-être ce que la confiance de Mahomet avait rêvé pour lui.

Sortis au septième siècle de la presqu'île de l'Hedjaz et parvenus promptement au bord de la Méditerranée, les Arabes, en s'aidant des indigènes, perfectionnèrent la marine byzantine et eurent bientôt des flottes qui continuèrent leurs conquêtes. L'ancien monde sembla un moment menacé d'un universel asservissement. Les débuts des Arabes sur mer furent des triomphes. Les empereurs purent préserver Constantinople et les provinces voisines, grâce à leur marine plus qu'à leurs armées, mais les îles et les régions méridionales furent subjuguées ou dévastées. Après la Syrie et l'Égypte, les Arabes occupèrent le nord de l'Afrique (692-708), conquirent l'Espagne et envahirent la Gaule. Arrêtés enfin au delà des Pyrénées par les Francs unis aux Aquitains, ils poursuivirent ailleurs leurs succès, et soumirent toutes les grandes îles depuis Candie jusques aux Baléares, d'où leurs flottes dominèrent en réalité la Méditerranée entière.

Gouvernement équitable des Arabes dans les pays subjugués.

Violente et aveugle dans l'action, implacable contre toute résistance, la conquête arabe était intelligente et équitable dans les pays qu'elle voulait conserver.

En Provence, en Italie, dans les îles orientales et sur les côtes de l'Asie Mineure, contrées où les Arabes se sont bornés à occuper quelques positions militaires, sans fonder un gouvernement, l'histoire de leurs incursions et de leur séjour, du huitième au onzième siècle, n'est qu'une série de spoliations, de massacres et de ruines. Ailleurs ils se sont montrés tolérants et protecteurs. En Septimanie, seule partie de la Gaule où ils aient eu une domination étendue et durable, les habitants, sous l'obligation de payer le tribut imposé à toutes les nations vaincues et non converties, conservèrent leurs usages et leurs comtes particuliers [1]. La loi fut la même en Égypte, en Afrique et en Espagne. Les Chrétiens du pays, en se soumettant à la capitation, gardèrent leurs biens, leurs lois et leur religion. Un voyageur arabe, assez éloigné de ces temps, mais bien à même d'en parler par son esprit élevé et son instruction, rappelle ainsi quel fut le sort des indigènes de l'Afrique septentrionale et l'esprit général de l'invasion arabe dans les pays conquis : « Tous ceux (mais ceux-là seuls) » qui ne se convertirent pas à l'Islamisme ou qui, conservant leur foi, ne voulurent » pas s'obliger à payer la capitation, durent prendre la fuite devant les armées » musulmanes [2]. »

Le Christianisme n'est pas proscrit par eux.

La conversion des peuples n'était pas en effet le but suprême des fondateurs et des apôtres de l'Islamisme. L'amour de la domination territoriale, l'attrait du pillage et du butin les poussaient aux invasions lointaines autant que l'ardeur du prosélytisme. L'intérêt politique leur eût commandé d'ailleurs des ménagements quand le Coran ne les eût pas autorisés. A l'égard des idolâtres seuls, la transaction n'était pas admise, et la rigueur des préceptes, démentie encore par des faits éclatants dont l'humanité eut à se féliciter, prescrivait la conversion complète ou l'extermination. Quant aux hommes du Livre (la Bible), c'est-à-dire quant aux Juifs et aux Chrétiens, ces derniers surtout, pour lesquels les Musulmans eurent toujours moins de répulsion, il suffisait de les soumettre au tribut. Ce n'est qu'exceptionnellement et à la suite de luttes violentes que la force a été employée pour les contraindre à abandonner leurs croyances ou à s'expatrier. Les Espagnols, rentrant à Tolède en 1085, après les trois siècles de l'occupation musulmane, trouvèrent leurs autels debout, desservis toujours par des Chrétiens. La Sardaigne ne perdit pas les siens, même sous le féroce Muget, dont le règne fut une époque de sang et de larmes pour les îles de la Méditerranée [3]. Les

---

[1] Reinaud, *Invasions des Sarrasins en France et de France en Savoie, en Piémont et en Suisse*, du huitième au dixième siècle, page 272.

[2] El-Tidjani, *Voyage dans la régence de Tunis* en 1306 et 1309, trad. de l'arabe par M. Rousseau. Paris, 1853, p. 145. Extrait du *Journal asiatique*, 1852, 1853.

[3] Mathæi, *Sardinia sacra*, p. 49; Mimaut, *Hist. de Sardaigne*, t. I*er*, p. 97; Wenrich, *Rerum ab Arabibus in Italia insulisque adjac. gestarum commentarii*. Leipzig, 1845, p. 278, 279.

Normands, pénétrant dans la Sicile au onzième siècle, rencontrèrent des populations entières restées fidèles à l'Évangile, qui les aidèrent à chasser les Sarrasins [1].

Chrétiens indigènes restés en Afrique après la conquête.

En Afrique, le Christianisme ne fut pas immédiatement anéanti par les victoires et les violences d'Hassan et de Moussa. Le scheik arabe voyageant dans le Magreb en 1306, dont nous citions tout à l'heure les paroles, l'a remarqué plusieurs fois. En traversant les campagnes du golfe de Cabès, du côté du lac de Touzer et du Djérid ou pays des dattes, il le rappelle de nouveau : « La preuve, dit-il, que cette contrée fut » conquise sans résistance, résulte de ce que les églises que les Chrétiens y avaient » subsistent encore de nos jours, quoique en ruines; elles ne furent point démolies » par les conquérants, qui se contentèrent de construire une mosquée en face de » chacune d'elles [2]. » C'est l'exemple qu'Omar lui-même avait donné à Jérusalem, où pas une église ne fut renversée ni profanée. Mais à l'époque où El-Tidjani parcourait le royaume de Tunis, il n'y restait vraisemblablement plus une seule de ces tribus indigènes de la Byzacène et de la Proconsulaire qui surent, en petit nombre, résister aux séductions de la conquête, et qui préférèrent, pendant plusieurs siècles nouveaux de sujétion et d'humiliations, conserver leurs croyances et leurs pasteurs.

Sans avoir à employer la contrainte, l'Islamisme fit de rapides conquêtes morales en Afrique, parmi des populations avec lesquelles les Arabes avaient des affinités de sang et de langage [3]. L'honneur de prendre rang parmi la nation conquérante, l'avantage de se soustraire aux vexations inévitables de la domination étrangère, l'attrait de la nouvelle religion, simple et grossière, suffirent à détacher dès les premiers temps des croyances et des pratiques chrétiennes de nombreuses familles et des populations entières. D'autres, plus fermes dans la foi, préférèrent, tout en subissant le joug de l'impôt, quitter les pays envahis pour se réfugier dans les montagnes, ou aller plus loin encore abriter leur indépendance dans les pays arides qui avoisinent le Sahara. Peut-être est-il permis de voir des descendants de ces anciennes tribus chrétiennes, mélangées de Slaves et de Germains, passés en si grand nombre en Afrique sous les empereurs, dans les montagnards de l'Aurès, au teint blanc et aux cheveux blonds, ainsi que dans quelques tribus errantes aujourd'hui vers le grand Désert, qui conservent dans leurs mœurs tant de souvenirs chrétiens, comme la monogamie, l'usage d'une sorte de baptême, et l'emploi fréquent de la croix pour décorer leurs étoffes et leurs armes [4].

---

[1] Geoffroy Malaterra, ap. Murat., *Script. Ital.*, t. V, p. 562, 563 ; Gregorio, *Considerazioni sopra la storia di Sicilia*, t. Ier, p. 51, 65 ; Wenrich, p. 274.

[2] El-Tidjani, p. 147.

[3] M. Reinaud, *Mém. sur les populations de l'Afrique septentrionale; Nouvelles Annales des voyages*, 1858, t. Ier, p. 129.

[4] Les habitants du Sahara appellent les Touaregs « les Chrétiens du désert ». M. Carette, *Recherches sur la géographie et le commerce*, p. 113.

Les populations restées chrétiennes ne durent pas s'éloigner des villes et des provinces de la côte, où, malgré la difficulté des temps, les papes et les écrivains ecclésiastiques des siècles qui suivirent l'invasion arabe ne les perdirent pas tout à fait de vue. Elles-mêmes se considéraient toujours comme une nation chrétienne, et plusieurs fois des membres de leur clergé, cherchant une nouvelle patrie, demandèrent à être reçus dans les clergés d'Italie [1]. A Rome, on appelait ces derniers enfants de la grande Église qui avait autrefois compté plus de cinq cents villes épiscopales [2], les *Africains*, parce que le foyer principal s'en trouvait vraisemblablement dans les limites ou dans le voisinage de l'ancienne province d'Afrique, dont la ville de Carthage, en ruines mais encore habitée, était toujours la métropole.

A la fin du x⁰ siècle, la puissance arabe décline, et les nations chrétiennes reprennent l'avantage dans toute la Méditerranée.

La puissance arabe, irrésistible dans les premiers temps de son expansion par la force de l'unité et l'enthousiasme religieux, déclinait partout en Occident à la fin du dixième siècle. Au huitième et au neuvième siècle déjà, où elle parvint à son apogée par la conquête de la Sicile en 827, s'étaient manifestés les premiers événements qui devaient arrêter son essor, et de siècle en siècle, en la chassant des côtes et des îles européennes, finir par la refouler sur le littoral de l'Afrique. La création du califat de Cordoue avait détaché l'Espagne de l'empire abbasside dès 756; le triomphe de la dynastie des Idricides dans le Maroc en 788, et la concession du gouvernement héréditaire dans le reste de l'Afrique accordé aux Aglabites de Kairouan en l'an 800, avaient consommé la séparation des Arabes d'Occident et des Arabes d'Orient. L'alliance de Charlemagne avec le calife de Bagdad, ennemi des califes d'Espagne, donna à la scission du monde musulman connu des Européens plus de notoriété au moment même où le rétablissement d'une sorte d'empire romain, dans la personne du roi des Francs, venait rendre un peu de sécurité et d'espoir aux populations latines de la Méditerranée, que les invasions arabes avaient ruinées et terrifiées.

C'est du règne des princes carlovingiens que date la réorganisation des marines locales de la Gaule, de la Marche d'Espagne et de l'Italie septentrionale, où toute trace d'industrie maritime avait disparu au septième et au huitième siècle. Dans l'Italie méridionale et dans le golfe Adriatique, la situation n'était pas aussi déchue. La république de Naples, celles d'Amalfi et de Gaëte, comme sujettes de l'empire grec, dont les flottes furent toujours soigneusement entretenues ; la république de Venise, comme alliée et protégée des empereurs de Constantinople, conservèrent toujours quelque marine et quelque commerce.

---

[1] Voyez plus loin.
[2] Morcelli, *Africa christiana*, t. Iᵉʳ, p. 34 et suiv., listes des villes ayant été siéges d'évêchés : 166 dans la Proconsulaire, 185 en Numidie, 149 dans la Byzacène, 133 dans les Mauritanies Césaréenne et Tingitane, 47 dans la Mauritanie Sitifienne, 7 dans la Tripolitaine, total : 583. Il serait facile d'ajouter encore quelques noms aux listes de Morcelli.

Mais dès le règne de Charlemagne, la vie renaît avec la confiance dans les ports de la mer Tyrrhénienne et de la Gaule; le sentiment d'une défense possible se propage sur les côtes; la construction navale est reprise ou augmentée partout et fait de rapides progrès. L'histoire positive en témoigne. En 806, en 807 et 808, Pepin, qui gouvernait l'Italie au nom de son père, dispose déjà de ressources assez considérables pour combattre les Arabes dans les eaux de la Corse et de la Sardaigne [1]. En 828, une flotte toscane, commandée par le comte Boniface de Lucques, pourchasse les escadres arabes jusque dans le golfe de Tunis, où elle opère un débarquement. En même temps, une flotte vénitienne venait au secours des Byzantins, qui espéraient encore conserver une partie de la Sicile.

D'autres faits tendent à prouver que déjà vers la fin du neuvième siècle les Chrétiens occidentaux avaient conquis sur mer une position respectable et possédaient une habileté au moins égale à celle des Arabes. On pourrait croire même que les navires italiens étaient mieux construits et montés par des marins plus expérimentés que ceux des anciens conquérants [2]. Ce qui est du moins incontestable, c'est que dans tous les États chrétiens où le génie maritime s'était depuis peu réveillé, le goût de la navigation se développait, la résistance maritime s'organisait, et que partout, avec le courage de repousser les envahisseurs, se manifestait l'espoir d'un succès définitif qui fut long à atteindre, mais qui semblait dès lors assuré.

Les papes aidèrent à ce grand retour offensif des peuples chrétiens contre les Musulmans, que secondaient si heureusement l'énergie tardive mais persistante des empereurs de Constantinople et le bon état de leur marine. L'histoire n'oubliera pas plus les victoires de Basile le Macédonien et de Nicéphore Phocas en Syrie et dans les îles helléniques, que les efforts de Léon IV, de Jean VIII, de Benoît VIII, pour couvrir Rome de travaux défensifs, pour fortifier l'embouchure du Tibre, assurer des subsides aux Corses et aux Sardes réfugiés sur le continent, et pour encourager les princes chrétiens à s'entendre et à chercher leur salut dans l'union [3].

L'avénement des Fatimides, dynastie de princes énergiques qui renversa les Aglabites en 909, fut un avantage momentané pour les Magrebins. De leur capitale d'El-Mehadia, l'*Africa* des Chrétiens, citadelle maritime fondée en 920 sur une presqu'île réputée inexpugnable de la Byzacène, partirent des flottes nombreuses qui répandirent longtemps encore le ravage et l'effroi sur les côtes chrétiennes [4], mais ne purent détruire leurs moyens de défense ni décourager leurs populations.

Les Fatimides tournèrent d'ailleurs leurs vues vers l'Égypte et la Syrie, et transportèrent en 972 le siége du califat africain, le troisième de l'empire musulman, dans la nouvelle capitale du Caire, qu'ils avaient fait construire au nord des ruines de Memphis, pour éclipser Bagdad et Cordoue. Le vizir qu'ils laissèrent dans le Magreb oriental,

---

[1] Voyez Reinaud, *Invasions*, p. 121, 222; Amari, *Diplomi arabi*, prefaz., p. XII.
[2] Amari, *Diplomi arabi*, prefaz., p. XIII.
[3] Jean VIII à Charles le Chauve, ap. D. Bouquet, t. VII, p. 466, 469, 473-478.
[4] D'une seule expédition sur les côtes de Sardaigne et de Corse, les Arabes d'El-Mehadia rapportèrent mille femmes chrétiennes et un immense butin.

Bologguin Ibn-Ziri, ne tarda pas à revendiquer pour lui l'autorité souveraine, et fonda ainsi la dynastie des Zirides (972-1149), sous laquelle les Chrétiens parvinrent en un siècle et demi, non plus à égaler, mais à dominer le commerce, l'industrie et la marine arabe sur toutes les mers dont l'histoire nous occupe.

Le mouvement était déjà marqué d'une manière évidente et irrésistible sous les Fatimides. Ibn-Haukal, voyageur et commerçant de Bagdad, écrivant à Palerme à l'époque où El-Moëzz-Madd transféra sa cour en Égypte, atteste, en les déplorant, deux faits également manifestes à la fin du dixième siècle [1], la décadence générale de la fortune arabe dans tout l'Occident, et l'ascendant que reprenaient partout les populations chrétiennes. Grecs et Latins reconquéraient une à une leurs provinces envahies. Candie, boulevard des Arabes dans la mer du Levant, était reprise en 966 par Nicéphore Phocas; la forteresse de Fraxinet, d'où les bandes musulmanes s'étaient si longtemps avancées dans le Dauphiné, la Savoie, la Suisse et le Piémont, tombait au pouvoir de Guillaume de Provence en 975. Aux deux extrémités de la Méditerranée, l'invasion arabe était désormais arrêtée et perdait partout du terrain. Toutes les îles orientales lui étaient enlevées. Dans l'occident de la Méditerranée seulement elle occupait encore les grandes îles, de la Sicile aux Baléares.

1002-1050. — Les Chrétiens, plus confiants, portent la guerre sur les côtes d'Afrique.
Ils enlèvent aux Arabes la Sardaigne et la Corse.

Au onzième siècle, la lutte change d'aspect et devient plus acharnée. Les Chrétiens ne se contentent pas de défendre leurs territoires et de poursuivre les flottes musulmanes; ils les recherchent et les provoquent. Ils vont débarquer à leur tour en Afrique et livrer aux flammes leurs campagnes et leurs arsenaux. Jamais peut-être les hostilités ne furent plus vives, plus meurtrières, plus incessantes entre les deux peuples, dont l'un, enflammé par ses premiers succès, réparait heureusement ses désastres, et l'autre défendait avec rage la suprématie qui lui échappait. L'histoire a enregistré seulement les principales circonstances de cette série d'invasions, d'incendies, de rencontres maritimes, qui semblent avoir été incessantes.

Nous savons qu'en 1002 les Sarrasins pillèrent Cagliari et Pise, et que la même année les Pisans brûlèrent une flotte musulmane. En 1005, l'émir de Denia, en Andalousie, le célèbre et terrible Muget ou Mogehid, beau-père d'Aben-Abed, roi de Cordoue, incendiait un faubourg de Pise sans pouvoir pénétrer dans l'intérieur de la ville, que le courage d'une femme paraît avoir sauvé [2]; la même année, les Pisans prenaient une revanche brillante à Reggio. En 1011, autre invasion de Pise par les Maures de l'Andalousie, suivie, paraît-il, de quelques avantages pour les Chrétiens. Si la ville de Gênes avait eu dès lors des annales nationales comme Pise, et si Marseille avait écrit son histoire, nous y trouverions sans doute la mention d'événements semblables au compte et peut-être à l'honneur des marines de la Ligurie et de la Provence.

[1] Amari, prefaz., p. xv.
[2] M. de Sismondi, *Hist. des rép. ital.*, t. Ier, p. 332.

Muget reparaît sans cesse dans les Chroniques du temps comme l'ennemi le plus terrible des Chrétiens par son infatigable énergie, ses flottes aguerries et ses grandes possessions maritimes. En dehors de l'Espagne, il avait la principauté des îles Baléares; il était maître de la Sardaigne, et la Corse lui obéissait vraisemblablement. Il s'était en outre emparé de la forteresse de Luni, vieille ville de la haute Étrurie, près du golfe de la Spezzia, d'où, comme d'un nouveau Fraxinet, il faisait dévaster les Marches voisines. Des scènes d'horreur souillaient toutes ses victoires.

Les papes avaient essayé plusieurs fois de l'attaquer en Sardaigne, sans y parvenir. Jean XVIII avait promis l'investiture perpétuelle de l'île au peuple qui parviendrait à la lui arracher. Benoît VIII fut plus heureux. En 1015, il nolisa des navires aux frais du trésor apostolique, et parvint à déloger les Arabes de Luni par les efforts réunis des Génois et des Pisans. En 1016, l'évêque d'Ostie, son légat, conclut la première alliance des deux républiques de la mer Tyrrhénienne, à l'effet déterminé de conquérir la Sardaigne. Si le succès ne fut pas dès lors définitif, il rendit quelque espoir aux Chrétiens de Sardaigne, qui entrevirent le terme de leur délivrance. Muget fut battu sur mer en 1016 par les flottes coalisées; attaqué et défait en Sardaigne même l'année suivante, il se retira à Denia, où il mourut longtemps après (1044-1045), au milieu des guerres des émirs andalous[1]. Malheureusement, l'année même du triomphe de l'alliance des Génois et des Pisans, éclatèrent les compétitions sanglantes qui devaient si souvent mettre les armes à la main des deux peuples rivaux, et qui alors, en les affaiblissant, facilitèrent le retour des Arabes[2].

La guerre continua sur mer avec des alternatives de revers et d'avantages. En 1020, une flotte partie d'El-Mehadia ravagea l'Italie centrale; dans sa retraite les Pisans et les Génois lui enlevèrent son butin. En 1034, un grand succès réjouit la chrétienté. La flotte pisane, renforcée de navires génois et probablement de navires provençaux[3], s'empara de la ville de Bone, qui était un réceptacle de corsaires, et ravagea la côte de la Proconsulaire jusqu'à Carthage[4].

En général, l'amour-propre des chroniqueurs chrétiens voit dans chacune de ces expéditions une capitale envahie, un roi sarrasin détrôné et une couronne offerte à l'Empereur ou au Pape. L'exagération de ces récits ne doit pas faire mettre en doute la réalité des progrès de plus en plus marqués de la marine et des forces chrétiennes.

L'obscurité des témoignages contemporains laisse encore dans le doute les circonstances d'un événement plus considérable, dont le résultat final est du moins bien certain. La Sardaigne, quoique partagée et disputée entre les Génois et les Pisans,

---

[1] Al-Makkari, trad. de M. de Gayangos, *The History of Mohammedan dynasties in Spain*. Londres, 1843, t. II, p. 258; Conde, *Hist. de la dominacion de los Arabes*, part. III, cap. III, p. 326, 327, éd. Baudry, 1840; Amari, *Diplomi arabi*, prefaz., p. XIX.

[2] Cf. Tola, *Codex diplom. Sardiniæ*, t. Ier, p. 140. Les particularités du calendrier de la ville de Pise ajoutent à la confusion chronologique de tous ces événements.

[3] Amari, prefaz., p. XVIII.

[4] *Chron. Pisan.*, ap. Muratori, *Script. ital.*, t. VI, col. 107, 167; Ditmar, *Chron.*, lib. VII; Baronius, 1016, § 1; Marangone, éd. Bonaini, *Archiv. storico ital.*, lib. II, part. II, p. 5; Roncioni, *Ist. di Pisa*, p. 78.

avait développé son commerce et sa population, quand un chef arabe, Muget lui-même suivant les écrivains chrétiens, peut-être son fils ou son neveu, parvint à y rétablir l'autorité musulmane. Le triomphe et l'occupation ne furent pas cette fois de longue durée. Vers l'an 1050, une nouvelle confédération des marines chrétiennes, formée sous les auspices du pape Léon IX, et soutenue par le soulèvement des Chrétiens de l'île, chassa définitivement le croissant de la Sardaigne, qui resta depuis lors aux Pisans [1].

On ne sait rien de certain de l'histoire de l'île de Corse à cette époque. Les écrivains du pays parlent d'une royauté ou d'une administration chrétienne aux neuvième et dixième siècles, ce que rien ne justifie. Il est difficile de croire que la Corse, si voisine de la Sardaigne, et dont la situation avait moins préoccupé le Saint-Siége, ait pu être affranchie, tant que les Arabes restèrent maîtres des passages de Bonifacio et des terres méridionales. Mais nous inclinerions à croire que la délivrance de la Corse fut une conséquence de la conquête de la Sardaigne, et ne dut pas être très-éloignée du milieu du onzième siècle [2].

La fin du siècle réservait aux Chrétiens d'autres avantages, dont le plus important fut la conquête de la Sicile.

IXe-XIe siècles. — Au milieu des guerres et des invasions, tous rapports religieux et commerciaux n'avaient pas cessé entre l'Afrique et les Chrétiens.

Les hostilités les plus vives et les plus répétées n'étaient pas du reste un obstacle absolu à des communications pacifiques entre les Arabes et les Chrétiens. Ce fait étrange et incontestable est facile à expliquer. La guerre, même dans ses excès les plus atroces, n'avait plus le caractère général et confus des premiers temps de l'invasion, où tout ce qui existait en dehors d'eux était un ennemi pour les Arabes. La prise de possession du sol en Afrique et en Espagne avait créé chez les conquérants des intérêts divers qui se trouvaient souvent opposés. Muget ou ses prédécesseurs pouvaient ravager les côtes de la Gaule et de la Ligurie pendant que les émirs du Magreb avaient des trêves avec ces pays et accordaient des sauf-conduits à leurs envoyés et à leurs marchands; le littoral des États romains et de la mer Tyrrhénienne fut plus d'une fois dans les alarmes, tandis que les marins de l'Adriatique jouissaient de la paix et de la sécurité. Le Magreb d'ailleurs, dont l'Espagne s'était séparée au septième siècle, dès le règne d'Abdérame Ier, fut bientôt lui-même partagé en plusieurs États. Les Idricides de Fez ne suivirent pas toujours la politique des Aglabites de Kairouan, lieutenants plus ou moins dociles des califes d'Orient, ni celle des Fatimides, qui leur succédèrent en 909 avec la plénitude de la souveraineté. Les relations des dynasties parvenues au trône du Maroc après les Idricides et avant les Almoravides [3] furent différentes de celles des Zirides, qui remplacèrent les Fatimides dans le Magreb

[1] Roncioni, *Istor. pisan.*, éd. Bonaini, p. 129; Tola, *Cod. diplom. Sardiniæ*, t. Ier, p. 140; Martini, *Invasione degli Arabi in Sardegna*, p. 158-164. Cagliari, 1861.
[2] Voyez Wenrich, *Rerum ab Arabibus in Italia insulisque commentar.*, § cxx, p. 156.
[3] Les Miknaça, en 917; les Magraoua, en 1001.

oriental, d'abord (972) comme leurs propres lieutenants quand El-Moëzz-Madd transporta le siége du califat africain en Égypte, puis (1048) comme princes effectivement indépendants, bien qu'ils reconnussent la suzeraineté honorifique des anciens califes de Damas, établis alors à Bagdad, nouvelle capitale de l'empire abbasside.

Quel fut, au milieu de ces révolutions et des alternatives de la guerre qui en étaient la conséquence, le gouvernement chrétien, en dehors du monde byzantin, qui le premier, après la conquête arabe, osa tenter de reprendre des relations pacifiques avec l'Afrique ou avec les Barbares eux-mêmes? Est-ce Rome, Amalfi ou Venise? Quel fut l'intérêt qui inspira ces premières démarches? un intérêt religieux ou un intérêt commercial? Il serait peu utile et presque puéril de vouloir ici une réponse trop précise. En remarquant que presque toujours les deux intérêts, quoique séparés, durent s'unir et s'entr'aider, bornons-nous à rappeler les faits principaux de cette première période, antérieure à nos traités de commerce, et durant laquelle une véritable ardeur de domination et de conquêtes animait encore, on peut le dire, le monde musulman, en Orient comme dans la Méditerranée.

Il est vraisemblable que les communications de l'ordre religieux souffrirent de moins longues interruptions que les relations commerciales, même pour la vente des esclaves, alors un des principaux objets d'échanges entre marchands européens et musulmans. A la moindre occasion favorable, un envoyé ou une lettre du Saint-Siége risquait la traversée d'Afrique, quand on aurait hésité peut-être à confier des marchandises aux périls de la navigation et de la rencontre des flottes ennemies. Il est constant que du septième au dixième siècle, durant la grande époque des invasions arabes, les papes envoyèrent encore quelques messages, peut-être des légats, aux Églises d'Afrique, dont le nombre d'ailleurs diminuait d'année en année; et que durant les mêmes siècles de tribulations et d'épreuves, les évêques et les fidèles du Magreb eurent le moyen de correspondre quelquefois avec Rome.

Au huitième siècle, beaucoup de clercs et de simples laïques des évêchés de la Proconsulaire et des provinces voisines, fuyant les misères du temps, passaient la mer et venaient chercher le pain qui leur manquait trop souvent, en demandant la prêtrise aux évêques d'Italie. On se défiait d'eux. On craignait l'irrégularité de leurs mœurs, leur penchant au mariage et les restes de l'hérésie que les manichéens avaient introduite dans leur Église. En 723, le pape Grégoire II, renouvelant à ce qu'il paraît d'anciennes prescriptions, recommandait aux évêques d'Italie de ne pas admettre à l'ordination ces Africains isolés qui venaient ainsi de temps en temps se présenter à eux [1]. Vers 893, les évêques d'Afrique, divisés par un schisme, invoquèrent la décision du Saint-Siége et envoyèrent une députation expresse au pape Formose. Flodoard le rappelle dans son *Histoire de l'Église de Reims* [2], en parlant des lettres que le Pape écrivit à cette occasion à l'archevêque Foulques, le successeur d'Hincmar, pour lui

---

[1] « Afros passim ad ecclesiasticos ordines prætendentes suscipiendos non esse. » Baronius, éd. Pagi, *Ann.*, 723, § 8. Cf. 696, § 14.

[2] « Simul etiam regionis Africanæ legatos insistere. » Flodoard, lib. IV, cap. II. Baronius, 893, § 5, t. XV, p. 463. D. Bouquet ne donne pas ces fragments.

demander le secours de ses lumières au milieu de la désolation qui affligeait partout l'Église du Christ, particulièrement à Constantinople et en Afrique, et le conjurer de ne pas manquer de se rendre au prochain concile convoqué à Rome. Les difficultés du temps ne permirent pas à Formose de tenir l'assemblée qu'il avait indiquée et à Foulques de visiter les basiliques des Apôtres. Moins que d'autres, les évêques d'Afrique auraient eu les moyens de se rendre personnellement à Rome. On remarque même l'absence complète des prélats africains aux septième et huitième conciles généraux célébrés à Nicée et à Constantinople en 777 et 869[1], quoique nous ayons la preuve par un ancien monument qu'il existait encore en Afrique, après le neuvième siècle, près de quarante villes épiscopales disséminées dans les provinces arabes[2].

Les faits commerciaux, moins rares que les notions transmises par les sources ecclésiastiques, nous montrent aussi qu'il y eut, du moins à certains intervalles, sur certains points et malgré les hostilités qui éclataient quelquefois à l'improviste, des communications pacifiques et suivies entre les Magrebins et les populations latines. Les marins de la Sicile, de Naples, de Salerne, d'Amalfi, qui fréquentaient les ports de l'Orient dès les siècles de la basse antiquité, osèrent plus d'une fois, depuis l'invasion arabe, aller commercer sur les côtes de l'Afrique musulmane, où ils obtinrent de quelques princes des trêves que l'on croit avoir été promises pour une durée de dix ans[3]. Marseille et Pise, en rapport avec l'Égypte dès le huitième siècle, les suivirent et profitèrent de leurs exemples. L'ambassadeur que Haroun-al-Raschid envoya à Charlemagne passa par le Magreb et débarqua à Pise, avec un officier du gouverneur de l'Afrique. Plus tard, le lieutenant aglabite envoya de Carthage à Charlemagne des reliques de saint Cyprien. L'éléphant offert à l'empereur par le calife fut conduit par les voies de terre jusque dans le Magreb, où on l'embarqua pour Porto-Venere[4]. Ces détails, minimes en eux-mêmes, indiquent que le nord de l'Italie et de la Gaule obtint aussi à certaines époques, et au moins sous le règne de Charlemagne, la sécurité réciproque des marchands, et des trêves plus ou moins bien observées.

Venise, qui commençait à étendre dès lors ses relations dans toute la Méditerranée par une politique pacifique et d'habiles négociations, saisissait les occasions propices d'envoyer ses navires en Égypte et dans le Magreb. La république savait concilier les intérêts de ses armateurs avec le respect dû aux décisions des papes et des conciles, qui de bonne heure frappèrent d'interdit la vente des armes, des bois et des marchandises de guerre aux Sarrasins d'Orient et quelquefois à ceux du Magreb. En 971, le sénat, sanctionnant les décisions apostoliques et impériales, défendit à ses navires d'apporter des armes et des bois de construction en pays musulman, mais autorisa ceux qui se rendraient à El-Mehadia et à Tripoli de prendre pour ces ports

---

[1] Voyez les observations de Pagi sur Baronius, 893, § 1, t. XV, p. 462.

[2] Voyez plus loin, p. 14.

[3] Amari, *Diplomi arabi*, prefaz., XII-XIII. Cf. Guill. de la Pouille, *De rebus Normann.*, lib. III; ap. Muratori, t. V, col. 267.

[4] Eginhard, ap. Pertz, t. Ier, p. 190; Adon, ap. Pertz, t. III, p. 320; cité par M. Amari, *Diplomi*, p. XII.

toutes autres cargaisons d'objets en bois, tels que vases, ustensiles, écuelles, bâtons, échelles et ensouples ou rouleaux de tisserand [1]; ce qui indique et la cherté du bois et une fabrication d'étoffes assez active dans le Magreb oriental. Dandolo rapporte que le doge Orseolo II, élu en 991 et mort en 1009, parvint à établir des rapports amicaux et bienveillants avec tous les princes sarrasins de son temps [2].

Prospérité de l'Afrique aux xe et xie siècles.

Le nord de l'Afrique, prospère, riche et industrieux encore, comme nous venons d'en recueillir en passant un témoignage significatif, offrait un champ bien digne de tenter les entreprises du commerce européen. Les écrits des géographes et des historiens arabes de ces temps sont intéressants à consulter à ce sujet, et nous ne saurions mieux faire que de reproduire le savant tableau formé par M. Amari des renseignements épars qu'ils renferment.

« Les ouvrages d'Ibn-Haukal, d'Ibn-Adhari et de Bekri, dit M. Amari, nous
» montrent l'ingénieuse distribution des eaux dans toute l'Afrique proprement dite, la
» vaste irrigation des champs, la culture générale des oliviers et de beaucoup d'autres
» arbres fruitiers; la canne à sucre cultivée à Kairouan, le coton à Msila, l'indigo à
» Sebab, les mûriers et les vers à soie à Cabès. Puis les manufactures de toiles fines
» et de laine à Sousa; l'art de fouler et de lustrer les draps, suivant l'usage d'Alexan-
» drie, à Sfax; des étoffes de coton fabriquées dans le Soudan, les poteries légères à
» Tunis; des laines et des draps noirs et bleu azur à Tripoli; des draps à Agdabia;
» la pêche habituelle du corail à Tenès, Ceuta et Mersa-Kharès. Ils nous parlent de
» l'opulence des marchands de Kairouan, opulence telle que ces négociants payèrent
» en 976 au gouvernement ziride un subside de 400,000 dinars, et que l'un d'eux fut
» taxé à 10,000 dinars, c'est-à-dire à 130,000 francs [3]. Nous y voyons l'importation
» constante des bois précieux de l'Inde, de l'ébène et de l'or brut du Soudan; les
» marchands espagnols établis à Bone; l'Afrique propre commerçant habituellement
» avec l'Orient, où elle envoyait surtout des esclaves mulâtres, des esclaves noirs,
» des esclaves (prisonniers) latins, grecs et slaves. En ce qui concerne particulière-
» ment le commerce italien, il n'est pas douteux qu'on ne vendît en Afrique les toiles
» de Naples, plus fines que toutes celles de l'Orient et de l'Occident, que les navires
» vénitiens n'apportassent des ustensiles de bois à El-Mehadia et à Tripoli, que nos

---

[1] Tafel et Thomas, *Fontes rer. Austriac.* Doc. de Venise, t. Ier, p. 25, 28; cf. Dandolo, *Chron. Venet.*, ap. Muratori, t. XII, p. 167, 171.

[2] « Omnes etiam Saracenorum principes suis legationibus sibi benevolos et amicos fecit. » Dandolo, ap. Muratori, t. XII, col. 223; Sanudo le jeune, *Vite*, ap. Murat., t. XXII, col. 467.

[3] Ibn-Khaldoun parle aussi de la richesse du royaume de Kairouan et d'El-Mehadia. Les cercueils des grands personnages du pays étaient faits de bois précieux des Indes à clous d'or. La dîme payée au gouvernement par quelques cantons maritimes voisins de Sfax s'élevait à quatre-vingt mille boisseaux de grain. El-Moëzz, le Ziride, dépensa, en 1019-1020, pour le trousseau et les frais de noces de sa sœur, un million de pièces d'or. Les funérailles de sa mère montèrent à cent mille pièces d'or. *Hist. des Berb.*, t. II, p. 19-20.

» navires ne vinssent échanger des marchandises diverses contre l'huile de Tripoli, et
» qu'ils n'achetassent souvent au comptant l'huile de Sfax. Ce que les chroniqueurs
» disent de la richesse et du faste de la cour des Fatimides d'Égypte et des Zirides,
» d'abord préfets, puis usurpateurs de l'Afrique, paraîtrait une fantaisie orientale, si
» tous ces témoignages venus de sources diverses ne concordaient sur ce point; si les
» monuments du Caire, comparables à nos plus beaux palais et à nos plus belles églises
» du moyen âge, n'étaient encore là pour attester la splendeur et la civilisation de ces
» temps, et si on ne pouvait enfin signaler la cause de toutes ces richesses. Bagdad
» ayant promptement déchu au dixième siècle même, le commerce des Indes et de la
» Chine, qu'elle avait attiré dans le golfe Persique, retourna dans la mer Rouge, au
» Caire et à Alexandrie, où les Fatimides s'efforcèrent de le retenir. Le Magreb profita
» de sa situation intermédiaire, et ses ports devinrent les échelles de la navigation
» entre l'Égypte et l'Espagne. Le commerce avec l'Italie et avec le Soudan fut encore
» une cause de grandes richesses pour le Magreb [1]. »

1048-1052. — Les Zirides, gouverneurs du Magreb au nom des califes d'Égypte, se déclarent indépendants.
Invasion des Arabes de la haute Égypte dans le Magreb.

Il survint vers cette époque un événement considérable qui modifia profondément les rapports et la composition des tribus du nord de l'Afrique, et dont nous devons parler, bien que ses conséquences sur la politique des rois d'Afrique avec les Chrétiens de leurs États ou les Chrétiens du dehors ne soient pas bien sensibles.

El-Moëzz, le Ziride, gouverneur de l'Afrique orientale au nom des Fatimides d'Égypte, s'étant déclaré indépendant à El-Mehadia en 1048, le calife El-Mostancer résolut de punir sa révolte en lançant contre lui les tribus d'Arabes pillards et misérables, appelés les Arabes Hilaliens, qui erraient dans la haute Égypte. Il les fit assembler et leur dit : « Je vous fais cadeau du Magreb et du royaume d'El-Moëzz,
» fils de Badis, esclave qui s'est soustrait à l'autorité de son maître. Ainsi, doréna-
» vant, vous ne serez plus dans le besoin [2]. » En différentes fois, un million de nomades [3], autorisés par cette concession facile, envahirent la Cyrénaïque, qu'ils dévastèrent, et peu après, en l'année 443 de l'hégire, 1051-1052 de l'ère chrétienne, pénétrèrent dans l'Afrique proprement dite, où ils mirent littéralement tout à feu et à sang.

On attache une grande importance ethnographique à cette seconde immigration arabe dans l'Afrique septentrionale.

Les descendants des anciens conquérants s'étaient dispersés et avaient été presque absorbés dans les masses de la population berbère, infiniment supérieures par le nombre. L'invasion de 1052 apporta un nouvel élément au sang ismaélique prêt à s'éteindre, et l'on tient tout ce qui reste de purement arabe aujourd'hui dans le

---

[1] Amari, *Diplomi arabi*, prefaz., p. XVI.
[2] Ibn-Khaldoun, *Hist. des Berbères*, trad. de l'arabe par M. le baron de Slane, t. Ier, p. 33.
[3] Carette, *Recherches sur l'origine et les migrations des tribus de l'Afrique septentr.*, p. 396, 397.

nord de l'Afrique pour une provenance des tribus hilaliennes que le ressentiment du calife d'Égypte jeta comme une plaie sur le pays, afin de se venger de la défection de son vizir [1].

Ces faits de l'histoire intérieure du Magreb n'ont eu aucune influence appréciable sur les relations de l'Afrique avec les souverains étrangers. Les Hilaliens bouleversèrent le Magreb oriental et le Magreb central; pendant trois ans, à la suite de leur irruption, l'anarchie la plus complète et des guerres continuelles troublèrent le pays; et durant ce désordre, qui leur permettait de faire la loi, ils ne parvinrent à fonder aucune dynastie. « Cette race d'envahisseurs, dit Ibn-Khaldoun, n'a jamais eu un chef capable de la diriger et de la contenir [2]. » Maîtres un moment des places les plus fortes, Kairouan, El-Mehadia, Constantine, ils ne purent en conserver aucune. Presque partout ils finirent par rechercher l'alliance et par accepter la suzeraineté des émirs berbères qu'ils avaient dépossédés. Chassés de toutes les grandes villes, ils se fixèrent dans les campagnes, où ils furent toujours redoutés pour leur insolence et leurs brigandages. El-Moëzz rentra dans El-Mehadia, et ses enfants, quoique affaiblis par la révolte et la perte des provinces occidentales, y compris Tunis, régnèrent encore près d'un siècle sur la partie orientale du Magreb, de la Byzacène à la Tripolitaine.

X^e-XIe siècles. — Persistance et diminution des évêchés et des centres chrétiens en Afrique. Empiétements de l'évêque de Gummi.

Sans avoir été peut-être l'objet de persécutions directes de la part des chefs arabes et des princes berbères convertis à l'Islamisme, les populations encore chrétiennes de l'Afrique durent nécessairement souffrir beaucoup des événements qui agitaient le pays. Elles supportaient vraisemblablement la plus lourde part des exactions et des tyrannies des vainqueurs. Ne pouvant acheter autrement la paix et la sécurité, beaucoup de tribus restées chrétiennes durent en ces temps de désordres chercher lâchement leur salut dans l'apostasie. Beaucoup de villes épiscopales durent perdre les pasteurs qui avaient supporté jusque-là les difficultés et les humiliations de la conquête. Parmi les évêchés subsistant encore au onzième siècle, le cours des temps, en modifiant l'importance relative des villes, avait amené des changements dans la hiérarchie des sièges.

Nous ne savons rien du nombre de ces évêques africains qui au huitième et au neuvième siècle, à travers les périls de la terre et de la mer, allaient encore demander une direction spirituelle à Rome. Sans doute ils étaient bien loin d'approcher du nombre de deux cents à deux cent dix-sept prélats qu'on avait vus siéger ensemble, même après la persécution des Vandales, dans les conciles de Carthage [3]. Une ancienne *Notice des évêchés*, que ne signale pas Morcelli, nous fournit des enseignements précieux

---

[1] M. de Slane, *Introduction à l'Histoire des Berbères*, t. Ier, p. XXIX.

[2] Ibn-Khaldoun, t. Ier, p. 44-45. C'est toujours l'*Histoire des Berbères*, traduite par M. de Slane, que nous désignerons par cette seule mention du nom de l'auteur.

[3] Labbe, *Concil.*, t. I et II; Morcelli, *Africa christiana*, t. Ier, p. 44.

pour le dixième ou onzième siècle, temps où elle paraît avoir été dressée [1]. En y comprenant les îles Baléares et la Sardaigne, cette notice compte en Afrique quarante-sept villes épiscopales ainsi réparties sous quatre archevêques ou *primats*, nom que l'on donnait dans l'Église d'Afrique aux métropolitains.

I. Province de la Byzacène, quatorze évêchés, dont les plus connus sont : Carthage, *Carthago Proconsularis*, Gafsa et Hadrumète.

II. Province de la Numidie, quinze évêchés : Guelma, Hippone, Constantine.

III. Province de la Mauritanie première, un évêché : *Rhinocucurum*.

IV. Province de la Mauritanie deuxième, dix-sept évêchés : Ceuta, Majorque, Minorque, la Sardaigne.

Ce monument aurait une plus grande valeur si on en connaissait exactement la date et l'origine. De ce qu'il mentionne environ quarante villes épiscopales en Afrique, on ne peut conclure qu'il y eût encore au dixième ou onzième siècle quarante évêques sous la domination musulmane. Ses nomenclatures sont d'ailleurs altérées et imparfaites. Le nom de *Gummi* ou *Gummasa*, ville de la Byzacène, que nous savons positivement avoir eu un évêque au onzième siècle comme au quatrième, au cinquième et au sixième [2], manque ou est corrompu dans la série des évêchés de cette province. Néanmoins la *Notice* est admise comme sincère dans son ensemble par les controversistes ultramontains [3] et protestants [4]. Elle nous révèle donc une modification survenue depuis l'invasion des Arabes dans la hiérarchie des Églises et des provinces de l'Afrique, contraire à toutes les traditions établies par les conciles et les décisions apostoliques.

Nous nous sommes déjà servis deux fois du mot hiérarchie, qui est cependant impropre, car en réalité il n'y avait ni rang ni prééminence attachés aux villes épiscopales dans l'Église d'Afrique. L'évêque le plus anciennement nommé dans chaque province prenait le pas sur les autres et en était le métropolitain ou le primat. De là résultait que souvent des villes très-secondaires avaient momentanément l'honneur d'être le siège du chef ecclésiastique de la province. De même entre les six primats des temps antiques de la Numidie, de la Byzacène, de la Tripolitaine et des trois Mauritanies, la date de l'ordination donnait la primatie au plus ancien. Seul l'évêque de Carthage, quels que fussent son âge et sa récente ordination, avait la prééminence incontestée sur tous les évêques et sur tous les primats de l'Afrique. Telle était la tradition consacrée depuis la plus haute antiquité de l'Église d'Afrique par les conciles et les papes [5].

[1] Elle a été publiée en partie par Charles de Saint-Paul (*Geogr. sacra*), plus complétement par Beveregius d'après un manuscrit d'Oxford, *Pandectæ canonum*, t. II; *Annotation.*, p. 142. Oxford, 1672.

[2] Morcelli, *Africa-christiana*, t. Ier, p. 176.

[3] Pagi, notes à Baronius, 893, § Ier; *Annal.*, t. XV, p. 462.

[4] Beveregius (*loc. cit.*), qui dut reconnaître lui-même l'imperfection du manuscrit d'Oxford.

[5] Voyez Morcelli, *Africa christ.*, t. Ier, p. 33; saint Léon IX le rappelle dans les lettres de 1053, que nous allons citer : « Non secundum potentiam alicujus civitatis, sed secundum tempus suæ ordinationis. » Nos *Documents*, p. 4-5.

La *Notice* déroge évidemment à cette règle, en subordonnant Carthage et toute la Proconsulaire à la Byzacène. Et une mention de Nil Doxopater, dans un livre dédié vers le milieu du onzième siècle au roi Roger, montre bien que cette dérogation était réellement passée dans les faits en Afrique depuis quelque temps [1].

1053. — Les papes maintiennent la prééminence du siège de Carthage.

La ville de Carthage, dont les vastes ruines renfermaient encore plusieurs gros villages « beaux, riches et bien peuplés [2] », était toujours le siège honorifique d'un évêché, et avait même alors un évêque. On ne sait si le titulaire essaya de défendre les prérogatives de sa dignité, ou si, au milieu du découragement des Chrétiens et de la décadence générale de leurs institutions, l'usurpation et l'irrégularité le laissèrent indifférent. D'autres du moins en furent frappés et blessés. Vers l'an 1053, trois évêques d'Afrique, de résidences inconnues, nommés Thomas [3], Pierre et Jean, voulurent revenir à l'ancienne discipline. Ils refusèrent de reconnaître les prétentions de l'évêque de Gummi, et en appelèrent à la décision de l'Église de Rome, qu'ils avaient déjà précédemment invoquée comme leur guide et leur lumière dans les épaisses ténèbres qui les environnaient.

Léon IX adressa à cette occasion, l'an 1053, aux trois évêques, deux lettres décrétales, précieux monuments de l'histoire de l'Église d'Afrique, que les collections ecclésiastiques ont conservées [4]. Le Pape déplore la ruine de cette grande et florissante Église, où le malheur des temps veut qu'on ait peine à trouver aujourd'hui cinq évêques. Il loue la déférence des trois pasteurs à l'égard du pontife romain, que le Seigneur a établi au-dessus de tous les autres évêques comme l'interprète de la loi et l'arbitre des différends de l'Église universelle. Il remercie particulièrement Pierre et Jean d'avoir, de concert avec leurs prêtres, réuni un concile pour s'occuper des affaires ecclésiastiques, suivant l'invitation que le Saint-Siége leur en avait faite [5]; il les engage à tenir une fois au moins chaque année, s'il leur est possible, des synodes semblables, dans l'intérêt de leurs fidèles. Abordant ensuite la question présente sur laquelle il était consulté, le Pape établit sans peine l'irrégularité et l'illégitimité des prétentions de l'évêque de Gummi à vouloir consacrer les évêques, convoquer les

---

[1] « Romanus obtinebat provinciam Byzaciæ in. qua est Carthago et Mauritaniam. » *De quinque thronis patriarchalibus*, livre dont on rapporte la composition à l'an 1043. — Voyez Pagi, Notes à Baronius, ann. 893, § 1er, t. XV, p. 462.

[2] El-Bekri, *Descript. de l'Afrique*, ouvrage terminé en 1068, trad. de M. de Slane, p. 108. Cf. Ibn-Haukal, qui écrivait vers 970, *Descript. de l'Afrique*, trad. de M. de Slane, *Journal asiat.*, 3e série, t. XIII, 1842, p. 178; Edrisi, qui écrivait en 1154, trad. de M. Jaubert, t. I, p. 261-264. A la fin du treizième siècle, El-Abdéry dit « qu'il ne demeurait plus une âme à Carthage. » Extr. trad. par M. Cherbonneau, *Revue africaine*, avril 1860, p. 297.

[3] On croit que Thomas était l'évêque même de Carthage.

[4] Voyez nos *Documents*, p. 1 à 3. A la page 2, note 1, c'est par erreur qu'il est dit que le nom de Gummi ne figure pas dans les listes des anciens évêchés d'Afrique dressées par Morcelli.

[5] « Quod jussi a nobis concilium de rebus ecclesiasticis habuistis. »

conciles et exercer les autres prérogatives des primats. Il rappelle les décisions des conciles depuis celui du bienheureux Cyprien, et les constitutions des papes établissant que dans l'Église d'Afrique l'évêque de Carthage seul reçoit le pallium de l'Église apostolique, que seul et à jamais il est le métropolitain de toute l'Afrique, le primat incommutable de tous les autres évêques de l'Église d'Afrique, quelle que soit l'importance politique ou la population des villes qu'ils habitent. « Carthage, dit le pontife,
» conservera cette glorieuse et canonique prééminence tant que le nom de Notre-
» Seigneur Jésus-Christ sera invoqué dans ses murs, que ses monuments épars gisent
» toujours comme aujourd'hui dans la poussière, ou qu'une glorieuse résurrection vienne
» un jour en relever les ruines. »

L'histoire ne fait pas connaître la fin du différend soulevé par un honorable scrupule entre les évêques africains et leur collègue de la Byzacène. A quelque temps de là, nous trouvons le siége de Carthage occupé par un prélat que ses confrères semblaient reconnaître pour leur primat, mais qui éprouvait les plus cruels chagrins de l'insubordination de ses propres ouailles et des exigences tyranniques du prince musulman dont il était politiquement le sujet.

1007-1090. — Démembrement du royaume des Zirides. Création du royaume des Hammadites dans la Mauritanie orientale, à El-Cala, puis à Bougie.

Le territoire de Carthage et de Tunis ne dépendait plus alors des rois zirides d'El-Mehadia et de Kairouan. L'invasion des Hilaliens, en désorganisant leur gouvernement, avait consolidé d'anciennes révoltes et favorisé de nouvelles usurpations. Déjà, depuis le commencement du onzième siècle, la Numidie, confiée à un prince collatéral de leur propre famille, avait cessé d'obéir aux Zirides. Hammad, fils de Bologguin, nommé par le roi El-Mansour, son frère, gouverneur de Msila, ne s'était pas contenté de son commandement. En 1007 ou 1008 (398 de l'hégire), il avait fondé, au sud de Sétif, la ville d'El-Cala, dite aussi Calaat, où il voulait fixer sa résidence [1]. Il y fit construire des mosquées, des caravansérails, des palais, des établissements de toute sorte, « en
» un mot, dit un écrivain arabe, il y réunit tout ce qui est nécessaire à la culture des
» sciences, du commerce et des arts, et tout ce qui constitue une vraie capitale [2] ». Il l'entoura de remparts et y déclara son indépendance, l'an 405 (1014-1015), en se plaçant sous la suzeraineté des Abbassides, tandis que la cour d'El-Mehadia reconnaissait encore la suprématie du calife d'Égypte. El-Cala s'accrut rapidement. Hammad y appela les habitants des pays les plus éloignés. « Des artisans et des étudiants des
» extrémités de l'empire y accoururent »; et l'on y vit, à une époque postérieure, où elle n'était plus que la seconde capitale des Hammadites, une population chrétienne bien traitée des souverains du pays et gouvernée par un chef que l'on s'accorde à considérer comme un évêque [3]. Les fils d'Hammad continuèrent sa politique. Quand

[1] Cette ville, nommé El-Cala ou Calaat des Beni-Hammad, pour la distinguer des villes assez nombreuses du même nom existant en Afrique, était située entre Msilah et Sétif. — Voyez nos *Documents*, page 2, note [1].
[2] Ibn-Khaldoun, t. II, p. 43; El-Tidjani, p. 108.
[3] Voyez ci-après, § 1114-1192.

les Zirides refusèrent l'hommage aux Fatimides et firent prononcer la prière publique du vendredi au nom des califes de Bagdad, les Hammadites abandonnèrent le parti de ces princes et adoptèrent celui des Fatimides. Ils agrandirent leurs États, maintinrent leur indépendance contre les Zirides, et résistèrent aux attaques des dynasties du Maroc, avec lesquelles leurs provinces confinaient vers l'ouest. Bone, Constantine, Biskara, Bouçada étaient à eux. Leur royaume nous semble avoir compris toute la Numidie, la première Mauritanie et une grande partie de la Mauritanie Césaréenne, où il arrivait peut-être jusqu'au cours supérieur du Chélif, à la hauteur d'Alger, sans s'étendre jusqu'à cette ville [1]. Le centre et la capitale de leur petit empire se trouvait dans la Mauritanie première, dont Sétif avait été le chef-lieu au temps de l'administration romaine. Aussi les papes qui ont été en relations avec l'un de ces princes, le plus célèbre et le plus puissant de tous, En-Nacer, fils d'Alennas, lui donnaient le titre de *roi de la Mauritanie Sitifienne*. En-Nacer, petit-fils d'Hammad, aïeul de la dynastie, successeur, en 1062, de son cousin Bologguin, fonda en 1067 la ville de Bougie sur la côte occidentale de ses États, près des ruines de l'ancienne ville de *Saldæ*, qui appartenait à la Mauritanie Césaréenne; et Mansour, fils d'En-Nacer, sans négliger El-Cala, transféra, en 1090, le siége du gouvernement hammadite en cette ville, favorablement située, au fond d'une excellente rade, pour le commerce et les relations maritimes.

1063-1159. — Principauté des Beni-Khoraçan à Tunis.

Peu de temps après l'avénement d'En-Nacer, le peuple de Tunis, désaffectionné du gouvernement des Zirides, et se sentant porté vers la dynastie hammadite à cause de ses succès et de sa puissance, envoya à El-Cala ses principaux scheiks pour demander un gouverneur. En-Nacer leur donna Abd-el-Hack Ibn-Khoraçan, qui se fit aimer des gens du pays en les associant à l'exercice du pouvoir. Attaqué en 1065 par le roi ziride, sans pouvoir être secouru à temps, il fut obligé de reconnaître la suzeraineté des princes d'El-Mehadia. Il conserva à Tunis, de concert avec les scheiks, une autorité indépendante de fait, et mourut en 1095, assuré de la voir passer à ses enfants. Ahmed, son petit-fils et son second successeur, se débarrassa du contrôle des scheiks; il entoura Tunis de remparts, y fonda des palais, et accrut ainsi sa puissance. Il fut néanmoins obligé, comme ses prédécesseurs, de se reconnaître tour à tour vassal des Zirides ou des Hammadites. Après des vicissitudes diverses et plusieurs guerres civiles, la principauté et la dynastie des Beni-Khoraçan fut détruite par Abd-el-Moumen, au milieu du douzième siècle [2].

1073. — Difficultés de l'évêque de Carthage avec ses fidèles et avec l'émir du pays.

Ces princes ont eu quelques rapports avec les Européens, et nous citerons plus tard une lettre amicale que le dernier d'entre eux, peu d'années avant sa chute, adressait à la république de Pise, en posant les bases d'un traité de commerce fondé sur les relations antérieures des deux pays [3].

---

[1] Cf. Ibn-Khaldoun, t. II, p. 43 et suiv.
[2] Ibn-Khaldoun, t. II, p. 29-32; El-Tidjani, p. 258.
[3] Voyez nos *Documents*, 1157. Pise et Tunis, p. 23.

INTRODUCTION HISTORIQUE.

C'est au règne et à la politique du premier chef de la famille, à Ibn-Khoraçan lui-même, que nous paraissent se rapporter deux lettres de Grégoire VII adressées en 1073 aux Chrétiens et à l'archevêque de Carthage, Cyriaque. Elles donnent une triste idée des dispositions de la petite chrétienté, vivant encore dans les hameaux de l'ancienne métropole proconsulaire, à l'égard de son pasteur, homme des temps antiques, observateur des sacrés canons, et résolu à tout souffrir plutôt qu'à les violer.

Il s'agissait d'une ordination ecclésiastique. Le clergé et une grande partie des fidèles, moins scrupuleux qu'autrefois, avaient des préférences pour un candidat que l'on est autorisé à croire dépourvu de quelques-unes des qualités requises d'âge, d'instruction ou de mœurs; et l'émir, indifférent au fond du débat, désirait voir l'archevêque le terminer sans retard en déférant au vœu général. On ne sait si la question s'était élevée au sujet de l'ordination d'un simple prêtre ou d'un évêque, et on ne voit plus en cette circonstance la moindre trace des anciennes prétentions de l'évêque de Gummi à la primatie de l'Église africaine. Rien ne put décourager Cyriaque : les railleries et les accusations de son aveugle troupeau, il supporta tout avec résignation et fermeté. Le roi le fit comparaître en sa présence; il y fut insulté, dépouillé de ses vêtements, frappé de coups. Il ne put consentir à profaner ses mains en procédant à une ordination illicite. Chassé comme un malfaiteur, il se contenta d'exposer sa conduite au Pape en lui demandant conseil.

Les lettres de Cyriaque parvinrent à la cour apostolique après l'élection récente de Grégoire VII, qui s'était rendu à Capoue pour surveiller les entreprises de Robert Guiscard sur la Campanie. On pressent quelle dut être la réponse de l'infatigable défenseur de la discipline et de l'omnipotence ecclésiastique. Le 16 septembre 1073, deux lettres furent expédiées à la chancellerie apostolique pour l'Afrique, l'une adressée « au clergé et au peuple chrétien de Carthage, » l'autre à l'évêque Cyriaque.

La première est une vive et éloquente exhortation à l'observation des lois canoniques et au respect des pasteurs, si les Africains veulent conserver encore le titre de Chrétiens et éviter l'anathème : « L'Apôtre l'a déclaré, s'écrie le Pape, tout
» homme est soumis aux puissances supérieures. Or, comme il faut obéir aux pouvoirs
» terrestres, à combien plus forte raison ne doit-on pas obéissance à la puissance
» spirituelle qui remplace ici-bas Jésus-Christ lui-même! Je vous écris ces choses,
» mes très-chers fils, la douleur dans le cœur et les larmes aux yeux. Il est parvenu
» à nos oreilles qu'une partie d'entre vous, se révoltant contre la loi du Christ et
» contre notre vénérable frère Cyriaque, votre archevêque, votre maître, votre Christ,
» l'a accusé devant les Sarrasins, l'a outragé de ses insultes, à ce point que, traité
» comme un voleur, il a été mis à nu et battu. Ô fatal exemple! Honte à vous et à
» l'Église entière! Le Christ est de nouveau captif; de nouveau il est condamné sur de
» faux témoignages, frappé comme les larrons! Et par qui? par ceux qui prétendent
» croire encore à son incarnation, vénérer sa passion, respecter ses mystères. Non,
» je ne puis me taire, j'élèverai la voix contre vous; je ne veux pas, pour vos péchés,
» être jeté aux pieds de mon terrible Juge. Mais comme vous ne pouvez venir
» facilement à moi, à cause de la longueur et des dangers des voyages sur mer, et

» que je ne puis discerner d'ici la part de la malice et de l'ignorance, je vous ouvre
» les entrailles de la miséricorde. Que vos regrets apportent un baume à ma tristesse.
» Revenez à de meilleurs sentiments, sinon je vous frappe sans pitié, au nom de saint
» Pierre et du mien, du glaive de l'excommunication. »

Puis il console et soutient Cyriaque; il l'engage à ne point faiblir dans sa résistance,
dût-il voir ses membres détachés de son tronc et son âme s'envoler aux cieux. Il
regrette de ne pas le savoir déjà martyr de la foi et de la prédication qu'il aurait dû
courageusement proclamer au milieu des barbares : « J'ai su par vos lettres, vénérable
» frère, les douleurs que vous occasionnent les païens et les enfants égarés de l'Église.
» J'y ai cordialement compati. Vous avez donc à soutenir un double combat : il vous
» faut veiller aux embûches secrètes des Chrétiens et supporter la persécution des
» Sarrasins, qui menacent non-seulement ce corps périssable, mais la foi elle-même.
» Qu'est-ce en effet que de demander à un prêtre d'enfreindre la loi divine sur l'ordre
» d'une puissance de ce monde, si ce n'est lui demander de renier sa foi? Mais, grâce
» à Dieu, la fermeté de votre conviction a paru à tous comme un phare lumineux
» au milieu des ténèbres de cette nation dégradée. Vous avez souffert dans vos
» membres; mais votre confession eût été plus précieuse encore si, sous les coups
» mêmes qui vous frappaient, confondant l'erreur et publiant la doctrine du Christ,
» vous aviez répandu jusqu'à la dernière goutte de votre sang. C'est là, vénérable
» frère, nous ne vous le dissimulons pas, ce que nous devons à la foi et à la vérité :
» notre corps et notre vie tout entiers. » Il termine avec affection en ces termes :
« Nous ne pouvons être présent personnellement auprès de vous, vénérable frère,
» mais notre pensée ne vous quitte pas; nous vous écrirons en toutes occasions
» propices; nous prierons instamment le Dieu des miséricordes pour qu'il daigne
» secourir cette malheureuse Église d'Afrique, depuis si longtemps battue des flots et
» de la tempête [1]. »

1068-1076. — Diminution des évêchés et des Chrétiens en Afrique.

Ce qui nous reste de la correspondance pontificale montre Grégoire VII s'occupant
encore plusieurs fois de l'Église d'Afrique et recevant quelques satisfactions de ce
pays, malgré la ruine presque entière de son Église. Le Pape avait consacré lui-même
un évêque pour l'un de ses rares évêchés. A peine le nouveau prélat était-il retourné en
Afrique que le siége de Bone [2] vint à vaquer. Nous apprenons ainsi par ces circonstances
mêmes que la glorieuse ville de saint Augustin conservait encore un fonds de population
chrétienne, et nous voyons en même temps qu'il ne se trouvait pas alors dans toute
l'Afrique les trois évêques dont la présence et la coopération étaient indispensables
pour accomplir les rites d'une ordination épiscopale canonique et régulière. Instruit de
ces faits par une lettre de Cyriaque, le Pape charge l'archevêque, au mois de juin 1076,

[1] Rinaldi, *Annal. eccles.*, ann. 1073, §§ 64 et suiv.; Addit. de Pagi, § 13, t. XVII, p. 369, et nos *Documents*, p. 5 et 6.
[2] Il s'agit bien d'Hippone royale en Numidie, la ville de saint Augustin, et non, comme le pense Fleury, d'Hippone Zaryte dans la Proconsulaire, qui paraît répondre à Bizerte.

de se concerter avec le prélat récemment consacré à Rome pour choisir ensemble un sujet digne de recevoir l'imposition des mains du souverain Pontife et capable de défendre avec eux les instructions sacrées qui lui seraient données. « Vous pourrez
» alors, ajoute le pontife, pourvoir aux besoins d'autres Églises par l'ordination de
» nouveaux évêques, conformément aux canons et aux constitutions apostoliques. Le
» peuple chrétien profitera davantage de la direction de ses pasteurs, et le labeur
» écrasant qui dépasse aujourd'hui vos forces deviendra plus léger, partagé qu'il sera
» avec quelques collègues [1]. »

Ainsi, plus de trois évêques étaient encore utiles au service spirituel des Chrétiens d'Afrique; ainsi tous les foyers où l'on adorait le Christ n'étaient pas encore éteints en dehors de Carthage et d'Hippone parmi les tribus berbères. Mais combien l'Église d'Afrique n'avait-elle pas perdu de siéges épiscopaux et de simples fidèles depuis le septième siècle, où elle pouvait réunir deux cents prélats, et depuis le dixième siècle, où près de quarante villes avaient encore le droit et peut-être la nécessité de voir résider un évêque dans leurs murs! On regrette de ne pouvoir dire quelles étaient les trois autres cités qui complétaient le nombre des cinq évêchés mentionnés dans les lettres de 1053.

Vingt années, marquées par l'élévation de dynasties nouvelles et par des guerres incessantes au dehors et à l'intérieur, avaient pu amener des changements ou des déshérences parmi les Églises maîtresses. La ville de Gummi, dont il n'est plus question depuis le pontificat de Léon IX, avait peut-être perdu sa chrétienté et son pasteur. Peut-être l'usurpateur des prééminences de l'évêque de Carthage, condamné par le Saint-Siége en 1053, avait-il comme tant d'autres entraîné son peuple dans l'abîme et comblé la mesure de ses fautes par une orgueilleuse résistance et l'apostasie. Peut-être au contraire El-Cala, la capitale créée par les Hammadites, et peuplée d'habitants appelés de toutes les parties du Magreb, avait-elle déjà reçu, à la fin du onzième siècle, la colonie chrétienne et le pasteur vraisemblablement du rang épiscopal que nous y verrons établi au douzième siècle [2].

Alger, où se voyait encore l'abside d'une grande basilique byzantine, n'avait plus de population chrétienne [3]. Il semble que les pays du Djerid et de la Byzacène eussent perdu celles dont le nombre donnait un quart de siècle auparavant tant d'importance à l'évêque de Gummi. Mais un quatrième siége africain pouvait se trouver à l'ouest du Magreb, dans la Mauritanie Césaréenne, à l'ancienne ville épiscopale de *Timici*, le Tlemcen des Arabes, dont El-Bekri parle ainsi, en 1068 : « On trouve à Tlemcen les
» ruines de plusieurs monuments anciens et les restes d'une population chrétienne,
» qui s'est conservée jusqu'à nos jours. Il y a aussi une église qui est fréquentée encore
» par les Chrétiens [4]. »

---

[1] Grégoire VII à Cyriaque, juin 1076. — Voyez nos *Documents*, p. 6.
[2] Voyez plus loin, § 1114-1192.
[3] El-Bekri, p. 156.
[4] El-Bekri, p. 179.

1076-1077. — Rapports amicaux de Grégoire VII et d'En-Nacer, roi berbère de la Mauritanie Sitifienne.

Conformément aux instructions de Grégoire VII, l'archevêque de Carthage et son collègue avaient cependant choisi parmi leurs prêtres un candidat à l'ordination épiscopale, en cherchant à répondre autant que possible aux désirs du clergé et du peuple d'Hippone, que cette déférence associait ainsi à l'élection. Le prêtre désigné se nommait Servand. Le roi de Mauritanie, En-Nacer, agréa son choix, et quand Servand partit pour Rome, il lui remit des lettres et des cadeaux destinés au Pape. Il fit plus. Voulant témoigner à Grégoire VII le prix qu'il attachait à son amitié et l'assurer de ses dispositions favorables pour ceux de ses sujets qui professaient la religion chrétienne, il fit racheter tous les prisonniers chrétiens que l'on trouva dans ses États et les envoya au souverain Pontife. Il promit de délivrer de même tous ceux que l'on pourrait découvrir encore.

Ces procédés touchèrent extrêmement la cour apostolique et les Romains. Plusieurs patriciens et hauts dignitaires ecclésiastiques voulurent entrer en relations directes avec l'émir. Ils profitèrent du retour de Servand en Afrique, qui eut lieu en 1076 ou 1077, et envoyèrent avec lui plusieurs messagers chargés de complimenter le roi en leur nom. Le nouvel évêque reportait en outre à En-Nacer une réponse extrêmement gracieuse de Grégoire VII lui-même. Cette lettre, d'un caractère plus expansif qu'aucune de celles qui ont été échangées entre les papes et les rois du Magreb, mérite d'être relue. En voici la teneur tout entière :

« Grégoire, évêque, serviteur des serviteurs Dieu, à Anzir, roi de la Mauritanie,
» de la province Sitifienne, en Afrique, salut et bénédiction apostolique.

» Votre Noblesse nous a écrit cette année pour nous prier de consacrer évêque,
» suivant les constitutions chrétiennes, le prêtre Servand, ce que nous nous sommes
» empressé de faire, parce que votre demande était juste. Vous nous avez en même
» temps envoyé des présents; vous avez, par déférence pour le bienheureux Pierre,
» prince des apôtres, et par amour pour nous, racheté les Chrétiens qui étaient captifs
» chez vous et promis de racheter ceux que l'on trouverait encore. Dieu, le créateur de
» toutes choses, sans lequel nous ne pouvons absolument rien, vous a évidemment
» inspiré cette bonté et a disposé votre cœur à cet acte généreux. Le Dieu tout-
» puissant, qui veut que tous les hommes soient sauvés et qu'aucun ne périsse,
» n'approuve en effet rien davantage chez nous que l'amour de nos semblables, après
» l'amour que nous lui devons, et que l'observation de ce précepte : *Faites aux autres*
» *ce que vous voudriez qui vous fût fait*. Nous devons plus particulièrement que les
» autres peuples pratiquer cette vertu de la charité, vous et nous, qui, sous des
» formes différentes, adorons le même Dieu unique, et qui chaque jour louons et
» vénérons en lui le créateur des siècles et le maître du monde.

» Les nobles de la ville de Rome ayant appris par nous l'acte que Dieu vous a
» inspiré, admirent l'élévation de votre cœur et publient vos louanges. Deux d'entre
» eux, nos commensaux les plus habituels, Albéric et Cencius, élevés avec nous dès
» leur adolescence dans le palais de Rome, désireraient vivement se lier d'amitié et

» de services réciproques avec vous. Ils seraient heureux de pouvoir vous être
» agréables en ce pays. Ils vous envoient quelques-uns de leurs hommes, qui vous
» diront combien leurs maîtres ont de l'estime pour votre expérience et votre grandeur,
» et combien ils seront satisfaits de vous servir ici. Nous les recommandons à Votre
» Magnificence, et nous vous demandons pour eux cet amour et ce dévouement que
» nous aurons toujours pour vous et pour tout ce qui vous concerne. Dieu sait que
» l'honneur du Dieu tout-puissant inspire l'amitié que nous vous avons vouée, et com-
» bien nous souhaitons votre salut et votre gloire dans cette vie et dans l'autre. Nous
» le prions du fond du cœur de vous recevoir, après une longue vie, dans le sein de la
» béatitude du très-saint patriarche Abraham [1]. »

Jamais peut-être pontife romain n'a plus affectueusement marqué sa sympathie à un prince musulman; jamais surtout nous n'avons remarqué qu'un pape ait exprimé avec cette effusion intime et ces ménagements la croyance commune des Musulmans et des Chrétiens au même Dieu, unique et immortel, servi et honoré par des cultes respectables quoique divers. Cette invocation d'Abraham, ce soin de rappeler les seuls points qui rapprochent deux mondes religieux si opposés d'ailleurs sur tout le reste, sont bien éloignés du ton général des missives échangées entre les papes et les princes musulmans. Quelques égards qu'ils aient témoignés à des califes ou à des émirs, dans les lettres les plus instantes qu'ils leur aient adressées pour demander une faveur ou les en remercier, les souverains pontifes conservent un accent d'autorité, de remontrance ou tout au moins de compassion, que les princes de l'Islam prenaient aussi dans leurs missives, mais qui se fait à peine sentir dans les relations d'En-Nacer et de Grégoire VII. L'origine berbère et chrétienne du fils d'Hammad et de sa nation, le secret espoir que pouvait donner une pareille descendance, étaient peut-être la cause de ces ménagements. Mais nous n'oserions insister sur de semblables conjectures.

On aimerait à savoir quelles purent être les suites de cette correspondance curieuse. L'histoire les a négligées. Il en resta du moins un bon souvenir dans la population et la dynastie des princes de la Mauritanie. C'est auprès d'elles et sous leur protection que se sont conservées le plus longtemps quelques familles de Chrétiens indigènes régies par un chef ecclésiastique qui semble être un évêque [2]. Si la pensée de Grégoire VII allait plus loin que l'expression de ses lettres, si quelque espérance éloignée accompagnait ses avances à En-Nacer, soit pour préparer une conversion, soit pour déterminer une coopération quelconque en faveur des Chrétiens d'Espagne ou de Sicile, l'avenir ne dut pas tarder à détromper les généreuses tentatives du Pape. Il est possible néanmoins que la bienveillance des rapports de la dynastie des Hammadites avec le Saint-Siége n'ait pas été étrangère à la coalition formée avant la fin du siècle, sous les auspices du successeur de Grégoire VII, contre la dynastie ziride ennemie de la famille d'En-Nacer.

[1] Nos *Documents*, p. 7. Baronius, 1076, § 70 et suiv., t. XVII, p. 440.
[2] Voyez plus loin, § 1114-1192.

1053-1082. — Origine des Almoravides. Ils font la conquête du Magreb occidental jusqu'à Alger.

La création du royaume d'El-Cala et celle de la principauté de Tunis n'étaient pas les seules modifications politiques survenues en Afrique depuis l'invasion des Arabes Hilaliens. Dans l'ouest, une révolution à la fois religieuse et politique avait amené le triomphe d'une nation nouvelle, déjà maîtresse de la ville de Fez, de tout le Magreb-el-Aksa, d'une partie du Magreb central, et destinée à soumettre peu d'années après, à la suite d'un chef résolu, toute l'Espagne musulmane à son autorité.

Les Almoravides étaient une des nations de la vieille souche berbère et sanadjienne ou sénégalaise qui habitaient les vastes plaines du Sahara, entre le Sénégal et le désert de Barca [1]. De leur vrai nom, ils s'appelaient Lemtouna. Comme les Touaregs et les Lamta, ils avaient constamment la face voilée du *litham* percé de deux yeux ; ils ne connaissaient d'autres montures, même pour la guerre, que les méharis ou chameaux de course. Vivant sobrement du lait et de la chair de leurs chameaux, ils atteignaient généralement un âge très-avancé. La moyenne de la vie était parmi eux de quatre-vingts ans [2]. Convertis de l'idolâtrie à l'Islamisme par une confrérie de marabouts établie dans un îlot du Sénégal, ils adoptèrent le surnom d'*Al-Morabetin* ou Marabouts, d'où est venu pour nous le mot Almoravides.

Leur première expédition contre le Magreb est de l'an 445 de l'hégire, 1053-1054 de l'ère chrétienne. Elle n'avait d'abord pour but que d'enlever au gouvernement maghraouien un parc de cinquante mille chameaux [3], conservé à Sedjelmesse, grande ville aujourd'hui détruite, située un peu à l'est de Tafilet [4]. Le succès de l'entreprise enflamma l'ambition des sectaires. Les Maghraoua furent taillés en pièces ; Sedjelmesse fut conquis et resta au commandement d'officiers almoravides. Bien que le gros de la tribu eût regagné le désert avec son immense butin, le mouvement qui la poussait à envahir les pays cultivés ne pouvait s'arrêter, et dès l'année 1056-1057, Abou-Bekr Ibn-Omar, son scheik, la convia à la conquête du Magreb. Il l'envahit aussitôt du côté opposé à Sedjelmesse, en suivant le littoral, et s'empara cette année même du pays de Sous et de Taroudant, au sud de Mogador [5]. Afin de se concilier la faveur des populations, il supprimait partout les contributions illégales « et les abus choquant » la religion ». La spoliation et les supplices hâtaient au besoin l'adhésion des villes et des tribus. En 1058, il franchit l'Atlas, que les Berbères appellent le Deren, pénétra chez les Masmouda, le peuple le plus puissant et le plus nombreux du Magreb, et soumit toute la province de Tedla, en massacrant impitoyablement tout ce qui résistait ou lui portait ombrage. Puis, en 1061, sans surprise et sans regret contre un événement qu'amenait la fatalité, voyant son cousin Yousouf, fils de son oncle Tachefin, peu disposé à rendre l'autorité qu'il lui avait momentanément confiée, il remit entièrement le pouvoir en ses mains et rentra dans le désert.

[1] Ibn-Khaldoun, t. II, p. 64.
[2] Ibn-Khaldoun, t. II, p. 85.
[3] Ibn-Khaldoun, t. II, p. 70.
[4] El-Bekri, p. 204, 328.
[5] Ibn-Khaldoun, t. II, p. 71.

Yousouf Ibn-Tachefin continua les conquêtes et les réformes d'Abou-Bekr et fut le vrai fondateur de la dynastie almoravide. En 1062, il jeta les fondements de la ville de Maroc, destinée à n'être d'abord qu'une forteresse pour renfermer ses trésors et son arsenal, en maintenant les tribus masmoudiennes de l'Atlas, et qui devint sous ses successeurs la première capitale de l'empire.

En 1063, il s'empara de Fez, mais ne put s'y maintenir. Méquinez, ville des émirs Miknaça, qui avaient régné à Fez avant les Maghraoua, d'abord protégé par Yousouf, lui demanda des gouverneurs vers cette époque. Il soumit ensuite toutes les montagnes du Rif, à l'exception des deux places fortes de Tanger et de Ceuta. Maître enfin de la ville de Fez en 1069, après un assaut meurtrier, il augmenta ses fortifications, l'embellit, et s'y établit solidement [1].

En 1080, il passa la Moulouïa pour étendre ses conquêtes sur le Magreb central et s'empara d'Ouchda, puis de Tlemcen (1081), où il fit mettre à mort tous les prisonniers. Voulant faire de cette ville un des boulevards de ses États et un dépôt pour ses troupes, il y laissa une forte garnison et continua sa marche. En moins de deux ans il subjugua le pays du Tell, les montagnes de l'Ouaenseris, les campagnes de Tenès et d'Oran, et toute la vallée du Chélif jusqu'à Alger, dont il se rendit maître et où il s'arrêta en 1082 [2].

1083-1100. — De la ville d'Alger. Les Almoravides soumettent l'Espagne musulmane.

Sans avoir alors aucune importance politique comme centre d'un gouvernement ou d'une grande administration, Alger, par son commerce et sa population, n'était pas une possession indifférente. C'était une vieille ville, l'ancien *Icosium*. « Ses monuments » antiques et ses voûtes solidement bâties, disait d'elle El-Bekri, qui se trompe » d'ailleurs dans ses inductions, démontrent par leur grandeur qu'à une époque reculée » elle avait été la capitale d'un empire. » On y voyait encore en 1068 un théâtre antique pavé de mosaïques, et les restes d'une vaste basilique byzantine convertie en mosquée, dont l'abside servait de *Kibla* ou niche indiquant la direction de la Mecque. Son port, bien abrité, était dès lors très-fréquenté par les marins « de l'Ifrikiah », c'est-à-dire du royaume de Tunis, de l'Espagne et « d'autres pays [3] ». Cent ans après, Édrisi en parle ainsi : « Aldjezaïr est une ville très-peuplée, dont le commerce est florissant et » les bazars très-fréquentés. Autour de la ville s'étend une plaine entourée de mon- » tagnes habitées par des tribus berbères qui cultivent du blé et de l'orge, et qui » élèvent des bestiaux et des abeilles. Ils exportent du beurre et du miel au loin. Les » tribus qui occupent ce pays sont puissantes et belliqueuses [4]. » L'occupation d'Alger par Yousouf-Tachefin semble indiquer que la ville ne faisait pas partie du royaume de la Mauritanie Sitifienne, dont le territoire s'approchait cependant du haut Chélif. En-Nacer et Yousouf, devenus des ennemis et des rivaux par leur ambition et le voisinage de leurs frontières, évitèrent de se combattre.

---

[1] Ibn-Khaldoun, t. II, p. 75; Roudh-el-Kartas, *Hist. des souverains du Maghreb et Annales de la ville de Fez* (par Ibn-Abi-Zera), trad. de l'arabe par M. Baumier, p. 199.

[2] Ibn-Khaldoun, t. II, p. 76; Roudh-el-Kartas, p. 191, 201.

[3] El-Bekri, p. 156.

[4] Edrisi, trad. Jaubert, t. Ier, p. 235.

Parvenu à la limite des États des Beni-Hammad, Yousouf-Tachefin rentra dans le Maroc, et il semblait disposé à borner son ambition au développement de son empire africain, quand les événements de l'Espagne l'appelèrent à de nouvelles guerres, qui furent pour lui de nouveaux triomphes. Déjà depuis 1074 ou 1075 [1], Ben-Abed, roi de Séville, l'un des principaux oualis devenus indépendants à la chute du califat de Cordoue, avait plusieurs fois sollicité ses secours contre les Chrétiens. Yousouf hésitait et déclarait ne pouvoir passer la mer tant que la sécurité de ses communications ne serait pas établie par la réduction des villes de Tanger et de Ceuta, les deux clefs du détroit du côté d'Afrique, dont il tardait toujours à former le siége. En 1077 seulement il s'empara de Tanger, sans penser encore à quitter l'Afrique. Les progrès des Chrétiens devenant plus menaçants, les émirs et les rois andalous, au lieu de chercher le salut dans leur union, suivirent les conseils de Ben-Abed, et appelèrent le roi des Berbères au milieu d'eux. Yousouf fit alors assiéger la ville de Ceuta par son fils, qui s'en rendit maître (1084) au moment même où les nouvelles victoires d'Alphonse VI venaient consterner les oualis. Le roi de Castille avait emporté Tolède, dont il faisait sa capitale, et menaçait Saragosse. De l'Estrémadure à l'Aragon, les frontières musulmanes étaient débordées ou menacées. Ben-Abed vint lui-même supplier Yousouf de proclamer enfin la guerre sainte, et de franchir le détroit, s'il ne voulait voir l'Islamisme abattu en Espagne. Il lui remit en même temps la possession de la ville d'Algésiras, dans la baie de Gibraltar, qui complétait la possession du détroit. Résolu à agir, Yousouf mit encore deux ans à ses apprêts. Il leva des troupes parmi les tribus; il les exerça à marcher en ordre sous des enseignes et au bruit du tambour. Enfin, ses préparatifs terminés, il passa le détroit à la tête d'une armée innombrable, le 30 juin 1086 [2]. Quatre mois après, la sanglante victoire de Zalaca, près de Badajoz, gagnée le vendredi 23 octobre 1086 sur Alphonse de Castille et ses confédérés, le rendait l'arbitre des rois et des émirs musulmans qu'il venait de sauver.

Quelques auteurs rapportent que Yousouf, à la suite de ce grand succès, se fit proclamer *Émir al-moumenin*, commandeur des croyants [3], nom dont les Européens ont fait Miramolin. D'autres disent que l'adoption de ce titre souverain, pris également dans la suite par les rois de Tunis et de Tlemcen, et qui n'excluait pas d'ailleurs la suprématie religieuse de l'un des califes d'Orient, n'eut lieu, ce qui est plus vraisemblable, que vers l'année 1100, quand Yousouf, après avoir écrasé les Chrétiens et les émirs andalous ligués contre lui, vit son autorité reconnue dans toute l'Espagne musulmane, comme elle l'était déjà dans le Magreb-el-Aksa [4].

A la fin du onzième siècle, il ne restait plus en Espagne une seigneurie musulmane en dehors de l'empire almoravide. Tout avait cédé au prestige ou à la force du nouveau sultan. Les rois de Grenade et de Murcie avaient été détrônés, ceux de Malaga, Jaen, Xativa, Badajoz, Valence, exilés ou mis à mort. Ben-Abed, l'aveugle conseiller

---

[1] Roudh-el-Kartas, p. 200.
[2] Roudh-el-Kartas, p. 205.
[3] Roudh-el-Kartas, p. 212.
[4] Ibn-Khaldoun, t. II, p. 82.

des souverains andalous, n'avait pas trouvé grâce devant Yousouf, et mourut captif dans le Maroc. Les émirs de Denia et d'Almeria, chassés de leurs seigneuries, s'étaient réfugiés auprès d'En-Nacer, roi de Bougie, qui leur donna une généreuse hospitalité [1].

1057-1075. — Suite des succès des Chrétiens contre les Arabes. Conquête de la Sicile.

Les conquêtes de Yousouf, en réunissant sous une même autorité les provinces du Magreb occidental et celles de l'Espagne méridionale, arrêtèrent la désorganisation qui menaçait l'Islamisme dans les deux pays, depuis la chute des Idricides du Maroc et des Ommiades de Cordoue. La restauration de cette sorte de califat, que les Almohades maintinrent après les Almoravides, retarda pour longtemps le triomphe définitif des Espagnols. Un caractère essentiel de la domination musulmane en Espagne se trouva en même temps modifié. La nation prépondérante ne fut plus celle des Arabes ou des Asiatiques. Avec les Almoravides et les Almohades, ce fut la nation africaine, les Berbères, les Maures ou les races de la Mauritanie qui dominèrent.

La consolidation de la puissance musulmane dans l'ouest du Magreb n'eut point d'ailleurs de fâcheux résultats pour les nations chrétiennes étrangères à l'Espagne. Occupés de leurs guerres intérieures, les Almoravides n'inquiétèrent ni la Gaule ni l'Italie, tandis que les forces chrétiennes continuèrent avec plus de succès leurs entreprises et leurs conquêtes dans le Magreb oriental. En 1057, une flotte italienne vint menacer El-Mehadia, où se tenait renfermé le roi ziride El-Moëzz Ibn-Badis, depuis l'invasion des Arabes Hilaliens dans ses États. Trente ans après, les Chrétiens emportaient et livraient aux flammes cet inexpugnable arsenal, la plus forte place maritime de la Méditerranée, et peut-être du monde entier à cette époque. En 1063, les Pisans pénétraient dans le port de Palerme, et en rapportaient le riche butin dont le produit servit à commencer la construction de leur belle cathédrale [2]. Ce fait d'armes n'était qu'un incident de la guerre entreprise par les Normands de la basse Italie pour enlever la Sicile aux Arabes.

La désunion des émirs siciliens aida à ce nouveau triomphe des Chrétiens. Sans se constituer en monarchie, comme les Zirides et les Hammadites, les Arabes de Sicile, lorsque El-Moëzz-Madd transféra le siège du gouvernement fatimite en Égypte, cessèrent de lui obéir. L'intérêt d'une commune indépendance les lia avec les princes d'El-Mehadia, révoltés les premiers contre les Fatimites en poussant les Siciliens à l'insurrection et leur promettant des secours. Vers l'an 1035, El-Moëzz Ibn-Badis fit passer en effet en Sicile un corps de six mille Africains, Berbères et Arabes, pour veiller à la défense de l'île et y maintenir l'ordre [3]. L'arrivée de ces troupes mécontenta vivement les seigneurs arabes, qui attribuèrent, peut-être avec raison, des projets ambitieux à El-Moëzz. Plutôt que d'accepter sa protection, un parti appela à son aide les Normands de la Pouille, et introduisit ainsi lui-même dans l'île un plus dangereux ennemi.

[1] Ibn-Khaldoun, t. II, p. 79.
[2] Amari, *Diplomi arabi*, pref., p. XVIII, XIX.
[3] Novaïri, cité par Gregorio, *Considerazioni sopra la storia di Sicilia*, in-12, t. Ier, p. 249, 263.

Déjà les Normands de Reggio s'étaient une première fois avancés en explorateurs aux environs de Messine, et ils osaient penser à la possession de ce magnifique domaine[1]. Ceux qui avaient chassé les Grecs de la basse Italie avec une poignée de chevaliers venus de l'extrémité des Gaules, pouvaient bien espérer conquérir une île voisine du pays où ils étaient maintenant établis, et où se trouvait un reste de population chrétienne qui pouvait s'unir à eux. Leur confiance triompha encore en Sicile. Débarqué près de Milazzo, en 1061, avec cent soixante chevaliers, Roger, frère de Robert Viscard, repousse les premières troupes arabes envoyées contre lui, va chercher en Calabre quelques renforts, s'empare de Messine l'année suivante, s'établit dans le val Démona, où les populations chrétiennes le secondent[2]. Aidé de son frère, il bat les Arabes, étend ses conquêtes sur les côtes du nord et de l'est de la Sicile, et prend enfin Palerme d'assaut le 10 janvier 1072. Un de ses premiers soins fut de rétablir l'archevêque grec, réduit durant la domination arabe à occuper la petite église de Saint-Cyriaque, dans la cathédrale de la ville rendue au culte chrétien[3]. La possession de Palerme aida à la soumission du reste de l'île, qui occupa encore plusieurs années les forces de Roger. Une partie de la population arabe accepta sa domination et préféra lui payer tribut que de quitter une île devenue pour elle une nouvelle patrie; il résista aussi aux dangers du dehors. Temim, fils et successeur d'El-Moëzz, essaya vainement d'arrêter les Normands, en portant la guerre tantôt en Sicile, tantôt en Calabre[4]. Repoussé partout, l'émir prit le parti, après l'année 1075, de faire la paix avec Roger, devenu comte de Sicile, et de conclure avec lui des traités qui furent fidèlement observés[5].

1087. — Suite des succès chrétiens. Prise et pillage d'El-Mehadia.

Tunis formait alors une sorte de grand fief dépendant des rois zirides, et quoique la mention peu correcte d'une chronique sicilienne[6] ne suffise pas à prouver l'intervention des Beni-Khoraçan dans les expéditions de Temim contre les Normands, en 1074 et 1075, il est bien probable que les émirs de la Proconsulaire durent prendre part aux guerres de leurs suzerains. La Numidie et la Mauritanie Sitifienne au contraire, où régnaient les Hammadites, que nous avons vus en si bons rapports avec Grégoire VII, restèrent étrangères aux hostilités. Les Almoravides, occupés à consolider leur autorité dans la Mauritanie Tingitane, paraissent n'avoir pas soutenu davantage les efforts des Zirides.

Mais la paix avec les Normands n'avait pu faire renoncer les populations du Magreb

---

[1] Geoffroy Malaterra, ap. Muratori, *Script. ital.*, t. V, col. 560; Aboulféda, lib. II, cap. IV; Sismondi, *Hist. des rép. ital.*, t. Ier, p. 272.

[2] Geoffroy Malaterra, *Hist. Sic.*, lib. II, cap. XIV, ap. Muratori, t. V, p. 562.

[3] Geoffroy Malaterra, lib. II, cap. XLV, p. 574.

[4] Novaïri, etc., dans Gregorio, *Consider.*, t. Ier, p. 249, 263; Geoffroy Malaterra, lib. III, cap. VII, VIII; Muratori, t. V, p. 562, où il faut toujours lire *rex Teminus* au lieu de *rex Tunicii*.

[5] Geoffroy Malaterra, lib. IV, cap. III; Muratori, t. V, p. 591.

[6] Voyez ci-dessus, note 4.

oriental à leurs anciennes habitudes. Si les navires d'El-Mehadia et des îles de Gerba respectèrent les côtes de la Pouille et de la Sicile, les villes de l'Italie du nord et les îles de la mer Tyrrhénienne eurent à souffrir comme précédemment de leurs déprédations. A l'exemple de ses prédécesseurs, le pape Victor III prit alors l'initiative d'un grand mouvement offensif contre les Arabes de la Byzacène. Par ses soins, une assemblée de cardinaux et d'évêques italiens appela les peuples de la Péninsule à une véritable guerre sainte. La rémission des péchés fut promise à tous ceux qui participeraient à l'expédition. Un étendard aux armes de saint Pierre fut béni par le Pontife pour être remis à ses chefs [1]. Peut-être au désir de venger les dernières agressions des Arabes se joignait, chez le successeur de Grégoire VII, le dessein d'affaiblir ou de détruire un royaume hostile aux Chrétiens et au fond ennemi de la puissance d'En-Nacer, quoique un moment allié avec lui [2].

Au jour désigné, trois cents navires montés par trente mille hommes [3] se trouvèrent réunis. Pise et Gênes eurent le principal rôle dans l'action, mais l'étendue de l'armement indique que la plupart des villes maritimes de la haute et moyenne Italie y participèrent [4]. Quelle que fût la force d'El-Mehadia, elle ne put résister à l'attaque. Le 6 août 1087, fête de Saint-Sixte [5], la chaîne du port fut brisée, les tours de défense démantelées, et la flotte chrétienne entra victorieuse dans la ville conquise. Le grand faubourg de Zouïla, que les chroniques chrétiennes prennent pour une ville différente d'El-Mehadia, fut enlevé, ses bazars incendiés et mis au pillage. La ville entière et ses dépendances furent occupées, à l'exception de la grande tour ou citadelle, dans laquelle le roi Temim s'était réfugié et qu'on ne put forcer [6]. Maîtres de la ville, les confédérés engagèrent Roger de Sicile à se joindre à eux afin de pouvoir conserver ou poursuivre leurs conquêtes. Roger s'y étant refusé pour rester fidèle au traité qu'il avait conclu avec Temim [7], les Chrétiens négocièrent et consentirent à se retirer, moyennant une rançon de cent mille dinars d'or [8], somme qu'on peut évaluer à un million trois cent mille francs. Ils eurent de plus la faculté de conserver leur butin et d'emmener tous leurs prisonniers, en payant, il est vrai, leur rançon.

Deux poëtes, l'un musulman, l'autre chrétien, ont raconté et célébré l'expédition d'El-Mehadia. Le premier put se féliciter de son insuccès définitif; le second put vanter la bravoure de l'attaque et l'immensité du butin en or, en argent, en marchandises et en étoffes précieuses rapporté en Italie. La part des Pisans fut telle, que, pour rendre

---

[1] Léon d'Ostie, *Chron. monast. Cassin.*, lib. III, cap. LXXI; ap. Muratori, t. IV, p. 480.

[2] Cf. Ibn-Khaldoun, t. II, p. 23.

[3] El-Tidjani, p. 240; Kairouani, *Hist. d'Afrique*, trad. de MM. Pellissier et Rémusat, p. 146.

[4] Léon d'Ostie, *loc. cit.*; Ibn-al-Athir, *Biblioth. arabo-sicil.*, p. 282.

[5] Les chroniqueurs pisans, dont le comput était alors d'un an en avance sur celui de Florence, rapportent cette expédition à l'an 1088. Marangone, *Cron. pis.*, édit. Bonaini, *Archiv. stor. ital.*, t. IV, 2ᵉ partie, p. 6; *Chron. varia pis.*, ap. Muratori, t. VI, col. 109, 168.

[6] El-Tidjani, p. 241; Geoffroy Malaterra, lib. IV, cap. III; t. V, p. 590.

[7] « Porro ille quia regi Tunitii (*lisez* : Tumino) amicitiam se servaturum dixerat legalitatem suam » servans in damno illius assentire distulit. » Geoffroy Malaterra, lib. IV, cap. III; p. 590.

[8] El-Tidjani, p. 241; Ibn-Khaldoun, t. II, p. 24.

de dignes actions de grâces à Dieu, ils fondèrent l'église de Saint-Sixte [1], protecteur de leur entrée dans la ville d'El-Mehadia ou d'*Africa*, ainsi que la nommaient les Chrétiens [2].

1067-1091. — Bougie devient la capitale du royaume des Hammadites. Avantages de sa situation.

En-Nacer, avec qui les Italiens paraissent être restés en paix durant tout son règne, avait dans l'intérieur de ses États à réprimer sans cesse les courses et les attaques des tribus hilaliennes qui, depuis leur expulsion des villes, infestaient la Mediana et les plaines voisines [3].

En 1067 ou 1068, il fonda la ville de Bougie, au delà des montagnes que nous appelons aujourd'hui de la grande Kabylie, au bord de la mer, pour mettre ses trésors à l'abri des incursions de ces hordes vagabondes. Le territoire sur lequel il établit la ville appartenait à une tribu berbère appelée Bedjaïa, qu'il chassa du pays [4]. El-Manzor, successeur d'En-Nacer en 1088-1089, compléta l'œuvre paternelle, sans abandonner El-Cala, qu'il habita souvent comme ses enfants. Ce dernier prince, « doué, dit Ibn-» Khaldoun, d'un esprit créateur et ordonnateur, se plaisait à fonder des édifices » publics et à distribuer les eaux dans les parcs et les jardins. Il bâtit quatre grands » palais à El-Cala, le palais du Gouvernement, le palais du Fanal, le palais de l'Étoile » et le palais du Salut. Mais il fit de Bougie le siége et le boulevard de son royaume. » Il agrandit et restaura le magnifique palais de la Perle, fondé par son père ; il » construisit de nouveaux palais et des mosquées, et vint s'établir définitivement à » Bougie en 1090 ou 1091 [5]. »

La nouvelle capitale occupait l'emplacement de l'ancienne colonie romaine de *Saldæ*, autrefois évêché de la Mauritanie Césaréenne. En-Nacer l'avait appelée *Nacéria*, mais le nom de la tribu dépossédée finit par prévaloir, même parmi les indigènes, et après le règne des Hammadites la ville fut toujours appelée par eux *Bedjaïa*, qui est la forme arabe de Bougie. Son emplacement était des plus favorables et explique la haute prospérité à laquelle elle parvint au moyen âge. Elle est située au fond d'un golfe où des flottes entières pourraient séjourner en sûreté. Elle a des terrains fertiles dans son voisinage. Par la vallée de la Soumann, elle peut communiquer avec l'intérieur du continent africain ; d'autre part, l'escarpement des montagnes qui l'environnent est tel que la défense des passages en est des plus faciles contre les dangers du côté de terre. Enfin le port et la rade qui s'ouvrent à ses pieds passent pour les meilleurs et les plus sûrs de l'Algérie [6].

---

[1] Voyez Pagi, addit. à Rinaldi, 1087, § 3, t. XVII, p. 581.

[2] Voyez Amari, *Diplomi arabi*, prefaz., p. xix.

[3] Voyez ci-dessus, page 14.

[4] Ibn-Khaldoun, t. Ier, p. 46.

[5] Ibn-Khaldoun, t. II, p. 51, 52.

[6] Voyez Ibn-Khaldoun (*loc. cit.*) et M. Lieussou, *Études sur les ports de l'Algérie*, in-8°, 1850, p. 68. J'ai souvent entendu cet habile ingénieur, trop tôt enlevé à la science et à ses amis, regretter que le cours des événements n'ait pas fait de Bougie la capitale de l'Algérie.

La ville n'avait pas cent ans d'existence qu'Edrisi parlait ainsi de sa richesse et de l'étendue de ses relations :

« De nos jours Bedjaïa fait partie de l'Afrique moyenne et est la capitale des Beni-Hammad. Les vaisseaux y abondent, les caravanes y viennent, et c'est un entrepôt de marchandises. Ses habitants sont riches et plus habiles dans divers arts et métiers qu'on ne l'est généralement ailleurs, en sorte que le commerce y est florissant. Les marchands de cette ville sont en relation avec ceux de l'Afrique occidentale, ainsi qu'avec ceux du Sahara et de l'Orient; on y entrepose beaucoup de marchandises de toute espèce. Autour de la ville sont des plaines cultivées, où l'on recueille du blé, de l'orge et des fruits en abondance. On y construit de gros bâtiments, des navires et des galères, car les montagnes et les vallées environnantes sont très-boisées et produisent de la résine et du goudron d'excellente qualité... On y trouve des fruits, d'excellents comestibles à prix modiques et une grande variété de viandes. Dans ce pays, le bétail et les troupeaux réussissent à merveille, et les récoltes sont tellement abondantes qu'en temps ordinaire elles excèdent les besoins des consommateurs, et qu'elles suffisent dans les années de stérilité. Les habitants de Bougie se livrent à l'exploitation des mines de fer, qui donnent de très-bon minerai. En un mot, la ville est très-industrieuse..., c'est un centre de communications [1]. »

1120-1150. — La nouvelle secte des Almohades s'élève contre les Almoravides et fait des conquêtes dans le Maroc et en Espagne.

Un mouvement analogue à ceux qui avaient si souvent renversé les anciennes dynasties d'Afrique, et qui plus récemment avait donné l'empire du Maroc aux Almoravides, ébranla leur puissance dans les premières années du douzième siècle, et finit par les détrôner à leur tour, après vingt années de guerre.

Un illuminé, nommé Mohammed Ibn-Toumert, réunit en confédération religieuse et politique quelques tribus de la nation des Masmouda, la plus puissante des nations berbères, qui occupait presque tout l'Atlas marocain. Il se donna aux populations pour le *mehdi*, « le guidé de Dieu, » le réformateur des abus et l'ennemi des riches. Vêtu comme un mendiant, il faisait des prédications publiques contre les docteurs et contre les grands; il blâmait le relâchement des mœurs, il gourmandait les femmes qui osaient sortir sans voile dans les rues, et brisait dans les mains de ceux qu'il rencontrait les vases à vin [2] et les instruments de musique. Au fond, Ibn-Toumert avait des doctrines sonnites et cherchait à ramener l'Islamisme aux pratiques des premiers siècles. Professant l'unité absolue de Dieu dans son essence et sa nature, il donna à ses adeptes le nom d'*Almohades* ou Unitaires, par opposition aux tendances anthropomorphites des Almoravides [3]. Il mourut en 1128 à Tinmelel, ville et montagne de l'Atlas au sud de Maroc, après s'être fait un peuple dévoué de toutes les tribus masmoudiennes, avec lesquelles il avait déjà soumis une grande partie des provinces méridio-

---

[1] Edrisi, t. Ier, p. 237-238.
[2] Voyez ci-après : *Tableau des importations d'Europe en Afrique*. § *Vin*.
[3] Ibn-Khaldoun, t. Ier, p. xxxi; t. II, p. 161-173; Roudh-el-Kartas, p. 242; Amari, p. xxxiii.

nales de l'empire almoravide. Il remit l'autorité à Abd-el-Moumen, son principal disciple [1], homme jeune, très-beau de sa personne, plein de courage, et doué des qualités d'un homme de guerre éminent.

Le nouvel initiateur tint d'abord la mort du mehdi secrète afin d'assurer son pouvoir [2]. En 1130, sûr de l'assentiment des tribus dont il reçut le serment de fidélité, il leur annonça qu'il ne tarderait pas à les conduire au but entrevu seulement par le maître, et il tint parole. En même temps que ses émissaires se répandaient en Espagne, décriant partout le faste et la tyrannie des seigneurs almoravides, il attaqua lui-même leurs partisans en Afrique les armes à la main, et reçut l'adhésion de nombreuses tribus. Dès l'an 1134, établi à Salé, il ne craignit pas de prendre le titre souverain d'*Émir al-moumenin* [3], et de faire faire la prière publique en son nom. Son habileté autant que sa valeur soumettaient les villes et les tribus. En 1147, Maroc, Fez, Tlemcen et Oran lui appartenaient; les garnisons almoravides étaient bloquées à Ceuta, Méquinez et dans quelques autres places fortes, qui toutes furent obligées de capituler peu après. Avant de s'être rendu en Espagne, il avait été déjà proclamé à Xérès, à Cadix, à Cordoue et à Séville [4]. Ses armées continuèrent ses conquêtes, et il vint en 1150, à Salé, sur la côte de l'Atlantique, recevoir l'hommage de presque tous les émirs espagnols qui l'avaient reconnu, pendant qu'un de ses lieutenants obligeait le roi de Castille à lever le siége de Cordoue [5].

1100-1147. — Milices chrétiennes au service des Almohades et des Almoravides.

D'après un auteur arabe, un peu éloigné de ces temps et du pays, Ibn-al-Athir, la prise de la ville de Maroc par Abd-el-Moumen fut due à la défection d'un corps de troupes chrétiennes (*frendji*) qui était au service des Almoravides [6]. Fatigués de la longueur du siége, entraînés d'ailleurs par l'exemple de l'un des principaux chefs berbères, passé du côté des Almohades, les auxiliaires européens auraient livré aux assiégeants la porte confiée à leur garde par le sultan Tachefin [7]. Quoi qu'il en soit de ce fait de trahison très-possible, mais exceptionnel dans l'histoire des auxiliaires chrétiens du Magreb, nous avons surtout à remarquer ici la première mention des milices chrétiennes faisant partie des armées almoravides. Ibn-Khaldoun ne rappelle pas ces circonstances de la prise de Maroc, mais il parle de la milice chrétienne d'Abou-Tachefin et de son chef nommé El-Zoborteïr, lors des guerres d'Abd-el-Moumen. Attaquée en 1142 par un corps almohade, comme elle venait d'enlever un

---

[1] Ibn-Khaldoun, t. Ier, p. 251.

[2] Ibn-Khaldoun, t. II, p. 173.

[3] Roudh-el-Kartas, p. 378.

[4] Roudh-el-Kartas, p. 378; Ibn-Khaldoun, t. II, p. 184.

[5] Roudh-el-Kartas, p. 273; Ibn-Khaldoun, t. II, p. 188; Al-Makkari, trad. de M. de Gayangos, t. II, p. 313.

[6] Ibn-al-Athir, dans les appendices d'Ibn-Khaldoun, *Hist. des Berbères*, trad. de M. de Slane, t. II, p. 577.

[7] Ibn-Khaldoun, t. II, p. 176, 177.

butin considérable aux Beni-Senous, la milice fut battue, El-Zoborteïr tué et son cadavre mis en croix[1].

Les rois de l'Espagne musulmane eurent aussi quelquefois à leur solde des corps de troupes chrétiennes[2]. Nous savons peu de chose de la composition de ces corps auxiliaires des Maures espagnols. Au contraire, des renseignements nombreux nous sont parvenus sur les milices chrétiennes qui dans le Magreb furent au service des califes almohades et des rois de Tlemcen et de Tunis. Nous aurons occasion d'en parler plusieurs fois et assez longuement. Nous verrons que ces corps, bien différents des troupes chrétiennes envoyées occasionnellement au secours de tel ou tel roi musulman momentanément allié d'un prince chrétien, n'étaient point composés de renégats ou de transfuges, comme on serait porté à le croire. Des chevaliers et de hauts seigneurs en ont fait partie. Ces corps étaient à la solde et au service permanent des émirs. L'Église et les gouvernements chrétiens en ont permis le recrutement en Europe. Ses membres ne cessaient point d'appartenir à la religion chrétienne, et des facilités leur étaient données pour la libre pratique de leur culte, au milieu des troupes et des populations musulmanes[3].

1087-1147. — Alternatives de relations commerciales et d'hostilités entre les Chrétiens et les Arabes. Navire des moines de la Cava.

A l'époque où nous sommes parvenus, l'histoire des relations des Arabes d'Afrique et des peuples d'Europe ne se compose encore que de notions éparses concernant des faits de guerre et de commerce, la plupart du temps isolés et entremêlés dans les chroniques, comme ils l'étaient dans la réalité, sans que l'on puisse toujours reconnaître la cause de ces alternatives.

On a vu que Roger Ier, comte de Sicile, avait refusé en 1087 de s'associer à l'attaque dirigée par les villes italiennes contre la capitale des Zirides, en raison de la paix jurée et existant entre lui et le roi Temim. En 1121, Roger II envoya une ambassade à Ali, petit-fils de Temim, pour renouveler la convention conclue anciennement entre leurs pères[4].

La Pouille et la Calabre, dont les intérêts étaient liés à ceux de la Sicile, devaient participer aux avantages de ces traités. C'est à la faveur de leurs dispositions que les marins d'Amalfi, que ceux de Trani, connus déjà dans la Méditerranée orientale[5] et sur la côte d'Afrique, que les armateurs de la ville de Gaëte, protégés déjà en 1124, paraît-il, par un consul résidant « en Barbarie[6] », purent continuer et développer leurs communications et leurs marchés avec les villes de l'Afrique.

---

[1] Cf. Roudh-el-Kartas, p. 378; Ibn-Khaldoun, t. II, p. 184.
[2] Notamment le roi de Murcie, Mohammed Ibn-Sad. Amari, *Diplomi arabi*, prefaz., p. xxxiv.
[3] Voyez ce qui est dit ci-après, xive siècle; § *Des milices chrétiennes servant dans les armées des rois du Magreb.*
[4] Gregorio, *Considerazioni*, t. Ier, p. 250, 263; Cardone, t. II, p. 132.
[5] *Biblioth. de l'École des chartes*, 3e série, t. Ier, p. 353; 5e série, t. Ier, p. 347, note.
[6] Federici, *Storia di Gaeta*, p. 489; Pardessus, *Coll. de lois maritimes*, t. III, p. lxviii.

L'Église profita quelquefois de ces bons rapports pour ses affaires temporelles. Les archives de la Cava, monastère bénédictin fondé au milieu des montagnes du golfe de Salerne et d'Amalfi, conservent de curieux témoignages de l'industrieuse administration des moines, qui, non contents de féconder les terres où ils s'étaient établis, allaient chercher au delà des mers les matières nécessaires au vêtement et à la nourriture des frères et aux cérémonies du culte. Le biographe du bienheureux Constabilis, abbé de la Cava, raconte que vers l'an 1124, peu de temps après la mort du saint docteur, « le navire » de l'abbaye fit un voyage à Tunis dans l'intérêt du monastère [1], sous la conduite d'un moine nommé Jean. A la nouvelle, mal fondée, d'une attaque des Chrétiens contre lui, l'émir, qui était un des princes de la famille d'Ibn-Khoraçan, mit l'embargo sur tous les navires étrangers. Jean apprenant les ordres de l'émir, quand déjà son bâtiment avait reçu toutes ses marchandises, osa les braver, et mit à la voile malgré la défense. Ramené bientôt dans le port, il s'attendait à subir un châtiment exemplaire, quand le roi, par un mouvement que le biographe ne manque pas d'attribuer à l'intervention miraculeuse de Constabilis, lui permet de retourner en Italie avec toutes ses emplettes [2]. Le vaisseau de la Cava, dont le port habituel devait être Salerne, fréquentait d'autres mers que celles de Sicile et d'Afrique. Comme ceux du Temple et de l'Hôpital, il transportait les pèlerins et les passagers d'Europe en Terre sainte. Il jouissait dans les ports du royaume de Jérusalem de l'exemption des droits d'ancrage, et ses gens pouvaient y vendre ou acheter toutes marchandises sans payer aucun droit [3].

Si le traité d'évacuation d'El-Mehadia rétablit les relations commerciales entre le royaume des Zirides et la haute Italie, la paix ne paraît pas avoir été de longue durée. Le désir de venger le désastre qui les avait humiliés rendit vraisemblablement les Zirides agresseurs. Les flottes d'El-Mehadia, reconstruites par les soins d'Yahya, fils de Temim, « afin, dit un ancien choniqueur arabe, de pouvoir attaquer les Chrétiens », redevinrent bientôt redoutables [4]. Durant tout son règne, de 1107 à 1116, Yahya paraît avoir été en hostilité avec les républiques de la mer Tyrrhénienne et avec les provinces méridionales de la France. Ses navires exercèrent des représailles et rançonnèrent quelques villes de l'île de Sardaigne, de la rivière de Gênes ou des côtes de Provence, peut-être du Languedoc; c'est ce que doit signifier cette assertion évidemment excessive d'Ibn-Khaldoun : « Yahya envoya plusieurs expéditions contre les pays
» de l'ennemi, et força les Français, les Génois et les Sardes, populations chrétiennes
» d'outre-mer, à lui payer tribut [5]. »

Nous ne savons rien de ce que les villes de l'Italie et de la Gaule purent concerter pour

---

[1] « Pro necessitatibus fratrum. »

[2] *Vita*, ap. Muratori, *Script. ital.*, t. VI, col. 232. Le manuscrit de cette *Vie des Pères de la Cava*, écrit en beaux caractères lombards, est conservé aux Archives de l'abbaye.

[3] Diplôme du roi Baudouin IV, du 8 novembre 1181. — Voyez *Arch. des missions scientif.*, 1re série, 1851. T. Ier, p. 367.

[4] Ibn-Khaldoun, t. II, p. 25.

[5] Ibn-Khaldoun, t. II, p. 15.

repousser ou prévenir les agressions des Zirides. Leur marine et leur population étaient désormais en état d'aller en tirer vengeance sur les côtes mêmes des pays musulmans. En 1114, les Pisans prennent Iviça; en 1115, renforcés de vingt navires fournis par Guillaume, seigneur de Montpellier, et de vingt navires d'Amaury, seigneur de Narbonne [1], ils s'emparent de l'île de Majorque et emmènent à Pise divers princes captifs [2]. Le succès ne fut que momentané, et l'année suivante le sultan almoravide Ali, fils de Yousouf Ibn-Tachefin, reprit les Baléares [3]. Mais les Chrétiens obtinrent ailleurs d'autres avantages.

En 1136, le chroniqueur officiel de la république de Gênes annonce une invasion de la capitale des Hammadites, qu'on pourrait croire de deux siècles antérieure, si Bougie eût alors existé. « Cette année, dit simplement Caffaro, sans donner d'ailleurs ni la
» cause ni le prétexte de l'agression, douze galères génoises cinglèrent sur Bougie, y
» prirent une grande et riche galère, et revinrent emmenant beaucoup de Sarrasins,
» entre autres *Polphet*, frère de *Matarasse*. Chaque galère retira un grand profit de la
» vente du navire [4]. »

En 1146, Caffaro raconte l'entreprise qu'il dirigea lui-même, en qualité de consul de la république, avec Hubert della Torre, à la tête de vingt-deux galères, contre l'île de Minorque, où les troupes chrétiennes débarquèrent et firent un ample butin [5]; et l'année suivante, la grande expédition contre la ville d'Almeria, dans le royaume de Grenade [6], au succès de laquelle concoururent les marines de Barcelone et de Montpellier [7]. Des priviléges et des établissements commerciaux, analogues à ceux que le roi Boabdil leur accorda, en 1149, à Valence et à Denia [8], dédommagèrent les Génois de la perte d'Almeria, qu'ils avaient cru posséder pour toujours [9].

1133-1138. — Traités des Pisans et des Génois avec les princes almoravides. Accord des Génois avec les Provençaux en vue du commerce du Maroc.

Les hostilités se renouvelèrent; elles se prolongèrent longtemps. Elles ne cessèrent même jamais absolument. Mais dans leur ensemble, et en exceptant toujours l'Espagne comme la Syrie, où les Croisades avaient inauguré un régime de guerre permanente, interrompu seulement par des trêves, les relations des Arabes et des Chrétiens étaient alors plus souvent pacifiques qu'hostiles. L'état de guerre était devenu exceptionnel et tendait à se limiter aux peuples et aux États personnellement intéressés à poursuivre

---

[1] Marangone, édit. Bonaini, p. 7, 8; Laur. Vern., ap. Muratori, *Script. ital.*, t. VI, p. 101 et suiv. Cf. Roncioni, *Istorie pisane*, p. 169, 195; Amari, prefaz., p. xxii, xxxv.

[2] Entre autres une princesse, morte à Pise après avoir reçu le baptême, dont Roncioni donne l'épitaphe, p. 218.

[3] Amari, p. xxxvi; Makkari, trad. Gayangos, t. II, p. 258.

[4] Caffaro, *Annal. Genuens.*, ap. Muratori, t. VI, col. 259.

[5] Caffaro, col. 261.

[6] Caffaro, col. 285.

[7] Dom Vaissète, *Hist. de Languedoc*, t. II, p. 442.

[8] M. de Sacy, *Notices et Extraits*, t. XI, p. 3; *Liber jurium reip. Genuens.*, t. Ier, col. 152.

[9] *Liber jurium reip. Genuens.*, t. Ier, col. 131. *Monumenta Patriæ*.

la réparation d'un grief ou la violation d'un traité. Une agression isolée ne suffisait pas pour faire courir indistinctement les uns contre les autres les peuples des deux bords de la Méditerranée. La prédominance des forces chrétiennes disposait d'ailleurs les Arabes à la paix. Le temps des conquêtes et des invasions, l'époque de l'enthousiasme et de la confiance était depuis longtemps passé pour eux. Ils n'aspiraient plus, sans l'espérer, qu'à conserver ce qu'ils possédaient en Afrique et en Espagne. Entièrement séparés d'intérêt et de politique des Arabes d'Égypte et de Syrie, les Magrebins, restés plus Berbères qu'Arabes, quoique musulmans, ne prirent aucune part aux guerres des Croisades, et refusèrent presque toujours d'accorder les renforts ou les subsides qui leur furent demandés par les sultans de Damas et du Caire.

Les villes de l'Europe méridionale virent surtout dans les Croisades les avantages de leur marine et l'occasion d'étendre leur commerce en Orient. En même temps qu'elles acquièrent en Terre sainte des possessions territoriales et des priviléges des princes chrétiens, en même temps qu'elles traitent avec les sultans d'Égypte et de Syrie, elles inaugurent avec les émirs du Magreb une nouvelle ère de relations pacifiques et de rapports commerciaux à l'avantage réciproque de leurs sujets.

Les traités politiques, qui dès la fin du onzième siècle lièrent les rois de Sicile aux émirs d'El-Mehadia et de Kairouan, avaient nécessairement des conséquences favorables au commerce. Si rien n'était défini encore par des actes écrits sur les conditions auxquelles ce commerce pouvait s'exercer, des sauf-conduits étaient au moins délivrés ou garantis sous une forme quelconque aux navigateurs siciliens pour s'y livrer. Pise et Gênes ne tardèrent pas à s'entendre avec les rois arabes pour confirmer aussi par des traités précis les usages et les premières conventions verbales ou écrites qui leur permettaient de fréquenter en sécurité les ports africains.

Les princes arabes, trouvant avantage à ces relations, n'hésitaient pas à en prendre quelquefois l'initiative. En 1133, deux galères africaines vinrent à Pise avec des envoyés du *roi de Maroc*, expression qui ne peut désigner à cette époque que le sultan almoravide Yahya, fils d'El-Aziz, car Abd-el-Moumen, le chef des Almohades, maître seulement des provinces centrales du Maroc, depuis l'Atlas jusqu'à Salé, sa capitale, ne possédait encore ni les côtes de la Méditerranée ni aucune des trois villes impériales : Maroc, Fez et Méquinez. Un traité ou une *paix*, comme il est dit dans les anciens documents, fut conclu le 26 juin par les ambassadeurs africains avec la république de Pise. Le pacte comprend aussi les États de l'émir de Tlemcen, et mentionne un troisième personnage, peut-être l'émir des Baléares, ou l'amiral de la flotte almoravide, le caïd Meimoun, dont le voyage à Pise pour une négociation importante n'aurait eu rien de surprenant [1].

Pise avait alors sur la Méditerranée la prépondérance maritime qu'Amalfi et Naples avaient perdue. Elle pouvait armer à Porto-Pisano, vaste bassin intérieur situé non loin de l'embouchure de l'Arno, vers Livourne [2], des flottes de cent à cent cinquante

---

[1] Marangone, *Chronic.* — Voyez nos *Documents*, p. 22.
[2] Voyez *Biblioth. de l'École des chartes*, 2ᵉ série, t. IV, p. 246 et suiv.

navires. Elle exerçait un droit de suprématie navale et commerciale sur toute la côte de la mer Tyrrhénienne, depuis Piombino et Civita-Vecchia jusqu'à Lerici, dans le golfe de la Spezzia [1].

Quoique les monuments désignent accidentellement les Pisans comme ayant les premiers conclu des traités formels avec les Almoravides, il est incontestable que les Génois, bien que les Pisans leur fussent supérieurs encore par la force de leur marine et l'étendue de leurs relations, obtinrent à peu près à la même époque que leurs voisins des priviléges et des comptoirs dans le Maroc.

Gênes, régie par un gouvernement vigilant et jaloux de la puissance pisane, cherchait à accroître partout ses possessions et ses établissements. En Sardaigne, elle avait fini par prendre le dessus sur les colonies pisanes; les juges ou rois de l'île, voulant conserver un reste d'autorité, se mettaient de préférence sous sa protection et secondaient ses efforts pour réparer les ravages des Sarrasins. Elle relevait Cagliari, dans le sud, construisait Castel-Genovese, aujourd'hui Castel-Sardo, pour protéger le golfe qui fait face à la Corse, et fondait Alghero, fief des Doria, qui fut le port principal dans l'ouest, vis-à-vis des Baléares [2]. En terre ferme, elle amenait ou soumettait à son association politique les villes de ses deux rivières, depuis Vintimille, près du comté de Nice, jusqu'à Porto-Venere, près du golfe de la Spezzia, où commençait le territoire pisan.

La confiance qu'inspirait sa puissance navale faisait rechercher son alliance et sa protection par les villes des côtes de Provence. En 1138, elle se lia d'une manière très-étroite avec les communes et les seigneurs de Marseille, d'Hyères, de Fréjus et d'Antibes, en vue surtout de son commerce et de ses rapports avec l'Afrique. On voit qu'elle avait alors, et depuis un certain temps déjà, une position respectée et avantageuse au Maroc. En retour d'une alliance offensive et défensive conclue avec Marseille, elle promit à la commune de l'aider à négocier un traité direct « avec le roi de Maroc »; elle obtint de toutes les villes maritimes de la Provence l'engagement de respecter la personne et les biens des sujets de l'émir al-moumenin, et la promesse, si elles venaient à faire sortir quelque corsaire contre les Sarrasins, d'obliger par serment ses armateurs à respecter expressément les Marocains [3].

1157. — Situation avantageuse des Pisans à Tunis.

A Tunis, où régnait la dynastie des Beni-Khoraçan, sous la suprématie alternative des Zirides et des Hammadites, les Pisans étaient considérés comme d'anciens amis. Ils y avaient un quartier ou fondouk particulier, comprenant plusieurs maisons et clos de murs. Ils y faisaient en toute sécurité, et depuis longtemps, le commerce d'importation et d'exportation. On jugera des égards qu'on avait pour eux par les extraits

---

[1] Voyez nos *Documents*, Traités pisans, p. 32, 44, 50; Sismondi, *Hist. des rép. ital.*, t. Ier, p. 361.
[2] Martini, *Storia delle invasioni degli Arabi in Sardegna*, p. 181. Cagliari, 1861; Canale, *Storia di Genova*, t. Ier, p. 127.
[3] Voyez les Traités de Gênes avec Marseille, Antibes, Fréjus et Hyères, en 1138 (nos *Doc.*, p. 88), et les *Monumenta Patriæ, Chart.*, t. II.

suivants d'une lettre qu'adressa, en 1157, l'émir à l'archevêque de Pise, chef du gouvernement de la république, pour rappeler les principales bases d'une convention arrêtée verbalement avec l'ambassadeur de la république. Cet ambassadeur se nommait Abou-Temim Meimoun, fils de Guillaume, et semble avoir été un personnage, peut-être un Berbère chrétien, connu et apparenté également bien en Italie et en Afrique [1] :

« Abd-Allah, Ibn-Abou-Khoraçan, à l'illustre et très-noble archevêque de Pise
» (Villain, primat de la Corse et de la Sardaigne), aux illustres scheiks (anciens)
» consuls, comtes, notables, et à tout le peuple de la ville, que Dieu les guide!
» Au nom de Dieu clément et miséricordieux!
» Nous vous offrons nos saluts les plus affectueux et les plus distingués. Nous hono-
» rons votre nation, dont tous les jours des choses flatteuses nous sont dites, par suite
» des liens d'amitié et de bienveillance qui existent depuis longtemps entre nos pays, et
» qui ont amené de fraternels rapports entre nos deux peuples. Nous avons reçu les
» gracieuses lettres que vous nous avez envoyées par le scheik illustre, le reïs Abou-
» Temim Meimoun, fils de Guillaume, votre ambassadeur, homme d'une si grande
» prudence, habileté, etc. Nous louons votre haute sagesse de nous avoir envoyé un
» tel homme, qui s'est occupé avec intelligence et avec un dévouement infatigable de
» ce qui était contenu dans votre lettre, et de tout ce qui concerne l'honneur et les
» intérêts de votre commune.
» Comme c'est le signe de l'amitié d'instruire ses amis de l'état de ses affaires, nous
» vous faisons savoir, à vous qui êtes ceux que nous aimons le plus dans le monde
» chrétien, que Dieu nous a délivrés nous et notre État de l'invasion des Masmouda
» (des Almohades [2]). Nous avons repoussé leurs armées, et nous avons tué un grand
» nombre de nos ennemis.
» Vous nous parlez d'une galère venue d'Alexandrie à Tunis, laquelle a été bien
» accueillie par nous, quoiqu'elle eût fait tort aux Pisans; voici la vérité sur cet
» incident. Nous avions envoyé une galère de course en mer, quand le gros temps la
» poussa dans le port d'Alexandrie. Elle y fut bien reçue et bien traitée. Nous ne pou-
» vions répondre par l'ingratitude à ce bon procédé. Aussi une galère égyptienne étant
» peu de temps après venue à Tunis, elle y reçut bon traitement; elle s'y approvi-
» sionna, elle y vendit une partie de ses prisonniers et ramena les autres à son départ.
» Nous ignorions que cette galère eût capturé plusieurs Pisans. Si nous en avions été
» informés, nous aurions racheté avec empressement les prisonniers de nos propres
» deniers, pour les remettre à vos honorables scheiks en témoignage de notre amitié.
» Du reste, nous avons remédié pour l'avenir à de semblables inconvénients, et rendu
» impossible pareille chose à tous ceux qui s'occupent de la vente des captifs et des

---

[1] Nous ne donnons pas une traduction littérale et complète ni du texte latin de la lettre de 1157, ni de son texte arabe, que nous connaissons par l'interprétation de M. Amari. Nous empruntons aux deux textes ce qui nous paraît devoir donner l'idée la plus exacte de l'état des relations des Pisans avec la ville et les États du roi de Tunis.

[2] Le fils d'Abd-el-Moumen commandait l'armée qu'Ibn-Khoraçan avait peu de temps auparavant battue et chassée de ses États.

» esclaves dans nos pays. (Cela veut dire que l'émir défendit la vente des captifs et des prisonniers de nationalité pisane dans son royaume.)

» Quant à ce droit qu'il est coutume de prélever ici (sur les grains), à savoir cinq » jointées de main par sac, il doit être diminué. Nous avons réglé qu'on devra se » contenter de prendre à l'avenir quatre poignées sur le haut de chaque sac.

» Nous avons accordé en outre, au sujet des marchandises que vos marchands ne » pouvaient vendre en notre pays, et sur lesquelles on percevait néanmoins (comme » sur les marchandises vendues) un pour dix, qu'aucun droit ne serait à l'avenir exigé, » et qu'elles pourraient être remportées librement. Au sujet de l'alun, importé par les » Pisans, aucun droit ne sera à l'avenir exigé. Nous avons ordonné que tous vos mar- » chands, leurs facteurs, leurs familles, leurs employés ou domestiques qui demeurent » entre le mur (de la ville de Tunis) et l'enclos (de leur fondouk ou de leurs maisons), » soient traités avec égards et avec une affectueuse attention. Nous en avons donné » l'assurance au scheik, le reïs Abou-Temim, et ce sera fait ainsi.

» Nous avons ordonné aussi que tout prisonnier ou esclave pisan trouvé dans nos » terres soit délivré ou racheté en mon nom et envoyé à Pise en liberté. Votre envoyé » nous a promis la réciprocité.

» Nous avons ainsi éloigné tous sujets de différends entre nous. Nous avons arrêté » toutes ces choses avec votre honorable envoyé, l'illustre scheik, le reïs Abou-Temim, » par un acte ferme et irrévocable que nous avons sincèrement et en bonne forme » ratifié. Nous avons confié au même envoyé la lettre que nous adressons à Vos Sei- » gneuries, que Dieu accroisse leur gloire! avec la réponse verbale (aux demandes de la » république), que son éloquence leur exposera quand il les reverra.

» Nous terminons en vous envoyant nos plus cordiaux saluts, pour les grands et pour » les petits, pour les nobles et pour le peuple.

» Dieu est notre espérance et notre meilleur protecteur[1]. »

1087-1157. — Que les premiers traités arrêtés en ce temps entre les Chrétiens et les Arabes furent vraisemblablement des conventions verbales et non écrites.

L'original de cette lettre, écrit en arabe, fut remis à l'envoyé pisan avec une traduction latine exécutée vraisemblablement à Tunis même, peut-être sous les yeux de l'ambassadeur et du roi, suivant l'usage dont nous trouverons la mention dans les actes postérieurs. On y remarquera ces mots de la fin, relatifs à une question de forme et de pure diplomatique, auxquels nous nous arrêterons un moment, car la présente Introduction n'est pas limitée au simple exposé des faits historiques et commerciaux, elle doit comprendre aussi l'examen et l'appréciation des documents de cette histoire :
« Nous nous sommes entendus de toutes ces choses avec votre envoyé, dit le roi de » Tunis à la fin de sa lettre, par un *acte* ferme et irrévocable que nous avons ratifié » sincèrement et en bonne forme. »

Malgré le sens précis que semblent avoir ces expressions, nous sommes porté à

---

[1] Voyez nos *Documents*, p. 23.

croire que la négociation du scheik Meimoun à Tunis ne se termina pas par un traité formellement et spécialement écrit, comme il fut peu après usité dans les occasions semblables. Le seul monument qui rappelât les points principaux de la convention arrêtée entre l'ambassadeur chrétien et le roi arabe est la lettre même de l'émir que nous venons de citer, et dont la traduction latine dut être effectuée peu après la rédaction arabe. L'*acte* dont il est question dans l'original arabe n'est point la charte, l'instrument diplomatique expressément mentionné dans les traités de la fin du siècle; c'est le fait, c'est l'action même de la confirmation générale des conventions par une circonstance matérielle et finale, telle qu'un serment, ou simplement la remise même de la présente lettre.

Plusieurs circonstances le prouvent. Il faut remarquer d'abord que les Arabes emploient très-fréquemment le passé pour le présent. « Nous t'avons accordé notre » fille en mariage », répondra un père à un prétendant; pour dire : « Nous t'accordons » notre fille », d'une manière absolue et définitive. Ces mots de la lettre d'Ibn-Khoraçan : « Nous avons arrêté toutes ces choses par un acte ferme et irrévocable », signifient : « Nous arrêtons. » Aussi la traduction latine, qui était toujours l'expression coordonnée et résumée des faits, et non la traduction littérale des termes mêmes du document arabe, se borne-t-elle à dire : « Ces choses ont été ratifiées et confirmées » avec l'ambassadeur pour être inviolablement observées et notifiées publiquement à » Pise. » Nulle mention d'un traité spécial et antérieur qui aurait été conclu, et dont la lettre serait l'annexe et la conséquence, ce qui fut plus tard pratiqué. Le seul instrument diplomatique ici, c'est la présente lettre rappelant les points principaux de la négociation. Et ce qu'ajoute plus loin Ibn-Khoraçan le prouve bien surabondamment : « Nous avons remis à votre ambassadeur *une lettre* pour Vos Seigneuries et les » *réponses verbales* à vos demandes, qu'il vous exposera plus amplement quand il » vous verra. »

La convention générale se discutait et s'arrêtait verbalement. Les points essentiels une fois convenus et résumés, on les confirmait par une affirmation, une poignée de main ou un serment, et le traité était conclu. Généralement, une lettre remise aux ambassadeurs constatait le fait même de la conclusion du traité, et rappelait quelquefois, comme en 1157, mais non avec autant de développements, les garanties principales assurées aux Chrétiens, telles que la sécurité des personnes exprimée par le mot arabe *aman*, et la liberté des transactions. L'usage et les précédents réglaient ensuite les questions secondaires qui se rattachaient au séjour, aux douanes, aux ventes et aux achats des marchands. Le premier traité que nous ayons dans la forme synallagmatique qui prévalut depuis, est celui de Majorque de l'an 1184[1]. Mais déjà dans une lettre de l'archevêque de Pise au sultan Yousouf, de l'an 1181, l'archevêque invoquait à l'appui de ses réclamations un traité écrit qui n'était peut-être pas une simple lettre ou diplôme du calife[2].

---

[1] Nos *Documents*, p. 367.
[2] Voyez ci-après, § 1166-1184, p. 48.

1147-1159. — Abd-el-Moumen détruit la dynastie des Almoravides, le royaume des Hammadites de Bougie et la principauté des Beni-Khoraçan de Tunis.

Ibn-Khoraçan, en se félicitant avec la république de Pise d'avoir repoussé les Almohades de ses États, témoignait une trop grande confiance dans son succès. Il mourut cette année même; et deux ans après, en 1159, son neveu Ali était obligé d'ouvrir les portes de Tunis à Abd-el-Moumen, venu lui-même dans la Proconsulaire à la tête de forces immenses [1].

Deux auteurs arabes, Ibn-al-Athir [2], contemporain, mais vivant à Damas au milieu de l'exaltation religieuse que provoquaient les conquêtes de Saladin, l'autre, El-Tidjani, visitant l'Afrique orientale [3] au quatorzième siècle, ont écrit que le sultan, maître de Tunis, força les Chrétiens et les Juifs établis dans cette ville à embrasser l'Islamisme, et que les réfractaires furent impitoyablement massacrés. Si cette mesure, contraire au principe de la liberté religieuse, respectée jusque-là par les Arabes, fut décrétée dans l'emportement de la victoire, elle n'eut qu'un effet momentané et ne fut point ultérieurement un obstacle au libre séjour à Tunis de Chrétiens et de Juifs même indigènes.

L'armée qu'amenait Abd-el-Moumen pour conquérir l'Afrique comptait cent mille cavaliers et un plus grand nombre de fantassins. Ces masses se mouvaient et obéissaient avec un ordre parfait. Les campagnes ensemencées étaient traversées sans que les moissons eussent à souffrir; les haltes et les prières publiques se faisaient dans tous les corps à l'instant précis [4]. Rien ne pouvait plus résister à l'homme qui avait su organiser un tel moyen de puissance.

Déjà Abd-el-Moumen avait renversé l'empire almoravide, dont le dernier sultan, Mohammed Tachefin, chassé du Maroc, avait péri en défendant Oran (1147) [5]. Il avait soumis Tlemcen, Milianah, Alger, Bone; emporté d'assaut la ville d'El-Cala, première capitale de la Mauritanie Sitifienne. Peu de temps après, en 1152, il avait forcé Yahya, fils d'El-Aziz, assiégé dans Bougie, à descendre du trône et à lui prêter serment de fidélité, mettant fin ainsi au royaume et à la dynastie fondés par Hammad cent quarante-cinq ans auparavant [6]. « Dieu l'accompagnait partout dans sa marche,
» dit un ancien auteur arabe; il traversa ainsi les terres du Zab et de l'Ifrikiah, con-
» quérant le pays et les villes, donnant l'aman à ceux qui le demandaient et tuant les
» récalcitrants [7]. »

Quand il eut reçu la capitulation du dernier des Beni-Khoraçan à Tunis, il ne lui restait plus qu'à chasser les Siciliens d'El-Mehadia et de Tripoli, pour être maître du Magreb entier et d'un empire plus vaste que n'avait été celui des califes de Cordoue.

---

[1] El-Tidjani, p. 258-260; Roudh-el-Kartas, p. 281, 380. Cf. Ibn-Khaldoun, t. II, p. 32.
[2] App. à Ibn-Khaldoun, t. II, p. 590.
[3] *Voyage à Tunis en 1306*, p. 262.
[4] El-Tidjani, p. 258, 261; Ibn-al-Athir, p. 590.
[5] Ibn-Khaldoun, t. Ier, p. xxxi; t. II, p. 85. Cf. Roudh-el-Kartas, p. 237, 266, 267.
[6] Ibn-Khaldoun, t. II, p. 58; Roudh-el-Kartas, p. 274, 275.
[7] Roudh-el-Kartas, p. 280.

Il faut voir rapidement quelle avait été l'origine de l'établissement des Siciliens sur le littoral de l'Afrique, et comment se termina cette éphémère mais brillante domination.

1134-1152. — Roger II, roi de Sicile, fait des conquêtes sur la côte d'Afrique, et détruit le royaume des Zirides d'El-Mehadia.

Depuis que les Normands avaient achevé la soumission de la Sicile, résultat qui paraît avoir été atteint entre les années 1075 et 1087, l'instinct envahissant de la nation et les circonstances extérieures les portèrent à pousser plus loin leurs conquêtes et à prendre pied sur la côte d'Afrique. Leurs traités avec les rois zirides les tinrent en dehors de la grande guerre d'El-Mehadia en 1087, mais ne purent contenir indéfiniment des projets qu'encourageaient d'ailleurs la faiblesse du gouvernement des émirs et le désordre qui se perpétuait dans tout le Magreb oriental.

Sous le règne d'Ali, petit-fils de Temim, l'émir de la ville de Cabès, au fond du golfe de ce nom, descendant des chefs arabes venus de la haute Égypte au siècle précédent, chercha à se soustraire à l'obéissance des princes d'El-Mehadia et à nouer des intelligences avec Roger de Sicile, qui ne les repoussa pas.

Ali, ayant peu de troupes et un État fort restreint, car la ville de Kairouan, occupée comme Cabès par des tribus hilaliennes, était tout à fait indépendante, appela à son aide le sultan almoravide Ali-Ibn-Yousouf. Ce fut le commencement d'hostilités déclarées qui provoquèrent les représailles des Siciliens et ne cessèrent qu'à la chute du trône ziride.

En 1122, une flotte marocaine menaça les côtes de Sicile, pilla un village et emmena une partie de la population en esclavage[1]. Georges d'Antioche, Byzantin passé au service du roi Roger après avoir quitté celui des rois zirides[2], parut l'année suivante devant El-Mehadia, débarqua au sud de la ville, mais se retira sans avoir pu forcer l'entrée[3]. Plus heureux en 1134, il s'empara de l'île de Gerba, grande et fertile contrée, vis-à-vis de Cabès, dont les populations, restées toujours attachées à l'ancien schisme des Kharedjites, satisfaisaient leurs rancunes politiques en se livrant à la piraterie contre les Musulmans et les Chrétiens[4]. Les îles de Kerkeni, vis-à-vis de Sfax, à l'autre extrémité du golfe de Cabès, tombèrent ensuite au pouvoir des Siciliens[5], pendant que les Almoravides, effrayés des progrès d'Abd-el-Moumen, étaient retenus dans l'ouest, où ils avaient peine à défendre leurs dernières positions. L'amiral Georges, n'ayant affaire qu'aux émirs du pays, envieux les uns des autres, triompha à peu près partout où il se présenta. Tripoli, assiégé en 1143, fut conquis en 1146, et remis à un chef indigène qui reconnut la suzeraineté du roi de Sicile[6]; Djidjelli, à l'est

---

[1] Ibn-Khaldoun, t. II, p. 26. Cf. El-Tidjani, p. 245.
[2] Voyez El-Tidjani, p. 242; Ibn-Khaldoun.
[3] El-Tidjani, p. 246-247.
[4] Ibn-al-Athir, appendice à Ibn-Khaldoun, t. II, p. 578.
[5] Ibn-al-Athir, *loc. cit.*, t. II, p. 578.
[6] Ibn-al-Athir, *loc. cit.*, t. II, p. 579, 581.

de Bougie, « près de montagnes abondantes en minerai de cuivre et en lapis-lazuli » d'excellente qualité, » fut pris et saccagé la même année [1]. Les Francs brûlèrent en ce lieu un beau château de plaisance qu'avait fait construire Yahya, père d'Ali. Peu après, le lieutenant de l'émir de Cabès, s'étant emparé de l'autorité, se plaça ouvertement sous la protection de Roger et reçut de lui, comme le gouverneur de Tripoli, un diplôme de nomination avec les pelisses d'investiture [2].

Satisfait de ces résultats, qui lui assuraient la possession de tout le golfe de Cabès et l'établissaient fortement près d'El-Mehadia, Roger II accorda un traité à El-Hassan, fils d'Ali, et fit rentrer sa flotte en Sicile.

Mais la paix fut de courte durée. El-Hassan n'ayant pas tardé à chasser le gouverneur institué par les Francs, Roger suspendit ses attaques contre la Morée, où il avait déjà pris ou pillé Corfou, Céphalonie, Négrepont, Corinthe et Athènes, et envoya une flotte de cent cinquante galères sur les côtes d'Afrique. L'amiral Georges aurait usé de ruse vis-à-vis d'El-Hassan, suivant Ibn-al-Athir, pour surprendre sa capitale, qu'il n'espérait pas enlever de vive force. « Vous n'avez rien à craindre de nous, lui aurait-il » écrit, attendu que notre traité de paix n'est pas encore près d'expirer. Nous sommes » venus seulement pour rétablir Mohammed dans le gouvernement de Cabès. Il faut » cependant nous fournir un corps de troupes pour cette expédition [3]. » L'émir ne put accéder à la demande des Siciliens. Il se trouvait dépourvu de moyens de défense ; il évacua précipitamment la ville d'El-Mehadia, et les Francs, y étant entrés sans difficulté, trouvèrent encore les chambres du palais des rois zirides pleines de richesses, d'objets rares et précieux. Cet événement arriva à la fin du mois de juin 1148 [4]. Zouïla fut occupé immédiatement, Souça pris le 2 juillet, Cabès peu après, et Sfax, qui seul résista, enlevé d'assaut, mais amnistié et rassuré aussitôt, le 13 juillet [5].

Après une interruption de quelques années, durant lesquelles la flotte sicilienne eut à défendre Corfou, qu'elle ne put sauver, et s'avança jusque sous les murs de Constantinople, où les Francs lancèrent par dérision leurs flèches dans les fenêtres du palais impérial, Roger renvoya ses galères en Afrique, sous les ordres de l'amiral Philippe de Mehadia, Musulman converti au Christianisme, que le roi eut la faiblesse de laisser emprisonner et brûler plus tard comme faux chrétien [6]. Bone et quelques autres villes de moindre importance reçurent des gouverneurs et des garnisons au nom du roi de Sicile [7] ; c'était vers l'an 1152, à l'époque même où Abd-el-Moumen, poursuivant sa marche et ses conquêtes, venait de s'emparer de la ville et du royaume de Bougie [8].

---

[1] Edrisi, t. I, p. 245, 246 ; El-Bekri, p. 193.
[2] Ibn-al-Athir, *loc. cit.*, t. II, p. 579.
[3] Ibn-al-Athir, *loc. cit.*, t. II, p. 581 ; Ibn-Khaldoun, t. II, p. 36.
[4] Ibn-al-Athir, *loc. cit.*, t. II, p. 582.
[5] Ibn-Khaldoun, t. II, p. 27 ; Ibn-al-Athir, *loc. cit.*, t. II, p. 581 et suiv. ; El-Tidjani, p. 250 et suiv.
[6] Ibn-al-Athir, *loc. cit.*, t. II, p. 584.
[7] Romuald de Salerne, *Chron.*, ap. Muratori, *Script. ital.*, t. VII, col. 195 ; Ibn-al-Athir, *loc. cit.*, t. II, p. 587.
[8] Ibn-al-Athir, *loc. cit.*, t. II, p. 586.

L'autorité de Roger, sans s'éloigner du littoral, s'étendit alors au delà des limites des Zirides et des Hammadites. A l'exception de Tunis et de Kairouan, toutes les villes maritimes du Magreb oriental, de la Tripolitaine à la Numidie, lui payaient l'impôt et étaient régies par ses agents. Les faits l'autorisaient à ajouter à sa qualification de *roi de Sicile et d'Italie* le titre de *roi d'Afrique*, que l'on dit se trouver sur quelques-uns de ses diplômes [1].

1134-1154. — Gouvernement éclairé et équitable de Roger à l'égard des Arabes.

Les Arabes ont rendu justice à l'esprit de bienveillance et d'équité qui régla les rapports du roi Roger et de son père avec leurs sujets musulmans. A la fin de son règne, on put reprocher à Roger II quelques actes de faiblesse et de cruauté, tels que la dure répression de la sédition de Sfax [2] et l'abandon de l'amiral Philippe au fanatisme de ses accusateurs; mais en général, et à l'exemple de son père, il fut le défenseur de la population musulmane et le modérateur des exigences chrétiennes. Son fils Guillaume compromit son autorité en abandonnant cette sage politique.

En Sicile, les Arabes qui ne purent se décider à quitter le pays, comme ceux de la vallée de Mazzara [3], prirent la place des anciens vaincus de l'Islamisme. Soumis au tribut, ils conservèrent entièrement la liberté personnelle et la liberté religieuse. Dans les villes, où ils s'occupèrent d'arts industriels et d'études libérales, ils furent l'objet d'une faveur particulière. Beaucoup prirent place dans les emplois du palais, plusieurs furent appelés aux hautes fonctions du gouvernement. Les rois aimaient à réunir leurs lettrés auprès d'eux. On sait que Roger II fournit à Edrisi, descendant des anciens rois de Malaga, dont il avait fait son ami, les moyens de composer un globe d'argent du poids de huit cents marcs, sur lequel étaient figurés tous les pays connus, depuis les Indes et la Chine jusqu'au détroit de Maroc. C'est à la demande du roi de Sicile, qui en reçut la légitime dédicace, et pour expliquer ce globe précieux, que le savant schérif composa son traité de géographie si longtemps connu sous la fausse dénomination de *Traité du géographe nubien*.

Son gouvernement fut en Afrique ce qu'il avait été en Sicile, porté à la clémence et désireux de tous les moyens qui pouvaient faire vivre en bon accord les deux peuples, sous une égale protection. Les impôts furent modérés, les chefs pris ordinairement parmi les indigènes; les personnes, les biens, la religion du pays partout respectés. Une ville étant prise, la sécurité et la discipline y étaient promptement rétablies. Des mesures généreuses rappelaient les habitants, des constructions d'utilité publique y étaient entreprises. Les auteurs arabes nous donnent eux-mêmes ces témoignages.

« Lors de la prise d'El-Mehadia, dit Ibn-Khaldoun, l'amiral du roi Roger voyant
» la haute considération que les habitants avaient pour Omar-Ibn-Abil, le revêtit
» des fonctions de gouverneur. En repartant pour la Sicile, il emmena avec lui le
» père de cet homme en qualité d'otage. Tel fut le système suivi par Roger à l'égard

---

[1] Gregorio, *Considerazioni*, t. Ier, p. 600, 610.
[2] Ibn-Khaldoun, t. II, p. 39; Ibn-al-Athir, p. 587.
[3] Gregorio, *Considerazioni*, t. Ier, p. 249.

» de ses conquêtes africaines : il autorisait les vaincus à y rester; il leur donnait des
» concitoyens pour chefs, et dans ses rapports avec eux il se conduisit toujours selon
» les règles de la justice [1]. » Ce que dit Ibn-al-Athir à l'occasion de la prise de Tripoli
et de la réparation des remparts, œuvre à laquelle les Francs s'employèrent pendant
six mois consécutifs, montre que leurs conquêtes, loin d'apporter le trouble dans les
pays envahis, y développaient quelquefois plus d'activité commerciale. « Une amnistie
» générale proclamée par les vainqueurs de Tripoli avait eu pour résultat la rentrée
» des fuyards dans la ville. L'ordre s'y rétablit. Les Siciliens et les Roum (les Italiens)
» y firent de fréquents voyages; la population s'accrut rapidement et parvint à une
» grande prospérité [2]. » Il en fut peut-être ainsi d'El-Mehadia. Et néanmoins la domination des Normands en Afrique fut toujours précaire; jamais elle ne fut pleinement
acceptée par les indigènes, qui à la première occasion favorable se soulevèrent contre
eux et aidèrent à leur expulsion.

1159-1163. — Abd-el-Moumen, continuant ses conquêtes, chasse les Francs d'El-Mehadia,
et étend l'empire almohade sur tout le nord de l'Afrique.

La possession du littoral africain par les Siciliens n'était possible qu'à deux conditions : la continuation de l'anarchie, qui empêchait l'établissement dans le Magreb
oriental d'une dynastie prépondérante, et le maintien en Sicile de grandes forces de
terre et de mer prêtes à agir incessamment sur les côtes d'Afrique pour réprimer les
révoltes et soutenir le parti des gouverneurs nommés par les Chrétiens. Ces conditions
manquèrent au succès de l'entreprise du roi Roger. Sans cesse occupé dans la basse
Italie à étendre ou à défendre ses conquêtes contre la république de Pise, contre le prince
de Capoue, contre le Pape et contre l'empereur de Constantinople, il ne put entretenir
en Sicile les flottes qui lui étaient indispensables. Son autorité, compromise dès la fin
de son règne, ne pouvait être relevée par son fils Guillaume le Mauvais (1154), à qui
la Sicile même fut disputée. Elle se maintint néanmoins tant que l'Afrique fut divisée;
elle ne put résister à Abd-el-Moumen, qui s'approchait avec des forces d'une supériorité écrasante et le prestige d'une souveraineté reconnue par les plus puissantes
tribus du Magreb occidental et du Magreb du milieu.

Après avoir accordé la paix à des conditions sévères aux habitants de Tunis, Abd-el-Moumen s'était dirigé sans perdre de temps vers El-Mehadia, le seul point dont il
pût craindre une résistance sérieuse. Il arriva sous les murs de la ville au mois
d'août 1159 [3]. Son approche avait porté au comble la confusion et le désordre dans le
pays. Sfax et quelques autres villes occupées par les Francs chassèrent leurs gouverneurs. Quelques tribus étaient disposées à acclamer le nouveau sultan; d'autres, et
parmi elles les Rihides de Kairouan, tentées de s'unir aux Francs pour le chasser,
repoussèrent ses envoyés. Abd-el-Moumen négligea tout pour concentrer ses efforts
contre El-Mehadia. El-Hassan, l'ancien roi ziride, combattait dans ses armées. Le

[1] *Hist. des Berbères*, trad. de M. de Slane, t. II, p. 39.
[2] Appendice à l'*Hist. des Berbères* d'Ibn-Khaldoun, t. II, p. 580.
[3] Le 12 de redjeb 554. El-Tidjani, p. 262. Cf. Roudh-el-Kartas, p. 281.

faubourg de Zouïla, abandonné de la population chrétienne, fut occupé par les Almohades; leur flotte vint s'établir dans le port, et la place principale fut entourée de tous côtés. On compléta l'investissement en coupant par un large fossé l'isthme qui rattache la citadelle au continent. El-Mehadia renfermait alors une garnison assez nombreuse, où l'on comptait, dit un écrivain musulman, « plusieurs princes francs et un grand » nombre de chevaliers d'une bravoure éprouvée [1]. » La hauteur des fortifications augmentait leur confiance et rendait l'assaut impossible pour les assaillants; mais six mois de siége épuisèrent leurs vivres et leurs moyens de défense. Ils résistaient encore, et avaient même fait quelques sorties avantageuses, quand la flotte de ravitaillement de l'amiral Pierre, eunuque du palais [2], soupçonné ici de quelque trahison, fut battue sous les murs d'El-Mehadia, au milieu des vents contraires qui s'opposaient à son approche. Les assiégés se décidèrent à traiter alors de la capitulation. Suivant Ibn-al-Athir [3], le sultan, conséquent avec lui-même, aurait voulu exiger d'eux qu'avant de sortir de la ville ils abjurassent le Christianisme. Tout projet d'évacuation ayant été abandonné sur cette condition, Abd-el-Moumen n'y persista pas, et quelques jours après les Francs rendirent la ville, garantis par une nouvelle convention qui leur permettait d'emporter avec eux en Sicile leurs armes et leurs biens [4]. Les vainqueurs prirent possession d'El-Mehadia le 22 janvier 1160 [5].

Sfax, Tripoli, Gafsa, Souça avaient fait leur soumission pendant le siége d'El-Mehadia; Cabès, qui résista, fut emporté d'assaut; Kairouan et le reste du pays soumis peu après, jusqu'au désert de Barca [6]. Sans avoir à sortir de ses États, Abd-el-Moumen reprit la route du Maroc et arriva à Tanger au mois de décembre 1160 [7]. Il réorganisa alors l'administration des pays conquis; il fit restaurer les villes et les ports, et fit exécuter un cadastre général de ses possessions d'Afrique. Les pays arpentés furent divisés par carrés, auxquels on affecta, déduction faite de la superficie des rivières et des montagnes, une quote-part proportionnelle et fixe de contributions à payer en argent et en blé [8]. L'année suivante, pour compléter la défense et la facilité des communications d'Afrique en Espagne, il fonda la ville de Gibraltar. Il faisait d'immenses préparatifs pour concentrer tous ses efforts contre les Chrétiens d'Espagne [9], quand il tomba malade et mourut à Salé au mois de mai ou de juin 1163.

[1] El-Tidjani, p. 263.
[2] Hugues Falcand, *Hist. sic.*; ap. Muratori, *Scrip.*, t. VII, col. 271, 272.
[3] Appendice à Ibn-Khaldoun, t. II, p. 590.
[4] « Facta pace cum Massemutis, relicta eis Africæ civitate, ipsi cum rebus suis in Siciliam sunt » reversi. » Romuald de Salerne, *Chron.*, ap. Muratori, *Script. ital.*, t. VI, col. 199. Cf. Ibn-al-Athir, appendice à Ibn-Khaldoun, t. II, p. 592; El-Tidjani, p. 265.
[5] El-Tidjani, p. 266; Ibn-al-Athir, *loc. cit.*, p. 593.
[6] Ibn-Khaldoun, t. II, p. 193; Ibn-al-Athir, p. 591.
[7] Cf. Roudh-el-Kartas, p. 283.
[8] Roudh-el-Kartas, p. 281.
[9] Ibn-Khaldoun, t. II, p. 195.

1153-1188. — Commerce et traités génois dans l'empire almohade.

Le savant auteur du Recueil des diplômes arabes de la république de Pise se demande si, durant les trois années qui s'écoulèrent entre la prise d'El-Mehadia et sa mort, Abd-el-Moumen permit aux Chrétiens d'Europe de commercer avec ses États d'Afrique, ou s'il persista dans l'intolérance dont il avait, dit-on, donné l'exemple à la prise de Tunis [1]. Nous ne savons rien de positif sur les relations d'Abd-el-Moumen avec les Pisans, les Vénitiens, les Provençaux, les Siciliens et les autres Chrétiens qui venaient déjà commercer dans les ports du Magreb du temps des Almoravides. Les circonstances politiques purent le porter à ne pas accorder ses faveurs aux Pisans et aux Siciliens; mais l'activité remarquable du commerce des Génois avec les diverses villes du Magreb pendant tout son règne, et particulièrement à la fin, témoigne d'une façon bien évidente, ce que l'élévation de son intelligence devait faire admettre, qu'il ne put qu'être favorable en principe au commerce avec les peuples étrangers, musulmans ou chrétiens.

Dès l'année 1153 ou 1154, il avait conclu avec la république de Gênes un traité pour assurer la paix et les bons rapports entre leurs sujets [2]. C'est en observation de cet accord, peut-être oral encore, mais connu dans tous les ports et sur toutes les flottes de l'empire, que huit galères almohades ayant cerné à Cagliari un vaisseau génois venu d'Alexandrie avec une riche cargaison, qu'il défendit d'ailleurs vaillamment, cessèrent leur attaque aussitôt qu'elles connurent sa nationalité [3].

En 1160 ou 1161, peu après le retour du sultan dans l'ouest, les Génois renouvelèrent leurs traités avec une pompe et une solennité particulières. Le consul Ottobone, de la noble famille des Camilla, se rendit auprès d'Abd-el-Moumen, en qualité d'ambassadeur de la république, et fut entouré dans tout son voyage des plus grands honneurs. Il arrêta dans la ville de Maroc un pacte qui assura dans toute l'étendue des terres et des mers almohades la liberté des personnes et des transactions des sujets et des protégés de la république. Le traité fixa à huit pour cent les droits à percevoir sur les importations génoises pour tout le Magreb, à l'exception du port de Bougie, où le tarif était élevé à dix pour cent, attendu que le quart du droit perçu à Bougie devait faire retour à la république de Gênes [4]. Cette réserve se réfère évidemment à des conventions antérieures qui avaient dû régler les conditions du commerce des Génois à Bougie, depuis qu'Abd-el-Moumen s'était emparé de cette ville (1152), et qui remontaient peut-être au temps des souverains hammadites.

Dès le milieu du douzième siècle, il se formait à Gênes, par contrats notariés, des sociétés de commerce et de nolis pour envoyer des marchandises sur divers points de

---

[1] Amari, prefaz., p. xxxix.
[2] « Præterea, prædicto anno quædam barbara gens, quæ vocabatur Mussemutorum, eo tempore » pacem cum Januensibus firmaverat. » Caffaro, Annal. Genuens., ap. Muratori, Script. ital., t. VI, col. 264.
[3] Caffaro, loc. cit., col. 264.
[4] Caffaro, loc. cit., col. 277; nos Documents, p. 108.

la côte d'Afrique. Des marchands, des armateurs, de simples capitalistes ou propriétaires entraient dans ces associations. Tantôt le voyage du navire s'étendait à toute la côte de Barbarie, en passant quelquefois par la Sicile, avec retour par Séville et la Provence; tantôt l'opération était limitée au voyage d'aller et de retour à l'une des villes suivantes: Tripoli, Tunis, Ceuta ou Salé. Les métaux, surtout le cuivre, entraient pour beaucoup dans les importations. A la rentrée du navire, les bénéfices étaient partagés au prorata de la mise ou du travail de chaque associé. Dès l'an 1156, les habitants de Savone participaient à ces expéditions [1], comme les Lucquois prenaient part à celles des Pisans. Par une circonstance assez étrange, la plupart des actes d'association de cette nature qui nous sont connus concernent le règne d'Abd-el-Moumen, et presque tous se rapportent aux dernières années de sa vie. Ceux pour Tripoli sont des années 1157, 1160 et 1164; ceux de Tunis des années 1156, 1157, 1158, 1160, 1162, 1163, 1164; ceux de Ceuta de 1160, et de toutes les années suivantes jusqu'en 1164; ceux de Salé de 1162 et 1163 [2].

Les Génois s'assurèrent également des priviléges commerciaux par des traités de 1149 et 1161 dans le royaume de Murcie et de Valence, qu'Abd-el-Moumen avait laissé subsister, et qui fut réuni à la souveraineté almohade en 1172 [3].

1166-1184. — Traités et relations des Pisans avec les Almohades.

Il est possible que la faveur marquée dont les marchands pisans jouissaient dans l'empire almoravide et à Tunis, du temps des Beni-Khoraçan, ait nui à leurs premiers rapports avec les Almohades. On peut croire au moins qu'elle retarda le renouvellement des garanties accordées par les gouvernements antérieurs à leur commerce dans le Magreb. Peut-être les relations amicales ne furent-elles effectivement établies avec la nouvelle dynastie africaine que sous le règne du fils d'Abd-el-Moumen, et en 1166, à la date où nous en trouvons la première mention dans les chroniques.

Le 6 mai 1166, l'un des consuls de la république, Cocco Griffi, employé déjà dans une ambassade à Constantinople, où il s'était distingué, partit de Pise et se rendit auprès de l'émir al-moumenin, alors Abou-Yacoub Yousouf, fils d'Abd-el-Moumen [4]. En négociant un traité avec le sultan, il devait aussi veiller au sauvetage et au rapatriement d'une galère pisane détachée de la flotte qui avait combattu les Génois à l'embouchure du Rhône, et qui, poussée par la tempête jusque sur la côte de Djidjelli, avait perdu ses gens, tous massacrés ou conduits dans les prisons de Bougie [5]. Sur ces faits de violence, dont les traités postérieurs eurent toujours pour objet de prévenir le retour, Cocco Griffi paraît avoir obtenu pleine satisfaction, bien qu'il n'y eût pas obligation stricte pour le prince almohade, hormis le cas d'engagements préexistants. Il

[1] Voyez nos *Documents*, page 106, note.
[2] Voyez nos *Documents*, page 106.
[3] Canale, *Storia di Genova*, t. I*er*, p. 327; Amari, *Diplomi arabi*, prefaz., p. xxxiv; M. de Sacy, *Notices et extr.*, t. XI, p. 7.
[4] Voyez nos *Documents*, pages 49 et 51.
[5] Marangone, *Chron. pis.*, ap. Muratori, t. VI, col. 178; édit. Bonaini, p. 47.

eut à se louer aussi de ses négociations de paix et de commerce, autant qu'on en peut juger par le récit fort succinct de Marangone. Yousouf paraît avoir rendu aux Pisans les franchises et les possessions qu'ils avaient autrefois en Afrique; il leur reconnut notamment le droit de fondouk à Zouïla, le grand faubourg d'El-Mehadia, particulièrement habité par les marchands européens; et il déclara la *paix*, c'est-à-dire le traité de leur nation, valable pour toute la durée de son règne. Il remit à l'ambassadeur, lors de son départ, de nombreux présents destinés vraisemblablement aux chefs de la république [1].

Il semble néanmoins que les Pisans n'aient pas regagné tout de suite et partout leur ancienne situation. Dans le royaume de Bougie surtout, les agents almohades leur témoignaient du mauvais vouloir. Les consuls de la république s'en plaignirent à Yousouf par des lettres successives des 1er avril, 19 mai et 1er juillet 1181, qui nous font connaître les procédés arbitraires dont leurs nationaux avaient à souffrir. Tantôt on les empêchait d'acheter des cuirs et des maroquins; d'autres fois, quand ils voulaient se rembarquer, après avoir terminé leurs opérations, loin de faciliter leurs règlements, on trouvait de vains prétextes pour les retenir [2]. Un jour, l'employé de la douane de Bougie, délégué particulièrement comme courtier officiel à l'expédition des affaires de la nation pisane, qui s'effectuaient la plupart à la douane même par la voie des enchères [3], leur notifia qu'en vertu d'ordres supérieurs il ne pouvait plus permettre aucun acte de commerce qu'à ceux de leurs compatriotes qui justifieraient de la possession d'un certain capital, environ cinq cents dinars ou sept mille francs, comme garantie de leurs opérations [4]. Exigence inouïe, injustifiable, et « contraire, disait la
» république, au traité existant entre vous et nous, traité dont on ne peut ni altérer ni
» scinder les stipulations, attendu qu'elles sont également obligatoires pour vous et
» pour nous, qu'elles sont confirmées et renouvelées par un acte écrit et en bonne
» forme, en vertu duquel nos marchands doivent être bien traités dans vos États et
» n'y doivent payer d'autres droits que le dix pour cent, perçu habituellement sur
» eux [5] » (c'est-à-dire sur les marchandises vendues par eux).

Des dispositions aussi peu bienveillantes s'étaient manifestées du côté de Tripoli. Un navire pisan, chargé de grains en Sicile, ayant voulu renouveler son eau sur un point de la côte appelé *Macri*, où les vents l'avaient poussé, les gens du pays s'y étaient opposés; une corvette tripolitaine, survenue sur ces entrefaites, s'était emparée du navire; une partie de l'équipage, réfugiée à Tripoli sur le grand canot, fut capturée et spoliée par ordre du gouverneur. « Nous vous prions, seigneur prince des
» croyants, » disaient l'archevêque et les consuls de Pise dans le texte arabe de la lettre expédiée par eux au sultan, « nous vous prions d'ordonner la mise en liberté de

---

[1] Marangone, *loc. cit.;* nos *Documents*, p. 22.
[2] Lettre de l'archevêque et des consuls de Pise au sultan Abou-Yacoub Yousouf, du 19 mai 1181. Nos *Documents*, p. 27.
[3] Voyez plus loin : *Usages généraux du commerce*. § *Des douanes arabes*.
[4] Lettre de l'archevêque au sultan, du 1er avril 1181. Amari, p. 11-12.
[5] Lettre du 1er juillet 1181. Amari, p. 12.

» nos concitoyens et la restitution de leurs biens, attendu qu'ils sont protégés par le
» traité stipulé et existant entre vous et nous, en leurs personnes et leurs biens, dans
» toute l'étendue des pays des Almohades, de telle sorte qu'ils n'aient à supporter
» d'autres charges que le dix pour cent ordinaire [1]. »

En même temps qu'elle réclamait et protestait contre des griefs dont elle obtint peut-être réparation, la république de Pise témoignait par ses actes de son désir d'observer les traités et de punir les infracteurs autant qu'il dépendait d'elle. Un capitaine pisan ayant dévalisé un navire de Gafsa venu à Malte, dont il jeta l'équipage à la mer, les consuls de la république rachetèrent le navire et la cargaison à un Alberto Bulsi, qui avait cru pouvoir s'en rendre légitime adjudicataire, restituèrent le tout au propriétaire arabe, et consignèrent la maison et les biens du capitaine à Bulsi, jusqu'à ce qu'il se fût indemnisé de la valeur de sa perte, évaluée à deux cents livres pisanes [2]. Cette décision, que l'on peut trouver indulgente, est du 9 février 1184.

Des faits semblables aux précédents ne devaient pas être rares. Sans arrêter le commerce, ils l'inquiétaient, ils affaiblissaient dans l'esprit des Arabes et des Chrétiens le respect dû aux conventions publiques. Il était devenu nécessaire pour les Pisans de renouveler les accords qui pouvaient en prévenir le retour et garantissaient d'une manière générale leurs droits en Afrique. Ils auraient probablement obtenu la sanction nouvelle de leurs priviléges du sultan Yousouf, quoique le traité de 1166 eût été promulgué pour toute la durée de son règne, si le prince ne fût mort sur ces entrefaites au siége de Santarem, le 28 juillet 1184 [3]. La république de Pise ne tarda pas à en faire la demande à son fils Yacoub, Abou-Yousouf Yacoub-el-Mansour, le célèbre Almanzor, à qui elle envoya une ambassade dès son avénement.

1186. — Diplôme commercial accordé par Almanzor aux Pisans.

L'acte impérial délivré par Yacoub aux Pisans, le 15 novembre 1186, est au fond, quoique sous la forme de charte octroyée et quoique la mutualité d'engagements n'y soit pas expressément stipulée, un acte synallagmatiquement obligatoire et un vrai traité [4]. Il fut toujours désigné et considéré comme un traité, et il fut renouvelé comme tel en 1211 [5]. Ses conditions, acceptées pour une durée de vingt-cinq ans, furent déclarées valables pour tous les États de la république de Pise, ainsi délimités : de Civita-Vecchia au cap Corbo, près de la Spezzia, avec les îles de Sardaigne, de Corse, d'Elbe, et les îles Capraia, Monte-Cristo, Giglio et la Gorgone. La convention oblige les Pisans à punir tout sujet de la république qui ferait acte de piraterie contre les sujets de l'émir al-moumenin des mêmes peines qui protégeaient ses propres citoyens contre les

---

[1] Lettre du 23 avril 1181. Amari, *Diplomi arabi*, texte arabe, p. 9. Le texte chrétien ne rappelle pas le traité existant, p. 269.

[2] Acte du 9 février 1184. Amari, *Diplomi arabi*, p. 271.

[3] Roudh-el-Kartas, p. 293; Ibn-Khaldoun, t. II, p. 205.

[4] Nous n'avons que le texte arabe de ce diplôme, qui fut certainement traduit en latin ou en italien. Voyez Amari, *Diplomi arabi*, p. 17; et nos *Documents*, p. 28.

[5] Voyez ci-après, p. 55; Amari, p. 79.

pirates[1]. Elle rappelle et prescrit toutes les mesures qui assuraient la liberté des personnes, des biens et des transactions des Pisans dans les États almohades, sous la seule obligation de l'acquit de dix pour cent sur les marchandises vendues à des marchands arabes; la vente d'objets, navires ou marchandises, entre Chrétiens n'étant assujettie à aucune contribution[2].

Elle renferme cependant quelques dispositions qui semblent indiquer encore certaines défiances dans le gouvernement almohade à l'égard des Pisans. Les relations qu'ils avaient eues avec les dynasties renversées par Abd-el-Moumen rendaient peut-être ces précautions nécessaires. Ordinairement les navires chrétiens venant commercer en Afrique pouvaient aborder à toutes les villes du littoral où se trouvaient des bureaux de douane destinés à la perception des droits dus au souverain[3]. Le diplôme de Yacoub, dans une forme particulièrement impérative et rigoureuse, limite absolument la faculté de commercer pour les Pisans à quatre villes de ses États d'Afrique et d'Espagne, à savoir : Ceuta, Oran, Bougie, Tunis et Almeria. Les ports des quatre premières villes étaient indistinctement ouverts à leurs importations et à leurs exportations. Mais à Almeria, ils pouvaient seulement se ravitailler et réparer leurs nefs. En aucun autre lieu ils ne devaient aborder, si ce n'est pour chercher un abri momentané au milieu d'une tempête; et en ce cas il leur était défendu de vendre ni d'acheter quoi que ce fût, ni même de parler d'aucune affaire avec les gens du pays, sous peine de confiscation ou de mort[4]. Si Tripoli et El-Mehadia appartenaient encore à cette époque aux Almohades, comme tout l'indique, il est difficile de ne pas voir quelque motif politique dans l'exclusion aussi formelle de commercer avec ces villes, où les Pisans avaient eu jusque là des magasins et des établissements considérables.

1180-1181. — Traité de paix et de commerce entre le roi almohade et le roi de Sicile.

Le rétablissement des rapports pacifiques entre les souverains almohades et les Normands de Sicile se fit plus longtemps attendre qu'avec les Pisans. Une circonstance fortuite le détermina, après vingt années d'hostilités et de courses continuelles entre les deux pays.

Vers l'an 1180, sous le règne de Guillaume le Bon, fils de Guillaume Ier, dont la mauvaise administration n'avait pas peu contribué à la perte d'El-Mehadia, la flotte sicilienne saisit un navire arabe à bord duquel se trouvait une fille du sultan Yousouf, que l'on conduisait à un émir, son fiancé. La princesse, amenée à la cour du roi Guillaume, y fut traitée avec égards et ramenée peu après dans le palais de son père. Touché de ce procédé, Yousouf envoya immédiatement un ambassadeur en Sicile pour remercier le roi et s'entendre avec lui sur le renouvellement des anciennes trêves entre leurs pays. Les négociations ne furent pas longues, et l'année suivante, 1181, au mois d'août, un traité de paix et de commerce, d'une durée de dix ans, fut signé

---

[1] Art. 4. Page 29.
[2] Art. 6.
[3] Voyez plus loin : *Principes généraux des traités.* § *Des ports ouverts au commerce chrétien.*
[4] Art. 3. Page 29.

dans la ville de Palerme, où l'envoyé almohade s'était rendu. Les sujets du roi de Sicile obtinrent, par suite de la convention, la faculté de rétablir leurs comptoirs à Zouïla et à El-Mehadia. Il n'est pas possible d'entendre autrement ce que Robert du Mont dit de la restitution des deux villes de *Sibilia* et d'*Africa*, faite par le roi de Maroc au fils de Guillaume Ier, à qui elles avaient été enlevées en 1160 [1].

1181. — Origine du tribut payé par les rois de Tunis aux rois de Sicile.

C'est vraisemblablement dans ces circonstances, ou peu après, que s'établit entre l'Afrique et la Sicile une convention par suite de laquelle Tunis, redevenue capitale d'un royaume indépendant au treizième siècle, devait payer annuellement au roi de Sicile une sorte de redevance, dont Charles d'Anjou avait à réclamer quelques arrérages au moment où saint Louis détourna momentanément de son but la seconde croisade qu'il avait entreprise pour aider son frère à se faire rendre justice [2]. Aucun monument contemporain ne fait connaître l'époque à laquelle ce tribut fut consenti. Les traités et les chroniques n'en parlent qu'au moment où l'obligation fut déniée par le roi de Tunis; mais son origine paraît remonter si ce n'est au temps de la domination des Siciliens sur la côte du Magreb oriental, du moins au temps où le traité de Yousouf et de Guillaume II rétablit les relations entre les deux pays [3].

Les auteurs chrétiens ont d'ailleurs exagéré, dès le moyen âge [4], l'importance et la nature de la convention qui avait établi le tribut. La redevance n'avait aucun caractère politique et n'impliquait aucune sorte de sujétion du royaume de Tunis vis-à-vis de la Sicile. C'était un simple abonnement, une prestation consentie par les rois de Tunis pour sauvegarder leurs sujets de toute attaque de la part des corsaires siciliens, pour leur assurer le libre accès des ports de la Sicile et la faculté d'y acheter du blé en franchise quand leurs récoltes avaient été insuffisantes [5]. Jusqu'en 1830, la plupart des États d'Italie ont acheté à leur tour aux régences barbaresques par un tribut analogue la sécurité de leurs côtes. Un document du treizième siècle [6] constate que le tribut de

---

[1] Robert du Mont et l'anonyme du Mont-Cassin. Nos *Documents*, p. 152.

[2] Voyez ci-après, ann. 1270.

[3] Gregorio, *Consideraz.*, t. Ier, p. 600. Capmany le fait remonter à l'an 1145. *Memorias sobre la marina de Barcelona*, t. III, 2e partie, p. 206, note.

[4] Voyez *Biblioth. de l'École des chartes*, 4e série, t. V, p. 214, 215.

[5] *Considerazioni*, t. II, p. 245, 270. Gregorio a pris ces renseignements aux sources contemporaines : « Rex quidem Tunisii, propter proximam rebellionem Siciliæ multis mortibus consopitam, » quemdam annuum redditum sive censum, quem regi Siciliæ pro censu exhibet annuatim ut » victualia in Tunisium libere comportentur, et mare Siculum remigare licite valeant Arabes, quando » volunt, quodque Barbari per Siculos piraticis non vexentur insidiis, regi Karolo per tres annos » subtrahens denegabat. » Cf. Saba Malaspina, lib. V, cap. 1; ap. Muratori, t., VIII, col. 859. Les mots *libere comportentur* semblent indiquer que les vivres (et le blé) s'exportaient librement, c'est-à-dire sans payer les droits de douane entre la Sicile et Tunis. Un document postérieur nous montre que la franchise à l'exportation devait s'étendre même au transport du blé de Sicile à Tunis par bâtiments chrétiens : « Fromentum quod est franchum in introitu et exitu. » *Doc. de Venise*, 1300, art. 4; nos *Documents*, p. 209.

[6] Voyez *Docum. des Deux-Siciles*, ann. 1268, et cf. *Doc.* du 8 mai 1273. Nos *Documents*, p. 156-157.

Tunis était d'une somme annuelle de 33 ou 34,333 besants d'or, somme répondant à peu près en valeur absolue à 326,163 francs de notre monnaie actuelle.

1181-1203. — Traités des Pisans et des Génois avec les Ibn-Ghania, princes des Baléares, jusqu'à la conquête de Majorque par les Almohades.

Sur le déclin de la monarchie des Almoravides, et avant que les Almohades eussent entièrement affermi leur puissance en Afrique, une branche des Ibn-Ghania était parvenue à se constituer une seigneurie indépendante dans les îles Baléares, dont elle avait reçu le gouvernement des Almoravides. Cette famille tirait son origine d'Ali-Ibn-Yousouf-el-Messoufi, chef d'une tribu influente, à qui le sultan almoravide Yousouf-Ibn-Tachefin avait donné en mariage une de ses parentes nommée Ghania. Les enfants issus d'El-Messoufi et de Ghania préférèrent le nom plus illustre de leur mère, et s'appelèrent, avec toute leur descendance, les Ibn-Ghania, ou les Beni-Ghania, les fils de Ghania. Les deux premiers furent Yahya, ouali de l'Espagne occidentale, qui résida à Cordoue, et Mohammed-Ibn-Ghania, à qui Tachefin confia, en 1126, le commandement des îles Baléares [1].

Mohammed, secondé par l'assemblée des notables de Majorque, administra les îles comme un domaine particulier, sans tenir grand compte du sultan almoravide. Il conserva le pouvoir jusqu'à sa mort et le transmit à son fils Abd-Allah; celui-ci fut remplacé par un de ses frères nommé Ishak, l'Abou-Ibrahim-Ishak-Ibn-Ghania de nos actes, qui passe pour avoir assassiné son frère Abd-Allah, et qui n'est pas tout à fait pur des soupçons de parricide [2]. On a deux traités de ce prince, l'un conclu avec les Génois en 1181, l'autre avec les Pisans en 1184; nous y voyons qu'Ishak ne prenait pas le titre royal d'*émir* et se contentait de celui de *fakih* ou *alfaqui*, docteur ou seigneur [3]. Son autorité était néanmoins à peu près souveraine. Aussi Ibn-Khaldoun, en rapportant sa mort, survenue en 580 de l'hégire, 1184-1185 de l'ère chrétienne, dit qu'il *mourut sur le trône*. Ses nombreux enfants [4] se disputèrent pendant vingt ans la principauté des Baléares et les États qu'ils parvinrent à fonder dans les provinces orientales du Magreb, à Bougie et à El-Mchadia.

L'aîné de ses fils, Mohammed, ayant cru prudent de reconnaître la souveraineté de Yousouf, fils d'Abd-el-Moumen, au moment où le sultan almohade se rendait en Espagne pour recommencer la guerre sainte, ses frères, indignés de sa faiblesse, le dépouillèrent du pouvoir et lui substituèrent Ali, qui était le second des enfants d'Ishak. Mais Ali, une fois prince de Majorque, eut des visées plus hautes; il voulut conquérir un grand royaume dans les tribus et les villes de l'est, toujours portées à résister aux souverains du Maroc. Il abandonna le gouvernement des îles à son oncle Abou-Zobeïr; il équipa trente-deux navires, réunit un corps de troupes d'environ quatre mille hommes, composé de partisans almoravides, et alla débarquer à Bougie,

---

[1] Ibn-Khaldoun, t. II, p. 88, 207.
[2] Ibn-Khaldoun, t. II, p. 96, 207.
[3] Nos *Documents*, p. 109, 367.
[4] Ibn-Khaldoun, t. II, p. 88, 208.

accompagné de trois de ses frères, Yahya, Abd-Allah et El-Ghazi. Après s'être emparés assez facilement de Bougie, où Yahya resta pour gouverneur, les fils d'Ishak assiégeaient Constantine, quand la nouvelle leur parvint que leur frère Mohammed, restauré par Abou-Zobeïr [1], et revenant à ses premières dispositions, avait fait hommage au nouveau sultan almohade Yacoub-el-Mansour, proclamé à la mort de son père Yousouf, en juillet 1184.

Abd-Allah quitte aussitôt le siége de Constantine; il laisse Ali et Ghazi continuer la guerre en Afrique, demande une flotte au roi de Sicile, qui la lui accorde, s'il faut en croire Ibn-Khaldoun [2], débarque heureusement à Majorque, chasse Mohammed et se fait proclamer à sa place. Il put repousser quelques troupes envoyées par le sultan, et en 1187 il se vit maître incontesté de l'autorité [3], qui était devenue une véritable souveraineté, car les actes de son règne le qualifient d'*émir* et de *roi* [4].

Almanzor, occupé tour à tour dans le Magreb et en Espagne, ne put réduire ou négligea les Baléares; mais dans le courant du mois de rabi 1er, novembre-décembre 1203, son fils En-Nacer parvint à les reconquérir, en dirigeant sur Majorque une flotte et des troupes nombreuses. La population, craignant la vengeance du sultan, ne soutint pas la cause des Beni-Ghania. Abd-Allah fut assiégé, pris et massacré avec une grande partie de ses partisans par l'armée triomphante [5]. Depuis lors les îles Baléares, plus ou moins paisibles et dociles, restèrent aux Almohades jusqu'à la conquête qu'en fit Jacques d'Aragon en 1228, à l'époque des désastres de l'Espagne musulmane.

Abd-Allah, le dernier des Beni-Ghania de Majorque, dont le vrai nom est Abou-Mohammed Abd-Allah Ibn-Ishak Ibn-Mohammed Ibn-Ali Ibn-Ghania, avait conclu au mois d'août 1188 un traité de paix et de commerce de vingt ans avec la république de Gênes, par l'intermédiaire de Nicolas Lecanozze, venu dans les îles en qualité d'ambassadeur de la république [6]. Son père et ses frères avaient comme lui favorisé les relations des commerçants étrangers. Ils purent même en retirer quelques avantages politiques dans leur résistance aux Almoravides et aux Almohades.

Le 1er juin 1181, Rodoan de Moro, ambassadeur de la république de Gênes, avait conclu à Majorque, avec Ishak Ibn-Ghania, un traité de dix années par lequel la réciprocité de protection et de bon traitement sur terre et sur mer était stipulée entre les États de la république depuis Nice jusqu'à Corvo, près de la Spezzia, et les habitants des quatre îles de Majorque, Minorque, Iviça et Formenteira. Promesse était donnée de part et d'autre de n'aider ou assister aucun des ennemis de l'une ou l'autre puissance, de traiter en ami tout sujet génois ou baléare saisi sur bâtiment

---

[1] Ibn-Khaldoun, t. II, p. 96, 217.

[2] *Hist. des Berbères*, t. II, p. 96, 218. Il y a vraisemblablement quelque confusion dans ce passage d'Ibn-Khaldoun.

[3] Ibn-Khaldoun, t. II, p. 218.

[4] Voyez nos *Documents*, p. 367.

[5] Ibn-Khaldoun, t. II, p. 96, 218. Au mois de rabi 1er, de l'an 600, d'après le Kartas, p. 328.

[6] Ce traité se trouve dans nos *Documents*, p. 113.

ennemi, de sauvegarder partout les personnes et les biens des navires naufragés. Le traité, rédigé en double copie arabe, dont l'une, celle qui était destinée à la république de Gênes, reçut au dos du parchemin une version abrégée en latin, se termine ainsi dans le texte arabe, toujours plus développé que la rédaction chrétienne : « Le » très-illustre alfaqui Abou-Ibrahim-Ishak, fils de Mohammed, fils d'Ali, que Dieu » l'aide de son secours! ainsi que l'ambassadeur Rodoan de Moro, pour ceux au nom » desquels il contracte, se sont garanti réciproquement, en se frappant dans la main et » en jurant au nom de Dieu, l'observation fidèle du présent traité [1]. »

Le 1er juin 1184, Ishak arrêta sur des bases analogues aux précédentes une convention de dix ans avec la république de Pise, qui associait nominativement la commune de Lucques aux avantages et aux obligations du traité [2]. Sigier di Ugucionello de Gualandi, ambassadeur pisan, avait été chargé de la négociation. En notifiant ses bons résultats à l'archevêque et aux consuls de Pise, Abou-Ishak répondait à la lettre qu'il en avait reçue, et témoignait de son désir d'entretenir toujours des rapports d'amitié avec eux [3].

1200-1203. — Importance du commerce des Pisans à Tunis sous le gouvernement du cid Abou-Zeïd Abou-Hafs.

Peut-être est-ce une conjecture sans fondement de croire que les facilités accordées aux Pisans par les Ibn-Ghania furent un motif de défaveur pour eux dans les États almohades. Tant que leurs rapports avec les princes des Baléares n'allaient pas jusqu'à aider ou partager des agressions directes contre les sultans, il était permis aux Pisans commerçant à Majorque de se livrer à tous actes de négoce, et par exemple d'y vendre des armes ou d'y louer des navires. Aussi conservèrent-ils sous tous les régimes les comptoirs qu'ils y avaient fondés. On les y retrouve vingt ans après, sous l'autorité restaurée des Almohades, et peu avant la conquête de Majorque par le roi d'Aragon [4].

Le privilége d'Almanzor, accordé en 1186 pour une durée de vingt-cinq ans [5], protégeait toujours leur situation dans l'empire de Maroc. Nous ne savons si quelque déclaration d'En-Nacer, successeur d'Almanzor en 1199, avait modifié avantageusement la clause de ce diplôme qui limitait pour les sujets de la république de Pise la faculté du séjour et du trafic aux seuls ports de Ceuta, Oran, Bougie et Tunis. Mais une abondance exceptionnelle de documents montre que leur commerce fut extrêmement actif à Tunis sous le règne de ce prince [6]. Ils y étaient nombreux et bien vus par la population comme par le gouvernement, eux et leurs facteurs, leurs alliés et leurs protégés comme les Lucquois. Des bâtiments nombreux, de toute force et de toute dimension, s'y rendaient et en partaient librement. Ils y apportaient beaucoup

---

[1] Nos *Documents*, p. 112.
[2] Voyez le Traité dans nos *Documents*, p. 367.
[3] Lettre du 2 juin 1184, jointe au Traité du 1er juin. Nos *Documents*, p. 373.
[4] Bernard d'Esclot, *Chron.*, cap. XIV, p. 583, édit. Buchon.
[5] Jusqu'en 1211. Voyez ci-dessus, p. 50.
[6] Voyez Amari, *Diplomi arabi*, ann. 1200-1211, p. LXXXI-LXXXIII.

de marchandises, et en rapportaient en quantité considérable, des cuirs, des peaux, des laines et du blé. On était bien loin du temps où les navires chrétiens croyaient faire un acte périlleux en risquant un voyage sur la côte d'Afrique.

Une agression insensée de quelques-uns de leurs marins vint troubler tout à coup ces rapports amicaux, sans changer les bonnes dispositions du gouvernement almohade vis-à-vis de la nation pisane et des autres marchands européens. Ce fait, longuement traité dans les documents du règne d'En-Nacer [1], et qui n'était pas sans précédents [2], montre jusqu'où allait quelquefois la confiance des Chrétiens dans la loyauté et la modération du gouvernement magrebin, pour que leurs marins osassent concerter et perpétrer de pareils méfaits dans le port de Tunis, et presque à la portée de la flotte royale.

Vers la fin du mois de juillet ou dans les premiers jours du mois d'août 1200, deux nefs pisanes, d'une espèce particulière appelée en arabe *mosattah*, l'une nommée *l'Orgueilleuse* et l'autre *la Couronnée*, voyageant avec deux galères pisanes, se trouvaient dans le port de Tunis, non loin de trois navires musulmans, dont l'un complétement chargé et prêt à partir. Tout à coup, les gens de la chiourme pisane assaillirent les navires musulmans, maltraitèrent et blessèrent les équipages, outragèrent les femmes et amenèrent les trois navires aux capitaines des *mosattah*. Les *écrivains* de la douane de Tunis affectés aux affaires des Pisans, qui étaient la plupart des employés chrétiens, et les drogmans de la douane, prévenus de l'aventure, arrivèrent aussitôt sur les navires et voulurent faire relâcher les Musulmans et leurs navires. Ils n'y purent réussir. Vainement ils menacèrent les assaillants de la colère et des châtiments des magistrats de Pise, qui leur avaient fait jurer suivant l'usage, avant leur départ, de respecter les biens et les personnes des Musulmans [3]. A grand'peine, « les brigands et » les voleurs », ainsi que les appellent avec raison les pièces musulmanes, renvoyèrent les deux bâtiments vides; ils retinrent le navire chargé, et mirent peu de temps après à la voile avec leur prise, en vrais pirates. Ils n'étaient pas encore sortis du golfe de Tunis qu'ils rencontrèrent la flotte entière du sultan, à l'ancre au cap Farine.

En pareille circonstance, les Turcs, sans s'inquiéter des traités existants, auraient capturé les bâtiments chrétiens, massacré ou jeté dans les fers leurs équipages. L'amiral almohade procéda autrement. Informé de la nationalité des navires, et sachant, disent les déclarations arabes [4], que les ordres du sultan étaient de protéger partout les Pisans, il défendit de faire aucun mal aux équipages chrétiens, et se contenta de reprendre la nef musulmane, sans exiger même qu'on restituât les marchandises, les objets divers et l'argent déjà transportés sur les mosattah. Quant aux pillards, ils se bornèrent à dire aux Arabes : « Vous reprendrez tout cela sur les patrons

---

[1] Voyez notamment les lettres de l'inspecteur des douanes d'Afrique à l'archevêque et aux consuls de Pise, des 9 septembre 1200 et 27 mai 1201 (Amari, p. 23, 39), la lettre d'Abou-Zeïd à l'archevêque, du 11 septembre 1200 (p. 34), et la déclaration des témoins arabes, du 4 juin 1281 (p. 43).

[2] Voyez ci-dessus, p. 50.

[3] Lettre de l'inspecteur des douanes, du 9 septembre 1200 (Amari, p. 24).

[4] Amari, *Diplomi arabi*, p. 25 et 40.

» de la *Rondella* et des autres vaisseaux pisans qui sont à Tunis; et nous, nous les
« indemniserons à leur retour à Pise. »

Le gouverneur de Tunis ne fut pas aussi débonnaire que l'amiral. C'était alors le cid Abou-Zeïd, prince de la famille d'Abou-Hafs, descendant d'Abd-el-Moumen, que le sultan Èn-Nacer, son cousin, avait récemment nommé au commandement supérieur des provinces orientales de l'empire. Il donna ordre de convoquer les patrons, les marchands et les marins des navires dévalisés dans la grande mosquée de la ville, au lieu destiné à rendre la justice; il fit déclarer à chacun, sous la foi du serment, le montant de ce qu'il avait perdu, et les fit indemniser intégralement sur le prix du blé appartenant aux marchands pisans, qui fut vendu en présence des marchands, des témoins et des écrivains de la douane. Le blé des Pisans ne suffisant pas, on vendit le blé des Lucquois, et on fit dresser par un secrétaire de la nation pisane[1] un rôle du nom des propriétaires et des quantités de blé appartenant à chacun, validé par des notaires. Abou-Zeïd pria ensuite la république de Pise d'indemniser les propriétaires du blé sur les biens des patrons des mosattah, en les châtiant d'ailleurs d'une manière exemplaire, afin d'assurer le respect dû aux Musulmans. « Vous le devez, » disait-il en écrivant le 11 septembre 1200 à l'archevêque et aux consuls de Pise, — comme l'inspecteur en chef des douanes de la Tunisie l'avait demandé de sa part aux mêmes magistrats le 9 septembre; — « vous le devez, en vertu des *traités de trêve et d'accord*
» qui existent entre nous pour la protection et le bon traitement de nos concitoyens
» (le diplôme d'Almanzor de 1186), et parce que vous savez que la Haute Majesté de
» notre souverain n'a jamais cessé de protéger les marchands chrétiens. Nous voulons
» que vous les punissiez comme font les Anciens de la république de Gênes, qui ne
» manquent pas, dans les circonstances analogues, de donner satisfaction au seigneur
» calife, et de châtier les délinquants, en démolissant par exemple leurs maisons, ou les
» frappant d'une autre manière[2]. »

La république de Pise, tout en se réservant sans doute d'agir en ce sens, à son heure et à sa convenance, n'approuva pas les procédés d'Abou-Zeïd, et refusa d'indemniser les marchands dont le blé avait été saisi par ses ordres. L'inspecteur des douanes se plaignait encore de la résistance des consuls dans une lettre du 27 mai 1201[3], et l'on ne sait pas comment l'affaire se termina. Il est peu important de le rechercher. Mais il faut observer combien le refus de la république de Pise était fondé en raison et en droit. Accéder trop promptement aux désirs d'Abou-Zeïd, c'eût été autoriser pour l'avenir l'emploi de pareilles mesures irrégulières. En résistant, les Chrétiens amenèrent les Musulmans à changer à leur égard ces procédés expéditifs et arbitraires qu'ils suivaient assez généralement entre eux. Et en effet, il fut reconnu dans les traités postérieurs que la conséquence des méfaits, des délits et des dettes restait personnelle au coupable,

---

[1] « Di mano di Cino segretario pisano. » Page 26. C'était un des employés pisans du consulat ou de la douane.

[2] Lettre de l'inspecteur des douanes, du 9 septembre 1200 (Amari, p. 27); lettre du prince Abou-Zeïd, du 11 septembre (Amari, p. 34).

[3] Amari, *Diplomi arabi*, p. 38.

au débiteur ou à ses garants, et ne devait pas retomber indistinctement sur d'autres. Si le gouvernement musulman ne pouvait atteindre les vrais auteurs ou répondants, il devait réclamer le concours du gouvernement chrétien, et ne jamais rendre l'ensemble, ou quelques membres de la colonie, passibles des suites de l'acte d'autrui [1].

1200-1203. — Lettres de divers Arabes à des Pisans.

A la suite de l'équipée des mosattah, la plupart des marchands pisans, craignant les effets de l'irritation populaire, avaient quitté Tunis. Leurs biens furent mis sous le séquestre à la douane, et il n'y fut pas touché. Ceux de leurs compatriotes qui restèrent ne cessèrent pas d'être bien traités par le gouvernement. Avant le règlement des réclamations qu'entraîna l'affaire, on se hâta même de rappeler ceux qui s'étaient éloignés. L'empressement des particuliers seconda les bonnes dispositions du gouvernement. Les marchands, les drogmans et les employés de la douane écrivirent aux Pisans qu'ils connaissaient pour les engager à revenir au plus tôt, sans conserver la moindre appréhension : rien ne serait changé pour eux, ils retrouveraient leurs marchandises, chacun avec son compte, telles qu'ils les avaient laissées. Plusieurs de ces lettres ont été conservées, et on les lit aujourd'hui avec intérêt. Les rapports confiants des marchands chrétiens avec les marchands arabes, et la loyauté de la douane dans ses relations avec les uns et les autres, s'y voient parfaitement.

Othman, le drogman, écrit à Pace, fils de Corso : « Je suis fâché que tu ne reviennes » pas régler toi-même tes affaires ici. Le sultan est très-peiné de tout ce qui est arrivé. » Si tu en as l'intention, n'hésite pas à rentrer; tu trouveras partout excellent accueil, » et tous ceux qui viendront avec toi de même. Les marchandises sont à bon prix, tu » pourras faire tous les achats que tu voudras. Si Siguiero, Forestano et Cristiano » pensent au voyage, qu'ils viennent, ils seront bien reçus [2]. »

Un marchand au même Pace : « Tu as quitté la Goulette le jour où tous ces malheu» reux événements sont arrivés. Pierre Cocolla est parti avec toi; c'est ce Pierre » Cocolla dont tu étais caution pour deux cent dix dinars, prix de seize cents peaux, » sur lesquelles il avait seulement payé dix dinars. Tu devais en outre, mon cher ami, » pour ton propre compte, soixante-treize dinars et demi pour neuf cents peaux, et » trente dinars pour neuf quintaux de laine, sur lesquels tu m'as remis un à-compte de » cinq dinars. Tu as une excellente réputation parmi nos marchands, mon cher, il faut » la conserver. Si Cocolla n'avait pas été avec toi, nous ne l'aurions pas perdu de vue » une heure. Nous voudrions que tu vinsses toi-même régler tes affaires à Tunis. Ibn» Kasoum dit que tu n'as plus en compte à la douane que pour six dinars. Mais tout » cela n'est rien. Toutes tes marchandises ont été mises sous le séquestre, comme » celles des autres [3]. »

La lettre d'un autre marchand au même Pace montre que les armateurs se permet-

---

[1] Voyez plus loin : *Principes généraux des traités*.
[2] Amari, *Diplomi arabi*, p. 53.
[3] Lettre sans date (Amari, p. 48).

taient quelquefois d'apporter en Afrique certains métaux, les fers et l'acier, même quand l'importation en pays musulman en était prohibée : « Tu es parti au moment où » ces malheureux événements sont arrivés par la volonté irrésistible de Dieu, en laissant » ici toutes tes marchandises, tes comptes et tes dettes. J'avais vendu à ceux de *la* » *Téride* (probablement le navire sur lequel Pace quitta Tunis), à Greco et à Hilde- » brand, mille trente et une peaux, à raison de seize dinars le cent, par l'intermédiaire » d'Abd-Allah-ez-Zekkat. Greco était caution d'Ibn-Kasoum, et en partant il ne m'a » rien payé. Je te dirai, mon cher ami, que j'avais des créances sur ceux qui ont porté » ici l'acier en contrebande, entre autres une créance de soixante-treize dinars sur » Sabi. A valoir sur cette somme, qui est ma propriété, j'ai acheté du cuivre à l'En- » chère (à l'Halka)[1]; mais quand j'ai voulu faire mes comptes à la douane, après le » départ de Sabi, on m'a dit que je n'avais pas de créance sur lui. Or ma créance » résulte d'un acte notarié, et il m'est bien dû cent soixante-six dinars par Sabi et ses » associés, qui ont apporté l'acier. Je te prie de voir à me faire payer, et de me dire » quels sont ceux qui vivent et ceux qui sont morts. Je dois le cuivre à Sabi, mais il » me devait auparavant (soixante-treize dinars); il reste mon débiteur pour sept » dinars. S'il est mort, il a pu te charger de régler cette dette pour lui. Toutes vos » marchandises sont sous le séquestre. Le sultan a défendu d'y toucher jusqu'à votre » retour[2]. »

Autre lettre d'un marchand arabe à Pace : « Je t'ai vendu, à toi, mon ami » Pace, treize cent vingt-quatre peaux, à treize dinars le cent, par l'intermédiaire » de ton associé Tamim, le fourreur, et des drogmans Othman, Ali-Ibn-Badis et » Ali-Ibn-Mestura[3]. »

Ibrahim, le corroyeur, à Forestan, Pace et Corso : « Tu me dois, mon cher Pace, » sept cent cinquante peaux de mouton, que tu m'as achetées, à sept dinars le cent, » par l'intermédiaire du drogman Othman. Quant à l'ami Forestan, il me doit deux » cent vingt-cinq dinars pour quatorze cent vingt-huit peaux de mouton, vendues » par l'intermédiaire de Jean Kitran. Je te préviens, mon cher Corso, qu'Ibn-Kasoum » dit partout que tu n'as plus rien à la douane. Pour toi, mon cher Pace, ne viens pas » sans les marchands avec qui tu as contracté, parce qu'ici toi seul es connu. Rien ne » manquera à vos marchandises. Venez donc faire un règlement général par doit et » avoir. Je t'engage, Corso, à ne pas tarder à te faire payer du plomb que tu as vendu » à Othman d'El-Mehadia, parce qu'il est parti pour Alexandrie[4]. »

Sadaka, le corroyeur, à Forestano, Benenato, Albano et autres Pisans : « Je vous » rappellerai que depuis votre départ, après l'affaire des mosattah, je n'ai pu rien » toucher encore sur votre compte à la douane pour ce que vous me devez, à savoir : » deux cent cinquante et un dinars et six dirhems pour quatorze cent quatre- » vingt-cinq peaux d'agneau, vendues par le drogman Othman-Ibn-Ali. Vous êtes

---

[1] Voyez ci-après : *Usages généraux du commerce d'Afrique.*
[2] Lettre sans date (Amari, p. 50).
[3] Sans date (Amari, p. 55).
[4] Lettre sans date, commune à Pace, Forestano et Corso (Amari, p. 57).

» d'honnêtes et considérables marchands. Venez, je vous en prie, régler vos comptes
» avec moi, ou envoyez un remplaçant avec votre procuration et une lettre du prince
» de Pise pour le gouvernement de Tunis. Vous feriez mieux de venir vous-mêmes.
» Les marchandises sont à bon prix. La tranquillité et les affaires sont en bon état,
» mieux même qu'à l'époque de votre départ. Vous serez reçus et traités ici parfaite-
» ment bien comme autrefois [1]. »

Le cid Abou-Zeïd, de son côté, donna les plus amples assurances à la république de
Pise. Il expédia un sauf-conduit ou *aman* général pour tous ses sujets; il les engagea à
rentrer à Tunis, en les assurant qu'ils jouiraient comme par le passé de toutes les
garanties « du traité existant »; vraisemblablement le diplôme impérial de 1186, toujours en vigueur [2]. Et il se montra en effet très-favorable aux marchands pisans
pendant les quelques années qu'il lui fut donné de se défendre encore à Tunis contre
les révoltés majorcains.

1184-1205. — Ali et Yahya Ibn-Ghania relèvent le parti almoravide contre les Almohades, et règnent quelque temps à Bougie et à Tunis.

L'invasion des Beni-Ghania dans le Magreb oriental, dont nous nous sommes un peu
éloignés, était une nouvelle insurrection almoravide, suite et conséquence de la révolte
des Baléares. Le fond du petit corps d'armée avec lequel Ali-Ghania ne craignit pas
d'entreprendre son audacieuse expédition était presque entièrement composé d'anciens
adversaires des Almohades. Il se recruta bien en Afrique des mécontents qu'avait faits
la chute de la dynastie hammadite et des Arabes nomades, ennemis de tout gouvernement établi; mais sa force principale lui vint des tribus et des chefs attachés encore
aux souvenirs et aux doctrines almoravides. Après la conquête de la ville de Bougie,
que Yahya, son frère, se chargea de gouverner en son nom, il soumit, avec leur concours, une grande partie du Magreb central jusqu'au Chélif : Alger, Mouzaïa, Miliana,
El-Cala des Beni-Hamad, qu'il emporta d'assaut, arborèrent ses drapeaux. Il vint
mettre ensuite le siége devant Constantine [3].

Menacé sous les murs de cette ville par une armée almohade qui n'avait eu qu'à
aider le vœu des habitants pour chasser ses préfets [4], Ali se rejeta sur les provinces de
la Byzacène et de la Tripolitaine. Il y trouva un secours inespéré dans les bandes
d'Arabes et de Ghoss qu'y avait conduites un aventurier nommé Karacoch [5], alors
seigneur de Tripoli. C'était un des vassaux de Saladin, Turcoman arménien de naissance, chargé par l'émir d'aller conquérir à profits communs les pays qu'il pourrait enlever aux princes du Magreb, tous également étrangers à ses yeux depuis

---

[1] Lettre sans date (Amari, p. 60). Dans un *post-scriptum*, Sadaka rappelle à Forestano que Yousouf, le corroyeur, lui a vendu cinq cents peaux d'agneaux pour quatre-vingts dinars, par l'intermédiaire d'un drogman « nommé en langue franque Azmat Defraka. »

[2] Amari, *Diplomi arabi*, p. 29, 31. Pièces sans date.

[3] Ibn-Khaldoun, t. II, p. 89, 208.

[4] Ibn-Khaldoun, t. II, p. 90, 209.

[5] Ibn-Khaldoun, t. II, p. 91.

qu'ils s'étaient séparés de l'obédience politique et religieuse des califes de Bagdad. On croit que dans la pensée de Saladin, alors seulement vizir en Égypte, l'expédition de Karacoch lui préparait une retraite, au cas où sa rupture avec Noureddin le forcerait de quitter l'Égypte[1]. Ses succès servirent à son lieutenant, sans le détacher, du moins tout d'abord, de la déférence qu'il devait à son maître.

Arrivé à Tripoli, Ali conclut une alliance étroite avec Karacoch contre les Almohades[2]. Il appela à lui les descendants des anciens Arabes hilaliens, les restes des tribus de Lemtouna et de Messoufa, qu'Abd-el-Moumen avait persécutées, et parvint à reconstituer un État assez étendu dans le sud et le sud-est de la Tunisie, vers le golfe de Cabès, pays qu'on appelait généralement le Djerid (*branche de palmier*), à cause des abondants et magnifiques palmiers que le terrain y produit spontanément. « Ayant » établi dans ces contrées la domination de son peuple, dit Ibn-Khaldoun, Ali réor- » ganisa l'empire almoravide, dont il ressuscita tous les usages, et fit proclamer la » suprématie religieuse des Abbassides[3]. » Saladin, suivant les avis du divan de Bagdad et les intérêts de sa propre politique, approuva complétement l'union d'Ibn-Ghania avec Karacoch; il fit expédier des diplômes royaux à Ibn-Ghania par le calife, et recommanda à Karacoch de le seconder, pour relever ensemble en Afrique la suprématie morale des Abbassides, admise toujours en principe par les Almoravides[4].

Ainsi unis et fortifiés, les confédérés ne craignirent pas de s'avancer au-devant d'Almanzor, qui avait conduit des troupes à Tunis en apprenant l'invasion du Djerid. Ils battirent d'abord l'avant-garde de l'armée almohade à Ghomert, mais ils furent entièrement mis en déroute à El-Hamma (oct.-nov. 1187) par le sultan en personne. A la suite de sa victoire, Almanzor soumit les villes du Djerid, châtia les tribus indociles, fit partir pour l'ouest les plus dangereuses, puis il rentra lui-même au Maroc, en traversant rapidement le petit désert au sud de l'Atlas[5]. Son éloignement ramena Ali dans les lieux qu'il avait si souvent occupés et rançonnés. Il y mourut en 584 (1188-1189), à Nefzaoua, percé par une flèche perdue. La direction du parti almoravide passa alors à son frère Yahya Ibn-Ghania, appelé plus souvent, comme son frère, *le Mayorki*, dans les histoires du Magreb. La trahison de Karacoch, qui se soumit d'abord aux Almohades, revint ensuite auprès de Yahya, et finit par être tué en état de révolte contre son ancien allié[6], ne découragea pas Yahya. Plus hardi et plus heureux qu'Ali, pendant les années qu'Almanzor consacra à la longue guerre d'Espagne, dont la bataille d'Alarcos fut la plus célèbre victoire, et pendant les premières années du règne de son fils En-Nacer, il s'empara de Tripoli, de Cabès (1195), de Bedja (1201), de Sfax, de Kairouan, de Constantine, de Biskara, où il fit couper les mains aux vaincus, de Tebessa et de l'ancienne capitale ziride El-Mehadia, dont il donna le

---

[1] Amari, prefaz., p. XLI.
[2] Ibn-Khaldoun, t. II, p. 93, 210.
[3] Ibn-Khaldoun, t. II, p. 93.
[4] Ibn-Khaldoun, t. II, p. 93.
[5] Ibn-Khaldoun, t. II, p. 95, 211.
[6] Cf. Ibn-Khaldoun, t. II, p. 95; El-Tidjani, p. 101.

gouvernement à son frère El-Ghazi. Cette dernière conquête, effectuée sur un chef indépendant des Almohades, est de l'année 1202 ou 1203 de l'ère chrétienne [1]. Le cid Abou-Zeïd Abou-Hafs, gouverneur almohade du Magreb oriental, ne reçut du sultan En-Nacer que des secours insuffisants, et fut bientôt obligé de se défendre à Tunis même.

Au bout de quatre mois de siége, Yahya emporta la ville d'assaut (1203); il fit prisonnier Abou-Zeïd et deux de ses fils, il frappa les habitants d'une contribution de cent mille dinars d'or [2], et se fit proclamer, comme les sultans, *Émir al-moumenin*, en conservant toutefois, dans la prière publique du vendredi, le nom du calife abbasside [3].

1204-1207. — Le sultan En-Nacer reconquiert le Magreb oriental, et nomme Abou-Mohammed, le Hafside, son lieutenant à Tunis. Fin des Ibn-Ghania.

En-Nacer, retenu dans l'ouest de ses États et préoccupé surtout de la soumission des Baléares, paraît avoir cherché à augmenter pourtant sa marine dès les premières années de son avénement, pour agir à la fois contre les Ibn-Ghania de Majorque et de l'Afrique. On le voit, au mois de février 1201, durant son séjour à Ceuta, où les Génois étaient toujours nombreux, charger un notable de cette nation, Angelo Spinola, d'engager les magistrats pisans à lui envoyer un ambassadeur pour conférer d'affaires essentielles [4]. Majorque ayant été reconquise vers la fin de l'année 1203, En-Nacer prit la direction personnelle de forces considérables et choisies qu'il fit avancer par terre et par mer vers les provinces orientales. La plupart des chefs almohades désapprouvaient son expédition et l'engageaient à traiter avec les Ibn-Ghania. Presque seul Abou-Mohammed Abd-el-Ouahid, fils d'Abou-Hafs, grand scheik de l'empire, parent du cid Abou-Zeïd et du sultan lui-même, et qualifié du titre de cid comme tous les descendants d'Abd-el-Moumen [5], lui conseillait d'abattre à tout prix une révolte qui, triomphante dans l'est, pouvait ébranler la monarchie entière [6]. Il n'eut qu'à se louer de suivre ces avis. En 1204 il s'empara de Tunis, obligea Yahya Ibn-Ghania à s'enfuir vers Kairouan, chargea Abou-Mohammed de le poursuivre, et vint mettre le siége devant El-Mehadia, où commandait El-Ghazi Ibn-Ghania, que l'on dit tantôt le frère, tantôt le neveu de Yahya.

Le grand scheik, s'avançant dans la Byzacène, rencontra Yahya fortement établi avec ses femmes et ses trésors à Tadjera, dans les montagnes de Demmer, près de Cabès; il l'attaqua aussitôt, le culbuta au milieu de ses retranchements, tua son frère Djobara, et rejeta dans le désert son armée désorganisée, qui laissa échapper

---

[1] Voyez les observations de M. Amari, prefaz., p. XLII, note 2, et ci-après, p. 65.
[2] Environ un million et demi de francs. Ibn-Khaldoun, t. II, p. 99; Kairouani, *Hist. d'Afrique*, trad. de MM. Pellissier et Rémusat, p. 201, 205.
[3] Ibn-Khaldoun, t. II, p. 99, 220.
[4] Amari, *Diplomi arabi*, p. XLI, 36.
[5] Ibn-Khaldoun, t. II, p. 89, note.
[6] Ibn-Khaldoun, t. II, p. 220-221.

[1207-1221] INTRODUCTION HISTORIQUE. 63

dans la déroute le cid Abou-Zeïd, retenu jusque-là prisonnier. Ce combat décisif eut lieu le 27 octobre 1205 [1]. Le butin « que l'armée d'Ibn-Ghania abandonna aux Almo-
» hades dans cette journée, dit un écrivain arabe, formait la charge de dix-huit mille
» chameaux, et se composait d'or et d'argent, d'étoffes précieuses et de meubles [2]. »

En-Nacer, non moins heureux devant El-Mehadia, obligea El-Ghazi à capituler le 9 janvier 1206; il eut encore par ses généraux quelques avantages dans la Tripolitaine et jusque dans la Cyrénaïque. L'année suivante, avant de rentrer dans le Maroc, cherchant l'homme le plus capable de rétablir l'ordre dans le pays et d'y commander à sa place, il investit de pouvoirs illimités le cid Abou-Mohammed, son conseil et son bras droit pendant la guerre [3]. Mohammed refusa longtemps la dignité qui lui était offerte. Contraint d'accepter, au moins pour un temps, il réorganisa l'administration et pacifia le pays. Il repoussa plusieurs tentatives de Yahya, et établit sur les frontières un système de défense dont les bons effets se continuèrent même après sa mort. Quand l'émir, qu'aucun échec ne put abattre, était signalé sur un point quelconque, des troupes promptement prévenues se réunissaient et repoussaient ses hordes dans les déserts et les pâturages où elles campaient habituellement, vers le sud de la province de Constantine et de la Tunisie. De cette retraite, Yahya dirigea encore pendant vingt-huit ans des expéditions ou des razzias incessantes contre les pays cultivés, parcourant toute la longueur de l'Atlas méridional, de Sedjelmesse à Barca, envahissant un jour les campagnes de Tlemcen, pénétrant une autre fois à travers les montagnes jusqu'à Bougie, et reparaissant peu après dans le Djerid [4]. Il mourut seulement en 1233. Avec lui s'éteignit la renommée, et peut-être même la race des Beni-Ghania. « Les tribus
» à la face voilée qui avaient fondé la puissance almoravide, dit un savant orientaliste,
» affaiblies par leurs guerres continuelles dans les pays du nord de l'Afrique du
» douzième au treizième siècle, rentrèrent tout à fait au quatorzième dans le centre de
» l'Afrique, et ne quittèrent plus les confins du pays des nègres [5]. »

1207-1221. — Bonnes relations des commerçants d'Italie et de Provence avec la Tunisie, les Baléares et le Maroc pendant l'administration d'Abou-Mohammed, le Hafside.

Abou-Mohammed Abd-el-Ouahid, qui prit possession de sa vice-royauté à Tunis au mois de mai 1207 [6], se montra ce qu'on l'avait toujours connu, général habile et résolu, administrateur prévoyant et sage. Il repoussa les attaques d'Ibn-Ghania, et répara les imprudences de quelques-uns de ses lieutenants; il ramena les tribus à l'obéissance, il protégea le commerce et assura la perception des impôts. Au bout de quelques années de gouvernement, et après un grand avantage obtenu sur Ibn-Ghania, croyant la voie suffisamment préparée à ses successeurs, il avait demandé à être relevé

[1] Cf. Amari, prefaz., p. xli; Ibn-Khaldoun, t. II, p. 99, 221.
[2] Ibn-Khaldoun, t. II, p. 221.
[3] Ibn-Khaldoun, t. II, p. 100, 222 et 287.
[4] Ibn-Khaldoun, t. II, p. 297.
[5] Amari, *Diplomi arabi*, p. xli.
[6] Ibn-Khaldoun, t. II, p. 288.

de son commandement. Il lui fallut rester au poste où il était si nécessaire, et où il mourut, en 1221, sous le règne d'El-Mostancer, fils et successeur d'En-Nacer[1]. L'administration d'un homme aussi capable ne pouvait que rendre plus faciles et plus prospères les relations des marchands étrangers avec le pays. Nous en trouvons le témoignage dans les monuments du temps.

Gênes, Pise, Venise commerçaient alors régulièrement avec le Maroc et avec le Magreb oriental. Depuis que les Almohades avaient chassé les Ibn-Ghania des Baléares, bien que leur autorité n'y fût pas longtemps respectée, les navires étrangers n'avaient cessé de fréquenter Majorque. Les marchands génois, pisans et provençaux y étaient nombreux et bien traités avant la conquête du roi d'Aragon[2]. Les Génois se trouvaient en relations plus particulières avec Ceuta et Bougie. Ils y avaient des consulats permanents, et ils affermaient chaque deux ans les revenus de la chancellerie (*scribania*) de ces deux villes[3]. Les annales de Gênes mentionnent l'envoi de Lanfranc della Turca, en 1210, auprès du sultan almohade pour négocier peut-être un traité[4]. Comme les Génois, qui avaient favorisé leurs premiers accords avec les rois du Maroc, les Provençaux fréquentaient surtout les villes de Ceuta et de Bougie[5]. Les Pisans et les Vénitiens paraissent en rapports plus fréquents avec Bougie et avec Tunis. Dans la ville de Bougie, qui dépendait du gouvernement d'Abou-Mohammed, les Vénitiens étaient assez influents, et portaient une certaine jalousie aux Pisans. Une demande adressée le 22 novembre 1207 par un Arabe à un riche Pisan, Lambert del Vernaccio, pour obtenir la place de drogman de la nation pisane à Bougie, fait allusion à cette rivalité : « Je désirerais que votre générosité m'accordât une grande faveur. Voudriez-
» vous prier les Anciens de votre ville d'écrire une lettre scellée au caïd Abou-Sedad
» (directeur de la douane de Bougie), pour que je sois nommé drogman à la Douane
» et courtier à l'*Halka* (bureau des enchères publiques), au service spécial des Pisans.
» Cela est conforme à l'usage et aux priviléges des Pisans, attendu que nul ne peut être
» nommé courtier ou drogman pour eux, sans leur agrément. Les Vénitiens ont beau
» dire[6], je ne réclame rien que d'entièrement conforme aux usages. Eh! mon Dieu,
» soutenez donc en cette circonstance vos droits et ceux de votre serviteur[7]. »

Les usages, l'habitude, les précédents, réglaient ainsi pour chaque nation les questions de détail et d'application qui ne pouvaient être déterminées par les traités, alors très-généraux et peu explicites, même quand ils étaient écrits.

Le commerce pisan se trouvait encore pour ses conditions générales, dans tout le Magreb, sous l'effet du diplôme accordé à la république en 1186 par le sultan

---

[1] Ibn-Khaldoun, t. II, p. 289, 292.

[2] Bernard d'Esclot, *Chron.*, cap. xiv, p. 583, édit. Buchon.

[3] Caffaro, *Ann. genuens.*, ann. 1214, ap. Muratori, t. VI, col. 407.

[4] Caffaro, *loc. cit.*, t. VI, col. 400. « In isto anno consules ad Masemutum Lanfranchum de Turcha miserunt. »

[5] Caffaro, *loc. cit.*, t. VI, col. 400, 401. — Nos *Documents*, p. 89.

[6] J'hésite à accepter l'explication de M. Amari, du mot *boronsali*, p. 76, 411.

[7] Lettre du 22 novembre 1207. Amari, p. 76, 411.

Almanzor. Avant d'arriver à l'année 1211, durant laquelle le privilége devait parvenir à son terme, on s'occupa de le renouveler. On ne voit pas s'il y eut à cette occasion un nouveau firman remplaçant l'ancien diplôme, ou un vrai traité bilatéral analogue à ceux que les Pisans avaient déjà conclus avec les émirs de Majorque, et à ceux qui devinrent peu de temps après d'un usage commun entre Chrétiens et Musulmans. Il se peut qu'on se soit borné à l'échange de lettres prorogeant l'ensemble du diplôme de 1186, que l'on avait toujours dénommé et invoqué jusque-là comme un vrai traité bilatéral.

La république de Pise envoya aussi un ambassadeur à Tunis, et nous avons la réponse d'Abou-Mohammed, remise le 9 septembre 1211 à l'envoyé pisan, pour adhérer en ce qui concernait son gouvernement aux conventions arrêtées ou renouvelées avec En-Nacer pour tout l'empire. Le souvenir de l'affaire des mosattah, encore présent à tous les esprits, rendait nécessaire une sanction particulière des obligations des Pisans dans la Tunisie. Elle y est formellement et itérativement exprimée.

« A l'illustre consul, Geoffroy Visconti, prince de Pise, de la part d'Abd-el-Ouahid,
» fils du scheik Abou-Hafs. Que Dieu accorde une perpétuelle et glorieuse victoire à
» notre seigneur l'imam, le calife En-Nacer-li-din-illah, le prince des croyants, rejeton
» des califes, etc., etc. Nous avons reçu votre lettre et nous y avons vu la promesse
» d'observer scrupuleusement et loyalement les conditions (*patti*) arrêtées avec le
» puissant Gouvernement. Votre ambassadeur Gérard nous a dit tout ce que vous lui
» aviez particulièrement recommandé au sujet de vos soins constants et louables pour
» entretenir une bonne paix entre nous, et des recommandations que vous faites à tous
» ceux qui partent de vos pays, de respecter les Musulmans et leurs biens, d'éviter de
» leur occasionner aucun tort ou de les tromper. L'effet de vos intentions était déjà
» manifeste par la conduite des voyageurs vos compatriotes, et celle de tous vos gens.
» Aussi le *traité* stipulé avec vous est extrêmement bien vu des Almohades, et votre
» empressement à le maintenir notoire à tout le monde. Ici, nous agissons de même
» avec tous ceux qui viennent de votre part ou qui jouissent de votre protection [1]. »

Nous ignorons du reste si les accords conclus avec les Pisans postérieurement à l'ambassade de 1186 avaient modifié les conditions du diplôme qui leur fut accordé cette année; ou si, tout en demeurant réellement très-favorables aux Pisans, les nouveaux princes almohades les obligèrent, comme Almanzor, à concentrer leur commerce aux quatre ports de Ceuta, Oran, Bougie et Tunis.

1177. 1199-1206. — D'Abd-el-Kerim et d'Ali Ibn-Ghazi Ibn-Ghania, souverains d'El-Mehadia.

En nous occupant précédemment du privilége de 1186, qui rouvrit les mers du Magreb aux navires pisans, nous avons remarqué l'absence du nom d'El-Mehadia parmi les ports où Almanzor leur permettait d'aborder, bien que les sujets de la république de Pise eussent reçu, dès l'an 1166, du roi Yousouf, père d'Almanzor, le droit formel d'habiter et de faire le négoce au faubourg de Zouïla.

[1] Amari, *Diplomi arabi*, p. 79.

La déchéance du commerce d'El-Mehadia entre ces deux dates n'expliquerait pas suffisamment une semblable omission, qui était une exclusion formelle. La crainte de voir les Pisans habiter une ville où l'autorité almohade avait été si souvent menacée, la justifierait mieux peut-être. Nous en trouverions la cause plus naturelle encore et plus certaine dans l'occupation d'El-Mehadia, dès le mois de septembre 1177, par un capitaine berbère nommé Mohammed Ibn-Abd-el-Kerim, si le texte arabe de l'ouvrage où se trouve cette notion ne paraissait un peu confus aux savants orientalistes [1].

Ce qu'il n'est pas permis de révoquer en doute, c'est que Mohammed Ibn-Abd-el-Kerim, de la tribu de Koumia, né à El-Mehadia même et enrôlé fort jeune dans la milice soldée que les Almohades entretenaient dans cette ville pour réprimer les courses des Arabes d'alentour, se révolta contre le gouverneur, qui voulait partager avec lui le butin enlevé aux maraudeurs, s'empara des fortifications au mois de juin 1199 [2], et se fit proclamer prince d'El-Mehadia, en ajoutant à son nom une qualification regardée comme une déclaration d'indépendance. Il osa peu après marcher contre le cid Abou-Zeïd Abd-er-Rahman lui-même, qui commandait alors à Tunis au nom des Almohades et s'avança jusqu'à la Goulette. Il ne se retira, à la prière des habitants [3], que pour marcher contre les Ibn-Ghania, maîtres du Djerid et de la Tripolitaine.

Repoussé de Cabès, battu sous les murs de Gafsa, il fut obligé de se renfermer précipitamment dans Mehadia. Yahya Ibn-Ghania, secondé par deux navires de guerre qu'Abou-Zeïd lui envoya de Tunis, vint assiéger El-Mehadia, contraignit Abd-el-Kerim à un accord, et, profitant du moment où il était sorti de la forteresse sous la foi d'une amnistie, le fit mourir par trahison lui et son fils [4]. Ces événements se passèrent en l'année 599 de l'hégire, 1202-1203 de l'ère chrétienne [5].

Une charte arabe du 23 mars 1202, publiée et signalée par M. Amari, prouve qu'Ibn-Abd-el-Kerim occupait encore El-Mehadia à cette date. Abou-Zeïd Abd-er-Rahman, de qui elle émane, y recommande expressément aux magistrats de la ville de Pise de refuser toute assistance à « Ibn-Abd-el-Kerim, ce vil brigand, ce traître de « Mehadia », et de prévenir Comita, juge de Torrès, en Sardaigne, que, s'il continuait à favoriser les entreprises du rebelle contre le gouvernement légitime, il verrait bientôt arriver la flotte almohade sur ses côtes [6].

El-Ghazi Ibn-Ghania, à qui son frère Yahya avait donné la seigneurie d'El-Mehadia pendant que lui-même allait assiéger et conquérir Tunis, était fort désireux de rappeler les commerçants chrétiens dans ses États. Les Pisans avaient tout intérêt à reprendre des relations qui avaient entièrement cessé, si le diplôme almohade de 1186 était rigoureusement exécuté. Ils durent faire pressentir le nouveau maître d'El-Mehadia, et

---

[1] Amari, prefaz., p. xli.
[2] Amari, prefaz., p. xlii.
[3] Ibn-Khaldoun, t. II, p. 97.
[4] Ibn-Khaldoun, t. II, p. 98.
[5] Amari, prefaz., p. xlii.
[6] Amari, prefaz., p. xlii; *Diplomi*, p. 67.

trouvèrent auprès de lui les plus favorables dispositions. Le 27 mai 1204, El-Ghazi leur faisait écrire par un de ses officiers : « Nous avons entendu dire de telles choses » de vos qualités et de votre réputation, de l'étendue de vos relations et de votre » crédit, que notre souverain est très-désireux de vous connaître et d'entrer en rap- » ports avec vous. Notre souverain a les meilleures intentions de seconder vos désirs, » de favoriser votre commerce et vos affaires. Il nous a ordonné de vous faire savoir » ce qu'il voudrait faire sans tarder avec votre pays, afin que des rapports amicaux » s'établissent entre nous et se resserrent par la réciprocité des bons offices [1]. »

Mais tous ces projets de restauration et d'amélioration, si naturels chez les nouveaux souverains, ne purent se réaliser devant l'attaque des armées almohades, qui écrasèrent les partisans majorcains et almoravides durant cette même année 1204.

El-Ghazi se conduisit d'ailleurs, dans ces circonstances, en homme loyal et probe. Même après la défaite de son frère à Tadjera, en 1205, il lui resta fidèle. Par sa valeur et sa dextérité, il parvint à repousser plusieurs fois les troupes du sultan En-Nacer. Il résista encore dans El-Mchadia, assiégé et battu par des mangonneaux puissants qui lançaient des masses de pierre pesant un quintal. Le tir d'une de ces catapultes brisa un jour dans la ville la moitié d'une porte de fer massif ornée de lions de cuivre roulant sur des gonds de verre. Le 9 janvier 1206, après quatre mois de siége, il obtint des Almohades une honorable capitulation qui assura la vie et les biens de ses compagnons. Il reçut même d'En-Nacer, à cette occasion, de riches cadeaux, parmi lesquels on remarquait deux robes ornées de pierreries, qui venaient d'être envoyées de Ceuta au sultan par un de ses affranchis. El-Ghazi entra peu après dans les armées almohades, et mourut en Espagne martyr de la guerre sainte [2].

1114-1192. — Persistance ot diminution des populations chrétiennes en Afrique.

Les guerres et les dévastations périodiques des provinces orientales de l'empire almohade ramènent notre attention sur les anciennes populations chrétiennes de ces contrées, que les bouleversements politiques atteignaient sûrement plus que toutes les autres, parce que le vainqueur n'était jamais de leur parti. Diminuées et affaiblies de siècle en siècle, nous les retrouvons cependant encore au douzième, mais à des dates et au milieu d'événements que le cours de notre récit a déjà dépassés.

Les princes hammadites reçurent, à une époque vraisemblablement assez voisine de la fondation d'El-Cala, une colonie nombreuse de Chrétiens berbères, parmi les tribus qui vinrent peupler leur première capitale, et qui continuèrent à l'habiter encore longtemps après la fondation de Bougie [3]. La bonne entente existant entre ces princes et le Saint-Siége donnait une entière sécurité à leurs sujets chrétiens.

En 1114, les Chrétiens d'El-Cala, tous Africains et Berbères, avaient une église dédiée à la Vierge Marie. Leur évêque habitait une maison voisine de l'église. C'est le

---

[1] Amari, *Diplomi arabi*, p. 73.
[2] Amari, p. xliii; Ibn-Khaldoun, t. II, p. 97, 100.
[3] Voyez ci-dessus, p. 17, 30.

dernier prélat indigène dont nous puissions constater l'existence ; et déjà la population, peut-être ses propres fidèles, qu'envahissait d'année en année l'influence du langage et des habitudes arabes, le désignaient sous le nom musulman de *calife*. Pierre Diacre conserve lui-même cette dénomination, en rappelant les circonstances miraculeuses de la mort du bienheureux Azzon, moine du Mont-Cassin ; il semble ignorer qu'elle désignait un dignitaire chrétien du rang épiscopal, ce que Pagi a le premier remarqué[1].

En cette année 1114, des moines du Mont-Cassin, revenant de Sardaigne en Italie, tombèrent entre les mains des pirates et furent conduits en Afrique. Peu de temps après, une tempête ayant poussé sur les côtes de Sicile les moines que l'abbé renvoyait en Afrique pour racheter leurs frères, le comte Roger, jaloux de rendre hommage au glorieux père Benoît, dit Pierre Diacre, s'empressa d'envoyer ses propres messagers au roi de la ville de *Calama*, que les Sarrasins appelaient *Alchila*[2]. Ce roi, qui accéda d'ailleurs à toutes les demandes du comte Roger, était El-Aziz, arrière-petit-fils d'En-Nacer, le Berbère de la dynastie des Hammadites, fondateur de Bougie. Grégoire VII donnait à ces princes le titre de *Rois de la Mauritanie Sitifienne*, et nous voyons ici qu'ils étaient désignés en Italie, au douzième siècle, comme rois de la ville d'El-Cala, où ils devaient résider souvent, bien qu'ils eussent transféré le siège principal de leur administration avec leurs trésors dans leur nouvelle capitale de Bougie, dès l'an 1090.

Le pieux auteur de la Chronique du Mont-Cassin n'a garde de négliger cette occasion de célébrer la gloire de sa maison et les mérites de ses frères. Il accorde, en attendant sa béatification, et comme un moyen d'y parvenir, l'honneur de miracles nombreux à Azzon, doyen de l'abbaye, l'un des moines vendus par les pirates, mort durant sa captivité, et inhumé à El-Cala, devant l'autel principal de l'église de Sainte-Marie. Un soir, tandis que la lune brillait dans le ciel, un indigène non chrétien, passant devant l'église, fut tout surpris de voir le vertueux doyen du Mont-Cassin, qu'il avait connu sans doute de son vivant, assis au pied de la porte, lisant paisiblement un livre ouvert devant lui. Il prévient aussitôt d'autres Sarrasins : « Venez, accourez, leur dit-il ; » vous savez, ce prêtre des Chrétiens qui est mort ce mois-ci, venez le voir lui-même » assis au seuil de l'église. » On s'empresse ; la vision avait disparu. Une autre nuit, la lampe placée devant l'autel au-dessus du lieu où le corps d'Azzon avait été déposé, que l'on avait soin d'éteindre tous les soirs, se ralluma d'elle-même ; et depuis le phénomène se renouvela toutes les nuits, bien que l'on eût mis de l'eau à la place de l'huile. Le roi fit fermer et surveiller l'église. Le miracle ne cessa pas. De la maison du *calife* des Chrétiens contiguë à leur église[3], l'émir vit lui-même un jour une étoile

---

[1] Notes à Baronius, *Annal. eccles.*, 1114, § 3, t. XVIII, p. 254.

[2] « Dum hæc ad notitiam Roggerii magnifici comitis pervenissent, amore sanctissimi patris Bene- » dicti ductus, nuntios suos ad regem civitatis Calamensis, quod a Sarracenis Alchila dicitur, desti- » navit. » *Chron. Monast. Cassin.*, ann. 1114, cap. L, ap. Muratori, t. IV, p. 524; ap. Pertz, t. VII, p. 786. Les deux savants éditeurs voient Guelma dans *Calama*, que Pagi avait bien dit répondre à la ville détruite d'El-Cala ou Calaat-Hammad.

[3] « Ad domum callifæ quæ ecclesiam liminabat. » *Chron. Cassin.*, lib. IV, cap. LI ; Muratori, col. 525; Pertz, p. 786.

descendre sur la lampe et l'enflammer. Frappé de ces prodiges, il fit rouvrir l'église des Chrétiens.

On ne sait quel fut le sort de la population chrétienne d'El-Cala lorsque, vers l'an 1152, Abd-el-Moumen, avant de détrôner le dernier descendant d'Hammad, prit la ville d'El-Cala et en dispersa les habitants [1]. Nous ignorons si la ville de Bougie, qui fut si hospitalière pour les marchands chrétiens venus de l'étranger, avait dans ses murs des Chrétiens indigènes ; si elle abrita l'évêque d'El-Cala, obligé peut-être de quitter la Mediana avec sa tribu par les conquêtes des Almohades, les invasions des Ibn-Ghania et les ravages des Arabes. Nous ne savons si l'empire d'Abd-el-Moumen, lorsqu'il s'étendit du désert de Barca à l'Atlantique, renferma encore un seul des évêques indigènes, dont nous avons vu le nombre réduit successivement de deux cents à quarante au dixième siècle, à cinq en 1053, à trois ou même à deux seulement en 1076.

Il faut nous contenter des faits épars et incohérents recueillis dans les monuments ; nous pouvons rappeler que Tunis renfermait en 1159, dans sa population indigène, de nombreuses familles juives et chrétiennes qu'Abd-el-Moumen aurait forcées de se convertir à l'islamisme pour éviter la mort [2] ; et qu'en 1192 on voit l'archevêché de Carthage figurer encore dans le *Liber censuum* sur lequel le chancelier de l'Église romaine inscrivait le nom des évêchés redevables d'un cens au Saint-Siége [3].

Mais peut-être cette mention n'était que le simple souvenir d'un ancien état de choses, maintenu dans les cadres de l'administration ecclésiastique pour conserver le droit organique de la ville de Carthage à la suprématie de l'Église africaine, toujours défendue par le Saint-Siége.

Au seizième siècle encore, quand la cour de Rome nommait des évêques *in partibus infidelium*, aux titres purement nominaux alors de Bone ou de Constantine, les bulles de nomination rappelaient aux titulaires la dépendance de leur siége de celui de Carthage et leur obligation d'obéir au métropolitain de l'Église d'Afrique, s'il en était jamais institué, nonobstant le serment qu'ils prêtaient au souverain pontife [4].

Colonies européennes éparses dans le pays.

Indépendamment des débris des anciens indigènes chrétiens, il y avait encore çà et là dans l'Afrique magrebine, particulièrement dans l'est, quelques colonies de Chrétiens européens fixés sur le sol, à la suite de capture, de déportation violente ou même d'émigration volontaire. Leur histoire est à peine marquée dans celle du pays.

Non loin de Kairouan et de Djeloula se trouvait une colonie de Chrétiens enlevés anciennement de vive force de l'île de Sardaigne. On les avait établis dans un territoire qui de leur nom s'appela *Serdania*. Ils en avaient fait, par la culture, un endroit délicieux. « On ne peut rien voir de plus beau dans toute l'Ifrikiah, dit El-Bekri. Les

---

[1] Voyez ci-dessus, p. 41.
[2] Voyez ci-dessus, p. 41.
[3] *Liber censuum Eccl. rom.*, par Cencius, ap. Muratori, *Antiq. ital.*, t. V, col. 900.
[4] Nos *Documents*, p. 21, ann. 1512.

" fruits de ce canton sont excellents ; l'on y compte environ mille pieds d'orangers [1]. "
Plus loin, au fond du golfe de Cabès et à quinze lieues dans les terres, au delà d'un vaste et dangereux étang salé, se trouvait une autre peuplade chrétienne plus nombreuse encore, répandue dans un canton du Djerid appelé *Castilia*, autour de la ville de Touzer, qui fut particulièrement nommée elle-même Castilia. Il ne faut pas, paraît-il, chercher de rapport entre ce nom et l'origine des émigrés venus ou transportés dans le canton. C'étaient pour la plupart des habitants de l'île de Sardaigne, auxquels s'adjoignirent volontairement, en des temps divers, d'autres Chrétiens esclaves ou réfugiés, sous la condition de payer le tribut. Leur pays possédait les palmiers les plus beaux et les plus féconds de l'Afrique et du Djerid. A la longue, les habitants perdirent leur langage et leur religion. Mais le souvenir de leur origine franque se conserva toujours parmi eux, et ne s'est pas encore éteint dans les trois villes du canton, qui sont Touzer, Hamma et Nefta [2].

Ces colonies de Chrétiens agricoles ont dû être toujours bien rares, et l'expatriation des Européens qui venaient librement s'y adjoindre quelquefois ne pouvait avoir toujours des motifs bien avouables. Les Chrétiens que les courses des pirates et les événements de la guerre faisaient tomber en esclavage et exposer dans les marchés publics n'aspiraient qu'à une chose : le rachat et le retour dans leur pays. Quelques-uns, une fois libérés, pouvaient rester dans les villes commerçantes où ils trouvaient à s'employer dans les comptoirs chrétiens ; bien peu cherchaient à s'attacher au sol.

1198-1226. — Les Almohades protégent les ordres religieux.

Le nombre des prisonniers chrétiens ou musulmans augmentant sans cesse par suite des excès de la course de mer qu'aucune puissance ne pouvait réprimer, et de la continuité des hostilités en Espagne, comme en Syrie et sur les côtes d'Afrique, l'ordre spécial de la Rédemption des captifs avait été fondé dans le but d'atténuer les maux de la guerre, et de rendre les malheureux prisonniers à la liberté et à leur patrie. Innocent III avait recommandé les membres de la pieuse institution au sultan Almanzor, dans une lettre du 8 mars 1198, qu'on voudra lire, pour voir comment s'exprimait alors le souverain pontife de la loi chrétienne, en s'adressant au chef de l'Islamisme occidental. Ce n'est plus l'intime épanchement de Grégoire VII et d'En-Nacer [3]. Il y a dans la lettre d'Innocent III, non de la hauteur, mais un sentiment de supériorité et de compassion vis-à-vis de croyances erronées, que le Pontife affecte de confondre avec le paganisme, et qu'il désigne du même nom. On y trouve néanmoins une positive confiance dans les favorables dispositions du sultan.

« Innocent, évêque, serviteur des serviteurs de Dieu, à l'illustre Émir al-moumenin,
» roi de Maroc, et à ses sujets. Qu'ils parviennent à connaître la vérité et qu'ils y per-
» sévèrent pour leur plus grand avantage ! Entre les œuvres miséricordieuses recom-

---

[1] El-Bekri, p. 78.
[2] Voyez El-Bekri, p. 78, note, p. 116, etc. ; Ibn-Khaldoun, t. Ier, p. LXXVIII ; t. III, p. 156.
[3] Voyez ci-dessus, p. 22.

[1198-1226] INTRODUCTION HISTORIQUE. 71

» mandées par Notre-Seigneur Jésus-Christ dans l'Évangile à ses fidèles, la rédemption
» des captifs n'est pas la dernière. Nous devons donc accorder la protection apostolique
» à ceux qui se dévouent à de pareilles œuvres. Des hommes généreux, au nombre
» desquels sont les porteurs de nos présentes lettres, se sont donné récemment, sous
» l'inspiration divine, la loi et l'obligation de consacrer le tiers de ce qu'ils possèdent et
» posséderont à l'avenir au rachat des captifs. Afin de réaliser plus complétement leur
» projet, il leur a été permis de racheter aussi des captifs *païens*, pour qu'ils puissent
» quelquefois, par le moyen des échanges, retirer de l'esclavage quelques captifs chré-
» tiens. Comme une telle œuvre ne peut qu'être avantageuse aux païens et aux
» Chrétiens, nous avons cru convenable de vous en donner connaissance par ces lettres
» apostoliques. Que Celui qui est la voie, la vérité et la vie, vous fasse reconnaître la
» vérité, c'est-à-dire le Christ, et vous conduise au plus tôt à elle! Donné à Latran, le
» 8 des ides de mars, deuxième année de notre pontificat [1]. »

Les termes de païens ou mécréants, *pagani*, par lesquels la missive apostolique désignait les Musulmans, n'auraient pu blesser le roi de Maroc. La traduction arabe, jointe ordinairement aux documents chrétiens destinés à être remis ou lus aux princes sarrasins, pouvait, en conservant la même désignation, être complétement changée par le traducteur. D'ailleurs, si la pensée même d'idolâtrie qu'exprimait le mot *païen* était parvenue dans la lecture jusqu'au sultan, elle ne lui aurait inspiré vraisemblablement qu'un sourire d'étonnement et d'indifférence. Au fond, les intentions et les procédés étaient bienveillants. Si nous avions la réponse d'Almanzor, il est probable que nous y retrouverions à peu près les mêmes sentiments, et, en même temps, la preuve que le Pape et le sultan tombèrent d'accord pour faciliter l'œuvre du rachat des captifs, également recommandable aux yeux des Musulmans et des Chrétiens.

Les religieux franciscains et les religieux dominicains qui vinrent dans le Magreb sous les fils d'Almanzor furent aussi bien accueillis que les Rédemptoristes, dont ils complétaient et agrandissaient la mission dans le monde chrétien. En Afrique, ils desservaient les oratoires des marchands européens, ils administraient les sacrements et vaquaient aux soins de la prédication. Ils parcouraient les villes de la côte; ils visitaient les pauvres captifs et leur apportaient des secours avec quelques paroles, plus précieuses encore, de sympathie et d'espérance. Obligés de s'accommoder aux habitudes du pays et de dissimuler quelquefois leur présence au milieu de populations grossières, ils furent autorisés en 1226, par le pape Honorius III [2], à modifier leur costume et à porter la barbe longue durant leur séjour en Afrique. L'usage étant aussi de faire les aumônes en argent, et les règles des ordres mendiants ne permettant pas aux religieux de posséder du numéraire, le Pape les autorisa encore à déroger sur ce point à leurs statuts généraux.

Les successeurs d'Honorius III eurent à remercier plusieurs fois les rois de Maroc de la faveur particulière qu'ils accordaient aux Chrétiens et aux religieux, devenus

[1] Lettre du 8 mars 1198. Voyez nos *Documents*, p. 8.
[2] Honorius III aux religieux mineurs demeurant dans le royaume de Maroc, 17 mai 1226. Nos *Documents*, p. 9.

assez nombreux dans leurs États pour avoir en 1233 un évêque à leur tête [1] ; mais on ne sait pas d'une manière certaine si les nouvelles lettres émanées du Saint-Siége, de l'an 1233 à l'an 1251, furent toutes destinées encore aux sultans almohades, ou si quelques-unes n'étaient pas adressées aux chefs mérinides qui dès la seconde moitié du treizième siècle régnèrent à Fez, quand déjà l'empire d'Abd-el-Moumen était en décadence.

1212-1238. — Démembrement de l'empire almohade.

Les Almohades ne conservèrent pas longtemps en effet le vaste État que le chef de leur dynastie avait fondé, qu'Almanzor avait dû restaurer, et qu'En-Nacer, malgré sa valeur et ses nouvelles conquêtes, vit décliner avant sa mort. A peine rassuré sur le Magreb oriental, En-Nacer, craignant pour ses provinces espagnoles, proclama la guerre sainte sur les deux continents, et débarqua dans la Péninsule avec la plus formidable armée qui eût encore passé le détroit. La bataille de Navas de Tolosa, gagnée en 1212 par les rois chrétiens confédérés venus à sa rencontre, détruisit son immense armement, hâta sa fin et commença la désorganisation de l'empire.

Dès le règne de son fils Yousouf El-Mostancer (1214-1224), jeune homme inexpérimenté et dissolu, mort à vingt-six ans, des chefs ennemis se montrèrent sur les frontières méridionales du Maroc, et les gouverneurs des provinces, la plupart membres de la famille impériale, dénièrent les ordres souverains en aspirant à l'indépendance. Deux sultans, déposés et massacrés en quatre ans, avaient succédé à El-Mostancer, et le trône était occupé par Yahya, second fils d'En-Nacer, quand une partie des scheiks marocains, portés d'abord à préférer à ce prince encore adolescent son oncle El-Mamoun, fils du grand Almanzor, gouverneur de Séville, éloignés ensuite de cette résolution par la crainte de se donner un maître sévère et despotique, envoyèrent de nouveau leurs offres de soumission à El-Mamoun, déjà proclamé en Andalousie.

Aux facultés supérieures dont il était doué Abou'l Ola-Idris El-Mamoun joignait des avantages acquis par le travail et la réflexion : l'éloquence, une grande instruction des sciences historiques et politiques, une profonde connaissance du Coran et de ses commentateurs; il était « docteur ès sciences sacrées et profanes »; et il a laissé plusieurs écrits [2]. Dans sa vie publique il savait habilement mêler aux récriminations politiques des pensées religieuses qui se propageaient parmi la foule et lui gagnaient des adeptes. Peut-être trouverait-on dans ses projets de réforme un désir de concessions apparentes aux idées chrétiennes. Il reprochait entre autres nouveautés aux successeurs d'Abd-el-Moumen dans [le Maroc d'avoir prétendu qu'Ibn-Toumert, le fondateur de la croyance almohade, était le *Mehdi* ou « l'Être dirigé » et l'imam impeccable, attendu, disait-il, qu'il n'y a d'autre mehdi que Jésus, le fils de Marie [3].

Aidé de douze mille cavaliers castillans, qu'il obtint de Ferdinand III, et qui

---

[1] Voyez ci-après, ann. 1233-1251.
[2] Roudh-el-Kartas, p. 355, 356.
[3] Cf. Roudh-el-Kartas, p. 359; Ibn-Khaldoun, t. II, p. 230, 236, 299.

restèrent depuis à sa solde[1], il passa en Afrique, s'empara de la ville de Maroc (1228), et obligea Yahya à se réfugier dans la montagne de Tinmelel, berceau des Almohades[2]. La cession de dix places fortes sur les frontières de Castille, et la construction à Maroc même d'une église ayant le droit exceptionnel de sonner les cloches pour l'usage des soldats chrétiens, fut le prix des secours de Ferdinand. Il fut en outre promis au roi de Castille que les magistrats musulmans refuseraient l'apostasie d'un Chrétien, et qu'ils ne pourraient s'opposer à la conversion d'un Musulman[3]. Ces dernières concessions, accordées sous l'empire d'une nécessité pressante et contraires à tous les sentiments et à tous les usages de l'Islamisme, ne purent être longtemps observées. Quant à l'église construite à Maroc, quoique démolie peu après, dans une rentrée victorieuse et momentanée d'Yahya[4], elle dut être rétablie ou remplacée plus tard, car les auxiliaires chrétiens restèrent en faveur au Maroc sous les derniers Almohades et sous les Mérinides[5].

Le génie d'El-Mamoun ne put arrêter la dissolution de la monarchie almohade, que le nouveau calife était digne de reconstituer à son profit. Il n'y avait plus chez les Musulmans occidentaux de sentiment supérieur et commun au triomphe duquel pussent concourir, comme aux premiers temps de la conquête, les idées, les efforts et jusqu'aux ambitions particulières. El-Mamoun employa sa rare énergie et son règne trop court (1228-1232) à combattre des révoltes que son exemple avait autorisées, à prévenir la défection des émirs andalous, toujours prêts à se soumettre aux princes chrétiens s'ils pouvaient s'assurer par cet abaissement la possession de leurs seigneuries. L'Espagne musulmane, séparée de l'Afrique, s'affaiblit de règne en règne ; et le Magreb se divisa en trois États dont les frontières ont varié, mais qui n'ont jamais été réunis depuis sous un pouvoir unique.

Pendant qu'au début même du règne d'El-Mamoun, le roi Jacques Ier d'Aragon enlevait définitivement Majorque à l'Islamisme (1229), que, sous le règne d'El-Rechid, fils d'El-Mamoun, il s'emparait du royaume de Valence (1238), et que le roi Ferdinand de Castille prenait Cordoue (1236), le démembrement des États almohades se poursuivait en Afrique. Les Hafsides, soutenus par l'assentiment des populations, proclamaient leur autonomie à Tunis en 1228, et l'émir de Tlemcen se faisait un royaume, en 1235, de toute la partie du Magreb central qui ne dépendait pas du royaume de l'Afrique propre. Refoulés dans l'ouest, les descendants d'El-Mamoun et d'El-Moumen ne possédèrent plus bientôt que l'ancienne Tingitane, empire actuel des schérifs, où avait déjà paru la nation des Mérinides (1213-1216), qui devait en un demi-siècle achever de détruire leur empire et fonder sa puissance sur ses ruines.

Revenons rapidement sur les événements particuliers qui se rattachent à l'origine et à l'établissement de ces nouveaux États et de leurs dynasties.

---

[1] Roudh-el-Kartas, p. 365, 368.
[2] Ce fut la première fois que des troupes chrétiennes passèrent et agirent dans le Magreb, dit l'auteur du Roudh-el-Kartas, p. 358. Cf. Ibn-Khaldoun, t. II, p. 235, note.
[3] Roudh-el-Kartas, p. 357; Ibn-Khaldoun, t. II, p. 235, 236.
[4] Roudh-el-Kartas, p. 363.
[5] Voyez ci-après, ann. 1227-1254, 1290.

1229-1262. — Origine du royaume chrétien de Majorque.

Les Almohades, parvenus à réduire les Ibn-Ghania des Baléares en 1203, n'avaient pu les maintenir dans l'obéissance après la bataille de Tolosa et les troubles qui suivirent ce désastre. Les îles avaient un seigneur particulier indépendant, quand le nouveau roi d'Aragon, Jacques Ier, dont nous avons déjà rappelé les conquêtes, résolut de s'en rendre maître. Il était jeune, à peine âgé de vingt ans, valeureux comme son père; rien n'avait encore marqué son règne. Un riche armateur de Tarragone, chez lequel il accepta un jour un festin, lui vanta la fertilité de ces belles îles, si voisines de ses domaines [1]; il avait à se plaindre de quelques faits de piraterie et d'agression dont on rejetait tous les torts sur le roi des Baléares ou ses sujets [2]. Plus de motifs qu'il n'en fallait se trouvaient réunis pour décider les hostilités, sans compter l'espoir d'humilier les Sarrasins et de faire acte méritoire, qui au fond restait le motif presque toujours déterminant des expéditions des princes chrétiens contre les Musulmans. La guerre fut résolue d'enthousiasme par les cortès convoquées à Tarragone, et les trois États y contribuèrent dans les diverses provinces, surtout en Catalogne, dans le Béarn et dans les seigneuries de Roussillon et du bas Languedoc, que la maison de Barcelone possédait encore au delà des Pyrénées. La ville de Montpellier, flattée d'avoir donné le jour à Jacques Ier, fournit des subsides et de plus la galère royale sur laquelle devait monter le prince. Narbonne équipa un navire à trois ponts et envoya plusieurs chevaliers de haut parage, entre autres Olivier de Termes, qui, réconcilié plus tard avec le roi de France, s'illustra en Orient. Marseille et Gênes, sans que nous sachions les motifs de leur rupture avec l'émir, jusque-là favorable aux marchands de leur nation, s'associèrent à l'expédition par l'envoi de quelques navires, d'hommes et de machines de guerre [3]. La confiance était si grande parmi les sujets du roi Jacques, qu'ils réglèrent d'avance par des actes publics les conditions du partage des villes et des terres à conquérir entre eux et la couronne. Le succès répondit à toutes ces espérances.

L'expédition, forte environ de quinze mille hommes de pied et de cinq cents cavaliers, quitta le port de Salou et la plage de Tarragone au commencement du mois de septembre 1229. Le 31 décembre suivant [4], la ville de Majorque, appelée plus tard

---

[1] Le roi lui-même rappelle ce premier motif de la conquête de Majorque dans les Mémoires rédigés en catalan qu'il a laissés et qui ont été imprimés à Valence en 1557 sous ce titre : *Chronica o commentari del gloriosissim et invictissim rey en Jacme*, etc., in-folio. — MM. Flotats et de Bofarull ont publié une traduction castillane de la Chronique de don Jacques, qu'ils ont intitulée *Historia del rey de Aragon don Jayme el Conquistador*. Voy. M. de Tourtoulon, *Jacme Ier le Conquérant*, t. Ier, p. 426.

[2] B. d'Esclot, cap. XIV, p. 583, édit. Buchon.

[3] Voyez Makkari, dans Amari, *Diplomi arabi*, p. XXXVII; Bernard d'Esclot, p. 583, 597, 598; M. de Tourtoulon, p. 257; M. Germain, *Hist. de Montpellier*, t. II, p. 14-15.

[4] Le 31 décembre 1229, répondant à l'an 627 de l'hégire, est, d'après la chronique même du roi, la véritable date de la conquête de Majorque, rapportée en 1228 par Muntaner (p. 223) et d'Esclot (p. 599); en 1230, par quelques écrivains arabes. Ibn-Khaldoun, t. II, p. 219; Makkari, trad. de M. de Gayangos, t. II, p. 331.

Palma, était emportée dans un dernier assaut qu'avait préparé le travail prolongé des mines et des catapultes. Le roi répartit les terres de sa conquête suivant les conventions arrêtées [1]. Il établit à Majorque de nombreux bourgeois de ses domaines de France et d'Aragon. Le registre de la répartition dressé à cette occasion mentionne beaucoup d'émigrants de Montpellier, de Narbonne, de Perpignan et de Marseille, qui se fixèrent alors et firent souche dans la ville conquise [2]. La commune de Montpellier reçut peu après la possession exclusive de cent maisons abandonnées par leurs habitants [3]. Le roi fit publier des bans portant qu'aucun des habitants « de la ville de » Majorque, qu'il fût Chrétien, Juif ou Sarrasin, n'aurait à payer de droits sur ses » marchandises ou ses biens, ni à l'entrée ni à la sortie [4]. » Grâce à ces dispositions, dit Muntaner, Majorque est devenue une des plus nobles cités de l'univers, pleine d'abondantes richesses [5]. Le roi Jacques dota en même temps le clergé, à la tête duquel Raymond de Pennafort, délégué du Saint-Siége, institua peu après un évêque, et promit la paix aux habitants des îles de Minorque et d'Iviça qui respecteraient sa conquête [6]. Il fonda ainsi un royaume qui est depuis demeuré aux Chrétiens. Uni d'abord à l'Aragon, il en fut distrait plus tard par la cession que fit, en 1262, le roi Jacques Ier à son fils cadet, du même nom que lui; mais en 1343 la conquête le réunit de nouveau à l'Aragon, dont il n'a plus été séparé depuis.

Un intérêt particulier nous amènera souvent à nous en occuper. Le comté de Roussillon et la seigneurie de Montpellier, compris dans la donation du roi Jacques Ier, ont suivi jusqu'au quatorzième siècle les destinées du royaume de Majorque et participé aux conditions des traités publics de ses princes avec les rois du Magreb et les autres souverains étrangers [7]. Quand Jacques II, de Majorque, vendit la seigneurie de Montpellier (18 avril 1349) au roi de France, le Roussillon resta à l'Aragon, qui le conserva, on le sait, plusieurs siècles encore.

1227-1258. — Commerce de l'Aragon avec l'Afrique.

L'occasion se présente ici de rappeler les premières notions historiquement connues sur les rapports commerciaux de l'Aragon avec l'Afrique. Comme toujours, les faits commerciaux ont précédé l'époque des relations diplomatiques. L'envoi d'une ambassade, la négociation d'un accord public, n'étaient la plupart du temps que la conséquence de relations antérieures qu'il s'agissait de régulariser et d'étendre. Les plus

---

[1] *Liber partitionis regni Majoricæ*, t. XI de la *Coleccion de documentos ineditos del archivio de Aragon*; M. de Tourtoulon, *Jacme Ier*, etc., t. Ier, p. 255.

[2] Voyez *Les Français aux expéditions de Majorque et de Valence sous Jacques le Conquérant*, par M. de Tourtoulon. Extr. de la *Revue nobiliaire*, in-8°, 1866.

[3] Par acte du 27 août 1231. M. Germain, *Hist. de Montpellier*, t. II, p. 18, 19.

[4] B. d'Esclot, *Chron.*, cap. XLVII, p. 600.

[5] Muntaner, cap. VIII, p. 224.

[6] Nous publions plus loin (*Documents*, p. 182) l'acte de soumission des habitants de Minorque au roi Jacques, du 17 juin 1231. Iviça ne fut conquise qu'en 1286. — Ibn-Khaldoun, t. II, p. 398.

[7] Voy. plus loin, ann. 1230-1276, *Commerce du Languedoc et du Roussillon;* ann. 1271-1278 et 1302-1349, concernant le royaume de Majorque.

anciens traités de l'Aragon avec le Magreb sont de la fin du treizième siècle [1]; et dès l'an 1227, au milieu des démêlés de l'émir des Baléares et du roi Jacques le Conquérant, nous trouvons la mention de navires catalans faisant le commerce de Bougie et de Ceuta à Majorque et à Barcelone [2]. La même année 1227, pendant qu'il préparait l'expédition des Baléares, le roi Jacques décidait que les marchandises d'origine aragonaise destinées aux ports d'Égypte ou au port de Ceuta ne pourraient être embarquées sur un navire étranger, à moins que nul des bâtiments catalans stationnés à Barcelone ne pût prendre ce chargement [3]. Le tarif de la douane de Tamarit, près de Tarragone, et diverses ordonnances de police maritime signalent d'autre part, vers 1243 et 1258, les fréquents voyages des navires catalans en Barbarie [4]. On constate dans les histoires particulières du pays d'autres indices plus manifestes encore de l'accroissement de la navigation et de la population dans tout l'Aragon, double résultat dû au mouvement général imprimé par les croisades aux marines chrétiennes et à la bonne administration des princes de la maison de Barcelone.

1228-1236. — Établissement de la dynastie des Hafsides à Tunis sous Abou-Zakaria Ier.

Dans l'Afrique, à laquelle il nous faut revenir, la fatalité tournait contre les Almohades les moyens mêmes qu'ils employaient pour conserver et protéger leurs provinces. Abou-Mohammed-Abou-Hafs avait si bien réussi dans sa vice-royauté de Tunis, qu'à sa mort les habitants du pays refusèrent d'obéir à d'autres maîtres que ses enfants [5]. Après quelques essais pour faire passer le gouvernement en d'autres mains, les successeurs d'En-Nacer furent contraints de le rendre à une famille que la force des événements élevait ainsi en rivale et en ennemie de leur puissance.

Abou-Mohammed, second du nom, fils du précédent, régnait en réalité dans la Tunisie, secondé par deux de ses frères, l'un gouverneur à Bougie, l'autre à Cabès, quand l'avénement d'El-Mamoun vint mettre la désunion entre les enfants d'Abou-Hafs et hâter la séparation définitive de la partie orientale de l'empire. Dès sa proclamation au califat, El-Mamoun avait envoyé l'ordre à Abou-Mohammed II, qui refusa d'y obtempérer, de lui faire prêter le serment de fidélité par les Almohades de son gouvernement [6]. Le préfet de Cabès, à qui le calife s'adressa ensuite, Abou-Zakaria-Yahya, promit de le satisfaire, et reçut de lui le diplôme de *gouverneur de l'Ifrikiah*, à la place de son frère. Abou-Mohammed était sorti de Tunis pour le combattre, quand, arrivé à Kairouan, il fut déposé par les troupes, qui proclamèrent Abou-Zakaria et

---

[1] Traités de 1271 et 1274.

[2] Bernard d'Esclot, *Chron.*, cap. XIV, p. 583. Cf. Capmany, *Memorias sobre el commercio de Barcelona*, t. Ier, 2e partie, p. 27.

[3] Nos *Documents*, page 279.

[4] Capmany, *Memorias*, t. Ier, 2e partie, p. 27 et 80. — Capmany rappelle à cette occasion que c'est à la sollicitation des Catalans et comme guide de leur conscience que Raymond de Pennafort écrivit, vers 1266, son *Modus juste negociandi in gratiam mercatorum*.

[5] Ibn-Khaldoun, t. II, p. 296.

[6] Ibn-Khaldoun, t. II, p. 298.

escortèrent solennellement le nouveau vizir jusqu'à Tunis, où il fit son entrée solennelle au mois de redjeb 625 de l'hégire, juin ou juillet 1228 [1].

Une fois établi dans la capitale, Abou-Zakaria rompit ouvertement avec El-Mamoun; il prononça la déchéance du sultan, substitua son propre nom au sien dans la prière du vendredi [2], et s'arrogea peu après, peut-être dès l'année 1228, le titre royal d'*émir* [3]. Pour justifier sa rupture, il alléguait l'excès de la réaction d'El-Mamoun contre les doctrines almohades, sa cruauté à l'égard de ses frères [4], comme s'il eût oublié que lui-même avait exilé Abou-Mohammed, fait périr le secrétaire de ce prince dans les tortures, forcé son propre neveu Abd-el-Aziz à se sauver en Europe pour éviter la mort [5]. Le dogme de la fatalité et du succès justifiait toutes ces contradictions chez les Musulmans.

L'adoption du titre d'émir confirmait la déclaration d'indépendance et complétait la prise de possession du rang suprême. Abou-Zakaria Yahya Ier paraît n'en avoir jamais pris d'autre dans les actes de son gouvernement, bien qu'il fût un moment maître d'un empire aussi vaste que celui des derniers Almohades, lorsqu'il eut soumis le royaume de Tlemcen, qu'il vît son autorité reconnue par les villes les plus importantes des côtes de l'Adoua, entre autres Ceuta et Tanger, et sa suzeraineté acceptée jusqu'en Andalousie (1237-1245) [6]. Mais plus tard, en 1258, à la chute des Abbassides d'Orient, ses successeurs, restés avec des États moins étendus que les siens, plus puissants que les rois de Maroc, prirent à leur égal le titre d'*Émir al-moumenin*, ou Commandeur des Musulmans, réservé aux sultans et aux califes.

Tunis put être considéré alors comme le centre de l'Islamisme occidental. L'influence religieuse de ses souverains et de ses docteurs l'emporta même sur ceux du Caire, où étaient venus se réfugier, sous la protection des sultans mamelouks, les successeurs oubliés des califes de Bagdad. Abou-Zakaria se plut à embellir Tunis et y appela les savants de l'Andalousie. Il y éleva de nouveaux palais, des bains et des caravansérails nombreux; il y rassembla une bibliothèque demeurée longtemps célèbre [7].

Ainsi fut fondée la dynastie des Hafsides, qui a régné à Tunis pendant trois cents ans, et que les Turcs ont renversée au seizième siècle. Durant sa longue existence,

---

[1] Ibn-Khaldoun, t. II, p. 298.
[2] Ibn-Khaldoun, t. II, p. 299.
[3] Suivant Ibn-Khaldoun (t. II, p. 299-300), Abou-Zakaria aurait pris seulement en 1236 le titre d'*émir* que lui donne un de nos Traités, dont il n'est pas possible de reculer la date au delà de l'an 1234. — Voyez nos *Documents*, 1229-1234, page 31.
[4] Ibn-Khaldoun, t. II, p. 299; Roudh-el-Kartas, p. 359.
[5] Ibn-Khaldoun, t. II, p. 298.
[6] Ibn-Khaldoun, t. II, p. 307, 323-328.
[7] Cette bibliothèque fut vendue en 1317 par le sultan El-Lihyani, quand l'approche d'Abou-Bekr, roi de Tunis, le détermina à quitter la capitale : « Il fit vendre tous les meubles, tapis, vases » et autres objets précieux qui se trouvaient dans les garde-meubles de la couronne, dit Ibn-Khaldoun, » et jusqu'aux livres de la bibliothèque, que l'émir Abou-Zékéria l'Ancien avait formée. Ces volumes, » tous manuscrits originaux ou bien exemplaires choisis avec grand soin, furent distribués aux libraires » pour être mis en vente dans les magasins. » *Hist. des Berbères*, t. II, p. 446.

plusieurs membres de la famille d'Abou-Hafs se séparèrent à leur tour de la métropole et portèrent quelque temps le titre de roi, tantôt à Bougie, tantôt à Constantine. D'autres prétendants s'élevèrent aussi dans les provinces plus orientales, et furent momentanément maîtres de Tripoli et des îles de Gerba. Ce dernier pays forma même au quatorzième siècle une principauté chrétienne. Mais dans l'ensemble de leur durée, les Hafsides ont étendu leur domination de la Mauritanie Sitifienne à la Cyrénaïque, depuis Tripoli jusqu'à Bougie et jusqu'à Alger, ville qui fut longtemps un sujet de compétition entre les royaumes de Tunis et de Tlemcen, avant de former un troisième État pris sur les dépendances des deux autres.

1235. — Formation du royaume des Beni-Zian à Tlemcen.

La proclamation d'Abou-Zakaria avait détaché de l'empire almohade toute l'Afrique orientale ; la constitution du royaume de Tlemcen lui enleva le Magreb central, de la Moulouïa jusqu'au Chélif. Sans se séparer complètement d'El-Mamoun, dont il consentit à recevoir l'investiture, le chef des Abd-el-Ouad, Yaghmoraçan, fils de Zian, se conduisait en souverain. Il en avait la cour et le cérémonial. Ses armées, dans lesquelles se trouvait un corps de lanciers chrétiens [1], ne combattaient que pour lui ; l'impôt lui appartenait intégralement.

Tlemcen, capitale dès le douzième siècle d'une principauté considérable, était désignée par sa situation et son importance comme centre d'un État ou d'un grand gouvernement. Elle se trouvait sur la route suivie alors par toutes les caravanes du nord de l'Afrique qui se rendaient au Maroc. Ses habitants, industrieux et commerçants, passaient pour les plus riches du Magreb [2]. Quoique éloignée d'une dizaine de lieues du rivage, position qui la mettait à l'abri d'une invasion maritime, elle avait presque tous les avantages du voisinage de la mer par ses faciles communications avec le port d'One ou Honeïn [3], petite ville très-forte à l'embouchure de la Tafna, restée florissante jusqu'à l'époque des expéditions de Charles-Quint en Afrique. « Les enfants » de Yaghmoraçan-Ibn-Zian, dit Ibn-Khaldoun, ayant pris Tlemcen pour siège de leur » empire, y bâtirent de beaux palais et des caravansérails pour les voyageurs ; ils y » plantèrent des jardins et des parcs, où des ruisseaux habilement dirigés entretenaient » la fraîcheur. Devenue ainsi la ville la plus importante du Magreb (central), Tlemcen » attira des visiteurs même des pays les plus éloignés ; on y cultiva avec succès les » sciences et les arts ; on y vit naître des savants et des hommes illustres dont la répu- » tation s'étendit aux autres pays ; en un mot, elle prit l'aspect d'une vraie capitale » musulmane, siége d'un califat [4]. » Les ruines de ses fortifications montrent encore son étendue.

---

[1] Ibn-Khaldoun, t. III, p. 341.

[2] Voyez Edrisi, t. Ier, p. 226-228 ; l'abbé Bargès, *Tlemcen, souvenirs de voyage*, 1 vol. in-8°, 1859, p. 189 et suiv. ; du même auteur, *Hist. des Beni-Zeiyan, rois de Tlemcen*, traduite d'Abou-Abdallah, de Tenez, in-12.

[3] Voy. nos *Documents*, p. 265, note.

[4] Ibn-Khaldoun, t. III, p. 340.

Les Abd-el-Ouad, qu'on nomme aussi les Beni-Zian, eurent presque toujours les armes à la main pour défendre leurs frontières. Les Mérinides, les Hafsides, les Almohades, menacèrent tour à tour leur indépendance. Les armées des rois de Tunis et de Maroc pénétrèrent quelquefois jusque dans leur capitale et les contraignirent à l'hommage ; elles ne purent jamais les abattre complétement. Aidés de milices chrétiennes aguerries ; sûrs, quand les Hafsides triomphaient, de trouver l'appui des sultans de Maroc pour les repousser, les Beni-Zian parvinrent toujours à reconquérir leur capitale et purent souvent porter la guerre sur le territoire ennemi. Ils occupèrent quelque temps Medeah, Milianah, Alger même; ils s'avancèrent jusque dans la grande Kabylie et assiégèrent plusieurs fois Bougie [1]. Après les vicissitudes les plus diverses, le royaume de Tlemcen existait encore au seizième siècle, quand Barberousse fit la conquête d'Alger.

1213-1248. — Origine et fondation de la dynastie des Mérinides à Fez.

Pendant que les Almohades perdaient les possessions orientales de l'Afrique et de l'Espagne, le Maroc même était troublé et envahi. Les révoltes des scheiks de Salé et de Téza furent réprimées. Rien ne put éloigner l'ennemi opiniâtre et avide qui s'était emparé des frontières du Fezzan, d'où il finit par subjuguer la Mauritanie occidentale en entier.

Les Mérinides, dont il a été déjà question plusieurs fois, formaient une réunion de tribus agrestes et patriarcales habitant avec leurs troupeaux les pays arides du Zab, au delà de l'Atlas, au midi de Tlemcen. Un scheik vertueux et austère, nommé Abd-el-Hack, les avait réunies sous son autorité vers la fin du douzième siècle. Les historiens et les poëtes vivant au temps de leurs rois, intéressés par conséquent à flatter leur puissance, ont peint ainsi leur invasion vers le nord : « Les Beni-Merin vinrent au
» Magreb de leurs pays barbares, après avoir traversé le désert et les plaines de sable
» sur le dos de leurs chameaux et de leurs chevaux, comme avaient fait les Lemtouna
» (les Almoravides) avant eux. Ils trouvèrent les rois almohades déjà détachés de leurs
» affaires et de leurs devoirs, adonnés au vin, à la luxure et à la mollesse; aussi
» entrèrent-ils sans peine et commencèrent-ils aussitôt à envahir les kessours (les
» villages). C'est que la volonté de Dieu les avait appelés pour régner sur le Magreb ;
» et, comme des nuées de sauterelles, ils eurent bientôt envahi le pays, où ils se répan-
» dirent partout. Actifs et francs guerriers, ils ne cessèrent de s'étendre et de s'affermir
» de plus en plus, s'emparant du pays morceau par morceau [2]. »

Leurs premières invasions dans l'empire almohade remontent à l'an 1213, l'année même de la mort d'En-Nacer, à la suite de la bataille de Tolosa. Ils se dirigeaient vaguement vers les pays maritimes, attirés par l'appât de campagnes fertiles et de riches bourgades. Ils ne rencontrèrent pas d'abord de résistance et plantèrent leurs tentes dans un pays d'une souveraineté indéterminée, entre Figuig et le cours supérieur

---

[1] Ibn-Khaldoun, t. III, p. 372, 392 et suiv.
[2] Roudh-el-Kartas, p. 402.

de la Moulouïa, rivière qui forme aujourd'hui la limite occidentale de l'Algérie, et qui séparait autrefois la Tingitane de la Césaréenne. De là, se mêlant aux tribus marocaines dans les marchés du Tell, et ne négligeant aucune occasion de butiner sur le territoire ennemi, ils employèrent contre les Almohades cette guerre d'hostilités incessantes et de dénigrements politiques qui avait si bien réussi aux Almohades contre les Almoravides. Ils les représentaient comme des souverains impies et prévaricateurs, adonnés au vin [1], condamnés par la destinée à perdre promptement un pouvoir qu'ils étaient indignes d'exercer. Une armée de vingt mille hommes, envoyée par le sultan Youçouf pour réprimer leurs incursions, ayant été battue en 1216 par Abd-el-Hack, près de la rivière Nekkour, au pays de Badès, le bruit de cette défaite frappa tout l'empire d'étonnement et de crainte. « Les peuples, dit un écrivain arabe, refusèrent » d'acquitter les impôts, des troupes de brigands infestèrent les grands chemins; les » émirs et les agents du gouvernement, depuis le sultan jusqu'aux moindres fonction- » naires, s'enfermèrent dans les villes [2]. »

Abd-el-Hack profita de la confusion pour étendre ses conquêtes. Il reçut l'hommage de plusieurs tribus influentes, auxquelles il accorda l'aman, et s'empara d'un grand nombre de villes ou villages des deux côtés de l'Atlas. La soumission donnait aux pays conquis le droit de conserver leurs avantages sous sa domination et livrait à l'exter- mination tous ceux qui résistaient. El-Mamoun lui-même ne put arrêter le dévelop- pement de sa puissance. Malgré ses succès, malgré la longue durée de sa vie et de son autorité, il ne fut pas donné néanmoins à Abd-el-Hack de conduire ses compa- gnons au triomphe définitif; il leur en montra du moins la route et leur en assura les moyens. L'année qui suivit sa mort (1245), son fils Abou-Yahya s'empara de Méquinez, et trois ans après, en 1248, il entra dans la ville royale de Fez, où il établit le siége de son gouvernement. Les historiens de la nation font dater l'avénement de la nouvelle dynastie de ces événements, et considèrent Abou-Yahya-Abou-Bekr Ibn-Abd-el-Hack comme le fondateur de l'empire mérinide.

La prise de Maroc, dernier succès qui devait compléter la conquête du pays, fut retardée par quelques revers; les Beni-Merin furent obligés de chercher un appui chez les Hafsides de Tunis, dont ils reconnurent momentanément la suzeraineté. Mais en 1269, par un nouvel effort de la nation, Abou-Yousouf Yacoub, frère et successeur d'Abou-Yahya, s'empara de la ville de Maroc après une sanglante bataille, où Abou- Debbous-el-Ouathec, dernier sultan almohade, perdit la vie. Il ne resta plus rien alors de la vaste monarchie fondée par El-Moumen cent trente-neuf ans auparavant.

Déjà, à l'époque où est parvenu notre récit, l'empire almohade avait perdu toute l'Espagne, à l'exception du royaume de Grenade, les îles Baléares, l'Afrique propre et les provinces de la Tripolitaine et d'Alger, qui suivaient d'ordinaire la destinée politique de Tunis; le royaume de Tlemcen était près de lui échapper; des partisans ennemis venus de l'Andalousie et de divers points du Magreb s'étaient joints à ses propres sujets pour pousser à la rébellion les provinces du Rif et de la Moulouïa.

---

[1] L'auteur du Roudh-el-Kartas revient plusieurs fois sur cette accusation, pages 402, 412.
[2] Ibn-Khaldoun, t. IV, p. 31.

1234-1235. — Les Génois rançonnent la ville de Ceuta.

On peut juger du désordre et des difficultés du gouvernement dans les provinces de l'Afrique par ce qui se passa vers ce temps à Ceuta. Dès la seconde année de son règne, El-Mamoun avait été obligé de quitter la capitale et de venir former le siége en règle de la ville de Ceuta, où son frère le cid Abou-Mouça s'était fait proclamer souverain avec l'appui d'Aben-Houd, roi de Séville[1]. C'est dans cette circonstance que Yahya, l'ancien sultan détrôné, quitta précipitamment les montagnes de Tinmelel et fondit sur Maroc, où son premier soin fut de démolir l'église bâtie par son oncle pour les Chrétiens[2]. El-Mamoun parvint à reprendre Maroc, et Abou-Mouça, craignant son retour, abandonna la ville de Ceuta à Aben-Houd, qui le nomma gouverneur d'Almeria[3]. Le dépit de voir le sultan d'Andalousie maître sur son propre territoire de la place qui commandait les communications d'Espagne au Magreb, et qui était en même temps la ville la plus commerçante de ses États, occasionna à El-Mamoun la maladie à laquelle les historiens attribuent sa mort, survenue le 16 ou le 17 octobre 1232[4].

On ne sait si la ville de Ceuta obéissait encore à El-Cachetini, gouverneur qu'Aben-Houd y avait établi, ou si déjà, ce qui ne tarda pas beaucoup, elle s'était mise en révolte contre le sultan de Maroc et donné un nouveau commandant nommé El-Yamechti[5], quand une flotte chrétienne, armée à ce qu'il paraît par les ordres militaires d'Espagne, et jouissant du privilége des croisés, vint l'attaquer dans la seconde moitié du mois d'août 1234. Ce qu'il y a de certain, c'est que les marchands génois, fort influents à Ceuta, où leurs établissements de commerce avaient acquis une grande extension, s'entendirent avec le gouverneur pour la défense de la ville, en lui faisant leurs conditions[6]. Ils avaient d'ailleurs des griefs contre ces nouveaux croisés, qui s'étaient emparés de plusieurs de leurs navires dans le port de Cadix. Ils firent approcher dix des meilleurs vaisseaux qu'ils eussent dans ces parages; de concert avec le commandant de Ceuta, qui offrit de payer la moitié des frais de l'armement, ils firent venir de Gênes vingt-huit galères, et se trouvant assez forts non plus seulement pour protéger Ceuta, mais pour prendre l'offensive, ils menacèrent la flotte croisée de l'incendier si elle ne se retirait. Le danger passé, les exigences des Génois s'accrurent et les bonnes dispositions du gouverneur changèrent. Les chroniques chrétiennes qualifient ce gouverneur de sultan de Ceuta, parce qu'il se trouvait peut-

---

[1] Roudh-el-Kartas, p. 363; Ibn-Khaldoun, t. II, p. 237.
[2] Voyez ci-dessus, page 73.
[3] Cf. Ibn-Khaldoun, t. II, p. 323.
[4] Roudh-el-Kartas, p. 363; Ibn-Khaldoun, t. II, p. 237.
[5] Ibn-Khaldoun, t. II, p. 322.
[6] « Eodem quippe anno (1234), in festivitate sancti Bartholomei apostoli, insonuerunt rumores de » partibus Septe, quod Calcurini crucesignati, cum maximo exercitu, venerunt ad obsidionem Septe, » causa capiendi locum ipsum et homines. Januenses vero qui erant in partibus ipsis cum multis » navibus et cum maxima quantitate bisantiorum, mercium atque rerum, etc. » Caffaro et ses continuateurs, *Annal. Genuens.*, manuscrit de la Biblioth. imp., supplém. lat. 773, fol. 152; ap. Muratori, *Script. ital.*, t. VI, col. 471.

être dans la situation d'indépendance que pouvait avoir El-Yamechti à l'égard des rois d'Espagne et du Maroc. Il dut résister aux prétentions de ses libérateurs, qui voulaient être par lui indemnisés des dommages que leur avaient occasionnés les croisés. Le peuple livra aux flammes les magasins génois. De nouveaux vaisseaux arrivèrent d'Italie, des troupes furent enrôlées par les Génois chez les Musulmans de Séville, Ceuta fut bloquée pendant plusieurs mois (1234-1235), et la flotte génoise ne s'éloigna qu'après avoir imposé à la ville une contribution de 400,000 dinars d'or, ou environ quatre millions de francs [1].

Quelques années après, Ceuta se donna au sultan almohade El-Rechid, et quand ce prince vint à mourir, ses habitants, à l'exemple de ceux de Tanger et de Séville même, dès la mort d'Aben-Houd, séduits par la puissance d'Abou-Zakaria qu'ils croyaient destiné à relever l'unité de l'empire, lui adressèrent leur soumission [2].

1229-1236. — Traités de commerce d'Abou-Zakaria-Yahya Ier, roi de Tunis, avec les Chrétiens.

Ce triomphe de l'autorité et du prestige d'Abou-Zakaria, d'ailleurs tardif, ne fut que momentané. L'Espagne musulmane, réduite au royaume de Grenade, cessa de reconnaître le roi de Tunis. Le Maroc, partagé entre les Almohades et les Mérinides, demeuré enfin à ces derniers, reconquit l'Adoua; Yaghmoraçan rentra dans Tlemcen. Mais Abou-Zakaria et ses enfants conservèrent et développèrent dans le Magreb oriental le royaume qu'ils avaient fondé.

Doué comme son père et la plupart des princes de sa famille de talents politiques, Abou-Zakaria donna un grand développement au commerce de ses États avec l'Europe; il augmenta et réglementa l'ensemble des garanties qu'avaient eues jusque-là les marchands chrétiens. Nous possédons plus ou moins intégralement les dispositions des actes qu'il échangea à cet effet avec les républiques italiennes et avec Frédéric II, comme roi de Sicile, pays que la reine Constance, héritière des rois normands, avait apporté à l'Empereur. Nous savons que les Marseillais avaient négocié un traité direct avec l'émir, antérieur à celui que Vibald, envoyé impérial, obtint à Tunis le 19 ou 20 avril 1231 [3].

Les Pisans, à la suite de l'ambassade de leur podestà Torello de Strada, conclurent pour trente ans, à une date restée indéterminée, en 1229 ou en 1234 [4], un traité qui associait aux avantages de leur commerce dans le royaume de Tunis tous les sujets de la république et de ses dépendances, comprenant à des titres divers la Sardaigne, la Corse, les petites îles voisines, et le littoral de la mer Tyrrhénienne depuis la Spezzia jusqu'à Civita-Vecchia [5].

---

[1] Cf. Caffaro, *Annal. Genuens.*, col. 473; Roudh-el-Kartas, p. 394.

[2] Ibn-Khaldoun, t. II, p. 319-323.

[3] Ce traité est imprimé dans nos *Documents*, p. 153; il y est question (p. 154) du traité antérieur des Marseillais.

[4] Nos *Documents*, page 31.

[5] Voyez ci-dessus, p. 50, et l'art. 2 du traité.

Venise envoya aussi un ambassadeur à Tunis et obtint, le 5 octobre 1231 [1], dans un accord spécial, la garantie pour quarante ans des droits nécessaires et probablement déjà reconnus à ses navigateurs pour leur commerce. Le développement de ses relations avec l'empire de Constantinople et l'Égypte ne devait pas faire négliger à la république l'intérêt de son commerce au Magreb, où ses navires marchands avaient paru déjà au dixième siècle.

On sait les rapports des Génois avec tout le littoral, de Ceuta jusqu'à Tripoli, dès le douzième siècle. Ces relations ne firent qu'augmenter avec la fortune de Gênes, durant les croisades. Le traité pisan de 1230 signale même cette circonstance, que l'entrepôt appartenant aux marchands génois à Tunis était plus vaste que celui des Pisans [2]; en revanche, les Pisans, que ne gênaient plus les restrictions du diplôme de 1186, tombé en désuétude par suite des événements politiques, avaient, à ce qu'on voit, des établissements commerciaux dans un plus grand nombre de ports que les Génois. C'étaient autant de motifs de récriminations entre les deux nations. Des difficultés, nées peut-être de cette jalousie, paraissent s'être élevées entre la république de Gênes et Yahya au commencement de son règne. Le roi de Tunis en écrivit à la cour de Rome. Le Pape répondit à l'émir qu'un traité régulier semblait nécessaire pour terminer les contestations et en prévenir le retour. L'an 1235, Grégoire IX chargea le frère Jean, ministre des religieux mineurs de Barbarie [3], de s'entendre avec le roi, et c'est vraisemblablement par l'entremise du religieux franciscain que Conrad de Castro, ambassadeur génois, obtint en 1236 le traité qui donna satisfaction à la république et assura pour dix ans les avantages de son commerce dans le Magreb oriental [4].

Principes généraux de ces traités et des traités conclus antérieurement et postérieurement avec les Arabes du Magreb.

L'avènement des Hafsides donna ainsi un essor nouveau aux relations de l'Afrique et des Européens, que chaque siècle avait facilitées et développées. Les rapports généraux au milieu desquels le commerce trouva toujours à se frayer une route, avaient pris un caractère pacifique dès le onzième siècle. Au douzième remontent les premiers pactes vraisemblablement écrits pour garantir et régulariser ces rapports, qui, en dehors de l'Espagne et de la Sicile, devenaient de plus en plus exclusivement commerciaux. Au treizième, et avec l'établissement des nouveaux royaumes arabes ou berbères formés des démembrements de l'empire almohade, commence une situation nouvelle et bien plus favorable aux Chrétiens. Les princes du Magreb ayant complètement séparé leurs intérêts politiques de ceux des Arabes d'Orient, c'est au moment même où les guerres

---

[1] Voyez le texte du traité dans nos *Documents*, p. 196.

[2] Art. 12 du traité pisan. Encore en 1264, il semblerait que le fondouk des Pisans à Tunis n'eût pas reçu tous les développements que désirait la nation. Traité de 1264, art. 15.

[3] Voy. nos *Documents*, p. 11. Lettre de Grégoire IX à Abou-Zakaria-Yahya, datée de Pérouse, 15 mai 1235.

[4] Voyez ci-après le texte du traité, *Documents*, p. 116, 10 juin 1236. Cf. Caffaro, *Annal. Genuens.*; Muratori, t. VI, col. 474.

des croisades redoublent en Syrie et en Égypte qu'un mouvement contraire, fondé sur les bonnes relations et le commerce, se prononce dans l'Occident.

Toutes les villes commerçantes de la Méditerranée y prirent une part plus ou moins directe, et il n'est pas impossible que les nations septentrionales elles-mêmes, attirées vers la Terre sainte par le sentiment religieux, n'aient aussi dirigé alors quelques opérations de négoce et de trafic vers la Barbarie. Pour les marchands du Midi, d'irréguliers rapports ne leur suffisaient plus. Ceux qui avaient commencé à commercer avec l'Afrique y multiplient leurs voyages et y fondent des comptoirs; après les Pisans et les Génois étaient venus les Provençaux, les Aragonais, puis les Vénitiens, et bientôt, sous le patronage et le pavillon des grandes villes maritimes, les armateurs des petits ports de la Ligurie et de la Dalmatie, et les riches marchands de la Toscane et de la Lombardie. Dès le règne d'Abou-Zakaria, on voit les principales nations chrétiennes posséder des établissements permanents en Afrique, y entretenir des consuls et des facteurs pour protéger leurs intérêts et diriger leurs affaires.

Les traités présentent le tableau exact et complet de cette situation. A part quelques prescriptions secondaires passées dès lors en usage, mais écrites plus tardivement[1], ces traités établissent les conditions essentielles sur lesquelles ont reposé pendant le moyen âge les rapports des nations chrétiennes avec l'Afrique septentrionale, jusqu'à la conquête des Turcs.

Nous allons donner d'une manière générale l'exposé de cette législation, dont les principes libéraux supporteraient avantageusement la comparaison avec les règles du droit des gens pratiqué alors en Europe. Nous ne bornerons pas nos observations à ce qui est particulier aux traités du règne d'Abou-Zakaria; nous les étendrons à l'ensemble des actes de notre recueil, afin de n'avoir pas à revenir sur les mêmes questions à propos de chacune des négociations où elles ont été posées, modifiées, plus souvent confirmées et favorablement sanctionnées.

Les traités, comme les priviléges royaux, qui ne sont souvent au moyen âge qu'une forme particulière donnée à la promulgation des conventions commerciales, renferment naturellement deux ordres de mesures et de prescriptions : 1° les garanties protectrices des personnes et des biens des Chrétiens; 2° les obligations incombant aux Chrétiens ou à leurs gouvernements, en retour des droits qui leur étaient accordés.

Les principes de sauvegarde et de liberté consacrés dans les traités magrebins peuvent se grouper à peu près sous dix chefs distincts :

1. Sécurité des personnes et liberté des transactions.
2. Juridiction et irresponsabilité des consuls.
3. Propriété de fondouks, d'églises et de cimetières.
4. Responsabilité individuelle.
5. Proscription du droit d'aubaine.
6. Proscription réciproque de la piraterie.

---

[1] Les mesures concernant la contrebande et le droit de préemption ne sont prescrites que dans les traités du quatorzième siècle.

7. Protection des naufragés et abolition du droit d'épaves.
8. Admission d'étrangers sous pavillon allié.
9. Garanties pour le transport, la garde, la vente et le payement des marchandises.
10. Réexportation en franchise des marchandises non vendues.

Les devoirs et les obligations d'ordre général et de police concernant les marchands chrétiens et leurs gouvernements sont de diverses natures. Ils se trouvent tous compris à peu près dans l'énumération suivante :

1. Des ports ouverts seuls au commerce chrétien.
2. De la liberté du culte.
3. Prescriptions diverses.
4. Droits de douane. Importations et exportations. Droits principaux.
5. Mesures contre la contrebande.
6. Droit de préemption.
7. Arrêt de prince.
8. Réciprocité de protection et de traitement due aux sujets et marchands arabes.

I. Mesures protectrices des Chrétiens.

§ 1.

Sécurité des personnes. — Liberté des transactions.

Sécurité et protection étaient d'abord assurées à tous marchands ou sujets chrétiens de la puissance avec laquelle le sultan avait conclu un traité ou à laquelle il avait accordé un privilége [1]. Les garanties s'étendaient tant au séjour dans les villes qu'aux voyages sur mer; et quelques traités vont jusqu'à préciser cette circonstance, que les sujets de la puissance alliée seront assurés des bons rapports et des bons offices des Musulmans, qu'ils soient rencontrés par les flottes arabes sur leurs propres navires ou sur des navires étrangers [2]. Ils étaient ainsi placés, eux et leurs biens, sous cette haute main royale qu'exprimait au moyen âge le mot de *sauvegarde* chez les Chrétiens [3] et le mot d'*aman* chez les Arabes.

Les méfaits d'un Musulman vis-à-vis d'eux étaient passibles des sévérités de la loi; et la douane, dans le cas de dommage occasionné d'une façon quelconque, devait poursuivre le délinquant jusqu'à la réparation du tort éprouvé par le sujet chrétien [4]. Leurs intérêts étaient placés à cet égard, comme en général pour toutes les affaires de commerce avec les Arabes, sous la protection spéciale du directeur de la douane.

---

[1] Traités de Venise-Tunis, 1231, art. 1; — Pise-Tunis, 1234, art. 1, 27; — Gênes-Tunis, 1236, art. 1, 18; et tous les traités ou priviléges suivants, dans lesquels cette disposition est en général exprimée dès les premiers articles.

[2] Gênes-Tunis, 1236, art. 6; 1250, art. 24; 1272, art. 25; — Florence-Tunis, 1421, art. 19; — France-Tunis, 1270, art. 1, 4, 5, 7, page 93.

[3] « Sint salvi et securi », disent toujours les textes chrétiens.

[4] Venise-Tunis, 1231, art. 2, p. 196.

Nul, ni officier ni sujet musulman, ne devait gêner leurs opérations de commerce. Les Chrétiens restaient entièrement maîtres de vendre leurs marchandises ou de les renvoyer en Europe s'ils ne trouvaient pas à s'en défaire avantageusement. Ils étaient libres d'acheter toutes marchandises en Afrique, et, à l'exception du plomb, dont l'exportation paraît avoir été réservée aux Vénitiens[1], les traités n'admettaient pas qu'une nation chrétienne pût prétendre accaparer tel ou tel produit pour nuire au commerce d'un autre peuple[2]. Il était d'ailleurs pratiqué et convenu qu'au cas de guerre les navires des nations alliées poursuivis par leurs ennemis trouveraient sur les côtes du Magreb abri, sûreté et au besoin secours pour repousser les agresseurs[3].

Les expressions par lesquelles les anciens documents chrétiens traduits de l'arabe expriment l'état de nation alliée sont celles-ci : *esse in pace* ou *habere pacem*. *Pax* n'indique pas seulement l'état de non-hostilité, mais les relations, l'alliance et la confédération effective résultant d'un traité formel.

§ 2.

Juridiction et irresponsabilité des consuls.

Le représentant de la nation à l'étranger était le consul. On reconnaissait comme principe qu'en tous lieux où un peuple chrétien allié possédait un établissement commercial, exclusif et permanent, appelé *fondouk*, il pouvait entretenir un consul. Mais en fait, il n'est pas certain que partout où existait un fondouk chrétien se trouvât un magistrat de la même nation ayant rang et autorité de consul.

Les consuls résidaient au milieu de leurs nationaux et de leurs marchandises, au fondouk même, dont la haute surveillance leur appartenait[4]. Ils étaient à la nomination de l'autorité de leur pays[5], et jouissaient quelquefois du droit d'instituer directement des vice-consuls[6]; ils avaient charge d'administrer la colonie, de remplacer vis-à-vis d'elle et vis-à-vis des Arabes la souveraineté même de la patrie, de rendre la justice entre ses nationaux, de recevoir par eux ou par leur chancelier, notaire, secré-

---

[1] Voyez plus loin, au quatorzième siècle : *Tableau des échanges entre le Magreb et l'Europe*. § *Exportations*.

[2] Traité de Pise et du calife almohade, 1186, art. 7, 8, 9 ; — Pise-Tunis, 1234, art. 10, 26 ; 1264, art. 34 ; 1313, art. 11, 40 ; 1353, art. 11, 37, 38 ; — Venise-Tunis, 1231, art. 1, 16 ; — Gênes-Tunis, 1433, art. 33.

[3] Gênes-Tunis, 1236, art. 11 ; 1250 ; art. 8, 11 ; 1272, art. 13 ; — Pise-Maroc, 1358, art. 13.

[4] Venise-Tunis, 1271, art. 2 ; — Florence-Tunis, 1445, art. 24 ; — Gênes-Tunis, 1433, art. 5. — Les Marseillais et les Catalans avaient quelquefois deux consuls dans la même résidence. Voyez *Doc. de France*, 1293, p. 97 ; traités d'Aragon, Majorque et Montpellier avec Tunis, 1271-1278, art. 28, Aragon et Sicile avec Tunis, art. 28 ; Aragon-Tunis, 1314, art. 15. Il ne faut pas confondre d'ailleurs ces magistrats politiques avec les consuls sur mer, auxquels se réfère le document de Marseille de 1268 concernant un voyage à Bougie (nos *Doc.*, page 91). *Biblioth. de l'Ecole des chartes*, 4ᵉ série, t. III, page 135.

[5] Venise-Tunis, 1231, art. 5 ; 1251, art. 4 ; Venise-Tripoli, 1356, art. 3 ; — Aragon-Tunis, 1285, art. 37 ; Aragon-Bougie, 1314, art. 8 ; Aragon-Tunis et Bougie, 1323, art. 6, 7 ; — Majorque, Roussillon, Montpellier et Tunis, 1313, art. 3-5 ; — Pise-Tunis, 1397, art. 4.

[6] Venise-Tunis, 1251, art. 4 ; Venise-Tripoli, 1356, art. 3.

taire ou écrivain, les actes de la compétence civile, de dresser par exemple les inventaires après décès[1] et de recueillir les successions *ab intestat*[2], enfin de défendre d'une manière générale les intérêts des absents et des présents vis-à-vis de la douane et du gouvernement musulman.

Les traités leur reconnaissaient à cet effet le droit de voir le sultan une fois au moins par mois et de lui exposer les doléances et les observations de ses nationaux. Pareil accès était à plus forte raison assuré chaque mois auprès des gouverneurs aux consuls qui habitaient d'autres villes que la capitale[3]. Les simples marchands obtenaient aussi quelquefois d'exposer personnellement et directement leurs griefs au sultan[4]. Ce privilége, reconnu formellement aux Génois par Abou-Zakaria et son fils, mais supprimé dans les traités postérieurs, fut néanmoins accordé assez souvent aux commerçants chrétiens comme une faveur[5], bien qu'en droit strict leurs consuls et le directeur de la douane arabe fussent les magistrats auxquels ils dussent recourir.

Dans toutes les questions de juridiction, au civil et au criminel, les consuls seuls connaissaient des procès entre leurs nationaux[6]. Cet usage était si naturel et si peu contesté, que beaucoup de traités négligeaient de le rappeler.

Entre deux Chrétiens de nationalité différente, la question de juridiction semblait encore bien établie par la coutume. C'était devant son propre consul que le défendeur devait être appelé[7]. De même, quand un Sarrasin était demandeur contre un Chrétien, il devait porter sa plainte devant le consul chrétien[8]. Mais l'usage acceptait quelques modifications à ces règles. Il était dit d'abord que, à défaut du consul chrétien, absent ou ne rendant pas justice, le plaignant pouvait s'adresser à la douane arabe[9]. Les Pisans avaient en outre fait insérer dans leurs traités diverses dispositions qui leur permettaient de déférer la cause, quelle que fût leur position, de demandeurs ou de défen-

---

[1] Florence-Tunis, 1445, art. 26.

[2] Voyez § *Proscription du droit d'aubaine*, p. 93.

[3] Pise-Tunis, 1234, art. 21; 1264, art. 28; 1313, art. 33; 1353, art. 35; 1397, art. 16; — Venise-Tunis, 1305, art. 28; 1317, art. 28; 1392, art. 27, et 1438, art. 28, qui ne limite pas le nombre d'audiences; — Gênes-Tunis, 1433, art. 24; — Aragon-Tunis, 1285, art. 38; — Florence-Tunis, 1421, art. 16; 1445, art. 18. Mais, suivant les temps et les circonstances, les traités étaient plus ou moins bien observés. En 1293, les consuls de Marseille se plaignaient de ne pouvoir obtenir accès auprès du roi de Bougie. *Doc.*, p. 97.

[4] Gênes-Tunis, traités de 1236 et 1250, art. 15.

[5] Cf. Malipiero, *Annal. venet.*, t. II, p. 631; etc.

[6] Venise-Tunis, 1231, art. 5; 1251, art. 23; — Pise-Tunis, 1234, art. 24; 1264, art. 31; 1313, art. 36; 1397, art. 5; — Florence-Tunis, 1421, art. 5; — Majorque-Tunis, 1313, art. 4; — Aragon-Tunis, 1271 et 1285, art. 28; 1314, art. 15, p. 309; 1323, art. 16, 17, p. 322; — Aragon-Bougie, 1309, art. 5.

[7] Venise-Tunis, 1231, art. 5, p. 197; 1251, art. 4, 23, p. 202; 1305, 1317, 1392, 1438, art. 3; — Florence-Tunis, 1421, art. 2, 5. Cf. Pise-Maroc, 1358, art. 11, p. 68.

[8] Venise-Tunis, 1305, 1317, 1392 et 1438, art. 3, p. 212 et suiv.; — Pise-Tunis, 1397, art. 5, p. 74; — Gênes-Tunis, 1433, art. 5, p. 135; — Aragon-Tunis, 1323, art. 19. Le traité de Maroc de 1358 (art. 11, p. 68) semble faire une exception momentanée à la règle.

[9] Voyez ci-après: ann. 1350, *Douanes arabes*, § *Directeur*.

deurs vis-à-vis d'autres Chrétiens, aux juges arabes, quand l'affaire était « de grande importance [1] ». C'était le directeur de la douane, ou bien le gouverneur (ouali), ou le commandant de la forteresse [2]. Mais quand le Musulman était défendeur, le juge musulman devait connaître de l'affaire [3].

Les consuls nommés à Venise et à Gênes par le doge, à Pise par le conseil des consuls de mer [4], recevaient leur institution à Marseille du recteur ou maire de la commune [5]. Les statuts marseillais donnaient aux marchands qui se trouvaient dans une ville quelconque de la Syrie ou de la Barbarie, au nombre de vingt ou de dix au moins et sans consul, le droit d'investir l'un d'eux, qui ne pouvait refuser, de la pleine autorité du consulat jusqu'à l'arrivée du magistrat régulièrement nommé par la commune [6]. La durée des fonctions des consuls était généralement très-limitée; chez les Marseillais et les Vénitiens c'était un an ou deux [7]. A Gênes, les droits et la charge de chancelier du consulat s'affermaient généralement pour deux ans [8].

Les consuls d'Afrique, pour tenir honorablement leur rang, devaient avoir auprès d'eux un chapelain et plusieurs serviteurs, dont l'un sachant écrire. Il fallait qu'ils fussent pourvus au moins de deux chevaux. Ces prescriptions sont du treizième siècle. Plus tard leur maison et leurs prérogatives furent certainement accrues. Leur traitement se composait généralement d'une partie des droits de chancellerie et de navigation revenant à l'état qui les nommait. Les consuls catalans eurent pendant longtemps une délégation sur les revenus des douanes arabes de Tunis et de Bougie [9].

Dès le treizième siècle, paraît dans les statuts marseillais la règle conservée par la législation française, de ne pas confier les fonctions de consul à des sujets intéressés personnellement dans les affaires de commerce ou de courtage [10].

Le principe qui assurait la responsabilité individuelle et dégageait les nationaux de toute espèce de solidarité collective, garantissait d'autant plus l'irresponsabilité des consuls, principe si absolu et si respecté par les Magrebins, qu'il est rarement exprimé dans les traités; il ressort de toutes les dispositions des actes publics, et les faits confirment l'importance qu'on y attachait. En 1397, par une dérogation extraordinaire et contraire à tous les usages, que put motiver la guerre des Génois contre Tunis, à laquelle quelques navires pisans avaient pris part, la république de Pise elle-même voulut rendre ses agents consulaires responsables des agressions dont les Musulmans pourraient souffrir par le fait de leurs administrés; il dut être impossible de maintenir long-

---

[1] Cf. Pise-Tunis, 1313 et 1353, art. 9, p. 51, 58; Pise-Maroc, 1358, art. 11, p. 68.
[2] Pise-Maroc, 1358, art. 11, p. 68, où le mot *alcadi* désigne peut-être, non le *cadi*, mais le *caïd*.
[3] Voyez ci-après : *Des douanes arabes*, § *Directeur ou caïd de la douane*.
[4] *Statuti Pisani*, t. Ier, p. 191, édit. Bonaini.
[5] Du moins à la date des statuts de 1255. Nos *Documents*, p. 90.
[6] Statuts de 1255. Nos *Documents*, p. 91.
[7] Statuts de 1255, délibération du grand conseil, 1274-1281. Nos *Documents*, p. 91, 206.
[8] Caffaro, *Annal. Genuens.*, ap. Muratori, t. VI, col. 407. Voyez p. 82 v° et 250.
[9] Aragon-Bougie, 1314, art. 7.
[10] Statuts de 1255. Nos *Documents*, p. 91.

temps une pareille législation [1]. En Égypte au contraire les consuls n'étaient que trop souvent considérés comme des sortes d'otages responsables des actes et des dettes de leurs nationaux [2]. Sous le régime turc, malgré les traités et les capitulations les plus sacrés qu'on foulait aux pieds, la colonie entière, ou quelques-uns de ses membres les plus riches, arbitrairement désignés, avaient presque toujours à expier les torts réels ou imaginaires d'un compatriote.

§ 3.

Propriété de fondouks et d'églises pour les Chrétiens.

Les fondouks, dont il a été déjà plusieurs fois question, étaient des établissements destinés à l'habitation des nations chrétiennes, à la garde et à la vente de leurs marchandises; ils étaient situés soit dans l'intérieur de la ville, où ils formaient un quartier à part, soit dans un faubourg et tout à fait en dehors de la ville arabe, comme à El-Mehadia et à Ceuta. Les textes du moyen âge désignent ces lieux sous les noms de *fonticus, fundigus, fondegus, fonticum, fundigum, alfundega*, en latin; *fondaco*, en italien; *fondech, alfondech*, en catalan; *fondigues, fondègues*, en français. Le préposé ou surveillant en chef, subordonné toujours au consul, se nommait le *fundegarius* [3].

Le fondouk chrétien au Magreb était une sorte de *cité*, dans le sens moderne et municipal de ce mot, très-semblable aux khans particuliers des marchands étrangers situés dans l'enceinte ou dans le voisinage des bazars d'Orient, tels qu'on en voit à Constantinople, à Smyrne, à Damas et au Caire. Un mur de pierre ou de pisé [4] séparait complétement le fondouk de chaque nation des établissements voisins. Si un voyageur, dans le but déterminé d'en faire la recherche, prend la peine de suivre la série des échelles de la côte d'Afrique depuis Tripoli jusqu'à Ceuta, nous sommes portés à croire qu'il y retrouvera encore les restes reconnaissables des anciens quartiers chrétiens du moyen âge.

Nous nous représentons à peu près ainsi les principaux de ces établissements, ceux de Tunis, d'El-Mehadia et de Bougie, par exemple, aux treizième et quatorzième siècles, qui fut l'époque la plus active et la plus prospère du commerce magrebin.

Une porte unique, forte et assez basse, donnait accès à une ou plusieurs cours plantées d'arbres, arrosées d'eaux vives, entourées de galeries sous lesquelles se trouvaient l'entrée des habitations, l'entrée des magasins de dépôt et les boutiques particulières des marchands, des artisans et des ouvriers dans les principaux métiers et dans les diverses spécialités de chaque nation. Les Vénitiens avaient certainement là des bureaux de changeurs et d'écrivains publics et des boutiques où étaient exposés en vente des bijoux et des verroteries, comme autour de la place Saint-Marc.

La nation possédait aussi quelquefois des boutiques en dehors du fondouk [5]; les

---

[1] Voy. ci-après : *Observations générales sur la rédaction et la traduction des traités.*

[2] M. de Sacy, *Chrestomathie arabe*, 2ᵉ édit., t. II, p. 40.

[3] Statuts marseillais. Nos *Documents*, p. 89.

[4] Voyez *Documents*, page 98, note [2]. Cf. Majorque-Tunis, 1313, art. 5; — Pise-Tunis, 1313, 1397 art. 3; — Gênes-Tunis, etc.

[5] Nos *Documents*, pages 35, 89.

Marseillais avaient l'habitude, à Tunis, de louer une boutique particulière dans l'entrepôt général de la ville où se faisait la vente publique du vin aux Sarrasins [1]. La commune de Marseille prescrit, en 1228, à ses préposés de Ceuta, d'Oran, de Tunis et de Bougie, de louer dans le fondouk de la nation une seule boutique pour la vente du vin aux Chrétiens; elle les autorise à louer une boutique à un tailleur, une autre à un cordonnier, deux à des peaussiers ou fourreurs, et de réserver deux boutiques, l'une pour eux, l'autre pour un écrivain. Le statut ordonne de plus de veiller à ce qu'il y ait toujours à l'usage des marchands des poids et des mesures, vérifiés et marqués par la commune. Il interdit d'élever des porcs dans le fondouk et de permettre à aucune courtisane de s'y établir [2].

Un four commun devait se trouver dans chacun des fondouks [3] : ils n'étaient pas tous pourvus de bains; les traités réglaient pour chaque nation chrétienne qu'un bain de la ville serait un jour par semaine mis à sa disposition, si elle en manquait dans son propre fondouk [4].

Une partie spéciale des habitations était réservée au consul et à sa chancellerie, *scrivania*. Cette demeure, embellie quelquefois de colonnes et d'une terrasse, aux armes de la nation, s'appelait vraisemblablement la *loge*. Au bas, quelques salles servaient de bourse, de prétoire et de prison [5]. Dans une cour ou dépendance particulière communiquant aux précédentes étaient l'église et le cimetière de la nation. Jamais les souverains chrétiens n'ont stipulé avec les émirs magrebins pour leurs nationaux le privilége d'avoir des maisons et des magasins distincts constituant un fondouk, sans convenir en même temps que l'établissement renfermerait un cimetière et une église ou une chapelle, dans laquelle les Chrétiens seraient libres de remplir tous leurs devoirs religieux et de célébrer leurs offices, ce qui comprend le chant à haute voix [6].

Ces petites églises devaient être en certains lieux plus grandes que de simples oratoires. Celles des Génois et des Pisans à Tunis étaient sous l'invocation de sainte Marie [7]. Le *capellanus ecclesie Sancte Marie in fontico Januensium in Tunexi*, figure parmi les témoins du traité de 1287 [8]. Le chapelain des Pisans à Tunis avait le titre de curé : *Opitho, presbiter ecclesie Sancte Marie de Tunethi*. Comme le curé pisan de Bougie, il

---

[1] Statut de Marseille de 1228. Nos *Documents*, page 89.

[2] Nos *Documents*, pages 89-90.

[3] Quand le four n'était pas dans le fondouk, et en attendant qu'il y fût construit, la nation stipulait soigneusement qu'elle aurait dans l'intérieur de la ville un four particulier pour elle seule. — Cf. Pise-Tunis, 1234, art. 5; 1264, art. 6; 1313, art. 3; — Venise-Tunis, 1231, art. 3; 1251, art. 2; 1271, art. 2; — Aragon-Tunis, 1271, art. 18; 1285, art. 18; 1314, art. 16; — Majorque-Tunis, 1313, art. 5, p. 189, 192.

[4] Venise-Tunis, 1231, art. 3; — Pise-Tunis, 1234, art. 5.

[5] Cf. *Hist. de Chypre*, t. II, p. 93, 94, 104, 258, 263, art. 11.

[6] Pise-Tunis, 1234, art. 3, 4, 12, 14, 15; 1264, art. 6, 15; 1313, art. 3; 1353, art. 3; 1397, art. 4, etc. — Venise-Tunis, 1231, art. 5, 17; 1271, art. 2; 1305, 1317, 1392 et 1428, art. 2; — Gênes-Tunis, 1236, art. 13; 1433, art. 4; — Aragon-Tunis, 1271, art. 17, 18; 1285, art. 17, 18, 37, 38; 1323, art. 6.

[7] Nos *Documents*, p. 37, 127.

[8] Nos *Documents*, p. 127.

dépendait de l'archevêque de Pise et lui payait un cens annuel. Une des boutiques du fondouk de Tunis appartenait à la cure, qui la louait à sa convenance [1]. Dans le traité de 1251, les Vénitiens se réservèrent le droit de refaire et d'agrandir à leur gré et à leurs frais leur église de Tunis [2].

Les fondouks des diverses nations chrétiennes étaient tous dans le même quartier de la ville et assez rapprochés l'un de l'autre, ou même contigus. Il est souvent question dans les traités des travaux à exécuter pour les séparer néanmoins très-exactement, afin que chaque nation fût close et bien fermée chez elle. Les dépenses générales de construction, d'entretien, d'agrandissement et de réparation étaient à la charge de la douane, c'est-à-dire du sultan [3]. Cependant, en 1281, le grand conseil de Venise prescrivit à son consul de Tunis d'employer une partie des droits de location des boutiques et des droits du four banal à la réparation du fondouk [4].

L'ensemble des établissements européens ainsi distincts et rapprochés devait former ce que l'on a longtemps appelé le *quartier franc* dans les villes d'Orient.

Nous n'avons vu nulle part qu'on ait pris vis-à-vis de ces *cités* chrétiennes enclavées quelquefois dans les villes du Magreb, les mesures de défiance humiliante auxquelles les Européens furent contraints de se soumettre souvent dans quelques ports du Levant, notamment à Alexandrie, où chaque soir des agents fermaient les portes des rues et des quartiers francs, pour ne les ouvrir qu'aux heures fixées par l'autorité musulmane.

La police du fondouk appartenait absolument au consul de la nation et à ses délégués. Des portiers, généralement des indigènes bien famés, étaient préposés à l'entrée et avaient droit de refuser le passage à tout individu, chrétien ou musulman, suspect ou non autorisé du consul, à moins qu'il ne fût accompagné de l'un des drogmans ou employés de la douane [5]. Sous aucun prétexte, ni pour s'assurer que des marchandises avaient pu être soustraites aux droits de douane, ni pour suivre l'instruction d'une affaire civile ou criminelle, les officiers arabes ne devaient entrer d'autorité dans le fondouk, s'y livrer à des perquisitions ou en extraire un sujet chrétien. Quand il y avait lieu d'agir contre un membre ou un protégé de la nation, l'autorité musulmane devait s'entendre avec le consul et ne rien entreprendre sans sa participation, à moins d'un refus formel de justice et de concours [6].

[1] Nos *Documents*, 1240, 1259, 1271, p. 35, 37, 47.
[2] Nos *Documents*, 1251, art. 27, p. 202.
[3] Venise-Tunis, 1251, art. 3; 1305, etc., art. 2; — Pise-Tunis, 1234, art. 4; 1264, art. 15; 1397, art. 4; — Florence-Tunis, 1421, art. 4; — Gênes-Tunis, 9 juin 1287, p. 126; 1433, art. 4; — Aragon-Tunis, 1323, art. 27.
[4] Nos *Documents*, p. 207.
[5] Venise-Tunis, 1231, art. 5; 1251, art. 3, 4; 1305 à 1438, art. 2; — Aragon-Tunis, 1313, art. 3, 4, 5, 8; — Aragon-Bougie, 1314, art. 8; Aragon-Tunis, 1323, art. 6, 7; — Majorque-Tunis, 1313, art. 5; — Pise-Tunis, 1234, art. 3; 1264, art. 6; 1397, art. 3, 4 (et voyez ci-après, au quinzième siècle, *Observ. sur la rédaction et la traduction des traités*, 2ᵉ partie, § 5); — Florence-Tunis, 1421, art. 4; — Gênes-Tunis, 1272, art. 6; 1433, art. 4, p. 135.
[6] Aragon-Bougie, 1314, art. 6, p. 305; — Gênes-Tunis, 1433, art. 33, p. 139; — Aragon-Tunis, 1313, art. 8; 1314, art. 20; 1323, art. 16; — Majorque-Tunis, 1313, art. 9.

Les Pisans, les Florentins, les Génois, les Vénitiens, les Siciliens, les Marseillais, les Majorcains, les Aragonais, et avec ces derniers les habitants du Roussillon et du comté de Montpellier, longtemps sujets des rois d'Aragon, sont les principaux peuples marchands de l'Europe qui aient eu des établissements commerciaux dans le Magreb. On ne peut dire dans quelles conditions les marchands du Languedoc et de la Provence purent se livrer au commerce d'Afrique après la réunion de leur pays à la couronne de France; mais il est probable que les successeurs de saint Louis n'abandonnèrent pas tout à fait les avantages que le traité de 1270 leur donnait le droit de réclamer.

Les villes où se trouvaient les principaux fondouks chrétiens étaient Tunis, El-Mehadia, Tripoli, Bone, Bougie, Ceuta et Oran. Les Pisans et les Génois eurent aussi des comptoirs à Cabès, Sfax et Salé, dès le douzième siècle [1]. Mais les traités arrivent rarement à ces désignations locales. C'est très-incidemment, dans un document d'Aragon, que nous apprenons que le commerce de Gênes avait une agence permanente et des franchises particulières à Djidjelli, ville rapprochée de Bougie, dont il n'est pas fait mention dans nos documents génois [2]. Il n'y avait pas lieu d'ailleurs d'établir partout de vrais fondouks; mais dans toutes les villes où les nations européennes étaient autorisées à faire le commerce, elles tenaient beaucoup à avoir un endroit quelconque, distinct des autres factoreries chrétiennes, où elles pussent déposer leurs marchandises : « Vous aurez dans nos villes des fondouks particuliers, disait le » privilége du roi de Maroc aux Pisans, en 1358; et à défaut de fondouks, vous aurez » au moins une maison à vous seuls, séparée de celle des autres chrétiens [3]. »

§ 4.

Responsabilité individuelle.

Nul chrétien ne pouvait être inquiété ou recherché pour la dette, la faute, le crime ou le délit d'un autre chrétien, à moins qu'il ne fût sa caution. Ce principe, si naturel et si nécessaire à la sécurité du commerce, s'étendait même aux faits de piraterie. Il est consacré pour toutes les nations admises en Afrique et par les traités de toutes les époques, sauf une seule exception à nous connue dans un traité de Maroc :

« Quand un procès s'élèvera entre Sarrasins et Vénitiens, qu'aucun Vénitien ne soit » pris ni poursuivi pour un autre, à moins qu'il n'ait été son fidéjusseur. Si un Vénitien, » débiteur d'un Sarrasin, s'enfuit avec son argent, que le consul et le seigneur doge le » fassent rechercher, punir et payer [4]. » Et ailleurs : « Si un navire ou une galère de » course sort de la ville de Venise et occasionne du dommage à un Sarrasin, qu'aucun » Vénitien commerçant en Barbarie ne soit inquiété pour ce méfait. Que le doge de » Venise fasse indemniser les Sarrasins lésés sur les biens des coupables, en quelque

---

[1] Nos *Documents,* 1133, 1234, 1313, p. 22, 52, 106, 113, 115.
[2] Aragon-Tunis, 1309, art. 5, p. 302.
[3] Pise-Maroc, 1358, art. 9, p. 68.
[4] Cf. Venise-Tunis, 1231, art. 6; 1251, art. 11, 12; 1271, art. 9; 1305, art. 10; 1317, art. 10; 1356 (Tripoli), art. 17; 1392, art. 10; 1438, art. 11, 33.

» lieu qu'il puisse les saisir [1]. — Nul marchand génois ne doit et ne peut être atteint ou
» arrêté dans sa personne ou dans ses biens pour le méfait d'autrui [2]. » — « Si un Génois
» ou protégé génois insulte un Sarrasin ou un Chrétien, ou une personne quelconque,
» ou lui occasionne un dommage (dans les États du roi de Tunis), qu'aucun Génois ou
» réputé Génois n'ait à souffrir de ce fait dans sa personne ou dans ses biens, ni le père
» pour le fils, ni le fils pour le père, ni aucun autre, si ce n'est le vrai coupable [3]. » —
« Si un Pisan, dépositaire ou débiteur d'argent ou de marchandises appartenant au
» sultan ou à un Musulman, s'enfuit; que ni le consul ni aucun marchand pisan ne soit
» poursuivi à sa place, à moins qu'il n'ait répondu pour lui [4]. » On lit enfin dans les
traités des Pisans et des Florentins de 1397 et 1421 : « Que nul d'entre eux, en
» matière criminelle, religieuse ou pécuniaire, ne soit emprisonné ou inquiété pour les
» actes d'autrui [5]. »

Contrairement à tous ces précédents et par une dérogation dont nous ne connaissons ni la cause ni la durée, le privilége du sultan mérinide Aboul-Einan, accordé aux Pisans en 1358, établit, avec leur assentiment, la responsabilité collective de la nation pour certains cas un peu vaguement indiqués, mais en ces termes formels : « Nous sommes
» encore d'accord avec vous sur ceci, que si l'un de vous se rendait coupable de fraude
» ou de trahison (*inganno o tradimento*) à l'égard des personnes ou des biens des
» Sarrasins, que tous les autres Pisans soient retenus (*sostenuti*) dans nos terres (que
» Dieu les garde!). Que lesdits marchands soient toutefois considérés, honorés et
» protégés dans leurs personnes et leurs biens, jusqu'à ce qu'ils aient restitué ce qui
» aura été enlevé ou volé, et qu'alors ils soient rendus à la liberté [6]. »

§ 5.

Proscription du droit d'aubaine.

Le droit d'aubaine, en vertu duquel, dans les pays de l'Europe féodale, les biens de l'étranger décédé étaient dévolus au seigneur du lieu, n'avait pas d'application dans le Magreb. On admettait généralement et l'on exprimait souvent dans les traités que les biens et les effets de tout Chrétien mort en Afrique devaient être remis à son exécuteur testamentaire, s'il en avait désigné, au consul ou à ses compatriotes, s'il mourait *ab intestat*. Dans le cas de décès en un lieu où ne se trouvaient ni consul ni nationaux de l'étranger, ses biens étaient placés sous la garde de l'autorité arabe, particulièrement de l'alcaïd de la douane, partout où il y avait une douane [7]. Le magistrat faisait

---

[1] Cf. Venise-Tunis, 1231, art. 15; 1251, art. 18; 1438, art. 20.
[2] Gênes-Tunis, 1236, art. 15; 1250, art. 12; 1272, art. 14.
[3] Gênes-Tunis, 1433, art. 23; Cf. Pise-Tunis, 1397, art. 15, p. 79.
[4] Pise-Tunis, 1313, art. 29, p. 52. La même disposition est reproduite dans le traité de Pise et Tunis de 1353, art. 28, p. 61.
[5] Pise-Tunis, 1397, art. 15, p. 79; où le texte chrétien est très-développé. — Florence et Pise-Tunis, 1421, art. 15, p. 350. Le traité de Florence et de Tunis de 1445 consacre de même la responsabilité individuelle, art. 7, 8 et 9, p. 357.
[6] Pise-Maroc, 1358, art. 7, p. 69.
[7] Venise-Tunis, 1231, art. 10, 11; 1251, art. 17; 1271, art. 16; 1305, 1317 et 1392, art. 20;

dresser par-devant témoins un état sommaire de ce qui les composait[1], et les biens étaient délivrés à la personne désignée par le gouvernement du décédé[2].

Nos traités démentent ainsi à cet égard les prescriptions théoriques du droit musulman, en vertu desquelles les biens de l'étranger non musulman mort dans un pays de l'Islam n'étaient remis à ses héritiers qu'à ces deux conditions, savoir : 1° que l'étranger fût un voyageur, et 2° que ses héritiers fussent connus[3].

§ 6.
Proscription de la piraterie.

La piraterie était absolument et réciproquement proscrite par les Chrétiens comme par les Arabes[4]. Mais les plaintes incessantes des gouvernements et les prescriptions continuelles des traités publics montrent toute l'étendue du danger qu'on voulait conjurer et la difficulté de s'en préserver. La piraterie a été le fléau permanent et irrémédiable du moyen âge jusqu'à la formation des grands États et des grandes flottes modernes, qui seuls ont pu veiller à la sécurité des mers.

Il faut ici rejeter ce préjugé historique qui mettrait au compte seul des Arabes les déprédations des corsaires de la Méditerranée. Le mal était universel. On doit même remarquer que les stipulations des traités, jusqu'au quatorzième siècle, concernent bien plus les corsaires chrétiens que les corsaires musulmans. Il n'est pas un des peuples en rapport avec le Magreb à qui les sultans n'aient demandé et qui n'aient été dans la nécessité d'édicter contre les excès de leurs propres corsaires les mesures les plus rigoureuses. Il n'est presque pas de traité qui, directement ou indirectement, ne concerne la piraterie ou l'une de ses suites les plus déplorables et les plus habituelles, la capture et le commerce des prisonniers.

Trois causes principales en avaient amené le développement chez les nations chrétiennes : 1° l'extension même du commerce maritime dû aux croisades ; 2° la possibilité admise si longtemps par le droit public de se servir de la course comme arme légitime et régulière pendant la guerre ; et 3° enfin l'absence ou l'insuffisance de marines d'État qui, en protégeant la marine marchande, pussent faire observer la distinction des faits de course et des faits de piraterie, réprimer ces derniers, en admettant et secondant librement les autres contre l'ennemi.

Il était rare au moyen âge qu'une nation se trouvât en paix avec tous les autres pays. Le droit de guerre privée s'étendait aux villes et aux particuliers. Il y avait donc

1438, art. 19 ; — Pise-Tunis, 1397, art. 11, 12 ; — Aragon-Tunis, 1314, art. 14. — Cf. Venise-Tripoli, 1356, art. 18.

[1] Pise-Maroc, 1358, art. 4, 14.

[2] Venise-Tunis, 1305, art. 20, et les traités suivants.

[3] Voyez M. Amari, *Diplomi arabi*, prefaz., p. xxxi, note [3] ; Khalil Ibn-Ishak, *Précis de jurisprudence musulmane*, traduction de M. Perron.

[4] Voyez Pise-Tunis, 1157, p. 25 ; 1186, art. 4, p. 29 ; 1236, art. 22, 23, p. 34 ; 1264, art. 29, *de li corsali Pisani*, 30, p. 45 ; — Pise-Majorque, 1184, art. 1, 2, 3, p. 369 ; — France-Tunis, 1270, art. 1, p. 93 ; — Gênes-Tunis, 1236, art. 2, p. 116 ; 1250, art. 23, p. 121 ; 1271, art. 21, p. 124 ; — Venise-Tunis, 1231, art. 15, p. 198 ; 1251, art. 18, p. 201 ; 1271, art. 19, p. 205 ; — Aragon-Tunis, 1271, art. 2, 9, p. 281 ; 1285, art. 2, 9, p. 286.

toujours du côté des Chrétiens des peuples, des communes, de simples armateurs autorisés à équiper des navires de guerre pour agir hostilement contre le territoire, les sujets et le commerce de l'ennemi, ou pour s'indemniser par les représailles d'un dommage éprouvé. Sans doute la course était seulement un droit contre les étrangers avec lesquels on se trouvait en guerre, ou momentanément et pour des cas exceptionnels contre les sujets de l'État déniant justice ; mais il était bien difficile, dans un temps où la police des mers n'existait pas, que l'abus ne suivît très-souvent l'usage de la course, et qu'à côté du navire autorisé à attaquer les cargaisons de l'ennemi ne sortît une voile de vrais forbans résolus à piller indistinctement les bâtiments et les côtes de tous pays, sans épargner leurs compatriotes [1].

Sans parler de ce qui se passait dans les mers du Nord, où les hauts faits du pirate et du guerrier étaient confondus et célébrés par les mêmes chants de triomphe, nos documents font voir combien la course et la piraterie étaient entrées partout dans les habitudes des populations maritimes.

On lit dans le privilége accordé aux Pisans sous forme de traité en 1186 par le calife de Maroc : « Si un homme considérable de Pise ou des pays soumis au gouverne-
» ment de Pise prend la mer pour voler ou attaquer les Musulmans, ou leur nuire de
» quelque manière que ce soit, les Pisans sont obligés de poursuivre et de punir le
» coupable comme s'il eût méfait contre ses propres concitoyens [2]. » Le 11 juillet 1251, un marchand arabe de Tunis nommé Bocher promet aux hommes de la ville de Porto-Venere, sur la rivière de Gênes, qui avaient armé un corsaire, d'abandonner les poursuites exercées contre eux par-devant le podestà de Gênes s'ils consentent à payer à lui et à ses associés une indemnité de vingt-cinq livres d'or [3]. « Si un
» Génois, ou un Chrétien réputé Génois, prend la mer pour attaquer les Sarrasins,
» porte le traité de 1236, rappelant un principe général [4], que sans tarder les Génois
» le saisissent, le mettent à mort et remettent ses biens aux Sarrasins. Si on ne peut
» s'emparer de sa personne, que ses biens soient confisqués et remis aux Musulmans.
» Si les Sarrasins arment contre le malfaiteur, que les Génois arment également et
» agissent contre lui de concert avec les Sarrasins. »

Le traité conclu à Tlemcen, en 1339, par Aboul-Hassan avec Jacques II, roi de Majorque, seigneur de Roussillon et de Montpellier, renferme les dispositions suivantes : « Il est notifié à tous les corsaires sujets desdits seigneurs rois. Si, nonobstant ces défenses,
» doivent faire aucun tort aux sujets desdits seigneurs rois. Si, nonobstant ces défenses,
» un corsaire attaquait un sujet de l'un des deux États, ou lui occasionnait un dom-
» mage, que les seigneurs rois exigent une indemnité du malfaiteur et fassent justice
» de sa personne, afin qu'une bonne et loyale paix se maintienne entre les seigneurs
» rois et leurs sujets [5]. » On lit en d'autres traités : « Que nul Pisan ne se permette de

---

[1] Voyez au quatorzième siècle, § *Piraterie des chrétiens*.
[2] Pise-Maroc, 1186, art. 4, p. 29.
[3] Voyez *Documents*, page 121.
[4] Gênes-Tunis, 1236, art. 2, p. 116. — Cf. Venise-Tunis, 1231, art. 15, p. 198. — Pise-Tunis, 1234, art. 22; 1264, art. 29; 1313, art. 34; 1397, art. 26 et suiv.; — Florence-Tunis, 1421, art. 26; 1445, art. 7.
[5] Majorque-Tlemcen, 1339, art. 5, p. 194.

» naviguer sur un navire qui fasse la course contre Sa Majesté le roi de Tunis; mais
» que les Sarrasins sujets dudit roi soient à l'abri de toute attaque de la part des Pisans,
» à Pise et ailleurs [1]. » — « Si un corsaire florentin ou pisan entre dans l'un des ports
» du royaume de Tunis, où se trouve un navire de sa nation, les gens du navire
» devront s'armer aussitôt pour donner la chasse au corsaire et le capturer [2]. — « Si
» l'un des sujets de la république de Florence et de Pise achète d'une nation alliée
» avec le sultan un navire qui ne soit pas notoirement adonné à la piraterie, il ne
» payera aucun droit sur l'acquisition [3]. »

Les gouvernements de Pise et de Gênes s'engagèrent publiquement à unir leurs galères aux navires que les émirs pourraient diriger contre les pirates [4]. Les souverains chrétiens et musulmans se promirent non-seulement de défendre réciproquement la course, de ne pas permettre à un bâtiment corsaire de naviguer avec les bâtiments marchands, de punir de la mort et de la confiscation de tous biens ceux de leurs sujets qui armeraient contre la puissance alliée [5], mais encore de repousser de leurs ports tous corsaires qui auraient attaqué ou menaceraient d'attaquer la puissance alliée, de leur interdire le feu et l'eau, de les empêcher par tous les moyens possibles de profiter de leurs rapines, en prohibant expressément toute mise à l'encan ou vente quelconque, sur leur territoire, des produits de leurs brigandages, et autorisant la confiscation immédiate et sans indemnité, dans les mains des acheteurs, de tous objets et marchandises enlevés par les pirates [6]. On cherchait surtout à empêcher la vente des gens capturés et réduits en esclavage par les corsaires. On promit souvent de racheter immédiatement et de restituer sans rançon les esclaves de la nation alliée [7]; mais il faut reconnaître que dès le quatorzième siècle les émirs musulmans négligèrent ces engagements ou furent impuissants à les faire respecter. Les rois de Tunis tolérèrent même sous leurs yeux une véritable traite des esclaves chrétiens, qui devançait les horreurs du régime turc [8], tandis que dans l'Europe chrétienne, au contraire, la piraterie et la capture des esclaves tendaient plutôt à diminuer, grâce à l'affaiblissement du régime féodal et à la création de flottes nationales.

[1] Pise-Tunis, 1397, art. 26, p. 83.
[2] Florence-Tunis, 1445, art. 8, p. 357.
[3] Florence-Tunis, 1445, art. 22, 23, p. 358.
[4] Gênes-Tunis, 1236, art. 2; — Pise-Tunis, 1397, art. 26 bis, p. 83; — Florence-Tunis, 1421, art. 26. Voyez ci-après, au quinzième siècle, nos *Observations générales sur la rédaction et la traduction des traités*, 2ᵉ partie, §§ 5, 6.
[5] Venise-Tunis, 1231, art. 15; 1251, art. 18; 1271, art. 19; 1305, art. 21; — Pise-Tunis, 1234, art. 22; 1264, art. 29, etc.; — Gênes-Tunis, 1236, art. 2, 3; 1250 et 1272, art. 17, 19. Cf. Majorque-Tunis, 1313, art. 13, 14.
[6] Pise-Tunis, 1234, art. 23; 1313, art. 35, p. 53; 1353, art. 34, p. 62; — Gênes-Tunis, 1234, art. 23; 1264, art. 30; 1313, art. 15; — Majorque-Tunis, 1313, art. 13 à 16, p. 190; — Aragon-Tunis, 1314, art. 6, p. 307; 1323, art. 12, p. 321.
[7] Pise-Tunis, 1157, p. 26; 1353, art. 47, p. 64; 1397, art. 26 *quater*, p. 84; — Pise-Maroc, 1358, art. 10, p. 68; — Gênes-Tunis, 1391, art. 2-5, p. 131; — Aragon-Bougie, 1309, art. 3, p. 301; 1314, art. 15, p. 306.
[8] Voyez ci-après, au quatorzième siècle, ann. 1313-1400, *Développement de la piraterie en Afrique*. Cf. Ibn-Khaldoun, *Hist. des Berbères*, t. III, p. 117.

§ 7.

Protection des naufragés et abolition du droit d'épaves.

Les prescriptions relatives à la protection des navires, biens et gens naufragés sur les côtes du Magreb, étaient généralement mieux observées que les prohibitions concernant la course, sans qu'il fût cependant possible aux gouvernements les mieux intentionnés d'en garantir dans toutes leurs provinces la fidèle exécution. C'était déjà une condition bien supérieure à celle de beaucoup d'États européens, où le droit de bris subsista dans toute sa rigueur jusqu'au seizième siècle [1]. Il y avait une première et sérieuse sécurité pour les armateurs commerçant avec l'Afrique dans ce fait seul, acquis à la notoriété publique de toute la Méditerranée, qu'au cas de sinistre, les traités et l'usage du Magreb obligeaient les gens du pays à porter secours aux bâtiments en péril ou jetés à la côte, à respecter les naufragés, à les aider dans leur sauvetage, et à garder sous leur propre responsabilité toutes les marchandises, épaves et personnes préservées du désastre.

Tel est en effet le principe qui paraît avoir été admis généralement dans la Mauritanie dès le treizième siècle, peut-être auparavant, et qui fut publiquement promulgué et généralement pratiqué par les rois hafsides dans toute l'étendue de leurs domaines, d'Alger à Tripoli. Les traités d'Abou-Zakaria et de ses successeurs en développent l'application à toutes les circonstances du naufrage : « Quand un navire chrétien sera
» jeté par la tempête sur les côtes de Barbarie, que tout soit protégé et sauvé; si une
» partie de l'équipage a péri, que tout ce qui sera retiré du naufrage soit remis aux
» survivants; si tous ont péri, que la douane veille sur le navire et les objets sauvés,
» jusqu'à ce qu'arrivent des lettres de leur *roi* désignant la personne à qui les biens
» recueillis doivent être délivrés [2]. » Le séjour, les réparations et les approvisionne-

---

[1] Le droit de naufrage ne s'exerçait pas seulement en quelques pays d'Europe sur le navire abandonné ou perdu sur la côte; on cherchait à en étendre l'application aux cas de relâche forcée que l'on voulait faire considérer comme un naufrage positif. En 1232, un navire génois, après avoir vendu ses marchandises à la Rochelle, avait pris en cette ville un chargement de draps destinés à l'Espagne, et avait commencé son voyage de retour en touchant à l'île d'Oléron, pays appartenant alors au roi d'Angleterre. Les officiers royaux prétendirent que le vaisseau génois n'avait abordé l'île que parce qu'il y avait été poussé par le mauvais temps, et qu'il devait en conséquence être considéré comme navire naufragé. Sans invoquer d'autre raison, ils s'emparèrent du navire. Le 23 août 1232, le maire et les habitants de la Rochelle écrivirent au podestà de Gênes pour affirmer que le capitaine génois, en partant du port de la Rochelle, avait l'intention de se rendre à Oléron, qu'il y avait volontairement relâché, que le sénéchal et les conseillers anglais ne disaient pas la vérité en soutenant le contraire, et qu'ils ne pouvaient retenir le navire comme bâtiment naufragé. La lettre de la commune de la Rochelle, conservée à Gênes dans les actes du notaire Salamon et analysée dans les registres de Richeri (*Fogliazzo*, 1, Salamon, 1er cahier, fol. 1), est munie d'un sceau représentant, d'un côté, un chevalier tenant de la main droite une bannière, avec l'inscription : SIGILLUM MAJORIS DE ROCHIELLA †; au revers, un vaisseau portant une voile carrée à son mât avec les lettres V. L., et autour, SIGILLUM COMMUNIE DE ROCHELLA. — Les Archives de l'Empire possèdent un sceau analogue de l'an 1437, n° 5459

[2] Venise-Tunis, 1231, art. 12; 1251, art. 20; 1271, 1305, 1317, 1392, 1438, art. 17. Cf. Venise-Tripoli; 1356, art. 2; — Pise-Tunis, 1234, art. 7; — Florence-Tunis, 1421, art. 18; 1445, art. 20, 21; — Aragon-Tunis, 1323, art. 23; — France-Tunis, 1270, art. 3, p. 94.

ments des naufragés étaient exemptés de tous droits. On leur demandait seulement de ne pas profiter du temps d'escale forcée pour se livrer à des actes de commerce [1].

Sans préciser autant les circonstances et les conditions de la protection due aux naufragés, les traités des rois du Magreb occidental, dans le Maroc et les îles Baléares, proscrivent formellement le droit de bris, en assurant la protection des naufragés [2].

§ 8.
Admission d'étrangers sous pavillon allié.

Il est manifeste que l'esprit général des traités magrebins, très-favorable aux relations avec les Chrétiens, permettait aux nations alliées d'amener sur leurs navires des marchands étrangers et de les associer, dans une certaine mesure, aux priviléges dont ils jouissaient eux-mêmes. C'est grâce à ces dispositions, d'où sortit plus tard ce principe maritime, non admis encore alors en Europe [3], *le pavillon couvre la marchandise*, que les Pisans purent faire participer les Florentins, les Lucquois et les marchands des Romagnes à leurs expéditions en Afrique. La même tolérance permit aux armateurs des deux rivières de Gênes, alors même qu'ils étaient indépendants de l'autorité de la république, de se livrer à l'abri de son pavillon au commerce d'Afrique.

Rien n'était pourtant bien réglé à cet égard; les usages et le traitement ont varié suivant les temps et les nations. Les traités mêmes du règne d'Abou-Zakaria n'ont pas de dispositions uniformes sur l'état des protégés. Le traité des Pisans se borne à dire : « Si un étranger vient avec eux en Afrique, il ne doit pas payer moins que les » Pisans [4]. » Les prescriptions du traité génois sont plus précises et moins favorables : « Si les Génois transportent sur leurs navires des hommes qui soient en paix avec les » Sarrasins, *qui sint in pace Moadorum* (c'est-à-dire liés avec eux par des traités), » ces hommes seront considérés comme Génois. S'ils ne sont pas *dans la paix* des » Sarrasins, ils ne jouiront pas de la sauvegarde royale (l'*aman* des Arabes) ni pour » leurs personnes ni pour leurs biens. » Les textes latins exprimaient cette situation par les mots : *Sit defidatus in persona et in rebus* [5].

Les passagers génois appartenant à une nation non alliée avec les rois de Tunis faisaient donc le commerce d'Afrique à leurs risques et périls, sans pouvoir légalement invoquer, au cas de besoin, la protection génoise, et en payant probablement des droits de douane supérieurs à ceux des Génois, tandis que les passagers de nations alliées étaient comme de vrais protégés assimilés aux Génois pour toutes les conditions de leur séjour et de leur commerce en Afrique. Le principe est maintenu, au moins

---

[1] Gênes-Tunis, 1236, art. 12; 1250, art. 7; 1272, art. 12, p. 124; 1433, art. 27, p. 138.

[2] Gênes-Majorque, 1181, art. 5, p. 112; Pise-Maroc, 1186, ne renferme pas de dispositions directes sur le droit de bris, mais l'article 3 (p. 29) est favorable aux bâtiments en détresse; — Pise-Maroc, 1358, art. 6, p. 67; — Aragon-Tlemcen, *Instructions*, 1319, § III, art. 3, p. 315; traité de Jacques II, roi de Majorque, et du sultan de Maroc, 1339, art. 3, p. 193.

[3] M. Pardessus, *Coll. de lois maritimes*, t. III, préf., p. LXXXII.

[4] Pise-Tunis, 1234, art. 11.

[5] Gênes-Tunis, 1236, art. 8, p. 117.

dans sa rigueur écrite, par les traités de 1250 et 1272 [1]. Nous croyons néanmoins qu'en réalité le double intérêt des Génois et des Arabes dut rarement le laisser appliquer, et que de fait il tomba promptement en désuétude. Nous n'avons que des confirmations générales des traités génois du quatorzième siècle et de la fin du quinzième; mais dans le traité spécial de 1433, on ne rappelle plus l'ancienne clause contre les étrangers non alliés, et l'on se borne à déclarer que tout sujet d'une nation chrétienne alliée venant en Afrique avec les Génois sera en toute circonstance traité comme un Génois, à l'exception des gens qui auraient méfait contre le roi de Tunis [2].

Les traités vénitiens ne déterminent pas la condition faite aux marchands étrangers naviguant sur leurs bâtiments. Il est possible que la république, cherchant toujours à assurer à son commerce les bénéfices considérables du fret et de la commission, fût parvenue à assimiler à ses propres sujets tout étranger confiant sa personne ou ses marchandises aux navires vénitiens.

On voit par les dispositions des traités pisans et génois que des marchands privés de marine, ou n'ayant qu'un petit cabotage, puisqu'ils recouraient aux vaisseaux de leurs voisins pour les grands voyages, pouvaient cependant avoir des relations réglées par des traités directs avec les souverains de l'Afrique. Telle était la situation des Florentins, qui obtinrent des conditions personnelles du fils d'Abou-Zakaria pour leur commerce à Tunis, tout en continuant à opérer leurs voyages et leurs exportations sur les bâtiments pisans.

La protection pour les personnes et les biens des marchands est si naturelle et si nécessaire au commerce, qu'il est difficile de croire qu'en fait elle n'ait pas été accordée même aux étrangers non alliés naviguant sous pavillon chrétien, alors même que les traités autorisaient le gouvernement arabe à la dénier. Elle est, du moins implicitement, assurée dans les traités pisans postérieurs au traité d'Abou-Zakaria, qui ne la mentionne pas. « Tout homme bien famé, dit le traité de 1264, venant avec les Pisans, » sera traité et payera comme un Pisan [3]. » — « Tout marchand étranger venant avec » eux, disent les traités de 1313 et 1353, aura les mêmes droits et les mêmes devoirs » que les Pisans [4]. »

Avec le temps, le principe se confirme et s'étend expressément à tout étranger naviguant sous pavillon pisan et florentin, qu'il appartienne ou non à une nation alliée des Sarrasins; mais en même temps une distinction s'établit, quant aux droits de douane, entre les alliés et les non alliés : « Que tout Chrétien ayant ou n'ayant pas » paix avec le roi de Tunis, venant en Afrique sur un navire pisan, soit traité et » réputé pour Pisan, et cela quant au bénéfice général de l'*aman*, et rien de plus [5]. » Le traité de 1421 répète les mêmes dispositions au nom de la république de Florence,

---

[1] Gênes-Tunis, 1250, art. 21; 1272, art. 22, p. 120, 122.
[2] Gênes-Tunis, 1433, art. 28, p. 138.
[3] Pise-Tunis, 1264, art. 13, p. 45.
[4] Pise-Tunis, 1313 et 1353, art. 15, p. 51, 59.
[5] Pise-Tunis, 1397, art. 19, p. 80. — Florence-Tunis, 1421, art. 19, p. 351.

et le traité de 1445 la consacre de nouveau en l'expliquant très-clairement : « Tous
» hommes d'une nation non alliée, *non confederata* (traduction italienne du texte
» arabe), venant sur leurs vaisseaux, payeront à la douane comme les étrangers non
» alliés, et le patron du navire sera obligé de faire connaître leurs noms au directeur
» de la douane; mais, par le fait du payement, ils seront en toute sécurité pour leurs
» personnes et leurs marchandises [1]. »

§ 9.

Garanties pour le transport, la garde, la vente et le payement des marchandises.

En même temps que des engagements d'ordre supérieur assuraient aux Européens les garanties nécessaires à la protection de leurs personnes et de leurs biens, les traités entrant souvent dans les particularités d'exécution, stipulaient pour eux les mesures et les garanties qui pouvaient faciliter leur commerce et leurs rapports avec les indigènes.

Ces prescriptions, qui seraient aujourd'hui du ressort des règlements d'administration publique ou de simples ordonnances de police, assuraient d'abord aux marchands européens dont les navires ou les facteurs arrivaient en Afrique, les moyens de trouver, à des conditions équitables, les bateaux et les gens nécessaires pour le débarquement et l'embarquement de leurs marchandises, soit à la douane, soit à leurs fondouks.

Les dépôts principaux des marchandises étaient vraisemblablement dans les fondouks. Une grande partie restait cependant dans les magasins de la douane. Quant aux ventes et aux achats, ils pouvaient se faire soit aux fondouks, soit à la douane. Mais la plupart des marchés avec les indigènes s'effectuaient à la douane même, et la forme la plus suivie pour la vente était la mise à l'encan, qu'on appelait l'*halka*. Une compagnie d'interprètes, gens probes et sûrs, choisis par l'administration, donnait aux étrangers les moyens de communiquer en toute sécurité avec les marchands du pays et avec les agents royaux chargés de la vente des produits du domaine. La douane était responsable du payement des marchandises vendues par tous ses agents. Des écrivains spéciaux à chaque nation, de vrais teneurs de livres, inscrivaient le compte des opérations effectuées par chaque négociant et des sommes dues au trésor public sur les importations et les exportations. Ces mesures d'ordre simplifiaient les relations des Chrétiens avec le gouvernement et les sujets arabes, en leur donnant toutes les sûretés désirables pour le payement de leurs créances et le règlement de leurs affaires [2].

§ 10.

Réexportation en franchise des marchandises non vendues.

Des droits de douane étaient exigés de toutes les nations chrétiennes commerçant au Magreb. C'est la première obligation qui leur incombât, après la nécessité de respecter les lois et les usages du pays. Mais une disposition qui finit par passer en coutume à l'égard de tous les Chrétiens, et qui fut très-souvent formulée explicitement dans les

[1] Florence-Tunis, 1445, art. 29, p. 259.
[2] Voyez ci-après, quatorzième siècle : § *Usages généraux du commerce chrétien en Afrique.*

traités, limitait la perception du droit aux marchandises effectivement vendues, en autorisant la libre réexportation de toute marchandise non vendue [1].

Le privilége de la franchise au cas de mévente, dû au désir des princes magrebins d'accroître le commerce des Chrétiens avec leurs sujets, ne paraît pas cependant d'institution bien ancienne en Afrique. Vraisemblablement les douanes ne l'admettaient pas encore au commencement du douzième siècle. Il datait pour les Pisans, à Tunis, de 1157, puisque Abou-Abd-Allah écrivait cette année à l'archevêque de Pise qu'à l'avenir il ne serait perçu de droit d'importation (10 pour 100) que sur les marchandises *vendues* par les sujets de la république dans ses États [2].

II. Prescriptions d'ordre général et de police concernant les Chrétiens.

Au-dessus des prescriptions de police maritime et de police urbaine auxquelles les Chrétiens venant commercer en Barbarie étaient tenus de se conformer, deux obligations principales dominaient tous leurs rapports avec le pays et ses habitants. L'une était diplomatiquement formulée dans les actes, l'autre, pour n'être pas expressément écrite, n'en était que d'une plus étroite et nécessaire observance.

C'était 1° de n'aborder, hors des cas de force majeure, qu'aux seuls ports du littoral africain désignés par les traités ou par un usage formel et notoire comme marchés ouverts au commerce étranger; c'était 2° d'éviter avec soin tout ce qui pouvait blesser les habitudes et les sentiments religieux des Arabes, et, comme conséquence légitime, de n'user de la liberté du culte chrétien qu'à l'intérieur des églises ou des établissements destinés à l'habitation des étrangers.

§ 1.
Des ports ouverts seuls au commerce chrétien.

La manière dont la liberté de commercer est limitée dans quelques traités à certains points déterminés du littoral, pourrait tromper beaucoup sur l'esprit de la mesure. Il faut, pour en apprécier exactement le motif et le caractère, l'examiner dans l'ensemble de tous les traités où elle est plus ou moins nettement exprimée.

Rarement le texte de l'accord indique nominativement, pour en fixer le nombre, les ports où les Chrétiens pourront aborder et commercer. Seul peut-être le traité d'Abou-Yousouf Yacoub, de 1186, désigne aux Pisans comme escales et marchés exclusifs les ports de Ceuta, Oran, Bougie et Tunis dans le Magreb, et d'Almeria en Andalousie. L'interdiction de jeter l'ancre sur tout autre point du littoral almohade, si ce n'était pour une impérieuse nécessité, est articulée dans ce diplôme, nous l'avons vu, avec une rigueur particulière : les biens des transgresseurs devaient être confisqués ; leurs

---

[1] Gênes-Tunis, 1236, art. 8; 1250, art. 4; 1272, art. 9; 1433, art. 11; — Pise-Tunis, 1264, art. 7; 1313, art. 6, 1353, art. 6, 12, 45; 1397, art. 7 *bis*; — Florence-Tunis, 1421, art. 27; 1445, art. 11, 12; — Venise-Tunis, 1305, 1317, 1392, art. 12; 1438, art. 13; — Majorque-Tunis, 1313, art. 24; — Aragon-Tunis, 1271, art. 24; 1285, art. 24; 1314, art. 12; 1323, art. 21.

[2] Lettre renfermant les conditions d'un traité, 1157. Nos *Documents*, p. 25.

personnes abandonnées à la merci du sultan, qui pouvait les mettre à mort[1]. Mais nous sommes évidemment ici en présence de faits exceptionnels, et nous ne nous arrêterons pas aux hypothèses historiques qui pourraient les expliquer.

En général, sauf les ports de Tunis et de Bougie, désignés naturellement comme marchés habituels en raison de leur condition de villes capitales, les traités ne nomment pas les villes où il était permis aux navires chrétiens de relâcher pour séjourner. L'usage les faisait seul connaître. Les traités se bornaient à dire que les Chrétiens devaient débarquer leurs marchandises dans les lieux où ils avaient coutume de se rendre : *in locis consuetis;* ils ajoutaient ordinairement qu'à moins de circonstances urgentes, telles que le manque de vivres, le danger d'une tempête ou la poursuite de l'ennemi, il leur était interdit de jeter l'ancre en aucun autre point de la côte [2].

Nulle intention politique n'a dicté ces mesures restrictives, qui semblent, mais qui ne sont aucunement, en contradiction avec la tendance constante des traités à faciliter et à augmenter les relations commerciales des Chrétiens avec les Arabes magrebins. L'intérêt de la douane et des finances royales les avait seul fait adopter. La comparaison des traités vénitiens et aragonais et certains détails de la rédaction des traités pisans et génois, moins explicites que les autres néanmoins, ne laissent aucun doute à cet égard.

Le traité de 1186 lui-même, si dur dans ses sanctions pénales, que prescrit-il aux Chrétiens forcés par les circonstances de jeter momentanément l'ancre dans l'un des ports fermés en temps ordinaire à leurs vaisseaux? Il leur recommande de « ne vendre » ni d'acheter quoi que ce soit en ce lieu (*sous-entendez* sauf les vivres et les agrès » maritimes), de n'y faire aucun acte de commerce, de n'y parler (*sous-entendez* de » commerce) à aucun habitant [3] ». Le traité génois de 1236 explique parfaitement en les complétant ces dispositions, trop absolues pour avoir jamais pu être observées stric-tement : « L'émir Abou-Zakaria, porte l'article 1ᵉʳ du traité, que nous réduisons à ses » mots essentiels, l'émir accorde aux Génois la sauvegarde pour leurs personnes et » leurs biens dans toute l'étendue de son territoire, depuis Tripoli de Barbarie jusqu'aux » confins du royaume de Bougie, afin qu'ils puissent vendre et acheter librement dans » ces limites, particulièrement aux lieux où les Génois commercent habituellement. » Quant aux lieux (quant aux ports) où les Génois n'ont pas coutume de séjourner » pour leur négoce, l'émir ne leur permet ni d'y aborder ni d'y vendre quoi que ce » soit, si ce n'est dans une absolue nécessité, pour réparer leurs navires ou pour acheter » des vivres. Et dans ces cas, il leur est interdit de contracter aucune opération de » commerce ou de parler même d'aucune affaire avec les gens du pays [4]. »

Les traités concernant l'Aragon, la Sicile, le royaume de Majorque et la seigneurie de Montpellier, en 1271 et 1285, expriment le même ordre d'idées, toujours commerciales et fiscales : « Nos sujets ne doivent débarquer dans les États de l'émir al-mou-

---

[1] Traité de 1186, art. 3, p. 29.

[2] Voyez les traités cités plus loin.

[3] « Dove pero non potranno vendere nè comprare alcuna cosa, nè trattare di commercio nè » (altrimenti) conversare con alcuno degli abitanti. » Page 29.]

[4] Gênes-Tunis, 1236, art. 1, p. 116.

» menin qu'aux lieux où il leur est permis d'aborder, à moins qu'il n'y ait urgente
» nécessité pour eux de réparer leurs navires ou de renouveler leurs vivres. Mais qu'en
» ce cas ils ne puissent rien vendre, ni acheter, ni converser (aver noves) avec les
» gens du pays [1]. »

En limitant ainsi les lieux sur lesquels les Chrétiens pouvaient s'établir et commercer, les sultans d'Afrique n'entendaient en aucune manière restreindre ou gêner leurs rapports avec les Arabes ; ils voulaient seulement régulariser ces communications, empêcher la contrebande, et veiller aux intérêts de leur trésor en concentrant toutes les affaires d'importation et d'exportation sur des points déterminés, où il leur fût possible, au moyen de bureaux de douane, d'assurer la perception des droits qui leur étaient dus. La mesure est toute financière et n'indique aucune défiance politique vis-à-vis des étrangers.

La règle était donc celle-ci : que les Chrétiens alliés avec les émirs avaient le droit d'aborder et de commercer dans tous les ports du Magreb *où se trouvaient des bureaux de douane*. Ce principe, implicitement confirmé par tous nos traités, déjà bien apparent dans les articles précédemment cités des traités de 1236, 1271 et 1285, est plus précisé encore dans quelques autres traités dont nous rappellerons les termes mêmes. On le trouve, par exemple, exprimé ainsi dans le traité vénitien de 1231 :
« Quand un Vénitien arrivera pour vendre ou pour acheter en un lieu quelcon-
» que du royaume de Barbarie *où il y aura une douane*, que personne ne l'en
» empêche [2]. »

Cette disposition du traité de 1231, répétée dans le traité de 1251 [3], devient, à partir de 1305, l'article 1er de tous les traités de la république de Venise avec le roi de Tunis, concernant la liberté commerciale et la sécurité personnelle des sujets de la république : « Que tous marchands et tous hommes de Venise et de son territoire,
» abordant en un port quelconque des États de Sa Hautesse *où existera une douane*,
» soient saufs et protégés dans leurs personnes et leurs biens [4]. » Enfin le principe est encore plus nettement marqué dans l'article 20 du traité de 1313, conclu entre don Sanche, roi de Majorque, de Roussillon et de Montpellier, et le roi de Tunis, lequel est conçu en ces termes : « Il est défendu à nos sujets de débarquer en aucun
» lieu des États de l'émir al-moumenin *où il n'y a pas de douane*, excepté pour
» prendre des vivres, des cordages ou des agrès indispensables, et à la condition de
» ne rien vendre ou acheter en ce lieu [5]. »

---

[1] Traité de Jacques Ier, roi d'Aragon, Majorque et Montpellier, avec Tunis, 1271, art. 18 *bis*, p. 283 ; Pierre III, roi d'Aragon et de Sicile, avec Tunis, 1285, art. 18, p. 288.
[2] Venise-Tunis, 1231, art. 16, p. 198.
[3] Venise-Tunis, 1251, art. 19, p. 201.
[4] Venise-Tunis, 1305, 1317, 1392, 1438, art. I, p. 212 et suiv.
[5] Majorque-Tunis, 1313, art. 20, p. 191. C'est le principe, mieux exprimé, du traité de 1271, page 283.

§ 2.

De la liberté du culte.

On a vu que les traités autorisant les nations chrétiennes à posséder des fondouks en Afrique omettaient rarement de mentionner la circonstance que ces établissements pouvaient comprendre une église ou chapelle et un cimetière à l'usage de la nation concessionnaire [1]. La liberté du culte à l'intérieur de l'entrepôt et de ses dépendances était suffisamment garantie par ces dispositions. Sans aucun doute les Chrétiens pouvaient ainsi, à leur convenance, et hors de toute contrainte, se livrer dans l'enceinte de l'enclos aux prières publiques, aux chants religieux, à la prédication et aux processions, que leur piété devait aimer à prolonger, sous les portiques et les allées de leurs bazars, embellis en ces occasions de fleurs et de tentures.

Le traité conclu à Tunis quand l'armée chrétienne campait encore à Carthage n'ajouta rien à ces franchises, et ce serait se tromper beaucoup de répéter, avec quelques anciens chroniqueurs [2], que les rois chrétiens, en quittant l'Afrique, obtinrent l'autorisation de faire prêcher l'Évangile parmi les infidèles, et l'assurance que tout Musulman pourrait librement demander le baptême. L'article 6 du texte arabe de l'accord de 1270, conservé à Paris, exprime ainsi les garanties de la liberté religieuse assurée aux Chrétiens commerçant ou séjournant en Afrique : « Les moines et les » prêtres chrétiens pourront demeurer dans les États de l'émir des croyants, qui leur » donnera un lieu où ils pourront bâtir des monastères et des églises et enterrer leurs » morts; lesdits moines et prêtres prêcheront et prieront publiquement dans leurs » églises, et serviront Dieu suivant les rites de leur religion et ainsi qu'ils ont coutume » de le faire dans leur pays [3]. »

Les sujets des princes dont la mort de saint Louis avait fait échouer l'expédition, c'est-à-dire les Français et les Siciliens des deux côtés du Phare, purent invoquer cet article pour réclamer le rétablissement des fondouks qui leur avaient autrefois appartenu en Tunisie, ou la création de nouveaux fondouks avec leurs accessoires, le tout aux frais du trésor arabe, conformément à un usage déjà ancien; mais la concession ne comportait pas d'autres avantages. Les monastères dont il y est question ne peuvent être des établissements religieux isolés dans les villes ou la campagne, analogues à ceux que les pays chrétiens possédaient en si grand nombre. C'était vraisemblablement le presbytère même du fondouk, la maison du desservant, agrandie peut-être et convertie en couvent pour les petites communautés religieuses, auxquelles était généralement confié le service des oratoires chrétiens.

Sans doute le zèle des disciples de saint François, de saint Dominique, de saint Jean de Matha, ne bornait pas leur tâche aux soins du ministère dans les quartiers européens. Respectés et bienvenus des indigènes, admis auprès des sultans en toutes les grandes occasions où la nation devait agir en corps, ils allaient partout librement dans

---

[1] Voyez ci-dessus, § 3, p. 90.
[2] Voyez, ci-après, année 1270, et nos *Documents*, p. 94.
[3] Traité de 1270, art. 6, p. 94.

la ville, conversant avec les scheiks, visitant les captifs, les soutenant de leurs exhortations, et s'occupant du soin de les racheter. Beaucoup portaient plus loin l'ambition du dévouement : ils auraient voulu ramener à la foi les populations que l'Islamisme avait conquises en Afrique. Mais dès qu'ils sortirent du cercle des discussions privées, auxquelles les Arabes lettrés ne répugnaient pas, ils durent voir l'inutilité et le péril de leurs controverses. S'ils ne purent gagner une âme, les Chrétiens du moins n'en perdirent pas. Mais combien de généreux missionnaires, moins illustres que Raymond Lulle, lapidé par la populace de Bougie, qu'il voulut un jour catéchiser, payèrent de la vie leur héroïque imprudence!

Tout acte de la vie religieuse devait se renfermer dans l'église ou le fondouk chrétien. Nul écho ne devait sortir de cette dernière enceinte, et il est vraisemblable que les religieux chrétiens, prêtres ou moines, comme encore aujourd'hui dans beaucoup de villes d'Orient, ne pouvaient dans le Magreb user de cloches pour donner le signal extérieur des prières [1], ni orner d'emblèmes chrétiens les dehors de leurs églises. Tant qu'ils évitèrent de provoquer la susceptibilité des Musulmans, tant qu'ils respectèrent l'esprit et la lettre des traités acceptés par leurs souverains, ils trouvèrent dans la population et dans les gouvernements du Magreb les égards et la protection la plus équitable.

§ 3.

Prescriptions diverses. — Bains. — Police du port.

Les traités indiquent quelques-unes des coutumes et des prescriptions particulières de la police urbaine et de la police maritime, dont l'ensemble, connu par la notoriété publique, était évidemment obligatoire pour tous les habitants, indigènes ou étrangers.

Les traités portent que lorsque les fondouks pisans ne renfermeront pas de bains, l'un des établissements de la ville sera mis un jour par semaine à la disposition de la nation [2]. Les Vénitiens paraissent avoir fait admettre quelques facilités plus grandes encore pour l'usage des bains à leur égard [3].

La police du port était placée dans les attributions du directeur de la douane. A Tunis, le directeur déterminait le moment de la fermeture du port et les heures pendant lesquelles les marchands et les marchandises pouvaient librement circuler de la rive aux navires et des navires au rivage [4].

[1] Le privilége de sonner les cloches à l'extérieur de leur église à Maroc même, accordé en 1228 par El-Mamoun à ses auxiliaires castillans, dans des circonstances où leur assistance lui était indispensable (voyez p. 73), ne paraît pas avoir été maintenu; et l'autorisation semblable qu'une chronique française plus exacte que celle de Nangis, dit avoir été concédée aux Francs à Tunis par le traité de 1270 (*Archives des missions scientif.*, nouv. série, t. III, p. 323; Rapport de M. Meyer), ne figure pas dans le texte du traité.

[2] Pise-Tunis, 1234, art. 5; 1264, art. 6; 1313, 1353, art. 3.

[3] Venise-Tunis, 1231, art. 3; 1251, art. 6; 1271, art. 4; 1305, art. 26; 1317, art. 26; 1392 et 1438, art. 25.

[4] « Item, quod exeant ad eorum ligna in horis consuetis, cum precepto domini doane. » Venise-Tunis, 1305 et 1317, art. 30, p. 215; 1392, art. 29; 1438, art. 30; — Pise-Tunis, 1397, art. 15; — Florence-Tunis, 1421, art. 15.

Quelque fait particulier, peut-être quelque odieux abus de pouvoir d'un fonctionnaire arabe, motiva cette déclaration du privilége délivré en 1271 par le roi de Tunis à Jean Dandolo, pour renouveler les anciens traités de la république de Venise : « Sous aucun prétexte, nul Vénitien ne doit être soumis à la torture [1]. » Rien de semblable ne se retrouve dans les traités des autres nations, et la république de Venise elle-même crut inutile de demander le maintien de cette disposition dans les traités que ses ambassadeurs allèrent plus tard négocier à Tunis.

§ 4.

Des droits de douane sur les importations et les exportations.

Le principal avantage que les princes magrebins attendissent de leurs rapports avec les Européens étant le commerce, des droits avaient été établis dans leurs États à l'entrée et à la sortie des marchandises. La franchise entière du commerce accordée aux Génois par les émirs des Baléares, au douzième siècle [2], est un fait exceptionnel et passager. Dans tous les autres pays musulmans, les Chrétiens avaient à payer certains droits au trésor royal sur les marchandises qu'ils vendaient en Afrique et sur celles qu'ils en exportaient. Une administration douanière plus ou moins considérable, mais ayant à peu près partout les mêmes règles et les mêmes procédés, était établie dans tous les ports que fréquentaient les Chrétiens [3].

Les énonciations des traités sont insuffisantes pour suivre les changements apportés aux tarifs d'importation et d'exportation, suivant les temps et les nations. Il est évident que les usages du pays et certaines conventions orales, librement débattues entre les Chrétiens et les administrations locales, suppléaient à tout ce qui manque à cet égard aux textes écrits.

Dans l'origine et dans les plus anciens actes, rien n'est précisé. La lettre de 1157 servant de traité entre les Pisans et le roi de Tunis rappelle bien qu'il sera perçu certains droits dans ses États, mais ne distingue pas entre les importations et les exportations. L'émir voulant diminuer certaine perception qui se prélevait en nature, sur les grains vraisemblablement, dit qu'au lieu de prendre cinq jointées de main par sac, on se contentera à l'avenir de quatre poignées. En abolissant le droit de *un pour dix* sur les marchandises non vendues, il semble indiquer, et il ne l'exprime pas, que le 10 pour 100 était le tarif ordinaire sur les importations. La même lettre abolit un droit de 38 *miliaresi* et demi par quintal sur l'*alun* [4]. La coutume et la pratique suppléaient aux lacunes et aux imperfections nombreuses des actes écrits, dont les populations n'avaient qu'une connaissance assez vague.

Peu à peu les faits et les principes se dégagent. Le traité de 1186 entre la république de Pise et le calife almohade Abou-Yousouf Yacoub établit nettement le droit de 10 pour 100 sur les importations, en laissant encore à l'usage le règlement de beaucoup

---

[1] Venise-Tunis, 1271, art. 20, p. 205.
[2] Traité de 1188, art. 5. Nos *Documents*, p. 114.
[3] Voyez plus loin, quatorzième siècle : *Usages généraux du commerce chrétien en Afrique*.
[4] Pages 25, 26.

de questions essentielles : « Les Pisans doivent payer le dixième (*decima*) qui se lève » sur eux suivant les coutumes anciennes et les traités bien connus, sans aucune aug- » mentation ni aggravation à laquelle ils n'aient pas été soumis par le passé, à l'excep- » tion des marchandises qu'ils vendent entre eux et à l'exception des navires. Dans » ces deux cas on ne pourra exiger le dixième [1]. » A partir des traités du règne d'Abou-Zakaria, les règles s'affermissent, les distinctions essentielles s'établissent, les énonciations se multiplient, et bien qu'il reste encore beaucoup d'indéterminé dans les actes écrits, on peut y retrouver les conditions générales auxquelles avaient lieu les transactions entre les Chrétiens et les Arabes.

Le commerce et la navigation furent soumis en Afrique à deux sortes de droits, que l'on retrouve à peu près partout et dans tous les temps : les *droits principaux* et les *droits additionnels*. Les uns et les autres se percevaient, avec de nombreuses exceptions et des modifications plus ou moins appréciables aujourd'hui, sur les importations et sur les exportations.

Le droit général sur les importations des nations alliées, c'est-à-dire liées par des traités avec les émirs, fut de 10 pour 100; il varia peu. Le commerce était tellement habitué à payer ce droit en Afrique (comme dans le reste de la Méditerranée), qu'on l'appelait partout le dixième; *decima, decimum*, ou simplement le droit, *drictum*. On omettait même quelquefois de le rappeler dans la traduction des traités, tant son exigibilité était notoire et générale [2]. Les exportations étaient soumises au 5 pour 100, ou au demi-droit : *medium drictum* ou *vinctenum* [3].

En revenant plus loin, avec les détails nécessaires, sur la nature et la perception de ces droits, nous ferons connaître les articles et les marchés divers qui en étaient partiellement ou totalement exempts. La franchise entière s'appliquait surtout aux métaux précieux, aux bijoux, aux navires et aux agrès maritimes, dont les émirs avaient intérêt à faciliter l'importation. On favorisait l'exportation en exemptant des droits les marchandises achetées en Afrique par chaque marchand avec le produit de ses importations.

Les droits additionnels qui se percevaient pour les interprètes, pour le pesage des marchandises, pour le droit d'ancrage et autres services ou coutumes accessoires, n'avaient pas tous le caractère fixe et déterminé des premiers. Presque jamais leur taux n'est arrêté par les traités. Les conventions qui les avaient établies les modifiaient suivant les circonstances et suivant les convenances des diverses nations. Ces variations amenaient en définitive une différence dans la totalité des droits payés par les diverses nations. Mais ces différences étaient peu considérables et ne paraissent avoir produit des écarts quant aux importations que de 10 à 10 1/4 et 10 1/2 [4]. Pour les Florentins seuls peut-être, l'ensemble des droits, accessoires et principaux, portait le tarif total sur les marchandises les plus imposées à 11 1/2 pour 100 [5].

[1] Traité de 1186, art. 6, p. 30.
[2] Voyez Pise-Tunis, 1353, art. 4, et ce qui est dit plus loin de ce traité dans les *Observations générales sur la traduction des traités*, 2e partie; § 6, *Du traité de 1353*.
[3] Voyez au quatorzième siècle : *Usages généraux du commerce*, § 3, *Des droits de douane*.
[4] Pegolotti, *Della mercatura*, p. 123.
[5] Pegolotti, p. 123.

Dans la première moitié du quinzième siècle, la douane de Tunis paraît avoir élevé le droit d'importation de 10 pour 100 à 10 1/2 pour 100[1]. La suppression de quelques prestations secondaires amena vraisemblablement cette augmentation, que le traité florentin du 23 avril 1445 considère comme généralement appliquée à toutes les nations alliées[2], et à laquelle cependant nous voyons les Génois ne pas être soumis par le traité du mois de décembre de la même année.

Voici, en ce qui concerne les tarifs fixes et les droits principaux, ce que les documents permettent de savoir comme faits positifs pour les diverses nations chrétiennes en rapport avec le Magreb.

1°. *Importations.* — *Droits principaux.*

Les Pisans. — Les sujets et clients de la république de Pise, dont le territoire, successivement réduit ensuite, comprenait au douzième siècle tout l'ancien littoral étrusque, de la Spezzia à Civita-Vecchia, payaient 10 pour 100 en 1157[3], 1181[4], 1186[5], 1234[6], 1264[7], 1358[8]. — Après 1421, ils payent comme les Florentins.

Les Florentins. — Tant qu'ils ont fait le commerce sous le pavillon pisan, ils ont payé pour leurs marchandises en général, tous droits compris, 11 1/2 pour 100[9]. Pegolotti le rappelle, et on croirait néanmoins, d'après ce qu'il dit du transport de l'or et de l'argent à Tunis, que les Florentins ne payaient sur les métaux précieux que 5 1/4 pour 100 comme les autres Chrétiens.

Après le traité de 1421, ils payèrent 10 pour 100[10].

Après 1445, 10 1/2 pour 100[11].

Les Génois. — 1160. En vertu du traité conclu avec le sultan almohade, les Génois ne devaient payer que 8 pour 100 dans tout le Magreb, excepté à Bougie, où le taux s'élevait à 10 pour 100, le quart du produit de la douane en cette ville étant réservé à la république de Gênes[12]. Ce droit ne fut pas maintenu, et le tarif de 10 pour 100 finit par être accepté par les Génois. On le voit établi sur leurs importations dès le traité de 1236[13], et maintenu pour eux et pour tous les marchands naviguant avec eux, jusqu'à

---

[1] Voyez, ci-après, années 1438-1465.

[2] « Secondo la costumanza dei confederati. » Florence-Tunis, 1445, art. 10, p. 357; et ci-après, ann. 1438-1465.

[3] Lettre d'En-Nacer à l'archevêque. Nos *Documents*, p. 25.

[4] Lettre de l'archevêque de Pise au sultan Yousouf. Amari, *Diplomi arabi*, p. 12 (ci-dessus, p. 49).

[5] Traité du sultan Yacoub, art. 6. Nos *Documents*, p. 26.

[6] Pise-Tunis, 1234, art. 6.

[7] Pise-Tunis, 1264, art. 7.

[8] Pise-Maroc, Alger, 1358, art. 15, p. 69.

[9] Pegolotti, *Pratica della mercatura*, p. 123.

[10] Florence-Tunis, 1421, art. 6.

[11] Florence-Tunis, 1445, art. 10, 28, 29.

[12] Nos *Documents*, p. 108, et ci-dessus, p. 47.

[13] Gênes-Tunis, 1236. Cf. art. 5 et 16.

[1229-1236] INTRODUCTION HISTORIQUE. 109

la fin des dynasties arabes, du moins dans les traités de 1250 [1], 1272 [2], 1433 [3], 1445 [4] et 1465 [5].

Les Vénitiens. — Sauf les matières exemptées de la totalité ou d'une partie de la taxe douanière [6], et indépendamment des droits additionnels, dont le principal paraît avoir été le *mursuruf* ou drogmanat [7], les Vénitiens ont payé 10 pour 100 sur leurs importations, en vertu des traités de 1231 [8], 1251 [9], 1271 [10], 1305 [11], 1317 [12], 1356 [13] et 1392 [14]. Pegolotti, dans son livre écrit vers 1350, marque qu'ils payaient en effet à Tunis 10 pour 100 [15]. Par suite du traité de 1438, ils payèrent 10 1/2 pour 100 [16].

Lors de l'établissement des Turcs en Afrique et à l'époque de leurs guerres avec les Espagnols, les tarifs varièrent. En 1518, le sénat exposait ses doléances à Charles-Quint de ce que le commerce vénitien, qui n'avait à payer autrefois à Oran qu'un droit de 10 pour 100, était obligé, depuis que cette ville appartenait à la couronne d'Espagne (1508), à payer 10 pour 100 à l'entrée et 10 pour 100 à la sortie [17]. D'autre part, on voit qu'en 1540 une taxe de 12 pour 100 était appliquée à Tripoli aux importations vénitiennes [18].

Catalans, Majorcains, Siciliens, Provençaux, Roussillonais et Languedociens de la seigneurie de Montpellier. — Les marchands de ces divers pays, en tant que sujets des couronnes d'Aragon et de Sicile, ont payé en Afrique 10 pour 100 comme les autres nations. Cela résulte des traités de 1271 [19], 1285 [20], 1313 [21], 1314 [22], 1358 [23].

---

[1] Art. 2.
[2] Art. 2 et 22.
[3] Art. 6 et 45, p. 141.
[4] Art. 3, p. 144.
[5] Art. 2.
[6] Voyez ci-après, quatorzième siècle : *Usages généraux du commerce chrétien en Afrique.* § *Des droits de douane. Franchises.*
[7] Voyez ci-après : *Droits de douane.* § *Droits additionnels.*
[8] Art. 4.
[9] Art. 7.
[10] Art. 5.
[11] Art. 4.
[12] Art. 4.
[13] Venise-Tripoli, 1356, art. 5, p. 224. Tarifs divers à percevoir en nature ou en argent pour les bois et autres importations.
[14] Art. 4.
[15] *Della mercatura*, p. 123.
[16] Venise-Tunis, 1438, art. 4, p. 251. Voyez ci-après, ann. 1438-1465.
[17] Dépêche du sénat de 1518. *Nos Documents*, p. 275.
[18] *Nos Documents*, p. 278.
[19] Aragon-Tunis, 1271, art. 23.
[20] Aragon, Sicile-Tunis, 1285, art. 23.
[21] Majorque, Roussillon, Montpellier-Tunis, 1313, art. 9, p. 190.
[22] Aragon-Tunis, 1314, art. 12.
[23] Cf. Pise-Maroc, Alger, Tripoli, 1358, art. 15, p. 69.

2°. *Exportations. — Droits principaux.*

Il est très-rarement fait mention de la taxe perçue sur les exportations dans les traités. C'est même généralement d'une manière indirecte, et à propos des marchés affranchis d'une partie ou de la totalité du tarif, qu'il est question du droit lui-même, dont on n'énonce pas d'ailleurs la quotité. Mais quelques renseignements clairs et précis suffisent pour nous fixer et sur l'existence du droit en lui-même et sur le taux auquel il s'élevait. Ainsi, lorsque les traités stipulent qu'il ne sera levé aucun droit sur les marchandises achetées avec le prix du nolis d'un navire [1], qu'ils disent que les Chrétiens seront traités comme d'habitude à l'entrée et à la sortie, *tam introytus quam exitus* [2], ou bien qu'à la sortie les Florentins et les Pisans auront à payer les droits exigés des Génois, ni plus ni moins [3], la perception d'un droit d'exportation en Barbarie est là bien nettement établie.

Quant au taux même du tarif, la mention fréquente de la perception du demi-droit, *medium drictum, mezza decima*, sur certains objets et marchés privilégiés, indiquerait déjà suffisamment qu'il était de 5 pour 100, attendu que le droit de 10 pour 100 est désigné d'une manière générale dans tous les traités et ailleurs par l'expression indéterminée de droit, *drictum*. Sans donner de dispositions générales, les traités génois de 1236 et 1250 indiquent aussi qu'un droit d'exportation de 5 pour 100 était prélevé sur certaines marchandises [4].

Mais la règle était, du moins dans le royaume d'Afrique propre ou le Magreb central, de percevoir 5 pour 100 sur toutes les exportations. Pegolotti consigne ce renseignement, que nos traités nous fournissaient déjà, dans son chapitre relatif à Tunis : « Chi ne trahe tanto quanto ha messo, non paga nulla; ma chi trae e non ha messo, paga mezzo diritto [5] » ; ce qui veut dire que chaque négociant avait le droit d'exporter en franchise une quantité de marchandises égale en valeur à la valeur des marchandises importées par lui en Tunisie, et que le surplus ou la totalité de l'exportation d'un marchand qui n'avait rien importé était frappé du demi-droit (d'importation), c'est-à-dire de 5 pour 100. On voit ici, à son origine et dans sa cause principale, la nécessité des comptes courants tenus à la douane arabe pour chaque marchand chrétien [6].

§ 5.

Mesures contre la contrebande.

L'esprit de bienveillance et d'honnêteté du gouvernement arabe vis-à-vis des marchands chrétiens se révèle dans les dispositions concernant la contrebande comme

---

[1] Traités des diverses nations. Voyez plus loin, § *Des droits de douane. Franchises.*
[2] Florence-Tunis, 1421, art. 6.
[3] Florence-Tunis, 1445, art. 18, p. 359.
[4] Gênes-Tunis, 1236, art. 5; 1250, art. 2, p. 116, 119.
[5] *Dèlla mercatura*, cap. XXVII, *Tunisi di Barberia per se medesimo*, p. 123.
[6] Voyez au quatorzième siècle : *Usages généraux du commerce en Afrique.*

dans les autres mesures prescrites par les traités. Celles-ci sont d'une telle modération, qu'il est impossible qu'elles n'aient été souvent éludées par la fraude.

Les marchandises importées ou exportées sans avoir été déclarées à la douane étaient simplement soumises aux tarifs ordinaires en principal et accessoires [1]. Ni amendes, ni confiscation, ni aggravation exceptionnelle de taxe n'étaient imposées. Le gouvernement s'était même interdit le droit de visiter les navires ou les fondouks, quand il savait ou soupçonnait que des marchandises y avaient été clandestinement transportées. Seulement, en ce cas, il prévenait le consul, et la perquisition s'opérait sous la double surveillance de commissaires arabes et d'un délégué chrétien ou du consul lui-même. La contravention constatée, on percevait les droits comme si la marchandise eût été régulièrement présentée à la douane [2].

Ce régime durait encore en Barbarie au milieu du quatorzième siècle, quand Pegolotti écrivit son *Guide du commerçant*. Il le remarque, et ajoute de sages conseils sur l'intérêt qu'avaient les marchands à ne pas abuser de la confiance ou de la négligence des Arabes. Ses observations s'appliquent surtout aux métaux précieux et aux espèces monnayées, dont les Florentins faisaient un très-grand commerce : « L'or et l'argent
» importés à Tunis par les Chrétiens, dit Pegolotti, payent 5 pour 100. Avec le *vin*
» (pourboire) qu'il faut donner aux Sarrasins et autres serviteurs, le droit s'élève à
» 5 1/4 pour 100. Si on l'introduit en cachette et que la fraude ne se découvre pas,
» on ne paye rien. Si la fraude est constatée au moment du transport, il faut payer
» simplement le droit, sans amende. Si la fraude est signalée quand le métal est déjà
» porté à l'hôtel des monnaies, le droit n'est pas perçu. L'or peut être assez facilement
» soustrait aux droits de douane, parce qu'il est de petit volume; avec l'argent, c'est
» plus difficile. Mais bien que les métaux entrés clandestinement ne soient soumis, si
» on les découvre, qu'au simple droit, vous y perdez la bonne renommée et l'honneur,
» et les Arabes ayant trouvé un marchand en faute, ne lui accordent plus autant de
» confiance [3]. »

Les rois de Tunis finirent par changer de procédés, et déclarèrent que les marchandises saisies en fraude payeraient un double droit. Les Vénitiens, tout honnêtes qu'ils fussent, paraissent s'être quelque temps refusés à accepter le nouveau règlement. En 1392, leur ambassadeur présenta, aux conférences où se préparait un nouveau traité de commerce, un article où la contrebande n'était encore soumise qu'au simple droit : « On dit que les Vénitiens sont des hommes loyaux, lui fit observer le plénipo-
» tentiaire arabe, et tu voudrais que ceux qui font le mal reçussent le bien? Cela ne
» peut être. Préfères-tu que la marchandise saisie en fraude soit confisquée ou qu'elle
» paye le double droit, comme tous les Chrétiens y ont consenti [4]? » Le traité décida

---

[1] Venise-Tunis, 1305 et 1317, art. 4.
[2] Majorque, Roussillon, Montpellier-Tunis, 1313, art. 8, p. 190; — Aragon, Sardaigne, Corse-Bougie, 1314, 7 janvier, art. 5 et 6, p. 305; — Aragon-Tunis, 1314, 21 février, art. 20, p. 309; — Aragon-Tunis et Bougie, 1323, art. 4 et 5, p. 320.
[3] Pegolotti, *Della mercatura*, chap. xxvii, p. 123.
[4] Voyez ci-après, année 1392.

que les délinquants payeraient le double droit [1], et la règle paraît n'avoir pas été modifiée depuis lors [2].

§ 6.

Droit de préemption.

La faculté d'acheter avant tous autres les marchandises apportées par les navires étrangers, c'est-à-dire le *droit de préemption,* n'est stipulée en faveur du souverain d'une manière directe dans aucun de nos documents; mais elle est implicitement comprise dans tous les traités. L'exercice du droit, injuste s'il avait pour effet de diminuer les bénéfices d'un libre marché, était admis et sollicité même en Afrique par les marchands chrétiens, les achats ayant toujours lieu moyennant un payement convenable et effectué par la douane au nom des émirs.

Diverses dispositions, surtout dans les traités pisans, concernent les achats faits par les sultans ou en leur nom. Le traité de 1358 déclare que si un Pisan apporte au Maroc une marchandise quelconque qu'il désire montrer au sultan (comme des bijoux, des étoffes, des armes, des oiseaux de chasse), nul préposé ne devra la soumettre à la visite. Si l'objet agréait au prince, aucun droit d'entrée n'était perçu; si le sultan n'achetait pas la marchandise, les droits étaient acquittés à l'époque voulue et suivant le mode ordinaire [3].

Afin d'éviter des retards dont les souverains n'étaient pas toujours personnellement la cause, mais qui pouvaient préjudicier aux marchands, il était dit dans quelques traités que si le sultan demandait à voir les objets apportés par un marchand européen, ces objets ne devaient pas être retenus plus de dix jours au palais. Passé ce délai, le sultan devait renvoyer la marchandise ou en faire payer le prix [4].

Quant aux ventes effectuées à la douane même pour le compte du sultan ou de sa maison, concernant probablement les grosses fournitures de toiles, de draps et autres objets que le prince ne pouvait avoir souci de choisir lui-même, il était déclaré que le marché devenait irrévocable dès qu'il était fait au nom du roi, à la douane, en présence des témoins ou inspecteurs, et que le *mostaghil* qui avait conclu la convention, ni son successeur, ne pourrait sous aucun prétexte s'y soustraire, à moins qu'il n'y eût erreur ou dol sur la marchandise livrée [5]. Quant au payement, il suffisait au vendeur de montrer la charte de vente écrite en présence des témoins pour être immédiatement satisfait par la douane [6].

Les traités catalans portent que si des marchandises vendues au compte du roi de Tunis par des sujets de la couronne d'Aragon avaient payé le *delme*, c'est-à-dire le droit principal, ces marchandises devaient être affranchies du *matcem*, qui était un

---

[1] Venise-Tunis, 1392, art. 4.
[2] Venise-Tunis, 1427 et 1438, art. 4, p. 245, 251; — Florence-Tunis, 1445, art. 10, p. 357.
[3] Pise-Maroc, 1358, art. 8.
[4] Pise-Tunis, 1313, art. 32; 1353, art. 31.
[5] Pise-Tunis, 1313, art. 41; 1353, art. 39.
[6] Pise-Tunis, 1313, art. 42; 1353, art. 41.

droit additionnel¹. Les conditions des ventes faites pour les sultans variaient un peu, comme on le voit, dans les cours de Tunis et de Maroc.

§ 7.

Arrêt de prince.

On sait qu'en droit maritime l'Arrêt de prince est la détention forcée d'un navire par ordre du souverain. Les sultans d'Afrique ont exercé vis-à-vis des navigateurs chrétiens un droit de réquisition dérivant du droit d'arrêt, mais dans les limites et avec les conditions déterminées d'avance par les traités. Si l'émir ou les officiers de sa cour se trouvaient manquer de navires pour un service public ou pour transporter d'un port à l'autre les revenus du domaine royal ou des contributions publiques payées en nature, ils étaient autorisés à retenir un navire sur trois, ou le tiers de tous les navires de chacune des nations alliées dont les bâtiments stationnaient dans les ports de l'État, et qui avaient adhéré au principe de la réquisition².

Des mesures équitables réglaient d'ailleurs le choix et le nolis des navires ainsi retenus. La désignation des bâtiments appartenait au consul de chaque nation. Le prix du loyer était librement débattu par le patron avec les agents royaux pour toute la durée du service. Un navire dont le chargement était commencé ne pouvait être retenu. Si un navire était requis et arrêté par la cour pour recevoir un chargement ou pour remplir une mission quelconque, et si l'agent royal renonçait ensuite à employer le navire, le sultan n'en devait pas moins payer le nolis convenu au patron³.

Le traité d'Aragon de 1323, qui semble, par exception, ne pas limiter la faculté de l'arrêt au tiers des navires ancrés dans les ports d'Afrique, tandis que les traités de la même couronne des années 1271, 1285 et 1314, sont essentiellement limitatifs du droit, porte que le patron d'un navire mis en réquisition moyennant salaire pour le roi de Tunis et de Bougie, n'aura pas à payer le droit de *quint* du nolis⁴.

La république de Venise avait fait exempter sa marine de la réquisition, qui pouvait, parce qu'il y restait toujours un peu d'arbitraire et d'imprévu, déranger les expéditions de ses armateurs. Elle avait préféré accepter pour chacun de ses navires arrivant dans le royaume de Tunis, l'obligation de payer trois doubles d'or et une *squarcine*⁵. Les sultans trouvant cet arrangement avantageux à cause du nombre assez élevé de navires vénitiens qui fréquentaient leurs ports, se refusèrent à le modifier quand le doge en fit la demande en 1392. Abou'l-Abbas insista même pour que l'on conservât sur ce point

---

¹ Aragon-Tunis, 1323, art. 23, p. 309.

² Pise-Tunis, 1234, art. 19; 1264 et 1313, art. 25; 1353, art. 24; 1358, art. 12; — Gênes-Tunis, 1236, art. 9; 1250, art. 14; 1272, art. 23; 1433, art. 30, p. 138; — Aragon-Tunis, 1271, art. 29; 1285, art. 29; 1314, art. 17; — Florence-Tunis, 1445, art. 4, p. 356.

³ Cf. Gênes-Tunis, 1236, art. 10, et les traités précédents.

⁴ Aragon-Tunis, 1323, art. 32, p. 323.

⁵ Venise-Tunis, 1392, art. 16, p. 234, et la lettre du consul, p. 242. Cf. Traité de 1305 et 1317, art. 16, p. 213 et 218.

à l'égard des Vénitiens l'ancienne coutume[1]. Mais sous le règne d'Abou-Farès, en 1427, lors du renouvellement du traité de 1392, on supprima d'un commun accord l'abonnement des deux doubles d'or par voile, et les Vénitiens rentrèrent dans l'usage général. Le tiers de leurs navires abordant en Tunisie dut être, pour les cas prévus, à la disposition du sultan, qui payait aux patrons un juste prix de nolis[2].

§ 8.

Réciprocité de protection et de traitement due aux sujets et marchands arabes.

Les traités du moyen âge, on a eu l'occasion de le remarquer plusieurs fois, ne renferment pas toutes les clauses qui paraîtraient indispensables aujourd'hui à la régulière et complète rédaction d'un engagement diplomatique et bilatéral. Ils n'ont pas l'étendue de prévision des traités modernes. Dans ceux qui nous occupent, les conditions et les mesures les plus essentielles de sécurité et d'ordre général, concernant les sujets des parties contractantes, sont quelquefois omises, précisément parce qu'on ne pouvait supposer que de bons rapports pussent exister entre pays alliés sans l'observation de ces principes d'équité et de droit universel. La nécessité de respecter les lois et les usages des habitants du pays étranger dans lequel se rendaient les Chrétiens ou les Musulmans, est une de ces obligations si manifestes et si légitimes qu'on ne l'a jamais formulée expressément dans nos traités. La réciprocité de protection et de sauvegarde pour les marchands ou sujets arabes voyageant ou séjournant en pays chrétien y est tardivement et rarement stipulée[3]. Néanmoins, elle est manifestement admise et supposée par tous les documents et par tous les traités.

La différence des habitudes et du commerce des deux peuples explique la différence dont les conditions de leurs relations et de leur séjour à l'étranger sont exprimées. Les traités que nous publions ont été faits la plupart pour régler les conditions du commerce des Européens en Afrique; ce n'est que par occasion qu'il y est question des intérêts des Musulmans, soit sur mer, soit en pays chrétien. Le commerce à l'extérieur n'occupait pas un assez grand nombre d'indigènes, même dans les villes où leur présence pouvait être familière, comme Barcelone, Marseille et les villes d'Italie, pour que leurs gouvernements aient cru nécessaire de le protéger autrement que par des stipulations générales.

Quelques cas de réciprocité relatifs à la navigation, au commerce et aux voyages des Arabes, y sont prévus : l'abolition du droit de naufrage[4], la proscription de la piraterie[5], le rachat des prisonniers[6], la protection due au navire poursuivi soit par l'en-

---

[1] « Et hoc notifico Dominacioni Vestre, quod dominus rex petivit in hoc consuetudinem antiquam » conservare. » Lettre de Valaresso au doge Venier. *Nos Documents*, p. 242, et cf. p. 234.

[2] Venise-Tunis, 1427, art. 36, p. 248; 1438, art. 38, p. 254.

[3] Venise-Tunis, 1305, art. 34; 1392, art. 33; 1433, art. 35; — Pise-Tunis, 1313, art. 46, p. 54; 1397, art. 26, p. 83; — Pise-Maroc, 1358, art. 15; — Gênes-Tunis, 1270, art. 20; — France, Sicile-Tunis, 1270, art. 1, p. 93; — Aragon-Tunis, 1271, art. 1; 1285, art. 1, 4.

[4] Aragon-Tunis, 1271, 1285, art. 6.

[5] Majorque-Maroc, 1339, art. 3, p. 193; — Pise-Maroc, 1358, art. 6, p. 67.

[6] Pise-Tunis, 1157; — Gênes-Majorque, 1181, art. 1-3, p. 110; — Pise-Majorque, 1184, etc.

nemi, soit par les corsaires [1], l'assurance que tout Chrétien débiteur ou agresseur d'un Musulman sera puni dans sa personne et dans ses biens [2]. On n'y trouve pas, en ce qui les concerne, ces stipulations détaillées relatives aux tarifs de douane, au mode et à la liberté des marchés, à la responsabilité des interprètes que les Chrétiens tenaient à voir figurer dans leurs traités.

Les Arabes n'ayant pas de consuls en pays chrétiens étaient placés, eux et leurs biens, sous la protection directe des gouvernements. C'est en application de ce principe que le traité du roi de Tunis avec les Florentins, de l'an 1445, déclarait la république responsable des biens et de la personne de tout sujet tunisien voyageant sur les navires de l'État; en retour, et pour sa propre garantie, la république exigeait qu'un Musulman, sujet de l'émir de Tunis, ne pût s'embarquer sur un bâtiment florentin ou pisan sans avoir un répondant connu, « senza malleveria [3] ».

Quant au culte, qui ne nécessite pas chez les Musulmans l'intervention des ministres de la religion, les émirs ne paraissent pas avoir jamais rien stipulé pour leurs sujets dans les textes arabes des traités; et il est douteux que les Européens eussent permis qu'on énonçât dans les rédactions chrétiennes des prérogatives semblables à celles qu'on leur laissait en Afrique. Hormis ce cas, et ce cas seul peut-être, les Musulmans auraient vraisemblablement obtenu en Europe l'égalité complète de traitement, si les plénipotentiaires arabes, chargés presque toujours de la première rédaction des traités, dont le texte latin n'était qu'une version interprétative [4], avaient cru opportun de la stipuler pour eux.

Observations générales.

Nous dirons en outre, en résumant ce long exposé, que la réciprocité de traitement, quoiqu'elle ne soit pas ordinairement exprimée dans les traités, et bien qu'elle soit formulée d'une manière insuffisante dans quelques-uns seulement [5], nous paraît être cependant dans l'esprit et dans le sentiment général de toutes les conventions commerciales conclues entre les Magrebins et les Européens. A y regarder de près, on voit même que la réciprocité d'égards et de bons traitements pour leurs nationaux est attendue et désirée par les princes qui concèdent bénévolement aux Chrétiens des diplômes royaux au lieu de conclure des traités avec leurs envoyés, et que s'ils ne l'ont pas stipulée, c'est qu'ils étaient surtout préoccupés des avantages du commerce chrétien, incomparablement plus développé que le commerce de leurs propres sujets.

Tel est l'ensemble des principes et des usages qui ont pendant quatre siècles régi et facilité les communications des Européens et des Arabes de l'Afrique du Nord. S'ils

---

[1] Pise-Maroc, 1358, art. 13, p. 68.

[2] Venise-Tunis, 1427, art. 35; 1438, art. 36, p. 254. Cf. 1231, art. 11; 1251, art. 12; — Aragon-Tunis, 1271, 1285, art. 13.

[3] Art. 32, p. 359.

[4] Voyez ci-après, § *Observations sur la rédaction et la traduction des traités arabes.*

[5] Gênes et Pise avec les Arabes de Majorque, 1181, 1184, 1188; Majorque-Maroc, 1339; Aragon, Majorque-Tunis, 1271, 1285, 1309, 1314.

présentent sur tant de matières importantes touchant à la navigation et au commerce des principes plus équitables que ceux de l'Europe féodale, c'est incontestablement aux traditions de l'ancien droit maritime romain, vivant encore parmi les populations chrétiennes des bords de la Méditerranée, surtout dans les républiques italiennes, qu'est due cette supériorité.

Chaque peuple y trouvait d'ailleurs son avantage et y concourait suivant la diversité de ses moyens et de ses besoins. Les Européens apportaient aux Arabes des métaux, des draps, des toiles, des étoffes de luxe, des cordages, des navires, des agrès, des bijoux et autres objets d'industrie; les Arabes, comme producteurs, fournissaient aux Européens les revenus de leurs terres et de leurs troupeaux : les laines, les cuirs, la cire, les sels et le blé, que plusieurs pays d'Europe ont eu de tout temps à demander à l'Afrique.

Ces faits nous permettent de reprendre sans autre transition la suite de notre précis historique, depuis longtemps interrompu.

1230-1250. — Commerce des Génois en Afrique.

La république de Gênes, renfermée dans un territoire étroit et peu fertile, fut poussée par une nécessité qui fit sa fortune vers le commerce maritime. Après le transport des blés et des sels, qu'elle alla chercher au loin pour la nourriture de sa population, l'industrie que les relations maritimes servirent à développer le plus chez elle fut le tissage des laines et la fabrication des draps. Le gouvernement y donna des encouragements particuliers. De bonne heure, les Génois firent un grand trafic de laines brutes et de laines teintes avec les villes de la Provence, du Languedoc et de la Catalogne. Ces laines, façonnées en bougrans, en futaines et en bonnets de couleur, étaient ensuite réexportées par eux en divers pays, et en Afrique même, avec les draps supérieurs et les toiles qu'ils achetaient en France. La manufacture des étoffes de laine prit chez eux une grande extension, et ils durent se ménager des approvisionnements réguliers dans les villes de Bone, de Bougie et de Tunis, où ils trouvaient des laines à meilleur marché et de qualité au moins égale à celles que l'Espagne, la France et les États romains leur avaient jusque-là fournies exclusivement. Les Pisans cherchèrent à susciter des difficultés à leurs concurrents; mais les Génois défendirent énergiquement les droits dont ils étaient en possession, et les navigateurs toscans, battus en 1200 dans le port même de Tunis, furent obligés de partager avec eux le commerce du nord de l'Italie.

Les laines n'étaient pas le seul article de leurs exportations magrebines. Les contrats et les actes privés, où l'on trouve des désignations de marchandises plus souvent que dans les traités, nous montrent qu'ils achetaient aussi en Afrique de l'alun, de l'huile, des plumes d'autruche, des pelleteries, des maroquins, des cuirs communs, des écorces tanniques, de la cire et des fruits secs. Outre les draps, les toiles et les métaux, outre les navires et les agrès maritimes, ils y apportaient de l'or et de l'argent monnayés ou en lingots, des objets de quincaillerie et de mercerie et des épiceries du Levant; car ils se livraient comme les Pisans, et concurremment avec

[1230-1255] INTRODUCTION HISTORIQUE. 117

les Arabes eux-mêmes, au commerce entre la Barbarie et l'Égypte, où ils avaient conclu des traités avec le sultan dès le douzième siècle [1].

1230-1255. — Commerce des Marseillais.

Le peu de souci que nous avons eu longtemps en France de nos archives commerciales, tandis que l'Italie en a toujours été si soigneuse, nous laisse dans une grande difficulté pour savoir la part que le midi de la France prit au développement général des relations maritimes aux douzième et treizième siècles. Les seuls faits connus indiquent cependant que nos navigateurs des provinces méridionales fréquentaient, aussi bien que les Italiens, les côtes de la Mauritanie. Nous avons vu que Marseille était, dès 1138, en position d'obtenir un traité direct avec le roi de Maroc [2]. La commune avait à cette époque des priviléges et des possessions en Orient; son port renfermait une marine nombreuse et de grands approvisionnements de fers, un des objets importants du commerce avec les Sarrasins [3]. En 1202, saint Jean de Matha avait fondé à Marseille le couvent qui devint le chef-lieu de l'ordre de la Rédemption [4]. En 1221, les actes du martyre de Daniel de Belvedere, en Calabre, provincial des Franciscains, nous apprennent que les Marseillais avaient un fondouk à Ceuta, en dehors de la ville musulmane, dans le faubourg où se trouvaient aussi les entrepôts des Génois et des Pisans [5]. Frère Daniel et ses courageux compagnons furent mis à mort pour avoir, malgré les défenses, pénétré dans la ville arabe et osé célébrer sur les places publiques les louanges du Christ.

Les statuts municipaux de 1228 s'occupent longuement des vins transportés de Marseille dans les fondouks de la nation à Ceuta, Bougie, Tunis et Oran. On sait que la vente du vin s'y faisait en gros et en détail, au moyen de mesures poinçonnées par la commune, et que les Musulmans comme les Chrétiens pouvaient publiquement en acheter [6]. L'ensemble de ces statuts, confirmés par ceux de 1255, indique entre Marseille et l'Afrique l'existence de relations régulières que devaient garantir des accords écrits ou verbaux. Aussi n'est-il pas étonnant qu'en 1230 le traité de Frédéric II et

---

[1] *Registri pubblici di Richeri*, cités par le P. Semini, dans un mémoire sur le commerce de Gênes, composé, en 1798, par ordre du Directoire de la république ligurienne. Ce mémoire, qui traite seulement et un peu sommairement du commerce de Gênes aux douzième et treizième siècles, est conservé en manuscrit aux Archives royales de Turin. En voici le titre : *Memorie sopra il commercio de' Genovesi nelle scale maritime e terre del Levante, dal secolo x fino al secolo xv, compilate per ordine del Direttorio esecutivo della Ligure repubblica, nel setembre dell' anno 1798.* — Voyez aussi M. Canale, *Nuova storia di Genova*, 1860, t. II, p. 303, 331-338.

[2] Voyez ci-dessus, page 37.

[3] *Hist. de Chypre*, t. II, p. 28.

[4] *Hist. de Chypre*, t. II, p. 29.

[5] Bolland., 13 octobre; t. VI, p. 385, 391. Les corps des martyrs furent transportés dans une église des fondouks chrétiens. Le 26 septembre 1227, frère Marien, de Gênes, adressa, du quartier franc de Ceuta au vicaire général des Cordeliers, la première des deux narrations de la mort de Daniel et de ses compagnons publiées par les Bollandistes.

[6] « Vinum vendendum ibidem Saracenis. » Nos *Documents*, p. 89. — Voyez ci-dessus, p. 90, et plus loin : *Tableau des importations en Afrique*.

d'Abou-Zakaria rappelle que les Marseillais avaient déjà négocié, de leur côté, un traité avec le roi de Tunis [1].

Les statuts de 1255 [2] renferment des dispositions relatives aux voyages des navires marseillais à Alexandrie et en Syrie d'une part, à Ceuta et à Bougie de l'autre, et aux consuls de mer ou consuls temporaires qui accompagnaient souvent les vaisseaux [3]. D'après l'autorisation donnée aux marchands marseillais de conférer en certains cas à l'un d'eux les droits de consul, en Orient ou en Afrique [4], il paraîtrait que la commune n'avait pas encore à cette époque d'agent permanent dans tous les grands ports étrangers que fréquentaient ses vaisseaux.

1230-1276. — Commerce du Languedoc et du Roussillon.

Comme en Italie et comme en Provence, les Croisades avaient développé dans les provinces du Roussillon et du Languedoc le goût de la navigation et des entreprises maritimes. Si le Roussillon put, ainsi que nous l'avons vu [5], concourir aux expéditions des rois d'Aragon contre les îles Baléares et les Maures d'Espagne, c'est qu'il avait une marine marchande déjà nombreuse et active. A l'exemple de Marseille et d'Arles, Montpellier, Nîmes, Saint-Gilles et Narbonne se lient à cette époque avec les villes voisines pour le commerce intérieur, avec les communes d'Italie et la ville de Barcelone pour le commerce du dehors [6]. En 1115 et 1147, les marines de Montpellier et de Narbonne avaient aidé les Génois et les Pisans dans les expéditions d'Andalousie et de Majorque [7]. Associés aux armements des Italiens, jouissant comme eux de privilèges et de concessions commerciales en Orient, dans les États chrétiens et les États musulmans [8], il est probable que les armateurs de ces deux villes ne négligeaient pas la navigation des côtes d'Afrique. En 1173, Benjamin de Tudèle remarque qu'il y avait à Montpellier beaucoup de négociants étrangers, particulièrement des marchands venus « du Magreb, de la Syrie, de la Lombardie, de Rome, de Gênes, de Pise, de » l'Égypte, des Gaules, de l'Espagne et de l'Angleterre [9] ».

---

[1] Nos *Documents*, 1231, p. 154.

[2] Nos *Documents*, 1255, p. 90.

[3] Voyez sur ces consuls, M. L. Blancard, *Biblioth. de l'École des chartes*, 4ᵉ série, t. III, p. 427.

[4] Voyez ci-dessus, page 88.

[5] Voyez ci-dessus, p. 74-75. Cf. M. de Saint-Malo, *Notice sur le commerce catalan de la côte de Barbarie*, dans les *Mémoires de la Société scientif. des Pyrénées-Orientales*, Perpignan, 1848, t. VII, p. 89; Henry, *Hist. du Roussillon*, t. Iᵉʳ; Capmany, t. Iᵉʳ, 2ᵉ partie, p. 80.

[6] Aux documents que M. L. de Bonnefoy se propose de publier sur cette question, nous pouvons joindre l'indication suivante : Le 4 octobre 1233, Nugnès Sanche, comte de Roussillon, donne quittance à la république de Gênes de l'indemnité qu'elle devait à lui et à ses sujets pour la capture d'un navire roussillonnais nommé *Angellota*. Turin, Arch. du Roy. *Materie politiche. Genova.*

[7] *Liber jurium reip. Genuensis*, t. Iᵉʳ, col. 555 et suiv.; M. Germain, *Hist. de Montpellier*, t. II, p. 13; *Art de vérifier les dates*, § *Vicomtes de Narbonne*, traités d'Amalric Iᵉʳ; — Mss. de la Bibl. impér., collect. Doat; traités du treizième siècle entre Marseille, Narbonne, Toulon, Savone, Nice, Pise, etc., t. L, p. 29, 33, 40, 46 et suiv.

[8] Voyez ci-dessus, p. 35, 75. *Hist. de Chypre*, t. II, p. 29, 64, 105, 208, 294, 350.

[9] « Itinerar. Terræ Sanctæ. » *Bibl. de l'École des chartes*, 2ᵉ série, t. III, p. 203.

Montpellier devait sa première prospérité au gouvernement des Guillaume, devenus ses seigneurs particuliers au dixième siècle, puis à sa propre constitution en commune au douzième. Passée en 1204 sous la domination des rois d'Aragon, devenue en 1276, avec le comté de Roussillon et le royaume de Majorque, l'apanage du fils cadet de Jacques Ier, la ville de Montpellier trouva dans cette association avec des pays prospères et puissants les moyens d'étendre encore ses relations. Sa population, son commerce et sa marine particulière, que desservait le port de Lattes, à l'embouchure du Lez, s'accrurent rapidement. En 1229, elle contribua efficacement à la conquête des Baléares, et reçut de Jacques Ier, qui affectionna toujours Montpellier comme sa ville natale, des priviléges et des maisons à Majorque [1]. Depuis, ses habitants participèrent, comme ceux du Roussillon, aux avantages des traités conclus par les rois d'Aragon et les rois de Majorque, leurs souverains, avec les Arabes d'Afrique, à partir de l'an 1271 [2] ; mais nous ne voyons pas que la commune ait négocié directement avec les émirs du Magreb [3], bien qu'en 1249 ses représentants aient traité dans le port de Saint-Jean d'Acre avec les Marseillais [4], et qu'au quatorzième siècle, à l'époque où la seigneurie de Montpellier fut achetée par le roi de France (avril 1349), la commune ait obtenu des priviléges personnels des princes d'Orient [5].

Les faits concernant la ville de Narbonne, qu'Ausone citait au quatrième siècle comme un des entrepôts du Levant [6], sont encore plus rares que ceux de Montpellier. Le décret du concile de la Narbonnaise (1195), défendant de vendre des armes et du bois aux Sarrasins, concerne surtout les Arabes d'Égypte et d'Espagne [7]. Il paraît néanmoins difficile qu'à une époque où l'industrie et la marine de Narbonne avaient pris une grande extension, ses marchands, signalés dans le siècle suivant en Égypte [8], ne fissent pas déjà le voyage de Barbarie [9]. L'accusation portée en 1213, au concile de Lavaur, contre Raymond VI, comte de Toulouse, lors même qu'elle ne serait pas fondée, prouve combien les Chrétiens et les Arabes d'Afrique étaient familiarisés avec l'idée de communications politiques et commerciales entre leurs princes. Un des griefs des prélats de Lavaur fut que Raymond VI, privé de l'appui du roi d'Angleterre, et dans l'impossibilité de résister plus longtemps à Simon de Montfort, aurait cherché à obtenir des secours du roi de Maroc [10]. Des troupes chrétiennes, soldées et payées par les émirs, servaient dans les armées magrebines, et les papes n'ont jamais blâmé

---

[1] Voyez ci-dessus, p. 75.

[2] Voyez ci-après, *Documents d'Aragon et des îles Baléares*, de 1271 à 1339.

[3] Le savant historien de Montpellier va trop loin (t. II, p. 39), en considérant ce droit comme une conséquence des traités d'Aragon et de Tunis de 1271 et 1278.

[4] *Hist. de Chypre*, t. II, p. 29, note.

[5] M. Germain, *Hist. du comm. de Montpellier*, t. II, p. 16 ; *Hist. de Chypre*, t. II, p. 208, 250, 350.

[6] « Te maris Eoi merces ditant. » *Bibl. de l'Ecole des chartes*, 2e série, t. III, p. 203.

[7] Labbe, *Concil.*, t. X, col. 1796. *Hist. de Chypre*, t. II, p. 124-125.

[8] Balducci Pegolotti, *Della mercatura*, dans Pagnini, *Della decima di Firenze*, t. III, p. 70, 71. *Voyage de Simon de Sarrebruck en Terre sainte*, *Hist. de Chypre*, t. II, p. 294, 350.

[9] M. C. Port, *Hist. de Narbonne*, p. 95, 133.

[10] *Epist. Innocent. III*, lib. XVI, cap. XLI, ap. Bouquet, t. XIX, p. 75.

ces engagements. L'assistance d'un roi musulman en faveur du patron avoué des hérétiques albigeois eût seule soulevé l'indignation de l'Église.

1200-1216. — Ménagements d'Innocent III pour les Arabes de Sicile.

On n'était plus au temps où Chrétiens et Musulmans se considéraient comme naturellement ennemis sur la Méditerranée. La fin des invasions et le développement du commerce avaient amené des relations qu'on respectait de part et d'autre. L'Église même, nous en avons recueilli de nombreuses preuves, tout en réservant les questions religieuses, traitait dans ses rapports les princes et les peuples musulmans à l'égal des autres nations. Lors du soulèvement des Arabes de Sicile contre Frédéric II, pupille du Saint-Siége, Innocent III n'agit pas autrement. Il apporta même dans cette circonstance des ménagements extrêmes. Il ne parle contre les révoltés ni de croisade ni d'extermination. Il s'adresse à eux et les dissuade d'écouter les fallacieuses promesses de Marcuald. Vainqueur, le traître ne se fera faute de les persécuter, comme si sa rigueur vis-à-vis des Infidèles devait faire oublier ses iniquités à l'égard des Chrétiens, et lui concilier la faveur divine. Il les exhorte à rester fidèles au jeune roi; il leur promet, s'ils se soumettent, que rien ne sera changé dans leur situation; qu'ils auront, comme par le passé, la pleine possession de leurs coutumes, et par conséquent l'entière liberté du culte et de la foi de leurs pères.

Voici les paroles mêmes de la proclamation qu'Innocent III adressa aux Arabes de Sicile, à la première nouvelle du mouvement de Marcuald et de quelques chefs musulmans : « Innocent, évêque, serviteur des serviteurs de Dieu, aux Sarrasins habitant la
» Sicile : qu'ils nous soient dévoués, et qu'ils continuent à être fidèles au Roi! Nous
» avons appris avec joie que vous avez toujours gardé vis-à-vis de vos maîtres la fidélité
» que vous leur devez. Nous désirons surtout que vous conserviez aujourd'hui ces sen-
» timents à l'égard de notre cher fils dans le Christ, Frédéric, roi de Sicile, et que vous
» résistiez aux sollicitations et aux violences de Marcuald. Vous connaissez par expé-
» rience la cruauté du tyran; ceux-là seuls sont épargnés qu'il ne peut atteindre. Vous
» savez comment il a fait précipiter des prêtres dans la mer, comment il en a condamné
» d'autres à la prison ou au bûcher. Jugez de ce qu'un pareil homme ferait contre des
» Sarrasins. Il sévirait avec d'autant plus de fureur contre eux, qu'il croirait devoir
» répandre un sang païen pour se rendre agréable à Dieu. En méconnaissant le père
» qui l'a retiré de la poussière et du fumier, il a montré ce dont il est capable. Si vous
» ne repoussiez ses avances, vos biens et vos richesses deviendraient la proie des siens.
» Celui qui a violé vis-à-vis de nous les serments publics, observerait-il les promesses
» qu'il vous prodigue parce qu'il a besoin de votre assistance? Voyez la vérité et gardez
» la fidélité de vos pères; ne soyez pas ingrats, n'oubliez pas les bienfaits des rois de
» Sicile à l'égard de votre nation, et sachez que le Saint-Siége apostolique veut non-
» seulement conserver, mais augmenter les libertés et les droits [1] dont vous jouissez, si
» vous gardez au Roi la foi et le dévouement que vous lui devez.

---

[1] « Manutenere et augere in bonis consuetudinibus. »

» Nous mandons à ces fins en Sicile le cardinal de Saint-Laurent in Lucina, l'arche-
» vêque de Naples et l'archevêque de Tarente. Nous faisons partir en même temps nos
» chers cousins le maréchal Jacques et Othon de Palombaria, avec une forte armée,
» qui aura facilement raison de Marcuald[1]. »

Ces sages avis ne purent prévenir le soulèvement des Arabes, dont le chef fut tué dans une première bataille; mais, après la victoire, Innocent III, en prescrivant à ses commissaires de poursuivre sans relâche les Siciliens révoltés, recommande d'accorder une amnistie immédiate aux Sarrasins, s'ils donnent des garanties de leur soumission à Frédéric[2]. La mesure dut avoir de bons effets. Six ans après, le Pape félicitait ainsi les Arabes du val de Mazzara d'avoir résisté aux provocations des fauteurs de désordre :
« Innocent au cadi et à tous les caïds d'Entella, de Platano, de Giato, de Ragalicelsi;
» et généralement aux caïds et à tous les Sarrasins de Sicile. Qu'ils connaissent enfin et
» qu'ils aiment la vérité, c'est-à-dire Dieu lui-même! Nous sommes heureux, et nous
» apprécions hautement la loyauté de votre foi, en vous voyant mépriser les excitations
» incessantes qui vous sont adressées. Rien n'a pu vous détourner de la fidélité due au
» roi Frédéric, votre seigneur. Persévérez, et vous serez récompensés. Le jeune roi
» grandit en âge et en talents; le temps approche où il pourra distinguer les bons des
» mauvais et traiter chacun suivant ses mérites. Notre désir est de le voir dignement
» récompenser la fidélité que vos bonnes dispositions et nos soins lui auront con-
» servée[3]. » Innocent III mourut sans avoir eu à regretter sa modération et sa condescendance.

1220-1226. — Soulèvement des Arabes de Sicile. Les dernières familles musulmanes de l'île sont transférées à Lucera.

Plus tard néanmoins les dispositions des Arabes de Sicile changèrent, et quand Othon de Brunswick prétendit à la couronne impériale, ils se soulevèrent de nouveau contre Frédéric, en chargeant un émissaire secret d'aller offrir leur adhésion avec de magnifiques présents à son compétiteur[4]. Les affaires d'Allemagne ayant été heureusement réglées, Frédéric, couronné empereur à Rome en 1220, des mains d'Honorius III, qui reçut de lui le nouveau serment de passer en Terre sainte à la tête de forces considérables, ajourna tout projet de croisade, pour s'occuper avant tout de la pacification de la Sicile.

Le foyer principal de l'insurrection était toujours dans le sud-ouest de l'île, au val de Mazzara, partie la plus rapprochée du continent d'Afrique, où la population musulmane s'était naturellement fixée en plus grand nombre. Les premières troupes envoyées par l'Empereur furent repoussées. Le soulèvement prit même tout à coup un caractère très-inquiétant. Les insurgés ayant reçu des renforts des Arabes du golfe de Cabès, lièrent leurs opérations avec celles de l'ancien amiral de Sicile, Guillaume Porc, associé

---

[1] Baluze, *Epist. Innocent.*, t. Ier, p. 489.
[2] Lettre d'octobre 1200. Baluze, *Epist. Innocent. Gesta*, § 31.
[3] Bréquigny, *Innocent. III epist.*, t. II, p. 972, septembre 1206.
[4] Voyez M. Huillard-Bréholles, *Hist. Frid.*, introd., p. CCCLXXVIII.

depuis son bannissement avec un célèbre pirate marseillais nommé Hugues Fer. Il fallut agir énergiquement en Sicile et en Afrique; la répression demanda du temps, mais elle fut complète.

Dans une suite de campagnes de quatre années (1222-1226), qu'il dirigea souvent en personne, pendant que sa flotte ravageait l'île de Gerba [1], Frédéric poursuivit les Arabes dans les montagnes où ils s'étaient fortifiés, s'empara de l'émir Ben-Abed, qu'il fit pendre à Palerme avec Guillaume Porc et Hugues Fer, détruisit leurs villages et transporta la plus grande partie de la population dans la Capitanate, où il fonda pour elle, en 1226, la ville de Lucera, sur l'emplacement de la vieille cité samnite [2].

Des règlements sévères et de hautes fortifications assurèrent la discipline de la colonie, et Frédéric, libre de revenir à ses dispositions bienveillantes pour les Arabes, parvint à s'attacher leur confiance et leur dévouement. Leur troupe forma une armée d'élite, qu'il employa dans ses guerres en Italie, tantôt contre les communes lombardes, tantôt contre les armées du Saint-Siége. Il s'en fit une garde particulière qu'il tint à montrer aux musulmans d'Orient, quand il se détermina à se rendre en Terre sainte. Plus tard [3], le reste de la population africaine du val de Mazzara s'étant encore mutiné, Frédéric fit déporter à Lucera tous les individus dont on s'empara. La population de la colonie sarrasine s'éleva alors environ à soixante mille âmes. Le tiers en était consacré exclusivement au métier des armes, et tous les esclaves musulmans que l'Empereur pouvait se procurer allaient grossir les rangs de ces nouveaux mamelouks.

1227-1242. — Bonnes relations de Frédéric II avec les princes arabes d'Égypte et du Magreb.

L'intérêt de ses propres affaires dirigea seul la conduite de Frédéric dans la question de la croisade. Étranger aux sentiments qui avaient inspiré et qui soutenaient encore l'effort de l'Europe chrétienne pour délivrer les saints Lieux, il ne se détermina (1227-1228) à réaliser les promesses réitérées par lui depuis plus de sept ans, que lorsqu'il jugea opportun et possible de faire reconnaître ses droits à la régence du royaume de Jérusalem et à la suzeraineté de Chypre [4]. Il se rendit même en Orient à une époque où la cour de Rome lui défendait de partir avant d'avoir purgé l'excommunication qu'il avait encourue, et avec les ressources dérisoires qu'il avait réunies. Mais Frédéric, par une clandestine négociation suivie à Palerme avec un ambassadeur égyptien, avait assuré d'avance l'éphémère succès de la croisade qu'il préparait; et le traité de Jaffa du 18 février 1229 [5] lui ouvrit en effet les portes de Jérusalem, d'où les plus puissants princes d'Europe avaient depuis quarante ans vainement tenté d'approcher. Il y ceignit à la hâte la couronne royale, et quitta la Palestine mécontent et méconnu. Sans abandonner le titre royal qu'il avait reçu de la reine Isabelle et au nom de son fils, il le

---

[1] Huillard-Bréholles, *Introd.*, p. ccclxxx.

[2] Huillard-Bréholles, p. ccclxxii. Ibn-Khaldoun a eu des renseignements assez confus sur le soulèvement et la soumission des Arabes de Sicile. *Hist. des Berbères*, t. II, p. 335.

[3] En 1245. Huillard-Bréholles, p. ccclxxxvi.

[4] Voyez *Hist. de Chypre*, t. Ier, p. 237.

[5] M. Reinaud, *Biblioth. des Croisades*, t. IV, p. 427. Voy. *Hist. de Chypre*, t. Ier, p. 238, 247.

défendit faiblement, et à la majorité de Conrad il ne fit aucun sérieux effort pour empêcher que la souveraineté du royaume de Jérusalem passât aux d'Antioche-Lusignan, les plus proches parents de la reine Isabelle remplissant les conditions exigées par le droit des Assises.

Devenu indifférent dès son départ au sort du royaume de Terre sainte, Frédéric n'eut à se préoccuper, dans ses rapports avec les princes arabes, que des avantages de ses États, particulièrement de la Sicile, où son autorité n'avait plus rien à redouter. C'est alors qu'il conclut avec Abou-Zakaria Yahya le traité de 1231 [1]. L'accord garantissait pour dix ans la liberté du commerce, la répression réciproque de la course, la sécurité des navires musulmans naviguant d'Afrique en Égypte, et la possession par le roi de Sicile de l'île de Pantellaria, près du cap Bon, dont les impôts devaient être partagés avec le roi de Tunis [2]. Frédéric ne chercha jamais à reconquérir les villes que les rois normands avaient autrefois possédées sur la côte de la Byzacène; mais il paraît certain, quelque surprenante que soit l'absence d'une mention à ce sujet dans le traité de 1231, que l'Empereur et l'émir maintinrent l'abonnement ou tribut annuel établi sous leurs prédécesseurs pour l'importation éventuelle des blés de Sicile dans le royaume d'Afrique [3].

Vers l'année 1236, l'arrivée en Italie d'Abd-el-Aziz, neveu d'Abou-Zakaria, dont le père avait été dépouillé de la vice-royauté de Tunis par Abou-Zakaria, à l'époque de sa rupture avec le sultan de Maroc, vint ajouter aux causes de dissentiment qui séparaient déjà la cour de Rome et Frédéric. Grégoire IX espérait que le prince almohade demanderait le baptême, et il affirmait prématurément que telle était sa volonté formelle; l'Empereur, en assurant que l'émir n'avait aucune intention de quitter la religion de ses pères, le retenait néanmoins et probablement malgré lui dans la Pouille [4]. Les Vénitiens et les Génois, alliés alors avec le Saint-Siége et les communes guelfes, paraissaient projeter sur ces entrefaites quelque entreprise maritime contre l'Empereur ou les Gibelins d'Italie. Il semble que Frédéric ait même craint de voir Abou-Zakaria favoriser les projets des coalisés, dont il ménageait le commerce. L'amiral de Sicile ayant demandé la direction de l'Empereur en vue de cette situation, reçut l'ordre d'éviter tout conflit avec le roi de Tunis, et l'autorisation d'armer des navires pour attaquer, s'il le jugeait à propos, la caravane des marchands de Venise et de Gênes qui devait prochainement faire son grand voyage du printemps de Terre sainte en Italie [5]. Abd-el-Aziz, retenu dans la Pouille, alla finir obscurément sa vie au milieu des Arabes de Lucera, et Frédéric ouvrit avec Abou-Zakaria-Yahya une négociation qu'il eut le talent de faire réussir comme les précédentes. Le traité de 1231 paraît avoir été renouvelé

---

[1] Ci-dessus p. 82, et ci-après, *Doc. de Sicile*, p. 153. Suivant Ibn-Khaldoun, le traité original, dont nous n'avons qu'une paraphrase moderne et incomplète, renfermait quelques stipulations en faveur des Arabes de Sicile. *Hist. des Berbères*, t. II, p. 335.

[2] Gregorio, *Consider.*, t. II, p. 247; Huillard-Bréholles, *Hist. diplom. Frider.*, introd., p. ccclxxi.

[3] Voyez ci-dessus, page 52.

[4] Huillard-Bréholles, *Hist. dipl. Frider.*, t. V, p. 907.

[5] Lettre du 23 janvier 1240, à Nicolas Spinola, ci-après, *Documents*, p. 155.

en effet au terme même où il devait expirer [1] ; et il y eut dès lors entre Frédéric et le roi de Tunis les meilleurs rapports de voisinage. Les bons procédés survécurent aux souverains qui les avaient vus naître, car les partisans des princes de Souabe trouvèrent toujours un accueil bienveillant chez le fils d'Abou-Zakaria, dans leurs démêlés avec Charles d'Anjou.

Nous savons peu de chose des rapports de l'Empereur avec les rois de Maroc. Nous avons cependant la mention d'une ambassade d'Hubert Fallamonaco, qu'il envoya au sultan El-Rechid, fils d'El-Mamoun, vers le mois de septembre 1242 [2].

1227-1254. — Rapports amicaux des rois du Maroc avec les Papes.

On a dit, mais on ne pourrait répéter, que les relations de Frédéric II avec les Musulmans durent scandaliser ses contemporains. Les âmes chrétiennes purent souffrir des dédains de l'Empereur pour le Saint-Siége et les lois de l'Évangile. Ses communications avec les rois sarrasins et la présence d'auxiliaires africains dans ses armées ne furent un sujet d'étonnement ni pour les peuples ni pour les papes. Nous verrons dans le cours des événements suivants [3] Grégoire IX et Innocent IV continuer avec les émirs arabes la correspondance bienveillante qu'Innocent III et Grégoire VII avaient eue avec leurs prédécesseurs, nous les verrons autoriser les Chrétiens à entrer dans leurs armées ou dans les services de leur gouvernement.

Au-dessus de toutes les préoccupations du Saint-Siége, était toujours l'espoir d'amener les peuples arabes à la religion chrétienne. Ce fut, on peut le dire, l'effort et la généreuse illusion de tous les pontificats. Comme Grégoire IX s'était flatté de la conversion du neveu d'Abou-Zakaria, Innocent IV, sur quelques apparences qui nous semblent aujourd'hui bien trompeuses, crut que le royaume de Salé, détaché un moment de l'empire marocain par l'ambition d'un émir, allait se donner à l'ordre de Saint-Jacques [4]. On ne sait pas les circonstances au milieu desquelles se manifesta cette pensée, révélée par une lettre apostolique au grand maître de Saint-Jacques, mais le Pape ne dut vraisemblablement rencontrer dans cette voie que difficultés et déceptions, malgré l'espoir que pouvaient autoriser les troubles du Maroc.

1233-1251. — Évêché de Fez ou de Maroc.

En poursuivant ces projets si difficiles à réaliser, le Saint-Siége ne négligeait pas d'assurer d'abord les avantages précis accordés par les sultans almohades. Il avait été créé depuis peu à Fez, avec leur agrément, un évêché transféré peu de temps après à Maroc même, à cause du dangereux séjour d'une ville exposée sans cesse aux incursions des Mérinides, qui finirent par s'en emparer en 1248. La première mention que nous trouvions du nouveau siége est de l'an 1233, l'année qui suivit la mort d'El-

---

[1] M. Huillard-Bréholles, *Introd.*, p. ccclxxii.
[2] Geoffroy Malaterra, *Append.*, ap. Muratori, t. V, p. 605 ; M. Huillard-Bréholles, p. ccclxxiii.
[3] Voyez ci-après, ann. 1233-1251, ann. 1246-1251. *Documents de Rome*, p. 10-16.
[4] Voyez ci-après, *Documents de Rome*, 24 septembre 1245, p. 12.

Mamoun, et l'avénement de son fils El-Rechid. Grégoire IX écrit à l'émir al-moumenin ou *Miramolin*, titre qui ne pouvait désigner alors qu'El-Rechid lui-même. En espérant de lui voir reconnaître un jour les vérités chrétiennes, dont il lui parlait plus amplement dans des lettres précédentes, Grégoire IX remercie l'émir de sa bienveillance pour Agnello, évêque de Fez, et pour les autres Frères Mineurs habitant ses États[1]. Quelques années après, sous le règne du même sultan, le Pape se félicitait avec les fidèles de la Mauritanie de l'heureux progrès du Christianisme dans le pays : « Nous
» nous réjouissons de voir l'Église du Maroc, jusqu'ici stérile, se féconder aujourd'hui,
» et la synagogue des pécheurs se dépeupler. Nous sommes heureux de voir les frais
» et verts roseaux croître dans le lit des dragons, et les lis pousser dans les pâturages
» brûlants de l'autruche[2]. »

Il se trouvait encore à cette époque dans le Maroc un reste des anciennes populations chrétiennes, plus nombreuses même que dans l'est du Magreb, et partout distinctes des Chrétiens européens que le commerce ou le service militaire attirait en Afrique. C'est à l'ensemble de ces chrétientés que s'adressaient les lettres et les soins du Saint-Siége. Depuis l'extinction des anciens siéges de Carthage, de Gummi et d'El-Kala, tous situés dans le Magreb oriental, c'est à l'évêque du Maroc que revenaient le droit et la charge de leur direction spirituelle. Il n'y avait pas alors d'autre église indigène en Afrique : *Sane Marrochitana ecclesia sola et unica in partibus ipsis filia Romanæ ecclesiæ*, disait Innocent IV, en 1246[3]. Le Pape ne recommande pas seulement l'évêque Loup aux bonnes grâces du roi de Maroc[4]; il prie les émirs de la Mauritanie orientale, les rois de Tunis, de Gafsa et de Bougie d'accorder leur protection au nouveau titulaire. Il demande la même assistance pour les religieux que le prélat, accrédité en quelque sorte comme primat auprès des rois de toute l'Afrique septentrionale, jugerait à propos d'envoyer dans leurs États suivant les besoins « des Chré-
» tiens qui les habitent et de ceux, en plus grand nombre, qu'y attire le commerce[5]. »
Les lettres de 1251 considèrent toujours l'évêque de Maroc comme le chef unique du Christianisme dans le Magreb[6].

1227-1254. — Chrétiens servant dans l'armée et le gouvernement des rois de Maroc et de Tlemcen.

Les Chrétiens jouissaient alors en Barbarie d'une véritable faveur; ils y avaient même momentanément une influence politique. El-Mamoun avait gardé d'une manière définitive à sa solde le corps de dix ou douze mille Espagnols venu avec lui de l'Andalousie[7]. A l'exemple des sultans almoravides, ses prédécesseurs, il avait ainsi créé dans

---

[1] « Mansuetum et benignum. » Voyez ci-après, nos *Documents*, 27 mai 1233, p. 10.
[2] Voyez nos *Documents*, lettre aux Chrétiens du Maroc, 12 juin 1237, p. 11.
[3] Innocent IV aux chrétiens du Maroc, 31 octobre 1246. Wadding, 1246, § 14, t. III, p. 150.
[4] Lettres de 1246. Nos *Documents*, p. 14, 16, note.
[5] « Cum igitur sub potentatus magnifici tui sceptro plures permaneant Christiani, et illuc accedant » quamplurimi pro suis mercimoniis exercendis. » Innocent IV aux rois de Tunis, de Gafsa et de Bougie, 25 octobre 1246, nos *Documents*, p. 13.
[6] Nos *Documents*, page 16.
[7] Roudh-el-Kartas, p. 358, 365; Ibn-Khaldoun, t. II, p. 235. Voyez ci-dessus, page 73.

son armée un corps d'auxiliaires francs, que ses fils entretinrent par des enrôlements successifs, et que les Mérinides conservèrent à leur tour [1]. Son harem renfermait plusieurs esclaves chrétiennes qu'il laissait librement, comme les soldats européens, pratiquer les lois de leur religion. L'une d'elles, appelée Habeb la Chrétienne, femme d'une intelligence remarquable, fut mère du calife El-Rechid. A la mort d'El-Mamoun (1232), Habeb avait appelé auprès d'elle les généraux de l'empire, dont l'un, nommé Francyl [2], était le chef des auxiliaires chrétiens ; c'est de concert avec eux qu'elle fit proclamer son fils sous les murs de Ceuta, au milieu du camp où était mort son père, et l'intronisa peu après à Maroc.

La considération acquise au nom chrétien par ces événements survécut à Habeb. La milice franque, commandée par des chefs de sa religion, rendit à El-Rechid et à El-Saïd d'aussi bons services que ceux qui lui avaient valu la confiance d'El-Mamoun, leur père. Brave et disciplinée, servant fidèlement les princes dont elle recevait régulièrement la solde, elle fut d'un puissant secours aux califes, tantôt contre les Beni-Zian, indépendants à Tlemcen, tantôt contre les Mérinides, maîtres déjà des provinces du sud-ouest. Il est souvent question des auxiliaires francs dans le récit de ces guerres incessantes, au milieu desquelles s'affaiblissaient la dynastie et l'empire d'Abd-el-Moumen.

En 1242, l'émir des Mérinides, Mohammed le Balafré, fut tué par un officier de la milice européenne d'El-Saïd, dans la première campagne que le calife entreprit après son avénement [3]. Quelques années auparavant, Mohammed avait reçu près de Méquinez, de la main d'un chevalier chrétien, la blessure qui lui valut son surnom [4]. En 1244, un général marocain fut envoyé vers les Beni-Zian avec une bande d'archers et un « peloton de la milice chrétienne » pour tenter une démarche de conciliation [5]. El-Saïd fut tué en 1248, près d'Oudjida, en explorant une position où il espérait faire prisonnier Yaghmoraçan, premier roi des Beni-Zian, ayant à ses côtés un affranchi européen nommé Naseh et le commandant de la milice européenne, que les Arabes appelaient Akhou'l-Comt, *le frère du Comte*. Ces deux officiers périrent auprès de leur maître avec l'escorte presque entière qui l'entourait, et l'armée almohade, frappée de terreur, se mit aussitôt en déroute. Yaghmoraçan prit peu de temps après à sa solde une partie des troupes chrétiennes du Maroc, environ deux mille hommes, et les emmena avec lui à Tlemcen. Ce corps, qu'Ibn-Khaldoun appelle quelquefois les « lanciers chrétiens [6] », acquit trop d'autorité dans le nouveau royaume ; il devint exigeant et insubordonné. Yaghmoraçan fut obligé de le licencier [7], mais ses successeurs le reconstituèrent plus tard.

[1] Abou-Yousouf Yacoub, sultan mérinide, ayant vaincu et tué en 1269 le dernier sultan almohade, reconstitua l'armée marocaine en y comprenant les débris de la milice chrétienne. Ibn-Khaldoun, *Hist. des Berbères*, t. IV, p. 60.
[2] *Roudh-el-Kartas*, p. 365.
[3] *Roudh-el-Kartas*, p. 414-415.
[4] Ibn-Khaldoun, t. IV, p. 32, 33.
[5] Ibn-Khaldoun, t. III, p. 349.
[6] *Hist. des Berbères*, t. III, p. 341.
[7] « Après la mort d'Es-Saïd, Yaghmoracen, animé par le désir d'augmenter le nombre de ses

Les Almohades n'admirent pas seulement les Chrétiens dans leurs armées, ils en appelaient souvent au service de leur maison et aux emplois du gouvernement[1]. Le nombre de ces serviteurs ou fonctionnaires chrétiens devait être toujours très-limité. La majorité de la population chrétienne habitant alors le Magreb était composée d'individus ou de familles adonnés au commerce ou aux armes. L'ensemble de ces hommes de guerre devait être même assez considérable sous le règne d'El-Saïd, comme on en peut juger par la demande que le Pape crut devoir adresser peu après au sultan.

1246-1251-1266. — Innocent IV demande à El-Saïd et à Omar-el-Morteda l'occupation de quelques places fortes dans le Maroc pour les auxiliaires chrétiens.

C'est la lettre même d'Innocent qu'il faut lire pour avoir une juste idée des rapports du Pape et du sultan, et pour connaître la vraie situation en ce moment des Chrétiens d'Afrique. Datée de Lyon le 31 octobre 1246, elle est adressée « à l'illustre roi de » Maroc :

« Nous nous félicitons beaucoup, dit le Pape, de ce qu'à l'exemple des princes » chrétiens, et en conformité de tes propres actes et des actes de tes prédécesseurs, » qui ont conféré à l'Église du Maroc des possessions et de nombreux priviléges, tu as » non-seulement défendu cette Église contre les attaques des gens malintentionnés et » opposés à la foi chrétienne, mais encore augmenté ses immunités et ses priviléges, et » accordé aux Chrétiens appelés par tes prédécesseurs des faveurs nouvelles et des » bienfaits considérables. Aussi espérons-nous que tu es disposé à protéger encore » davantage les établissements pieux et les Chrétiens qui se trouvent dans tes États. Le » monde connaîtra ainsi que ton nom n'est pas moins glorieux que celui de tes pères, » et nous, préoccupés de tes intérêts, nous emploierons tous les efforts de la puissance » ecclésiastique à te préserver de l'attaque de tes ennemis [2]. »

Ces débuts annoncent déjà des relations et une disposition à une communauté de vues et d'efforts plus intime que Frédéric n'en eut peut-être jamais avec aucun roi du Magreb. La suite de la lettre n'est pas moins curieuse. Le Pape expose les raisons qui lui font demander pour les Chrétiens des places de refuge où ils puissent se mettre, eux et leurs familles, à l'abri des incursions qui de toutes parts menaçaient les rois de Maroc. « Tu as des ennemis acharnés et puissants qui cherchent à s'emparer de ton » royaume par les machinations et par les armes. Les Chrétiens sachant bien que » l'assistance céleste plus que le nombre donne la victoire, leur ont jusqu'à présent » énergiquement résisté ; ils en ont souvent triomphé pour la défense de leur foi, et de

» troupes et d'ajouter à la pompe de ses fêtes militaires, prit à son service un corps de troupes chré-
» tiennes qui avait fait partie de l'armée dont il venait de triompher. Ces guerriers, abusant de la
» faveur que leur nouveau maître leur témoigna, commencèrent à dominer dans Tlemcen, etc...
» Depuis cette journée mémorable (1254), le gouvernement de Tlemcen a évité d'employer des troupes
» chrétiennes, tant il craint leur perfidie. » Ibn-Khaldoun, t. III, p. 354. La suite des événements
(voyez ci-après, année 1290) montrera l'erreur d'Ibn-Khaldoun dans ce passage, que M. de Slane dit
être d'ailleurs confus et mal rédigé sur les manuscrits.

[1] Cf. Lettre d'Innocent IV à Omar-el-Morteda, roi de Maroc, du 16 mars 1251. Nos *Doc.*, p. 16.
[2] Nos *Documents*, page 14.

» tes États. Ils ne s'épargnent pas, et tu sais que plus d'une fois ils ont laissé un grand
» nombre des leurs sur les champs de bataille. Mais il est possible qu'un jour la ruse et
» une invasion soudaine les surprennent mal préparés; on peut craindre qu'à la longue
» le nombre ne l'emporte sur la valeur. Il faut prévenir par une mesure efficace un pareil
» malheur, aussi désastreux pour les Chrétiens que pour ton royaume. Nous prions
» donc Ta Sérénité de donner aux Chrétiens quelques lieux fortifiés où ils puissent se
» renfermer aux moments difficiles; nous te demandons de leur confier la garde de
» quelques ports de mer par lesquels ils puissent au besoin s'éloigner et revenir avec de
» nouvelles ressources à ton secours. »

Ces places fortes et ces ports de mer, dans la pensée du Pape, ne devaient pas cesser d'appartenir au sultan [1]; les Chrétiens en auraient eu seulement la garde, et l'émir aurait trouvé son avantage à assurer la sécurité de populations armées dont la fidélité paraissait assurée et l'utilité généralement reconnue. Le plan du Saint-Siège était sage et praticable; il eût peut-être servi aux Almohades; mais il renfermait en lui-même l'éventualité d'un péril qui dut toujours effrayer les sultans. Le danger de mettre dans les mains des Chrétiens des places telles que Tanger, Ceuta ou Salé, les empêcha vraisemblablement d'accéder jamais aux demandes du Saint-Siège. El-Saïd mourut sans les avoir accueillies. El-Morteda, son successeur, ne paraît pas y avoir satisfait davantage.

L'évêque de Maroc, venu à la cour apostolique vers 1250, en avait exprimé ses regrets, et le 16 mars 1251 Innocent IV était l'écho de ses plaintes en insistant auprès d'El-Morteda comme il avait insisté auprès d'El-Saïd. « Les Chrétiens de tes États,
» écrivait le Pape, souffrent de manquer ainsi des points d'appui et de refuge que j'ai
» sollicités pour eux. Ils en éprouvent de graves dommages dans leurs personnes et
» dans leurs biens. Comme beaucoup d'entre eux sont obligés d'aller fréquemment à
» l'armée ou ailleurs pour ton service, il arrive que n'ayant aucun lieu fortifié où ils
» puissent abriter leurs femmes, leurs fils et leurs parents, ils sont sans cesse exposés
» aux attaques des Sarrasins (ennemis) qui les mettent à mort et les obligent même
» quelquefois à abjurer la foi catholique. Ta Grandeur ne peut permettre que les
» Chrétiens, si dévoués à tes ordres, courent sans cesse de semblables dangers [2]. »

Le Pape annonçait au Miramolin que s'il n'était fait droit à ses légitimes demandes il ne permettrait plus aux Chrétiens de se rendre dans ses États et défendrait à ceux qui les habitaient de le servir. Mais le Saint-Siége sachant la difficulté qu'il y avait pour les sultans à accorder ces garanties, si nécessaires qu'elles fussent aux Chrétiens, n'alla jamais au delà des représentations et des réclamations.

Les Chrétiens indigènes de l'Afrique, dont la dispersion dernière fut due certainement au défaut même d'un centre commun, d'une place de sécurité et de défense, n'obtinrent jamais ce que la cour de Rome réclamait pour eux, et néanmoins les milices, entretenues par des enrôlements continus, ne cessèrent de figurer honorablement dans les armées des sultans. El-Morteda s'en servit souvent contre les

---

[1] « Retento tibi principali dominio. » Nos *Documents*, p. 15.
[2] Innocent IV au roi de Maroc, 16 mars 1251. Nos *Documents*, p. 17.

Mérinides, déjà maîtres de Fez ; et dans sa dernière bataille, qui fut une défaite suivie bientôt de sa mort en 1266, il rentra à Maroc escorté d'un petit nombre de Chrétiens et de scheiks qui lui étaient restés fidèles [1].

1250-1264. — Renouvellement des traités de Tunis avec Gênes, Venise et Pise.

Dans l'est du Magreb, nous ne pouvons suivre le sort des dernières populations chrétiennes de la Byzacène, de la Numidie et de la province de Sétif, qui paraissent s'être éteintes au commencement du treizième siècle; mais nous retrouvons dans le sultan Abou-Abd-Allah el-Mostancer, qui avait succédé à son père Abou-Zakaria, en 1249, sur les trois royaumes de Tunis, Bougie et Tripoli, les mêmes dispositions à favoriser les établissements européens.

Des quatre traités que nous savons avoir été conclus par son père avec les princes chrétiens, deux, celui de la Sicile et celui de Gênes, étaient parvenus au terme de leur durée du vivant d'Abou-Zakaria, l'un en 1241, l'autre en 1246. Ils avaient été peut-être prorogés par des conventions particulières, peut-être par des renouvellements annuels et oraux. Le traité des Pisans n'expirait qu'en 1259 ou 1264; celui des Vénitiens devait durer jusqu'en 1271. De nouveaux traités furent néanmoins conclus sous le règne d'El-Mostancer avec les républiques de Gênes, de Venise et de Pise.

Vraisemblablement Marseille et la Sicile, qui avaient des traités avec l'ancien roi, obtinrent de nouveaux pactes de son fils pour la continuité de leurs relations. Ces seconds traités, qui étaient souvent de simples renouvellements des premiers, renferment rarement la mention des actes antérieurs; le prologue de l'acte exprime fréquemment d'une manière générale la pensée que l'accord est concédé ou conclu pour renouveler et entretenir la paix et les bons rapports entre les deux nations contractantes. Mais souvent aussi le nouveau document débute par un préambule banal et n'accuse l'existence de relations antérieures qu'indirectement, par le détail même de ses dispositions. Tel est le cas pour les traités de Gênes et de Venise avec El-Mostancer.

Guillimino Cibo, ambassadeur génois, conclut avec l'émir, sans rappeler le traité fait avec son père, une nouvelle convention de paix et de commerce le 18 octobre 1250[2]. Philippe Giuliani, au nom du doge de Venise, et le caïd ou directeur de la douane de Tunis, qui était un des hauts fonctionnaires de l'État, agissant au nom d'El-Mostancer, signèrent le 1er avril 1251 un traité valable pour quarante ans [3]. Les Pisans attendirent le terme de leur premier traité arrêté pour trente ans; et le 11 août 1264 seulement, Parent Visconti, ambassadeur du gonfalonier de la république, arrêta avec El-Mostancer le renouvellement de leur accord pour l'espace de vingt années [4].

Ces traités renferment les stipulations générales des accords précédents sur la juridiction des consuls, la propriété des fondouks et des églises, la répression de la piraterie. Les Génois y paraissent plus particulièrement tenus de ne commercer qu'avec

---

[1] Roudh-el-Kartas, p. 372.
[2] Nos *Documents*, p. 118.
[3] Nos *Documents*, p. 199.
[4] Nos *Documents*, p. 43.

les ports magrebins où existaient déjà des comptoirs de leur nation et des bureaux de douane, pour n'aborder les autres points de la côte qu'au cas de tempête ou d'absolue nécessité [1]. Mais ces prescriptions, omises souvent dans les traités, étaient d'ordre général, et communes à tous les commerçants admis en Afrique. Le traité de Cibo porte que si les Almohades font sortir des navires destinés à donner la chasse à un corsaire génois, la république sera obligée d'armer de son côté quelque vaisseau et de prendre part à l'expédition [2]. Il est dit dans chaque traité que si le roi avait besoin de navires pour le transport des produits de ses domaines, des impôts payés en nature, ou pour tous autres objets et tout autre motif, le tiers des vaisseaux de chaque nation stationnant dans ses ports pourrait être mis en réquisition et employé à son service, à la charge par le roi de payer aux patrons un équitable prix de nolis [3]. Si un armateur chrétien éprouvait quelque tort notable à cette occasion, il devait être admis à défendre ses droits devant le roi lui-même [4]. Dans une circonstance semblable, comme une voile génoise transportait des marchandises arabes et chrétiennes avec une somme d'argent considérable envoyée par le sultan de Tunis en Espagne, une discussion s'étant élevée entre le capitaine génois et les Arabes de son bord, on vit les deux parties s'en remettre à la décision des magistrats du port de Marseille, où le gros temps avait poussé le navire [5].

Le tarif pour la vente des métaux précieux fut maintenu à 5 pour 100, tandis que les autres marchandises payaient 10 pour 100. Les ventes faites au roi ou à l'hôtel des monnaies furent exemptées du tarif [6]. Les Vénitiens obtinrent l'exonération de tous droits sur le plomb du Magreb [7]. Au cas de disette constatée à Gênes ou à Venise, et à la condition que le prix des grains ne fût pas trop élevé dans le Magreb, le roi autorisa le départ chaque année et sans droits de sortie de cinq bâtiments chargés à la destination de Gênes, et de huit ou douze pour Venise [8].

1250-1264. — Étendue du commerce des Pisans. Écoles et savants de Bougie.
Fibonacci apprend les mathématiques en cette ville.

Les affaires des Pisans dans le Magreb n'avaient fait que s'accroître depuis le douzième siècle. Les documents de 1261 et 1263, imprimés ci-après, peuvent donner une idée des contrats d'association et de nolissement qui se faisaient alors à Pise et à Porto-Pisano, pour les expéditions au Maroc, à Bougie et à Tunis [9]. La république

---

[1] Traité génois, art. 1er.
[2] Art. 19.
[3] Art. 14.
[4] Art. 15.
[5] Caffaro, *Annal. genuens.*, ap. Muratori, *Script. ital.*, t. VI, col. 405; ann. 1223.
[6] Art. 2, 22 du traité génois de 1250; art. 7 du traité pisan de 1264; art. 7, 8, 9 du traité vénitien de 1251. Voyez ci-après : *Des droits de douane*, § *Importations*.
[7] Art. 26 du traité de 1251.
[8] Traité de Gênes de 1236, art. 8, et traité de 1250, art. 13; traité de Venise de 1251, art. 13 et art. 21. — Voyez ci-après : *Tableau des exportations du Magreb*, § *Céréales*.
[9] Nos *Documents*, p. 37, 38.

avait deux consuls permanents dans le royaume d'Afrique, l'un résidant à Tunis, l'autre à Bougie[1]. Dans ces deux villes, les commerçants pisans possédaient en leur nom des maisons et des magasins distincts du grand fondouk de la nation, auprès duquel se trouvaient le cimetière et l'église ou chapelle, qu'on appelait à Tunis Sainte-Marie des Pisans et en Toscane Sainte-Marie de Tunis[2]. Le recteur de cette église payait un cens annuel à l'archevêque de Pise[3].

Indépendamment du consul et de ses employés, qui devaient se borner communément au chancelier et à quelques huissiers ou bâtonniers, chaque nation avait un employé spécial ou teneur de livres chrétien, appelé l'*écrivain*. Il était chargé d'écrire les comptes des marchands de son pays à la douane arabe et de veiller à leurs intérêts. C'est auprès de son père, écrivain de la nation pisane à la douane de Bougie, à la fin du douzième siècle[4], que le célèbre mathématicien Léonard Bonacci de Pise, plus connu sous le nom de Fibonacci, apprit les principes de l'arithmétique, de l'algèbre et de la géométrie[5]. Bougie offrait alors à l'étude des ressources variées. Quoique de fondation assez récente, l'ancienne capitale des Hammadites était devenue une des villes les plus commerçantes et les plus lettrées de l'Afrique. Un écrivain de ce temps a laissé un monument curieux du mouvement intellectuel qui y régnait alors, intitulé *Galerie des littérateurs de Bougie au septième siècle de l'hégire*, c'est-à-dire de 1203 à 1299. On y voit figurer des médecins, des jurisconsultes, des mathématiciens et des poètes[6].

Parent Visconti, envoyé de la république de Pise à Tunis en 1264, fit stipuler dans le traité conclu avec El-Mostancer, en confirmant tous les anciens priviléges, que les droits de douane étaient exigibles seulement sur les marchandises vendues, et qu'il était libre au marchand pisan de ne régler son compte qu'au moment de son départ pour retourner en Italie. Les sujets de la république de Pise n'étaient pas seuls à jouir de ces facilités ou des garanties générales que ses ambassadeurs obtenaient des émirs. Sous leur nom et au moyen de leurs navires, les marchands d'un grand nombre de villes intérieures, Lucques, Sienne, Pérouse, Arezzo, Pistoie, Bologne, et Florence surtout, participaient à leurs priviléges.

1252. — Origine des priviléges florentins en Afrique.

Les Florentins, qui n'eurent un pavillon sur la mer qu'au quinzième siècle, dirigeaient leurs principales expéditions maritimes vers Pise. Ils envoyaient aussi leurs marchandises dans la Lombardie[7], et allaient s'industrier au loin par les ports de Gênes et

---

[1] Bonaini, *Statuti della città di Pisa* (Florence, 1857), statut de 1243, cap. cxxxvi, t. III, p. 575.

[2] Voyez ci-dessus, page 90.

[3] Nos *Documents*, 1240, 1259, 1271, p. 35, 37, 47.

[4] « Publicus scriba. »

[5] M. Libri, *Histoire des sciences mathémat. en Italie*, t. II, p. 307; le prince Boncompagni, *Tre scritti inediti di Leonardo Pisano*, etc. Florence, 1854, in-8°. — Fibonacci composa son traité de l'*Abacus* en 1202, et le corrigea en 1228.

[6] Voyez *Notice et extraits du « Eunouan »*, etc., ou *Galerie des littérateurs de Bougie au septième siècle de l'hégire*, par M. Cherbonneau. (*Revue algérienne et coloniale*. Paris, juin 1860, p. 528.)

[7] Pagnini, *Della decima*, t. II, p. 20, 21.

de Venise. Ils consentaient à payer des nolis considérables, afin de pouvoir faire le commerce avec leurs nationaux. Beaucoup entraient en participation dans leurs opérations ou se chargeaient de gérer, comme facteurs, leurs affaires à l'étranger [1]. La banque, le change et le prêt les occupaient surtout. C'est le change principalement et tout ce qui se rattache aux opérations cambistes qui a fait la fortune des grandes maisons florentines des Bardi, des Ammanati, des Acciaiuoli, des Peruzzi et des Scali, dont parle Villani; comme l'épicerie enrichit à Venise les Sanudo, les Cornaro et tant d'autres illustres maisons. Les Florentins s'occupèrent aussi beaucoup du commerce des laines et ne tardèrent pas à pratiquer avec succès le lustrage des draps par le procédé célèbre de la *calimala*, qui devint une de leurs grandes industries [2].

Dès le treizième siècle, il y avait des marchands ou des comptoirs florentins à peu près sur toutes les côtes de la Méditerranée [3]. A Tunis, ils étaient actifs, industrieux et économes, comme partout, mais contraints de faire obscurément leurs affaires sous le nom et la protection des Pisans.

Villani a raconté avec une satisfaction bien légitime la circonstance qui fit sortir les Florentins de cette humble position, sous le règne d'Abou-Abd-Allah el-Mostancer Ier, et qui leur valut l'honneur d'être traités comme une véritable nation. « Quand les
» nouveaux florins d'or (battus en 1252) commencèrent à se répandre, dit Villani, on
» ne tarda pas à voir circuler cette monnaie à Tunis. Le roi du pays, qui était un homme
» de sens, fut frappé de la beauté des nouvelles pièces. Il les fit essayer et interpréter.
» On les trouva d'un or très-fin. Du côté du saint, on lut : *Saint Jean-Baptiste;* du
» côté de la fleur de lis : *Florence*, et on vit que c'était une monnaie chrétienne.
» Qu'est-ce que c'est que Florence? demanda le roi aux Pisans, alors fort considérés et
» très en faveur auprès de lui. — Pas grand'chose, répondirent les Pisans. C'est un
» pays d'où viennent nos Arabes, ce qui voulait dire nos montagnards : *Sono nostri
» Arabi fra terra, che tanto viene a dire come nostri montanari.* — Mais, répliqua le
» roi, cette monnaie ne me paraît pas trop une monnaie de montagnards. Et vous,
» Pisans, montrez-moi donc votre monnaie d'or? Ils furent confus et ne surent que
» répondre. Le roi s'informa s'il y avait alors à Tunis quelques-uns de ces Florentins
» que les Pisans voulaient faire passer pour leurs paysans, et l'on sut qu'il s'y trouvait
» un marchand du quartier d'Oltrarno, nommé Pera Balducci, qui depuis m'a raconté
» toutes ces choses. Le roi le fit venir, et apprit de lui la puissance et la magnificence
» de Florence. Balducci lui dit que Florence avait deux fois plus de population que
» Pise, et que les florins étaient le prix et la preuve des victoires que nous avions remportées sur ses citoyens. Le roi accorda alors des franchises aux Florentins. Il voulut

---

[1] Voyez ci-après, *Documents de Florence*, p. 343.

[2] Le plus ancien statut de l'art de la calimala que nous connaissions (*Constitutum artis et universitatis mercatorum artis Kallimale de Florentia*) est du 15 décembre 1303; il est conservé aux Archives générales de Toscane, à Florence. M. Julien Giudici en a publié un ancien texte vulgaire dans son *Histoire des municipes italiens*.

[3] Pagnini, *Decima di Firenze*, t. II, p. 10, 53, 73; Pardessus, *Collect. de lois marit.*, t. III, p. xci.

» qu'ils eussent à Tunis un fondouk pour leur habitation, avec une église et des privi-
» léges particuliers, tout comme les Pisans [1]. »

Nous n'avons rencontré ni dans les archives ni dans les recueils historiques de la Toscane de traité conclu directement par la république de Florence avec les rois de Tunis, du treizième au quatorzième siècle, pour garantir le maintien des franchises dont parle Villani. Peut-être les Florentins, avec leur sens pratique, se contentèrent-ils de jouir de fait, et comme d'une simple tolérance, des priviléges qu'El-Mostancer leur concéda, sans demander qu'un engagement public les leur assurât. Ces ménagements pouvaient leur être conseillés par la prudence ou imposés par les Pisans, dont ils ne pouvaient que difficilement se passer.

1153-1263. — Relations accidentelles des nations du nord de l'Europe avec le Magreb.

En dehors de la Méditerranée, les peuples chrétiens n'eurent avec le Magreb que des relations passagères et fortuites. Depuis le commencement du onzième siècle, un vif sentiment de dévotion avait dirigé vers la Palestine le goût inné des populations septentrionales pour les voyages et les aventures maritimes. Des Anglo-Saxons, des Normands, des Flamands, ne craignaient pas de se risquer sur de frêles embarcations pour aller en pèlerinage aux saints Lieux. L'immense traversée de deux mille lieues les effrayait moins que les difficultés des routes de terre [2]. Leur piété eut un nouvel attrait en Orient à l'époque des croisades. Après avoir conquis le saint sépulcre, bientôt perdu, il fallut combattre en Syrie et en Égypte pour défendre Jérusalem ou tenter d'y rentrer. Avec les Flamands et les Frisons, on vit s'associer à l'œuvre sainte les Danois, les Suédois et les Norvégiens. Les marines scandinaves figurèrent honorablement dans la plupart des grandes expéditions navales d'outre-mer, depuis le siège de Tyr jusqu'au siège de Damiette. Par occasion, soit en allant, soit en retournant, les navires s'arrêtaient sur les côtes musulmanes de l'Espagne et des îles Baléares, dans des vues de commerce, plus souvent en ennemis et en pirates [3].

Les incidents de ces longues navigations les amenèrent quelquefois à quitter les rivages du nord de la Méditerranée, qu'ils côtoyaient généralement, pour aborder sur les côtes d'Afrique. En 1153, le comte Rognvaldr, parti avec une nombreuse flotte des Orcades, après avoir pillé les villes de l'Andalousie, s'empara dans les eaux de la Sardaigne d'un grand dromond arabe, dont il alla vendre les dépouilles à El-Mehadia ou à Tripoli, villes occupées alors par les Normands de Sicile [4]. Grâce à des trêves momentanées, d'autres navigateurs croisés, commerçants ou pirates, purent relâcher et trafiquer sur d'autres points de la côte d'Afrique. Peut-être, pendant quelque temps et par suite de l'opposition d'intérêts si fréquente entre les États musulmans du Magreb

---

[1] *Cronica di Giovanni Villani*, lib. VI, cap. LIV; t. II, p. 77, édit. 1823.

[2] Ludov. Lalanne, *Pèlerinages en Terre sainte avant les Croisades*. (*Bibl. de l'École des chartes*, 1re série, t. II, p. 1.

[3] Voy. les *Expéditions et pèlerinages des Scandinaves en Terre sainte* de M. le comte P. Riant. Paris, 1865.

[4] M. P. Riant, *Expédit. des Scandinaves*, p. 256.

et ceux de l'Espagne, les croisés du Nord eurent-ils quelques rapports suivis avec les villes du royaume de Tunis et de Bougie.

L'histoire a conservé seulement le souvenir des tentatives d'Hakon V pour établir sur la base d'un traité des communications régulières avec le royaume de Tunis, sous le règne d'El-Mostancer. Hakon, l'un des grands rois de la Norvége, peu après avoir conclu un traité de commerce avec Alphonse, roi de Castille, et donné la main de sa fille Christine à don Philippe, frère du roi, se mit en rapport à cet effet avec El-Mostancer. Lodinn, seigneur de Leppr, son sénéchal, qui avait vu.les envoyés du roi de Tunis aux fêtes du mariage de Christine et préparé dès lors vraisemblablement les voies à la négociation, fut chargé de l'ambassade. Accompagné du chevalier Hakon Eysill, Lodinn se rendit à la fin de l'année 1262 à la cour d'El-Mostancer, à qui il apporta des faucons, des fourrures et autres choses rares des pays du Nord. Il y fut bien accueilli, il y séjourna plusieurs mois, et revint en Norvége avec des présents et des ambassadeurs du sultan. « Malheureusement, dit le savant à qui nous empruntons ces notions » peu connues, Hakon venait de mourir (8 juillet 1263), et les traités conclus avec » Tunis restèrent à l'état de curiosité historique [1]. »

Tous rapports ne paraissent pas avoir cessé néanmoins entre les peuples du Nord et les Arabes de la Mauritanie. S'il est bien certain que le roi Magnus, fils d'Hakon, fit négocier un traité avec Bibars Bondocdar, sultan du Caire, par les soins de Lodinn de Leppr lui-même [2], il est bien probable qu'il ne dut pas laisser inachevée l'œuvre commencée par son père à Tunis. Mais les informations certaines et précises sur ces faits font complétement défaut.

La perte définitive de la Terre sainte, la disparition de la marine privée des Scandinaves, l'établissement de nouveaux lieux de pèlerinage dans leur propre pays, leur firent abandonner presque complétement les grands voyages au Levant. On sait néanmoins qu'à la fin du treizième siècle, les navigateurs du Nord vendaient directement du fer aux Sarrasins d'Afrique [3], et qu'au quatorzième siècle Clément VI autorisa, au moins momentanément, le roi de Suède à vendre des faucons aux Sarrasins [4].

1266-1268. — Le roi de Tunis soutient les ennemis de Charles d'Anjou, et refuse de payer le tribut dû à la Sicile.

La Sicile, comme l'Espagne, entretint toujours avec les rois du Magreb des relations d'un caractère à la fois commercial et politique, tandis que les républiques italiennes n'eurent jamais que des vues de commerce dans leurs rapports avec l'Afrique. Les fils de l'empereur Frédéric vécurent à son exemple dans la meilleure entente avec les princes arabes. Conrad et Conradin, dépossédés de la couronne de Jérusalem par une décision des barons de Syrie, n'en furent pas moins considérés comme les vrais rois des Francs d'outre-mer par les sultans d'Égypte. L'état des relations de Conradin, qui

---

[1] M. P. Riant, *Expédit. des Scandinaves*, p. 351.
[2] M. P. Riant, *Expédit. des Scandinaves*, p. 376.
[3] M. P. Riant, p. 376.
[4] M. P. Riant, p. 376.

se qualifiait « ami des Sarrasins d'Afrique », avec Bibars Bondocdar était tel qu'il put demander des secours au sultan pour tenter de reconquérir la Sicile[1]; s'il n'obtint pas de Bibars la coopération effective qu'il en attendait, leurs bons rapports n'en furent aucunement altérés. Les souvenirs laissés par le père servaient à la politique des enfants. El-Mostancer ne reconnut pas les prétentions de Charles d'Anjou sur la Sicile, et après la bataille de Bénévent, lorsque Charles d'Anjou reçut à Rome la couronne de Sicile (1266), le roi de Tunis, se considérant comme dégagé des obligations contractées par ses prédécesseurs, cessa de payer l'ancienne rente qu'ils devaient annuellement à la cour de Palerme[2]. Des hostilités purent éclater alors entre les vaisseaux du roi de Tunis et ceux du comte de Provence, devenu roi des Deux-Siciles; et El-Mostancer put mériter, dans ces circonstances et ces limites, le reproche qu'eût rendu invraisemblable d'une manière générale l'ensemble de sa politique, d'avoir fait courir sur les navires chrétiens, comme Sanudo et Guillaume de Nangis l'en accusent[3]. Préoccupé de la puissance de Charles d'Anjou, il alla plus loin encore et favorisa l'invasion de la Sicile par les partisans de la famille de Frédéric. Pendant que le duc d'Autriche et Frédéric Lanza soulevaient les Gibelins en Lombardie et en Toscane, Henri et Frédéric de Castille, passés au service d'El-Mostancer, à la suite de dissentiments de famille, organisèrent à Tunis un corps de troupes destiné à débarquer dans l'île. On sait comment la bataille de Tagliacozzo (1268) fit évanouir les espérances des confédérés, et força ceux qui purent échapper à la vengeance de Charles d'Anjou à chercher de nouveau un refuge auprès du roi de Tunis[4].

1270. — Observations sur la seconde croisade de saint Louis.

La croisade qui s'organisait alors en Europe par les soins de saint Louis fournit une occasion favorable à Charles d'Anjou de venger tant de griefs. Il s'associa d'autant plus volontiers à la pensée de la nouvelle guerre d'outre-mer, qu'il croyait y trouver l'occasion de revendiquer la couronne de Jérusalem, à laquelle il prétendait, comme successeur de Frédéric et de Conrad. Mais il demanda au roi saint Louis que l'expédition, avant de se rendre en Terre sainte, agît d'abord contre le roi de Tunis. Un motif plus puissant encore que les intérêts de la royauté de son frère eut une grande influence sur les déterminations de Louis IX. Le saint roi crut à la possibilité de convertir ou de conquérir par la force à la foi chrétienne l'ancien royaume d'Afrique et son chef. Geoffroy de Beaulieu et Guillaume de Nangis parlent des espérances de conversion que les ambassades de l'émir de Tunis avaient fait concevoir au roi de France, et sans manquer à une mémoire vénérée, on peut regretter que saint Louis ait

---

[1] M. Reinaud, *Chroniques arabes*, dans la *Biblioth. des Croisades*, p. 515, 516, 528.

[2] Un acte de la chancellerie de Naples que nous donnons plus loin (*Documents*, p. 156) établit qu'en 1268 le payement du tribut de Tunis était arriéré depuis trois ans.

[3] Sanudo, *Secret. fidel. crucis*, p. 223; Guill. de Nangis, éd. Géraud, t. I*er*, p. 236.

[4] Cf. B. d'Esclot, *Chron.*, cap. LX, éd. Buchon; M. Amari, *Guerra del Vespro Siciliano*, t. I*er*, p. 32; Saba Malaspina, ap. Muratori, t. VIII, col. 857; Barth. de Nicastro, ap. Murat., t. XIII; Ibn-Khaldoun, *Hist. des Berb.*, t. II, p. 347.

cédé trop facilement à des rapports ou à des interprétations évidemment exagérés et enthousiastes[1]. Il est inutile de rappeler comment la grande expédition d'Aigues-Mortes et de Marseille, qui pouvait relever le royaume de Jérusalem si elle s'était dirigée d'abord sur l'Orient, en concertant ses opérations avec les Mongols, fut arrêtée fatalement à son début par la mort du roi de France.

Mais nous devons remarquer l'intérêt presque exclusif qu'eut Charles d'Anjou dans l'expédition de Tunis, et dire en passant combien peu cette entreprise, non plus que la conquête de Constantinople en 1204, toutes glorieuses qu'elles aient été l'une et l'autre pour les armes latines, méritent de prendre rang parmi les vraies croisades, dont le but essentiel était la conquête ou la défense du saint Sépulcre. Les Vénitiens, par suite d'intérêts et de négociations manifestes[2], détournèrent en 1204 sur Constantinople les secours promis aux Chrétiens de Saint-Jean d'Acre; en 1270, Charles d'Anjou parvint à engager d'abord la nouvelle entreprise dans une voie où, en dehors des considérations religieuses, les avantages politiques les plus considérables devaient lui rester. La conquête du royaume d'Afrique, alors même qu'elle eût été possible, et la conquête entière de la Barbarie, n'aurait pas ajouté aux forces du royaume de Syrie, en raison des distances géographiques et de la difficulté des communications; elle n'eût pas été un affaiblissement pour les sultans d'Égypte, séparés politiquement depuis longtemps des princes du Magreb, qu'ils ne pouvaient compter comme alliés. La Sicile seule avait des intérêts évidents dans l'expédition, et elle en recueillit, même au milieu de l'insuccès, les principaux avantages.

1270. — Intérêt personnel et presque exclusif du roi de Sicile dans la croisade de saint Louis.

Les motifs personnels de Charles d'Anjou dans la direction donnée à l'expédition et dans la conclusion du traité de paix qui suivit la mort du roi n'ont pas échappé à ses contemporains. Ils étaient publics, et ils indisposèrent l'armée entière. « Les croisés,
» dit Guillaume de Nangis, employaient dans leurs conversations des expressions détour-
» nées et des allusions blessantes pour se plaindre du roi de Sicile. Ils répétaient
» souvent que la ruse avait triomphé des desseins du sage Achitophel, voulant dire que
» le traité conclu hâtivement avec le roi de Tunis avait paru bon aussitôt que le roi
» Charles avait été certain d'obtenir le rétablissement du tribut dû par le royaume de
» Tunis à la Sicile[3]. » Saba Malaspina ne peut s'empêcher de signaler l'influence qu'exerça Charles d'Anjou dans les conseils des seigneurs, où fut décidée la descente en Afrique, et l'intérêt majeur que cette première opération de la croisade, devenue malheureusement son unique résultat, avait pour lui : « Il s'agissait avant tout de son
» affaire propre, dit le chroniqueur guelfe; c'est pour le roi de Sicile et à son instigation

---

[1] Voyez surtout Geoffroi de Beaulieu, cap. XLI; D. Bouquet, t. XX, p. 21, 56, 446, 451.
[2] Voyez *Hist. de l'île de Chypre sous le règne des Lusignans*, t. Ier, p. 161.
[3] Guill. de Nangis, *Gesta Philipp. III*, ap. Bouquet, t. XX, p. 476; *Bibl. de l'École des chartes*, 4e série, t. V, p. 215.

» que le roi de France avait conduit contre les Berbères et les Arabes une si nombreuse
» armée chrétienne, réduite aujourd'hui à une telle extrémité [1]. »

Malaspina donne des détails circonstanciés sur le corps d'hommes d'armes espagnols, allemands et sarrasins, que Conrad Capece et Frédéric de Castille organisèrent librement à Tunis pour envahir la Sicile [2]. Une autre chronique montre la légion des chevaliers francs réunie à l'armée musulmane sous les ordres de Frédéric de Castille et de Frédéric Lanza, et prête à s'opposer à l'entrée des croisés à Tunis s'ils avaient tenté l'assaut après la mort du roi. « Les chefs de l'armée, dit le chroniqueur, recon-
» nurent qu'ils ne pouvaient rester au lieu où ils se trouvaient, tant à cause du manque
» de vivres qu'en raison du nombre immense de Sarrasins qui les enveloppaient, et
» au milieu desquels se trouvaient le seigneur Frédéric de Castille et le comte Frédéric
» Lanza avec une grande quantité de chevaliers chrétiens à la solde du roi de Tunis.
» Ils se déterminèrent donc à traiter avec l'émir, qui promit de leur servir le tribut
» payé autrefois au seigneur empereur Frédéric. » Les paroles de blâme qu'ajoute l'écrivain sont surtout remarquables : « Ils se retirèrent ainsi tous, laissant la moitié
» des leurs ensevelis dans la terre étrangère, juste punition de leur conduite, parce
» qu'ils étaient allés en Afrique frauduleusement, contrairement à la volonté de Dieu et
» à la justice, qui leur commandaient de marcher au plus tôt à la délivrance de la Terre
» sainte [3]. »

1270. — Du traité de Tunis et des avantages qu'il assurait à la Sicile.

Le traité conclu à Tunis entre le sultan Abou-Abd-Allah Mohammed El-Mostancer, Philippe le Hardi, Charles d'Anjou et Thibaut de Navarre, autorisa expressément les Francs à exercer dans l'intérieur de leurs demeures, de leurs églises et de leurs cimetières toutes les prescriptions de la religion chrétienne [4]; il garantit la sûreté des rapports commerciaux avec les étrangers tels qu'ils étaient avant la guerre. Il n'innova rien à cet égard et rétablit simplement la situation telle qu'elle était auparavant.

Les conditions de la paix et de l'évacuation furent, à ce qu'il semble, déterminées dans deux actes successifs, analogues au fond et quant aux stipulations générales, mais différents dans l'expression et assez éloignés par la date : 1° un premier traité, qui paraît avoir été rédigé en français dès le jeudi 30 octobre 1270, et que nous n'avons pas; 2° une version ou rédaction arabe du 5 de rebi second, 669 de l'hégire (21 novembre 1270), conservée encore aux Archives de l'Empire, traduite et publiée par M. de Sacy [5]. Après ce texte, le document où se trouve le meilleur exposé des clauses du traité est la chronique récemment signalée de Primat, dont l'auteur, tant il est exact et précis sur certains points, semble avoir connu la rédaction même de la

---

[1] Saba Malaspina, *Hist.*, lib. V, cap. I, ap. Murat., *Script. ital.*, t. VIII, col. 859.
[2] *Hist.*, lib. III, cap. XVII; lib. IV, cap. II et suiv., ap. Murat., t. VIII, col. 833, 838. Voyez aussi une continuation anonyme de Nicolas de Jamsilla, ap. Murat., t. VIII, col. 614.
[3] *Chronicon de rebus in Italia gestis*, p. 322, éd. Huillard-Bréholles, 1856, in-4°.
[4] Art. 4, 5 et 6, de 1270, nos *Documents*, p. 94. Voyez ci-dessus, p. 104, § *Liberté du culte*.
[5] Voyez *Mém. de l'Académie des Inscriptions*, nouvelle série, t. IX, p. 474.

charte chrétienne [1]. Les deux documents s'accordent d'ailleurs pour toutes les prescriptions essentielles.

Les prisonniers devaient être restitués de part et d'autre [2]; les marchandises et créances saisies rendues à leurs propriétaires [3]; les marchands étrangers, « assurés d'une entière sûreté », admis à rentrer dans leurs établissements et à commercer en Afrique, en se conformant aux *usages accoutumés*, ce qui impliquait le payement ordinaire de 10 pour 100 sur les importations [4].

Le texte arabe, rédigé principalement pour les Magrebins et en vue de leurs intérêts, renferme des stipulations qui devaient avoir une contre-partie dans la rédaction française, et qui formaient de la sorte la réciprocité complète de traitement entre les deux peuples. Ainsi nous voyons la rédaction arabe stipuler que tous les sujets de l'émir des Musulmans jouiraient d'une entière sécurité sur terre et sur mer dans les États des princes contractants [5]; qu'au cas de dommage éprouvé par un Musulman, le souverain chrétien aurait à l'indemniser [6]; que si un bâtiment mahométan faisait naufrage en pays chrétien, il devait être respecté, secouru et restitué à ses propriétaires [7]. Des garanties semblables ou équivalentes se trouvaient presque toujours dans les rédactions chrétiennes [8], et avaient été peut-être exprimées dans l'instrument français du 30 octobre. Le texte africain porte que les princes chrétiens devront évacuer (sans qu'on fixe de délai) le territoire du sultan [9] et ne recevoir dans leurs États aucun ennemi de l'émir, ni fournir aide ou secours à quiconque voudrait attaquer ses sujets ou ses domaines [10]. Le sultan contracte des obligations semblables à ces dernières en s'engageant à faire sortir de ses États les ennemis des princes fédérés, ce qui concernait particulièrement le roi de Sicile [11].

Le traité comprenait dans les avantages et les obligations de la paix Baudouin, empereur de Constantinople, le comte de Toulouse Alphonse, Guy, comte de Flandre, Henri, comte de Luxembourg, le prince Édouard d'Angleterre [12], et, d'une manière générale, il plaçait sous la sauvegarde ou aman de l'émir et admettait à jouir des bénéfices du traité *tous les alliés* des princes contractants [13].

---

[1] Voyez le Rapport de M. Meyer sur une *Mission littéraire en Angleterre*. (*Archives des Missions scientif.*, nouvelle série, t. III, p. 323.)

[2] Art. 9.

[3] Art. 7.

[4] Voyez ci-dessus : *Principes généraux, Droits de douane*, p. 106. Les seuls articles concernant les marchands dans le texte arabe de ce traité sont les art. 5 et 7 (Nos *Documents*, p. 94).

[5] Art. 1er.

[6] Art. 1er.

[7] Art. 3.

[8] Cf. les traités contemporains de l'Aragon, de Venise et de Gênes, *Doc.*, p. 122, 203, 280, 286.

[9] Art. 10.

[10] Art. 2 et 8.

[11] Art. 17.

[12] Art. 10 et 14.

[13] Art. 5, page 94.

Quoi qu'en aient dit Guillaume de Nangis et quelques auteurs modernes après lui [1], aucune des dispositions du traité ne peut laisser croire que les Sarrasins aient accordé aux Chrétiens la faculté de se livrer à la prédication publique et de recevoir l'abjuration de sujets musulmans. L'histoire entière de l'Islamisme, dans les faits antérieurs et postérieurs au traité de 1270, contredirait une semblable interprétation. Le traité de Tunis n'en fut pas moins un événement considérable et très-heureux pour la sécurité des droits spirituels et politiques des Chrétiens en Afrique. Jamais la liberté du culte et l'ensemble des usages qui réglaient les conditions du séjour et du commerce des Chrétiens dans les États magrebins n'avaient été placés sous la garantie, en quelque sorte collective, de trois des plus puissants princes de la chrétienté.

Néanmoins, à considérer le traité dans ses résultats purement matériels, on reconnaît que le roi de Sicile en retira les avantages les plus directs et les plus importants : premièrement, une indemnité de guerre de 210,000 onces d'or, dont il eut le tiers, fut assurée aux princes croisés [2]; secondement, les transfuges chrétiens et tous les rebelles méconnaissant son autorité, notamment Frédéric Lanza et Frédéric de Castille, avec leurs adhérents, durent quitter les États d'El-Mostancer [3]; troisièmement les arrérages du tribut de Sicile, échus depuis cinq ans, durent être intégralement payés [4]; quatrièmement enfin, le tribut, qui prenait de ces événements un caractère permanent et obligatoire tout à fait nouveau, fut expressément rétabli et élevé au double de ce qu'il était au temps de l'empereur Frédéric [5]. La moitié de la somme affectée au remboursement des frais de la guerre fut comptée aux chefs de l'armée chrétienne avant leur départ de Carthage, et des garanties furent données pour le payement du reste dans les années 1270-1271 et 1272-1273. Les lettres patentes de Charles d'Anjou du 5 mai 1273, que nous publions plus loin [6], portent quittance d'une première somme de 17,500 onces d'or formant le solde dû au roi de Sicile sur le tiers de l'indemnité de guerre, et d'une seconde somme de 33,333 besants d'argent et un tiers, pour l'acquit du tribut de la présente année 1273.

La paix et le traité de 1270 furent conclus pour une durée de quinze ans. Le texte arabe du traité et la chronique de Primat sont d'accord à cet égard. La chronique considère la convention comme concernant principalement et presque exclusivement le roi Charles d'Anjou. « Les trêves, dit Primat, furent données entre le roi de Sicile et » le roi de Tunis pour quinze ans, à ces conditions, que la quinzième année venue, il » serait à la volonté du roi de Sicile ou de ses héritiers de ne plus observer les trêves, » ou de les confirmer pour un temps déterminé ou à perpétuité [7]. » Rien ne marque

---

[1] Voyez les observations de M. de Sacy sur le traité de 1270, *Mém. de l'Académie des Inscriptions*, nouvelle série, t. X, p. 451-456.

[2] Art. 12.

[3] Le texte français du traité devait être à cet égard plus précis encore que l'art. 17 (p. 35) du texte arabe. Voyez le récit de Primat, *Archives des Missions scientif.*, t. III, p. 323.

[4] Art. 20, nos *Documents*, page 95.

[5] Art. 20.

[6] *Documents des Deux-Siciles*, année 1273, p. 157.

[7] *Archives des Missions*, loc. cit., p. 324.

mieux le rôle prépondérant qu'avait eu le roi Charles dans ces événements par ses conseils ou sa présence. Mais il ne lui fut pas accordé de veiller au renouvellement de son œuvre; mort en 1285, l'année même où le traité arrivait au terme de sa durée, Charles d'Anjou avait vu depuis trois ans la Sicile, soulevée contre son autorité, passer avec le tribut de Tunis aux princes d'Aragon.

1271-1278. — Les Chrétiens renouvellent leurs traités avec le roi de Tunis.

L'expédition du roi de France avait jeté l'inquiétude sur toute la côte d'Afrique, et les sujets des États chrétiens restés étrangers à la guerre avaient cru prudent de s'éloigner néanmoins du pays. A la paix, il y eut un égal empressement à rétablir les communications antérieures chez les Arabes et chez les Européens. Le sultan accorda sans difficulté un nouveau pacte à la république de Gênes elle-même, qui avait fourni une partie des vaisseaux nécessaires à l'expédition. Le dernier traité connu des Génois et des rois de Tunis, conclu en 1250 pour dix ans, était parvenu au terme de sa durée légale en 1260; il avait pu être remplacé par un autre traité ou prorogé par des ratifications successives. On l'ignore. Le nouveau pacte, semblable aux précédents, fut arrêté à Tunis le 6 novembre 1272, par Opizon Adalard, ambassadeur de la république, et le caïd ou directeur de la douane de Tunis, assisté du grand cadi de la ville, l'un et l'autre chargés des pouvoirs du sultan [1].

Dès le mois de juin 1271, la république de Venise obtint d'Abou-Abd-Allah un diplôme royal renouvelant pour quarante ans l'ancien traité de 1251, qui devait rester en vigueur jusqu'en 1291. Jean Dandolo, ambassadeur de la république, rapporta avec une lettre de l'émir l'original arabe du privilège, qui fut traduit en latin à Venise [2]. Ordinairement la traduction de ces documents était effectuée en Afrique même, en présence de l'ambassadeur et du sultan ou de ses plénipotentiaires.

On ne sait ce que fit en ces circonstances la république de Pise. Ses traités avec l'émir al-moumenin, conclus en 1264, n'expiraient qu'en 1284, et ses nationaux s'étaient abstenus de toute hostilité. Ils n'en avaient pas moins fui les ports africains, au bruit des préparatifs qui se faisaient en France et à Gênes. Dès qu'ils le purent, ils regagnèrent leurs comptoirs du Magreb, et rappelèrent les prêtres qui desservaient leurs églises [3].

L'Aragon, dont nous n'avons pas de traité antérieur à ces événements, quoique ses marchands fréquentassent les ports de Barbarie dès l'an 1227 [4], n'eut pas à attendre longtemps la conclusion d'un accord avec El-Mostancer. Le sultan avait pris lui-même l'initiative des négociations, en chargeant un ambassadeur de se rendre à Valence, où résidait le roi Jacques Ier, dès le départ de l'armée chrétienne. Le traité reçut dans cette ville les signatures de l'envoyé arabe et du roi Jacques, en présence d'une nombreuse

---

[1] Voyez nos *Documents*, page 122.
[2] Nos *Documents*, page 203.
[3] Nos *Documents*, 29 avril 1271, p. 47.
[4] Ci-dessus, page 75.

assemblée, le 14 février 1271 [1], trois mois à peine après l'entière pacification. Le traité fut d'abord rédigé en catalan, puis peut-être traduit en arabe, et remis en cette forme à l'ambassadeur magrebin, tandis que l'instrument primitif des conventions analogues, quand la négociation se terminait en Afrique, était rédigé en arabe. Le négociateur chrétien prenait habituellement devers lui en revenant en Europe une copie de la rédaction arabe avec la version latine du texte arabe, terminée généralement, comme nous l'avons dit, dans la séance même de la conclusion du pacte.

Bien qu'il eût attribué en 1262 le royaume de Majorque à son fils cadet Jacques, le roi Jacques Ier prend dans ce traité le titre de « roi d'Aragon, de Majorque et de » Valence, comte de Barcelone et d'Urgel, et seigneur de Montpellier »; il jure la fidèle observation de l'accord, tant en son nom qu'au nom de son fils aîné don Pierre, héritier présomptif de la couronne d'Aragon, et de son fils puîné l'infant Jacques, qui n'y porte pas de titre royal, et qui en effet prit seulement possession en 1276, à la mort de son père, des domaines de Majorque, de Roussillon et de Montpellier, que lui avait assignés par anticipation le partage de 1262.

Le 13 juin 1278, deux ans après son réel avénement, ce jeune prince, Jacques Ier dans la série des rois de Majorque, ratifiait par un de ses chevaliers envoyé à Tunis, Bernard d'Olms, le traité conclu en son nom par son père, et scellait à cet effet une convention avec le fils d'El-Mostancer, pour ses États de Majorque, de Roussillon, de Cerdagne et de Montpellier [2].

1274-1282. — Alliances momentanées des sultans du Maroc et des rois chrétiens.

Les relations des rois d'Espagne comme les relations des rois de Naples et de Sicile avec les souverains du Magreb ne se bornaient pas aux seuls intérêts commerciaux; les princes chrétiens furent amenés souvent à prendre part aux affaires intérieures des émirs d'Afrique, ou à solliciter leur intervention par des traités politiques et des alliances militaires.

Sanche VII, roi de Navarre, était passé au Maroc pour offrir son concours à Almanzor, dont il espérait obtenir une fille en mariage, quand l'invasion soudaine du roi de Castille l'obligea de revenir en Espagne sur les navires que le sultan mit à ses ordres avec des subsides pour l'aider à repousser l'attaque de son cousin [3]. Nous avons vu Ferdinand III envoyer à El-Mamoun douze mille cavaliers castillans que le sultan retint à son service, après la prise de Maroc [4]. Alphonse X, successeur de Ferdinand, fut l'allié de Yaghmoraçan, roi de Tlemcen, contre le sultan mérinide Abou-Yousouf-Yacoub [5]. En 1274, Abou-Yousouf voulant mettre fin à la résistance de la ville de Ceuta, révoltée de nouveau comme en 1235, quand les Génois la rançonnèrent, se rendit

---

[1] Le traité se trouve dans nos *Documents*, p. 280.

[2] Ces deux traités, inconnus à Capmany, ont été publiés pour la première fois par MM. Champollion et Reinaud. Voyez nos *Documents*, p. 187, 280.

[3] *Guerre de Navarre* de Guill. Anelier, publiée par M. Fr. Michel, in-4°, p. 8-12.

[4] Ci-dessus, page 73.

[5] Cf. Ibn-Khaldoun, t. III, p. 362 et suiv.; t. IV, p. 61, 99.

personnellement à Barcelone et obtint de Jacques Ier, roi d'Aragon, par une convention parvenue jusqu'à nous [1], des navires et un corps de cinq cents cavaliers, qui lui servirent à soumettre Ceuta et à reconquérir ainsi la facilité de ses entreprises contre la Castille. En 1278, le roi de Grenade, Ibn-el-Ahmer, devenu le vassal du roi de Castille, avait accepté l'obligation d'agir contre le sultan mérinide son bienfaiteur [2], et ses troupes allaient suivre en Afrique les drapeaux chrétiens, si la révolte de don Sanche et la question de la succession des infants de la Cerda ne fussent venues rapprocher momentanément Yacoub et Alphonse X.

1282. — Alliance projetée d'Abou-Yousouf-Yacoub, roi de Maroc, et de Philippe III, roi de France.

Dès le temps où les états de Valladolid, assemblés par don Sanche, s'étaient prononcés contre la successibilité des enfants de Ferdinand de la Cerda, petits-fils de saint Louis, et avaient été jusqu'à déclarer le roi son père déchu de la couronne, Alphonse avait résolu de demander les secours d'Abou-Yousouf. Il comptait obtenir le concours du roi de Maroc en raison de l'indigne conduite de son fils et des relations de don Sanche avec le roi de Grenade. Son espoir ne fut pas déçu. Une alliance se forma promptement entre Yacoub et Alphonse X d'une part, don Sanche et le roi de Grenade d'une autre. Yacoub entra en campagne de suite et marcha vers la Nouvelle-Castille, à travers l'Andalousie. Le roi d'Aragon Pierre III, engagé déjà dans la conspiration de Jean de Procida pour enlever la Sicile à Charles d'Anjou, s'abstint de prendre part à la guerre, et continua dans ses arsenaux de Barcelone et de Valence les préparatifs considérables dont la destination restait un secret. Le roi de France, malgré le vif intérêt qu'il avait à défendre les droits des infants ses neveux, hésitait à prendre la défense d'Alphonse X. Abou-Yousouf lui écrivit de son camp de Xativa, au royaume de Valence, le 24 octobre 1282, pour l'engager à venir venger en Espagne l'honneur paternel et la dignité royale outragés par la conduite de don Sanche. Il lui adressait en même temps une déclaration par laquelle il promettait d'adhérer à toute alliance qui serait contractée à cet effet avec le roi de Castille et son royaume. Les deux pièces sont encore en original aux Archives de France [3]. Abou-Yousouf ne doute pas que le roi Philippe ne soit comme lui « disposé à faire ce qui est un devoir et à » observer les obligations imposées à ceux qui jouissent d'un rang distingué et qui » occupent les postes éminents ». L'acte de déclaration rappelle « qu'il y a entre lui » (Yacoub, fils d'Abd-al-Hack) et le très-honoré roi le roi de France, une affection » réciproque et des liaisons d'amitié qu'on ne saurait entretenir avec trop de soin, » et dont les liens méritent d'être resserrés plus étroitement [4] ». Quant à lui, il n'est venu au secours du roi Alphonse que pour tirer vengeance, comme père, « d'une action

---

[1] Voy. ci-après, p. 285. *Documents d'Aragon*, 18 novembre 1274. Cf. Ibn-Khaldoun, t. IV, p. 65, 66.
[2] Ibn-Khaldoun, t. IV, p. 97 et suiv.
[3] M. de Sacy les a traduites et publiées, *Mém. de l'Acad. des inscript.*, nouv. série, t. IX, p. 478. Nous reproduisons la déclaration dans nos *Documents*, p. 96.
[4] Déclaration. *Mém. de l'Acad. des inscript.*, p. 485 ; nos *Documents*, p. 97.

» abominable dans toutes les religions ». Il n'a aucun intérêt particulier en vue; il
n'ambitionne aucune part des États ou des richesses du roi Alphonse : « Nous sommes
» accourus des extrémités de nos États, quoiqu'il n'y eût point de traité entre nous,
» uniquement par zèle pour les intérêts de ce roi, et eu égard à l'action honteuse qui
» est arrivée [1]. »

La franchise un peu hautaine avec laquelle le sultan manifestait les sentiments
d'éloignement qu'il avait dû surmonter pour s'allier au roi de Castille pouvait garantir
la sincérité de ses résolutions : « Nous nous sommes cru obligé à embrasser sa défense
» d'une manière qui répondît à son rang élevé, quoique nous différions de lui par les
» dogmes et les croyances; car, dans le fait, nous sommes ses ennemis; nos dispo-
» sitions hostiles ont été toujours très-prononcées, et nous avons toujours manifesté
» une grande aversion réciproque [2]. »

Yacoub tint en effet parole et aida Alphonse à reconquérir une partie des villes qui
avaient proclamé son fils [3]; mais les lenteurs de la guerre et la suite des événements
le ramenèrent bientôt à tourner ses armes contre le roi de Castille, le naturel ennemi
des souverains de Maroc. Si bien que les écrivains arabes du siècle suivant, trompés
par cette habituelle hostilité des deux pays, n'ont vu dans l'intervention d'Abou-
Yousouf en faveur d'Alphonse qu'une ruse et une trahison : « Heureux de pouvoir
» entretenir la discorde entre les Chrétiens et gratifier en même temps son amour pour
» la guerre sainte, le sultan consentit volontiers à secourir son ancien ennemi, et partit
» sur-le-champ afin d'entrer en Espagne le plus tôt possible, dans l'espoir de faire
» tourner à son propre avantage la désunion qui régnait parmi les Chrétiens [4]. »

277-1282. — Pierre III d'Aragon intervient dans les débats des émirs de Tunis.

Jamais les républiques d'Italie n'ont eu à concerter avec les rois arabes des opérations diplomatiques ou militaires semblables à celles qui eurent lieu sous le règne
de Yacoub avec Alphonse X et Philippe III. Les relations confidentielles et politiques
entre des princes d'ailleurs si opposés dans leurs croyances religieuses allèrent
cependant plus loin encore. Le roi d'Aragon Pierre III fut mêlé dans les débats qui
divisèrent la famille royale de Tunis, quelques années après la croisade de 1270, et
soutint les armes à la main l'un des prétendants.

Abou-Ishak, l'aîné des frères du sultan El-Mostancer, avec qui les croisés avaient
traité, sachant que son frère le voyait avec défiance à Tunis, avait pris le parti de se
retirer en Aragon. El-Mostancer ne l'y perdit pas de vue, et chaque année il envoyait
des cadeaux considérables au roi Pierre, avec prière de retenir l'émir auprès de lui et
de le surveiller [5]. La régularité de l'envoi fit peu à peu considérer ces cadeaux comme

---

[1] Lettre de Yacoub à Philippe III, *Mém. de l'Acad.*, t. IX, p. 490.
[2] Lettre de Yacoub à Philippe III, *Mém.*, t. IX, p. 90.
[3] Ibn-Khaldoun, t. IV, p. 106-108.
[4] Ibn-Khaldoun, t. IV, p. 106.
[5] Kairouani, *Hist. d'Afrique*, p. 230.

obligatoires, et les historiens catalans y voient un tribut formel annuellement dû par le sultan de Tunis à la couronne d'Aragon [1].

A la mort d'El-Mostancer, en 1277, une entente paraît s'être établie entre Pierre III et Abou-Ishak, pour mettre celui-ci sur le trône de Tunis, à l'exclusion de son neveu Abou-Zakaria-Yahya, fils d'El-Mostancer, sous prétexte que le nouveau roi se refusait à payer les redevances [2]. Un armement de dix galères alla, sous les ordres de Conrad Lança, combiner ses opérations avec l'armée d'Abou-Ishak dans le golfe de Cabès, où le prétendant, favorablement accueilli déjà par le roi de Tlemcen, avait trouvé des partisans parmi les scheiks du pays et des îles voisines, race turbulente toujours prête à se révolter contre le pouvoir établi à Tunis. En même temps, des émissaires parcouraient les provinces de Bougie et de Constantine, qui se prononcèrent pour lui. Abou-Hafs, frère d'Abou-Ishak, resté en Afrique, ne tarda pas à lui envoyer aussi son adhésion, et Abou-Yahya se vit contraint d'abdiquer en faveur de son oncle, qui fut proclamé à Tunis vers la fin du mois d'août 1279 [3]. L'année suivante, Abou-Ishak, premier du nom, informé que son neveu entretenait des intelligences avec quelques officiers de la milice chrétienne pour soulever le peuple, le fit jeter dans les fers et égorger, ainsi que ses enfants [4].

Ramon Muntaner a raconté ces événements avec sa jactance habituelle; mais elle est fort excusable ici, car au milieu d'exagérations faciles à rectifier, son récit supplée au silence complet des historiens arabes sur tous ces événements. Suivant Muntaner, Conrad Lança, « après avoir placé sur le trône de Tunis Abou-Ishak de la manière » même que le roi Pierre le lui avait prescrit », arbora la bannière d'Aragon au haut des murs de Tunis, fit confirmer un traité qui reconnaissait expressément l'obligation du tribut, et retourna en Catalogne comblé de présents pour lui et pour le roi [5]. Chemin faisant, il rançonna quelques villes des côtes du royaume de Tlemcen, dont le roi d'Aragon paraît avoir eu à se plaindre.

Peu de temps après, des difficultés s'étant élevées au sujet des obligations trop facilement contractées par le roi de Tunis, Pierre III, au courant des projets de Jean de Procida, se concerta avec Abou-Bekr Ibn-Ouezir, ancien gouverneur de Constantine, qui s'était mis en révolte contre Abou-Farès, fils d'Abou-Ishak, vice-roi de Bougie, pour avoir un prétexte de s'approcher de la Sicile.

Abou-Bekr avait déjà pris à sa solde un grand nombre d'auxiliaires chrétiens [6]. Il annonçait au roi d'Aragon qu'avec l'assistance de quelques troupes il se croyait en état de s'emparer de Constantine, la plus forte place du royaume de Bougie, et qu'alors, en appelant à lui tous les cavaliers chrétiens au service du roi de Tunis, dont le nombre

---

[1] Pour Muntaner, dont le récit est d'ailleurs très-confus, la légitimité du *tribut* ne fait pas question. (*Chron.*, chap. xxx, édit. Buchon, p. 242.)

[2] Muntaner, *loc. cit.*

[3] Cf. Muntaner, chap. xxxi, xliii, p. 243, 254; Ibn-Khaldoun, t. II, p. 377-379.

[4] Juin 1280. Ibn-Khaldoun, t. II, p. 381.

[5] Muntaner, chap. xxxi, p. 243.

[6] Cf. *Chron.* de Bernard d'Esclot, chap. lxxvii-lxxviii, p. 626.

s'élevait bien à deux mille [1], il se rendrait facilement maître de Bougie et de l'autorité royale [2]. S'il n'allait pas jusqu'à promettre de livrer ensuite la ville de Bougie aux Chrétiens, il assurait du moins Pierre III d'une alliance avantageuse; on dit même qu'il laissait entrevoir, sans en avoir certainement l'intention, la possibilité de se convertir au Christianisme [3].

1277-1282. — Réponse du Pape aux propositions du roi d'Aragon.

Le roi Pierre vint, suivant sa promesse, sur les côtes d'Afrique. Le 28 juin il jeta l'ancre à Collo [4], l'ancien Cullu, vis-à-vis de la Sardaigne, port de la Numidie le plus rapproché de Constantine, en donnant avis de son arrivée à Jean de Procida [5]. De Collo il pouvait se porter, soit sur Bougie, s'il eût été nécessaire, soit sur la Sicile, où l'insurrection contre les Français, victorieuse à Palerme dès le 30 mars, jour des vêpres siciliennes, se propageait dans les autres villes. Tout entier cependant, et en apparence, à son expédition, qu'il voulait faire considérer comme une croisade, il avait tenté d'obtenir l'approbation du Saint-Siége. Il réclamait même des subsides pour suffire à l'entretien du grand armement dont il avait dû, disait-il, cacher le but à tous les princes, afin d'en assurer le succès, car il s'agissait de la conquête d'un grand royaume sarrasin. Mais Martin IV répondit aux envoyés d'Aragon, qu'ignorant encore l'objet des préparatifs du roi, il ne pouvait accorder des indulgences pour les seconder; que d'ailleurs les hommes et les décimes de la croisade n'étaient point destinés à faire la guerre aux Sarrasins de Barbarie, mais seulement à combattre les infidèles de Terre sainte, afin de retirer un jour de leurs mains le tombeau de Jésus-Christ [6].

Sans s'étonner d'une réponse qu'il avait dû prévoir, et qu'il n'attendit peut-être pas, le roi Pierre ayant reçu à Collo une députation des Siciliens qui l'appelaient au trône, et apprenant la chute d'Abou-Farès, se hâta de mettre à la voile. Débarqué le 30 août à Trapani, il fit son entrée triomphale et fut proclamé roi à Palerme le 4 septembre suivant [7]. Les événements avaient pris subitement en Afrique une tournure qui l'autorisait à ne plus espérer y trouver un concours efficace. A l'époque même où il quittait l'Aragon pour se rendre au Magreb, dans le courant du mois de juin 1282 [8], Constantine, défendue par les troupes arabes et chrétiennes d'Abou-Bekr, et assiégée par Abou-Farès, avait été emportée d'assaut, Abou-Bekr décapité et ses partisans massacrés ou dispersés [9].

[1] Bernard d'Esclot, chap. LXXVII, p. 626.
[2] Cf. B. d'Esclot, loc. cit.; Ibn-Khaldoun, t. II, p. 384.
[3] Cf. Muntaner, ici encore assez confus, chap. XLIV, p. 254.
[4] Bernard d'Esclot, chap. LXXVIII, LXXIX, LXXX, p. 626, 628; Muntaner, chap. LI, p. 259; Annal. genuens., ap. Muratori, t. VI, p. 576; Ibn-Khaldoun, t. II, p. 385.
[5] Jacquet Malaspina, Contin. de Ricordano, cap. CCXII, ap. Muratori, t. VIII, col. 1032.
[6] Bernard d'Esclot, chap. LXXXVI, p. 632. Cf. Muntaner, chap. LII, p. 260.
[7] Amari, La guerra del Vespro Siciliano, t. Ier, p. 183.
[8] Ibn-Khaldoun, t. II, p. 385.
[9] Muntaner, chap. LI, LIII, LV, LXXXV; B. d'Esclot, cap. LXXX, LXXXIII, LXXXIX; Barth. de Nicastro, cap. XVII; Saba Malaspina, Contin., p. 361, 367; Ibn-Khaldoun, t. II, p. 385-386.

1283-1318. — Séparation des royaumes de Bougie et de Tunis.

L'année suivante Abou-Farès perdit le pouvoir et la vie, au moment où il se croyait près d'arriver du trône de Bougie à celui de Tunis. Sa chute fut le châtiment de son ingratitude. Obligé de fuir la capitale devant un heureux aventurier nommé Ibn-Abi-Omara, qui réussit quelque temps à se faire considérer comme un petit-fils d'El-Mostancer, dont le long règne (1249-1277) avait laissé des souvenirs chers aux tribus, le sultan Abou-Ishac Ier avait été obligé de se réfugier à Bougie avec les troupes restées fidèles. Au lieu de soutenir les droits de son père, Abou-Farès acheva de le dépouiller de l'autorité, et se fit proclamer à sa place le 2 mars 1283 [1]. Il appela aussitôt auprès de lui les tribus sur lesquelles il pensait pouvoir compter, nomma son frère Abou-Zakaria au gouvernement de Bougie, et se porta au-devant d'Ibn-Abi-Omara avec ses autres frères et son oncle Abou-Hafs, troisième frère d'El-Mostancer-Billah. Rencontré le 1er juin 1283 à Mermadjenna, localité de l'intérieur qui paraît située vers les frontières de la Proconsulaire et de la Byzacène, entre Tebessa et Kairouan, Abou-Farès y fut complétement battu, pris et massacré, ainsi que ses frères. Presque seul des princes de la famille royale qui se trouvaient auprès de l'émir de Bougie, Abou-Hafs parvint à échapper au désastre.

A la nouvelle de ces événements, le sultan Abou-Ishac s'enfuit précipitamment de Bougie avec son fils Abou-Zakaria. Arrêté dans les montagnes de Zeffoun et ramené à la ville, il fut mis à mort au mois de juin 1283, pendant qu'Abou-Zakaria parvenait à se réfugier à Tlemcen, auprès de son beau-frère Yaghmoraçan [2].

L'usurpateur, dont les artifices commençaient à se dévoiler, fut renversé peu après par Abou-Hafs, que les scheiks étaient allés chercher dans la retraite où il s'était renfermé après la catastrophe de Mermadjenna, et avaient proclamé sultan au mois de juin ou juillet 1284 [3]. Il prit le titre royal d'El-Mostancer (celui qui cherche la victoire avec l'aide de Dieu), porté déjà par son frère Abou-Abd-Allah, et mourut en 1295, laissant le trône à son petit-neveu Abou-Acida, descendant direct d'El-Mostancer Ier, les scheiks de l'empire s'étant opposés à ce que son fils Abd-Allah lui succédât, à cause de son bas âge.

Abou-Hafs n'avait pas conservé longtemps sous son obéissance le royaume de Bougie. L'année même de sa proclamation à Tunis, son neveu, Abou-Zakaria, retiré à Tlemcen, emprunta de l'argent à des marchands (arabes) de Bougie venus pour leurs affaires en cette ville; il trompa la surveillance d'Yaghmoraçan, qui voulait rester fidèle au sultan, enrôla des troupes, et s'avança comme un prétendant vers les provinces orientales. Il ne se crut pas toutefois assez puissant pour chasser son oncle du royaume de Tunis, et s'arrêta dans le Magreb central. Il y groupa les anciens partisans de son père, soumit successivement Bougie, Alger, Constantine, puis Biskara

[1] Ibn-Khaldoun, t. II, p. 392.
[2] Ibn-Khaldoun, t. II, p. 394, 399.
[3] Ibn-Khaldoun, t. II, p. 396.

jusqu'à la limite du désert [1], et reconstitua de nouveau, avec Bougie pour capitale, l'ancien royaume des Hammadites, qu'il transmit à son fils Abou-Yahya Abou-Bekr, et que celui-ci, après de nombreuses vicissitudes et une longue suite de guerres, réunit en 1318 au royaume de Tunis.

1284-1318. — Commerce des Marseillais. Que les constitutions pontificales limitant les rapports des Chrétiens avec les Sarrasins ne s'appliquaient pas en général aux côtes du Magreb.

On ne sait rien des dispositions personnelles des nouveaux rois de Bougie à l'égard des Européens. Les seuls documents que nous ayons de leur temps signalent même des faits qui ne sont pas à leur louange et qui montrent, au moins en ce qui concerne les Marseillais, à deux époques différentes, des intentions bien différentes de celles qu'avaient toujours témoignées leur aïeul, l'émir Abou-Zakaria Abou-Hafs, fondateur de la dynastie hafside [2]. La perte de la Sicile avait pu porter quelque atteinte à la considération des rois de Naples en Afrique et, par contre-coup, nuire au crédit des Provençaux, leurs sujets.

Mais le mauvais vouloir ne dut être que momentané. La croisade de saint Louis ne fut en Afrique qu'un incident passager. Elle n'altéra pas d'une façon durable le caractère des rapports pacifiques existant depuis deux siècles entre les Européens et les Musulmans du Magreb, quand au contraire l'état de guerre et d'hostilité était le régime habituel des Francs et des Sarrasins en Terre sainte et en Égypte. Elle n'amena pas les conséquences qu'eut en Syrie la perte de Jérusalem et de Saint-Jean-d'Acre.

En Orient, les papes, sentant la nécessité de combattre par tous les moyens la puissance des sultans mamelouks, tant qu'il restait un peu d'espoir d'organiser une nouvelle croisade, prohibèrent d'une façon absolue le commerce des armes, du fer, du bois et de tous les engins de guerre avec leurs sujets, et défendirent non moins péremptoirement à tout Chrétien de prendre du service dans leurs flottes ou leurs armées, soit en Syrie, soit en Égypte [3]. Rien de semblable pour le Magreb. Bien que les constitutions apostoliques ne renferment pas de dérogation expresse aux défenses générales en faveur du commerce de ce pays, jamais leurs prohibitions n'y ont été appliquées ou même édictées, si ce n'est en des circonstances tout à fait exceptionnelles, comme lors des expéditions de 1270 et de 1390. A toutes autres époques, nous voyons le commerce européen librement importer et exporter les marchandises de toute sorte au Magreb, et les papes comme les princes permettre à leurs sujets et à tous les fidèles de servir dans les armées, le gouvernement ou la maison des émirs du pays.

1290-1300. — Des milices chrétiennes servant dans les armées des rois du Magreb.

Depuis le commencement du douzième siècle, nous avons pu remarquer, tant sous les Almoravides que sous les Almohades, non-seulement des individus chrétiens admis

---

[1] Ibn-Khaldoun, t. II, p. 399.
[2] Nos *Documents*, 15 juin 1293, 17 décembre 1317, p. 97, 99.
[3] *Hist. de Chypre sous le règne des Lusignans*, t. II, p. 125.

dans les services de la cour ou du gouvernement musulman, ce qui fut toujours rare, mais nous avons vu, comme une chose habituelle et passée à l'état d'institution, des corps entiers de soldats chrétiens, ayant leurs aumôniers et leurs églises, employés à peu près par tous les princes du Magreb [1]. L'enrôlement d'un corps de milice franque semble avoir été un des premiers soins de tous les émirs et de tous les prétendants qui se disputèrent le pouvoir à Tunis, à Maroc, à Bougie ou à Tlemcen. Les émirs évitaient, dans leur propre intérêt, et pour ne pas mettre la fidélité de ces troupes à une trop difficile épreuve, de les employer dans leurs guerres contre des princes chrétiens. Mais il arriva plusieurs fois qu'elles furent opposées l'une à l'autre dans les guerres d'Afrique [2].

Elles avaient d'ailleurs leur organisation et leur service à part, comme leur manière de combattre. Elles obéissaient à des chefs de leur nation et de leur religion, mais elles recevaient la solde et les ordres généraux du gouvernement arabe. A l'avénement d'un prince, la milice chrétienne venait, comme les autres corps de l'État, faire acte de fidélité et d'adhésion au nouveau souverain [3].

Bien que nous n'ayons pas de témoignages formels à cet égard, on peut croire que dans le cours du douzième siècle encore une partie de ces auxiliaires était recrutée parmi les restes des tribus indigènes non entièrement absorbées par l'Islamisme, qui paraissent avoir persisté dans le Maroc, le Djerid et la province de Sétif, plus qu'ailleurs. Mais au treizième siècle, tous les hommes d'armes chrétiens servant dans l'est et l'ouest de l'Afrique magrebine étaient, en immense majorité, étrangers au pays et venaient certainement d'Europe.

1290-1300. — Que les hommes de ces milices n'étaient ni des renégats ni des transfuges.

Le chiffre de dix à douze mille hommes qu'atteignit le corps de la troupe chrétienne du Maroc à la suite des événements que nous avons rappelés semble avoir été exceptionnel, bien qu'on l'ait maintenu sous les règnes d'El-Mamoun et d'El-Rechid [4]. Mais les rois de Tunis et de Tlemcen eurent habituellement auprès d'eux ou dans leurs armées des corps qu'on appelait les *Lanciers chrétiens*, la *Troupe franque* ou la *Milice chrétienne*, et dont l'effectif s'élevait au moins à deux mille hommes [5].

Ces chiffres seuls, à défaut de tant d'autres indices, suffiraient à prouver que les hommes composant ces milices régulières et permanentes ne pouvaient être des transfuges ou des renégats. Occasionnellement, en telle ou telle circonstance, des chevaliers ou des princes européens, mécontents de leurs suzerains, purent abandonner leurs fiefs et venir en Afrique servir les rois musulmans, même sans renier leur foi religieuse. Tels furent sans doute Frédéric de Castille et Frédéric Lanza, présents avec de nom-

---

[1] Voyez ci-dessus, p. 32, 72, 125, 127, 141.
[2] Cf. Ibn-Khaldoun, t. IV, p. 61; Roudh-el-Kartas, p. 441, 443; Ramon Muntaner, p. 486, chap. CCXLVIII. Ci-après, p. 158.
[3] Roudh-el-Kartas, p. 559.
[4] Voyez ci-dessus, p. 72, 125; Roudh-el-Kartas, p. 365.
[5] Voyez ci-dessus, p. 126.

breux soldats chrétiens dans l'armée d'El-Mostancer, à l'époque du débarquement de saint Louis; tel encore Alphonse de Gusman, seigneur de Saint-Lucar, qui, à la suite de quelques démêlés avec la cour de Castille, se retira au Maroc et devint général dans l'armée d'Abou-Yousouf. De semblables expatriations, amenées par les rivalités et les déceptions politiques, quelque fréquentes qu'on les suppose, si elles valaient à l'occasion aux sultans du Magreb des chefs expérimentés, ne pouvaient leur procurer, sauf de très-rares exceptions, des corps assez nombreux pour combattre isolément et suivant la tactique chrétienne, ce qu'ils appréciaient avant tout. D'ailleurs les troupes mêmes de Frédéric de Castille et de Frédéric Lanza, comme l'universalité des milices chrétiennes servant auprès des émirs d'Afrique, étaient évidemment composées d'hommes et de Chrétiens recrutés en Europe par des voies régulières, par des moyens pacifiques, à la connaissance et avec l'assentiment des princes chrétiens et de l'Église [1].

1290-1300. — Leur recrutement approuvé par les princes chrétiens.

Les documents ne laissent aucun doute à cet égard. En 1285, Pierre III, roi d'Aragon et de Sicile, traitant avec Abou-Hafs, qui avait remplacé Abou-Ishac sur le trône de Tunis, stipule, par une disposition expresse, que l'alcade majeur ou capitaine des hommes d'armes catalans entrés au service de l'émir serait toujours choisi parmi les chevaliers de la couronne d'Aragon, qu'il serait nommé et révocable par le roi d'Aragon lui-même. Le chef et ses soldats recevaient leur paye du roi de Tunis, et le traité règle que la solde devait rester la même qu'au temps où Guillaume de Moncade avait commandé les compagnies précédentes [2]. S'il faut même en croire un chroniqueur catalan, et rien n'infirme ici sa véracité, le drapeau de ces troupes auxiliaires était alors un étendard aux couleurs de l'Aragon [3]. Ces conditions durent changer sous les règnes suivants. Il y avait en effet dans la milice ordinaire des Chrétiens de Tunis plusieurs chevaliers et de simples hommes d'armes étrangers à l'Aragon, notamment des Castillans et des Italiens. Conrad Capece avait amené des Allemands [4]. Il y eut aussi des Anglais [5] et probablement des Brabançons, comme dans les grandes compagnies. Les instructions que Pierre Gradenigo, doge de Venise, remit vers l'an 1300 à Marin de Molino, envoyé à Tunis, renferment un article spécial où le doge recommande à l'ambassadeur de réclamer le payement de la solde promise à un

---

[1] M. Viardot a méconnu tous ces faits. *Hist. des Mores d'Espagne*, t. Ier, p. 280.

[2] Art. 35 du traité du Col de Paniçar. Nos *Documents*, 2 juin 1285. Cf. Muntaner, *Chron.*, chap. XXXI, p. 243.

[3] Muntaner, *loc. cit.* — Capmany exagère la portée de ces conventions, en disant que le roi d'Aragon avait le droit de tenir garnison à Tunis. (*Memorias sobre la marina de Barcelona*, t. III, 2e partie, p. 205, 210.)

[4] Saba Malaspina, ap. Muratori, *Script. ital.*, t. VIII, col. 859.

[5] Cf. Chaucer, *The Cantterbury tales*. Le premier des vingt-neuf voyageurs réunis dans l'auberge de Cantorbéry était un chevalier qui avait pris part aux expéditions du roi Pierre Ier de Lusignan à Alexandrie, Lajazzo, Satalie et Palatcha; il avait en outre fait la guerre en Finlande, en Lithuanie, en Russie, dans les royaumes de Grenade, de Maroc (ou *Belmarie*, altération du nom de Beni-Merin) et de Tlemcen, ou *Tramissene*. Prologue, vers 51-66.

noble vénitien de la famille Giuliani, qui pendant quarante-quatre mois était resté au service du roi, à raison de trois besants par jour, avec ses hommes d'armes et ses domestiques [1].

Rien de plus fréquent, lors de la conclusion des traités de paix entre les sultans du Magreb et les princes d'Europe, que d'appeler les chefs de la milice chrétienne et leurs intendants, trésoriers ou agents comptables, avec les consuls et les prêtres des diverses colonies, à la séance solennelle de la conclusion du traité. Ils sont quelquefois au nombre des garants spéciaux dont la présence et la signature servaient à authentiquer l'instrument de l'accord. Parmi les témoins du traité de Tunis de 1313, conclu entre Abou-Yahya et le roi de Majorque, figure l'intendant de la milice chrétienne, « en » Lorenç de Berga, escriva dels cavaliers christians [2] ». Au traité de 1314, entre Abou-Yahya et l'Aragon, se trouve Bernard de Fons, « el alcayt des cavalers crestians [3] ». En 1315, le caïd chrétien Ferrand Jove (le Jeune?) est chargé par l'émir de Bougie de porter des lettres au roi d'Aragon [4]. Le traité de 1353, entre la république de Pise et le roi Abou-Ishac, traité dans lequel Fernand Perez, soudoyer chrétien du roi de Tunis [5], servit d'interprète, fut scellé en présence du caïd Lodorico Alvarès, Espagnol, et du caïd Andreuccio Cibo, Génois, l'un et l'autre connétables des chevaliers chrétiens du roi Abou-Ishac [6]. Trois caïds des troupes chrétiennes furent présents à la clôture du traité que la république de Gênes conclut en 1391 avec Aboul-Abbas, roi de Tunis [7]. On n'eût point appelé des traîtres et des apostats à de semblables honneurs.

L'institution des milices chrétiennes ne se maintint pas seulement dans le Magreb oriental et le royaume de Tlemcen, les annales du Maroc les mentionnent pendant tout le quatorzième siècle [8], et nous les verrons employées à la cour des rois de Tunis au quinzième et au seizième siècle encore, jusqu'à l'arrivée des Turcs [9].

1290-1300. — Approuvé par le Saint-Siége.

Accepté par les princes et les États de l'Europe, l'engagement des auxiliaires chrétiens pour le compte des rois musulmans du Magreb était connu et approuvé par l'Église. Il n'en faudrait pas d'autres preuves que les menaces itératives mais purement comminatoires de Grégoire IX et d'Innocent IV de l'interdire, s'ils n'obtenaient des sultans soit leur conversion, soit des concessions moins difficiles à réaliser, mais qui ne purent être jamais accordées, telles que la cession de places fortes.

Grégoire IX, en remerciant El-Rechid de la protection qu'il donnait à l'évêque et

---

[1] Nos *Documents*, 1300, art. 9, p. 210.
[2] Nos *Documents*, p. 191.
[3] Nos *Documents*, p. 309.
[4] Capmany, t. IV, p. 62.
[5] Nos *Documents*, p. 64.
[6] Nos *Documents*, p. 64.
[7] Nos *Documents*, p. 132.
[8] Ibn-Khaldoun, t. IV, p. 373, 375.
[9] Voyez ci-après, ann. 1465-1514, *Garde chrétienne du roi de Tunis*.

aux religieux du Maroc, ne craint pas de dire au miramolin que l'Église avait quelque droit de compter sur ses bons offices et même d'espérer qu'un jour il ouvrirait les yeux à la vraie lumière; car, ajoute le Pape : « Si tu voulais être l'ennemi et non l'ami
» du Christ, nous ne pourrions pas permettre que les fidèles du Christ continuent à
» rester à ton service [1]. »

En 1251, Innocent IV allait plus loin encore, on l'a vu, quand il réclamait d'Omar-el-Morteda la cession de quelques places maritimes pour la sécurité de ces Chrétiens nombreux habitant le Maroc avec leurs femmes et leurs enfants, et servant fidèlement le prince, soit dans les armées, soit dans les emplois civils [2]. Le Pape justifiait ainsi sa demande : « Ta Grandeur ne peut permettre que des Chrétiens, attachés à ton ser-
» vice avec un pareil dévouement, soient exposés à de sérieux dangers s'ils continuent
» à manquer de lieux fortifiés où ils puissent se retirer en cas de nécessité. Nous prions
» donc Ton Excellence d'accorder à ces Chrétiens des villes et des camps fortifiés
» (*munitiones et castra*) pour leur protection. Si tu t'y refusais, nous chargeons
» l'évêque de Maroc d'ordonner aux Chrétiens habitant ce pays d'abandonner aussitôt
» ton service, et d'empêcher que de nouveaux Chrétiens ne se rendent dans tes États
» pour se mettre à tes ordres [3]. »

Les places de sûreté ne purent être accordées, et le service militaire auprès des rois magrebins ne fut point interdit aux Chrétiens par l'Église. Nicolas IV en admet tout à fait le principe quand, en 1290, préoccupé seulement des dangers que les mœurs et la foi des soldats de ces milices couraient au milieu de populations musulmanes, il leur adresse cette bulle, signalée depuis quelques années, où il leur recommande de ne jamais oublier leur titre d'enfants de l'Église, et, tout en servant fidèlement les émirs auprès desquels ils résident, de conserver intact le dépôt des vertus chrétiennes :

« A nos chers enfants les nobles hommes, barons, chevaliers et autres gens d'armes
» chrétiens demeurant au service des rois de Maroc, de Tunis et de Tlemcen. Si nous
» désirons que tous les hommes faisant profession de la doctrine chrétienne méritent
» par une vie exemplaire de gagner le ciel, combien ne souhaitons-nous pas davantage
» que les Chrétiens qui vivent dans le pays des infidèles se conservent purs et sans
» tache par la foi et par les mœurs, afin que leur exemple puisse ramener dans les
» voies du salut les infidèles eux-mêmes! Que votre conduite soit donc toujours con-
» forme à la justice, à la loyauté, à la pureté. Évitez tout ce qui peut déshonorer le
» nom chrétien chez les peuples. Ne pouvant nous rendre partout, nous envoyons à
» notre place, en Afrique, avec les pouvoirs de légat apostolique, notre cher frère
» Rodrigue, évêque de Maroc, homme capable et prudent. Nous vous prions de le
» reconnaître, de le recevoir, de le seconder comme tel, lui et ceux qu'il déléguera,
» dans toutes les choses relatives au culte divin, afin que par le dévouement et la
» piété vous persévériez dans une vie exemplaire, et qu'ayant à rendre grâces au

---
[1] Lettre du 27 mai 1233. Nos *Documents*, p. 10.
[2] Voyez ci-dessus, page 127.
[3] Lettre du 16 mars 1251. Nos *Documents*, p. 17.

» Seigneur de votre déférence, nous puissions le prier en même temps de vous combler
» de ses dons [1]. »

Leur utilité dans la guerre.

Ce que les princes musulmans appréciaient le plus dans les troupes franques, c'était leur discipline et leur façon de combattre. Ils cherchèrent aussi à s'en faire une garde particulière et de confiance, pour la défense de leur personne et de leur palais. Exposés sans cesse à être trahis et massacrés, au milieu de la rivalité des tribus indigènes et au sein d'une organisation sociale où toute révolte heureuse était légitimée, plusieurs sultans trouvèrent plus de sécurité à confier la garde de leur demeure à des troupes étrangères. Mais l'avantage principal qu'ils attendaient des milices chrétiennes était leur service et leur tactique dans la guerre.

Les troupes franques étaient dressées à observer la discipline et à garder le silence dans les rangs; elles ne s'ébranlaient pour la défense que sur un commandement formel et n'avançaient qu'avec mesure et en bon ordre. Habitués à charger l'ennemi et à se reformer aussitôt en escadrons réguliers, les Francs étaient, au milieu du tourbillon des armées arabes, comme des tours ou des remparts inébranlables, dans leurs mouvements mêmes, derrière lesquels les masses confuses des cavaliers maures venaient se rallier avant de revenir à l'attaque.

Un curieux passage d'Ibn-Khaldoun explique ces avantages des troupes chrétiennes pour les émirs magrebins. Nous le citerons en entier, quoiqu'il soit un peu long :
« Nous venons d'indiquer pourquoi on établit une ligne de ralliement sur les derrières
» de l'armée, et signaler la confiance qu'elle communique aux troupes qui combattent
» par attaque et par retraite. Ce fut pour le même motif que les rois du Magreb
» prirent à leur service et admirent au nombre de leurs milices des corps de troupes
» européennes (*frendj*). C'est un usage qui leur est particulier et qu'ils adoptèrent,
» parce que tous les habitants de ce pays étant dans l'usage de combattre d'après
» le système d'attaque et de retraite, ces princes tenaient beaucoup, dans leur propre
» intérêt, à établir sur les derrières de leurs armées une forte ligne d'appui qui
» pourrait servir d'abri aux combattants. Pour former une telle ligne, il fallait de
» toute nécessité employer des gens habitués à tenir ferme sur le champ de bataille;
» car autrement ce corps reculerait, ainsi que font les troupes qui ne savent combattre
» que par charges et retraites successives. S'il lâchait pied, le sultan et toute l'armée
» seraient entraînés dans la déroute. Les souverains maghrebins eurent donc besoin
» d'un corps de troupes habituées à combattre de pied ferme, et ils les prirent chez
» les Européens. Pour former le cercle de troupes qui les entourait (pendant la bataille),
» ils prirent aussi des soldats de cette race. C'est là, il est vrai, s'appuyer sur des infi-
» dèles, mais ces princes ne regardaient pas cela comme un sujet de reproche; ils
» étaient obligés de le faire, ainsi que nous venons de l'expliquer au lecteur, par la
» crainte de voir le corps de réserve qui les entourait prendre la fuite. Sur le champ
» de bataille, les Francs tiennent ferme; ils ne connaissent que cela, parce qu'ils ont

---

[1] Nos *Documents*, 9 février 1290, p. 17.

» été habitués à combattre en ligne; aussi forment-ils des troupes plus solides que
» celles de tout autre peuple. Du reste, les rois maghrebins ne les emploient que contre
» les Arabes et les Berbères qu'ils veulent faire rentrer dans l'obéissance; mais ils se
» gardent bien de s'en servir dans les guerres contre les Chrétiens, de peur que ces
» troupes auxiliaires ne s'entendent avec l'ennemi et ne trahissent les Musulmans.
» Voilà ce qui se pratique dans le Maghreb encore de nos jours. Nous venons d'exposer
» les motifs de cet usage, et Dieu sait toutes choses[1]. »

Ibn-Khaldoun mit, on le sait, la dernière main à son histoire et à ses mémoires de l'an 1380 à l'an 1390.

1260-1313. — Nombreux captifs chrétiens en Afrique.

La sollicitude apostolique avait en ces temps à veiller en Afrique sur d'autres Chrétiens que les soldats des milices et les marchands. Bien que le cours ordinaire des relations entre les Européens et les Magrebins fût devenu amical et pacifique depuis plusieurs siècles, les prisonniers de guerre et les esclaves n'étaient rares chez aucun peuple. Les guerres d'Espagne, les croisades d'Orient et la course maritime amenaient incessamment des prisonniers dans les ports et les marchés des deux côtés de la Méditerranée; mais jamais ni le nombre ni le traitement des captifs musulmans ne furent comparables au nombre et à la condition de ceux que les Musulmans enlevaient aux Chrétiens. Le mal augmenta au quatorzième et au quinzième siècle[2]. Sous les Turcs, encouragé par le gouvernement dans sa source la plus abondante, la course et la piraterie, il atteignit des proportions dont le souvenir semble aujourd'hui une honte pour les peuples civilisés qui l'ont toléré pendant trois cents ans.

Au treizième siècle, il était si fréquent de trouver des captifs chrétiens chez les Sarrasins, que des ordres religieux furent spécialement créés pour alléger la tâche des Dominicains et des Franciscains, et que le roi de Castille Alphonse X fonda, en 1260, la célèbre association des *Alfaqueques* ou *Rescatadores*, dans le but de partager la tâche et de faciliter l'œuvre des ordres religieux. Des hommes attachés encore au monde par les liens de la famille ou des affaires se faisaient ainsi, sans manquer à d'autres devoirs, les courtiers dévoués du rachat des captifs en Espagne et dans le Magreb.

Aidés de ces pieux auxiliaires, qu'il ne faut pas séparer d'eux, les religieux de saint François et de saint Dominique, les Rédemptoristes de la Trinité[3] et de la Merci[4] auraient mérité la reconnaissance éternelle de l'humanité par ce qu'ils ont accompli seulement pour l'Afrique septentrionale. Parcourir l'Europe et les mers en

---

[1] Prolégomènes d'Ibn-Khaldoun, trad. par M. le baron de Slane, *Notices et extraits des manuscrits*, t. XX, 1re partie, p. 82.

[2] Voyez ci-après, § 1350-1400.

[3] L'ordre de la Trinité de la Rédemption des captifs, nommé en France l'ordre des Mathurins ou des Trinitaires, fut fondé dès le commencement du treizième siècle à Marseille par saint Jean de Matha.

[4] L'ordre de Notre-Dame de la Merci pour la rédemption des captifs fut fondé en Aragon vers 1230 par saint Pierre Nolasque, du Mas-Saintes-Puelles, village du haut Languedoc.

mendiant, vivre de pain et d'eau, partager la couche des animaux pour ménager le dépôt sacré qui leur était confié, abréger par les plus tendres consolations les lenteurs de la délivrance, prendre comme otages la place de ceux que l'insuffisance des aumônes aurait trop longtemps laissés dans les fers [1], tels ont été pendant des siècles les labeurs et les joies journalières de milliers de religieux aujourd'hui oubliés, au-dessus desquels brillent, sans qu'ils l'aient voulu, les noms de saint Jean de Matha, de saint Pierre Nolasque, de saint Antoine de Padoue, de saint Raymond de Pennafort, de saint Vincent Ferrier et enfin de saint François d'Assise, qui, sans avoir eu le bonheur de rompre lui-même les liens des captifs d'Afrique, tenta plusieurs fois de visiter le Magreb, mais ramené par les circonstances dans les voies différentes où l'appelait la Providence, alla porter aux Orientaux l'autorité de sa parole et de ses vertus.

L'histoire monastique a enregistré quelques faits de ce temps particuliers à l'ordre de la Merci. En 1306, le prieur général Raymond Albert vint lui-même en Afrique avec d'abondantes ressources qu'un patrimoine personnel avait augmentées; il eut la satisfaction de ramener en Europe plus de trois cents esclaves rachetés à Tétouan, Fez, Maroc, Tlemcen et Alger. Vers 1313, Claude de Saint-Romans, Guillaume Girald de Barcelone, sauvèrent à Maroc deux cent trente-six Chrétiens prisonniers, parmi lesquels se trouvait un chevalier espagnol près de succomber aux tourments de la captivité et d'apostasier en épousant une princesse mérinide [2].

1285-1309. — Le tribut dû par le roi de Tunis à la Sicile passe à la couronne d'Aragon, puis au roi de Naples.

Le traité dans lequel Pierre III convenait avec Abou-Hafs des conditions auxquelles les hommes d'armes catalans seraient autorisés à servir comme par le passé en Afrique, était un accord général de paix et de commerce entre Tunis et le royaume d'Aragon, y compris l'île de Sicile, dont Pierre III avait reçu la couronne à la suite des Vêpres siciliennes. Il fut conclu le 12 juin 1285 avec l'envoyé arabe, au milieu du camp du roi Pierre, au col de Paniçar dans les Pyrénées [3], où l'armée d'Aragon s'était établie pour défendre le passage aux Français qui s'avançaient sous les ordres de Philippe III et du roi Jacques de Majorque, propre frère du roi Pierre.

En dehors des stipulations ordinaires concernant les relations des deux pays, rappelées à peu près telles que les réglait le traité de 1271 [4], avec quelques additions concernant les consuls et les fondouks catalans [5], le nouvel accord toucha au point

---

[1] C'était le quatrième vœu que les religieux de Notre-Dame de la Merci ajoutaient aux trois vœux ordinaires : « In Saracenorum potestate in pignus, si necesse fuerit, ad redemptionem Christi » fidelium, detentus manebo. » Voyez une savante étude de M. Germain sur l'*OEuvre de la Rédemption des captifs à Montpellier* (p. 6), ville qui fut, comme Marseille, un des centres les plus actifs de l'association en France. *Mém. de la Société archéol. de Montpellier.* 1863.

[2] Remon, *Hist. de N. S. de la Merced*, t. Iᵉʳ, p. 324, 358; M. l'abbé Godard, *Hist. du Maroc*, t. II, p. 440.

[3] Nos *Documents*, p. 286.

[4] Ci-dessus, p. 140. Voyez Capmany, t. III, 2ᵉ partie, p. 205.

[5] Art. 37, 38 du traité de 1285.

délicat du tribut dû formellement par le royaume de Tunis à la Sicile depuis la croisade de 1270.

Le montant en resta fixé à la somme annuelle de 33,333 besants et un tiers [1], tel qu'il avait été arrêté en 1270, lors de la liquidation faite à Carthage entre El-Mostancer et Charles d'Anjou [2]. On déclara en outre qu'une somme de 100,000 besants serait payée au roi d'Aragon dès l'arrivée de son ambassadeur à Tunis, pour solder les arrérages échus depuis trois ans, c'est-à-dire depuis l'année 1282, dans laquelle le roi Pierre III avait été proclamé roi de Sicile [3]. On convint enfin que toutes sommes dues pour les comptes antérieurs par la « maison de Tunis » au roi Charles faisaient dès ce moment retour et devraient être remises au roi d'Aragon [4].

Pierre III étant mort à la fin de l'année 1285, et les royaumes d'Aragon et de Sicile ayant été alors séparés, le tribut de Tunis devint un objet de compétition entre les trois couronnes d'Aragon, de Sicile et de Naples, car le roi Charles II d'Anjou prétendait y avoir droit de son chef personnel comme héritier et successeur direct de Charles Ier d'Anjou son père, mort au mois de janvier 1285, qui en avait obtenu le rétablissement et l'augmentation formelle d'El-Mostancer en 1270. Il est vraisemblable que les rois de Tunis profitèrent de ces démêlés pour se soustraire de nouveau à leurs obligations. Lors du traité de paix de Caltabellota, conclu au mois d'août 1302 entre Frédéric d'Aragon, roi de Sicile, et Charles II d'Anjou, il semble n'avoir été rien dit de particulier au sujet des créances sur Tunis. Zurita [5], archiviste de la couronne d'Aragon, a écrit sur les documents originaux, comme Rinaldi [6], plus circonstancié sur cet incident que les chroniqueurs du temps ; mais ni Zurita ni Rinaldi ne font connaître ce qui put être arrêté à cet égard dans les conférences de Castronovo et lors de l'accord définitif de Caltabellota. Boniface VIII, confirmant l'année suivante la transaction qu'il n'avait pas approuvée d'abord, ne touche pas à cette question secondaire du débat. Peut-être l'acte original de la paix de 1302, que nous n'avons pas, se borna-t-il à attribuer d'une manière générale à chacun des princes contendants les droits et les charges afférentes aux terres qui leur étaient dévolues.

L'omission probable de stipulations précises à ce sujet dans le traité de 1302 amena de nouvelles contestations entre les rois de Naples et les rois de Sicile après la mort de Charles II. L'an 1309, le roi d'Aragon Jacques II, choisi pour arbitre du différend, qui touchait aussi à la possession de quelques châteaux de l'île, se prononça en faveur du roi de Naples Robert d'Anjou, fils de Charles II, et contre son propre frère Frédéric d'Aragon, roi de Sicile. La raison de droit qui détermina sa décision avait été antérieurement soulevée et évoquée par la cour de Rome, quand elle exigea que Frédéric d'Aragon s'intitulât *roi de Trinacrie* ou *roi des Siciliens*, mais non *roi de Sicile*.

---

[1] Art. 34.
[2] Voyez ci-dessus, page 83.
[3] Art. 41.
[4] Art. 42.
[5] *Anales de la Corona de Aragon*, lib. V, cap. LVI.
[6] *Annales ecclesiastici*, 1302, § 4.

Les légistes romains, dans la rigueur du droit, distinguaient l'île de Sicile, dont la maison d'Aragon était devenue matériellement propriétaire en 1282, et le *royaume* de Sicile, dont l'île n'était que la moindre partie; royaume, disaient-ils, demeuré incommutablement aux princes d'Anjou, malgré la perte et la cession de l'île de Sicile. La Trinacrie, répétait Jacques II après le Saint-Siége, n'est qu'une province de l'ensemble du royaume de Sicile, dont l'essence et le centre est, et a toujours été, le duché d'Apulie ou le royaume de Naples. Au possesseur de Naples et de la Pouille doivent donc rester les droits, les honneurs, tributs et prérogatives quelconques revenant au prince seul et véritablement seigneur du royaume de Sicile.

Ces raisons assez spécieuses ne purent empêcher le roi d'Aragon de reconnaître que son frère Frédéric, comme possesseur de la Trinacrie, vis-à-vis de laquelle les rois de Tunis s'étaient originairement engagés à la redevance, pouvait exiger un nouveau tribut des émirs, et les y contraindre au besoin par la force [1]. Il est douteux que le sultan eût adhéré à une semblable interprétation qui en définitive lui imposait, pour des causes à lui tout à fait étrangères, l'obligation de deux tributs, si des événements imprévus, arrivés sur ces entrefaites, ne l'y avaient, à ce qu'il semble, engagé.

1289-1310. — De l'île de Gerba et de sa population.

Les circonstances par suite desquelles les rois de Sicile redevinrent un temps maîtres de l'île de Gerba semblent leur avoir permis en effet d'obtenir des rois de Tunis le payement d'un tribut qui put paraître le rétablissement de celui que le roi d'Aragon leur déniait, mais qui au fond en différait totalement. Ce n'est pas nous écarter trop de notre sujet que de nous arrêter un moment à ces faits et à l'histoire de cette grande île peuplée d'anciens Berbères devenus Musulmans, si souvent disputée et si souvent occupée par les Chrétiens au moyen âge.

Gerba, avec les îles de Kerkeni ses voisines, ordinairement ses clientes, est située à l'entrée du golfe de Cabès, entre Tripoli et Tunis. Elle a une superficie d'environ vingt-cinq lieues carrées et un sol très-fertile. Le dattier, la vigne, l'olivier, les pâturages y abondent et s'y couvrent de produits estimés [2]. Les habitants, comme ceux des côtes environnantes, entrés avec répugnance dans l'Islamisme, vengèrent leurs rancunes en adhérant aux doctrines dissidentes de la secte des kharadjites. Ils furent presque toujours en état de rébellion vis-à-vis des rois de Tunis et se livrèrent avec une sorte d'acharnement au vrai brigandage sur terre et sur mer. C'était pour eux un titre de gloire, les historiens arabes l'affirment, que d'enlever des Musulmans

---

[1] « Quanto al tributo que se llevava del rey de Tunez, declaró el rey (d'Aragon) que el rey » D. Fadrique no lo cobrasse, y se pagasse al rey Carlos, pero que pudiesse el rey D. Fadrique hazer » guerra al rey de Tunez y a los Moros de aquel reyno y concertarse con ellos; y esto declaró que se » cumpliesse por ambos reyes so pena de los veynte mil marcos de plata. Con esta determinacion » embió el rey a Napoles y a Sicilia. » Zurita, lib. V, cap. LXXV, fol. 432 v°; Saragosse, 1669, in-folio. Cf. Rinaldi, *Annal. ecclesiast.*, 1309, § 23, t. XXIII, p. 475; Gregorio, *Considerazioni*, t. II, p. 545, 560.

[2] El-Bekri, *Descript. de l'Afrique*, p. 48, 198; Ibn-Khaldoun, *Hist. des Berb.*, t. III, p. 63.

et de les livrer comme de vils esclaves aux marchands d'Europe [1]. Ajoutant aux bénéfices de leurs déprédations les fruits d'un travail soutenu et d'une certaine industrie, ils fabriquaient des étoffes de laine et des toiles de coton recherchées encore aujourd'hui dans toute l'Afrique sous le nom de *haïks* [2]; ils vendaient aux Européens en grande quantité l'huile de leurs oliviers, les laines et les toisons de leurs troupeaux [3].

Gerba avait autrefois fait partie du royaume d'Afrique possédé par les Normands, de même que Tripoli, dont les îles du golfe partageaient souvent la fortune. Abd-el-Moumen la fit rentrer avec El-Mehadia et toute la côte de la Byzacène sous l'autorité des Almohades. Les divisions qui éclatèrent dans la famille des Hafsides, à la fin du treizième siècle, permirent aux Chrétiens de songer à reprendre leurs conquêtes dans ces provinces toujours un peu indociles.

1289-1310. — Conquise par Roger Doria, l'île reste aux héritiers de l'amiral sous la suzeraineté apostolique.

En 1284 et 1285, avant le traité du col de Panicar, Roger Doria, amiral d'Aragon, avait profité du moment où les prétendants se disputaient le trône de Tunis pour débarquer subitement dans l'île. En deux occasions différentes il ravagea ses campagnes, recueillit un immense butin et emmena plus de deux mille captifs, qu'il vendit en Europe. Sauf peut-être les massacres, on ne trouverait pas beaucoup de différence entre ces vastes razzias et les incursions des Sarrasins du dixième siècle sur les côtes de la Sardaigne ou de la Provence, dont nos chroniqueurs se plaignent avec tant d'indignation et de raison. Craignant de nouvelles calamités, et n'y pouvant résister, les Gerbiotes demandèrent au sultan Abou-Hafs, qui l'accorda, dit-on, l'autorisation de se soumettre aux Francs. Roger Doria vint alors, vers 1289, prendre possession de l'île et y jeta les fondements de la grande forteresse carrée nommée par les Arabes *El-Cachetil*, le château [4], dont les hautes tours et le donjon inspiraient l'inquiétude et la terreur, dit Ibn-Khaldoun, aux populations environnantes [5]. Peu de temps après, l'amiral Roger, alors au service du roi de Naples, voulut consolider en ses mains la possession des îles de Gerba et de Kerkeni, en les plaçant sous la suzeraineté apostolique. Boniface VIII accepta l'hommage et rétrocéda les îles à Doria en fief héréditaire, sous la redevance annuelle de cinquante livres d'or, attendu, porte la bulle de concession du 11 août 1295, que ces îles ne dépendent pas du royaume de Sicile et que depuis un temps immémorial elles n'appartiennent plus à un prince chrétien [6].

Par suite de morts rapides, la seigneurie de l'île passa en quelques années à la

---

[1] El-Tidjani, *Voyage d'El-Lihyani à Gerba en 1306*, traduit par M. Rousseau, p. 111. — Une autre fraction de ces schismatiques kharadjites se fixa dans les montagnes situées entre Bône, Bougie et Constantine.

[2] Ibn-Khaldoun, t. III, p. 63, 64.

[3] Voyez ci-après : *Exportations du Magreb*.

[4] Nicolas Specialis, *Rer. Sicul.*, lib. I, cap. xxx, ap. Muratori, *Script. ital.*, t. X, col. 946; Barth. de Nicastro, *Hist. Sicul.*, cap. LXXXIII, ap. Muratori, t. XIII, col. 1092; Ramon Muntaner, chap. CXVII, p. 330.

[5] Ibn-Khaldoun, t. II, p. 397; t. III, p. 65.

[6] Nos *Documents*, p. 19.

troisième génération des Doria. Roger, premier du nom, transmit la principauté avec sa lourde succession à son fils aîné Roger II dit Rogerone, celui-ci à son frère Charles, et Charles à son fils Roger III, enfant de cinq ans, dont la mort presque immédiate fit revenir l'honorable et difficile héritage à Bérenger, le dernier fils de Roger et de Saurine d'Entença, de la noble maison alliée à la famille d'Aragon [1]. Les capitaines qui gouvernaient l'île de Gerba au nom de ces princes, pendant qu'eux-mêmes résidaient soit à Gênes, soit à Rome, soit dans les Calabres, où ils possédaient jusqu'à vingt-trois châtellenies, avaient besoin d'une vigilance continuelle et de mesures énergiques pour se défendre contre les attaques des rois de Tunis et pour maintenir la population dans l'obéissance.

1289-1310. — Tentatives des rois de Tunis pour reprendre Gerba.

Généralement unis contre les sultans almohades, les Gerbiotes étaient divisés, par la politique et la religion, en deux sociétés rivales, les Moawia et les Mestouna, qui chacune avaient des affiliés sur le continent, tout autour du golfe de Cabès, et plus au loin. Les Ouled-Moawia comptaient parmi eux la famille des Ben-Simoumen, la plus riche de l'île, et se montraient favorables aux Chrétiens. C'en était assez pour que la faction opposée supportât impatiemment leur joug. Plusieurs fois les Mestouna avaient demandé des troupes au roi de Tunis et assiégé le Cachetil, sans jamais parvenir à le forcer.

En 1306, une forte expédition commandée par le grand scheik de Tunis, l'émir Abou-Yahya-Zakaria el-Lihyani, arrière-petit-fils de Yahya Ier, et devenu plus tard sultan lui-même, ne fut pas plus heureuse que les précédentes[2]. L'armée arabe renfermait un corps assez nombreux de la milice chrétienne, que l'idée d'aller combattre d'autres chrétiens au Cachetil de Gerba n'empêcha pas de remplir loyalement son devoir[3]. Après plusieurs mois d'un siége opiniâtre, et qui aurait fini peut-être par triompher de la résistance des assiégés, El-Lihyani se retira en apprenant l'approche de Roger Doria, deuxième du nom, qui venait en personne défendre sa seigneurie, aidé par le roi de Sicile[4]. Peu d'années après, les troupes de Charles Doria eurent à repousser de nouveau les Tunisiens et à châtier les gens de la Mestouna qui les avaient rappelés. Doria profita dans cette campagne du concours des deux rois Frédéric d'Aragon et Robert d'Anjou[5], alors en paix par suite vraisemblablement des accords de 1309.

---

[1] Muntaner, chap. CCXLVIII et CCXLIX, p. 486-487; Zurita, lib. VI, cap. XIII, fol. 18 v°.

[2] Voyez Ibn-Khaldoun, t. II, p. 427; El-Tidjani, *Voyage du grand scheik El-Lihyani dans le royaume de Tunis en* 1306, traduit par M. Rousseau, in-8°, 1853, extr. du *Journal asiatique*, 1852-1853; Muntaner, p. 486. Les dates ajoutées par l'éditeur à cette dernière chronique sont souvent fautives. — Vers l'an 1305, don Jaspert de Castelnau, amiral aragonais, mais commandant momentanément quelques navires exclusivement siciliens, attaqua les Tunisiens du côté de Tripoli, ce qui amena des explications entre les rois de Tunis et d'Aragon alors en paix. Nos *Documents*, p. 293, art. 3; Capmany, *Memorias*, t. III, 3ᵉ partie, p. 207.

[3] « Le château de Gerbes était alors assiégé, car le roi de Tunis y avait envoyé, avec une grande » ost de Chrétiens et de Sarrasins, le Lahieni, etc. » Muntaner, chap. CCXLVIII, p. 486.

[4] Ibn-Khaldoun, t. II, p. 428; Muntaner, chap. CCXLVIII, p. 486.

[5] Muntaner, chap. CCXLIX, p. 487.

1310-1311. — Muntaner devient capitaine de Gerba et de Kerkeni au nom du roi de Sicile, seigneur usufruitier des îles.

Mais la tranquillité des Francs de Gerba ne dura pas plus que la bonne intelligence des rois de Naples et de Sicile qui l'avait amenée. Conrad Lança, tuteur de Roger III, ne put suffire à la défense de l'île devant la révolte des Ouled-Moawia et des Ouled-Mestouna réunis momentanément contre lui. Il s'adressa sans succès à Saurine d'Entença, fort gênée par les charges de la succession de l'amiral. Il ne put obtenir davantage ni du Pape, suzerain de Gerba, ni du roi de Naples, suzerain du jeune Roger à cause de ses terres de Calabre. Il prit alors le parti d'engager la seigneurie au roi de Sicile, qui consentit à faire les frais d'une nouvelle campagne en hommes et en argent. Il y mit pour condition que ses troupes occuperaient les deux forteresses de Gerba et de Kerkeni, et l'île entière de Gerba, si on parvenait à la soumettre, le tout comme sa pleine et entière propriété, jusqu'au remboursement intégral de ses avances, ce qui fut accepté [1].

Un premier armement, composé de chevaliers catalans et siciliens, ayant été complètement battu, et son chef, Pèlerin de Patti, fait prisonnier, toutes les îles du golfe se soulevèrent, les garnisons se renfermèrent dans les forts du Cachetil et de Kerkeni, où elles furent bientôt assiégées, et il fallut songer à conquérir de nouveau le pays entier.

Raymond Muntaner, revenant de sa campagne de Romanie, se trouvait alors en Sicile. Frédéric, confiant dans son habileté, lui remit le commandement d'un nouveau corps d'opérations avec les pouvoirs les plus étendus. Il ordonna aux châtelains du Cachetil et du fort de Kerkeni, qui devaient lui obéir en vertu de son traité avec le régent, de remettre les places à son délégué et de lui prêter hommage comme le remplaçant entièrement dans sa seigneurie. Muntaner, qui entre à ce propos dans des longueurs fort excusables, fait observer que le Roi ne se retint pas même le recours en appel des jugements qui devaient être prononcés en son nom [2].

Ainsi pourvu et largement autorisé, il se rendit à Gerba et s'y conduisit, comme on devait s'y attendre, en habile homme et en bon soldat. Dès son débarquement, il sut détacher les Moawia du parti de l'insurrection, et il organisa chez les Ben-Simoumen, restés fidèles, un corps de deux cents cavaliers, auxquels il donna pour paye un besant par jour, avec une ration de farine, d'avoine, de légumes et de fromage [3]. Suivi de ces auxiliaires, il se mit à traquer sans relâche les Mestouna; il les refoula dans un coin de l'île, où il les tint si resserrés que le défaut de vivres les contraignit à faire du pain avec de la sciure de palmier, et bientôt, cette dernière ressource leur manquant, à s'enfuir en toute hâte par le gué qui de l'île communique à la terre ferme.

Là ils parvinrent à se réorganiser, et de nombreux renforts leur étant arrivés des

---

[1] Muntaner, chap. ccl, p. 488; Zurita, *Anales de Aragon*, lib. VI, cap. xiii, fol. 18 v°, sous l'année 1313-1314.

[2] Muntaner, chap. ccli, p. 490.

[3] Muntaner, chap. cclii, p. 492. Le besant valait trois sous et quatre deniers de Barcelone.

tribus de l'intérieur, Alef, leur chef, les ramena dans l'île. Soit que le régent ait voulu par sa présence limiter l'autorité dont le lieutenant était momentanément investi, soit que le sentiment du danger que courait la seigneurie ait seul déterminé sa résolution, Conrad Lanza arriva alors de Sicile avec des forces assez considérables. Muntaner, sans se plaindre, se subordonna à son autorité ; il prit le commandement de l'avant-garde de l'armée de secours et se mit à la poursuite des révoltés avec une nouvelle ardeur. Il atteignit Alef concentré sur un point avec tout son monde, le mit entièrement en déroute, enleva ses tentes, et donna l'ordre de massacrer tous les hommes pris les armes à la main, au-dessus de l'âge de douze ans. Les femmes et les enfants, seuls épargnés, s'élevèrent, nous dit le noble chroniqueur, à douze mille. Ils furent distribués aux soldats de l'armée de Conrad, qui les amenèrent en Sicile comme la meilleure part du butin [1].

Muntaner, rendu à son commandement et à toute son autorité par cette terrible exécution, chercha à réparer les maux de la guerre. Il s'attacha à repeupler l'île de gens de la Moawia et de leurs amis ; il encouragea partout les travaux de l'industrie et de l'agriculture, « si bien, assure-t-il, que le seigneur roi de Sicile retira chaque année » de l'île de Gerba plus de revenus qu'il n'en avait jamais eu auparavant [2]. »

1311-1313. — Muntaner seigneur de Gerba pendant trois ans sous la suzeraineté du roi de Sicile, à qui passe la souveraineté définitive de l'île.

Frédéric, pour reconnaître ces services, concéda à Raymond Muntaner, par un nouveau diplôme et pour la durée de trois ans, la possession seigneuriale des îles de Gerba et de Kerkeni, avec la faculté de pourvoir comme il l'entendrait à la garde et à l'entretien des forteresses [3]. Muntaner, voulant passer le temps de son commandement en Afrique avec sa famille, alla chercher sa femme à Valence ; à son retour il toucha Majorque, et y rendit ses devoirs au roi don Sanche, qui venait de succéder à son père Jacques Ier (juin 1311); puis il revint à Gerba, où ses vassaux arabes lui payèrent un don de joyeuse entrée de deux mille besants [4]. Il demeura ensuite trois ans au milieu d'eux avec les siens « en bonne paix, tous étant joyeux et satisfaits [5] » ; puis il rentra en Espagne, où il continua à servir loyalement les princes d'Aragon.

Après Muntaner la tranquillité de l'île ne semble pas avoir été sérieusement troublée d'abord, bien que les gouverneurs n'aient eu ni les talents ni la prudence de leur prédécesseur ; mais les droits de la famille Doria, acquis peut-être par les rois de Sicile dès la nomination de Raymond à la seigneurie triennale de l'île, furent certainement exercés alors dans leur plénitude par ces princes. Il est vraisemblable que les droits du haut domaine des îles, attribués toujours à la famille de l'amiral dans les divers arrangements faits avec la couronne de Sicile, tombèrent en péremption vers ce temps par

[1] Muntaner, chap. CCLV, p. 494-495.
[2] Muntaner, chap. CCLV, p. 495.
[3] Muntaner, chap. CCLV, p. 495 ; Zurita, lib. VI, cap. XII, fol. 19 v°.
[4] Muntaner, chap. CCLV, p. 496.
[5] Muntaner, chap. CCLV, p. 496.

[1313-1335]

l'impuissance où se trouvèrent Saurine et Conrad Lanza de remplir leurs engagements. Après 1313 il n'est plus question de la tutelle de Conrad Lanza, et l'on ne voit nulle allusion à des réserves faites pour Bérenger, fils de Roger Doria et de Saurine d'Entença. Toutes les nominations des gouverneurs ont lieu désormais au nom du roi de Sicile, qui jouit pleinement des droits souverains sur les îles du golfe, et qui les délègue à sa convenance, avec ou sans participation des prérogatives féodales [1]. L'île de Gerba est expressément rangée en 1314, sans aucune restriction, parmi les pays formant les possessions de la couronne de Sicile, qui devaient observer les trêves conclues entre le roi Frédéric III et Robert d'Anjou, roi de Naples [2].

1313-1335. — D'un nouveau tribut qui aurait été payé par les rois de Tunis aux rois de Sicile pendant l'occupation de Gerba.

C'est à cette époque, ou peu auparavant, suivant les historiens de Sicile [3], qu'un nouveau tribut en faveur du souverain de l'île aurait été consenti par le roi de Tunis, quand les provinces de Constantine et de Bougie étaient encore soit mécontentes soit séparées de la métropole. La concession est vraisemblablement du règne d'El-Lihyani, qui, monté sur le trône en 1311, abdiqua vers le mois de mai ou de juin 1317. Des trêves et peut-être un traité formel existèrent en effet entre El-Lihyani et le roi Frédéric. Un consul de Sicile, Vido Pisani, assista à la promulgation du traité vénitien conclu à Tunis, le 12 mai 1317, au nom d'El-Lihyani, déjà retiré à Cabès, où il se démit peu après du pouvoir. Il est moins probable que la concession soit du règne fort court d'Abou-Derba, son fils, proclamé vers le mois d'octobre 1317, battu et détrôné l'année suivante au commencement de l'été par Abou-Bekr, roi de Bougie, le dernier des compétiteurs resté définitivement maître de Tunis, qui dut trouver le tribut établi et qui le conserva. Passé de Cabès à Tripoli, à mesure que les événements devenaient plus inquiétants pour lui dans les provinces de l'ouest, El-Lihyani avait alors résolu de quitter tout à fait le Magreb. Ne trouvant pas auprès de lui de moyens suffisants et assez sûrs, il s'adressa aux Francs de Gerba, qui lui envoyèrent six navires, à bord desquels il se rendit à Alexandrie avec sa famille et ses trésors [4].

Comme autrefois les rois zirides avaient voulu, par le tribut payé aux Normands, se préserver des corsaires de Sicile et s'assurer, au cas de besoin, l'exportation des blés de l'île [5], le nouveau tribut aurait eu pour objet de garantir la sécurité des côtes du royaume vers le golfe de Cabès, et peut-être aussi d'acquitter d'anciennes obligations, car il est certain qu'El-Lihyani comme Abou-Bekr reçurent successivement durant leurs guerres des prêts d'hommes ou d'argent du roi Frédéric de Sicile [6].

---

[1] Cf. nos *Documents de Sicile*, année 1319; Gregorio Rosario, *Considerazioni*, t. II, p. 547, 566.
[2] Document publié par de Vio, *Privilegii di Palerma*, ann. 1319, p. 55; Gregorio, t. II, p. 547, 566.
[3] Gregorio Rosario, *Considerazioni*, t. II, p. 547; Testa, p. 157.
[4] Ibn-Khaldoun, t. II, p. 452.
[5] Ci-dessus, page 52.
[6] Villani, *Cronic. fiorent.*, lib. IX, cap. cv; t. IV, p. 101, éd. Florence, 1823.

Les historiens arabes ne disent rien, à notre connaissance, de ce nouveau tribut, et les sources chrétiennes n'en déterminent nulle part nettement l'origine et la cause. L'autorité de Gregorio Rosario permet d'y croire cependant, et si le tribut a existé, on peut admettre, sans en exagérer l'importance, qu'il a pu être maintenu tant que les rois de Sicile ont occupé les îles de Gerba et de Kerkeni, dont la possession était une inquiétude et une menace perpétuelles pour toutes les côtes du Magreb oriental. Ainsi s'expliquerait ce que les historiens de Sicile ont appelé le rétablissement de l'ancien tribut de Tunis, bien que le nouveau différât tout à fait dans son objet de l'ancien.

1335. — Les rois de Sicile perdent l'île de Gerba et les autres îles du golfe.

On peut, au sujet des événements de Gerba, soupçonner Muntaner d'un peu de complaisance pour les faits de son administration que nous avons d'après lui rappelés. Mais l'incurie et la rapacité de ses successeurs n'en restent pas moins certaines, et sont aussi manifestes que leur infériorité. Au lieu de suivre les exemples de bienveillante fermeté qu'ils auraient trouvés dans l'histoire de la domination chrétienne à Gerba et en Sicile depuis le règne de Roger [1], ou de consulter simplement l'intérêt de leur maître, ils considérèrent leur gestion comme une occasion précieuse de s'enrichir en pressurant le pays [2]. Les pachas turcs n'administraient pas différemment les districts chrétiens avant les derniers règnes. Renfermés dans leur château et en mésintelligence continuelle avec les indigènes, ils étaient souvent obligés de faire venir de Sicile les provisions nécessaires aux hommes des garnisons [3].

Leur cupidité, que la tyrannie seule pouvait satisfaire, exaspéra à la fin les partis les moins hostiles. Vers l'an 1334, les Gerbiotes, poussés à bout par les exactions de Pierre de Saragosse, adressèrent d'instantes réclamations au roi de Sicile. Repoussés ou n'obtenant que d'insignifiantes promesses, ils se soulevèrent dans l'île entière; ils demandèrent de nouveau l'appui du roi de Tunis, ils se mirent en rapport avec la flotte du roi de Naples, alors en guerre avec Frédéric, et formèrent le siége autour du Cachetil. Malgré les croisières napolitaines, le roi de Sicile parvint à faire porter aux assiégés des renforts et des vivres par la flotte de Raymond de Peralta. Mais douze galères génoises et trois voiles napolitaines ayant ouvertement pris parti pour les Arabes, en leur fournissant des armes, Peralta renonça à défendre l'île et abandonna Pierre de Saragosse, qui ne put résister longtemps. Le Cachetil fut emporté d'assaut, les soldats chrétiens massacrés ou vendus comme esclaves. Saragosse et son fils, plus particulièrement désignés au ressentiment de la population, périrent sous une grêle de pierres [4].

Du nouveau et de l'ancien tribut de Tunis à la Sicile.

Le nouveau tribut payé à la Sicile n'eut plus de raison d'être alors réclamé, et les historiens nationaux n'élèvent à cet égard aucune prétention historique, bien que les

---

[1] Voyez ci-dessus, page 120.
[2] Cf. Nicolas Specialis, lib. VIII, cap. vii, ap. Muratori, *Script. ital.*, t. X, col. 1084.
[3] *Documents des Deux-Siciles*, 27 février 1319, p. 159.
[4] Zurita, lib. VII, cap. xxv, fol. 113.

rois de Sicile aient encore longtemps après prétendu à la possession de l'île de Gerba, et tenté plusieurs fois de la reconquérir. Répétons-le : ce tribut n'était pas la continuation de celui qui, pour la première fois, avait été volontairement accepté comme mode de payement d'un marché conclu vers l'an 1181 par le roi de Tunis avec les rois normands de Sicile [1]; tribut que l'empereur Frédéric, roi de Sicile, avait trouvé établi et qu'il avait conservé [2]; que les Hafsides avaient cessé de payer quand la Sicile échappa aux enfants de Frédéric; que Charles d'Anjou rétablit et rendit obligatoire, en l'élevant au double de la contribution antérieure, grâce à la croisade de 1270 [3]; qui passa ensuite, après les Vêpres siciliennes, mais à une époque indéterminée, à la maison d'Aragon, puis à la maison de Naples, laquelle ne put longtemps le conserver, parce qu'elle ne put ou ne voulut l'exiger des rois de Tunis, comme elle en avait le droit.

Depuis 1270, en effet, la prestation était devenue un vrai tribut, une redevance définitive et perpétuellement exigible. Ce n'était plus le prix librement débattu d'un avantage ou d'un service dont l'interruption exonérait le débiteur. Il y a trace dans nos documents de tributs analogues, qui ne devaient être souvent que le remboursement, par annuités déterminées et limitées, d'emprunts antérieurs, d'indemnités de guerre, d'arriérés de soldes de troupes ou d'autres frais occasionnés par les expéditions militaires. On en trouvera particulièrement dans les rapports des rois de Tlemcen avec l'Aragon [4].

Le tribut consenti pour l'île de Gerba avait eu vraisemblablement, comme le premier tribut ziride, le caractère conditionnel, limité et révocable, ce que n'admettent pas nos anciens chroniqueurs, pour qui ces prestations sont toujours des tributs politiques imposés par la force des armes chrétiennes aux infidèles humiliés et vaincus. Erreur analogue à celle qui rattacherait une idée de sujétion politique aux redevances ou cadeaux, devenus de vraies contributions annuelles, que certaines villes du littoral italien ont consenti longtemps à payer aux Algériens pour se préserver de l'attaque des pirates ou pour s'assurer d'en être indemnisées.

1287-1339. — Difficultés inévitables du commerce.

Quelle que fût au moyen âge la bonne foi des princes qui réglaient par des traités les rapports commerciaux de leurs sujets, il était impossible, et rien n'a changé à cet égard, que l'application de ces traités ne rencontrât des difficultés de toute nature. Sans parler des variations qui pouvaient survenir dans les dispositions des princes ou de leurs ministres; sans croire à une trop grande négligence ou à une indélicatesse fréquente des agents inférieurs, les questions journalières de tarifs, de ventes, d'achats, de transports et d'interprètes, devaient donner lieu assez souvent à des

---

[1] Voyez ci-dessus, page 52.
[2] Ci-dessus, page 123.
[3] Ci-dessus, page 139.
[4] Voyez *Documents d'Aragon*, 24 avril 1319, 2ᵉ partie, art. 1 et 3, p. 314, 315. Cf. p. 324. — Voyez ci-après, p. 180.

malentendus et à des récriminations. Il n'est pas sûr toutefois que de semblables difficultés, qui troublaient, sans l'arrêter, le cours ordinaire des relations, fussent plus ordinaires au moyen âge qu'aujourd'hui, et il est moins certain encore que les griefs, grands ou petits, fussent alors plus communs en Afrique entre les Arabes et les Chrétiens qu'en Europe, entre peuples de même croyance.

Dans leurs rapports avec le Magreb, la part des sévices et des méfaits imputés aux Chrétiens fut peut-être aussi élevée que celle des Arabes. Rien ne peut dépasser l'audace et la violence des actes que les équipages des deux mosattah pisanes commirent en 1200 dans le port de Tunis[1]. Si les récriminations des Chrétiens nous paraissent plus répétées, c'est que nous connaissons mieux les documents de leur histoire, et que leur commerce était infiniment plus développé que celui des Arabes.

Nous avons indiqué la situation défavorable qu'eurent pendant quelque temps les commerçants marseillais dans le royaume de Bougie, sous le gouvernement d'Abou-Zakaria II et d'Abou-Yahya Abou-Bekr[2]. Les pièces des archives de Marseille de 1293 et 1317 nous en font savoir le détail et la gravité. On voulait exiger d'eux le payement des tarifs dès l'arrivée des marchandises à la douane et avant la vente, ce qui était contraire et aux usages et aux traités[3]; plusieurs de leurs concitoyens avaient été frappés, emprisonnés, et n'avaient pu obtenir justice de ces indignes avanies; l'émir avait refusé de les recevoir; des marchandises avaient été arbitrairement retenues à la douane, etc.

Vers la même époque, en 1300, divers sujets de la république de Venise avaient à se plaindre du gouvernement du roi de Tunis, alors Abou-Acida Mohammed, que les scheiks avaient proclamé en 1295, à la place du jeune fils d'Abou-Hafs. Les réclamations ne paraissaient pas toutes bien fondées. La république envoya néanmoins Marin de Molino en ambassade spéciale à Tunis, avec le long rôle des griefs dont elle demandait réparation, si le roi ne voulait que la république ordonnât à ses nationaux de quitter sans délai ses États[4].

Un Vénitien avait affermé du roi, pour un temps et une somme déterminés, le droit de la gabelle du vin à Tunis; les agents royaux, trouvant peu après des conditions plus avantageuses auprès d'un marchand pisan, avaient rompu le premier marché, et cela, paraît-il, avec l'assentiment ou sur l'ordre de l'émir[5]. Des hommes de Venise et de Raguse avaient été lésés, maltraités, volés même dans le port de Tunis par des gens de diverses nations, des Pisans, des Sardes, des Toscans et des Génois de Piombino et de Finale; le doge voulait que l'émir fît rendre raison aux plaignants ou les indemnisât personnellement des dommages éprouvés dans ses eaux[6]. Quelques mots des traités anciens semblaient autoriser cette prétention véritablement exorbitante; ils

---

[1] Voyez ci-dessus, p. 56.
[2] Voyez p. 147.
[3] Nos *Documents*, 1293, 1317; p. 97 et 99.
[4] *Documents de Venise*, vers 1300, p. 207, et p. 210, art. 11.
[5] Art. 2 et 8. Nos *Documents*, p. 208, 209.
[6] Art. 3, 5, 6, p. 208.

disparurent dans les traités suivants[1]. Un autre, un Contarini, se plaignait avec plus de raison de la douane de Tunis, qui avait perçu un droit de sortie sur une certaine quantité de laine achetée pour son compte avec le produit d'un chargement de blé apporté par un de ses navires de Sicile en Afrique[2].

On ne sait ce qu'il arriva de la mission de Marin de Molino. On ignore aussi quelle suite fut donnée aux doléances que le roi de Naples, comte de Provence, adressa à l'émir de Bougie au nom de la commune de Marseille[3]. Il est vraisemblable que les envoyés de Robert d'Anjou et de Pierre Gradenigo ne quittèrent pas l'Afrique sans avoir obtenu des réparations convenables pour tout ce qu'il y avait de fondé et de légitime dans leurs demandes. Satisfaction dut être donnée également en 1307 et 1315 au roi d'Aragon et à la commune de Barcelone, qui réclamaient contre la confiscation de navires barcelonais jetés à la côte près de Tripoli, quand tous les traités d'Afrique (à quelques rares exceptions près concernant Tlemcen) plaçaient les vaisseaux, les hommes et les biens naufragés sous la sauvegarde royale[4].

On peut croire qu'on agissait en général, dans les cas semblables, avec la bonne foi et l'esprit de conciliation qui présidèrent à l'examen des nombreuses réclamations de sujets génois que Lucheto Pignoli, ambassadeur de la république, vint présenter en 1287 au roi Abou-Hafs à Tunis. Un commissaire spécial fut nommé alors par l'émir pour examiner chaque affaire avec Lucheto Pignoli; des explications ou des concessions réciproques amenèrent des arrangements partiels sur chaque point, et le 9 juin 1287, dans une réunion solennelle à laquelle furent convoqués le directeur et les principaux fonctionnaires de la douane, les consuls et les chapelains des Chrétiens, un acte général rappelant tous les règlements particuliers fut signé au palais du sultan[5]. Abou-Hafs abolit à cette occasion l'usage qui autorisait les agents royaux à retenir sur les marchandises génoises ou achetées par les Génois, telles que l'huile et les laines, certains prélèvements en nature; il décida en même temps que les tarifs douaniers seraient perçus non sur l'estimation, mais sur le prix réel de la vente des marchandises. Il promit enfin d'acheter quelques maisons d'habitation contiguës au fondouk des Génois, et de les donner à la nation en même temps qu'il ferait agrandir le fondouk d'un autre côté[6].

On cherchait ainsi à donner une équitable solution aux difficultés qui se présentaient. On interprétait loyalement les articles des traités incertains ou excessifs; on ne se refusait pas aux indemnités dues pour de réels dommages; on accordait par les traités nouveaux des concessions qui tendaient toujours à faciliter les affaires des commerçants et à assurer la protection de leurs intérêts. En Europe on croyait aux bonnes dispositions des émirs; et la loyauté de la douane, qui servait presque toujours d'inter-

[1] Voyez ci-après, p. 172.
[2] Art. 4, p. 208.
[3] Nos *Documents*, p. 99.
[4] Nos *Documents*, p. 295, art. 4; p. 311. Cf. p. 324.
[5] Nos *Documents*, p. 125.
[6] Nos *Documents*, p. 126.

médiaire aux relations d'affaires entre les princes et les étrangers, offrait toute sécurité[1]. Aussi en 1236, dans une circonstance où il s'agissait d'indemnités réclamées par des armateurs de Savone pour la destruction d'un de leurs navires incendié dans le port de Ceuta, des marchands génois n'hésitaient pas à accepter comme une valeur réelle la délégation de la créance des Savonais sur l'émir et la ville de Ceuta[2].

1292-1323. — Subsides d'argent, d'hommes et de navires échangés entre les rois d'Aragon et de Sicile et les rois arabes. Prise de Ceuta par l'armée de Maroc et d'Aragon.

Nous sommes encore trop disposés à juger de la situation du nord de l'Afrique et de l'état de ses relations avec les Chrétiens sous l'influence des souvenirs de l'époque turque. C'est un écueil et un faux point de vue. Il est certain que, malgré l'antipathie persistante provenant de la différence de religion et d'organisation sociale, il y eut au moyen âge, au moins pendant deux ou trois cents ans, dans le Magreb, entre les Européens et les Arabes, des rapports d'intérêts plus multipliés, et plus de confiance réciproque dans ces rapports qu'on ne le pense. Les traités et les chroniques du temps en font foi. Nous avons rappelé les associations politiques que le cours des choses amena plusieurs fois au treizième siècle entre les sultans de Maroc et les rois d'Aragon. Rien ne changea au quatorzième; comme précédemment, des conventions militaires ou pécuniaires eurent lieu souvent entre les rois de Sicile et d'Aragon et les émirs de Tunis, de Tlemcen ou du Maroc.

Durant les luttes d'El-Lihyani et d'Abou-Bekr pour la possession du Magreb oriental, Frédéric de Sicile fournit des subsides en hommes ou en argent, peut-être l'un et l'autre, à El-Lihyani, puis à son compétiteur. Villani, en mentionnant les grands profits que Frédéric retira de ces prêts successifs[3], adresse au roi un reproche de duplicité qu'il ne paraît pas mériter. Frédéric, alors même qu'il eût été lié par un traité avec El-Lihyani, fut libre, après l'abdication de ce prince, d'employer ses trésors et son armée au mieux de ses intérêts.

En général, les émirs demandaient aux Chrétiens des secours effectifs pour la guerre de terre ou de mer : des navires, parce que leur marine était fort amoindrie; des hommes d'armes, parce qu'ils appréciaient beaucoup la manière de combattre des Francs en ligne et en bon ordre. Les princes chrétiens demandaient plutôt aux sultans des prêts en numéraire. L'an 1292, Jacques II, roi d'Aragon et de Sicile, pressé d'argent pour solder les armements qu'il avait faits contre Charles d'Anjou, et suffire à ceux qu'il projetait encore, envoya Guillaume Oulomar à Tunis, avec mission spéciale de solliciter d'Abou-Hafs telle somme qui pourrait lui être prêtée par le sultan[4]. En 1307, il adressa pareille demande au nouveau roi de Tunis, Abou-Acida, par

---

[1] Voyez, ci-après : § *Des douanes arabes*, p. 186 et suiv.
[2] Nos *Documents*, p. 115.
[3] Jean Villani, *Cronic. fiorentine*, ann. 1319, lib. IX, cap. cv, t. IV, p. 101. « E cosi il re Federigo di Cicilia con inganno da' detti due re saracini guadagnò in poco tempo dugento migliaia di doble d'oro. »
[4] Mandement à G. Oulomar. Nos *Documents*, p. 291.

l'intermédiaire de son consul, sans dissimuler que les subsides demandés étaient destinés à enlever les îles de Sardaigne et de Corse aux Pisans et aux Génois [1].

Nous avons eu l'occasion de parler des projets qui s'agitèrent quelque temps entre le roi de Maroc, Abou-Yousouf-Yacoub, et le roi Philippe le Hardi, pour une action commune à exercer en Espagne dans l'intérêt des infants de la Cerda [2]. L'entente fut de tout temps plus réelle encore entre le Maroc et l'Aragon, par suite d'une égale défiance contre les rois de Castille et contre les rois de Grenade, soumis à la suzeraineté des rois de Castille. Les bons sentiments que l'on sait avoir existé entre Abou-Yacoub, fils d'Abou-Yousouf, et les rois d'Aragon, de 1286 à 1307 [3], se retrouvent sous leurs successeurs. L'occupation de Ceuta par le roi de Grenade, Mohammed Ben-el-Hamar, qu'un parti hostile aux Mérinides avait appelé, vint leur donner occasion de les manifester. Dès l'an 1307 ou 1308 Abou-Thabet, petit-fils d'Abou-Yacoub, avait chargé deux ambassadeurs de demander à Jacques II une flottille de galères destinées à coopérer au siège de Ceuta. Les deux envoyés furent un vieux scheik, nommé Aboul-Abbas, et Bernard Seguin, vraisemblablement l'un des caïds de la milice chrétienne du Maroc. Le langage qu'on leur prête décèle la rancune et le dédain des Arabes d'Afrique pour les Maures d'Espagne, depuis leur soumission aux princes chrétiens. Ils dirent au roi d'Aragon « qu'il était vraiment honteux de voir un homme aussi » méprisable que le roi de Grenade régner dans le voisinage d'un aussi noble prince » que lui; que quant au roi de Maroc, leur maître, il se trouvait humilié de savoir la » ville de Ceuta occupée par les troupes d'un roi aussi abject que Ben-el-Hamar », et ils ajoutèrent qu'il était de l'intérêt des deux couronnes de chasser au plus tôt les Andalous de la place [4]. La négociation ne marcha pas néanmoins aussi vite que le désirait le sultan. Le roi Jacques déclara ne pouvoir agir contre le roi de Grenade avant de s'être fait dégager de la promesse qu'il n'avait pu refuser au roi Ferdinand, dans son dernier traité de Campillo, de respecter l'émir d'Andalousie, son vassal. Mais il annonça, et il tint parole, qu'il obtiendrait du roi de Castille d'être relevé de son engagement [5]. Abou-Thabet mourut sur ces entrefaites, et fut remplacé par son frère Abou-Rebia Soliman. Le roi Jacques ne retira pas ses offres. Soliman l'en remercia, en lui envoyant en message Ramon Torro, parent de Bernard Seguin. Le nouvel ambassadeur pria le roi d'Aragon de charger un chevalier de venir sans tarder à Maroc pour conclure le traité définitif, le sultan ne voulant pas différer à attaquer Ceuta. L'irritation d'Abou-Rebia contre les Andalous n'avait fait qu'augmenter. Comme le projet de traité, depuis longtemps préparé entre les cours de Barcelone et de Maroc, obligeait le sultan à ne traiter de la paix avec le roi de Grenade qu'en commun avec le roi d'Aragon [6]; le sultan, en confirmant expressément cet article des pourparlers,

---

[1] Instructions du 15 avril 1307, art. 5. Nos *Documents*, p. 296.
[2] Voyez ci-dessus, p. 142.
[3] Jacques II le rappelle dans ses instructions à don Jaspert, vicomte de Castelnau, du 3 mai 1309. Nos *Documents*, p. 298, § II.
[4] Instructions à don Jaspert de Castelnau. Nos *Documents*, p. 298.
[5] Instructions, etc. Nos *Documents*, p. 299.
[6] Nos *Documents*, p. 298, art. 5.

ajouta dans un moment d'emportement : « qu'il aimerait mieux traiter avec les Juifs » maudits que de faire la paix avec les Andalous [1] ». La conclusion du traité éprouva encore quelques retards par suite de circonstances fortuites et majeures. Don Artal d'Azlor, conseiller du roi, qui devait la terminer, ne put traverser les croisières que le roi de Grenade avait établies entre Carthagène et le Maroc, et dut rentrer à Barcelone. Mais le roi Jacques, qui avait pendant ce temps terminé ses apprêts, fit partir immédiatement seize galères de guerre sous les ordres de don Jaspert, vicomte de Castelnau, autorisé à traiter avec Soliman et à commencer de suite les opérations contre Ceuta [2].

Nous ne connaissons les conditions du traité que par les termes des lettres de créance données avec des instructions au vicomte de Castelnau le 3 mai 1309 [3], et par les événements qui suivirent. C'était une alliance offensive et défensive, plus étendue que celle d'Abou-Yousouf et de Jacques Ier en 1274. Elle avait pour objet immédiat la prise de Ceuta sur le roi de Grenade, mais elle était héréditairement obligatoire et pouvait devenir effective « contre tous princes maures du monde ». Jusqu'à la reddition de Ceuta, le roi d'Aragon devait fournir à Soliman cinquante navires et un corps de mille hommes d'armes montés à la genète [4]. Le sultan devait garder à sa charge la solde des hommes d'armes, la fourniture des chevaux et des chameaux nécessaires à leur service; il avait à payer une certaine somme d'argent pour chaque galère; il promettait enfin d'abandonner au roi d'Aragon la totalité du butin de Ceuta [5], et la ville devait rester au sultan, car on ne faisait aucun doute sur le succès de l'attaque.

Ceuta fut prise en effet cette année même, 1309 [6], grâce au concours des forces chrétiennes, que dirigea don Jaspert, vicomte de Castelnau, négociateur du traité [7]. Après la conquête, la cavalerie chrétienne resta au Maroc sous les ordres d'un capitaine nommé Gonsalve, le *caïd Gansala* des Arabes, qui l'année suivante entra dans la conspiration du grand vizir pour remplacer Soliman sur le trône par Ibn-Othman, un de ses cousins descendant d'Abd-el-Hack [8], et qui dut vraisemblablement se retirer en Andalousie, s'il parvint à échapper au ressentiment du sultan.

Soliman du reste ne remplit pas toutes les obligations qu'il avait eu hâte de contracter pour former le siége de Ceuta. Il mourut, peu après la conjuration de Gonsalve (1310), sans y avoir entièrement satisfait, laissant le trône à son oncle, Abou-Saïd Othman. Les relations entre les maisons de Maroc et d'Aragon, comme on disait dès lors [9], ne cessèrent d'être bienveillantes durant le long règne de vingt et un ans de ce prince; les auxiliaires aragonais restèrent, de son temps comme par le passé, dans

---

[1] Instructions, etc. Nos *Documents*, p. 300.
[2] Instructions du 3 mai 1309 à don Jaspert de Castelnau. Nos *Documents*, p. 300.
[3] Lettre de Jacques II à Abou-Rebia, du 3 mai 1309. Nos *Documents*, p. 297.
[4] Aux étriers courts, comme les Maures, mais combattant en bon ordre, comme les Francs.
[5] Instructions de 1309. Nos *Documents*, p. 297-298; Lettre de 1323, p. 316, art. 2.
[6] Roudh-el-Kartas, p. 555; Ibn-Khaldoun, t. IV, p. 183.
[7] Nos *Documents*, 3 mai 1309, p. 316, art. 2; Capmany, t. III, 2e partie, p. 200-201.
[8] Ibn-Khaldoun, t. III, p. 186; Roudh-el-Kartas, p. 556.
[9] Nos *Documents*, p. 316.

l'armée magrebine, bien que l'Aragon n'eût pas alors reçu ce qui lui revenait de l'expédition et de la conquête de Ceuta. Le roi Jacques II se plaignait encore de ces retards à Abou-Saïd dans une lettre du 1ᵉʳ mai 1323 [1]. Il priait en même temps le sultan de lui prêter une somme de quarante mille doubles, et de lui renvoyer une centaine de cavaliers de la milice chrétienne, sous les ordres de Jacques Seguin, s'il ne pouvait lui rendre momentanément la milice entière, qu'il aurait voulu réunir auprès de lui [2]. Le roi d'Aragon préparait alors toutes ses forces pour l'expédition de Sardaigne, qu'il effectua cette année même, et qu'il termina glorieusement l'année suivante par la conquête de l'île sur les Pisans.

Divisions politiques du Magreb. Prospérité de Tunis.

Le Magreb comprenait toujours à cette époque les trois grandes divisions géographiques et politiques formées dans le siècle précédent du démembrement de l'empire almohade, et d'où sont sortis les trois états barbaresques si longtemps célèbres et redoutés dans toute la Méditerranée.

Au couchant était l'empire de Maroc, passé définitivement, depuis l'année 1269, du dernier Almohade à la dynastie mérinide. Quelques princes de cette famille régnèrent, avec plus ou moins d'indépendance, à Sedjelmesse, dans la partie sud-est de l'intérieur de l'empire, tout à fait en dehors des relations et de la connaissance des Européens.

Au centre, les Beni-Zian, ou Abd-el-Ouadites, rois de Tlemcen, étaient parvenus à défendre leur souveraineté par une rare énergie et des alliances habilement ménagées entre leurs puissants voisins de Maroc et de Tunis. Les rapports qu'ils entretinrent avec les rois d'Aragon et les rois de Castille servirent aussi à leur politique comme au commerce de leurs sujets.

Tout l'orient du Magreb, depuis Alger, quelquefois possédé par les Beni-Zian, plus souvent resté en dehors de leur royaume, se trouvait sous l'autorité immédiate de la suzeraineté des Hafsides de Tunis.

Après comme avant la possession de Gerba par les Chrétiens, Bougie, réuni à Constantine et à une grande partie du Magreb central, fut assez souvent, on l'a vu, la capitale d'un royaume distinct et héréditaire. Au seizième siècle, les Turcs composèrent la régence d'Alger de ces deux derniers royaumes de Bougie et de Tlemcen, qui forment aujourd'hui l'Algérie. A l'orient, Tripoli résista quelquefois à Tunis et s'érigea en grand fief ou en principauté particulière. Mais la séparation de Tripoli, toujours accidentelle, fut moins fréquente et de moins longue durée que l'autonomie du royaume de Bougie.

Réduit même à l'Afrique propre la plus restreinte, c'est-à-dire à l'ancienne Proconsulaire et à la Byzacène, ce qui ne se présenta presque jamais, le royaume des Hafsides eût été le plus considérable et le plus puissant des états du Magreb, tant la ville de Tunis avait pris d'importance.

[1] Nos *Documents*, p. 315.
[2] Instructions de Jacques II d'Aragon à Romain de Corbière, envoyé en ambassade auprès d'Abou-Saïd, 1323, 1ᵉʳ mai. Art. 4, 5 et 8 dans nos *Documents*, p. 316, 317.

v

Pour les Arabes et pour les Chrétiens, c'était le centre principal du commerce de Barbarie. Alexandrie avait sur Tunis l'immense avantage d'être le premier entrepôt du commerce des Indes; mais pour les relations et les débouchés avec l'intérieur de l'Afrique, la position de Tunis, correspondant par ses caravanes avec le Darfour et tout le Sahara, valait la position d'Alexandrie. On le voit dans Pegolotti, qui, voulant réunir dans son livre, écrit vers 1350, les renseignements les plus utiles aux marchands de son temps, donne les rapports des poids et des mesures de ces deux villes avec les principaux marchés de l'Europe s'alimentant des produits de la Méditerranée. La population et la richesse de Tunis s'étaient accrues avec son commerce. Sous le règne d'Abou-Yahya Abou-Bekr, qui fut roi de Bougie et de Tunis pendant vingt-huit ans, de 1318 à 1346, on comptait à Tunis sept cents boutiques d'épiciers; plus de quatre mille personnes y étaient occupées aux différentes opérations de la préparation ou de la cuisson du pain [1]. Un voyageur espagnol qui la vit en 1403 la décrit ainsi : « C'est » une fort grande et fort belle ville, extrêmement riche. Elle a plus de cent mille » habitants; on y voit de belles maisons, de magnifiques mosquées et des maisons » fortes. Sur une petite hauteur se trouve un magnifique palais (alcazar). Dans l'arsenal » sont toujours dix galères; le port n'est jamais sans avoir au moins une galère armée. » Je ne connais pas de plus beau pays que les environs de Tunis. Il y a là au moins » trois cents tours ou pavillons, chacun avec son domaine à l'entour [2]. »

1305-1317. — Nouveaux traités des Chrétiens avec les rois d'Afrique. Modification des traités vénitiens. Du maintien possible des traités non expressément renouvelés.

Les événements et les révolutions qui modifiaient les limites des États du Magreb n'influaient guère sur les relations des émirs avec les Chrétiens. Les rois de Bougie, les rois de Tlemcen, les princes indépendants de Tripoli et de Gerba ont accordé aux marchands chrétiens les mêmes garanties et les mêmes avantages que les sultans de Maroc et de Tunis, parce qu'ils avaient tous le même intérêt à favoriser un commerce qui était devenu une source de revenus considérables pour leurs trésors.

Peu après le voyage de Marin de Molino à Tunis, le doge Gradenigo envoya un nouvel ambassadeur en Afrique, Marc Caroso, pour renouveler d'une manière générale le privilége de la nation vénitienne, bien que le dernier traité de la république conclu avec Abou-Abd-Allah el-Mostancer, après la croisade de saint Louis, dût rester en vigueur jusqu'en 1311.

Le nouvel accord, signé à Tunis le 3 août 1305, ne laisse pas soupçonner qu'il y eût eu auparavant ni hostilité ni mésintelligence entre les deux États, indice probable que l'on avait fait droit, en 1300, aux réclamations légitimes de Molino. Le traité rétablit et confirme toutes les garanties des anciens priviléges pour la sécurité des

---

[1] El-Kairouani, *Hist. d'Afrique*, p. 240.

[2] Gamez, dans la Chronique de don Pedro Niño. Capmany, *Memorias*, etc., t. III, 2ᵉ partie, p. 210. — MM. de Puymaigre et de Circourt viennent de publier en France une traduction de cette chronique, d'ailleurs fort légendaire (1 vol. in-8°, 1866. Palmé).

marchands et sujets vénitiens, la responsabilité individuelle, la libre juridiction des consuls, la propriété des fondouks et des églises, l'inviolabilité des marchés faits pour le compte du sultan, la libre importation et exportation de toutes marchandises, sous les droits accoutumés et avec les faveurs d'exception ordinaires, dans tous les lieux du royaume de Tunis (et non de Bougie, alors indépendant) *où existaient des bureaux de douane* [1]. L'article 4, comme l'acte de 1287 l'avait accordé aux Génois [2], supprime les prestations supplémentaires et en nature que la douane prélevait sur certaines marchandises. Par deux fois, il fut expressément déclaré que les marchandises achetées avec l'argent provenant des ventes d'objets importés seraient exemptes des droits d'exportation [3]. La faveur s'étendit aux acquisitions faites avec le prix du nolis des navires venus en Afrique [4]. Molino avait eu à réclamer, en vertu de ce principe inscrit dans les traités antérieurs, plusieurs indemnités qui ne purent lui être loyalement refusées.

L'ambassadeur de 1300 avait dû être moins heureux quand il demandait que le sultan dédommageât les sujets vénitiens des méfaits ou des violences éprouvés dans les ports de ses États de la part d'autres marchands chrétiens [5]. Les anciens traités disaient bien, comme Marin de Molino ne manqua pas de le rappeler, que le roi de Tunis « promettait de réparer les dommages et les torts soufferts dans ses États par les » sujets vénitiens quand le tort et le dommage viendraient du fait des Sarrasins ou de » Chrétiens alliés avec les Sarrasins : *habentibus pacem cum Moadinis* [6] ». Nous ne connaissons pas la rédaction arabe correspondant à cet article, et nous ne pouvons par conséquent savoir rigoureusement toute la portée que lui donnaient les Arabes, parce que, dans le cas de débat, les Musulmans n'admettaient que la rédaction arabe comme pouvant leur être opposée. Mais alors même que cette rédaction eût étendu l'obligation des princes arabes à indemniser les Vénitiens des méfaits éprouvés en Afrique de la part des Chrétiens alliés, on dut rencontrer toujours de bien grandes difficultés à faire exécuter de semblables promesses, manifestement excessives. Tout ce que l'on pouvait demander équitablement au gouvernement arabe, c'était d'obliger ses propres sujets, coupables de voies de fait, de dol ou de vol au détriment de Vénitiens, à indemniser les ayant-droits, ou à les indemniser lui-même directement, sauf son recours contre les auteurs du dommage; mais quand les coupables étaient des Chrétiens, il lui suffisait, pour satisfaire à l'esprit des traités, de les livrer à la justice de leurs consuls. Rendre les émirs responsables des méfaits d'étranger à étranger était une prétention non-seulement exorbitante, mais presque impraticable. Si les Chrétiens en maintinrent l'expression dans la rédaction latine des traités, dont

---

[1] Art. 1er. Nous avons vu précédemment le sens de cette restriction.
[2] Nos *Documents*, p. 126; ci-dessus, p. 165.
[3] Art. 7 et 14, p. 213.
[4] Art. 13, p. 213.
[5] Voyez ci-dessus, p. 164.
[6] Cf. Instructions du doge à Marin de Molino de 1300, art. 3, dans nos *Documents*, p. 208; traité de 1231, art. 2; traités de 1251 et 1271, art. 1.

les Arabes se préoccupaient peu, ils ne purent jamais s'en prévaloir efficacement dans leurs réclamations, et ils durent finir par abandonner une rédaction illusoire. Le nouveau traité de 1305, dans une disposition de l'article 1er, conservée depuis lors par les traducteurs des traités subséquents, se borne en effet à déclarer « que si un sujet » vénitien était attaqué ou lésé par un Sarrasin (sujet du roi de Tunis), le roi devrait » faire indemniser le Vénitien de l'agression ou du dommage qu'il aurait subi », ce qui était conforme à l'équité, sans qu'il fût désormais question des torts de Chrétien à Chrétien.

Le traité de Marc Caroso, arrêté au mois d'août 1305 pour dix années solaires, ne devait rigoureusement conserver sa valeur que jusqu'au mois d'août 1315. Le traité subséquent de la république de Venise avec le roi de Tunis, alors Abou-Yahya-Zakaria el-Lihyani, roi dans l'Afrique propre, pendant qu'Abou-Yahya Abou-Bekr régnait à Bougie, est du 12 mai 1317 [1]. Le commerce des Vénitiens dans le Magreb oriental ne fut pas suspendu durant les deux années qui s'écoulèrent entre l'expiration de l'ancien pacte et la conclusion du nouveau. Des intervalles plus considérables ont séparé quelquefois l'expiration et le renouvellement d'un traité, sans que le commerce ait paru souffrir pendant ce temps. Il est donc vraisemblable qu'on admettait qu'à moins d'une dénonciation formelle de la déchéance d'un traité à sa date rigoureuse, on le considérait comme restant toujours en vigueur, alors même que les puissances contractantes n'en avaient pas d'un commun accord décidé la prorogation par des communications verbales ou écrites.

Le traité de 1317 reproduit presque littéralement celui de 1305. Il fut conclu à Tunis par Michelet Micheli, sénateur et ambassadeur vénitien, pour une durée de quinze années, avec les représentants du sultan El-Lihyani, qui, alarmé de l'invasion d'Abou-Yahya Abou-Bekr, roi de Bougie, dans ses propres États, s'était retiré, suivi d'une partie de ses troupes, à Cabès, où il abdiqua bientôt [2]. Le traité de Tunis le plus rapproché de l'échéance de ce nouveau pacte est encore postérieur de soixante ans à l'année 1332; c'est celui que Jacques Valaresso, ambassadeur et consul de la république, fit approuver par le roi Aboul-Abbas, le 4 juillet 1392, après d'assez longues conférences. Il est donc possible que le traité de 1317, maintenu en vigueur par le consentement réciproque des doges de Venise et des rois de Tunis, sans un renouvellement exprès, soit demeuré l'acte incontesté et respecté des franchises vénitiennes à Tunis pendant les soixante-quinze ans qui séparent l'ambassade de Michelet Micheli de celle de Valaresso.

1313-1353. — Traités des Pisans. Révolutions et désordres en Afrique.
Invasion des Mérinides à Tunis.

Le dernier traité connu des Génois avec le royaume de Tunis était de 1264. Valable pour une période de vingt ans, il arrivait au terme de sa durée en 1284. On ne connaît pas l'acte qui dut le proroger.

[1] Nos *Documents*, p. 216.
[2] Ibn-Khaldoun, t. II, p. 447-451; ci-dessus, p. 161.

Sous le règne d'El-Lihyani, la république de Pise envoya deux ambassadeurs à Tunis, Jean Fagioli et Renier del Bagno. Ils négocièrent le nouveau traité du 14 septembre 1313 [1], où il est fait particulière mention des fondouks qu'avaient alors les Pisans à Tunis, à Bône, Cabès, Sfax et Tripoli [2]. L'instrument, rédigé d'abord en arabe, suivant l'usage, quand la négociation avait lieu en Afrique, dut être traduit ensuite en latin ou en italien, par les interprètes officiels, et l'expédition originale du texte arabe, conservée encore aujourd'hui aux archives de la république de Pise à Florence, dut être rapportée en Italie par les ambassadeurs eux-mêmes avec l'original latin perdu depuis longtemps.

Le traité conclu pour dix ans expirait en 1323; nous ne trouvons cependant de nouveau pacte général et complet entre Pise et Tunis que trente ans après, en 1353, sous le règne d'Abou-Ishac II, fils d'Abou-Yahya Abou-Bekr, l'ancien roi de Bougie, qui s'était emparé du trône de Tunis en 1318, sur son cousin Abou-Derba, fils d'El-Lihyani, et qui était mort en 1346, après un règne long et assez prospère de vingt-huit ans.

La plus affreuse confusion divisa les princes, les grands et les tribus d'Afrique à la mort d'Abou-Bekr. Les provinces et les villes s'insurgèrent. Bougie, Constantine, Gerba, Tripoli, le Djerid, voulurent avoir des chefs ou des émirs particuliers. Dès le lendemain de la mort de son père (octobre 1346), Abou-Hafs Omar s'était emparé du palais royal et s'était fait proclamer sultan. Aboul-Abbas Ahmed, son frère, gouverneur du Djerid, qu'Abou-Bekr lui-même avait publiquement fait reconnaître comme son héritier, marcha aussitôt contre lui et parvint à s'emparer de la capitale; il fut tué peu après par son frère, qui reprit l'avantage. Le sultan de Maroc, Aboul-Hassan, profitant de ces désordres, envahit le royaume d'Afrique, poursuivit Abou-Hafs, qui périt près de Cabès, et resta maître de Tunis au mois de septembre 1347 [3]. L'occupation mérinide se prolongea pendant deux ans. En 1349, enfin, les scheiks du Djerid et du Magreb oriental, après avoir battu les Marocains à Kairouan, les obligèrent à rétrograder vers l'ouest, et proclamèrent l'émir Aboul-Abbas el-Fadl, autre fils d'Abou-Bekr et gouverneur de Bône (1349); mais l'année suivante (juillet 1350) Ibn-Zafraguin, ancien chambellan et premier ministre d'Abou-Bekr, fit reconnaître un quatrième fils du sultan, fort jeune alors, qui est cet Abou-Ishac II avec lequel traita la république de Pise en 1353.

On possède encore l'original arabe et latin du traité conclu dans un pavillon du jardin royal de Tunis, le 16 mai de cette année, au nom d'Abou-Ishac-Ibrahim Abou-Yahya, par le vice-roi Ibn-Zafraguin et Rainier Porcellini, ambassadeur de la république [4]. L'assemblée convoquée à cette occasion comptait un grand nombre de notables chrétiens et sarrasins, parmi lesquels figurent deux capitaines ou alcades des soldats chrétiens au service d'Abou-Ishac [5]. Un des soldats de la milice franque, Ferrand Perez, à

---

[1] Nos *Documents*, p. 49.
[2] Art. 20. Nos *Documents*, p. 52.
[3] Ibn-Khaldoun, t. III, p. 29, 41.
[4] Traité du 16 mai 1353. Nos *Documents*, p. 55.
[5] Nos *Documents*, p. 65. Voyez ci-dessus, p. 150.

qui l'on a soin de conserver sa qualification de Chrétien, fut l'interprète des négociations et de la translation du traité de l'arabe en latin; mais l'ambassadeur, sachant l'arabe, prit part lui-même plusieurs fois aux discussions des articles avec le vizir, et en jura l'exécution dans la langue du pays [1]. Les deux rédactions d'ailleurs, quoique très-différentes de forme et d'expressions, renferment les mêmes stipulations et donnent les mêmes garanties de sécurité et de protection aux personnes, aux établissements, au culte et au commerce des Européens, conformément aux principes antérieurs. La continuité et la facilité des relations qu'avaient toujours les Pisans avec l'Afrique et les longs séjours qu'ils y faisaient ressortent de cette seule circonstance qu'on laissait quelquefois jusqu'à trois ans aux marchands pisans résidant en Afrique pour régler leurs comptes avec les douanes arabes [2].

1317-1364. — Relations de Gênes, de Naples et de la Sicile avec l'Afrique.
Rares notions sur ces rapports.

Nous nous trouvons à cette époque, et pendant assez longtemps, sans notions précises sur le commerce et les rapports de la république de Gênes et des royaumes de Naples et de Sicile avec les divers souverains de l'Afrique. Un siècle entier s'écoule entre le dernier traité génois conclu à Tunis par Lucheto Pignoli, en 1287, et le traité immédiatement postérieur, qui fut négocié par Frédéric Lecavelo, en 1383, traité perdu, dont nous avons un renouvellement de 1391 [3]. Les Génois ne s'éloignèrent pas toutefois de l'Afrique après l'accord de 1287 [4]. Malgré la violence des luttes des Guelfes et des Gibelins, malgré les guerres fréquentes et souvent heureuses contre les Vénitiens et les Aragonais, le commerce génois, protégé par les escadres de la république, put maintenir partout ses avantages. Une attaque de la flotte de Doria contre l'émir de Tripoli (1355), quoique tolérée par le roi de Tunis, altéra cependant les rapports de la république avec les princes hafsides; et plus tard une rupture plus grave éclata entre les deux États [5].

Nous ne savons rien des relations qui n'avaient pu cesser tout à fait entre la Sicile et le royaume de Tunis après la perte des îles du golfe de Cabès en 1335, jusqu'au temps où les documents du règne des rois Martin le Vieux et Martin le Jeune nous apportent, vers la fin du quatorzième siècle, des notions positives sur les tentatives faites pour conclure un traité de paix définitif entre les cours de Palerme et de Tunis, bien que les rois de Sicile n'abandonnassent pas même alors la revendication de l'île de Gerba [6]. En 1364, Frédéric III, projetant une expédition qu'il confia à Jean de Clermont, le nommait par avance châtelain de Gerba et Kerkeni, avec tous les droits

---

[1] Nos *Documents*, p. 64. Traduction du texte arabe.

[2] Traité de 1313, art. 4. Nos *Documents*, p. 50.

[3] Nos *Documents*, p. 130.

[4] Cf. Stella, *Annal. genuens.*, ann. 1335, ap. Muratori, t. XVII, col. 1069-1070. Nous en avons plutôt des indices dans les documents étrangers. Voyez les *Documents*, p. 49, 228, 294, 302, art. 5; 305, art. 5; 320, art. 6.

[5] Voyez ci-après, Ann. 1390.

[6] Nos *Documents*, p. 161.

de justice [1]. Ces prétentions et ces préparatifs, alors même qu'ils n'étaient pas suivis d'effet, devaient entretenir des hostilités presque incessantes entre la Sicile et la côte d'Afrique.

La Sicile d'ailleurs ne prospérait pas depuis l'expulsion des Français. Après le règne de Pierre d'Aragon, tout souffrit à la fois dans l'île, la marine, l'industrie et l'agriculture. Un historien peu sympathique à la France en a fait lui-même la remarque [2].

Les rois de Naples auraient pu profiter de ces circonstances, si la guerre des Guelfes et des Gibelins et l'invasion du roi de Hongrie n'eussent retenu toutes leurs forces en Italie. Ils ne niaient pas sans doute l'obligation qui leur incombait, comme comtes de Provence, de protéger les intérêts des Marseillais en Afrique et ailleurs [3]; mais il est douteux que l'affaiblissement de leurs propres ressources leur ait permis de les défendre efficacement. Le commerce de la Provence languit comme celui de la Sicile et de Naples. Les seules provinces de la France méridionale où il fleurit alors étaient le bas Languedoc, ou la seigneurie de Montpellier et le Roussillon, qui appartenaient aux rois de Majorque sous la haute suzeraineté plus ou moins acceptée des princes de la maison de Barcelone.

1302-1344-1349. — Traités des rois de Majorque jusqu'à la réunion du royaume de Majorque à l'Aragon et du bas Languedoc à la France. Les rois de Majorque veulent avoir un consul particulier à Tunis.

Jacques I*er* d'Aragon, en cédant le royaume de Majorque à son fils Jacques, avec les seigneuries de Roussillon et de Montpellier [4], avait fait une réserve de suprématie et de direction que sa qualité de père et de donateur pouvait autoriser, mais que ses successeurs n'avaient pas qualité pour revendiquer. Ils voulurent néanmoins continuer à considérer l'ensemble des pays réunis sous le sceptre des rois de Majorque comme une dépendance de la couronne d'Aragon et comme une partie intégrante de la monarchie catalane. Les princes baléares résistaient à ces prétentions, et cherchaient à exercer partout et librement les droits d'une vraie royauté. Il était naturel qu'ils tinssent à avoir en Afrique, comme ailleurs, des consuls particuliers nommés par eux, et veillant d'une manière directe aux intérêts de leurs sujets, sans obliger ceux-ci à recourir à la protection des consuls aragonais, ce qu'exigeaient les princes de Barcelone. Pierre de Fossé [5], maître d'hôtel du roi Jacques II d'Aragon, envoyé à Tunis en 1306, eut à s'occuper de cette question. Ses instructions le chargeaient d'empêcher le roi Abou-Acida d'accéder à la réclamation du roi de Majorque, en représentant au sultan « qu'il n'y avait jamais eu à Tunis qu'un seul consul des Catalans, celui du roi » d'Aragon, que ce consul suffisait à représenter et à défendre les intérêts de tous ses

[1] Nos *Documents*, p. 160.
[2] M. de Sismondi, *Hist. des rép. ital.*, t. VI, p. 244.
[3] Nos *Documents*, 1317, page 99.
[4] Voyez ci-dessus, p. 74, 141.
[5] « En Perc de Foçes », dans les Instructions de 1306 (nouveau style), nos *Documents*, p. 293; « Pedro de Hoces », dans Capmany, *Memorias*, t. III, 2ᵉ partie, p. 206.

» nationaux, que lui seul enfin devait être consul des Catalans, attendu que le roi de
» Majorque tenait ses États pour le roi d'Aragon¹ ».

Le traité existant alors entre Tunis et l'Aragon était sans doute le traité conclu vers l'année 1302 ou peu auparavant, et dont nous ne connaissons pas le texte². Il ne renfermait pas évidemment de déclaration positive à cet égard, puisque le roi d'Aragon sollicitait cette déclaration en 1306, quand il envoyait Pierre de Fossé à Tunis. Le traité de 1302 ayant été renouvelé en 1308 pour une durée de dix ans, par le simple échange de lettres entre Jacques II et Abou-Acida³, la question des consuls, comme on dirait aujourd'hui, ne reçut pas dans cette circonstance de solution diplomatique. Nous ne savons si les rois de Majorque avaient déjà obtenu en ce moment la satisfaction qu'ils demandaient à la cour de Tunis; mais le premier traité que nous connaissions d'eux avec l'Afrique nous les montre en pleine possession des droits de la souveraineté, y compris le droit de nommer des consuls sans aucune ingérence ou partage des rois d'Aragon, avec lesquels il y avait eu sans doute accord à cet égard.

Le 27 janvier 1313, en présence de Jacques Rostaing, consul du roi d'Aragon, de Bernard d'Ultzina, comptable juré (*scriptor juratus*) du fondouk d'Aragon à Tunis, de divers prêtres et religieux, de Laurent de Berga, comptable (*escriva*) de la milice chrétienne de Tunis, et de plusieurs scheiks arabes, fut signée à Tunis, par les soins d'un notaire royal d'Aragon, la traduction authentique en langue catalane du traité, rédigé d'abord en arabe, entre le roi de Tunis, Abou-Yahya el-Lihyani et don Sanche, roi de Majorque, seigneur du Roussillon, de la Cerdagne et de Montpellier, représenté par son ambassadeur, Grégoire Salembe⁴. Ce traité, le premier peut-être que les nouveaux rois de Majorque aient obtenu en leur nom personnel des rois de Tunis, et le seul qui nous soit parvenu, leur attribue tous les droits, avantages et prérogatives des traités conclus avec les autres États souverains. Les sujets des rois de Majorque devaient avoir un consul national à Tunis pour rendre la justice⁵. Il leur était loisible de commercer et d'aborder dans tous les ports de l'émir où se trouvaient des bureaux de douane⁶, condition insérée dans la plupart des traités, non comme une restriction, mais comme une mesure d'ordre destinée à faciliter la perception des droits royaux. De nombreuses dispositions sont arrêtées pour réglementer le droit de course et empêcher la vente d'objets ou de personnes enlevés par les corsaires sur les navires ou les côtes des États contractants⁷.

Le sultan promet en outre que les sujets du roi Sanche *auront*⁸ un fondouk avec un four pour eux seuls à Tunis et à Bône. Cette disposition annonce plutôt un

---

¹ Instructions de Jacques II de 1306 (nouv. style). Nos *Documents*, p. 293, art. 2.
² Nos *Documents*, p. 293 et 296, note.
³ Réponse d'Abou-Acida à Jacques II, 20 août 1308. Nos *Documents*, p. 296.
⁴ Ce traité est imprimé dans nos *Documents*, p. 188.
⁵ Art. 4.
⁶ Art. 20, p. 191.
⁷ Art. 13-16. Cf. ci-après, p. 182.
⁸ « E *auran* fondech, etc.; e *auran* consol, etc.; e *auran* forn, etc. » Art. 3, 4, 5, p. 189.

établissement à créer qu'un état de choses déjà existant. Il est donc vraisemblable que les marchands de Montpellier et des autres terres françaises possédées par les rois baléares déposaient jusque-là leurs marchandises, comme les Majorcains, dans les fondouks aragonais. On sait d'ailleurs que les frais de première installation et d'entretien de ces entrepôts étaient à la charge des souverains arabes [1].

Nous n'avons pas d'autre traité concernant les relations particulières du royaume de Majorque avec les rois de Tunis. Rien n'autorise à croire, malgré l'absence des documents, que le roi Jacques II, successeur de don Sanche, n'obtint pas en 1335, date de l'expiration du traité de 1313, son renouvellement du sultan Abou-Bekr. Obligé, en 1327 et 1339, de faire hommage aux rois d'Aragon et de reconnaître comme mouvants de leur couronne tous ses États maritimes et la plus grande partie de ses terres de France [2], Jacques de Majorque n'en conserva pas moins ses droits royaux.

Il conclut souverainement, l'an 1339, un traité général de paix et de commerce avec Aboul-Hassan, sultan de Maroc, maître alors de tout le royaume des Beni-Zian, conquis sur Abou-Tachefin [3]. Amalric de Narbonne fut le chef de l'ambassade que le roi Jacques envoya à cet effet au Magreb-el-Aksa, et le traité, écrit en arabe et en catalan sur la même feuille de parchemin, fut scellé dans la ville même de Tlemcen, au palais royal, le jeudi 15 avril 1339, en présence du sultan Aboul-Hassan, qui y fit apposer son cachet et tracer l'*élamé* ou invocation pieuse remplaçant la signature des princes musulmans [4]. Cette pièce précieuse existe encore en original à Paris, dans les portefeuilles de la bibliothèque impériale.

Il ne fut pas donné à Jacques II de voir le renouvellement de son traité avec le Maroc. Conclu pour dix années chrétiennes, l'accord de Tlemcen expirait en 1349, et le roi de Majorque, soupçonné d'intelligences hostiles avec le roi de France et le sultan du Magreb, perdit successivement en 1343 les îles Baléares et le Roussillon, que le roi Pierre IV réunit à l'Aragon par un acte public, lu du haut de la chaire de l'église Saint-Jean de Perpignan le 22 juillet 1344 [5]. Le roi de Majorque, appelé depuis « Jacques de Montpellier » dans la chronique de son royal beau-frère, tenta vainement de recouvrer ses États, tantôt par les armes, tantôt par la médiation du Pape et du roi de France. Réduit à ses terres du bas Languedoc, dont il avait été contraint d'aliéner déjà une partie, il prit à la fin une résolution désespérée. Le 18 avril 1349 il vendit au roi Philippe de Valois tout ce qui lui restait de la seigneurie de Montpellier; au moyen des cent vingt mille écus d'or, prix de cette vente [6], accrus de quelques subsides de la reine de Naples, il organisa une expédition en Provence et se porta sur l'île de Majorque. Une mort glorieuse l'enleva le 25 octobre 1349, dans la première bataille livrée après son débarquement.

[1] Voyez ci-dessus page 89.
[2] Voyez l'acte d'hommage du 17 juillet 1339, publié par M. de Bofarull dans son édition de la *Cronica del rey de Aragon D. Pedro IV* (1336-1380). Barcelone, 1850, in-8°, p. 98 et 407.
[3] Ibn-Khaldoun, t. IV, p. 223.
[4] Nos *Documents*, p. 192 et 193.
[5] *Cronica del rey D. Pedro IV*, cap. III, § 29, p. 219.
[6] M. Germain, *Hist. de Montpellier*, t. II, p. 156.

x

Pierre IV avait fait sa paix avec le roi de Maroc [1], et nous aurons à parler plus tard des traités qui règlent les rapports des rois d'Aragon avec l'Afrique depuis qu'ils avaient succédé aux rois de Majorque sur le Roussillon.

1302-1345. — Traités des rois d'Aragon avec les rois de Bougie, de Tlemcen, de Maroc et de Tunis.

Les rois d'Aragon, en cherchant surtout dans leurs relations avec les émirs d'Afrique l'avantage de leur politique personnelle, avaient eu l'occasion de s'occuper aussi des intérêts de leurs sujets. Quelques traités essentiellement commerciaux, et semblables à ceux des républiques italiennes, furent à cet effet conclus par eux avec tous les princes d'Afrique, qui allèrent souvent au-devant de leurs désirs.

Abou-Yahya Abou-Bekr, sultan de Bougie de 1298 à 1318, avant de réunir ce royaume à celui de Tunis, conclut deux traités d'union politique et commerciale avec le roi d'Aragon, Jacques II, en 1309 et 1314. En ces deux occasions l'émir confia ses pleins pouvoirs à des agents chrétiens. Don Garcia Perez de Mora, mandataire d'Abou-Bekr, vint négocier en son nom, en 1309, dans la ville de Barcelone, où le traité fut arrêté et authentiqué des sceaux du roi Jacques et de l'ambassadeur, le 8 mai de cette année [2]. On y trouve assurés, avec toutes les garanties ordinaires, le libre commerce et le séjour des sujets aragonais dans le royaume de Bougie, sous la protection de leurs consuls. Réciproquement bon accueil et sûreté sont promis « aux » Sarrasins, marchands et autres, quels qu'ils soient, de la terre et seigneurie du roi » de Bougie, qui de tout temps, autrefois comme aujourd'hui, se rendent en grand » nombre dans les terres de la seigneurie du roi d'Aragon [3] ».

La vieille inimitié des Aragonais contre les Génois, qui les disposait à être en tous pays les alliés de la république de Venise, se manifeste, en même temps que les progrès de leur commerce, dans les traités conclus à cette époque avec les rois d'Afrique. Partout ils réclament les mêmes droits, les mêmes traitements et conditions que les autres nations, mais surtout les droits et les faveurs dont jouissaient les Génois. Sachant que les sujets de la république avaient à Djidjelli une certaine franchise particulière, ils n'acceptèrent l'exception qu'avec regret [4], et c'est peut-être à leur jalouse susceptibilité qu'il faut attribuer le silence des derniers traités génois sur ce fait. L'acte négocié par Perez de Mora comportait d'ailleurs plus qu'une entente au sujet des relations commerciales. Le roi Jacques y promettait de tenir pendant cinq ans à la disposition d'Abou-Bekr (et cela moyennant les prix convenus) dix galères de guerre, avec quatre engins ou catapultes. Le roi de Bougie pouvait diriger cette flottille « contre toutes » terres de Maures »; particulièrement, est-il dit dans le traité, contre la ville d'Alger [5], sa principale position vers l'ouest, dont le gouverneur Ibn-Allan s'était depuis peu révolté [6].

[1] Voyez ci-après, page 179.
[2] Traité du 8 mai 1309. *Documents*, p. 301.
[3] Art. 4, p. 302.
[4] Art. 5. Cf. page 305.
[5] Art. 6, p. 302.
[6] Ibn-Khaldoun, t. III, p. 389.

Le traité de 1314, arrêté le 7 janvier, en prorogation et ampliation du traité de 1309, par les soins de Jean Poculuyl, consul aragonais de Bougie, venu à Valence avec la procuration d'Abou-Bekr [1], ne rappelle pas l'éventualité de l'attaque d'Alger et de l'envoi de galères armées au roi de Bougie. Mais l'alliance d'Abou-Bekr et de Jacques II n'en était peut-être que plus effective alors. Quelque convention spéciale aux opérations militaires, aujourd'hui perdue, avait dû en déterminer les conditions. Les circonstances s'étaient en effet aggravées depuis le traité de Barcelone. Le roi de Tlemcen, Abou-Hammou Ier, appelé comme un appui par Ibn-Allan, s'était emparé de la ville d'Alger, et, dominant de ce point le territoire du Chélif et la Mediana, il n'aspirait à rien moins qu'à réunir tout le royaume de Bougie à ses États [2].

La simultanéité des attaques d'Abou-Bekr et de Jacques II contre le roi de Tlemcen en ces conjonctures annonce suffisamment qu'il y avait eu concert et vraisemblablement traité écrit entre ces princes. La flotte d'Aragon, équipée dans les ports de Barcelone et de Valence, et en partie soldée par les municipalités de ces villes, battit la flotte d'Abou-Hammou [3], pendant que les troupes et les navires d'Abou-Bekr détruisaient la forteresse qu'il avait fait élever à Zeffoun à l'est de Dellys [4]. Une pièce des archives de Barcelone rappelle que la flotte du roi de Castille agit également contre le royaume de Tlemcen, et nous montre, en rappelant les discussions survenues entre les vainqueurs au sujet du partage du butin et des esclaves maures, que le roi d'Aragon avait formellement ordonné aux commandants des navires de respecter les personnes et les biens des sujets des rois de Bougie et de Tunis, ses alliés [5].

Abou-Hammou étant mort, assassiné au mois de juillet 1318, le roi d'Aragon paraît avoir établi de bons rapports avec Abou-Tachefin Ier, son fils, qui lui succéda.

Le 24 avril 1319 le chevalier Bernard Despuig et un notable citoyen de Barcelone, Bernard Zapila, recevaient mission de se rendre à Tlemcen [6]; ils devaient exposer au nouveau sultan que le roi Jacques, connaissant ses bonnes dispositions à l'égard de l'Aragon avant et depuis son avènement au trône [7], désirait contracter avec lui un traité de paix et de commerce, s'il voulait bien consentir au rachat des captifs aragonais qui se trouvaient alors en grand nombre dans ses États. Les ambassadeurs avaient ordre de se refuser à tout traité s'ils ne pouvaient obtenir d'Abou-Tachefin la délivrance de la totalité ou d'une partie des prisonniers, au moins cinquante. Si le rachat ou la délivrance de trois cents esclaves était concédée [8], ils pouvaient accorder un traité de dix ans; ils pouvaient promettre au sultan que le roi d'Aragon permettrait l'armement à son compte d'un certain nombre de galères dans ses ports, et autoriserait la création en Afrique d'un nouveau corps de milice chrétienne, comme les rois d'Aragon l'avaient

---

[1] Le traité de Valence du 7 janvier 1314 est imprimé dans nos *Documents*, p. 304.
[2] Ibn-Khaldoun, t. II, p. 442-443; t. III, p. 390, 394.
[3] Voyez nos *Documents*, p. 310.
[4] Ibn-Khaldoun, t. II, p. 443.
[5] Nos *Documents*, p. 311, note; Capmany, *Memorias*, etc., t. Ier, 2e partie, p. 83.
[6] Lettre de Jacques II à Abou-Tachefin Ier, et Instructions aux ambassadeurs, 24 avril 1319, p. 312.
[7] Instructions, etc., art: 2, p. 313.
[8] Instructions, etc., 1re partie, art. 5, 6, p. 314.

toujours permis à ses prédécesseurs, en laissant, suivant l'usage, à leur charge l'entretien de ces troupes. Les ambassadeurs devaient insinuer qu'en retour de ces concessions le roi Jacques verrait avec plaisir rétablir la coutume des *anciens rois* de Tlemcen de *servir* chaque année à la couronne d'Aragon un cadeau de trente mille besants en signe de bon accord et d'amitié [1].

Enfin, sans exiger que des stipulations précises fussent à cet égard insérées dans le traité, dont l'objet principal était le rétablissement de la paix avec le roi de Tlemcen et la délivrance des prisonniers, les ambassadeurs devaient demander trois choses : 1° Que le droit de naufrage (aboli dans tous les autres États magrebins) ne fût pas pratiqué à l'égard des Aragonais dans le royaume de Tlemcen ; 2° que les tarifs des douanes fussent rétablis dans cet État tels qu'ils étaient autrefois ; 3° que, si le roi d'Aragon venait à déclarer la guerre au roi de Grenade, il lui fût loisible d'acheter des vivres et divers objets sur les côtes de Tlemcen, et qu'enfin, le cas de guerre échéant, l'émir Abou-Tachefin employât tous ses efforts à empêcher le sultan de Maroc d'envoyer des secours aux Andalous [2].

On ne connaît pas la suite de la mission de Despuig et de Zapila [3]. Mais le cours des événements amena, après la mort de Jacques II, une situation bien différente de celle que prévoyait le traité, en brouillant Abou-Bekr avec le roi d'Aragon, alors Pierre IV, et provoquant une de ces collisions générales des rois espagnols et des émirs musulmans qui éclataient quelquefois, après un long cours de paisibles relations.

On se rappelle ce qui a été dit précédemment de la bonne entente qu'une commune jalousie contre la Castille entretint entre les rois de Maroc et d'Aragon, sous les Mérinides comme sous les Almohades. On sait que les armes d'Aragon furent souvent employées par le sultan contre la ville de Ceuta, et qu'en 1309 la ville avait été conquise sur le roi de Grenade, grâce à la coopération des galères du roi Jacques [4]. Le commerce aragonais ne pouvait que profiter de ces événements. De l'ensemble des stipulations militaires ou financières qui s'étaient succédé depuis le règne d'Abou-Yousouf et de Jacques Ier, en 1274 [5], 1309 [6] et 1323 [7], ressortaient, alors même qu'elles n'étaient pas l'objet d'une déclaration spéciale, la possibilité et la sécurité du commerce entre les deux États. Les successeurs d'Abou-Yousouf, et Aboul-Hassan lui-même, avaient été favorables à ces relations; mais vers l'an 1339-1340, les dispositions étaient changées [8]. Maître du royaume de Tlemcen, qu'il avait conquis sur Abou-Tachefin,

---

[1] Instructions de 1319, 2e partie, art. 3, p. 315.

[2] Instructions, etc., 3e partie, p. 315.

[3] Capmany, *Memorias*, etc., t. III, 2e partie, p. 218.

[4] Voyez ci-dessus, p. 168.

[5] Traité de Barcelone du 18 novembre 1274, entre Abou-Yousouf-Yacoub et Jacques Ier, Nos *Documents*, page 285.

[6] Lettre à Abou-Rebia; Instructions à don Jaspert de Castelnau, envoyé au Maroc, 3 mai 1309. Nos *Documents*, p. 297.

[7] Lettre de Jacques II à Abou-Saïd Othman; Instructions de Jacques II à Romain de Corbière, envoyé au Maroc, 1er mai 1323. *Documents*, p. 315.

[8] Ibn-Khaldoun, t. IV, p. 229.

et de la ville de Gibraltar, qu'il avait enlevée au roi de Castille en 1333 [1], Aboul-Hassan crut le moment opportun de reprendre contre l'Espagne les desseins d'Abd-el-Moumen et d'Almanzor. Quand un émir déjà puissant venait à agiter de semblables projets, avec quelque chance de réussite, il était difficile qu'il n'eût tôt ou tard pour alliés les princes musulmans de son voisinage. Aboul-Hassan fut secondé par le roi de Grenade Yousouf Ier ben-Ismaïl et par Abou-Bekr, alors roi de Bougie et de Tunis, dont il épousa plus tard une fille. Il trouva réunies, par les dangers d'une autre guerre sainte, les flottes et les armées des rois de Castille, de Portugal et d'Aragon [2]. La longue guerre qui s'ensuivit amena de nouveaux désastres sur l'Islamisme. Aboul-Hassan et Yousouf furent battus sous les murs de Tarifa (29 octobre 1340); la ville fut emportée d'assaut; Alcala-la-Real et Algésiras (1342) eurent le même sort [3], et les émirs furent obligés de demander la paix aux rois chrétiens, qui l'accordèrent. Le roi d'Aragon Pierre IV a simplement consigné en ces termes, dans la chronique de son règne, le rétablissement de bons rapports avec les princes arabes en ce qui le concerne : « Le mardi 1er février 1345, vint nous trouver à notre château de Perpignan le » caïd Abelfacem, messager du roi Yousouf, qui avait pouvoir et de lui et du roi Aboul- » Hassan pour traiter de la paix avec nous. Le vendredi suivant, nous confirmâmes » un traité de paix de dix ans avec les messagers des rois de Grenade et de Maroc [4]. »

Les relations de l'Aragon avec le royaume de Tunis continuaient, depuis les Vêpres siciliennes, dans un esprit de bienveillance favorable aux marchands des deux pays. En 1309, Abou-Acida, roi de Tunis, et Jacques II, avaient prorogé pour dix ans le traité de paix et de commerce qui paraît avoir été conclu entre les deux princes, vers 1302, par Raymond de Villeneuve [5]. Le texte de ce traité n'est pas parvenu jusqu'à nous; mais on connaît celui que Guillaume Oulomar conclut pour le remplacer, le 21 février 1314, à Tunis, au nom de Jacques II et du sultan Abou-Yahya-Zakaria el-Libyani [6]. Nous avons aussi le traité signé à Barcelone même, le 1er mai 1323, avec le roi Jacques II par l'ambassadeur d'Abou-Yahya Abou-Bekr, roi de Tunis et de Bougie, pour confirmer et proroger de quatre ans encore le traité de Guillaume Oulomar, qui devait arriver à son terme en 1324 [7].

Ces traités maintiennent la position satisfaisante des Aragonais dans les royaumes de Tunis et de Bougie. Celui de 1323 règle quelques faits particuliers. Depuis le traité de

---

[1] Ibn-Khaldoun, t. IV, p. 217.

[2] Conde, *Dominacion de los Arabes*, 4e partie, cap. XXII, p. 606. En 1342, Pierre IV d'Aragon confirmait une délibération de la commune de Barcelone, qui avait imposé une contribution sur les bâtiments de commerce pour aider le Roi dans sa guerre contre le Maroc. Capmany, *Memorias, Coleccion*, t. IV, p. 100.

[3] Ibn-Khaldoun, t. IV, p. 232-235; Makkari, trad. de M. de Gayangos, *The Hist. of Mohamm. dynasties*, t. II, p. 356.

[4] *Cronica de D. Pedro IV*, cap. III, § 33, p. 240.

[5] Voyez ci-dessus, p. 178, et *Documents*, p. 293, art. 1; p. 296.

[6] *Nos Documents*, p. 306.

[7] *Nos Documents*, p. 319. Capmany a donné une analyse commentée de ce traité, *Memorias*, t. III, 2e partie, p. 213-214.

Raymond de Villeneuve, les rois de Tunis, afin d'acquitter certaines sommes dues par eux aux rois d'Aragon, leur avaient abandonné la moitié des droits à percevoir à la douane de Tunis sur les marchands de leur royaume [1]. En 1306, pour hâter l'acquittement de la dette, Jacques II demanda à Abou-Acida de céder la totalité du droit [2]. On ne sait ce qui fut positivement résolu; mais il paraît que la cession ne fut pas consentie [3]. La perception était néanmoins insuffisante, et encore les officiers tunisiens ne livraient pas au roi d'Aragon tout ce qu'ils auraient pu remettre [4]. Pour en finir à cet égard, le traité de 1323 régla que pendant les quatre années de sa durée, il serait compté annuellement au roi d'Aragon une somme de 4,000 doubles d'or, savoir 3,000 pour le royaume de Tunis, et 1,000 pour le royaume de Bougie [5].

Si le roi de Tunis venait à avoir besoin de galères pour son service ou pour la guerre, à cette condition seule que la guerre ne fût pas contre les Chrétiens, le roi d'Aragon promettait de lui en prêter un certain nombre, d'une jusqu'à vingt, à raison de 3,000 doubles d'or, payables par galère chaque quatrième mois de service [6]. Le traité considère la course, la piraterie même, comme un moyen de guerre habituel et légitime chez les Chrétiens comme chez les Musulmans [7]. Il n'énonce aucune mesure qui indique chez l'une ou l'autre partie l'intention de renoncer à cet usage; mais l'emploi des corsaires est interdit, pendant la durée du présent traité, entre l'Aragon et les royaumes de Tunis et de Bougie. Il est dit en outre que si, nonobstant les défenses respectives publiées par les parties contractantes, l'un de leurs corsaires venait à capturer les gens ou les biens de l'autre puissance, la première devrait complétement réparer les dommages et empêcher absolument que les pirates pussent mettre à l'encan dans l'étendue de ses États les objets ou les personnes enlevées [8]. Il est expressément déclaré ensuite que les méfaits réciproques des pirates chrétiens et musulmans ne devront jamais faire encourir la moindre responsabilité au commerce; que les marchands pourront comme d'habitude passer d'un pays dans l'autre en toute sécurité, car, dit sagement le traité, « les marchands sont gens qui vivent et qui voyagent sur » la foi royale, et le méfait d'autrui ne doit jamais leur nuire [9] ».

Enfin l'on prévoit le cas où le présent accord ne serait renouvelé ni remplacé dans les quatre ans de sa durée, et l'on réserve un délai de six mois au delà de son échéance pendant lesquels les marchands et les sujets des deux États pouvaient se rapatrier en toute sécurité avec leurs biens et leurs familles [10].

---

[1] Voyez les Instructions données en 1306 à Pierre de Fossé. Nos *Documents*, p. 293, art. 1. Cf. Capmany, *Memorias*, t. III, 2e partie, p. 206, 215.

[2] Instructions de 1306, art. 1er.

[3] Cela résulte des instructions données en 1307 à Pierre Bussot. *Documents*, p. 294.

[4] Ce dernier grief est certain, et Pierre Bussot devait s'en plaindre en 1307. Nos *Documents*, p. 294, art. 1 et 2.

[5] Traité de 1323, art. 36. *Documents*, p. 324.

[6] Art. 35.

[7] Art. 10, 12, 34. Cf. les art. 13 et suivants du traité de 1313 entre Majorque et Tunis, p. 190.

[8] Art. 12.

[9] Art. 10.

[10] Art. 10, page 321.

Les documents et les chroniques font ici complétement défaut pour suivre les rapports de l'Aragon avec le royaume de Tunis. Capmany, en signalant cette circonstance inexpliquée [1], n'élève aucun doute sur la continuité et la reprise de ces relations, après les quelques années de guerre qui durent les interrompre. L'extension de la marine et de la puissance de l'Aragon ne pouvait en effet qu'être favorable au commerce de ses marchands avec la côte d'Afrique.

Grâce à leurs alliances avec les Vénitiens, à leurs consulats étrangers et à leurs possessions nombreuses de terre et de mer, les successeurs de Jacques Ier avaient rendu l'Aragon le troisième État maritime de la Méditerranée. Leurs flottes ne pouvaient craindre que celles de Gênes ou de Venise. Outre les royaumes de Valence et d'Aragon, ils possédaient la Sardaigne, la Corse et les îles Baléares; ils conservaient au delà des Pyrénées Perpignan, le Roussillon et la Cerdagne, que les rois de France leur avaient abandonnés en gardant la seigneurie de Montpellier. Sans avoir des colonies aussi multipliées, et sans tenter des entreprises aussi lointaines que les Vénitiens et les Génois, leurs marins et leurs marchands faisaient un commerce presque aussi considérable dans les ports de la Méditerranée, du Levant et de l'Occident.

1320. — Le commerce chrétien, borné au littoral, ne pénétrait pas dans l'intérieur de l'Afrique.

Les marchands chrétiens, en rapport avec l'Afrique du nord-ouest, pouvaient librement communiquer avec tout le pays et voyager sûrement partout; mais leurs relations commerciales étaient essentiellement limitées aux villes de la côte. Aucune nation européenne n'a eu et n'a probablement tenté d'établir des échanges directs avec les populations de l'intérieur, pas même avec les villes considérables un peu éloignées du rivage, telles que Sedjelmesse, Milianah, Sétif, Constantine ou Kairouan. Bien que les villes capitales de Maroc et de Tlemcen leur fussent accessibles, il est douteux qu'ils y eussent des comptoirs et des centres d'affaires importants. C'eût été multiplier sans avantage les dépôts et les chargements de marchandises. Toutes leurs opérations devaient se concentrer et s'effectuer dans les villes maritimes. C'est là que les indigènes envoyaient naturellement tous les produits du pays et que les Européens apportaient leurs propres marchandises. Les ports de la côte, suffisamment nombreux, habités par les consuls et les marchands, étaient les lieux les plus commodes des échanges pour les Arabes comme pour les Chrétiens. Toutes les notions certaines que nous avons sur le commerce des Européens dans le Magreb nous montrent qu'ils n'ont pas cherché à le développer par des voyages ou des relations plus éloignées dans les villes et les marchés du centre.

Trompés par un passage de l'histoire civile et politique du commerce de Venise [2], nous avions pensé le contraire [3]. Nous avions cru que les Vénitiens avaient voulu participer aussi, à la suite des Arabes, au commerce de caravanes dans les régions du Tell et du Sahara, et qu'un privilége d'un roi de Tunis de l'an 1320 leur en avait

[1] *Memorias*, t. III, 2e partie, p. 215. Cf. t. Ier, 2[a] partie, p. 83.
[2] Antoine Marin, *Storia civile e politica del commercio de' Veneziani*, etc., t. IV, p. 287.
[3] *Tableau de la situation de l'Algérie en* 1843-1844, in-fol. Imprim. royale. Appendice, p. 463.

formellement attribué le droit. En recourant depuis aux sources originales des archives de Venise, nous avons reconnu que ce privilége n'émanait point d'un prince hafside, mais bien d'un empereur des Mongols du Kapchak, et que les caravanes que les Vénitiens étaient autorisés à former suivaient les routes de la mer Caspienne vers les Indes et non les routes du Soudan ou de Tombouctou.

1318-1375. — Principales échelles de la côte d'Afrique.

Sur ce vaste littoral de plus de quatre cents lieues d'étendue, depuis Tripoli jusqu'au Maroc, les portulans chrétiens dressés vers cette époque, en 1318 [1], 1364 [2] et 1375 [3], indiquent un grand nombre de localités. Voici les principales que nous y remarquons, en suivant de l'ouest à l'est les rives des quatre grands États existant alors.

Dans le royaume de Maroc, *Arzilla* ou *Arsilia*, petite ville située à dix lieues environ de Tanger, à sept ou huit lieues de Larache, au delà du détroit de Gibraltar, était le point le plus éloigné vers le sud-ouest qu'atteignît le commerce européen [4]. Les navires ne descendaient pas habituellement jusqu'à Salé, Azamour, Saffi et Mogador, stations marquées cependant sur les portulans et fréquentées dans le siècle suivant par les Portugais et peut-être même par les Français. Après Arzilla, en remontant vers le nord et tournant ensuite à l'est, venaient *Tanger* et *Ceuta*, les deux portes du détroit du côté de l'Afrique; puis *Velez de la Gomera*, dite aussi *Badis*, *Alcudia* ou *Arcudia*, qui semble avoir disparu de la côte marocaine, et qui était pourtant au seizième siècle encore, comme Badis, l'échelle de Fez [5]; enfin *Melilla*, en avant ou à l'ouest de la Moulouïa.

On peut admettre que la Moulouïa, la seule grande rivière de ces parages, formant aujourd'hui la limite entre le Maroc et l'Algérie, séparait au moyen âge le royaume mérinide du royaume des Abd-el-Ouadites ou Beni-Zian de Tlemcen. A l'est de la Moulouïa se trouvait d'abord *One* ou *Honeïn*, petite ville fortifiée à l'embouchure de la Tafna, servant de port à Tlemcen, et rasée en 1533 par Charles-Quint [6]; puis venaient *Mers-el-Kebir*, *Oran*, *Arzew*, *Mazagran*, *Mostaganem*, *Tenès* et *Cherchell*. Mais il est incertain si ces dernières villes appartenaient aux Beni-Zian et étaient comprises dans les limites, très-variables d'ailleurs, de leurs États vers l'Orient.

Dans le royaume de Bougie se trouvait la ville d'*Alger*, si souvent disputée aux rois hafsides par leurs voisins; puis *Bougie*, qui ne cessait d'être un marché très-considérable, même quand elle n'était pas la capitale d'un royaume; *Djidjelli*, où le commerce génois avait des conditions particulières [7]; *Collo*, *Stora*, aujourd'hui Philippeville, et *Bone*, le port de Constantine.

---

[1] Portulan de Pierre Visconti, de Gênes, dressé en 1318 à Venise. (Mss. du Musée Correr, à Venise.)
[2] Mappemonde des Pizzigani, à la Bibliothèque de Parme.
[3] Portulan catalan, publié par M. Buchon, *Notices et extr.*, t. XVIII, p. 69, 107, et 2ᵉ carte.
[4] Pegolotti, *Della mercatura*, dans Pagnini, *Decima di Firenze*, t. III, p. 121.
[5] Nos *Documents*, p. 277. Voyez plus loin : *Commerce et escales des Vénitiens et des Florentins*. Ann. 1456-1508, 1460-1512.
[6] Nos *Documents*, p. 265.
[7] Nos *Documents*, p. 302; et ci-dessus, p. 178.

Il est probable que l'île de *Tabarca*, riche en coraux, que nous trouvons marquée dans les portulans après Bone, appartenait autrefois comme aujourd'hui au royaume de Tunis ou de l'Ifrikiah. Les Lomellini, de Gênes, y ont eu des établissements considérables. En s'avançant vers l'est, on trouvait ensuite *Tunis*, le grand centre du commerce africain et des échanges avec les Européens; à la suite, *Hamamet, Souza*, la ville forte d'*El-Mehadia* ou *Africa*, vis-à-vis de Malte; les îles de *Kerkeni*, *Sfax*, en face sur la côte, où les Pisans eurent longtemps des comptoirs, comme à *Cabès*, au fond du golfe; puis la belle île de *Gerba*, et enfin *Tripoli*.

Les navires chrétiens pouvaient librement aborder dans tous les ports et havres de la côte du Magreb que nous venons de nommer, et sur tous les autres points du rivage, certains d'y trouver bon accueil et protection; les traités du moins leur donnaient le droit d'y compter et de le réclamer des officiers royaux et de la population. En tout temps, il leur était loisible de s'y fournir des vivres, de l'eau et des agrès nécessaires à la navigation. Au cas de tempête ou de force majeure, ils pouvaient même y chercher un abri et y séjourner en sécurité. Mais il ne leur était pas permis de se livrer partout indifféremment à des actes de commerce. Le séjour pour affaires de négoce et pour toutes les opérations des ventes et des achats n'était possible, comme nous l'avons vu [1], que dans les ports où existaient des douanes arabes. Nulle part nous ne trouvons la désignation précise des lieux pourvus de ces bureaux de recette, et par cela seul ouverts au commerce chrétien. Il a pu y avoir même à cet égard plusieurs changements amenés par l'ouverture ou la suppression de quelques établissements de perception. Mais nous pouvons considérer les villes suivantes comme ayant eu presque toujours une administration ou au moins un office de douane et par conséquent quelques comptoirs chrétiens : Tanger, Ceuta, Badis et Arcudia, l'une et l'autre communiquant à Fez; One, Oran, Bone, Bougie, Tunis, Sfax, El-Mehadia, l'île de Gerba, Cabès et Tripoli.

C'est là que furent au moyen âge les centres principaux des établissements chrétiens, les fondouks et les chapelles, en un mot les quartiers et les agents chrétiens. Des facteurs spéciaux gardaient les approvisionnements déposés aux fondouks, disposaient d'avance les marchés, faisaient venir les marchandises éloignées et préparaient les comptes avec la douane, afin que les navires eussent à séjourner le moins possible dans le port et se rendre aux escales suivantes.

1350. — Usages généraux du commerce chrétien en Afrique.

Les prescriptions des traités de cette époque sont assez multipliées pour nous permettre de nous rendre compte du régime général et des pratiques du commerce chrétien en Afrique. Nous y voyons toutes les mesures arrêtées pour faciliter le séjour, l'installation et les diverses opérations des marchands étrangers; pour simplifier leurs communications avec les gens du pays et donner à leurs transactions les plus grandes garanties possibles de loyauté et de bonne foi. En conférant entre elles les

---

[1] Voyez ci-dessus, p. 101.

dispositions des traités, nous connaissons aussi les droits de diverse nature, fixes et variables, que le commerce avait à payer au gouvernement, et les différentes marchandises qui faisaient l'objet de ce commerce, tant à l'importation qu'à l'exportation.

Nous avons vu déjà ce qui concernait l'organisation et la vie intérieure des colonies chrétiennes dans les fondouks où les marchands séjournaient auprès de leurs consuls et de leurs oratoires [1]. Nous avons à parler de leurs rapports d'intérêts avec les indigènes et surtout avec la douane arabe, intermédiaire ordinaire de leurs ventes et de leurs achats avec les marchands arabes et avec les sultans eux-mêmes. Le sultan était en effet un des plus forts commerçants de son royaume, tant par la vente des produits de ses domaines que par les acquisitions fréquentes qu'il faisait pour sa maison et pour l'état de navires chrétiens, des armes et des articles manufacturés d'Europe, sans parler des oiseaux de chasse et des bijoux.

I. Des douanes arabes.

La plus grande partie des opérations des marchands chrétiens, soit pour les ventes, soit pour les achats, s'effectuait à la douane, au moyen d'interprètes choisis et sous la responsabilité de la douane [2]. Ce procédé simplifiait les marchés et offrait une garantie précieuse aux étrangers. On avait cherché d'ailleurs à donner aux marchands chrétiens toutes les facilités et toute la liberté nécessaires aux transactions.

Dès leur débarquement, les marchandises étaient présentées à la douane, inscrites au compte du propriétaire sur les registres (*cartularia* [3]) de l'office, et par les soins d'agents chrétiens ou spécialement choisis par chaque nation chrétienne. Une fois inscrites, les marchandises pouvaient être déposées dans les magasins de la douane ou transportées dans les fondouks chrétiens, sauf à régler plus tard les droits dus au trésor.

Les douanes étaient une des principales institutions du gouvernement des rois arabes en Mauritanie de même qu'en Égypte. Dans les grandes villes, à Tunis, à Bougie, à Ceuta, comme à Alexandrie, c'était un des hauts emplois de l'État. Des princes du sang ont été appelés à les diriger. Le directeur, ou surintendant, était toujours un personnage considérable, un des premiers scheiks de l'empire. Il assistait à la conclusion des traités, et souvent il reçut du sultan les pleins pouvoirs pour les négocier [4].

§ 1.
Des personnes préposées et employées aux douanes.

1. Directeur de la douane. — Importance de ses fonctions. — Sa juridiction.

Il avait sous ses ordres de nombreux fonctionnaires ou employés de divers grades, dont il ne nous serait pas possible de définir exactement le rôle et la hiérarchie, mais que les documents distinguent bien néanmoins les uns des autres.

---

[1] Ci-dessus : *Principes généraux des traités*; § 2, *Consuls*; § 3, *Fondouks, églises et cimetières*, pages 86 et 89.
[2] Voyez plus loin : § 2, *Des ventes faites à la douane*, p. 192 et suiv.
[3] Nos *Documents*, p. 126.
[4] Traités de Gênes et de Tunis, 1272, *Documents*, p. 123; 1287, p. 127; 1391, p. 130.

Le directeur, de qui tous les autres préposés et serviteurs dépendaient, le *gabellot de quelques traités catalans* [1], est généralement désigné dans les textes latins sous les noms de *dominus dugane, dominus doane* [2], *dominus duganerius* [3], *provisor dugane* [4], *chaytus dugane* [5], *alcaitus dugane* [6], en catalan *alcayt de la duana* [7]. C'est le mot arabe *caïd* ou *alcaïd*.

Le directeur de Tunis réunissait quelquefois au gouvernement de la douane de la capitale la surintendance de toutes les douanes du royaume. Il est du moins qualifié dans quelques pièces d'*inspecteur* (*nazir*) *des douanes d'Afrique* [8]. Le mot arabe *nazir* ou *nadir* paraît désigner, comme le mot *moscerif*, le même fonctionnaire que le directeur ou *alcaïd* de la douane [9]. Le traité de 1278 entre le roi de Majorque et le roi de Tunis fut conclu à Tunis dans la maison du *moxerif,* c'est-à-dire vraisemblablement au palais de la douane même [10].

L'alcaïd de la douane était le directeur et le protecteur de toutes les affaires des Chrétiens dans leurs rapports avec les indigènes ; il suppléait même quelquefois les consuls dans les propres affaires de la nation. Aussi le traducteur chrétien d'une pièce arabe de 1200 rend-il le titre de ses fonctions par ces mots : *Rector omnium Christianorum qui veniunt in tota provincia de Africa* [11].

En dehors de toutes les questions de douanes et de tarifs et de la police générale des ports qui le concernaient, il avait une autorité judiciaire. Il était le juge naturel de tous les procès dans lesquels les Sarrasins devaient se défendre vis-à-vis des Chrétiens. Dans les cas de méfaits et de condamnation d'un Musulman, il devait en poursuivre et en obtenir la réparation pour le Chrétien [12]. Quelques traités déclarent en outre, ce qui vraisemblablement était passé en pratique générale, qu'au cas de procès entre Chrétiens de nationalité différente, le préposé en chef de la douane, comme juge plus impartial, vidait le débat [13]. Il avait encore autorité pour faire exécuter un titre dressé par-devant les témoins de la douane entre Chrétiens de nationalité différente [14].

---

[1] Aragon-Tunis, 1314, art. 7, p. 305 ; 1323, art. 6, p. 320.
[2] Venise-Tunis, 1305, art. 30 ; Gênes-Tunis, 1391, p. 130.
[3] Florence-Tunis, 1421, art. 10.
[4] Gênes-Tunis, 1287, p. 127.
[5] Gênes-Tunis, 1272, p. 123.
[6] Gênes-Tunis, 1445, art. 6.
[7] Aragon-Bougie, 1314, art. 6, p. 305.
[8] Abd-er-Rahman Ibn-Abi-Tahir, inspecteur des douanes d'Afrique en 1200. Amari, *Diplomi arabi*, p. 20, 38.
[9] Amari, p. 28, 397, 401, note *a*. On ne voit pas quelle était la fonction précise de Yousouf Ibn-Mohammed, qualifié en 1200 de *préposé aux douanes de Tunis et d'El-Mehadia*. Amari, p. 31.
[10] « In domo moxeriffi Tunicii » ; nos *Documents*, p. 188.
[11] Amari, *Diplomi arabi*, p. 276.
[12] Venise-Tunis, 1231, art. 2, p. 196 ; Gênes-Tunis, 1433, art. 5, p. 135 ; Pise-Tunis, 1397, art. 5, p. 75 ; Florence-Tunis, 1421, 1445, art. 5, p. 347, 356.
[13] Venise-Tunis, 1305, 1317, 1392 et 1438, art. 3 ; Florence-Tunis, 1421 et 1445, art. 5. Cf. Aragon-Tunis, 1323, art. 16, 17 ; Pise-Tunis, 1313 et 1353, art. 9.
[14] Florence-Tunis, 1421, art. 3.

A défaut du consul, il pouvait aussi connaître d'affaires dans lesquelles un Sarrasin était demandeur contre un Chrétien [1].

Lors du décès d'un Chrétien, s'il n'y avait ni consul ni marchands de sa nation, le directeur prenait ses biens sous sa sauvegarde et les remettait ensuite à qui de droit [2]. S'il se présentait une circonstance, un cas de crime ou un fait de contrebande qui nécessitât une perquisition, soit dans un navire, soit dans un fondouk chrétien, le directeur n'avait pas le droit d'y procéder ou d'y faire procéder en son nom par aucun fonctionnaire de la douane, sarrasin ou chrétien, à moins que le consul ne fût absent. En temps ordinaire, il devait faire prévenir le consul, qui déléguait un employé pour assister l'inspecteur ou fonctionnaire arabe dans ses investigations [3]. Tels sont du moins les règlements des traités catalans, et tout porte à croire que les autres nations suivaient le même usage, bien que leurs traités particuliers ne le mentionnent pas.

2. *Fonctionnaires et employés arabes.*

Parmi les témoins officiels (*testes*) présents à la conclusion du traité de 1433 entre la république de Gênes et le roi de Tunis, figurent plusieurs *testes et officiales dugane*, c'est-à-dire les hauts employés de la douane : « Testes autem Saraceni, qui... pro testibus » subscripserunt, sunt Aben-Tals, Aben Maroan et Aben Canfod, testes et officiales » dugane Tunicis [4]. » Ces *testes* ou *testimonii*, dont la présence aux ventes publiques engageait la responsabilité de la douane [5], semblent être des inspecteurs. C'étaient des fonctionnaires considérables et estimés. L'un d'eux, Sidi Abou-Abd-Allah Ben-Abou-Ishac, *testimonius dugane*, prit part à la discussion même et à la confirmation du traité génois de 1391, conclu par Gentile de Grimaldi avec le directeur et le *scriba* de la douane royale [6].

Il y avait un *testis* particulièrement désigné pour chaque nation chrétienne [7]. Il semble que le *messeruffus*, dont il est question dans un document vénitien de 1300, fût aussi un inspecteur ou *testis* attaché à la douane de Tunis [8].

Le *scriba dugane* [9] était probablement le chef des écritures, le même que le *segretario della dogana* [10]. Il avait sans doute sous ses ordres les autres écrivains ou teneurs de livres arabes et chrétiens, chargés d'écrire les comptes de tous les marchands qui

---

[1] Venise-Tunis, 1305, 1317, 1392 et 1438, art. 3, p. 212; Gênes-Tunis, 1433, art. 5, p. 135; Pise-Tunis, 1397, art. 5, p. 74; Florence-Tunis, 1421, art. 5, p. 347.
[2] Venise-Tunis, 1231, art. 10, 11; 1305 et 1392, art. 20; 1438, art. 19.
[3] Aragon-Bougie, 1314, art. 6, p. 305; Aragon-Tunis, 1313, art. 8; 1323, art. 16. Cf. Gênes-Tunis, 1433, art. 33, p. 139.
[4] Page 142.
[5] Voyez ci-après, p. 192.
[6] Page 130, où il faut remplacer la note [2] par ces mots : *Testimonius*, Cf. page 139, art. 33.
[7] Voyez ci-dessus, p. 49, Pise-Tunis, 1181.
[8] Nos *Documents*, p. 210, art. 10.
[9] *Documents*, p. 130.
[10] Amari, *Diplomi arabi*, p. 42.

avaient affaire à la douane. On pourrait l'appeler le chef de la comptabilité. Le *scriba dugane* de Tunis, Sidi Mohammed, fut l'un des négociateurs du traité de 1391.

Les *mosctaghil* de la douane [1], nom remplacé dans les textes chrétiens par les mots génériques d'*officialis*[2], *musiriffus*[3], *alcaydis*[4], étaient des agents ou officiers royaux d'un rang assez élevé, préposés spécialement à la vente des denrées ou marchandises du domaine royal [5]. Ils devaient faire aussi en grande partie les achats des choses nécessaires au sultan et à sa maison. On leur recommandait de ne pas se prévaloir de leur caractère et de traiter dans les conditions ordinaires des marchés avec tous les Chrétiens [6]. Vers l'an 1200, le roi de Tunis remit l'examen d'un cas assez grave de piraterie commis par les Pisans au *mosctaghil* de la douane de Tunis, que le texte chrétien de la lettre du sultan qualifie de *bailius noster* [7].

Le *messeruffus* arabe avec qui le facteur de la maison Soranzo, de Venise, eut à débattre, vers 1300, le payement de certains achats faits pour le compte du roi de Tunis [8], paraît être le même fonctionnaire que le *mosctaghil* de la douane. Et nous remarquons que la désignation de *mosctaghil* employée dans les traités pisans de 1313 et 1353, est remplacée dans l'article correspondant du traité de 1397 par le mot de *musiriffus*, le même sans doute que *messeruffus* [9].

Au-dessous de ces fonctionnaires se trouvaient des courtiers ou courtiers-interprètes, *sensarii*, *sensali*, *misseti* [10], les mêmes peut-être que les *amin*, dont il est question dans le traité florentin de 1445 [11]; puis des facteurs, des porteurs, peseurs, mesureurs, surveillants, gardiens et autres agents et hommes de peine que les traités désignent généralement sous le nom de *factores duane*, *servientes* et *canovarii duane* [12].

3. Interprètes.

Les interprètes ou drogmans de la douane, *turcimanni*, *torcimani*, *torzimani*, *interpretes*, *tursumani*, formaient une corporation nombreuse et fort estimée. Ils n'étaient pas tous du même rang, et ils devaient avoir entre eux une certaine hiérarchie. Les principaux servaient souvent à l'interprétation ou version officielle des traités.

[1] Pise-Tunis, 1313, 1353, art. 13, p. 51, 59.
[2] Pise-Tunis, 1353, art. 13, 27, p. 59, 61; 1397, art. 12, p. 78.
[3] Pise-Tunis, 1397, art. 12, p. 78.
[4] Florence-Tunis, 1421, art. 12, p. 349.
[5] Pise-Tunis, 1313, art. 33, p. 53.
[6] Pise-Tunis, 1313, art. 13, 28, p. 51; 1353, art. 13, 39, p. 59; — Venise-Tunis, 1305, 1317, art. 7. — *Mosctaghil* semble désigner aussi quelquefois le gouverneur d'une ville ou le fonctionnaire chargé des intérêts du domaine royal dans cette ville. Cf. Pise-Tunis, 1313, art. 33, p. 53; 1353, art. 32, p. 62, et cf. la traduction de M. Amari du texte arabe de 1397, art. 12 (nos *Documents*, p. 78); Florence-Tunis, 1421, art. 12, p. 349.
[7] Amari, *Diplomi arabi*, p. 35, 278, 402.
[8] *Documents*, p. 210.
[9] *Documents*, p. 78. Cf. « ab aliquo officiale vel *misiri* alte regie majestatis », p. 137, art. 19.
[10] Venise-Tunis, 1271, art. 11; Florence-Tunis, 1445, art. 25.
[11] Florence-Tunis, 1445, art. 10, p. 357.
[12] Pise-Tunis, 1234, art. 10; 1353, art. 13, 27.

Mais le témoignage de tout drogman de la douane faisait foi, et son intervention régulière dans un marché engageait la douane elle-même, qui devenait caution de la dette [1]. Il est probable qu'ils étaient tous assermentés. On les choisissait avec soin, et leur position était fort recherchée.

Les traités rappellent souvent que les interprètes doivent rester en société et mettre tous leurs profits en commun, dans les ventes et les achats [2]; qu'ils ne doivent recevoir ni cadeaux ni pour-boire [3]; que le droit d'interprète ne peut être exigé qu'une fois par chaque marché [4]; que nul marchand ni sarrasin ni chrétien ne doit avoir un drogman particulier [5]; qu'aucun drogman ne peut refuser son ministère au marchand qui le lui demande [6]. On comprend la sagesse de ces prescriptions.

Si un marchand ne devait pas avoir d'interprète spécial, il y avait cependant des drogmans particuliers pour chacune des nations chrétiennes. Aussi avons-nous vu en 1207 un Arabe prier le podestà de Pise de s'intéresser auprès du caïd de la douane de Bougie à sa nomination de drogman pour la nation pisane à la douane de cette ville, attendu que *le drogman*, de même que *le courtier pour les Pisans*, devait être nommé par le caïd et agréé par les Pisans [7].

Nous parlerons plus loin du droit qui leur était dû sur les marchés conclus par leur intermédiaire. On l'appelait la *torcimania* ou le *mursuruf* [8].

4. *Agents chrétiens.*

Le traité aragonais de 1314, en disant que nul agent de la gabelle ni sarrasin *ni chrétien* ne devra se permettre de visiter un navire ou un fondouk chrétien à l'insu du consul [9], indique déjà que les employés de la douane arabe n'étaient pas tous de nationalité musulmane.

Les Chrétiens ayant été admis à affermer quelques parties des gabelles [10], il leur était nécessaire d'avoir à la douane quelques préposés de leur nation pour faciliter et surveiller la perception. En outre, la plupart des traités stipulent qu'il y aura à la douane un employé chrétien (*scriba, scribanus, scriptor*), choisi par les Chrétiens de chaque colonie, chargé spécialement de tenir les écritures des marchands de sa nation et de régler leur compte avec la douane. Dans le traité vénitien de 1231 on lit à cet effet : « Qu'ils aient un écrivain pour eux à la douane à leur volonté, *scribanum suum chris-*

---

[1] Voyez ci-après : § *Des ventes faites à la douane*, p. 192 et suiv.

[2] Gênes-Tunis, 1236, art. 16; 1250, art. 9; 1272, art. 16; 1433, art. 20; — Pise-Tunis, 1397, art. 13.

[3] Venise-Tunis, 1251, art. 10.

[4] Pise-Tunis, 1313, art. 31; 1353, art. 30.

[5] Florence-Tunis, 1421, art. 13.

[6] *Loc. cit.*

[7] Voyez ci-dessus, p. 64; Amari, *Diplomi arabi*, p. 76.

[8] Voyez plus loin : § *Droits additionnels*, 1. *Drogmanat* ou *Mursuruf.*

[9] « Que null hom Crestia ne Sarrahi qui sia de la gabella. » Aragon-Bougie, 1314, art. 6, p. 305.

[10] Voyez, ci-après : § 4, *De la perception et du fermage des droits.*

» *tianum in doana*[1]. » « Et dans tous les pays où il leur sera permis de faire le com-
» merce, porte le traité de 1271, les Vénitiens auront un fondouk, un consul et un
» écrivain chargé d'écrire et d'arrêter les comptes de ce qu'ils doivent donner et rece-
» voir à la douane et de veiller à leurs marchandises[2]. » Le traité aragonais de 1271
concernant aussi les marchands du bas Languedoc, traité confirmé en 1278 pour les
Baléares et le Roussillon, et en 1285 pour la Sicile, dit de même : « Qu'ils aient à la
» douane un écrivain particulier à eux seuls et n'ayant pas à s'occuper des affaires des
» autres marchands[3]. » Les Génois[4] et les Pisans[5] avaient aussi leur écrivain, peut-
être plusieurs écrivains à la douane; un document de 1201 les désigne par ces mots :
« Gli scrivani Cristiani di Pisa in Tunis e i turcimanni[6]. » Nous avons vu que Fibonacci
apprit les mathématiques à Bougie auprès de son père, écrivain des Pisans à la douane
de cette ville[7].

Les Florentins appelaient ces agents des *banquiers* : « Qu'ils aient des banquiers
» connaissant les usages des pays, *bancherios scientes consuetudines locorum*, pour faire
» leurs comptes avec la douane. Le compte réglé, les banquiers en remettront l'acquit
» *appodixiam expedimenti* (le *bérat* ou *albara* arabe), aux marchands, qui pourront aller
» ensuite partout sans avoir à payer d'autres droits sur ces mêmes marchandises[8]. »
Il semble néanmoins, dans le traité de 1445, que les Florentins et les Pisans, formant
un même État, n'eussent pas toujours d'agents comptables spéciaux à la douane de
Tunis. « Quand un de leurs marchands voudra partir, dit la convention, le chef de la
» douane *choisira* un écrivain pour faire son compte et lui donner sans retard son congé
» ou *bérat*. Le compte restera tel qu'il sera ainsi arrêté[9]. »

5. *Canotiers et portefaix.*

A l'arrivée d'un navire dans l'un des ports arabes ayant un bureau de douane et affecté par conséquent au commerce extérieur, les Chrétiens trouvaient des portefaix et des canotiers connus, qui, moyennant un salaire fixe réglé par l'usage, se char-

---

[1] Venise-Tunis, 1231, art. 14, p. 198; 1250, art. 5.

[2] Venise-Tunis, 1271, art. 3; Cf. 1305, 1317, 1392 et 1438, art. 3.

[3] Aragon-Tunis, 1271, art. 28, p. 283; Aragon, Sicile-Tunis, 1285, art. 28; Aragon-Tunis, 1314, art. 16.

[4] Gênes-Tunis, 1433, art. 21.

[5] Pise-Tunis, 1397, art. 14.

[6] Amari, *Diplomi arabi*, p. 39. Ci-dessus, p. 74.

[7] Ci-dessus, page 130.

[8] Florence-Tunis, 1421, art. 14, p. 350.

[9] Florence-Tunis, 1445, art. 16, p. 358. Mais nous n'avons pas le texte chrétien du traité, peut-être plus explicite sur cette particularité que la rédaction arabe. L'emploi de ces écrivains ou teneurs de livres attachés à la douane était différent de la *scribania* dont il est question dans ce passage de Caffaro : « Scribaniæ Septæ et Bugeæ possint vendi in publica callega usque duos annos tantum. » C'est ici l'office et les droits de chancelier des consulats génois de Ceuta et de Bougie qui devaient être mis aux enchères et affermés pour deux ans seulement. (Caffaro, *Annal. genuens.*, ap. Muratori, t. VI, col. 407. Ci-dessus, p. 64 et 88.)

geaient, sous la surveillance des agents de la douane, du débarquement des marchandises. Les mêmes soins présidaient à l'embarquement.

Les canotiers ou gondoliers qui transportaient les marchandises du navire au rivage sont les *charabi, caravarii, calavi, ratiarii, ratharii, ragaxii*, des textes latins [1]; les *cargieri, ratorii* et *garabarii*, des textes italiens [2].

Les portefaix transportaient ensuite les marchandises du rivage à la douane ou aux fondouks chrétiens. Dans les textes, ils sont désignés sous les noms de *bastasii, bastasi, bastaii, bastaxii, bastagii, bastasci* ou *vastassi, vastasii* ou *portatori* [3]. Ce sont les *bastays, bestays* et *bastaxes* des traités catalans [4].

On ne voit rien de fixé dans les traités quant au tarif des gages dus aux canotiers et aux porteurs. Il est dit simplement qu'ils ne devront rien exiger en sus de l'usage, ou qu'ils devront se faire payer conformément à la coutume établie [5]. Une surveillance assez sévère devait s'exercer sur leur service, et en général sur tous les employés de la douane, parce que l'administration était responsable, vis-à-vis des Chrétiens, de la valeur de toutes les marchandises confiées à leur garde, soit dans l'intérieur de la douane, soit sur les quais. Cela est souvent dit dans les traités [6].

§ 2.

Des ventes entre Chrétiens et Musulmans.

1. *Des ventes faites dans l'intérieur et sous la responsabilité de la douane.*

La perception des droits dus au trésor royal sur les marchandises importées ou exportées n'était pas la seule fonction de la douane. Le directeur avait, on l'a vu, des attributions administratives et judiciaires assez étendues en ce qui concernait les rapports et les questions d'intérêt entre les Arabes et les Chrétiens. La douane était en outre le lieu où s'effectuaient en grande partie les opérations même des ventes et des achats entre les Européens et les Musulmans, sous la surveillance de ses officiers et par l'intermédiaire de ses agents.

On pouvait procéder de deux façons différentes aux ventes publiques dans l'intérieur de la douane. Les deux modes offraient autant de garanties et de facilité aux marchands chrétiens.

1° Il y avait d'abord l'*Encan*, ou la vente aux enchères, auxquelles il était procédé

---

[1] Venise-Tunis, 1251, art. 25; 1305, art. 25; 1317, art. 25; 1392, art. 24; — Gênes-Tunis, 1250, art. 10; 1433, art. 34 (p. 139); — Pise-Tunis, 1397, art. 22 (p. 81). = *Caricia* (Venise-Tunis, 1231, art. 14, p. 198) et *Careus* (Majorque-Tunis, 1313, art. 7; Aragon-Tunis, 1314, art. 19, p. 189, 309) sont les canots.

[2] Pise-Tunis, 1264, art. 11, p. 45; 1397, art. 22, p. 81; — Venise-Tunis, 1438, art. 25.

[3] Pise-Tunis, 1264, art. 11, p. 45, etc.

[4] Majorque-Tunis, 1313, art. 7 (p. 189); — Aragon-Tunis, 1314, art. 19 (p. 309).

[5] Voyez les articles précédemment cités. Cf. Pise-Tunis, 1313 et 1353, art. 13; — Venise-Tunis, 1271, art. 22; — et les traités catalans, Documents, p. 189, art. 7; p. 309, art. 19.

[6] Cf. Aragon-Tunis, 1323, art. 14, p. 322; — Pise-Tunis, 1234, art. 13, p. 33; 1313, 1353, 1397, art. 17; — Gênes-Tunis, 1433, art. 25.

par les soins de courtiers spécialement affectés à chaque nation [1], et en la présence nécessaire des inspecteurs ou témoins de la douane, les *testes* dont nous avons précédemment parlé. Cette forme de vente s'appelait, en latin et en italien, la *galega*, la *galica*, la *galicha* ou *calega*, *callega*, *calica*, *caliga* [2]; en catalan, *calga* [3]. Tous ces mots sont la traduction du mot arabe *halka*, qui signifie *enchère* [4]. On le traduit fort clairement quelquefois par le mot moderne *incanto* [5].

Sur la vente des marchandises effectuée à l'encan il n'était dû que les simples droits d'importation ou d'exportation, généralement de 10 ou de 5 pour 100. Cela résulte de ce qui est dit des ventes faites hors de l'halka.

Tout marchand chrétien qui voulait vendre ses marchandises à l'enchère n'avait qu'à en adresser la demande au directeur de la douane, qui ne pouvait généralement se refuser à l'admettre [6]. Cependant quelques traités autorisent, et le leur prescrivent même, les officiers de la douane à empêcher un Génois qui ne serait pas connu pour un loyal marchand de vendre à un Sarrasin [7].

2° Le second procédé de vente était la vente sans enchère, mais dans la douane, par l'intermédiaire des drogmans de la douane, avec ou sans la présence des inspecteurs [8]. Ici il était dû, en sus des droits de douane, le droit spécial de drogmanat ou de *mursuruf*, dont il est surtout question dans les traités vénitiens. Ce droit était habituellement de cinq *miliaresi* par valeur de cent besants [9].

Toutes les ventes étaient inscrites à la douane [10]. Si le vendeur et l'adjudicataire ou acquéreur avaient déjà leur compte à l'office, l'enregistrement pouvait se borner au simple transfert de l'avoir de l'un à l'avoir de l'autre [11].

Toutes les ventes faites à la douane, à l'halka ou en dehors de l'halka, mais par le moyen des drogmans attitrés, étaient placées sous la garantie et la responsabilité de la douane, qui devait faire payer les sommes dues aux marchands chrétiens, soit au comptant, soit dans les délais et les conditions prévus. Ce principe, qui était le fondement et la sécurité même de tout le commerce chrétien, est inscrit, expliqué, rappelé ou admis dans tous les traités et ressort de toutes leurs dispositions [12]. De cette règle

---

[1] Voyez ci-dessus, p. 64 et p. 189 : § *Interprètes*.
[2] Voyez les sources citées dans la note 11.
[3] *Documents*, 1323, art. 26, p. 323.
[4] *Documents*, p. 51, art. 16; p. 52, art. 27; p. 59, art. 16; p. 61, art. 26; p. 75, art. 7; p. 348, art. 7.
[5] « Ad calegam scilicet all' incanto. » Florence-Tunis, 1421, art. 7, 10, p. 348.
[6] Nous ne voyons cette faculté spécifiée que dans quelques traités (Pise, 1313, 1353, art. 16; Florence, 1421, art. 10); mais elle devait être de droit général.
[7] Gênes-Tunis, 1236, art. 14, p. 117.
[8] Voyez les sources citées ci-dessous, dans la note 12.
[9] Venise-Tunis, 1305 et 1317, art. 4. Cf. Gênes-Tunis, 1236, art. 16; 1250, art. 2; — Pise-Tunis, 1264, 1313, art. 27; 1356, art. 26; et ci-après, p. 199-200.
[10] Ce fait incontestable, et qui résulte de tout ce qui est dit tant au sujet des écrivains de la douane (p. 188, 190) qu'au sujet du règlement des comptes (Voy. ci-après, p. 206), est rarement exprimé d'une manière directe. Cf. Aragon-Tunis, 1314, art. 14.
[11] Venise-Tunis, 1305, 1317, art. 33; 1392, art. 32; 1438, art. 34.
[12] Pise-Tunis-Maroc, 1234, art. 20; 1264, art. 14, 27; 1313, art. 16, 27; 1353, art. 16, 26; 1356,

essentielle découlaient les conséquences, surabondamment mentionnées dans quelques traités, qui voulaient que la douane forçât tout acheteur à recevoir la marchandise une fois le marché conclu par ses drogmans [1], qui laissaient à la charge de la douane tout reste de compte non soldé par le débiteur [2]. Nous ne voyons qu'une restriction à l'obligation incombant aux drogmans et à la douane de faire payer ou de payer eux-mêmes les sommes dues aux marchands chrétiens, c'est le cas où le débiteur tombait en faillite [3].

2. *Des ventes faites en dehors de la douane.*

Les Chrétiens n'étaient nullement tenus de vendre leurs marchandises à la douane. C'était une faculté et une garantie que leur offrait le gouvernement arabe, non une forme qu'il leur imposât. Ils étaient libres de vendre ailleurs et comme ils l'entendaient leurs marchandises, soit à d'autres Chrétiens, soit aux Musulmans. Les notaires chrétiens qui se trouvaient dans les fondouks, les chanceliers des consulats, qui en faisaient souvent l'office, pouvaient ainsi dresser les chartes de vente entre Chrétiens ou Musulmans. Un traité spécifie même qu'il sera parfaitement loisible aux Génois d'aller acheter les laines, les cuirs, les toisons et autres marchandises dans les fondouks particuliers des Arabes et Sarrasins, où ces marchandises se trouvaient, et de les faire transporter directement après l'achat dans leurs propres magasins [4].

Seulement, dans ces cas et pour toutes autres ventes de Chrétien à Musulman, effectuées en dehors de l'halka et sans l'intervention des drogmans, la douane se trouvait dégagée de toute responsabilité. « Et de tout ce que les Génois vendront hors de l'en-» chère et sans les inspecteurs ou les drogmans de la douane, *sine callegà, testibus vel* » *torcimanis*, que la douane ne soit en rien tenue [5]. » Rarement les traités exprimaient cette restriction, qui pouvait paraître superflue en effet après les déclarations précédentes.

§ 3.

Des droits de douane.

1. *Droits principaux.*

a. Importations.

Nous avons vu précédemment [6] que les tarifs de douanes perçus dans les États du Magreb, bien qu'ils aient subi quelques légères variations à certaines époques et à l'égard de certaines nations, avaient toujours été renfermés, quant aux importations, entre 10 pour 100 et 11 et demi pour 100. Le droit ordinaire et général sur l'impor-

---

art. 26; 1397, art. 3, 7, 10, 12, p. 34, 73, 77; — Venise-Tunis, 1231, art. 7; 1251, art. 13; 1271, 1305, 1317 et 1392, art. 11; 1438, art. 12; — Gênes-Tunis, 1236, art. 16; 1250, art. 2, 6; 1272, art. 15; 1433, art. 10, 17; — Florence-Tunis, 1421, art. 23; — Aragon, Montpellier-Tunis, 1271-1278, art. 27; 1314, art. 14; 1323, art. 26; — Aragon, Sicile-Tunis, 1285, art. 27.

[1] Florence-Tunis, 1445, art. 31.
[2] Pise-Tunis, 1234, art. 20.
[3] Aragon-Tunis, 1323, art. 26, p. 323.
[4] Gênes-Tunis, 1433, art. 33, p. 139.
[5] Gênes-Tunis, 1433, art. 17, p. 137. Cf. Pise-Tunis, 1397, art. 7 p. 75.
[6] Voyez ci-dessus, page 107.

tation était si bien le 10 pour 100, que ce droit se désignait habituellement par le mot de *dixième* : *decimum, decenum, decima*, en catalan *delme*, ou simplement *drictum*[1] ; le 5 pour 100 s'appelait le demi-droit, le *vingtième* : *medium drictum, mezza-decima, mig-delme, mig-dee, vicesima, vingtena, vinctenum*[2].

Il y avait en effet certaines marchandises et certains marchés qui n'étaient soumis qu'au demi-droit. D'autres jouissaient d'une franchise entière. Nous distinguerons les uns et les autres.

Exemption entière.

1. Les bijoux, les pierres fines, les perles, et en général les joyaux et toutes les marchandises vendues directement au sultan ou achetées à la douane pour son compte, étaient exemptes des droits d'importation[3]. Les traités omettent presque toujours d'énoncer cette circonstance, vraisemblablement parce qu'elle était universellement connue, admise et pratiquée. Les traités vénitiens qui la mentionnent ajoutent que si la vente est faite sans qu'on ait stipulé une époque de payement, le délai ne pourra excéder quinze jours[4].

2. L'or et l'argent vendus, soit à la douane pour compte du sultan[5], soit directement à la *Zeccha* ou hôtel royal des monnaies[6], ce qui rentre dans l'exemption précédente. Quand la vente des métaux précieux était faite à des particuliers, elle était soumise au 5 pour 100.

3. Les navires (les barques et les agrès maritimes y compris) vendus en Afrique, soit à des Sarrasins, soit à des Chrétiens alliés des Sarrasins (*sub pace Saracenorum*)[7].

---

[1] Gênes-Tunis, 1236, art. 5, 7, 8. Cf. art. 16, p. 118, où le 10 pour 100 est nettement établi, indépendamment du droit additionnel de drogmanat ; — 1250, art. 2 ; art. 3, *decenum*, p. 119 ; 1433, art. 6, *decimum*, p. 135 ; — Venise-Tunis, 1231, art. 4, *decimum*, p. 196 ; 1251, art. 7 ; 1272, art. 5 ; 1305, 1317, 1392, 1438, art. 4, *decima* ; 1438, art. 4, *diexe e meza per centener*, p. 251 ; — Majorque-Tunis, 1278, art. 7, *directus*, p. 188 ; 1313, art. 9, *lo dee, lo delme*, p. 190 ; — Aragon-Tunis, 1271, art. 23, *delme*, p. 283 ; 1314, art. 12, 13, p. 308 ; — Florence-Tunis, 1421, art. 8 ; 1445, art. 22 ; — Pise-Tunis, 1186, art. 6, *decima*, p. 30 ; 1234, art. 6 ; 1264, art. 7, *lo decino* ; 1313, art. 21 ; 1397, art. 8 ; — Pise-Maroc, 1358, art. 15, p. 69.

[2] Gênes-Tunis, 1236, art. 5 (*vinctenum*), p. 116 ; 1250, art. 2, p. 119, où le 5 pour 100 sur les importations est bien énoncé ; — 1272, art. 2, *medium drictum*, p. 123 ; 1433, art. 7, 8, 10, 14, *medium decimum*, p. 135 ; — Venise-Tunis, 1231, art. 4 ; 1251, 1305, 1317, 1392, 1438, art. 8, 24, *medium decimum* ou *cinque per cento*, p. 24, 196, 253 ; — Aragon-Tunis, 1271 et 1285, art. 23, 26, p. 283, *mig-delme* ; 1314, art. 12, 13, 18, *mig-delme*, p. 308 ; — Majorque-Tunis, 1278, art. 7, *medius directus*, p. 188 ; 1313, art. 9, 24, *mig dee, mig dret*, p. 190 ; — Pise-Tunis, 1234, art. 6, *vicesima*, p. 33 ; 1264, art. 7, *meso diricto*, p. 44 ; 1313, 1353, art. 23, 24 ; 1397, art. 6, 8, *vicesima, medium decimum*, p. 75 ; — Florence-Tunis, 1421, art. 6, *dimidium dricti*, p. 348. Cf. 1445, art. 11.

[3] Venise-Tunis, 1251, art. 9 ; 1271, art. 7 ; 1305, 1317, 1392, art. 8 et 9 ; 1438, art. 8 et 10 ; — Pise-Maroc, 1353, art. 8, général pour toutes les marchandises ; — Florence-Tunis, 1445, art. 11, 30.

[4] Venise-Tunis, 1305, 1317 et 1392, art. 11 ; 1438, art. 12.

[5] Venise-Tunis, 1305, art. 8.

[6] Venise-Tunis, 1251, art. 8 ; 1271, art. 6 ; 1305, 1317, 1392 et 1438, art. 8 ; — Gênes-Tunis, 1250, art. 22 ; 1272, art. 7.

[7] Pise et l'empire almohade, 1186, art. 6 ; — Pise-Tunis, 1234, art. 36 ; 1264, art. 22 ; — Venise-

Si la vente était faite à des Chrétiens n'ayant pas des traités avec le sultan, le droit était dû [1].

4. Le blé, l'orge, et généralement toutes les céréales [2].

5. Le vin, du moins le vin importé par les sujets du roi d'Aragon, dans le royaume de Tunis. La douane retenait seulement une jarre sur cent; au-dessous de cent jarres, elle ne devait rien prélever [3].

6. Enfin pour toute vente de toutes sortes de marchandises entre Chrétien et Chrétien, il n'était rien dû à la douane, qui se bornait à transférer l'inscription de la marchandise vendue du compte du vendeur au compte de l'acheteur [4].

Exemption du demi-droit.

1. L'or et l'argent non monnayés, les rubis, les perles, les émeraudes, et généralement tous les bijoux, n'étaient soumis qu'au demi-droit d'importation, *medium drictum, mezza decima, mig-delme,* c'est-à-dire au vingtième de la valeur, *vicesima, vinctenum,* ou 5 pour 100 [5]. Il était bien entendu, et il était quelquefois exprimé dans les traités, que tout ou partie de ces bijoux ou de ces métaux précieux non vendus en Barbarie pouvaient être réexportés sans avoir à payer le demi-droit. La réexportation, en franchise, de toute marchandise non vendue était de règle [6].

2. Quant aux monnaies d'or ou d'argent, il paraît qu'il y avait une différence entre les monnaies chrétiennes et les monnaies musulmanes. Les premières payaient 5 pour 100 dès leur *arrivée* dans le royaume, c'est-à-dire à leur passage à la douane, tandis que sur les métaux non monnayés le payement du droit n'était exigé que lors de la vente [7]. Pour les dinars et les dirhems, mots qui semblent désigner d'une manière générale les espèces musulmanes, on s'en remettait à l'usage ancien [8].

Toute fausse monnaie était brisée et confisquée. La monnaie à un titre inférieur à l'aloi du sultan était brisée; le demi-droit était cependant perçu et le métal rendu au propriétaire [9].

Tunis, 1231, art. 9; 1251, art. 15; 1271, 1317, 1392 et 1438, art. 14; — Gênes-Tunis, 1236, art. 7; 1250, art. 3; 1272, art. 5, 11; 1433, art. 14; — Florence-Tunis, 1445, art. 22; mais cf. art. 6.

[1] Gênes-Tunis, 1236, art. 7, p. 117; 1433, art. 14, p. 137, très-explicite; — Pise-Tunis, 1313, art. 21; 1397, art. 8; — Florence-Tunis, 1421, art. 8.

[2] Aragon-Tunis, 1271 et 1285, art. 25, p. 283, 288; 1314, art. 13, p. 309; — Majorque-Tunis, 1313, art. 9, p. 190. Cf. *Documents*, 1300, art. 4, p. 209, et voyez ci-dessus, p. 52, note 5.

[3] Aragon-Tunis, 1323, art. 25, p. 325.

[4] Venise-Tunis, très-explicite, 1305 et 1317, art. 33; 1392, art. 32; 1438, art. 34; — Pise et le calife almohade, 1186, art. 6, p. 30; — Gênes-Tunis, 1272, art. 8; 1433, art. 15.

[5] Pise-Tunis, 1234, 1313 et 1353, art. 6; 1397, art. 6 *bis;* — Venise-Tunis, 1231, art. 4; 1305, 1317, 1392, 1438, art. 8; — Gênes-Tunis, 1236, art. 5, p. 116; 1250, art. 2, p. 119; 1433, art. 7; — Aragon-Tunis, 1271-1278, art. 23; 1285, art. 23; 1314, art. 12, 18, p. 308, 309; — Florence-Tunis, 1421, art. 6; 1445, art. 11, p. 357. Cf. art. 30; — Majorque-Tunis, 1313, art. 9, p. 190.

[6] Voyez ci-dessus : *Principes généraux des traités*, page 100.

[7] Cf. Pise-Tunis, 1313 et 1353, art. 6, p. 50, 58; — Gênes-Tunis, 1272, art. 2, p. 123; 1433, art. 7, p. 135.

[8] Pise-Tunis, 1313, 1353, art. 6, p. 50, 58.

[9] Gênes-Tunis, 1272, art. 3; 1433, art. 8, p. 136; — Aragon-Tunis, 1314, art. 18.

b. Exportations.

La règle que toutes les marchandises exportées par les Chrétiens devaient payer 5 pour 100 à la douane royale, avait reçu de notables et nombreuses exceptions. La tendance des gouvernements arabes fut toujours d'augmenter ces exceptions afin de favoriser le commerce.

1. La plus importante était celle qui autorisait les marchands chrétiens à exporter en pleine franchise une quantité de marchandises égale en valeur à la totalité des marchandises importées par eux en Afrique, soit que ces marchandises eussent payé le droit ou le demi-droit, soit qu'elles ne fussent pas soumises au tarif. Dans le cas du payement des droits, la quittance de la douane constatant le payement d'importation servait au marchand à justifier la quotité de la franchise à laquelle il avait droit pour l'exportation [1]. L'exemption était générale et s'étendait à la vente de toutes sortes d'objets et marchandises [2]; mais les rédacteurs des traités ont cru devoir la mentionner plus particulièrement à l'occasion de la vente des métaux précieux [3] et des navires [4].

La manière sommaire et trop concise dont la franchise est constatée quelquefois pourrait rendre l'intelligence de certains articles obscure et douteuse : « Et de auro et » de argento quod homines Veneciarum ad cecham vendiderint nullum datium aut » drictum persolvere debeant curie vel doane, nec in venditione nec in emptione [5]. » Rapproché d'autres traités, le sens devient incontestable et indique bien, comme nous l'avons dit, qu'autant le marchand chrétien avait vendu en Afrique (en payant ou ne payant pas de droit, suivant la nature de son marché), autant il pouvait acheter et exporter sans avoir à payer de droit de sortie : « Et de quello i venderà in zecha, » over nela dohana, per la corte, non debano pagar dreto alguno, manche nel vender, » ni nel comprar *cum quel priesio* [6]. »

2. Le loyer d'un navire effectué dans l'un des ports du Magreb donnait droit au propriétaire de ce navire d'exporter une quantité de marchandises répondant au prix du nolis, sans avoir à payer les droits de sortie sur ces marchandises. C'est ce que signifie cet article peu clair du traité de 1231 : « Item, quod nabullum de navibus » quod possint trahere sine dando dricti de abere quod naulizabuntur [7]. » Article et disposition qu'éclairent et complètent tant d'autres articles, et notamment ceux-ci : « Item, domini lignorum de eo quod nauliçabunt ligna sua possint emere merca-

---

[1] Venise-Tunis, 1305, 1317, 1392, 1438, art. 7; — Aragon-Bougie, 1314, art. 3; Aragon-Tunis, 1323, art. 2.

[2] Venise-Tunis, 1305, 1317, 1392, 1438, art. 7; — Aragon-Bougie et Tunis, 1314, art. 3; 1323, art. 2; — Gênes-Tunis, 1433, art. 12 et 14; — Pise-Tunis, 1313 et 1353, art. 23; 1397, art. 9.

[3] Venise-Tunis, 1305, 1317, 1392, 1438, art. 8; 1271, art. 6; — Aragon-Tunis, 1314, art. 18, p. 309; et cf. les sources citées à la note 5 de la page 196.

[4] Venise-Tunis, 1305, 1317, 1392, 1438, art. 14; — Gênes-Tunis, 1433, art. 14; — Florence-Tunis, 1445, art. 6.

[5] Venise-Tunis, 1251, art. 8, p. 200. Cf. art. 9.

[6] Venise-Tunis, 1438, art. 8, p. 252. — Cf. Gênes-Tunis, 1433, art. 12, p. 136; — Pise-Tunis, 1313, 1353, art. 23, p. 52, 60, etc.; — Aragon-Tunis, 1314, art. 18, p. 309.

[7] Venise-Tunis, 1231, art. 8, p. 197. Cf. 1251, art. 14, p. 200.

» tiones ad tantum quantum ascendet id quod habebunt de naulo, non solvendo aliquod
» decimum vel dacium [1]. »

Les traités de 1271 et 1285 avec les rois de Tunis portent « que les sujets des rois d'Aragon », expression qui comprenait alors les Majorcains, les Siciliens, les Roussillonais et les habitants de la seigneurie de Montpellier, payeront le demi-droit seulement sur les marchandises achetées par eux avec le prix du louage de leurs navires [2]. Les rois d'Aragon durent réclamer contre cette disposition, et demander pour leurs marchands la franchise entière accordée aux autres étrangers. Ils l'obtinrent à partir du traité de 1314 : « No sia pres dels en aço mig-delme [3], » dit l'article 13ᵉ.

3. Quand le blé n'excédait pas un certain prix en Afrique, et quand d'ailleurs la disette était manifeste à Gênes et à Venise, le gouvernement de ces États s'était fait reconnaître la faculté d'extraire en toute franchise une certaine quantité de blé du royaume de Tunis [4].

4. Le blé, la farine, le biscuit, tous les grains, et généralement tous les vivres destinés à la nourriture des équipages, sortaient en franchise [5].

5. Les Vénitiens avaient en outre la faculté, réservée par privilége à leur nation, d'exporter en franchise tout le plomb et le minerai de plomb qu'ils pouvaient découvrir ou se procurer dans le royaume de Tunis [6].

2. Droits additionnels.

Indépendamment des droits généraux et fixes qui se prélevaient à l'importation et à l'exportation des marchandises, il y avait certains droits secondaires, les uns prévus par les traités, les autres réglés par l'usage local et exigés à l'occasion de l'arrivée ou du départ d'un navire, pour la garde et le pesage de certaines marchandises, pour le service des écrivains et pour le salaire des interprètes. Ces droits étaient presque tous, sauf le dernier, d'une nature indéterminée. La perception, soit en argent, soit en denrées, en était souvent laissée, quant à la forme et à la quotité, à l'appréciation des marchands chrétiens ou des employés arabes. Quoique appliquée à des sommes et à des objets de peu d'importance, cette perception donnait lieu à plus de difficultés, de contestations et de réclamations que le payement des droits principaux.

Les traités font souvent allusion d'une manière générale à ces droits supplémentaires, dont les Chrétiens se plaignaient toujours pour en faire supprimer ou régulariser l'usage. C'est évidemment aux droits additionnels que s'appliquent ces expressions des traités pisans et catalans : « Non pagheranno su le merci loro la decima *ne altro » diritto doganale*, se non dopo averle vendute [7]. Siamo in concordia con voi che

---

[1] Venise-Tunis, 1271, art. 13, p. 204. — Cf. Venise-Tunis, 1305, 1317, 1392, art. 13; 1438, art. 9; — Pise-Tunis, 1234, art. 18; 1264, art. 24; 1313, art. 24; 1353, art. 23; — Gênes-Tunis, 1236, art. 7; 1250, art. 16; 1272, art. 10; 1433, art. 13, p. 136, très-explicite, comme tout le traité.

[2] Aragon-Tunis, 1271, 1285, art. 26, p. 283, 288.

[3] Aragon-Tunis, 1314, art. 13, p. 309.

[4] Voyez, ci-après : *Tableau des exportations d'Afrique*. § *Céréales.*

[5] Majorque-Tunis, 1313, art. 24; — Pise-Tunis, 1397, art. 15; — Florence-Tunis, 1411, art. 15.

[6] Venise-Tunis, 1251, art. 26; 1271, art. 24; 1305, 1317, 1392, art. 26; 1438, art. 27.

[7] Pise-Tunis, 1353, art. 45, p. 64.

» doviate paghare lo decimo *et le altre spese* ¹. » En arrivant avec du blé ou de l'orge ils ne payeront pas le dixième, *lo delme* (le 10 pour 100), mais ils payeront les autres droits : *mas lo dret acustumat feit* ².

C'est encore de ces droits accessoires seuls que les rois d'Aragon demandaient la modération ou l'exonération en faveur de leurs sujets, conformément aux avantages que les Génois avaient obtenus en partie à Tunis et à Bougie, car l'Aragon ne pouvait songer à solliciter pour eux une franchise absolue, dans les traités de 1306, 1309, 1314 et 1323 ³. Ce dernier traité, conclu à Barcelone avec l'ambassadeur d'Abou-Bekr, roi de Tunis et de Bougie, n'a certainement en vue que les mêmes droits additionnels dans cette prescription de l'article 24 : « qu'il ne soit pris sur les sujets du roi d'Aragon
» dans les douanes et autres lieux du roi de Tunis et de Bougie que les droits ancien-
» nement accoutumés, à savoir *de torcimanys, ancoratge, de bestays qui descarreguen*
» *la roba, de dar albara, de compte franch, è del fet del oli, com d'altres qualsques*
» *sien*. Et s'il y a eu à cet égard quelque innovation, dite ou imposée en sus de ladite
» coutume, qu'elle soit totalement abolie ⁴. » Le traité ne parle pas des droits ordinaires de l'importation et de l'exportation, parce que ces droits sont évidemment sous-entendus, tant la perception en était acceptée généralement par toutes les nations. S'il en fallait une preuve, il suffirait de remarquer que le traité de 1323 confirme expressément le traité antérieur de Guillaume Oulomar de 1314, lequel maintenait le droit de 10 pour 100, le *delme*, sur toutes les marchandises importées, et le *mig-delme*, ou le 5 pour 100, sur les métaux précieux ⁵. Dans ce même traité de 1314 ⁶, comme dans ceux de 1313 et 1339 ⁷, les droits principaux et les droits additionnels sont désignés et distingués par ces deux expressions : *los drets* ou *le delme* et *los matzems*. Ce dernier mot semble aussi désigner en particulier un des droits supplémentaires.

Le traité de 1323 désigne, sans les définir, six ou sept sortes de droits additionnels. Mais ils étaient bien plus multipliés, et nous n'en connaissons ni le nombre ni la nature exacte. Voici ce que nous en savons.

a. Drogmanat ou mursuruf.

Le premier était ce droit des interprètes, ou *de torcimanys*, qu'énonce d'abord le traité d'Abou-Bekr ; la *torcimania* des textes latins ⁸, qu'on désignait aussi quelquefois par le mot arabe *mursuruf* ⁹, ou *moscerufo* ¹⁰.

---

¹ Pise-Maroc, 1358, art. 15, p. 69.
² Aragon-Tunis, 1314, art. 13, p. 309.
³ 1306, art. 4, p. 294 ; 1309, art. 5, p. 302 ; 1314, art. 7, p. 305 ; 1323, art. 6.
⁴ Aragon-Tunis, 1323, art. 24, p. 323.
⁵ Aragon-Tunis, 1323, art. 29, p. 323, et 1314, art. 12, p. 308.
⁶ Aragon-Tunis, 1314, art. 23, p. 309.
⁷ Majorque-Tunis, 1313, art. 12, p. 190 ; Majorque-Maroc, 1339, art. 4, p. 194.
⁸ Venise-Tunis, 1392, art. 4, p. 233 ; — Gênes-Tunis, 1236, art. 16, p. 118 ; 1250, art. 2, p. 119 ; 1433, art. 20, 45, p. 141 ; 1445, art. 3, p. 144 ; — Pise-Tunis, 1353, art. 30, p. 62 ; 1397, art. 13, page 78.
⁹ Nos *Documents* ; traités vénitiens, p. 233, 241, 242, 245.
¹⁰ Pise-Tunis, 1264, art. 27, p. 46.

Ce droit était dû toutes les fois qu'on employait officiellement le ministère des drogmans. Il était particulièrement perçu sur les ventes faites à la douane en dehors de l'*halka*, c'est-à-dire sans enchères, et par le seul intermédiaire des drogmans en présence des inspecteurs. Il était généralement de cinq *miliaresi* par valeur de cent besants de marchandises vendues [1]. D'après la rédaction des traités de Florence, on voit que ce droit répondait à 1/2 pour 100 de la valeur de la marchandise [2].

Les plus anciens traités n'en parlent que d'une manière vague [3], ou le passent totalement sous silence. D'autres se bornent à mentionner le droit supplémentaire des *cinq miliaresi* par cent besants dus sur les marchés, sans spécifier ni la raison ni le nom de ce droit [4]. Ce sont là ce qu'on pourrait appeler les origines du *mursuruf*. Ces stipulations des anciens traités, quand elles sont détachées et isolées, sont assez difficiles à comprendre; et il est indispensable de les rapprocher des traités suivants pour en bien apprécier le sens et l'application.

Le traité vénitien de 1392 et les pièces diverses que nous avons concernant la négociation laborieuse à laquelle il donna lieu, sont surtout utiles à consulter à cet égard. Les Vénitiens obtinrent l'abolition du *mursuruf* à partir du traité de 1305. C'est ce que nous paraît signifier ce passage de l'article 4 du traité : « Et dimittantur eis a tempore » hujus instrumenti miliarisii quinque per centenarium de bizantis [5]. » Le véritable sens et l'objet précis de cette faveur s'oublia à la longue; et en 1392 l'ambassadeur vénitien demandait au roi de Tunis d'abandonner 5 *miliaresi* pour 100 sur les 10 pour 100 exigés des importations vénitiennes, comme on l'avait autrefois promis. Mais le négociateur arabe répondit qu'il y avait confusion dans les assertions de Valaresso; que les cinq miliaresi du mursuruf étaient depuis longtemps supprimés pour les Vénitiens, et que le roi n'accorderait pas d'autre réduction des tarifs [6]. On se conforma à cette déclaration dans le traité de 1392 et dans les traités postérieurs, en ne mentionnant plus le droit de drogmanat [7].

Les documents pisans, génois et aragonais n'ont pas la précision et les développements des textes vénitiens au sujet du drogmanat. Les Génois payaient encore ce droit au quinzième siècle [8].

Nous ne pourrons nous arrêter autant aux autres droits accessoires, et nous les énumérerons rapidement.

---

[1] Venise-Tunis, 1305, art. 4, p. 212; 1317, art. 4, p. 217; — Gênes-Tunis, 1236, art. 16, p. 118; 1251, art. 2, p. 119; 1433, art. 20, p. 137; — Pise-Tunis, 1397, art. 13, p. 78.

[2] Florence-Tunis, 1421, art. 13, p. 350.

[3] Venise-Tunis, 1231, art. 4, p. 197; 1251, art. 10, p. 200. Cf. 1271, art. 8; — Pise-Tunis, 1234, art. 10, p. 38; 1264, art. 11; 1313, art. 13; — Aragon-Tunis, 1323, art. 24, p. 323.

[4] Sources de la note 1.

[5] *Documents*, page 212; même rédaction dans le traité de 1317, art. 4.

[6] Voyez la lettre de Valaresso au doge, et l'art. 4 du traité de 1392. *Documents*, p. 233 et 242.

[7] Voyez plus loin l'Introduction, à l'année 1392, et année 1400 : *Comparaison des originaux et des traductions des traités.* § 3. *Différences dans le dispositif.*

[8] « Et solvantur dictis torcimanis pro eorum torcimania miliarenses quinque de argento de omni » centenario bisantiorum tantum, sine aliqua additione. » Gênes-Tunis, 1433, art. 20. Cf. art. 45, p. 137, 139.

b. *Droit d'ancrage, d'arborage, d'abordage* ou *de navigation.*

Il est expressément mentionné dans le traité d'Abou-Bekr de 1323 : « Los drets » anticament acustumats, axi de ancoratge, etc. [1]. »

C'est peut-être pour satisfaire à ce droit que les Pisans, dans leur traité de 1358 avec Abd-el-Hack, avaient consenti à ce que chacun de leurs navires, en arrivant dans les ports mérinides pour y faire le commerce, remissent aux préposés un câble, appelé en arabe *surriach,* et un harpon de fer, appelé *molitaf men hadid* [2].

Peut-être est-ce aussi en vue de l'exercice souvent irrégulier de ce droit, et pour prévenir les abus ou les désagréments auxquels il pouvait donner lieu, que les traités d'Aragon demandaient qu'on n'enlevât au navire arrivant dans les ports du Magreb ni son timon ni ses voiles, précaution prise souvent contre les étrangers, promettant d'ailleurs que tous les droits seraient exactement payés par leurs nationaux avant la sortie du port [3]. C'est encore vraisemblablement afin d'éviter les prélèvements arbitraires auxquels donnait lieu le droit d'ancrage, et à l'effet de se soustraire à l'Arrêt de prince, que les Vénitiens acceptèrent pour tous leurs navires arrivant en Afrique l'obligation de payer trois doubles d'or et une *squarcina* [4].

c. *Droit des portefaix* ou *déchargeurs.*

C'est ce que le traité de 1323 appelle le droit des *bestays*, les *bastaxes*, ou *bastasii*, qui transportaient les marchandises du rivage à la douane ou dans l'intérieur de la ville [5]. L'usage réglait le salaire qui leur était dû.

d. *Droit dû aux canotiers.*

La douane veillait à ce que les *charabi,* ou *calavi*, ne fissent pas payer leur service plus qu'il n'était de coutume et de raison [6].

e. *Albara.*

Nous ne savons pas l'objet précis de ce droit. La quittance constatant que les droits de douane avaient été acquittés par un marchand est souvent désignée dans les traités sous le nom d'*albara,* traduction de l'arabe *bérat* [7].

f. *Compte franch.*

Ce droit semblerait être le même que le précédent, bien qu'il soit mentionné séparément dans le passage déjà cité du traité catalan de 1323.

g. *Droits de balance, droits de pesage et de mesurage, droits de magasinage.*

L'usage tolérait, lors du pesage et du mesurage des marchandises, certains prélèvements en nature ou en argent, quelquefois dans les deux formes. Ils étaient toujours

---

[1] Aragon-Tunis-Bougie, 1323, art. 24, *Documents*, p. 323.
[2] Pise-Maroc, 1358, art. 5, p. 69.
[3] Aragon-Tunis, 1323, art. 13, p. 321. Cf. Venise-Tripoli, 1356, art. 20, p. 226.
[4] Venise-Tunis, 1392, art. 16, p. 234. Cf. ci-dessus, p. 113. *Principes généraux.* § *Arrêt de prince.*
[5] Ci-dessus, p. 191 : § *Canotiers et portefaix.*
[6] Ci-dessus, p. 191, *loc. cit.*
[7] Voyez ci-après : § 5. *Règlements avec la douane,* p. 206.

plus ou moins arbitraires et dégénéraient quelquefois en vraies exactions, quoiqu'ils parussent le légitime salaire d'un service. Le traité de 1323 ne mentionne que le droit perçu sur l'huile; mais des prélèvements analogues avaient lieu à peu près sur toutes les marchandises. Nous voyons par les traités qu'on retenait sur chaque ballot de toile une canne; sur cent jarres d'huile une demi-jarre, et l'on faisait payer de plus un demi-*miliaresi* par jarre; sur chaque sac de lin un écheveau; trois *miliaresi* par quintal de laine [1]; trois *miliaresi* par cent peaux d'agneau; sept besants et un *miliaresi* par cent cuirs de bœuf; sept *miliaresi* et demi par quintal de cire [2]; enfin un droit général et supplémentaire de *huit miliaresi* par cent besants sur la valeur de toutes les marchandises achetées par les Chrétiens [3].

Les Vénitiens et les Génois parvinrent à faire supprimer ou réduire ces prestations fatigantes à partir des traités de 1287 [4], et 1305 [5].

Les documents pisans portent, sans préciser autrement, que les marchands de la république s'en remettent à l'usage pour les droits de pesage et de balance : « Li » pesatori a loro pesare debbiano secondo che usato este [6]. » « Per la mercede » della *bilancia* adoperata a pesare loro mercanzie, saranno trattati secondo la costu- » manza [7]. » Les traités florentins se bornent à des déclarations plus générales encore, reproduites et abrégées d'après le dernier traité conclu par les Pisans avec le roi de Tunis en 1397 [8]. Le traité florentin de 1445 ajoute cette concession : « Quant aux tissus » de valeur et aux pierres précieuses importés par les Florentins et les Pisans dans le » royaume de Tunis, il ne sera prélevé qu'un seul objet, et si cela leur plaît, pour » l'achat et la vente [9]. »

h. *Droit de rotl.*

Le *rotl*, mot d'origine arabe, était un poids un peu moindre qu'un kilogramme, usité en Italie, en Espagne, au Magreb et dans quelques pays chrétiens d'Orient, sous les noms de *rotl, rotolo, rotol* [10]. On désignait aussi de ce nom l'usage, considéré comme un droit dans les douanes publiques, de prélever une certaine quantité des marchandises qui se pesaient ou se comptaient en sacs ou en balles. On serait porté à croire que ce droit était le même que le droit de balance; mais les deux prestations

---

[1] Les Génois obtinrent ensuite quelques faveurs particulières sur leurs achats de laines. Traité de 1438, art. 40, p. 140.

[2] Gênes-Tunis, 1287, p. 127. — Cf. Venise-Tunis, 1305, art. 4, p. 212; 1317, art. 4; 1392, art. 4, p. 233, 242.

[3] Gênes-Tunis, 1287, p. 127; — Venise-Tunis, 1305, art. 4, p. 212; 1392, art. 4, p. 242. — Cf. Pise-Tunis, 1313, art. 5, p. 50; 1353, art. 5, p. 57. Ces traités abolissent l'usage de percevoir huit dirhems par cent dinars du prix des marchandises.

[4] Gênes-Tunis, 1287, p. 127. Peut-être le *tavale* ou *feitri*, aboli en 1433 (nos *Documents*, p. 141), était-il un des droits de balance et de mesurage.

[5] Venise-Tunis, 1305, p. 212.

[6] Pise-Tunis, 1264, art. 9, p. 44.

[7] Pise-Tunis, 1313, art. 10, p. 51. Cf. 1353, art. 10, p. 58.

[8] Florence-Tunis, 1421, art. 22, p. 351. Cf. Pise-Tunis, 1397, art. 22, p. 80.

[9] Florence-Tunis, 1445, art. 30, p. 359.

[10] Voyez nos *Documents*, p. 52, 61.

différaient évidemment, puisque les mêmes traités qui maintiennent la dernière abolissent la première : « Per la mercede della *bilancia*, etc. [1]. Vendendosi da alcun » Pisano del lino, cotone o altre merci che vanno a peso, il venditore non dovrà per » questo ne *rotl*, ne mancia, alla dogana ne ai turcimanni [2]. » Les rois d'Aragon et de Majorque obtinrent aussi des émirs d'Afrique la suppression du droit de *rotl* [3].

i. *Droit de quint.*

On a vu que l'armateur chrétien qui louait son navire en Afrique avait droit à l'exportation en franchise d'une quantité de marchandises répondant au prix du nolis [4]. Mais il paraît que l'armateur avait à payer d'un autre côté à la douane un droit de *quint*, peut-être 5 pour 100, sur le montant du louage de son navire. S'il en était ainsi, le bénéfice de l'exemption accordé pour l'exportation était à peu près annulé, car les droits de sortie n'étaient que de 5 pour 100. L'article 32 du traité de 1323 entre les rois d'Aragon et de Tunis porte que pour le cas où le sultan noliserait un vaisseau ou un navire aragonais, le droit de quint ne serait pas exigé du patron du navire : « Axi empero quel patro d'aquella nau o vexell no sia tengut de pagar *quint* » del dit nolit [5]. »

j. *Matzem.*

Ce droit n'est pas bien défini, et le mot indique peut-être d'une manière générale les droits et prestations accessoires et supplémentaires prélevés à l'occasion du transport, du pesage et de l'emmagasinage des marchandises. L'article 4 du traité de Tlemcen, après avoir énuméré certaines marchandises dont l'exportation était momentanément prohibée entre le Maroc et les États du roi de Majorque, ajoute : « Et toutes » autres marchandises, les sujets du roi de Majorque pourront les exporter en payant » *los dretz è matzems* [6]. » Ces deux mots distinguent les deux sortes de droits qui se percevaient dans les douanes, les droits principaux et les droits additionnels. La même distinction existe dans les traités de 1313 et 1314 : « Et tot ço que vendran en lassoch » (la cort), de que agen pagat *dret*, no li sie pres *megsen* ni-s-neguna altra cosa [7] »; « Et » tot ço que vendra en la cort de les lurs mercaderies, de les quals auran donat *delme*, » no sia pres dels per elles *matçem* [8]. »

Le *delme* est le droit ordinaire et général perçu à l'importation et à l'exportation; *matçem* désigne les droits additionnels en général, tels que le drogmanat, l'ancrage et autres droits énumérés dans l'article 24 du traité de 1323 [9], répondant aux précédents articles de 1313 et 1314, et peut-être aussi l'un de ces droits en particulier.

---

[1] Pise-Tunis, 1313, art. 10, p. 51. Voyez ci-dessus, note 7, p. 202.
[2] Pise-Tunis, 1313, art. 30, p. 52; 1353, art. 29, p. 61. Cf. un article obscur du traité génois de 1433, art. 31, p. 139.
[3] Majorque-Tunis, 1313, art. 10, p. 190; Aragon-Tunis, 1314, art. 21, p. 309. Cf. 1271, art. 23.
[4] Ci-dessus, page 197, n° 2.
[5] Nos *Documents*, page 324.
[6] Majorque-Maroc, 1339, art. 4, p. 194.
[7] Majorque-Tunis, 1313, art. 12, p. 190.
[8] Aragon-Tunis, 1314, art. 23, p. 309.
[9] Aragon-Tunis, 1323, art. 24, p. 323. Cf. ci-dessus, p. 199.

M. Reinaud a traduit les mots arabes répondant au catalan *drets è matzems*, par les expressions : *péages convenables* et *droits établis* [1].

k. *Fedo.* — *Feitri.* — *Tavale.*

On lit dans Pegolotti : « E awi (à Tunis) un diritto che si chiama *fedo*, e pagallo i » Saraceni ; ma i Cristiani il s'accolano a loro per iscontarsi ne' loro debiti colla corte e » conviene chi mette in corte faccia di patto di potere scontare ogni diritto, e *fedo* di » Cristiani e di Saraceni. — Lo cantaro delle cuoja si è *fedo* bixanti 4, per cantaro [2]. »

Ce droit de *fedo* est peut-être le même que le *feitri*, appelé en arabe *tavale*, suivant le traité génois de 1433 [3], lequel droit fut maintenu alors sur les marchandises génoises, indépendamment des droits ordinaires, *decimum*, et du mursuruf, ou *torcimania*, mais supprimé en 1445 [4].

Les divers droits supplémentaires que nous venons d'énumérer, bien que plusieurs aient été modifiés ou supprimés, avaient tous à l'origine un caractère permanent et ne doivent pas être confondus avec les impôts temporaires ou contributions transitoires qui, indépendamment des tarifs ordinaires, *drictum consuetum*, étaient consentis par les gouvernements chrétiens comme indemnités ou règlements de dettes [5].

§ 4.
De la perception et du fermage des droits de douane.

La perception des droits avait lieu naturellement, dans l'ordre ordinaire et habituel, par des agents musulmans et sous la surveillance d'agents musulmans. Mais il est certain que par suite de fermages et d'arrangements particuliers intervenus entre les sultans et quelques nations européennes, les Chrétiens ont eu souvent le droit de s'occuper eux-mêmes de la recette des droits dus au trésor arabe et intérêt à la surveiller.

Dès l'an 1160 on voit que la république de Gênes reçut pendant quelque temps, on ne sait à quel titre, le quart du produit de la douane de la ville de Bougie [6]. Un certain droit de contrôle sur la perception pouvait seul donner toute son efficacité à cette délégation. Durant les premières années du quatorzième siècle, il fut question entre les rois d'Aragon et les rois de Tunis de cessions semblables, qui furent du reste assez inexactement servies par les douanes arabes. En 1302, 1307, 1309, 1314, le roi d'Aragon se plaignait de ce que la moitié des droits payés par les Catalans, dont le sultan lui avait fait l'abandon, ne lui était pas remise, que ses consuls de Tunis et de Bougie ne touchaient pas exactement de la douane une pension qui devait leur être payée mensuellement, à savoir : vingt besants au consul de Bougie et cinquante

---

[1] Nos *Documents*, p. 194, art. 4.
[2] Pegolotti, *Della mercatura*, p. 123.
[3] Gênes-Tunis, 1433, art. 45, p. 141.
[4] Gênes-Tunis, 1445, art. 3, p. 144. Cf. ci-après, Introduction, ann. 1420-1465.
[5] Gênes-Tunis, 1433, p. 134. Contribution de sept mille doubles d'or.
[6] Nos *Documents*, p. 108. Ci-dessus, p. 47.

besants au consul de Tunis [1] ; et il ajoutait d'ailleurs que la cession de la moitié du droit des Catalans à Bougie ne suffisait pas pour rembourser promptement, comme il était désirable, les dettes ou obligations de l'émir [2].

En 1314, Abou-Yahya Abou-Bekr, roi de Bougie, débiteur d'une somme de cinq mille doubles d'or au roi Jacques II, autorise le consul catalan de Bougie à faire percevoir pendant cinq ans la moitié des droits payés par les Catalans à la douane de cette ville, en chargeant le directeur de la douane de parfaire les cinq mille doubles à la fin des cinq années, si le total des amortissements annuels n'avait pas atteint cette somme [3].

Des agents chrétiens devaient nécessairement participer à la recette ou à la surveillance de la perception des droits dans toutes ces circonstances. Ils avaient à y prendre une part plus personnelle encore, quand les sultans affermaient à des marchands chrétiens la totalité des douanes d'une ville ou le revenu de l'une des gabelles. Ce système fut pratiqué au treizième et au quatorzième siècle, où nous en trouvons la mention, et vraisemblablement encore dans les temps postérieurs.

Le traité du col de Paniçar, qui établit des relations particulières entre Pierre III d'Aragon et Abou-Hafs à la suite des Vêpres siciliennes [4], reconnaît comme un privilége de la nation catalane la faculté d'avoir la ferme de la douane de Tunis : « Item, » y est-il dit, que ledit Émir al-moumenin accorde aux Catalans, de préférence à » toutes autres personnes, la gabelle de Tunis, à un prix convenable [5]. » Les successeurs d'Abou-Hafs ne purent pas maintenir cette faveur. Vers l'an 1300 nous voyons un noble vénitien, Marc Caroso, fermier de la gabelle du vin à Tunis [6], au prix de trente-quatre mille besants pour un an, la perdre au bout de six mois, malgré son traité, parce que le roi avait trouvé à l'affermer avec dix mille besants de bénéfice à Rainier Martello de Pise, à qui elle fut du reste retirée plus tard [7]. La république de Venise se plaignit du procédé et demanda que son consul à Tunis reçût du fermier de la gabelle du vin, quel qu'il fût, les cinquante besants par mois auxquels il avait droit, condition à laquelle la république consentait à supprimer la vente du vin qui avait lieu dans l'intérieur de son fondouk à Tunis [8].

Un article du traité pisan de 1353 prévoit le cas où un Pisan se rendrait fermier de tout ou partie d'une gabelle ou des droits à payer en nature ou en argent à la douane [9].

---

[1] Cf. Aragon-Bougie, 1314, art. 7, p. 305; Aragon-Tunis et Bougie, 1323, art. 6; — Capmany, Memorias, t. IV, p. 62.

[2] Cf. Aragon-Tunis, Documents, p. 293, art. 1, p. 294-295.

[3] Aragon-Bougie, 1314, art. 16, p. 306. En 1383, un payement de vingt et un mille doubles d'or avait été assigné par le roi de Tunis à la république de Gênes sur la douane de Tunis. Nos Documents, 1391, p. 132.

[4] Ci-dessus, p. 143, 154.

[5] Aragon-Tunis, 1285, art. 39, p. 290.

[6] Voyez ci-après : Importations en Afrique. § 17. Vin.

[7] Documents de Venise, 1300, art. 2, 8, p. 208, 209.

[8] Documents de Venise, 1300, art. 8, p. 209.

[9] Pise-Tunis, 1353, art. 27. Cf. Amari, Diplomi arabi, p. XXII et p. 475, note 4.

§ 5.

Des règlements de compte avec la douane. — Bérat. — Tenfids. — Départ des marchands.

Quant à l'époque du payement des droits, rien ne semble avoir été uniformément déterminé. Toutes les nations voulaient cependant qu'il fût bien dit et entendu que chaque marchand chrétien avait la faculté de faire régler son compte quand il lui convenait [1]; qu'on ne pût tarder à lui remettre le règlement plus de huit jours après qu'il en avait fait la demande; qu'une fois les droits payés sur une marchandise par lui achetée, et la quittance de la douane à lui délivrée, il pût librement transporter partout où il voudrait cette marchandise sans avoir à payer nulle part de nouveaux droits [2]; qu'il lui fût loisible de reprendre et de réexporter à sa convenance les marchandises qu'il n'avait pu ou voulu vendre, sans avoir à payer ni droits d'importation ni droits de sortie [3]; et qu'enfin, son compte arrêté et soldé, on ne cherchât, sous aucun prétexte, à le retenir lui ou ses marchandises, et à retarder son départ, à moins d'erreur évidente dans les règlements [4]. Tout marchand pouvait faire acquitter ses comptes par un mandataire [5], ou même partir sans avoir réglé, s'il laissait un répondant connu qui lui servît de caution [6].

C'était aussi un usage et un principe consacré par tous les traités, bien que les gouvernements chrétiens aient eu plusieurs fois à soutenir les réclamations de leurs nationaux sur l'inobservation de cette coutume [7], que les droits d'importation n'étaient exigibles qu'après la vente réelle des marchandises, ou bien au départ du marchand dont les opérations s'étaient bornées à des achats [8]. Mais il était entendu partout que le droit d'importation sur les espèces monnayées (5 pour 100) était exigible à l'entrée même de ces espèces dans le royaume [9]. Il semble avoir été admis en outre dans toutes les douanes que les Chrétiens pouvaient payer les droits, soit en argent, soit en marchandises [10]. Si

---

[1] Pise-Tunis, 1234, art. 14, p. 33; 1264, art. 18, *De la rascione*, p. 45; 1313, 1353, art. 18, p. 51, 59. — Venise-Tunis, 1305, 1317 et 1438, art. 29; 1392, art. 28; — Florence-Tunis, 1445, art. 16, p. 358.

[2] Pise-Tunis, 1234, art. 17, p. 34; 1264, art. 23; 1313, 1353, art. 21, p. 52, 60; — Gênes-Tunis, 1433, art. 16, p. 136; — Venise-Tunis, 1251, art. 24; 1271, art. 23; 1305, 1317 et 1392, art. 15; 1438, art. 14; — Aragon-Bougie, 1314, art. 3, p. 304; — Aragon-Tunis, 1323, art. 2, p. 319.

[3] Voyez ci-dessus : *Principes généraux des traités*, § 10. *Réexportation*, p. 100.

[4] Pise-Tunis, 1234, art. 10; 1264, art. 12, p. 45; 1313 et 1353, art. 14 et 19, p. 51, 60; — Gênes-Tunis, 1433, art. 21; — Venise-Tunis, 1305, 1317, 1392, art. 15; 1438, art. 14.

[5] Florence-Tunis, 1421, art. 9, 21. Le mandataire avait droit de poursuivre le payement d'une dette contre tout musulman comme le mandant lui-même, art. 23; 1445, art. 27.

[6] Florence-Tunis, 1445, art. 16, 17, p. 358.

[7] Voyez les plaintes des Marseillais, en 1293 (*Documents*, p. 97); des Vénitiens, en 1300 (p. 207 et suiv.); des Génois, vers 1287 (p. 126); des Pisans (p. 27), etc.

[8] Pise-Tunis, 1264, art. 7; 1313, art. 4; 1353, art. 45; 1397, art. 7; — Majorque-Tunis, 1313, art. 9; — Aragon-Tunis, 1314, art. 12, p. 308.

[9] Voyez ci-dessus, p. 196.

[10] Cf. Pise-Tunis, 1353, art. 45, p. 64; Gênes-Tunis, 1465, art. 2, p. 151; Aragon-Bougie, 1314, art. 3, p. 304; Aragon-Tunis, 1323, art. 2, p. 319.

le marchand préférait acquitter le tarif en nature, le règlement se faisait ordinairement à l'entrée en douane des marchandises et sur les prix équitablement établis par les *amin*, experts ou courtiers de l'administration [1].

Quant à l'époque du payement effectif, chaque nation semble avoir eu des habitudes différentes. Les Pisans obtinrent dans le royaume de Tunis des facilités exceptionnelles. Les traités de 1264 et 1313 portent d'une manière générale que leurs nationaux ne seront tenus de payer les droits de douane qu'à l'époque de leur départ, et que ceux d'entre eux qui resteront en Afrique auront la faculté de régler leurs comptes de douane au bout de trois ans [2]. Les Pisans consentirent plus tard à réduire le délai à six mois, à compter du moment de la vente des marchandises [3]; et les Florentins, en succédant à leurs priviléges, conservèrent cet usage [4].

Les Génois se réservaient deux mois après la vente pour payer les droits [5]. Mais ils firent déclarer par le traité de 1456 qu'il leur serait libre d'acquitter immédiatement les droits en nature et dès le transport des marchandises à la douane, afin de n'avoir plus rien à débattre à ce sujet avec le comptable et les inspecteurs du fisc [6].

Les Vénitiens vendaient généralement leurs marchandises en laissant les droits de douane à la charge de l'acheteur [7]. On ne voit rien de précisé pour l'époque des règlements sur leurs exportations; ils stipulent seulement qu'on ne devra pas leur faire attendre le relevé de leurs comptes plus de huit jours, quand ils en auront adressé la demande à la douane.

Les sujets du roi d'Aragon réglaient mensuellement. Il était dit dans leurs traités qu'au commencement du mois on dresserait le compte de chaque marchand, en défalquant de ce qu'il devait payer les avances qu'il aurait pu avoir à la douane, et lui donnant son *bérat* ou sa quittance [8].

Les douanes avaient à délivrer aux marchands, en raison des opérations qui se faisaient par son intermédiaire, deux actes principaux, nommés en arabe le *bérat* [9], que nous venons de nommer, et le *tenfids* [10].

Le *bérat* était la quittance des droits de douane. Muni de cette pièce [11], *instrumentum, carta* [12], le marchand pouvait transporter en franchise les marchandises sur lesquelles il avait acquitté les droits dans toutes les autres villes du royaume, et partir

[1] Florence-Tunis, 1445, art. 10, p. 357. Cf. 1421, art. 7, p. 348; Pise-Florence, art. 7, p. 75.
[2] Pise-Tunis, 1264, art. 7, p. 44; 1313, art. 4, p. 50.
[3] Pise-Tunis, 1397, art. 7, p. 75.
[4] Florence-Tunis, 1421, art. 7, p. 348; 1445, art. 10, p. 357.
[5] Gênes-Tunis, 1433, art. 10, p. 136.
[6] 1456, art. 2, p. 151.
[7] Ils rappellent cet ancien usage dans leurs doléances à Charles-Quint en 1518. *Documents*, p. 275.
[8] Aragon-Bougie, 1314, art. 9, p. 305; Aragon-Tunis, 1423, art. 8, p. 320.
[9] *Documents*, p. 51, art. 19; p. 60, art. 19; p. 76, art. 9; p. 78, art. 14; p. 349, art. 9; p. 350, art. 14; p. 358, art. 16.
[10] *Documents*, p. 53, art. 43, 44; p. 63, art. 41, 42.
[11] Florence-Tunis, 1421, art. 9, p. 349.
[12] Venise-Tunis, 1271, art. 23; — *littera*, Venise-Tunis, 1251, art. 23; — *instrumentum testimoniatum*, Pise-Tunis, 1397, art. 9, p. 77; — Gênes-Tunis, 1433, art. 16, p. 137.

lui-même quand il lui convenait. Le bérat est fréquemment désigné dans les textes chrétiens par les mots *albara, arbara, albara expeditionis* [1], traduction du mot arabe *bérat*, ou par les mots : *appodixia expedimenti* [2], le congé [3].

Le *tenfids*, ou *tanfitum* [4], était une attestation ou un reçu, soit de la douane, soit de l'un des autres dépôts où l'on vendait et achetait les marchandises du gouvernement [5]. Il constatait l'*avoir* en marchandises ou la créance d'un marchand. Le *tenfids* servait à faire le règlement des comptes, et à établir la balance par doit et avoir [6].

Au moment du départ, tout marchand se présentait à la douane avec ses effets et marchandises, pour que l'on constatât si ses comptes étaient réglés, ou que l'on perçût les droits dont il pouvait être encore redevable. Le traité de 1323, entre le roi d'Aragon et Abou-Bekr, roi de Tunis et de Bougie, porte qu'aucune caisse ou ballot des sujets de la couronne d'Aragon ne devra être ouvert ni retenu par la douane à la sortie des marchands : « Que negun estrumaç, o caxes de mercaders é sotsemes del dit rey » d'Arago, en la exida, guardats ne uberts no sien [7]. »

Il n'est pas possible que l'exemption de la visite de douane, même de la visite des effets et bagages particuliers des marchands, fût ainsi accordée d'une manière générale et sans condition par le gouvernement arabe, comme le donnerait à entendre cette rédaction. La fraude aurait pu trop facilement en abuser. Une reconnaissance ou constatation préalable des effets à l'usage particulier des marchands, devait précéder le transport à la douane et à bord des navires. Admise et sous-entendue, sans doute comme passée en usage dans le traité catalan de 1323, la mesure est très-bien expliquée dans le traité génois de 1433 : « Quand lesdits marchands génois voudront quitter » Tunis, ou toute autre ville de Sa Royale Majesté, la douane du lieu devra envoyer » un inspecteur au fondouk génois. Cet inspecteur visitera (*videre debeat*) les malles, » caisses ou les paniers (*capsam, bonetiam et stumatios*) de chaque marchand; après » la visite il les fera lier (ou plomber) et charger, afin que ces objets ne soient plus » ouverts, ni à la douane ni ailleurs [8]. »

Après nous être occupés des pratiques et des usages divers qui réglaient les opérations commerciales des marchands chrétiens avec les marchands arabes, et leurs rapports avec les douanes, nous terminerons ces longs et nécessaires annexes du récit historique, en parlant des marchandises mêmes qui faisaient l'objet des importations et des exportations du commerce chrétien dans le Magreb.

[1] Pise-Tunis, 1397, art. 14, p. 78; — Gênes-Tunis, 1433, art. 21; — Venise-Tunis, 1305, 1317, 1392, art. 15; 1438, art. 14; — Aragon-Tunis et Bougie, 1314, art. 3, 5, 9, p. 304, 307; Aragon-Tunis, 1323, art. 2, 8, p. 319, 320.
[2] Florence-Tunis, 1421, art. 14, p. 350.
[3] Cf. nos *Documents*, p. 358, art. 16.
[4] Gênes-Tunis, 1433, p. 134.
[5] Pise-Tunis, 1313, art. 44, p. 53; par exemple dans les magasins et fondouks du sultan.
[6] Cf. les textes précédents et l'art. 23 du traité pisan de 1397 (p. 82).
[7] Aragon-Tunis, 1323, art. 22, p. 322.
[8] Gênes-Tunis, 1433, art. 33, p. 139.

II. Tableau des échanges entre les Chrétiens et les Arabes d'Afrique.

Les documents anciens spécifient rarement la nature même des marchandises que les navires chrétiens transportaient d'Europe en Afrique. Les traités n'arrivent presque jamais à ces indications de détail. Les actes d'association et les contrats de nolis se bornent le plus souvent à des stipulations générales sur les conditions de l'apport de fonds ou de marchandises de chaque associé, et le partage des bénéfices entre co-associés. Les tarifs indiquant les provenances nous donneraient seuls ces renseignements particuliers et précis; mais nous ne possédons qu'un bien petit nombre de documents de ce genre : une énumération sommaire des principales productions du Magreb importées en Flandre au treizième siècle [1]; un tarif pisan du quinzième siècle [2], et les extraits d'un livre vénitien appelé *Tarif des poids et mesures*, rédigé à la fin du quinzième siècle ou au commencement du seizième [3].

Cependant, en réunissant ces diverses notions aux indications données par Pegolotti vers 1350, aux indications d'Uzzano en 1442, et à celles que fournissent les traités, nous pouvons avoir une idée assez complète de l'ensemble des marchandises d'importation et d'exportation qui constituaient la matière même du commerce maritime entre le Magreb et l'Europe au moyen âge. Nous les énumérerons ici succinctement. Nous n'avons pas besoin de dire quelle satisfaction nous éprouverions si cette nomenclature, dressée entièrement sur des documents certains, venait à fournir par hasard quelques notions qui pussent tourner au profit de l'industrie ou de l'agriculture de notre colonie.

§ 1.

Importations d'Europe en Afrique.

1. *Oiseaux de chasse.*

Des faucons [4], des gerfauts [5], des autours [6].

2. *Bois.*

De Venise à El-Mehadia, à Tripoli et dans tout le Magreb, des bois de toute façon, des rouleaux de tisserands, des bâtons, des vases, des ustensiles et tous objets de boissellerie [7]. De Gaëte à Tunis [8], de Venise à Tripoli, des bois bruts et des bois équarris ou sciés en planches, des bois de lances [9].

[1] Nos *Documents*, page 98.
[2] Pagnini, *Della decima*, t. IV, p. 47. A ces documents, nous pouvons ajouter la taxe du nolis des marchandises du port Pisan, pour la Barbarie, de l'an 1461, que M. Amari vient de publier dans un appendice à son recueil (1867, p. 66), et que nous reproduisons plus loin dans cette introduction, ann. 1460-1512. Nous la désignerons sous le titre de *Tarif des nolis de Pise*, en faisant remarquer que le tarif publié par Pagnini est un *Tarif de la douane de Pise*.
[3] Imprimé en 1540. Voyez nos *Documents*, p. 276.
[4] M. P. Riant, *Expédit. des Scandinaves*, p. 351, 376. Ci-dessus, p. 180.
[5] Voyez, *Documents de Venise*, lettre du consul de 1392, p. 239. Cf. M. C. Port, *Hist. du comm. de Narbonne*, p. 134, note.
[6] *Documents de Gênes*, lettre du roi de Tunis au doge, du 6 février 1452 (p. 145).
[7] Décret de Venise de l'an 971, ap. Tafel, *Fontes rer. austr.* Documents de Venise, t. Ier, p. 28.
[8] *Documents de Gênes*, 1452, art. 5.
[9] *Documents de Venise*, traité de 1356, art. 5 à 8.

bb

3. *Métaux.*

Cuivre, importé en grande quantité du douzième au seizième siècle dans tout le Magreb, d'où il pénétrait dans le pays des noirs. On l'apportait soit en barres, soit en feuilles, soit en fils [1]. Étain [2], fer [3], acier [4].

4. *Armes.*

Cottes de maille, casques, lances, cuirasses, épées, venant en grande partie de la Lombardie et de l'Allemagne [5], importées même quand les prohibitions ecclésiastiques s'étendaient au Magreb [6].

5. *Métaux précieux et monnaies.*

Indépendamment des espèces monnayées, il y avait une importation continuelle d'or et d'argent en lingots, en lames et en fils, dans tous les États du Magreb, soit pour les travaux de bijouterie, soit pour les hôtels des monnaies, établis à Maroc, Tunis, Bougie et Tripoli. Les rois d'Afrique accordaient une remise de moitié du droit ordinaire de dix pour cent sur ces objets, et la franchise entière quand les métaux étaient achetés pour leur propre usage ou pour les hôtels des monnaies [7]. Les seigneurs indépendants de Tripoli ont autorisé quelquefois la fabrication, à leurs hôtels des monnaies, d'espèces arabes au compte de maisons chrétiennes [8].

6. *Bijoux.*

Pierres précieuses, rubis et balais, émeraudes, turquoises, perles et bijoux divers, montés ou non montés [9]. Cette catégorie comprenait certainement, avec les verroteries de Venise, les coraux travaillés et sertis qu'on réexportait en Barbarie.

7. *Quincaillerie et mercerie.*

Fils de fer et fils de laiton, objets divers en fil de laiton, cottes de maille, trompettes, outils en fer et en acier, chandeliers et bassins en cuivre, et autres articles de quincaillerie, généralement dits articles de Milan [10]. Fils d'or [11].

---

[1] *Documents de Gênes,* ann. 1155-1164 (p. 107); *Documents de Venise,* commission du capitaine des galères de Barbarie de 1508, *incantus,* art. 80 et 89; dépêche du 22 mai 1518; tarif de 1540. — *Documents de Pise,* 1201, et Amari, *Diplomi arabi,* p. xxxviii, 51, 58 et 407. Appendice, p. 66.

[2] *Documents de Venise,* commission de 1508, *incantus,* art. 80.

[3] *Documents de Venise,* traité de 1356, art. 9; *Documents de Gênes,* 1452, art. 5.

[4] Amari, *Diplomi arabi,* p. 51.

[5] Décret de Venise de 971, ap. Tafel, *Fontes rer. austr.* Venise, t. Ier, p. 25-28; *Documents de Gênes,* 19 octobre 1433, art. 45; Uzzano, *Pratica della mercatura,* de 1442, dans Pagnini, t. IV, p. 10, 193, 195.

[6] Voyez *Hist. de Chypre,* t. II, p. 125.

[7] Voyez ci-dessus, p. 195 : § *Droits de douane. Importations.*

[8] *Documents de Venise,* 1356, art. 11 et 12, p. 224. Cf. Pegolotti, *Della mercatura,* dans Pagnini, t. III, p. 124, 125.

[9] *Documents de Venise,* traités de 1251, art. 9; de 1271, art. 7; de 1305, 1317 et 1392, art. 8 et 9; de 1438, art. 10; tarif de 1540; — *Documents de Gênes,* traité de 1433, art. 11; — Cf. *Documents de Pise,* 1358, art. 8. — *Documents de Florence,* traité de 1445, art. 11, 30.

[10] *Documents de Venise,* dépêche du 22 mai 1518, et tarif de 1540; Uzzano, p. 193. Cf. p. 10, 195.

[11] Traité de Gênes, 1433, art. 45, p. 141.

8. *Laques, vernis et mastic.*

Grande importation de laques de toutes sortes dans le Magreb, dès le douzième siècle et jusqu'au seizième [1]. Le mastic est cité comme article d'importation dans les documents de Pise et de Gênes [2]. Pegolotti est à consulter sur les qualités requises dans les différentes laques et sur l'étendue du commerce de ces matières au moyen âge [3].

9. *Tissus et draps.*

1. Tissus de coton [4].
2. Tissus de lin et de chanvre. Toiles fines et toiles grossières [5]. Toiles de Bourgogne [6]. Toiles dites de *fondouk* ou d'entrepôt [7].
3. Tissus de laine. Étoffes légères et draps. Futaines blanches et noires. Camelots. Canevas. Draps blancs de Perpignan. Draps de Languedoc. Draps de Florence. *Spiga*, drap commun fabriqué en Italie [8]. Draps d'Angleterre fins et grossiers, tondus et non tondus. Draps étroits, appelés en Italie : *Ses* et *Sventoni*. Berrets et Bonnets [9].
4. Tissus de soie. Draps d'or et brocarts, avec ou sans duvet. Draps de soie, damas, taffetas cramoisis, satins, velours divers, velours écarlate [10].

10. *Matières textiles.*

Lin. Quelques soies. Des cotons filés. Or et argent filé [11].

11. *Substances tinctoriales.*

1. Teintures minérales. Cinabre, orpiment ou arsenic jaune [12].
2. Teintures végétales. Guède ou pastel, indigo, safran [13].

12. *Substances aidant à la teinture ou au blanchiment.*

Alun [14]. Céruse [15]. Soufre, très-employé au Magreb pour le blanchiment des toiles [16].

---

[1] *Documents de Gênes*, ann. 1155-1164, p. 107; tarif des nolis de Pise, 1461. *Documents de Venise*, de 1508, art. 61, p. 268; de 1518; tarif de 1540.

[2] *Documents de Gênes*, traité avec Tunis de 1433, art. 45; Amari, *Diplomi arabi*, p. 64.

[3] *Della mercatura*, p. 314, 315, 366.

[4] *Documents de Venise*, janvier-juin 1508, *incantus*, art. 52, 89, tarif de 1540; — *Documents de Pise*, traité de 1313, art. 30.

[5] *Documents de Gênes*, 1287; — *Documents de Venise*, lettre de Foscari au roi de Tunis, de 1433. Cf. Tommaseo, *Relat. des amb. vénit.*, t. Ier, p. 255.

[6] *Documents de Gênes*, traité de 1433, art. 45.

[7] *Tele di fontego*, tarif vénitien de 1540.

[8] *Documents de Gênes*, traités de 1433, art. 45; de 1465, art. 3; — *Documents de Venise*, dépêche de 1518; tarif de 1540. Uzzano, p. 193. Cf. p. 130, 174.

[9] Tarif des nolis de Pise, 1461.

[10] *Documents de Venise*, lettre du consul Valaresso de 1392 (page 239); — Tarif des nolis de Pise, 1461; dépêche du 22 mai 1518; tarif vénitien de 1540.

[11] Tarif des nolis de Pise, 1461; tarif vénitien de 1540; Pegolotti, p. 124, 127.

[12] *Documents de Gênes*, ann. 1155-1164, 1163, p. 107-108; *Documents de Venise*, tarif de 1540.

[13] *Documents de Gênes*, ann. 1155-1164, p. 107-108; *Documents de Venise*, tarif de 1540; Uzzano, p. 193.

[14] *Documents de Pise*, juin 1157.

[15] Tarif des nolis de Pise, 1461.

[16] Tarif des nolis de Pise, 1461. — *Documents de Venise*, dépêche du 22 mai 1518.

13. *Céréales.*

Orge, froment et fèves de Catalogne, du Roussillon, du bas Languedoc et des îles Baléares, dans les royaumes de Tunis et de Bougie [1]. Dès le douzième siècle, et moyennant un léger tribut, les rois de Tunis s'étaient réservé la faculté d'exporter en franchise les blés de Sicile dans leurs États [2].

14. *Épiceries.*

Poivre, noix muscades, manne, girofle et bois de girofle, rhubarbe, gingembre, cannelle et toutes épiceries en général. Elles parvenaient en Barbarie par trois voies différentes : par les navires chrétiens venant des ports d'Europe où se trouvaient de grands entrepôts d'épiceries des Indes [3]; c'était, sans aucun doute, la moins abondante; par les navires chrétiens et arabes faisant le commerce direct d'Égypte en Barbarie [4]; enfin par les caravanes, exclusivement musulmanes, qui chaque année se rendaient du Magreb en Égypte et revenaient dans l'ouest, en traversant les royaumes de Maroc, de Tlemcen, Bougie, Tunis et Tripoli.

15. *Parfums.*

Musc, benjoin, civette, bois d'aloès, ambre parfumé, tigname, plantes et substances odorantes en général [5].

16. *Substances médicinales.*

Gomme [6], borax, storax, camphre, laudanum, aloès, tartre, safran [7].

17. *Vin.*

Transport continuel, et qui paraît avoir été considérable, de vins de France [8], de vins d'Espagne [9] et de vins de Grèce [10], dans tous les royaumes du Magreb, où la vente s'en faisait publiquement [11]. Non-seulement les bazars et les fondouks chrétiens renfer-

---

[1] *Documents d'Aragon*, traité de 1271, art. 25; instructions de 1307-1308, art. 25; — *Documents des îles Baléares*, traité de 1313, art. 10.

[2] Voyez ci-dessus, p. 69, note 1. Cf. *Documents*, p. 209, art. 4; p. 290, art. 43.

[3] *Documents de Venise*, traité avec Tripoli de 1356, art. 24; tarif de 1540; — *Documents de Gênes*, traité de 1433, art. 45.

[4] Cf. *Documents de Gênes*, ann. 1155-1164; *Documents de Venise*, 26 juin 1358; El-Bekri, p. 51, 74; Mathieu Villani, ap. Muratori, *Script. ital.*, t. XIV, col. 334.

[5] *Documents de Venise*, tarif de 1540.

[6] Tarif des nolis de Pise, 1461.

[7] *Documents de Gênes*, traité de 1433, art. 45, p. 141; *Documents de Venise*, tarif de 1540, p. 276; Uzzano, *Della mercatura*, p. 193.

[8] *Documents de France*, Statuts de Marseille, ann. 1228, p. 89, et ci-dessus, p. 90.

[9] *Documents d'Aragon*, traité de 1323, art. 25, p. 323.

[10] *Documents de Venise*, instructions de 1300, art. 7, p. 209. — Vins de Malvoisie et autres vins importés de Toscane en Barbarie. Tarif des nolis de Pise, 1461. Amari, *Diplomi arabi*, appendice, p. 66.

[11] *Documents de Venise*, instructions de 1300, art. 2, 8; traité de 1356, art. 16, 21; de 1508, p. 263, art. 61; — *Documents de Gênes*, traité de 1445, art. 7; — *Documents de France*, 1293, p. 98, note 3. — Pegolotti, p. 122, 126-128; Uzzano, p. 193.

maient souvent une ou plusieurs boutiques appropriées à la vente du vin en gros et en détail [1], mais il existait dans plusieurs villes, à Tunis et à Bougie notamment, un magasin ou entrepôt général appelé le *fondouk du vin*, dans lequel la vente avait lieu avec la permission du roi et sous la surveillance de ses agents ou des marchands auxquels il en affermait le droit. Les notaires instrumentaient quelquefois dans ce lieu, que les chartes désignent sous le nom de *domus gabelle vini* [2]. La ferme était mise aux enchères et paraît avoir été une source de revenus assez considérables. Vers 1300, un noble vénitien, Marc Caroso, l'avait obtenue du roi, pour un an, à Tunis, au prix de 34,000 besants, somme qui pouvait répondre au moins à 70,000 francs [3]. Un Pisan l'acheta après lui. Le fermier, qui avait intérêt à centraliser le débit à son entrepôt, payait une indemnité mensuelle de 50 besants au consul vénitien pour qu'on ne vendît pas de vin dans le fondouk de la nation à Tunis [4].

Par suite d'arrangements particuliers concernant soit le règlement d'indemnités dues pour dommages commerciaux, soit la solde des milices auxiliaires, les émirs déléguaient pour un temps aux rois chrétiens tout ou partie des revenus de la gabelle du vin [5]. En 1323, le roi d'Aragon obtint, au moins momentanément, la franchise presque entière des vins importés dans les royaumes de Tunis et de Bougie; pour tout droit, la douane dut se borner à retenir une jarre sur un transport excédant cent jarres de vin [6].

L'usage et le débit du vin étaient choses si communes en Afrique qu'on avait coutume de donner en certaines circonstances aux portefaix arabes et autres gens de service, en sus de leur salaire, une gratification supplémentaire appelée *le vin* [7], expression et rémunération répondant au bakchich des Orientaux, à la *mancia* des Italiens et à notre *pourboire*. Les rois de Tunis envoyaient souvent aux ambassadeurs, à leur arrivée, des fruits, des confitures et du vin [8].

La plus grande partie de ces vins importés en Afrique était sans doute destinée aux Chrétiens habitant le pays, aux marchands et aux agents ou employés des fondouks et des consulats, aux troupes des milices chrétiennes et peut-être aux prisonniers chrétiens; mais il paraît incontestable qu'une partie aussi était directement et ostensiblement vendue aux Musulmans. Nous voyons dans le chapitre des statuts de la ville de Marseille de l'an 1228, relatif aux vins de France exportés par Marseille à Ceuta, Oran, Bougie, Tunis et autres villes de Barbarie, où ils se vendaient en gros et en détail, qu'il y avait des magasins et des débits dans lesquels il était permis de vendre du vin aux Sarrasins et d'autres affectés seulement à la vente aux Chrétiens et non aux Sarrasins : *Ad vinum ibidem vendendum Saracenis; ad vinum vendendum Christianis*

---

[1] *Documents de France*, 1228, p. 89.
[2] *Documents de Pise*, 1309-1310, p. 48; *Documents de France*, p. 98.
[3] *Documents de Venise*, instructions de 1300, art. 2, 8, p. 208. Cf. *Documents de France*, p. 98, et les notes.
[4] *Documents de Venise*, instructions de 1300, art. 8, p. 208. Voyez ci-dessus, p. 205.
[5] Muntaner, *Chron.*, édit. Buchon, p. 243.
[6] *Documents*, 1323, art. 25, p. 323.
[7] Pegolotti, p. 123. Cf. traité de Venise et Tripoli de 1356, art. 4, p. 224. Cf. art. 16, 21.
[8] *Documents de Venise de 1392*, p. 239, 240.

tantum et non Saracenis [1]. Les Almoravides ont été accusés par les Almohades d'avoir toléré parmi eux l'usage du vin [2]. La date du statut de Marseille montre que les Almohades auraient encouru eux-mêmes le reproche qu'ils adressaient à leurs prédécesseurs pour décrier leur doctrine et leur autorité.

18. Navires.

Les sultans exemptaient la vente des navires et des barques opérée dans leurs ports, à des Chrétiens ou à des Musulmans alliés, de tous tarifs. Le droit de 10 pour 100 n'était prélevé que lorsque la vente avait lieu à des Chrétiens ou à des Arabes n'ayant pas des traités avec les Magrebins [3]. Venise et Gênes, qui possédaient de grands chantiers de construction, durent à ces dispositions de vendre beaucoup de navires et d'agrès maritimes sur toute la côte d'Afrique [4]. L'Église, en prohibant expressément et d'une manière permanente ce commerce avec les Arabes de Syrie et d'Égypte [5], ne l'interdit avec l'Afrique occidentale qu'aux époques très-rares dans lesquelles les sultans de Tunis ou de Maroc, qui ne soutinrent pas la cause des Sarrasins d'Orient pendant les croisades, se trouvèrent en guerre avec les rois d'Espagne ou de France, comme en 1270 et 1390.

19. Verres et verroteries de Venise.

Les traités ne désignent jamais spécialement un objet de commerce dont il s'est fait cependant durant tout le moyen âge et presque jusqu'à nos jours un immense transport d'Italie et sur toute la côte d'Afrique, depuis l'Égypte jusqu'au Maroc : ce sont les verroteries et les verres de Venise. Ces articles étaient sans doute compris sous la désignation générale de marchandises diverses, et rangés vraisemblablement dans la catégorie des bijoux, *zoie*, *jocalia*, sur laquelle on prélevait seulement le demi-droit, c'est-à-dire 5 pour 100, au lieu de 10 pour 100, tarif ordinaire des importations.

Établie dans l'île de Murano au douzième siècle [6], l'industrie du verre et des mosaïques acquit dès le treizième siècle, à Venise, une splendeur qui ne fit que s'accroître jusqu'au seizième, qui déclina ensuite, mais qui néanmoins se conserva autant que la république, et qui même aujourd'hui n'est pas entièrement perdue. Quelques fourneaux s'allument à Murano et fabriquent des perles à collier appelées *conterie*, des fils de verre, des lustres, et divers objets de formes et de qualités inférieures. Au temps de tout son éclat, du treizième au seizième siècle, la verrerie de Venise fabriquait en immenses quantités, et dans le goût le plus gracieux, des coupes, des flacons à parfums et à liqueurs, des miroirs, des bouteilles, des lustres, des boîtes,

---

[1] *Documents de France*, 1228, p. 89-91.

[2] Voyez ci-dessus, p. 42.

[3] Cf. *Documents de Pise*, traité avec Tunis de 1313, art. 21.

[4] *Documents de Venise*, traités de 1231, art. 9; de 1251, art. 15; de 1271, 1317, 1438, art. 14; — *Documents de Gênes*, traités de 1250, art. 3; de 1272, art. 11; — *Documents de Pise*, traité de 1353, art. 19.

[5] Voyez *Hist. de Chypre*, t. II, p. 125 et suiv.

[6] Vincent Lazari, *Notizie delle opere della raccoltà Correr*, in-8°. Venise, 1859, p. 89.

des fleurs, des perles ou marguerites, des boutons, des vitraux, des verres colorés de tous genres, des chapelets et des colliers variés. Les fabricants de verroterie avaient des facteurs et des magasins dans tous les fondouks de la nation vénitienne, principalement à Alexandrie, à Tripoli et à Tunis. De Tripoli, où est restée la dernière factorerie de Venise, les verroteries pénètrent dans le Darfour et le Fezzan; seulement les vapeurs anglais remplacent aujourd'hui dans ce commerce les galères vénitiennes.

20. Objets divers.

Papier ordinaire, papier royal, vieux papier [1]. Soies de porc [2], os d'animaux [3], fer aimanté [4], *terra gritta* [5], *bagade* [6].

§ 2.
Exportations d'Afrique.
1. Esclaves.

Nous n'avons à nous occuper ici des esclaves que comme l'un des objets du commerce maritime entre les Chrétiens et les Arabes d'Afrique.

Des esclaves musulmans provenant du Magreb se vendaient quelquefois à Gênes au quatorzième siècle encore [7]. Le tarif de la douane de Pise du quinzième siècle constate que les esclaves de tout âge et de tout sexe payaient quatre *lires* à l'entrée et à la sortie de la ville [8]. Au commencement du quinzième siècle, on transportait des esclaves des deux sexes, noirs et blancs, de Barbarie en Espagne [9]. On sait qu'à une époque bien antérieure, le Magreb, comme l'Égypte, fournissait au service des hommes riches d'Orient des mulâtresses et de jeunes esclaves européens, c'est-à-dire chrétiens [10].

Nous pensons que la vente réciproque d'esclaves entre Musulmans et Chrétiens, par les voies régulières, dut être extrêmement rare sur les côtes d'Afrique au moyen âge. Le grand marché où les sultans d'Égypte achetaient les jeunes esclaves européens qui leur servaient à entretenir la milice des mamelouks, était Constantinople et la mer Noire; et il faut avouer que les intermédiaires habituels de cette traite infâme étaient presque toujours, nonobstant les perpétuelles défenses du Saint-Siége, des agents et des marins chrétiens, surtout des Génois [11].

[1] Tarif des nolis de Pise, 1461.
[2] *Documents de Venise*, tarif de 1540.
[3] *Loc. cit.*
[4] *Loc. cit.*
[5] *Loc. cit.*, p. 278. Cf. Uzzano, p. 25.
[6] De Tripoli à Venise, tarif vénitien de 1540. *Documents*, p. 278.
[7] M. Canale, *Storia di Genova*, t. III, p. 197.
[8] Dans Uzzano, *Della mercatura*, ap. Pagnini, *Decima di Firenze*, t. IV, p. 59.
[9] *Chronique de D. Pedro Nino*, ann. 1403. Capmany, *Memorias*, t. III, 2ᵉ partie, p. 215.
[10] Ibn-Haukal, écrivain du dixième siècle, *Descript. de l'Afrique*, trad. par M. de Slane, *Journal asiatique*, 3ᵉ série, 1842, t. XIII, p. 142.
[11] Voyez *Hist. de Chypre*, t. II, p. 127. Le Magreb recevait aussi de nombreux esclaves du Nord et des pays slaves, qu'on incorporait dans les armées musulmanes. Ibn-al-Athir assure que le séjour périodique de ces mamelouks européens dans quelques districts du Maroc, où ils s'établissaient en tyrans, avait fini par créer au douzième siècle, dans ces localités, toute une race d'enfants au teint blanc et aux yeux bleus. (Append. à Ibn-Khaldoun, *Hist. des Berbères*, t. II, p. 573.)

En dehors des faits de guerre, qui jetaient sur les marchés publics tant de malheureux prisonniers, la piraterie, largement pratiquée par les Chrétiens et les Musulmans dans toute la Méditerranée, était aussi une source d'approvisionnement toujours certaine pour les marchands d'esclaves, malgré mille entraves. Les traités conclus entre États chrétiens et magrebins prohibèrent néanmoins, dès le douzième siècle, et de la manière la plus formelle, la mise en vente d'hommes tombés ainsi en captivité. Du moment où leur nationalité était reconnue, et quelle que fût la cause qui les avait privés de la liberté, ils devaient être libérés ou rachetés par les souverains du pays. L'exécution de ces engagements rencontrait des difficultés; mais les obligations réciproques contractées à cet effet par les émirs arabes et les princes chrétiens sont très-expresses [1].

2. *Chevaux.*

Chevaux de Barbarie ou chevaux barbes [2]. L'exportation en fut quelquefois interdite pour l'Espagne [3].

3. *Poissons salés.*

Sorra de Barbarie; c'étaient les œufs et les intestins du thon salé [4].

4. *Cuirs.*

Les noms de *maroquin* et de *cordouan* rappelleront toujours la bonté et la célébrité des cuirs de l'Afrique et de l'Espagne musulmane. Durant tout le moyen âge, il s'en fit une exportation continuelle et très-considérable d'Afrique en Europe. Dès le douzième siècle, et peut-être avant cette époque, le maroquin rouge ou cordouan vermeil était particulièrement recherché en Normandie et en Angleterre [5]. Les Chrétiens exportèrent d'abord les cuirs tannés et colorés, et plus tard les peaux crues, qu'ils travaillèrent eux-mêmes. On n'a commencé à préparer et à teindre les cuirs, à Paris, qu'au milieu du quatorzième siècle [6].

Nos traités mentionnent les peaux et les cuirs préparés ou non préparés provenant d'un grand nombre d'animaux : de bœufs, de vaches, de veaux, de chèvres, de moutons, d'agneaux, de chevaux et de chameaux, appartenant aux royaumes de Fez, de Tlemcen, de Bougie, de Tunis et de Tripoli [7]. C'est l'indice le plus certain d'un autre genre de richesse, celle des bestiaux. Aussi n'est-il pas étonnant de lire dans un géographe du dixième siècle qu'il y avait dans le Magreb plus de chameaux que dans

---

[1] Voyez ci-après, ann. 1313-1400.
[2] Uzzano, p. 51. Cf. Fr. Michel, *Guerre de Navarre*, in-4°, p. 507, 508.
[3] *Documents des îles Baléares*, traité de 1339, art. 4, p. 194.
[4] Tarif de la douane de Pise, dans Pagnini, t. IV, p. 59.
[5] Roger de Hoveden, ap. Savile, *Script. angl.*, p. 715.
[6] *Ordonn. des rois de France*, t. III, p. 370.
[7] *Documents de Pise*, lettre du 19 mai 1181, p. 27; *Documents de France*, énumération extraite d'un manuscrit du treizième siècle, p. 99; *Documents de Gênes*, 1287, p. 127; traité de 1433, art. 33; — *Documents de Venise*, traité de 1356, art. 25, 26, 27, 28; lettre de 1392, p. 243; — *Documents de Majorque*, 1339, p. 194. — Amari, *Diplomi arabi*, p. 48-63; Tarif des nolis de Pise, 1461, Amari, *Appendice*, p. 67; Pegolotti, p. 121, 280, 281; Uzzano, p. 49, 82; *Statuti di Pisa*, 1322-1402, t. III, p. 589, édit. Bonaini; *Benedetto Dei*, ann. 1427, dans Pagnini, t. II, p. 342.

toute l'Arabie [1]. On voit dans El-Bekri que cette richesse agricole en bestiaux de toute sorte n'avait guère diminué au douzième siècle.

Au treizième, les peaux de moutons et les peaux d'agneaux se vendaient en moyenne, à Tunis, 15 dinars le cent [2].

5. Écorces de Bougie.

L'*iscorza di Buggiea*, qui figure dans une liste de marchandises donnée par Pegolotti au quatorzième siècle, devait être un article de commerce bien connu [3]. C'était vraisemblablement une écorce tannique servant au travail des cuirs, peut-être l'enveloppe du *sumac thezera*, employée dans la préparation des maroquins. Cet arbuste se trouve encore aujourd'hui dans la province d'Oran [4]. Les montagnes situées au nord de Collo, entre les golfes de Bougie et de Philippeville, renfermaient autrefois une essence d'arbre dont l'écorce, peut-être aussi une écorce à tan, était très-recherchée. Quelques anses de la côte en tiraient leur nom : le *port des Écorceurs*, le *port de l'Arbre* [5]. On signalait aussi dans ces montagnes l'existence du cuivre et du lapis-lazuli [6].

6. Substances tinctoriales et servant à la teinture.

Indigo, cochenille ou kermès de Barbarie, semence de cochenille [7], guède ou pastel d'Oran [8], aluns divers exportés de Tunis dès le douzième siècle par les Pisans [9], alun de Maroc [10], noix de galle [11], alun blanc de Sedjelmesse, dans le Maroc [12]; alun de Castillon venant de Barbarie, le même que l'alun dit de plume, *allume di piuma*, du royaume de Bougie [13].

7. Sel.

Venise, cherchant à acheter du sel dans toute la Méditerranée pour ses propres besoins et pour suffire aux immenses demandes qu'elle recevait de la haute Italie, conclut à cet effet des traités spéciaux avec le seigneur de Tripoli et Gerba, dont le territoire renferme de riches salines et de nombreux lacs salés [14]. La république monopolisait deux seules marchandises, qui suffisaient à lui donner de grands bénéfices : le sel et le blé [15].

---

[1] Ibn-Haukal, trad. par M. de Slane; *Journal asiatique*, 1842; 3e série, t. XIII, p. 252.
[2] Amari, *Diplomi arabi*, p. 48, 60, 61.
[3] Pagnini, t. III, p. 297.
[4] *Tableau de la situation de l'Algérie en* 1841, p. 258, 260, 265, 270.
[5] El-Bekri, p. 193.
[6] *Loc. cit.*
[7] Pegolotti, p. 121, 281 ; Uzzano, p. 20, 87; tarif des nolis de Pise, 1461 ; tarif vénitien de 1540. Cf. Ibn-Haukal, *loc. cit.*, et El-Bekri, p. 27; *Chron. de D. Pedro Niño*, ann. 1403. (Capmany, *Memorias*, t. III, 2e partie, p. 215.)
[8] Tarif vénitien de 1540.
[9] Traité de 1157 (nos *Documents*, p. 25-26).
[10] Pegolotti, p. 121.
[11] Tarif vénitien de 1540.
[12] *Documents de France*, énumération du treizième siècle, p. 99.
[13] *Documents de France*, *loc. cit.* Cf. Pegolotti, p. 370.
[14] *Documents de Venise*, 9 juin 1356, p. 222. Voyez aussi 3 mars 1321, p. 221.
[15] *Documents de Venise*, lettre du consul Valaresso, 5 juillet 1392; et ci-après, p. 248.

8. Sucre.

Les difficultés que peut rencontrer la réacclimatation de la canne à sucre en Algérie ne devraient pas arrêter nos essais, si l'on était certain d'ailleurs de réunir toutes les conditions nécessaires à une grande et avantageuse culture. La température et le sol paraissent généralement favorables à la plante dans tout le nord de l'Afrique, et c'est une erreur de croire qu'on l'y a propagée seulement au quatorzième siècle[1]. Au dixième[2] et au douzième[3], elle était récoltée en grand sur les bords du golfe de Cabès et dans la campagne de Kairouan. Au treizième, les sucres bruts du Maroc paraissent dans les états de marchandises vendues en Flandre et à Venise[4]. La culture de la canne n'était pas encore abandonnée au seizième siècle[5]. On citait alors les sucres de Bone[6], et on remarquait pour leur abondance et leurs belles qualités les plantations de Sousa et de Ceuta, à l'est et à l'ouest de l'Algérie[7].

9. Cire.

La richesse de l'Afrique, surtout de la Mauritanie, en miel et en cire, constatée dès les temps anciens, s'est maintenue jusqu'à nous. La cire a été pendant tout le moyen âge exportée du Maroc, d'Alger, de Tunis, de Bone, de Bougie[8]; et peut-être est-ce vraiment, comme on le répète sans le croire, du nom de cette dernière ville que vient notre mot *bougie*, qui a dû être introduit d'abord sous la forme de *chandelle* ou *cire de Bougie*, comme on disait *candela de Babylonia*, chandelle d'Égypte[9].

Il est encore possible que les *rotuli barbaresci*, appartenant à un marchand de Montpellier et saisis par les Génois, dont il est question dans un arrêt du parlement de Paris de 1314, soient des pains de cire de Barbarie[10].

10. Huile.

C'était un des grands objets de commerce du Magreb, très-riche encore aujourd'hui en oliviers, malgré l'appauvrissement général des plants. Il est souvent question dans nos documents de l'huile de Maroc, de Bougie, de Tunis, de Tripoli, de Sfax; surtout de celle de l'île de Gerba[11]. Une anecdote historique conservée par les auteurs arabes

---

[1] M. Pellissier, *Mémoires hist. et géogr.*, p. 219. Explorat. scient. de l'Algérie.

[2] Ibn-Haukal, trad. par M. de Slane; *Journal asiatique*, 1842.

[3] El-Bekri, p. 45, 49.

[4] *Documents de France*, énumération extraite d'un manuscrit du treizième siècle, p. 99.

[5] Léon l'Africain, dans M. l'abbé Godard, *Hist. du Maroc*, t. II, p. 438.

[6] *Documents de Venise*, 14 janvier-12 juin 1598, *incantus*, art. 72, p. 268.

[7] Ben-Aïas, *Cosmographie*, trad. par Langlès, *Notices et extraits*, t. VIII, p. 6, 11.

[8] *Documents de France*, énumération extraite d'un manuscrit du treizième siècle; — *Documents de Gênes*, 1287, p. 127; — *Documents de Venise*, 1508, *incantus*, art. 99, p. 269; — tarif des nolis de Pise, 1461; — Pegolotti, p. 124, 280, 281; — Uzzano, p. 101, 185; — Capmany, *Memorias*, t. III, 2ᵉ partie, p. 215.

[9] Du Cange, Gloss. au mot : *Candela*.

[10] *Olim*, t. II, p. 611; M. Boutaric, *Actes du Parlement*, t. II, p. 127.

[11] *Documents de Gênes*, 1287, p. 127; *Documents d'Aragon*, traité de 1323, art. 24; *Documents*

rappelle l'extrême abondance des oliviers dans l'Afrique ancienne et les profits considérables que valait au pays l'exportation de l'huile à l'étranger. En 647, l'armée barbare ayant battu le patrice Grégoire près de Carthage, les habitants apportèrent des monceaux d'or aux pieds du général musulman pour l'apaiser. « D'où vous viennent ces » richesses? demanda Abd-Allah. — Nous les devons à l'huile que nous vendons aux » Romains, » lui fut-il répondu. Le chroniqueur désigne vraisemblablement sous le nom de Romains les habitants de l'Italie et des Gaules [1].

11. Céréales. — Prix du blé en Afrique.

Blé, orge, grains divers des trois royaumes du Magreb [2].

Venise et Gênes exportaient également des farines et du biscuit de mer ou *panatica* pour leurs flottes de Tunis et de Tripoli [3].

Les traités reconnaissaient aux Vénitiens et aux Génois la faculté d'exporter sans payer aucun droit de douanes, une certaine quantité de blé, s'il y avait disette bien constatée chez eux, et si le prix du blé ne dépassait pas en Afrique un maximum fixé. Les conditions étaient ainsi réglées dans le détail, pour les deux pays. Le traité vénitien de 1231 porte qu'au cas de disette d'un an au moins, les Vénitiens pourront exporter en franchise le chargement de huit navires par an, tant que durera la disette, si le blé ne vaut dans le royaume de Tunis que le prix de trois besants ou dinars à trois besants et demi [4]. Le traité de 1251 élève à douze le nombre de navires exemptés en ce cas des droits de douane, et ce nombre, avec les conditions premières, est maintenu dans les traités suivants [5]. Le traité génois de 1236 stipule que s'il y a disette générale à Gênes, la république pourra faire exporter sans payer les droits de sortie, et pour être dirigés seulement sur Gênes, le chargement de cinq navires, pourvu que le prix du blé ne dépasse pas en Afrique trois besants ou trois besants et demi [6]. Les traités de 1250 et 1272 conservent ces dispositions [7]. En 1433, il est dit que lorsqu'il y aura disette à Gênes, et tant que le blé ne vaudra pas à Tunis plus de cinq besants le cafis, les Génois pourront exporter sans payer les droits de douane quinze mille cafis de blé. Si le prix du blé devenait supérieur au chiffre fixé, le sultan aurait à apprécier le cas pour déterminer la quantité de froment dont il autoriserait l'exportation en franchise [8].

---

de Venise, traités de 1305, 1317, 1392 et 1438, art. 4; de 1356, art. 33; lettre du consul de 1392, p. 241; tarif de 1540; — Pegolotti, p. 121, 129; Uzzano, p. 193; Ibn-Haukal et El-Bekri, *loc. cit.*; Malipiero, *Annali veneti*, ann. 1496, t. II, p. 632.

[1] Amari, *Diplomi arabi*, p. x.

[2] *Documents de Venise*, traité de 1392, art. 23; dépêche du 22 mai 1518; — *Documents des îles Baléares*, 1339; — *Documents de Pise*, 1397, art. 15; — Pegolotti, p. 121, 280.

[3] Venise-Gênes, 1305 et 1317, art. 31; 1392, art. 30; 1438, art. 31; — Venise-Tripoli, 1356, art. 34; Gênes-Tunis, 1433, art. 22; 1445, art. 2.

[4] Venise-Tunis, 1231, art. 13, p. 198.

[5] Venise-Tunis, 1251, art. 21, p. 201; 1271, art. 18; 1305 et 1317, art. 24; 1392 et 1438, art. 23.

[6] Gênes-Tunis, 1236, art. 17, p. 118.

[7] Gênes-Tunis, 1250, art. 13; 1272, art. 17.

[8] Gênes-Tunis, 1433, art. 26, p. 138.

Un changement dans la valeur des monnaies ayant eu lieu ensuite à Tunis, le nouveau traité génois de 1445 modifia les conditions de l'exemption des droits de douane, en se fondant précisément sur la modification survenue dans le cours des monnaies : *quia moneta nunc mutata est*. Il fut dit qu'au cas de disette à Gênes, les Génois pourraient acheter sans payer les droits d'exportation quinze mille cafis de blé par an, tant que le prix du blé ne dépasserait pas à Tunis quinze besants le cafis [1].

Nous ne connaissons pas les changements d'espèces auxquels le traité fait allusion. En ce qui concerne les conditions et les traités antérieurs du treizième et du quatorzième siècle, nos calculs, concordant avec ceux de M. Amari [2], nous permettent de dire que l'exportation en franchise était accordée aux Vénitiens et aux Génois, pour les quantités déjà indiquées de navires ou de cafis, quand le prix du blé ne dépassait pas en Afrique vingt à vingt-trois francs l'hectolitre, ce qui peut être considéré comme le prix moyen du blé dans le Magreb au moyen âge.

Il y eut à Tlemcen en 1227 une telle disette, que le prix du blé monta jusqu'à deux cent quarante francs le cafis, ou plus de cent francs l'hectolitre, suivant l'auteur du Roudh-el-Kartas [3].

12. *Fruits et herbes.*

Des dattes [4], et probablement aussi des bananes [5]; des raisins secs de Bougie et de Bone, que les Italiens appellent encore, d'un mot arabe, *zibibo* [6]. Amandes d'une qualité supérieure [7]. Fenouil de Tunis [8]. Anet [9], plante odoriférante, assez semblable au fenouil. Cumin [10].

Au onzième siècle, à l'époque où les rois de Sicile étaient maîtres d'une partie des côtes magrebines, l'île de Gerba possédait une espèce de pommes très-renommée. Les Normands, enchantés de retrouver en Afrique les fruits de leur pays, s'amusaient, à l'époque de la maturité, à dépouiller les vergers pour envoyer les plus belles pommes aux seigneurs et aux dames de la cour de Palerme, sans prendre la peine, bien entendu, d'indemniser les propriétaires. Ceux-ci, fort ennuyés de ces procédés, laissèrent périr tous les pommiers [11], qui depuis lors sont inconnus, croyons-nous, à Gerba.

---

[1] Gênes-Tunis, 1445, art. 7, p. 144.

[2] *Diplomi arabi*, prefaz., p. xxxi, note 1.

[3] Trad. de M. Beaumier, p. 391.

[4] *Documents de France*, énumération extraite d'un manuscrit du treizième siècle; — *Documents de Venise*, traité de 1356, art. 32; tarif de 1540; — tarif des nolis de Pise, 1461; — Pegolotti, p. 281; Uzzano, p. 47, 193.

[5] Traité de Venise et Tripoli, 1356, art. 32.

[6] Tarif vénitien de 1540; Pegolotti, p. 122.

[7] Tarif vénitien de 1540; El-Bekri, p. 99.

[8] Uzzano, p. 52. Cf. El-Bekri, p. 95.

[9] Tarif vénitien de 1540.

[10] *Documents de France*, p. 99; — *Documents de Venise*, tarif de 1540.

[11] Voyage d'El-Lihyani, rédigé par El-Tidjani, traduit de l'arabe par M. Rousseau, p. 114, 115. A l'époque du voyage d'El-Lihyani, en 1306, les îles de Gerba et de Kerkeni appartenaient encore aux Chrétiens.

13. Étoffes. — Tapis.

Boucrans de Tripoli. Haïks de Gerba. Tapis de Tripoli. Toiles de Barbarie. Étoffes diverses de laine et de coton fabriquées dans le pays et exportées, mais en petite quantité vraisemblablement [1].

14. Matières textiles.

1. Laines et toisons. Comme celle des cuirs, l'extraction continuelle des laines et des toisons (*buldrones*, *boldroni*) de Barbarie annonce l'abondance des troupeaux. Toutes les provinces en fournissaient et en envoyaient en Italie et en France [2]; mais il est fait mention particulièrement fréquente dans nos documents des laines de Tripoli et de l'île de Gerba [3], des laines des royaumes de Tunis et de Bougie [4]. Les laines s'achetaient soit grasses, soit lavées [5].

2. Coton [6]. Culture très-répandue dans tout le nord de l'Afrique au dixième siècle [7]. Aux douzième et quatorzième siècles, les cotons de Msilah, Biscarah et Mostaganem étaient estimés pour leur excellente qualité [8]. Au seizième, les Vénitiens exportaient en grandes quantités des cotons de toute la Barbarie [9], et particulièrement d'Oran [10]; le Maroc fabriquait des cotonnades [11].

3. Lin [12]. La culture en était très-répandue autrefois à Médéah, à Bone et dans toute la Mitidja [13].

4. Soie, cultivée du dixième au seizième siècle [14].

---

[1] *Documents de Venise*, traité avec Tripoli de 1356, art. 30; dépêche du 22 mai 1518. — Ibn-Khaldoun, *Hist. des Berbères*, t. III, p. 63; Capmany, *Memorias*, t. III, 2ᵉ partie, p. 215, ann. 1403; t. IV, p. 20. L'industrie manufacturière était bien plus développée au dixième siècle dans le Magreb. Cf. Ibn-Haukal, trad. de M. de Slane, *Journal asiatique*, 3ᵉ série, 1842, t. XIII, p. 236, et *passim*. Mais les tisserands faisaient venir leurs ensouples de Venise. Doc. de 971, ap. Tafel, *Fontes rer. austr.* Documents de Venise, t. Iᵉʳ, p. 28.

[2] *Documents de Venise*, instructions de 1300, art. 4; lettre de 1392; — *Documents de Gênes*, 1287, p. 127; traité de 1433, art. 33, 40; — *Documents de Florence*, 1ᵉʳ février 1363. — Pardessus, *Coll. de lois maritimes*, statut de Venise de 1255, t. V, p. 41; Amari, *Diplomi arabi*, p. 48, etc.

[3] *Documents de Venise*, traité de Tripoli de 1356, art. 22, 23, 28, 29; — *Documents de Pise*, contrat de nolis entre marchands de Gênes et de Pise pour aller acheter des laines à Gerba, en 1373. Prix de la laine. Nos *Documents*, p. 128.

[4] *Documents de Pise*, nolisement de 1263, art. 11; *Documents de Venise*, 1300, art. 4; lettre du consul Valaresso, 1392, p. 243. Caffaro, *Annal. Genuens.*, ap. Muratori, t. VI, col. 539. Dans les *Fogliazzi* de Richeri, de Gênes, aux Archives de Turin, il est question, au treizième siècle, de la *lana di Buzea*, *lana sucida di Buzea*.

[5] Pegolotti, p. 123, 280, 281, 379; Uzzano, p. 54, 80, 86; *Statuti di Pisa*, t. III, p. 589.

[6] *Documents de Venise*, tarif de 1540; Pegolotti, p. 124; Fazio degl' Uberti, *Il Dittamondo*, du quatorzième siècle, p. 383.

[7] Ibn-Haukal, *Journal asiatique*, 1842, p. 178, etc.

[8] El-Bekri, p. 142; Aboulféda, fragm. trad. par M. Solvet, p. 79, 83. Alger, 1839, in-8°.

[9] *Documents de Venise*, 1508, art. 52, p. 268.

[10] Tarif vénitien de 1540. *Documents*, p. 277.

[11] Ben-Aïas, trad. par Langlès, *Notices et extraits*, t. VIII, p. 9.

[12] Cf. Capmany, *Memorias*, t. IV, p. 20. Documents de Venise, 1305, art. 4; 1317, art. 4; 1392, art. 4; lettre de 1392, p. 241, 242.

[13] El-Bekri, p. 156; Aboulféda, *loc. cit.*, p. 95.

[14] Ibn-Haukal, *loc. cit.*, p. 236; El-Bekri, p. 44, etc. Tarif des nolis de Pise, 1461; — *Documents de Venise*, dépêche du 22 mai 1518; tarif de 1540.

15. *Vannerie.*

Corbeilles, cabas, nattes et autres ouvrages en feuilles de palmier et en sparte ou jonc marin [1].

16. *Métaux.*

Ibn-Haukal disait au dixième siècle que le fer, le plomb et le mercure étaient habituellement exportés du Magreb en Orient [2]. Édrisi rapporte que de son temps, au onzième siècle, le fer était toujours exploité dans les environs de Bougie [3]; de nos jours encore les Kabiles de ces montagnes ont du fer natif et le travaillent par des procédés grossiers que l'industrie européenne perfectionnera. Nos traités mentionnent seulement aux treizième, quatorzième et quinzième siècles, l'exploitation du plomb, et réservent par privilége l'exportation en franchise de ce métal du royaume de Tunis et de Bougie aux seuls Vénitiens [4]. L'acier et le cuivre dont il est question dans quelques documents pisans semblent être plutôt des importations en Afrique [5], bien que les mines de Mouzaïa attestent l'existence de ce précieux minerai dans notre colonie.

On connaît les beaux travaux de nos ingénieurs sur les gisements métalliques de l'Algérie, et les espérances que leurs observations permettent de concevoir pour l'avenir. L'auteur principal de ces savantes explorations, M. Henri Fournel, les exprime ainsi, sous une forme vive et originale et au fond très-sérieuse : « Quand je » songe aux avantages immédiats qu'on peut tirer de l'exploitation de mines depuis si » longtemps oubliées, quand je songe aux métamorphoses que les eaux artésiennes » peuvent produire dans la fertilité d'un sol comme celui de l'Afrique, je suis entraîné » à admettre que c'est par le dessous que nous arriverons à la conquête définitive du » dessus [6]. »

Le Soudan fournissait beaucoup d'or brut aux dixième et onzième siècles [7]. L'or est mentionné comme objet d'importation d'Afrique à Porto Pisano dans le tarif de 1461 [8]; et le tarif vénitien de 1540 mentionne aussi *l'oro barbarescho*, qui était sans doute de la poudre d'or, parmi les exportations du Magreb [9].

17. *Objets divers.*

1. Plumes d'autruche [10].
2. Ivoire [11].
3. Corail, régulièrement exploité dès le dixième siècle à Tenez, Ceuta et Mers-el-Kharès, près de Tabarca [12]. Le corail de Ceuta était moins estimé. Le rouge était le

---

[1] Uzzano, page 193.

[2] *Descript. de l'Afrique*, trad. de Slane, p. 79.

[3] *Géographie*, trad. de M. Jaubert, t. Ier, p. 237. Cf. H. Fournel, *Richesse minérale de l'Algérie*, t. Ier, p. 56; t. II, p. 8.

[4] Venise-Tunis, 1251, art. 26; 1271, art. 24; 1392, art. 26; 1438, art. 27.

[5] Amari, *Diplomi arabi*, prefaz., p. xxxviii, note 1, et p. 51, 58 et 407.

[6] *Richesse minérale de l'Algérie*, par. H. Fournel, ingénieur en chef des mines, t. Ier, p. 3.

[7] Voy. Amari, *Diplomi arabi*, prefaz., p. xvi et xvii.

[8] Amari, Appendice, p. 67.

[9] *Documents de Venise*, tarif de 1540.

[10] Tarif des nolis de Pise de 1461; — *Documents de Venise*, 1508, *incantus*, art. 99, p. 269.

[11] Pegolotti, p. 121, 296; Uzzano, p. 383.

[12] Ibn-Haukal, *loc. cit.*, p. 185; Malipiero, *Annali veneti*, ann. 1496, t. II, p. 632.

plus recherché. On travaillait aussi les sortes blanches et noires [1]. Venise, Gênes, Naples et Barcelone recevaient la plus grande partie des coraux rouges exportés en Europe. Marseille ne s'est occupée en grand de cette industrie que beaucoup plus tard, à l'époque de la fondation du bastion de France, près de Bone. Mais ses pêcheurs allaient récolter le corail dans les eaux de la Sicile, et peut-être sur les côtes d'Afrique dès le moyen âge [2].

On exportait au seizième siècle, comme autrefois, beaucoup de coraux rouges en Égypte et en Syrie pour les chapelets musulmans [3]. Le roi de Tunis affermait souvent la pêche du corail à des Catalans, et la prétention des corailleurs de Cagliari et d'Alghero, quand la Sardaigne fit partie du royaume d'Aragon, fut d'obtenir du fermier espagnol, ainsi que de l'autorité arabe, le même traitement que les corailleurs de Barcelone [4].

4. Armes du Maroc [5].

5. Probablement quelques porcelaines fabriquées autrefois dans le pays, et de ces vases en argile appelés aériens à cause de leur extrême légèreté, et destinés à contenir l'eau en la rafraîchissant [6].

6. Épiceries. Grâce à son voisinage de l'Égypte, Tripoli recevait, tant par navires arabes que par navires chrétiens, une grande quantité d'épiceries, dont une partie était réexportée en Europe [7].

7. Vernis et gomme arabique [8].

8. Dans l'inventaire d'une pharmacie de Gênes, en 1312, il est fait mention de pots ou faïences dorées de Bougie [9].

1350. — Importance relative du commerce du Magreb.

La multiplicité des objets d'échange n'est pas toujours la preuve d'un grand trafic. Quelques produits, les épices, la soie, le sucre ou le coton, peuvent suffire aux plus vastes opérations de commerce. Mais quand à une régulière fréquentation des navires étrangers dans un pays s'ajoute une grande variété de matières exportables, on peut être assuré que ce pays possède un commerce extérieur actif, facile et avantageux. Tel était alors l'état de l'Afrique septentrionale. D'après ce que dit Balducci Pegolotti du commerce général de la Méditerranée de son temps, on peut certainement placer les relations du Magreb avec les Chrétiens au second rang d'importance. Il n'y avait au-dessus que le commerce de Constantinople et d'Égypte, en comprenant dans ce

---

[1] Pegolotti, page 296.
[2] *Documents de* 1355. Méry et Guindon, *Hist. de la municip. de Marseille*, t. II, p. 337, 372.
[3] Tarif vénitien de 1540.
[4] *Documents d'Aragon*, 20 novembre 1446.
[5] *Documents des îles Baléares*, traité de 1339, art. 3, qui en interdit l'exportation.
[6] Ibn-Haukal, p. 177; El-Bekri, p. 99.
[7] *Documents de Venise*, traité de 1356, art. 24. Cf. ce qui est dit plus loin de la prise de Tripoli par les Génois, p. 225.
[8] Tarif des nolis de Pise, 1461.
[9] Canale, *Storia di Genova*, t. III, p. 197.

dernier le commerce de Chypre. Jusqu'à la découverte du cap de Bonne-Espérance, l'île de Chypre fut, pour la Chrétienté entière, l'entrepôt naturel de l'Égypte et de la Syrie, et le marché obligé de toutes les petites marines chrétiennes qui n'avaient pas de traités directs avec ces pays. Constantinople résumait tout le commerce de la mer Noire et de l'Asie centrale. L'Égypte et Chypre étaient les grands marchés des productions de l'Inde et de l'Arabie. Le Magreb fournissait à l'Italie, à la France et à l'Espagne, et par ces pays au reste de l'Europe, des cuirs, des laines, des écorces tanniques, de l'huile, du blé, de la cire, de l'ivoire et du corail. Les Chrétiens vendaient surtout aux Magrebins, comme aux Arabes d'Égypte, des toiles, des fers, de la quincaillerie, des bijoux, des navires et des métaux précieux. Ces marchandises, auxquelles on peut ajouter les esclaves et les épiceries venant directement d'Égypte au Magreb, et dont il se faisait un immense débit en Europe, formaient les chargements habituels des navires qui périodiquement se rendaient dans les ports de l'Afrique. Rarement un navire chrétien parcourait toutes les escales de Tripoli au Maroc. Les expéditions isolées ou en conserve avaient généralement un parcours limité. Mais il n'était pas un port de la côte africaine qui ne vît dans l'année plusieurs voiles chrétiennes de chacune des nations en rapport avec le Magreb.

C'est à ces rapports habituels que les Génois durent de pouvoir effectuer contre Tripoli un coup de main des plus audacieux. Exécuté par des Arabes contre une ville chrétienne, il eût fourni à nos chroniqueurs ample et légitime matière de déclamation contre les ravages des Barbares.

La suite naturelle des événements de notre histoire nous amène à parler de ce grave incident.

1355. — La ville de Tripoli, gouvernée par un émir indépendant, est pillée par les Génois.

Tripoli, possédé quelque temps par les rois de Sicile au douzième siècle, repris ensuite par les Almohades, ne fut jamais un royaume tout à fait indépendant comme Bougie, parce que son territoire restreint ne pouvait former un grand État. Son éloignement permit cependant à ses gouverneurs d'exercer une autorité considérable. Au quatorzième siècle, à l'époque où le sultan de Maroc Abou-Einan envahit le Magreb central à la tête des troupes mérinides, les Beni-Thabet, ses oualis héréditaires, avaient cessé de payer le tribut représentant l'impôt du pays, qu'ils devaient annuellement envoyer à Tunis, et bornaient leur déférence à faire prononcer la prière publique au nom des rois hafsides [1].

Le pays était dans cette situation politique quand Philippe Doria, amiral génois, battu en Sardaigne par les Aragonais, eut l'idée de venger son échec sur Tripoli. Aucun prétexte de guerre n'existait entre Ibn-Thabet et la république de Gênes [2]; mais Tripoli était une ville riche, facile à prendre, ne relevant à peu près que d'elle-même. C'en fut assez aux yeux de l'amiral pour justifier son projet. Comme il y avait

---

[1] Ibn-Khaldoun, t. III, p. 52.

[2] Cf. Mathieu Villani, *Cron. Fior.*, lib. V, cap. XLVII, ap. Muratori, *Script. ital.*, t. XIV, col. 334; Georges Stella, *Annal. Genuens.*, ap. Murat., t. XVII, col. 1093.

toujours dans le port de Tripoli, nous dit un auteur arabe de ce temps, « un grand
» mouvement commercial et beaucoup d'arrivages et de départs », sept galères de
Doria purent jeter l'ancre (juin 1355) à côté de deux navires musulmans venant
d'Alexandrie avec un chargement d'épiceries, sans éveiller la moindre défiance [1].
A l'entrée de la nuit, l'amiral feignit de s'éloigner; puis, de grand matin, il rentre dans
le port, escalade les murs de l'enceinte, massacre ceux qui résistent, et se trouve
bientôt maître de la place, surprise et sans défense. Assuré des portes et de la citadelle, il donna avis de son facile triomphe à la république, et fit procéder avec ordre
au pillage du palais, des bazars et des plus riches maisons. On dit qu'il rassembla des
richesses pour une valeur de plus de dix-huit cent mille florins en marchandises, en
bijoux et en numéraire, sans compter sept mille hommes; femmes et enfants, qu'il
retint prisonniers [2].

La crainte qu'un pareil forfait ne provoquât des représailles terribles dans les pays
musulmans détermina la république à frapper l'amiral et son armée d'une sorte de
bannissement et à chercher à s'entendre avec les princes d'Afrique, tout en exigeant
une rançon de la ville de Tripoli. Le roi de Tunis Abou-Ishak, deuxième du nom, fils
d'Abou-Yahya Abou-Bekr, satisfait au fond de savoir les Tripolitains châtiés, fort
ébranlé lui-même par l'invasion mérinide, n'éleva pas de réclamations. Abou-Einan,
rappelé dans le Maroc, laissa les Tripolitains aux prises avec les difficultés sans
vouloir s'en mêler. Ibn-Thabet ayant été tué lors de la prise de la ville, les Génois se
mirent en rapport avec Ahmed Ibn-Mekki, seigneur du golfe de Cabès, qui, au moyen
des sommes avancées par les gens du Djerid et de celles que le sultan de Maroc finit
par envoyer lui-même, parvint à payer le rachat de la ville et à retirer de la captivité
un grand nombre de prisonniers [3]. On ne put les racheter tous; et Philippe Doria,
gracié au bout de trois ans, pendant lesquels il dut faire à ses frais des courses sur les
côtes de Catalogne, put voir errer encore dans les rues de Gênes un nombre considérable d'esclaves tripolitains attendant leur liberté [4].

1356. — Traité des Vénitiens avec le seigneur de Tripoli.

L'agression de Philippe Doria laissa de profondes rancunes dans la population de
Tripoli, et les relations des Chrétiens avec la région orientale du Magreb s'en ressen-
tirent longtemps. Venise parvint cependant, dès l'an 1356, à traiter d'un accord avec
Ahmed Ibn-Mekki. La république chercha à rassurer ses nationaux et à prévenir
autant que possible les contestations avec les gens du pays. Nous n'avons trouvé
aucun accord semblable dans les archives de Gênes; mais il ne faut rien inférer de
ces faits négatifs. Nous possédons des traités d'une grande importance dont les chroniques ne disent rien, et les historiens mentionnent souvent des conventions diplomatiques que l'on ne retrouve ni dans les archives ni dans les cartulaires des anciens États.

[1] Ibn-Khaldoun, t. III, p. 173; Matthieu Villani, *loc. cit.*, col. 334.
[2] Matthieu Villani, lib. V, cap. XLIX.
[3] Ibn-Khaldoun, t. III, p. 52, 165, 174; Matth. Villani, lib. V, cap. LX.
[4] Matthieu Villani, lib. V, cap. LX, col. 341; Georges Stella, *loc. cit.*, col. 1093.

Le traité conclu à Tripoli, le 9 juin 1356, par Bernabo Giraldo, envoyé du doge de Venise, et le prince Ahmed [1], stipule que le consul vénitien résidant à Tripoli, au fondouk de la nation, avait le droit de nommer des vice-consuls dans l'étendue de la seigneurie d'Ahmed [2], qui comprenait expressément, outre la ville de Tripoli, les villes de Cabès et de Sfax et les îles de Gerba et de Kerkeni [3], c'est-à-dire la Tripolitaine et la Petite Syrte, ou pays des Lotophages. On régla le change des monnaies; on précisa les usages et les droits du port et de la douane, afin d'éviter les occasions de conflit. Il fut déclaré que les patrons vénitiens, tout en restant soumis à l'obligation de donner caution pour l'ancrage et l'arborage, ne se verraient plus enlever à leur arrivée le timon et les voiles du navire, usage qui amenait toujours des difficultés lors du départ des navires [4]. Le change de la double d'or de Venise fut fixé à six besants arabes, le besant valant dix *miliaresi* d'or [5]. Les droits d'importation furent laissés au taux ordinaire de 10 pour 100 [6], plus quelques pièces en nature à prélever sur les chargements de planches, de bois travaillé et de fer [7]. Les métaux précieux eurent l'entrée en franchise [8], et les Vénitiens purent, sous des droits peu considérables, faire frapper à Tripoli, avec l'or qu'ils apportaient, des besants arabes au coin de l'émir [9]. Les droits sur les exportations, assez difficiles à déterminer, mais peu élevés, furent énumérés en détail. Le sel, les laines, les toisons, les cuirs, l'huile, quelques épiceries venues d'Égypte, des dattes, des tapis et quelques étoffes formaient l'ensemble des achats vénitiens [10]. La sortie de ces derniers objets, tous manufacturés dans le pays, fut exemptée des droits [11].

Le commerce du sel provenant des grands lacs de la principauté fut un des objets essentiels du traité. On régla que le muid ou cafis arabe devrait contenir un nombre déterminé de mesures de Venise pareilles à la mesure-modèle poinçonnée et envoyée par la république [12]. On convint de la rétribution due aux Arabes des salines occupés à charger le sel, aux chameliers qui le transportaient au bord de la mer, aux déchargeurs et aux bateliers qui l'expédiaient ou l'apportaient au navire. Le salaire était léger : quelque peu d'argent, un certain nombre de sacs de biscuit et de fromages; plus, par chaque cent cafis de sel extrait de la saline, un baril de vin, que les Arabes de la saline revendaient sans doute aux taverniers chrétiens, car la liberté la plus entière était accordée aux Européens pour le commerce et l'usage du vin [13].

---

[1] Publié dans nos *Documents*, page 222.
[2] Art. 3.
[3] Art. 1er.
[4] Art. 20. Cf. ci-dessus, p. 201, *Droits d'ancrage, d'arborage,* etc.
[5] Art. 10.
[6] Art. 5.
[7] Art. 6, 7, 8, 9.
[8] Art. 11.
[9] Art. 12.
[10] Art. 22-28, 30-33.
[11] Art. 30.
[12] Art. 4.
[13] Art. 4. Cf. art. 16, 21.

[1358] INTRODUCTION HISTORIQUE. 227

Le traité déclarait une alliance perpétuelle entre l'émir et la république ; il donnait les assurances les plus formelles pour la liberté des personnes et des transactions [1], la protection des hommes et des marchandises naufragées [2], la personnalité des dettes de chaque individu, et l'irresponsabilité de la colonie et du consul [3].

1358. — Ressentiment de la population de Tripoli contre les Chrétiens.

Mais il avait été plus facile d'accorder ces promesses qu'il ne le fut d'en assurer l'exécution. Un fonds de malveillance subsista longtemps dans la population de Tripoli contre les Chrétiens, même à l'égard des Vénitiens demeurés étrangers aux derniers événements. En 1358 [4], un armateur de Venise, voulant obtenir la restitution de ses marchandises arbitrairement saisies par Ibn-Mekki, fut obligé de menacer l'émir d'exercer contre ses sujets les représailles particulières que le droit maritime autorisait alors, nonobstant les traités généraux. En 1362, le doge eut à envoyer à l'émir un messager spécial chargé de se plaindre des dénis de justice réitérés éprouvés par les Vénitiens, et de racheter plusieurs sujets de la république détenus prisonniers malgré le traité [5].

Il fallut du temps pour faire oublier les anciens ressentiments. L'irritation survécut à Ibn-Mekki, mort en 1364, et à son fils, chassé en 1369 par les enfants d'Ibn-Thabet. Ceux-ci, lors de la chute de leur père, s'étaient retirés à Alexandrie, et s'y étaient enrichis par le commerce. A la mort d'Ibn-Mekki, le souvenir de leur ancienne puissance leur donna l'ambition de la reconquérir. Ils nolisèrent plusieurs bâtiments chrétiens, s'emparèrent de Tripoli avec l'aide des Arabes du voisinage, offrirent au sultan de Tunis, qui accepta, le rétablissement de l'hommage avec l'ancien tribut, et reprirent à peu près la position qu'avait leur famille avant l'invasion génoise [6]. Il semble même qu'ils aient conservé comme leur père la possession des îles de Gerba et de Kerkeni, et que la postérité déchue d'Ibn-Mekki n'ait plus possédé sur la côte de la Byzacène que la ville de Cabès [7].

Les richesses agricoles de Gerba attiraient toujours les barques étrangères dans le golfe. Il existe plusieurs chartes de nolis, passées en ce temps entre des marchands de Pise et de Gênes, pour aller effectuer le chargement des belles laines de l'île sous la protection du pavillon pisan [8], momentanément mieux vu peut-être à Tripoli que le pavillon génois.

[1] Art. 1, 2.
[2] Art. 2.
[3] Art. 17.
[4] *Documents de Venise*, 26 juin 1358, p. 228.
[5] *Documents de Venise*, 4 et 11 mai 1362, p. 230.
[6] Ibn-Khaldoun, t. III, p. 174.
[7] Ibn-Khaldoun, t. III, p. 166.
[8] Nous avons publié l'une de ces chartes de nolis du 4 août 1373 dans la *Biblioth. de l'École des chartes*, 4ᵉ série, t. III, p. 449. Nos *Documents*, p. 128.

1357-1367. — Traités et alliances des Pisans et des rois d'Aragon avec les rois de Maroc.
Suite de l'invasion mérinide dans l'est de l'Afrique.

La république de Pise, quoique distancée par les progrès de Gênes et de Venise et menacée plus directement par l'essor du commerce florentin, conservait encore son rang et ses priviléges auprès des émirs d'Afrique dans l'ouest comme vers Tripoli. Les avantages que lui avait assurés la mission de Renier Porcellini à Tunis en 1353 [1] lui furent reconnus en 1358 [2] par le sultan Abou-Einan, au Maroc et dans les autres pays soumis alors à la domination mérinide, pays qu'il n'est point facile d'ailleurs de déterminer.

Parvenu au trône du vivant de son père par la révolte et l'usurpation, Abou-Einan poursuivait les projets d'Aboul-Hassan et voulait étendre son empire sur tout le nord de l'Afrique. Il soumit le Magreb central et une grande partie du Magreb oriental. Une de ses armées, secondée par sa flotte, s'empara même de la ville de Tunis au mois de ramadan 758, août-septembre 1357 [3], et obligea Abou-Ishak à se renfermer avec ses ministres dans la forteresse d'El-Mehadia. Mais quelques mois après, la garnison mérinide laissée à Tunis fut obligée de se rembarquer, à l'approche d'Ibn-Tafraguin, chambellan d'Abou-Ishak, qui rétablit le jeune roi dans sa capitale. Abou-Einan conserva cependant une grande partie des provinces orientales, et l'impôt y fut perçu en son nom durant tout son règne.

Dans les actes de la négociation qu'un de ses ambassadeurs suivait auprès du roi d'Aragon, pendant que lui-même combattait les partisans hafsides aux environs de Constantine, et dans le diplôme qu'il remit, le 9 avril 1358, à Pierre de la Barbe, ambassadeur de la république de Pise, les titres suivants lui sont donnés : « Roi de Fez » et de Mékinès, de Salé et de Maroc, de la terre de Sous et de Sedjelmesse, et des » terres du Midi, de Tezza et de Tlemcen, d'Alger, de Bougie et de Constantine, de » Bone et de Biskara, et des terres du Zab (les Oasis au sud de l'Aurès), d'Afrika » (El-Mehadia) et Cabès, des terres du Beled-el-Djerid, de Tripoli, de Tanger, Ceuta, » Gibraltar et Ronda, et autres terres de Ponent et de Levant, et de l'Espagne (ou » Andalousie) [4]. » Le roi de Grenade, tour à tour vassal et partisan du roi de Castille ou du roi de Maroc, pouvait alors rendre hommage à Abou-Einan, dont il recherchait la protection; Gibraltar avait été reconquis sur les Chrétiens en 1339 [5]; mais il n'est pas certain que les forces mérinides occupassent encore toutes les autres villes énumérées parmi les possessions du sultan, notamment Tripoli et El-Mehadia. On remarquera cependant que Tunis, rendu à Abou-Ishak au milieu de l'année 1357, ne figure pas dans le titre royal d'Abou-Einan, et que la ville de Bougie, qui y est nommée, ne

---

[1] Voyez ci-dessus, page 173.

[2] Traité de commerce pour dix ans, sous forme de privilége, du 9 avril 1358. *Documents*, p. 66.

[3] Ibn-Khaldoun, t. III, p. 58; t. IV, p. 314.

[4] Lettre de Pierre IV d'Aragon à Abou-Einan, du 10 août 1357, et traité du 9 avril 1358. Nos *Documents*, p. 66 et 325.

[5] Ibn-Khaldoun, t. IV, p. 217. Ci-dessus, p. 181.

fut en effet reconquise par les Hafsides qu'en 1359 ou 1360[1], après la mort d'Abou-Einan, survenue à la fin du mois de novembre 1358.

Les rapports de l'Aragon et du Maroc, généralement pacifiques, s'étaient resserrés sous Abou-Einan, par suite de la haine profonde résultant des circonstances de politique et de famille qui divisèrent Pierre IV d'Aragon et le roi de Castille, du même nom que lui, connu sous le nom de Pierre le Cruel. A une époque indéterminée, Pierre IV envoya Pierre Boil, viguier général du royaume de Valence, à Abou-Einan, pour lui proposer une alliance de défense, ou du moins de neutralité réciproque, au cas de guerre avec la Castille. Le sultan répondit favorablement aux ouvertures du roi d'Aragon, et un premier traité fut rédigé alors[2]. Le roi Pierre (qui ne dit rien de ces faits dans la chronique de son règne, tandis qu'il y a inscrit la mention de son traité de 1345, dont nous n'avons pas les actes[3]) ratifia une première fois la convention à Saragosse pour une durée de cinq ans. Il la prorogea peu après pour une nouvelle période de cinq années, à Carinena, en présence d'un ambassadeur marocain, à qui fut remise une lettre patente de confirmation du 10 août 1357, laquelle est parvenue jusqu'à nous[4]. Elle avait été dressée dans une grande réunion où se trouvait Henri de Transtamare, le frère naturel et le futur vengeur des forfaits de Pierre de Castille.

La lettre est conçue dans les termes les plus bienveillants. Le roi y donne au sultan les titres d'ami et de frère. Il lui promet que si, durant les dix années auxquelles doit s'étendre le traité, la guerre venait à éclater entre le roi de Castille et le Maroc, l'Aragon ne fournirait aucun secours au roi chrétien; il s'engage à la même neutralité vis-à-vis du roi de Grenade. L'accord, étant en même temps politique et commercial, assurait aux musulmans marocains et andalous la sécurité la plus complète dans les ports et les îles de la couronne d'Aragon ; voyageurs ou marchands étaient certains d'y trouver aide et protection. Des garanties étaient particulièrement énoncées pour les naufragés, dont les biens et les personnes devaient être expressément respectés[5].

Le roi de Castille chercha, dès l'année suivante, à faire rompre ce traité, et n'y parvint pas[6]. Il avait agi auprès d'Abou-Einan, et s'était même cru en position d'obtenir le concours des princes musulmans contre le marquis de Tortose, seigneur d'Albaracin, qui possédait des terres dans le royaume de Murcie, dépendance de la Castille. Il fallut que le roi d'Aragon démontrât au sultan par une ambassade expresse, que le marquis de Tortose, alors même qu'il serait devenu vassal de la couronne d'Aragon postérieurement à l'accord de 1357, ce qui était contesté, se trouvait compris dans les avantages et les obligations de ce traité, attendu, disait justement le roi, que les conventions des princes concernent les terres et les personnes présentement

---

[1] Ibn-Khaldoun, t. III, p. 62.

[2] On ne sait si c'est en Afrique ou en Aragon. Capmany, t. III, 2ᵉ partie, p. 202. Cf. Ibn-Khaldoun, t. IV, p. 328.

[3] Voyez ci-dessus, page 181.

[4] Imprimée dans nos *Documents*, p. 325.

[5] Nos *Documents*, p. 325, et Capmany, *Memorias*, t. III, 2ᵉ partie, p. 203.

[6] Capmany, t. III, 2ᵉ partie. Cf. Ibn-Khaldoun, t. IV, p. 379.

dépendantes de leur couronne, comme celles qui leur sont ultérieurement dévolues par les événements [1].

La guerre éclata de nouveau sur ces entrefaites entre l'Aragon et la Castille, qui eut pour elle le Portugal et la république de Gênes; mais ni le roi de Maroc ni le roi de Grenade n'y prirent part. Le traité de 1357 conserva ses bons effets, et à la mort d'Abou-Einan, suivie dans le Maroc de désordres tels que dans les seules années 1361 et 1362 trois princes se succédèrent sur le trône, Pierre IV envoya, le 17 décembre 1361, en Afrique, Bernard de Cabrera, chargé de négocier avec le nouveau sultan mérinide, pour une durée et aux conditions qu'il apprécierait, le renouvellement des anciens accords [2]. Le plénipotentiaire devait suivre une négociation semblable en Andalousie auprès de Mohammed, roi de Grenade, Malaga, Alméria et Cadix [3].

Nous ignorons les suites immédiates de ces communications. Les documents récemment retrouvés par le savant directeur des archives de Barcelone, documents que n'avait pas connus Capmany, constatent néanmoins la continuité de relations pacifiques entre l'Aragon d'une part, le roi de Maroc, qui résidait à Fez quand la première capitale était insurgée ou occupée par un compétiteur [4], et le roi de Grenade de l'autre. Un traité d'amitié fut même renouvelé entre ces princes, en 1367, vers l'époque où le roi d'Aragon faisait la paix avec la république de Gênes, et où les traités de Carinena et de Bernard de Cabrera arrivaient vraisemblablement à leur terme légal [5].

1366-1378. — Rapports des Pisans avec les rois de Bougie, de Bone et de Tunis sous Aboul-Abbas II.

La guerre civile qui troublait l'empire mérinide permit au Magreb oriental de reconquérir son indépendance et son unité. Un prince habile et ferme se trouvait dans la famille hafside pour profiter des difficultés du Maroc et des fautes du divan de Tunis, où les ministres dominaient le prince et mécontentaient les populations. C'était Aboul-Abbas II, petit-fils du sultan Abou-Bekr, dont il semble avoir suivi les traces pendant un règne d'une durée exceptionnelle. Gouverneur d'abord de Constantine, comme son aïeul, il eut de fréquents démêlés avec son cousin Abou-Abd-Allah, fils d'Abou-Ishak II, commandant à Bougie, et fut poussé à lui faire la guerre par les tribus mêmes de son gouvernement, exaspérées de sa dureté [6]. Vainqueur d'Abou-Abd-Allah, qui fut tué près de Lebzou, Aboul-Abbas se présenta, le 3 mai 1366, devant la ville de

---

[1] Instructions aux ambassadeurs envoyés au Maroc pendant les états de Girone (1er juin 1358). Nos *Documents*, p. 327. Cf. Capmany, t. III, 2e partie, p. 203.

[2] Lettre de Pierre IV, du 17 décembre 1361. *Documents*, p. 329.

[3] *Documents*, p. 329, note.

[4] Ibn-Khaldoun, t. IV, p. 371, 373.

[5] Ces faits résultent de deux documents que M. de Tourtoulon, le savant auteur de l'*Histoire de Jacques le Conquérant, roi de Majorque*, veut bien nous communiquer. Le premier est une lettre du roi de Maroc au roi d'Aragon, du 9 de *jumet* 745 (1367). *Firmado et firmado por manno del rey de Benamarin*. — Le second est une lettre du roi de Grenade au même prince, du 10 de *xaben* de la même année 745. Ces documents ont été récemment publiés dans la *Coleccion de documentos ineditos del Archivio de la Corona de Aragon*, t. VII, p. 186, n° 54 de l'Appendice.

[6] Ibn-Khaldoun, t. III, p. 72.

Bougie. Les habitants le reçurent en triomphe. « Comme je demeurais alors dans la » ville de Bougie, dit Ibn-Khaldoun, je sortis au-devant d'Aboul-Abbas avec une dépu- » tation des notables. Le sultan m'accueillit de la manière la plus gracieuse [1]. » Notre historien était alors *hadjeb* ou premier ministre d'Abou-Abd-Allah, le prince déchu. Acceptant les faits accomplis avec la résignation d'un vrai musulman, il ajoute dans son autobiographie : « Je mis le sultan Aboul-Abbas en possession de Bougie, et les » affaires reprirent aussitôt leur train ordinaire [2]. »

La république de Pise, promptement prévenue par ses nationaux, toujours nombreux à Bougie, du changement survenu dans le gouvernement de la province, ne perdit pas un instant pour se mettre en bons rapports avec le nouveau souverain. Jean del Conte, doge des républiques unies de Pise et de Lucques, dépêcha un des membres de la famille d'Alliata au Magreb avec une lettre de félicitations pour Aboul-Abbas. Le 10 juin de cette même année 1366, c'est-à-dire un mois et quelques jours seulement après la prise de possession de sa capitale, l'émir répondit aux magistrats pisans en accédant à leur désir de conclure avec lui un traité. Sans attendre les négociations, il avait recommandé aux gouverneurs de Bone, Collo et Djidjelli, de veiller au maintien des franchises pisanes. Il l'annonça à Jean del Conte et lui promit que ses compatriotes, voyageurs ou marchands, trouveraient comme par le passé bon accueil et sécurité dans tous ses États présents et à venir [3].

Le pressentiment d'Aboul-Abbas sur sa fortune politique ne fut pas trompé. Attaqué par Abou-Hammou II, roi de Tlemcen, qui voulut venger la mort d'Abou-Abd-Allah, son beau-père, il rejeta l'armée zianite dans Alger, et s'empara de Dellys ou Tedelès, position importante vers Bougie. Ce ne fut que le prélude de succès plus décisifs. Les Kaoub, puissante tribu, maîtresse de la campagne dans l'ancienne Proconsulaire, s'étant prononcés pour lui, il pénétra dans la ville de Tunis (1370-1371), battit le jeune sultan Aboul-Baka II, fils d'Abou-Ishak, qui périt avec le navire sur lequel on l'avait embarqué pour le sauver [4], et se vit acclamé par les populations. En quelques années il reprit Sousa, El-Mehadia, les villes du Djerid, les îles du golfe de Cabès, où les émirs s'étaient arrogé les impôts, et rendit au royaume hafside ses anciennes limites et ses ressources. Devenu ainsi le restaurateur de la monarchie et de l'autorité royale, il voulut partager l'administration des provinces entre les princes du sang, afin d'éviter les troubles que leur ambition provoquait sous chaque règne. Il pouvait en juger par sa propre expérience.

Abou-Abd-Allah, son fils aîné, reçut le commandement de la ville et de la province de Bougie, avec le droit de disposer du trésor et de l'armée. Abou-Ishak, son fils puîné, eut le gouvernement absolu de Constantine. Il donna la vice-royauté de Bone

[1] Ibn-Khaldoun, *Hist. des Berbères*, t. III, p. 74.
[2] Ibn-Khaldoun, *Autobiographie et Prolégomènes*, trad. par M. de Slane, *Notices et extraits*, t. XIX, p. xlix. On desservit ensuite Ibn-Khaldoun auprès d'Aboul-Abbas; il se retira auprès d'Abou-Hammou, à Tlemcen, puis il alla s'établir dans le Zab.
[3] Amari, *Diplomi arabi*, p. 115.
[4] Ibn-Khaldoun, *Hist. des Berbères*, t. III, p. 82; *Autobiographie*, etc.; *Notices et extraits*, t. XIX, p. xlix et suiv.

à Abou-Abd-Allah Mohammed, son neveu. Chaque prince eut le titre de roi et le cérémonial d'une cour souveraine [1]. « Les choses ont continué en cet état jusqu'à » ce jour, dit Ibn-Khaldoun, et nous sommes maintenant à l'an 783 [2]. » Le célèbre écrivain, qui fut attaché tour à tour dans sa vie un peu nomade à la secrétairerie et à la cour de la plupart des princes du Magreb, ses contemporains, à Tunis, à Tlemcen et à Fez, composa ou revit ce chapitre de son histoire universelle en 1382, au Caire, « cette métropole de l'univers », où il occupa les hautes fonctions de cadi, et où il termina, en 1406, sa longue et laborieuse carrière [3].

Une pièce des archives de Pise se rapporte parfaitement à la situation rappelée ici par Ibn-Khaldoun. Le 11 septembre 1378, le conseil des anciens de la république de Pise, présidé par Pierre de Gambacorte, membre de l'une de ses plus illustres familles, envoya Rainier de Gualandi en ambassade auprès « des rois de Tunis, de Bone et de » Bougie [4]. » Quelques difficultés s'étaient élevées, quelques agressions avaient eu lieu sans doute depuis peu entre les marins pisans et les gens du pays. Les instructions données à Gualandi lui prescrivaient de prier les émirs du Magreb oriental de consentir à un examen général des griefs et des plaintes qui pouvaient être allégués de part et d'autre, à l'oubli du passé, et à la rédaction de nouveaux traités pour rappeler les droits et les faveurs dont la nation pisane avait toujours joui en Afrique.

On ne sait quel fut le résultat précis de l'ambassade de Gambacorte. On est autorisé à croire qu'elle eut un bon succès. Les traités postérieurs indiquent que les Pisans, comme tous les autres peuples chrétiens, trouvaient toujours en Afrique la protection, l'accueil, les garanties, les droits qu'Abou-Zakaria leur avait promis à l'origine de la dynastie des Abou-Hafs, et que les autres émirs avaient également accordés au Maroc et à Tlemcen.

1313-1400. — Nombreux captifs chrétiens en Afrique.

Un fait nouveau frappe cependant en lisant les actes du quatorzième siècle. Ce sont les mentions réitérées concernant les pirates et les esclaves chrétiens et musulmans. Les gouvernements des deux nations promettent réciproquement et dans les mêmes termes d'interdire la course à leurs sujets et d'indemniser l'étranger qui en aurait souffert [5]; ils s'obligent souvent à réunir leurs navires pour agir en commun contre les pirates; afin d'ôter aux corsaires les plus sûrs bénéfices de leurs brigandages, ils interdisent abso-

---

[1] Ibn-Khaldoun, *Hist.*, t. III, p. 88-90.
[2] Ibn-Khaldoun, t. III, p. 90.
[3] *Autobiographie* d'Ibn-Khaldoun, trad. de M. de Slane, *Notices et extraits*, t. XIX, p. LXXII, XCIII.
[4] Commission de la république de Pise à Rainier de Gualandi, du 11 septembre 1378 (n. s.). *Biblioth. de l'École des chartes*, 2ᵉ série, t. V, p. 152. Amari, *Diplomi arabi*, p. 313 et 477.
[5] Pise-Tunis, 1313, art. 2, 34, 35; 1353, art. 2, 33, 34, 47; 1397, art. 26 *quater*, p. 84; — Pise-Maroc, 1358, art. 10, p. 84; — Majorque-Tunis, 1313, art. 13-16, p. 190; — Majorque-Maroc, 1339, art. 5, p. 194; — Venise-Tunis, 1315, 1317, 1392, art. 21, 22, p. 214; — Aragon-Tunis, 1309, art. 7; 1314, art. 3, 4, 6, 7, p. 307; 1323, art. 10, 12; — Aragon-Bougie, 1309, art. 3, p. 301; 1314, art. 11, p. 305. Cf. tout le traité de Gênes et de Tunis de 1391, p. 130; Sicile-Tunis, 1393, p. 165; Aragon-Tlemcen, 1319, p. 312.

lument la vente des objets et des hommes capturés, ils s'engagent à permettre le rachat immédiat ou même la mise en liberté sans rançon des captifs [1]. Mais, au mépris de toutes ces défenses et de toutes ces précautions, malgré la sincérité des efforts faits de part et d'autre pour en assurer l'exécution, les esclaves musulmans étaient nombreux en Europe, et plus nombreux encore les malheureux Chrétiens qui traînaient leurs fers en Afrique, près de leurs compatriotes pratiquant en toute sécurité le commerce dans le même pays et sous leurs yeux. On sait les dangers qu'avaient à braver alors les marchands sur les routes de terre; en mer, les périls croissaient avec les difficultés de la répression.

Nous avons rappelé le dévouement infatigable de ces hommes, appartenant au monde ou à l'Église, qui s'employaient tour à tour à retirer les esclaves chrétiens des mains des Musulmans, et à soutenir, durant les longueurs de la captivité, le courage de ceux qu'ils ne pouvaient racheter. Un jeune prêtre, bien digne de continuer de nos jours, s'il eût été nécessaire, les travaux apostoliques de la Rédemption en Afrique, dont il s'était préparé à écrire l'histoire dans le pays même où elle a eu surtout à s'exercer, feu l'abbé Godard, ancien vicaire apostolique au Maroc, a énuméré les principaux rachats opérés par les ordres religieux à partir du treizième siècle [2]. On voit la progression croissante du nombre des Chrétiens asservis et le zèle des Rédemptoristes grandissant avec les difficultés et les dangers. On sent, à la multiplicité des délivrances, que le mal s'était accru. Depuis le démembrement de l'empire almohade, il n'y avait plus au Magreb une autorité assez forte et assez respectée des populations. La prédominance des Chrétiens en Espagne, en déterminant beaucoup de familles musulmanes à venir se fixer en Afrique, y avait apporté un sentiment de rancune et de vengeance inconnu aux anciennes tribus. Pour beaucoup d'Arabes, la course et la piraterie ne furent plus que la continuation légitime d'une guerre de nationalité et de religion.

Piraterie des Chrétiens.

Il faut bien distinguer sans doute dans la course les faits de guerre entre nations belligérantes et les déprédations des vrais pirates, s'attaquant indifféremment à tous marchands et à tous pays, amis ou ennemis, nationaux ou étrangers. Les premiers actes, à quelques excès qu'ils aient été portés, peuvent passer dans l'ancien état de la société pour inévitables et légitimes. Les progrès du droit international n'ont pu encore faire disparaître de nos guerres maritimes tout ce qu'il y reste d'injuste et d'inutilement barbare contre la propriété privée.

Les actes de piraterie sont seuls de vrais brigandages. Mais ici se présente la question de savoir quelle part de responsabilité incomberait aux Chrétiens, et quelle aux Musulmans, durant la période qui succéda aux grandes invasions sarrasines, qu'on pourrait appeler la période de la paix et du commerce. Nous croyons que la statistique des forfaits dont la Méditerranée a été le théâtre du onzième au seizième siècle, s'il était possible de la dresser, mettrait à la charge des Chrétiens une part très-considé-

---

[1] Voyez ci-dessus, p. 94-96.
[2] *Histoire du Maroc*, t. Ier, p. 358 et suiv.; t. II, p. 440 et suiv. Paris. 2 vol. in-8°. 1860.

rable dans l'ensemble des pillages et des dévastations maritimes que nous rejetons trop facilement au compte des barbares. Si les Chrétiens nous paraissent avoir plus souffert de la piraterie musulmane, c'est qu'ils avaient un commerce plus considérable, des côtes moins faciles à défendre, et que leur histoire générale nous est mieux connue que celle des Arabes. Les témoignages des Chrétiens accusent eux-mêmes tout le mal qu'ont dû faire leurs propres pirates.

A peine reconquises sur les Sarrasins, les îles de Sardaigne, de Corse, de Sicile, et les Baléares, devinrent le refuge de corsaires européens aussi redoutables que les brigands des grandes routes. Les faubourgs de Cagliari étaient des nids de forbans [1]. Malte fut au treizième siècle le centre d'expéditions d'un Génois fameux dans l'histoire maritime, jugé peut-être moins sévèrement par son temps que par le nôtre, mais qui n'était qu'un vrai bandit. Enrichi par quelques déprédations heureuses avant d'avoir un domicile fixe, il voulut agrandir le cercle de ses opérations : il fit construire trois grands navires, enrôla des compagnons en Provence, en Sicile, en Espagne, et s'établit souverainement avec eux dans l'île de Malte, pour se livrer en grand à la piraterie [2]. Du temps même de ce hardi marin, nommé Henri, vivait un corsaire marseillais non moins redouté, Hugues Fer, qui s'était associé avec l'amiral sicilien, disgracié par Frédéric II, pour s'enrichir par la course au détriment des sujets du prince d'abord, et puis de tous les marchands qui tombaient sous leur main [3].

La supériorité de la marine européenne donnait même un certain avantage aux navigateurs et aux corsaires chrétiens, dont les rôles et les actes se confondaient trop souvent. Beaucoup d'armateurs catalans, génois, pisans ou provençaux, ne craignaient pas de faire entrer la course dans les chances de leur industrie et de leurs expéditions commerciales. Leur audace était inouïe. On a vu en 1200, en pleine paix, deux nefs pisanes, *l'Orgueilleuse* et *la Couronnée*, assaillir dans la rade de Tunis trois vaisseaux musulmans, jeter à l'eau ou enchaîner l'équipage, outrager les femmes, enlever les marchandises, et, par une sorte de dérision, engager les Arabes de la flotte royale, à laquelle ils parvinrent à échapper, à s'indemniser, s'ils le voulaient, sur les marchands pisans à Tunis [4]. Les pirates étaient si nombreux dans les eaux de Sicile, que l'une des causes qui déterminèrent les rois de Tunis à consentir au payement d'un tribut aux rois normands fut l'espoir de les éloigner de leurs côtes par cet abonnement fixe et annuel.

Les flibustiers chrétiens s'attaquaient probablement de préférence aux terres et aux galères musulmanes; mais à l'occasion tout leur était de bonne prise, et nul prétexte de nationalité ou de guerre de croisade ne saurait être invoqué pour leur excuse. Du douzième au quatorzième siècle, les chroniques vénitiennes sont remplies de plaintes

---

[1] Voyez Muntaner, *Chron.*, édit. Buchon, p. 547; *Hist. de Chypre*, t. II, p. 104.
[2] En 1224, continuation de Caffaro, *Annal. Genuens.*, ap. Muratori, t. VI, col. 394, 400; Dandolo, *Chron. venet.*, t. XII, col. 341; Sanudo, *Vite*, t. XXII, col. 543.
[3] Huillard-Bréholles, *Hist. diplom. Fred.*, introd., p. ccclxxix. Cf. Caffaro, *Annal. Genuens.*, ap. Muratori, t. VI, col. 401.
[4] Voyez ci-dessus, p. 56.

contre les ravages des corsaires d'Ancône sur les deux rives du golfe Adriatique[1]. A la même époque, les pirates génois dévastaient les îles et les côtes de l'empire de Constantinople[2]. Ces agressions contre des pays toujours hostiles aux Latins pouvaient paraître moins odieuses aux Occidentaux pendant le moyen âge; mais comment le gouvernement de Gênes put-il tolérer si longtemps, si ce n'est par l'impossibilité de les réprimer, les attaques continuelles de ses sujets sur les côtes inoffensives du royaume latin de l'île de Chypre[3]? Que dire des déprédations auxquelles put se livrer sur la Méditerranée cette faction politique, chassée de Gênes en 1323, qui prit le parti de se réfugier sur la mer pour y vivre d'aventures[4]? Comment qualifier le pillage, sans provocation et sans excuse, de la ville de Tripoli, en 1355, par les vaisseaux de Philippe Doria[5]?

Entre les Aragonais et les Génois, si rarement en bonnes relations, la guerre et la course étaient également fréquentes; mais les documents du règne de Pierre IV attestent, par les honorables efforts du roi, que les corsaires catalans n'épargnaient pas davantage, quand ils se sentaient en force, la marine des Pisans, les fidèles alliés de la couronne d'Aragon[6]. Les Vénitiens eux-mêmes, les plus honnêtes marins peut-être du moyen âge, n'ont pas toujours respecté les marchands étrangers[7]. Les empereurs de Constantinople se plaignaient souvent de leurs agressions; et d'autre part les rapines, les extorsions, les forfaits de tout genre des Grecs contre les marchands vénitiens et contre tous les navires qui se hasardaient à passer entre l'Archipel et la mer Noire furent, on peut le dire, incessants et incalculables[8].

Elle tend à diminuer.

Il serait trop facile de citer des faits particuliers et de signaler les ravages des corsaires chrétiens, se perpétuant encore quoique en décroissant dans l'ouest de l'Europe jusqu'au seizième siècle et au delà. Mais il est incontestable qu'à partir du quatorzième siècle la course diminue chez les Chrétiens, grâce au progrès général du commerce maritime, à la formation des marines nationales, aux croisières qu'entretinrent les grands États et que secondèrent si bien les galères de Rhodes et du Saint-Siége[9]. Bien que la piraterie eût au contraire pris en ce temps un caractère plus habituel, le com-

---

[1] André Dandolo, *Chron. Venet.*, ap. Muratori, *Script. ital.*, t. XII, col. 285, etc.; 375, etc.; 371, 375, etc.; Sanudo, *Vite de' duchi*, t. XXII, etc.

[2] Nicétas, *Urbs capta*, cap. XVIII, p. 483; Georges Acropolite, p. 94; Dandolo, etc.

[3] *Assises de Jérusalem*, t. II, 363, etc.

[4] Cf. Pardessus, *Collect. de lois maritimes*, préf., p. LXXXV.

[5] Voyez ci-dessus, page 224.

[6] Tola, *Codex diplom. Sardiniæ*, t. Ier, p. 748, 756. Turin, 1861. Cf. Muntaner, *Chron.*, p. 437, etc.

[7] *Biblioth. de l'École des chartes*, 2e série, t. III, p. 210, etc.

[8] Voyez, pour une période de quelques années seulement, *Judicum Venetorum in causis piraticis contra Græcos decisiones*, du mois de mars 1278; Tafel et Thomas, *Fontes rer. Austriac.*, t. XIV; Documents de Venise, t. III, p. 159-280.

[9] Voyez le savant ouvrage du P. Guglielmotti, bibliothécaire de la Minerve, à Rome: *Storia della marina pontificia dal secolo ottavo al decimonono*. 1 vol. in-8°. Rome, 1856.

merce chrétien aurait fini par en triompher, si l'établissement de la puissance turque sur la côte d'Afrique, succédant à l'expulsion des Maures d'Espagne, ne fût venu aggraver les périls de la navigation, et faire de tous les Barbaresques une nation de pirates.

<small>La piraterie se développe au contraire en Afrique.</small>

La tache et la honte de l'ancien régime turc est d'avoir encouragé les dispositions à la piraterie des populations du Magreb, au lieu de les réprimer, d'avoir organisé la course comme une institution permanente, d'avoir facilité ses armements, abrité ses déprédations, partagé ses bénéfices, tandis que les sultans des anciennes dynasties arabes, ne se bornant pas à des actes de répression, réparaient souvent les dommages quand ils avaient été impuissants à les prévenir. Pour être juste, il ne faut pas oublier sans doute que la piraterie s'était développée en Afrique par l'effet des succès des Chrétiens d'Espagne, qui rejetaient sur les côtes du Magreb des populations ulcérées, et par suite des guerres des dynasties qui s'étaient partagé l'empire almohade. En même temps que les marchands chrétiens étaient entourés de soins et d'égards, que les officiers publics et les habitants du pays traitaient de bonne foi avec eux, on voit le brigandage des corsaires arabes se perpétuer sur la mer, malgré les traités et malgré les efforts des princes. Cette double et contraire tendance est surtout manifeste au quatorzième siècle. On sait les dispositions innées pour la piraterie des populations du golfe de Cabès, qui appartenaient la plupart à une secte schismatique. « En vendant » des vrais croyants aux Chrétiens, dit un Musulman du quatorzième siècle, ces gens » croient faire une œuvre méritoire [1]. » Restés néanmoins ennemis des Chrétiens, ils les pourchassaient avec autant d'acharnement. Le port d'El-Mehadia, à l'est de Tunis, et à l'ouest toute la côte depuis le cap de Fer jusqu'au cap Blanc, abritaient des corsaires plus redoutés et mieux organisés que ceux de Cagliari. Déjà au douzième siècle, El-Bekri disait que l'on construisait « à Mers-el-Kharès de nombreux vais- » seaux pour aller porter le ravage sur les côtes du pays de Roum ». En parlant de Bone, il ajoute ces mots : « C'est de là que partent souvent des galères pour faire la course » contre les pays chrétiens [2]. » Oran et la côte du Maroc avaient leurs marins et leurs pirates [3], qui devinrent plus entreprenants que ceux du Magreb oriental.

Il est possible qu'El-Bekri, en parlant ici des corsaires arabes, n'ait en vue que la guerre déclarée et les entreprises qu'elle autorise; mais ce que dit Ibn-Khaldoun au quatorzième siècle de la ville de Bougie, l'un des ports où les marchands chrétiens avaient les plus nombreux établissements et où ils étaient le mieux accueillis, concerne bien la piraterie et les plus odieuses pratiques qui s'y rattachent.

Il s'était formé dans le port de Bougie, vers le milieu du quatorzième siècle, une véritable société d'écumeurs de mer, recrutés vraisemblablement parmi les montagnards voisins de Bougie et de Bone, schismatiques comme ceux de Gerba [4]. Ses opérations

---

[1] El-Tidjani, *Voyage à Tunis en 1306*, trad. par M. Rousseau, p. 111, 120.
[2] *Description de l'Afrique*, p. 135, 194.
[3] Roudh-el-Kartas, p. 559, 560, 561.
[4] El-Tidjani, p. 111.

s'étendaient au loin, et les dispositions des habitants de ces pays à méconnaître l'autorité de Tunis devaient favoriser leurs entreprises.

Voici le témoignage accusateur, et qui paraît réellement exagéré, tant il est grave et odieux, d'Ibn-Khaldoun lui-même. Il fut écrit, comme l'on sait, vers l'an 1382 : « L'habitude de faire la course contre les Chrétiens s'établit à Bougie il y a une tren» taine d'années. La course se fait de la manière suivante : une société plus ou moins » nombreuse de corsaires s'organise; ils construisent un navire et choisissent pour le » monter des hommes d'une bravoure éprouvée. Ces guerriers vont faire des descentes » sur les côtes et les îles habitées par les Francs; ils y arrivent à l'improviste et enlèvent » tout ce qui leur tombe sous la main; ils attaquent aussi les navires des infidèles, s'en » emparent très-souvent, et rentrent chez eux chargés de butin et de prisonniers. De » cette manière, Bougie et les autres ports occidentaux de l'empire hafside se rem» plissent de captifs; les rues de ces villes retentissent du bruit de leurs chaînes, » surtout quand ces malheureux, chargés de fers et de carcans, se répandent de tous » côtés pour travailler à leur tâche journalière. On fixe le prix de leur rachat à un taux » si élevé qu'il leur est très-difficile et souvent même impossible de l'acquitter [1]. »

En aucun point du continent chrétien la haine de l'infidèle n'eût fait tolérer de semblables et publiques associations pour le brigandage maritime; mais la Méditerranée vit parfois des expéditions chrétiennes qui en avaient toutes les conséquences. Sans revenir sur les courses de Henri de Malte et des proscrits génois de 1323, il suffit de rappeler les milliers de cultivateurs et de propriétaires arabes de toute condition enlevés à Cabès en 1284, à Gerba en 1310, à Tripoli en 1355, par Muntaner, par Roger et Philippe Doria, et vendus ensuite en Europe comme un vil bétail.

La barbarie des temps, l'impuissance des pouvoirs supérieurs perpétuaient un tel état dans tous les pays maritimes; et cependant, au milieu des préventions et des antipathies entretenues ainsi de part et d'autre, le commerce se maintenait; il prospérait même à peu près partout, malgré les dangers de la mer que les navigations en conserve n'éloignaient pas toujours, malgré les difficultés des communications entre peuples étrangers que l'action des consuls et des gouvernements ne suffisait pas toujours à prévoir ou à aplanir. Nous avons déjà signalé les obstacles rencontrés souvent en Afrique par le commerce chrétien dans le détail de ses opérations, nous devons les rappeler de nouveau quand l'occasion s'en présente. Il ne faudrait pas croire que les discussions entre marchands de nationalité différente et que les plaintes des marchands européens contre les agents des émirs fussent rares, parce que l'esprit bienveillant des traités tendait à les conjurer. En recherchant et en divulguant sans ménagements tout ce que nous pouvons savoir des conditions faites aux Chrétiens en Afrique sous les Arabes, nous sommes assuré qu'un avantage suffisant restera à cette époque, en comparaison du régime qui lui succéda.

---

[1] *Hist. des Berbères*, t. III, p. 117.

1360-1378. — Difficultés inévitables du commerce.

Les traités garantissaient bien la sécurité des personnes et des transactions ; ils reconnaissaient bien aux consuls le droit d'intervenir en faveur de leurs nationaux vis-à-vis des marchands ou des officiers arabes. Rien néanmoins ne pouvait prévenir les abus d'autorité ou les dénis de justice et déjouer les ruses de la cupidité. C'étaient tantôt les officiers de la douane royale qui exagéraient quelques-unes des dispositions des tarifs, qui retardaient la reddition des comptes, ou en refusaient la rectification; tantôt les émirs eux-mêmes, qui, méconnaissant leurs propres engagements, saisissaient arbitrairement les biens ou les personnes des marchands. Il n'est pas de nation chrétienne qui n'ait eu à élever des réclamations sur des torts semblables ou des griefs plus graves [1]. Tout indique néanmoins qu'à la longue, malgré le mauvais vouloir et les lenteurs, malgré les guerres qu'on n'évitait pas toujours, la nation ou les parties lésées finissaient par recevoir les dédommagements auxquels elles avaient droit. Le développement soutenu des rapports entre les Chrétiens et les Arabes de la côte d'Afrique, du treizième au quinzième siècle, en est la preuve.

A une époque qu'il est difficile de préciser, et à l'occasion de quelques événements dont on connaît peu le caractère, les plaintes réciproques des marchands pisans et arabes étant devenues très-vives, une rupture entre les deux peuples était presque imminente. Il y eut même de part et d'autre un commencement d'hostilités, auquel semble avoir pris part tout le Magreb oriental; mais la bonne entente paraît avoir été rétablie par un ambassadeur envoyé, en 1378, au roi de Tunis Aboul-Abbas et aux princes de sa famille qui régnaient souverainement à Bone et à Bougie [2].

1381. — Rivalité des Vénitiens et des Génois.

L'affaiblissement de la république de Pise mettait partout en présence les intérêts et les forces de Gênes et de Venise. Les deux républiques, dans tout le développement de leur puissance, luttaient encore à forces égales et se partageaient les succès et les revers. Gênes eut même quelque temps l'avantage, quand, maîtresse du commerce de la mer Noire et du port de Famagouste, elle envoya ses escadres bloquer les lagunes de Venise. Mais le traité signé à Turin, en 1381, pour mettre fin à la guerre de Chioggia, en rouvrant le Bosphore aux Vénitiens, assura la longue prospérité de leur commerce sur la Méditerranée, pendant que Gênes, divisée par les séditions, vit chaque jour décliner sa fortune et sa puissance. Les Vénitiens usèrent alors avec plus de suite et de bonheur contre les Génois de la même tactique que ceux-ci avaient employée contre les Pisans. Établis à Beyrouth, d'où ils neutralisaient l'importance commerciale de leur colonie de Famagouste; maîtres de l'île de Crète et des meilleures positions de la Morée, qui nuisaient aux établissements génois de Chio et de l'Archipel; bien accueillis au Magreb, jouissant en Égypte de conditions exception-

---

[1] Voyez ci-dessus, § 1287-1339, *Difficultés du commerce*, et ci-après, § 1433-1443.
[2] Voyez ci-dessus, p. 232.

nellement avantageuses, ils dominèrent bientôt sur tous les points le commerce des Génois.

La faveur attachée partout aux entreprises des Vénitiens dut nuire à la longue au crédit des Génois en Afrique. La république, qui, malgré ses troubles intérieurs, veillait toujours avec sollicitude à son commerce maritime, en fut réduite souvent à faire la guerre aux émirs. Ses galères firent quelques prises heureuses sur leurs bâtiments et sur leurs côtes; mais elle ne retira aucun avantage durable de ces expéditions, qui irritèrent les populations musulmanes. Les habitants de Gerba, d'El-Mehadia, les peuples du Maroc, où Gênes avait eu dans les siècles précédents une situation excellente, dirigèrent des incursions sur ses îles et ses rivières. Les Maures d'Andalousie prirent part aux hostilités. Gênes résista avec énergie, et souvent avec bonheur, aux attaques des Arabes. Elle couvrait son territoire et envoyait des croisières surveiller les côtes du Magreb, en exigeant que les communes des deux rivières qu'elle protégeait et associait à son commerce, comme Savone, Oneille, Albenga, Chiavari, contribuassent à ses armements [1].

1388. — Les Génois attaquent le royaume de Tunis et s'emparent de l'île de Gerba.

Un traité conclu à Tunis en 1383 [2], par Frédéric Lecavelo, pour la délivrance réciproque des prisonniers et le rétablissement des bons rapports, rencontra de la part de l'émir des difficultés inouïes jusque-là. Les agressions des pirates d'El-Mehadia s'étant renouvelées sur ces entrefaites, la république de Gênes fit la paix avec l'Aragon [3], et chercha à former une coalition des marines chrétiennes contre Aboul-Abbas-Abou-Bekr, roi de Tunis. Elle aurait surtout voulu déterminer les Vénitiens à s'unir plus étroitement à eux pour agir en Afrique, après s'être vengés des Arabes d'Espagne, avec l'assistance des flottes de Zara et d'Ancône [4]. Mais la république de Venise n'ayant pas de motifs suffisants de rupture avec Aboul-Abbas, se borna à promettre de fournir cinq galères à l'expédition, et finit même par n'y prendre aucune part [5]. La république de Pise, dans le même esprit de réserve, autorisa seulement ceux de ses sujets des territoires de Pise, Livourne, Piombino et de l'île d'Elbe, qui avaient souffert des incursions des pirates africains, à venger par des représailles leurs griefs personnels [6]. L'armement pisan compta néanmoins cinq galères, aux ordres de François Orlandi [7]. Le gouvernement de Sicile se montra plus décidé. Dans l'espoir de faire diversion aux troubles intérieurs et de reconquérir l'île de Gerba, la reine Marie arma trois grosses galères, et en donna le commandement à l'amiral Mainfroy de Clermont. Les Génois, qui avaient une flotte de douze galères commandée par Raphaël

---

[1] Voyez *Bibl. de l'École des chartes*, 4e série, t. III, p. 451.

[2] Ce traité, dont nous n'avons pas le texte, est rappelé dans le traité du 17 octobre 1391.

[3] Zurita, *Anales de Aragon*, lib. X, cap. XXXVIII, fol. 385.

[4] Sanudo, *Vite de' duchi di Venezia*, ap. Muratori, t. XXII, col. 761.

[5] Voyez *Documents de Gênes*, du 22 janvier au 6 mai 1388.

[6] Voyez les instructions données le 19 janvier 1393 à Nicolas Lanfreducci, ambassadeur de la république envoyé à Tunis. Amari, *Diplomi arabi*, p. 317.

[7] Roncioni, *Istorie Pisane*, p. 946.

Adorno, frère du doge, consentirent à commencer les hostilités suivant les vues particulières de la Sicile. Les îles du golfe de Cabès furent occupées et rançonnées [1]. La république de Gênes, dédommagée par une indemnité de trente-six mille florins d'or, abandonna toute prétention à la conquête [2]. Une garnison sicilienne fut rétablie au Cachctil de Gerba, et Mainfroy de Clermont, avec l'autorisation du conseil de Sicile et au nom de la reine Marie, fut investi de la seigneurie des îles par le Saint-Siége, suzerain honorifique du royaume de Sicile, et saisi autrefois par Roger Doria du droit d'hommage sur l'île de Gerba [3].

Juin-septembre 1390. — Expédition des Génois et du duc de Bourbon contre El-Mehadia.

Gênes, au milieu d'une paix toujours incertaine avec l'Aragon [4], n'osant entreprendre rien de plus direct contre le royaume de Tunis sans avoir des forces de débarquement, avait envoyé une ambassade solennelle au roi de France. La république espérait que Charles VI, en paix alors avec l'Angleterre, ne refuserait pas le secours de ses armes à une nation de tout temps alliée de sa couronne [5]. Son espoir ne fut pas tout à fait déçu. Les pirates africains, ceux de Bougie et du Magreb oriental surtout [6], n'avaient probablement pas respecté toujours les côtes du Languedoc, et les députés ne manquèrent pas de faire remarquer ces faits à la cour de France; d'ailleurs il s'agissait de faire la guerre aux mécréants, et les chevaliers y étaient toujours disposés. Ces raisons ne suffirent pas pourtant à entraîner le roi dans une entreprise dont les Génois auraient voulu faire une sorte de croisade. Seulement, comme les dernières trêves assuraient pour trois ans la paix avec l'Angleterre, le roi permit à un prince de sa famille de conduire à Gênes les hommes d'armes qui seraient disposés à l'accompagner. De nombreux barons suivirent le duc de Bourbon, oncle du roi, et le sire de Coucy, comme ils étaient allés quelque temps auparavant guerroyer les Maures d'Espagne, ignorant la plupart quelles injures il s'agissait de venger, et ne s'en occupant guère. S'ils succombaient, ils gagnaient le ciel; s'ils échappaient à la mort, ils revenaient presque toujours satisfaits de la gloire qu'ils avaient acquise. Plusieurs chevaliers anglais, profitant de la trêve, se joignirent à eux, sous la conduite du comte de Derby.

L'expédition, commandée par le duc de Bourbon et dirigée sur mer par Jean Centurione, mit à la voile au milieu de l'été [7]. Elle se dirigea vers le fameux port d'El-Mehadia, appelé Africa par les Chrétiens, l'ancienne capitale des Zirides, alors bien déchu de son ancienne importance, mais resté toujours riche et

---

[1] Vers le mois de juillet 1388.

[2] Georges Stella, *Annal. Genuens.*, ap. Muratori, t. XVII, col. 1128.

[3] Rinaldi, 1389; Gregorio, *Considerazioni*, t. III, p. 318.

[4] Zurita, lib. X, cap. xliii, fol. 395.

[5] *Le Religieux de Saint-Denis*, édit. Bellaguet, t. Ier, p. 649; Froissart, liv. IV, chap. xiii, fol. 55, édit. Sauvage.

[6] C'est à l'occasion de l'expédition des Chrétiens contre El-Mehadia qu'Ibn-Khaldoun parle du brigandage maritime dont Bougie était devenue le centre de son temps. *Hist.*, t. IV, p. 117.

[7] Juin-juillet. Ibn-Khaldoun, t. IV, p. 118.

commerçant. Maîtres de cette place, qui était, comme le dit bien Froissart, une des citadelles du royaume de Tunis[1], et que sa position isolée sur une presqu'île rend facile à défendre, les Chrétiens avec une flotte et une armée suffisantes espéraient agir librement sur la mer et sur le continent. Mais El-Mehadia, renforcée par les secours de Tunis, résista à toutes les attaques. Les Francs avaient coupé l'isthme communiquant de la ville au continent par un rempart de bois qui les abritait; ils avaient élevé une haute tour pour battre ses murailles. Ils ne purent les forcer néanmoins, et furent obligés de se tenir constamment sur la défensive pour repousser les nomades et les populations de la côte, dont Abou-Farès, fils du sultan, aidé de ses oncles, était venu prendre le commandement. Deux longs mois de combats et d'escarmouches se passèrent sans résultats. La grande tour de bois fut brûlée par le naphthe enflammé que lançaient les assiégés[2]. Les Génois, craignant de voir les mauvais temps d'automne retenir leur flotte sans abri sur les côtes d'Afrique, négocièrent en particulier et au mieux de leurs intérêts les conditions de la retraite[3]. Les Français finirent par accéder à leurs raisons, et les alliés reprirent ensemble la mer vers le mois de septembre.

1390. — Étonnement des Arabes de se trouver en guerre avec les Français.

Cette guerre offrit une circonstance assez remarquable. On y vit une preuve frappante de la différence qu'il y avait dans les dispositions des Arabes d'Orient et celles des Arabes du Magreb. Pour les premiers, tous les Chrétiens étaient à peu près indistinctement des ennemis; les autres, qui n'eurent jamais à repousser de guerre générale depuis les grandes invasions, connaissaient les diverses nations du pays des Francs, savaient les raisons de faire la guerre aux unes et de vivre en paix avec les autres. Les Magrebins comprenaient que les Génois, avec lesquels ils avaient eu des démêlés, eussent dirigé une flotte contre eux; ils ne savaient pourquoi les Français, qui n'avaient rien à leur reprocher, étaient venus envahir ainsi leur pays. Ce que dit Froissart de l'étonnement des Arabes de se voir attaquer par des gens avec qui ils étaient en paix mérite d'être rappelé, parce que Froissart a tenu le récit de toute cette expédition de la bouche même de plusieurs chevaliers de l'armée du duc de Bourbon. Voici ses paroles : « Durant les neuf semaines que dura le siége
» d'Afrique, beaucoup de seigneurs de France et des autres pays se plurent à voir
» l'équipement et la manière de combattre des mécréants, car entre seigneurs de
» condition et d'honneur, toute nouveauté plaît. Il y avait aussi chez les Sarrasins bien
» des jeunes gentilshommes, selon leur loi, qui avaient grand plaisance à voir l'arroi
» des Chrétiens, leurs armes, leurs pennons, et qui le soir, de retour dans leur logis,
» en devisaient longuement entre eux. Mais d'une chose s'émerveillaient-ils surtout.
» C'était de savoir pourquoi les Français s'étaient joints aux Génois dans cette guerre.

---

[1] Froissart, liv. IV, chap. XIII, fol. 55 et suiv.

[2] Ibn-Khaldoun, t. IV, p. 119.

[3] Cabaret d'Orronville, *Vie de Louis, duc de Bourbon*, chap. LXXIX, p. 183-184, édit. Buchon, dans le *Panthéon littéraire; le Religieux de Saint-Denis*, édit. Bellaguet, t. Ier, p. 671.

» Après en avoir souvent parlé, ils prirent un trucheman sachant bien parler le génois,
» et le chargèrent d'aller demander aux Français pourquoi ils étaient venus avec si
» grande force en l'empire de Barbarie, en la terre du roi d'Afrique, qui ne leur avait
» jamais fait aucun mal. A la vérité, dit l'interprète arabe au duc de Bourbon, nous et
» les Génois nous sommes depuis longtemps en guerre ; mais ceci ne vous regarde pas ;
» vous êtes une nation trop éloignée de nous, et les Génois nous sont voisins. Nos
» vaisseaux prennent sur eux et les leurs prennent sur nous ; et depuis longtemps il en
» est ainsi, quand nous n'avons pas de traités ou de trêves avec eux [1]. »

Les barons français n'auraient pu, paraît-il, trouver une raison sérieuse à leur agression contre le royaume de Tunis, en dehors de leur penchant naturel pour la guerre, et de leur désir d'aider une nation amie. Rarement en rapport avec les Arabes, confondant à peu près tous les Musulmans dans une égale réprobation, ils dirent à l'interprète qu'ils faisaient la guerre aux gens de sa secte pour deux motifs : d'abord parce qu'ils avaient crucifié Jésus-Christ, et ensuite parce qu'ils ne croyaient ni au baptême ni à la sainte Vierge. « De cette réponse, ajoute Froissart, les Sarrasins ne
» firent que rire, disant qu'elle n'était ni raisonnable ni bien prouvée, attendu que
» c'étaient les Juifs et non pas eux qui avaient mis Jésus-Christ à mort [2]. »

1391-1397. — Renouvellement des traités de paix entre les Chrétiens et le roi de Tunis.

La cour de France éprouva un vif déplaisir de l'échec que venait de subir la fleur de sa chevalerie. Le duc de Bourbon, accusé d'impéritie, sentait toute la responsabilité qui pesait sur lui. Longtemps après il y pensait encore, et cherchait à organiser avec le maréchal Boucicaut, devenu gouverneur de Gênes, une nouvelle expédition contre les Sarrasins. « C'était, nous dit Froissart, autant pour satisfaire à son honneur et celui
» de son fils, que pour le bien de son âme et l'apaisement de sa conscience [3]. » Peut-être, dans les projets de voyages maritimes qui l'occupèrent jusqu'à la fin de sa vie [4], pensait-il, malgré l'âge qui s'avançait, à quelque expédition nouvelle, soit en Barbarie, soit en Andalousie, où le comte de Clermont, son fils, s'était déjà rendu pour combattre les Maures [5]. Le roi Charles VI lui-même eut un moment la pensée de s'armer et d'aller en Barbarie venger l'échec de son oncle. Si les affaires du schisme n'eussent fait une prompte diversion, le royaume, pour une cause moins sérieuse que celle qui n'avait pu décider une réelle alliance avec la république de Gênes l'année précédente, allait peut-être se voir entraîné dans une expédition formidable, où ses vrais intérêts n'étaient nullement engagés.

Les communes italiennes se hâtèrent d'ouvrir des négociations pour rétablir au

---

[1] Froissart, liv. IV, chap. XIX, fol. 83.
[2] Froissart, liv. IV, chap. XIX, fol. 83.
[3] Froissart, liv. IV, chap. XXIV, fol. 98.
[4] D'Orronville, *loc. cit.*, chap. XC, p. 199.
[5] Lettre du 12 février [1409], de Louis de Bourbon à François d'Aubrichecourt, seigneur de Rochefort, envoyé par le duc à Gênes. Archives de l'Empire. Chambre des comptes du Bourbonnais, P. 1378², pièce de la cote 3101 *bis*.

mieux possible leurs relations avec le royaume de Tunis. Aboul-Abbas, sans revenir sur les conditions particulières qui avaient déterminé les Génois à lever le siége d'El-Mehadia, consentit à cesser les hostilités contre eux. La guerre continua néanmoins avec les Pisans, et plus particulièrement avec les Siciliens, que les Arabes poursuivirent dans le golfe de Cabès et jusqu'en Sicile.

La république de Gênes se borna à demander en termes généraux le renouvellement du traité conclu dix ans auparavant par Frédéric Lecavelo, et s'occupa activement de la délivrance des prisonniers génois que les accidents de la guerre ou de la course avaient fait tomber aux mains des Arabes [1]. Le nombre, d'après un document du temps, semble n'avoir été que de deux cent soixante individus [2]. Mais peut-être y eut-il plusieurs rachats successifs. On la traita durement à cet égard. Elle se vit obligée de payer une somme d'argent pour chaque captif, homme, femme ou enfant [3], mesure contraire aux anciens traités, dans lesquels était stipulée la libre et immédiate remise des esclaves saisis par les corsaires, aussitôt que les puissances contractantes pouvaient avoir action de gré ou de force sur les capteurs. Elle dut relâcher sans indemnité et indistinctement tous les prisonniers sarrasins. Seulement, pour chaque Musulman libéré, on promit de lui abandonner sans rançon un Chrétien des terres de sa juridition, sujet ou protégé [4]. Le traité fut signé au palais du roi par Gentile de Grimaldi et Luchino de Bonavey, en son nom, et le directeur de la douane arabe, chargé des pouvoirs d'Aboul-Abbas, le 17 octobre 1391. Les conditions du rachat de ses prisonniers l'avaient occupé avec une louable sollicitude. Olivier de Martino, envoyé en ambassade à Tunis avant Grimaldi, était parti de cette ville le 8 juillet 1391 [5], après avoir préparé sans doute la négociation; il y serait retourné, et l'ambassadeur vénitien l'y aurait retrouvé encore l'année suivante [6], veillant peut-être aux derniers soins de la rapatriation et du règlement des comptes si le traité vénitien dont nous allons avoir à parler ne fut négocié en effet qu'en 1392.

Les Pisans paraissent avoir tardé à obtenir le renouvellement de la paix. Ils avaient envoyé, vers 1393, Nicolas Lanfreducci à Tunis pour représenter à Aboul-Abbas que la république n'était point entrée dans la ligue formée contre lui, bien que des armateurs pisans eussent séparément offert, comme ils disaient en avoir le droit, leurs navires à l'amiral Mainfroy de Clermont [7]. Néanmoins, c'est le 14 décembre 1397 [8] seulement qu'Abou-Farès, fils d'Aboul-Abbas, scella par un nouvel acte l'oubli du passé et la reprise de bonnes relations. Le traité rétablit toutes les franchises des Pisans et des Chrétiens naviguant sous pavillon pisan, telles qu'elles étaient consacrées dans les anciens accords : la juridiction des consuls, la liberté des fondouks et le

---

[1] *Documents de Gênes*, traité du 17 octobre 1391, p. 130.
[2] Lettre du consul de Venise Valaresso de 1392. *Documents*, p. 240; et ci-après, p. 245-246.
[3] Art. 2 et 3 du traité de 1391.
[4] Art. 4.
[5] Voyez art. 2 et 3 du traité génois de 1391. *Documents*, p. 131.
[6] Lettre de Valaresso, p. 238.
[7] Instructions de Jacques d'Appiano, capitaine de Pise et du conseil des anciens de la république, à Lanfreducci. Amari, *Diplomi Pisani*, p. 317-318.
[8] Voyez ce traité dans nos *Documents*, p. 70.

droit de 10 pour 100 sur les importations. De nouvelles et expresses prescriptions furent insérées dans l'acte contre les corsaires musulmans et chrétiens [1].

La république alla même dans cette voie plus loin qu'elle ne s'était jamais engagée, et que les rois de Tunis ne l'exigeaient. Par une disposition spéciale, et contraire à tous les précédents de ses relations avec les Arabes d'Afrique, disposition qu'elle ajouta au texte latin de son traité comme une sorte de menace vis-à-vis de ses propres agents, elle voulut rendre les consuls de la république responsables de tous dommages qu'un sujet pisan pourrait sciemment occasionner à un Sarrasin dans l'un des ports du roi de Tunis [2]. Il est possible qu'une plus rigoureuse surveillance des agents pisans eût pu empêcher les armateurs de leur nation de se joindre séparément à l'expédition des Génois et des Français contre Tunis. Le désir de prévenir des entreprises semblables, qui pouvaient avoir des conséquences extrêmement fâcheuses pour la nation entière, fit peut-être insérer dans la circonstance présente au traité de 1397 une clause aussi dure, d'une application aussi difficile, et qui ne se retrouve dans aucun autre traité magrebin, de la nation pisane elle-même, ni avant ni après cette époque [3].

1391 ou 1392. — Traité vénitien. Récit des négociations envoyé par l'ambassadeur au doge de Venise.

Venise, demeurée étrangère à la guerre, voulut néanmoins renouveler ses traités après la paix. Elle chargea de cette mission Jacques Valaresso, qu'elle envoya à Tunis en qualité d'ambassadeur et de consul. Le dernier accord connu de la république avec les rois hafsides remontait à l'année 1317. Ce traité, conclu pour quinze ans, pouvait être considéré comme périmé en 1332. Il est vraisemblable que des renouvellements successifs, soit par actes écrits, qui ne nous sont pas parvenus, soit par conventions verbales consenties entre les émirs et les consuls dûment autorisés, le maintinrent en vigueur bien au delà du terme primitivement fixé. Il en fut de même pour le traité arrêté à Tunis le 4 juillet 1391 ou 1392 par Valaresso [4], au nom du doge Antoine Venier, avec Aboul-Abbas, lequel reproduit exactement les dispositions de 1317. Bien que le nouveau pacte fût conclu pour une durée de dix ans seulement, il paraît avoir été considéré comme toujours subsistant, sans avoir reçu une nouvelle promulgation solennelle jusqu'en 1427. Valaresso ne voulut signer et jurer le traité qu'après avoir reçu gratuitement, au nom de la république, les captifs vénitiens, au nombre de trente-cinq, qu'on avait pu trouver à Tunis et à Bone, et que le roi avait rachetés de ses propres deniers.

Le lendemain 5 juillet, l'heureux négociateur rendit compte au doge de ce qu'il avait fait depuis son arrivée en Afrique. On lira avec intérêt quelques extraits de cette longue et curieuse dépêche, où se manifeste à un si haut degré l'estime qu'on avait à l'étranger et jusque chez les Musulmans de la sagesse et de la loyauté vénitiennes.

[1] Art. 26 et suiv.
[2] Art. 26 *ter*, p. 84.
[3] Voyez ci-après : *Observations sur la rédaction et la traduction des traités*, 2ᵉ partie, § 5.
[4] Nos *Documents*, p. 232. Voyez aux Additions et corrections, p. 232-236, une observation sur la date de ce traité.

Arrivé le 6 juin à la Goulette, Valaresso notifia sa venue par un interprète au directeur du port, qui se rendit aussitôt à bord de sa galère et reçut de lui une lettre pour le roi. Dès le lendemain un *baron* apporta à l'ambassadeur avec les compliments du prince une charte de sauf-conduit; il descendit immédiatement à terre, accompagné de Jacques de Civrano et d'une suite de dix personnes. Montés à cheval, les Vénitiens furent rendus en une heure à Tunis. Le roi les reçut sans délai; il demanda à Valaresso des nouvelles du doge Venier, reçut avec plaisir les cadeaux de la Seigneurie[1] : deux gerfauts de chasse, que l'émir apprécia particulièrement et dit estimer au moins deux mille doubles d'or, une pièce de velours cramoisi et deux pièces de drap; il s'entretint longtemps avec l'envoyé, et lui témoigna une estime particulière pour la nation vénitienne. Il demanda ensuite à voir les cadeaux destinés à son frère El-Moula-Zakaria[2], et le renvoya à ce prince pour tout ce qui concernait la conclusion du traité et la délivrance des prisonniers. Le frère du roi accueillit l'ambassadeur avec les mêmes égards que le sultan et le fit accompagner dans un beau verger, où était un superbe appartement qui lui était personnellement destiné. Valaresso y reçut dès ce jour et les jours suivants, de la part du roi et de son frère, des viandes, des confitures, des fruits et du vin[3].

La grande affaire de l'ambassadeur était la délivrance des prisonniers et la conclusion du traité de commerce. Mais rien en ces matières et dans les habitudes des cours musulmanes ne marchait bien vite si l'argent ne frayait les routes. L'entourage des princes se jetait sur les ambassadeurs comme sur une aubaine, chacun vantant son influence pour se faire donner des cadeaux, et ne se hâtant jamais de finir. Après le médecin du roi, à qui l'on dut remettre une bourse de cinquante doubles d'or, Valaresso reçut plusieurs fois la visite du secrétaire de Zakaria, qui lui dit que le règlement de toutes ses affaires dépendait uniquement de son maître, tout-puissant dans le gouvernement. Il le prévint en même temps officieusement que le prince ne consentirait pas à rendre gratuitement les captifs vénitiens, qui se trouvaient presque tous déjà à sa disposition. Valaresso se montra très-blessé de ces exigences : « Quelle » paix serait-ce donc, dit-il, s'il me fallait payer le rachat de mes prisonniers ! Jamais » la république de Venise ne se soumettra à une pareille condition. » Il fallut cependant accorder quelque chose. On prit un détour qui sauvegarda entièrement la dignité de la Seigneurie et la foi des traités. Valaresso promit un présent de deux cents doubles d'or pour le prince, et un cadeau de cinquante doubles au secrétaire[4]. Celui-ci ne fut pas content et dit que les Génois, en pareille circonstance, lui avaient précédemment donné jusqu'à cinq cents doubles. « Mais tu sais bien, répondit Valaresso, » que les Vénitiens n'ont fait aucun mal à ton maître, et que d'ailleurs ils ne demandent

---

[1] Valaresso remit en même temps au roi une lettre du doge. Nous avons la réponse de l'émir du 4 juillet, jour de la signature du traité. Nos *Documents*, p. 237.

[2] Ce fut un gerfaut vivant, un gerfaut empaillé, une pièce de velours et quatre pièces de drap.

[3] Cf. page 212.

[4] Valaresso, dans une seconde dépêche du même jour, rend compte de l'emploi de quatre cent vingt ducats dépensés à l'occasion du rachat des captifs. Voyez *Documents*, p. 243.

» pas deux cent soixante prisonniers. » On finit par s'accorder; le roi promit de racheter les captifs de ses deniers [1], et le jour de l'audience royale consacrée à l'ouverture des négociations régulières, attendu depuis si longtemps, fut enfin fixé.

« Le 16 juin, dit Valaresso, dont nous reproduirons maintenant les paroles mêmes, le seigneur roi m'envoya un de ses barons suivi d'une nombreuse escorte de cavaliers qui m'accompagnèrent à l'audience. Après la salutation, le roi me fit asseoir, et j'exposai l'objet de mon ambassade suivant la commission de Votre Seigneurie. Le roi me fit dire : « Je sais que les Vénitiens sont des gens loyaux. Ils disent toujours la
» vérité. Ce qu'ils promettent ils le tiennent. Ils ne nous ont jamais causé aucun tort.
» Aussi je veux qu'il soit fait avec eux un bon et ferme traité pour le présent et l'avenir.
» J'ordonnerai dans tous mes États à tous mes sujets de traiter les Vénitiens et les pro-
» tégés vénitiens comme de vrais et fidèles amis. En ce qui concerne les captifs, je suis
» disposé à les racheter tous de mes deniers et à te les remettre. Quant aux traités, tu
» désires que je les confirme. Donne-moi une copie de l'ancien traité (celui de 1317)
» que je désire examiner. Quand je l'aurai vu, je ferai ce que tu désires. » Comme j'avais fait faire par avance une copie de ce traité, continue l'envoyé, je répondis au roi : « Magnifique seigneur, j'ai devers moi cette copie; s'il vous convient, je puis vous
» la remettre. » Dès qu'il l'eut, il se la fit lire, et me dit : « L'heure est un peu
» avancée, tu peux te retirer. Je te ferai prévenir un autre jour. » J'ajoutai : « Sei-
» gneur, accordez-moi ce plaisir, que je voie demain matin mes captifs en liberté? » Le roi répondit : « Mon frère et tous ceux qui m'entourent m'ont dit que tu étais un
» homme de bien; va, je ferai des choses qui te seront agréables. »

» Je me retirai, et aussitôt que je fus rentré dans le verger où je demeurais, des serviteurs du roi et de son frère arrivèrent et me présentèrent tous les captifs, en me disant : « Faites-en ce que vous voudrez. » J'ordonnai de suite de leur ôter les fers et de remettre, suivant l'usage, dix-sept pièces d'or aux serviteurs des princes. Le 18, le roi m'envoya chercher et me dit : « Il y a plusieurs des articles de ton traité qui ne
» répondent pas exactement aux nôtres. As-tu là le texte arabe du traité? » Je répondis que non, sachant que le texte était à Venise.

» Le roi chargea quelques-uns de ses barons de s'entendre avec moi au sujet de ces différences, et ils me dirent que quatre articles sur les trente-cinq que j'avais remis n'étaient pas comme il fallait. Je répondis que je n'étais pas autorisé à les modifier. Après bien des pourparlers, ils me firent connaître ainsi les différences du quatrième article : « Tu dis dans cet article que sur le droit de 10 pour 100 concernant l'importation,
» nous devons faire remise aux Vénitiens de cinq *miliaresi* par cent besants. Le roi ne
» pourra jamais consentir à cette diminution, parce qu'il ne l'a concédée à aucune
» nation chrétienne. Les cinq *miliaresi* dont tu veux parler sont ce que l'on appelle le
» *mursuruf*[2]. On en a accordé autrefois la remise à votre ambassadeur, et le roi ne

---

[1] Le sultan se fit un plaisir d'annoncer la remise gratuite des prisonniers dans sa réponse au doge, que Valaresso envoya à Venise avec le texte du traité. *Documents*, p. 237.

[2] Le *mursuruf* était dû aux drogmans pour les ventes faites par leurs soins en dehors du bureau de l'enchère. Voyez ci-dessus, p. 199.

» reviendra pas sur cette faveur. Ensuite, dans le même article, tu dis que sur chaque
» chargement trois écheveaux par sac de lin, et trois sacs entiers doivent être exemptés
» des droits (de sortie); jamais le roi ne fera cette remise aux Chrétiens. En outre, à la
» fin du même article, tu dis que sur les marchandises qu'on tenterait de soustraire aux
» droits de douane, aucune taxe [autre que le droit ordinaire] ne devrait être perçue.
» Mais crois-tu que cela soit juste? On dit que les Vénitiens sont des gens loyaux, et tu
» voudrais que ceux qui font le mal reçussent le bien? Serait-ce équitable? Assuré-
» ment non. Il faut empêcher qu'on ait occasion de mal faire. Voyons, veux-tu que
» toute marchandise non déclarée soit confisquée, ou bien préfères-tu qu'elle soit
» frappée d'un double droit, comme pour tous les autres Chrétiens? » Nous restâmes
ainsi jusqu'au 21 à parler de ces choses.

» Le 21 juin, le roi m'envoya chercher de nouveau. Quand je fus en sa présence, il
dit aux trois barons qui s'étaient plus particulièrement occupés d'affaires avec moi, de
nous rendre au lieu habituel de nos conférences, et de n'en pas quitter que nous ne
fussions d'accord. Une fois assis, l'un d'eux dit à mon drogman : « Dis à l'ambassadeur
» que le seigneur roi a déclaré qu'aujourd'hui était un jour favorable, et qu'il veut que
» le traité soit rédigé. » En même temps il me remit par écrit ce que le roi accordait à
la république de Venise, et il reçut de nous notre rédaction. Se l'étant fait lire, il dit
que des trente-deux articles qu'elle contenait il y en avait trois pour lesquels il désirait
qu'on fît ce qu'il avait déclaré dans les précédentes réunions ; et il me les fit lire
successivement.

» Sur le vingt et unième article, relatif à ceux qui arment des corsaires, après bien
des pourparlers, un des barons se leva, alla trouver le roi, puis il revint et se montra
satisfait de la rédaction telle qu'elle est dans le traité définitif [1].

» Au sujet du seizième article, où il est dit que le seigneur roi ne pourra employer
à son service un navire vénitien qu'avec le consentement du patron du navire, les
commissaires déclarèrent qu'afin de prévenir toute difficulté à cet égard, ils désiraient
que l'on conservât l'ancienne coutume, en vertu de laquelle chaque navire vénitien
[à son arrivée à Tunis ou à son départ] paye deux doubles d'or et une *squarcina*, [bien
que cette obligation ne soit pas écrite dans les traités anciens]. J'en préviens Votre Seigneurie, parce que le roi tient à ce qu'on ne s'écarte pas de l'usage [2].

» Les différences du quatrième article nous occupèrent bien longtemps. Voyant ces
retards, et ne voulant pas compromettre de plus grands avantages, je consultai de
nouveau mes instructions, et nous nous mîmes enfin amicalement d'accord sur ces

---

[1] L'art. 21 renouvelle cette disposition ancienne et passée dans le droit commun du Magreb, à savoir : qu'au cas où un navire vénitien, armé en course ou non armé, causerait quelque dommage à un sujet du roi de Tunis, nul des marchands vénitiens résidant dans les États du Roi ne pourrait être inquiété pour ce fait dans sa personne ou dans ses biens; mais que la république de Venise serait obligée de poursuivre le corsaire, de vendre ses biens, et d'en envoyer le prix au trésor royal.

[2] Cette disposition, et le droit qui en était la conséquence, remplaçait dans les traités vénitiens la disposition en vertu de laquelle les autres nations chrétiennes consentaient généralement à ce que les rois d'Afrique pussent employer à leur service, pendant un certain temps, et en payant le nolis, un navire désigné par le cosnul, sur trois navires de la nation présents dans leurs ports.

bases-ci : On payera le droit sur les marchandises importées à raison de dix besants pour cent besants. Les gens de la douane et les peseurs cesseront d'exiger un rotl par poids (quintal?), un quart de *miliaresi* par jarre d'huile, une demi-jarre par cent jarres, une jarre entière par navire, et enfin huit *miliaresi* par cent besants de l'argent employé en achats. Toute marchandise cachée payera double droit. On abandonne les cinq *miliaresi* pour cent du droit qui s'appelle le *mursuruf.* Et comme il reste quelque incertitude au sujet de ce dernier droit, il est convenu qu'on fera venir de Venise le texte arabe de l'ancien traité, et qu'on le suivra littéralement.

» Toutes ces choses étant écrites, comme on allait procéder à la signature des témoins, j'exprimai le désir que cette formalité s'accomplît devant le roi lui-même, et on y consentit[1]. Nous nous rendîmes tous ensemble devant Sa Magnificence. Quand j'eus fait les salutations, je dis au roi combien j'étais satisfait des choses qui venaient d'être écrites, mais j'ajoutai respectueusement qu'on ne me demandât pas de les jurer avant que j'eusse reçu tous les captifs de Bone, afin de pouvoir les envoyer à Venise par la galère. Le roi me fit dire qu'il était certain que j'aurais à Tunis tous les captifs de Bone dans le courant du mois de juin ; qu'il approuvait ce que j'avais dit, mais qu'il ne pouvait faire autrement.

» Le lendemain j'allai remercier le frère du roi de tout ce qu'il avait dit au roi de Votre Seigneurie et de moi-même. Il serait trop long de vous rapporter notre conversation. Je prie instamment Votre Seigneurie d'exprimer au prince ses remercîments. Ce sera fort utile ici à nos commerçants. Deux jours après, le médecin du roi vint me voir et me faire ses politesses de la part du roi. Il m'adressa beaucoup de questions et finit par me dire : « Le roi voudrait savoir si tu as l'autorisation d'acheter quelques
» marchandises pour ta Seigneurie. » Je répondis : « Non ; mais si le seigneur roi veut
» vendre quelques marchandises et qu'il me les désigne, je te dirai quelles sont celles
» qui pourraient convenir à la Seigneurie. » Il me dit : « Le roi a de l'huile, du blé,
» des grains, des cuirs et des toisons. » Je répondis que la république ne faisait le commerce que de deux choses, du sel et du blé.

» Il me demanda ensuite si je pouvais faire venir ici un grand navire qui dût aller à Alexandrie, ajoutant qu'il y avait à Tunis beaucoup de Sarrasins qui payeraient de gros nolis pour le transport des marchandises qu'ils avaient en grandes quantités, telles que l'huile, les cuirs et les toisons. Je répondis : « Grâce à Dieu, la galère ira bientôt porter
» les nouvelles de la paix à Venise ; nos navires reviendront ici, et vous pourrez régler
» alors tout ce que vous voudrez pour le nombre et la grandeur des navires. » Quant au blé, aux grains et au sel, je lui dis de m'en remettre les prix et les échantillons pour vous les envoyer. Je préviens Votre Seigneurie que le blé vaut ici quatre doubles le

---

[1] La signature et la vraie conclusion n'eurent donc pas lieu ce jour-là, mais seulement le 4 juillet, comme on verra plus loin. Du côté des Chrétiens, les témoins furent : frère Placide, de l'ordre de Saint-Benoît, curé de l'église de Saint-François, à Tunis, et divers notables commerçants florentins, pisans, génois et vénitiens. François Polo, curé de Saint-Cassien (de Venise) et secrétaire de l'ambassadeur, dressa l'acte notarié du texte latin du traité, que le drogman de la douane avait traduit de l'arabe.

cafis, qui est une mesure de trois *staria* de Venise. Il y a deux espèces de sel, je ne puis trop vous en dire encore ni le prix ni la qualité. Le médecin ne m'a plus reparlé depuis de ces choses.

» Enfin, le 4 du présent mois de juillet, vos captifs de Bone sont arrivés. Je me suis rendu immédiatement chez le roi, qui les a fait mettre à ma disposition. Aussitôt j'ai prié le roi de vouloir bien s'occuper de la conclusion du traité, et de faire dresser les instruments de la paix, afin que je pusse les envoyer à Votre Seigneurie. Il dit à ses officiers de s'entendre de suite avec moi et de les faire écrire, ce qui fut exécuté. Il y a deux instruments de paix, l'un en arabe, l'autre en latin. Le traité est fait pour dix ans, comme il est dit dans les actes.

» J'envoie à Votre Seigneurie par la présente galère les trente-cinq captifs qui étaient à Bone ou à Tunis. Je vais m'efforcer de réunir ceux qui restent dans les autres parties de la Barbarie, comme le roi me l'a promis. Dès que je les aurai, je les enverrai à Votre Seigneurie, à qui je me recommande humblement.

» Jacques Valaresso[1], ambassadeur et consul à Tunis. »

1392-1409. — Négociations et trêves successives entre le royaume de Tunis, la Sicile et l'Aragon.

Les négociations de la Sicile, interrompues souvent par les luttes des partis à l'intérieur et les plus vives hostilités au dehors, se prolongèrent au delà du règne d'Aboul-Abbas. Mainfroy de Clermont ne put garder Gerba que bien peu d'années. En 1392 il ne résidait plus dans l'île, et les Gerbiotes, non contents d'être délivrés des Chrétiens, refusaient d'obéir au roi de Tunis, qui les avait défendus[2]. La flotte de Sicile n'avait pu secourir Mainfroy et suffisait à peine à protéger les côtes du royaume. En 1393 les Arabes, débarqués à Syracuse, enlevèrent un nombre considérable de captifs de tous rangs. Parmi les plus marquants se trouva l'évêque de la ville, qui resta trois ans leur prisonnier[3].

Martin d'Aragon, duc de Montblanc, dont le fils Martin le Jeune avait épousé la reine Marie, en précédant ses enfants dans l'île qu'il venait gouverner en leur nom, dut se borner à négocier avec le roi de Tunis. L'insubordination des barons ne lui permettait pas de réorganiser le service militaire, qui eût pu rendre la paix et la sécurité au royaume. De Catane, où la révolte des Palermitains l'avait obligé de chercher un refuge, il donna des instructions à Guillaume Talamanca et à Vito de Malcondignis, pour aller à Tunis ménager la délivrance des captifs en même temps que la cession des îles du golfe. Dom Martin invoquait comme des titres à la remise des îles, la récente occupation de Mainfroy et l'ancienne possession de la maison de Sicile, dont le souvenir était encore vivant parmi les Chrétiens et les Maures. Pour le cas où le roi de Tunis s'excuserait sur la révolte des Gerbiotes de son impossibilité à rendre l'île, les envoyés devaient lui demander au moins l'admission d'une garnison chrétienne dans la forteresse du Cachetil, si elle se trouvait encore en son pouvoir. Les ambassadeurs

---

[1] L'ambassadeur signe *Vallareso*, mais la forme *Valaresso* a prévalu depuis à Venise.
[2] Ibn-Khaldoun, t. III, p. 122.
[3] Rinaldi, 1393, § 3.

devaient enfin engager Aboul-Abbas à consentir à un traité de paix général avec les princes de Sicile et d'Aragon, dont le duc Martin s'offrait d'être le médiateur, en réglant convenablement la question du tribut que le royaume de Tunis devait toujours payer à la maison de Barcelone[1].

L'ambassade n'eut pas de résultat; peut-être même, bien qu'on l'eût préparée avec beaucoup de soin, ne s'achemina-t-elle pas vers sa destination[2]. L'année suivante, Martin désirant avant tout reconquérir les îles du golfe de Cabès, afin d'affermir son autorité sur les factions, en donnant une satisfaction à l'amour-propre national, chargeait Guillaume Talamanca et Vito de Malcondignis, autorisés par avance à prendre possession du gouvernement de Gerba, au nom de la couronne de Sicile, de se rendre en Afrique et d'user de tous les moyens pour obtenir la cession désirée, soit du sultan de Tunis, souverain nominal du territoire, soit de l'émir de Tripoli, actuellement maître ou protecteur des îles. En exécution des promesses qu'un émissaire juif lui avait clandestinement transmises, l'émir de Tripoli, à la condition de restituer l'île aux Siciliens, aurait reçu immédiatement une assistance efficace contre le roi de Tunis, qui l'assiégeait[3]. Si les envoyés échouaient à Tripoli, ils devaient se rendre à Tunis et y présenter les réclamations libellées dès l'année précédente, en s'occupant du rachat des captifs[4]. Les événements servirent assez bien pour quelque temps cette politique ambiguë.

Les Gerbiotes, espérant toujours trouver leur indépendance au milieu des luttes des princes qui se disputaient leur suzeraineté, arborèrent les drapeaux de Sicile pour échapper au roi de Tunis, pendant que ses troupes étaient occupées au siège de Tripoli, et reçurent une garnison sicilienne. On sait, de source certaine, qu'au printemps de l'année 1393, Hugues de Santa-Paz et Guillaume Talamanca avaient pris possession de Gerba[5]; dom Martin se flattait même alors que Tripoli ne tarderait pas à proclamer la souveraineté du roi de Sicile[6]. Mais cette espérance et la nouvelle prise de possession de Gerba paraissent avoir été de courte durée. En 1398, l'île n'appartenait plus aux Siciliens, et le golfe de Cabès comme Tripoli étaient rentrés sous la dépendance au moins nominale du roi de Tunis[7].

La Sicile et l'Afrique se trouvaient néanmoins en paix. Une trêve existait même entre les deux États, et la navigation marchande avait repris son cours entre leurs sujets. Martin le Jeune occupait alors le trône de Sicile, pendant que le roi Martin son père régnait à Barcelone, où l'avait appelé, en 1395, la mort de son frère Jean Ier. Le roi de Sicile promettait à Abou-Farès, fils et successeur d'Aboul-Abbas, de seconder son désir pour arriver à la conclusion d'un traité de paix avec l'Aragon[8]. Les corres-

---

[1] Instructions de dom Martin le Vieux. Catane, le 25 février 1392. Nos *Documents*, p. 161.
[2] Rosario Gregorio, t. III, p. 320.
[3] Nos *Documents*, p. 163-164. Lettres et instructions des 22 et 24 avril 1393.
[4] *Loc. cit.*
[5] Nos *Documents*, p. 165. Lettre de Martin le Vieux, du 13 mai 1393.
[6] Nos *Documents*, p. 166. Lettre du 16 mai 1393.
[7] Rosario Gregorio, t. III, p. 322.
[8] Nos *Documents*, p. 166. Lettre du roi Martin au sultan Abou-Farès, du 3 mars 1398.

pondances et les négociations avancèrent très-lentement. Les républiques marchandes conduisaient leurs affaires avec plus de suite et de diligence. En 1409, la situation était à peu près la même qu'en 1398, sans qu'on fût parvenu à un traité définitif. Les répugnances ou les lenteurs semblaient venir alors de l'Aragon. Le roi de Sicile, Martin le Jeune, avait chargé deux honorables marchands juifs de Trapani de se rendre à Tunis pour préparer les bases d'un accord général avec le sultan Abou-Farès, en rappelant à ses mandataires que la convention ne pouvait recevoir sa dernière sanction qu'avec le concours et l'adhésion du roi d'Aragon son père. En attendant, disait le roi, rien ne s'opposait à la publication d'une trêve illimitée entre la Sicile et l'Afrique, avec la clause que lorsqu'une des deux parties jugerait à propos de dénoncer l'armistice, deux mois de répit seraient donnés aux sujets des deux pays, pour terminer librement leurs affaires et opérer facilement leur retraite. Comme condition préliminaire, Martin exigeait, par une juste réciprocité de l'obligation imposée aux Chrétiens de racheter leurs prisonniers à prix d'argent, qu'une somme de trente mille doubles d'or fût payée pour la rançon des Musulmans sujets des rois de Tunis, capturés par les navires siciliens ou aragonais, et qui se trouvaient actuellement en Sicile [1].

Rien de définitif ne paraît être résulté de ces nouvelles négociations, ni pour l'Aragon ni pour la Sicile, réunis alors sous le même sceptre, avec une administration distincte. Les relations des sujets des deux royaumes étaient protégées par de simples trêves prorogées ou renouvelées de temps à autre au milieu d'hostilités presque continuelles. On ne voit pas que les rapports réciproques des princes de la maison d'Aragon et des rois de Tunis aient été réglés dans leur ensemble politique et commercial avant le règne d'Alphonse le Magnanime, qui reçut de son père Ferdinand, en 1416, la triple couronne des rois de Naples, de Sicile et d'Aragon.

1350. — Du commerce florentin en Afrique au XIVe siècle.

Les Siciliens et les Sardes, comme les Vénitiens, sans négliger le Maroc, étaient, ainsi que les Génois et les Pisans, en rapports plus suivis d'affaires et d'intérêts avec Tunis et la Mauritanie orientale. Les Florentins s'y trouvaient avec eux, développant toujours leur commerce, mais encore les clients obligés de la marine et de la république de Pise.

Alors même que les Florentins auraient conservé à Tunis l'avantage des entrepôts séparés et des garanties personnelles accordées à leur nation au treizième siècle, dont parle Villani [2], et que ne rappelle pas Balducci Pegolotti, ils ne pouvaient avoir ni le rang ni le traitement de nation maritime. Privés de rivages et de ports, ils étaient obligés de traiter avec les villes de l'Adriatique et de la Méditerranée pour aller exploiter au loin les branches diverses du commerce et de la banque, que leur industrieuse nature savait faire fructifier partout.

Ils avaient des arrangements particuliers avec les Pisans pour le dépôt des laines et des draps à Pise et à Porto-Pisano, à la faveur desquels ils pouvaient facilement se

[1] Nos *Documents*, p. 167. Instructions du roi Martin, du 10 mai 1409.
[2] Voyez ci-dessus, p. 131.

rendre partout où les Pisans étaient établis en Afrique. Ils y étaient cependant considérés comme une nation d'une condition différente et moins favorisée. La douane arabe exigeait de leurs marchands diverses prestations supplémentaires plus ou moins arbitraires, qui élevaient l'ensemble des droits prélevés sur leurs importations à 11 1/2 pour 100, tandis que le taux à peu près uniforme du tarif pour les autres Chrétiens était de 10 pour 100[1].

Les plus grandes maisons de Florence acceptaient cette situation secondaire et ne se laissaient pas éloigner par ce qu'elle pouvait avoir d'assujettissant des avantages certains qu'elle offrait. Le commerce d'ailleurs ne dérogeait pas en Italie, et plus d'une famille, dans un rang moins élevé que les Médicis, les Cornaro et les Doria, a été conduite par le négoce à la fortune et à l'illustration. Les Acciaiuoli, banquiers florentins qui possédaient, en 1340, des comptoirs dans la plupart des villes commerçantes de la Méditerranée, notamment à Tunis[2], ont été longtemps propriétaires du duché d'Athènes et de la seigneurie de Corinthe.

S'ils se trouvaient encore politiquement subordonnés en quelques pays d'Orient et d'Afrique à la protection pisane, les Florentins éclipsaient depuis longtemps leurs voisins en Europe par les armes, les arts et l'industrie. Depuis plus d'un siècle, les fabriques de Florence avaient dépassé tout ce que Pise pouvait produire, et la fortune de ses citoyens lui permettait d'enlever aux Pisans leurs propres armées, en renchérissant sur les prix d'enrôlement de leurs condottieri.

1356-1407. — Florence cherche à s'établir dans la Méditerranée et aspire à être une puissance maritime.

Une nation exubérante de richesses qu'alimentait surtout le commerce extérieur, devait aspirer à forcer les barrières qui la séparaient d'une mer aussi familière à ses marchands qu'aux marins dont elle était obligée d'emprunter les vaisseaux. Éloignée de l'Adriatique par une chaîne de montagnes, elle tendait sans cesse vers la Méditerranée, sur les bords de laquelle elle pouvait seulement trouver l'extension nécessaire à sa puissance. Pise voyant le danger et ne sachant comment y remédier, voulut revenir sur les facilités qu'elle avait accordées aux Florentins et hâta les événements qui achevèrent sa perte. Pour éviter les gabelles pisanes, les Florentins traitèrent avec la république de Sienne en 1356. Ils firent du petit port aujourd'hui abandonné de Talamone, au sud de Piombino, entre l'Ombrone et l'Albenga, le nouvel entrepôt de leurs marchandises; et louèrent des vaisseaux à Gênes, en Provence et en Aragon, pour les transporter eux-mêmes à l'étranger[3].

Atteints ainsi dans la source de leurs revenus, les Pisans recoururent à la guerre, qui leur fut désastreuse. Battus sur terre et sur mer, obligés de rendre les anciennes franchises et de payer une indemnité de guerre (1364), ils s'adressèrent aux Visconti, qui firent nommer Jacques d'Appiano, seigneur de Piombino, capitaine héréditaire de la

---

[1] Pegolotti, *Della mercatura*, p. 123, et ci-dessus, p. 106 et 194.

[2] État des comptoirs et des correspondants des Acciaiuoli en 1340, d'après un manuscrit des Archives Ricasoli. Buchon, *Rech. sur la principauté de Morée*, t. I_{er}, p. 47.

[3] Scipione Ammirato, *Stor.*, lib. II, p. 578-580; Pagnini, *Della decima di Firenze*, t. II, p. 26.

république de Pise à la place de Pierre Gambacorte, chef du parti populaire. A la mort de Jacques d'Appiano, son fils Gérard, qui n'avait ni les talents ni l'ambition de son père, vendit la seigneurie de Pise, dont il n'attendait que des ennuis [1], à Jean Galéas Visconti, nommé récemment par l'Empereur duc de Milan, en se contentant de sa principauté héréditaire de Piombino et de l'île d'Elbe [2].

Mais les Pisans considérèrent le traité comme offensant pour leur honneur et refusèrent de s'y soumettre. Ils résistèrent aux Visconti et forcèrent Gabriel-Marie, fils légitimé de Jean Galéas, devenu seigneur de Pise dans le partage de l'hérédité paternelle, à invoquer la protection de Boucicaut, gouverneur de Gênes pour le roi de France. Ceci dut avoir lieu vers la fin de l'année 1403, au mois de novembre ou de décembre [3]. Pour tout concilier, Boucicaut aurait voulu amener les Pisans, du consentement de Gabriel-Marie, qui avait déjà fait hommage au roi Charles VI pour la citadelle de Pise [4], à demander le protectorat du roi de France, et il put l'espérer un moment, tant étaient grandes chez les Pisans, surtout chez le bas peuple, la crainte et l'horreur de la domination florentine [5]. Mais quand il voulut occuper réellement la forteresse de Pise, où il avait déjà fait entrer quelques-uns de ses officiers, la population entière se souleva (23 juillet 1405), repoussa le navire qui arrivait chargé de troupes, attaqua la citadelle, et finit par s'en emparer le 6 septembre 1405, malgré la résistance des détachements lombards, génois et français qui s'y trouvaient réunis [6]. Boucicaut, sans se laisser rebuter par les difficultés, conçut alors un projet très-favorable aux intérêts de Gênes et que son active piété aurait voulu faire servir en même temps à la pacification de l'Église. Sur son conseil, Gabriel-Marie, seigneur de Pise, vendit la seigneurie à la république de Florence, à la condition, qui fut acceptée, d'effectuer tout le commerce pisan par bâtiments génois, et d'abandonner le parti d'Innocent VII, que la France et Gênes considéraient comme antipape [7]. Les Pisans dédaignèrent ce nouveau traité. Boucicaut ne prétendit point le leur imposer par la force; mais la république de Florence se crut autorisée à le maintenir, et entreprit résolûment le siège

[1] 19 février 1399. Roncioni, *Istorie Pisane*, p. 968; *Archiv. storico ital.*, t. VI, 2ᵉ partie. Doc., n° 160.

[2] Le 22 février 1399, le duc de Milan, *comte de Pavie et de Vertus*, ordonne aux syndics de Milan de fêter par des processions publiques l'acquisition de Pise. Osio, *Documenti diplomat. milanesi*. Milan, 1864, t. Iᵉʳ, p. 346. — Jean Galéas ne cessa donc pas de prendre le titre de comte de Vertus en recevant de l'Empereur, en 1395, le titre de duc de Milan, comme le dit *l'Art de vérifier les dates*.

[3] Roncioni, *Ist. Pisan.*, p. 970.

[4] *Livre des faicts*, du maréchal Boucicaut, 3ᵉ partie, chap. IX, édit. Michaud, p. 299.

[5] Boucicaut, chap. VI, p. 296.

[6] Roncioni, p. 971; Boucicaut, p. 297.

[7] Cf. Boucicaut, *le Livre des faicts*, 3ᵉ partie, chap. XI, p. 300. Il y avait eu déjà un acte de vente de la ville et seigneurie de Pise, par Gabriel Marie, à la république de Florence, Porto-Pisano et Livourne exceptés. La pièce est datée de Livourne, le 25 août 1405. Osio, *Monum. diplom. milanesi*, t. Iᵉʳ, p. 393. — Le 31 août 1405, Gabriel Marie donna Livourne et Porto-Pisano au maréchal Boucicaut (l'acte est imprimé dans le *Liber jurium reipubl. Genuensis*, t. II, col. 1395), qui transmit la possession, le 2 août 1407, à la république de Gênes, pour tout le temps qu'elle serait sous la protection du roi de France. (*Liber jurium*, t. II, col. 1352.)

de la ville de Pise, jugeant le moment venu de s'en emparer. Les Pisans essayèrent de conjurer le danger. Ils appelèrent à leur aide le roi Ladislas, qui ne put quitter Naples; ils offrirent alors le protectorat de la république aux ducs de Bourgogne et d'Orléans, et les princes firent expédier aussitôt l'ordre à Boucicaut d'arrêter l'attaque des Florentins. Mais le maréchal ayant refusé de se charger d'une pareille mission, si contraire à ses premiers engagements avec les Florentins [1], le siége continua, et après deux années d'une résistance des plus honorables, Jean Gambacorte signa, le 9 octobre 1407, la reddition de la ville et la fin de la république de Pise.

Florence usa avec la plus grande modération de la victoire : elle permit aux Pisans de conserver tout ce qui leur conviendrait de leurs statuts, elle adopta même provisoirement pour son commerce maritime le pavillon pisan, le champ écarlate à la croix blanche, depuis si longtemps connu sur la Méditerranée [2]. Elle trouvait un avantage immédiat à une concession qui adoucit pour les Pisans l'amertume de la déchéance. Elle ne chercha pas même à se substituer nominalement à son ancienne rivale. Les traités subsistants lui suffisaient pour entretenir et protéger au dehors les intérêts de ses sujets anciens et nouveaux, entre lesquels elle ne fit pas de distinction.

1414. — Commerce de Piombino et de l'île d'Elbe.

La famille d'Appiano, cédant vraisemblablement à quelque instigation étrangère, semble avoir voulu profiter de ces temps de lenteur pour s'approprier les priviléges de la république de Pise, dont l'île d'Elbe aurait surtout profité. Quoique Jacques II, fils de Gérard, se trouvât placé depuis 1405 [3] sous la protection de Florence, ses traditions héréditaires le portaient plutôt à rechercher l'amitié des ducs de Milan. Depuis quinze ans, son père et son grand-père s'étaient succédé par l'appui des Visconti à la tête du gouvernement de Pise; le dernier traité de la république avec Tunis avait été conclu sous l'administration de son aïeul, qui y porte le titre de « capitaine de la garde de la » ville et comté de Pise, défenseur du peuple de Pise ». Les dispositions de ce traité permettaient d'associer les habitants de Piombino et de ses îles aux franchises pisanes, ce qui fut expressément stipulé dans les traités suivants; il eût suffi d'omettre dans un nouvel acte le nom de la ville de Pise, en conservant seulement celui de Jacques d'Appiano, pour convertir en une vraie souveraineté, que les Arabes auraient admise sans difficulté, l'autorité du capitaine de Pise. Mais la république de Florence n'aurait jamais permis qu'une telle succession passât en d'autres mains que les siennes; et l'on ignorerait la pensée irréalisable qu'eurent peut-être les patrons du jeune seigneur de Piombino, si un projet de renouvellement du traité pisan de 1397, sous la date de 1414, et au nom seul de Jacques d'Appiano, ne se trouvait dans les portefeuilles des Archives de Florence [4].

---

[1] *Le Livre des faicts*, 3ᵉ partie, chap. xi, p. 301, 302.

[2] Pigna, dans Roncioni, *Istorie Pisane*, p. 968, 973.

[3] Décision du 30 mai 1405. Amari, *Diplomi*, p. 428.

[4] Ce projet est rédigé en arabe. Nous en donnons la traduction faite par M. Amari dans nos *Documents*, p. 361.

1421. — Florence, devenue puissance maritime par l'acquisition de Livourne et de Porto-Pisano, se substitue aux Pisans.

Ni ces tentatives, peut-être moins effectives que le document toscan ne l'indique, ni l'appât de nouvelles possessions, ne précipitèrent les résolutions de la seigneurie de Florence. La conquête de Pise et l'adjonction de la république entière à leurs domaines étaient sans doute pour les Florentins d'un grand effet politique, mais non d'une réelle importance géographique et commerciale. Territorialement ils y gagnaient enfin le libre accès de la mer; ils n'y trouvaient ni un littoral ni un port suffisants. La république de Pise avait perdu la Corse et la Sardaigne depuis plus d'un siècle, Livourne et Porto-Pisano depuis vingt ans. Des cent lieues de côtes où elle pouvait librement établir ses chantiers et recruter ses matelots au douzième siècle, de Porto-Venere à Civita-Vecchia, elle ne possédait plus que les terres plates et inutiles de l'embouchure de l'Arno; il fallait aux Florentins, associés désormais aux Pisans, des ressources plus considérables pour créer tout un nouvel état maritime. Après avoir tenté de s'établir dans le golfe de la Spezzia, par l'acquisition de Porto-Venere qu'ils ne purent conserver, ils fixèrent leurs vues sur Livourne, prévoyant le dessein réalisé depuis par les Médicis, qu'en ce lieu, soit dans les anciens bassins de Porto-Pisano, soit dans les bassins actuels [1], pouvait être facilement créé un des ports les plus vastes et les plus sûrs de la Méditerranée. Ils déterminèrent la république de Gênes obérée à leur céder cet emplacement magnifique qu'elle avait reçu en 1407 de Gabriel-Marie et de Boucicaut [2], sans pouvoir l'utiliser, et en prirent possession le 30 juin 1421.

De cette acquisition seulement datent le rôle et la politique maritime de la république de Florence. Mais dès ce moment elle veut avoir comme Gênes et Venise son propre commerce d'exportation et d'importation; elle réorganise alors toutes ses institutions commerciales [3], elle fait construire des navires [4], en même temps qu'elle développe son industrie des draps et des étoffes de soie; elle envoie ses consuls et ses ambassadeurs au loin, elle négocie avec les États chrétiens et musulmans de la Méditerranée et du nord de l'Europe; elle revendique partout les possessions, le traitement et les droits de la république de Pise, dont elle n'avait été jusque-là que l'héritière nominale [5].

---

[1] On sait que Porto-Pisano, le grand port de la république de Pise, était situé, non à l'embouchure de l'Arno, mais bien plus au sud et immédiatement au nord des bassins et de la ville actuelle de Livourne. Nous avons rappelé ces faits (voy. ci-dessus, pag. 36, et *Biblioth. de l'École des Chartes*, 2ᵉ série, t. IV, p. 246), sur lesquels on peut consulter les dissertations et les plans de Santelli, *Stato antico e moderno di Livorno*, t. III, p. 288. Au tome II est la *Planimetria di Porto Pisano, Livorno e de loro territorii*. Florence, 1772.

[2] Voyez ci-dessus, p. 253, note 7.

[3] Pagnini, t. II, cap. III. *Degli ordini stabiliti a favore della mercantia dopo l'acquisto di Livorno*, p. 39.

[4] Pagnini, t. II, p. 35.

[5] Pagnini, t. II, p. 39, 187, etc.; Uzzano, dans Pagnini, t. IV, p. 70.

1421-1423. — Son premier traité avec le roi de Tunis, conclu par Barthélemy Galea, ratifié par les soins de Neri Fioravanti.

L'année même où elle acquérait Livourne, Florence traitait avec le sultan d'Égypte et l'empereur de Constantinople, et elle chargeait un ambassadeur de demander à Tunis le renouvellement en son nom des anciens priviléges pisans. Le traité obtenu à cet effet du roi Abou-Farès par Barthélemy Galea, ou de Galea, fut d'abord rédigé en arabe le 5 octobre 1421. Une circonstance inconnue, peut-être la mort de l'envoyé, en tint inaccomplie pendant deux ans la conclusion définitive. Un nouvel agent, Neri Fioravanti, dut se rendre en Afrique. Il termina les arrangements à la satisfaction commune, et rapporta à Florence, au mois de décembre 1423, les articles de la convention, rédigés, suivant l'usage, en un double instrument arabe et chrétien [1].

Le traité rétablissait et améliorait sur quelques points les anciennes conditions du commerce pisan, en les assurant expressément aux Florentins, aux Pisans et aux habitants de la seigneurie de Piombino et de ses îles, qui s'étaient soustraits sur ces entrefaites à la suzeraineté lombarde, et remis en bonnes relations avec la république de Florence.

Les stipulations relatives à la sûreté des marchands, à la protection des naufragés, à la vente des navires, aux droits et aux obligations des courtiers interprètes, aux ventes à l'enchère sous la garantie des agents de la douane, furent rappelées et confirmées. Le droit d'importation de 10 pour 100 sur les marchandises, réduit à 5 pour 100 sur les métaux précieux et les bijoux [2], fut maintenu, avec faculté de porter les marchandises dans toutes les villes du pays, de ne payer les droits d'entrée que six mois après la vente des marchandises, et de réexpédier en franchise les marchandises non vendues. Les fondouks pisans devinrent la propriété commune des deux pays; les consuls furent à la nomination de la république de Florence, et conservèrent la faculté de voir personnellement le roi au moins deux fois par mois pour l'entretenir des intérêts de leurs nationaux. Le traité, prévoyant le cas où l'un des sujets des seigneuries de Florence ou de Piombino se trouverait débiteur d'un Arabe, oblige le consul ou le directeur de la douane à faire acquitter la dette [3]; mais il ne rend pas l'agent chrétien passible de dommages dans le cas où un sujet arabe serait lésé par un sujet ou protégé florentin, comme le traité pisan de 1397, par une dérogation assez inexplicable aux anciennes franchises, en formulait l'obligation dans le texte chrétien [4].

Les articles qui avaient assuré longtemps aux armateurs pisans les profits considérables du fret et de la commission furent renouvelés, et il fut dit que les sujets ou protégés de la république jouiraient des avantages du présent traité, alors même qu'ils viendraient en Afrique avec leurs marchandises sur un navire étranger.

Des prescriptions spéciales concernent les corsaires [5]. Diversement exprimées dans

[1] Nos *Documents*, p. 344.
[2] Art. 6, 7, 8, p. 347.
[3] Art. 5.
[4] Voyez ci-dessus, p. 244.
[5] Art. 26.

la rédaction arabe et la rédaction chrétienne, elles ont pour but commun de réprimer les actes de piraterie auxquels les navires marchands et amis ne craignaient pas souvent de prendre part, en interdisant la vente des prises, et s'obligeant réciproquement à saisir les biens et les personnes des corsaires. Dans le cas où le sultan dirigerait un armement maritime contre les pirates, la république s'engage à participer à l'expédition, en mettant quelques galères de guerre à la disposition de l'amiral arabe. Les traités génois renferment la même clause de coopération armée pour les mêmes circonstances [1].

1445. — Nouveau traité florentin conclu par Baldinaccio degli Erri. Modifications des tarifs de douane à l'égard des sujets de la république de Florence.

La reconnaissance de la nouvelle république, comme représentant les deux États réunis de Florence et de Pise, ne dut pas rencontrer de sérieuse difficulté en Afrique. Pour les Arabes rien n'avait changé; ils étaient habitués à voir les Pisans et les Florentins naviguer et commercer ensemble, quoique soumis à des tarifs différents; le pavillon pisan flottait toujours sur les navires toscans [2]. Les deux nations ne formaient à leurs yeux qu'un seul peuple, et le rédacteur arabe du dernier traité, conservant les habitudes du pays, continuait à le désigner sous son ancien nom de Pisan. L'instrument chrétien au contraire, conformément au changement politique qui était survenu, substitue partout au nom de *Pisans* le nom de *Florentins*, que le droit de conquête avait étendu jusqu'à la Méditerranée.

Il est très-possible que la persistance de l'ancienne dénomination ait amené quelques difficultés dans les rapports des marchands florentins avec les douanes arabes. La république de Florence, qui avait accepté le tarif exceptionnel de 11 1/2 pour 100 sur ses importations, tant qu'elle s'était trouvée dans l'obligation d'emprunter à Pise ses moyens de transport, voulut vraisemblablement faire bénéficier tous ses sujets du taux inférieur de 10 pour 100 accordé au commerce européen en général, et conservé particulièrement aux Pisans dans le dernier traité de 1421-1423. On ne sait quel arrangement put intervenir à cet égard, mais il y eut évidemment transaction, et peut-être un nouveau traité entre les deux États, à une époque peu éloignée de la mission de Fioravanti. L'application d'un nouveau tarif sur les importations est simplement constatée, sans mention des circonstances qui le firent établir, dans le nouvel accord conclu en 1445 par Baldinaccio degli Erri, envoyé en ambassade à Tunis, « au nom » de la république des Florentins et des Pisans. »

Ce traité, dont le texte arabe, seul connu, réunit toujours ainsi les noms des deux nations, élève le droit qu'elles avaient à payer pour l'avenir sur leurs importations au taux de 10 1/2 pour 100, qui paraît être devenu vers ce temps le taux habituel de la douane arabe sur les importations chrétiennes, à l'exception des métaux précieux, exemptés toujours de la moitié du droit [3]. Les exportations durent acquitter le tarif ordinaire

---

[1] Voyez ci-après : *Observations sur la rédaction et la traduction des traités*, 2e partie, § 5.
[2] Voyez ci-dessus, page 254.
[3] Traité de 1445, art. 10 et 11, p. 357. Le traité renferme encore une autre aggravation du tarif,

hh

de 5 pour 100 comme celles des Génois[1]. Le traité rappelle d'ailleurs les dispositions anciennes, relativement aux consuls, aux marchands, aux comptes de la douane, au fondouk des Pisans à Tunis, nommé l'*Akaba*, dont l'agrandissement, les réparations et l'entretien restaient à la charge du gouvernement royal[2].

Le traité ne renferme pas les stipulations directes de 1421 en faveur de Piombino et de l'île d'Elbe. Mais les sujets de la principauté pouvaient d'autant mieux profiter alors des avantages du pavillon pisan ou florentin, que la république se trouvait dans les meilleures relations avec eux. Elle les avait associés à sa politique en faveur de René d'Anjou, et elle défendait leur pays contre Alphonse d'Aragon, qui, déjà maître de Naples en 1442, cherchait à s'avancer sur les côtes de la Toscane[3].

1438-1465. — Élévation du tarif de la douane de Tunis pour les nations chrétiennes.

Le traité de 1445, en stipulant que les importations toscanes seraient à l'avenir soumises au droit de 10 1/2 pour 100, ajoute que telle était la pratique du royaume de Tunis à l'égard des nations alliées, *secondo la costumanza di confederati*. Il semblerait d'après cette déclaration que les Vénitiens comme les Génois, les Provençaux comme les Aragonais, devaient payer 10 1/2 sur leurs importations dans les royaumes de Tunis et de Bougie. Cependant l'obligation du nouveau tarif tunisien ne paraît pas avoir été absolument générale et sans admettre exceptions.

Les Vénitiens, quelque honorée que fût leur position en Afrique, semblent l'avoir accepté définitivement. Après les inutiles tentatives de Valaresso, en 1392, pour obtenir la réduction du 10 pour 100[4], ils se contentèrent dans le traité de 1438 de l'abolition absolue du droit de *mursuruf* ou de drogmanat à la douane, et ne réclamèrent pas contre l'élévation du tarif[5] sur les importations à 10 1/2.

Le traité génois de 1433 avait maintenu le 10 pour 100 sur les importations, plus le *mursuruf* pour les ventes faites par les drogmans de la douane en dehors des enchères, en supprimant un certain droit dit de *tavale*[6]. Mais le traité de 1445, de la même date que le traité toscan de Baldinaccio degli Erri, et postérieur au traité vénitien, dans lequel le nouveau tarif de 10 1/2 est accepté, ne le stipule pas; au contraire, on y déclare abolis formellement pour les importations et les ventes génoises le *mursuruf* et tous droits autres que le 10 pour 100, *nisi solum decem pro centenario*[7]. Il est possible

qui dut avoir rarement d'ailleurs son application. L'art. 6 dispose que tout sujet de la république de Florence qui vendrait un navire à un sujet chrétien dans les ports du royaume de Tunis, payerait à la douane le cinquième du prix de la vente qu'il aurait touché, *il quinto del prezzo* (nos *Documents*, p. 356; édit. Amari, p. 172), c'est-à-dire 20 pour 100, ce qui est excessif. L'art. 22 exonère cependant de tous droits l'achat d'un navire par un Florentin à un Chrétien allié du sultan, et exige seulement le droit de 10 pour 100 dans le cas d'achat à un étranger non allié.

[1] Art. 28.
[2] Art. 13.
[3] *Mémoires de Neri Gino Capponi*, ap. Muratori, *Script. ital.*, t. XVIII, col. 1207.
[4] Voyez ci-dessus, p. 244.
[5] Traité vénitien de 1438, art. 4.
[6] Traité génois de 1433, art. 45, p. 141. Voy. ci-dessus, p. 204.
[7] 1445, art. 3, p. 144.

que le gouvernement de Tunis obligea plus tard la république de Gênes à payer 10 1/2 pour 100 comme les autres nations. Les traités n'en disent rien cependant. Mais il n'est pas non plus impossible que l'obligation acceptée par elle pour ses négociants, en 1465 [1], de payer les droits d'importation en nature dès l'entrée des marchandises à la douane, sans profiter des délais ordinaires laissés au payement effectif, délais qui se prolongeaient ordinairement de plusieurs mois au delà du moment de la vente des marchandises, ait paru au roi de Tunis un avantage suffisant pour compenser le maintien, par exception, en faveur des Génois, du tarif de 10 pour 100.

Nous n'avons pas de renseignements précis sur le tarif des douanes dans l'ouest du Magreb à cette époque. On sait seulement que jusqu'en 1508 les Vénitiens payèrent 10 pour 100 à Oran sur leurs importations [2], et nous pouvons conjecturer que le tarif était le même dans tous les ports des royaumes de Tlemcen et du Maroc.

1433-1443. — Difficultés inévitables du commerce.

En montrant par les témoignages les plus certains qu'il y eut au moyen âge, entre les Maures d'Afrique et les Chrétiens, des relations plus fréquentes et plus confiantes qu'on ne le pense généralement, il faut prendre garde d'exagérer les faits ou de donner aux stipulations des traités une portée qu'ils ne peuvent comporter. Les garanties promises dans les pactes et les priviléges commerciaux, et la bonne foi des négociations, ne prouvent pas, non plus que le silence des chroniques, que ces relations n'étaient jamais troublées par la fraude des particuliers ou le mauvais vouloir des gouvernements. A chaque siècle nous avons eu à signaler des faits particuliers qui attestent surabondamment les difficultés du commerce entre peuples de langue et d'habitudes si différentes [3].

On l'a vu, et nous l'avons déjà répété plusieurs fois, les traités garantissaient bien aux marchands que les douaniers et les interprètes d'Afrique devaient se borner à prélever les droits fixes et connus, sans exiger en sus ni gratifications en argent ni prélèvement de denrées, mais la répétition même de ces stipulations dans la plupart des traités montre qu'il devait y avoir de grandes difficultés à les faire observer. L'action des négociateurs sur ce point spécial se bornait à poser des règles qui permissent d'empêcher les abus de devenir trop criants, et les agents arabes d'exiger comme un droit les pourboires ou prélèvements surérogatoires que la coutume autorisait vraisemblablement partout [4]. Les Vénitiens finirent même par régulariser l'abus en autorisant dans certains cas les prélèvements en nature [5].

Rien de mieux établi dans les traités et de plus facile en apparence à obtenir que le prompt règlement du compte des marchands à la douane, et l'immédiate livraison

---

[1] 1465, art. 2.
[2] Dépêche du sénat de Venise de 1518. Nos *Documents*, p. 275.
[3] Voyez ci-dessus, § 1287-1339, p. 163; § 1360-1378, p. 238.
[4] Dernier traité de Pise de 1397, art. 22; traités florentins de 1421, art. 6, 22; de 1445, art. 10 — traités génois de 1433, art. 6, 7, 10 (p. 135 et 141); de 1445, art. additionn. 3.
[5] Traité vénitien de 1438, art. 4.

des marchandises déposées dans les magasins publics, soit pour la vente, soit pour la réexportation ; et néanmoins nous voyons le doge de Venise intervenir lui-même vers 1433 auprès du sultan Abou-Farès, pour obtenir la remise à Jean de Canale de quarante-six balles de toile de Bourgogne que la douane de Tunis détenait depuis longtemps sans raison légitime [1].

Toutes les conventions commerciales assuraient en cas de naufrage sur les côtes d'Afrique, et la remise des objets naufragés, et l'assistance la plus entière aux personnes. Et cependant les magistrats de Barcelone, en remerciant le roi de Tunis, vers 1439, des ordres qu'il avait bien voulu donner pour la protection d'un vaisseau catalan échoué près de Bone, lui dénoncent l'inique conduite du caïd de la ville, qui avait odieusement traité plusieurs hommes de l'équipage, et qui détenait encore une partie du chargement [2]. Nous savons que peu de temps après cinq cents captifs chrétiens, dont quatre-vingts originaires de la ville de Barcelone, avaient été jetés dans les fers à Tunis, en représailles de la capture de quelques Maures sur les côtes de Sicile [3]. Frère Mayali, du couvent de Saint-Martin, à qui fut dû le rétablissement de la paix entre la Sicile et le royaume de Tunis, vers 1438, avait eu, peu après la conclusion d'un traité de commerce, à réclamer du sultan la restitution d'un chargement de blé parti de Syracuse et saisi arbitrairement par les agents royaux dès son arrivée à Tunis [4].

Devant ces violations réciproques des engagements qui semblaient devoir le mieux garantir la liberté du commerce et des personnes, comment ne pas croire que les autres clauses des traités concernant la juridiction et l'irresponsabilité des consuls, la liberté des transactions et la police des douanes, fussent toujours bien respectées? Mais combien de faits semblables ne trouverait-on pas dans l'histoire des rapports internationaux des peuples chrétiens! Sans vouloir entrer dans la recherche inutile de ces incidents, il est permis d'affirmer qu'au quinzième siècle les obstacles inhérents au commerce étranger, le mauvais vouloir, les malentendus, les fraudes clandestines, les abus, n'étaient ni plus graves ni plus multipliés en Afrique qu'en Europe, bien que l'autorité des émirs ne pût, comme au temps de l'unité de l'empire almohade, assurer aussi bien le respect des traités ou punir leur transgression.

1415. — Le développement de la piraterie dans l'ouest du Magreb amène la fondation des établissements militaires des Portugais et des Espagnols en Afrique.

On n'a pas oublié ce que les écrivains arabes disent des nombreux corsaires qu'armaient au quatorzième siècle les populations des golfes de Cabès et de Bone. Au quinzième siècle, l'habitude de la piraterie s'était propagée sur toute la côte du Magreb, principalement dans le nord-ouest, où la configuration montueuse du pays et le voisinage de l'Espagne avaient toujours entretenu un esprit d'indiscipline et de révolte. Du vaste littoral, si souvent indépendant des sultans de Maroc, où se trouvent Tanger,

---

[1] Nos *Documents*, 1433, p. 249.
[2] Nos *Documents*, p. 330. Lettre du 8 janvier 1439.
[3] Nos *Documents*, p. 331. Lettre du 14 septembre 1444.
[4] Nos *Documents*, p. 170. Année 1443.

Ceuta et Tétouan, puis les forteresses du Rif, devenues des présidios espagnols [1], sortaient des barques et des navires armés, qui épiaient les navires marchands à l'approche du détroit, et poussaient impunément leurs incursions jusque sur les rivages chrétiens. La nécessité de pourvoir à la sécurité de leurs côtes amena les Européens à agir eux-mêmes contre les populations chez qui les sultans ne pouvaient plus assurer le respect des traités et leur propre autorité.

Le Portugal fut amené par les événements à rouvrir le premier une période d'hostilités incessantes entre les deux rives de la Méditerranée, telle qu'on n'en avait pas vu depuis les grandes invasions des dixième et onzième siècles. Il était alors gouverné par un roi résolu, ambitieux, excellent homme de guerre et politique prudent, Jean ou João Ier. Mais depuis plusieurs siècles, une suite de guerres heureuses contre les Maures et les Espagnols avait développé sa marine et préparé le pays au rôle de conquérant, qu'il prit en Afrique et dans les Indes, sous les princes de la dynastie d'Avis [2].

1415. — Prise et occupation de Ceuta par les Portugais.

Fondé par Alphonse-Henri de Bourgogne, qui conquit Lisbonne sur les Maures en 1147, le Portugal était parvenu dès le douzième siècle à soumettre l'Alentejo et les Algarves et à compter assez sur ses forces pour les envoyer au delà de ses frontières, désormais assurées. En 1180, il gagnait sa première bataille navale sur les Almohades [3]; en 1212, il prenait part au grand triomphe de l'Espagne à Navas de Tolosa [4]; à la fin du treizième siècle, sa puissance avait assez de notoriété pour que la cour de Rome demandât sa coopération contre les Tartares [5]. Précédé peut-être par les marins normands vers les îles Canaries à la fin du quatorzième siècle [6], il ne tarda pas à fréquenter aussi ces pays; il occupa Madère en 1419 et commença vers la même époque ses explorations hardies sur les côtes de l'Afrique occidentale, qui devaient le conduire par la plus glorieuse persévérance à la découverte du cap de Bonne-Espérance.

Jean Ier, désireux de diriger surtout les vues de ses sujets vers les pays de l'Équateur sans négliger les avantages d'un commerce plus rapproché, s'était plaint souvent aux sultans mérinides des agressions parties de leurs provinces septentrionales. Fatigué de l'inutilité de ses représentations, il se décida à venger ses griefs et à tenter de s'établir au centre de ces populations hostiles, pour être à même de protéger le passage de ses vaisseaux de l'Océan dans la Méditerranée. La promptitude de ses mouvements surprit les Arabes et obtint un plein succès. Au mois d'août 1415, à la tête d'une flotte de cent vingt voiles, il s'empara de la ville de Ceuta, le Gibraltar africain, et ceignit

---

[1] Le Pegnon de Velez, le Pegnon de Alhucemas, et Melilla.

[2] Voyez M. de Santarem, *Corpo diplomatico portuguez*, t. Ier, p. VIII. Paris, 1846.

[3] Brito, *Monarchia lusitana*, t. III, col. 256.

[4] Brito, t. IV, fol. 70-71.

[5] Voyez nos *Documents*, 20 septembre 1231; Brito, t. IV.

[6] Les savants portugais n'acceptent pas ces faits; et M. de Macêdo va jusqu'à vouloir que ses compatriotes aient connu les Canaries avant les Arabes. (*Mém.*, Lisbonne, 1844, p. 123; M. de Santarem, *Corpo diplom.*, t. Ier, p. IX.)

lui-même le baudrier de chevalier à ses cinq fils dans la grande mosquée de la ville, convertie en église devenue peu après épiscopale. Satisfait des résultats de sa conquête, Jean ne voulut pas poursuivre la guerre contre les Maures; et de vingt années on ne revit un souverain portugais en Afrique. Il entretint toujours à Ceuta des forces suffisantes pour résister aux attaques des rois du Maroc et des rois de Grenade, et il fit de la ville considérablement accrue dans ses fortifications une sorte d'école militaire, où vinrent se former d'habiles officiers pour la guerre et les sciences navales.

1419-1433. — Chrétiens et évêques résidant à Maroc.

L'évêché établi à Ceuta sur la demande du roi Jean et doté par lui n'a pas cessé d'être occupé depuis lors. Le prélat étendait sa juridiction sur une partie du territoire européen du Portugal au delà du détroit, et dépendait de l'archevêché de Lisbonne [1]. Au dix-septième siècle, quand la ville de Ceuta devint un préside espagnol, l'évêché fut placé sous la suffragance de l'archevêque de Séville.

La ville de Maroc conserva aussi sous les Mérinides l'ancien siége épiscopal qu'Agnello avait inauguré au treizième siècle, à Fez, sous les Almohades. Les milices mozarabes et européennes et les colonies chrétiennes des ports de mer formaient avec les prisonniers de guerre tout le troupeau de ces nouveaux évêques. Le pays ne paraissait plus posséder à cette époque les restes de l'ancienne population chrétienne qui s'y trouvait encore deux siècles auparavant. Quelquefois le découragement ou la frayeur éloignait le pasteur, exposé comme ses ouailles aux caprices de peuplades grossières que l'ignorance rendait de plus en plus fanatiques. En 1419, les Chrétiens habitant la ville de Maroc exposèrent au Pape que leur évêque les avait abandonnés, et s'était même éloigné de l'Afrique sans laisser un prêtre pour le remplacer. Martin V frappa d'une censure publique le prélat pusillanime qui mettait en balance sa sécurité personnelle et le besoin des âmes; il investit en même temps un religieux cordelier nommé Martin de Cardenas des fonctions de vicaire général avec l'autorisation d'exercer tous les pouvoirs épiscopaux auprès des Chrétiens du Maroc, tant qu'il résiderait au milieu d'eux [2]. Ces évêques, ainsi que leurs prêtres, étaient généralement d'origine espagnole ou portugaise, comme on le voit, en 1433, à l'occasion de la nomination de l'évêque Barthélemy de Ciudad-Rodrigo [3]; parce que la majeure partie des Chrétiens habitant l'ouest du Magreb, soldats, commerçants ou artisans, venaient de l'Espagne.

L'évêché du Maroc cessa d'exister au seizième siècle avec la dynastie mérinide, qui lui avait continué la protection des Almohades. Il périt comme elle sous la réaction des schérifs, souverains actuels du Maroc, dont un des moyens de succès auprès des populations soulevées par leurs prédications contre les sultans, fut d'exagérer la tolérance que les Mérinides avaient montrée à l'égard des Chrétiens et de leurs ministres.

---

[1] Wadding, *Annal. Minorum*, ann. 1421, 1433, 1481, 1489, 1504, t. X, p. 215, 524; t. XIV, p. 251, 622; t. XV, p. 284; Brémond, *Bullar. prædicat.*, t. IV, p. 209; t. VI, p. 520; 710, 748; t. VII, p. 534.

[2] *Nos Documents*, p. 20. 24 mai 1419.

[3] Wadding, *Annal. Min.*, 1433, § 14, t. X, p. 215.

1420-1465. — Derniers traités des Génois en Afrique.

Depuis l'époque où nous l'avons vue entreprendre et arrêter brusquement l'expédition à peu près inutile d'El-Mehadia, la république de Gênes consumait ses forces au milieu des luttes de ses doges, tour à tour nobles ou plébéiens, et cherchait par moments un remède à un affaiblissement que les meilleurs citoyens reconnaissaient, en confiant le gouvernement de l'État à des princes étrangers. Boucicaut avait donné des soins particuliers à la marine et aux relations maritimes de la république. Il avait envoyé Châteaumorand en Orient pour renouveler les traités avec les princes chrétiens et musulmans [1]; lui-même, à la tête d'une grande flotte, il avait visité le Levant, où la jalousie des Vénitiens contraria ses desseins [2]. On ne voit pas s'il put agir pour les intérêts des Génois en Afrique. Ce que nous savons des nouveaux rapports de la république avec les émirs du Magreb est postérieur au protectorat français, dont les Génois n'avaient pas tardé à se lasser.

Le duc de Milan Philippe-Marie Visconti, devenu seigneur de Gênes en 1421, agit comme Boucicaut. Il chercha à développer sa force militaire en dirigeant l'activité de la nation vers les choses extérieures. La course ayant de nouveau amené des sujets génois dans les prisons d'Afrique, Ambroise Spinola se rendit par ses ordres à Tunis, en 1425, avec quelques gentilshommes de la cour de Milan; il visita le sultan et en obtint le rachat et la remise des captifs [3].

Peu de temps après, Visconti dut envoyer un nouvel ambassadeur à Tunis, Christophe Maruffo, pour défendre la situation et les priviléges de la nation génoise, gravement menacés par suite de l'un de ces accidents de navigation, véritables actes de piraterie que la bonne foi des gouvernements ne pouvait toujours prévenir. Il s'agissait de l'enlèvement et de la détention plus ou moins prolongée d'un personnage important, nommé Aben Sichari, par des armateurs génois. Nous n'avons pas l'arrangement conclu à cette occasion; mais il en est question dans le renouvellement général des traités, arrêté le 19 octobre 1433, à Tunis, par les soins d'Audré de Mari, ambassadeur de Visconti, et de Muleï Siech, lieutenant du roi Abou-Farès. L'affaire d'Aben Sichari était terminée. La contribution extraordinaire de sept mille doubles d'or imposée comme indemnité par le sultan sur les marchandises génoises à leur entrée à Tunis, et à laquelle Maruffo avait été obligé de consentir, était intégralement payée. Il n'en était question dans le nouveau traité que pour constater la satisfaction complète donnée aux ayants droit, ainsi qu'en témoignait une quittance de la douane arabe remise aux marchands génois de Tunis.

---

[1] 6 janvier 1403. Boucicaut, gouverneur de Gênes, charge Jean de Châteaumorand de se rendre en Orient pour visiter les établissements génois, *ad partes Romanie, Gazarie, Maris Majoris et Tane, Grecie ac Turchie*, et pour renouveler tous traités et pactes de la république de Gênes avec les princes de ces pays, particulièrement avec Tamerlan, le seigneur des seigneurs de l'Inde, de la Perse, de la Tartarie, etc. Copie du temps, aux Archives de Venise. *Secreta*, boîte 18, n° 345.

[2] *Le Livre des faicts*, du maréchal Boucicaut, édit. Michaud, p. 276.

[3] Jean Stella, *Annal. genuens.*, ap. Muratori, *Script. ital.*, t. XVII, col. 1295.

La nouvelle convention rétablissait les rapports de Gênes avec le royaume du Magreb sur leur ancien pied de bienveillance, de confiance et de réciprocité. Elle renouvelait pour les Génois et tous étrangers naviguant sous pavillon génois, les droits, usages et priviléges quant aux consuls, aux fondouks, aux douanes et aux achats, que nous avons si souvent détaillés. L'entière liberté du commerce leur était assurée « dans tous les » lieux où ils avaient coutume de se rendre », particulièrement dans les villes de Tunis, de Bone et de Bougie. On abolit même pour eux le droit supplémentaire, désigné sous le nom de *tavale*, que la douane arabe ou ses préposés obligeaient quelquefois les marchands chrétiens à payer sur leurs importations, indépendamment du droit fixe de 10 pour 100 et du droit de drogmanat ou de *mursuruf*[1]. Mais on exigea que la république livrât en marchandises une valeur de seize mille doubles d'or pour le rachat de tous les sujets génois qui se trouvaient captifs en ce moment dans les États de l'émir par suite d'actes d'hostilité ou de course. Les objets que le sultan exprima le désir de recevoir en payement de la contribution sont : des lingots d'argent, de la toile de Bourgogne, du mastic, des draps de Florence, des florins, des épées courtes, du fil d'or, du poivre et autres épiceries [2].

Raphaël Adorno, nommé doge de Gênes, sans attendre l'expiration du traité de Visconti, voulut peu après son avénement le faire renouveler en son nom. Il envoya à cet effet à Tunis un des membres du parti aristocratique, Zacharie Spinola, en ambassade auprès du roi Abou-Omar Othman, successeur d'Abou-Farès. Spinola, secondé par le consul Cyprien de Mari, obtint du sultan la confirmation des anciennes franchises de la nation et la prorogation du précédent traité de douze années au delà des vingt années pour lesquelles il avait été conclu d'abord, ce qui prolongeait sa validité jusqu'à l'année 1465.

Si les dates de l'unique copie que nous ayons de ces nouveaux traités sont exactes, Spinola fit à Tunis un séjour d'une durée exceptionnelle. Au mois de mai 1444 il aurait arrêté la prorogation générale du traité d'André de Mari avec Muleï Siech, toujours vice-roi comme en 1433 ; et le 19 décembre 1445 il aurait scellé avec le roi un traité qui, sous la forme d'une note additionnelle au texte de 1444, rappelait en détail les dispositions de 1433, et y ajoutait ou renouvelait plus expressément quelques clauses [3].

On insistait sur l'abolition de toutes prestations ou gratifications supplémentaires à l'occasion des importations, comme le *mursuruf* et le *tavale*, les droits concernant les importations, y compris le drogmanat, devant rester fixés à 10 pour 100 [4]. On rappelait la faculté d'exportation en franchise d'une certaine quantité de froment, quand Gênes pouvait craindre une pénurie d'approvisionnements, et la liberté de transporter ailleurs qu'à Tunis, sans payer de nouveaux droits, toutes marchandises ayant une première fois acquitté les douanes, ce que constatait une quittance régulière ou bérat du directeur de la douane. Les consuls étaient autorisés à faire entrer chaque année

---

[1] Traité de 1433, art. 45. Voyez ci-dessus, p. 204.
[2] Art. 42, 45.
[3] Voyez nos *Documents*, p. 143-144.
[4] Traité de 1445, art. 3, p. 144.

deux tonneaux de vin en franchise pour leur usage. On rappelait enfin cette promesse des anciens traités de ramener à Tunis et de remettre immédiatement (sans rançon) au consul génois tout sujet de la république qui viendrait à être capturé par les sujets du roi de Tunis, promesse à laquelle les hostilités et la piraterie donnaient de si fréquents et cruels démentis.

Parvenu au terme de sa durée, le traité de 1445 fut renouvelé par les soins d'Antoine de Grimaldi, ambassadeur génois, au nom du duc de Milan, seigneur de Gênes, et de la république de Gênes. Le roi Abou-Omar Othman régnait encore à Tunis; il sanctionna la confirmation des franchises génoises pour une durée de trente années musulmanes, le 15 mars 1465 [1]. Les dangers de la navigation n'ayant fait que s'accroître depuis les derniers traités par suite des succès et de l'insolence des Turcs, on crut nécessaire de rappeler expressément les capitulations qui protégeaient les Génois. Les biens et les personnes saisis par les capitaines maures devaient être immédiatement restitués dès leur arrivée dans le royaume de Tunis; si on refusait de remettre les marchandises, la déclaration de valeur faite par la république devait suffire pour exiger une indemnité équivalente et la punition des coupables [2]. Les Génois se réservèrent expressément la faculté de payer en nature, et dès leur arrivée, les droits de douane, qui devaient être alors de 10 1/2 pour 100 [3]. Il fut dit ou répété que toute vente faite à un Sarrasin devenait irrévocable une fois la livraison effectuée, à moins qu'on ne découvrît un vice caché dans la qualité ou la quantité de la marchandise livrée [4]. Les gouvernements arabes prenaient loyalement tous ces engagements, et ils donnèrent souvent des preuves de leur désir de les observer en protégeant efficacement les personnes et le commerce des Génois; mais il ne leur était pas toujours facile de faire exécuter leurs ordres par les populations, que les événements extérieurs irritaient de plus en plus contre les Chrétiens. D'autre part, la république de Gênes, troublée par les factions, appauvrie par la perte ou la ruine de ses colonies d'Orient, n'avait plus au dehors cette influence qui suffisait autrefois autant que ses flottes à faire respecter s esnationaux.

1424-1440. — Prospérité et commerce général de Venise. Son commerce avec la Barbarie.

Venise, plus heureuse, partageait en Italie avec Florence la suprématie politique qu'aucune puissance ne pouvait lui contester sur mer. Elle avait réparé les désastres de la guerre de Ténédos, accru sa marine, étendu ses possessions en terre ferme, ajouté à ses colonies maritimes Corfou, Durazzo, Argos, Napoli de Romanie, autant de comptoirs pour son commerce et de places fortes pour la guerre contre les Turcs, dont elle supportait l'effort principal. Sa marine et le mouvement de ses affaires dépassaient hors de toute proportion ce que les autres États pouvaient réunir. Ses arsenaux construisaient des navires de toutes formes et de toutes grandeurs, des galères de

---

[1] Nos *Documents*, p. 151.
[2] Art. 1er.
[3] Art. 2.
[4] Art. 3.

commerce pour l'État, et des bâtiments pour les particuliers. Il en était qui portaient jusqu'à un million de livres en poids. L'usage s'était introduit, depuis le quatorzième siècle, de construire en outre de grands vaisseaux appelés *coches* ou *coques*, capables de se défendre contre les pirates et de résister même aux galères [1]. En 1440 on institua un service spécial de galères faisant chaque année le voyage et la visite des Échelles d'Afrique, qu'on appela les *Galères de Barbarie* [2]. Pour chaque expédition, la location de chaque galère était mise à l'encan et adjugée au plus offrant, aux conditions écrites dans un cahier des charges. Elles naviguaient ensuite en conserve, sous les ordres d'un capitaine nommé par la Seigneurie. On savait d'avance la durée approximative du voyage, la durée du séjour dans chaque échelle, et les points où l'on devait toucher [3].

Le commerce d'Égypte, qui était la principale source de sa richesse, donnait à Venise les marchandises des Indes, de la Chine et de l'Arabie, qu'elle revendait avec d'immenses bénéfices. Chypre lui fournissait du coton, du blé, du sucre, du sel, des plantes aromatiques, du cuivre et des étoffes. Beyrouth, l'Asie Mineure, Constantinople et le Péloponèse lui donnaient les produits et les tissus d'Alep, de Damas, de la Perse et de la haute Asie; la mer Noire et la mer d'Azof, des pelleteries et des métaux. Le Magreb lui fournissait surtout du sel, du blé, de la cire, des laines et des cuirs. En retour, et indépendamment des métaux, des draps et des toiles, elle versait en Mauritanie et en Égypte d'immenses quantités de verroteries qui pénétraient chez toutes les peuplades de l'intérieur de l'Afrique, des quantités non moins considérables de quincaillerie et de boissellerie, produits de sa propre industrie; elle transportait dans tout l'Orient les objets manufacturés que les étrangers, ses tributaires, faisaient affluer de tous côtés dans ses magasins et ses bazars, qui étaient le marché universel et permanent des produits de l'Orient et de l'Occident.

C'est le tableau que présente, en 1423, le doge Thomas Mocenigo aux sénateurs réunis autour de son lit de mort, dans ce discours où respire la noble satisfaction du chef d'un grand État, calme, fort et prospère : « Dieu soit loué! Vous avez vu sous
» notre règne la dette publique diminuer de quatre millions; votre monnaie a frappé
» annuellement un million de ducats d'or et deux cent mille pièces d'argent... Vous avez
» sur mer trois mille petits navires montés par dix-sept mille marins, trois cents
» navires avec huit mille marins, quarante-cinq galères avec onze mille marins. Vos
» arsenaux occupent seize mille ouvriers charpentiers ou menuisiers... Vous transportez
» annuellement dans le monde pour dix millions de ducats de marchandises... Les
» Florentins seuls vous envoient seize mille pièces de draps, que vous exportez dans la
» Pouille, en Sicile, en Barbarie, en Syrie, en Chypre, à Rhodes, en Égypte, en
» Romanie, à Candie, en Morée, en Istrie; ils vous achètent en retour, par semaine,
» pour sept mille ducats de laines de France et de Catalogne, du kermès, des grains,
» de la soie, de l'or, des fils d'argent, de la cire, du sucre, des joyaux. Toutes les autres

---

[1] Voyez Marin, *Storia del comm. venez.*, t. VI, p. 266-267.
[2] Nos *Documents*, p. 258.
[3] Nos *Documents*, p. 267. Voyez ci-après : § 1456-1508. Escales des galères de Barbarie.

» nations vous donnent de même, par leurs rapports, des bénéfices si considérables,
» que le produit du nolis seul s'élève à deux millions de ducats, le gain sur l'expor-
» tation et l'importation à deux autres millions de ducats. Persévérez dans cette voie, et
» vous serez toujours leurs maîtres [1]. »

1427-1456. — Ses nouveaux traités avec les rois de Tunis.

Le traité conclu en 1391 ou 1392 au nom d'Antoine Venier avec Abou'l-Abbas, roi de Tunis, par Jacques Valaresso, devait rester en vigueur jusqu'en 1402. On ne voit pas que, le terme venu, la république de Venise l'ait fait renouveler. Il fut sans doute prorogé par des accords successifs ou par de simples lettres missives, et laissé sous la sauvegarde des habitudes et de la bonne foi réciproques. C'est en 1425 seulement, vingt-trois ans après l'époque où l'ancien traité était expiré, qu'un ambassadeur vénitien, Bertuccio Faliero, étant venu à Tunis au nom du doge Foscari, fit dresser par son notaire une expédition du traité de Valaresso, conservé dans les coffres du consulat, et qu'il en demanda la confirmation authentique au roi Abou-Farès [2]. On se contenta d'ajouter deux articles à la première rédaction, les trente-cinquième et trente-sixième. L'un stipulait et confirmait la réciprocité la plus entière des amendes pécuniaires et des châtiments corporels contre tout Arabe coupable de quelque crime ou délit contre un Vénitien, ou d'un Vénitien contre un Arabe. L'autre portait acceptation par la république de Venise du droit de réquisition maritime dans les cas déterminés pour le service du sultan, droit remplacé jusque-là à Tunis, pour les Vénitiens, par une taxe de navigation de deux doubles d'or et un quart environ, que payait chaque bâtiment en arrivant dans les ports de l'émir [3].

Dix années après, nous ne savons à quelle occasion, Foscari envoya un nouvel ambassadeur à Tunis pour rétablir plus solennellement les capitulations qui garantissaient les établissements et le commerce vénitien dans le royaume d'Afrique. Léonard Bembo partit du Lido en 1437 sur une galère de la famille Querini, et scella le nouveau traité le 30 mai de l'année suivante avec le roi Abou-Omar Othman [4]. L'ambassadeur avait aussi à s'occuper des réclamations adressées déjà depuis quelque temps à la république par le roi de Tunis contre Jérôme Canale, chef de l'une des maisons commerçant avec le Magreb. Le règlement de cette affaire, d'une nature assez sérieuse, dut être l'objet d'un arrangement séparé que nous n'avons pas [5].

Le traité fut une révision nouvelle des anciens accords, qu'on s'était borné depuis 1305 à reproduire presque littéralement. La situation générale restait à peu près la même, et telle qu'elle était pour la plupart des nations chrétiennes. Quelques légers changements étaient seuls apportés aux conditions du commerce. On élevait un peu

---

[1] Sanudo, *Vite de' duchi di Venezia*, ap. Muratori, t. XXII, col. 960.
[2] Traité de 1427. Nos *Documents*, p. 244.
[3] Traité de 1427, art. 36, p. 248. Cf. ci-dessus : *Principes généraux des traités*, § *Arrêt de prince*.
[4] Traité du 30 mai 1438. Nos *Documents*, p. 250.
[5] Sanudo, *Vite de' duchi di Venezia*, ap. Muratori, *Script. ital.*, t. XXII, col. 1044, 1047, 1048.

les tarifs. De 10 pour 100, le droit sur les importations fut porté au taux de 10 1/2[1], qui paraît être devenu vers cette époque le tarif habituel et commun.

Les denrées alimentaires, les métaux précieux et les bijoux importés restèrent au tarif de 5 pour 100[2]. Les Vénitiens acceptèrent la surcharge des pourboires et des prélèvements en nature sur certains articles[3], usage invétéré, qu'aucune prescription paraît n'avoir pu faire supprimer[4]. Le droit sur les exportations, sauf les objets et les cas privilégiés, fut laissé à 5 pour 100. L'exportation du plomb fut assurée des mêmes faveurs qu'autrefois[5]. Toute marchandise qu'on tenterait de soustraire aux droits de douane, et sur laquelle on se bornait autrefois à prélever le simple droit (quand on ne la confisquait pas), devait être frappée d'une double taxe, ce qui était de stricte justice[6].

Des dispositions d'un ordre plus relevé témoignent que ces modifications n'avaient aucun caractère personnel ou blessant, et que la nation vénitienne conservait, avec une extension significative même en quelques cas, le rang et la considération dont elle avait toujours joui à Tunis. Il est déclaré en plusieurs articles[7] que sous aucun prétexte la communauté ni le consul de Venise ne pouvaient être rendus collectivement ou séparément responsables des actes d'autrui, et que les dettes ou les délits restaient expressément des charges personnelles. La faculté de voir le sultan et de l'entretenir de ce qui intéressait le commerce des Vénitiens, faculté limitée antérieurement à une ou deux audiences par mois, est garantie dans le nouveau traité d'une manière générale et pour tous les cas où le consul croirait nécessaire de recourir au prince lui-même[8].

De nombreux articles réglaient dans un esprit d'équité le loyal respect des transactions[9], la liberté des ventes, les successions *ab intestat*[10], les marchés faits au nom du sultan[11], l'apurement des comptes vénitiens à la douane[12]. Il est dit à la fin du traité que si une nation chrétienne dont les bâtiments stationnaient ordinairement en dehors du cap de la Goulette venait à être autorisée à faire opérer le transport de ses marchandises à l'intérieur du cap par ses propres barques, la même faculté appartiendrait dès lors et de ce fait aux Vénitiens[13].

Le 9 octobre 1456, deux ans avant le terme du privilége remis à Léonard Bembo, Abou-Omar Othman renouvela pour trente ans les franchises vénitiennes par un nouveau diplôme. Maffeo de Pesaro fut l'ambassadeur de Foscari à Tunis en cette occa-

---

[1] Art. 4. Voyez ci-dessus, p. 108, 258.
[2] Art. 10 et 24.
[3] Art. 4. Voyez ci-dessus 1433-1443.
[4] Le traité de 1391-1392 les avait abolis. Voyez le récit de Valaresso, p. 248.
[5] Art. 27.
[6] Art. 4, et p. 251, note.
[7] Art. 11, 20, 33.
[8] Art. 28.
[9] Art. 5, 6, 7, 12.
[10] Art. 19.
[11] Art. 10, 16, 38.
[12] Art. 29.
[13] Art. 37.

sion ¹. Il se mit en rapport avec le vice-roi de Tunis et son frère, chargés des pouvoirs du sultan. Les plénipotentiaires lurent en commun une charte où étaient rappelés tous les articles des précédents traités, et la chancellerie royale expédia ensuite l'acte de confirmation générale, laquelle fut traduite en vénitien. On y lit : « Ils ont confirmé le » pacte pour trente ans, à raison de douze lunes par an. Et le jour de la confirmation, » ils ont été d'accord suivant la teneur de ladite charte, qui a eu ses témoins, et » suivant tous les articles de ladite charte, dans les formes et conditions stipulées, » désignant le tout, article par article, ponctuellement tel qu'il est écrit, sans rien » ajouter ni diminuer, ainsi qu'ils sont convenus et comme il est d'usage dans les » traités entre Maures et Vénitiens ². » Il y eut donc deux instruments distincts qui résumèrent et terminèrent la mission de Pesaro, et chacun des deux instruments put avoir plusieurs originaux, ampliations ou versions originales : 1° Cette note ou *charte* des articles de paix et de commerce présentée par l'ambassadeur, rédigée évidemment en latin ou en vénitien, et qui servit vraisemblablement de base à un traité bilatéral conçu en la forme ordinaire, traité que nous n'avons pas ; 2° le diplôme d'Abou-Omar lu et traduit publiquement, puis remis à l'ambassadeur, qui peut-être emporta cette seule pièce à Venise, en laissant au consulat de Tunis le traité réel et détaillé.

Nous ne connaissons pas les accords que la république de Venise dut conclure dans l'ouest du Magreb avec les rois de Tlemcen et de Maroc. Les conditions devaient en être à peu près les mêmes que celles des traités de Tunis. Jusqu'au seizième siècle, le commerce vénitien fréquenta toute la côte de Barbarie avec la même régularité et la même sécurité. La plupart des grandes maisons y avaient des comptoirs et des agents. On cite notamment les Zuliani ou Giuliani, les Brioni, les Soranzo et les Contarini comme s'étant enrichis par leurs factoreries de Tanger, de Tunis et de Barca ³.

Observations générales sur la rédaction et la traduction officielle des traités conclus entre les Chrétiens et les rois du Magreb.

Le traité de Venise avec le roi de Tunis de l'an 1456, celui de la république de Gênes, arrêté en 1465, et celui de la république de Florence, conclu en 1445 avec les souverains du même État, sont les derniers traités ou diplômes commerciaux que nous ayons du temps des dynasties arabes et berbères qui ont régné sur l'Afrique septentrionale jusqu'à la conquête des Turcs. Les derniers traités catalans connus remontent au quatorzième siècle [4].

Nous retrouvons dans tous ces documents les mêmes principes qui, en 1231, sous Abou-Zakaria Yahya Ier, et dès le siècle antérieur, avaient assuré au commerce européen dans le Magreb des facilités et des garanties au moins égales et souvent supérieures à celles du commerce des nations chrétiennes entre elles.

---

[1] Nos *Documents*, p. 255. Voyez Sanudo, *Vite de' duchi di Venezia*, col. 1162.
[2] Nos *Documents*, p. 255.
[3] Daru, *Hist. de Venise*, t. III, p. 21.
[4] Voyez ci-dessus, pages 183 et 230.

Nous avons donné à l'exposé de ces principes toute l'étendue nécessaire, à l'époque même où les relations des Chrétiens et des Arabes, qu'ils devaient protéger, entraient dans leur plein développement[1]. Maintenant, parvenu à une époque où les documents nous manquent, sans que les communications qu'ils réglementaient aient cessé, nous voulons examiner les traités dont nous nous sommes historiquement occupés comme documents paléographiques et en dehors des questions de droit et de doctrine qui s'y rattachent. Ce nouvel exposé, quoique plus particulièrement destiné à rappeler des faits et des usages de pure archéologie diplomatique, touche aussi à l'histoire des rapports des Chrétiens et des Arabes, et fait intimement partie de l'ensemble de notions que doit présenter notre introduction.

Nous chercherons à montrer les formes qui ont été suivies pour la conclusion de ces traités, les soins apportés à la rédaction des pièces mêmes de l'accord synallagmatique et les conditions de publicité et de garantie sur lesquelles reposait leur validation. Nous voudrions réunir ainsi les preuves de l'originalité et de l'authenticité des traités que nous publions, et déterminer les circonstances auxquelles on reconnaît ces caractères.

Après avoir vu dans une première partie ce qui concerne la rédaction et la traduction des traités, nous nous arrêterons davantage à comparer les anciennes traductions chrétiennes des traités que nous publions avec les originaux arabes dont les savants orientalistes ont fait connaître de nos jours l'exacte et littérale signification. Nous espérons démontrer alors que, sous une très-grande dissemblance d'expressions et de forme, on retrouve dans les textes arabes et les textes chrétiens les mêmes idées, les mêmes faits et les mêmes principes.

I. Rédaction et traduction des traités.

§ 1.

Multiplicité des originaux. Existence en Europe d'originaux arabes.

En examinant la question d'une manière abstraite, en dehors des monuments qui nous restent, ce qui semblerait le plus parfait complément diplomatique d'une négociation suivie au moyen âge par interprètes entre Arabes et Chrétiens, ce serait la confection d'un double original du traité, chaque original étant composé lui-même de deux parties, c'est-à-dire du texte du traité dans les deux langues, écrit soit sur le même parchemin, soit sur deux chartes distinctes. On voit déjà que, pour le cas de la séparation des pièces, il y aurait eu au moins quatre exemplaires originaux de la convention primordiale et synallagmatique. L'exécution de deux autres originaux, ou d'expéditions originales valant l'original (sans compter les copies libres), l'un en langue chrétienne pour le consul européen, résidant dans la ville principale où le traité devait être journellement appliqué; l'autre en arabe pour la douane musulmane de la même ville, constituerait une notoriété que nous considérerions aujourd'hui comme strictement indispensable. Mais il ne faut pas attendre, en ces matières et à cette époque, une régularité qui n'appartient qu'aux temps modernes.

[1] Voyez ci-dessus, page 83 et suiv.

Les faits constatés par les monuments mêmes nous apprennent seulement ceci : qu'il était dressé plusieurs instruments originaux de la convention verbale ; que les négociateurs chrétiens emportaient souvent avec eux, indépendamment du texte chrétien, une transcription originale ou valant original du texte arabe, et qu'ils laissaient des copies (quelquefois l'original même) dans les mains de leurs consuls en Afrique. Quant aux Arabes, ils n'ont dû garder devers eux que bien rarement les textes chrétiens, auxquels ils attachaient peu d'attention. Nous savons même qu'ils n'apportaient pas toujours un grand soin à la conservation de leurs propres originaux, bien que les plénipotentiaires aient rarement négligé d'en faire exécuter plusieurs ampliations officielles, pour la chancellerie du sultan et pour les bureaux des douanes arabes.

Les documents fournissent d'abord les preuves de la multiplicité des originaux. Nous les énumérerons chronologiquement et très-succinctement. On reconnaîtra ainsi que les textes diplomatiques arabes parvenus en Europe n'ont pas été aussi rares qu'inclinait à le croire un illustre savant [1], et l'on en conclura sans doute que si ces documents n'existent plus aujourd'hui dans les archives publiques, c'est qu'ils ont été détruits ou perdus.

En 1181, deux copies du texte arabe du traité de Majorque et de Gênes furent exécutées à Majorque, est-il dit dans l'acte même, l'une pour rester dans l'île, l'autre pour être rapportée à Gênes. Celle-ci se trouve aujourd'hui aux archives de Turin, avec sa traduction latine contemporaine, écrite au verso du parchemin arabe [2].

En 1184, fut conclu le traité de l'alfaqui Abou-Ibrahim avec la république de Pise, dont un original arabe, ayant au revers sa traduction latine synchronique, est actuellement à Florence [3].

En 1186, le privilége commercial obtenu du calife de Maroc par l'ambassadeur de la république de Pise fut expédié en cinq copies originales. L'une de ces copies, est-il dit à la fin du diplôme, était destinée à rester dans le pays des Pisans (c'est peut-être celle qui se trouve aujourd'hui aux Archives de Florence); les autres à être conservées dans les villes où il leur était permis de commercer, à savoir, Ceuta, Oran, Bougie, Tunis, et l'un des ports d'Andalousie [4].

Les traités vénitiens, pisans et génois de 1231, 1234, 1250, 1264, 1272, 1391, dont nous avons les textes latins, renferment dans leurs mentions des allusions évidentes aux deux rédactions arabe et chrétienne. La convention de 1391, conclue entre la république de Gênes et le roi de Tunis pour le rachat des captifs et le renouvellement des anciens traités, porte expressément ces mots : « Le présent accord devra être » expédié et envoyé dans toutes les douanes des États de l'émir [5] »; clause qui implique la confection d'assez nombreuses expéditions de l'acte, car les Européens

---

[1] Rapport sur les Archives de Gênes. *Mém. de l'Académie des Inscriptions,* nouvelle série, t. III, p. 85, 94.

[2] Ce texte est publié dans nos *Documents,* p. 109.

[3] Voyez nos *Documents,* p. 367.

[4] Nos *Documents,* p. 30.

[5] Page 132.

avaient à cette époque des comptoirs dans cinq ou six villes principales du Magreb : Tripoli, Tunis, El-Mehadia, Bone, Bougie, Tlemcen ou One, et probablement Ceuta.

L'original arabe du traité conclu par Philippe le Hardi à Tunis en 1270 existe encore à Paris aux Archives de l'Empire.

L'accord vénitien de 1271, obtenu par Laurent Tiepolo, et libellé à Tunis sous forme de lettre patente rédigée en arabe que l'ambassadeur apporta au doge, ne fut officiellement traduit en latin qu'à Venise même, où l'existence de l'original musulman, aujourd'hui perdu, a été constatée [1].

La convention de 1287, arrêtée entre les gouvernements de Gênes et de Tunis, fut expédiée à Tunis en plusieurs originaux : *et plura instrumenta unius tenoris fieri rogaverunt* [2].

Les traités de la république de Venise avec le roi de Tunis de 1305 et 1317, le traité conclu par don Sanche, roi de Majorque, avec le même prince en 1313, mentionnent chacun deux instruments primordiaux, l'un arabe, l'autre chrétien (latin ou catalan), tous deux exécutés le même jour à Tunis, l'instrument arabe le premier, et l'instrument chrétien, considéré comme la version officielle du premier, après que celui-ci avait été complétement écrit, signé et revêtu de ses invocations, souscriptions ou élamés musulmans. Il faut remarquer en outre que la déclaration faite par le notaire du vu d'*un* original arabe et de la confection par ses soins d'*un* original chrétien, dont l'interprète lui dictait les paroles, n'exclut en aucune manière l'existence possible et vraisemblable de *plusieurs* instruments arabes contemporains (au moins de deux), et l'exécution par ses propres mains de *plusieurs* autres instruments chrétiens, en originaux ou ampliations valant l'original.

En ce qui concerne l'Espagne, il est certain que dans le nombre assez considérable d'actes internationaux échangés entre ce pays et le Magreb, plusieurs semblent exclure l'existence de deux textes originaux. Dans des circonstances que nous déterminerons plus loin [3], une rédaction chrétienne paraît avoir été le premier et peut-être l'unique instrument de la convention pour les deux peuples. Mais souvent aussi la négociation fut conduite d'après les usages ordinaires, et les actes définitifs rédigés comme d'habitude dans les deux langues. Tel est le traité conclu à Tlemcen en 1339 entre le roi de Majorque et le roi de Maroc, dont l'original, transféré vraisemblablement de Montpellier et présentant les deux textes, arabe et catalan, sur deux colonnes synoptiques du même parchemin, est aujourd'hui conservé à Paris, à la Bibliothèque impériale [4]; tel était certainement le traité primitif de Carinena et de Saragosse de l'an 1357 entre l'Aragon et le Maroc [5], dont Capmany n'a plus retrouvé à Barcelone que le texte catalan transcrit dans les registres municipaux.

Les originaux arabes des traités pisans et florentins de 1313, 1421 et 1445 existent

---

[1] Page 203, note 1.
[2] Page 127.
[3] Voyez pages 276 et 281.
[4] Imprimé dans nos *Documents*, p. 192.
[5] Voyez dans nos *Documents* la note de la page 326.

encore aux Archives de Florence. Dans l'article 38 du traité de 1313, le sultan, conformément à un usage dont on a vu de fréquents exemples, prescrit d'exécuter une copie du présent accord pour chacune des villes des États où les Pisans commerçaient habituellement. L'article 25 du traité de 1421 concerne aussi la notification écrite du traité dans les villes du Magreb. La traduction chrétienne contemporaine du traité de 1421 s'est seule conservée; elle est en italien. Le parchemin arabe de 1313, comme nous pouvons en juger par la traduction de M. Amari, est un véritable original qui devait être, à peu de chose près, identique à l'instrument primitif dressé et resté à Tunis[1]. Les actes de 1421 et 1445 ne sont que des originaux de second ordre, c'est-à-dire des expéditions authentiques contemporaines de l'écrit primordial, mais ne portant pas les sceaux et les seings apposés d'ordinaire aux originaux mêmes. Le notaire chargé de l'expédition officielle de ces actes a abrégé dans sa seconde grosse les invocations du commencement et de la fin, et il a supprimé l'énonciation des témoins[2]. Le début de la transcription de 1421 annonce formellement une partie de ces suppressions : « Louanges à Dieu. Ceci est la copie non revêtue des noms des témoins du traité » de la bienheureuse paix. Le texte, après l'invocation préliminaire, est ainsi : *Louanges* » *à Dieu dans tous les événements,* etc., etc.[3] »

L'expédition du traité de 1445 se termine par cette mention, constatant bien l'existence de deux originaux arabes : « Ceci est la copie de l'instrument qui doit » faire témoignage du traité chez les Florentins[4]. » L'autre original arabe resta en Afrique.

Le texte musulman du traité entre Tunis et Pise de l'an 1353, mentionne six originaux ou ampliations originales arabes[5], dont l'une, dressée pour les Pisans, s'est depuis peu retrouvée à Florence avec un original latin.

L'original arabe de 1358 existe aux mêmes archives[6], qui possèdent encore trois originaux du traité de 1397, l'un en arabe (expédition originale et signée à Tunis), l'autre en latin et le troisième en italien, sans compter une expédition arabe ancienne mais non authentiquée[7]. L'ensemble des traités, lettres missives ou autres documents purement arabes retrouvés à Pise ou à Florence, et réunis aujourd'hui dans cette dernière ville, s'élève ainsi, il n'est pas hors de propos de le répéter, au nombre de cinquante-deux pièces.

Le traité vénitien de Tripoli de 1356 porte que le texte chrétien de la convention fut exactement collationné avec le texte arabe par le secrétaire de la seigneurie de Venise et les notaires arabes de Tripoli[8].

[1] Cf. nos *Documents*, page 54.
[2] Cf. pages 344, 359, note.
[3] Page 344.
[4] Page 360.
[5] Voyez page 65.
[6] Voyez pages 55 et 66.
[7] Voyez p. 70. La première rédaction originale arabe resta à Tunis; l'ambassadeur reçut une ampliation (*spedizione*) authentique. Cela est dit à la fin du texte arabe (p. 87).
[8] Page 228.

Le texte chrétien des traités génois et vénitiens de 1391, 1392, 1433, 1438 et 1445, fut composé et arrêté officiellement en présence des négociateurs et au moyen des drogmans, sur les premiers instruments rédigés en arabe avant l'instrument chrétien, mais le même jour, conformément à l'usage des siècles antérieurs [1]. Il est dit à la fin des traités de 1391 et de 1433 que la présente convention devait être notifiée dans toutes les villes et douanes (*terras, loca et duganas*) du sultan de Tunis et de Bougie, afin qu'elle y fût fidèlement observée [2]. Le traité vénitien de 1456 avec le roi de Tunis ne porte pas d'attestations aussi formelles de l'original ou des originaux arabes; mais la mention relative à l'interprète énoncée à la fin [3] montre que l'on dut procéder ici comme dans les cas précédents, et que le texte chrétien fut dressé sur une première rédaction arabe.

Nous trouvons de nouvelles affirmations des faits précédents dans les derniers documents dont nous ayons à nous occuper en suivant l'ordre des dates. A la fin de la transcription du traité vénitien de 1438 dans les Commémoriaux de la république de Venise, le chancelier ducal fit consigner en marge du registre que l'original destiné aux Chrétiens était resté à Tunis dans les mains du consul de la république [4]. A la suite du texte vénitien du traité de 1391-1392, une note émanée également de la chancellerie rappelle que le double original du traité chrétien et arabe avait été déposé avec quelques lettres de l'émir et du consul de Tunis dans le coffre des statuts de la république [5]. Une troisième expédition originale du même traité avait été laissée en outre et positivement au consulat de la république à Tunis. Elle y était encore en 1427 quand Bertuccio Faliero, ambassadeur de la Seigneurie, l'y trouvant (il n'en avait donc pas une copie devers lui), en fit dresser une ampliation dont il se borna à demander le renouvellement confirmatif avec quelques additions au roi Abou-Farès [6].

Les traités antérieurs à 1392 devaient exister autrefois dans leurs doubles textes originaux à Venise; et il est bien probable, sauf d'inévitables exceptions, que les gouvernements européens gardaient en général devers eux, dans les coffres ou dans les sacs renfermant leurs archives, un exemplaire du texte étranger des traités. On en a vu la preuve pour Venise. Des difficultés d'interprétation s'étant élevées à Tunis lors des négociations de 1391 ou 1392, sur quelques arrangements secondaires, et les négociateurs musulmans ne retrouvant pas chez eux le précédent traité, qui était, croyons-nous, le vieux traité de 1317, il fut décidé qu'on ferait rechercher à Venise le texte arabe de cet accord et qu'on l'enverrait à Tunis, afin de suivre ponctuellement ce qu'il prescrivait au sujet des faits contestés [7].

[1] Pages 236, 142, 143, 254.
[2] Page 142.
[3] Page 256.
[4] Page 254, note 8.
[5] *In bancho statutorum* (p. 237, note 2).
[6] Voyez p. 244, note 1, et p. 248, note 2.
[7] Cf. p. 233, art. 4.

§ 2.

Aperçu général des formes suivies pour la négociation et la rédaction d'un traité.

Peut-être a-t-on lieu de s'étonner que les négociateurs chrétiens venant en Afrique ne fussent pas munis des textes authentiques et complets des anciens traités dont ils avaient à obtenir la révision ou la confirmation. Tel fut cependant, à ce qu'il semble, le cas de Bertuccio Faliero, en 1427; et cette circonstance est surtout étrange pour un gouvernement aussi régulier et aussi bien organisé que celui de Venise.

Quels qu'aient été dans cette occasion les faits exacts et les incidents que nous ne connaissons pas, il est incontestable qu'on apportait une grande attention et une certaine solennité à la rédaction, à l'interprétation et à la confection matérielle des instruments de la convention, tant des actes primitifs que de leurs expéditions authentiques. Les négociations suivies en Afrique par les Chrétiens durant quatre cents ans en témoignent toutes. Et si les documents du douzième siècle, qui sont nos plus anciens traités, fournissent moins de renseignements à cet égard, c'est en grande partie parce qu'il n'était pas encore dans l'usage des chancelleries, à l'époque de leur rédaction, d'exprimer au protocole les opérations successives de la confection des actes publics et internationaux.

Il ne faut pas en effet donner une trop grande signification à l'absence des mentions appelées par les diplomatistes *les annonces* dans les documents anciens. De ce qu'il n'est rien dit dans le libellé d'un traité de certaines formalités de rédaction, telles que la présence des témoins, l'apposition des sceaux, le serrement de mains, la traduction ou l'ampliation de l'acte, on ne doit pas en conclure la non-observation de la formalité. Il n'est pas impossible que le cérémonial de la conclusion d'un traité ait été à peu près le même du douzième au seizième siècle, bien que les formules de la chancellerie constatant la négociation et l'achèvement de l'acte aient varié.

Généralement, les traités du douzième siècle se bornent à annoncer, en nommant les négociateurs, que Dieu, « le meilleur des garants », est le seul témoin de l'acte, bien qu'en réalité il y eût toujours auprès des plénipotentiaires une certaine assistance, ne fût-ce que les interprètes et les notaires, secrétaires, ou copistes. On ajoute quelquefois que l'union des mains a été le signe de la conclusion du pacte, et que l'instrument dressé par suite de l'accord a été écrit en double original. Au treizième siècle, on mentionne généralement la présence et le nom des témoins chrétiens et arabes, le nom de l'écrivain, le fait de la traduction et le nom de l'interprète. Ces dernières constatations, rares encore au commencement du siècle, sont presque constantes à la fin. Au quatorzième siècle, les protocoles prennent plus d'extension et donnent comme une sorte de narration historique de la négociation et de la rédaction des pièces originales de la convention.

Voici quelle était dans ses conditions ordinaires la marche de la négociation d'un traité avec les souverains du Magreb, telle que les documents nous permettent de nous la représenter.

Aussitôt que l'ambassadeur chrétien arrivait en Afrique porteur d'une lettre de son souverain qui l'accréditait et lui donnait pouvoir de traiter, il était reçu par le roi; il présentait au prince les compliments et les cadeaux de son maître, et lui demandait de vouloir bien fixer le jour où il pourrait exposer plus complétement l'objet de son ambassade et s'occuper du traité. L'audience se faisait généralement attendre plusieurs jours. L'envoyé utilisait ses loisirs en faisant des visites et des présents aux parents et aux ministres du sultan. Le jour venu pour la réception dans laquelle devait avoir lieu en quelque sorte l'ouverture des négociations, l'envoyé présentait une copie des anciens traités ou une note renfermant article par article les clauses d'un nouvel accord; le sultan s'en faisait rendre compte et renvoyait la discussion des articles à des commissaires.

Presque toujours, l'ambassadeur avait en même temps à ménager la délivrance des esclaves chrétiens, surtout de ses nationaux, qui pouvaient se trouver dans les États de l'émir. C'était l'objet de ses plus instantes réclamations; il subordonnait même souvent l'acceptation du traité à la remise préalable des captifs, et généralement le gouvernement magrebin, désireux de complaire à l'envoyé, mettait un véritable empressement à faciliter le rachat ou à effectuer même de ses propres deniers la délivrance des prisonniers.

Les pourparlers s'ouvraient ensuite. Ils avaient lieu généralement au palais du roi ou chez l'un des hauts dignitaires de l'État; le traité précisait habituellement l'endroit même des conférences et de la conclusion. C'était la salle des audiences royales, un pavillon des jardins royaux, soit la résidence d'un ministre ou d'un commissaire délégué, tel que le directeur de la douane arabe [1]. Les commissaires arabes et les commissaires chrétiens apportaient à ces conférences des notes, mémoires, ou *Capitulations*, c'est-à-dire des séries d'articles, *capitula*, formant une sorte de projet préparatoire sur lequel on discutait [2].

Quand on était arrivé à fixer d'un accord commun les bases du nouveau traité, on en rédigeait la minute, presque toujours en arabe. Dans les relations des princes d'Aragon et du Magreb, la première rédaction des conventions fut fréquemment en langue catalane [3]. En 1270, la première rédaction du traité de Carthage, par une exception qu'explique vraisemblablement la solennité et la gravité des circonstances, où trois souverains chrétiens se trouvaient aux portes de Tunis, paraît avoir été la charte française que nous avons perdue [4].

Plus souvent, comme nous l'avons dit, l'instrument primitif était un texte arabe. Quand il était écrit, on indiquait une séance solennelle pour le traduire à l'usage des Chrétiens, pour dresser les grosses, les signer, les sceller et donner aux actes les derniers compléments d'authenticité. L'ensemble de ces opérations, qui constituaient la confection et la promulgation du traité, avait lieu avec quelque appareil et en présence d'une nombreuse assemblée, généralement dans le lieu même où les commis-

---

[1] Voyez ci-après, p. 285 et suiv.
[2] Cf. ce qui a été dit précédemment des conférences de 1391 et 1456, p. 246, 247 et 269.
[3] Voyez ci-après, p. 281.
[4] Voyez nos *Documents*, p. 93.

saires avaient siégé pour leurs conférences. On appelait ordinairement à y prendre place, à côté des plénipotentiaires, de leur interprète et de leur notaire, le consul de la nation contractante, les consuls étrangers, ou quelques notables commerçants des autres nations, les prêtres ou religieux desservant les oratoires chrétiens, un certain nombre de témoins arabes choisis parmi les scheiks, et souvent les connétables ou alcades des milices chrétiennes au service des émirs, dont plusieurs ont souscrit les traités comme témoins.

Quelques détails des circonstances mêmes de la traduction ne nous sont pas connus. Nous ne savons si l'interprète tenait en ses mains le parchemin même du traité original revêtu des seings royaux, ce qui nous paraît douteux; ou si un ministre lui en donnait lecture sans se dessaisir de l'acte, pour qu'à son tour le trucheman en fît la traduction au notaire ou qu'il en écrivît lui-même une première traduction. Peut-être le document n'était-il confié à l'interprète qu'avant l'apposition des sceaux et des seings authentiques.

Indépendamment des originaux arabes ou chrétiens, qui étaient scellés et signés dans ces dernières conférences, les notaires préparaient souvent pour la même réunion les ampliations originales dont il est parlé dans plusieurs traités. Ces ampliations, bien que dépourvues d'une partie des formules de validation de l'acte primordial, paraissent avoir eu la même valeur que les instruments primitifs [1].

§ 3.

Faits particuliers de la rédaction de quelques traités italiens et espagnols.

Telles sont les phases communes que suivaient habituellement les négociations entre Chrétiens et Arabes en Afrique. Les faits mentionnés dans les protocoles des chartes, en établissant l'existence de ces usages généraux, montrent aussi qu'il y avait dans chaque négociation des exceptions à ces usages ou un ensemble d'habitudes propres à chaque nation.

Lors des négociations des traités vénitiens de 1305, 1317 et 1391-1392 [2], les ambassadeurs demandèrent, avant la signature définitive de l'acte, la faveur de se présenter devant le roi avec quelques-uns de leurs nationaux, et d'entendre de la bouche du prince la confirmation expresse des engagements pris en son nom par son représentant, ce qui leur fut accordé. On lit à la fin du traité de 1305 : « Le troisième jour du » mois d'août, jour même de la conclusion, le noble homme Michel Caroso, ambassa- » deur du seigneur doge de Venise, accompagné de Nicolas de Stella, de Michelet » Micheli, de Marc Barozzi et de Victor Caroso, comparurent devant le seigneur roi, » qui confirma tout ce qui avait été arrêté par le scheik. Fait au palais royal de » Tunis, etc. » Suivent les souscriptions des témoins et les attestations du notaire chrétien [3].

---

[1] Le traité florentin de 1421 nous est parvenu par une ampliation semblable. Nos *Documents*, p. 344.

[2] Voyez les textes, p. 216, 221 et 242.

[3] Page 216.

Le protocole de 1317 expose les formalités d'une conclusion dans sa forme la plus solennelle :

« Les soussignés, y est-il dit, ajoutent leur témoignage à celui du noble émir, agissant
» au nom du roi Boabdala, que Dieu le maintienne! pour tout ce qu'il a dit dans le présent
» instrument et pour ce qu'il doit faire en vue de sa confirmation ; et au témoignage du
» noble homme Michelet Micheli, ambassadeur, garantissant qu'il a conclu le traité
» et qu'il doit le faire observer. Et cela, sur l'interprétation de celui qui a la charge de
» faire les traductions. De ces choses fut interprète Moag, le drogman sarrasin de la
» douane, le jeudi, jour qui s'appelle safar dans la langue sarrasine, 717, suivant le
» cours sarrasin, jour et an qui répondent à notre douzième jour du mois de mai 1317
» de Jésus-Christ, quinzième indiction. Furent présents : frère Pierre Gardien, frère
» Michel de Renal, catalan, de l'ordre des Franciscains; Andriolo Embriaco, consul de
» Gênes; Jacques Michel, consul des Catalans; Orset (*Seudini*, ou *Testudinis*), consul
» de Majorque; Vido Pisan, consul de Sicile; les marchands chrétiens Robert Spinola,
» génois, et Bernard Cibo, génois; Lemo, écrivain (chancelier) des Pisans; Pierre
» Caxela, écrivain de Gênes; Bernard, écrivain des Catalans; et Nicolas, prêtre, Tho-
» masin Giustiniani et Angelo Alberengo, vénitiens, tous se déclarant satisfaits du traité
» que l'ambassadeur approuvait. Noms des témoins sarrasins présents aux choses
» susdites, qui témoignent de l'instrument arabe du traité et qui l'ont souscrit de leur
» propre main : Mahomet, fils d'Ali, l'émir Abd-Allah, Mahomet, fils d'Ismaël, etc.
» Et le même jour, le noble homme Michelet Michel, ambassadeur du seigneur doge
» de Venise, accompagné du seigneur Thomasino Giustiniani et d'Angelo Alberengo,
» vénitiens, se présentèrent devant ledit seigneur roi; et le roi confirma tout ce qui
» avait été mis dans l'accord.

» Ce fut fait au palais royal de Tunis. Moi, Thomasino Giustiniani, j'ai assisté à
» toutes ces choses, et j'ai signé. Moi, Angelo Berengo, j'ai assisté à toutes ces
» choses, et j'ai signé. Moi, Nicolas Rustego, curé de Saint-Jean décollé, et notaire,
» j'ai vu et j'ai entendu toutes les choses dites en arabe par Moag, le drogman sarra-
» sin de la douane, interprète dudit roi, et mises en latin par le même Moag, en pré-
» sence des susdits nobles vénitiens, et j'ai le tout rédigé, achevé et authentiqué en
» cette forme publique, sans y rien ajouter, sans rien y retrancher qui puisse en
» changer le sens. »

Le traité conclu en 1353 à Tunis par Rainier Porcellino, ambassadeur pisan, avec Abou Ishac II, roi de Tunis, rappelle les garanties de publicité et de bonne foi qui accompagnaient la rédaction, la traduction et la promulgation des actes internationaux. La vérification des pouvoirs de l'ambassadeur et les premiers pourparlers sur la teneur du traité eurent lieu devant les ministres du roi et devant une nombreuse assemblée au palais de la douane arabe. Nous apprenons par la rédaction arabe seule[1] que Rainier Porcellino, « parlant la langue des Sarrasins », soutint personnellement la discussion dans les négociations, bien qu'il eût auprès de lui pour drogman en titre l'un des chevaliers à la solde de l'émir.

---

[1] Traduction de M. Amari. Voyez nos *Documents*, p. 64, 2ᵉ col.

La conclusion du traité, qui eut lieu ailleurs que les premières entrevues, est annoncée ainsi à la fin de la pièce chrétienne : « Toutes les choses ci-dessus ont été faites, » discutées et adoptées dans le petit pavillon du jardin royal de Res-el-Tabia, près de » Tunis, Ferrand Perez, chrétien, homme d'armes à la solde dudit seigneur roi, étant » interprète ; en présence de l'alcaïd Lodorico Alvarès (espagnol), de l'alcaïd » Andreuccio Cibo (génois), connétables des soudoyers chrétiens du seigneur roi; de » Simon Orlandi, d'André, fils de sire Pieri Salmuli, et de plusieurs autres Chrétiens » et Sarrasins appelés comme témoins à ces choses le 17 des calendes, 1er juin 1354, » suivant le cours de la ville de Pise. Moi, Benincasa, fils de feu Mey Cason de Monte-» magno, citoyen pisan, notaire impérial, et secrétaire public et spécial de messire » Rainier Porcellino, pour la république de Pise, j'ai assisté à tout ce que dessus, et » sur l'ordre des parties contractantes j'en ai fait une charte, le susdit Ferrand étant » interprète ; et pour garantie je l'ai dressée en cette forme authentique. »

Les deux textes arabe et chrétien du traité pisan de 1397 rappellent que la discussion et la rédaction du traité eurent lieu par l'intermédiaire d'un marchand de la colonie pisane de Tunis parlant la langue sarrasine, qui prêta son ministère à l'ambassadeur André del Campo. On a vu cette circonstance un peu étrange de l'ambassade vénitienne de Bertuccio Faliero en 1427, qui trouvant au consulat de la république à Tunis une ampliation du dernier traité de 1391 ou 1392, se contenta d'en demander au roi la simple confirmation sur l'expédition qu'il en fit dresser par son notaire [1]. On intercala à la fin deux dispositions nouvelles, les articles 35 et 36 ; on substitua le millésime de 1427 à celui de 1392, et la rédaction générale demeura ce qu'elle était, avec les mêmes témoins, le même interprète et les souscriptions textuelles et nominales du traité tel qu'il avait été dressé trente-cinq ans auparavant [2].

Les documents diplomatiques échangés entre les rois d'Aragon, de Majorque et les rois du Magreb présentent quatre types différents.

1. Quand la négociation et la rédaction du traité avaient lieu en Afrique, on paraît avoir suivi l'usage commun aux autres Chrétiens ; usage dont les traités vénitiens et pisans nous ont montré l'application. L'acte primordial était rédigé en arabe ; le texte chrétien en était une traduction solennellement exécutée et mise en forme authentique sur un parchemin séparé par un notaire chrétien.

C'est ce qui fut pratiqué lors de la conclusion des traités de Tunis des mois de janvier 1313 et 21 février 1314, négociés par Grégoire Salembe et Guillaume Oulomar, entre don Sanche, roi de Majorque, seigneur du Roussillon et de Montpellier, et Jacques II, roi d'Aragon, d'une part, et l'émir Abou-Yahia Zakaria, d'autre part [3]. Bernard de Belvey ou de Beauvoisin, notaire aragonais de Tunis, chargé de dresser l'expédition authentique du traité du mois de janvier 1313, conservée aujourd'hui à la Bibliothèque

---

[1] Il était naturel qu'on procédât en 1278 d'une manière semblable, lorsqu'un envoyé du roi de Majorque se rendit à Tunis pour demander la confirmation du traité aragonais de 1271, conservée aujourd'hui à Paris. Voyez p. 187.

[2] Voyez précédemment p. 13, et dans le texte de nos *Documents*, p. 244 et 248, notes 1 et 2.

[3] Voyez le texte de ces *Documents*, p. 188 et 306.

impériale de Paris, commence son acte par la déclaration suivante, rédigée en latin :
« Ceci est traduit fidèlement d'un instrument arabe de trêve, de paix et d'amitié conclu
» par l'illustre seigneur Abou-Yahia Zakaria, roi de Tunis, et l'honorable Grégoire
» Salembe, ambassadeur du très-excellent seigneur Sanche, roi de Majorque ; lequel
» instrument a été traduit de l'arabe en langage catalan, par Jean Gil, interprète qui
» connaît, qui comprend et entend parfaitement la langue et l'écriture arabes, et en
» voici la teneur. » Suivent les dispositions du traité de paix et de commerce, en
catalan, qui se termine ainsi, toujours dans la langue catalane :

« Et furent présents à cette paix : frère Nicolas Damyon et frère Romain de Falchs [1],
» Bernard de Fonts, Jacques Rostaing, consul du roi d'Aragon, Orsset *Testudinis*,
» Lemo, notaire, Bernard de Belvey, notaire, Laurent de Berga, écrivain [2] des cheva-
» liers chrétiens, et Jean Gil, drogman ; lesquels vérifièrent l'authenticité de la procu-
» ration du roi de Majorque donnée à l'ambassadeur. Et ceci a été traduit par ledit
» drogman pour les frères [3]. Sont témoins du traité : Mahomet, fils d'Abd-el-Hack, Abd-
» Allah, fils de Mahomet, Mahomet, fils d'Hassan. Moi, Bonanat des Tours, prêtre,
» je souscris comme témoin. Moi, Bernard d'Ultzma, écrivain juré du fondouk du
» seigneur roi d'Aragon, à Tunis, j'ai signé comme témoin. »

La rédaction latine du notaire chrétien reprend ici par l'attestation suivante : « † Seing
» de Bernard de Beauvoisin, notaire public de l'autorité du très-excellent roi d'Aragon,
» à Tunis, qui a fidèlement exécuté cette transcription et l'a conférée avec son instru-
» ment original, le lisant et expliquant mot à mot ledit drogman, le 6 des calendes de
» février de l'an 1312 [4]. »

Un fait particulier s'était passé dans le cours de la traduction du traité. Le notaire
le constate à la fin après l'attestation précédente. Voici ce dont il s'agit. Le texte arabe
spécifiait ainsi pour les sujets du roi de Majorque, tant des îles que des seigneuries de
Roussillon et du bas Languedoc, les droits de nation amie ou alliée, droits consistant
principalement dans la possession d'un fondouk et le privilége d'avoir un consul en
Afrique : « Et ils auront un fondouk dans la Haute Cité (Tunis), et un consul qui sera
» leur juge. » Quand on arriva à la traduction de ce passage de la charte arabe, le
drogman, autorisé par le roi, ajouta de vive voix ces mots que le notaire écrivit : « *Et
ils auront un four dans leur fondouk;* » mais il parut nécessaire d'effectuer régulièrement la même addition au texte arabe, ce qui eut lieu. Bernard de Beauvoisin mentionne ainsi tout l'incident à la fin de sa pièce après la date : « Ensuite, le drogman
» a déclaré que ce qui est dit ci-dessus au sujet du four ne se trouvait pas dans l'in-
» strument arabe, mais qu'il l'avait dit sur l'autorisation du roi et de son alfaqui (con-
» seiller), lesquels ordonnèrent d'ajouter ces mots à l'instrument arabe [5]. »

[1] Chapelains, probablement, des Catalans, Majorcains et Languedociens, sujets de don Sanche.
[2] Probablement secrétaire et comptable.
[3] Pour les religieux qui n'entendaient pas l'arabe probablement.
[4] Vieux style.
[5] Voyez p. 192, et l'art. 5 du traité. Il est donc vraisemblable que la jouissance d'un fondouk n'impliquait pas absolument, du moins à cette époque et quant aux sujets majorcains, le droit d'y construire un four. Voyez ci-dessus, p. 90.

2. Un procédé plus expéditif était employé souvent, lorsque le traité était rédigé en Espagne sur la demande et avec la coopération d'un ambassadeur musulman. La fréquence des rapports entre les Espagnols et les Arabes, et la connaissance assez répandue des deux langues parmi les deux peuples, avaient vraisemblablement amené ces simplifications. Lorsque le mandataire du roi magrebin, qui était quelquefois un chevalier chrétien ou le consul lui-même [1], s'était mis d'accord avec les ministres du prince sur les bases du traité, on procédait généralement ainsi. La chancellerie royale dressait une double copie catalane du traité qu'il s'agissait de rendre synallagmatiquement obligatoire sur le même parchemin et en deux corps d'écriture séparés par une marge couverte de lettres ou autres sigles de contrôle. C'était la forme des pièces appelées par les diplomatistes des *cyrographes*, des *endentures* ou des *chartes parties*. Chacun des deux actes était scellé au nom du roi, en présence du mandataire arabe, puis envoyé en Afrique pour recevoir les sceaux et les seings du sultan, qui gardait l'un des originaux et réexpédiait l'autre en Espagne.

On agit ainsi lors de la conclusion des traités du 7 janvier 1314 à Valence, et de 1323 à Barcelone. Les deux actes se terminent par la déclaration suivante, rédigée à peu près dans des termes identiques : « En témoignage des choses ci-dessus expri-
» mées, ont été dressées deux chartes semblables séparées par des lettres (généra-
» lement les premières lettres de l'alphabet). Chacune des parties contractantes doit
» conserver l'une de ces chartes. Et le seigneur roi d'Aragon, pour leur donner plus
» grande validité, les a fait sceller de son sceau pendant. Et elles doivent être pareil-
» lement scellées du sceau du roi de Tunis [2]. »

3. En certains cas, au lieu d'écrire deux fois le contexte catalan du traité sur le même parchemin, dans le système des chartes parties, on le transcrivait sur des parchemins séparés qui étaient d'abord scellés en Espagne du sceau chrétien, et qui recevaient ensuite en Afrique les sceaux et les seings magrebins. On alla plus loin encore dans cette voie de simplification. Le contrat paraît avoir été consommé quelquefois par l'échange de deux chartes ou lettres revêtues d'un seul sceau, le roi chrétien gardant le texte scellé par le roi maure, et le sultan conservant le texte scellé chez les Chrétiens.

C'est dans l'une de ces deux formes, différente seulement de la charte partie en ce que les parchemins n'avaient pas été divisés par endenture, que furent conclus les traités de Valence en 1271 [3], de Barcelone en 1274 [4], du col de Paniçar en 1285 [5], et de Barcelone en 1309 [6]. Le traité de 1274, dont nous avons la partie chrétienne sous forme de lettre du roi Jacques Ier d'Aragon au sultan Abou-Yousouf Yakoub, venu personnellement à Barcelone pour demander la coopération des Chrétiens contre

---

[1] Comme en 1309 (voy. nos *Documents*, p. 301) et en 1314 (voy. p. 314).
[2] Nos *Documents*, p. 306, 324.
[3] Page 283.
[4] Page 285.
[5] Page 290.
[6] Page 301.

Ceuta, se termine ainsi : « Et de tout ceci, nous vous adressons notre charte scellée de » notre sceau ; et vous nous en adresserez votre charte, confirmée et scellée, comme il » est d'usage entre vous [1]. »

4. Le quatrième type des traités hispano-magrebins offre de telles garanties d'authenticité et de telles facilités de contrôle pour les deux textes dont il est formé, qu'on doit s'étonner d'en voir de si rares exemples dans les chancelleries et les archives publiques. Hors de l'Espagne nous n'en trouvons pas ; dans les documents catalans deux seulement nous sont connus. L'un est sous nos yeux en original à Paris [2] ; c'est le traité conclu le 13 avril 1339, à Tlemcen, entre Jacques II, roi de Majorque, et Abou'l-Hassan, roi de Maroc, de la dynastie mérinide. L'autre est le traité arrêté à Saragosse et confirmé à Carinena en 1357, entre Pierre IV d'Aragon et le sultan de Maroc Abou-Einan. L'original de ce dernier traité paraît ne plus exister ; mais le texte catalan publié par Capmany, d'après un registre de la couronne d'Aragon, est suivi d'une note du secrétaire archiviste décrivant en détail la manière dont on avait procédé pour la confection du traité. Deux parchemins pliés longitudinalement en deux colonnes, reçurent d'abord, en présence de l'ambassadeur musulman, le texte catalan écrit sur la colonne de droite, texte qui fut arrêté et confirmé au bas par l'apposition du sceau d'Aragon. Les parchemins furent remis ensuite, l'un au mandataire marocain, l'autre à un envoyé chrétien, qui tous deux eurent à se rendre au Maroc pour faire écrire le texte arabe sur la colonne de gauche, et faire apposer au bas la signature et le cachet du sultan [3]. L'envoyé chrétien rapporta ensuite en Aragon l'original qui lui avait été confié.

Le traité de Tlemcen, que nous avons à Paris, dut être exécuté et rapporté à Majorque ou en Roussillon, à peu près dans les mêmes conditions. Les deux textes sont écrits sur deux colonnes synoptiques (le catalan à gauche par rapport au lecteur) ; au bas desquelles se trouvent les scels et les seings respectifs des négociateurs et des témoins des deux nationalités [4].

Les documents originaux de la république de Gênes nous sont arrivés en trop petit nombre pour qu'il nous soit possible de voir s'il y a eu quelque chose de particulier dans les procédés de sa chancellerie en Afrique.

Les deux traités florentins que nous avons de 1421 et 1445 ne décrivent pas les formes de la traduction, qu'ils attestent seulement. Ils paraissent avoir été presque tous expédiés dans la forme ordinaire des doubles originaux, le texte chrétien rédigé en latin sur parchemin détaché, et traduit officiellement sur un premier texte rédigé en arabe.

Ces documents nous fournissent l'occasion de parler d'une particularité technique ou paléographique qui n'a pas grande importance, mais que nous ne voudrions pas négliger : il s'agit de la séparation des paragraphes et de la numérotation des articles du dispositif.

[1] Page 286.
[2] Bibliothèque impériale. Voyez nos *Documents*, p. 192.
[3] Voyez nos *Documents*, p. 326, note.
[4] Voyez nos *Documents*, p. 192.

§ 4.
Numérotation des articles.

Les articles des traités étaient rarement divisés en paragraphes. Nous avons adopté comme règle constante de notre publication de séparer dans le commencement de l'acte les invocations et les expositions qui précèdent le dispositif, et à la fin les confirmations, les validations et attestations qui le terminent, afin de donner à chacune des clauses qui sont le fond même de l'acte, les numéros d'ordre nécessaires pour faciliter les citations des articles et les références d'un traité à l'autre.

Les premiers traités chrétiens où nous trouvons une séparation et une numérotation effective et originale des articles, sont le traité de Florence avec Tunis de l'an 1421, et le traité de Gênes avec le même État du 19 octobre 1433. Mais les articles des traités vénitiens de 1427, 1438 et 1456, quoique transcrits en paragraphes séparés par des alinéas ou des signes distinctifs, ne sont pas chiffrés.

La numérotation figurée ne devient régulière et habituelle qu'au seizième siècle.

Chez les Arabes, la séparation et la numérotation d'ordre semble plus rare que chez les Chrétiens; mais elle est peut-être plus ancienne. Il est vrai que cette numérotation n'est pas chiffrée; elle est écrite et exprimée en toutes lettres. Le texte arabe du traité pisan de 1353 est divisé en alinéas non numérotés; les séparations sont conservées dans le texte chrétien. Le texte arabe du traité obtenu sous forme de diplôme par la république de Pise du sultan de Maroc en 1358, porte des mentions correspondant vraisemblablement dans leur ordre à la requête remise au sultan par l'ambassadeur pisan. Elles sont ainsi conçues : *Ceci est le premier article (capitolo) de ce que vous nous avez demandé. Ceci est le second article*, etc. [1]. Les articles du traité pisan de 1397 avec Tunis, dont nous avons trois originaux, arabe, italien et latin, sont numérotés seulement dans le texte arabe, instrument primitif de l'accord. Cette numérotation, d'ailleurs non chiffrée, est exprimée dans le système précédent par les mots : *Article premier, article second*, etc. Il en est de même dans le texte arabe du traité florentin de 1421, dont le texte chrétien est séparé en alinéas numérotés et chiffrés. Mais nous trouvons une dérogation à tous ces usages dans le texte arabe (le seul connu) du traité de Florence et de Tunis de 1445, qui n'a ni alinéas ni numérotation écrite ou figurée; et dans le diplôme obtenu par les Florentins en 1496 du sultan d'Égypte [2], dont les dispositions successives, au nombre de trente-cinq, sont écrites en paragraphes séparés, commençant chacun par un mot signifiant *article, chapitre* ou *résolution*, sans aucune sorte de numérotation.

Le traité génois de 1433 est le second de nos exemples de traités chrétiens dont les articles soient effectivement séparés, numérotés et chiffrés [3]. Il est possible que le rang numérique des divisions du dispositif arabe (aujourd'hui perdu) fût également chiffré ou exprimé; mais les paragraphes n'étaient pas cependant matériellement les mêmes

---

[1] Nos *Documents*, p. 66.
[2] Amari, *Diplomi*, p. 184.
[3] Nos *Documents*, p. 134.

dans les deux textes : ils étaient plus multipliés, et il y avait quelques interversions, dans la pièce tunisienne. On constate toutes ces différences d'agencement dans l'instrument latin quand elles se présentent. Ainsi, après l'article 5, le traducteur chrétien ajoute ces mots : le présent article forme deux articles en arabe, *iste capitulus facit duo capitula in maurisco.*

On lit après l'article 6 : *Istud capitulum est septimum in ordine, in maurisco, et sic subsequntur.* Après l'article 22 : *Istud est in duobus capitulis in morescum.* Après l'article 30 : *Ista sunt duo capitula.* Après l'article 33 : *Istud capitulum est in tribus capitulis in moresco.*

Alors même que l'écriture des traités n'était subdivisée ni par des chiffres ni par des alinéas, les résolutions successives de l'acte, qui commencent généralement par le mot *Item* ou par une lettre capitale, avaient entre elles un rang précis et bien déterminé. Les pièces de la négociation vénitienne de 1391-1392, à Tunis, nous fournissent à ce sujet des renseignements certains. Le texte chrétien du traité, seul connu aujourd'hui par la transcription des Mémoriaux de la république, reproduit très-vraisemblablement la disposition même de l'écriture de l'original.

Les articles y sont séparés en alinéas, non numérotés; ils sont au nombre de trente-quatre ou de trente-cinq [1]. Dans la lettre au doge que le consul négociateur envoya à Venise avec les exemplaires arabe et chrétien du traité, il cite souvent les articles successifs du traité, qu'il désigne par les mots : 1er, 2e, 3e *article* [2], etc., bien que les articles ne soient pas numérotés. Ces références se rapportent exactement à l'ordre même des articles; et nous avons pu en conséquence figurer cette numérotation en chiffres dans notre édition, sans crainte de nous tromper.

§ 5.

Différence du traducteur et du notaire. Lieu de la conclusion du traité.

Indépendamment des mandataires à qui était dévolu le soin principal de la négociation, des interprètes qui les assistaient, des témoins chrétiens et des témoins arabes appelés pour attester la régulière conclusion et la traduction de leur traité, la réunion comptait toujours dans son sein des notaires ou secrétaires chargés d'en dresser l'acte authentique.

Les notaires arabes, autant que nous pouvons en juger par les documents traduits, ne se nommaient pas toujours avec leur qualification officielle; mais il est bien probable qu'on retrouverait leur nom sans désignation spéciale parmi ceux des témoins musulmans. Rarement, au contraire, l'écrivain chrétien omet d'inscrire au bas de la charte une clause distincte qui atteste sa présence et la part prise par lui à l'acte final et solennel des conférences. C'est là sa souscription et un caractère habituel de la régulière confection de l'acte.

---

[1] En réalité, le dispositif du traité n'est divisé qu'en trente-quatre paragraphes commençant par le mot *item*; mais il est possible que les deux déclarations de l'art. 32 aient formé originairement deux alinéas. On retrouverait ainsi les trente-cinq articles dont parle le consul dans sa lettre.

[2] Voyez ci-dessus le récit de Valaresso, p. 246 et 247.

Le notaire chrétien était ordinairement ou le notaire même que l'ambassadeur amenait avec lui à l'étranger, ou le secrétaire de la nation résidant avec le consul et ses compatriotes au fondouk de la colonie. Ce secrétaire est le fonctionnaire que l'on appelle aujourd'hui le chancelier du consulat.

L'interprète était habituellement l'un des drogmans royaux, ou l'un des drogmans attitrés de la douane, juif, arabe ou chrétien [1]. Quelquefois le sultan chargeait l'un des officiers de la milice chrétienne de servir de trucheman pour les conférences et la rédaction du traité [2]. L'interprète et le notaire écrivain assistaient aux discussions préparatoires et dressaient ensuite en commun l'instrument original de l'accord : l'interprète lisant ou répétant à haute voix ce que le notaire écrivait. En certaines circonstances, on voit l'interprète écrire d'abord sa traduction et le notaire mettre ou grossoyer ensuite cette minute dans sa forme authentique [3].

Les mentions suivantes extraites des documents mêmes donnent le tableau de la plupart des cas qui ont pu se présenter. Ajoutons seulement qu'assez souvent deux interprètes ou un plus grand nombre servaient d'intermédiaires dans les discussions, bien qu'un seul soit nommé dans la charte, et que la présence de l'interprète officiel paraît avoir été tellement d'usage, de convenance et de nécessité, qu'il figure et prend part à la rédaction de l'instrument de paix, alors même que l'ambassadeur chrétien, sachant l'arabe, avait lui-même agi et parlé dans les réunions préparatoires, comme fit Rainier Porcellino en 1353.

1231. Venise-Tunis. A Tunis. Rien de précis au sujet de la traduction. Il semble qu'il y eut deux interprètes, l'un chrétien, l'autre sarrasin. Le notaire chrétien ne se nomme pas. Mais nous n'avons probablement qu'une traduction *libre*, quoique ancienne et non notariée de ce traité.

1234. Pise-Tunis. A Tunis. La pièce souvent publiée est très-altérée. Il y eut un interprète et un écrivain, qui tous deux paraissent arabes. Nous croyons n'avoir encore ici qu'une traduction sans caractère officiel de la rédaction arabe, où pouvaient être nommés l'interprète et le secrétaire musulman. Il est probable que si nous possédions le texte de la traduction chrétienne contemporaine dressée par le délégué compétent, à la fin des négociations, nous trouverions un nom de notaire chrétien au bas de l'acte.

1250. Gênes-Tunis. A Tunis. « Moi Michel de San-Donato, notaire du Saint-Empire, j'ai écrit le présent accord par ordre de l'ambassadeur et du consul. »

1251. Venise-Tunis. A Tunis, au palais du roi. Rien du traducteur ni du notaire sur le texte des registres de Venise.

1264. Pise-Tunis. A Tunis. Rainier Scorcialupo, notaire et écrivain attitré (*notarius et scriba publicus*) des Pisans et de la république dans le port de Tunis, a écrit la copie de ce traité, l'interprétant de l'arabe en *latin* (la pièce est en *italien*, sauf les formules du commencement et de la fin), Bonajunta de Cascina.

[1] Voyez ci-dessus, p. 189. § *Des interprètes*.
[2] Au traité pisan de 1353.
[3] Traité de Venise avec Tunis de 1305.

1271. Aragon et Majorque-Tunis. A Valence en Aragon. Barthélemy de la Porte, secrétaire (*scriptor*) du seigneur roi, a écrit la pièce. Rien du traducteur ; mais nous n'avons ce traité que dans l'expédition dressée à Tunis en 1278 par Guillaume de Bonastre, notaire du roi d'Aragon en Afrique, pour l'acte de confirmation qui en fut faite, au nom particulier du roi de Majorque, le 13 juin de cette dernière année, dans la demeure du directeur de la douane arabe à Tunis. Il est vraisemblable que le traité de Valence fut rédigé et échangé dans la forme plus sommaire dont nous avons constaté l'usage en Espagne pour les traités de 1314 et 1323, envoyés d'Aragon en Afrique en double copie chrétienne[1]. L'expédition de Tunis de 1278 est à Paris, à la Bibliothèque impériale.

1272. Gênes-Tunis. A Tunis, dans le palais de l'émir al-moumenin. « François de » Seguembaldo, notaire du Saint-Empire, à la demande qui m'a été faite, j'ai écrit le » présent traité comme me l'a traduit et interprété, de l'arabe en latin, Michel de » Viali, drogman désigné pour cela, en présence de... » etc.

1287. Gênes-Tunis. A Tunis, au palais du roi. Abraham Secheli (juif), qui connaît la langue des Chrétiens et des Sarrasins, a été interprète. Léonard de Seguembaldo, notaire du Saint-Empire et de la république de Gênes, a écrit.

1305. Venise-Tunis. A Tunis, au palais du roi. Il y eut deux interprètes : Vanni Busceti, pisan, et le précédent Abraham Secali, qualifié ici interprète du roi de Tunis, qui rédigea une première traduction en latin du traité arabe, sur laquelle Marc Cio, curé de Saint-Hermagore et notaire de Venise, venu à Tunis avec l'ambassadeur, dressa la grosse ou instrument original du traité.

1313. Pise-Tunis. (A Tunis.) Des drogmans arabes servirent d'interprètes : « E ser- » vendo loro da interpreti quei Musulmani che sogliònsi adoperare a questo. »

1313. Majorque-Tunis. A Tunis. Jean Gil a été interprète de l'arabe en latin. Bernard de Belvey, notaire public, institué par l'autorité du roi d'Aragon à Tunis, a écrit et collationné mot à mot la traduction avec l'original, ledit drogman servant d'interprète[2].

1314. Aragon-Tunis. A Tunis. Jean Gil, drogman, a servi d'interprète « comme d'usage ». Rien du notaire. Mais nous n'avons le traité que dans un registre des archives de Barcelone, et non en parchemin original.

1317. Venise-Tunis. A Tunis, au palais du roi. Moag, drogman sarrasin de la douane et interprète du roi, a traduit de l'arabe en latin. Nicolas Rustego, curé de Saint-Jean décollé, à Venise, et notaire, a dressé l'acte public[3].

1339. Majorque-Maroc. A Tlemcen, au palais du roi. Rien ni de l'interprète ni du secrétaire écrivain. Signé ou scellé par les ambassadeurs chrétiens et le sultan lui-même.

1353. Pise-Tunis. A Tunis. Les conférences, comme on l'a vu, eurent lieu entre l'ambassadeur et les ministres de l'émir, tantôt au palais de la douane, tantôt sous le

[1] Voyez ci-dessus, p. 279 et 281.
[2] Voyez ci-dessus, p. 279.
[3] Voyez ci-dessus, p. 278.

petit pavillon des jardins royaux. Le traité fut conclu en ce dernier lieu. François Perez, chrétien, homme d'armes au service du roi de Tunis, remplit officiellement les fonctions d'interprète, bien que l'ambassadeur pisan, Rainier Porcellino, sachant l'arabe, eût personnellement suivi la discussion des articles, et juré l'ensemble du traité avec les plénipotentiaires arabes. Benincasa, citoyen de Pise, notaire impérial, secrétaire en titre (*scriba publicus*) de l'ambassadeur pisan et de la république de Pise, a écrit la présente charte authentique [1].

1356. Venise-Tripoli. A Tripoli, au palais de l'émir. Boniface de Carpo, notaire public impérial, secrétaire (*scriba*) de la Seigneurie de Venise, présent à toutes ces choses, a rédigé ce traité sur le texte arabe, arrêté et écrit par les soins de plusieurs notaires sarrasins, tous nommés.

1391. Gênes-Tunis. A Tunis, sous le pavillon du palais ou château royal [2]. Laudo de Segoreto, citoyen pisan, habitant Tunis, a traduit de l'arabe ou sarrasin en latin et de latin en arabe. Nicolas dei Paxani, notaire impérial, secrétaire (*scriba*) des deux ambassadeurs génois envoyés à Tunis, a écrit la charte.

1391 ou 1392. Venise-Tunis. A Tunis. Il y eut des explications au palais royal devant le sultan, mais le lieu habituel de la réunion des plénipotentiaires fut la maison de la douane, où l'on signa le traité. Le drogman royal de la douane fut interprète. François Polo, curé de Saint-Cassien et notaire de Venise, écrivit l'acte chrétien en forme publique.

1397. Pise-Tunis. (A Tunis.) Pierre de Pagnuzo, citoyen pisan, habitant à Tunis dans le fondouk des Pisans, interprète officiel, est seul désigné nominativement; mais il est question dans l'acte [3] d'autres interprètes. La pièce ne mentionne pas la souscription du notaire chrétien.

1421. Florence-Tunis. (A Tunis.) A la fin du parchemin chrétien, Luc da Lonciano, consul des Florentins à Tunis, atteste que ceci est la copie de la charte du traité, traduit mot à mot par le juif Abraham.

1433. Gênes-Tunis. A Tunis, dans la maison du vice-roi, au lieu habituel de ses audiences. Barthélemy de Rugiono, citoyen du bourg (ou faubourg fortifié) de Tunis (*civem rebati Tunicis*), drogman ordinaire des Génois dans toutes leurs affaires à Tunis, a été interprète. Paul de Vallegia, de Rapallo, notaire de l'ambassadeur, envoyé par le duc de Milan et la république de Gênes, a écrit l'acte.

1445. Gênes-Tunis. A Tunis, au palais du roi. Il paraît y avoir eu deux traités: l'un du mois de mai 1444, l'autre écrit à la suite d'une copie du précédent dressée le 23 décembre 1445. Abraham Fava, juif, fut interprète en présence de Zacharie Spinola, ambassadeur de la république, de Cyprien de Mari, consul de la nation génoise, et de Roger de Castiglione, notaire de l'ambassadeur. Le consul fit l'office de notaire, et écrivit l'instrument de sa propre main.

1456. Venise-Tunis. A Tunis. Traduit par « l'interprète en qui on a toute confiance »,

[1] Voyez ci-dessus, p. 278-279; et ci-après, p. 302.
[2] « In palatio seu castro regali, sub cuba seu capella domini regis. »
[3] Nos *Documents*, p. 85, première colonne.

présent l'ambassadeur Maffeo de Pesaro. Mais nous n'avons là qu'un diplôme délivré par le sultan Abou-Omar Othman pour approuver dans son ensemble le renouvellement des traités vénitiens que l'ambassadeur avait discuté avec les ministres du roi et avait fait constater par un traité rédigé, suivant la coutume, en articles précis et successifs, ce qui est expressément déclaré dans la lettre du sultan [1]. On peut considérer comme chose certaine que Pesaro, en retournant à Venise, présenta au doge Foscari ces deux documents, le diplôme et le traité, avec ou sans leur texte arabe; et il est probable qu'il reçut encore une lettre du sultan pour le doge, si Foscari avait remis à son ambassadeur, comme il était d'usage, une lettre destinée au roi d'Afrique.

§ 6.
Lettres, diplômes ou priviléges accompagnant ou remplaçant les traités.

Lors de la conclusion d'un traité entre princes chrétiens et musulmans, soit en Afrique, soit en Europe, l'ambassadeur étranger rapportait, en effet, ordinairement à son souverain, avec le texte ou la copie du traité, une lettre du prince auprès duquel il avait été accrédité. Quoique ces lettres soient encore plus rares aujourd'hui que les traités dans les collections publiques, nous croyons que l'usage en était très-fréquent et presque habituel. C'était même une réponse de convenance obligée toutes les fois que l'ambassadeur était venu dans le Magreb porteur d'une lettre personnelle du chef de son pays pour le prince arabe, et non pas seulement d'un plein pouvoir l'autorisant d'une manière générale à négocier. L'émir remerciait le souverain chrétien de sa première missive, se félicitait de l'accord arrêté entre eux par les plénipotentiaires, lui offrait ses compliments, y ajoutait souvent un cadeau, et quelquefois, ce qui était le meilleur témoignage d'amitié, lui annonçait la mise en liberté de quelques nouveaux captifs.

Nous avons des exemples de ces lettres accompagnant et confirmant un traité : en 1271, lors de l'ambassade de Jean Dandolo à Tunis [2]; en 1391-1392, lors de la négociation du traité de Valaresso dans la même ville [3]. Et du côté des Chrétiens : en 1323, lorsque Jacques II, roi d'Aragon, répondant à Abou-Yahia Abou-Bekr, roi de Tunis et de Bougie, lui annonce la conclusion en ce jour même, 1ᵉʳ mai 1323, du traité négocié par ses ambassadeurs, traité dont le roi envoie du sultan par un messager particulier, Laurent Cima, membre de son conseil, un cyrographe original [4].

S'il était, croyons-nous, fort ordinaire chez le souverain chez lequel la préparation du traité avait eu lieu fît savoir au souverain allié la conclusion satisfaisante des négociations par une lettre particulière indépendante du traité, il fut très-exceptionnel, au contraire, de dresser deux actes publics pour la notification de l'œuvre des négociateurs, le traité général et le diplôme royal, comme il fut pratiqué en 1456 lors de l'ambassade de Maffeo Pesaro, dont nous venons de parler dans le paragraphe précédent.

[1] Voyez ce qui a été dit précédemment de la négociation, p. 269.
[2] *Documents*, p. 203.
[3] *Documents*, p. 237.
[4] *Documents*, p. 318.

Mais souvent, à la place du traité et de l'acte synallagmatique, une lettre ou un diplôme rappela les garanties promises à l'ambassadeur et à la nation.

En 1157, c'est par une simple lettre missive, d'un caractère particulièrement cordial et affectueux, que le roi de Tunis, Abou-Abd-Allah, répondant à l'archevêque et au peuple de Pise, leur fait connaître les dispositions diverses arrêtées avec leur envoyé, dont l'ensemble constitue un véritable traité d'amitié et de commerce [1]. Quand le sultan Abou-Acida Mahomet annonce au roi d'Aragon, en 1308, que le dernier traité de paix conclu entre les deux États est renouvelé pour dix ans [2]; quand Pierre IV d'Aragon notifie de Carinena, en 1357, au roi de Maroc que le traité de Saragosse est prorogé de cinq ans, avec participation du roi de Grenade au bénéfice de ses stipulations [3], nous ne voyons pas de motif suffisant de croire qu'il y ait eu, indépendamment de ces lettres, un traité formel de confirmation et de prorogation des traités dont elles parlent.

Même dans les cas d'ambassade solennelle, de lettre de crédit et de négociations plus ou moins débattues, on voit que la conclusion de l'accord et les dispositions qui en découlent furent quelquefois rendues publiques par une lettre ou un diplôme direct de l'émir, sans qu'il y ait eu, paraît-il, un traité spécial. Ce sont de vrais et simples priviléges, ou diplômes, émanés de la seule autorité et de la bienveillance des émirs musulmans, qui en 1186 et 1358 [4] notifièrent les résolutions accordées par le prince musulman à l'envoyé chrétien, soit pour confirmer les anciens traités, soit pour donner valeur à de nouvelles dispositions. Sans doute ce mode de procéder a un caractère de *charte octroyée* et de privilége qui, en apparence au moins, ne semble pas imprimer à l'acte la même force que les traités rendus publics par l'action commune des deux parties contractantes. L'autorité qui concède les priviléges peut, dira-t-on, les retirer à sa convenance. Mais elle n'y avait nul intérêt; le commerce profitait autant aux émirs et à la population arabe qu'aux Chrétiens, et quand un prince ou ses agents méconnaissaient momentanément quelques usages favorables à une nation chrétienne, il leur importait peu que la faveur ou l'usage fût garanti par un traité ou par un diplôme.

Au fond, la différence dans la promulgation finale des décisions n'avait pas de conséquence pratique dans la vie commerciale, et n'amoindrissait pas sensiblement, nous en sommes certains, la valeur des promesses et des engagements annoncés. Que la prohibition momentanément intimée aux Pisans en 1186, sous les peines les plus graves, de commercer ailleurs qu'à Ceuta, Oran, Bougie et Tunis, eût été exprimée dans un traité synallagmatique, au lieu d'être déclarée dans un diplôme royal, elle n'aurait pas eu, pour le temps de sa durée, moins de force et de rigueur. Aussi voyons-nous les sultans d'Afrique employer le mode de la notification directe par le diplôme ou le privilége à l'égard des Pisans et même des

---
[1] Nos *Documents*, p. 23.
[2] Page 296.
[3] Page 325.
[4] Pages 28 et 66.

Vénitiens[1], qui ont été longtemps en Afrique les peuples les mieux accueillis et les plus favorisés.

Ces diplômes d'ailleurs, qualifiés par les sultans eux-mêmes de *pactes, trêves, accords, paix*[2], renfermaient souvent les énonciations détaillées article par article des traités ordinaires : ils étaient solennellement signés et traduits en présence de l'envoyé chrétien, et leurs dispositions renfermaient moralement une réciprocité obligatoire et pour la nation qui recevait le diplôme et pour le prince qui le concédait.

II. Comparaison des originaux et des traductions.

§ 1.

Différences nombreuses existant entre les originaux arabes et les interprétations officielles et contemporaines de ces traités. Que ces différences n'étaient ni intentionnelles ni frauduleuses.

Jusqu'ici nous nous sommes occupés de questions de procédé et de détails extérieurs qui ont leur utilité ou leur intérêt pour l'étude archéologique des traités; ces questions sont bien secondaires, à côté de celles dont il nous reste à parler.

Il faut examiner maintenant la nature même, la valeur intrinsèque de ces traités, comme pièces historiques. Nous avons à voir si les textes chrétiens de ces documents sont des traductions, non-seulement revêtues d'un caractère public et officiel, ce que ne peut laisser incertain l'authenticité des sources d'où ils proviennent, et où ils sont encore presque tous conservés en original, mais des traductions sincères dans leur origine et complètes dans leur expression. Il s'agit de savoir, car le fait est contesté, si ces versions, qui remplaçaient entièrement pour les Européens le texte arabe, donnaient en réalité, au seul point de vue de la traduction, le sens assez clair, assez précis et assez complet de l'original arabe pour tous les besoins des relations et du commerce entre les Chrétiens et les Musulmans.

Nous n'hésitons pas à répondre affirmativement par avance et de la façon la plus formelle. Oui, nous avons dans les textes qui nous occupent la teneur originale et fidèle des traités que les Chrétiens ont conclus avec les rois arabes et berbères de l'Afrique, du douzième au seizième siècle. Et les parchemins de ces traités n'étaient pas, par une fiction diplomatique qui aurait pu couvrir l'imperfection ou l'irrégularité de la traduction, le signe équivalent de l'original arabe : ils étaient en réalité pour les Chrétiens du temps, en ne les isolant pas du milieu et des habitudes où ils devaient être appliqués, de l'usage et de la pratique générale qui suppléait à tout ce qui n'y était pas littéralement exprimé, ils étaient la traduction ou la reproduction suffisamment exacte et suffisamment explicite de toutes les dispositions et de toutes les garanties énoncées dans le texte arabe.

Pour unique preuve, nous pourrions nous borner à citer un fait dominant tous les autres, c'est que ces traités, dont nous avons vu la rédaction entourée de soins qui en faisaient une vraie solennité, ont été, pendant quatre cents ans, reconnus, vérifiés,

---

[1] Les actes des traités vénitiens de 1271 et 1438 ont tout à fait la forme de priviléges ou d'engagements unilatéraux.

[2] « Ecco l'accordo che concede il prencipe dei credenti; questa tregua, questa pace, il patto, » etc.

[1450] INTRODUCTION HISTORIQUE. 291

visés ou renouvelés dans des accords successifs, et constamment observés sur les deux rives de la Méditerranée par les Chrétiens et les Arabes.

Mais nous voulons et nous devons nous y arrêter davantage, parce que quelques observations de MM. de Sacy et Reinaud sur des faits exceptionnels, ou des textes incomplets, ont été récemment reproduites, généralisées et sont devenues une opinion bien arrêtée chez le savant éditeur des *Diplômes arabes des anciennes républiques toscanes*. On verra que nous n'exagérons rien en lisant dans la traduction littérale que nous allons en donner le passage principal où M. Amari exprime et développe un jugement sur lequel il revient en divers endroits de son livre.

« Les traductions contemporaines du texte arabe de ces traités, dit M. Amari[1],
» dénaturent (*tradiscono*) souvent ce texte. MM. de Sacy et Reinaud en ont déjà fait
» la remarque, et chacun peut s'en convaincre en comparant dans le présent recueil
» les traductions avec leurs originaux, quand les originaux ont été conservés. Les dif-
» férences n'existent pas seulement dans les préambules et dans les expressions, ce qui
» serait peu important, mais dans les dispositions mêmes (*nei patti*), où chaque mot
» avait une portée effective et légale. On a pensé avec raison que les traducteurs offi-
» ciels, chrétiens ou musulmans, cherchaient par là à cacher les prescriptions qui sem-
» blaient donner à leur nation une position moins avantageuse que celle des *chiens*,
» c'est ainsi qu'ils s'appelaient réciproquement, avec lesquels les nécessités de la poli-
» tique et du commerce les engageaient à entrer en relations. Par exemple, la condition
» (*il patto*) prescrite aux Toscans, pour le cas où Tunis, de concert avec la Toscane,
» devrait diriger un armement de guerre contre les pirates, de se tenir avec leurs
» navires pendant l'expédition dans les stations maritimes qui leur seraient indiquées,
» cette condition, exprimée dans le texte arabe du traité de 1421, est supprimée dans
» la traduction latine[2]. On voit donc que nos traductions chrétiennes contemporaines
» tronquent (*squadernano*) quelquefois les clauses qui pouvaient déplaire au vulgaire;
» elles changent aussi volontiers la teneur de certains règlements de douane et de
» police; et cela est une fourberie manifeste (*magagna*) des interprètes et de leurs
» complices dans les bureaux musulmans. Enfin il y a des traductions obscures précisé-
» ment parce qu'elles sont trop littérales, ou parce que le rédacteur de la traduction
» n'avait pas vu le texte.

» A toutes ces causes d'erreur ajoutez l'altération des noms propres et des noms
» géographiques, le sens inconnu de certains mots transcrits bien ou mal sans être tra-
» duits, et l'on comprendra combien il est nécessaire que toutes ces versions contem-
» poraines soient revues par un orientaliste avant de pouvoir être employées par
» d'autres comme documents historiques. Le savant M. Reinaud l'a très-bien montré
» dans un travail sur le recueil de Marin[3]. »

[1] *I Diplomi arabi*, etc. Préface, p. v.
[2] Art. 26 du traité de 1421. Nos *Documents*, p. 353.
[3] Préface, p. v-vi. Cf. p. LXXII, 70. M. Amari renvoie ici au numéro du *Journal asiatique* du mois de juillet 1829, p. 22, dans lequel M. Reinaud a reproduit avec d'utiles éclaircissements quelques-uns des traités de la république de Venise et des derniers sultans mamelouks de l'Égypte, publiés par

Les textes recueillis par Marin, nous le répétons, sont d'ordinaire si négligemment reproduits, qu'on ne peut juger avec sûreté d'après sa publication du caractère général d'un document. Ce serait en outre, croyons-nous, forcer beaucoup l'opinion des savants précédemment nommés que de l'identifier à celle de M. Amari sur la portée et l'intention des différences qui existent entre les originaux arabes des traités musulmans et les traductions contemporaines d'une origine officielle.

Nous ne cherchons pas cependant à atténuer ces différences; au contraire, nous désirons confirmer par des exemples précis et multipliés tout ce qui en a été dit; mais nous prétendons que ces diversités ne sont pas volontaires et calculées; qu'elles ne sont pas l'œuvre d'agents infidèles; et nous espérons prouver, quelles que fussent la maladresse ou l'ignorance des agents, que ces différences, purement de forme et d'expression, n'altéraient au fond en rien d'essentiel, en aucune de ses stipulations générales et organiques, le dispositif du texte arabe, qui était presque toujours l'instrument primitif du contrat, ou de la concession souveraine quand un diplôme royal remplaçait le traité bilatéral.

Les drogmans, croyons-nous, pour effectuer les traductions chrétiennes n'avaient pas toujours dans leurs mains l'original du traité. Bien souvent, surtout quand la signature de la convention avait lieu en Afrique, et quand le parchemin avait déjà reçu la consécration que lui imprimait la souscription royale, il devait leur en être simplement donné lecture en fragments successifs par l'un des ministres du sultan.

Les interprètes, qu'ils eussent en leur pouvoir le parchemin original ou qu'ils en entendissent seulement la lecture, s'attachaient moins à rendre les expressions littérales que le sens général et le résumé pratique des dispositions du traité, dont ils dictaient à leur tour la traduction au notaire chargé de la mise en écrit du document chrétien.

Quelquefois, le notaire, considérant sa copie comme une simple minute, sur laquelle des corrections avaient pu ne pas manquer, recopiait son brouillon pour dresser ce que l'on nomme et ce qu'il appelle lui-même la grosse ou la forme authentique. Quand cette double transcription avait lieu, elle devenait une nouvelle cause de diversité entre les deux textes, parce qu'il est probable que le notaire ne bornait pas toujours cette seconde opération à une simple et littérale reproduction du premier dicté, et qu'il l'effectuait dans le même esprit de coordination et de réduction qui présidait à la confection générale de l'instrument chrétien.

Au reste, que la rédaction définitive du texte européen fût le résultat du travail simultané de l'interprète énonçant à haute voix sa version devant l'assemblée convoquée à cet effet, et du notaire écrivant immédiatement l'instrument destiné à être l'original latin, ou bien que l'écrit du notaire fût une seconde fois transcrit pour arriver à sa dernière mise au net, il est certain que la rédaction chrétienne, à chaque transcription et à chaque interprétation nouvelle, tendait à s'écarter de plus en plus de la forme

---

Marin. M. Amari n'avait peut-être pas sous la main le *Journal asiatique* au moment où il écrivait cette page de sa savante préface. S'il veut bien relire aujourd'hui la dissertation à laquelle il fait allusion, il verra que M. Reinaud n'y dit rien du point même qui nous divise.

de l'original arabe, sans qu'il y eût ni calcul ni dessein prémédité, et nous ajoutons, ni intérêt à introduire ces différences. De l'assentiment même de l'assistance qui les entourait, sans vouloir modifier les clauses arrêtées par les négociateurs, et sans apporter en effet aucun changement essentiel à ces bases, l'interprète et le notaire rédigeaient, à l'usage des Chrétiens, un nouvel acte qui renfermait en principe toutes les stipulations organiques et réglementaires du premier, mais qui en différait néanmoins beaucoup par l'expression, dans les préambules et dans le dispositif même. Ce fait étrange est incontestable, et on en verra de nombreuses preuves.

§ 2.

Différences dans les préambules.

Les préambules et les clauses confirmatives du commencement et de la fin des rédactions chrétiennes s'écartent tellement par leur simplicité de la forme emphatique des protocoles arabes, qu'il est évident que les agents chargés de confectionner la charte européenne rédigeaient presque toujours ces parties de l'acte d'après la méthode chrétienne, en ne prenant à la rédaction arabe que les indications indispensables de la date, du nom des souverains contractants, du nom de leurs plénipotentiaires et de celui des principaux témoins musulmans, car tous n'y étaient pas nommés.

C'est sur ce plan, très-libre sans jamais offrir d'inexactitude notable, que sont rédigés tous les traités génois de 1236, 1250, 1271, 1391, 1433 (à l'exception du seul traité de 1445), les traités pisans de 1353 et 1397, les traités du royaume arabe de Majorque avec les républiques de Gênes et de Pise de 1181 et 1184, les traités du royaume chrétien de Majorque avec les émirs du Magreb de 1278 et 1339 (ce dernier est, on le sait, en original à Paris); les traités vénitiens de 1271 et 1356, et enfin les traités de l'Aragon avec les émirs du Magreb de 1271, 1274, 1285, 1309, 1314 et 1323, conclus, il est vrai, presque tous en Espagne et sur un premier original catalan.

Dans cette méthode, les invocations au nom du prophète Mahomet disparaissent ou sont remplacées par des invocations chrétiennes; au lieu des expressions musulmanes *notre maître, notre pays, notre haute capitale,* les rédacteurs emploient les désignations correspondantes et plus exactes : *le roi* et *le royaume de Tunis* ou *d'Afrique.*

Par dérogation à cet usage, les rédacteurs chrétiens, ou employés par les Chrétiens, tout en abrégeant les protocoles arabes, en traduisaient quelquefois servilement des fragments entiers, dans lesquels les termes *notre seigneur, notre maître, notre capitale, nos sujets, nous-mêmes,* s'appliquent au sultan, à sa capitale ou à ses sujets. Ces expressions, toutes musulmanes, ne pouvaient induire personne en erreur; elles doivent paraître néanmoins très-étranges au premier abord, puisque les rédacteurs, dans le début ou la fin de l'acte, placent leur écrit sous l'invocation du Saint-Esprit et de la Vierge Marie, comme le rédacteur du traité de la république de Pise avec le roi de Tunis en 1264[1]. Sans arriver à un degré aussi choquant, on retrouve l'emploi d'expressions et de formes musulmanes au milieu d'actes rédigés expressément pour les Chré-

---

[1] Nos *Documents,* p. 43.

tiens dans le traité aragonais conclu à Tunis en 1314, dans le traité florentin de 1421, et enfin, ce qu'explique l'emploi fréquent d'interprètes juifs ou arabes par les Vénitiens, dans la plupart des traités de Venise, du moins dans ceux de 1305, 1317, 1391-1392 et 1438 [1]; tandis que les traités génois sont rédigés d'après la première méthode, la moins littérale et la plus usitée.

Entre ces deux systèmes, il en est un troisième, plus rarement appliqué que les autres, bien qu'il offrît un degré supérieur de précision et de clarté, qualités moins appréciées alors que depuis ; c'est celui où le notaire, annonçant personnellement la confection de l'acte qui lui est confié, déclare traduire mot à mot tout ou partie de l'instrument arabe. Tel est le traité de Gênes avec Tunis de 1445, et le traité du roi de Majorque avec le même État de l'an 1313, dont l'original existe à Paris. Ici, les expressions *notre seigneur et notre maître* désignant des princes musulmans, n'ont rien d'insolite ; elles sont toutes naturelles et ne peuvent donner occasion à aucune équivoque.

§ 3.

Différences dans le dispositif.

Mais, même dans ces fragments plus ou moins étendus, transportés intégralement du texte arabe dans le texte chrétien, la rédaction primitive est encore évidemment retouchée, non pas dans sa signification intime, mais dans son expression et dans sa construction logique.

Quel que fût le système suivi pour la traduction, soit la version littérale des mots, soit l'expression seule de l'idée, les auteurs de la traduction officielle ne s'astreignaient pas à suivre exactement l'ordre des phrases et des énonciations de l'instrument arabe, pas plus dans les préambules et les souscriptions qui annoncent et confirment l'acte, que dans le dispositif qui en est la substance même. Le texte arabe n'était pour eux qu'un thème, dont ils avaient à faire passer les faits essentiels dans la charte latine, se croyant libres d'ailleurs d'exprimer ces faits comme ils l'entendaient, en restant toujours fidèles aux principes généraux du traité, et s'en remettant trop souvent, il faut en convenir, à l'usage, pour compléter, s'il était nécessaire, leur rédaction.

En général, le dispositif chrétien abrége la rédaction musulmane. Tous nos traités en portent le témoignage. La tendance la plus ordinaire de la traduction chrétienne est visiblement de réduire et de coordonner les développements de la rédaction arabe, d'en présenter les résultats sous une forme plus brève, de supprimer les répétitions ou les énonciations accessoires, quand elles sont la conséquence naturelle de clauses générales ou d'une coutume bien manifeste et notoirement connue dans le commerce.

En certains cas néanmoins, où des faits accidentels pouvaient le nécessiter, l'interprétation chrétienne développe au contraire la déclaration arabe par des compléments de détail ou des prescriptions techniques empruntées à d'autres parties du traité ou aux usages existants. Par exemple, en 1339, dans le traité de Tlemcen, à propos de la sécurité promise réciproquement à tous les sujets et à tous les marchands des

---

[1] Celui de 1271 est un privilége.

royaumes d'Aragon et de Maroc, le notaire chrétien ajoute à l'article second [1] : que les présentes garanties seront notifiées par les crieurs publics dans les villes et les ports des deux États, ce que ne prescrit pas (tout en le supposant) le traité arabe, dans lequel cependant l'article 6 recommande expressément [2] la publicité du traité, dont ne parle pas l'article correspondant du texte catalan.

Des additions aussi légitimées par l'usage et l'esprit ou la lettre même des conventions maritimes se retrouvent dans le traité de Tunis de 1397, plus développé en général que les autres, quand, à propos des dispositions de l'article 4, concernant les magasins et les portiers du fondouk des Pisans à Tunis, le traducteur chrétien ajoute cette stipulation, si naturelle qu'elle n'est pas exprimée dans le texte arabe, à savoir : que les portiers auront le droit d'interdire l'accès de l'entrepôt à toute personne qui voudrait y entrer malgré les marchands de la nation [3] ; et quand, au sujet des procurations notariées envoyées de Pise en Afrique, dont il est question à l'article 21, il ajoute que la procuration écrite en latin, et non encore traduite en langue sarrasine, suffira au mandataire pour obtenir le règlement des comptes de son mandant avec la douane arabe [4].

Par contre, les deux rédactions chrétiennes connues de ce traité, quoique plus développées que le texte arabe dans l'article 4, sont cependant incomplètes, car elles omettent de faire mention des exportations, quand le texte arabe dispose expressément que les importations comme les exportations pisanes continueront à être soumises aux droits anciens, et que les métaux précieux et les bijoux payeront seulement la moitié du droit, c'est-à-dire 5 pour 100.

Mais ce sont là des exceptions. L'habitude des interprètes employés par les Chrétiens était plutôt, tout en restant complets autant qu'ils le pouvaient, de résumer les dispositions arabes, en les énonçant même quelquefois trop sommairement. Cette habitude les a amenés souvent à traduire des expressions ou des clauses précises de l'original d'une manière un peu lâche et qui nous paraît aujourd'hui insuffisante, sans l'être toutefois. Il ne faut pas chercher d'autre origine et d'autre cause à l'emploi de ces formes indéterminées de quelques traductions chrétiennes [5], pour citer cette circonstance qui est la plus importante [6], se bornant à mentionner, au sujet de la

[1] Nos *Documents*, p. 193.

[2] Page 195.

[3] Page 74. Voyez en outre, à propos de l'addition de l'art. 7 *bis* concernant la libre réexportation des marchandises, ci-après § 6, p. 303.

[4] Page 81. L'article recommande néanmoins la traduction ultérieure de la procuration. Elle était d'usage constant, ce qui explique le silence du texte arabe. Cf. le traité génois avec Tunis de 1433, art. 32, p. 139.

[5] Traités de Tunis avec Pise de 1353, art. 6; avec Florence, de 1421, art. 6.

[6] Nous tenons à signaler cependant encore quelques différences du commencement de l'art. 14 du traité florentin de 1421, dans la rédaction chrétienne et arabe (p. 350), parce que cette partie de l'article concerne une disposition de police et d'ordre public que M. Amari a pu avoir en vue. La rédaction chrétienne semble autoriser les Chrétiens dont les navires stationnaient à Turin à se rendre à bord de leurs vaisseaux quand il leur convenait, et à toute heure de jour et de nuit, tandis que l'usage, comme le texte arabe, limitait l'accès des navires, pour la police du port et la surveillance

question journalière des tarifs de douane, que les marchandises apportées en Afrique payeraient le *droit accoutumé*, ou simplement le *droit*, et que les métaux précieux seraient seulement soumis au *demi-droit*. Il nous paraîtrait aujourd'hui, et avec raison, bien préférable de dire nettement, comme le texte arabe, que les marchandises importées en Afrique payeraient 10 pour 100, et les métaux précieux seulement 5 pour 100. Mais l'expression employée dans les traités de Pise et de Florence en 1353 et 1421, quoique moins littéralement exacte, revient absolument au même. Il était de notoriété publique, dans toutes les Échelles d'Afrique, que le droit à percevoir alors sur les importations européennes était de 10 pour 100 sur toutes les marchandises en général, et de 5 pour 100 sur les métaux précieux.

Jamais d'ailleurs les lacunes, l'insuffisance ou les déclarations les plus positives de la rédaction chrétienne n'eussent pu amener en réalité pour les Européens le moindre avantage qui ne fût pas virtuellement compris dans le sens du texte arabe, attendu que jamais et en aucune occasion, dans les questions de police et de douane, moins que dans toute autre, le texte chrétien ne pouvait prévaloir vis-à-vis des Arabes contre leur propre texte musulman.

Si c'est là, comme tout nous autorise à le croire, une des circonstances principales qui ont déterminé les vives accusations de l'éditeur des diplômes arabes contre la fourberie des interprètes, capables d'aller quelquefois jusqu'à changer la teneur même des règlements de douane, on voit que ces changements, bien que très-réels et volontaires ici, ne provenaient pas d'une intention blâmable ; on voit, en outre, que les interprètes, en se contentant de ces énonciations qui nous paraissent vagues aujourd'hui, et qui ne l'étaient pas toujours pour les contemporains, n'avaient ni la pensée ni le pouvoir d'en faire résulter la moindre équivoque qui pût tourner au profit des marchands européens.

L'obscurité de certaines clauses, provenant bien plus de l'inhabileté que de la déloyauté des traducteurs, ne pouvait procurer quelque avantage aux Chrétiens, surtout en matière de douanes, que dans des cas bien peu importants et bien exceptionnels. On l'a vu d'une manière assez significative par ce qui se passa entre la république de Venise et le roi de Tunis, en 1391 ou 1392, au sujet du droit appelé dans les documents latins le *mursuruf*[1].

C'était, on se le rappelle, un droit peu considérable perçu indépendamment du droit d'importation, sur les ventes faites par les Chrétiens à la douane arabe, en dehors de l'*halka* ou bureau des enchères publiques, mais par l'intermédiaire des drogmans de la douane. L'imperfection d'un passage de la traduction latine des traités de 1305 à 1317, effectuée par des drogmans juifs et arabes, avait laissée indécise la question de savoir si ce droit, auquel le gouvernement de Tunis renonçait en faveur des Vénitiens, ainsi qu'à certains prélèvements en nature sur les marchandises, concernait ou le drogmanat, ou les tarifs de douane.

---

douanière, *aux heures accoutumées*, c'est-à-dire aux heures de jour. Il faut de même subordonner à l'usage l'application des art. 17 et 19.

[1] Voyez p. 246, et précédemment, p. 199, ce qui a été dit des douanes arabes, § *Droit de drogmanat*.

[1450] INTRODUCTION HISTORIQUE. 297

Valaresso, croyant que le *mursuruf* devait s'appliquer aux douanes, se plaignit de l'inexécution des traités à cet égard et demanda qu'on réduisît proportionnellement le 10 pour 100, perçu de tout temps sur les importations vénitiennes. Les commissaires arabes chargés de rédiger un nouveau traité avec l'ambassadeur n'acceptèrent ni ses observations ni les rédactions qu'il présenta; et, ne trouvant pas à Tunis le texte arabe des traités antérieurs, ils convinrent avec lui qu'on le demanderait à Venise et qu'on se conformerait exactement à ses dispositions quant à cet article [1]. Les choses durent se passer comme l'avaient voulu les commissaires arabes.

Les traités postérieurs ne font plus mention du droit de *mursuruf*, mais aucune réduction n'y est apportée aux taxes douanières. Bien au contraire, le taux de la douane de Tunis ayant été élevé vers ce temps de 10 à 10 et demi pour 100 sur les importations des nations chrétiennes alliées, il fallut que les Vénitiens se soumissent comme les autres au nouveau tarif [2].

On voit que, dans l'application, il n'eût pas été si facile de profiter des défauts d'une version officielle pour en retirer quelque avantage. Aussi croyons-nous qu'on sera bien plus dans la vérité en attribuant ces imperfections, quand elles se présentent, à l'ignorance et à la maladresse plutôt qu'à l'infidélité volontaire et calculée du traducteur.

Les différences dans les termes ou dans l'expression générale d'une clause ne sont pas les seules que présentent les textes arabe et chrétien du même traité. L'ordre matériel des articles n'y est pas toujours le même. On a vu des exemples de l'exactitude exceptionnelle de quelques notaires chrétiens à constater ces différences [3]. Plus souvent, les traducteurs ne rendent pas compte des modifications qu'ils croient devoir apporter à l'arrangement du contexte arabe. Quand ils le jugent convenable, et sans l'annoncer, ils réunissent deux articles consécutifs ayant un objet commun ou analogue; ils groupent en une seule mention des dispositions connexes qui sont séparées l'une de l'autre dans le document primitif. Des cas semblables s'observent notamment dans les traités pisans de 1157 et 1397 [4]. Le texte arabe de ces traités renferme des dispositions qui ont été ajoutées à la fin de l'acte d'une manière régulière, mais tardive, en articles supplémentaires, après la date et les sceaux. Les traducteurs chrétiens reprennent ces apostilles, dont il ne reste plus trace dans l'instrument européen, et en réunissent le sens à l'article même auquel elles se réfèrent au fond, ou qu'elles complètent.

Le texte latin est ici, comme dans la plupart des cas, une rédaction revue, améliorée, mais toujours abrégée, du document arabe, dont pourtant aucune déclaration capitale ou utile, en principe, n'est négligée ni altérée.

---

[1] Voyez la dépêche de Valaresso du 5 juillet 1392. Nos *Documents*, p. 241-242.
[2] Traité de 1438, art. 4.
[3] Voyez ci-dessus, p. 47-48. Gênes-Turin, 1433. Voyez p. 33.
[4] Voyez *Documents de* 1157, p. 26, 2ᵉ col. La disposition concernant l'alun est replacée avant la date dans le texte chrétien, p. 25. — Traité de 1397, art. 7 *bis*, note 1, p. 76.

§ 4.

Clauses favorables aux Chrétiens omises dans l'instrument chrétien.

De ces faits, dont nous pourrions prolonger beaucoup l'énumération, ne ressort-il pas déjà, ce nous semble, que les différences de rédaction entre les formes arabe et chrétienne du traité bilatéral, si constantes qu'elles soient ou qu'on les veuille supposer, n'infirment en rien la valeur des originaux latins conservés dans les archives publiques ; qu'elles n'ont aucune portée ou conséquence effective, et qu'elles ne sont originellement entachées d'aucune intention de fraude ? Nous en citerons des preuves plus certaines encore.

Il n'est pas rare que les rédacteurs de la charte européenne omettent des expressions ou des dispositions entières du texte arabe, toutes avantageuses aux Chrétiens, parce que ces dispositions leur paraissent inutiles, comme amplement garanties par d'autres stipulations plus générales du traité, et par les pratiques habituelles du commerce d'Afrique.

C'est ainsi que la disposition de l'article 3 du texte arabe des traités de Tunis de 1397 et 1421, qui précise certains cas de responsabilité du directeur de la douane arabe, quant aux actes consommés en sa présence ou par-devant les témoins de la douane, est superficiellement indiquée ou omise en totalité dans les textes chrétiens, qui se bornent à garantir aux commerçants toscans le recours à la juridiction de la douane arabe, soit pour se libérer valablement d'une dette, soit pour agir contre leurs débiteurs [1].

C'est ainsi que la déclaration, faite incidemment dans le texte arabe du traité florentin de 1421, de la notification expresse de certains articles à adresser aux douanes arabes, n'est pas exprimée dans la rédaction latine [2], quelque intérêt qu'elle eût pour les Chrétiens, parce qu'elle ne pouvait ne pas avoir lieu.

C'est ainsi enfin que la déclaration spéciale de la fin du même traité, constatant l'accession de Piombino aux présentes conventions, n'est pas reproduite dans l'acte chrétien comme inutile, attendu qu'il est dit dès le début du traité que l'ambassadeur Barthélemy Galéa négociait pour les républiques de Florence, de Pise, et pour la seigneurie de Piombino [3]. Le traité de Tunis de 1353 offre des omissions plus étonnantes encore, mais dont un examen attentif donne tout aussi facilement la raison. Nous y reviendrons plus tard [4].

Quelquefois, au contraire, la traduction chrétienne ajoute au texte arabe des expressions qui, sans être désavantageuses, paraissent au moins restrictives des facultés accordées aux Européens. Tel est le cas de l'article 4 du traité toscan de 1421, où le texte latin dit que les Florentins devront placer à l'entrée de leur fondouk des portiers d'une moralité éprouvée et de *nation sarrasine*, tandis que le texte arabe ne

---

[1] Art. 2 et 3 de 1397, p. 73. Art. 3 de 1421, p. 347.
[2] Voyez art. 25 de 1421. Nos *Documents*, p. 352.
[3] Page 353.
[4] Voyez ci-après, § 6, p. 303.

limite pas le choix des gardiens de l'entrepôt aux sujets musulmans, et admet que tout individu bien famé puisse être mis à ce poste.

Remarquons en passant que les contractants du traité de 1421, le premier que la république de Florence ait conclu avec le roi de Tunis, depuis la conquête de Pise, sont constamment désignés sous l'ancienne dénomination de *Pisans*, et que le rédacteur du texte chrétien substitue toujours à cette dénomination le nom de *Florentins*.

On voit combien sont variées, fréquentes, constantes même, les différences entre les deux formes des traités arabes et chrétiens. Omissions, suppressions, répétitions, transpositions, la comparaison des textes constatera toutes ces imparités de deux actes qui devraient littéralement concorder, si l'on en croyait les formules de chancellerie qui les accompagnent; elle ne les trouvera jamais contradictoires, soit par des assertions directement opposées, soit par des omissions portant sur des questions de principe relatives à la sécurité des personnes ou des transactions.

§ 5.

De quelques différences plus graves entre les textes chrétiens et arabes.

Un seul cas nous est connu, où le texte chrétien renferme une stipulation grave, de première importance, qui ne soit pas dans le traité arabe, et, par une circonstance singulière qui nous donne vraisemblablement le motif de cette exceptionnelle dérogation, la stipulation dont nous parlons est tout à fait au désavantage moral et matériel des Chrétiens eux-mêmes. Elle touche, comme nous l'avons dit, à l'une des garanties fondamentales du droit des gens.

L'article 26 *ter* des textes officiels latin et italien du traité de Tunis de 1397 porte que si un Pisan causait un dommage à quelqu'un dans l'un des ports des États de l'émir, le consul ou les consuls pisans pourraient être poursuivis personnellement au lieu et place de leurs compatriotes en réparation du tort occasionné. Le texte arabe du traité (connu par la traduction de M. Amari) ne renferme absolument rien de semblable. L'article n'a pas de correspondance dans la série des dispositions groupées au texte arabe sous la rubrique rendue en italien par les mots : *Capitolo* 26. C'est une addition manifeste, d'une autorité chrétienne, dont il resterait à connaître la cause, mais dont l'intromission et la nouveauté sont historiquement évidentes.

En faisant des consuls des espèces d'otages et de cautions garantissant aux Arabes la réparation des méfaits de la nation ou de l'un de ses membres, condition fâcheuse que les Chrétiens ont été forcés de subir quelquefois en Égypte et chez les Turcs[1], l'innovation est tout à fait contraire à l'esprit et aux dispositions les plus formelles de tous les traités ou priviléges obtenus par les Chrétiens dans le Magreb, par les Vénitiens, les Génois, les Français, les Catalans et les Pisans eux-mêmes[2]. Elle est même en opposition avec un article du présent traité de 1397, l'article 15, lequel stipule d'une

---

[1] Voyez M. de Sacy, *Chrestomathie arabe*, 2ᵉ édit., t. II, p. 40.
[2] Voyez ci-dessus, *Principes généraux des traités*.

manière générale et positive, dans les deux textes arabe et chrétien, qu'aucun sujet de la république de Pise ne pourra être inquiété dans sa personne ou dans ses biens pour les actes d'autrui [1].

Il est donc permis de croire qu'un incident resté inconnu, ou qu'une nécessité transitoire, amenée peut-être par la participation de quelques armateurs pisans à l'expédition des Génois et des Français contre le roi de Tunis, en 1390, purent seuls déterminer l'ambassadeur ou le gouvernement pisan à faire insérer dans le texte chrétien du traité de 1397, comme une sorte de mesure comminatoire, accidentellement utile, une condition qui n'était pas à l'original arabe, que les Musulmans du Magreb n'exigeaient pas, à laquelle la république de Pise n'avait jamais astreint ses agents dans ses traités antérieurs, et qu'elle ne dut jamais songer vraisemblablement à mettre en pratique elle-même.

On ne la retrouve pas, en effet, dans le traité toscan le plus voisin que nous ayons de celui de 1397 : le traité conclu en 1421 à Tunis, par Barthélemy de Galea, au nom des républiques de Pise et de Florence, lequel consacre de nouveau, par son silence sur cette condition si grave et par l'ensemble de ses dispositions [2], l'indépendance et l'irresponsabilité des consuls, conformément à tous les précédents du droit public observé entre les Pisans et les Magrebins.

Faut-il maintenant, avec le savant éditeur des traités pisans, attacher une grande signification à l'omission de quelques mots, à l'oubli d'une prescription réelle, mais secondaire, dans l'article 26 du traité de Florence et de Tunis de 1421, concernant les expéditions que les gouvernements de ces deux pays pouvaient avoir à effectuer en commun contre les corsaires pisans ou florentins? L'original arabe de la disposition est ainsi conçu : « Toutes les fois que Sa Hautesse (le calife) armera des
» navires pour donner la chasse auxdits corsaires, les Pisans seront obligés d'armer
» également des navires pour concourir à l'expédition, *d'envoyer ces navires là où il*
» *leur sera indiqué*, et de les y laisser pendant tout le temps de l'entreprise. » Le texte chrétien, moins circonstancié, dit simplement : « Si une galère ou plusieurs galères
» sortent des ports du royaume de Tunis contre les corsaires, les Florentins seront
» tenus de concourir à l'expédition des Sarrasins [3]. »

L'obligation pour les forces toscanes de rester, dans les cas prévus, subordonnées à la direction du chef des navires arabes n'est pas exprimée, comme on le voit, dans le texte chrétien. Elle découle néanmoins et forcément de l'ensemble des prescriptions réunies dans l'article 26 pour la répression de la course, dont les côtes musulmanes souffraient autant que les pays chrétiens. Mais doit-on croire que le drogman de 1421, qui fut un juif de Tunis, nommé Abraham, évita de préciser toutes les particularités de la clause arabe, afin de ménager l'amour-propre des Chrétiens? La supposition est bien peu probable. Il faut remarquer d'abord que les mêmes circonstances sont prévues par le traité de 1397, avec les mêmes dispositions, les mêmes conditions et à peu près

[1] Nos *Documents*, p. 79.
[2] Cf. art. 5 et 16.
[3] Nos *Documents*, p. 352, 353.

les mêmes termes dans l'arabe et les mêmes suppressions dans le texte chrétien [1]. Il n'y eut donc rien de particulier, quant à ce fait, dans la négociation et la traduction de 1421.

Si l'interprète du traité de 1397, Pierre de Pagnuzo, l'un des marchands pisans fixés à Tunis, dont le traité de 1421 reproduit toutes les clauses, eut en effet l'intention arrêtée de voiler les expressions qui donnaient au chef africain la direction de l'armement, il n'avait à se cacher de personne. Les Musulmans s'inquiétaient peu de la façon dont les Chrétiens rendaient dans leur langue les stipulations du traité; le seul texte qu'ils connussent et qui fît foi pour eux était le texte arabe. Et de ce texte, comme de l'évidente nécessité des circonstances prévues, résultait que les galères toscanes envoyées pour concourir à une action commune demandée par les Arabes devaient rester à la disposition de l'amiral arabe. L'atténuation de la rédaction magrebine à cet égard, qui eût été déjà indélicate, eût en outre manqué son but. On ne doit pas perdre de vue que l'article 26 de 1397, comme celui de 1421, énumère les mesures concertées entre les républiques de l'Italie centrale et le roi de Tunis pour protéger les États du sultan contre les agressions des pirates toscans ou montés dans les ports de la Toscane. Les gouvernements de Pise et de Florence promettent à cet effet au roi de Tunis de faire tous leurs efforts pour atteindre et châtier ceux de leurs nationaux qui armeraient des navires de course avec l'intention d'attaquer les sujets ou les pays du sultan. Ils les poursuivront sur terre et sur mer; ils les mettront immédiatement à mort, s'ils s'emparent de leurs personnes; ils confisqueront leurs biens et leurs marchandises; ils remettront ces biens ou leur valeur à la douane royale de Tunis; enfin, pour le cas où le sultan se déciderait à équiper lui-même quelques navires contre les forbans, les républiques chrétiennes promettent de concourir à l'armement par l'envoi de quelques galères.

La communauté d'action des forces chrétiennes et musulmanes contre les pirates, réglée par les traités toscans de 1397 et 1421, était prévue aussi par quelques traités génois [2]. Quoi de plus naturel dès lors et de plus légitime que de placer ces galères sous les ordres de l'amiral arabe qui allait agir dans l'intérêt de la sécurité commerciale des deux pays, et de les envoyer dans les lieux où l'amiral jugerait à propos de les placer pour combattre ou surveiller les corsaires? Le silence complet des textes sur cette question n'eût probablement rien changé à ce qui se pratiquait et à ce qui se pratique ordinairement dans les circonstances analogues. N'est-il pas de toute convenance de laisser l'armement aux ordres de la puissance qui en a eu la première la pensée et la direction?

Tel était certainement l'esprit de l'article 26 des traités de 1397 et 1421. L'absence, dans le texte chrétien, de cette mention, écrite incidemment par le rédacteur arabe, parce qu'elle découlait nécessairement de la situation, ne pouvait avoir la moindre conséquence dans les faits. Et il nous semble très-douteux que l'omission de cette particularité provienne, même en ce cas, où elle aurait eu moins d'invraisemblance qu'en d'autres, d'une intention bien réelle d'altérer l'œuvre des négociateurs.

[1] Nos *Documents*, p. 83.
[2] Voyez traités de 1250, art. 19; de 1272, art. 21; de 1433, art. 37.

§ 6.

Fausses conséquences où peut conduire l'opinion que les traducteurs chrétiens avaient l'intention arrêtée d'altérer les textes arabes dans l'intérêt des Chrétiens.
Défense du texte latin du traité de 1353 rejeté par M. Amari.

Supposer que les interprètes des traités arabes avaient toujours la pensée d'en changer l'expression et la portée dans l'intérêt des Chrétiens, nous semble un point de départ inexact et dangereux. En admettant cette donnée, on s'expose à voir tout sous un faux jour, on s'oblige à chercher des explications difficiles aux faits les plus simples, à méconnaître le caractère des documents les plus sérieux et les plus authentiques.

C'est la conséquence extrême à laquelle M. Amari est amené par suite de l'opinion qu'il a exprimée et presque posée comme une règle dans son Introduction. Le traité de la république de Pise avec le roi de Tunis de l'an 1353, dont les rédactions offrent de grandes différences (toutes de forme comme nous le verrons), est en effet pour lui le comble de l'inexactitude, de l'imperfection et de la fraude.

Voici les propres termes dans lesquels le savant éditeur juge et condamne le texte européen de ce document : « La traduction du traité de Pise avec Tunis, de l'an 1353, » dépasse toute mesure d'inattention et de déloyauté, puisque, sur 47 articles du texte » arabe, 27 sont dans la traduction abrégés, développés, supprimés, accrus de para- » graphes entiers, modifiés *jusque dans les circonstances de fait et dans les noms des » témoins* rappelés dans les constatations de la négociation. Si bien que l'on pourrait » supposer que c'est là un autre traité (*una riforma dell' accordo*), si le nom de l'am- » bassadeur et la date ne concordaient parfaitement de part et d'autre [1]. »

Nous en demandons pardon à M. Amari, comme à M. Bonaini : on peut tenir le texte chrétien du traité de 1353 pour un document aussi sincère, aussi complet dans toutes les données essentielles, aussi loyalement traduit et aussi facilement explicable et applicable que tous les autres.

L'appui le plus certain que nous pussions donner à cette affirmation serait de comparer une à une toutes les dispositions du texte arabe avec celles de la traduction latine. Un tel procédé est impraticable par ses longueurs. Mais, après avoir examiné en détail le texte chrétien, sous un double aspect, pour voir s'il renferme toutes les dispositions fondamentales de la convention commerciale rédigée en arabe, s'il ne supprime aucune stipulation restrictive de ces dispositions, s'il n'y ajoute aucune circonstance avantageuse qui ne soit implicitement ou formellement autorisée par d'autres clauses arabes, nous pouvons donner l'assurance qu'on ne trouvera rien de défectueux au texte chrétien, ni dans un sens ni dans un autre. On en aura la conviction, si l'on veut bien suivre la rapide analyse de l'ensemble du traité que voici.

En ce qui concerne les conditions favorables, la rédaction latine que M. Amari semble considérer comme une pièce informe et incohérente, est un traité parfaitement régulier et complet, sans lacune organique et sans aucun empiètement sur le texte arabe : sécurité des Pisans et des protégés pisans dans tous les États du roi de Tunis,

---

[1] Amari, préface, p. LXXII.

juridiction des consuls, responsabilité individuelle des marchands pisans, inviolabilité des fondouks, de leur église et de leur cimetière, protection des naufragés, proscription réciproque de la piraterie, liberté des transactions, garantie de la douane arabe pour les ventes faites à l'enchère dans son sein et par ses agents, droits fixes sur les importations, liberté de réexporter en franchise les marchandises au cas de mévente, — tout ce qui est indispensable, tout ce qui est nécessaire au libre séjour et au libre commerce des Pisans en Afrique y est prévu et déterminé, non pas toujours dans le même ordre, mais, ce qui est moralement identique, dans le même esprit, la même étendue et les mêmes limites que dans la rédaction arabe.

Aucune des garanties protectrices ou des stipulations réglementaires exprimées dans le texte arabe ne manque au texte pisan; toutes y sont rendues, soit sommairement, en dispositions principales, admettant les conséquences voulues par un usage patent, auquel on se réfère, soit au contraire avec quelques développements résultant directement de ces usages mêmes ou empruntés à d'autres articles du traité. Il n'y a rien là d'exceptionnel. C'est le procédé ordinaire de toutes les traductions des traités arabes faites pour ou par les Chrétiens; et ce que l'on dit des vingt-sept paragraphes abrégés ou amplifiés dans le traité de 1353, on pourrait le répéter des autres paragraphes et de tous les autres traités intervenus au moyen âge entre les Musulmans et les Européens.

Si l'on veut se livrer à la comparaison successive de toutes les dispositions de l'original et de la traduction, on verra que les additions ou explications introduites dans un sens favorable à quelques articles chrétiens ne sont la plupart du temps que transposées de place, et se retrouvent toujours, en principe ou expressément formulées, dans un article antérieur ou postérieur du texte arabe, quand l'usage manifeste ne les autorise pas amplement.

L'article 12 nous offre un exemple remarquable de ces déplacements et développements, qui, tout en paraissant modifier notablement les dispositions d'un article, n'y ajoutent et n'y retranchent réellement rien d'effectif. Cet article est évidemment un de ceux qui sont compris dans la désignation générale des vingt-sept paragraphes entachés, suivant M. Amari, de fraude ou d'erreur, et c'est vraisemblablement celui que le savant éditeur a particulièrement en vue quand il parle des articles négligemment ou perfidement accrus de *phrases entières*. Sauf l'intention et le résultat, le fait est ici certain. Le texte arabe de cet article porte seulement ces mots : « Les Pisans seront » libres de débarquer et de réembarquer toutes leurs marchandises. » A cette mention trop sommaire de la rédaction musulmane qu'ils reproduisent, les interprètes chrétiens prennent sur eux d'ajouter, par une disposition spéciale, cette autre déclaration, qui précise et complète la précédente, à savoir : « Les Pisans pourront faire réexporter » leurs marchandises non vendues, sans payer aucun droit. » L'addition de la phrase est formelle, ici comme dans l'article 7 *bis* du traité pisan de 1397, mais elle était partout si légitime, qu'elle n'était pas en réalité nécessaire. La disposition s'appliquait naturellement comme une conséquence des usages suivis dans le Magreb, comme une suite de la déclaration précédente concernant la liberté de la réexportation des marchandises pisanes, et enfin elle résultait très-explicitement des articles 6, 7 et 45 de ces mêmes traités, où il est dit que les Pisans doivent seulement payer les droits de douane (10 pour 100) sur les marchandises *vendues* par eux. C'est dans cet esprit et sur cette méthode que procèdent ordinairement les drogmans.

En général même, l'interprétation chrétienne, abrégeant plutôt qu'elle ne développe le dispositif arabe, tend à supprimer ce qui peut paraître une répétition ou une conséquence des conventions générales; et le même traité de 1353, dans un autre passage vraisemblablement argué du défaut contraire au précédent, nous présente une circonstance assez étrange à cet égard. Le drogman et le notaire ont négligé d'exprimer à la fin de l'article 32 la faculté constatée dans le texte arabe, où elle était surtout nécessaire, qu'avaient les consuls pisans de voir une fois par mois au moins les gouverneurs ou les directeurs des douanes dans les villes qu'ils habitaient[1], parce que cette faculté découlait nécessairement de la faveur plus haute qui leur était assurée au commencement de l'article, d'être admis mensuellement au moins auprès du sultan lui-même à Tunis, pour l'entretenir des affaires qui intéressaient leurs nationaux[2].

Les stipulations avantageuses aux Chrétiens se trouvent donc dans le traité de 1353, même quand l'expression en est réduite aux plus strictes mentions, suffisamment et complétement constatées.

Quant aux déclarations restrictives, aux prohibitions, aux déterminations précises concernant les douanes, la police et les marchés, elles sont rendues par l'interprétation chrétienne en d'autres termes, d'une manière quelquefois très-différente, mais elles ne sont jamais modifiées en quoi que ce soit d'essentiel. Nous ne connaissons pas, et on n'a pas cité un seul cas où la teneur des réglementations de douane et de police ait été altérée en rien de positif et de sérieux.

Deux seuls articles de la rédaction arabe se rattachant à cet ordre de prescriptions, secondaires quoique importantes, sont totalement omis dans la traduction. Ces articles ayant trait tous les deux au même ensemble de faits, aux droits à percevoir sur les importations pisanes, leur omission ne peut être accidentelle et ne peut provenir d'une négligence du copiste. Il y a là vraisemblablement, comme dans le cas précédent, au sujet de l'audience des gouverneurs de province, prétérition volontaire de la clause. Sans rechercher quel a pu en être le motif ou l'avantage, car ses inconvénients frappent seuls, on verra que cette omission, si notable qu'elle paraisse d'abord, ne pouvait avoir aucune conséquence effective dans l'application, qu'elle ne constituait en réalité aucune imperfection, et même qu'elle ne laissait aucune lacune dans les stipulations du texte chrétien.

L'article 4 du texte arabe dispose que les Pisans payeront 10 pour 100 comme droit unique et fixe sur leurs importations. Et l'article 29, rattaché implicitement au précédent, déclare que les Pisans, vendant du coton, du lin ou toute autre marchandise évaluée au poids, n'auront à donner aux douaniers ou aux drogmans ni gratifications

---

[1] Les *Mosctaghil*. Art. 32, p. 62. Cf. les traités pisans de 1234, art. 21; de 1264, art. 28; de 1313, art. 33.

[2] Cf. traité de Pise de 1397, art. 16, p. 79; traité florentin de 1421, art. 16, p. 350; et les traités génois et vénitiens. Voyez *Principes généraux des traités*, § *Des consuls*.

ni prélèvements en nature quelconque. Assurément, il paraît tout d'abord assez étrange que l'interprète des Pisans, ou les Pisans eux-mêmes, car leur ambassadeur, parlant l'arabe, suivit personnellement la négociation, bien qu'il eût l'interprète habituel auprès de lui, il paraît assez étrange, disons-nous, que les Pisans n'aient pas cru devoir comprendre dans leur charte ces deux articles tout favorables à leurs droits, puisqu'ils délimitaient ceux des Arabes. Nous ne chercherons pas à expliquer cette particularité, mais nous constatons qu'au fond elle n'a aucune importance et qu'elle n'altère en rien l'ensemble du traité européen.

Que résulte-t-il en effet de ces deux articles? C'est que les Pisans, il est indispensable de le répéter, devaient payer 10 pour 100 et ne devaient que 10 pour 100 sur leurs importations, et que les petites prestations en argent ou en nature exigées souvent par les douaniers et les drogmans malgré les traités devaient être absolument abolies. Or cette double mesure résulte formellement de l'ensemble du traité chrétien. Il est d'abord question, en divers articles[1], du droit (*directum*) à payer sur les importations générales des Pisans et du demi-droit sur les métaux précieux, sans que le texte chrétien précise, comme l'arabe, que ce droit est de 10 ou de 5 pour 100 (la *decima* ou la *mezza decima*), tant on savait que ce taux était le tarif général imposé aux marchandises chrétiennes. En outre, la mesure résulte naturellement de l'article 36, et plus directement encore de l'article 44 du même traité, dont le texte chrétien, évidemment développé[2] à l'effet de reprendre les stipulations 4ᵉ et 29ᵉ du texte arabe, laissées en arrière, déclare que les marchands pisans payeront dans les États du sultan de Tunis pour leurs biens et leurs marchandises les mêmes droits et les mêmes gabelles que les marchands génois, ni plus ni moins, *ad rationem quam solvunt Januenses et non ultra*[3]. Or le tarif appliqué aux importations génoises dans le Magreb était de 10 pour 100 sur les marchandises en général, et de 5 pour 100 sur les métaux précieux[4].

Ainsi, nous ne trouvons rien dans le texte chrétien de 1353 qui autorise ces accusations d'inattention, et surtout de déloyauté. Ni abréviations, ni développements, ni omissions, ni changements, dans les vingt-sept ou vingt-huit articles suspectés, qui ne soient facilement explicables et totalement justifiés ou remplacés par d'autres articles.

Restent les modifications ou les altérations de faits positifs, et l'oubli des noms des témoins arabes dans les clauses de validation du traité. Ce reproche, en apparence le plus grave peut-être, parce qu'il est fondé en fait, ne tire à aucune conséquence et ne porte la moindre atteinte ni à la droiture ni au talent des interprètes, pas plus qu'à l'intégrité et à la sincérité du document chrétien. Si l'on se rappelle ce qui a été dit précédemment des règles ou des habitudes suivies généralement pour la rédaction et la traduction solennelles des traités africains, on en verra ici une nouvelle application, qui n'offre rien que de très-ordinaire.

[1] Art. 20, 21, 22, etc.
[2] Il l'est beaucoup plus que le texte arabe.
[3] Page 64.
[4] Voyez ci-dessus : *Usages généraux du commerce d'Afrique*, § *Droit sur les importations et sur les exportations*.

Les protocoles de validation du commencement et de la fin des traités ne sont jamais la traduction littérale et complète des parties correspondantes du libellé arabe. Quelquefois ils en décalquent des expressions ou des phrases entières; plus souvent, et particulièrement dans le cas présent, toute la validation est l'œuvre personnelle du notaire chrétien, instrumentant en Afrique comme il l'eût fait en Europe; la rédaction chrétienne ne correspond à la rédaction arabe qu'aux points de rencontre inévitables du nom des parties contractantes, du nom de leurs plénipotentiaires et de la date du contrat.

Les modifications de faits circonstanciés se bornent d'ailleurs à ceci : que, dans le texte européen, le drogman de l'ambassadeur est nommé comme ayant servi d'interprète dans le cours des conférences et de la rédaction de l'acte final; — tandis que du texte arabe, où le nom du drogman se trouve relégué sans qualification parmi les témoins, et où il est dit que l'envoyé pisan discuta et jura le traité personnellement en langue arabe, semblerait résulter que l'ambassadeur a conduit et conclu seul toute la négociation.

Mais ces contradictions ne sont qu'apparentes, et les deux assertions se concilient très-naturellement en se complétant l'une par l'autre. Si Benincasa, notaire de la république de Pise et secrétaire de Neri Porcellino, ne rappelle pas dans l'acte dont la rédaction lui est confiée la connaissance de la langue arabe que possédait l'ambassadeur, et sa participation directe aux discussions du traité, c'est que ces circonstances, connues vraisemblablement de tous les Européens résidant à Tunis, ne sont point ici des éléments nécessaires à la régulière constatation de la clôture du traité, attendu que l'ambassadeur, bien qu'initié au langage et aux habitudes des Arabes, ne se dispensa pas d'avoir auprès de lui, pour les soins matériels de la rédaction et de la dictée de la traduction, l'interprète habituel et officiel que l'on voit presque toujours agir, et qui est presque toujours nominativement désigné dans les traductions contemporaines des traités conclus avec les Arabes.

On l'a vu, ce fut Fernand Perez, un des chevaliers aragonais de la milice chrétienne au service du sultan, qui assista l'ambassadeur dans les pourparlers de la négociation, et qui, dans l'assemblée solennelle réunie sous le pavillon de l'un des jardins du sultan, dicta à Benincasa la traduction de la rédaction arabe, en présence du consul pisan, de plusieurs alcades chrétiens, de quelques notables pisans et d'un grand nombre d'autres témoins européens et musulmans, *et aliis quampluribus Christianis et Saracenis testibus ad hec vocatis et rogatis.* Les témoins arabes ne sont pas désignés par leur nom même dans l'instrument chrétien, cela est vrai. Mais combien d'omissions semblables ne sont-elles pas autorisées et régularisées dans les actes les plus soignés, par la formule générale *et quamplures alii testes!* Et combien de fois, d'un autre côté, le rédacteur du texte arabe supprime-t-il les noms ou les qualifications des assistants étrangers, comme dans le présent traité, où les noms de Benincasa et de Fernand Perez se trouvent confondus parmi les témoins, l'un sans qualification, ainsi qu'il a été dit, l'autre seulement comme secrétaire de l'ambassadeur, et sans aucune mention de la rédaction faite par ses soins de la charte chrétienne, mention sans intérêt pour les Arabes et capitale dans un acte européen!

Voilà tout ce qui concerne les altérations de faits précis et positifs, dont on s'est évidemment exagéré et la réalité et surtout l'intention. Faut-il maintenant, pour épuiser la série des faits articulés par le savant éditeur des Diplômes arabes ou admissibles d'après ses principes [1] contre la régularité du texte chrétien de 1353, faut-il s'arrêter à l'altération des quelques noms arabes cités dans le document? Mais l'accusation est ici trop facile à éloigner, et la déformation réciproque des noms propres et des noms géographiques entre peuples étrangers, surtout entre Chrétiens et Musulmans, est trop connue pour qu'aucun motif sérieux de suspicion puisse être inféré de ce chef contre la validité d'un document quelconque.

§ 7.

Résumé. — Les textes chrétiens, officiels et contemporains de la rédaction arabe, qui donnent l'interprétation et non la version de ce texte, sont des documents sincères et authentiques.

Nous cherchons s'il est quelque objection non résolue par les observations précédentes, soit dans l'appréciation particulière du traité de 1353, soit dans la critique faite de ce que l'on a appelé d'une manière générale l'irrégularité, l'imperfection et l'infidélité de la traduction européenne des autres traités arabes. Nous n'en trouvons pas.

Nous remarquons, au contraire, que les arguments produits contre le sens et la valeur intrinsèque de ces rédactions, pris en groupes, se détruisent l'un par l'autre. Plus on démontrera que les rédactions chrétiennes s'écartent par la forme des rédactions arabes, plus on établira la sincérité et la loyauté des traducteurs. L'interprète infidèle, acheté par l'or des Musulmans ou des Chrétiens, qui aurait voulu glisser quelque clause favorable à ses séducteurs, en supposant qu'il crût possible qu'un texte altéré pouvait réellement être utilisé dans l'application, aurait vraisemblablement cherché à cacher sa supercherie par une grande fidélité sur les autres parties de sa rédaction. Mais comme tout diffère dans toutes les pièces, l'ensemble et les détails, les préambules et chacune des stipulations du dispositif; comme tout est exprimé dans le texte européen d'une manière différente du texte arabe, sans que la substance même de la convention soit cependant altérée en rien de capital, il faut bien reconnaître que les textes chrétiens ne paraissent imparfaits que si on veut les prendre pour des versions de l'instrument arabe dont ils ne sont qu'une interprétation; et il faut admettre, en réhabilitant complétement la bonne foi, si ce n'est l'habileté des interprètes, que tout ce qui nous paraît dans les rédactions chrétiennes ajouté ou supprimé par la ruse ou l'impéritie n'est que déplacé, transposé, ou emprunté ouvertement et légitimement, soit à d'autres parties du traité, soit à l'usage public et notoire, qui suppléait à toutes les particularités non exprimées dans les actes écrits.

Sans quoi il faudrait accuser les ambassadeurs eux-mêmes d'ineptie ou de perfidie, et l'on serait contraint d'en arriver à dire que les gouvernements européens ont été

---

[1] Cf. *Diplomi arabi*, p. 70.

dupes d'étranges et continuelles mystifications, en donnant, et cela pendant trois ou quatre cents ans consécutifs, des soins puérils à la conservation et à la transcription d'actes falsifiés et dérisoires. Mais de pareilles suppositions sont superflues. La nature et la durée des rapports commerciaux qui ont existé entre les Européens et les Arabes Magrebins, depuis la fin des grandes invasions jusqu'à l'établissement de la domination turque en Afrique, disent assez qu'ils reposaient sur des actes sérieux et dignes de confiance.

Nous nous croyons donc autorisés à ne pas partager sur ce point l'opinion exprimée comme appréciation définitive du texte chrétien des traités qui nous occupent dans la préface du *Recueil des Diplômes arabes des archives de Florence*. Ces textes, d'après le savant éditeur, ne pourraient offrir à l'histoire de sûres et exactes données qu'après avoir été revus, rectifiés, complétés par un orientaliste connaissant la langue arabe. Nous osons croire la prétention excessive et non fondée. D'inutiles réserves d'hommage et d'estime pour des travaux et des noms éminents seraient ici déplacées. Nous désirons seulement maintenir une opinion différente de la précédente, persuadé que la publication des textes nouveaux ne fera que la confirmer de plus en plus dans la limite où elle doit se renfermer.

Bien que les agents chrétiens coopérant à la confection de l'instrument européen prissent quelquefois une partie des éléments de leur rédaction en dehors du texte arabe et dans le fonds commun des usages établis et des conventions oralement débattues en leur présence ; bien que l'acte, en partie original, qu'ils formaient ainsi, puisse renfermer des particularités de rédaction utiles à éclairer ou à compléter la rédaction arabe, ce qui a été constaté, il est certain que dans la plupart des cas, excepté en Aragon, où l'acte primitif fut souvent rédigé en catalan, la charte chrétienne est postérieure à la rédaction arabe ; elle n'en est que l'interprétation, abrégée ordinairement dans l'énonciation des clauses contractuelles, mais accrue dans les préambules, et surtout dans les validations, de circonstances et de notions nouvelles quelquefois très-importantes.

Aussi, pour le cas où il fallût faire un choix entre l'un et l'autre instrument comme source d'informations utiles à l'histoire des peuples et des institutions de l'Europe chrétienne, nous croyons qu'il y aurait avantage à préférer le document latin, dont le dispositif même, quoique généralement plus concis que le dispositif musulman, n'omet rien d'essentiel.

Tels qu'ils sont, en effet, sans le secours de la précieuse lumière qu'y jette la comparaison du texte arabe, quand on a la bonne occasion de le posséder et l'inappréciable avantage de le comprendre, les textes chrétiens de ces traités sont parfaitement intelligibles, complets et se suffisant en eux-mêmes. Sans autre assistance, on peut connaître toutes les conditions de protection et de liberté offertes par les rois magrebins aux nations chrétiennes pour leur séjour et leur commerce en Afrique pendant tout le moyen âge.

C'est qu'en effet chacun des deux instruments du traité avait en soi une valeur propre et distincte. Une fois les points essentiels de la convention débattus et arrêtés entre les plénipotentiaires, chaque nation en rédigeait la charte à sa façon, dans sa langue et avec les formes propres à sa chancellerie.

Nous l'avons vu; presque toujours, — toujours pourrions-nous dire, si les observations de M. de Sacy sur le traité conclu à Carthage en 1270 ne signalaient une dérogation très-vraisemblable à l'usage ordinaire, — presque toujours, quand les négociations avaient lieu en Afrique, le texte arabe était rédigé le premier et livré ensuite aux interprètes et notaires chrétiens, qui rédigeaient séparément leur traduction ou leur interprétation. La forme de cette translation d'une langue dans l'autre n'avait rien de précis, rien de réglementaire. Interprète et notaire procédaient comme ils voulaient, au mieux de leur expérience et de leur instruction.

Quoique les notaires chrétiens reproduisent quelquefois les formules usitées en Europe pour attester que la transcription ou la traduction était faite mot à mot, sans additions ni suppressions, ils n'ont presque jamais suivi exactement la disposition générale de l'acte arabe. Tantôt ils traduisent littéralement, trop littéralement même, nous l'avons remarqué, tantôt ils les abrégent, tantôt ils les développent. Quelquefois la pièce réunit les trois systèmes, si l'on peut employer cette expression pour parler de procédés qui n'ont précisément rien de systématique et de régulier. Mais, quelle que soit la forme suivie, l'ensemble de l'acte chrétien finit par donner complétement et exactement tout ce qu'il y a d'essentiel et de fondamental dans la rédaction arabe. C'est ce que M. de Sacy remarquait à propos d'un traité conclu en 1290 entre la république de Gênes et l'Égypte. « La traduction latine de ce traité, dit M. de » Sacy, diffère beaucoup de la rédaction arabe, et l'on pourrait la regarder comme un » traité particulier de commerce conclu par suite du traité de paix. Cependant les » articles qui concernent les sujets du sultan, quoique exprimés d'une manière plus » courte dans la rédaction latine, sont *absolument conformes pour le fond* au traité » arabe [1]. » Ce que M. de Sacy disait du traité égyptien de 1290, nous le répétons, et nous avons cherché à le prouver pour tous les traités franco-magrebins.

Si nous possédions les traductions arabes de quelques-uns de ces traités rédigés en Europe et en langue latine, il est très-vraisemblable que nous y trouverions les mêmes divergences, provenant du fait des interprètes, des secrétaires ou notaires arabes. Il se formait ainsi deux textes du même accord, chacun n'ayant de valeur et d'intérêt que pour les gens de la langue dans laquelle il était écrit. Et de même que les Arabes, ne s'inquiétant que de leur rédaction, n'admettaient pas, au cas de conflit sur l'interprétation d'un article, qu'on pût leur opposer la rédaction chrétienne quand le traité avait été primitivement rédigé en Afrique et en langue arabe, de même nous sommes porté à croire que les Chrétiens n'auraient pas permis qu'on pût opposer une traduction arabe, quelque authentique qu'elle fût, au texte chrétien d'un traité conclu en Europe et rédigé primitivement dans une langue chrétienne, tels par exemple que les traités aragonais de Valence, de Barcelone et du col de Paniçar, de 1271, 1274, 1285, 1309, 1314 et 1323.

[1] *Notices et extraits des manuscrits*, t. XI, p. 33, 41.

A l'exception de ces traités, qui sont des textes primitifs et originaux, dont nous ne possédons pas la contre-partie arabe, les textes latins des autres traités que nous avons ne sont donc pas les actes primordiaux de l'accord, mais bien les interprétations ou les versions officielles et originales qui en furent faites et authentiquées dans la séance même de la conclusion des négociations ou peu après.

Réduits à leur vraie valeur, comme instruments diplomatiques, ils gardent du moins toute leur importance et leur utilité historique. Nous pouvons avoir la certitude que les exemplaires de ces traités, conservés encore dans les archives publiques de l'Europe, sont des documents aussi sincères et aussi dignes de confiance que tous les autres traités qu'elles renferment [1].

1412-1451. — La Sicile, après avoir vainement essayé de reconquérir Gerba, vit en paix avec les rois de Tunis.

La longue digression que nous avons cru devoir consacrer à l'examen et à la défense de l'authenticité des rédactions chrétiennes de nos traités a depuis longtemps interrompu le récit des faits historiques. Nous nous étions, en dernier lieu, occupé du commerce des Génois et des Vénitiens. Nous avions vu que Venise, nonobstant ses grandes guerres nécessitées par la défense de ses possessions de terre ferme et de ses colonies maritimes contre les Milanais et contre les Turcs, et que Gênes, malgré ses incessantes commotions intestines, conservaient toujours l'une et l'autre un grand commerce dans la Méditerranée et surtout au Magreb, parce que les gouvernements des deux États protégeaient spécialement les relations avec l'Afrique, comme un débouché nécessaire à la marine et à l'industrie de la nation.

---

[1] Au moment où s'achève l'impression de ces pages, nous parvient le supplément que M. Amari vient d'ajouter à son beau recueil (*I Diplomi arabi del Archivio fiorentino*, etc., Appendice. Florence, 1867). Nous n'y trouvons rien qui nous porte à modifier ce que nous avons dit précédemment. On ne peut méconnaître ce qu'il y a de grave et d'impératif dans le texte arabe du traité de Maroc avec Pise de 1358, publié ici par M. Amari pour la première fois avec une traduction italienne, au sujet du principe de la responsabilité individuelle. Le privilège y est évidemment suspendu. La responsabilité collective de la nation est exigée plus formellement que dans le texte chrétien, et jusqu'à l'incarcération ou la détention même de tous les sujets pisans.

Mais il faut bien remarquer d'abord que l'ancienne rédaction chrétienne ne dit absolument rien de contraire au texte arabe, et, en second lieu, qu'il s'agit dans le cas prévu du tort ou du crime d'un Pisan non point vis-à-vis *d'un* Musulman, mais vis-à-vis *des* Musulmans, c'est-à-dire de la nation, ou du prince, ou de l'État musulman, ce qui changeait la condition, aggravait la criminalité et constituait un crime de lèse-majesté ou de lèse-nation. M. Amari en fait lui-même l'observation. « J'ai tenu à traduire littéralement cet article, dit-il (Appendice, p. 69, note 14), à cause de son
» importance extrême pour l'histoire du droit international. La disposition paraîtrait jusqu'à un
» certain point en contradiction avec l'art. 1er, si on croyait qu'elle signifie que tous les résidents
» pisans devaient aller en prison toutes les fois qu'un Pisan se rendait coupable de fraude ou de
» trahison vis-à-vis *d'un Musulman*. La version contemporaine semblerait favoriser ce sens, en disant :
» *vis-à-vis de l'un* des Sarrasins (*a Sarracini*). Mais dans l'art. 1er, où l'on stipule la responsabilité
» individuelle, il s'agit du tort d'un Pisan vis-à-vis *d'un* Musulman quelconque, seul et indéterminé ;
» quand au contraire ici le texte arabe dit : *aux Musulmans*, ce qui signifie *tous les Musulmans* de
» l'État mérinide, c'est-à-dire l'État lui-même. »

Les États du sud de l'Italie étaient moins prospères que ceux du nord et du centre. L'extinction de la famille des princes d'Aragon, survenue presque à la même époque dans sa double lignée, à Barcelone par la mort de Martin Ier, en 1409, à Palerme par la mort de Martin II, en 1410, priva la Sicile, réunie dès lors à la Castille, des avantages d'une royauté qu'elle avait conquise, et à laquelle elle s'était attachée. Le roi Alphonse s'efforça de faire oublier aux Siciliens la perte de l'indépendance par une administration vigilante et généreuse. Il entretint leurs flottes; il flatta leur courage en les appelant à reconquérir leurs anciennes colonies d'Afrique [1]. Sous les ordres de son frère don Pedro, duc de Noto, gouverneur de l'île, ils dirigèrent un grand armement sur l'île de Gerba, avec laquelle ils se trouvaient presque toujours en hostilités. Si l'expédition n'atteignit pas le but espéré, don Pedro parvint du moins à débarquer dans l'île de Kerkeni (1424), à l'autre extrémité du golfe de Cabès; il y fit près de trois mille prisonniers, et ne se retira, disent les historiens de Sicile, qu'après avoir obtenu d'Abou-Farès, roi de Tunis, la mise en liberté de tous les Chrétiens retenus captifs dans ses États [2]. Alphonse prit lui-même le commandement d'une autre expédition, en 1431, et fut moins heureux que son frère. Abou-Farès ne voulut pas abandonner les Gerbiotes, malgré leur insubordination habituelle. Il leur envoya de nombreuses troupes, et le roi d'Aragon, à peine débarqué à Gerba, fut obligé de reprendre la mer [3].

Détourné par ces échecs répétés de poursuivre ses projets en Afrique, Alphonse chercha depuis lors à vivre en bonne intelligence avec les princes arabes, en se bornant à demander le rétablissement des anciens traités et la mise en liberté réciproque des captifs. La négociation paraît avoir été d'assez longue durée. C'est à ces relations pacifiques que se rapportent les extraits de la Chronique de l'abbaye de Saint-Martin des Échelles près de Palerme, publiés dans nos *Documents* [4]. Le frère Jean Mayali, moine de Saint-Martin, en fut l'agent accrédité au nom d'Alphonse auprès des rois d'Afrique. Mayali, qui jouissait d'une grande estime à la cour du souverain arabe, résida longtemps à Tunis avec les pleins pouvoirs d'envoyé et de négociateur du roi d'Aragon et de Sicile. On l'y voit en 1438, en 1443; on l'y retrouve en 1451. Par ses soins, des trêves furent renouvelées entre les deux pays, et les navires siciliens purent commercer quelque temps au moins en sécurité dans le royaume de Tunis, comme ils commerçaient encore avec la Grèce et la Syrie.

1437-1456. — Griefs et réclamations des marchands arabes et chrétiens.

Les rois d'Afrique, en veillant généralement à prévenir ou à réprimer les agressions de leurs sujets, eurent souvent à se plaindre aussi auprès des gouvernements chrétiens d'actes plus ou moins répréhensibles de leurs nationaux et des dénis de justice de leurs consuls.

[1] Tristan Caraccioli, *Vita Sergiani Caraccioli magni senesc. Neapol.*, ap. Murat., t. XXII, col. 28; Blasi, *Historia de' vice-re di Sicilia*, t. Ier, p. 98.

[2] *Fragm. hist. sic.*, ap. Murat., t. XXIV, col. 1095, 1096; Barthel. Fazio, *Rer. suo tempore gest.*, liv. III, p. 78 et suiv.; Blasi, *Hist.*, t. Ier, p. 98.

[3] Kairouani, *Hist. de l'Afrique*, liv. VI, p. 259. Cf. p. 257; Mariana, liv. XXXI.

[4] Page 169.

On a vu que l'ambassadeur vénitien venu à Tunis en 1437 pour renouveler l'ancienne alliance de la république, avait à satisfaire en même temps aux réclamations réitérées du sultan contre un armateur de Venise [1]. En 1446 et 1449, le gouvernement du roi Abou-Omar Othman gardait encore rancune aux Florentins d'actes assez graves commis contre le royaume de Tunis ou ses sujets par Thaddée et Philippe Caleffi, citoyens de Florence, sous le règne d'Abou-Farès, son grand-père [2]. Ces récriminations prolongées et tardives, car les faits incriminés remontaient à près de trente-deux ans [3], attestent du moins que les Toscans ne donnaient pas souvent occasion à des plaintes semblables. La république de Florence avait d'ailleurs fait tout ce qui lui était possible en cette circonstance pour atteindre et châtier les coupables. En les condamnant au bannissement comme traîtres à la patrie, elle les avait signalés partout pour qu'on s'emparât de leur personne et de leurs biens.

Peut-être la république de Gênes mit-elle aussi tous ses soins à satisfaire aux réclamations énumérées dans une note de la chancellerie du roi de Tunis, Abou-Omar, en date du 6 février 1452, qui lui parurent fondées [4]. La note énonce une série de griefs nombreux et très-sérieux dont les sujets arabes auraient été victimes de la part de Génois. Un armateur, sujet de la république, qui s'était chargé de marchandises arabes pour les vendre à compte commun en Europe avec les propriétaires, avait outrageusement surpris leur bonne foi dans la reddition de ses comptes. — Un capitaine génois, Luc Balaram, avait nolisé son navire à des Arabes de Tunis pour porter du blé à Tripoli. Le chargement une fois à bord, le capitaine s'était dirigé sans plus de façon vers Gênes et y avait vendu tout le grain, en offrant, il est vrai, d'en payer la valeur aux propriétaires. — Un petit navire parti de Gaëte avec un chargement de bois et de fer à destination de Tunis avait été arrêté et gardé par les Génois. L'expéditeur et le destinataire étaient Arabes; ils se plaignaient depuis longtemps et on ne répondait pas à leurs lettres. Le consul même, qui était alors (vers 1445) Cyprien de Mari, avait refusé de leur donner satisfaction. — Deux marchands arabes de Sfax avaient été maltraités. — Un corsaire génois avait pris une fuste arabe de Bone. — Plusieurs Maures avaient été enlevés, battus et retenus comme esclaves par des Génois aidés de Catalans; on avait eu de la peine à les racheter. La république de Gênes n'avait pas puni les coupables. Enfin, le sultan se plaignait de ce que plusieurs associés ou facteurs d'une maison de commerce de Gênes bien connue avaient depuis peu introduit de la fausse monnaie arabe à Sfax et à Tripoli. Un tel crime était puni, en Afrique, de la perte du poing; le roi de Tunis demandait que le doge condamnât ses sujets délinquants à subir le même supplice.

A un court intervalle de ces réclamations, nous trouvons le gouvernement génois insistant auprès d'Abou-Omar pour obtenir la délivrance de dix habitants de Bonifacio enlevés et réduits en esclavage par les Arabes, en représailles des méfaits d'un

---

[1] Ci-dessus, page 267.

[2] Amari, *Diplomi arabi*. Appendice, p. 19, 20, 22, n° 7-9.

[3] Pièce de 1449. (Appendice, p. 23.) Les méfaits des Caleffi seraient donc de 1417 environ.

[4] Note et lettre d'Abou-Omar au doge de Gênes, du 6 février 1452. Nos *Documents*, p. 145.

pirate corse nommé Anechino. Le doge, le conseil des Anciens, les protecteurs de la banque de Saint-Georges, chargés alors de l'administration de l'île de Corse au nom de la république, représentaient au sultan [1] que les traités existant entre la république et le royaume de Tunis protégeaient les habitants de l'île de Corse à l'égal des autres sujets génois; que ces traités prohibaient absolument la détention arbitraire des sujets des deux États, et que les Corses retenus captifs devaient être mis en liberté, attendu qu'on ne devait pas les rendre responsables des actes d'un bandit qui attaquait indistinctement les Chrétiens et les Musulmans.

1453. — Décadence générale de la civilisation musulmane. Funeste effet de la prise de Constantinople par les Turcs.

Diverses causes tendaient à cette époque à multiplier chez les Arabes ces brigandages incessants qui devenaient l'effroi de la navigation. La principale était la décadence générale et sensible, dès la fin du quatorzième siècle, de ce qui restait encore d'intellectuel et de lettré dans l'Islamisme. Partout, en Orient, comme en Afrique et en Espagne, le Mahométisme, déjà bien dégradé, tombe alors dans un état pire d'ignorance et de barbarie. Les hautes traditions d'administration se perdent; l'emploi de la force paraît le seul moyen de gouverner. Au Magreb, en même temps que l'autorité des émirs s'affaiblit, les populations arabes et berbères deviennent moins hospitalières et plus fanatiques; tout souvenir des écoles et des bibliothèques fondées par les anciens rois s'efface parmi elles; les instincts grossiers y prennent le dessus; elles apprécient moins l'avantage des relations avec les étrangers.

La prise de Constantinople par Mahomet II vint aggraver encore la situation, en exaltant partout l'orgueil des populations musulmanes dans ce qu'il avait de plus haineux. Ce fut comme l'avénement d'un de ces mauvais principes dont le triomphe momentané enhardit dans le monde tous les sentiments bas et cupides. La chasse et le trafic des captifs chrétiens se répètent et se perpétuent dès lors d'une manière effrayante, malgré les traités qui défendent la piraterie et malgré l'intérêt évident des gouvernements arabes à faire observer ces traités, source de profits assurés pour leur trésor et leurs sujets [2].

On jugera du funeste effet de l'établissement des Turcs à Constantinople sur la sécurité et le commerce de la Méditerranée par ce seul fait qu'en 1458, trois années seulement après la chute de l'empire byzantin, les États de Sicile, voulant réserver les restes de la marine du pays pour protéger ses côtes contre les corsaires qui les infestaient, défendaient aux navires siciliens de se rendre désormais dans les ports de la Romanie et abandonnaient le commerce extérieur aux marines étrangères, plus en état de se défendre [3].

[1] Lettre du 5 janvier et 6 octobre 1456. Nos *Documents*, p. 147 et suiv.
[2] En ce qui concerne la Toscane seule, la nouvelle publication du savant auteur du Recueil des diplômes arabes des républiques de Pise et de Florence atteste la fréquence de ces atteintes aux traités et au respect des personnes. La grande majorité des pièces publiées dans ce supplément a trait à la délivrance d'esclaves chrétiens retenus en Afrique. *I Diplomi arabi del archivio fiorentino*, etc., di Michele Amari. *Appendice*. 1867.
[3] Voyez Gregorio Rosario, *Considerazioni*, t. IV, p. 260, 293.

1456-1492. — *Le commerce des Chrétiens se maintient néanmoins sur la côte d'Afrique.*

Heureusement l'Europe, à mesure que l'esprit féodal s'affaiblissait, trouvait dans la création des marines nationales et le développement des forces publiques les moyens de contre-balancer avantageusement les nouveaux dangers de la navigation. Les courses des pirates turcs et magrebins nuisirent surtout aux marines des petits pays de l'Archipel et de l'Adriatique. Le commerce des États qui n'avaient pas en eux des causes intérieures d'affaiblissement, comme la Sicile et Naples, ne souffrit pas d'abord des précautions nouvelles qu'il dut prendre pour sa sécurité. Il semble seulement qu'à certaines époques il se soit éloigné du Maroc, où les relations avec les Maures d'Andalousie et les événements de la guerre entretenaient une plus vive animation, pour se diriger de préférence vers le Magreb oriental.

Les républiques de Gênes et de Venise renouvellent leurs traités avec les rois de Tunis en 1456 et 1465 pour de longues périodes [1], et leur commerce conserve dans les royaumes de Tunis et de Bougie, malgré quelques moments difficiles, la même situation et les mêmes faveurs. Ce que dit Léon l'Africain des nombreux établissements génois en Afrique remonte à cette époque et aux derniers temps des dynasties arabes. Venise avait comme Gênes ses relations et ses comptoirs dans les royaumes de Tunis et de Tlemcen; peut-être même à Ceuta, quoique les documents ne fassent pas mention de ces derniers. Durant toute la seconde moitié du quinzième siècle, et particulièrement de 1410 et 1440 à 1493, les nominations de consuls pour Tunis se succèdent régulièrement chaque deux ou trois ans à la chancellerie ducale, et les nominations de capitaines des galères de Barbarie ont lieu chaque année [2].

Nous voyons, d'autre part, la république de Florence, dès que la paix d'Italie le lui permet, reprendre ses rapports avec l'Afrique et réclamer dans le royaume de Tunis les droits que lui avaient conférés la conquête de Pise et ses propres traités de 1423 et 1445 [3]. En 1446, la commune avait à réclamer auprès du sultan Abou-Omar Othman la mise en liberté de trois citoyens florentins retenus à Tunis par représailles des courses d'un pirate toscan. Elle remit à cette occasion à Thomas di Piero dei Velluti des instructions qui renferment un tableau évidemment exagéré de la sécurité du pays sous le gouvernement exceptionnellement long et sage d'Abou-Omar; mais qui témoignent de l'importance qu'elle donnait toujours au commerce d'Afrique, bien que les événements politiques l'aient forcée à l'interrompre peu après pendant près de dix ans [4] : « Tu diras à Sa Sérénité que la seigneurie de Florence sait depuis longtemps
» par ses marchands combien est grande son équité et son humanité, quelle sûreté
» trouvent les voyageurs et les marchands dans ses États; sécurité telle que tout voya-
» geur, fût-il chargé d'or et de pierres précieuses, peut traverser sans courir aucun

---

[1] Voyez ci-dessus p. 263, 267.

[2] Voyez nos *Documents*, p. 258-259. Cf. tarif vénitien de 1493-1540, p. 276, note; Malipiero, *Annal. Venet.*, t. II, p. 631.

[3] Voyez plus loin, ann. 1460-1512, p. 332.

[4] Voyez ci-après, p. 335.

» risque les lieux les plus sauvages et les plus déserts ; sa justice ne fait nulle différence
» entre ses sujets et les étrangers, aussi avons-nous toujours désiré que nos marchands
» se livrassent au commerce avec son royaume comme avec un des pays où ils trouve-
» ront le plus de loyauté et de protection [1]. »

Enfin, la France elle-même reprend dans la même période, une première fois par Montpellier et sous l'impulsion de Jacques Cœur, plus tard par Marseille, acquise avec toute la Provence au roi Louis XI, une part plus importante au commerce d'Afrique, tandis que le Roussillon, naviguant encore sous le pavillon d'Espagne, envoyait aussi quelques navires sur les côtes de Barbarie.

Du commerce français.

En jetant un coup d'œil sur l'ensemble du commerce et de la marine de la France au commencement du quinzième siècle, on est frappé de l'état d'infériorité dans lequel toutes ses ressources se trouvaient par rapport aux époques précédentes et aux pays voisins. Narbonne, Montpellier, Marseille, n'avaient plus les vastes relations du treizième et du quatorzième siècle. La guerre des Anglais, les ravages des grandes compagnies, les entreprises malheureuses de la maison d'Anjou pour conserver le trône de Naples, avaient réduit partout la fortune publique et l'industrie privée. Le mal était à peu près général. En Normandie comme en Provence et en Languedoc, des étrangers, des Catalans, des Italiens surtout, s'étaient établis dans nos ports, et s'occupaient des affaires commerciales plus que les Français eux-mêmes [2]. Thomas Basin ne voyant que les choses de son temps, et ne les voyant pas complètement, exprime ainsi son admiration pour Jacques Cœur, qui avait relevé le commerce de la France, et qui était parvenu, au milieu du quinzième siècle, à faire de Montpellier le centre d'une de ces opulentes maisons d'affaires maritimes, pareilles à celles que l'Italie comptait en si grand nombre et à celles que Narbonne et Montpellier avaient eu elles-mêmes autrefois, du temps des Seraller : « C'est cet argentier du roi Charles VII, dit Basin, qui le
» premier parmi les Français de son temps arma et équipa des galères. Ses vaisseaux
» emportaient des draps de laine et autres objets manufacturés du royaume sur les
» rivages d'Afrique et d'Orient, où ils arrivaient jusqu'à Alexandrie d'Égypte. Ils rap-
» portaient dans les pays du Rhône des étoffes de soie variées, et toutes sortes d'aro-
» mates et d'épiceries [3]. »

On peut avec assurance comprendre Bougie, Tunis et Tripoli, parmi les pays désignés un peu confusément par Thomas Basin sous le nom d'Afrique, car Matthieu d'Escouchy dit expressément que les vaisseaux de Jacques Cœur allaient en Barbarie « et jusques en Babilonne [4] ». On peut croire aussi que si son inique procès n'était venu

---

[1] Amari, *Diplomi arabi*. Appendice, p. 20. Instructions du 31 août 1446.
[2] Cf. Thomas Basin, *Hist. des règnes de Charles VII et de Louis XI*, éd. Quicherat, t. Ier, p. 243; Bréquigny, *Ordonnances des rois de France*, t. XIV, préf., p. XI; Pardessus, *Coll. de lois marit.*, t. III, p. CXI, CXXIV; Fréville, *Commerce maritime de Rouen*, t. Ier, p. 289.
[3] Th. Basin, *loc. cit.*, t. Ier, p. 243.
[4] *Chron.*, édit. de Beaucourt, t. II, p. 281.

mettre une fin malheureuse aux entreprises de l'intelligent ministre, qui avait obtenu en 1447, par les soins de Jean de Village, son neveu, le rétablissement d'un consulat français à Alexandrie [1], sa protection aurait continué les heureux effets de son exemple, et ranimé les diverses branches de l'industrie maritime, qui n'étaient que languissantes, mais non anéanties dans nos provinces méridionales. La pêche et la navigation occupaient toujours les populations des côtes de la Provence et du Languedoc. Avant même les grandes entreprises de Jacques Cœur, comme après le désastre de sa maison, Montpellier conserva encore dans sa déchéance quelques restes de son grand commerce extérieur, si florissant au treizième et au quatorzième siècle. Les soins donnés par les rois de France à l'entretien de ses canaux et de ses voies de communication avec la mer en sont la preuve [2].

Les ruineuses expéditions des princes d'Anjou n'avaient pas éteint tout commerce extérieur en Provence. Le duc Louis et ses enfants protégèrent toujours l'industrie, qui avait encore une assez grande importance dans plusieurs villes. La préparation des cuirs, favorisée par l'extraction continue des peaux de Barbarie et des écorces tanniques, avait pris même, vers ce temps, une grande extension à Marseille [3].

Dans les autres pays du midi de la France appartenant aux couronnes unies d'Aragon et de Castille, nous retrouvons encore à cette époque des souvenirs de relations directes avec la Barbarie. Divers actes reçus par les notaires de Perpignan attestent que des navires roussillonnais partis des ports de Collioure, de Port-Vendres et de Canet, osaient braver les corsaires et se rendre à Dellys, à Alger et jusqu'à Tunis. Comme les navires de Jacques Cœur, ils étaient surtout chargés de draps, le grand article de nos manufactures méridionales. Ils rapportaient principalement des cuirs et de l'huile. Sans avoir l'importance de la navigation de la Catalogne et de la Provence, il paraît que la navigation roussillonnaise, secondée par l'exploitation des bois des Pyrénées, était plus qu'un grand cabotage. Elle aurait franchi le détroit de Gibraltar et dépassé la Sicile, pour remonter jusqu'aux ports de la Gascogne et de la Normandie d'un côté, atteindre l'Archipel grec et la Syrie de l'autre [4]. Une pareille extension n'aurait eu rien de surprenant aux siècles antérieurs. Elle est plus extraordinaire au quinzième. On peut l'admettre cependant avec les savants du pays, en souhaitant qu'ils mettent prochainement en lumière les documents sur lesquels ils fondent leur opinion.

Il reste toujours établi que le Languedoc par Montpellier, depuis que Narbonne et Aigues-Mortes étaient ensablés, le Roussillon par Collioure, et la Provence par Marseille, envoyaient encore des navires et des marchands sur les côtes du Magreb au quinzième siècle. Nous ne pouvons rien affirmer pour les autres parties de la France. Comment

---

[1] Matthieu d'Escouchy, t. Ier, p. 121.

[2] M. Germain, *Hist. du commerce de Montpellier*, t. II, p. 48.

[3] Fauris de Saint-Vincent, *Annales encyclop.*, 1818, t. VI, p. 235, 236; Pardessus, *Coll. de lois marit.*, t. III, page cxx.

[4] M. de Saint-Malo, *Notice sur le commerce catalan de la côte de Barbarie*, dans les *Mémoires de la Société archéol. des Pyrénées-Orientales*, t. VII, p. 114. Perpignan, 1848.

douter cependant que les villes portugaises de Ceuta et de Tanger, qu'Arzilla, plus éloignée vers Salé et cependant visitée par les Européens au quatorzième siècle, que les ports de Bougie et de Tunis, où les gouvernements étaient toujours bienveillants pour les Chrétiens, ne reçussent pas aussi dans leurs eaux quelques voiles de Bayonne, qui dès le quatorzième siècle passaient dans la Méditerranée; quelques-uns de ces hardis navires de Normandie, si ce n'est même de Bretagne, qui dès le treizième et le douzième siècle avaient longé le détroit de Maroc et porté les croisés au fond de la Méditerranée [1]; qui au quatorzième, peut-être avant les Portugais, s'étaient avancés vers le cap Bojador, en commerçant avec le Sénégal et la Guinée [2]; qui en 1402 donnèrent un amiral à la Castille [3]; qui firent vers la même époque la conquête des Canaries avec Jean de Bethencourt [4], et pour lesquels le duc de Bretagne obtint en 1479 la faculté de commercer avec le pays des Turcs [5], avant que Charles VIII, devenu duc de Bretagne, donnât l'ordre de construire dans leurs ports une partie de la flotte dont il avait besoin pour son expédition de Naples [6]?

1482. — Louis XI cherche à développer le commerce d'Afrique.

Louis XI voulut multiplier les rapports de la France avec la côte d'Afrique. Le même mouvement qui porta cet esprit actif et pratique à instituer les postes, à fonder des manufactures de soie, à augmenter le nombre des foires, à négocier des traités avec les étrangers, l'amena à donner une protection particulière au commerce de la Provence, quand la mort successive de son oncle et de son cousin René et Charles III d'Anjou l'eut mis en possession de ce riche comté (1481).

Dès l'année 1482, ou peu après, il annonça son accession à la souveraineté de la Provence au roi de Tunis, le sultan Abou-Omar Othman, dont le long règne nous a si souvent fourni l'occasion de parler de ses bonnes dispositions pour les Chrétiens, et à son fils, qui régnait sur les provinces de Bone et de Bougie. Le roi de France exprimait aux princes son désir de voir continuer et se développer à l'avantage réciproque des deux pays les relations qui existaient entre la Provence et l'Afrique du temps du roi René, son oncle : « Pour ce que, disait Louis XI au roi de Bone, nous avons délibéré
» à l'aide de Dieu d'élever en notre pays de Provence la navigation, et fréquenter la
» marchandise de nos sujets avec les vôtres, par manière qui s'ensuive utilité et profit
» d'une part et d'autre, et que la benivolence accoutumée entre la majesté du roi de
» Tunis, votre père, auquel présentement écrivons, et la vôtre et celle de bonne
» mémoire le roi de Sicile, notre oncle, non pas seulement soit conservée, mais
» accrue, nous avons voulu vous avertir en vous priant bien affectueusement qu'il vous

---

[1] *Rec. des Hist. des Croisades; Historiens occidentaux*, t. II, p. 128. Cf. p. 246; *Hist. de Chypre*, t. Ier, p. 156, 348; t. II, p. 64, note; Fréville, *Hist. du comm. marit. de Rouen*, t. Ier, p. 113-117.
[2] Vitet, *Hist. de Dieppe*, t. II, p. 14; Fréville, t. Ier, p. 310; Pardessus, *Collect.*, t. III, p. LIII.
[3] Robert de Braquemont, Normand.
[4] Fréville, t. Ier, p. 316-121.
[5] Lobineau, *Hist. de Bretagne*, t. Ier, p. 733.
[6] *Ordonn. des rois de France*, t. XX, p. 549. (Ord. du 22 juillet 1496.)

» plaise accueillir nos sujets, lesquels viendront pratiquer et troquer de par delà, les
» traiter favorablement comme vous faisiez par le temps que notredit oncle vivoit, car
» ainsi ferons-nous à vos sujets quand le cas adviendra [1]. »

Louis XI sollicitait en même temps l'émir de Bone, et il demandait à Abou-Omar d'appuyer sa réclamation auprès de son fils, pour que les marchandises d'un navire de Jean de Vaulx, ancien général de Provence, alors trésorier royal en Dauphiné, naufragé sur ses côtes, fussent restituées « comme il est juste » aux représentants que les intéressés envoyaient en Afrique [2]. Il semblerait d'après ces documents que le roi Louis XI, pas plus que René d'Anjou, ni comme roi de France, ni en sa qualité de comte de Provence, n'entretenaient alors de consul permanent dans les royaumes de Tunis et de Bone.

1453-1479. — Dernières relations de la Sicile avec les rois de Tunis. Décadence de l'île.

Le roi René, malgré son titre de roi de Sicile, gardé par les princes d'Anjou comme une protestation contre les Vêpres siciliennes, n'avait réellement régné que sur la Provence, où il mourut en 1480, et sur le royaume de Naples, que lui avait enlevé, dès 1442, Alphonse Ier de Castille, déjà roi d'Aragon et de Sicile.

Un moment relevée de son affaissement sous le règne de ce prince ambitieux et énergique, qui tenta de lui rendre ses possessions d'Afrique, l'île languit de nouveau après lui. Préoccupés surtout de leurs intérêts en terre ferme, ayant à se prémunir à la fois contre la France, dans le royaume de Naples, en Navarre et en Roussillon, Alphonse et ses successeurs abandonnèrent le gouvernement de la Sicile à des vice-rois, qui la plupart furent égoïstes et négligents [3].

Il se fit alors en Sicile une révolution analogue à celle qui faillit se généraliser en France au commencement du quinzième siècle, et qui, effectuée réellement dans l'empire grec au douzième siècle, fit passer l'industrie maritime aux étrangers. Des Vénitiens, des Génois et des Toscans vinrent établir leurs comptoirs d'une manière définitive dans les principaux ports de l'île, et s'emparèrent du commerce extérieur, que ses habitants n'étaient plus capables ou soucieux de continuer. La marine et l'industrie locale achevèrent de se perdre, en un temps où il eût fallu développer tous ses moyens de défense. La Sicile avait été un des premiers pays sur lesquels s'étaient jetés les pirates grecs et turcs depuis la prise de Constantinople [4]. La frayeur et la misère régnaient dans les campagnes et les villes maritimes. En quelques années, Favignana et Marettimo, deux îles du cap de Trapani, étaient devenues des repaires, d'où les pirates donnaient impunément la chasse aux navires qui paraissaient dans les mers de Sardaigne et d'Afrique; Trapani, riche autrefois comme Messine d'hôtels et de consulats nombreux, vit à la même époque diminuer sa population et son commerce [5].

[1] Nos *Documents*, p. 104. Cf. Commines, t. II, p. 233, note.
[2] Nos *Documents*, p. 105.
[3] Rosario Gregorio, *Considerazioni*, t. IV, p. 7 et suiv., 54, 258.
[4] Voyez ci-dessus, p. 313.
[5] Gregorio, *Considerazioni*, t. IV, p. 259, 260.

On ne sait combien de temps avaient pu se conserver les bons effets des négociations de frère Mayali, terminées en 1451 [1]. Les rapports pacifiques entre les habitants des côtes d'Afrique et de Sicile ne semblent pas avoir été de longue durée, malgré les bonnes dispositions du sultan de Tunis, le vieil Abou-Omar. La décision des états de Palerme de 1458 tendait à établir sur les côtes un système de précautions plus propre à la guerre qu'aux relations amicales. D'après une série de correspondances et d'ambassades, poursuivies pendant dix ans, de 1470 à 1479, sans aboutir à un traité définitif, il semble que des hostilités pires qu'une guerre déclarée étaient venues s'ajouter aux malheurs de l'île, et rendre bien difficiles les rapports d'échange et de commerce entre les deux pays. En 1470, le vice-roi Lop Ximénès d'Urrea s'occupait d'un traité de paix qui devait s'étendre aux royaumes de Naples et d'Aragon, bien que les couronnes eussent été séparées de nouveau à la mort d'Alphonse [2]. Cinq points étaient surtout recommandés à André Navarre, chargé de se rendre à Tunis : la conclusion d'un traité de paix pour trente ans ; la délivrance des gens capturés de part et d'autre ; la garantie de l'égalité des droits et du traitement des autres nations chrétiennes, pour tous les marchands siciliens, napolitains et aragonais, dans les Échelles de Mauritanie ; l'assurance que toute personne naviguant sous pavillon de la couronne d'Aragon trouverait sécurité, aide et protection dans le royaume de Tunis, et enfin la reconnaissance ou l'*exequatur* à obtenir du sultan de Tunis pour le consul ou les consuls qui seraient chargés de représenter en Afrique les intérêts du roi Ferdinand pour le royaume de Naples, du roi Jean pour les royaumes d'Aragon, de Sicile et de Navarre, et les intérêts du Pape [3], vraisemblablement comme souverain de pays qui pouvaient occasionnellement commercer avec l'Afrique.

La mission de Navarre ne paraît pas avoir atteint la fin désirée. En 1472, un ambassadeur du roi de Portugal, Alphonse V, dit l'Africain, se trouvant à Tunis, s'occupait, à la demande du vice-roi de Sicile, de l'affaire du traité et de la délivrance de cinq cents captifs chrétiens détenus dans les États de l'émir [4]. Les prisonniers durent être rendus à la liberté, car une trêve de deux années, à partir du 1er janvier 1474, fut publiée au mois de décembre 1473 dans les îles de Sicile, de Malte, et leurs dépendances [5]. En témoignage de ses bonnes dispositions, Abou-Omar Othman nomma même un consul chargé de protéger les intérêts de ses sujets en Sicile, et confia ces fonctions, avec l'agrément du vice-roi, à Jacques Bonanno, maître des comptes et membre du conseil royal de Palerme [6]. Bonanno avait pouvoir de nommer des vice-consuls, pour rester en charge au delà de la durée des préliminaires de paix, si le traité, dont on n'avait pas abandonné la pensée, venait enfin à être heureusement conclu.

[1] Ci-dessus, p. 311.
[2] Nos *Documents*, p. 171, 173 ; Gregorio, t. IV, p. 270.
[3] Nos *Documents*, p. 172 ; Gregorio, t. IV, p. 271.
[4] Nos *Documents*, p. 174.
[5] Ban ordonnant la proclamation de la trêve. Nos *Documents*, p. 175.
[6] Autorisation du vice-roi du 23 décembre 1473. Nos *Documents*, p. 176 ; Gregorio, t. IV, p. 272. Voyez en outre les *Additions et corrections*, pour la page 176 des Documents.

Mais il paraît certain que les gouvernements d'Aragon et de Sicile étaient moins désireux d'arriver à une entente définitive qu'Abou-Omar lui-même. Le 8 juin 1475 l'on n'avait pas encore envoyé d'ambassade à Tunis pour reprendre les négociations. D'Urrea s'en excusait auprès de l'émir, en alléguant les préoccupations du roi Jean et la guerre que ce prince, « le plus grand et le plus puissant des rois de la chrétienté », avait eu à soutenir contre le roi de France pour reprendre le Roussillon. D'Urrea chargeait en même temps Guillaume de Peralta, trésorier général, d'aller à Tunis pour régler au moins une nouvelle prorogation de la trêve de 1476 à 1478 [1].

Peralta et Pujades, adjoints à l'ambassade, trouvèrent chez le roi de Tunis et chez les membres de sa famille les meilleures intentions pour la paix [2], si bien qu'on pouvait se croire près de conclure les interminables pourparlers dont le dernier mot était toujours attendu de Naples ou de Barcelone, quand en 1479 la constitution de la monarchie de Ferdinand V par la réunion de la Castille à l'Aragon sembla remettre tout en question. Le 8 décembre 1479, on voit le conseil de régence de Palerme, dans une séance solennelle et oiseuse, délibérer pour savoir s'il fallait se contenter d'une trêve avec le royaume de Tunis, ou s'il n'était pas préférable d'obtenir enfin un traité définitif de paix et de commerce [3]. Cette dernière opinion, conforme aux sympathies du pays, rallia la grande majorité du conseil, et pourtant rien ne se termina.

Les historiens de l'île accusent la couronne d'Espagne, dans le dessein arrêté d'étouffer tout progrès industriel en Sicile, d'avoir empêché la conclusion du traité, qui eût été trop avantageux à son commerce et à son autonomie [4]. Les faits donnent une apparence de raison à ces récriminations. La Sicile fut délaissée par la Castille comme elle l'avait été par l'Aragon. Rien n'y prospéra depuis, tandis que Ferdinand et Isabelle poursuivaient leurs succès contre les Maures, et que les républiques italiennes, ne pouvant prévoir l'immense révolution qui menaçait leur commerce, trouvaient à s'enrichir encore sans sortir de la Méditerranée.

1439-1479. — Du commerce de l'Aragon avec l'Afrique jusqu'à la réunion des couronnes d'Aragon et de Castille.

Les ressources maritimes de l'Aragon, surtout celles de la Catalogne, et la richesse générale de la nation, étaient telles au quinzième siècle, qu'au milieu de troubles, de luttes et d'armements qui semblaient devoir absorber toutes les forces du pays, le commerce avec le Magreb s'était maintenu tant que la province avait eu sa vitalité et sa politique particulières.

En 1439, en 1444, 1447, 1462, pendant la guerre étrangère et pendant la guerre civile, la couronne d'Aragon ou la commune de Barcelone, momentanément indépendante, entretiennent toujours de bons rapports avec les rois de Tunis, et les marchands catalans fréquentent comme auparavant les ports de Barbarie [5]. Bien que les magis-

---

[1] Lettre et instructions du 8 juin 1475. Nos *Documents*, p. 177.
[2] Nos *Documents*, 7 février 1476, p. 179.
[3] Nos *Documents*, p. 180.
[4] Gregorio, t. IV, p. 273.
[5] Capmany, *Memorias sobre la marina de Barcelona*, t. Ier, 2e partie, p. 84. Cf. nos *Documents*,

trats de Barcelone aient eu quelquefois à se plaindre d'injustices et de violences commises en Afrique au détriment de leurs compatriotes, la nation catalane y était généralement bien vue par les gouvernements et la population [1]. L'ensemble et la continuité des relations ne permettent pas d'en douter, et la lettre que le doge de Venise écrit en 1458 aux conseillers de Barcelone pour les prier de recommander à leurs concitoyens résidant en Afrique et en Languedoc de vivre en bonne harmonie avec les Vénitiens qui se rendaient annuellement de Barbarie à Aigues-Mortes, le confirme [2].

Les Catalans apportaient en Afrique beaucoup de draps [3], ils s'y adonnaient en grand à l'exploitation des bancs de coraux; ils nolisaient leurs navires aux gens du pays pour les transporter d'un port à l'autre ou en Espagne, eux et leurs marchandises [4]. En 1446, un négociant de Barcelone avait affermé le droit de pêcher le corail sur toute la côte de Tunisie; et l'on apprend d'une lettre des magistrats municipaux de Cagliari que le concessionnaire principal, ne se contentant pas du dixième prélevé par lui sur la récolte de chaque bateau corailleur d'origine sarde, voulait exiger le droit exorbitant du tiers [5].

En 1462, quand le roi d'Aragon Jean II était éloigné de Barcelone, où ses sujets soulevés par la mort du prince de Viane lui défendaient de rentrer; quand la Catalogne était envahie par Gaston de Foix, rien ne paraît encore changé dans les rapports de l'Aragon et de l'Afrique. Barcelone insurgée cherchait à maintenir ses relations avec les émirs du Magreb, en invoquant les anciens traités qui les protégeaient. A l'occasion du voyage de quelques marchands catalans à Tunis, la commune leur remit, le 2 décembre 1462, pour le sultan Abou-Omar Othman une lettre de recommandation dans laquelle les conseillers priaient « Son Altesse » d'accorder comme par le passé à leurs concitoyens la faveur et les facilités que les sujets africains avaient toujours trouvées en Aragon [6]. Peu d'armateurs purent néanmoins profiter de la protection de la commune : la guerre civile troublait trop profondément le pays. Pendant dix années de la résistance la plus obstinée et la plus déraisonnable, poursuivie sur terre et sur mer, la Catalogne invoqua tour à tour l'appui de la Castille et de la France, offrant de sacrifier sa liberté à ses rancunes contre un prince qui ne demandait qu'à tout oublier. Obligée enfin de se soumettre en 1472, Barcelone chercha aussitôt à réparer les maux de la guerre.

Les effets s'en étaient fait ressentir jusqu'en Afrique. Des bâtiments catalans ayant

---

p. 331, année 1444: « Stant treva entre vos et lo dit rey de Tuniç. » — Année 1447 : « Atteses les grans confederacio e amistat les quals regnen entre lo most alt rey segnor nostre e la vostra gran Altessa. » Nos *Documents*, p. 333. En 1462 : « Considerades, etc., » p. 334.

[1] Nos *Documents*, p. 330-333.

[2] Capmany, *Memorias*, etc.; *Coleccion diplomatica*, t. II, p. 282. Lettre du doge Pascal Malipiero, du 11 juillet 1458.

[3] Capmany, t. Ier, 2e partie, p. 84.

[4] Lettre des magistrats de Barcelone au roi de Tunis, de 1447, au sujet du voyage d'un navire catalan, pour compte de marchands arabes, de Tunis à Alméria. Nos *Documents*, p. 333.

[5] Nos *Documents*, p. 332.

[6] Nos *Documents*, p. 334, 2 décembre 1462.

attaqué des navires majorcains dans le port de Bougie, les agresseurs, arrêtés par l'autorité arabe, n'obtinrent leur liberté qu'en laissant comme caution toutes leurs marchandises séquestrées à la douane. Au retour de la paix, en 1473, la commune envoya à Bougie un de ses concitoyens, Jean Sala, pour demander la restitution des biens confisqués. « Votre Altesse, disait le conseil de Barcelone à l'émir, nous aurait
» depuis longtemps rendu ces marchandises, si nous les avions réclamées; nous ne
» l'avons pu à cause des guerres épouvantables qui ont désolé notre pays et qui ont
» bouleversé non-seulement le commerce, mais toutes les choses de ce monde. Main-
» tenant, seigneur, que le repos est recouvré, veuillez accueillir avec votre bonté
» accoutumée notre demande et notre envoyé Jean Sala, afin que les nombreux mar-
» chands nos concitoyens qui désirent reprendre le commerce avec votre pays aient
» moyen de s'y rendre comme autrefois en toute sécurité [1]. »

Mais Barcelone ne put se relever de la lutte héroïque et insensée qu'elle avait soutenue pendant de si longues années. A partir de la pacification et de l'année 1473, nous ne retrouvons plus rien dans ses annales et ses archives sur son commerce d'Afrique. En 1479, quand la mort du roi Jean II vint réunir les deux couronnes si longtemps ennemies sur la tête de Ferdinand et d'Isabelle, le rôle et l'intérêt propres de l'Aragon s'effacèrent, absorbés dans l'unité et la grandeur de la nouvelle monarchie, qui après avoir pacifié la Péninsule, anéanti les bandes de brigands qui infestaient ses provinces et chassé les Maures de Grenade, put aspirer à la suprématie européenne et s'y maintenir jusqu'au temps de Richelieu.

1453-1492. — Les rois de Castille occupent quelques positions en Afrique pour concentrer leurs efforts contre Grenade, qui capitule.

Depuis longtemps la Castille comme le Portugal n'avaient avec les populations du Magreb que des rapports difficiles. Le Portugal, en vue de l'exploration de la côte occidentale d'Afrique qu'il projetait déjà, avait dû prendre ses précautions contre les pirates du Rif en occupant Ceuta. La Castille avait à craindre à la fois les rois de Grenade, trop puissants encore pour accepter la vassalité que leur avaient imposée les victoires des anciens rois, sans songer à s'en affranchir, et les divers partis du Maroc, qui au milieu de leurs propres divisions encourageaient également les Andalous à la résistance.

La chute de Constantinople provoqua l'explosion des haines et des rancunes de tout l'Islamisme occidental. A la nouvelle du triomphe de Mahomet II, le roi de Grenade refusa d'observer les conditions du traité d'alliance qui le liait à la Castille. Trois années de guerre obligèrent Abou-Ismaïl à déposer les armes et à doubler le tribut d'obéissance. Mais la paix était désormais impossible entre les deux peuples. L'idée de la sujétion révoltait les Andalous, et l'émir qui eût voulu s'assurer le trône par la soumission eût payé de la vie ses lâches calculs. L'année même où il signe le traité de 1457, Ismaïl le viole ouvertement en soutenant la révolte d'Alphonse Fajardo, oncle du grand sénéchal de Murcie. La défection d'Alphonse ne le décourage pas;

[1] Lettre au roi de Bougie du 6 février 1473. Nos *Documents*, p. 335.

des échecs répétés, la perte de Gibraltar en 1462, la prise d'Archidona en 1463, l'obligent seuls à subir de nouveau la paix et le tribut [1]. Il meurt vaincu, mais non soumis, et léguant à ses successeurs le soin de continuer la lutte.

L'occasion s'en fit attendre jusqu'aux troubles qui éclatèrent peu de temps avant la mort de Henri IV (1474). La guerre eut pour les Musulmans des succès inespérés, et l'Andalousie put se croire un moment revenue au temps du grand Almanzor. Ferdinand et Isabelle, occupés contre le Portugal et l'Aragon, furent contraints de signer une paix de trois ans (1477), en renonçant expressément au tribut que les émirs subissaient depuis deux siècles. « Dites à vos souverains, aurait répondu Aboul-Haçan » aux messagers des princes, qu'ils sont morts ceux qui payaient tribut aux Chrétiens. » Grenade ne frappe plus que des fers de lance et des épées pour ses ennemis [2]. »

L'union de l'Aragon et de la Castille effectuée en 1479, et la paix avec le Portugal conclue en 1480, vinrent enfin rendre leur liberté d'action aux souverains des deux royaumes-unis et leur permettre de diriger tous leurs efforts contre les Maures. Ce fut, avec la conquête du nouveau monde, l'œuvre capitale et la gloire du règne des *Rois Catholiques*, désignation légale des deux époux, qui semble un hommage rendu à la virile entente d'Isabelle et de Ferdinand. Tout dès lors concourut en Espagne vers ce but suprême, la politique, l'administration, le vœu de la nation, identifiée avec le sentiment de ses princes. Afin de surveiller les vaisseaux de Tlemcen et de Maroc, on s'empare de Melilla, ville forte à l'ouest d'Oran, restée depuis un préside espagnol; la même année (1481), Kasserès, à peu de distance de Melilla, est occupé; des croisières permanentes sont établies entre ces villes et les côtes d'Andalousie; une armée régulière remplace bientôt les chevauchées féodales, l'artillerie est réformée, les paysans armés en masse sous le nom de Sainte-Hermandad (fraternité), un corps spécial de trente mille *talladores* adjoint à l'armée, pour incendier les moissons, chasser les laboureurs, couper au pied les arbres fruitiers dans toutes les campagnes musulmanes. Tout se préparait pour le combat mortel et définitif que l'Espagne allait livrer à l'Islamisme.

Telle était encore la force de l'Andalousie musulmane, que malgré la défaillance ou la trahison de quelques émirs il fallut plus de dix années de cette lutte implacable, dont quelques revers noblement réparés augmentèrent encore la grandeur, pour assurer le triomphe des Chrétiens. Les dix-sept places fortes et les quatre-vingts bourgs de l'émirat furent conquis un à un; Grenade, enfin, en face de laquelle le camp des assiégeants avait pour ainsi dire pris racine en donnant naissance à la ville de Santa-Fé, capitula seulement le 2 janvier 1492. Comme lassée des efforts que lui avait coûté une si belle conquête, l'Espagne hésita alors à pousser plus loin ses succès, et peut-être ne se fût-elle jamais décidée à aller attaquer les Arabes en Afrique, si la révolte des Maures andalous, provoquée par les instigations du Maroc, ne fût venue, quelques années après, irriter son orgueil et réveiller ses alarmes.

[1] Marmol, *Descript. de l'Afrique*, lib. II, t. 1er, p. 415.
[2] Conde, *Hist. de la dominacion de los Arabes*, cap. xxxiv, p. 642, édit. Baudry.

1458-1481. — Établissements militaires des Portugais dans le Nord de l'Afrique.

Depuis l'affaiblissement de l'autorité des sultans mérinides, les Portugais se trouvaient vis-à-vis du Maroc dans la même position que les Espagnols, obligés de souffrir les attaques des populations maritimes ou d'aller eux-mêmes les réprimer. Ceuta était plutôt une place de refuge et une base d'opérations militaires qu'une échelle de commerce. Les hostilités entre la garnison et les indigènes étaient incessantes. Les besoins de la défense, l'absolue nécessité d'assurer les explorations de leurs navires vers les côtes occidentales, où ils commençaient à commercer, amenèrent les Portugais à s'étendre des deux côtés du détroit. Ksar-el-Srir, poste avancé vers Tanger, fut conquis en 1458, et conservé malgré les plus vives attaques; Anfa, entre Azamour et Rabat, dont les corsaires infestaient les côtes chrétiennes, fut détruit en 1463; Arzilla, ville plus rapprochée du Portugal, que les Européens visitaient quelquefois dès le quatorzième siècle, fut prise en 1471; Tanger enfin, la seconde forteresse du détroit sur la côte d'Afrique, capitula et arbora le drapeau portugais dans la même campagne. Maître des quatre positions de Ceuta, Ksar, Tanger et Arzilla, Alphonse V, dit l'Africain, put s'intituler roi d'au delà et en deçà de la mer [1], titre emphatique et prématuré qu'auraient pu seules justifier les conquêtes des règnes suivants.

Tant que les schérifs, considérés comme d'heureux factieux, ne furent que les rivaux des sultans mérinides, ils n'inquiétèrent pas les établissements chrétiens. La diversion des Portugais était même favorable à leurs propres projets. Mais plus tard, quand leur souveraineté fut reconnue à Fez et à Maroc, ils en conçurent de l'ombrage, et ils défendirent aux indigènes de communiquer avec les garnisons. Les présides, où l'hostilité des Maures les obligea à se tenir renfermés, ne furent dès lors que des postes d'observation et des ports de relâche. Tous les efforts des successeurs d'Alphonse pour asseoir une vraie domination sur les côtes du nord du Maroc échouèrent, tandis que dans les provinces méridionales, ils parvinrent peu après à fonder de vraies colonies agricoles et commerciales. Les populations des alentours d'Azamour et de Safi, ports de mer dont ils s'étaient emparés, acceptèrent leur domination, payèrent régulièrement l'impôt et apportèrent les produits de leurs champs aux flottes portugaises [2].

1487-1497. — Révolution opérée dans le commerce de la Méditerranée par la découverte du cap de Bonne-Espérance.

Mais les comptoirs de la province de Dekkala, les postes du Sénégal et de la Guinée, étaient de peu d'importance à comparer aux marchés immenses que découvraient le génie persévérant du roi Jean II et le courage de ses marins, pendant que Christophe Colomb donnait tout un monde nouveau au roi de Castille. En dix années les prédictions jugées insensées ou téméraires recevaient la plus glorieuse justification, les rêves de gloire et de fortune étaient réalisés et dépassés. Dias doublait le cap de Bonne-Espé-

---

[1] Marmol, lib. IV, cap. LIII, t. II, p. 230.

[2] Au seizième siècle, les Portugais retiraient de la province de Dekkala jusqu'à cent cinquante mille fanègues de céréales. Voyez M. Pellissier, *Mémoires hist. et géogr.*, p. 142.

rance en 1487; Christophe Colomb abordait aux Lucayes en 1492, et en 1497 Vasco de Gama découvrait les Indes. Les conditions et le siége du commerce de l'ancien monde étaient changés. Cadix allait recevoir les galions des deux Amériques; Lisbonne devenait le centre des épices, des aromates et de toutes les riches substances de l'extrême Orient, qui se vendaient en Europe au poids de l'or.

Les événements donnaient à la fois une cruelle leçon à l'imprévoyance des Génois qui avaient méconnu les offres de Christophe Colomb, et à la politique trop personnelle que les Vénitiens avaient suivie durant les Croisades. Si la république de Venise, comme Innocent III l'avait prescrit, comme saint Louis l'avait souhaité, comme un de ses citoyens les plus éclairés, Sanudo l'ancien, le lui avait conseillé encore tardivement [1]; si la république, au lieu d'aller conquérir Constantinople pour conserver ses priviléges à Alexandrie, fût restée fidèle à la pensée des guerres saintes; si elle eût consacré ses efforts à abattre l'empire des Mamelouks en Égypte, afin de reconquérir plus sûrement le Saint-Sépulcre, elle eût peut-être trois cents ans avant les Portugais retrouvé la route des Indes et atteint la source même de ces précieuses denrées dont le commerce faisait sa fortune.

Chose étrange et pourtant facile à comprendre! les découvertes de Christophe Colomb et d'Améric Vespuce, poursuivies et proclamées pendant plus de dix années, laissèrent Venise indifférente, parce qu'elles n'affectaient pas les voies et les objets ordinaires de son négoce. Un seul voyage de Vasco de Gama aux Indes émut le gouvernement vénitien et bouleversa la nation entière. L'évidence du danger frappa tout le pays comme un coup de foudre.

Prévenu par une dépêche de son ambassadeur [2], reçue à Venise le 24 juillet 1501, de l'arrivée à Lisbonne des galères de Vasco de Gama, le conseil des Dix s'assemble aussitôt pour délibérer avec les comités. Nous ne savons quelles furent les premières résolutions que la gravité de la situation lui inspira, ni s'il crut devoir agir alors sans attendre d'autres informations; mais un contemporain nous fait connaître l'inquiétude subite et profonde qui s'empara de la cité à l'annonce de ces événements. « Quand
» les nouvelles arrivées de Lisbonne se répandirent à Venise, dit Priuli, la ville entière
» fut comme glacée de stupeur. Les gens les plus sages disaient que jamais plus grand
» malheur n'avait atteint la république. Chacun comprit que l'Allemagne, la Hongrie,
» la Flandre, la France, obligées autrefois de venir acheter les épices à Venise, allaient
» maintenant trouver ces denrées à bien meilleur marché à Lisbonne. Les épiceries
» qui arrivent à Venise par l'Égypte, la Syrie et autres pays du sultan, payent en
» divers lieux des droits si élevés que ce qui a coûté à l'origine un ducat, Venise doit
» le vendre soixante et quelquefois cent ducats. Le voyage de mer supprimant tous ces
» droits, Lisbonne va donner à bas prix ce que Venise devra toujours vendre à des
» taux exorbitants [3]. »

[1] Le *Liber secretorum fidelium crucis* n'a pas d'autre but.
[2] Pierre Pasquaglio, paraît-il. — M. Romanin, *Storia di Venezia*, 1856, t. IV, p. 460.
[3] *Diarii* de Priuli, Mss. de la Bibl. de Saint-Marc, classe VII, cod. cxxxi, p. 107, cité par M. Romanin, t. IV, p. 460.

1503-1504. — Vains efforts de Venise pour ruiner le commerce des Portugais dans les Indes.

Devant les dangers qui menaçaient son commerce d'une crise incalculable, deux partis se présentaient à la république de Venise.

Entrer résolûment mais pacifiquement dans la lutte commerciale, malgré l'avance considérable des Portugais, soit en acceptant les offres du roi Emmanuel pour monopoliser le commerce des épiceries à Lisbonne au détriment de l'Égypte [1], soit en agissant isolément et cherchant à prévaloir par la libre concurrence. Là, Venise pouvait employer avantageusement ses immenses ressources maritimes et son influence politique. En s'avançant à la fois par les deux routes et sur les deux mers qui enveloppent l'Afrique, en identifiant ses intérêts avec ceux des sultans d'Égypte, elle pouvait obtenir d'être admise dans les Indes au même titre que les Portugais.

Ou bien refuser les propositions du Portugal, qui nécessairement subordonnaient le marché de Venise à celui de Lisbonne; se refuser également à l'entente et à l'action isolée dans les voies commerciales; accepter la guerre et tenter violemment d'arrêter et de ruiner, s'il était possible, le nouveau commerce des Portugais.

Quels furent, dans les conseils de la république, les défenseurs, s'il y en eut, de la concurrence pacifique et commerciale? Combien de temps la république hésita-t-elle, si elle hésita, entre les deux politiques qui s'offraient devant elle? Nous ne savons. Nous ne connaissons ses déterminations qu'à une époque postérieure de deux ou trois ans à la dépêche de 1501, quand les progrès continus des explorations portugaises et la dépréciation énorme des prix de l'épicerie à Venise redoublaient l'anxiété du gouvernement et de la nation.

La république ne songeait plus alors qu'à une chose, sans oser la poursuivre ouvertement. A tout prix, elle tentait d'entraver le nouveau commerce des Portugais; mais elle ne voulait pas encore faire la guerre au roi Manuel en Europe; et, en attendant, elle cherchait à agir dans les Indes par l'intermédiaire et l'influence des sultans du Caire. Politique irrésolue et languissante, peu digne de Venise, et qui ne suffit pas à conjurer le péril.

En 1503, en même temps qu'elle entretient des agents à Lisbonne chargés de l'instruire exactement de tous les arrivages des Indes, elle envoie Benoît Sanudo au Caire pour conférer avec le sultan des événements qui menaçaient également l'Adriatique et l'Égypte. Nous ne savons presque rien de cette mission. Mais nous avons les instructions confidentielles que le conseil des Dix remit à François Teldi l'année suivante, 1504, en l'envoyant comme agent intime auprès de Kansou-al-Gouri [2]. L'inquiétude profonde de la république s'y révèle dans toutes ses recommandations. Déclarer la guerre aux Portugais, provoquer contre eux les défiances et l'hostilité des rois de l'Inde, elle est décidée à tout quand l'occasion sera favorable; si elle hésite en ce moment à une déclaration de guerre qui soulèverait la colère des rois chrétiens, c'est

---

[1] Lettre de l'ambassadeur de la république, arrivée à Venise le 24 juillet 1501. — Romanin, t. IV, page 460.

[2] Instructions à Teldi, du 24 mai 1504. Nos *Documents*, p. 259 et suiv.

devant la difficulté seule de l'entreprise et la seule crainte de l'insuccès. Elle cherche à concerter d'autres moyens avec le sultan ; elle sent surtout qu'il faut négocier dans le plus grand secret, afin de ne pas éveiller l'attention des princes d'Europe et de la cour de Rome.

Teldi devra se rendre au Caire comme un simple particulier, et continuer à s'occuper du commerce des bijoux, qui lui a procuré déjà de hautes relations. Il devra mettre toute son industrie à obtenir une audience privée du sultan ; et là seulement, quand il se trouvera seul à seul devant Sa Hautesse, *solus cum solo*, il montrera les lettres de créance de la république, et abordera aussitôt cette grave matière du commerce des Indes : *materia de singular et incomparabile importantia*. Il ne cachera rien de l'immense préoccupation du conseil au prince ; il lui confirmera tout ce que Sanudo lui a déjà dit ; il remerciera Sa Hautesse de la réponse récemment apportée à Venise par le vénérable gardien du mont Sion. Dans une négociation si importante, où les intérêts de la république et du sultan sont identiques, il faut tout se dire sans réserve ; il faut chercher ensemble les mesures les plus efficaces et se préparer le plus secrètement possible. Venise en fait l'aveu ; elle n'est pas en état de s'opposer par la guerre au nouveau commerce. Quatre mille milles séparent le Portugal du fond de l'Adriatique ; d'ailleurs le roi d'Espagne, maître aujourd'hui du royaume de Naples, qu'il a conquis sur les Français, n'abandonnerait pas le roi Emmanuel son gendre. Il est impossible à la république de combattre contre de tels alliés, que servirait encore le vif mécontentement du Pape.

Sans doute, comme le sultan le propose, il est bon de réunir en Égypte d'immenses quantités d'épiceries ; mais ces approvisionnements, propres à faire baisser momentanément le prix des denrées indiennes à Lisbonne, n'occasionneront qu'un léger désavantage au marché portugais. Pour ruiner, s'il est possible, ce commerce, il faut l'atteindre dans sa source même, avant qu'il ait pris plus de développement. Tout en continuant à faire venir de grandes quantités de poivre, de cannelle et autres produits orientaux, dont la vente amoindrira toujours les bénéfices des Portugais, il faut que le sultan envoie sans tarder des ambassadeurs aux rois et aux rajahs de l'Inde, afin de les engager à repousser les étrangers qui veulent s'établir dans leur pays, et à continuer à vendre leurs denrées aux seuls marchands de l'Égypte et de la Syrie, comme ils ont jusqu'à présent pratiqué. Il faut encourager au plus tôt les rois de Calicut et de Cambaye, qui ont refusé les propositions des Portugais, à persévérer dans leur prudente politique, et montrer aux rois de Cochin et de Cananor qu'en accueillant les Européens, ils s'exposent aveuglément aux plus grands dangers. Tant qu'ils se sentiront faibles, les Portugais vivront en bonne intelligence avec les indigènes, en cherchant toujours à augmenter leur commerce et leur nombre à côté d'eux. Quand ils pourront se suffire à eux-mêmes, ils se fixeront pour toujours dans le pays, et le premier usage qu'ils feront de leur force sera de chasser ou de dépouiller les princes imprévoyants dont ils sollicitent aujourd'hui humblement la bienveillance et l'hospitalité.

Tel dut être et tel fut vraisemblablement l'entretien de Teldi avec le sultan. La conduite de la république de Venise fut conforme aux conseils qu'elle donnait au Caire.

Les sultans agirent conformément à ces conseils. Mais le concert et l'action commune de tous ces intérêts ne purent créer que de passagères entraves au mouvement invincible qui poussait les Portugais et l'Europe à leur suite vers les Indes. Les sultans d'Égypte finirent par accueillir les marchands portugais jusque dans la mer Rouge; et Venise, irrévocablement atteinte dans la source première de son commerce, dut se résigner à déchoir.

De nos jours, l'Égypte verra se réaliser, pour le bien du monde entier et par l'honorable initiative de la France, une rénovation inverse à celle qu'elle tenta vainement d'entraver au seizième siècle. Le cap de Bonne-Espérance sera délaissé à son tour. Nulle puissance ne saurait empêcher le commerce et l'industrie de l'Occident de retrouver par l'isthme de Suez, rendu à la navigation, la voie directe de ces immenses marchés qui leur sont nécessaires, qu'approvisionnent trois cents millions d'habitants, et que la Providence semble avoir dotés d'une richesse et d'une incomparable variété de productions, pour être les réserves inépuisables du genre humain.

1487-1518. — Les découvertes des Portugais ne nuisent pas directement au commerce de Barbarie.

Pendant que les graves questions de la guerre à faire aux intérêts portugais s'agitaient entre le divan du Caire et le conseil de Venise, les rapports des nations chrétiennes et de Venise elle-même avec l'Afrique occidentale avaient pu continuer sans obstacles et sans changements, parce que ces rapports trouvaient en eux-mêmes leurs propres ressources. Dans le mouvement général du commerce de la Méditerranée, les échanges avec la Mauritanie n'avaient jamais eu qu'une importance de second ordre. Au moyen âge comme dans l'antiquité, les grandes relations commerciales furent toujours dirigées vers ces trois points de l'Orient : la mer Noire, l'Égypte et la Syrie, dont les routes convergeaient toutes vers les pays d'où venaient les marchandises les plus précieuses et les plus nécessaires au luxe et à la vie commune : les épiceries, les parfums, les bijoux, les métaux et les tissus précieux. Mais ces objets recherchés et de haute valeur ne remplaçaient pas les marchandises encore considérables et assez variées que donnaient le Magreb et les contrées limitrophes : le sel, le sucre, le blé, les laines, les cuirs, le coton, la cire, le corail, les plumes d'autruche et l'ivoire. D'autre part, tout le commerce intérieur de l'Afrique se faisant par les indigènes, car les Chrétiens ne quittèrent jamais les côtes [1], les Arabes trouvaient dans leurs relations avec les Européens le double bénéfice de la vente de leurs propres récoltes et du commerce des objets importés de l'étranger aux caravanes de l'intérieur.

Il paraît que l'un des articles les plus avantageux de commerce pour les Chrétiens comme pour les Africains étaient les métaux et particulièrement le cuivre, dont la couleur brillante plaît toujours aux populations nègres. Les Génois et les Vénitiens en envoyaient de grandes quantités en Afrique au douzième et au seizième siècle [2], par le Maroc comme par Tunis et le Djérid, d'où les caravanes transportaient les pacotilles,

---

[1] Voyez ci-dessus, p. 183; ann. 1320.
[2] Nos *Documents*, p. 106 et suiv.; p. 274, 277.

en Nubie, au Darfour, dans le centre de l'Afrique et jusqu'à Tombouctou[1]. On importait le cuivre et le laiton sous toutes les formes, en masse, en barres, en feuilles et en fils. On apportait aux mêmes échelles de grandes quantités de quincaillerie, de verroterie, de coutellerie et d'objets divers compris sous l'ancienne dénomination italienne de *mercerie;* des draps légers appelés *spiga,* des toiles, des laques, et quelque peu de soufre destiné au blanchiment des toiles[2].

Nous ne devons pas nous en tenir à ces indications générales et rapides. Avant d'atteindre le terme assez prochain de cette introduction, qui est l'époque où la domination turque s'établit en Afrique, il est nécessaire de montrer d'une manière plus précise quel était encore le commerce des nations chrétiennes de la Méditerranée avec le Magreb aux derniers temps des dynasties arabes. Nous avons déjà vu que l'Aragon avait conservé ses relations avec le Magreb jusqu'à sa réunion à la Castille. Nous avons rappelé les efforts du roi Louis XI, dès que la possession de la Provence lui avait été acquise, pour nouer avec les rois de Bone et de Tunis de pacifiques communications dans l'intérêt de nos provinces méridionales[3]. Examinons maintenant ce qui concerne les rapports commerciaux du Magreb avec les trois grandes républiques de Venise, de Gênes et de Florence.

1456-1508. — Commerce vénitien au Magreb à la fin du quinzième siècle. Escales principales des galères de Barbarie.

Venise, malgré les immenses dépenses où l'avaient entraînée ses guerres contre le duc de Milan et les Florentins pour dominer en Italie, n'avait jamais rien négligé de ce qui se rattachait à l'industrie et aux affaires maritimes. Elle avait développé l'importation des laines et la fabrication des draps dans tous les pays conquis en terre ferme[4]; elle avait agrandi son arsenal, augmenté son artillerie, perfectionné la construction navale à ce point qu'elle fournissait des modèles et des ingénieurs aux peuples du Nord[5]. Elle veillait en même temps à l'entretien de ses colonies et de son commerce par une vigilance constante et d'opportunes concessions. Après avoir énergiquement défendu les Grecs et leur capitale contre les Turcs, elle avait traité avec Mahomet II dès l'an 1454[6], et en avait obtenu le rétablissement de son baile ou consul général à Constantinople.

Nous l'avons vue, au milieu du quinzième siècle, renouveler à Tunis les priviléges qu'elle avait conservés presque sans modification depuis l'origine de la monarchie d'Abou-Zakaria[7]; cinquante ans après, elle jouissait des mêmes faveurs à Tunis et

---

[1] *Voyages* de Ca da Mosto, lib. I, cap. IX, p. 175, 180, à la suite de Léon l'Africain. Venise, 1837. Nos *Documents,* p. 274.
[2] Cf. nos *Documents,* p. 274 et suiv. Dépêche de 1518; Uzzano.
[3] Ci-dessus, p. 317.
[4] Marin, *Storia,* t. VII, p. 155.
[5] Marin, t. VII, p. 160.
[6] Arch. de Venise, *Commemoriali,* reg. XV, fol. 136; Romanin, *Storia di Venezia,* t. IV, p. 261.
[7] Ci-dessus, p. 267, 314.

dans toutes les provinces hafsides. Sa position fut moins bonne dans les ports des royaumes de Tlemcen et de Maroc, quand les Espagnols s'emparèrent de ces places au commencement du seizième siècle.

Avant la perturbation occasionnée par les expéditions du cardinal Ximénès dans les relations des Chrétiens en Afrique, le commerce du Magreb, que l'on désignait à Venise sous le nom de *Commerce de Barbarie*, était, après celui de l'Égypte, le plus considérable peut-être de la république. Nous possédons des témoignages certains et nombreux de son état prospère à cette époque : les listes de nomination des consuls et des capitaines dont nous avons déjà parlé [1], les instructions et les commissions ducales dressées en 1507 et 1508 pour le capitaine des galères de Barbarie [2], les doléances présentées en 1518 par la république à Charles-Quint sur les conséquences fâcheuses qu'avait eues pour le commerce vénitien la conquête d'Oran en 1508 [3]; le livre enfin de Léon l'Africain, écrit vers 1526, où abondent les observations et les renseignements sur la situation du nord de l'Afrique aux derniers temps des dynasties arabes et avant la conquête turque [4].

Chaque année, dans la seconde quinzaine de juillet, peu après le départ des galères dites de Flandre, qui se rendaient dans les ports de la Normandie et des Pays-Bas, la grande conserve des « galères de Barbarie » mettait à la voile au Lido. L'itinéraire et les stations étaient à peu près réglés ainsi d'avance : à Syracuse, deux jours d'arrêt; à Tripoli, huit jours; à l'île de Gerba, huit jours; à Tunis, quinze jours et même davantage si le capitaine et le conseil des Douze le jugeaient nécessaire, « car Tunis, » disent les instructions, est un des points les plus essentiels du voyage [5] »; à Bougie, quatre jours; à Alger, quatre jours; à Oran ou à Velez de la Gomera, dix jours; à One, au mieux qu'en jugera le conseil des patrons [6].

Oran et One dépendaient du royaume de Tlemcen, dont Barberousse s'empara vers 1518, sans pouvoir enlever cependant Oran aux Espagnols [7]. One fut détruit plus tard par Charles-Quint. C'était le port même de la ville de Tlemcen. Ses habitants se distinguaient par leur hospitalité, leur aisance et le bon goût qu'ils avaient pour orner leurs demeures. Quoique la ville fût petite, elle faisait un commerce très-actif avec les Espagnols et les Italiens. Léon l'Africain s'y était rencontré avec un secrétaire du roi de Tlemcen chargé de régler les comptes d'un navire génois; il dit à cette occasion que les droits (10 pour 100) payés à la douane de l'émir sur les marchandises de ce seul navire s'élevèrent par extraordinaire à quinze mille ducats d'or [8].

L'Espagne, dont la tendance commerciale a toujours été d'exagérer les droits protecteurs et les règlements prohibitifs, fit aux Chrétiens étrangers dans ses possessions

---

[1] Ci-dessus, p. 314.
[2] Nos *Documents*, p. 266.
[3] Nos *Documents*, p. 273.
[4] *Descrizione dell' Africa*. Nous citons l'édition Plet. Venise, 1837, gr. in-8º.
[5] « Tunis che è uno de li principali fundamenti del ditto viazo. » Nos *Documents*, p. 274.
[6] Nos *Documents*, p. 267.
[7] Nos *Documents*, p. 273.
[8] Léon l'Africain, lib. IV, cap. VIII, p. 107.

d'Afrique une situation moins avantageuse que celle du régime arabe. La république de Venise s'en plaignait dans sa dépêche à François Cornaro en date du 22 mai 1518 :
« Quand la ville d'Oran appartenait aux Maures, dit le sénat, les Vénitiens n'y payaient
» que 10 pour 100; aujourd'hui ils payent beaucoup plus à Sa Majesté Catholique,
» attendu qu'ils sont soumis à deux droits : 10 pour 100 à l'entrée et 10 pour 100 à la
» sortie. Bien que nos marchands aient pour habitude de vendre leurs marchandises
» en laissant les droits à la charge de l'acquéreur, l'aggravation n'en reste pas moins
» en réalité au détriment du vendeur [1]. »

Velez de la Gomera ou Badis, que les galères vénitiennes gagnaient en quittant One, se trouvait dans le royaume de Fez. Cette ville devait être peu éloignée d'une localité aujourd'hui inconnue nommée *Arcudia*, qui servait également d'escale et de port à la ville de Fez [2]. La conserve ne s'avançait guère au delà vers l'ouest. De Badis ou d'Arcudia elle remontait généralement au nord vers l'Espagne; elle stationnait quelques jours dans les villes principales de l'Andalousie depuis Malaga jusqu'à Tortose, regagnait ensuite Tunis, et rentrait de là dans l'Adriatique en touchant seulement Syracuse [3]. On estimait à quarante mille ducats, c'est-à-dire à environ 300,000 francs, valeur intrinsèque, l'ensemble des marchandises vénitiennes vendues annuellement aux seules échelles de Tunis et de Gerba [4].

Un mois avant et durant un mois encore après le départ de la grande conserve, il était interdit à tout navire de commerce vénitien de se rendre en Barbarie. Depuis le mois de novembre jusqu'au départ de la conserve de Venise et encore un mois au delà, aucun des navires vénitiens qui se trouvaient en Afrique ne pouvait prendre à son bord des marchands maures ou des marchandises appartenant à des Maures; les bénéfices de ces transports étant réservés aux galères de la conserve [5].

Indépendamment des navires qui se rendaient directement aux ports de la Mauritanie, soit isolément, soit en flottille, trois galères vénitiennes faisaient annuellement le trajet de Tunis et de Tripoli de Barbarie à Alexandrie. Ces communications, plus rapides et moins coûteuses que les voies de la Cyrénaïque, servaient au commerce et au transport des pèlerins de la Mecque. L'une des galères dépassait Alexandrie, remontait la côte de Syrie et allait correspondre avec les comptoirs vénitiens de Beyrouth et les galères du Levant, qui se rendaient en Syrie par la voie de l'Archipel [6].

Ces voyages complémentaires au fond de la Méditerranée, s'étendant des côtes de Barbarie aux échelles de Syrie et d'Égypte, avaient autant d'utilité pour les Musulmans que pour les Chrétiens. La république de Venise ayant été contrainte de

---

[1] Dépêche de 1518. Nos *Documents*, p. 275.
[2] Ci-dessus, p. 184, et nos *Documents*, p. 277.
[3] Nos *Documents*, p. 267, 274.
[4] Dépêche de 1518. Nos *Documents*, p. 274.
[5] Nos *Documents*, p. 268. Cahier des charges de 1508, art. 60 et 61.
[6] Muratori, *Script. ital.*, t. XIX, col. 321; t. XXII, col. 786; t. XXIII, col. 1120; — Le livre du maréchal Boucicaut, coll. Michaud, t. II, p. 276, 279.

les interrompre quelque temps au quinzième siècle, le sultan d'Égypte insista auprès du gouvernement ducal pour qu'il les rétablît[1].

Mais le divan du Caire et le sénat de Venise, on le sait, avaient, au seizième siècle, à veiller ensemble à de plus sérieux intérêts qu'à rendre les communications du Magreb et de l'Égypte plus faciles ou plus régulières.

1460-1512. — Commerce des Florentins. Escales de leurs galères. Prix de nolis pour la Barbarie.

Les Florentins, depuis qu'ils avaient renouvelé en 1423 et 1448[2], au nom des républiques de Pise et de Florence, les anciens traités pisans de Tunis, avaient été forcés de négliger beaucoup le commerce d'Afrique. Au milieu des dissensions intérieures et des guerres incessantes, tantôt contre les Vénitiens au profit des Sforza de Milan, tantôt contre le royaume de Naples en faveur des princes d'Anjou, le commerce extérieur s'était ralenti, et les expéditions de Barbarie avaient été presque entièrement suspendues. La cessation de relations dura pendant assez longtemps[3]. D'après les pièces diplomatiques elle fut postérieure à l'année 1446, peut-être même à l'année 1449; mais elle put se prolonger jusqu'en 1458[4]. Dès que les circonstances devinrent plus favorables, la république, où dominait déjà l'heureuse influence des Médicis, réorganisa le service des galères de commerce, qui annuellement, d'après une méthode analogue au système vénitien, et après une adjudication publique, se rendaient en Afrique, sous la conduite d'un capitaine de la Seigneurie. Quand la paix devint à peu près définitive pour elle, la république s'empressa d'envoyer en ambassade à Tunis Angelo Guglielmino degli Spini, muni d'instructions datées du 22 avril 1460, avec une copie des anciens traités[5]. Trois recommandations étaient particulièrement faites à l'envoyé. Il devait demander à Abou-Omar Othman la restitution intégrale de l'ancien fondouk pisan[6], dont les marchands étrangers s'étaient emparés durant le long éloignement des Toscans, puis la réinstallation d'un consulat florentin à Tunis, et enfin, d'une manière générale, le rétablissement de la nation dans les conditions et les garanties que lui avaient assurées les négociations de Barthélemy Galea et de Fioravanti en 1421-1423, et le traité de Baldinaccio degli Erri en 1445.

Satisfaction fut accordée à la république[7]; mais nous ne savons s'il y eut à cette

---

[1] Marin, *Storia del comm.*, t. VII, p. 301.

[2] Ci-dessus, p. 255, 257.

[3] « Da molto tempo, piu anni passati, » disait la Seigneurie de Florence en 1460, pour expliquer au roi de Tunis les motifs qui l'avaient empêchée d'envoyer plus tôt des galères de commerce dans ses États. Amari, *Diplomi arabi, Appendice*, p. 28.

[4] Amari, *Diplomi, Appendice*, p. 20, 22 et 24.

[5] Instructions à Guglielmino, du 22 avril 1460. Amari, *Appendice*, p. 28.

[6] Cf. une première lettre de la Seigneurie à Abou-Omar, du 20 juillet 1459, demandant la restitution entière d'un local, *quoddam theatrum*, occupé autrefois par les Pisans, *dum erant liberi*, dont une partie seule avait été remise aux Florentins (Amari, *Appendice*, p. 27), et les Instructions de Guglielmino au sujet du fondouk (*Appendice*, p. 29).

[7] Dès le 27 novembre 1460, la Seigneurie, écrivant à Abou-Omar, le remercie du bon accueil fait à son ambassadeur et des grands avantages (*Sublimitas vestra multa nobis indulsit*) accordés à la république. (Amari, *Appendice*, p. 30, n° 15).

occasion un nouveau et véritable traité synallagmatiquement débattu avec le sultan de Tunis, ou si l'on se contenta d'un diplôme royal pour remettre les choses en leur ancien état. La Seigneurie, dans ses relations ultérieures avec le divan de Tunis, invoque toujours le traité : *Capitoli*[1], *Fœdus*[2], arrêté alors avec Abou-Omar; et néanmoins, vingt et un ans plus tard, lorsque Florence voulut renouveler avec le vieil Abou-Omar lui-même ses capitulations, on remit à l'ambassadeur comme première base de sa négociation, non l'acte de Guglielmino de 1460, mais le traité antérieur obtenu par Baldinaccio degli Erri en 1445.

Quoi qu'il en soit, les relations et le commerce avec le Magreb oriental, réglementés par des ordonnances nouvelles, reprirent et se poursuivirent régulièrement depuis la mission de Guglielmino, sous la protection d'agents florentins résidant à Tunis. Comme les galères qui de Porto-Pisano[3] partaient pour le Levant et le Ponant, les galères de Barbarie avaient leur cahier des charges, leur ordre de départ et leur itinéraire fixés d'avance par le gouvernement. En raison du grand nombre de pirates qui infestaient dans ces temps les mers de Barbarie, il avait été décidé que la navigation d'Afrique se ferait généralement par deux galères au moins voyageant de conserve.

Un règlement du 8 décembre 1458 en avait arrêté ainsi les escales. En partant de Porto-Pisano ou de Livourne, au mois d'avril ou d'août, les galères se dirigeaient d'abord vers Gênes. Elles pouvaient séjourner trois jours entiers sur les rivières de Levant et de Ponant. De la côte de Gênes elles cinglaient directement vers Tunis, où il leur était libre de rester douze jours. Les stations et les relâches suivantes étaient ainsi déterminées : à Bone, trois jours; à Collo, trois jours; à Bougie, trois jours; à Alger, trois jours; à Oran, six jours; à One, trois jours; à Almeria, dans le royaume de Grenade, cinq jours; à Alchuda, ou Arcudia, qui était escale de Fez[4], trois jours; à Malaga, trois jours; à Cadix, deux jours; à San-Luc de Bonromeda, ou San-Lucar de Barameda, douze jours. De ce point, qui est au delà de Cadix, à l'embouchure du Guadalquivir, les galères regagnaient la Toscane, en reprenant les mêmes escales qu'elles avaient faites à l'aller[5]. Il est vraisemblable que le voyage, dans son ensemble, devait durer de trois à quatre mois.

L'itinéraire n'était pas absolument impératif. Le capitaine, de concert avec les patrons, pouvait, s'il y avait utilité, modifier un peu les séjours et même la direction du voyage. Mais il lui était défendu de toucher aux côtes de Catalogne et de Sicile, que desservaient les galères de Ponant et de Romanie[6].

Un ordre de 1460 décida que les capitaines de retour à Porto-Pisano après un premier voyage en Barbarie pourraient, pendant un délai qui ne devrait pas excéder trois

---

[1] « Capitoli facti colla Maestà Sua. » En 1462. (Amari, *Appendice*, p. 34, 35.)

[2] « Jure fœderis actum cum Celsitudine vestra. *Fœdus*. » En 1463. (*Appendice*, p. 36, 37.)

[3] Porto-Pisano, le vrai port de Pise, se trouvait entre l'embouchure de l'Arno et Livourne. Voyez ci-dessus, p. 36 et 255.

[4] Les Vénitiens s'arrêtaient à Badis ou Velez de la Gomera, sur la côte du royaume de Fez. — Ci-dessus, p. 657.

[5] Voy. Ordre de la commune du 8 décembre 1458. (Amari, *Appendice*, p. 60.)

[6] Décision de la commune du 8 décembre 1458. (Amari, *Appendice*, p. 61.)

mois, entreprendre un second voyage, dans lequel ils auraient la faculté, une fois revenus à Tunis, d'aller à Alexandrie en touchant l'île de Rhodes, et de retourner ensuite à Tunis pour rentrer en Toscane [1]. Cette navigation facultative et supplémentaire, comme celle des galères vénitiennes, facilitait les communications du Magreb avec le Levant, et ne laissait pas un seul pays important de l'Orient méditerranéen en dehors du parcours des galères chrétiennes.

La république modifiait d'ailleurs elle-même l'époque des départs et les stations des galères, suivant les intérêts généraux du commerce et la situation des pays qu'elles devaient desservir. En quelques circonstances on voit les conseils de Florence mettre à l'enchère le départ de quelques grosses galères de Barbarie, autorisées exceptionnellement à toucher la plage romaine, Gaëte, Naples et la Sicile [2]; d'autres pouvaient d'un autre côté relâcher à Cagliari [3], sans préjudice du voyage des galères de Catalogne et de Romanie qui venaient faire escale dans ces îles, et qui visitaient en Orient, Alexandrie, Chypre, Rhodes, la Morée, Constantinople et la mer Noire.

Un tarif spécial fut arrêté en 1460, et revisé en 1461, pour fixer le prix de nolis des marchandises à transporter de Porto-Pisano en Barbarie et en Andalousie, la navigation de tous les pays musulmans occidentaux étant toujours régie et desservie par les mêmes règlements et le même service. L'énumération comprend quelques articles de commerce dont il n'était pas question dans les tarifs plus anciens, tels que le papier.

1461. Nolis de Porto-Pisano pour Tunis et toute la Barbarie jusqu'à Cadix.

	Florins.	Sous.	Deniers.
Draps de Florence, la pièce.	1	5	
Draps d'Angleterre, *sanza grana* (fins? lisses?), la pièce de treize cannes.	1		
Draps d'Angleterre, *di grana* (non tondus?), la pièce de treize cannes.	2		
Draps ....., *panni venu* ....., la pièce.		15	
Draps étroits, à savoir : *Ses* et *Sventoni*, la pièce.		6	
Futaines, canevas et toiles, la balle de deux cent cinquante livres.	2		
Draps de soie sans or et cramoisis, à quatre ducats la livre, par chaque cent.	3		
Draps cramoisis et or sans duvet, damas, brocarts, à cinq ducats la livre, par chaque cent.	3		
Draps d'or et brocarts avec duvet, à six ducats la livre, par chaque cent.	3		
Argent et or, or filé et argent filé, à la valeur, par cent.	1	10	
Papier, la balle de douze lismes.		13	4
Papier royal, la balle de douze lismes.	1	6	8
Vieux papier (*carte di stracci*), la balle.		10	
Gomme, Soufre, le quintal de cent cinquante livres.		8	
Céruse, le baril.		6	8
Huile, vin de Malvoisie (*Malvagie*), le tonneau.	4		
Vins d'autres pays, le tonneau.	3		
Fromage, le quintal.		8	
Laques de toutes sortes, le quintal.	2		
Cotons, le quintal.	1		
Noix de galle??.... et cuivre (*Ghalla et rami*), le quintal.		8	
Berrets, Bonnets et Merceries, le cent en poids.	1	10	

[1] Décision du 22 janvier 1460. (Amari, *Appendice*, p. 62.)
[2] Décision du 4 janvier 1472 et jours suivants. (Amari, *Appendice*, p. 63, n° 6.)
[3] Décision du 6 février 1473. (Amari, *Appendice*, p. 64, n° 7.)

[1460-1512] INTRODUCTION HISTORIQUE. 335

Nolis de retour, de Cadix et de toute la Barbarie jusqu'à Porto-Pisano.

	Florins.	Sous.	Deniers.
Kermès, le cent (en poids?)	2		
Soie, le quintal de cent cinquante livres	10		
Cire		12	
Cuirs de Barbarie, par neuf cuirs	1		
Cuirs de Galice, par huit pièces	1		
Cuirs de Portugal, par sept pièces	1		
Cuirs d'Espagne, par six pièces	1		
Or de pays divers, au cent de valeur	1	10	
Dattes, le quintal de cent cinquante livres		8	
Vernis, Gomme arabique, le cent		10	
Plumes d'autruche, au cent de valeur	4		
Peaux d'agneaux et autres peaux, la balle de deux cent cinquante livres	1	5	

Le commerce florentin se maintint ainsi pendant longtemps, régulier, actif, prospère, en Afrique et dans toute la Méditerranée, partout jaloux du commerce vénitien, comme la politique des deux États se trouvait partout opposée et rivale.

Il existe un monument curieux de cet antagonisme presque général et de cette jalousie quelquefois mesquine qu'expriment tant d'autres écrits du temps. C'est une spirituelle et injurieuse épître à l'adresse des Vénitiens rédigée et répandue par Benedetto Dei et insérée ensuite dans sa Chronique à l'année 1473. Il y a beaucoup de vrai dans cette satire passionnée, dont un extrait fera juger le fond et la forme. « Je ne vous
» dis rien de la Catalogne, de l'Espagne, de la Barbarie, et de Séville, et du Portugal,
» et de tant d'autres lieux de ces côtes où Florence possède des banques, des fondouks,
» des consuls et des églises ; où nous faisons tant et tant de commerce d'étoffes de soie,
» de cochenille, de cire et de soie, comme le savent fort bien vos galéasses qui chaque
» année vont en ces pays ; et nous y faisons un plus grand négoce que vous, et je vais
» vous le faire toucher du doigt, sots Vénitiens, en vous disant que votre Seigneurie
» croit qu'on ne se procure l'épicerie et le coton qu'à Alexandrie, tandis qu'il nous est
» bien facile de trouver toutes ces choses d'un autre côté, par la voie de Brousse. Et
» vous ne me direz pas le contraire, à moi qui ai demeuré pendant douze ans de suite
» à votre Venise, sur le grand canal, dans la maison de messer Marin Capello[1]. »

Mais des événements imprévus, qui amenèrent l'union momentanée des Vénitiens et des Florentins contre le Pape et le roi Ferdinand, vinrent de nouveau ralentir ou suspendre tout à fait le commerce de Barbarie. Cette nouvelle interruption put s'étendre de l'année 1475 à l'année 1477. Avant la pacification complète de l'Italie, la république de Florence, où l'insuccès de la conjuration des Pazzi avait accru l'autorité des Médicis, nomma de nouveaux capitaines pour les galères d'Afrique et de Ponant. Un ordre du 22 janvier 1479, en leur notifiant l'autorisation de naviguer, leur

[1] Pagnini a publié cette lettre de Benedetto Dei, avec des extraits de sa Chronique, dans la *Decima di Firenze*, t. II, p. 241. Cf. p. 42.

prescrit de grandes précautions militaires, à cause des hostilités qu'on redoutait de la part du roi de Naples [1].

Ce fut presque l'inauguration d'un nouveau commerce, tant la suspension des communications paraît avoir été complète. Les magistrats florentins en font eux-mêmes l'observation [2]. Peu d'années après, en 1481, la république voulant donner à ses relations avec le Magreb la régularité qu'elles avaient autrefois et renouveler ses anciens traités, envoya un ambassadeur à Tunis, où régnait toujours le vieux Abou-Omar Othman. Nous avons dit que Jean Strozzi, ambassadeur de la Seigneurie, reçut à cette occasion, pour son instruction principale, l'ancien traité conclu par Baldinaccio degli Erri en 1445 [3], ce qui laisse à supposer que la négociation de Guglielmino en 1460 ne s'était pas terminée par un traité ordinaire.

La brièveté exceptionnelle de la lettre de créance et des instructions privées remises à Strozzi nous permet de citer en entier les deux documents :

Au roi de Tunis. « Sérénissime et très-glorieux prince, notre père et notre bienfai- » teur particulier, salut. Jean Strozzi, notre noble concitoyen, remettra à Ta Majesté » nos présentes lettres de créance. Tu entendras de lui ce que nous l'avons chargé de » te dire. Nous prions Ta Majesté de l'accueillir avec bonté et de lui accorder, avec la » bienveillance à laquelle tu nous as accoutumés, ce qu'il te demandera en notre nom. » Salut et bonheur. Du palais de Florence, le 2 août 1481. »

Instructions du conseil des Huit à Strozzi. « Tu recevras avec cette lettre de créance » pour la Majesté du roi de Tunis copie des articles (*capitoli*) de paix conclus autrefois » par Baldinaccio degli Erri avec Sa Majesté. Dès que tu seras arrivé au lieu de sa » résidence, tu demanderas audience à Sa Majesté, et tu lui feras nos salutations. Tu » diras ensuite que notre cité et notre peuple, toujours dévoués et pleins de respect » pour Sa Majesté, désirent obtenir de sa bonté le renouvellement du traité (*la pace*) » que fit autrefois Baldinaccio. Tu diras que tu as devers toi une copie des articles de » ce traité et que nous tenons beaucoup à renouveler les mêmes capitulations. Tu » mettras donc tous tes soins à les obtenir et à en faire dresser des écritures publiques, » que tu porteras à la Seigneurie et à son chancelier. En demandant le traité, tu t'occu- » peras aussi des prisonniers de notre nation qui sont à Tunis, et tu feras tout ce qui » sera possible pour les ramener avec toi. Le 2 août 1481 [4]. »

On ne sait quels furent les incidents des relations politiques ou commerciales de la république de Florence avec les successeurs d'Abou-Omar, jusqu'à la conquête turque. En 1512 la Seigneurie se louait des dispositions bienveillantes d'Abou-Abd-Allah Mohammed, second successeur d'Abou-Omar, son grand-oncle, et lui recommandait un de ses nationaux à qui le directeur de la douane de Tunis redevait diverses

---

[1] Ordre aux capitaines et patrons des galères de Ponant et de Barbarie, du 22 janvier 1479. (Amari, *Appendice*, p. 75.)

[2] « Essendo il viaggio di Barberia quasi di nuovo. » Décision du 16 avril 1478. (Amari, *Appendice*, page 65.)

[3] Imprimé dans nos *Documents*, p. 355.

[4] Amari, *Appendice*, p. 45.

[1465-1514] INTRODUCTION HISTORIQUE. 337

sommes d'argent[1]. La révolte de Pise dut nuire cependant à la navigation d'Afrique, et il nous paraît douteux que les Florentins, entrés dans l'alliance de la France contre l'Espagne et Naples, eussent conservé leurs comptoirs dans le royaume de Tunis, comme les Vénitiens et les Génois, quand les Barberousse vinrent poser en Afrique le fondement de la puissance turque, en s'emparant d'Alger.

1465-1514. — Le commerce génois, en décadence dans l'orient de la Méditerranée, se maintient en Afrique.

Dès l'époque où les Génois perdirent leurs colonies de la mer Noire et virent leurs franchises de Galata méconnues par les Turcs eux-mêmes, dont ils avaient imprudemment favorisé les intérêts, une grande partie des maisons en rapport avec le Levant préférèrent diriger leurs opérations vers l'Afrique. Le commerce génois au Magreb, développé par ces circonstances, ne tarda pas cependant à souffrir comme toutes les affaires de la république des éternelles factions que provoquait le protectorat de la France, tour à tour sollicité ou combattu par le peuple et la noblesse. Diverses décisions du Sénat et de la banque de Saint-Georges, chargée de la gestion des finances et de la plupart des colonies de l'État, témoignent de la sollicitude constante de la république pour le commerce de Barbarie, et en même temps de l'amoindrissement réel de ce commerce avant même l'arrivée des Turcs.

Le 27 janvier 1490, la république augmente de 5 pour 100 les abonnements à payer par les fermiers de l'ancien et nouvel impôt perçu sur les marchandises de Tunis, et cède ces revenus à la banque de Saint-Georges[2]. Le 13 mai 1504, elle établit certains droits sur le commerce avec les pays soumis aux Maures, pour indemniser quelques marchands génois qui avaient éprouvé des dommages dans le royaume d'Afrique[3]. Le 20 février 1514, le Sénat exempte les marchandises provenant de Tunis et du reste de la Barbarie d'un impôt nouvellement établi, pour ne point aggraver les charges qui les frappaient déjà[4]. En 1524, le 23 février, l'office de Saint-Georges, considérant la diminution des anciennes associations ou emprunts[5] contractés spécialement pour le commerce de Tunis en 1444, 1519 et 1520, réunit les gestions particulières de ces emprunts aux comptes généraux de la Banque[6].

Nous devons recueillir ces rares indications fournies par les actes des archives publiques, car les historiens du temps, tout entiers aux événements militaires qui troublaient alors l'Italie et le nord de l'Afrique, s'occupent peu de l'état du commerce.

[1] Lettre de la Seigneurie au roi de Tunis, du 9 janvier 1512. (Amari, *Appendice*, p. 47.)
[2] Archives de la Banque de Saint-Georges, *Liber contractuum*, 1476-1499, fol. 89.
[3] Archives, *Liber contractuum*, 1499-1512, fol. 34 v°.
[4] Archives, *Liber contractuum*, 1512-1514, fol. 96 v°.
[5] « Comperulæ vetus et nova Tunetis. »
[6] Archives de Saint-Georges, *Liber contractuum*, 1520-1529, fol. 59 v°. — Le R. P. Theiner possède un choix des documents des Archives de la Banque de Saint-Georges soigneusement exécuté en neuf volumes in-folio au dix-huitième siècle, avant la perte d'une partie de ces documents. Les décisions que nous venons de citer se trouvent dans les troisième et quatrième volumes de cette précieuse collection, que le P. Theiner a bien voulu nous communiquer.

Le livre de Léon l'Africain, plus utile à cet égard que les écrits des propres chroniqueurs de Gênes, nous apprend que les marchands génois étaient cependant nombreux encore sur toute la côte de Mauritanie au commencement du seizième siècle. Ils y primaient les Catalans et les Provençaux.

Éloignés momentanément par l'expédition des Espagnols de la ville d'Oran, où ils possédaient de date très-ancienne un fondouk et une loge consulaire [1], ils avaient toujours des agences importantes à Bone, à Tunis et à Tripoli [2]. Ils vivaient en bonne intelligence avec la population dans cette dernière ville, où ils étaient parvenus à calmer les animosités perpétuées si longtemps par le souvenir du pillage de 1355. C'est à leurs avis de l'approche de Pierre de Navarre que les habitants durent de pouvoir sauver une partie de leurs richesses, avant l'assaut qui rendit les Espagnols maîtres de la ville en 1510 [3]. Senarega, fort attentif à mentionner les expéditions de Ximénès et du roi Ferdinand en Afrique, ne dit absolument rien des intérêts et des établissements de ses compatriotes dans ces mêmes lieux [4].

Ils faisaient cependant un commerce considérable de cuirs et de cire à Collo, à l'est de Bougie [5]. Au port de Rusicada, ou Stora, près de Philippeville; ils chargeaient beaucoup de grains et vendaient en échange des parties considérables de draps d'Europe. De Bone, ils exportaient des céréales et du beurre [6]. Sur les côtes voisines ils se livraient en grand à la pêche du corail, que leur affermait le roi de Tunis. Quand les Turcs furent établis à Alger et à Gerba, avant d'être maîtres de toute la Mauritanie, les Arabes des environs de Bone devinrent plus agressifs, et les Génois demandèrent au roi de Tunis l'autorisation de bâtir sur la côte un poste de refuge et de sûreté pour leurs pêcheurs. Le roi y consentit, mais la population de Bone s'y opposa, en alléguant que les Génois, à la faveur d'une concession semblable, avaient autrefois réussi à s'emparer de la ville de Bone, et l'avaient saccagée [7].

Néanmoins les Génois obtinrent plus tard, peut-être des Turcs eux-mêmes, la faculté de construire dans ces parages un établissement fortifié pour la protection des coralleurs, comme les Français fondèrent en 1628, dans le même but et près de la Calle, le poste du *Bastion de France*. Encore aujourd'hui, les gens du pays et nos bonnes cartes désignent sous le nom de *Fort génois* une petite forteresse élevée près des bancs de coraux de la rade de Bone, vers le cap de Garde, qui termine la rade au nord-ouest.

---

[1] Léon l'Africain, lib. IV, cap. xxi, p. 120. Voir p. 110.
[2] *Loc. cit.*, p. 110.
[3] Marmol, liv. VI, chap. xliv, t. II, p. 564.
[4] *Annal. genuens.*, ap. Muratori, t. XXIV.
[5] Léon l'Africain, lib. V, cap. vii, p. 116.
[6] Léon l'Africain, *loc. cit.*, cap. viii.
[7] Léon l'Africain, lib. V, cap. xi, p. 117. C'est peut-être un souvenir erroné et conservé confusément parmi les populations africaines de l'ancienne expédition des Génois sur la ville de Bone au douzième siècle.

[1500-1515]   INTRODUCTION HISTORIQUE.   339

1465-1515. — Garde chrétienne du roi de Tunis. Débris des anciennes populations chrétiennes.

Tunis était toujours le centre principal des relations européennes avec la Barbarie. Malgré l'effroyable développement de la piraterie et de la traite des esclaves chrétiens en Afrique même, depuis que les corsaires turcs infestaient la Méditerranée [1], le gouvernement des Hafsides conservait ses anciennes traditions de bienveillance et de confiance à l'égard des nations chrétiennes en général. Les fondouks européens jouissaient à Tunis de la plus grande sécurité; nous retrouvons dans cette ville au seizième siècle, avant l'établissement des Turcs, une petite population de Chrétiens indigènes, vivant à l'abri de ces sentiments d'équité et de tolérance que la chute de la civilisation n'avait pas tout à fait éteints chez les Magrebins.

Léon l'Africain, mort à Tunis en 1552, sous l'avant-dernier sultan hafside, en parle ainsi : « Il y a dans le faubourg situé près de la porte d'El-Manera une rue particulière qui
» est comme un autre petit faubourg, dans lequel habitent les *Chrétiens de Tunis*. Ils
» sont employés à la garde du sultan et ont quelques autres offices particuliers. Dans
» le faubourg qui est près de la porte de la Mer, Beb El-Baar (du côté de la Goulette),
» demeurent les marchands étrangers chrétiens, tels que les Génois, les Vénitiens et
» les Catalans. Ils y ont tous leurs fondouks et leurs maisons particulières, séparées
» de celles des Maures [2]. »

Les deux groupes de nationalités chrétiennes sont ici bien distingués, comme ils l'étaient en réalité : au nord, du côté de la mer, les marchands chrétiens venus d'Europe; de l'autre côté de la ville, près de la porte d'El-Manera, les *Chrétiens de Tunis*, c'est-à-dire les Chrétiens du pays, car il est impossible de ne pas reconnaître dans ce groupe isolé de Tunisiens chrétiens un reste conservé, après tant de siècles d'oubli, des anciennes tribus chrétiennes et autochthones dont nous avions vu des fractions encore considérables aux douzième et treizième siècles.

Ces Chrétiens, dit Léon l'Africain, étaient la plupart employés dans les services de la maison et de la garde du roi. Les avantages qui leur étaient offerts pouvaient engager de temps à autre quelques émigrants européens à venir grossir leurs rangs ; mais ces cas devaient être rares. Le fond de la population tient encore au sol et y a ses racines. Léon l'Africain désigne plusieurs fois les individus de cette population sous le nom de *Chrétiens de Tunis*; et ce qu'il en dit ne permet de les confondre ni avec les marchands européens vivant dans leurs magasins du côté du lac, ni avec les renégats cosmopolites que l'appât du gain déterminait quelquefois, d'après ce qu'il nous apprend lui-même, à entrer alors dans les armées du roi de Tunis.

Les Chrétiens du faubourg d'El-Manera conservaient la pratique de leur religion au milieu des Musulmans; ils avaient vraisemblablement une chapelle et un chapelain. Leurs croyances, loin de nuire à leur position, les maintenaient en estime et en faveur

[1] Vers l'an 1535, sous le sultan El-Haçan, il y avait à Tunis près de onze mille esclaves chrétiens, s'il faut en croire l'auteur arabe de l'*Histoire de la fondation de la régence d'Alger,* dont la traduction a été publiée par MM. Sander Rang et Ferdinand Denis, in-8°, 1837. T. Ier, p. 336.

[2] Léon l'Africain, lib. V, cap. XXI, p. 120, 122.

auprès du sultan. Ils formaient ses gardes du corps, sa garde particulière, *guardia secreta*[1] ; ils entouraient immédiatement la personne du prince dans ses sorties, et dans l'intérieur du palais ils occupaient même des charges de confiance.

Vers la fin du seizième siècle, en 1583, quand les Turcs, maîtres depuis longtemps des provinces d'Alger et de Tlemcen, s'emparèrent de la ville de Tunis et détrônèrent Mohammed, le dernier des Abou-Hafs, tout changea pour les étrangers. Les Chrétiens d'El-Manera purent s'estimer heureux, si la persécution n'en fit pas des martyrs ou des apostats, de se sauver parmi les Européens. Les musulmans seuls portèrent les armes. Les Chrétiens des factoreries, traités alors réellement de *chiens* et de *ghiaours*, vécurent dans l'appréhension et la contrainte, au milieu d'une population dont le gouvernement entretenait l'hostilité et récompensait les méfaits.

L'Espagne n'eut jamais une politique commerciale vis-à-vis de l'Afrique.
Ximénès poursuit en Afrique les Maures andalous et leurs alliés.
Charles-Quint passe en Afrique pour combattre les Turcs.

En nous reportant de la situation des républiques maritimes de l'Italie aux faits qui concernent les royaumes d'Espagne, unis alors sous une seule dynastie, nous trouvons des intérêts et une politique toute différente.

Le commerce ne fut jamais le motif direct des résolutions des rois de Castille et de Portugal dans leurs relations avec les Musulmans d'Afrique. Les rois d'Aragon eux-mêmes durent veiller à leur puissance militaire et à l'extension de leurs domaines, avant d'en venir à conclure les traités spéciaux qui profitèrent à l'industrie de leurs sujets et à leur propre trésor. Le règne de Ferdinand et d'Isabelle, en fondant la monarchie espagnole, donna la prédominance aux intérêts et à la dynastie de Castille. Ce sont les vues et la politique castillanes qui dirigèrent la nation lors des expéditions de Ximénès et de Charles-Quint en Afrique, si opposées dans leur principe et dans leur but.

Dès que la révolte de Grenade et des Alpuxarès fut réprimée, l'Espagne entière eut instinctivement la pensée de poursuivre les Musulmans jusque dans les royaumes de Tlemcen et de Maroc, d'où leur étaient venus les secours et les excitations. Au milieu même de la guerre d'Italie et de Roussillon, Mers-el-Kébir fut conquis (1505), le Peñon d'Alger[2] occupé (1508). Ces expéditions glorieuses, en constatant l'impuissance désormais irrémédiable des Maures jusque sur leurs propres rivages, satisfirent amplement le sentiment public et ses légitimes exigences. Mais le cardinal Ximénès, rendu plus libre en Italie par la ligue de Cambrai, ordonna de reprendre les hostilités. Craignant l'hésitation du roi et la tiédeur de la nation, le vieux ministre prit lui-même, à l'âge de soixante-dix ans, la direction des armements, et y consacra sa fortune personnelle. Sa passion pour la grandeur de l'Espagne et l'exaltation de la foi chrétienne ne distingua plus, parmi les dynasties du Magreb, celles qui avaient fait cause commune avec les Andalous de celles qui avaient respecté leurs anciennes alliances. L'Afrique entière devait payer la longue résistance de Grenade et subir le

---

[1] Léon l'Africain, lib. IV, cap. XXI et XXII, p. 120, 122.
[2] C'était un petit fort construit en avant d'Alger. Voyez nos *Documents*, p. 274.

joug, car les projets du cardinal allaient jusqu'à vouloir relever le Christianisme sur tout le littoral de l'Afrique. En 1509, il passe le détroit, s'empare d'Oran, d'où il demande au Saint-Siége le rétablissement de l'ancien évêché; rappelé en Espagne par les soins du gouvernement, il laisse à Pierre de Navarre l'ordre et les moyens de continuer la guerre. Bougie, conquise en 1510, recouvra son évêché. Gerba et Kerkeni résistèrent. Mais la terreur des armes chrétiennes fut telle que le roi de Tlemcen, le roi de Tunis et la ville d'Alger, jouissant alors d'une sorte d'indépendance qui facilita la conquête des Barberousse, achetèrent leur sécurité en s'engageant à payer un tribut annuel à la couronne d'Espagne.

Ce fut le dernier succès des armées de Ferdinand contre les Maures et le dernier effet des plans conçus par Ximénès. Ils échouèrent, parce qu'ils dépassaient l'élan et les désirs réels du pays. Le Maure n'était plus pour l'Espagnol le conquérant orgueilleux qui avait si longtemps blessé sa foi et sa dignité, ni le voisin encore inquiétant et parfois si redoutable pour sa sécurité. Tout ce qu'il y avait alors en Espagne d'esprits hardis, aventureux, avides de combats ou de richesses, trouvait à se satisfaire au nouveau monde ou dans les armées de Gonzalve de Cordoue. Aussi le commerce et la colonisation n'avaient pas suivi en Afrique l'action militaire. Le roi Ferdinand lui-même n'avait jamais complétement approuvé les vues du cardinal, qu'il tenait pour excessives. Le peuple en jugeait comme le souverain. En autorisant la continuation des armements, Ferdinand pensait bien plus à les employer dans une nouvelle campagne contre Louis XII, qu'à les renvoyer dans les golfes de Bougie ou de Gerba.

Avec Ximénès, mort en 1517, finit, prolongée au delà de son triomphe désirable et possible, cette longue et noble guerre de délivrance que le roi Pélage avait commencée huit cents ans auparavant dans les montagnes des Asturies.

Plus tard, quand Charles-Quint ramène les flottes espagnoles sur les côtes d'Afrique, quand il détruit la ville d'One, qu'il s'empare de Tlemcen et de Tunis, ce n'est ni les Maures d'Espagne ni les Arabes du Magreb qu'il combat. Il n'avait pour son compte aucune pensée de conquêtes durables en Afrique. Il s'allia partout aux anciennes dynasties indigènes, que Ximénès voulait détruire. Il secourut les Hafsides à Tunis, et restaura les Beni-Zian à Tlemcen. L'ennemi qu'il poursuivait en Afrique comme sous les murs de Vienne, ce sont les Turcs, devenus l'effroi de l'Europe entière et maîtres d'Alger depuis 1515, où Khair-ed-din et Aroudji avaient inauguré le régime odieux qui pendant trois cents ans a bravé et humilié la civilisation.

La décadence et la barbarie de l'Afrique septentrionale datent surtout des conquêtes de Barberousse.

Ces temps sont depuis longtemps passés, et ce n'est pas le moment d'en rappeler les tristes excès, quand le digne fils de l'empereur Mahmoud, confirmant les promesses de Gulhané, vient de rompre d'une façon solennelle avec le vieux fanatisme, et d'assurer à ses peuples les bienfaits d'une égale protection. L'Europe dans sa prudence, et la France en particulier, dont le désintéressement relève encore l'autorité dans cette grave question, aideront à la régénération de la Turquie, qui seule peut assurer l'amélioration continue du sort des Chrétiens orientaux et la paix de la Méditerranée.

Mais pour nous en tenir à l'objet restreint de cette œuvre, nous ne pouvons pas ne pas faire remarquer, en la terminant, ce qui en est comme le résultat et la conclusion historique : que les temps les plus mauvais de la barbarie et de l'inhospitalité du Magreb, les seuls dont l'Europe et l'Afrique peut-être elle-même se souviennent aujourd'hui, ne datent que du seizième siècle et de l'établissement des Régences.

A l'époque antérieure, quand il n'y avait en Afrique que des Arabes et des Berbères, quelque dégradation qu'eût subie l'état moral du pays, le gouvernement des princes indigènes s'inspirait encore de principes de justice, d'impartialité et de tolérance. Les traités étaient observés, les tarifs commerciaux régulièrement appliqués, les naufragés assurés de la protection souveraine, la personne des consuls et des marchands respectée, leurs biens et leur fortune inviolables, leurs demeures, leurs églises et leur culte choses sacrées.

Nos sujets d'Afrique n'ont qu'à remonter de quelques siècles dans leur propre histoire pour retrouver les témoignages parlants de cette situation et se convaincre que les deux nations et les deux religions ont pu vivre longtemps libres et respectées sous le même ciel. Les garanties qu'ils accordaient au moyen âge à nos marchands au milieu d'eux, nous les leur donnons aujourd'hui, agrandies, relevées, plus scrupuleusement observées.

A côté de nous, et sous une domination qui est un bienfait pour eux, ils peuvent prospérer et vivre heureux. Une auguste parole le leur a assuré en leur indiquant les voies de l'avenir : à eux les libres et féconds travaux du sol ; à nous les applications de l'industrie et l'indivisible exercice de la souveraineté que la destinée nous a donnée. Les Arabes qui accepteront sans réserve le sort enviable pour tant d'autres que Dieu leur a fait, y trouveront leur avantage, et pourront calmer les scrupules de leur conscience en méditant ces mots du Coran : « Sache que ceux qui nourrissent la haine » la plus violente contre les vrais croyants sont les idolâtres. Sache bien au contraire » que les hommes les plus disposés à les aimer sont ceux qui disent : *Nous sommes* » *Chrétiens* [1]. »

[1] Le Coran, sourate V^e, verset 85.

Paris. Mars 1868.

FIN DE L'INTRODUCTION HISTORIQUE.

DOCUMENTS.

TRAITÉS ET DOCUMENTS DIVERS

CONCERNANT

LES RELATIONS DES CHRÉTIENS ET DES ARABES

AU MOYEN AGE.

I.

LETTRES ET BULLES DES PAPES.
1053-1512.

I.

1053[1], 17 décembre.

Lettre de Léon IX à Thomas, évêque en Afrique. Le pape déplore l'état de l'Église de ce pays, où l'on comptait autrefois deux cent cinq prélats, et qui est réduite maintenant à n'avoir que cinq évêques; le pape engage l'évêque Thomas à défendre avec ses collègues, Pierre et Jean, les prérogatives de l'archevêché de Carthage contre les empiétements de l'évêque de *Gummi*, qui voudrait s'arroger le droit de consacrer les évêques et de convoquer les conciles en Afrique.

Labbe, *Concil.*, t. IX, col. 972; Mansi, *Concil.*, t. XIX, col. 657; Baronius, *Annal. eccles.*, 1053, § 41; Migne, *Patrol. lat.*, t. CXLIII, col. 728.

Leo, episcopus, servus servorum Dei, Thomæ, confratri carissimo et coepiscopo, salutem.

Cum ex venerabilium canonum auctoritate recolimus ducentos quinque episcopos concilio interfuisse Carthaginensi, et nunc a tua fraternitate audimus quinque vix episcopos superesse in tota Africa, utique tertia hujus corruptibilis mundi parte, compatimur tantæ vestræ imminutioni totis visceribus animi. Cum autem ipsas Christianitatis reliquias ediscimus interna et mutua dissensione discindi et dispergi, et adversus se invicem zelo et contentione principatus inflari, nil aliud nobis primo dicendum occurrit quam illud sancti Amos[2] vatis : « Parce, Domine, parce obsecro; quis susci-

---
[1] La vraie date de cette lettre est 1053, et non 1054 que lui donnent la plupart des éditeurs.
[2] Amos, vii, 2.

» tabit Jacob, quia parvulus est? » Sed quamvis in tali tantoque defectu religionis plurimum doleamus, multum tamen gaudemus quia sanctæ Romanæ ecclesiæ, matris vestræ, sententiam requiritis et expectatis super quæstionibus vestris; et quasi rivulis ab uno fonte erumpentibus et in suo secursu per diversa spargentibus, ad ipsius fontis primam scaturiginem reverti debere optimum putatis, ut inde resumatis directionis vestigium, unde sumpsistis totius Christianæ religionis exordium. Noveris ergo procul dubio quia post Romanum pontificem primus archiepiscopus et totius Africæ maximus metropolitanus est Carthaginensis episcopus; nec quicumque sit ille Gummitanus [1] episcopus, aliquam licentiam consecrandi episcopos, vel deponendi, seu provinciale concilium convocandi habet, sine consensu Carthaginensis archiepiscopi, cujuslibet dignitatis aut potestatis sit, exceptis his quæ ad propriam parrochiam pertinent; cætera autem, sicut et alii Africani episcopi, consilio Carthaginensis archiepiscopi, aget. Unde, carissimi confratres nostri et coepiscopi, Petrus et Joannes recte sentiunt de Carthaginensis ecclesiæ dignitate, nec consentiunt errori Gummitanæ ecclesiæ. Hoc autem nolo vos lateat non debere præter sententiam Romani pontificis universale concilium celebrari, aut episcopos damnari, vel deponi; quia etsi licet vobis aliquos episcopos examinare, diffinitivam tamen sententiam absque consultu Romani pontificis, ut dictum est, non licet dare; quod in sanctis canonibus statutum, si quæritis, potestis invenire. Quamvis enim omnibus generaliter apostolis dictum sit a Domino : « Quæcumque » ligaveritis in terra, ligata erunt et in cœlo; et quæcumque solveritis in terra, soluta » erunt et in cœlo [2] »; tamen non sine causa specialiter et nominatim dictum est beato Petro, apostolorum principi : « Tu es Petrus, et super hanc petram ædificabo eccle- » siam meam, et tibi dabo claves regni cœlorum [3] »; et in alio loco : « Confirma fratres » tuos [4]. » Scilicet quia omnium ecclesiarum majores et difficiliores causæ per sanctam

[1] Nous ne trouvons rien, ni dans les géographes ni dans les inscriptions d'Afrique, qui fasse connaître la situation de *Gummi*. Ce nom ne figurant pas dans les listes des anciens évêchés africains de Morcelli, on peut croire que c'était une ville de création récente. Ce pourrait être Mahadia (l'*Africa* des Chrétiens), fondée au dixième siècle et qui fut comme la seconde capitale des Fatimites et des Zirides de Kaïrouan; ou plutôt El-Kala des Beni-Hammad, fondée par Hammad en 1008, dans l'intérieur de la Mauritanie, devenue bientôt très-florissante, et qui se trouvait capitale des princes hammadites à la date de notre document. (Cf. M. de Slane, *Hist. des Berbères d'Ibn-Khaldoun*, t. II, p. 43, et *Géogr. d'El-Bekri*, p. 119.)

Ce qu'il y a de certain et de très-remarquable, c'est qu'au commencement du douzième siècle encore, El-Kala des Beni-Hammad renfermait une population chrétienne indigène assez nombreuse, ayant une église et un pasteur, appelé du nom arabe de *calife*, qui semble bien être un évêque, et dont la demeure se trouvait voisine du palais du roi. (Pagi, Notes à Baronius, *Annal. eccles.*, 1114, § 3.) L'importance qu'eut El-Kala au onzième siècle, par suite de la résidence des souverains, par suite de son commerce et de l'accroissement rapide de sa population, pouvait justifier les prétentions de son évêque à être de fait le premier des prélats d'Afrique, au détriment même de l'archevêque de la ville de Carthage, ruinée et presque entièrement dépeuplée. El-Kala néanmoins n'eut qu'une assez courte existence; il ne reste plus aujourd'hui de cette ville qu'un minaret ayant appartenu à sa grande mosquée, à sept lieues au N.-E. de Msilah vers Sétif, dans la province de Constantine. (*El-Bekri*, p. 120.)

[2] Matth., xviii.
[3] Matth., xvi.
[4] Luc, xxii.

et principalem beati Petri sedem a successoribus ejus sunt diffiniendæ. Jam quia ad interrogata etiam confratrum nostrorum Petri et Joannis episcoporum decrevimus respondere, optamus ut sanctam tuam fraternitatem jugiter invigilantem utilitatibus sanctæ catholicæ ecclesiæ, devote pro nobis orantem, sancta et individua Trinitas semper conservet, carissime frater.

Datum XVI kalendas Januarii, anno domini Leonis papæ IX quinto, indictione VII.

II.

[1053.]

Léon IX, écrivant à Pierre et à Jean, évêques en Afrique, les loue de la déférence qu'ils témoignent à l'Église romaine et du zèle qu'ils montrent en défendant les droits de l'archevêque de Carthage contre les prétentions de l'évêque de Gummi; il les engage à persévérer dans ces sentiments, attendu que l'archevêque de Carthage, alors même que cette ville deviendrait entièrement déserte et inhabitée, doit conserver la prééminence que lui ont donnée sur toute l'Afrique, après le pontife de Rome, les conciles et les décisions du Siége apostolique.

Labbe, *Concil.*, t. IX, col. 973; Mansi, *Concil.*, t. XIX, col. 658; Migne, *Patrol. latin.*, t. CXLIII, col. 729.

Leo, episcopus, servus servorum Dei, dilectissimis in Christo fratribus Petro et Joanni, episcopis, salutem et apostolicam benedictionem.

Decus ecclesiarum Africanarum ita conculcatum a Gentibus nimium dolemus, ut modo vix quinque inveniantur episcopi, ubi olim ducenti quinque solebant per concilia plenaria computari; et ibi pauculas oves, quotidianæ occisioni deputatas, remansisse, ubi quondam innumerabilis grex Domini sub numerosis arietibus exultabat alta pace. Sed hæc peccatis nostris imputantes, justitiam Creatoris collaudantes, timeamus et misericordiam ejus instanter postulemus ut servos suos tandem respicere dignetur. Quod autem scripsistis nobis pro sanctæ Romanæ ecclesiæ statu nostraque incolumitate, vos Dominum gratias agendo exorasse, noveritis nos vestræ fraternitati gratias agere et pro consolatione vestra semper orare. Et revera, fratres, hoc acceptabile est Domino nostro Jesu Christo, ut caput omnibus membris prospiciat et invigilet; membra vero sui capitis salutem sine intermissione quærant et optent. Bene equidem fecistis quod jussi a nobis concilium de rebus ecclesiasticis habuistis, quod etiam omni anno vel semel agere debetis. Insuper recte contra Gummitanum episcopum, dignitatem Carthaginensis ecclesiæ defendistis; quia, sine dubio, post Romanum pontificem primus archiepiscopus et totius Africæ maximus metropolitanus est Carthaginensis episcopus, nec pro aliquo episcopo in tota Africa potest perdere privilegium semel susceptum a sancta Romana et Apostolica Sede, sed obtinebit illud usque in finem sæculi et donec in ea invocabitur nomen Domini nostri Jesu Christi, sive deserta jaceat Carthago, sive resurgat gloriosa aliquando. Hoc ex concilio beati martyris Cypriani, hoc ex synodis Aurelii, hoc ex omnibus Africanis conciliis, hoc, quod majus est, ex venerabilium prædecessorum nostrorum Romanorum præsulum decretis aperte monstratur, nec quicumque ille sit

Gummitanus episcopus, aliquam licentiam consecrandi episcopos, vel deponendi, seu provinciale concilium convocandi habet sine consensu Carthaginensis archiepiscopi, cujuslibet dignitatis aut potestatis sit. Tantummodo procurabit ille Gummitanus episcopus, quæ ad propriam parochiam pertinent; cætera autem, sicut et alii episcopi Africani, consilio Carthaginensis archiepiscopi aget, qui solus in Africa pallium ab Apostolica Sede habere solet. Unde et episcopos consecrandi principale et antiquum jus retinet, sicut ex verbis Aurelii in concilio Carthaginensi, capitulo trigesimo nono potest intelligi, cum dicit : « In ecclesia ad quam dignata est vestra sanctitas convenire, crebro » ac pene per diem dominicam episcopos ordinandos habemus, etc. » Sed hoc vos non lateat, non debere præter sententiam Romani pontificis universale concilium celebrari, aut episcopos damnari, vel deponi; quia etsi licet examinare, diffinitivam tamen sententiam absque consultu Romani pontificis, ut dictum est, non licet dare. Quod in sanctis canonibus statutum, si quæritis, potestis invenire. Scilicet quia omnium ecclesiarum majores et difficiliores causæ per sanctam et principalem beati Petri sedem a successoribus ejus diffiniendæ sunt, utpote cui divinitus dicitur : « Confirma fratres tuos [1], etc. » Tibi dabo claves regni cœlorum, etc. [2]. »

Nunc, quia de archiepiscopis et metropolitanis sententiam nostram requiritis, venerabilium antecessorum nostrorum dicta aperte demonstrant, id est Clementis, Anacleti, Aniceti et aliorum, ubi ita legitur : « Sacerdotum ordo bipartitus est, nec amplius » quam duos ordines, id est episcoporum et presbyterorum, nobis collati sunt, nec apo- » stoli docuerunt. » Episcoporum autem ordo unus est quamvis alii præferantur aliis, sive pro eo quod primas civitates et magis nominatas secundum potentiam aut leges sæculi retinent, sive quod a sanctis patribus pro aliqua reverentia sanctitatis aliquod privilegium dignitatis possident. Nam sicut omnis mundana potestas his gradibus dignitatum a se invicem distat, id est ut primus sit Augustus vel imperator, deinde Cæsares, deinde reges, duces et comites atque tribuni, ita et ecclesiastica dignitas ordinata a sanctis patribus invenitur, dicente beato Clemente : « In his civitatibus in quibus olim » apud ethnicos primi flamines eorum atque primi legis doctores erant, primates vel » patriarchæ positi sunt, qui reliquorum judicia et majora negotia juste diffinirent, qui » etiam non uni provinciæ sed pluribus præessent. » Deinde ubi archiflamines erant paganorum, archiepiscopi instituti sunt Christianorum, qui singulis provinciis præessent. Ubi vero metropolis erat, quæ interpretatur mater civitas, metropolitani erant quippe qui de tribus aut quatuor civitatibus intra aliquam provinciam majori et matri aliarum civitatum præsidebant. Isti aliquando metropolitani tantum nominantur, aliquando vero archiepiscopi, si in ipsa provincia majores non fuerint aliqui. Ubi autem minores civitates habuerint solummodo flamines vel comites, episcopi sunt instituti. Porro tribuni plebis non absurde intelliguntur presbyteri, sive reliqui inferioris ordinis clerici. His omnibus divino et humano privilegio prælatus est pontifex Romanus.

Sed de Africæ primatibus aliter intelligendum est, quia in singulis ejus provinciis antiquitus primates instituebantur, non secundum potentiam alicujus civitatis sed

[1] Luc, XXII.
[2] Matth., XVI.

secundum tempus suæ ordinationis. Quibus tamen omnibus præerat unus, scilicet Carthaginensis archiepiscopus, qui etiam non incongrue dici potest metropolitanus, propter Carthaginem metropolim totius Africæ, quorum supra meminimus. Ita legitur in concilio Carthaginensi, capitulo vigesimo sexto : « Primæ sedis episcopus non appelletur » princeps sacerdotum, aut summus sacerdos, aut aliquid hujusmodi, sed tantum primæ » sedis episcopus [1]. »

Sanctam vestram fraternitatem, jugiter invigilantem utilitatibus sanctæ Dei ecclesiæ atque devote pro nobis orantem, sancta et individua Trinitas semper conservet, carissimi fratres.

III.

1073, 16 septembre. De Capoue.

Grégoire VII se plaint au clergé et au peuple de Carthage de la désobéissance de quelques Chrétiens de la ville contre l'archevêque Cyriaque, dont ils ont dénoncé les actes aux Sarrasins. — Extrait.

Labbe, *Concil.*, t. X, col. 23; lib. I, epist. 22; Migne, *Patrol. latin.*, t. CXLVIII, p. 305.

Gregorius, episcopus, servus servorum Dei, clero et plebi Christianæ Carthaginensi, salutem.

Gratia vobis et pax.... Cum ergo mundanis potestatibus obedire prædicavit apostolus, quanto magis spiritualibus et vicem Christi inter Christianos habentibus? Hæc filii carissimi, gemens cogito, flens scribo, dolore cordis intimo vobis mitto. Pervenit quippe ad aures nostras quosdam vestrum irreligiose in legem Christi contra Christum, Cyriacum venerabilem fratrem nostrum, vestrum vero archiepiscopum et magistrum, imo vestri Christum, apud Sarracenos sic accusasse, jurgiis detractionis sic lacerasse ut inter latrones numeraretur, verberibus nudus cæderetur. O exemplum iniquum!...

Data Capuæ, XVII kalendas Octobris, indictione duodecima.

IV.

1073, 16 septembre. De Capoue.

Grégoire VII exhorte Cyriaque, archevêque de Carthage, à supporter courageusement les mauvais traitements qu'il endure de la part de ses fidèles et du roi ou émir des Sarrasins, plutôt que de céder à des exigences réprouvées par les saints canons, en ce qui concerne les ordinations. — Extrait.

Labbe, *Concil.*, t. X, col. 25; Épist., lib. I, ep. 23; Migne, *Patrol. lat.*, t. CXLVIII, p. 307.

Gregorius, episcopus, servus servorum Dei, Cyriaco, Carthaginensi episcopo, salutem et apostolicam benedictionem.

Visis fraternitatis tuæ litteris, fraternam de molestiis quæ a paganis et a pseudo-filiis

---

[1] Troisième concile de Carthage, de l'an 397.

ecclesiæ tuæ tibi inferuntur, compassionem exhibuimus. Perpendimus enim te duplici certamine fatigari, ut et occultas Christianorum insidias patiaris, et a Sarracenorum persecutione non solum sustentationem humanæ fragilitatis, sed ipsam fidem perdere miserabiliter exigaris. Quid enim aliud est sacerdotem ad imperium mundanæ potestatis legem Dei infringere, nisi fidem ejus negare? Sed, Deo gratias, quia in medio nationis pravæ et perversæ, fidei tuæ constantia velut luminare quoddam omnibus adeo innotuit, ut præsentatus regiæ audientiæ potius definires diversis cruciatibus affici quam, præcipiente rege, contra sanctos canones ordinationes celebrari. Sed quanto pretiosior esset religionis tuæ confessio, si, post verbera quæ tunc sustinuisti, errorem eorum ostendendo, et Christianam religionem prædicando, usque ad effusionem ipsius animæ pervenisses? Quod licet hujusmodi studiis fraternitatem tuam non ambigimus incumbere et pro testimonio veritatis, quantum ad te usque ad detruncationem membrorum devenisse, tamen devotionem tuam semper ad meliora provocantes exhortamur, ut paratum te semper exhibeas..... Nos igitur, licet corpore absentes, spiritu tamen presentes, mutuis litterarum consolationibus, quotiens permittit opportunitas, insistamus et omnipotentem Deum assidue deprecemur ut ipse ecclesiam Africanam ex longo tempore laborantem et diversarum perturbationum fluctibus conquassatam, tandem dignetur respicere....

Data Capuæ, XVII kalendas Octobris, indictione XII^m.

V.

1076, au mois de juin. De Rome.

Grégoire VII, regrettant que l'Afrique, où florissaient autrefois un si grand nombre d'évêchés, n'ait pas aujourd'hui trois évêques pour consacrer un nouveau prélat, charge Cyriaque, archevêque de Carthage, de lui envoyer à Rome un sujet régulièrement élu, auquel il imposera les mains.

Labbe, *Concil.*, t. X, col. 145; Epist., lib. III, ep. 19; Migne, *Patrol. lat.*, t. CXLVIII, p. 449.

Gregorius, episcopus, servus servorum Dei, dilecto in Christo fratri Cyriaco, Carthaginensi archiepiscopo, salutem et apostolicam benedictionem.

Pervenit ad aures nostras quod Africa, quæ pars mundi esse dicitur, quæque etiam antiquitus, vigente ibi Christianitate, maximo episcoporum numero regebatur, ad tantum periculum devenerit, ut in ordinando episcopo tres non habeat episcopos. Qua in re maximum Christianæ religionis periculum considerantes, et in maximo agro paucis operariis desudantibus, corde tenus compatientes, consuluimus vobis, videlicet tibi et illi cui nuper manum imposuimus, ut aliquam personam secundum constitutionem sanctorum patrum eligatis, nobisque eam literis vestris fultam mittatis, quatenus ipso, Deo cooperante, a nobis ordinato vobisque remisso, necessitati ecclesiarum, ut sancti canones præcipiunt, episcoporum ordinationibus succurrere valeatis, et ut Christiana gens quotidie gaudeat atque proficiat pastorali regimine, et labor, qui supra vires vos opprimit, levior sit, ex sociorum necessaria administratione.

Data Romæ, mense Junii, indictione XIV^a.

VI.

[1076.]

Grégoire VII annonce au clergé et au peuple de la ville de Bone, dans la Mauritanie sitifienne, qu'il a consacré le prêtre Servand, élu par eux pour évêque; il les engage à obéir à leur nouveau prélat et à pratiquer toujours les préceptes divins, afin d'inspirer le respect de la religion chrétienne aux Sarrasins, au milieu desquels ils vivent. — Extrait.

Labbe, *Concil.*, t. X, col. 145; Epist., lib. III, ep. 20; Migne, *Patrol. lat.*, t. CXLVIII, p. 449.

Gregorius, episcopus, servus servorum Dei, clero et populo Hipponensi, in Mauritania Sitiphensi, id est in Africa, constitutis, salutem et apostolicam benedictionem.

Servandum episcopum, quem a vobis electum ad nos consecrandum misistis, juxta petitionem vestram secundum legem nostram, divina favente clementia, consecravimus atque consecratum nostrisque legalibus moribus quantum possibilitas spatiumque temporis indulsit diligenter instructum, ad vos remisimus; quem cum omni devotione mutuæ caritatis omnique reverentia Christianæ religionis rogamus ac paterna charitate vos monemus suscipere, et omnem obedientiam divinæ legis vos hortamur sibi humiliter exhibere; quatenus populi Saracenorum qui circa vos sunt, videntes sinceritatem fidei vestræ, puritatem quoque mutuæ inter vos divinæ charitatis ac fraternæ dilectionis, potius ad æmulationem quam ad contemptum Christianæ fidei ex vestris operibus provocentur.... Amen.

VII.

[1076.]

Grégoire VII annonce à Anzir ou En-Nacer, prince hammadite, roi de la Mauritanie sitifienne, que sur sa demande il a consacré évêque le prêtre Servand; il le remercie de ses bonnes dispositions à l'égard des Chrétiens de ses États, et lui fait savoir que deux nobles Romains, Albéric et Cencins, heureux de ce qu'ils ont appris de sa bienveillance, lui envoient des messagers pour l'assurer de leur désir de lui être en tout agréables.

Labbe, *Concil.*, t. X, col. 146; Epist., lib. III, ep. 21; Migne, *Patrol. lat.*, t. CXLVIII, p. 450.

Gregorius, episcopus, servus servorum Dei, Anzir, regi Mauritaniæ Sitiphensis provinciæ [1], in Africa, salutem et apostolicam benedictionem.

Nobilitas tua hoc in anno litteras suas nobis misit quatenus Servandum presbyterum

---

[1] Bougie, fondée par En-Nacer en 1067, devint, en 1090, à la place d'El-Kala, la nouvelle capitale des princes hammadites, dont l'héritier abdiqua l'an 1153 en faveur des Almohades. La dénomination de roi de la *Mauritanie sitifienne* que le saint-siége donnait à Anzir n'avait pas de rapport géographique rigoureux avec l'ancienne division de l'Afrique romaine, puisque Bone et Constantine, villes de Numidie, faisaient partie du royaume des Hammadites. (Ibn-Khaldoun, *Hist. des Berbères*, trad. de M. de Slane, t. II, p. 52.)

episcopum secundum Christianam constitutionem ordinaremus; quod quia petitio tua justa et optima videbatur, facere studuimus; missis etiam ad nos muneribus, Christianos qui apud vos captivi tenebantur, reverentia beati Petri principis apostolorum et amore nostro, dimisisti, alios quoque captivos te dimissurum promisisti. Hanc denique bonitatem, creator omnium Deus, sine quo nihil boni facere, imo nec cogitare possumus, cordi tuo inspiravit ipse qui illuminat omnem hominem venientem in hunc mundum, in hac intentione mentem tuam illuminavit. Nam omnipotens Deus, qui omnes homines vult salvos facere et neminem perire, nihil est quod in nobis magis approbet, quam ut homo post dilectionem suam hominem diligat, et quod sibi non vult fieri alii non faciat. Hanc itaque caritatem nos et vos specialibus nobis quam ceteris gentibus debemus, qui unum Deum, licet diverso modo, credimus et confitemur, qui eum creatorem sæculorum et gubernatorem hujus mundi quotidie laudamus et veneramur. Nam sicut apostolus dicit : « Ipse est pax nostra qui fecit utraque unum. » Sed hanc tibi gratiam a Deo concessam plures nobilium Romanorum per nos cognoscentes, bonitatem et virtutes tuas omnino admirantur et prædicant. Inter quos duo familiares nostri Albericus et Cincius, et ab ipsa pene adolescentia in Romano palatio nobiscum enutriti, multum desiderantes in amicitiam et amorem tuum devenire, et de his quæ in partibus nostris placuerit tibi libenter servire, mittunt ad te homines suos, ut per eos intelligas quantum te prudentem et nobilem habeant, et quantum tibi libenter servire velint et valeant. Quos magnificentiæ tuæ commendantes, rogamus ut eam caritatem, quam tibi tuisque omnibus semper impendere desideramus, eis pro amore nostro et recompensatione fidelitatis predictorum virorum impendere studeas. Scit enim Deus quia pure ad honorem Dei te diligimus et salutem et honorem tuum in præsenti et in futura vita desideramus. Atque ut ipse Deus in sinum beatitudinis sanctissimi patriarchæ Abrahæ post longa hujus vitæ spatia te perducat corde et ore rogamus.

VIII.

1198, 8 mars. De Latran.

Innocent III prie le roi de Maroc [Abou-Yousouf-Yacoub El-Manzor] d'accueillir favorablement les porteurs des présentes lettres, tous membres d'un nouvel ordre religieux fondé pour le rachat et l'échange des prisonniers chrétiens.

Bonaventure Baro, *Annales ordinis SS. Trinitatis Redemptionis captivorum;* Rome, 1684, t. I, p. 25.

Innocentius, *papa III*[1], illustri Miramolino regi Marochetano et subditis ejus, ad veritatis notitiam pervenire, in ea saluberrime permanere.

Inter opera misericordiæ quæ Jesus Christus Dominus noster fidelibus suis in Evangelio commendavit non minorum locum obtinet redemptio captivorum. Unde personis

[1] Formule hors d'usage à la chancellerie apostolique de ce temps et probablement écrite par Bonaventure Baro à la place des mots *etc.*, remplaçant la qualification consacrée d'*episcopus, servus servorum Dei.*

illis quæ circa talia occupantur favorem debemus apostolicum impertiri. Sane viri quidam, de quorum existunt numero præsentium portitores, nuper divinitus inflammati, regulam et ordinem invenerunt per cujus statuta tertiam partem proventuum omnium quos vel nunc habent vel in futurum poterunt obtinere in redemptionem debent expendere captivorum; et, ut melius valeant suum propositum adimplere, cum facilius per commutationem quam per redemptionem de captivitatis ergastulo valeant liberari, ut paganos captivos redimant est concessum, quos pro liberandis Christianis debeant commutare. Cæterum quoniam opera quæ præmisimus et Christianis expediunt et paganis, hujusmodi vobis duximus per apostolicas litteras intimanda. Inspiret autem vobis ille qui via veritas est et vita ut, agnita veritate, quæ Christus est, ad eam venire quantocius festinetis.

Datum Laterani, VIII idus Martii, pontificatus nostri anno II.

IX.

1226, 17 mai. De Latran.

Honorius III, voulant aider les frères Prêcheurs et les frères Mineurs demeurant dans le royaume de Maroc à remplir plus facilement leur mission au milieu des peuples barbares, les autorise à porter la barbe, à modifier leur costume et à recevoir les aumônes en argent. — Extrait.

Wadding, *Annales Minorum*, 1226, § 64, t. II, p. 161, ex reg. Hon. num. 246;
Brémond, *Bullar. Prædic.*, t. I, p. 16, ex archiv. ord.

Honorius, episcopus, servus servorum Dei, dilectis filiis Fratribus Prædicatoribus et Minoribus in regno Marochitano de mandato Sedis Apostolicæ commorantibus, salutem et apostolicam benedictionem.

Ex parte vestra fuit propositum coram nobis quod, cum ad mandatum Sedis Apostolicæ voluntarie vos discrimini obtuleritis, ob multorum salutem provido uti consilio interdum mutatis habitum, barbam nutritis et comam, non tam ad declinandum ad tempus gentis barbaræ feritatem quæ in Christianos crudelius debacchatur, quam etiam ut prodesse pluribus et liberius visitare Christianos in carceribus et locis aliis valeatis, ad injungendum eis pœnitentiam, dandum salutis monita, exhibendum ecclesiastica sacramenta. Cumque in terra illa gratis non possitis victualia invenire, pro eo quod non panis sed pecunia consuevit ibidem pauperibus in subsidium erogari, urgens necessitas vos compellit caritative recipere, sed parce, denarios et expendere tantummodo propter cibum et vestem; unde cum hæc sint contra ordinis vestri instituta, licet videatur vobis ab his excusare inevitabilis necessitas, ac grandis et evidens utilitas aliorum........ Nos laudabile opus vestrum piumque propositum attendentes, vestris supplicationibus inclinati, super prædictis vobiscum in illis regionibus, quamdiu præscripta vos arctat necessitas et invitat utilitas, misericorditer dispensamus, dum tamen fraus non interveniat sive dolus, vel sinceritatem vestram cupiditas non seducat.

Datum Laterani, XVI kalendas Aprilis, anno X.

X.

1233, 27 mai. De Latran.

Grégoire IX au roi de Maroc. Le pape, en espérant que le prince finira par reconnaître les vérités de la religion chrétienne, le remercie de la bienveillance qu'il témoigne aux religieux Mineurs habitant ses États, et particulièrement au frère Agnello, évêque de Fez; il l'assure de son amitié et de ses vœux pour la prospérité de son règne, tant qu'il ne se montrera pas l'ennemi du Christ, car si l'émir cessait d'être l'ami du Christ, le saint-siége serait dans l'obligation d'interdire aux Chrétiens de le servir.

Wadding, *Annal. Minor.*, 1233, § 27, t. II, p. 351, ex reg. Hon. num. 135.

Gregorius, etc., nobili viro Miramolino, viam agnoscere veritatis et in ea fideliter permanere.

In aliis litteris nostris, quas per dilectos filios fratres de ordine Minorum magnitudini tuæ dirigimus veritatem tibi ostendentes fidei Christianæ, patri luminum sicut possumus supplicamus ut pietate sua respiciens nostræ intentionis affectum, precibus nostris clemens assistat, benignus aspiret, januamque misericordiæ suæ reserare dignetur, adaperiatque aures præcordiorum tuorum, ut nobis sitientibus tibi gratiam in præsenti et gloriam in futuro, in devotione cordis et humilitate spiritus acquiescas. Desideramus siquidem et ardenter deposcimus ut tibi qui in tenebris ambulas, unicum filium suum verum lumen ostendat, teque ad fidem Christianæ veritatis misericorditer advocet in agnitionem ejusdem filii sui Domini Jesu Christi, ut per lavacrum regenerationis ablutus Domino in novitate vitæ tamquam filius adoptionis ipsius valeas complacere, qui fideles suos sibi vult in regnis cœlestibus conregnare. Et utinam fiducia quam concepimus non fallamur, de tua conversatione sperantes pro eo quod religiosis viris fidei nostræ, et specialiter venerabili fratri nostro A[gnello], Facensi episcopo, et aliis fratribus de ordine Minorum te mansuetum exhibes et benignum, et eos in quibus decet habes propensius commendatos, quod ad salutationem tuam perspicuum indicium divinæ miserationis existit. Unde episcopus et fratres prædicti te in Christo sincerius diligentes, temporale et æternum commodum tuum apud Dominum et Sedem Apostolicam indefessæ pietatis studio et amore satagunt promovere. Denique cum ineffabiles sint bonitatis Christi divitiæ, firmam spem debes habere, plenamque fiduciam quod si mutatio dexteræ excelsi in te facta fuit, quod cupimus et optamus, ipse tui principatus honorem augebit qui dilectoribus suis in via centuplum et vitam æternam in patria pollicetur, nosque tibi majora et digniora ad ampliorem tui laudem et magnificentiam committemus. Alioquin, si forte Christi hostis esse malueris quam amicus, nullatenus patiemur, sicut nec pati debemus, quod tibi a suis fidelibus serviatur.

Datum Laterani, VI kalendas Junii, anno VII.

XI.

1235, 15 mai. De Pérouse.

Grégoire IX, répondant aux lettres du roi de Tunis et au rapport que lui ont fait de sa part deux nobles citoyens génois, lui dit que la question dont il s'agit entre eux nécessitant un traité régulier, il envoie à Tunis frère Jean, ministre de l'ordre des religieux Mineurs de Barbarie, pour s'entendre plus complétement avec lui [1].

Wadding, *Annal. Minor.*, 1235, § 34, t. II, p. 408, ex reg. Greg. num. 53.

Gregorius, [episcopus, servus servorum Dei,] regi Tunici, [Deum diligere et timere.] Nobilitatis tuæ litteris debita benignitate receptis, et eorum diligenter inspecto tenore, ea quæ dilectus filius nobilis vir Oddo Adelardi, vir providus et discretus, tibique fidelis, ac in commissis a te prudentiæ suæ negotiis studiosus, et Simon Mele, cives Januenses, in nostra presentia retulerunt, diligenter audivimus tuæ devotionis affectum et placitum reputantes. Verum cum super his quæ fuere proposita tractatus solemnior exigatur, dilectum filium patrem Joannem, ministrum ordinis Minorum de Barbaria, et N......, fratrem ejusdem ordinis, quos benigne recipias et pertractes, ad tuam præsentiam duximus destinandos. Dilecto quidem fratri Joanni super his quæ tibi ex parte nostra detulerit, fidei plenitudinem largiaris.

Datum Perusii, idibus Maii, anno nono.

XII.

1237, 12 juin. De Viterbe.

Grégoire IX, se félicitant de l'état satisfaisant de l'Église dans le Maroc, annonce aux Chrétiens du pays qu'il leur envoie comme évêque, pour les diriger spirituellement au milieu des peuples qui méconnaissent le Christ, un prêtre instruit et prudent déjà consacré à leur intention, les engageant à le reconnaître et à lui obéir.

Brémond, *Bullarium Prædicatorum*, t. VII, suppl., p. 14.

Gregorius, episcopus, servus servorum Dei, universis Christi fidelibus in regno Marochitano commorantibus, salutem et apostolicam benedictionem.

Lætamur quod ecclesia Marochitana, sterilis hactenus, fecunda nunc redditur, et synagoga peccantium, quæ multos habebat filios, infirmatur. Lætamur quod in draconum cubilibus junci nunc oritur viror et calami et in struthionum pascuis crescunt

---

[1] Il n'est pas probable qu'il s'agit de préparer le traité conclu l'année suivante à Tunis (10 juin 1236) par l'ambassadeur de Gênes. La négociation devait être particulière au saint-siége et aux affaires ecclésiastiques. Elle concernait peut-être les hommes d'armes chrétiens résidant auprès des émirs, ou l'autorité de l'évêque de Maroc, devenu le chef spirituel de tous les chrétiens habitant l'Afrique. L'accord du saint-siége et du roi de Tunis, s'il fut conclu et s'il était parvenu jusqu'à nous, aurait offert vraisemblablement un grand intérêt.

lilia nominis Christiani. Lætamur quod Israel in terram Judæ, liber a Babylonica servitute revertitur, et aurea vasa quæ Nabuchodonosor in Babylonem transtulerat, jam ad Templum Domini referuntur. Propter quod, considerantes attentius quod ecclesia prædicta inter hostes Christi posita, de facili editæ prolis amissionem incurreret si sponsi remaneret custodia destituta et in brevi ipsius novella plantatio aresceret, nisi eam cultor ecclesiasticus sacri fluento dogmatis irrigaret, venerabilem fratrem............ episcopum, quem ad ejusdem ecclesiæ consecravimus titulum in pastorem, et sponsum sibi duximus providendum, spem firmam habentes quod cum vir litteratus et discretus existat, quo sincerius Dominum relictis cum Petro mundanæ vanitatis retibus sequitur eo latius in illis partibus ipsius studio Christianæ fidei funiculus extendetur. Verum quia, si carnalem patrem quis honorare tenetur, spiritualis eo amplius debet ab homine honorari, quo pretiosior est carne spiritus et animæ sunt corporibus digniores; mandamus quatenus eundem episcopum, ob reverentiam Jesu Christi, Apostolicæ Sedis et nostram, benigne recipere ac honeste tractare curantes, ipsius studeatis salubribus mandatis et monitis obedire. Alioquin sententiam quam idem ob hoc rite tulerit in rebelles, ratam habebimus et faciemus, auctore Domino, inviolabiliter observari.

Datum Viterbii, pridie idus Junii, pontificatus nostri anno undecimo.

XIII.

1245, 24 septembre. De Lyon.

Innocent IV autorise le grand maître et les chevaliers de l'ordre de Saint-Jacques à accepter la donation que le roi de Salé semble vouloir leur faire de ses États en demandant le baptême; il autorise l'ordre à fonder des couvents et des hôpitaux dans ce pays, s'il était remis en leur pouvoir [1].

Rinaldi, *Annal. eccles.*, 1245, § 75, t. XXI, p. 340, ex lib. III, ep. 151.

Magistro et fratribus militiæ Sancti Jacobi.

Cum, sicut intimantibus vobis accepimus, Zeid Aazon, rex Zale illustris, divinitus inspiratus, desiderans baptismatis unda renasci, et Deo vivo ac vero sub religionis observantia Christianæ placere, paratus existat vobis et ordini vestro concedere regnum suum, per quod vobis illud habentibus vicinæ Sarracenorum regiones de facili possent dominio nostro subjici et cultui acquiri divino, ac consequenter Christi fideles Terræ sanctæ liberius et efficacius subvenire; nec ad aliquem principem Christianum pertinet regnum ipsum; nos provide attendentes utilitatem multiplicem, magnam catholicæ fidei exaltationem, grandeque Christianitatis robur quæ de concessione hujusmodi provenirent, vestris supplicationibus inclinati, universitati vestræ, ut præfatum regnum licite recipere ac acquirere, nec non præmissas regiones et alia circumposita Sarracenorum

---

[1] Le roi de Salé, qui était sans doute un émir momentanément indépendant des souverains almohades du Maroc, ne réalisa pas les projets annoncés par ces lettres.

loca quæ juris alicujus Christiani principis non existant et acquisita retinere plene ac libere in perpetuum; nec non in regno ac in regionibus et locis prædictis ecclesias per vestros clericos idoneos cum suis plebibus gubernandas, plenaque libertate fundare et hospitalia construere sine contradictione qualibet valeatis; ita quod soli ecclesiæ Romanæ teneamini, pro præmissis, annuum quadraginta marabottinorum censum in signum libertatis hujusmodi Sedi Apostolicæ persolvendo, auctoritate præsentium indulgemus.

Dat. Lugduni, VIII kalendas Octobris, anno III.

XIV.

1246, 25 octobre. De Lyon.

Innocent IV prie les rois de Tunis, de Ceuta et de Bougie, d'accorder leur protection à l'évêque du Maroc et aux religieux Mineurs que le prélat jugerait à propos d'envoyer dans leurs États pour les besoins spirituels des Chrétiens qui les habitent et de ceux qu'y attire le commerce.

Rome. Archiv. du Vatican; Regist. d'Innocent IV, ann. IV, ep. 248. Donné déjà par Wadding, Annal. Minor., 1246, § 18, t. III, p. 152.

Innocentius, episcopus, servus servorum Dei, illustri regi Tunici, Deum diligere et timere.

Pater spirituum, Dominus Jhesus Christus, spirituales ad capiendos homines faciens piscatores, qui de lacu miserie et luto fecis eductos in divinorum conclusos retibus preceptorum, illi obedire faciant, cui est servire regnare, ipsos vult ad loca transire, in quibus possint mitti retia in capturam ad educendam hominum multitudinem de hujus mundi voragine curiosa, in Redemptoris omnium servitutem. Cum igitur, sicut accepimus, sub potentatus magnifici tui sceptro plures permaneant Christiani, et illuc accedant quamplurimi pro suis mercimoniis exercendis, qui contra periculosos animarum morbos fomentis indigent consilii salutaris, ne languentium pereat multitudo, si medicinalis operatio illis desit, sed potius in lecto jacentes egritudinis, quorum stratus in infirmitate versatur, ex medicorum presentia respirent in propositam spem salutis; celsitudinem regiam rogandam duximus attentius et monendam, quatinus venerabilem fratrem nostrum....., Marrochitanum episcopum, et dilectos filios fratres Minores quos idem episcopus pro salute talium ad tui regni gloriam duxerit transmittendos, ob divinam Apostolice Sedis reverentiam clementi pietate recipiens, ipsos cum Christianis, sicut consueverunt aliquando, ibidem permittas libere commorari.

Datum Lugduni, VIII kalendas Novembris, anno quarto.

In eundem modum, illustri regi Cepte : Dominum diligere, etc.
In eundem modum, regi Bugie : Dominum diligere, etc.

XV.

1246, 31 octobre. De Lyon.

Innocent IV remercie le roi de Maroc des priviléges et des bienfaits de tout genre qu'à l'exemple de ses prédécesseurs il accorde à l'Église dans ses États; il se félicite des succès que le roi a obtenus contre ses ennemis avec l'aide des Chrétiens appelés en Afrique par ses prédécesseurs; il l'exhorte à se convertir à la foi chrétienne, lui promettant l'appui particulier du saint-siége; il l'engage enfin, en lui recommandant le nouvel évêque du Maroc, à donner à ses sujets chrétiens dans l'intérieur de son royaume ou sur le bord de la mer, des places fortifiées dont il conserverait le haut domaine, et dans lesquelles les Chrétiens pourraient, lorsque les circonstances l'exigeraient, se mettre en sûreté et faire venir plus facilement des secours extérieurs; ce qui serait non moins utile à eux-mêmes qu'avantageux au royaume.

Wadding, *Annal. Minor.*, 1246, § 16, t. III, p. 151, reg. Innoc. IV, ann. IV, ep. 246.

Innocentius, [episcopus servus servorum Dei] illustri regi Marochitarum, [Deum timere] et mandatis ejus humiliter obedire.

Gaudemus in Domino tibique non modicum congaudemus, quod, sicut venerabili fratre nostro Marrochitano episcopo nobis innotuit exponente, tu, catholicorum principum ac tibi inhærendo et prædecessorum tuorum imitando vestigia, qui Marrochitanam ecclesiam multis libertatis privilegiis munierunt, plurimorumque bonorum largitione dotarunt, non solum eam a conatibus et incursibus malignorum et contrariorum Christianæ fidei hactenus defendisti, sed munificentia tua eidem immunitates et libertates non modicas, contemplatione divini nominis, dextera contulit liberali et Christianos in terram tuam per dictos prædecessores tuos introductos extulisti præsidiis et fovisti beneficiis oportunis, propter quod probabili præsumptione tenemus, quod pia loca et Christianæ fidei sectatores in ditione tua positos geris in proposito augmentare; et dignum est hoc a te ferventer diligi et sollicite observari, ut in te progenitorum tuorum præclarum nomen effulgeat et virtuosis regibus te regem similem mundus agnoscat.

Hæc quidem provenire clariori præsagio de cœlesti colligimus voluntate, ac ex hoc providentiam Salvatoris magnifice et mirifice dirigere gressus tuos dum invocantibus nomen Christi adjutus, adversariorum tuorum insultus et violentiæ impetus potenter hactenus repulisti, et per virtutem virium ipsorum lucrifecisti tibi de bonis plurimis orumdem. O utinam ad arcem contemplationis ascenderes et modicum de dulcedine divinæ sapientiæ prægustares! Ibi colligeres per te ipsum quam dulcis est Dominus et quam jucundum sit tibi debitum reddere famulatum. O si proprium cor intrares et in secretiori mentis thalamo, quæ supra te sunt, nitereris perspicue indagare quam magna sunt illa, quam ineffabilia quæ nomen Christi suscipientibus et colentibus promittuntur! Non ambigimus quin si recte saperes, promissiones acceptares easdem, et efficereris subito de cultoribus unus, quia partem eligeres potiorem. Nos quidem de iis quæ circa te sunt sollicitius pensaremus, recipiendo te inter magnificos principes specialem, et terram tuam sub speciali protectione ac defensione Apostolicæ Sedis et nostra; nec permitteremus per potentiam ecclesiæ collatam divinitus te ab adversariis tuis aliquando molestari. O si ad cor altum accederes et subtili meditatione pensares in speculo rationis quantum in te posset nomen Altissimi exaltari, dum ad te revertens, faceres quod te Dominum sequeretur ad fidem innumera populi multitudo! Nec aliquatenus hæsitamus quin si regalis excellentia Deo vivo se habilitare curaret, ipse pinguedine terræ ac rore cœli terram tuæ mentis e vestigio illustraret. Sed in hoc te tibi duximus totaliter relinquendum.

Verum cum duros hostes et nequitia plenos habere dicaris, qui non minus versutiis, machinationibusque quam manu valida terram tuam infestare nituntur, ipsi Christiani, attendentes quod non in exercitus multitudine sed de cœlo recipitur fortitudo, in defensione catholicæ fidei et ecclesiæ tuique regni subsidium contra eos insurgant viriliter, et potenter sæpius de hostibus triumphando, verendum est ne dictorum adversariorum astutia improvisa ac festinata et inopinata invasio eos inveniat imparatos, et si, quod absit, prout de ipsis in pluribus partibus terræ tuæ strages non modica est subsecuta, sicut te ignorare non credimus, finaliter de virtute virium triumpharet, ipsorum rebus et personis eorum periculum, tibique, terræque tuæ discrimen irreparabile obveniret; expedit igitur, ut futuro periculo festino et congruo remedio succurratur. Quare serenitatem regiam rogamus, monemus et in Domino eam præsentibus litteris excitantes, quatenus aliqua loca munita in terra tua, in quibus, necessitatis tempore, dicti Christiani se receptare valeant, et custodiam aliquorum portuum, per quos, si urgeret necessitas, et suaderet utilitas, valerent terram egredi et reintrare cum festinato subsidio pro defensione personarum et rerum, retento tibi principali dominio, consignare procures. Hoc autem non minus utilitati regiæ quam eorum profectui credimus expedire, quia non magis eis in subsidium provenit quam tibi et terræ tuæ proficit in augmentum. Prædictum vero episcopum et sui ordinis fratres, ac Christianos sub tuo degentes imperio, pro divina et Apostolicæ Sedis reverentia, in his et aliis pro quibus ad te recursum habuerint, habeas taliter commendatos, quod hic tibi dierum longitudo servatur, et per hæc et alia bona quæ feceris, ad lucem venire valeas veritatis. Super hiis autem quæ dictus episcopus tibi ex parte nostra dixerit quæ salutem animæ tuæ prospiciant, illam indubitatam fidem adhibeas, ac si tibi ore proprio loqueremur.

Datum Lugduni, ii kalendas Novembris, anno iv.

XVI.

1246, 19 décembre. De Lyon.

Innocent IV annonçant aux Chrétiens d'Afrique la nomination du nouvel évêque du Maroc, Loup, leur mande qu'ils doivent obéir au prélat dans toutes les choses spirituelles, comme ils obéissaient à son prédécesseur Agnello.

Wadding, *Annal. Minor.*, 1246, § 24, t. III, p. 155; reg. Innoc. IV, ann. IV.

Innocentius, etc., universis Christianis in Africanis partibus constitutis.

Cum, sicut intelleximus, animarum vestrarum cura, bonæ memoriæ, Agnello, episcopo Marrochitano, fuerit ab Apostolica Sede commissa, nos qui de universis Christi fidelibus ex susceptæ administrationis officio curam tenemur gerere, de salute vestra solliciti, volentes ut venerabilis frater noster episcopus Marrochitanus successor ejus in hujusmodi sibi cura succedat, universitati vestræ per apostolica scripta præcipiendo mandamus quatenus ipsi episcopo tanquam patri et pastori animarum vestrarum plene et humiliter intendatis, ejus salubria monita et mandata suscipiendo devote, ac inviolabiliter observando.

Datum Lugduni, XIV kalendas Januarii, anno IV [1].

XVII.

1251, 16 mars.

Innocent IV prie de nouveau le roi de Maroc d'accorder des places de défense sur le bord de la mer aux Chrétiens de ses États, pour que leurs femmes et leurs familles puissent être en sûreté au milieu des Sarrasins, pendant qu'eux-mêmes sont dans les armées du roi ou employés à d'autres services publics; le pape annonce au Miramolin que si les sécurités demandées n'étaient pas accordées, le saint-siége se verrait obligé de charger l'évêque du Maroc de défendre aux Chrétiens du pays de servir le roi et aux autres Chrétiens de se rendre dans ses États.

Rinaldi, *Annal. eccles.*, **1251**, § 29, t. XXI, p. 445, reg. Innoc., lib. VIII, ep. 436.

Miramolino, Marrochitano regi illustri, timorem divini nominis et amorem.

Constitutus in præsentia nostra venerabilis frater noster Marrochitanus episcopus, nobis exposuit quod cum nos olim [2] tibi direxerimus preces nostras ut Christianis illarum partium munitiones et castra sita supra ripam maris, in quibus secure habitare

---

[1] Wadding a publié en outre les bulles suivantes, relatives à l'évêque Loup.

1246, 18 octobre. De Lyon. Innocent IV annonce aux chrétiens des côtes d'Espagne la nomination du nouvel évêque du Maroc, leur concours étant nécessaire aux progrès de la foi chrétienne en Afrique. *Ann. IV*, ep. 244, t. III, p. 153.

1246, 23 octobre. De Lyon. Le pape annonce la nomination de l'évêque au roi d'Aragon, et recommande le prélat et ses religieux à la bienveillance du prince. *Ann. IV*. Lettres semblables aux rois de Navarre, de Castille et de Portugal, t. III, p. 154.

1246, 23 octobre. De Lyon. Le pape annonce la nomination de l'évêque aux ministres de l'ordre de Saint-François, et les exhorte à seconder le prélat. *Ann. IV*, ep. 254, t. III, p. 154.

1246, 30 octobre. De Lyon. Le pape annonce la nomination de l'évêque aux chevaliers de l'ordre de Saint-Jacques, les circonstances paraissant favorables à accroitre la bonne renommée du nom chrétien en Afrique, et le concours des chevaliers devant être fort utile à l'évêque. *Ann. IV*, ep. 255, t. III, p. 154.

1246, 11 novembre. De Lyon. Innocent IV dispense pour dix ans l'évêque du Maroc de visiter la cour apostolique. *Ann. IV*, ep. 251. Wadd., t. III, p. 468. L'évêque Loup, toujours évêque du Maroc, fit le voyage de Rome en 1257. Wadding, t. IV, p. 64, 1257, § 19.

1247, 11 avril. De Lyon. Innocent IV autorise frère Loup, évêque du Maroc, à donner aux laïques venus avec lui et pour son service en Afrique les priviléges accordés par le dernier concile général aux Chrétiens qui allaient secourir la Terre sainte. *Ann. IV*, cp. 517, t. III, p. 188.

[2] Voy. ci-dessus la lettre d'Innocent IV, du 31 octobre 1246.

possent et contra impugnatores suos necessitatis tempore se tueri, liberaliter largireris, tu, preces ipsas super hoc negligens adimplere, id efficere omisisti; propter quod Christiani præfati, tam in personis quam rebus damna coguntur gravia sustinere, nam cum oporteat multos ex illis frequenter ad exercitum tuum ire, vel alias pro tuis servitiis laborare, nec habeant tuta loca ubi uxores, filios ac alios consanguineos relinquere valeant, Sarraceni, opportunitate captata, multos ex eis interficiunt et nonnullos cogunt fidem catholicam abnegare. Cum igitur tua pati non debeat magnitudo ut Christiani, qui sic ardenter tuis insistunt obsequiis, ex defectu locorum in quibus necessitatis tempore se receptent, tot injurias et molestias sub tuo dominio patiantur, excellentiam tuam iterato monendam duximus et rogandam quatenus munitiones et castra præfata Christianis ipsis, ut ibidem tueri se possint, absque qualibet difficultate concedas. Alioquin, memorato episcopo literis nostris injungimus ut Christianos in illis partibus degentes a tuo servitio revocare, ac aliis, ne illuc transeant, inhibere procuret.

Dat. XVII kalendas Aprilis, anno VIII [1].

XVIII.

1290, 9 février. De Rome.

Nicolas IV, s'adressant aux barons, aux chevaliers et à tous les hommes d'armes chrétiens servant dans les armées des rois de Maroc, de Tunis et de Tlemcen, leur recommande de veiller avec soin à leur vie, afin de faire honorer toujours la religion chrétienne, tant par les Chrétiens que par les infidèles, au milieu desquels ils vivent; il les engage à reconnaître Rodrigue, envoyé par le saint-siége en Afrique comme évêque du Maroc et légat apostolique, à obéir à ses ordres et à ses délégués en tout ce qui concerne la religion.

Rome. Archiv. du Vatican; Reg. de Nicolas IV, ann. II, ep. 845; *Bibl. de l'École des chartes*, 2e série, t. III, p. 519; M. l'abbé Bargès, *Tlemcen, souvenirs de voyage*, p. 123. Paris, in-8°, 1859.

Nicolaus, episcopus, servus servorum Dei, dilectis filiis, nobilibus viris, baronibus, proceribus, militibus et ceteris stipendiariis christianis, Marrochitani, Tunitii et Tremiscii regum servitio constitutis.

Etsi omnes qui christianæ fidei cultum tenent, ut suas Deo lucrifaciant animas ad recte vivendi regulam dirigi cupiamus, illos tamen, qui in regione infidelium et cum infidelibus conversantur, ut fide, opere ac virtute perfecti se incontaminatos coram Deo et hominibus exhibentes, laudabilis vite meritis et exemplis, infideles etiam protrahant ad salutem, potiori desiderio exoptamus, omnem in se ipsos justitiam, rectitudinem et modestiam adimplere, ipsosque abstinere ab omnibus per que fidei christiane religio possit in populis blasphemari. Sane cum illius, licet immeriti, vicem gerentis in

---

[1] Le pape écrit en même temps et dans le même sens à l'évêque du Maroc (*Ep.* 437) et aux Chrétiens d'Afrique (*Ep.* 438).

terris qui pro generis humani salute de sue solio majestatis a summo celo in medium exterminii nostri terram exiliens, trabea nostre humanitatis assumpta, ut temporali morte legem mortis aboleret eterne, pro nobis dignatus est proprio sanguine fuso mori, et diros crucis perpeti cruciatus ad animarum profectum intentionis nostre aciem totaliter dirigamus, et pro incredulis convertendis, apostatis revocandis, confirmandis nutantibus, et fidelibus roborandis, omni sollicitudine laborantes, quia repugnante natura presentialiter diversis locis simul adesse non possumus, venerabilem fratrem nostrum Rodericum, Marrochitanum episcopum, virum utique providum et discretum, ad partes Africe, commisso sibi plene legationis officio, destinemus, nobilitatem vestram rogamus, monemus et hortamur attente, quatinus eundem legatum et nuntios ejus devote recipientes et honeste tractantes, eis in hiis que ad cultum divini nominis pertinent ampliandum, impendatis consilium et auxilium oportunum; et verba vite eterne, que vobis proponent cum gaudio audientes, eorumque salubribus consiliis acquiescentes, christiane professionis propositum firmo servetis animo et constanti, ut sic inter incredulos vos exhibere vita et conversatione probabiles studeatis, caritate magistra et pietate perduce, in divinis beneplacitis vos jugiter exercendo, ac abstinendo ab omnibus per que detrahi valeat nomini christiano; quod tam fideles qui in partibus ipsis degunt, quam etiam infideles, ad frugem melioris vite vestro proficiant et informentur exemplo, et nos in vestris laudibus dilectabiliter in Domino gloriantes, vobis pro vestre devotionis et fidei sinceritate, reddamur favorabiles et benigni.

Datum Rome, apud Sanctam Mariam Majorem, v. idus Februarii, anno secundo.

XIX.

1295, 11 août. D'Anagni.

Boniface VIII concède en fief à Roger Doria, amiral de Sicile, les îles de Gerba et de Kerkeni, près Tunis, récemment conquises par Doria sur les Arabes et reconnues pour n'avoir pas été possédées depuis un temps immémorial par aucun prince ou seigneur chrétien.

Tutini, *Discorsi de' sette officii del regno di Napoli; Degli ammiranti*, p. 90; Rome, 1666, in-4°; Reg. Epist. Bonif., lib. I, ep. 115.

Bonifacius, episcopus, servus servorum Dei, dilecto filio Rogerio de Lauria, etc.

Ex tuorum strenuitate ac tua superlaudabiles fructus nuper provenisse percepimus, qui apud Deum et Sedem Apostolicam grati redduntur multipliciter et accepti, et proinde grandius attolli laudibus promereris. Sicut enim ex serie tuæ nunciationis et petitionibus accepimus, tu, diebus istis, marinis navigationibus versus Affricam, ob reverentiam crucifixi, non absque potenti manu progrediens, Gerba et Karkim insulas provinciæ Affricæ, seu civitatis Tunisii cumterminas [1] vel vicinas, divino fretus auxilio,

[1] A l'édition : *cum terminos*.

eripuisti potenter de manibus hostium fidei christianæ, ac in eis proponis ædificari facere ecclesias et altaria et Christo domino deservire. Quæ quidem insulæ, prout asseris, non sunt de regno Siciliæ, nec ad regem pertinent; quodque ab eo tempore cujus memoria non extitit detentæ non fuerunt per aliquem christianum quousque ad manus et posse tuum, ut prædicitur, devenerunt. Cum autem nobis duxeris humiliter supplicandum ut præfatas insulas tibi tuisque hæredibus concederemus in feudum, sub annuo censu, de gratia speciali a nobis et successoribus nostris Romanis pontificibus et Romana ecclesia perpetuo a te ac ipsis hæredibus retinendas; nos, attendentes quod tu easdem insulas eripuisti potenter, ut prædicitur, de manibus hostium crucis Christi, et laudabile propositum, quod habere te asseris, ut in insulis ipsis orthodoxa fides propagetur et vigeat, cultusque servetur inibi divinorum; quamplurimum in Domino commendantes, gaudentes etiam, quod per ministerium tuum Christianitatis termini dilatentur, tuis supplicationibus inclinati, ad laudem Dei omnipotentis, tuæque salutis augmentum, memoratas insulas et earum quamlibet, cum omnibus juribus et pertinentiis suis, in merum et mixtum imperium, jurisdictionem plenariam temporalem videlicet in eisdem, auctoritate apostolica et de apostolica plenitudine potestatis, nomine nostro, et successorum nostrorum Romanorum pontificum ipsius ecclesiæ Romanæ, tibi et tuis hæredibus, catholicis atque legitimis et in devotione ipsius Romanæ ecclesiæ persistentibus, in feudum perpetuum concedimus, sub annuo censu quinquaginta unciarum auri, ad pondus dicti Siciliæ regni, nobis et successoribus ipsis ac eidem ecclesiæ annis singulis, infra octavas beatorum apostolorum Petri et Pauli, in Romana curia persolvendo. Et ecce dilecto filio, fratri Bonifacio de Calamandrano, magno præceptori ordinis Hospitalis Sancti Joannis Jerosolymitani in partibus cismarinis, damus per alias nostras literas in mandatis ut te, auctoritate nostra, de feudo investiat memorato, et recipiat a te, nostro et prædictorum successorum nostrorum et ecclesiæ Romanæ nomine, juramentum fidelitatis et homagii, sub forma quæ in aliis nostris litteris continetur, nec non et publico instrumento tuo nihilominus sigillo munito, per quod te feudum hujusmodi pro te tuisque hæredibus a nobis et eadem Romana ecclesia, ut prædicitur, recipere fatearis, ac prædictos tuos obligabis hæredes ad præstandum simile juramentum et homagium et recognoscendum quod feudum ipsum tenebas a nobis et successoribus nostris et ecclesia memoratis, et ad promittendum quod prædictum censum annuum statuto termino cum integritate persolvent; quod si tu vel ipsi hæredes id facere forsan contempseritis, esse omne jus quod tibi vel ipsis hæredibus ex præsenti nostra concessione deberetur vel competet ex tunc, eo ipso ad prædictam ecclesiam libere devolutum [1]. Nulli ergo omnino hominum liceat, etc.

Datum Anagniæ, III idus Augusti, anno primo.

[1] A l'édition : *devolvatur*.

XX.

1419, 4 mai. De Florence.

Martin V, faisant droit aux plaintes que lui ont adressées les Chrétiens habitant la ville et le diocèse de Maroc touchant l'éloignement de leur évêque Pierre, qui, au mépris de ses devoirs, continue à demeurer hors de son diocèse et loin de l'Afrique, institue frère Martin de Cardenas, de l'ordre des frères Mineurs, comme vicaire de l'évêque, pour résider au milieu d'eux.

Wadding, *Annal. Minor.*, t. X, p. 305.

Dilecto filio Martino de Cardenas, ordinis fratrum Minorum professori, vicario in spiritualibus et temporalibus generali ecclesiæ Marrochitanæ per Sedem Apostolicam deputato.

Sinceræ devotionis affectus, etc. Sane dilectorum filiorum nostrorum Christianorum utriusque sexus in civitate et diœcesi Marrochitan. degentium conquestione percepimus quod venerabilis frater noster Petrus, episcopus Marrochitanus, non considerans quod præsules et pastores ecclesiarum, secundum sanctorum patrum decreta et canonica instituta, in eorum ecclesiis personaliter residere et gregis sibi commissi sollicitam curam gerere et exercere, ipsumque gregem salutaribus monitis per se vel eorum vicarios aut alios in fide catholica diligenter instruere tenerentur, ab ecclesia sua Marrochitana, nulla causa rationabili subsistente, et a partibus etiam Africanis, in quibus ecclesia ipsa consistit, Christianis præfatis relictis, nulloque ejus vicario seu sacerdote dimisso, qui eis ecclesiastica sacramenta ministraret et eos divinæ prædicationis pabulo pasceret, per nonnullos annos se absentavit ab eis, et in remotis partibus residens, ad præfatam ecclesiam redire non curavit nec curat; propter quæ dicti Christiani videntes se pastoris solatio destitutos et quod saltem sacerdotem qui divina celebraret officia et eis ministraret ecclesiastica sacramenta non habebant, te, qui presbyter es, cum quodam socio tuo, de tui superioris licentia, susceperunt qui ex nunc eis divina officia celebrasti et sacramenta hujusmodi ministrasti, ac ipsos alias in fide præfata instruxisti et verbum divinum eis proposuisti et etiam prædicasti. Quare, pro parte dictorum Christianorum nobis fuit humiliter supplicatum ut te eorumdem episcopi et ecclesiæ vicarium constituere et deputare de gratia speciali dignaremur. Nos itaque, attendentes quam periculosum sit Christianos ipsos in dictis partibus Africanis absque antistite aut vicario hujusmodi existere, ac volentes super his de salubri remedio providere, hujusmodi supplicationibus inclinati, te vicarium episcopi et ecclesiæ præfatorum in spiritualibus et temporalibus, auctoritate apostolica, tenore presentium, constituimus et etiam deputamus; tibi omnia et singula quæ ad hujusmodi vicariatus officium de consuetudine vel de jure quomodolibet pertinent, faciendi, gerendi et exercendi; necnon Christianos eosdem, in casibus a jure episcopis reservatis, absolvendi, et eis salutarem pœnitentiam injungentes, quoties opus fuerit, et quamdiu cum eisdem Christianis moram traxeris, plenam et liberam, eadem auctoritate, concedimus potestatem. Nonobstantibus quod ordinis fratrum Minorum frater existis, et quibuscumque constitutionibus apostolicis ac privilegiis, necnon statutis et consuetudinibus ecclesiæ et ordinis Prædicatorum contrariis, juramento, confirmatione apostolica, vel quacumque firmitate alia roboratis.

Datum Florentiæ, IV kalendas Junii, anno II.

XXI.
1512, 30 juillet. De Rome.

Jules II autorise le P. Christophe Radelenes, nommé par lettres de ce jour évêque de Constantine, à ne pas se rendre dans son diocèse et à résider dans le diocèse de Brême, à cause du danger qu'offre le séjour en Afrique.

Brémond, *Bullar. Prædic.*, t. IV, p. 294, ex Archiv. apost., lib. CCLXVIII, fol. 311.

Julius, episcopus, servus servorum Dei, dilecto filio Christophoro, electo Constantinensi, salutem et apostolicam benedictionem.

Sinceræ devotionis affectus quem ad nos et Romanam geris ecclesiam non indigne meretur ut votis tuis, quantum cum Deo possumus, favorabiliter annuamus. Hodie [1] siquidem ecclesiæ Constantinensis tunc certo modo pastoris solatio destitutæ de persona tua, nobis et fratribus nostris ob tuorum exigentiam meritorum accepta, de fratrum eorundem consilio duximus auctoritate apostolica providendum, præficiendo te illi in episcopum et pastorem; volentes inter cetera quod quamprimum literas apostolicas super provisione et præfectione hujusmodi haberes expeditas, ad præfatam ecclesiam te conferres et personaliter resideres apud illam, quodque extra tuas civitatem et diœcesim pontificalia officia exercere nequires, prout in nostris inde confectis literis plenius continetur. Cum autem, sicut accepimus, tu ad præfatam ecclesiam, quæ in partibus infidelium consistit, absque personali periculo commode nequeas te conferre, et apud eam personaliter residere, nos volentes te præmissorum intuitu favore prosequi gratioso, tuis in hac parte supplicationibus inclinati, tibi, qui ordinis fratrum Prædicatorum et theologiæ professor existis, quod ad ecclesiam prædictam accedere et apud eam personaliter residere minime tenearis, quodque postquam munus consecrationis susceperis in civitate et diœcesi Bremensi, duntaxat dum per illius diœcesanum ad id requisitus fueris, et de speciali ipsius licentia, pontificalia officia hujusmodi exercere libere et licite valeas, voluntate nostra prædicta, ac constitutionibus et ordinationibus apostolicis, ceterisque contrariis nequaquam obstantibus, auctoritate apostolica tenore præsentium de specialis dono gratiæ indulgemus. Nulli ergo, etc. Si quis, etc.

Datum Romæ, apud S. Petrum, anno Incarnationis Dominicæ millesimo quingentesimo duodecimo, tertio kalendas Augusti, pontificatus nostri anno nono.

[1] Les lettres d'institution dans lesquelles le nouvel évêque de Constantine, religieux du couvent de Lubeck, est nommé *Christophorus Radelenes*, sont de la même date que les présentes, et se trouvent également dans Brémond, t. IV, p. 294. *Ex libr. apost.*, CCLXVIII, fol. 310.

II.

RÉPUBLIQUE DE PISE.

1133-1397.

I.

1133, 1166.

Extraits concernant des traités de paix conclus entre la république de Pise
et divers rois arabes d'Afrique.

Bern. Marangone, *Vieille chronique de Pise*, publiée d'après le manuscrit de l'Arsenal de Paris par M. Bonaini,
à la suite de l'Histoire de Pise de Roncioni, *Archivio storico Italiano*, t. VI, 2ᵉ partie, p. 8 et 46.
Cf. Muratori, *Script. Ital.*, t. VI.

Anno Domini ab incarnatione ejus MCXXXIIII [1], sexto kalendas Julii, pax inter Pisanos et regem de Morroch, et regem de Tremisiana, et gaidum Maimonem [2], in decem annos firmata est, duabus illorum galeis Pisis venientibus.

Anno Domini MCLXVII, Coccus [3], consul, legatus, pridie nonas Madii, ivit cum una galea Morelli ad ammiram Mumini [4], pro facienda pace cum eo, et inveniendis et recuperandis hominibus prædictarum XII galearum [5]; et pacem toto tempore vitæ suæ cum eo firmavit, et dona magna ei dedit, et fondacum in Subilia [6] Pisanis habere concessit, et alia ad honorem Pisanorum pertinentia per totam suam terram largitus est.

---

[1] 1133 dans le nouveau style. La ville de Pise commençait l'année au 25 mars, comme Florence, mais elle était d'un an juste en avance sur le style florentin, et de neuf mois sept jours en avance sur le calendrier moderne.

[2] Probablement par l'intermédiaire du *caïd* Mohammed Ibn-Meïmoun, amiral de la flotte almoravide. Ibn-Khaldoun, *Hist. des Berbères*, trad., t. II, p. 27, 85 n.

[3] Cocco Griffi, consul de la république.

[4] L'émir Al-Moumenin, Abou-Yacoub-Yousouf, roi de Maroc et de toute l'Afrique septentrionale.

[5] Galères pisanes dispersées par la tempête entre la Sardaigne et les côtes de Bougie à Djidjelli.

[6] Zouila, faubourg fortifié d'Al-Mehadia, ancienne capitale des princes Zirides, qu'Abd-el-Moumen avait enlevée aux Normands de Sicile en 1159.

II.

1157, 10 juillet. De Tunis.

Lettre d'Abou-Abd-Allah Ibn-Abd-el-Aziz, roi de Tunis, à l'archevêque et au peuple de Pise, rappelant et validant les dispositions d'un traité de paix et de commerce arrêtées oralement à Tunis par l'envoyé de la république de Pise, le reïs Abou-Tamim Meïmoun, fils de Guillaume.

Bibl. de l'École des chartes, 2º série, t. V, p. 137; d'après un registre de 1157 des Archives de l'archevêché de Pise, à Pise; Amari, *Diplomi Arabi*, p. 1.

TEXTE LATIN, CONTEMPORAIN DU TEXTE ARABE [1].

1. Archiepiscopo Villano, Corcise et Sardinie primati atque vicario, et universis omnibus [antianis] Pisanorum populi tam majoribus quam minoribus, Abdella, filius Abdellaris, filii Abdellahæ, filii Boccarasen, rex Tunithi, salutem et honorem, et ut gratia Dei super vos descendat et in vobis permaneat!

In nomine Dei, qui est pius et misericors; gratias omnipotenti Deo, qui totius mundi est firmamentum, et qui regit ac gubernat omnia que in cœlo et infra cœlum et sub cœli rotunditate persistunt.

TRADUCTION PAR M. AMARI DU TEXTE ARABE.

1. Da Abd-Allah ibn-Abd-el-'Azíz ibn-Abd-el-Hakk ibn-Abi-Khorasán, all' illustre e nobilissimo arcivescovo di Pisa, ed agli illustri sceikhi [a], i consoli, conti et notabili, e al popol tutto di essa (città), che Dio li guidi.... (col suo favore e li avvii?) sul buon sentiero!

Nel nome di Dio clemente e misericordioso.

Dopo lodato il Sommo Iddio dei copiosi benefizii che avvicenda (sopra di noi) e della clientela in che ci tiene coi raddoppiati doni della sua provvidenza, indirizziamo la presente lettera all' illustre arcivescovo di Pisa ed agli illustri consoli, conti e ministri della pubblica autorità, non che ai notabili e al popol tutto di essa città.

Noi lor offriamo i saluti più cari e preziosi, altamente onorando il nome loro, del quale ogni giorno si fa solenne ricordo appo di noi, per cagione di quei legami d' amistà e premurosi oficii di consorzio e benevolenza che corsero nei tempi antichi e moderni tra noi ed essi, (legami) noti ad ognuno e certi, dai quali è nata (tra i due popoli) una bella fraternità; e conosce il Sommo Iddio che noi intendiamo sempre farvi assegnamento, condurla (di parte nostra) nel modo più degno, compierne le condizioni e gelosamente custodirla al più alto segno e massimo grado, a fin di respingere il nemico, fare risplendere i consigli del (divino?) conduttore e rinnovare così fati vincoli finchè s' alternino le sere e le mattine.

---

[1] M. Amari publie le texte latin de cette lettre d'après l'original même apporté de Tunis, en même temps que l'original arabe, et retrouvé depuis peu aux archives de Florence. (*Diplomi Arabi*, p. 255.)

[a] Les Anciens.

Quoniam placuit magne Sapientie vestre visitare me verum et purum amicum vestrum per sapientes et gratiosas litteras vestras, quas mihi transmisistis per Moimonem [1], filium quondam Guilielmi, legatum illustrem vestrum, virum multa probitate et prudentia repletum, et cui, propter sapientiam que in eo est, civitatum et regum negotia digne convenit administrare, gaudio magno et inenarrabili sum repletus. Quas litteras, tum honore et magnificentia vestra, tum dilectione quam in eundem legatum vestrum habeo, mihi carissimum, cum maximo amore et honoris plenitudine suscepi; collaudans immensam Sapientiam vestram quod talem virum ad me mittere dijudicastis, qui sapienter et indefesso studio de omnibus que ipsa in carta continebantur et de aliis que ad communem vestre civitatis honorem spectabant, mihi sicut sapiens homo ac providus obtulit petitiones.

Et quia proprium est amicorum suorum negotiorum status et ordines velle suis amicis notum facere, idcirco vobis, sicut veris amicis meis, quos pre ceteris mundi christiani diligo, notum fieri volo quod liberavit me et totam terram meam liberator omnium Deus de manibus [2] Massemutorum [3], et concessit mihi gratia Creatoris victoriam super eos; in qua, multis de illis occisis, reliqua illorum innumerabilis multitudo in fugam conversa est.

Ci è pervenuta l' onorevolissima lettera e la riverita ambasceria loro per mezzo dell' illustre, rinomato ed egregio sceikh, il reis Abu-Tamim Meimûn, figlio di Guglielmo, il quale, per Dio, è l' immagine, la mano e la lingua delle Signorie loro; e leggemmo la magnifica lettera, tenendo a gran ventura il ricapito di quella, esaltandone l' argomento, e facendo festa al latore, come a colui che veniva di parte degli illustri sceikhi, ai quali ci stringono tanti vincoli d' amistà e l' affetto reciproco risalisce al tempo degli ottimi nostri maggiori.

Abbiam così ricevuti gli speciali saluti loro ed i voti, secondo i quali speriamo che Iddio ben ci indirizzi. E già il Sommo Padrone li ha esauditi, prestandoci soccorso e sostegno ed aiutandoci contro il nostro nemico nella (recente) sua mossa e irruzione, quand' ei venne sopra di noi con grosse masnade ed eserciti apparecchiati a seminare le morti: chè costui ha già levato il campo dai nostri paesi, frustrato, miserando, deluso e spaventato dai fatti che ha visti compiere per le nostre (armi). Sia lode a Dio della vittoria accordataci e del trionfo che ha tratto fuori dal (volume del) destino per sua grazia; e lui preghiam che faccia durare cotesto (avvantaggio), e da lui ne imploriamo il compimento; chè non v' ha altro signore che lui, nè altro bene fuor di quello che vien da lui.

---

[1] Amari: « Maimonem ».

[2] Amari. Notre texte: « de omnibus ».

[3] L'avantage d'Abd-Allah ne fut que momentané. L'année suivante, 1158, les Masmouda ou Almohades s'emparèrent de Tunis, qui fit partie de l'empire d'Abd-el-Moumen jusqu'en 1228, époque à laquelle Abou-Zakaria, chef des Hafsides, se détacha de l'obéissance des Almohades.

In eo quidem, viri potentissimi, quod de galea Babilonitica mihi significando mandastis, hoc vobis in veritate respondere propono. Galea siquidem illa cum ad partes meas pervenit, illud quod de vestris hominibus accidit nundum perfecerat. Si enim post commissum damnum [seu] maleficium, terram meam forte applicuisset cum vestris hominibus, et damnum ab ea commissum modo quolibet cognovissem, hoc revera sciatis quod pro illorum redemptione de meis utique dedissem thesauris et ad civitatem vestram illos liberos direxissem. Si vero prescivissem illam cum ad terram meam pervenit quod Pisanos offendere disposuisset, de manibus et potestate mea nullatenus esset egressa. Ideoque manifestum sit vobis me securitatem fecisse jam dicto legato vestro pro vobis quod nulla galearum undecunque advenerit aut fuerit, amodo in regno meo recipietur, nisi securitatem firmam fecerit in qua teneatur se Pisanorum neminem offensuram.

Preterea directura illa que consuevit in terra mea dari, videlicet per singulos saccos hiomellas quinque, in tantum est diminuta quod non dabuntur inde ulterius ultra id quod pugno quater poterit comprehendi.

Id etiam quod de mercibus illis que vendi non poterunt mea curia recipi solita fuerat, videlicet de decem unum, penitus ablatum et a nobis recissum esse cognoscite.

De alumine quoque, pro cujus cantare triginta et octo miliarenses dabantur et tertia, nihil inde ammodo a Pisanis hominibus auferetur.

Quanto al ricordo fatto dagli illustri sceikhi, che lor negozii appo di noi fossero iti un tempo secondo l' intento loro e corsi giusta lor desiderii, ma adesso non si trovino più nei termini pattuiti e sieno usciti dalle vie regolari, nell' occasione della nave che giunse d' Alessandria e dei nostri (portamenti) verso di quella, ecco le spiegazioni che speriamo siano ben accolte dalle Signorie loro. Avevamo noi mandata in corso una nave, quando fortuna di mare sforzolla ad entrare nel (porto d') Alessandria; dove (la gente) fu ben trattata e presone cura. A tal atto di riguardo noi non potevamo rispondere con ingratitudine. Donde giunta cotesta nave (egiziana), la fornimmo di vittuaglie; ed essa vendè nella città di Tunis, che Dio la guardi! quanti potè dei prigioni che aveva, e se ne tornò riportando la più parte di quelli (non venduta). Nè noi sapevamo che cotesta nave avesse recato alcun uomo del vostro paese; chè allora avremmo largite per (riscattar) lui belle somme di danaro e le robe più preziose, a fin d' onorare gli illustri sceikhi, dar segno di conoscimento di lor potenza e coltivar loro amistà. Del rimanente, abbiam chiusa ormai la via a simili (inconvenienti), e vietatala a chiunque traffichi nel nostro paese di schiavi o cattivi; è questo un capitolo bello e stipulato con lo sceikh Abu-Tamim, che Iddio lo mantenga!

Sul (dritto della) giumella [a] che si leva, secondo la consuetudine, dai mercatanti, l' abbiamo già diminuito, e ordinato di alleviarlo.

Abbiamo comandato di più ai nostri officiali che venendo mercatanti del vostro paese con roba la quale lor non accadesse (di spacciare) secondo l' intento, siano sciolti dall' obbligo (di pagare il dazio) fissato e stabilito per quella merce; e possano riportare al paese loro com' e' vogliano.

---

[a] *Hiomella, giumella,* une jointée de mains.

Insuper Sapientiam vestram scire volo me firmum et securum pro vobis fecisse Moimonem, probabilem legatum vestrum, quod si Pisanorum aliquis, ut [1] qui se Pisanum esse profiteatur, me tamen id cognoscente, per litteras Pisanorum publicas aut per bonos homines civitatis Pisane, ad terrarum mearum aliquam partem captivus quocumque modo pervenerit, illum, si sine redemptione habere potero, recuperabo; alioquin ipsum meo pretio redimam, et redemptum Pisas liberum et absolutum remittam. Illud idem convenit mihi idem legatus vester versa vice vos observaturos. Hec omnia cum jam dicto legato vestro firmavi rata et inviolabilia a me perpetuo conservanda, et ut ante conspectum vestrum et multitudinis vestre presentiam publice recitentur desidero.

Scripta est in mense Junio [2], anno a Macchumet quingentesimo quinquaginta et duobus [3].

(Infine) abbiam disposto che tutti i vostri mercatanti, i lor fattori e famiglia e gente che soggiorni entro il muro e il ricinto (delle case) loro, siano trattati con ogni riguardo, attenzione e premura; su di che abbiamo conferito con lo sceikh, il reis Abu-Tamîm, e così sarà fatto.

Abbiam dunque rimossi i mali e ristorata l'antica benignità e provvida cura a loro famigliari ed ai mercatanti che vengano di costì: e ciò abbiamo stipolato con l'illustre sceikh, il reis Abu-Tamîm, per atto saldo e fermo, da noi schiettamente e in buona forma ratificato. Abbiamo affidata a lui medesimo la (lettera) indirizzata alle Signorie loro, delle quali Iddio accresca la gloria! e similmente la (risposta) orale ch'ei lor dovrà esporre in sua eloquente favella, allorchè si troverà con essi e parlerà loro di presenza, a Dio piacendo.

Le lor egregie lettere e nobili ambasciate son altamente riguardate e onorate appo di noi e con le Signorie loro, più che con niun altro uomo al mondo (amiamo) di tenere corrispondenza epitolare ed orale. Non occorre aggiugnere quanto ci rallegri (l'intendere) loro prospere condizioni e con quanto piacere ascoltiamo chi venga a palesarci loro desiderii. Conchiudiamo la lettera col più ampio e cordiale saluto a loro, ed ai piccoli così come ai grandi, ai plebei così come ai nobili di lor città.

Scritta l'ultimo di Giumadi primo, dell'anno cinquecento cinquantadue (10 luglio 1157). Iddio è la nostra speranza ed ottimo protettore.

Rilasciamo ai vostri mercatanti tutto l'allume che sieno per esportare, disobbligandoli dal dritto che v'era imposto. Abbiamo stipolato con l'illustre sceikh, il reis Abu-Tamîm, che ciascun prigione del vostro paese, venendo qui, sia da noi riscattato, onorato e rimandato a voi; e similmente che ciascun prigione della gente di Tunis, cui Dio difenda! venendo appo di voi sia da voi riscattato, onorato e rimandato qui, piacendo al Sommo Iddio. La giumella che si leva su (le derrate) dei vostri mercatanti sia (presa) con una mano sola, senza giunta. Tanto vi facciam sapere, e torniamo a salutarvi. Iddio è la nostra speranza ed ottimo protettore.

---

[1] Amari : « vel ».

[2] La date de l'original arabe, plus exacte et plus précise, répond au 10 juillet 1181, dernier jour du mois de gioumadi I er. Le mois de gioumadi I er, dans lequel la lettre fut écrite à Tunis, ayant commencé le 11 du mois de juin chrétien, l'auteur de la rédaction latine avait cru suffisant d'indiquer que la pièce était du mois de juin.

[3] Au bas de l'original latin est écrit : « De Tunithi, per Maimonem perducta. »

III.

1181, 19 mai. De Pise [1].

Lettre de l'archevêque, des consuls, des conseillers et du peuple de Pise à Abou-Yacoub-Yousouf, fils d'Abd-el-Mounen, roi almohade d'Afrique, au sujet d'une difficulté qu'on faisait aux Pisans pour l'extraction des cuirs et maroquins du royaume de Bougie.

Tronci, *Memorie istoriche della città de Pisa*, p. 145; *Bibl. de l'École des chartes*, 2ᵉ série, t. V, p. 139, d'après la minute originale conservée aux Archives de Florence, *Riformagioni*, Portef. des *Cartapecore*, XXIII, n° 4; Amari, *Dipl. Arabi*, p. 270.

Excellentissimo et serenissimo domno Joseph, elmire elmomini, filio quondam elmire elmomini, regi regum et domino dominantium, et omnium elmirarum elmire, Ubaldus, Pisanorum archiepiscopus, Sardinie primas et sancte Romane sedis legatus, et Pisanorum consules et consiliarii, cunctusque pisanus populus, ejus fidelissimi, devotum servitium et ut Deus per suam sanctam misericordiam eum defendat, protegat et conservet!

Nos, fidelissimi amici vestri, pacem et amicitiam vestram super alias paces et amicitias caras et acceptas habemus et Celsitudini vestre servire per omnia desideramus. Et cum vestro fideles simus et in vobis quam maximam spem et fiduciam habeamus, miramur multum quod in regno vestro Bugee, hominibus nostris devetum [2] factum est ne coria vel beccunas ement, et de[tinent]ur inviti, et quando volunt de terra vestra non possunt exire. Qua de causa, Magnificentiam vestram modis quibus possumus, humiliter rogamus, ut homines nostros sicut consuevistis bene port[et]is, et bailiis vestris de Bugea, si placet, precipiatis ut nullum devetum, de coriis aut de beccunis vel aliis mercibus, Pisanis faciant; et quando voluerint exire de terra vestra libere possint exire, ut gracias quam maximas in Altitudini vestre valeamus exponere.

Misse anno Dominice incarnationis millesimo MCLXXXII, indictione decima quarta, XIIII kalendarum Junii.

Excellentissimo domino Joseph, elmire elmomini, filio quondam elmire elmomini, omnium elmirarum elmire [3].

---

[1] Nous corrigeons la date de 1182 donnée d'abord à cette pièce.

[2] La défense, *devetum*, ne fut pas maintenue, et les Pisans purent dans la suite exporter des cuirs de Bougie, comme les documents postérieurs en font foi. Cf. le Traité de 1265 entre le roi de Tunis et la république de Pise.

[3] Au bas du parchemin, est une autre minute de la lettre de l'archevêque à l'émir, rédigée en arabe et datée du 1ᵉʳ juillet, dont M. Amari a donné la traduction (p. 10). C'est une paraphrase ou amplification, dans le goût musulman, du texte latin.

IV.

1186, 15 novembre.

Traité de paix et de commerce conclu pour vingt-cinq ans entre Abou-Yousouf-Yakoub, fils d'Abou-Yakoub-Yousouf, calife almohade, et la république de Pise, pour le commerce des Pisans à Ceuta, Oran, Bougie et Tunis, et sur les côtes d'Andalousie, excepté à Alméria.

Traduction de M. Amari sur l'original arabe. *Diplomi Arabi*, p. 17 [1].

Nel nome di Dio clemente e misericordioso. Benedica Iddio a Maometto e alla sua schiatta, e loro dia piena pace.

Lode a Dio unico.

Lode a Dio altissimo, da non poterglisi contrapporre nè congiungere altro ente; santissimo, da non poterglisi accompagnar altri, nè mettere allato; a lui, la cui sapienza abbraccia tutto quel che si sprofonda nelle (viscere della) terra e quel che salisce nell' (alto del) cielo; e benedizione a Maometto, il suo apostolo puro, nobilissimo ed eletto profeta, ultimo tra gli apostoli e' profeti, inviato (a recar) la benefica religione hanifita, la quale rischiara la caligine dell' infedeltà e spazza le tenebre; quegli la cui missione finale e legge durevole abolirà ogni altra religione e setta innanzi il giorno del giudizio e innanzi la ricompensa promessa, da chi il ver promette, (cioè) che l' impero del suo popolo arrivi ad avviluppare gli Orienti e gli Occidenti, e (tutti) i lati et le bande (della terra).

E che (egli) gradisca l' Imam illibato, il Mehdi notissimo, che vivificò le vestigia della religione, cancellate et dileguate, e la tornò alla pristina evidenza e splendore; colui che rischiarò gli insegnamenti della legge dissipata dall' ignoranza, con quella mano che seppellisce et nasconde.

(Gradisca) altresì il suo califo direttore e suo gradito apostolo, il nostro signore l' Imam, principe dei Credenti, banditore delle splendide scienze divine, quegli che condusse la eccelsa predicazione al massimo segno di pubblicità e d' altezza, e la sollevò, pei gradi del compimento e le scale della perfezione, fino alla sommità estrema.

Preghiamo, poi, che al signor nostro l' Imam e principe dei Credenti, figlio del signor nostro il califo, principe dei Credenti, seguente con ogni sforzo le sante vestigia d' entrambi (i predecessori), perfettamente docile alla loro guida e indirizzato al tutto sulla loro via, (conceda Iddio) numerose vittorie! gloria delle sue bandiere, possanza de' suoi fidi, confusione de' nemici, continui conquisti e successi felici, che precorrano alle speranze e proseguano non interrotti, finchè durino i tempi e si alternino le stagioni.

1. Ecco l' accordo che concede il principe dei Credenti, figlio del principe dei Credenti, i quali Iddio secondi con la vittoria e li rinforzi del suo aiuto! ai consoli, anziani

---

[1] On n'a plus l'instrument chrétien contemporain de ce traité. Nous avons cru devoir séparer en paragraphes distincts et numérotés toute la partie dispositive de l'acte.

e notabili, ed a tutto il popolo di Pisa e del suo territorio, in Itàlia, da Civita Vecchia infino a Capo Corbo, aggiuntevi le isole, cioè Sardegna, Corsica, Pianosa, Elba, Capraia, Monte Cristo, Giglio e Gorgona, ed a ciascun abitatore di detti paesi, che Dio li indirizzi! i quali (consoli ec.) aveano mandato uno dei loro nobili e ottimati, At..r..wann, figlio di Tedesco, a cui Dio sia propizio! accompagnandolo di loro epistole, e deputandolo a stipulare diritti ed obblighi da parte loro, e commettendogli di esporre (al principe dei Credenti) i loro desiderj e far conoscere il loro intendimento.

Or il detto ambasciatore ha manifestato esser loro desiderio di prolungare la tregua stabilita con essi, e lor brama di continuare nel godimento del vantaggio che torna dalla pattuita protezione di questo glorioso governo; ed ha dichiarato andar compresi tutti (i detti popoli in tal proposizione), e solennemente affermato, esser loro contenti di mantenere dalla loro parte le buone consuetudini (stabilite) da essa (tregua) e ...., e disposti ad osservare qualunque patto venisse loro imposto, e tenersi soddisfatti di tutto ciò che fosse loro conceduto.

2. (Il califo), che Dio esalti la sua grandezza e renda vincitrici le sue bandiere! ha compiuto i loro desiderj e assentita la loro domanda, ordinando a favor loro l'accordo, secondo il consueto, e la tregua; ed ha stipulato con esso (ambasciatore) la pace, infino al termine di venticinque anni dalla data del presente, in guisa che (godano i Pisani) piena sicurezza e giustizia senza eccezione.

3. Ed ha loro permesso, così Dio esalti i provvedimenti di lui e gli faccia sperimentare insieme i suoi beneficii e bontà! di venire nei paesi degli Almohadi, che Iddio li esalti! a fine di esercitarvi i loro traffichi ed esportarne (merci); limitandoli (bensì) a quattro paesi dei suddetti, cioè Ceuta, Orano, Bugia e Tunis, cui Dio guardi! senza che lor fosse lecito di sbarcare o soggiornare in altri paesi degli Almohadi, se non che per forza di tempesta, che li costringesse a salvarsi, gittando l'ancora in alcuna spiaggia; dove però non potranno vendere nè comprare alcuna cosa, nè trattare di commercio, nè (altrimenti) conversare con alcuno degli abitanti. È eccettuata Almeria, che Dio la custodisca! dove potranno far vittuaglie e risarcire le loro navi quando ne abbiano bisogno, ma non ad altro effetto. Che se alcun Pisano trasgredisca così fatti termini, la sua vita e l'avere sieno a libito della gente di questo illustre governo, nè protezione lo difenda, nè trattato gli sia scudo contro (gli effetti della) sua trasgressione.

4. Se mai fra i popoli che al presente abitano e soggiornano nei paesi de' Pisani, sorga chi si dia ad atti di rapina od ostilità, ovvero se alcun uomo cospicuo tra loro esca, sia dal loro paese o sia da altro, a rubare o far guerra, o (altrimenti) molestare i Musulmani, i quali Iddio custodisca! con qualsivoglia maniera di danno e molestia, sia a cura di essi (Pisani) di catturarlo per cotesto misfatto, e punirlo con la pena stabilita per somigliante reato commesso a danno di loro (concittadini), senza remissione, alleviamento, nè favore, nè dissimulazione di sorta.

5. È vietato di più (ai Pisani) di portare alcun musulmano, o farlo viaggiare in lor navi. E qual Pisano l'oserà, avrà infranto il patto; e questo alto governo avrà il diritto di dargli que' gastighi che crederà giusti, ed (anche) farlo schiavo o render lecito che si desse di piglio nel suo sangue ed avere.

6. Son tenuti i Pisani a corrispondere la decima che si leva sopra di loro, secondo le note consuetudini e i patti ben conosciuti, senza aumento a carico loro, nè innovazione in cosa a cui non sieno stati obbligati per l'addietro; ad eccezione delle merci che barattino tra di loro o delle navi che vendansi l' un l' altro, poichè in questi due casi sono disobbligati dalla decima, nè loro si può richiederla.

7. Arrivando (i Pisani) in alcuno dei paesi ove è loro permesso, e non volendo scaricarvi le loro navi, nè vendervi le loro merci, si lascino fare a loro piacimento senza sforzarli ad operare altrimenti.

8. Dovranno essi nei paesi degli Almohadi, ai quali Iddio dia gloria! venire rispettati al solito e trattati con giustizia e difesi in ciò ch' è giusto, e resi immuni da chiunque li volesse offendere e ingiuriare con parole.

9. Incontrandoli in mare le armate degli Almobadi, a' quali Iddio dia vittoria! esse non li impediranno e si guarderanno dall' offenderli nelle persone, averi o che che altro; (e ciò) per osservare la protezione e gli (altri) capitoli della pace e tregua accordata ad essi Pisani.

Su cotesti saldi principii e in cotesti distinti capitoli si è ordinata la presente tregua, e si è fermata questa pace ed accordo. Dio è quegli che favorisce (gli umani) in qualunque (atto) che sciolga o stringa (le loro relazioni), e in lui è da rimettere ogni guerra o pace; non v' ha altro signore che lui, nè altro bene da sperare se non quello che viene da lui. (Il califo), che Dio gli continui sempre l' aiuto suo e faccia risplendere la prosperità di lui! ha ordinato, per far cosa grata a' Pisani e compiere sua bontà verso di loro, che si facciano di questa scrittura cinque copie, delle quali essi (Pisani) tengano l' una nel lore paese, e mostrino le rimanenti nei paesi ne' quali è loro permesso d' approdare.

Scritto nei primi del riverito mese di Ramadhan dell' anno cinquecento ottantadue (15 novembre 1186).

V.

1237.

Lettre de deux Arabes, sujets du roi de Tunis, à Ubaldo Visconti, podestà de Pise, relative à une affaire litigieuse pendante à Gênes.

Bibl. de l'École des chartes, 2ᵉ série, t. V, p. 140, d'après une copie des Archives de Florence; Cartapecore, portef. XXII, pièce n° 11, texte arabe et traduction latine originale, sous la date de 1237; plus correct dans Amari, Diplomi Arabi, p. 291.

Illustri et magnifico atque multe discretionis U. Vicecomiti, Pissarum civitatis potestati, Bec. et Bei. Saraceni, homines magni regis Tunexi, salutem et sui regiminis exitum gloriosum. Quoniam rerum experimentis aperte cognovimus Nobilitatem vestram atque tocius Pissarum civitatis circa negocia predicti regis domini nostri atque nostra ceterorumque hominum suorum taliter eficere quod reddundat maxime ad honorem regis pariter et vestrum, ideoque Magnitudini vestre quid super facto nostro in Janue civitate fecerimus, per hanc seriem litterarum duximus intimmandum. Deposuimus petitiones nostras, testes nostros produximus, sententiam in brevi expectamus et satis bene usque nunc speramus si in justicia fuerimus conscrvati. Discretionem igitur vestram [instanter] deprecamur pro posse quatenus litteras nostras jam dicto domino nostro transmittere dignemini et Bonaut, judeum, qui apud vos de Tunixi venit pro sua justicia et jure suo consequendo, recommendatum habeatis et ipsum in sua dignemini justicia conservare, ut per hec et alia de vobis et tota civitate vestra dignas laudes coram rege et omni populo dicere valeamus.

Illustri militi Pissarum civitatis Potestati.

VI.

1234 ou 1229, fin du mois d'août. [A Tunis.]

Traité de commerce conclu pour trente ans entre la république de Pise et le roi de Tunis, Abou-Zacharia-Yahya, fils d'Abou-Hafs [1].

MM. Tafel et Thomas, *Fontes rerum Austriacarum*, t. XIII; Documents de Venise, t. II, p. 300, Vienne, 1856, d'après le manuscrit de Saint-Marc, Lat., CCXXX, fol. 70; Amari, *Diplomi Arabi*, p. 292, d'après une copie des Archives de Florence; autre texte dans Flaminio dal Borgo, *Raccolta di scelti diplomi Pisani*, Pise, in-4°, 1765, p. 210; en partie dans Tola, *Codex diplomat. Sardiniæ*, Turin, 1861, in-fol., t. I, p. 342; analysé dans Marin, *Storia del commercio de' Veneziani*, t. IV, p. 277.

In nomine Dei, amen. In presentia viri [2] victoriosi, bcnedicti, famossi militis mundi et soli ac conpleti et bene fortunati Busacharini, fillii vetuli, fortunati et victorioxi et bene fortunati et benedicti, famossi militis mundi, patris Macumeti, victoriosi, bcnedicti, militis mundi, patre A[bua]ffactus [3], Deus ei concedat et compleat bene quam habet [et] bonam fortunam!

Testes hujus privilegii, qui testificati fuere super complementum ystius concordie, que pax dicta est firma, coran regem de suo mandato, cujus Deus manuteneat dominium! con domino [Teditio] filio [Ugutionis] quondam Lamberti, qui nuncius presens

---

[1] Ce traité porte à la fin le millésime de MCCXXX, 1230. M. Tola, croyant que les Pisans ont suivi même en Afrique le style de leur pays, ce qui nous paraît extrêmement probable, et tenant pour exact ce millésime, date le traité de l'an 1229, dans le style commun. Il faut reconnaître cependant avec M. Amari (p. 472) que le traité ne peut être antérieur à l'an 1234, puisque Torello de Strada fut seulement nommé podestà de Pise en 1234. (Roncioni, *Ist. Pisane*, édit. Bonaini, p. 497. Cf. Muratori, *Script. Ital.*, t. XXIV, col. 643.) Le millésime original dut être, dans ce cas, MCCXXXV, style pisan; et nous ferons observer que l'indiction 7, marquée à la fin du traité, répond bien à l'année 1234.

[2] Lisez *miri*, émir, comme il est écrit plus loin.

[3] Abou-Hafs.

fuit, ad ea que ficrent in presentia regis dicte curie, cui Deus augeat victam! ex parte domini Taurelli de Strata [1], potestatis Pixanorum, et ex parte antiquorum [2] sive terranorum [3] et consulum maris. Et predictus nuncius ex parte predictorum fecit firmitatem paccis, secundum peticiones eorum, que inferius continentur.

Et predictus mir precepit ut fieret pax secundum voluntatem eorum.

1. Inprimis, ut mercatores Pixanorum venientes in totam Affricam et in totam terram nostram de Bucea, et in toto dominio predicti miri, debeant esse sani [4] et salvi, securi, ipsi et res eorum, quamdiu pax durat. Et terminus pacis est triginta annorum.

2. Et dominus Theditius [5], nuntius prenominatus Pisanorum, confines terre sue posuit in hac pace, scilicet : de Corvo [6] usque ad Civitatem Veglam [7]. Posuit insuper insulas maris : Sardiniam totam, et Castelum Castri [8], et Corsicam insulam, et insulam de Planosia [9], et insulam de Ilva [10], et insulam de Cabrala [11], et insulam de Gorgona [12], et insulam de Zilio [13], et insulam de Monte Christo. [Et] quod nulla navis piratarum [14] veniens de [15] terris istis, ut male faciat in terra predicti miri [16], donec pax durat.

3. Et predicti Pisani debeant habere fonticum [17] in terris istis : in Africa et Bucea [18]. Et nulus debet hibi morari, nisi de voluntate nostra [19].

4. In quolibet fontico, fieri debet ecclesia et cimeterium.

[1] Dal Borgo, Amari et Tola. « Murelli de Stenta », dans Tafel et Thomas.

[2] Dal Borgo et Amari.

[3] « Francorum », Amari.

[4] Dal Borgo et Amari.

[5] Dal Borgo et Amari.

[6] Dans le texte de Dal Borgo et d'Amari, « De Corbo », et dans le traité de 1264, art. 4, imprimé ci-après : « Da la Corbo ». L'édition des *Fontes* : « Lonbo ». *Corbo* est probablement quelque localité du grand promontoire de Porto-Venere, qui forme, à l'ouest, le golfe de la Spezzia. Les possessions et les droits de servitude maritime et de protection, confirmés avec d'autres priviléges à la république de Pise en 1161 par Frédéric Ier (Tronci, *Mem. istoriche della città di Pisa*, p. 96), et en 1220 par Frédéric II (Huillard-Bréholles, *Hist. dipl.*, t. II, p. 22), s'étendaient de Porto-Venere à Civita-Vecchia. Cf. ci-dessus le traité pisan de 1186, art. 1.

[7] Civita-Vecchia. Cf. 1264.

[8] Cagliari.

[9] L'île de Pianosa.

[10] L'île d'Elbe.

[11] Pour Capraia. Cabraia, au N.-E de la Corse. Dans Dal Borgo, Amari et Tola : « Caprara ».

[12] La Gorgone, au N. de Capraia.

[13] Le Giglio, au S.-O. de l'île d'Elbe et de Piombino.

[14] « Pisanorum », Amari.

[15] Dal Borgo. « In », Tafel et Thomas.

[16] « Maris », Tafel et Thomas. « Michi », Dal Borgo et Amari.

[17] Amari.

[18] Les royaumes d'Afrique et de Bougie. Cf. l'article 6 du traité de 1264.

[19] *Sic*, à toutes les éditions. Dans le texte original arabe, il y avait certainement : « Sans la volonté des Pisans ».

5. Et in qualibet civitate, debetis habere balneum, una die hebdomade; et furnum proprium.

6. Et ipsi de mercibus suis debent dare decimam; et de auro et de argento vicesimam [1].

7. Et si aliqua navis frangeretur in terris dicti regis, vel aliquod haberet impedimentum, homines navis possint irre in villis vel locis, ubi morarentur homines predicti regis. Et ipsi homines teneantur adjuvare Pissanos, sine alliquo pretio, usquedum possint recuperare res suas.

8. Et si vellent se mutare et facere portari se et res suas in alliam partem, debent solvere portaturam suam, siccut est consuetudo.

9. Et si aliqua discordia verteretur inter Christianum et Saracenum, turcimanni [2] debent ponderare eos, secundum quod est consuetum.

10. Et si aliquis Pisanorum veniens ad terram de Affrica et Bucea, possit morari, ire vel redire secundum voluntatem suam; et nulus ei prohibeat quin possit victuallia emere; et simile [3] mercimonias suas, quas possint emere, vendere, portare, ubicumque [4] voluerint. Et illi de duanna et trucimanni et de carabi [5] et factores duane non debent tollere eis nissi secundum consuetum. Et postquam mercatores fuerint expediti, nullo modo detineantur.

11. Et si alliquis extraneus veniret con eis et esset con eis, debet persolvere non minus de ipsis. Et non [in]hibeant eis facere caligam [6], sicut est consuetum.

12. Et debet [7] augmentari fonticum eorum [8], sicut fonticum Januensium. Et debet fieri murus [inter [9]] fonticum eorum et Januensium, ne possint ire ad illos nec illi ad istos.

13. Et merces que portantur all' anguillota [10], si alliqui furarent et raperent, super vardianos essent.

14. Et debet [11] aptari fonticum eorum de Bucea. Et quando volunt facere ractionem [12], sit eis faccta [13].

[1] L'or et l'argent, dont les émirs avaient intérêt à favoriser l'importation dans leurs États, payaient ordinairement moitié droit, c'est-à-dire 5 p. 100. Cf. art. 4 du traité vénitien du 5 octobre 1231; art. 2 et 22 du traité génois de 1250; art. 7 du traité pisan de 1264.

[2] Cf. l'article 11 du traité de 1264. Au Ms. de Venise : « Mice-Moniani ».

[3] Amari.

[4] Dal Borgo et Amari; « quecumque » dans Tafel et Thomas.

[5] Les canotiers ou gondoliers.

[6] De vendre aux enchères. Cf. art. 14 du traité de 1264.

[7] Aux éditions : « Debent ».

[8] A Tunis. Cf. art. 15 du traité de 1264.

[9] Dal Borgo et Amari.

[10] Dal Borgo et Amari : « Ad aliqua loca ». All' anguillota est évidemment une erreur pour alla Giuletta, à la Goulette (Cf. art. 16 du traité de 1264), port de déchargement et de stationnement des gros navires, à l'entrée du canal qui conduit au lac de Tunis.

[11] Aux éditions : « Debeant » ou « Debent ».

[12] Quand ils veulent régler leurs comptes à la douane.

[13] Cf. art. 17 et 18 du traité de 1264.

15. Et debent habere fonticum unum Bone [1]. Et debet fieri eis secundum usum de Tonise, [similiter in [2]] Affrica [3], Capssi [4] et Farsi [5] et Tripolli.

16. Et [si] alliqua navis eorum venderetur ab ipsis, non debet dari drictum; et ipsi debere[nt] vendere his qui habent pacem nobiscum.

17. Et quod Pisani possint portare mercimonia sua, de quibus dederint drictum, quocumque voluerint, in terris nostris.

18. Et de naullo navium suarum non debent dare drictum.

19. Et si regi [6] necessarie essent naves ad portandum res magazeni, tertiam partem navium possit accipere, persoluto naullo. Et naves debent eligere consules Pisanorum [7].

20. Et si aliquis Pissanus vellet drictum de duana dimittere alicui amico suo de gente sua, possit, ut drictum de duana extimat loco sui [8]. [Et] omnia que venduntur in caliga que non essent persoluta, sint [9] super duana. Et ea que venduntur [manu turcimanorum, sint super] trucimanis [10].

21. Et consules Pisanorum debeant videre regem semel in mense; et similiter faciant in omnibus locis ubi essent, et videant dominum terre semel in mense [11].

22. Et si aliquis Pisanorum vel de d[ist]rictu Pisanorum veniret in cursu super terram Africam vel Burseam [12], potestas et consules Pisanorum teneantur facere vinditam tan de eo quam de rebus suis [13].

23. Et quod nulus Pisanus debeat emere merces ablatas Saracenis de terra nostra. Et si contingeret Saracenis con rebus ablatis venire ad terram nostram, auferantur ab eis sine aliqua restitucione [14].

24. Et si aliqua discordia esset inter Pisanos, nulus se intromitat nisi consules eorum. Et [si persolvat in dohana [15]] non aufferatur ab eis nisi quod consuetum est [16].

25. Et exemplum istius conpoxitionis debeat scribi et mitti per omnes terras miri, ubi conveniunt Pisani [17].

---

[1] Nous pensons qu'au lieu du mot *bonum*, donné ici par les *Fontes*, par Dal Borgo et par Amari, on doit lire Bone ou *in Buona*, dans la ville de Bône. Cf. art. 20 et 21 du traité de 1264.

[2] Dal Borgo et Amari.

[3] La ville de Mehadia ou Al-Mehadia.

[4] Cabès, près de la côte, vis-à-vis des îles de Gerba; et non Gafsa, qui est dans l'intérieur des terres.

[5] Sfax, au N. de Cabès.

[6] Amari : « Regni ».

[7] Cf. art. 25 du traité de 1264.

[8] Cf. art. 26 du traité pisan de 1313.

[9] Dal Borgo et Amari.

[10] Amari.

[11] Art. 28 du traité de 1264.

[12] Les royaumes de Tunis et de Bougie.

[13] Art. 29 de 1264.

[14] Art. 30 de 1264.

[15] Dal Borgo, Amari.

[16] Art. 31 de 1264.

[17] Art. 33 de 1264.

26. Nec prohibeatur heis emere, ubicunque voluerint Pisani, nec etiam ab aliquo Januense[1].

27. Et Pisani sint salvi, securi et custoditi, secundum quanlibet bonam consuetudinem quam habent aliqui Christiani in terra nostra[2].

Testificatum fuit hoc instrumentum per dominum Tedisium[3], cui placuit hec pax, qui misus fuit ad hanc pacem faciendam, recipiendam, confirmandam.

Et testificatum fuit hoc instrumentum per testes Saracenorum de sua bona voluntate. Et testes intellexerunt hanc esse voluntatem miri. Et testimonium perhibent de omnibus contentis in bista cartha.

Istud instrumentum factum fuit in exitu Augusti, qui[4] vocatur in lingua eorum Elecz, LXXX [et D. C.[5]]. Et hoc computus est Macmemet[6]. Nomina testium : Merum et Benali et ben Maiohit Babet Bonesu Elcurse Abderam et Benat Almechel Erabit Cleumai Vaiamet et Ben Massus Fubam.

Ista omnia suprascripta sciunt Balchadi E. per esemplum; et scripsit sua manu Maume fili de Adelicio cht. dit.[7] ylle. Et hoc est jam de Agaldisse[8].

Hec pax est anno Domini curente MCCXXX, indicione VII[9], in exitu mensis Augusti.

VII.

1240, 8 mai. A Pise.

Décision d'arbitres nommés par le podestà de Pise, autorisant le chapelain des Pisans établis à Tunis à occuper ou à louer une boutique située près du fondouc des Pisans à Tunis, et réclamée à tort par une société de marchands de Pise comme leur ayant été vendue par la république.

Bibl. de l'École des chartes, 2e série, t. V, p. 141; d'après l'expédition originale appartenant à M. le chevalier Roncioni, à Pise.

In nomine Domini, amen. Cum a nobis domino Ugolino Ugonis Rubei de Parma, Dei gratia Pisanorum potestate, pro communi Pisano et civitate Pisana, super facto cujusdam apothece posite in fundaco sive extra fundacum Pisanorum, in Tunithi, quam tenet presbiter de Dunithi[10]; et quam apothecam Rubertinus de Curte et Bernardus Guieti et Nicholaus Rubeus et socii ad se asserunt pertinere, ex compra inde ab eis facta

---

[1] Cf. art. 34, 35 du traité de 1264.
[2] Art. 36 de 1264.
[3] Dal Borgo, Amari.
[4] Dal Borgo, Amari.
[5] Dal Borgo, Amari.
[6] Amari.
[7] « Chartam dictam ? », Tafel et Thomas; « die illa », Amari.
[8] « Et hoc est in Alchadius », dans la Capitale, à Tunis. Amari.
[9] L'indiction 7 répond aux années 1234-1235. Voy. ci-dessus, p. 31, note 1.
[10] De Tunis.

a communi Pisano, et ex forma privilegii de jamdicta venditione eis a communi Pisano concessi, tertio nonas Madii, petitum fuerit consilium a senatoribus in hac forma :
« Consilium senatorum sub sacramento petitum. Cum intellexeritis verba coram vobis
» proposita a nobis suprascripto potestate et licteras coram vobis lectas missas nobis a
» consulibus Pisanis de Tunithi, super facto cujusdam apothece, quam tenet presbiter
» Pisanorum de Tunithi; et quam apothecam Rubertinus de Curte et Bernardus Guieti
» et Nicolaus Rubeus et socii ad se asserunt pertinere, ex forma privilegii eis a communi
» Pisano concessi, quod inde vobis placet et a nobis pro communi Pisano sit faciendum,
» consulite; » et predictum consilium tum discerni non potuerit. Postea, eodem die, antequam consilium discederet, cum dictum consilium discerni non potuerit de facto, suprascriptus Pisanus potestas surrexit et dixit, in suprascripto consilio coram senatoribus in consilio tunc existentibus, quod ipse habebit judices suos et quatuor sapientes viros et privilegium suprascripti Rubertini et sociorum; et videbit sicut inde tenetur ex forma sui juramenti et privilegii suprascripti, et secundum quod inde ipsi ei dederint pro consilio, ita tamen faciet et procedet; quod dictum potestatis predicti dicto consilio senatorum placuit.

Postea, octavo idus Madii, forma dicti consilii pro communi Pisano, sequentes infrascriptos sapientes viros, super facto dicte apothece nobis consulendo, duximus eligendos videlicet : dominum Johannem Medaliam, judicem et assessorem nostrum, Bonaccursum Lagium, Jacobum Karllecti, Ildebrandum Suavithi, Jacobum Lamberti Galli, Saracenum Albithonis Caldere, Sigerium Gaitanum, qui nobis super dicto facto taliter consulerunt. Cum ab ipsis consilium secundum formam infrascripti consilii duximus postulandum, cujus tituli consilii infrascriptorum sapientium virorum tenor talis est :
« Consilium sapientium virorum sub sacramento petitum a domino Johanne Medalia,
» judice et assessore suprascripti potestatis, vice et nomine potestatis predicti, super
» facto apothece que detinetur a sacerdote morante in Tunithi pro Pisanis, de qua
» apotheca mota est questio inter emptores fundaci de Tunithi et consules mercatorum
» de Tunithi et presbiterum suprascriptum : Bonaccursus Lagius consulit et placet ei
» et sibi videtur, quod sacerdos predictus debeat habere usum illius apothece de fun-
» daco suprascripto, qua usus est idem sacerdos, et ipsam locare et dislocare et pen-
» sionem ipsius libere percipere et habere pro suo victu. Jacobus Carllecti idem [1];
» Jacobus Lamberti Galli idem; Ildebrandus Suavithi idem; Sigerius Gaitanus idem;
» Saracenus Albithonis Caldere consulit et sibi videtur quod dictus sacerdos potest
» habitare in una apotheca suprascripti fundaci sicut alii mercatores Pisani, sed pen-
» sionem ejus dicitur non pertinere ad ipsum sacerdotem; dominus Johannes Medalia,
» judex et assessor potestatis, consulit et sibi videtur et dicit idem quod Bonaccursus
» Lagius suprascriptus. »

Fuit predictum consilium sapientium virorum petitum et datum Pisis, in curia suprascripti Pisanorum potestatis, que est in domo Dadorum, prope ecclesiam Sancti Donati, presentibus Guello et Benencasa, cancellariis Pisani communis, et Rainerio et Jado,

---

[1] C'est-à-dire : Jacques Carllecti adhéra à l'avis de Bonnacurso Lagi.

notariis cancellarie, testibus ad hec rogatis, Dominice incarnationis anno millesimo ducentesimo quadragesimo primo, indictione tertia decima, octavo idus Madii.

Ego, Jadus Salimbeni, domini imperatoris judex et notarius, et nunc cancellarie Pisani communis scriba publicus, hec omnia suprascripta, ut in actis cancellarie predicte inveni, ita scripsi atque firmavi.

VIII.
1259, 25 avril. A Pise.

Le camérier de l'archevêque de Pise remet, au nom de ce prélat, au mandataire du prêtre Opitho, l'administration spirituelle et temporelle de l'église de Sainte-Marie de Tunis, et lui donne décharge de la somme de dix livres pisanes, payées pour le cens annuel que ladite église doit à l'archevêché de Pise.

Bibl. de l'Ecole des chartes, 2e série, t. V, p. 143; Archives de l'archevêché de Pise, regist. ann. 1260.

Magister Bonifatius, cappellanus Sancti Justi ad parlascium, camerarius venerabilis patris domini Friderici, Dei gratia Pisani archiepiscopi, pro ipso domino et de ipsius speciali licentia et mandato, conmisit Sigerio Caccic, civi Pisano, recipienti pro presbitero Opitho, curam et administrationem ecclesie Sancte Marie de Tunithi, in spiritualibus et temporalibus, a tempore quo terminus dicti presbiteri fuit completus, qui fuit pridie idus Martii ad unum annum proxime completum. Unde dictus Sigerius, gratia et honore dicti presbiteri, dedit et solvit pro ipso presbitero, de suis ipsius Sigerii propriis denariis, pro censu vel tributo hujus anni presentis, libras X denariorum Pisanorum, de quibus dictus camerarius se ab eo vocavit bene pacatum et quietum. Actum Pisis, in scala ecclesie Sancti Petri ad vincula, presentibus presbitero Ventura de Casabasciana, Lucane diocesis, et Gregorio quondam Benencase Gigordi, testibus, VII kalendas Maii MCCLX, indictione II.

IX.
1261, 22 mars. A Pise.

Notice d'un prêt fait à un citoyen de Pise, de la maison des Lanfranchi, à l'occasion d'un voyage et d'une expédition de marchandises qu'il devait envoyer à Bougie. — 1271. Quittance de la somme prêtée.

Bibl. de l'École des chartes, 2e série, t. V, p. 143; Archives de l'archevêché de Pise, regist. ann. 1261.

Puccius Bossus, filius domini Gerardi Rubei, de domo Lanfrancorum, coram me, etc.[1], recepit et habuit a Solaccio Vinario, quondam Lamberti, in societate maris in viadium

[1] Ainsi à l'original.

in Bugeia[1], quod presentialiter est facturus, vel in aliud viadium, quod iret vel micteret cum utilitate hentice[2], una vice et pluribus, libras xv denariorum Pisanorum minutorum, quas libras xv denariorum ei dare et reddere promisit infra xv dies proximos, postquam dictus Puccius Bossus Pisas reversus fuerit, seu major pars hentice Pisas reducta fuerit, cum omnibus partibus de quatuor partibus lucri quem dictus in eis reddere in denariis, sine omni briga, ad penam dupli obligando se, etc.[3]; renuntiando omni juri, etc. Dans ei bailiam et potestatem, etc. Actum Pisis, in apotheca domus Rodulfini notarii, presentibus Leopardo quondam Rosselmini de Arbaula et Rainerio, filio magistri Rainerii de Ponte Sercli, testibus, x calendas Aprilis MCCLXI, indictione III.

Cassa est parabola suprascripti Solaccii[4], asserentis sibi fuisse satisfactum in toto a suprascripto Puccio. Actum Pisis, in apotheca Rodulfini notarii, presentibus Rodulfino notario et Gerardo Gatto, testibus, MCCLXXII, indictione XIII, XI calendas Maii.

X.

1263, 10 août. A Pise.

Charte de nolissement, ou contrat de nolis, passé entre divers négociants et armateurs de la ville de Pise pour un voyage à Bougie[5].

Pise. Archiv. de M. le comte Gaétoni. Expéd. orig. *Bibl. de l'École des chartes*, 2e série, t. IV, p. 244.

In eterni Dei nomine, amen.

Ex hujus publici instrumenti clareat lectione, quod Bonaventura Danielis quondam Bonaccursi, Franciscus quondam Burgundii Jadi et Bandinus Maschione quondam Ildebrandi, et quisque eorum in solidum, naulegiando et pegnorando navim dictam *Bonaventuram*, sanctum concordium sub infrascriptis pactis et conventionibus, per stipulationem, convenerunt et promiserunt Guidoni Sampantis, Feo Guietis, Ugolino Balbo et Jacobo Murcio, mercatoribus, pro se et procuratoribus infrascriptorum merca-

---

[1] Dans l'association, dans la mise en commun de marchandises ou de fonds pour le voyage à faire à Bougie. Au retour, on partageait les bénéfices au prorata des contributions de chacun des sociétaires, comme il est indiqué dans la charte de nolissement de 1263.

[2] *Hentica*, l'association commerciale, ou la cargaison commune d'aller et de retour du navire de l'association, comme semblent l'indiquer les mots suivants : *major pars hentice*.

[3] Sic.

[4] *Cassa est parabola Solaccii*, la parole donnée à Solaccio fut cassée; l'obligation de Puccio Bossi fut annulée par le payement.

[5] Nous donnons plus loin une autre charte de nolis de 1373, pour un achat de laine à faire à Gerba. Les contrats semblables étaient très-fréquents. M. le comte Alliata, de Pise, conserve dans ses archives, sous le numéro 392, une charte de nolissement du 27 avril 1326 pour un voyage par association de Pise à Cagliari, Djidjelli, Bougie et Collo, et pour le retour à Pise.

torum ad hec, ut in sceda [1] inde a Bartolomeo Musio notario rogata continetur, procuratorio nomine pro eis, pro subscriptis partibus recipientibus :

1 [2]. Quod dictam navim habebunt bene conciam [3], calcatam, preparatam et fornitam duobus arboribus bonis, sanis, integris, fornitis sarsiis [4] et omnibus oportunis munitionibus; duobus temonibus bouis, sanis et integris fornitis omnibus necessariis; octo petiis antennarum; velis septem bonis et sufficientibus; aguminis [5] decem et septem bonis et sufficientibus, quarum duas novas ement antequam dicta navis collet de Portu Pisano; ancoris quindecim fornitis omnibus oportunis; una barca de parisclalmo et una gondula, fornitis et omnibus aliis oportunis; et balistis duabus a lieva [6]; et aliis sex balistis ligni fornitis omnibus necessariis et lanceis et battarolis sufficientibus; et omnibus aliis corredis, furnimentis, apparatibus, munitionibus et instrumentis necessariis et sufficientibus pro suscripto viadio faciendo; et marinariis triginta sex in arte maris edoctis sufficienter et convenienter armatis; inter quos erunt nauclierius et scribanus (quod nauclerius sit ad voluntatem dictorum procuratorum); et ultra suprascriptum numerum, famulis sive fantibus sex qui facient omnia servitia necessaria dicte navi.

2. Et cum suprascripta navi sic preparata et furnita et cum omnibus suprascriptis hominibus et furnimentis, [quando] erunt parati collare, collabunt de Portu Pisano, pro infrascripto carico, reducendo hinc ad decem dies proximos, exeunte presente mense Augusti; et quod antequam collent, recipient a predictis et infrascriptis mercatoribus et eorum sociis res et merces eorum quas a Pisis Bugeam mittere voluerint, et eas in dicta navi caricabunt et collocabunt. Et quod antequam collent, ponent, expensis dicte navis, plactas, vel bussos [7] in Arno, pro recipiendo res et merces dictorum mercatorum deferendas ad Portum Pisanum et caricandas in dicta navi.

3. Et quod etiam antequam collent, facient jurare socios et marinarios qui in ea ituri sunt, et stivatorem [8], et nauclerium, facere et observare omnia et singula suprascripta et infrascripta.

4. Et quod suprascriptas res et merces deferent pro naulo consueto; salvo quod mercatores predictos, pro quibus fit hec locatio, et eorum socios qui in dicta navi ire et redire voluerint et eorum potta [9], arnenses, conductiles, qui non reducerentur mercantiliter, sine naulo portabunt et reducent. Et dictas res et merces, ut dictum est, portabunt secundum quod consuetum est, recipiendo predicta apud lappulam [10].

[1] Dans la charte, ou procuration, rédigée en minute.
[2] Nous avons cru devoir séparer ce document en alinéas, et ajouter des numéros à ses articles.
[3] En bon état.
[4] *Sarsiis* et non *parsiis*, haubans. Jal, *Gloss. naut.*
[5] Câbles pour les ancres.
[6] Voy. Jal, *Gloss. naut.*
[7] La *busse* n'était donc pas toujours un gros navire (Cf. Jal, *Arch. navale*, t. II, p. 249), puisqu'il y avait des bâtiments ainsi nommés qui remontaient l'Arno jusqu'à Pise, pour porter ensuite les marchandises à bord des navires et des galères réunis au port Pisan.
[8] L'arrimeur, ou préposé, qui veillait à l'arrangement et à la conservation des marchandises à bord du navire.
[9] Ustensiles.
[10] Sous la converte.

5. Et quod postquam dicta navis pervenerit in portu Bugee, ipsas res et merces in terra ponent vel facient poni et reddent eis per apertum scriptum, sicut per scriptum eas receperint.

6. Et quod nullum havere deveti in ipsa navi caricabunt.

7. Et quod infra decem dies proximos ex quo dicta navis in portu Bugee pervenerit, incipient caricare et caricabunt dictam navim et recipient a predictis vel pro predictis et infrascriptis mercatoribus, dantibus ipsum caricum assidue et sufficienter et commode, ita quod rerum caricum compleant recepisse ab inde ad mensem proximum, videlicet cantaria vel cantariatas haveris et mercium duo milia quingenta; ita quod tertia coperta [1] et puppis superior [2] dicte navis remaneant expedite pro mercatoribus reversuris in dicta navi et pro eorum arnensibus reducendis, scilicet : pro suprascripto Guidone cantaria ducenta quindecim, pro dicto Feo cantaria nonaginta, pro dicto Ugolino cantaria centum triginta, pro dicto Jacobo cantaria centum, pro Brevenato Brigasneno cantaria ducenta quinquaginta, pro Matheo Ciaffo cantaria centum sexaginta, pro Guidone Pancia cantaria centum triginta quinque, pro Jacobo Salmuli cantaria nonaginta, pro Fulcherio Artocti cantaria quadraginta, pro Betto Papa cantaria nonaginta, pro Alberto Sciorta cantaria centum, pro Ildebrando de Doana cantaria centum, pro Benencasa Pontii cantaria quinquaginta, pro Michaele quondam Jacobi Pictorii cantaria quadraginta, pro Bottaccio Sciorta cantaria quadraginta, pro Guidone medico cantaria quinquaginta, pro Dato Rustichelli cantaria quinquaginta, pro Rainerio Sciorta cantaria sexaginta, pro Alberto Rubeo cantaria triginta, pro Mercatante de Sancta Cecilia cantaria quinquaginta, pro Guidone Rogerii cantaria viginti, pro Ugolino Sciorta cantaria nonaginta, pro Henrico Villano cantaria quinquaginta, pro Bonajunta Bonapese cantaria centum, pro Vanni de Vivaldo cantaria quinquaginta, pro Michaele Ingurdi cantaria quinquaginta, pro Albithello Passo cantaria quinquaginta, pro Gerardo Scaccia cantaria quinquaginta, pro Ugolino Bandi cantaria quadraginta, pro Fario Margatti cantaria octuaginta et pro Rainerio Arcario cantaria quinquaginta.

8. Pro naulo cujuscunque cantarii vel cantariate dicti carici, solidos septem et denarios octo et dimidii Pisanorum minutorum solvendo, ut inferius continetur. Salvo quod sine naulo reducent quattuor saccos vel fasces haveris pro opere misericordie distribuende, ad provisionem dictorum procuratorum vel unius eorum.

9. Et quod recipient vel recipi facient ad eorum custodiam et expensas dictorum mercatorum, secundum consuetudinem dicti portus, predictum havere deferendum ad ipsam navim. Et quod custodient, salvabunt et defendent predictum havere et portabunt ad dictam navim et in ea caricabunt, collocabunt et stivabunt bene, diligenter et commode.

10. Et quod dictum caricum recipient in dicta navi per apertum scriptum pro suprascriptis mercatoribus et sociis, secundum divisionem predictam, et etiam ad justum et rectum pondus faciendum per communem pesatorem super hoc a partibus ordinandum,

---

[1] Le dernier pont ou tillac.
[2] L'arrière du bâtiment.

cui satisfiat a dicta navi. Quod quidem pondus, ex quo factum fuerit, scribatur per scribanum ipsius navis in cartulario dicte navis.

11. Qui scribanus, nauclerius et camerarius jurent ad sancta Dei evangelia custodire, salvare et defendere navim et ejus correda[1] et caricum, nullam ibi fraudem committendo, vel malitiam. Et quod in dicta navi ad stivam[2] battent vel batti facient duos buctos[3] per singulam pilam et non plus, videlicet duos ad lanam et unum ad buldrones[4] sine malitia; ita quod quilibet saccus lane remaneat per longitudinem palmis octo de carina. Et si ultra batterent, debet dari naulum pro quolibet cantari vel cantariata dicti carici soldorum sex denariorum Pisanorum minutorum ex pacto hinc inde habito. Et de residuo dicti nauli suprascripti patroni navis in ipso casu predictos mercatores et eorum heredes et bona liberant et absolvunt.

12. Et quod ex quo dictum caricum traditum, receptum et collocatum fuerit in predicta navi, cum ipsa navi et carico quam citius sine fraude poterunt redibunt in Portum Pisanum. Et postquam in Portu Pisano pervenerint, havere discaricabunt apud portum dicte navis, expensis ipsius navis. Et quod pro aliquo corredo[5] suprascripte navis, aut alia occasione, eundo vel redeundo, havariam aliquam[6] aut aliquid pro havaria, non petent vel vollent aut volli permittant. Et quod non petent vel exigent naulum, nisi tantum de rebus et mercibus quas in Portu Pisano dictis mercatoribus renuntiaverint et apignaverint.

13. Et quod si aliquis marinarius dicte navis eundo vel redeundo quocumque casu deficeret, eum, quam citius poterunt, recuperabunt sine aliqua havaria. Et simile facient si aliquod corredum dicte navis perderetur vel maganiaretur[6]. Et quod ad dicta navi non permitterent separari marinarios, quando semper sint ibi tres partes marinariorum et nauclerius, quousque dicta navis in totum discaricata fuerit. Et quod facient scribi in quaterno dicte navis res et merces dictorum mercatorum, eundo et redeundo et eas per scriptum restituent.

14. Et quod pro eundo in suprascriptum viadium collabunt de Portu Pisano cum suprascripta navi, et postquam collaverint, quam citius poterunt, ibunt in portum Bugee pro recipiendo et reducendo suprascriptum caricum. Et quod viadium non mutabunt, vel aliquid aliud viadium facient aut aliquid caricum vel havere caricabunt vel reducent, aut caricari vel reduci facient, vel permittent aut patientur in dicta navi, nisi superfluum quod navis ipsa reducere poterit, donec primo dictum caricum pro quo reducendo hec navis acquiritur in ea reductum fuerit ad Portum Pisanum.

15. Et ita hec omnia predicta et singula firma tenere, facere et observare et contra

[1] Ses provisions et ses agrès.
[2] Dans l'arrangement ou arrimage des marchandises.
[3] Ouvertures.
[4] *Buldrones* ou *Boldrones*, les peaux d'animaux ayant encore la laine ou les toisons, que les marchands d'Europe exportaient de la côte d'Afrique.
[5] Pour quelque approvisionnement ou fourniture.
[6] Était détérioré.

non venire vel facere per se vel per alium aliquo modo vel jure dictis procuratoribus pro se et suprascriptis mercatoribus, recipientibus suprascripto modo, per stipulationem convenerunt et promiserunt, nisi justo Dei aut temporis impedimento remanserint. Quo transacto, quam citius poterunt, recuperabunt et predicta sine fraude complebunt, vel nisi quantum steterit parabola dictorum procuratorum, alioquin penam dupli predictorum et damnum et dispendium totum quod inde haberet et fieret dictis procuratoribus pro se et suprascriptis mercatoribus pro predictis partibus per stipulationem dare solvere et resarcire promiserunt. Et se quemque eorum in solidum et eorum et cujuscumque eorum heredes et bona omnia in solidum dictis procuratoribus et mercatoribus et eorum heredibus pro suprascriptis omnibus obligaverunt. Renuntiando beneficio epistole divi Adriani et Novarum constitutionum, et omni juri eis vel alicui eorum contra predicta competenti.

16. Quapropter dicti procuratores, pro se et procuratorio nomine, pro suprascriptis mercatoribus, pro predictis partibus, per stipulationem convenerunt et promiserunt suprascriptis Bonaventure, Francisco et Bandino quod predictum caricum dabunt et tradent sive tradi facient et dedisse complebunt predicto modo, infra predictum terminum, ut statutum est. Et quod pro naulo cujuscumque cantarii vel cantariate haveris in Portum Pisanum reducendi, dabunt et solvent ipsis patronis aut eorum heredibus, sive certo nuntio, vel cui preceperint, aut uni eorum, vel camerario dicte navis, ita quod uni eorum sive dicto camerario solutione facta, liberatio contingat. Et hec sceda in eo quod pro eis est ejus parabola cassetur, soldos septem et denarios octo et dimidium denariorum Pisanorum minutorum in denariis aut auro vel argento et non in alia re, contra eorum voluntatem; salvo quod supra dicitur de naulo soldorum sex denariorum dictis...[1] pro quolibet cantare vel cantariata, in casu predicto; et salvo quod supra dicitur de quattuor saccis vel fascibus sine naulo reducendis. Quod naulum soldorum septem et denariorum octo et dimidii quod suprascriptum est de naulo soldorum sex et dictis quattuor saccis vel fascibus solvent sive dictum caricum traditum fuerit sive staret per dictos mercatores quominus traderetur infra octo dies proximos ex quo dicta navis in Portu Pisano discaricata fuerit et dictum caricum assignatum fuerit dictis mercatoribus vel eorum certo nuntio in Portu Pisano, dummodo antequam restitutio dicti carici fiat infra ipsum terminum octo dierum prestetur idonea cautio banci sive bancorum de ipso naulo ut supra dicitur solvendo.

17. Que omnia predicta et singula observabunt, nisi justo Dei aut temporis impedimento remanserint. Quo transacto, quam citius poterunt recuperabunt et predicta sine fraude complebunt vel nisi quantum [steterit] parabola dictorum patronorum suprascripte navis. Alioquin penam dupli suprascripti nauli et dampnum et dispendium totum quod inde haberetur et fieret dictis patronis per stipulationem suprascripto modo dare solvere et resarcire promiserunt. Et se dicti procuratores pro se et eorum heredes[2] et bona et etiam se procuratorio nomine pro suprascriptis mercatoribus et eos et eorum heredes

[1] Lacune.
[2] Sic.

et bona omnia ipsis patronis et eorum heredibus pro suprascriptis omnibus obligaverunt, renuntiando omni juri eis contra predicta competenti.

Actum Pisis, in ecclesia Sancte Margarite, presentibus Pantonerio notario filio Bencivennis et Occulino Pellipario de sancto Bartholomeo de Pecciis quondam Rolandi, testibus rogatis, Dominice incarnationis anno millesimo ducentesimo sexagesimo quarto, indictione prima [1], quarto idus Augusti.

Ego Braccius, Bonifati quondam filius, imperialis aule judex ordinarius et notarius, predicta omnia a suprascripto Bartholomeo Musso notario rogata, ut in ejus scedis inveni ita quia, sua parabola et mandato scripvi atque firmavi.

XI.

1264, 11 août. A Tunis.

Traité de paix et de commerce conclu pour vingt ans entre la république de Pise et Abou-Abd-Allah El-Mostancer, roi de Tunis, par Parent Visconti, ambassadeur pisan.

Tronci, *Memorie istoriche della città di Pisa*, p. 217; Dal Borgo, *Raccolta di scelti diplomi Pisani*, p. 213; Rousset, *Supplém. au Corps diplomatique de Dumont*, t. I, p. 115; Brunetti, *Codice diplom. Toscano*, t. I, 2e part., p. 140, Florence, 1833; Amari, *Diplomi Arabi*, p. 295.

Sancti Spiritus adsit nobis gratia. Ave, Maria, gratia plena; Dominus tecum.

Questa este la pace facta inter dominum elmiram Mommini, regem de Tunithi, et dominum Parentem Vesconte, ambasciadore de lo comuno di Pisa, per lo comuno di Pisa.

1. *Prologus pacis.* In nomine Domini. Per lo comandamento de lo signore califfo grande et alto, per la gratia di Dio, elmire Momini Buabidelle, filio de lo alto et de lo potente et gentile, cui Dio mantegna, et diali la sua buona volontade, et rimagna a li Saracini la sua benedictione! in de la presentia de li testimoni di questo scripto, che questo testimoniono di rinovamento di questa pace, la quale este fermata per lo comandamento altissimo, che Dio guardi, cum domino Parente Vesconte, filio quondam domini Galgani Grossi Vesconte, imbasciadore mandato da la podestade di Pisa, in de la indictione sub scripta, da domino Guillelmo da Cornassano, podestade di Pisa, et da li scecha [2] et da lo comuno di Pisa, dimandando et fermando da la loro parte. Unde giungendo lo soprascritto imbasciadore et dimandando da la parte di culoro che l'aveano mandato carta di pace, de la quale elli avea imbasciata, a li pacti che elli dimandòve et pregòve et piaqueli. Et comandòlo l'altissimo et lo magno, cui Dio mantegna! che li fusse dato lo suo dimandamento a la sua volontade.

[1] Il y a erreur sur le chiffre de l'indiction.
[2] Les Scheiks ou Anciens de la république de Pise.

2. *Terminus pacis.* Et fermosi questa pace con lui per anni XX; la quale pace sempre sia ferma in de lo soprascritto termine, a die XIIII de lo mese di Sciavel, anni LXII et DC, secondo lo corso de li Saracini, et sub annis Domini MCCLXV, indictione VII, tertio idus Augusti, secondo lo corso de li Pisani, secondo che si contiene ancho la indictione di socto di tucti li capituli infrascripti.

3. *Quod Pisani sint sani et salvi.* Et che tucti li Pisani che verrano in tucta la terra de Affrichia et in tucta quella di Buggea, et in dell'altre contrade et terre de lo dicto domino elmira, lo quale Dio guardi et difenda! siano et essere debbiano sani et salvi et seguri in persone et in avere, infine che questa pace durerave, chome dicto este di sopra.

4. *De l'isule de li Pisani.* Lo quale dominus Parente disse et ricordòve le confine de le terre loro, le quale messe sono in questa pace, et le quale sono in terra ferma et grande, ciò este da lo Corbo infine a Civita-Vecchia; et l'isule le quale àno in mare, ciò este tucta l'isula di Sardigna et Castello di Castro, et l'isula di Corsicha, et l'isula di Pianosa, et l'isula d'Elba, et l'isula di Capraia, et l'isula di Gorgona, et l'isula di Gilio, et l'isula di Monte Christo [1].

5. *Di non fare male.* Et che nullo de li legni de la forsa nostra vegna in de le predicte terre per fare alchuno male, infine che questa pace durerave.

6. *De li fondachi.* Et che dobbiate avere fondacho in ciascheduna terra de le predicte terre de Affrichia et di Buggea, ciò este in de le citade. Et non debbia in quello stare alchuna altra persona nè alchuno altro Cristiano, set non quelli che li Pisano vorrano. Et debbia a loro essere facto in ciascheduno fondacho una ecclesia et uno cimiterio. Et debbia avere in ciascheduna terra uno bagno, lo quale uno die in ciascheduna septimana avere debbiano. Et che debbiano avere in ciascheduna terra uno forno.

7. *De lo decino et de lo diricto.* Et che di tucte le mercie le quale venderano, debbiano pagare lo decino in de lo loro partimento quelli che partire si vorrano. Et quelli che partire non si vorrano, et vorrano dimorare, debbiano lo dicto diricto pagare da inde a treie anni che elli quine ut vero là giunti fino [2]. Et de l'oro et de l'ariento debbiano pagare meso diricto, quando elli giungerano, secondo che usato este.

8. *De lo naufragio, vel roppimento.* Et se alchuna nave ut legno loro in alchuna parte de le terre de Affrichia vel di Buggea, che dicte sono, rompesse ut andasse ad terra ut impedimento avesse; quelli li quali fussero in de la nave, ut in de lo legno, possano andare a lo luogo populato, ut vero in de lo quale fussero le gente, et debbiano essere aiutati da loro sensa prescio alchuno, infine a tanto che ispedicati fussero quelli de la suprascripta nave ut legno. Et se elli vollessero le loro cose tramutare, ut ad altre parte andare, ut ad altra terra quelle portare fare, la portatura, secondo che usato este, pagare debbiano; et se discordia ne fusse tra lo Cristiano et lo Saracino, debbiano essere ad rascione.

9. *De li pesatori.* Li pesatori a loro pesare debbiano secondo che usato este.

[1] Cf. art. 2 du traité de 1230.

[2] Brunetti et Amari. Dal Borgo, Tronci et Rousset : *Sino*. Que ceux qui voudront demeurer aient la faculté d'acquitter le droit dans les trois ans qui suivront leur arrivée *ici* (à Tunis) ou *là* (soit à Bougie, soit ailleurs).

10. *De le mercie.* Et chiunqua perverràve ad alchuna terra de Affrichia ut di Buggea, possa in quella stare quanto elli vorràve, et possa et sia licito a lui di partissine et andarne quando elli vorràve. Et non sia vietato a loro di comperare quelle cose che comperare vorrauo, et nominatamente aqua et vidanda. Et possano et sia a loro licito di portarne le mercatanticie che elli recherano, set elli quelle vendere non vi vollesseno.

11. *De la dovana.* Quelli li quali sono sopra la dovana, et li turcimanni, et li garabarii, et li bastasci, ut vero li portatori, non debbiano a loro tollere nè exigere alchuna cosa, set non secondo che usati sono di tollere et di piliare.

12. *De lo spedicamento.* Et poi che lo mercatante fie ispedicato, non debbia essere ditenuto per alchuna cosa.

13. *De li strainieri.* Et se alcuno buono homo verràve con li Pisani, debbian essere et pagare secondo che Pisano.

14. *De la galicha.* Et che elli possano et debbiano avere galicha, secondo che usato este di fare.

15. *De lo fondacho di Tunithi.* Et che lo fondacho lo quale este in Tunithi, lo quale Dio mantegna! debbia a loro essere cresciuto et ampliato, secondo la grandessa de lo fondacho de li Genovesi. Et muro si faccia intra voi et li Genovesi, si che voi a loro nè elli ad voi andare non possano, et e converso[1].

16. *De la Giuletta*[2]. Tucto et quanto tolto fusse de alchuna mercatantia che a la Giuletta si rechasse, sia et essere debbia sopra li guardiani di quello luogo.

17. *De li fondachi di Buggea.* Et li fondachi li quali avete in Buggea si debbiano aconciare, et in quelli alchuno altro homo con voi stare non debbia. Et che si debbia fare in de li fondachi l'ecchesie[3].

18. *De la rascione.* Et che si debbia a loro fare la rascione, quando unqua elli vorrano.

19. *De l'usanza.* Et che non si debbia a loro tollere alchuna cosa, set non come usato este.

20. *De lo fondacho di Buona.* Et che a Buona dobbiate avere fondacho, et non possa in quello stare nè albergare alchuna altra persona, set non culoro che voi vorrete.

21. *De lo uso come in Tunithi.* Et che a Buona si debbia tenere et fare a voi quello uso che este in Tunithi, et in quello medesmo modo. Et similiantemente si debbia fare ad voi in Affricha[4], et in Cappisi[5], et in Isfacchixi[6], et in Tripuli, et in tucte l'altre terre, secondo che in Tunithi.

22. *De lo diricto de le nave.* Et che non si debbia tollere ad voi alchuno diricto de alchuna nave la quale voi vendeste ad homini che avesseno con noi[7] pace.

---

[1] On confirme les dispositions du traité de 1230, art. 11.

[2] Tronci, Dal Borgo, etc. La Goulette, vrai port de Tunis.

[3] Brunetti et Amari. Tronci, Dal Borgo et Rousset: *L'ecclesie*. Il s'agit bien d'églises construites ou à construire dans l'intérieur des fondoucs. Cf. art. 6 et 15 du présent traité.

[4] La ville d'Al-Mehadia.

[5] Cabès, dans le golfe de son nom.

[6] Sfax.

[7] Les éditions, à l'exception d'Amari, ont la mauvaise leçon: *voi*. Cf. art. 16 du traité de 1230.

23. *Di portare le mercie.* Et che possiate et ad voi sia licito portare le mercie vostre, de le quale fusse pagato lo diricto a qualunqua terra ut parte de le nostre terre voi vorrete.

24. *De lo naulo de le nave.* Et che non debbia ad voi alchuna cosa essere tolta di meso diricto de lo naulo de le nave.

25. *De le nave ad naulo per la corte.* Et se abisognasse a la corte nostra, possa la corte piliare de le treie nave l'una ad naulo, et quella la quale lo consulo che quine fi' per li Pisani vorràve et eligeràve.

26. *De lo raccomandamento de le cose.* Et sia licito a ciascheduno Pisano, che diricto de le suoie cose abbia pagato, lassare et accomandare le suoie cose ad alchuno suo parente ut amico de la sua gente.

27. *De la galicha, ut de lo moscerufo*[1]. Et che tucte le cose le quale si vendesseno in galicha, de le quale lo prescio pagato non fusse, sia et essere debbia sopra la dovana. Et quelle cose le quale si vendesseno per turcimanni con testimonia, siano et essere debbiano sopra li turcimanni.

28. *De la copia*[2] *de lo elmira.* Et che li consuli de li Pisani, una volta ogna mese, possano et debbiano andare ad vedere lo signore ut vero lo soldano, lo quale Dio mantegna! Et similiantemente, in ciascheduna citade debbiano intrare li consuli de li Pisani a li signori che quine fusseno, una volta lo mese.

29. *De li corsali Pisani.* Et se alchuno pisano corsale iscisse de la citade di Pisa, ut de le predicte ysule, per fare male in Affrichia ut in Buggea, li consuli et le potestade de li Pisani li quali per temporali fusseno, quinde vendecta fare debbiano sopra loro et sopra li beni loro.

30. *De le cose de li corsali.* Et che li Pisani non debbiano comperare alchuna mercie de li Saracini de Affrichia ut di Buggea, le quale a loro per corsali tolte et rapite fusseno, nè alchuno ischiavo saracino. Et che quelle cose, ut ischiavi, le quale de le terre de li Pisani venisseno, ut reducte fusseno a le nostre terre, che a cului che le recasseno siano tolte sensa alchuno ristauro.

31. *De le brighe che fusseno intra li Pisani.* Et se li Pisani alchuna briga ut discordia ut vero alchuno facto facesseno intra loro; che alchuna altra persona inde intramettere non si debbia, set non li consuli de li Pisani.

32. *De l'usanza de la dovana.* In de la dovana non si debbia tollere a li Pisani alchuna altra cosa, set non quello che usato este di piliare.

33. *De lo exemplo di questa pace.* Et che si debbia fare exemplo di questa pace, et mandare per tucte le nostre [terre] in de le quale li Pisani usano.

34. *Di comperare liberamente.* Et che ad alchuno mercatante pisano non debbia essere vietato di comperare liberamente là unqua comperare vorràve.

35. *Di non vietare di comperare.* Et per alchuno Genovese nè per alchuna altra persona non debbia essere vietato ad alchuno Pisano che elli non compri et comperare possa liberamente.

---

[1] Le *Moscerif,* ou inspecteur de la douane.
[2] Brunetti : *de la copta.*

36. *De lo buono uso.* Et che li Pisani debbiano essere salvati et guardati a tucti buoni usi li quali avesse alchuno Christiano, che con noi abbia pace, ut che in de la nostra terra usi. Et questo este lo compimento di tucti li capituli di questa pace.

37. *Lo testimoniamento et lo datale di questa pace.* Et testimoniòve dominus Parente, per culoro che lui mandòno, in sua buona volontade et in sua buona memoria et in sua buona sanitade, che questa pace a lui piace; e cusì la ricevette e fermòve. Et inteseno li testimoni da lo scecha grande et alto et congnosciuto secretario et faccia di domino elmira califfo Momini, et faccitore di tucti li suoi facti, lo quale Dio mantegna et in questo mondo et in de l'altro! et rimagna sopra li Saracini la sua benedictione! Buabidelle filio de lo scecha, a cui Dio faccia misericordia! Buali Asen filio de lo scecha alto, cui Dio faccia misericordia! Elbulusaid filii Said, lo gentile, cui Dio guardi!

Et lo compimento di questa pace suprascripta, chome dicto este in questo modo suprascripto, et fue scripta in die di sabbato, a li die XIIII de lo mese che si chiama Isciavel, anni LXII et DC, secondo lo corso de li Saracini; et sub annis Domini millesimo ducentesimo sexagesimo quinto, indictione septima, tertio idus Augusti, secondo lo corso de li Pisani. Li nomi de li testimoni : Bulcassomo Elbenali Elbinelbara et Tenucchi, Maomecto Benandi de Gebbar, Maomecto Ettoaini, Maomecto benali et bencabrai, Abbiderramen beneumar el cassi, Vabidellaid mee bidonie, Ali ebbrain et Bine biamaro, Maomecto beneabrain lorbosi. Et, per la gratia di Dio, cognoscendo et sappiendo et testimoniando queste cose predicte, Maomecto ben-Maomecto ben-Elgamezo, lo quale este cadi. Et abbia salute chiunqua la legerà!

Rainerius Scorcialupi, notarius, scriba publicus Pisanorum et comunis portus in Tunithi, presens translatum hujus pacis scripsit, existente interprete probo viro Bonaiunta de Cascina, de lingua arabicha in latina[1].

XII.

1271, 29 avril. A Pise.

Le prêtre Jaffero, nommé par l'archevêque de Pise recteur de l'église des Pisans à Bougie, ayant été obligé de quitter cette ville à cause de l'expédition dirigée par le roi de France contre le royaume de Tunis, l'archevêque investit de nouveau Jaffero de la même cure, sur la demande de ses concitoyens revenus à Bougie.

Biblioth. de l'École des chartes, 2ᵉ série, t. V, p. 144; Archiv. de l'archevêché de Pise, regist. ann. 1272.

Cum venerabilis pater dominus Fridericus, Dei gratia, Pisanus archiepiscopus, presbitero Jaffero ecclesiam de Buggea contulisset, et ad eamdem dictus presbiter se

---

[1] Anciennes cotes écrites à Pise au dos de la pièce :
Carta pacis inite et firmate inter regem Tunisii et comune Pisarum. Nel 1265.
La pace cheffè messer Parente di messer Galgano Grosso Vesconti con re di Tunisi, in del M. CC. LXV.

conferret, moram in eadem ad ipsius domini archiepiscopi beneplacitum et mandatum pro cappellano ipsius ecclesie contracturus, et propter exercitum factum per dominum regem Francie ad partes de Tunithi, idem presbiter in eadem esse vel morari non potuerit, set ipsum exinde et alios Pisanos mercatores opportuerit separare, occasione exercitus supradicte, idem dominus archiepiscopus, ad maximam precum instantiam mercatorum Pisanorum qui vivunt in Bugea, eundem presbiterum Jafferum pro cappellano ipsius ecclesie remisit, eidem iterato dictam ecclesiam conferendo; committens ei per hoc publicum instrumentum bailiam et potestatem excommunicandi omnes qui dictam ecclesiam vel ejus cimiterium invaderint seu jura ipsius nequiter occuparent. Item, commisit ei quod possit indulgentias facere, ut omnibus qui eidem ecclesie manum porrexerint caritatis triginta dies de injuncta penitentia possit in Domino misericorditer relaxare. Actum Pisis, in balatorio[1] claustri Sancti Petri ad vincula, presentibus Rodulfino notario, quondam Albertini, et presbitero Rustico, rectore ecclesie Sancte Marie de Laiano, cappellano ipsius domini et aliis testibus, MCCLXXII, indictione XIIII, tertio calendas Maii.

XIII.

1309-1310.

Extraits de quittances entre négociants d'Italie commerçant en Afrique.

Pise, Archiv. de M. le comte Alliata, n⁰ˢ 169, 182. Orig.

I.

In eterni Dei nomine, amen. Ex hoc publico instrumento clareat lectione, quod Puccius Quadrada, certus nuntius et legiptimus procurator specialiter constitutus a Becto de Buiti, condam Ugolini Alberti, legiptime factus et constitutus ad hec infrascripta facienda, ut de ipsa procuratione continetur in carta inde rogata, scripta et firmata Buggee, in domo gabelle vini, a Daniello Stagneta, notario sacri imperii........ confessus est se recepisse, vice et nomine suprascriptorum Becti Agliate et Bindi Agliate fratrum et de bonis eorum societatis quam simul habent, libras duo milia denariorum aquilinorum minutorum, pro extimactione seu valore librarum quinque milium quadringentarum quinquaginta octo soldos sex et denarios octo denariorum Pisanorum minutorum sive florinorum duorum milium auri..... Actum in Castello Castri[2], in apotheca in medio apothecarum domus traverse pontis novi de Spina, que est in ruga Mercatorum,....... anno 1309, indictione sexta, sexto kallendas Maii.

[1] Sur la terrasse ou le balcon du cloître.
[2] Cagliari, en Sardaigne.

II.

In eterni Dei nomine, amen. Ex hujus publici instrumenti clareat lectione quod Bailanus de Nigrono, filius Romini, de Janua, coram me, notario et testibus infrascriptis, habuit et recepit a Betto Alliata quondam Galgani Alliate, dante et solvente pro se et sociis suis, illas libras quingentas viginti quinque denariorum januinorum, in florenis de auro quingentis duodecim bonis et expendibilibus dictam summam capientibus quas Andreas Abbatis quondam Cioli de Abbato, socius dicti Becti et sociorum ejus in Tunithi, suprascripto Baliano dare promisit et tenebatur pro cambio bizantiorum duorum milium centum de miliarensibus.......... Dominice videlicet incarnationis anno 1311, indictione octava, 3° kalendas Augusti, secundum consuetudinem Pisanorum [1].

XIV.

1313, 14 septembre. [A Tunis.]

Traité de paix et de commerce conclu pour dix ans entre Abou-Yahya-Zakaria-el-Lihyani, roi de Tunis, et la république de Pise, par Jean Fagioli et Rainier del Bagno, ambassadeurs pisans.

Traduction italienne de M. Amari sur l'original arabe existant aux Archives de Florence.
Diplomi Arabi, p. 86.

Nel nome di Dio clemente e misericordioso. Benedica Iddio al signor nostro Maometto, il nobil profeta, e sua schiatta e suoi compagni, e dia loro pienissima pace!

Questo è trattato di santo accordo, fermato per ordine del signor nostro e padrone, il califo, l' Imam, osservatore dei comandi di Dio, vittorioso per grazia di lui, il principe de' Credenti Abu-Ichia-Zakaria, figliuolo del nostro padrone l' emiro Abu-l-Abbâs, discendente degli emiri giusti, che Dio aiuti loro (schiatta) con la vittoria e la regga sempre col suo soccorso! ne perpetui l' impero, e mantenga la benedizione (del governo) di lei, ad (utilità) universale de' Musulmani!

Con Giovanni Fagioli [2] e Ranieri del Bagno, ambasciatori venuti all' eccelsa capitale, della quale Iddio accresca e mantenga la prosperità! Tunis, cui Dio custodisca! da parte di Ticcio de' Conti di Colle, vicario di Federigo, conte di Montefeltro, vicario del comune di Pisa, e degli anziani e comune di essa città, degli uomini del consiglio, di tutti gli ufficiali della repubblica e di tutto il suo governo; i quali (due ambasciatori) han rappresentato all' eccelsa Maestà, che Dio esalti il suo governo e le dia larga vittoria! il desiderio dei loro mandanti di stipulare un accordo a favor del popolo di Pisa e sue appartenenze, affinchè col beneficio di esso (trattato) procedano (bene) le loro

---

[1] Le premier jour de l'année 1311, dans le style pisan, fut le 25 mars 1310.
[2] Voy. Bonaini, *Statuti Pisani*, t. III, p. 153, 154.

faccende e si allarghino le loro speranze. E l'alta Maestà (di questa dinastia), la quale Iddio abbia in grazia! assentendo la loro domanda, ha decretato a favor di essi (ambasciatori) il presente accordo; (così) Dio decreti a favor di lei vittoria, potenza e splendidi conquisti! per lo spazio di dieci anni solari consecutivi, da cominciare a mezzo settembre, che cade nel mese di Giumadi primo, dell'anno settecento tredici, coi patti seguenti :

1. Tutti i mercatanti pisani e loro seguaci che giungano nell'eccelsa capitale, cui Dio prosperi! e nei luoghi compresi sotto il suo dominio, non che quelli che sarà per conquistare in appresso, se piaccia al sommo Iddio, sono assicurati nelle persone e facoltà loro. I confini del loro territorio, pel quale è stipulato l'accordo, cominciano da un paese sul Mar Grande (il Mediterraneo), nominato Corbo, infino a un altro che si addimanda Civita-Vecchia, comprese le isole : Sardegna con la sua fortezza (detta) Castel di Castro, Corsica, Pianosa, Elba, Capraia, Gorgona, Giglio e Monte Cristo.

2. Per tutto il tempo della presente pace non andrà a danneggiare lor paesi marittimi, nè alcuna delle dette isole, verun legno da guerra, (mandato) dall'alta capitale (Tunis).

3. In ciascun paese marittimo dell'Affrica (propria) e sue dipendenze, nel quale soglian essi sbarcare e mercatare in dogana, avranno (i Pisani) un fondaco esclusivamente riserbato a loro per (esercitarvi loro) traffichi, nel quale non potranno dimorare insieme con essi altri Cristiani. Godranno in ciascun fondaco l'uso della chiesa che v'ha, del cimitero pe' loro morti, e d'un forno loro particolare, secondo l'antica costumanza. Potranno recarsi ad un bagno, loro specialmente destinato, un giorno in ogni settimana.

4. Su le merci che vendano, sarà levata una decima per intero; e ciò alla partenza del mercatante. Da chi, invece di partire, prolunghi il soggiorno (nello stesso paese), si prenderà la decima alla scadenza di tre anni dal dì del suo arrivo. E ciò per assentire al desiderio che (i Pisani) ne han (mostrato).

5. Non si leveranno gli otto dirhem sopra ogni cento dinar (di prezzo, per le merci) che eglino fossero per comperare nella capitale Tunis.

6. Su l'oro e l'argento coniati pagheranno una mezza decima, all'arrivo. Sugli stessi (metalli) non coniati, daranno la mezza decima, vendendoli; e, non vendendoli, potranno riesportarli senza pagar nulla, quando sia provato il fatto. Su i dinar e i dirhem[1] di conio cristiano che recassero, si seguirà l'antica consuetudine.

7. Facendo naufragio alcuna nave di mercatanti pisani in alcuna spiaggia dell'Affrica (propria) e sue appartenenze, gli abitatori del paese più vicino sono in obbligo di custodire (i detti mercatanti) senza mercede, finchè i padroni salvino la nave. Per lo trasporto delle merci non si pagherà oltre il consueto.

8. I Pisani non daranno malleveria per fatto (che possa avvenire) nel porto dell'eccelsa capitale, tra loro e i loro nemici cristiani, e non si darà loro alcuna malleveria per quello che i loro nemici far potessero (a danno) loro.

---

[1] C'est-à-dire les monnaies d'or et les monnaies d'argent.

9. Nascendo lite tra un Musulmano e un Cristiano, ovvero tra due Cristiani (di nazione diversa ¹) si giudicherà secondo il dritto (musulmano ²?).

10. Per la mercede della bilancia adoperata a pesare loro mercanzie, saranno trattati secondo la costumanza.

11. In qualunque luogo sbarchino delle spiagge dell' Affrica (propria) e sue dipendenze, avranno l' eletta di rimanere per compiere lor faccende (o andarsene); nè lor sarà vietato di comperare le provvigioni o roba di che avessero bisogno.

12. A loro eletta potranno, giugnendo, sbarcare loro merci o riesportarle.

13. I *mosctaghil* ³ delle dogane o altri uficiali di tutti i paesi anzidetti, nè i turcimanni, nè i barcaiuoli non potranno far novità a danno di essi (Pisani quanto alle mercedi, per le quali non si pagherà) oltre il consueto.

14. A niun mercatante (pisano) sarà fatto impedimento alla partenza, dopo ch' egli abbia saldati i conti (con la dogana) dell' eccelsa capitale, cui Dio prosperi! o dagli altri paesi dello Stato.

15. Qualsivoglia mercatante d'altra (nazione) venga con essi (Pisani) in lor navi, avrà gli stessi dritti e doveri di quelli.

16. Non si vieterà ai mercatanti pisani di vendere nell' *halka* ⁴ quante volte lo chieggano, al solito.

17. S' eglino non possano immediatamente trasportare al loro fondaco le merci che avessero recate a Ras-es-Silsila ⁵, e se (poi avvenga e) sia provato che vi manchi qualche cosa, i custodi di quel luogo saranno tenuti a pagar loro il valore (della roba perduta).

18. Ogni qualvolta essi chiederanno la liquidazione dei loro conti con le dogane, le quali Dio riempia in abbondanza! sarà loro assentito, senza obbligarli a pagar altro (dritto) che il consueto.

19. Nel caso che un Pisano abbia liquidato il conto con la dogana, pagato il suo debito e preso il *berât* ⁶ d' uscita, convalidato di testimonianza, non sarà trattenuto nè distolto dal suo viaggio, nè richiesto di rifare il detto conto; a meno che non comparisca apertamente tal fatto da renderlo necessario. Non pagheranno (in tal caso) se non che il consueto.

---

¹ Entre deux Chrétiens de nations différentes, ou entre deux Chrétiens d'une nation qui n'avait pas de consul dans le pays.

² Cette addition du mot *musulmano*, dans un sens restrictif et spécial, nous paraît superflue et même peu exacte. Dans les cas prévus, le différend devait être réglé suivant l'équité, suivant le droit naturel. La rédaction arabe doit avoir un sens général et indéterminé, bien que l'arbitrage fût la plupart du temps remis à un magistrat arabe, même quand le procès existait entre deux Chrétiens de nations différentes. Cf. traité de Venise et Tunis de 1317, art. 3; traité de Pise avec le Maroc, 1358, art. 11.

³ Le préposé ou officier.

⁴ En latin et en vieux italien *calega*, *galeea*, à l'encan.

⁵ Littéralement au *cap de la Chaîne*, à la Goulette, où était en effet une chaîne qui fermait l'accès du canal conduisant au lac de Tunis.

⁶ Quittance de la douane, donnant par elle-même au marchand chrétien la faculté de partir à sa convenance.

20. Avranno essi in Bona, che Dio la guardi! un fondaco particolarmente destinato a loro alloggio, nel quale non dimoreranno insieme con essi altri Cristiani. In questo fondaco varranno le medesime consuetudini che (reggono) in Tunis, cui Dio guardi! e similmente in Cabes, Sfax e Tripoli.

21. Su le navi ch' eglino vendessero non sarà presa decima, se non che nel caso di vendita a gente di altre nazioni, con le quali (lo Stato di Tunis) non abbia accordo.

22. Per quelle merci su le quali abbiano pagata la decima, e poi, non trovando avvantaggio, le trasportino in altro paese che quello in cui le siano state decimate, non dovranno pagare novella decima, quante volte costi (il primo pagamento).

23. Similmente, quando abbiano contribuita la mezza decima su l'oro e l'argento, o vogliano comperare (della roba) col prezzo delle (altre) merci di cui sia stata da loro soddisfatta la decima, o la mezza decima, non avranno a pagare alcun dritto nell' eccelsa capitale, nè in altri paesi dello Stato; quante volte costi (la detta provenienza del danaro impiegatovi).

24. I padroni di navi non saranno obbligati a soddisfare la mezza decima su la roba che comperassero col nolo delle navi medesime.

25. Quante volte sia d' uopo (al governo di Tunis) alcuna di lor navi per trasportare decime o altro, si prenderà una nave sopra ogni tre, con (pagarne) il nolo. Sarà designata dal console pisano.

26. Quante volte alcun di essi abbia soddisfatta la decima sopra un contante col quale non abbia (poi) comperato nulla, s' ei voglia lasciar quel (danaro) presso alcuno della sua gente, non ne sarà impedito; purchè costi ch' egli non abbia usata nessuna parte del contante.

27. Per le vendite (di merci) fatte da essi (Pisani) nell' *halka*, con testimonianza (in buona forma), risponderà del prezzo, in caso di diffalta, la dogana; per le vendite praticate con testimonianza per mezzo di turcimanni, risponderanno, in caso di diffalta, i turcimanni (stessi).

28. Quando alcun Pisano abbia venduta o comperata merce da alcuno dei *mosctaghil*, ovvero abbia avuta promessa di vendita di alcuna merce dei paesi dell' eccelsa capitale, e n' abbia strumento con testimonianza, quest' atto non sia annullato a suo danno, a meno che non costi di dolo, equivoco, ovvero adulterazione.

29. Se alcun Pisano fugga, o (altrimenti) frodi un deposito o un credito della nobile Eccellenza (del principe) ovvero d' alcun Musulmano, non sarà, per questo, perseguitato (in giustizia) il console nè alcun mercatante pisano, a meno che non abbiano data malleveria (per costui); nè sarà perseguitato altri che il colpevole in persona.

30. Vendendosi da alcun Pisano del lino, cotone o altre merci che vanno a peso (il venditore), non dovrà per questo nè *rotl*[1], nè mancia, alla dogana, nè ai turcimanni.

31. Quando un Pisano spacci da sè alcuna merce in dogana, non dovrà per quella che una sola turcimannia.

[1] Le *rotl* est un poids arabe, moindre qu'un kilogramme. Ici, ce mot désigne l'usage abusif de prélever un *rotl* sur les marchandises qui se pesaient en sacs ou en balles.

32. Importandosi da' Pisani alcuna merce che torni a comodo alla nobile Eccellenza e che si rechi (a quella), non si riterrà più di dieci giorni, e in tal termine se ne pagherà il prezzo o si renderà la merce al proprietario.

33. Ai consoli di essi (Pisani) sarà assegnato un giorno in ogni mese per vedere di persona l'eccelso personaggio, di cui Dio mantenga l'altezza! Similmente essi consoli, un giorno in ciascun mese, avranno adito al *mosctaghil* di ciascun paese nel quale si trovino.

34. Se alcun uomo partito dal territorio dei Pisani, o dalle loro isole sopradette, rechi danno ad alcuno (abitatore) dei paesi dell'Affrica (propria) o delle sue appartenenze, è dovere del giudice, anziani e consoli dei Pisani di rendere giustizia, catturare i colpevoli, metterli a morte e staggire lor beni.

35. I Pisani non compreranno nulla da chi commetta rapine contro i Musulmani, cioè nè merci prese a costoro nè prigioni. Trovandosi di così fatte merci o prigioni in man di Pisani, saranno lor tolti senza compenso.

36. Sorgendo alcuna lite tra essi (Pisani), non sarà giudicata da altri che dai loro consoli.

37. In ogni loro operazione in dogana non sarà levato altro (dritto) che il solito.

38. Del presente scritto si farà una copia per ciascuno dei paesi dipendenti dall'eccelsa capitale, nei quali essi (Pisani sogliano) mercatare.

39. Non si vieterà ad alcun mercatante pisano di comperare merci da chiunque ei voglia.

40. Non s'impedirà ad alcun Pisano, a contemplazione[1] di uom genovese nè d'altro Cristiano, di comperare quelle merci (ch'ei voglia).

41. Quando alcun Pisano avrà comperata alcuna merce di quelle che si vendono per conto del governo, nessuno annullerà la compera, nè il *mosctaghil* che abbia venduta la merce, nè il suo successore; purchè non sia seguito nella vendita equivoco nè dolo, e che nulla siasi occultato del prezzo.

42. Per tutta (merce) che sia stata comperata in dogana con testimonianza (in buona forma) per conto dell'eccelso personaggio, cui Dio mantenga! e per la quale il venditore abbia in mano l'attestato (della compera), sia tenuta la dogana a pagare il prezzo, senza potersi richiedere dal venditore più ampia prova.

43. Nel caso che alcun di essi (Pisani) abbia, in dogana, un credito e un debito, e ne tenga in suo potere il *tenfids*[2], si conteggi l'uno con l'altro.

44. Similmente se sia scritto contro alcun di essi un debito in alcun luogo di vendita per conto del governo[3], e nello stesso luogo sia scritto a favor suo un credito, avendone egli in mano il *tenfids*, si dedurrà il credito dal debito.

45. In tutte lor faccende saranno trattati (i Pisani) con giustizia e riguardo, come gli altri Cristiani coi quali (lo Stato di Tunis) abbia accordi.

[1] Pour compte.
[2] Le reçu, l'attestation.
[3] Du roi de Tunis.

46. Qualunque Musulmano, suddito dell'eccelsa Maestà, che vada in alcun paese, isola o porto dei Pisani, sarà assicurato con l'aman del sommo Dio, nella persona e nell'avere.

Hanno attestato il giuramento (prestato) dai due suddetti ambasciatori, Giovan Fagioli e Ranieri del Bagno, nella stipulazione fatta di questo accordo per parte dei loro committenti suddetti, sendo essi (ambasciatori) nelle (debite) condizioni di sanità (di mente), libertà (d'azione) ed autorità (di contrarre), e servendo (loro) da interpreti quei Musulmani che soglionsi adoperare a questo. E sono intervenuti alla stipulazione del medesimo accordo,

I mercatanti pisani, di cui seguono i nomi : il console del tempo, Bengiâl B.r.kan (Vulcano?); Giovan K.raia; Lam Ask.r S.l.b L.tar (Lami Scorcialupo di Lottario?); Kalusc Dalnial (Calogero D'Agnello?); Gik Aliat (Cecco Alliata?); Gian B.n.k.n.t (Gian Bonconti); Giul G.n.kìn (Giulio Gingino?); Ban Santilt.

Ed (anche hanno attestato) il giuramento prestato da colui per cui mano al presente spedisconsi gli eccelsi comandi della nobil Porta, la quale Dio esalti e prosperi e mantenga! (giuramento) di compiere questo (trattato).

Ciò con la data del 21 di Giumadi primo, dell'anno settecento tredici, corrispondente al 14 del mese di Settembre (1313).

Presone ricordo l'ultimo del mese di Giumadi (?) .....-el-Hakk (?) ..... E Ahmed-ibn-Ismail-ibn-Ahmed-er-Reba'i (ovvero Roba'i)[1].

---

[1] Au bas de l'original arabe conservé à Pise, l'archiviste de la république écrivit la note suivante : (Car)ta de la pace cheffe mess. Giovanni Fagiuolo e s(er) Ranieri dal Bagnio cho la re(al) corte di Tunisi in del MCCCXV, scritta in saracinesco.

XV.

1353, 16 mai. A Tunis.

Traité de paix et de commerce conclu pour dix ans entre la république de Pise et l'émir Abou-Ishac, II⁰ du nom, Ibrahim Abou-Yahya Abou-Bekr, roi de Tunis, par Rainier Porcellini, ambassadeur pisan.

Biblioth. de l'École des chartes, 2⁰ série, t. V, p. 145; Amari, *Diplomi Arabi*, p. 303.

TEXTE LATIN, CONTEMPORAIN DU TEXTE ARABE.

In eterni Dei nomine, amen. Ex hoc publico instrumento sit omnibus audientibus manifestum, quod mangnus et potens atque victoriosus nec non benefortunatus dominus, dominus vetus, altus et bonus pelegrinus Ebumaamet Abdala Bentefraghim, per Dei gratiam visusrex serenissimi, nobilissimi, altissimi et potentissimi atque excelsatissimi domini, per Dei gratiam, domini emir Elmumin Ybusac Abram Ebne, regis Tunitii et aliarum terrarum et locorum de Africha, filii condam celebris memorie illustrissimi et nobilissimi atque potentissimi domini regis Mirabuchier, pro dicto domino rege, ex una parte; et sapiens et discretus vir ser Ranerius Porcellinus, civis et mercator pisanus, filius condam ser Francisci Porcellini, ambaxiator, sindicus et procurator pisani comunis, ut constat per cartam sindicatus et procurationis, rogatam a ser Conrado notario de Rinonichi, pisano cive, dominice Incarnationis anno millesimo trecentesimo quinquagesimo tertio, indictione sexta, de mense Ianuarii, secundum cursum pisanum, sindicatus et procuratorio nomine pro dicto comuni pisano, ex altera parte;

Fecerunt inter se, nominibus quibus supra, veram et puram pacem, concordiam, finem et remissionem de omnibus et singulis injuriis, offentionibus, et de robbariis et aliis quibuscumque factis, habitis et illatis

TRADUCTION PAR M. AMARI DU TEXTE ARABE.

Nel nome di Dio clemente e misericordioso. Benedica Iddio al nostro signore e padrone Maometto, il nobil profeta, e sua schiatta e suoi compagni, e dia loro pienissima pace.

Questo è trattato di santo accordo, fermato per ordine del signor nostro e padrone, il califo, l' Imam aspirante a vincere con l' aiuto di Dio, vittorioso per grazia di lui, il principe de' Credenti Abu-Ishak-Ibrahim, figliuolo del nostro signore e padrone il califo ed Imam, il fidante in Dio, aiutato da Dio con la vittoria, il principe dei Credenti, benedetto e già accolto nella misericordia (di Dio), Abu-Iehia-Abu-Bekr, discendente degli emiri giusti, che Dio aiuti loro (schiatta) con la vittoria, e la regga sempre col suo soccorso e favore! ne perpetui l'impero, lo estenda su tutta la terra, e mantenga (il governo) di lei ad (utilità de') Musulmani!

Dal kebìr del governo di esso (Abu-Ishak) e de suoi nobili antenati, l'intimo loro, il riverito, fidato ed autorevole *hâgib* dei re illustri che in lui pienamente ogni cosa rimetteano, celebre per la felicità dell' ingegno ch' egli sempre (spiegò) in tutti i modi e in tutti i casi, l' illustre sceikh, l' *haggi*, il protettore riverito ed ossequiato, l' alto, eccelso, magnanimo, cospicuo, grande, immenso, forte, sublime, potente, rinomatissimo, generoso, il principale (della nazione), l'ossequiato, avventurato, accetto (a Dio), benedetto, prosperante, egregio, grotta (d' asilo), castello (inespugnabile), il ben diretto e rinforzato (da Dio), il perfettissimo Abu-Mohammed-Abd-Allah, quegli che (ha saputo) ristorare le cose (pub-

inter suprascriptam regiam Maestatem et ejus subditos et subjectos, et suprascriptum comune pisanum et ejus cives et homines et personas ad invicem usque hodie; quibus omnibus dicte partes nominibus quibus supra penitus et in totum renuntiaverunt; duraturam a medio mense May presenti ad annos decem proxime venturos. Quam pacem et concordiam dicte partes, nominibus quibus supra, promiserunt sibi ipsis ad invicem, nominibus antedictis, toto dicto termino decem annorum habere firmam et tenere ratam, et contra non facere vel venire aliqua ractione vel causa, aliquo modo vel jure; ordinando et statuendo inter dictas partes, nominibus suprascriptis, observare et adimplere pacta infrascripta, ut scribuntur inferius ordinata, videlicet :

bliche) ande a precipizio, e compiere i negozi di che s' era dileguata ogni speranza : così Dio innalzi la sua fama su le cattedre della gloria, faccia suonare le sue lodi per tutti gli orizzonti, perpetui la felice autorità del suo comando talmente che non abbia meta, e mantenga salda la sua dignità in guisa che non se ne vegga (al mondo) l' uguale! figlio del gran signore, l' illustre sceikh, giureconsulto, tradizionista ed erudito d'autorità, il riverito, l'ossequiato, il venerando, immenso, celebre, rinomatissimo, il grande, l' (uom) grave e senza pari, il principale (della nazione), il celebre, egregio, felicissimo, sommo, perfettissimo, il benedetto e già accolto nella misericordia (di Dio), Abu-l-Abbas-Ahmed-ibn-Tafragîn, che Dio benedica il suo spirito e gli dia il paradiso per soggiorno e dolce riposo!

Ha fermato questo (trattato, Abu-Mohammed-Abd-Allah), di cui Dio mantenga la grandezza, guardi da ogni vicenda di fortuna il perfetto suo stato, e prosperi il suo avvenire e il suo presente!

Con Neri Porcellino, Cristiano di Pisa, arrivato adesso all' eccelsa capitale Tunis, della quale Iddio accresca e mantenga la prosperità! ambasciatore del comune di Pisa, degli anziani, degli uomini del consiglio e di tutti gli oficiali e governo della repubblica.

Dopo il suo arrivo all' eccelsa capitale, cui Dio aiuti! (Neri Porcellino) esibì una procura scritta in carattere *'agemî* [a], di legger la quale, nella felice dogana di detta capitale, furono richiesti, per comando di chi regge essa (dogana, cioè) il riverito sceikh, felicissimo, lodatissimo, eccelso, elevatissimo, diligentissimo, gravissimo, perfettissimo, Abu-Abd-Allah-Mohammed, figlio dell' illustre sceikh, riverito, lodatissimo, felicissimo, l' ossequiato, benedetto e già accolto nella misericordia (di Dio), Abu-l-Abbas-ibn-Tafragîn [b], del quale Dio perpetui la gloria e mantenga prosperamente la dignità!

---

[a] En caractères étrangers, c'est-à-dire chrétiens.

[b] Le directeur de la douane était frère du premier ministre du roi de Tunis.

1. In primis, quod quilibet Pisanus ad ejus voluntatem possit, libere et secure, in averi et persona, venire et stare ad terras et loca suprascripti domini regis, et inde discedere.

2. Et quod, durante dicta pace, aliquod lignum suprascripti domini regis vel ejus subditorum non faciat aliquam novitatem alicui Pisano in persona vel averi, nec contra venire ad terras vel loca pisani comunis pro danificando aliquam personam.

3. Et quod Pisani possint et debeant habere fundachum in qualibet civitate suprascripti domini regis; et in eis vel aliquo eorum non debeat vel possit stare aliqua persona, cujuscumque condictionis existat, nisi ad voluntatem Pisanorum. Et debeat fieri eis in quolibet dictorum fundacorum una ecclesia et unum cimiterium. Et in qualibet predictarum civitatum debeat esse unum balneum, in quo una die in qualibet edomoda possint intrare et stare per dictam diem. Et debeant habere unum furnum in qualibet dictarum civitatum.

4.

5. Et quod Pisani non teneantur vel debeant solvere octo miliarenses pro quolibet centenario bisantiorum mercantiarum que

Alcuni mercatanti, consoli e preti cristiani, i quali, servendo loro da interprete un fidato turcimanno musulmano, (dichiararono) essere quell' (atto) una procura piena ed autentica, da non rimanere appo di loro nè dubbio nè sospetto (su la validità di quella), e quale han essi costume di fare in somiglianti (negoziazioni) tra loro. L'ambasciatore suddetto richiese che questo accordo, ch' egli era venuto a stipulare, fosse (fermato) per dieci anni solari consecutivi, da cominciare a mezzo Maggio, che cade nel mese (musulmano) segnato nella data (del presente trattato); e ciò coi patti seguenti:

1. Tutti i mercatanti pisani e loro seguaci che giungano nell' eccelsa capitale, cui Dio prosperi! e nei luoghi compresi sotto il suo dominio, sono assicurati nelle persone e facoltà loro.

2. Per tutto il tempo della presente pace non andrà a danneggiare lor paesi marittimi, nè lor isole, verun legno da guerra, (mandato) dall' alta capitale (Tunis).

3. In ciascun paese marittimo dell' Affrica (propria), nel quale sogliano essi sbarcare e mercatare, avranno (i Pisani) un fondaco esclusivamente riserbato a loro per (esercitarvi loro) traffichi, nel quale niun altro potrà dimorare insieme con essi. Godranno in ciascun fondaco l'uso della chiesa che v'ha, del cimitero pe' loro morti, e d'un forno loro particolare, secondo l'antica costumanza. Potranno recarsi ad un bagno, loro specialmente destinato, un giorno in ogni settimana.

4. Su le merci che vendano, sarà levata una decima per intero.

5. Non si leveranno gli otto dirhem sopra ogni cento dinar (di prezzo, per le merci) che eglino fossero per comperare nella capitale Tunis.

per eos emerentur in terris et locis suprascripti domini regis.

6. Et quod Pisani teneantur solvere medium dirictum tantum, et non ultra, de auro vel argento cugnato seu fabricato. Et quod de auro et argento in piastris vel in virgis, vel non fabricato, Pisani non teneantur vel possint cogi ad solvendum dirictum, donec ipsum vendiderint; et si non vendiderint vel vendere noluerint, possint et eis liceat ipsam quantitatem auri vel argenti deferre ad illas partes ut eis videbitur et placebit, sine aliqua solucione diricti solvenda. Et quod de moneta contantorum auri vel argenti non teneantur aliquid solvere, nisi modo consueto.

7. Et quod si aliquod lignum Pisanorum frangeretur, sive iret in perdictionem in aliquo loco suprascripti domini regis, illi tales de dicto ligno possint secure ire et stare ad locum populatum sive in quo esset aliqua gens, et debeant adjuvari a dicta gente suprascripti domini regis sine aliqua solucione inde fienda; et res suprascriptorum talium Pisanorum portari ad illa loca ut dictis Pisanis placebit, ad expensas curie suprascripti domini regi.

8. Et quod aliquis Pisanus non teneatur securare in portu Tunitii aliquem amicum vel inimicum suprascripti domini regis; et quod dictus dominus rex non teneatur securare aliquem Pisanum in portu predicto Tunitii.

9. Et quod lites et questiones que essent inter Pisanos et Saracenos debeant cognosci et terminari per curiam douane dicti domini regis.

10. Et quod ponderatores terrarum et locorum suprascripti domini regis teneantur et debeant ponderare mercantias Pisanorum; et dicti ponderatores non possint petere vel habere mercedem eorum, nisi modo preterito et anticho.

6. Su l' oro e l' argento coniati pagheranno una mezza decima, all' arrivo. Sugli stessi (metalli) non coniati, daranno la mezza decima, vendendoli; e, non vendendoli, potranno riesportarli senza pagar nulla, quando sia provato il fatto. Su i dinar e i dirhem di conio cristiano che recassero, si seguirà l' antica consuetudine.

7. Facendo naufragio alcuna nave di mercatanti pisani in alcuna spiaggia dell' Affrica (propria) e sue appartenenze, gli abitatori del paese più vicino sono in obbligo di custodire (i detti mercatanti) senza mercede, finchè i padroni salvino la nave. Per lo trasporto delle merci non si pagherà oltre il consueto.

8. I Pisani non daranno mallevería per fatto (che possa avvenire) nel porto dell' eccelsa capitale, tra loro e i loro nemici cristiani; e non si darà loro alcuna mallevería per quello che i loro nemici far potessero (a danno) loro.

9. Nascendo lite tra un Musulmano e un Cristiano, ovvero tra due Cristiani (di nazione diversa?), si giudicherà secondo il dritto (musulmano?).

10. Per la mercede della bilancia adoperata a pesare loro mercanzie, saranno trattati secondo la costumanza.

11. Et quod Pisani possint stare in portu Tunitii et ejus reveria, et in quolibet alio loco suprascripti domini regis; et quod aliqua persona non possit vel debeat inibere eis predictum stare et esse, vel, si vellent, procurare, habere et emere vectovaliam sive victum.

12. Et quod Pisani possint et eis liceat, in tota fortia suprascripti domini regis, illas mercantias, quas aduxerint, scharicari facere; et si eas vendere noluerint, recharicari et portari facere ad loca, ut eis videbitur et placebit, sine aliqua solutione diricti.

13. Et quod aliquis officialis, sive canovarius aut famulus, sive alia persona, pro aliqua causa, non possit petere vel habere ab aliquo Pisano aliquid ultra modum consuetum.

14. Et quod aliquis Pisanus, facta sive reddita curie ejus ratione, non possit pro aliquo detineri.

15. Et si aliqua persona, cujuscumque loci existat, cum aliquo Pisano veniret ad terras et loca suprascripti domini regis, illa talis persona tractetur ut Pisanus.

16. Et quod quilibet Pisanus possit et ei liceat, sine aliqua prohibitione per aliquem ei fienda, vendere in galica, idest in incanto, mercantias suas ad ejus voluntatem.

17. Et quod custodes douane suprascripti domini regis teneantur custodire et salvare mercantias Pisanorum entes in dicta douana; et si aliquod dampnum reperiretur esse factum in dictis mercantiis dum essent in dicta douana, dicti custodes teneantur dictis Pisanis dictum tale dampnum integraliter emendare.

18. Et quod cuilibet Pisano petenti ractionem in douana, dicta ractio pro ejus expeditione sine mora debeat sibi fieri.

11. In qualunque luogo sbarchino delle spiagge dell' Affrica (propria) e sue dipendenze, avranno l'eletta di rimanere per compiere lor faccende (o andarsene); nè lor sarà vietato di comperare le provvigioni o roba di che avessero bisogno.

12. A loro eletta potranno, giugnendo, sbarcare loro merci o riesportarle.

13. I *mosctaghil* delle dogane o altri uficiali di tutti i paesi anzidetti, nè i turcimanni, nè i barcaiuoli, non potranno far novità a danno di essi (Pisani quanto alle mercedi, per le quali non si pagherà) oltre il consueto.

14. A niun mercatante (pisano) sarà fatto impedimento alla partenza, dopo ch'egli abbia saldati i conti (con la dogana) dell' eccelsa capitale, cui Dio custodisca! o dagli altri paesi dello Stato.

15. Qualsivoglia mercatante d'altra (nazione) venga con essi (Pisani) in lor navi, avrà gli stessi dritti e doveri di quelli.

16. Non si vieterà ai mercatanti pisani di vendere nell' *halka*, quante volte lo chieggano, al solito.

17. S'eglino non possano immediatamente trasportare al loro fondaco le merci che avessero recate a Ras-es-Silsila [a], e se (poi avvenga e) sia provato che vi manchi qualche cosa, i custodi di quel luogo saranno tenuti a pagar loro il valore (della roba perduta).

18. Ogni qualvolta essi chiederanno la liquidazione dei loro conti con le dogane, le

[a] A la Goulette.

19. Et quod, postquam fecerit suam ractionem in dicta douana, ei liceat discedere a dictis terris et locis ad suam voluntatem; et quod non possit aliquo modo detineri, nisi evidenti ractione sibi cum veritate petenda.

20. Et quod aliquis Pisanus de aliquo suo navigio per eum vendendo in dictis terris et locis suprascripti domini regis non teneatur solvere aliquem dirictum, nisi tale navigium venderet personis que non essent in pace cum dicto domino rege; de quo in dicto casu solvere teneatur.

21. Et quod mercantias Pisanorum, de quibus esset semel solutum dirictum in una terra vel loco suprascripti domini regis, dicti Pisani possint et eis liceat portari facere ad terras et loca suprascripti domini regis quotiens eis placebit, sine aliqua solutione dirictus.

22. Et quod Pisani non teneantur solvere dirictum in aliquo loco suprascripti domini regis de mercantiis per eos emendis de pecuniis sive monetis cugnatis et non cugnatis, sive in piastris aut in virgis de auro vel argento; de quibus pecuniis et monetis esset solutus dirictus in aliquo loco suprascripti domini regis.

23. Et quod quilibet Pisanus patronus cujuscumque ligni venientis ad terras et loca suprascripti domini regis, possit et sibi liceat emere illas mercantias que sibi placebunt in dictis terris et locis, et illas portare quo sibi placebit, sine aliqua solutione dirictus, usque in quantitate denariorum quos receperit de naulo de mercantiis quas super dicto ligno ad dictas terras et loca aduxerit.

24. Et quod dicto domino regi liceat et possit accipere unam navem de tribus Pisa-

quali Dio riempia in abbondanza! sarà loro assentito, senza obbligarli a pagar altro (dritto) che il consueto.

19. Nel caso che un Pisano abbia liquidato il conto con la dogana, pagato il suo debito e preso il *berât* d' uscita, convalidato di testimonianza, non sarà trattenuto nè distolto dal suo viaggio, nè richiesto di rifare il detto conto; a meno che non comparisca apertamente tal fatto da renderlo necessario.

20. Su le navi ch' eglino vendessero non sarà presa decima, se non che nel caso di vendita a gente di altre nazioni, con le quali (lo Stato di Tunis) non abbia accordo.

21. Per quelle merci su le quali abbiano pagata la decima, e poi, non trovando avvantaggio, le trasportino in altro paese che quello in cui le siano state decimate, non dovranno pagare novella decima, quante volte costi (il primo pagamento).

22. Similmente, quando abbiano contribuita la mezza decima su l' oro e l' argento, o vogliano comperare (della roba) col prezzo delle (altre) merci di cui sia stata da loro soddisfatta la decima, o la mezza decima, non avranno a pagare alcun dritto nell' eccelsa capitale, nè in altri paesi dello Stato; quante volte costi (la detta provenienza del danaro impiegatovi).

23. I padroni di navi non saranno obbligati a soddisfare la mezza decima su la roba che comperassero col nolo delle navi medesime.

24. Quante volte sia d' uopo (al governo di Tunis) alcuna di lor navi per trasportare

norum que essent in portu Tunitii ad naulum, videlicet illam quam elegerit et voluerit consul Pisanorum Tunitii, qui in tempore erit in dicto officio consulatus.

25. Et quod quilibet Pisanus possit et sibi liceat recomendare in terris et locis dicti domini regis tantum de exitu quantum habuerit de introitu suarum mercantiarum cuicumque sibi videbitur et placebit.

26. Et quod curia dicti domini regis teneatur emendare cuilibet Pisano illud quod ipse perdiderit de suis mercantiis in galica; et si dictus Pisanus vendiderit aliquam mercantiam per turcimannos, et mercantia predicta perderetur, quod ad emendationem dicti turcimanni inde dicto Pisano integre teneantur.

27. Et quod si per aliquem Pisanum emeretur aliqua cabella, seu aliqua mercantia, in suprascriptis terris et locis ab aliquo officiale, serviente aut factore suprascripti domini regis, carta publica aut scriptura inde interveniente, quod per dictum dominum regem et ejus curiam observetur ut in dicta carta seu scriptura continetur ad plenum, dummodo carta et scriptura non sit falso modo composita vel scripta.

28. Et si aliquis Pisanus recederet de terris et locis suprascripti domini regis, et portaret seu auferet aliquid curie suprascripti domini regis vel alterius persone, quod consul Pisanorum vel aliquis alius Pisanus non teneatur inde ad aliquid, nisi ille talis consul, seu Pisanus, esset ejus fidejussor pro predictis.

29.

decime o altro, si prenderà una nave sopra ogni tre, con (pagarne) il nolo. Sarà designata dal console pisano.

25. Quante volte alcun di essi abbia soddisfatta la decima sopra un contante col quale non abbia (poi) comperato nulla, s'ei voglia lasciar quel (danaro) presso alcuno della sua gente, non ne sarà impedito; purchè costi ch' egli non abbia usata nessuna parte del contante.

26. Per le vendite (di merci) fatte da essi (Pisani) nell' *halka*, con testimonianza (in buona forma), risponderà del prezzo, in caso di diffalta, la dogana; per le vendite praticate con testimonianza per mezzo di turcimanni, risponderanno, in caso di diffalta, i turcimanni (stessi).

27. Quando alcun Pisano abbia venduta o comperata merce da alcuno dei *mosctaghil*, ovvero abbia avuta promessa di vendita di alcuna merce dei paesi dell' eccelsa capitale, e n' abbia strumento con testimonianza, quest' atto non sia annullato a suo danno, a meno che non costi di dolo, equivoco, ovvero adulterazione.

28. Se alcun Pisano fugga, o (altrimenti) frodi un deposito o un credito della nobile Eccellenza (del principe), la quale Iddio conservi! ovvero d'alcun Musulmano, non sarà, per questo, perseguitato (in giustizia) il console nè alcun mercatante pisano, a meno che non abbiano data malleveria (per costui); nè sarà perseguitato altri che il colpevole in persona.

29. Vendendosi da alcun Pisano del lino, cotone o altre merci che vanno a peso, (il venditore) non dovrà per questo nè *rotl* [a] nè mancia alla dogana, nè ai turcimanni.

[a] Prélèvement d'un *rotl* de marchandises

30. Et quod aliquis Pisanus non teneatur ad solvendum de suis mercantiis nisi unam turcimanniam.

31. Et quod curia suprascripti domini regis possit et sibi liceat accipere de mercantiis quas Pisani portabunt ad terras et loca suprascripti domini regis, illas que dicte curie placebunt, et eas retinere per decem dies; et in capite dictorum decem dierum teneatur restituere dictas res dicto Pisano, aut solvere ei pretium ipsarum; et hec duorum sint in voluntate dicte curie.

32. Et quod consul Pisanorum possit et sibi liceat semel in quolibet mense loqui domino regi predicto, et hoc non possit sibi denegari.

33. Et si aliquis Pisanus armaret aliquod lignum in cursum, et faceret aliquod dampnum in averi vel persona alicui de terris vel locis suprascripti domini regis, sive regali Majestati, quod comune Pisanum et consul Pisanorum et Pisani debeant inquirere, consummare dictum talem in averi et persona.

34. Et quod aliquis Pisanus non audeat vel presumat aliquo modo emere ab aliqua persona mercantias et res abblatas alicui de terris vel locis suprascripti domini regis, aut emere aliquem Saracenum de dictis terris et locis. Et si contra fieret, liceat cuilibet de terris et locis predictis accipere dictas mercantias et res et Saracenum seu Saracenos, justa eorum posse, libere, sine solucione aut restitutione alicujus pretii inde dicto Pisano fienda, et eo converso.

35. Et quod consul Pisanorum possit, debeat et sibi liceat cognoscere lites et questiones Pisanorum in terris et locis suprascriptis. Et in predictis habeat bailiam et potestatem et liberum et generale mandatum inde cognoscendi, terminandi, condannandi,

30. Quando un Pisano spacci da sè alcuna merce in dogana, non dovrà per quella che una sola turcimannia.

31. Importandosi da' Pisani alcuna merce che torni a comodo alla nobile Eccellenza e che si rechi (a quella), non si riterrà più di dieci giorni; e in tal termine se ne pagherà il prezzo o si renderà la merce al proprietario.

32. Ai consoli di essi (Pisani) sarà assegnato un giorno in ogni mese per vedere di persona l'eccelso personaggio, di cui Dio mantenga l'altezza! Similmente essi consoli, un giorno in ciascun mese, avranno udito al *moscta-ghil* [a] di ciascun altro paese [b].

33. Se alcun uomo partito dal territorio dei Pisani, o dalle loro isole, rechi danno ad alcuno (abitatore) dei paesi dell' Affrica (propria) o delle sue appartenenze, è dovere del giudice, anziani e consoli dei Pisani di rendere giustizia, catturare i colpevoli, metterli a morte e staggire lor beni.

34. I Pisani non compreranno nulla da chi commetta rapine contro i Musulmani, cioè nè merci prese a costoro nè prigioni. Trovandosi (di così fatte merci o prigioni) in man di Pisani, saranno lor tolti senza compenso.

35. Sorgendo alcuna lite tra essi (Pisani), non sarà giudicata da altri che dai loro consoli.

[a] Généralement le directeur de la douane.
[b] Cette dernière disposition, toute favorable aux Chrétiens, n'est pas cependant dans le texte latin.

liberandi, et omnia et singula facere et fieri facere in predictis, ut ei videbitur et placebit.

36. Et quod in curia dicti domini regis, vel aliquis alter, non debeat se impedire, durante dicta pace, aliquo modo vel jure.

37. Et quod quilibet Pisanus, per terras et loca suprascripti domini regis, libere et secure, sine aliqua contradictione, possit emere et emi facere mercantias et res quas emere voluerit.

38. Et quod, per terras et loca suprascriptas, alicui Pisano per Januensem vel aliam personam non possit prohibi emere mercantias et res aliquo modo.

39. Et quod aliquod forum factum aliquarum mercantiarum per aliquem Pisanum, ab aliquo de curia regali suprascripta, vel ab alia persona, non possit frangi, sed semper habeat roboris firmitatem.

40. Et quod si aliquis emeret ab aliquo Pisano aliquam mercantiam pro parte curie suprascripte, et inde dicto Pisano faceret cartam seu scripturam, et in termino non solveretur ei, quod curia regali[s] suprascripta teneatur et debeat id solvere dicto Pisano integraliter sine mora.

41, 42. Et quilibet Pisanus qui haberet recipere a suprascripta regali curia aliquam quantitatem denariorum sive pecunie, possit et ei liceat usque in dictam quantitatem denariorum sive pecunie discomputare, in douana et in omnibus aliis officiis dicti domini regis, dirictum quem solvere habebit de mercantiis per eum adducendis, tam a civitate pisana quam ab aliis locis mundi ad suprascriptas terras et loca.

43. Et quod omnes Pisani qui sunt vel qui venturi sunt ad suprascriptas terras et loca suprascripti domini regis, amentur et revereantur honorate.

36. In ogni loro operazione in dogana non sarà levato altro (dritto) che il solito.

37. Non si vieterà ad alcun mercatante pisano di comperare merci da chiunque ei voglia.

38. Non s'impedirà ad alcun Pisano, a contemplazione [a] di uom genovese nè d'altro Cristiano, di comperare quelle merci (ch' ei voglia).

39. Quando alcun Pisano avrà comperata alcuna merce di quelle che si vendono per conto del governo, nessuno annullerà la compera, nè il *mosctaghil* che abbia venduta la merce, nè il suo successore; purchè non sia seguito nella vendita equivoco nè dolo, e che nulla siasi occultato del prezzo.

40. Per tutta (merce) che sia stata comperata in dogana con testimonianza (in buona forma) per conto dell' eccelso personaggio, cui Dio mantenga! e per la quale il venditore abbia in mano l'attestato (della compera), sia tenuta la dogana a pagare il prezzo, senza potersi richiedere dal venditore più ampia prova.

41. Nel caso che alcun di essi (Pisani) abbia, in dogana, un credito e un debito, e ne tenga in suo potere il *tenfids*, si conteggi l'uno con l'altro.

42. Similmente, se sia scritto contro alcun di essi un debito in alcun luogo di vendita per conto del governo, e nello stesso luogo sia scritto a favor suo un credito, avendone egli in mano il *tenfids*, si dedurrà il credito dal debito.

43. In tutte lor faccende saranno trattati (i Pisani) con giustizia e riguardo, come gli altri

---

[a] A cause, et non pour compte. Cf. p. 53, note 1.

44. Et quod Pisani in suprascriptis terris et locis teneantur et debeant de eorum mercantiis et rebus solvere dirictum et cabellas ad illam rationem quam solvunt Januenses de eorum mercantiis et rebus, et non ultra.

45. Et quod Pisani non teneantur nec possint cogi ad solvendum de eorum mercantiis et rebus dirictum, donec ipsas mercantias et res ipsi vendiderint. Et sit in voluntate ipsorum de solvendo dirictum eorum mercantiarum et rerum de dictis mercantiis vel ad denarios.

46. Et quod quilibet Saracenus subpositus dicto domino regi, venturus ad civitatem pisanam et ejus fortiam et districtum, custodiatur et salvetur in averi et persona.

47. Et si aliquis Pisanus, nunc vel durante dicta pace, esset vel erit schiavus in aliqua terra vel loco suprascripti domini regis, quod dictus dominus rex teneatur incontinenti liberare eum sine aliquo dispendio dicti Pisani. Et similiter, si aliquis Saracenus dicti domini regis esset vel erit schiavus in civitate pisana et ejus fortia et districtu, quod comune pisanum teneatur incontinenti liberare eum sine aliquo dispendio dicti Saraceni.

Acta, facta, composita et firmata sunt suprascripta omnia, ut supra per omnia continentur, in cuba[1] mediocri viridarii Restabbi suprascripti domini regis, positi juxta Tunitium; Ferrando Peres christiano, stipendiario suprascripti domini regis, existente in predictis turcimanno; presentibus archaido Lodorico Alvares, archaido Andreuccio Cibo, conestabilibus stipendiariorum Christianorum suprascripti domini regis, et

[1] La coupole, le pavillon. Voy. *Biblioth. de l'École des chartes*, t. IV, p. 403, 2ᵉ série.

Cristiani coi quali (lo Stato di Tunis) abbia accordi.

44. E (in ogni cosa) saranno protetti, onorati e favoriti nella suddetta eccelsa capitale e in tutti i paesi (dipendenti) da lei, come i Genovesi, nè più nè meno.

45. Non pagheranno su le merci loro la decima nè alcun altro diritto doganale, se non dopo averle vendute; a meno che la decima non sia soddisfatta in derrata.

46. Qualunque Musulmano, suddito dell' eccelsa Maestà, che vada in alcun paese, isola o porto dei Pisani, sarà assicurato con l' aman del sommo Dio, nella persona e nell' avere.

47. Per tutto il tempo che durerà questo accordo sarà liberato ogni prigione pisano (che metta il piede) nell' eccelsa capitale o in qualsivoglia paese dipendente da lei. Ed ogni prigione musulmano, (abitatore) dell' eccelsa capitale o di qualsivoglia paese dipendente da lei, (che metta il piede) nel territorio o nelle isole dei Pisani per tutto il tempo che durerà quest' accordo, sarà (parimenti) liberato.

Hanno attestato il giuramento (prestato) dal suddetto ambasciatore, Neri Porcellino, nella stipulazione fatta di questo accordo da parte de' suoi committenti suddetti, nella forma espressa in questo (atto), sendo esso (ambasciatore) nelle (debite) condizioni di sanità (di mente), libertà (d' azione) ed autorità di operare (in questo modo); il quale (ambasciatore) parlò dassè (senza interpreti) in arabico, ed assistette (personalmente) alla stipulazione di questo accordo, fatta da lui nella qualità divisata in questo (medesimo atto), con quegli che regge gli affari pubblici, che Iddio li favorisca! nella capitale Tunis, gelo-

Simone Orlandi, Andrea ser Pieri Salmuli, et aliis quam pluribus Christianis et Saracenis, testibus ad hec vocatis et rogatis; Dominice incarnationis anno millesimo trecentesimo quinquagesimo quarto,. indictione sexta, septimodecimo kalendas Junii, secundum cursum et consuetudinem pisane civitatis.

Ego Benincasa, condam Mey Casonis de Montemangno, pisanus civis, imperiali auctoritate notarius, et suprascripti ser Rainerii pro comuni pisano scriba publicus ad predicta, predictis omnibus interfui, et de mandato et voluntate suprascriptorum contrahentium de predictis omnibus cartam feci, Ferrando suprascripto in predictis turcimanno existente; et ad cautelam, in hanc publicam formam redegi.

samente custodita da Dio, (quegli) di cui Dio perpetui la potenza ed altezza, e ch' è nominato in (principio di) esso (atto), nella qualità di plenipotenziario del nobile personaggio del principe, del quale Iddio prosperi i giorni e mantenga la potenza e l'alto stato!

E sono intervenuti alla stipulazione del presente accordo, dei mercatanti pisani :

Il console Samuele (*sic*), figlio di Sc.luti (Salute?), pisano; Andrea Salem, pisano; (E) Ferrando Farisi (Perez); il cavaliere Andreuccio, figlio di K.g.lmin (Guglielmino?), Genovese; L.d.rik (Lodorico) figlio di Sciantuf (?) Farisi (Alvarez); e Benincasa, il segretario pisano.

Attestano tutto ciò, per aver con gli orecchi loro sentito (profferire) dall' egregio signore, grotta (di rifugio), il grande, celebre, riverito, venerato, eccelso, l' alta colonna, il sublime, lodatissimo, felicissimo, perfettissimo, Abu-Mohammed-Abd-Allah, del quale si è fatta menzione, la testimonianza (che convalida) esso (atto) nella forma espressa di sopra; del quale (Abu-Mohammed) prolunghi Iddio la grandezza e lo mantenga nel pieno esercizio del reggimento degli affari pubblici! nell' eccelsa capitale Tunis, la quale Iddio custodisca e prosperi!

Ciò, con la data del giovedi del mese di Rebi' secondo, dell' anno settecento cinquantaquattro, corrispondente al sedici del mese di Maggio (1353).

La (presente?) copia di esso (atto?) è stata convalidata di testimonianze e corretta su le copie di essa (Maestà del governo?). Un altra copia di esso è stata convalidata di testimonianze e confrontata con la copia di essi (Cristiani?); un altra è nella medesima forma detta di sopra, ed un' altra contiene la (somma delle) cose divisate in esso (accordo), ed è stata (corretta)?

Attestano la verità di tutto questo, e che sia stata debitamente riconosciuta da Neri Porcellino quivi nominato..... ed Abu-l..... e Mohammed-ibn-..... Ibrahim El-Iakafi?

XVI.

1358, 9 avril [1].

Traité de paix et de commerce accordé pour dix ans, sous forme de privilége, à Pierre de la Barbe, ambassadeur pisan, par Abou-Einan Farès, fils d'Aboul-Hacen, de la dynastie mérinide d'Abd-el-Hack, roi de Maroc, d'Alger, de Bougie, Tripoli et autres terres [2].

M. le baron Baude, *l'Algérie*, Paris, 1841, t. II, p. 149, d'après une copie transmise par M. le duc de Cadore; M. Amari, d'après l'original italien des Archives de Florence, *Diplomi Arabi*, p. 309.

Anno Domini MCCCLXXIIII.

Al nome de Dio pieno di gratia, pietà, e con la benedittione del nostro signore et maggiore Mahomet, missaggio del gratioso Iddio, et per li sua compagni salute et salvamento.

Sia manifesto a chi questa carta scritta vedrà et leggerà, la quale per noi si manda agli antiani et comune di Pisa, e all' altre persone seguente, come noi, lo re, servo et procuratore de Dio, cavalieri di salvi [3], in crescere lo nome dell' onnipotente di tutto, e figliuolo del comandatore di salvi, solicitatore in crescere lo nome de Dio, creatore di tutto, Ebulhasen figliuolo del nostro signore e commandatore di salvi, solicitatore da crescere il nome de Dio, creatore di tutto, Ebiseed figliuolo del nostro signore e commandatore di salvi, solicitatore e da crescere il nome de Dio, creatore di tutto, Ebi Iusuf figliuolo Vabdellach, re di Fessa e di Michinese e di Sale e di Morrocho, e de le terre di Sus e di Segelmese, e delle terre del Mezzo dì e di Teze e di Tremizen e dal Gier [4] e di Bugiea e di Ghostantina, e de le terre di Buona e di Beschera, e de le terre del Zeb, e de le terre d'Africa e di Capisi, e de le terre di Biledel Gierid e di Tripoli e di Tangia e di Septe e di Gibeltari e di Ronda, e di tutte l'altre terre seguente, e delle terre del Ponente e del Levante, e de la Ispagnia, preghiamo Dio ci confermi in bene e vittoria!

Apparve dinanzi alla nostra presenza i Cristiani Piero de la Barba, pisano [5], imbasciatore da vostra parte, anziani e commune di Pisa, con carta di procura generale dagl' anziani e commune di Pisa di poter fare alto e basso per lo ditto commune, e pace e buona concordia con noi, e di tutto ciò che con noi facesse, fusse fermo et rato

---

[1] Sur cette date et sur les erreurs des millésimes et des quantièmes de l'original, voir M. Amari, p. 476-477.

[2] Tunis avait été reconquis par les princes Hafsides sur les Mérinides.

[3] L'original arabe devait avoir ce sens : « Cavaliere, commandatore di Salvi », commandeur des Élus, des Croyants ou Emir-al-Moumenin. Amari.

[4] Alger.

[5] Roncioni, *Istorie Pisane*, édit. Bonaini, p. 820, 840.

sopra la conditione di fare la pace tra voi e noi. E di questo ci pregò a tale che fusse bene e riposo d'amendue le parti, e possa venire ciascuno sicuro. Accettammo la sua preghiera, et havemola fatta gratiosamente.

Vogliamo che chiunque apparisce in ne le nostre terre, le quali salvi Dio! e che sia della signoria del soprascritto commune, e che possino venire sani et salvi et sicuri in havere et in persona, e di stare e d'andare a loro buona voluntade, tanto quanto a loro piacerà; e questo s'intende in mare et in terra, in qualunque navilio si sia, tanto di galee armate quanto d'altro navilio. E abbiamovi fermato questo coi patti che scriverremo qui appresso.

1. E questo è lo primo capitolo di quello che domandato havete. E quando avvenisse che fusse alcuna brigha tra alcuno Pisano o Saracino, o rumore, che sia punito chi ha il torto; e nondimeno la pace stia ferma, che già per ciò non si rimuova. Et habbiamovi accettato questo.

2. E questo è il secondo capitolo che havete addomandato. Lo quale se alcuno Saracino che faccia alcuna domanda ad alcuno Pisano che ha sostenuto, e noi habbiamo a vedere sopra chi ha ragione. Et habbiamovi accettato questo.

3. E questo è il terzo capitolo di quello ci havete domandato. Che se alcuno mercatante de' vostri fa alcuno fallo, che ne debba esser punito, cioè nella persona e nell' haver suo; e se 'l mercatante muore, che il suo havere lo quale ha tra le mani, che non debba esser tocchato. Abbiamovi conceduto questo.

4. E questo è il quarto capitolo lo quale havete chiesto. Che qualunque mercatante morisse in de le terre nostre, salvile Iddio! cioè di vostri mercatanti, et non habbia persona niuna per lui di qua, e che non habbia nella terra dove elli muore nè consolo nè mercatante di vostri, che lo suo havere sia preso con carta testimoniata; e sia accomodato fino a tanto che venga da Pisa chi lo possa ricevere et habbilo. E questo ve l'abbiamo conceduto.

5. (*Voyez à la fin du traité.*)

6. E questo è il capitolo sesto di quello che avete domandato. Quando per alcuna cagione rompesse alcuno legno de' Pisani in alcuna delle nostre terre, o vero che fusse piaggia, che sia lecito loro a quelli del navilio di fare a loro voluntade di tutto ciò che uscisse dal legno sì d'havere e sì d'armadure, e di riportarne le dette cose là unde a loro sia in piacere; et di tutto non se ne debba pagare nulla. Et habbiamovi conceduto questo. E così siamo dichiarati con voi, che se a noi avvenisse il simile caso de' nostri legni, dobbiate così fare a noi.

7. (*Voyez à la fin du traité.*)

8. E questo è l'ottavo capitolo di quello havete domandato. Che se alcuno mercatante de' vostri arrechasse alcuna mercantia che la volessi conducere a la presenza nostra e Maestà, salvila Dio! che non sia alcuno osante d'aprirla nè di vederla, in sino a tanto che la detta mercantia sia nella presenza dello signore re, salvilo Dio e guardi! E se noi la compriamo da lui, che non debba pagare niuno diritto del mondo; e se noi non la compriamo, debba pagare lo diritto usato. Et habbiamovi conceduto questo.

9. E questo è il capitolo nono di quello c' havete addomandato. Che quando verrete alle nostre terre, salvile Dio! che debbiate havere fondaco per voi; e quando non ci havesse fondaco, fusse casa di per sè da gl' altri Cristiani. Et habbiamovi conceduto questo.

10. E questo è il capitolo decimo di quello ci havete domandato. Che quando alcuno Pisano fusse preso per schiavo in alcuna delle nostre terre, che sia liberato come dice in nella carta della pace, la quale riposo di noi e di voi; et habbiamovene liberati di quelli que noi havevamo per le nostre terre; e 'l simile modo dovete far voi a noi delli schiavi saracini i quali voi havete nelle vostre terre.

11. E questo è il capitolo undecimo, lo quale havete domandato. Che se alcuno mercatante pisano havesse quistione con un altro Cristiano d'altra lingua, che sia la quistione dinanzi del vostro consolo; salvo che se la quistione fusse grande che portasse pondo, che vengha a sententiarla alcadi [1] della terra. E quando nel luogo non havesse consolo e la detta questione fusse, che la veggia tra loro lo aveli [2] de la terra, e sino lo signore del castello. Et habbiamovelo conceduto questo. E quando la quistione fusse dal Saracino al Cristiano, che torni alla ragione de' Saracini e de' loro cadi.

12. E questo è il capitolo duodecimo. Che quando si nauleggiasse alcuno nostro legno per caricare alla corte biada, o cavalli, o armadure, o alcuna altra cosa, che sia dato al padrone del legno lo suo naulo a la sua voluntade, senza esserli fatto nulla gravezza. Il simile s'intende in nel nauleggiamento, che non sia forzato lo padrone del navilio di nulla forza. Et abbiamovi conceduto questo.

13. E questo è lo tredicimo capitolo. Che quando avvenisse che alcuno navilio, grande o piccolo, che fusse de' Pisani, et arrivasse in alcuno luogo delle nostre terre fuggendo da nemici o da corsali che fusse incalciato, o vero che fusse per fortuna di mare; che vogliamo che in quelle terre e in quelle parti là ove arrivassi, che gl' huomini della terra o contrada li debbiano soccorrere in mantenente con barche et altri argomenti, per scaricare, e per aiutare ogni aiuto lo quale a quello navilio bisognasse, a loro piacimento. E habbiamovi conceduto questo, et per lo simile modo dovete fare a noi di nostri navili.

14. E questo è lo quartodecimo capitolo di quello che ci havete addomandato. Che quando alcuno mercatante de' vostri morisse in nelle nostre terre, che tutto ciò che lassa dopo la sua fine, non li sia levato niente per alcuna cagione nè pagamento nullo. Et habbiamovi conceduto questo, salvo che se rimanesse mercantia che la volessino vendere dopo la sua fine, che paghi secondo lo pagamento che s'usa se la vende all' incanto.

15. E questo è lo deritano capitolo di tutti i capitoli li quali si è nominati. Che voi dovete fare i mercatanti Saracini e navicanti a Pisa e a tutte l'altre sue terre secondo i

---

[1] Le cadi, juge musulman.
[2] Le ouali, gouverneur civil et militaire. Cf. sur cet article le traité de 1313, art. 9.

patti soprascritti, editti, e di tutte le convenenze per lo modo che noi habbiamo dichiarato a voi, et di tutti siamo in concordia con voi, e si è promesso da tenere l'uno all' altro. Et anco siamo in concordia con voi che doviate paghare lo decimo et altre spese per lo modo che pagano li Catalani in ne le nostre terre, salvile Dio! nè più nè meno si paghi.

[5]. Et ancora siamo in patti e in convenienze con voi [per] l'usanza de le nave de' mercatanti cristiani le quali arrivano nelle nostre terre, salvile Dio! E questo si è che debba pagare ogni navilio uno prodese [1], al quale dicano i Saracini per nome *surriach*, e se non si dà, uno ranpicollo di ferro [2], lo quale ha nome in saracinesco *molitaf men hadid*. E questo è ogni volta che 'l legno viene con mercantia a le nostre terre, salvile Dio!

[7]. Et anco siamo in concordia con voi che quando alcuno di voi facesse alcuno inganno o tradimento in persone o in havere a Saracini, che sieno sostenuti tutti gl' altri mercatanti Pisani nelle nostre terre, salvile Dio! e che i detti mercatanti sieno tuttavia riguardati e honorati e salvati in havere e in persona in fino a tanto che gl' habbino restituito quello che tolto haranno, o rubato, e allora sieno liberati.

Sono compiuti di dichiarare i patti e le chiarezze come ciascuno ha inteso come di sopra si contiene; et habbiamo veduto la carta della procura la quale venne concessa [a] Piero de la Barba, Cristiano, lo quale di sopra scritto per parte degl' anziani e commune di Pisa di sopra scritto; e sotto questi patti et conventione habbiamo tra voi e noi compiuta la carta della pace, per tale che ci è pace e riposo, e di spegnere ogni male da noi a voi, con l'aiuto de Dio; e i Saracini delle nostre terre, cioè del Levante e del Ponente e de l'Andalusia, salvile Dio! con li Cristiani pisani tutti in ogni parte et in ogni luogo et in ogni terra, salvila Dio! E questo si è in termine di x anni compiuti dal dì che si fè questa carta; e di tutto questo siamo in concordia et fermato. Et per più fermezza, habbiamovi sigillato col nostro sigillo usato, et habbiamovi scritto di sotto con la nostra mano gratiosa, in dì di Domenica, a dì 28 del mese di Rabe, lo deritano e gratioso, lo quale si concorda ai 7 d'Aprile, in l'anno di 759 al saracinesco, indittione del profeta Maumetto, signore e maggiore nostro, glorificato da Dio hora e sempre.

Scritta come pare di sopra in nel soprascritto dì, A. D. MCCCLXXII (1358).

[1] Un câble.
[2] Un harpon de fer.

XVII.

1397, 14 décembre. A Tunis.

Traité de paix et de commerce conclu entre la république de Pise et Abou-Farès Abd-el-Azis, roi de Tunis, par les soins d'André del Campo, fils de Michel, ambassadeur de Pise.

Texte latin dans Tronci, *Memorie istoriche de la città di Pisa*, p. 479; dans Lünig, *Codex diplom. Ital.*, t. I, col. 1118; et dans Rousset, *Supplém. au Corps diplomatique* de Dumont, t. I, 2ᵉ part., p. 285.
— Texte italien dans M. Amari, *Diplomi Arabi*, p. 319.
— Traduction par M. Amari du texte arabe, *Diplomi Arabi*, p. 123 et 427.

NOTA. Les archives de Florence conservent trois textes originaux et contemporains de ce traité : 1° le texte primordial arabe, premier instrument de l'accord, et de plus une expédition originale et contemporaine arabe, offrant quelques variantes et omettant les attestations de l'original (*Diplomi Arabi*, p. 421); 2° et 3° les deux versions contemporaines chrétiennes, la première en latin, faite sur le texte arabe, connue déjà par les publications de Tronci, de Lünig, de Rousset, et placée par nous ici dans la première colonne; la seconde en italien, rédigée d'après le texte latin, donnée pour la première fois par M. Amari, et que nous reproduisons avec la propre traduction de M. Amari du texte arabe dans la deuxième et la troisième colonne.

TEXTE ORIGINAL LATIN CONTEMPORAIN DU TEXTE ARABE.	TEXTE ORIGINAL ITALIEN CONTEMPORAIN DU TEXTE ARABE.	TRADUCTION PAR M. AMARI DU TEXTE ARABE.
In Dei nomine, amen. Vir nobilis et dominus Muley Isachi Bebuilel, nunc locum tenens serenissimi principis et domini Muley Bufferii, regis Tunisi, Sarchi [1], Garbi et totius Barbariæ, auctoritatem ad ista ab eo obtinens, ut ex dicti regis scriptura apparet, secundum relationem omnium scribarum dohanæ ipsius ex una parte; et discretus vir Andreas Michaelis de Campo, civis Pisanus, tanquam arbitrator, sindicus et procurator magnificorum dominorum anzianorum communis et populi Pisani et domini Jacobi de Appiano, militis, capitanei custodiæ civitatis Pisarum, ejus-	Pace facta tra re di Tunizi et comune di Pisa. In nomine Domini, amen. Il nobile huomo et signore messer Muley Iscich ben-Builel, per ora luogo tenente del serenissimo prencipe et signore Muley Buffers, re di Tunitii, di Sarchi, di Garbi et di tutta Barberia, ottinente autorità da lui in tutte le infrascritte cose, come per scriptura del detto re di sua mano propria apparisce, secondo i raporto da tutti gli scriptori della sua doana, da l'una parte; e 'l discreto huomo Andrea di Michele da Campo, cittadino pisano, sicome ambasciadore, sindico et procuratore de' magnifici signori, signori anziani del comune et del popolo di Pisa, et di messere Iacopo d'Appiano, cavaliere, capitano della guardia della città	Lode a Dio in ogni fortuna. Nel nome di Dio clemente e misericordioso. Benedica Iddio largamente al nostro signore e padrone Maometto, il nobil profeta, al pari che a sua schiatta e compagni, e dia loro piena pace. Non è possanza nè forza in altri che in Dio grande ed eccelso [*]. Arrivato all' eccelsa, famosa ed illustre capitale, la città di Tunis, guardata (da Dio), sede del nostro signore e padrone, il califo, l'Imam, il re magna-

[1] *Sarchi*, le Levant; *Garbi*, le Couchant.

[*] L'expédition arabe contemporaine de l'original arabe donne ici une phrase que M. Amari traduit ainsi : « Questa copia è cavata dal trattato di pace (che si » fermò) nella eccelsa capitale, e » fu scritto nell' ambito della mo- » schea giami', ma non è conva- » lidata di testimonianze. »

que comitatus, fortiæ, districtus, et populi Pisani defensoris; ut de ejus procura constat publico instrumento, manu Jacobi quondam Nocchi de Cascina, civis Pisani, publici notarii, scriptum Dominicæ incarnationis anno 1397, indictione quinta, die primo Junii, secundum cursum et consuetudinem Pisanorum, dictis nominibus, et quolibet dictorum nominum ad infrascripta pacta, conventionem, pacem et concordiam pervenerunt; renunciantes dictæ partes, dictis nominibus, exceptioni dictorum pactorum, compositionis, pacis et concordiæ non factorum et non initorum, rei sicut supra et infra non gestæ, et sic non se habentis, doli, mali, metus, conditioni in factum, actioni sine causa et omni alio jure.

di Pisa et del suo contado, forza et distretto, et difensore del popolo di Pisa; come della sua procura et mandato aparisce publica carta et instrumento per mano di Iacopo, figliuolo che fu di Nocco da Cascina, cittadino pisano, publico notaio, scripta nell' anno della incarnatione del nostro Signore mille trecento novantotto, indictione quinta, a dì primo del mese di Giugno, secondo il corso et la consuetùdine de' Pisani, in detto nome et in ciaschuno de' detti nomi, agl' infrascritti patti, conventioni et pace et concordia pervennono; rinuntiando le dette parti, ne' detti nomi, all' ecceptioni de' detti pacti, compositione, pace et concordia non et della cosa non così seguita come di sopra et disotto, non in tal modo facte et così non avuti, et etiandio alla exceptione d'inganno, male, o alla condicione di paura, all' atione di facto sanza cagione, et a ogni altra ragione.

nimo, (reggente) con piacer di Dio l'impero dell' Islam, ombra di Dio su la terra, promotore delle virtù religiose ed esecutore dei precetti divini, fidante in Dio, rinforzato da Dio con la vittoria, vittorioso per divina bontà, puro, umile, glorioso, affaticante a difender i Musulmani e il culto sì che (godano piena) tranquillità, il principe dei Credenti, onor dei re e dei sultani, combattente per la causa del Signore dei mondi, Abu-Faris-Abd-el-Aziz, che Dio perpetui il regno de' suoi, innalzi lor dignità sopra i gradi delle lucide (stelle), lor accordi sempiterna felicità, favore e benedizione, e mantenga lor califato a beneficio dei Musulmani! figlio del nostro signore e padrone il califo, l'Imam, il re magnanimo (reggente) con piacere di Dio l'impero dell' Islam, ombra di Dio su la terra, promotore delle virtù religiose ed esecutore dei divini precetti, fidante in Dio, rinforzato da Dio con la vittoria, vittorioso per divina bontà, puro, umile, affaticante a difendere i Musulmani e il culto, si che (godano piena) tranquillità, il principe dei Credenti, onor dei re e dei sultani, combattente per la causa del Signore dei mondi, santo, già accolto nella misericordia (di Dio), Abu-l'Abbas-Ahmed, figlio del nostro signore e padrone l'illustre emiro, magnanimo, solerte, virtuoso, perfetto, dotto, giusto, il prode e fiero, l'accetto (a Dio), il solerte, il santo già accolto nella misericordia (di Dio), Abu-Abd-Allah-Mohammed, figlio del nostro signore e padrone il Califo, l'Imam, fidante in Dio, rinforzato da Dio con la vittoria, il principe dei Credenti, il santo già accolto nella misericordia (di Dio), Abu-Iahia-Abu-Bekr, discendente degli emiri giusti, che Iddio li abbia tutti nella sua misericordia e li innalzi al settimo cielo!

Il mercatante Andrea, figlio di Michele del Campo, da parte del signore di sua gente, l'onorato in sua schiatta, l'illustre in sua nazione, Giacomo d'Appiano, capitano di Pisa, preposto ai pubblici affari dei Pisani, il detto Cristiano (Andrea), ambasciatore di esso (Giacomo d'Appiano) e di lor comune, si appresentò all' eccelso personaggio (del califo), che Iddio lo esalti e mantenga! ed esibì al nobil trono una lettera credenziale del detto capitano, ed un atto per lo quale, da parte di costui e del comune, si dava ad esso (ambasciatore) autorità di ultimare l'accordo come gli paresse, e (gli si promettea) d'accettare i termini di pace ch' egli fosse per fermare, e quelli che gli fossero accordati dall' eccelso personaggio (del califo). Coteste (scritture erano) in carattere *rumi*, col noto *alama** ch' essi (Pisani) soglion porre a tali (atti); e i consoli cristiani e loro mercatanti ben conosciuti ne attestarono l'autenticità.

Donde il detto Cristiano da parte de' suoi committenti, dei quali si è fatta menzione, pregò l'eccelso personaggio, cui esalti e mantenga Iddio! di concedere all' universale dei Pisani,

---

* L'invocation des chartes chrétiennes.

1 [1]. In primis, namque videlicet quod omnes Pisani, venientes seu applicantes Tunisium et ad omnes alias terras subditas dominationi regiæ Majestatis supradictæ, sint salvi et securi in personis et havere eorum ab omnibus subditis suis cum omnibus mercibus eorum; tam veniendo, morando, negotiando, stando quam recedendo ab omnibus terris et locis subditis dicto regi, quos nunc habet, vel pro tempore acquiret, si fuerint sani vel naufragi, sint sani, salvi et securi in personis, rebus et avere eorum.

2. 3. Item, si aliquis Pisanus, vel qui pro Pisano appellatur, recipere debuerit, vel petierit aliquod debitum, vel conqueri voluerit de aliquo debito, jurib [2]. damno vel emenda ab aliquo Saraceno, vel ab aliquo Christiano, qui sit sub pace [3] dicti regis, teneatur dohana eidem facere rationem et expedire ipsum Pisanum a credito suo, tam de creditis quam de injuriis.

[1] Nous avons ajouté ces numéros aux articles du texte latin, en les mettant en corrélation avec les articles du texte arabe seuls numérotés. M. Amari a numéroté dans le même système les paragraphes de l'ancien texte italien.
[2] Sic.
[3] Les éditions: pane.

1. In prima, in verità vidi che tutti i Pisani che vengono, o vero ch'arivassino in Tunizi, o a ogni altre terre suddite alla dominatione della predetta reale Maestà, sieno salvi et securi nell'avere et nelle persone loro, da tutti i suoi sudditi con tutte loro merce; così vegnendo, dimorando, stando, mercatando, negotiando, come ritornando in tutte le terre et luoghi subditi al detto re, i quali al presente à, o che pe' tempi aquistasse, se sarano sani o vero in pericolo, sieno sani, salvi et sicuri in loro cose, persone et avere.

2, 3. Ancora, se alcuno Pisano, o chi s'apellasse o vero nominasse per Pisano, dovesse ricevere o adomandasse alcuno debito, overo chi ramaricharsi vorrà d'alchuno debito, ragione, danno o menda d'alcuno Saracino o vero Cristiano, il quale sia sutto la pace del detto re, sia tenuto la doana fare a lui ragione, et spacciare quel Pisano dal creditore suo, così de' debiti come delle ingiurie.

ai quali son preposti (il detto capitano e gli altri magistrati), e che (vivono) sotto il loro reggimento, che fossero trattati a tenore di ciò che è divisato qui appresso.

Capitolo 1. — Tutti i Pisani che vengano, deliberatamente ovvero per caso, nella eccelsa capitale, o in alcun paese da lei (dipendente), sieno assicurati e guarentiti nell'avere e nella persona, coll'aman del governatore di quel paese ov'essi giungano, e di tutti i Musulmani che vi soggiornino o che escan da quello, sudditi dell'eccelso personaggio (del califo). Valga questo medesimo patto pei paesi musulmani ch'egli sarà per conquistare.

Capitolo 2. — Giungendo nella eccelsa capitale alcun Pisano o altro (Cristiano), di nazione che vi abbia console, nessuno di loro osi di far oltraggio all'altro; e quando alcuno ne faccia, si richiederà il console della nazione dalla quale sia venuto l'oltraggio di (applicare) al colpevole la (pena) ch'è ordinata (in sua legge?) per quel (delitto).

Capitolo 3. — Quando alcun Pisano richiegga alcun (altro Cristiano (?) di pareggiare) un conto (risultante da titoli) convalidati di testimonianze, e il debitore non gli abbia soddisfatto, dovrà pagarlo il preposto della dogana. Lo stesso si praticherà nel caso d'un Pisano debitore.

4. Item, quod Pisani habeant in Tunisio et in aliis[1] terris subditis dicti regi fundacos cum apothecis et jurisdictionibus suis. Et non possit in fundacis eorum aliqua alia persona extranea habitare vel stare, nisi cum eorum voluntate. Et teneatur dohana in reedificationem ipsorum fundacorum laborari et aptari facere et solvere et expendere de pecunia dictæ dohanæ, prout consuetum est. Et quod nullus in ipsos fundacos intrare valeat sine expressa licentia consulis Pisanorum. Et quod porterii[2] sint tales qui possint et valeant prohibere quibuslibet Saracenis et quibuscumque aliis personis ne ingrediantur in fundacos sine voluntate consulis et mercatorum Pisanorum.

5. Item, quod habeant Pisani in omnibus terris dicti regis consulem vel consules, qui faciat vel faciant rationem inter eos. Et si aliquis Saracenus conquestus fuerit de aliquo Pisano, teneatur eum requirere coram consule Pisanorum; et consul debeat eum expedire et rationem facere; et si hoc non facient, tunc Saracenus possit se lamentari in dohana. Et si aliquis Pisanorum, vel qui pro Pisano distringitur[3], petere debuerit vel

[1] Les éditions : *et aliquis*.
[2] Tronci et Lünig : *posterii*; Rousset : *posserii*.
[3] Cette forme est presque toujours employée dans ces traités pour *distingitur*. Cf. Traité de Gênes de 1433, art. 5, 6, 11, 14, 23.

4. Ancora, che Pisani habiano in Tunizi, et nell' altre terre subdite al detto re, i fondachi colle botteghe et loro giurisdittioni. Et non possa ne' loro fondachi habitare overo stare alcuna altra strana persona, se non con loro volontà. Et sia tenuto la doana, nella redificatione di tali fondachi, fare lavorare et aconciare et pagare et spacciare della pecunia della dogana predetta, come di consietudine. Et che niuno possa intrare ne' loro fondachi sanza expressa licentia del consolo de' Pisani. Et che i portieri sieno tali, che possino vietare a qualunque Saracino et a qualunque altre persone, che non entrino ne' fondachi sanza volontà del consolo, o veramente de' mercatanti pisani.

5. Ancora, che Pisani in tutte le terre del detto re habiano consolo o consoli che facci o faccino ragione tra loro. Et se alcuno Saracino si ramaricherà d'alcuno Pisano, sia tenuto farlo richiedere dinanzi al consolo de' Pisani; e 'l consolo debba quegli spedire et fargli ragione; et se questo non facesse, allora et in quel caso il Saracino si possa lamentare al signore della doana. Et se alcuno Pisano, o chi per Pisano sia astretto [a], vorrà o dovrà adomandare d'alcuno Saracino, o da alcuna altra per-

[a] Pour *tenuto* ou *stimato*. On voit ici la preuve que le texte latin fut le premier instrument chrétien. L'italien est une seconde rédaction faite sur le texte latin, où se trouvait le mot *distringitur*.

Capitolo 4. — Che la comunità dei Pisani abbia fondachi appositi per soggiornarvi e mercatarvi, nei quali non possano dimorare con essi altre persone se non quelle che lor piacciano. La dogana dovrà riedificare le fabbriche dei detti fondachi che andassero in rovina. I Pisani vi terranno portinai fidati per custodirli.

Capitolo 5. — Abbian essi un console nell' eccelsa capitale, al pari che negli altri paesi (dipendenti) da quella, il quale amministri la giustizia tra loro. Quando alcun Musulmano abbia diritti da sperimentare contro un Pisano, lo paghi il console; e se questi non possa, lo soddisfaccia il preposto della dogana, per chi di dritto. Similmente se un Pisano sia creditore d'un Musulmano, resti il soddisfacimento a cura del preposto della dogana.

voluerit ab aliquo Saraceno, vel ab aliqua alia persona quæ sit sub pace dicti regis, tunc Pisanus debeat petere rationem in dohana; et dohana teneatur facere rationem, et eum expedire ab eo.

6. Item, quod omnes Pisani, et qui pro Pisanis appellantur, de rebus et mercibus eorum quas vendiderint in Tunisio et aliis terris et locis dicti regis non solvant pro ipsis rebus et mercibus nisi decimam tantum, prout consuetum est.

6 bis. Item, quod Pisani non solvant de auro vel argento, perlis, lapidibus preciosis et jocalibus nisi medium decimum tantum [1], et de quibuscumque victualibus qui per dictos Pisanos portarentur in dictas terras.

7. Item, quod mercationes, res et merces quæ portabuntur in dohana Tunisii, vel quocumque alio loco dicti regis per dictos Pisanos non debeant appretiare nisi illo pretio quod dictæ res et merces communiter valeant secundum cursum terræ; et secundum hoc non fiat eis molestia vel fortia. Et illud directum quod solvere debeat pro dictis rebus et mercibus, non solvant nec teneantur solvere nisi a die venditionis per eos factæ de dictis rebus usque ad sex menses proxime venturos. Et si de mercibus quas vendiderint solutionem consecuti non fue-

[1] Tronci et Lünig: *tamen*.

sona che sia sotto la pace del detto re, allora il Pisano debba adomandare ragione in doana; et la doana sia tenuta di fare a lui ragione, et quello da lui spacciare.

6. Ancora, che tutti i Pisani, et chi per Pisano s'apella, delle loro merce et cose le quali venderanno in Tunizi et nell' altre terre et luoghi del detto re, non paghino per esse cose et merce se non solamente il decimo, come di consietudine.

Ancora, che Pisani non paghino dell' oro overo ariento, perli, pietre pretiosi et iocali se none la metà del decimo solamente, et di tutte le vectuvaglie le quali pe' detti Pisani si portassino alle dette terre.

7. Ancora, che le mercatantie, cose et merce le quali si porteranno nella doana di Tuniti, o in qualunche altro luogo del detto re, pe' detti Pisani, non si debbano apprezare se non per quel prezo che le dette cose et merce comunemente vaglono, secondo il corso della terra; et sopra questo non si faccia loro molestia alcuna o forza. Et quel diricto che pagare debbono per le dette cose et mercie, non paghino et non sieno tenuti di pagare se non dal dì della vendita per loro facta delle dette cose, per insino a sei mesi prosimi che verranno. Et se delle mercie le quali e' venderanno non aranno ricevuti i pagamenti, sia tenuta la doana di fare fare la satisfa-

Capitolo 6. — Tutte le gravezze ordinate a carico de' Pisani nelle immissioni ovvero estrazioni, rimarranno quali ha usato di riscuoterle la dogana; eccetto l'argento, le gioie, gli smeraldi, i rubini e l'oro, sui quali i Pisani pagheranno soltanto una mezza decima.

Capitolo 7. — Giugnendo con le merci loro nella eccelsa capitale, ovvero nei paesi da lei (dipendenti), si valuteranno le merci secondo i prezzi correnti; ma per pagare i dritti ragionati (in tal modo), si accorderà loro la dilazione di sei mesi dal giorno del trasferimento di esse merci in dogana. Sarà obbligo della dogana di soddisfarli (del valore) di tutte le merci che vendessero per mano de' turcimanni, in *halka* e con testimonianze. Lo stesso avrà luogo negli altri paesi dipendenti dall' eccelsa capitale. La dogana non risponderà di quanto i Pisani vendessero fuori dogana, senza *halka*, nè testimonianze.

rint, teneatur dohana eis fieri facere per emptorem, et tunc solvere debeat dirictum suum; et si solutionem consecutus non fuerit, non teneatur solvere aliquod dirictum pro prædictis.

7 bis[1]. Item, si aliquis Pisanus, vel qui pro Pisano appellatur, apportaverit[2] aliquas merces vel mercationes, lapides pretiosos, perlas, vel smeraldos, aurum vel argentum, ad aliquas terras dicti regis, et ipsas res vel merces vendere noluerit[3], non compellatur ad ipsas vendendas; sed licite possit ipsas res vel merces reducere ad quæcumque loca voluerit, sine eo quod præstet vel solvat aliquod dirictum pro ipsis rebus et mercibus.

8. Item, si aliquis Pisanus, vel qui pro Pisano appellatur, vendiderit alicui Christiano, navem, galeam vel aliquod aliud lignum, existenti in pace cum dicto rege, non teneatur solvere aliquod dirictum; nec etiam si emant a dicto Christiano, teneatur solvere aliquod dirictum.

9. Item, si aliquis Pisanus, vel qui pro Pisano appellatur,

[1] Le premier traducteur chrétien a réuni à l'article 7 la disposition présente, qui la complète en effet. Dans l'original arabe, elle est exprimée en forme de postscriptum, à la fin du traité, p. 86.
[2] Lünig : *appretiaverit*.
[3] Rousset: *voluerit;* comme portait le texte sur lequel a été rédigée l'ancienne version italienne.

tione a loro per lo comperatore, et allora debba pagare il diritto suo; et per infino a tanto non arà il pagamento, non sia tenuto di pagare alcuno diricto delle predette cose.

Ancora, se alcuno Pisano, o che per Pisano si nominasse, porterà alcune mercie o mercatantie, cose, pietre pretiose, perle o smeraldi, oro o argento, ad alcuna terra di detto re, et quelle cose et merce vorrà vendere, non sia costretto a venderle; ma lecitamente [possa] quelle cose et merce portare et arecare a qualunche luogo vorrà, sanza che gli prestio vero paghi alcuno diricto per esse cose o merce.

8. Ancora, che se alcuno Pisano, o che per Pisano si nomini, venderà ad alcuno Cristiano nave, galea, overo alcuno altro legno, stando nella pace col detto re, non sia tenuto pagare alcun diritto; nè ancora se comperasse dal detto Cristiano, sia tenuto di pagare alcuno diritto.

9. Ancora, che [se] alcuno Pisano, o che per Pisano s'apelli, venderà alcune cose overo merce nelle terre subdite al detto re, et vorrà fare transito all'altre terre sugette al detto re, possa licitamente ire et comperare le cose che vorrà. Et di quello che venderà, sia tenuto la doana fare al detto venditore la carta testimoniale che possa comperare et portare

Capitolo 8. — I Pisani non pagheranno decima per le navi o (altri) legni che comperassero nella eccelsa capitale o paesi (dipendenti) da lei, quando il venditore sia di nazione confederata (con lo Stato di Tunis). Se nol sia, dovranno la decima del prezzo.

Capitolo 9. — Nel caso che alcun Pisano, giunto con merci all'eccelsa capitale, abbia pagati su quelle i dazii alla dogana, ma non venendogli fatto di vender tutte le merci, voglia andarsene (col rimaguente) in altro paese dello Stato, la dogana gli rilascerà un *berât* che attesti il pagamento del dazio su le dette merci, se il mercatante non debba niente altro.

vendiderit aliquas res vel merces in terris subditis dicto regi, et voluerit transitum facere ad alias terras subditas dicto regi, possit licite ire et emere res quas voluerit. Et de eo quod vendiderit, teneatur dohana facere dicto venditori instrumentum testimoniatum, quod possit emere et portare res et merces quas voluerit, sine eo quod solvat aliquod dirictum. Et etiam possit ipse venditor facere procuratorem qui emat pro eó, non solvendo ipse vel procurator suus aliquod dirictum vel aliquod aliud.

10. Item, quod omnes merces et totum illud quod Pisani vendiderint per manus torcimannorum, vel in callega, cum testimoniis, quod ipsa venditio sit et esse debeat sub fidejussione dohanæ; et similiter in omnibus terris et locis subditis dicto regi. Et omne illud quod vendiderint sine callega, testibus et dohana, non [pro hoc] teneatur dicta dohana.

11. Item, quod si aliquis Pisanus vendiderit aliquas merces per manus torcimanorum, et habuerit arrham [1] seu capparam, et ille qui ipsas merces emere voluerit, viderit, forum non possit frangi aliquo modo; sed dohana teneatur accipi facere dictas merces, et solvi facere dicto Pisano per dictum emptorem qui ipsas emerit.

[1] Aux éditions : *auham*.

le cose et le merce le quali e' vorrà, sanza che paghi alcuno diritto. Et ancora possa esso venditore fare prochuratore chi comperi per lui, non pagando egli, overo il suo procuratore, alcuno diritto o alcuna altra cosa.

10. Ancora, che tutte le merce et tutto quello che Pisani venderanno per le mani de' turcimanni o in callega, con testimoni, che essa vendita sia et essere debba sotto la fideiussione della doana; et similmente in tutte le terre et luoghi subditi al detto re. Et tutto quello quod vendiderunt sanza callega e testimoni, o vero alla doana, non per le predette cose sia tenuta la detta doana.

11. Ancora, che se alcuno Pisano venderà alcuna mercia per le mani de' turcimanni, et arà avuto l' arra o la caparra, et colui che vorrà comperare quelle merce quelle vederà, il mercato non si possa rompere per verun modo; et la doana sia tenuta di fare piglare le dette mercie et fare pagare al detto Pisano pel detto comperatore che quelle arà comperate.

E lecito al Pisano di far procura a chi voglia per comperare nei paesi dello Stato quelle merci ch' ei voglia, non pagando su quelle il dazio che una sola volta.

Capitolo 10. — Se alcun Pisano voglia vendere una merce qualunque per mezzo di turcimanno all' incanto e con testimonianza, il preposto della dogana sarà tenuto di soddisfarnelo.

Capitolo 11. — Quando un Pisano abbia venduta alcuna merce per mano di turcimanni, n'abbia egli presa l'arra, e il compratore abbia esaminata la merce, non si possa annullare la vendita. E (se il compratore non si acqueti a ciò), si renderà giudizio contro di lui (obbligandolo) a prendere (la merce) ed a pagarne il prezzo.

12. Item, si aliquis Pisanus emerit mercimonia vel alias res ab aliquo offitiali vel musiriffo dicti regis, vel de aliqua terra quæ sit subdita dicto regi, et habuerit de emptione instrumentum testimoniatum in manu sua; quod non possit frangi dicta venditio per dictum offitialem, nec etiam per aliquem alium successorem suum, sed sit ipsa venditio firma, et firma permanere debeat.

13. Item, quod omnes torcimanni sint et esse debeant æquales in torcimannia; et in eis non sit aliqua prioritas nec differentia; et solvatur dictis torcimannis pro eorum torcimannia milliarenses quinque de auro de omni centenario bizantiorum tantum, et sine aliqua juncta.

14. Item, quod Pisani habeant vel habere debeant in dohana Tunisii et in omnibus terris subditis dicto regi scribam, qui faciat ipsis Pisanis rationes quandocumque voluerint. Et possint dicti Pisani, facta ratione, et habita albara expeditionis suæ, ire quo voluerint sine aliquo impedimento, tam per mare quam per terram. Et si forte dicti Pisani redierint ad illa loca, non possint et debeant iterato molestari, vel gravari[1], de dicta ratione facta ad aliquam rationem faciendam aliqua occasione.

[1] Aux éditions : *generari*.

12. Ancora, che se alcuno Pisano comperà mercimonie o vero altre cose da quello uficiale, o vero musiriffo del detto re, o vero d'alcuna terra la quale sia subdita al detto re, et arà della compera la carta testimoniale in sua mano; che non si possa rompere la detta vendita pel detto uficiale, nè ancora per alcuno altro successore suo, ma sia essa vendita ferma, et ferma permanere debba.

13. Ancora, che tutti i torcimanni sieno et essere debbano equali in torcimannia, et in quelle non sia alcuna proprietà nè differentia; et paghisi a detti torcimanni per loro torcimannia cinque miliarensi d'oro d'ogni centinaio di bisanti solamente, et sanza alcuna giunta.

14. Ancora, che Pisani habino et havere debbino nella doana di Tunizi, et in tutte le terre subdite al detto re, lo scrivano che faccia a que'Pisani ragione quando l'adomanderanno. Et possino i detti Pisani, facta la ragione et avuto da la doana lo spaccio (a) della sua cosa, dove vorrà ire sanza alcuno impedimento, sì per mare come per terra. Et si i detti Pisani per aventura andranno ad altri luoghi, non possino e non debbano di nuovo essere molestati, overo gravati della detta ragione facta ad alcuna ragione da fare per alcuna cagione.

(a) La quittance, le *Bérat*.

Capitolo 12. — Quando alcun Pisano comperi alcuna merce dai capitani o governatori dell' eccelsa capitale o d'altro paese dipendente da essa, e che il Pisano abbia in mano l'atto di vendita convalidato da testimonii, non possa il governatore annullarlo, nè il suo successore in quell' oficio.

Capitolo 13. — Che tutti i turcimanni siano adoperati cumulativamente nel loro oficio, e che niuno abbia turcimanno suo particolare. I turcimanni siano rimunerati alla ragione di cinque dirhem di zecca sopra ogni cento dinar decimali di zecca, moneta corrente *.

Capitolo 14. — Che i Pisani abbiano scrivani nell' eccelsa capitale e nei paesi dello Stato, i quali facciano lor conti quante volte essi (Pisani) lo vogliano e richieggano. Soddisfatto che sia il conto d'un (mercatante pisano), possa questi viaggiare per terra o per mare. Allora gli si scriverà il *berât* di commiato che attesti il pagamento. E se poscia torni alla capitale, non gli sarà rifatto il conto se non per legittima cagione.

* Un demi pour cent.

15. Item, quod permittat[ur] ire et redire omnes Pisanos qui ire voluerint, horis consuetis, in navibus, galeis et lignis eorum, pro eorum necessitatibus, prout consuetum est. Nec etiam possint prohiberi quod emant granum, farinam et alia victualia pro patronis et marinariis navium, galearum et aliorum lignorum ipsorum; et non petatur de prædictis eis aliquod dirictum. Et quod, si aliquis Pisanus, vel qui pro Pisano appellatur, dixerit aliquod malum, seu damnum dederit Saracenis vel Christianis, vel cuicumque personæ, non propterea aliquis Pisanus vel qui pro Pisano appellatur, molestatur, seu impediatur, nec detineatur in persona, vel rebus; ita quod pater non teneatur pro filio, nec alter pro altero dicta causa molestari vel gravari possit in aliquo.

16. Item, quod ille consul vel officialis qui erit deputatus et remanere debuerit in Tunisio et in aliis locis subditis dicto regi pro communi Pisano, possit et debeat intrare ad Majestatem regiam inclitam bis in mense; qui possit notificare dicto regi esse et conditionem mercatorum Pisanorum.

17. Item, si acciderit quod curia regiæ Majestatis concederet alicui Christiano aliquo modo quod barcæ vel ligna ejus venirent ad Lagolettam Tunisii, seu usque ad dohanam, teneatur ipsa regia Ma-

15. Ancora, et permettino andare et tornare tutti que' Pisani i quali vorranno ire, nell' ore consuete, nelle navi, galee et ligni loro, per loro necessità com' è consueto. Nè ancora possi vietare che comperino grano, farina et altre vettuvaglie pe' padroni o altri marinai delle navi, galee o altri legni di loro; et non s' adomandi delle predette cose da loro alcuno diritto. Et se alcuno Pisano, o che per Pisano s' apelli, dicesse alcuno male, o vero danno desse il Saracino o 'l Cristiano [a], o vero a qualunche persona, non però che alcuno Pisano, o che per Pisano si nomini, sia molestato o impedito o ditenuto in persona o in beni o cose; in tal modo che 'l padre non sia tenuto pel figliuolo, nè altro per un altro, per la detta cagione possino in alcuna cosa [essere] gravati o molestati.

16. Ancora, che quello consolo o uficiale che sarà diputato et remanere dovrà in Tunizi, et nell'altre terre et luoghi subditi et subgette al detto re, per lo comune di Pisa, possa et debba entrare ad inclinando la real Maestà dua volte il mese; et che possa notifica'al detto re l' essere e la condictione de' mercatanti pisani.

17. Ancora, s'egl' adiverrà che la corte della real Maestà concedesse [ad] alcuno Christiano per alcuno modo che le loro barche et legni venissono alla

(a) Lisez : *danno desse ai Saracini o ai Cristiani.*

Capitolo 15. — Che loro sia lecito di andare e venire dai loro legni nelle ore in cui è solito di salirvi. Loro sia lecito al pari di percorrere liberamente il paese nei luoghi ove abbiano goduta cosiffatta licenza. Non sia loro vietato di comperare quanto grano e farina abbisogni pel vitto dei marinai e padroni dei legni; e per questo non si richiegga da loro alcun dritto. Nessun Pisano sarà imprigionato nè molestato pei fatti imputati ad altrui in materia criminale, religiosa o pecuniaria.

Capitolo 16. — I consoli pisani saranno ammessi a vedere il nobil trono (del califo) due volte al mese; e loro si accorderà, senza veruno impedimento, di favellare all' alto personaggio, che Dio lo esalti e mantenga!

Capitolo 17. — Quando si permetta ad alcuna nazione cristiana di andare con le barchette al capo del canale, si permetterà anco ai Pisani.

jestas similiter concedere ipsis Pisanis.

Goleta di Tunizi, o veramente per iusino alla doana, sia tenuto essa reale Maestà similmente concedere a essi Pisani.

18. Item, si acciderit quod aliquod lignum cujuscumque conditionis existat, galea vel navis Pisanorum, vel aliquod aliud lignum, venisset, aut passa vel passum fuerit naufragium, ad aliquas terras subditas dicto regi, pro aliquibus necessitatibus, possint Pisani licite discaricare, sine contradictione alicujus personæ, res et merces quas voluerint, et ibi stare et morari salvi et securi in personis et havere, sub spe dicti regis in omnibus terris suis. Et si de mercibus quas discaricaverunt vel projecerunt per mare et terra, de ipsis rebus caricare voluerint in ipsis lignis, galeis vel navibus quibus illud acciderit, vel etiam in quibuscumque aliis lignis, libere possint, et de ipsis rebus facere ad eorum libitum voluntatis, sine eo quod solvant aliquod dirictum.

18. Ancora, s'egli adivenisse che alcuno legno di qualunche conditione sia, galea o vero nave, de' Pisani, o vero alcuno altro legno, venisse, o vero avessino sostenuto pericolo o naufragio, ad alcuna terra subdita al detto re, per alcune cose necessarie, possino i Pisani legiptimamente discaricare, sanza condictione d'alcuna persona, le cose et le merce le quali e' vorranno, et quivi stare et dimorare salvi et securi nelle persone et nell'avere, sotto la speranza del detto re in tutte sue terre. Et se delle merce le quale discaricheranno overo gitteranno per mare in terra, d'esse cose caricare vorranno in essi legni, galee et navi, a' quali quello adiverrà, overo in qualunche altri legni, liberamente possi, et di tutte esse cose farne ad loro libito et volontà, sanza che paghino alcuno diritto.

Capitolo 18. — Accadendo ad alcun legno dei Pisani fortuna di mare, rottura, o (altro caso, per cui) occorresse di risarcire il legno, sia lor lecito di scaricarlo, e non sia loro impedito di (salire su) quello; e ciò (tanto nella capitale) quanto nei paesi dello Stato. La gente del detto legno sarà salva ed assicurata nella persona e nell' avere dalla parte dell' alto personaggio (del califo) e di cui vive sotto la obbedienza di lui. Ciò anche (s'intenda) per le merci e per ogni capo di traffico. Tutta la roba che saranno per iscaricare, o che il mare getterà alla spiaggia, potrà da essi a piacer loro riportarsi al proprio legno o in alcun altro, senza pagare dritto di sorta.

19. Item, quod si aliquis Christianus esset vel navigaret in aliqua navi, galea vel ligno alicujus Pisani, et ille Christianus haberet vel non haberet pacem cum dicto rege, quod ipse Christianus teneatur et recipiatur a dicto rege tanquam Pisanus, exceptis illis personis quæ fecissent particulariter damnum alicui Saraceno subdito dicto regi. Similiter et adhuc quicumque Pisanus navigans quocumque

19. Ancora, che se alcuno Cristiano fosse o navigasse in alcuna nave, galea overo legno d'alcuno Pisano, et quello Cristiano avesse o non avesse pace con messer lo re, che esso Cristiano sia tractato et riputato dal detto re sì come Pisano, excepte quelle persone che avessino fatto personalmente danno ad alcuno Saracino subdito al detto re. Similmente ancora qualunque Pisano, navicando per qualunche modo in nave, galea overo legno di

Capitolo 19. — I Cristiani d'ogni generazione che viaggino in nave o legno qualunque appartenente ai Pisani, fosse o no (la nazione di) quelli in pace (con lo Stato di Tunis), saranno trattati dalla pubblica autorità al paro dei Pisani, e ciò quanto al (beneficio generico dell') aman e niente altro. Che se alcun di essi Cristiani abbia recata ingiuria a Musulmani, sarà trattato secondo che richiegga il suo misfatto. Qualunque Pisano viaggi in nave o

modo in navi, galea vel ligno cujuscumque personæ, honoretur, salvetur et custodiatur in persona et havere a quibuscumque Saracenis subditis dicto regi.

20. Item, si aliquod lignum, galea vel navis alicujus Pisani esset in mari vel in portibus, et aliquod lignum, galea vel navis Saracenorum subditorum dicti regis similiter esset, quod ipsi Pisani salventur et custodiantur ab ipsis Saracenis in personis, rebus et havere.

21. Item, quod tam curia quam dohana quam etiam aliæ singulares personæ facere debeant solutionem de eo quod dare debuerint procuratoribus quorumcumque Pisanorum debentium recipere ab ipsis, ostendendo eorum procuras, legittime scriptas in latino, non obstante quod non sint scriptæ in saracinesco. Et quod dicta procura translatetur de latino in arabicum, et quod passare debeat inter Saracenos ad posse petere.

22. Item, quod mercatores Pisani non teneantur nec debeant solvere pro eorum roba seu mercibus, bastaxiis, rachaxiis [1], caramariis [2] et aliis similibus, nisi sicut ab antiquo solvere consueverunt, et tam pro sensariis quam pro quibuscumque aliis avaritiis.

[1] *Rathariis*, pour *ratiariis*, les gondoliers qui transportaient les marchandises du navire au rivage.
[2] Lisez *camarariis*, percepteurs des droits.

qualunche persona, sia honorato, salvato et guardato in persona et avere da qualunche Saracino subditi al detto re.

20. Ancora, che se alcuno legno, galea o nave d'alcuno Pisano fosse in mare o ne' porti, et alcuno legno, galea overo nave di Saracini subditi al detto re, similmente fussino, ch'essi Pisani sieno salvati et guardati da essi Saracini in persona nelle cose loro et in loro avere.

21. Ancora, che così la corte come la dogana, come ancora l'altre singulari persone, fare debbano il pagamento di quello che dare vorranno a' procuratori di qualunche Pisano che dovessino ricevere da loro, mostrando le loro proccure legiptime scritte in latino, non ostante che [non] sieno scripte in saracinesco. Et che la detta scrittura sia translatata di latino in arabico, et che debba passare tra Saracino, et adomandare a loro potere [a].

22. Ancora, che mercatanti Pisani non sieno tenuti nè debbino pagare per loro roba, overo merce, a bastagii, ratorii, a camarlinghi ed ad altri simili, se non sicome per antico sono consueti di pagare, et così per scuserie come per qualunque altre cose.

[a] Que la traduction ait la valeur de l'original pour faire la demande auprès des magistrats arabes. Cf. traité génois de 1433, art. 32.

AU MOYEN AGE.

altro legno di altra generazione di Cristiani, e sia incontrato da alcun legno dell' eccelsa capitale o d'altro paese dello Stato, non verrà molestato.

Capitolo 20. — Trovandosi alcuna nave o legno pisano in alto mare o nel porto dell' eccelsa capitale o altro dello Stato, e sendo incontrato dai legni dell' eccelsa capitale, questi non faran loro offeso di sorta, ed essi (Pisani) saranno sicuri e guarentiti in loro persone, averi e legni.

Capitolo 21. — Quando alcun Pisano abbia nell' eccelsa capitale procuratore per riscuotere suoi crediti di danaro o altro, (risultanti da atto) convalidato di testimonianza, sarà a carico del proposto della dogana di soddisfare cotesti crediti.

Capitolo 22. — I suddetti (Pisani) saranno trattati secondo la consuetudine quanto al dazio (doganale), al trasporto in barche, al scaricare*, ed a tutt' altra prestazione solita, e continueranno a pagarli senza alcuno aumento.

* Quant au transport des marchandises sur les barques du navire au rivage, et par les portefaix, du rivage à la douane, voyez les corrections de M. Amari, p. 424, 479 et 525.

23. Item, quod possint dicti Pisani concedere cartas suas ejus quod recipere deberent a dicta curia, seu a dictis officialibus, unus alteri et ex altero in alterum, et de uno in alium Pisauum tantum.

24. Item, si aliqua persona quæ non esset Pisana navigaret ad dictas terras dicti regis cum dictis Pisanis, tractetur et tractari debeat et honorari a subditis dicti regis prout et sicut Pisani tractantur et honorantur; salvo tamen quod dicta talis persona, quæ non esset Pisana ut supra, solvat et solvere debeat dirictum suum prout debet, et non sicut Pisana.

25. Item, quod dicta pax passare debeat in omnibus terris subditis dicto regi quas nunc habet vel pro tempore acquiret. Et aliqua persona seu officialis dicti regis non possit nec debeat diminuere, nec destruere aliquid de dictis capitulis, nec per consuetudinem nec per aliquum modum. Et quod dicta pax scribatur et mittatur ad omnes terras et loca et dohanas subditas dicto regi; et quod teneantur et attendantur dicta capitula prout in dicta carta pacis continentur, et observentur cum effectu.

23. Ancora, che possino i detti Pisani concedere le carte sue di quello ricevere dovessino dalla detta corte, overo da' detti uficiali, l' uno all' altro, et da l' altro in altro, et d' uno in altro Pisano solamente.

24. Ancora, che se alcuna persona la quale non fosse Pisana navigasse alle dette terre del detto re co' detti Pisani, sia tractato et tractare si debba et essere honorati da' sudditi del detto re, sì come i Pisani sono tractati et honorati; salvo niente dimeno che la detta tale persona la quale [non] fosse pisana, come di sopra, paghi et pagare debba il suo diritto sì come debba et non sì come Pisana.

25. Ancora, che la detta pace passare debba in tutte le terre subdite al detto re, le quale al presente à, et che per l'avenire aquistasse. Et alcuna persona overo uficiale del detto re non possa et non debba diminuire et discrivere (a) alcuno de' detti capitoli nè per consuetudine nè per alcuno modo. Et che la detta pace si scriva et mettasi et mandansi (b) a ogni terre et luoghi et dogane subiecte al detto re; et che sieno tenuti et atendansi i detti capitoli sì come nella carta della pace si contiene, et observisi con effetto.

(a) *Discrivere*, le contraire de *scrivere*, effacer, supprimer. Amari.

(b) Pour *mandasi*. Le traducteur italien a d'ailleurs oublié de rayer les mots *et mettasi*. Amari.

Capitolo 23. — Se alcun Pisano abbia dritti da sperimentare contro alcun servitore dell' alto personaggio (del califo), o contro altro Musulmano, (dritti risultanti da atto convalidato) di testimonianze, e voglia far procura ad altri per lo sperimento di tai dritti, non gli sarà vietato.

Capitolo 24. — Quando alcun Cristiano di qualsivoglia nazione viaggi in nave o legno dei Pisani alla volta dell' eccelsa capitale o d'altro paese dello Stato, sarà guarentito nella persona e nell' avere; eccetto il caso ch' egli abbia alcuna merce, nel qual caso ne pagherà ciò ch' è dovuto dagli uomini di sua propria nazione.

Capitolo 25. — Niuno di parte della dogana o d'altro (oficio) abbia autorità di mutare alcun capitolo dei patti descritti di sopra nel presente benedetto accordo, se piaccia al sommo Iddio nella sua bontà, ch' egli sia sempre lodato! L'ordinamento di questo accordo sarà significato per iscritto a tutti i paesi dell' Affrica (propria), e i patti saranno quivi osservati in favor di essi Pisani a tenore del testo del presente (atto).

26. Item quod nullus Pisanus audeat[1] nec præsumat navigare in aliquibus lignis cursalium qui faciant cursum contra prædictam regiam Majestatem; sed omnes Saraceni subditi dicti regis esse debeant et intelligantur salvi et securi in havere et in personis, in civitate Pisana et in omnibus terris subditis dictæ civitati Pisanæ.

26 bis. Item, quod si aliquis Pisanus, vel qui pro Pisano appellatur, armasset lignum suum sive galeam, pro eundo in cursum contra Saracenos, subditos dicti regis, teneatur dicta civitas Pisana suum posse facere in capiendo ipsos cursales, in personis et havere. Et si eos ceperint, vindictam facere quæ de cursalibus fieri debet, et res eorum dare et consignare in dohana Tunisii. Quod si eos personaliter habere non potuerint, publicentur tantum eorum cursalium bona, si reperientur, dictæ dohanæ. Et si forsitan dicti Saraceni vellent armare ligna, vel galeas pro eundo vel mittendo ad capiendum dictos cursales, tunc teneatur dicta civitas Pisana eis dare et præstare auxilium, consilium et favorem, et, si oportuerit etiam cum eis ire ad capiendum dictos cursales vel malefactores.

[1] Tronci: *ardeat*.

26. Ancora, che niuno Pisano ardiscano overo presumino di navicare in alcuno legno de corsali, che facciano corso contra la predetta real Maestà; ma tutti i Saracini sottoposti del detto re debbano essere et intendansi essere salvi et sicuri in avere et persone, nella detta città di Pisa, et in tutte le terre sudite della detta città di Pisa.

26 bis. Ancora, che se alcuno Pisano, o vero che per Pisano s'apella, armasse legno overo galee per andare in corso contra Saracini suditi del detto re, sia tenuta la detta città di Pisa giusta a suo potere fare in pigliare que' tali corsali in avere et in persona. Et se quegli piglassino, farne quella vendetta che de' corsali fare si debba, et l'avere loro dare et consegnare nella doana di Tuniti. Et se quegli personalmente avere non potranno, sieno publicati niente dimeno i beni di tali corsali si trovassino alla detta doana. Et se forse i detti Saracini volessino armare legni et galee per andare o mettere o mandare a pigliando [a] i detti corsali, allora sia tenuta la detta città di Pisa a loro dare et prestare aiuto, consiglio et favore, et, se bisognasse, ancora co' loro andare per pigliare tali corsali et mafactori.

[a] Le texte latin est plus clair. On lit dans la traduction du texte arabe: *Dove sarà loro indicato;* cette circonstance, dont la suppression dans la rédaction latine (26 bis) n'a pas, croyons-nous, l'importance que lui donne M. Amari, est répétée dans les traités florentins, 1421, art. 26.

Capitolo 26. — Uscendo in corso alcun legno o nave di Pisa o della sua giurisdizione, e commettendo rapine o (altri) danni contro i Musulmani, rimarrà a carico dei Pisani di catturare il detto legno o nave, mettere a morte cui lo monti, e prendere loro averi dovunque si trovino, sia in Pisa o sia in altro luogo dello Stato pisano.

Cotesti averi saranno consegnati alla dogana (di Tunis).

Che se non si possano catturare le persone, si consegneranno i (soli) averi alla detta dogana. Quante volte l'alto personaggio (del califo) armi legni per dar la caccia a corsali, sian tenuti i Pisani ad armare anch'essi in aiuto di tale (impresa), e mandare (coteste forze navali) dove sarà loro indicato, (e tenervele) per tutto il tempo della impresa.

26 *ter*. Item, quod nullus Pisanus in portubus terrarum dicti regis audeat vel præsumat alicui damnum inferre, quoniam tunc pro omnibus consul sive consules Pisanorum puniretur sive punirentur [1].

26 *quater*. Item, quod si aliquis Pisanus armasset aliquam galeam vel lignum pro eundo in cursum, et aliquis Saracenus exiret de Tunisio vel de terris subditis dicto regi, tunc ipsi Pisani teneantur et debeant ipsos Saracenos custodire et guardare, si ad ejus manus pervenerint, tam in havere quam in personis. Et similiter, si Saraceni essent in cursu contra aliquas gentes, et Pisani issent vel recederent de Tunisio, vel de terris subditis dicto regi, teneatur et debeat ipsa regia Majestas et dohana ipsum Pisanum vel Pisanos, si ad ipsorum civitates pervenerit vel pervenerint, sanos et salvos facere, tam in havere quam in personis, sane semper videlicet quod omnes et singuli Pisani sint salvi et securi a dictis cursalibus, in havere et personis, in quibuscumque locis, tam in mari quam in terra. Et si forte Pisani egerent auxilio dictæ regiæ Majestatis, ipsum illud tradere teneatur.

[1] Cette disposition sur la responsabilité des consuls, en contradiction avec tous les précédents du droit international observé entre les Chrétiens et les Musulmans du Magreb, n'est pas dans le texte arabe du traité.

26 *ter*. Ancora, che niuno Pisano ne' porti delle terre del detto re ardisca overo presumma fare danno ad alcuno, et allora per tutto il consolo overo i consoli de' Pisani fossi puniti.

26 *quater*. Ancora, se alcuno Pisano avesse armato alcuna galea overo legno per andare in corso, et alcuno Saracino uscisse di Tuniti o delle terre subdite al detto re, allora essi Pisani siano tenuti et debbano essi Saracini custodire et guardare, se alle sue mani perveranno, così in avere come nelle persone. Et similmente, si Saracini fossino in corso contra alcune gente, et i Pisani fussino o tornassino in Tunizi, o vero delle terre subiecte al detto re, sieno tenuti et debbano essa reale Maiestà et doane esso Pisano et Pisani, se alle mani d'essi corsali [a] pervenisse o pervenissino, sani [b] et salvi fare sì in avere come nelle persone; sanamente sempre intendendo, cioè, che tutti et ciascuni Pisani sieno salvi et securi da detti corsali in avere et persona, in ciascuni luoghi, così in mare come in terra. Et se per l'aventura i Pisani abisognassono d'aiuto della reale Maestà, sia tenuto di dare loro.

[a] La traduction n'est pas littérale; mais l'esprit de la disposition est conservé.
[b] Au texte: « salvi et salvi ».

Se uom Pisano armi alcun legno in Pisa o in altro luogo dello Stato (pisano), non recherà danno di sorta ai Musulmani dell' eccelsa capitale nè d'altri paesi dipendenti da essa. (Similmente) i Musulmani (di altri Stati?) che viaggino dalla eccelsa capitale (alla volta d'altro paese), non riceveranno danno di sorta da alcun Pisano. E venendo alcun Pisano da nemico nel porto dell' eccelsa capitale o d'altro paese dello Stato, i Pisani che soggiornino nell' eccelsa capitale saran tenuti di dare aiuto ai Musulmani e di uscire insieme con essi a combattere il nemico.

E che i Musulmani (capitando) nei territorii pisani, sieno trattati, quanto alle gravezze ed ai noli, (da pagare) secondo le usanze, e siano guarentiti in loro persone, averi e navi, onorati e difesi in ogni loro vicenda e negozio.

Prædicta autem pax, conventio et pacta facta sunt inter dictas partes dictis nominibus, et inde intelligatur esse inter omnes terras, homines et quoscumque subditos dictæ regiæ Majestatis quas nunc habet et pro tempore acquiret; et non frangatur per aliquod magistratum tam dohanarum quam per magistratum dictæ regiæ Majestatis. Suprascripta pax, conventio et pacta, infringi, seu revocari non possit; nec omnia et singula superius denotata, modo aliquo vel consuetudine, per aliquem frangi possit. Et scribatur dicta pax, conventio et pacta per omnes terras subditas dicto regi, ut dicta pax, conventio et pacta attendantur et observentur per omnes terras et subditos dicti regis. Et promiserunt inter se dictæ partes vicissim, nominibus quibus supra, attendere et observare et attendi et observari facere, videlicet : Suprascriptus nobilis vir, Mulay Isachi ben-Builel, et discretus vir Andreas Michaelis; ille pro dicta regia Majestate ejus curia et dohana Tunisii et aliorum locorum dicti regis, hic pro civitate et commune Pisanum, modis et forma superius denotatis. Et quod dicta pax, conventio et pacta duret et observari debeant per dictas partes prout supra in perpetuum. Et supradicta omnia interpretata et translatata [per] torcimanos fuerunt de lingua arabica et saracena in latinam, et de

La predetta pace, conventione et pacti facti sono tra le dette parti ne' detti nomi, et intendansi essere intra tutte le terre, gli uomini et qualunche subdito della detta reale Maestà, i quali ora ha o per tempi aquistasse; et non [si trasgredisca, ma] s'oservi per qualunque magistrato sì per la dogana come pe' maiestrato nel dì della reale Maiestà. La sopradetta pace, conventione et patti rompere nè rivocare non si possino; nè tutti et ciascuna di sopra dinotata, per alcun modo o vero consuetudine, per alcuno rompere si possino. Et scrivinsi la detta pace, conventione et patti [per tutte le terre soggette al detto re affinchè le] s'atendano et observansi per tutte le terre et subditi del detto re. Et promisono tra loro le dette parti insiememente, ne' detti nomi come di sopra, attendere et observare, et attendere et observare fare, cioè : il soprascritto nobile huomo Muley Iscich ben-Builel per la detta reale Maiestà, et la sua corte et doane di Tunizi et degli altri luoghi del detto re; e 'l discreto huomo Andrea di Michele per la detta città e comune pisano, in modo et forma di sopra dinotata. Et che la detta pace, conventioni et pacti durino et observare si debbino per le dette parti come di sopra, in perpetuo. Et che tutte le soprascritte cose interpretate et translatate di lingua arabica et saracina in latina, et di latina in lingua arabica overo saracinesca, per Piero di Pagnuzo, cittadino pisano, habitante a Tunizi nel fondaco de' detti Pisani, torcimanno.

Tutto ciò (costituisca) un accordo perenne; e perenne duri la possanza e prosperità di essi (califi di Tunis), che Iddio li aiuti e accresca lor vittorie con la sua bontà e grazia!

Ha stipulato questo benedetto e prospero accordo il servo dell' alto personaggio, dell' Imam, del padrone, del combattente la guerra sacra, dell' (Abd-el)-Aziz sopra nominato in quest' atto, che Iddio prolunghi la vita di lui e dia vittoria, per sua bontà, alle vincitrici bandiere ed insegne (dei principi della dinastia)! il servo della loro nobil porta, creatura di loro beneficenza, riconoscente lor belle virtudi, lo sceikh illustrissimo, onorato, egregio, ossequiato, reverendo, eccelso, splendidissimo, spettabile, felicissimo, esaltato e perfettissimo, l'haggi Abu-Abd-Allah-Mohammed, figlio dello sceikh illustrissimo, onorando, esaltato, ossequiato, reverendo, celebre, chiarissimo, perfettissimo, già accolto nella misericordia (di Dio), Abu-l-Hasan-Ali-ibn-Abi-Helal; ha stipulato questo (trattato) a favor di essi (Pisani) per (parte di) esso (califo), che Dio sia contento di lui! con coteste (condizioni), e loro le ha accordate da parte di esso (califo).

Hanno attestato il giuramento (che prestò) l'onorando sceikh l'haggi suddetto, sanzionando questo accordo e il suddetto Cristiano, nelle qualità attribuite all' uno ed all' altro nel presente trattato, avendo entrambi abilità (di contrarre a questo effecto), e comunicando in lingua arabica per mezzo

latina in linguam arabicam sive saracenam, per Pierum Paganucci, Pisanum civem, habitantem in Tunisio, in fundaco dictorum Pisanorum torcimannum.

Celebrata autem fuit hæc pax die XIIII mensis Decembris, Dominicæ incarnationis anno M CCC LXXXXVIII, secundum cursum civitatis Pisarum.

Celebrata adunque fu questa pace adì quatordici del mese di Dicembre, nella 'ncarnatione del nostro signore Giesù Cristo milletrecentonovantotto, secondo il corso della città di Pisa (1397).

d'interprete; e di essere stato sanzionato a favor di essi (Pisani) il presente benedetto accordo, piacendo al Sommo Iddio, in vista di un nobile scritto di man (del califo), cui Dio aiuti e renda vittorioso! il quale portava il permesso dato da esso (califo) all' esaltato sceikh Abu-Abd-Allah-Mohammed suddetto per sanzionare questo accordo [*], il ventitrè del benedetto Rebi' primo dell' anno ottocento, il quale risponde al quattordici del mese agemi[**] di Decembre dell' anno suddetto (1397).

Si è pattuito inoltre, che se alcun Pisano rechi merce, mercanzia, pietra (preziosa) o altro simile delle cose suddette nell' eccelsa capitale e non possa venderla, non vi sia sforzato, anzi possa portarla ove gli piaccia, senza dovere per quella alcun dritto [***].

Si è pattuito ancora ch' essi (Pisani) possano venire all' eccelsa capitale con loro merci per venderle o comperarne (delle altre), secondo il solito.

È stata corretta (nella presente copia) la lezione: *obbligo della dogana di soddisfarli* (art. 7); e l'altra lezione: *sopra...*; e l'altra: *sicuri e guarentiti* (art. 20); e l'altra: *saranno trattati.... quanto* (art. 22). V'ha la postilla seguente: *dal*

[*] Voy. M. Amari, 427.
[**] Étranger.
[***] Disposition reportée à la suite de l'art. 7 dans les rédactions chrétiennes.

giorno del trasferimento di esse merci in dogana (art. 7); e l'altra postilla : *lo sperimento* (art. 23). È stato corretto : *il venditore* (art. 8). (Finalmente) l'altra lezione : *sei* (art. 7) è esatta.

Il testo esatto ed originale (è rimasto presso Abu)-Abd-Allah-Mohammed suddetto, cui onori il Sommo Dio onorevolissimo (tra tutti gli esseri), e la spedizione (corretta si consegna) al suddetto Cristiano. Lo attestano : Mohammed-ibn..... e Abu.....*.

* Voy. M. Amari, p. 427. Ces deux derniers alinéas : *E stata corretta*, etc., *Il testo*, etc., ne sont qu'à l'original arabe et ne se trouvent pas sur l'expédition musulmane.

Le premier régularisait les corrections et surcharges faites sur le parchemin original.

III.

ROYAUME DE FRANCE.

1138-1482.

I.

[1138.]

Traité dans lequel les Marseillais contractent une alliance offensive et défensive avec la république de Gênes, pour dix ans; ils promettent à la république, si elle leur fait obtenir un traité de paix du roi de Maroc, ou si elle promet de les défendre contre le roi de Maroc au delà de ces dix ans, de les indemniser de tous les dommages qu'ils auraient pu leur occasionner depuis dix années; ils s'engagent dès maintenant à observer la paix à l'égard des sujets du roi de Maroc et à défendre à leurs corsaires, s'ils en armaient, d'attaquer les Marocains.

Monumenta Patriæ. Chartarum, t. II, col. 229, d'après le parchemin original des Archives du royaume à Turin. *Genova. Trattati e materie politiche.*

Anno ab incarnato Domino millesimo centesimo trigesimo octavo, nos Massilienses hoc cirographum fecimus et juravimus : ut ab hac die in antea salvabimus Januenses homines et eorum potentatus, in mari et in terra, et pecuniam et personam eorum; et salvabimus homines ex amicis Januensium et pecuniam eorum. Qui vero amicus erit Januensium, amicus erit noster, ita ut non offendemus eos. Et qui inimicus eorum inimicus noster erit, tali ordine ut offendamus eos secundum nostrum posse et consules Januenses nobis preceperint viriliter et bona fide supra rectum enim usum de hominibus Janue; neque de amicis eorum, de quibus Januenses nobis preceperint, qui modo sunt et dehinc erunt, salvos et securos eos faciemus in nostra terra bona fide sine ulla fraude. In hostes enim Januensium ibimus; ita quando ipsi fecerint exercitum per mare cum centum hominibus in lignis Januensium, et quando fecerint exercitum contra Sarracenos, nos ipsi domini cum centum hominibus et per terram quocumque irent cum centum similiter. Hoc observabimus usque ad annos decem. Si vero ultra decem annos a Sarracenis regis Murroc pacem nobis tenere fecerint vel nos defendere dicerent, que supradiximus observabimus, et faciemus racionem hominibus Janue de omnibus maleficiis que eis fecimus a decem annis transactis usque in hodiernum diem. Et tenebimus pacem hominibus regis Murroc et observabimus et pecuniam eorum atque personam in mari et in terra usque ad annos decem. Lignum currens in terra nostra non armabitur quod depredari Sarracenos vadat, nisi prius juraverint quod non offendant hominibus regis Murroc. Si autem ex supradictis aliquid ex fortuito casu ruperimus, infra decem dies postquam missum Januensium viderimus vel litteras, de eorum sigillo sigillatas, emendabimus tantum per tantum.

Hec omnia que superius scripta sunt observabimus sine dolo, sine fraude, sine ullo malo ingenio, nisi quantum remanserint pro verbo Januensium consulum de comuni qui modo sunt vel deinceps erunt [1].

II.

1228.

Extraits d'un statut de la ville de Marseille relatifs au commerce des Marseillais en Barbarie, et particulièrement au commerce du vin qu'ils faisaient à Ceuta, Oran, Bougie et Tunis.

Méry et Guindon, *Histoire des actes et délibérations de la municipalité de Marseille*, t. I, p. 350. Marseille, 1842.

I.

Quomodo cives Massilie possunt vendere vel facere vendi suum vinum in Ceptam vel Bogiam.

Item, ordinamus et statuimus quod omnis civis Massilie et non alia personna possit et liceat vendere et facere vendi en menut e en gros [2], franchè et liberè, sine aliqua dacita suum vinum tantum quod apportaverit civis Massilie et exierit de Massilia tantum, apud Ceptam, vel Bogiam, vel Tunissium, vel Horanum, vel aliis terris Sarracenorum, et hoc in parvis funditis in quibus consuetum est in dictis terris vinum vendi; de quibus funditis in quibus vinum venditur possint fundegarii qui pro tempore fuerint sibi retinere et habere unum maguazenum tantum, quem ipse voluerit habere, ad vinum ibidem vendendum Sarracenis; eo salvo et retento quod cives Massilie non possint emere aliud vinum causa revendendi ipsum in funditis parvis supradictis; et eo salvo et retento quod in funditis predictarum terrarum in quibus mercatores consueverunt se recipi et merces suas reponere, fundegarii qui pro tempore fuerint in dictis terris, non possint habere vel tenere, vel locare, ad annum, nisi unam botigam tantum ad vinum vendendum in menut o en gros Christianis tantum et non Sarracenis. Et possint habere et locare ad annum aliam botigam ad opus sartoris et aliam ad opus sabaterii et duas botigas ad opus pellipariorum tantum; si vero pelliparii vel alii ministrales cives Massilie, ultra predictos pelliparios et dictum sartorem et dictum sabaterium qui logaverunt predictas botigas, venerint in dictis funditis, quod tunc illi pelliparii et alii ministrales possint in dictis funditis liberè et franchè venire et esse et negociari et operari de suo officio, duntamen non operentur infra magazenis predictarum terrarum, et predicta fiant tandiu tantum donec naves in quibus venerint recedent; et operentur predicti ministrales in dictis funditis de dictis terris ita quod non faciant impedimentum merca-

---

[1] Au bas de la charte-partie, les lettres ABC, etc., coupées par le milieu.
[2] Au détail et en gros.

toribus funditorum predictorum. Eo acto in hoc ordinamento quod fundegarii qui pro tempore fuerint in dictis terris possint habere unam botigam pro sua stagia et aliam pro stagia scriptoris quas consueverunt habere fundegarii et scriptores in dictis terris; et eo intellecto quod nulla meretrix possit morari nec facere stagiam suam in funditis dictis, nec possint ibi tenere fundegarii porcos. Item, in dictis funditis intelligitur esse furnus sicut scrivania.

II.

Quomodo cives Massilie possunt descargare vinum Ceptam vel Bogiam.

Item, fuit statutum et ordinatum quod quilibet civis Massilie possit exonerare et descargare suum vinum cum suis tricairolis in dictis terris si eas habet, sed mensurare et vendere non possit ibi suum vinum in dictis terris nisi cum mellairolis et quartinis communis Massilie quas dicti fundegarii ibidem pro tempore habuerint.

Item, debent habere in dictis terris fundegarii ferrum bonum et legale ad ponderandum merces navium prout consuetum est, pro loguerio cujus ferri non possint habere nisi unum byzantium de singulis navibus. Et scriptor singularum terrarum dictarum possit habere scrivaniam sicut consuetum est.

III.

[Vers 1255.]

Extraits d'un statut de Marseille relatifs à la nomination des consuls marseillais dans les pays d'outre-mer et en Barbarie.

Méry et Guindon, *Hist. des actes de la municipalité de Marseille*, t. II, p. 205. Cf. t. III, p. 77.

De consulibus extra Massiliam constituendis.

Constituimus ut a modo quandocunque aliqui consules fient vel constituentur in viagiis Surie, aut Alexandrie, vel Cepte, vel Bogie, vel alicubi alibi extra Massiliam, quod illi eligantur a rectore communis Massilie et creentur et constituantur similiter semper tales quod illi consules sint de melioribus facundia et discretione et probitate et honestate ad honorem et utilitatem comunis Massilie, ex illis qui tunc temporis ad dictas partes traficarent; et quod illi fiant et constituantur, cum fient a rectore Massilie qui pro tempore fuerit cum consilio et assensu syndicorum et clavariorum comunis Massilie et septimanariorum capitum ministeriorum Massilie vel majoris partis eorum, et eodem modo dentur et constituantur eis consiliarii.

Et dicti consules omnes qui ad partes predictas ire debebunt vel sunt ituri, jurent ad sancta Dei Evangelia quod nullatenus meretrices mittant vel mitti paciantur ab aliquo in fundo illius terre cui preerunt, stagiam ibi a dictis meretricibus faciendo.

Et quod vinum aliquorum non Massiliensium non facient vel permittent vendi vel mitti in dictis fundicis quandiu erit ibi vinum Massiliensium ad vendendum; et quod non conducent vel conduci permittent aut alias qualitercumque haberi sustinebunt botigas aliquas extraneis scilicet non Massiliensibus aliquibus, sine voluntate expressa [et] habita licentia dicti fundegarii fundici supradicti.

Et si forte contigerit quod alicubi sint decem vel viginti homines de Massilia, vel plures, ubi non sint consul vel consules statuti, ut supra dicitur, tunc authoritate hujus capituli liceat eis et possint concorditer omnes vel major pars eorum, aut illi qui ab eis vel majori parte eorum ad eligendos consules vel consulem electi fuerint, per se consules Massilie eligere, qui super eis et Massiliensibus aliis ibi advenientibus habeant eandem potestatem quam haberent alii consules, ut supra dicitur, a rectore Massilie constituti, donec alii consules in Massilia constituti, secundum quod predictum est, ibi venerint et non ultra.

Verum si ipse qui electus fuerit consul a majori parte hominum Massilie recuset, vel nollet recipere consulatum, puniatur in decem libris regalium coronatorum, nisi justo impedimento recusaretur. Veruntamen predicti consules qui in eo officio eligentur, ut dictum est, extra Massiliam, a Massiliensibus eligantur meliores facundia et discrecione et honestate et dilectione et probitate erga comune Massilie, de illis qui ibi de Massilia invenirentur.

Statuentes similiter observandum inviolabiliter amodo quod nemo Massiliensium, vel alius undecunque sit vel fuerit, qui majori libertate vel franchisia gaudeat vel utatur in Syria vel alicubi alibi quam ceteri homines de Massilia communiter nullatenus possit vel debeat unquam fieri vel constitui consul in Suria vel alibi ubi predicta libertate uteretur.

Similiter, statuimus ne aliquis fundegarius, vel nabetinus, vel qui suum vinum vendit vel vendi faciat ad minutum, nec aliquis qui, preter mercadariam, ministerium suum vel corrateriam exerceat in terra illa, possit fieri vel constitui illic consul. Sed et illud adjungimus quod qui consules sunt uno anno in alio non sint consules, nisi in illo casu in quo alius non inveniretur sufficiens.

IV.

1268, 20 avril. Marseille.

Nomination par le viguier et le conseil de la ville de Marseille, au nom du roi de Sicile, de Hugues Borgonion, marchand de Marseille, aux fonctions de consul pour le voyage qu'il doit faire à Bougie sur un navire appartenant à Hugues La Rue et ses associés.

Méry et Guindon, *Hist. des actes de la municipalité de Marseille*, t. V, p. 71, 1847; d'après la *Bibl. de l'École des chartes*, 1re série, t. II, p. 392, 1841.

In nomine Domini, amen. Anno incarnationis ejusdem millesimo ducentesimo sexagesimo octavo, indictione undecima, tercio decimo kalendas Madii.

Notum sit cunctis tam presentibus quam futuris quod dominus Guillelmus Dagenessa, miles, vicarius Massilie pro serenissimo domino Karolo, Dei gratia rege Sicilie, mandato, voluntate et consensu tocius consilii generalis Massilie, et ex potestate eidem domino vicario ab eodem consilio generali data et concessa ad constituendum et ordinandum consulem et consules in Bogia, fecit, constituit et ordinavit, nomine dicti domini regis et universitatis civitatis Massilie, Hugonem Borgonionum, mercatorem, civem Massilie, presentem, consulem in hoc presenti viagio quod facturus est apud Bogiam, in bucio vocato *Sanctus Jacob*, qui est Hugonis La Rue et ejus sociorum, tam in eundo quam redeundo, in dicto bucio vel in alio, et morando eciam in partibus Bogie [1]....., et concedens dictus dominus vicarius, nominibus quibus supra, eidem consuli plenam et liberam potestatem regendi, gubernandi cives Massilie et quascumque alias [personas consulatui] Massilie appendentes; et banna et penas apponendi eisdem, et puniendi et condempnandi predictas personas ex eis delinquentes secundum valorem seu criminis qualitatem, cum consilio tamen consiliariorum suorum civium Massilie; et reddendi, dicendi et faciendi jus personis dicto consulatui appendentibus supradictis; et omnia et singula faciendi, statuendi et mandandi que hujusmodi consules Massilie facere consueverunt, secundum formam statutorum et consuetudinem Massilie. Promittens dictus dominus vicarius quicquid per eundem consulem actum seu factum, adjudicatum fuerit seu punitum, se ratum et firmum perpetuo habiturum; mandans et precipiens dictus dominus vicarius omnibus civibus Massilie et aliis omnibus dicto consulatui subditis et subjectis, in partibus Bogie constitutis, quod obedientes sint predicto consuli et fideles, et ipsum habeant et recipiant tanquam consulem favorabiliter et benigne, ipsumque bona fide in persona et rebus pro posse suo custodiant et deffendant. Qui predictus Hugo Borgoinonus, predictum consulatum sponte suscipiens, promisit et convenit dicto domino vicario, presenti et stipulanti nominibus quibus supra, se dictum consulatum et officium ejusdem, et omnia et singula necessaria et utilia circa ea se bene et fideliter peracturum et tractaturum ad honorem et utilitatem et comodum dicti domini regis et civitatis Massilie supradicte, et reddere et facere jus, secundum statuta et consuetudines Massilie, omnibus conquerentibus contra eos; et de hiis omnibus que in posse suo, occasione de consulatus, pervenerint, suo loco et tempore bene et fideliter reddere rationem, sub obligatione omnium bonorum suorum presentium et futurorum. Et hec omnia supradicta attendere et complere juravit dictus consul, sacrosanctis Dei Evangeliis ab eo sponte corporaliter tactis.

Actum in aula viridi palatii Massilie, in presentia et testimonio Guillelmi Boneti, Berengarii Borgoinoni, Jacobi de Vellanne, Guillelmi .... et .... Marg...., notarii Massilie .... qui mandato dicti domini vicarii et [de precatu] dicti consulis, hanc cartam scripsi et signo meo signavi et sigillo pendenti curie Massilie, jussu dicti domini vicarii, sigillavi, ad majorem omnium precedentium firmitatem.

[1] Le parchemin est altéré ici et plus bas.

V.

1270, 21 novembre [1]. A Tunis.

Traité de paix et de commerce conclu pour quinze années, après la mort de saint Louis, entre Abou-Abd-Allah-Mohammed-el-Mostancer-Billah, roi de Tunis, et Philippe III, roi de France, Charles d'Anjou, roi de Sicile, et Thibaut, roi de Navarre.

Traduit par M. de Sacy sur le texte arabe existant aux Archives de l'Empire (J. 937, n° 1).
Mém. de l'Académie des inscript., nouv. série, t. IX, p. 463.

Au nom du Dieu clément et miséricordieux. Que Dieu soit propice à notre seigneur Mahomet, le prophète, à sa famille et à ses compagnons, et qu'il leur accorde le salut! C'est ici ce qui a été convenu et arrêté par le ministère du scheikh illustre et vénérable Abou-Zeyyan Mohammed, fils d'Abd-Alkaoui, entre le roi illustre, grand et choisi, Philippe, par la grâce du Dieu très-haut, roi de France, fils du roi illustre et saint, Louis; le roi illustre et grand Charles [Harl], par la grâce de Dieu, roi de Sicile; le roi illustre et grand Thibaud, roi de Navarre, que Dieu leur accorde l'assistance de sa grâce! et le khalife, l'Imam assisté et secouru (de Dieu), l'émir des croyants, Abou-Abd-Allah Mohammed, fils des émirs bien dirigés, que Dieu les fortifie de son secours et les aide de son assistance, qu'il leur accorde sa bienveillance, et qu'il conserve longtemps aux Musulmans leurs bénédictions! aux conditions ci-après, savoir :

1[2]. Tous les Musulmans des États de l'émir des croyants, des terres de son obéissance, et des lieux en dépendant, qui se rendront dans les États de l'un des rois susdits, des comtes et des barons, dans quelqu'une des îles qui portent leur nom, dans les terres de leur obéissance ou lieux en dépendant, seront sous la sauvegarde du Dieu très-haut; aucun d'eux ne sera exposé à aucune insulte dans sa personne ni dans ses biens, ni à aucun dommage, grand ou petit; ils seront à l'abri de toute hostilité de la part des bâtiments sortant des terres de l'obéissance desdits princes, et lieux en dépendant, tant bâtiments pontés que galères, ou autres navires, grands ou petits, qui seroient en course pour porter quelque dommage ou exercer quelque hostilité, soit contre quelque portion des États de l'émir des croyants et des lieux dépendants de son obéissance, ou des pays, îles, côtes et ports qui séparent les États desdits princes de ceux de l'émir des croyants, soit contre quelqu'un des habitants desdits lieux. S'il arrivait que quelqu'un des Musulmans susdits éprouvât quelque dommage, grand ou petit, dans sa personne ou dans ses biens, la réparation sera à la charge des princes

---

[1] M. de Sacy pense qu'un premier traité, aujourd'hui perdu, fut rédigé en français, et que le texte arabe conservé encore aux archives de France n'est que la traduction originale et officielle, mais postérieure de quelques jours, de la rédaction du texte français. Le premier traité paraît avoir été écrit et juré dès le 5 novembre; l'expédition arabe, si le copiste n'a pas fait erreur, serait du 21 du même mois, 5° jour du mois de Rébi II°, de l'an 669 de l'Hégire. *Mém. de l'Acad.*, t. IX, p. 472, 474.

[2] Les articles du présent traité ne sont numérotés ni dans l'original arabe ni dans la traduction de M. de Sacy.

susdits, qui devront en indemniser ces Musulmans, soit qu'ils aient éprouvé ce dommage en se rendant dans les pays susmentionnés, ou en en revenant.

2. Lesdits princes ne fourniront aucun secours à ceux qui voudroient porter quelque dommage à l'une des villes de l'émir des croyants, ou à quelqu'un des lieux de son obéissance ou des habitants desdites contrées.

3. Si quelque navire appartenant à l'un des Musulmans susdits, ou quelque bâtiment appartenant à des Chrétiens, ayant à bord quelqu'un desdits Musulmans, vient à faire naufrage dans un des ancrages[1] des États desdits princes, et des lieux de leur obéissance, chacun d'eux, en ce qui le concerne, veillera à la conservation de tout ce qui sera jeté sur les côtes de ses États, soit personnes, soit propriétés, et fera rendre le tout aux Musulmans.

4. Tous les bâtiments des Musulmans ou des Chrétiens, des pays autres que ceux dont il a été fait mention et des lieux qui sont sous l'obéissance des Musulmans, qui se trouveront dans l'un des ports de l'émir des croyants, seront à l'abri de toute attaque, à l'instar de ceux des contrées susmentionnées, aussi longtemps qu'ils seront à l'ancre dans lesdits ports, ou qu'ils y seront à la voile pour y entrer ou pour en sortir.

5. Tous les marchands des États des rois susdits et tous les Chrétiens leurs alliés qui viendront (dans les États de l'émir des croyants), y seront sous la sauvegarde du Dieu très-haut, tant pour leurs personnes que pour leurs biens, comme de coutume, et en ce qui concerne leurs transactions actives ou passives, leurs ventes et leurs achats; on veillera à leur entière sûreté, soit qu'ils aillent et viennent, ou pendant le temps de leur résidence, tant qu'ils s'occuperont des affaires de leur commerce, et qu'ils observeront les conditions des présentes. Ils jouiront sans aucune exception de toutes les clauses stipulées en faveur des rois susdits.

6. Les moines et les prêtres chrétiens pourront demeurer dans les États de l'émir des croyants, qui leur donnera un lieu où ils pourront bâtir des monastères et des églises et enterrer leurs morts; lesdits moines et prêtres prêcheront et prieront publiquement dans leurs églises, et serviront Dieu suivant les rites de leur religion, et ainsi qu'ils ont coutume de le faire dans leur pays.

7. Les marchands des États des rois susdits ou des autres pays chrétiens qui sont établis dans les États de l'émir des croyants observeront dans toutes leurs transactions leurs usages accoutumés; on leur restituera tout ce qui leur a été pris et tout ce qu'ils avoient en dépôt chez les habitants, ainsi que les créances qu'ils avoient à exercer.

8. Les susdits rois ne recevront point dans leurs États les ennemis de l'émir des croyants; ils ne donneront aucun secours à quiconque formerait quelque entreprise hostile contre quelque portion de ses États.

9. Tous les prisonniers faits de part et d'autre qui sont actuellement vivants et qui se trouvent entre les mains des Musulmans ou des rois susdits seront remis à ceux de leur religion.

10. Les rois susdits et tous les individus leurs sujets et autres qui font cause com-

---

[1] *Marsa*, port, mouillage.

mune avec eux et qui sont dans leur camp, tous ceux qui ont pris part à leur entreprise et qui sont venus à leur aide et à leur secours, ou qui pourroient y venir par la suite, comme le roi Édouard ou tous autres, quels qu'ils puissent être, mettront à la voile, et aucun d'eux ne restera à terre sur le territoire des Musulmans, à moins qu'il n'y ait encore quelques bagages ou quelqu'un de ses gens; ils se rendront dans un lieu qui leur sera indiqué de la part de l'émir des croyants, et l'on veillera à ce qu'ils y demeurent en toute sûreté jusqu'au retour de leurs vaisseaux.

11. La présente convention est arrêtée entre l'émir des croyants d'une part et les rois susdits de l'autre, ainsi que les comtes et les barons, pour quinze années solaires, commençant au mois de Novembre qui suit immédiatement le mois d'Octobre, et qui correspond au mois duquel sont datées les présentes.

12. De plus, il leur sera donné deux cent dix mille onces d'or, chacune desquelles onces équivaut à cinquante pièces d'argent de leur monnoie pour le poids et le titre. La moitié leur sera payée comptant, et l'autre moitié sera répartie sur deux années solaires, à partir de la date des présentes; elle sera acquittée par parties égales à la fin de chacune desdites deux années.

13. Ceux qui resteront sur le territoire de l'émir des croyants après le départ des rois et de leurs troupes, comme il a déjà été dit, seront sous la garde spéciale de l'émir des croyants; et s'il leur arrive quelque dommage, soit dans leurs personnes, soit dans leurs biens, l'émir des croyants sera tenu à leur en donner réparation.

14. L'illustre empereur de Constantinople Baudouin, l'illustre comte Alfonse, comte de Toulouse, l'illustre comte Guy, comte de Flandre, l'illustre comte Henri, comte de Luxembourg, et tous les comtes, barons et chevaliers présents, sont compris dans les stipulations des présentes et demeurent engagés à leur observation.

15. Les témoins de ces présentes attestent tout ce que dessus, après qu'en la présence de tous lecture leur en a été donnée, et après qu'ils ont bien compris tout ce qui les concerne chacun endroit soi.

16. L'émir des croyants donnera aux susdits rois, pour la somme dont il reste débiteur, des cautions prises parmi les négociants chrétiens.

17. Toute personne ennemie des rois et des comtes susdits sera obligée à sortir des États de l'émir des croyants, et ne pourra point y être reçue de nouveau.

18. Les moines, prêtres et évêques présents ont aussi servi de témoins à tout le contenu des présentes.

19. L'émir des croyants, à qui daigne le Dieu très-haut accorder son assistance! son fils béni et fortuné, et le scheikh illustre Abou-Zeyyan, fils d'Abd-Alkaoui, ont promis sur leur religion et leur bonne foi l'exécution de tout ce que dessus, le 5 de Rébi second de l'année 669.

20. Il est ajouté aux présentes conventions qu'il sera payé au roi illustre Charles, par la grâce de Dieu, roi de Sicile, pour les cinq années passées, finissant à la date des présentes, ce qui était payé ordinairement à l'empereur. Il sera également payé audit roi illustre, à compter de ce jour et en avant, chaque année, le double de ce qui était payé à l'empereur.

Louanges à Dieu très-haut! Ont attesté la conclusion du présent traité de pacification, sa vérité et son authenticité, les soussignés : Abd-Alhamid Sadéfi, fils d'Abou' Ibérécat, fils d'Amran, fils d'Abou' Idounya; Ali Témimi, fils d'Ibrahim, fils d'Omar; Abou' Ikasem Nedjébi, fils d'Abou-Becr.

VI

1282, 24 octobre.

Abou-Yousouf-Yakoub, roi de Maroc, promet de secourir Alfonse X, roi de Castille, contre lequel son fils Sanche s'était révolté, et s'engage à adhérer à toute alliance formée pour le même objet entre le roi Alphonse et Philippe le Hardi, roi de France.

Traduit par M. de Sacy sur la lettre originale existant aux Archives de l'Empire (J. 937, n° 2).
Mém. de l'Académie des inscript., t. IX, p. 484.

Au nom du Dieu clément et miséricordieux. Que Dieu soit propice et accorde le salut à notre seigneur Mahomet, à sa famille et à ses compagnons!

Ceci est un écrit saint et vénérable, dressé par l'ordre du serviteur de Dieu, Yacoub, fils d'Abd-al-Hakk, que Dieu le fortifie par son assistance, le soutienne par son secours, lui prête son appui et lui accorde le succès! en faveur du très-illustre, très-magnifique, très-noble, très-élevé, très-glorieux, très-honoré, très-vertueux roi don Alfonse, roi de Castille, de Léon, de Tolède, de Galice, de Séville, de Cordoue, de Murcie, de Jaen, d'Algarve et autres lieux, que Dieu lui accorde les succès les plus fortunés, et dirige ses actions de manière qu'il en recueille les fruits les plus excellents! et par lequel il a contracté avec lui l'engagement d'une amitié solide, et formé une union durable et ferme à toujours, s'obligeant à être l'ami de ses amis et l'ennemi de ses ennemis; comme aussi, de son côté, le susdit roi très-honoré s'est obligé réciproquement aux mêmes conditions, qu'il a promis d'observer fidèlement et exactement. Il a (le roi de Maroc), par cet engagement sincère et dans ces nobles vues, ratifié et approuvé par avance tout ce à quoi (ledit roi Alfonse) s'engagera, tant en son propre nom qu'au nom de lui (roi de Maroc), envers le très-honoré, très-respectable, très-vertueux et très-excellent roi don Philippe, roi de France, que Dieu lui accorde la plus parfaite félicité! en fait de transactions dont l'avantage soit général, et dont la réalisation et le plan promettent d'heureux effets; ratifiant le tout par une ratification irrévocable, et qui ne pourra en aucun temps être anéantie. Il garantit audit roi, que Dieu lui accorde son assistance! que tout ce qu'il jugera à propos d'arrêter et de décider, tant au nom de lui-même don Alfonse et dans ses intérêts qu'au nom et dans les intérêts de lui (roi de Maroc), il l'a dès à présent arrêté, pleinement ratifié et complétement approuvé, voulant par là s'acquitter de ce qui est dû audit roi (don Alfonse), et n'ayant en cela d'autre vue que le bien et le succès de ses affaires. Or il est connu de tout le monde quelles sont la puissance et la gloire de Sa Majesté et la noblesse de toute sa conduite. Il y a d'ailleurs entre lui et entre le très-honoré roi, le roi de France, une affection réciproque et des liaisons d'amitié qu'on ne saurait entretenir avec trop de soin, et dont les liens méritent d'être resserrés plus étroitement. En conséquence, tout ce qui sera convenu avec ledit roi de France au nom d'Alfonse et du roi de Maroc ne sera sujet à aucune infraction; et l'on n'aura recours à aucun prétexte pour en éluder l'observation dans toute la suite des temps, s'il plaît à Dieu. Quiconque en aura connaissance devra s'y conformer exactement, et bien se garder de contrevenir en rien à ses belles dispositions. Le susnommé a écrit ceci le 20 de Redjeb, mois excellent et béni, en l'année 681.

Écrit les jour, mois et an que dessus [1].

VII.

1293, 15 juin. [De Bougie.]

Les consuls et les commerçants de Marseille établis à Bougie se plaignent à la commune des vexations qu'ils éprouvent et de la difficulté qu'ils ont à faire respecter leurs franchises par le roi de Bougie, nonobstant les traités existant entre la commune et le roi.

Méry et Guindon, *Hist. des actes de la municipalité de Marseille*, t. V, p. 74, d'après la *Bibl. de l'École des chartes*, 1re série, t. II, p. 393.

Al noble, savi et discret monsenher en Guillem de Cadenet, cavallier et viguier de Marseilha, et al noble et onrat conseilh de Marseilha, de nos en Peire Jordan et en Peire de Gerusalem, consols, et de totz los mercadiers de Marseilha, los cals son ara en Bogia, salutz et compliment de fermeza d'amor.

Con so sia cauza que nos et nostres mercadiers siam vengutz en Bogia et ayam aportat vostras letras al senghor rei de Bogia, et aquellas letras lieuradas et prezentadas a la fassa del senghor rei de Bogia; car am lo rei non nos em pogutz vezer, e pregat e requist que nostres dretz et nostras franquezas nos fossan gardatz et salvatz, vos fam assaber que neguna ren que promes nos hayan, antendre ni observar non nos volon. Ar vos fam saber, senghor, que en eissi con nos devrian gardar et salvar, nos fan totz los tortz et las desmezuras que podon; et encar que an batut, devant nos, en la doana, alcun de nostres mercadiers, car non volian lieurar alcuna rauba que avian venduda entro que fossan [paguatz]; et encar nos fan pagar per forssa lo dreg de la rauba que vendem enantz que siam pagatz. Et tot aisso es encontra la paz que-z-es entre nos e els. Don vos pregam, sengher, a vos et al conseilh, que en aquesta cauza prenaz bon conseilh, tals que sia onors de Dieu et del noble senghor nostre rei de Gerusalem et de Sicilia, et de la universitat de Marseilla. Et encar vos fam mais a

[1] Le même jour, le sultan notifia au roi de France l'engagement qu'il venait de contracter. Sa lettre (J. 937, n° 3) est également traduite et publiée par M. de Sacy, *Mém.*, p. 488.

saber, sengher, que l'arais [1] de Bogia es fort dolentz et iratz de totz los torts que om nos fa; et si ell non era, encar nos en faria hom mais, que nos manten en tot son poder. Per que vos pregam, sengher, que l'en fassas gracias, et l'en escrivas una lettra; que nos non avem mais amic en Bogia mas ell. Encar vos fam mais assaber, sengher, a vos et al conseill que nos non avem pogut acabar que nos ayan fag pagar de la taverna del temps que passat es, sinon de miei Mai en sa; ni so que nos an levat de l'un fondegue non avem encar cobrat, ja sia aisso que fan cavar la pesason per far la tapia [2].

Fou facha a xv jorns de Jun [3].

VIII.

Fin du treizième siècle.

Énumération par provenance des marchandises étrangères qui se vendaient en Flandre à la fin du treizième siècle [4].

Paris. Bibl. impér., Mss., fonds Notre-Dame, n° 274 *bis*, fol. 18 v°.

C'est li roiaume et les terres desquex les marchandises viennent à Bruges et en la terre de Flandres.

Dou royaume d'Angleterre viennent laimes, cuir, plons, estains, charbons de roche, [etc.]

Dou royaume d'Alemaingne vient vins rinois, pois, cendre, marrien, blef, fer, [etc.]

---

[1] L'*arais*, ou le réis, qui seul se montrait favorable aux Marseillais.

[2] On fait creuser les fondations pour construire le mur. *Tapia*, gros mur de terre ou pisé, revêtu de chaux. R. Muntaner, *Chron.*, édit. Buchon, p. 527, 547; F. Michel, *la Guerre de Navarre*, p. 583.

[3] A la suite de la pièce de 1293, on a inséré la traduction d'une autre lettre, écrite sans doute la même année au conseil par le réis de Bougie, dont les commerçants marseillais louent la bienveillance. La partie du volume où cette lettre est transcrite se trouve dans un tel état de vétusté, qu'il ne nous a pas été possible d'en lire assez bien le texte pour obtenir un sens complet. On voit seulement que la lettre écrite en arabe fut traduite en langue vulgaire par maître Abraham. Le réis se nomme « Mahomet, fil de Jusef, fil de Lacat ». Il écrit « de Bogia, que Dieu la gardi ! » et entretient, à ce qu'il semble, la commune d'une discussion plaidée devant lui, entre des marchands francs et le gabeleur du vin, *lo gabelloc del vin*. Il termine ainsi, en promettant au conseil de l'instruire de tout ce qu'il lui serait nécessaire de connaître : « Loqual vos fas assaber. E so que vos seria obs de neguna » causa, fas vos a saber que nos o faren saber a nostre cap. E Dieu, per la siena piatat, vos profiechi » de la siena. Salut. »

[4] Les pays nommés dans cette nomenclature sont les royaumes du Nord : l'Angleterre, l'Écosse, l'Irlande, la Norvége, le Danemark, la Suède et la Russie; les États d'Allemagne : Hongrie, Bohême, Pologne et l'évêché de Liége; la Bulgarie; puis les royaumes d'Espagne et de Portugal; enfin les royaumes d'Afrique et d'Orient. Il n'est rien dit de l'Italie, pas plus de Gênes que de Venise. C'est, ce nous semble, une raison de plus de douter que les galères de Venise aient fait le voyage du golfe Adriatique en Flandre dès le treizième siècle, comme M. Romanin et M. Baschet ont cru pouvoir l'inférer d'un document qui ne suffit pas à établir ce fait. (Voy. Arm. Baschet, *la Diplomatie vénit.*, p. 106.) Tout jusqu'ici confirme l'opinion de Marin (*Storia del com. dei Venez.*), d'après qui les galères vénitiennes ont seulement commencé les voyages de Flandre aux premières années du quatorzième siècle.

Du royaume de Fées en Affrique viennent cire, cuirs et peleterie.

Du royaume de Marroc viennent autele marchandise, et commin et succre brus.

Du royaume de Segelmesse [1], qui siet pres de la mer des Arènes, viennent dathes et alluns blancs.

Du royaume de Bougie vient peleterie de aingniax, cuirs, sire et alun de plume.

Dou royaume de Tunes vient autel avoir comme de Bougie.

Dou royaume de Mailorgues vient alun et ris, cuir, figues qui croissent ou païs.

Dou royaume de Sardeigne vient peleterie.

Dou royaume de Constantinoble vient alun de glace.

Dou royaume de Jhérusalem, dou royaume de Egipte, de la terre au Souldant, vient poivres et toute espicerie et bresis.

Dou royaume de Hermenie vient coutons, et tote autre espicerie desusdite.

Dou royaume de Thartarie vient drap d'or et de soie de mout de menières et pelles et vairs et gris.

Et de tous ses roiaumes et terres desus dites viennent marcheant et marchandises en la terre de Flandres, sans cex qui viennent dou roiaume de France et de Poiteu et de Gascoingne et des iii illes, où il a mout de roiaumes que nos ne savons nommer, dont tous les ans viennent marcheant en Flandres et de mout autres terres, par coi nule terre n'est comparée de marcheandise encontre la terre de Flandres.

IX.

1317, 17 décembre. A Marseille.

Le sénéchal du comté de Provence, en exécution de lettres patentes de Robert, roi de Sicile, comte de Provence, mande au clavaire ou trésorier de la ville de Marseille d'envoyer, aux frais du trésor royal, une galère et un messager à Tunis et à Bougie pour réclamer du roi de Bougie le payement des dommages dus à divers marchands de Marseille qui avaient été détenus en prison et dépouillés de leurs biens à Bougie, attendu que les réclamations de cette nature doivent être faites à la diligence et aux dépens des rois de Sicile par suite des pactes intervenus entre le roi Charles Ier d'Anjou, aïeul du roi Robert, et les citoyens de la ville de Marseille. — Mandement analogue au sujet de la poursuite des pirates qui infestaient la mer de Marseille [2].

Marseille. Archives de l'hôtel de ville.

I.

Rycardus de Gambatesa, miles, regius cambellanus, comitatuum Provincie et Forcalquerii senescallus, clavario Massilie salutem et amorem sincerum.

[1] Pays de l'intérieur, à l'est de Maroc et de Tafilet. La ville de Segelmesse n'existe plus aujourd'hui.

[2] Communication de M. L. Blancard, archiviste du département des Bouches-du-Rhône. Ces actes sont extraits d'une expédition originale de trois mandements du sénéchal de Provence délivrée par le tribunal des juges de Marseille à la requête des syndics de la ville, pour établir certaines obligations du roi, comte de Provence. Les deux premiers mandements sont ceux que nous donnons ici, tous

Carolus Atulphi de Massilia, in nostri presentia constitutus, exhibuit nobis litteras regales continencie infrascripte :

« Robertus, Dei gratia rex Jerusalem et Sicilie, ducatus Apulie, principatus Capue, Provincie et Forcalquerii ac Pedemontis comes, senescallo majori judici et tesaurario comitatuum eorumdem Provincie et Forcalquerii vel eorum locumtenentibus, fidelibus suis, gratiam suam et bonam voluntatem. Pridem vobis litteras nostras direximus post salutem continentie infrascripte : « Perducto nuper ad notitiam nostram
» quod Carolus Atulphi et quidam alii mercatores de Massilia, capti dudum cum uno
» vassello eorum in terra regis Bogie, et ducti ad regem eumdem de mandato ipsius
» regis, captivi detinentur ibidem; et deinde supplicato nobis pro parte captivorum
» ipsorum ut provideremus de ligno competenti et ambassiatore ituro Tunicium et
» Bogeam pro tractanda liberatione eorum, ad expensas nostre curie, juxta conventiones
» et pacta inita inter clare memorie avum nostrum ex una parte et cives Massilie ex
» altera et eis hucusque servatas benignius dignaremur; nos, supplicationi hujusmodi
» annuantes et volentes dictis nostris fidelibus non deesse, fidelitati vestre precipimus
» quatenus, attenta forma conventionum hujusmodi cum prefatis Massiliensibus initarum et ex eis usque nunc ut predicitur servatarum, de dicto ligno et ambassatore
» competenti ituro ad partes predictas, pro causa premissa, ad expensas dicte nostre
» curie opportunas, prout ad illas ex ipsarum forma conventionum tenemur, ad requisi-
» tionem consanguineorum seu amicorum dictorum captivorum providere curetis;
» quasquidem expensas fieri et solvi faciatis per clavarium dicte civitatis de fiscali
» pecunia existente vel futura per manus suas, et [mandetis] exinde recipi debitam
» apodixam, mandato quocumque contrario non obstante. Data Neapoli, in camera
» nostra, anno Domini millesimo trecentesimo quintodecimo, die decimo Aprilis, tercie-
» decime indictionis, regnorum nostrorum anno sexto. »

« Noviter autem dictus Carolus, pro se et aliis mercatoribus prelibatis, nobis exposuit quod adhuc pendet predictarum nostrarum litterarum executio in ipsorum evidens detrimentum; et in ipsa expositione subjunxit quod rex Bogie, qui eos in carcere detinebat, liberavit eosdem et ipsos abire permisit spoliatos et bonis eorum omnibus que habebant [privatos]; et ideo humiliter pro se et mercatoribus poposcit eisdem ut providere ipsis exinde benignius dignaremur. Nos igitur, ipsius supplicationibus inclinati, volumus et fidelitati vestre mandamus expresse quatenus, si, sicut premittitur, prescripte littere non sunt executioni mandate, vos, attenta forma dictarum conventionum initarum cum Massiliensibus civibus supradictis et usque modo servatarum, eisdem provideatis prefatis mercatoribus ad requisitionem dicti Caroli et prefatorum aliorum mercatorum, vel alicujus ex eis, seu certi procuratoris aut nuncii eorumdem, de galea et ambassatore prefatis ituris in instanti tempore primi veris, cum ante tempus ipsum comode ire non possunt, Tunicium et Bogiam, pro habenda satisfactione et emenda dampnorum que pro causa predicta mercatores predicti tulerunt, ad expensas nostre

---

deux du 17 décembre 1317. Le troisième, émané de Foulques de Pontevès, vice-sénéchal de Provence, du 28 août 1317, est relatif au curage du port de Marseille, dépense à laquelle le Roi devait concourir annuellement pour une somme de quatre cents livres royales.

curie opportunas, secundum quod ex vigore dictarum conventionum tenemur ad illas, quas solvi auctoritate presentium faciatis per clavarium dicte civitatis Massilie instantem anni quintedecime indictionis, de pecunia curie nostre futura per manus suas; et mandetis exinde recipi apodixam curie nostre de omni fiscali pecunia ad nostram cameram destinanda; et mandatis quibuscumque contrariis factis et in posterum faciendis executioni presentium non obstantibus. Data Neapoli, in camera nostra, anno Domini millesimo CCCXVI, die XVIIII Julii, XIIII indictionis, regnorum nostrorum anno octavo. »

Ad quarum litterarum executionem debitam, instante dicto Carolo, procedere cupientes, volumus et tibi precipiendo mandamus quatenus, forma dictarum litterarum regalium attenta et in omnibus observata, et sicut premittitur prescripte regales littere non sunt executioni mandate, tu, clavare, attenta forma dictarum conventionum initarum cum Massiliensibus supradictis et usque modo servatarum eisdem, provideas prefatis mercatoribus ad requisitionem dicti Caroli et prefatorum aliorum mercatorum, vel alicujus ex eis, seu certi procuratoris aut nuncii eorumdem, de galea et ambassatore prefatis ituris in instanti tempore primi veris, cum ante tempus ipsum comode ire non possunt, Tunicium et Bogiam, pro habenda satisfactione et emenda dampnorum que pro causa predicta mercatores predicti tulerunt, ad expensas curie regie opportunas, secundum quod ex vigore dictarum conventionum curia regia seu dominus noster rex tenetur ad illas, quas solvi per te clavarium instantem annis quintedecime indictionis de pecunia curie futura per manus tuas jubemus tenore presentium; et exinde recipias apodixam ordinatione curie regie de omni fiscali pecunia ad cameram regiam destinanda; et mandatis quibuscumque contrariis factis et imposterum faciendis executioni presentium non obstantibus.

Data Massilie, per virum nobilem dominum Leonardum Cassenum, juris civilis professorem, regium procuratorem et advocatum ac locumtenentem majoris judicis comitatuum predictorum, die XVII Decembris, XV indictionis.

II.

Ricardus de Gambatesa, etc. Habet expositio querula facta nobis per ambassatores consilii et civitatis Massilie quod, pro aliquibus ambassatis factis jam retroactis temporibus, pro negotiis dicte civitatis et pro armatione galearum, lignorum et barcharum, hiis annis non longe preteritis facta, pro persecutione piratarum et offensorum hominum civitatis predicte, qui multa mala in mari Massilie tunc temporis comitebant, certe quantitates pecunie debentur adhuc, ad quarum solutionem, juxta pacis capitula civitatis predicte, curia regia, prout asseritur, est astricta; et licet alias tibi clavario, datum fuerit expressius in mandatis ut predictas quantitates pecunie pro causis predictis debitas solveres, tu tamen, presidentis contempnens mandata, id, prout asseritur, facere neglexisti; sic quod, provisione nostra super hiis implorata, volumus et tibi clavario presenti et futuris cum omni expressione mandamus quatenus, certificati, ut convenit, de hiis qui pro causis predictis debentur, totum id quod propterea deberi inveneritis de quacumque pecunia tui officii existente, vel primo futura, per manus tuas juxta formam capitulorum pacis predicte civitatis, solvere et exhibere sine aliqua difficultate procures, illis videlicet quibus debetur pecunia antedicta, sic quod non expediat denuo inde scribi, quoniam contra vos exinde procul dubio turbaremur. Vos enim, vicarii, presens et futuri, si predicti clavarii presens vel futuri circa executionem presentium indebitas forte difficultates ingerant, illum vel illos ad harum executionem realem opportunis remediis presentium auctoritate cogatis, sic quod dicta facienda solutio nullatenus differatur. Data Massilie [etc.].

X.

1390, 18 avril et 7 mai.

Quittance de Jean de Bethencourt d'une somme de cent francs à lui accordée par le duc de Touraine pour l'aider à faire son voyage de Barbarie. — Quittance de Gadiffer de la Salle d'une somme de deux cents francs d'or reçue pour le même objet [1].

Paris. Bibl. impér., collect. des titres scellés du Cabinet des titres. Dossier *Bethencourt*. Orig. sur parchemin.

I.

Jehan, seigneur de Bethencourt, escuier, chambellan de monseigneur le duc de Touraine, confesse avoir eu et reçeu de Jehan Polain, varlet de chambre et commis à recevoir les finances dudit monseigneur le duc, la somme de cent frans que ledit monseigneur luy a donnez, pour une foiz, de sa courtoisie, pour lui aider à défraier des despens et missions que il lui esconvendra faire pour le voiage d'aler en Barbarie, lequel il entent faire au plaisir de Dieu. De laquelle somme de c. frans, il se tient pour bien paié, quictant de ce ledit seigneur, ledit Poulain et tous autres, et promettant, obligeant biens, etc., renonçant juri volenti, etc. Fait le lundi XVIII° jour d'Avril, après Misericordia Domini, l'an mil CCC IIII^{xx} et dix. *Signé* : J. Maugier, R. de Vaily.

II.

Noble homme, monseigneur Gadiffer de La Salle, chevalier, seigneur dudit lieu, chambellant du roy nostre sire, confesse avoir eu et reçeu de Jehan Poulain, clerc et garde des finances de monseigneur le duc de Touraine, la somme de deus cens frans d'or que ledit monseigneur le duc lui a donnez, pour une foiz, pour lui aidier à supporter les frais qu'il lui convient faire pour le voyage de Barbarie. De laquelle somme de IIe frans d'or il se tient pour content, et en quicte ledit seigneur, ledit Jehan Poulain et tous autres, etc. Promettant, etc., à eux obligeant, etc. Fait l'an mil CCC IIII^{xx} et dix, le samedi, VII° jour de May. *Signé* : J. Chabudel, Malelime.

[1] Gadiffer de la Salle et Bethencourt accompagnèrent vraisemblablement le duc de Bourbon dans son expédition en Afrique avec les Génois en 1390. (Voy. l'Introd.) On trouve dans la table des Mémoriaux de la Chambre des comptes (Archives de l'Empire, PP. 109, fol. 560) mention dès 1389 de la « faculté donnée à Jean de Cuise, maître des eaux et forêts en Normandie et Picardie, d'accompagner le sire de Coucy en son voyage en Barbarie, sans perdre son office ni ses gages. »

XI.

[Vers 1482. De Tours.]

Louis XI fait savoir au roi de Bone et au roi de Tunis son désir de développer les relations commerciales existant entre leurs États et le comté de Provence, qui lui est dévolu héréditairement par la mort du roi de Sicile, son oncle; il prie ces princes de faire restituer le chargement d'un navire de Jean de Vaulx, receveur général de Provence, récemment naufragé sur la côte d'Afrique.

Paris. Bibl. impér., Mss. fonds Harlay, n° 309, fol. 19 et suiv.; Min. du temps; Bibl. de l'Institut, Mss. de Godefroy, portef. 516, copies; *Bibl. de l'École des chartes*, 1re série, t. II, p. 396.

I.

Au roi de Bone [1].

Ludovicus, Dei gratia, Francorum rex, comes Provincie atque dominus Massilie, illustrissimo regi de Bonne, amico nostro carissimo, salutem et agnitionem fidei nostre catholice. Cum noviter prefatus Provincie comitatus, dominiumque Massilie ad nos subjectionemque nostram, Deo permittente, pervenerit, ob eam rem deliberavimus, ut usus atque navigationis exercicium per mare crebrius solito inter nostros vestrosque vigeat et frequentetur, quo comoditas utrorumque procuretur, et inde perveniat; benevolentiaque consueta inter magestatem clarissimi regis Tuniciarum patris vestri atque vestram, recolendeque memorie regis quondam Sicilie avunculi nostri [2], non solum conservetur et duret, verum magis atque magis augmentetur et crescat; rem istam omnem per licteras nostras, prelibato illustrissimo regi patri vestro significavimus vobisque per has libenter significamus, ut eadem regia Magestas vestra subditos nostros quos ad diciones vestras per mare, terramve, emendi, vendendi aut quovismodo merces tractandi causa pervenire contigerit, illos favorabiliter humaneque tractetis seu tractari faciatis, prout tempore prefati regis avunculi nostri faciebatis. Nos equidem vestros vice mutua favorabili more pensabimus agemusque, ut per diciones nostras transeuntes leti atque favoribus acti mercentur.

Ceterum dilectus noster atque fidelis consiliarius Joannes de Vaulx, thesaurarius patrie nostre Dalphinatus, quem servicio nostro, virtutibus suis agentibus, mancipavimus, cum sit maris et transfretationis ejus sagax et expertissimus, erat enim generalis

---

[1] Le royaume de Bone, qui répondait en partie au royaume de Bougie, réuni le plus souvent au royaume de Tunis, fut quelquefois détaché de la métropole, soit par la révolte, soit par des conventions volontaires. Le prince à qui s'adresse la lettre de Louis XI est sans doute Abd-Allah-Mohammed El-Meçaoud, fils aîné et successeur désigné d'Abou-Omar Otman, roi de Tunis. Abou-Omar survécut à son fils et mourut en 1487, après un règne de cinquante-deux ans. Kairouani, *Hist. d'Afrique*, p. 264, 266. — Les lettres destinées au roi de Tunis sont conçues à peu près dans les mêmes termes que celles du roi de Bone.

[2] René d'Anjou, roi de Sicile et comte de Provence, mort le 10 juillet 1480. Mais Louis XI ne fut en possession de la Provence qu'après le décès de Charles III, fils du roi René, son cousin, qui l'institua héritier, et mourut le 12 décembre 1481.

in Provencia pro prelibato rege Sicilie avunculo nostro, nobis dolenter exposuit quod navis sua quedam, cujus patronus erat Glaudius Martinet, cum eodem Glaudio, maris fluctibus atque fortuna subacta, naufragavit [1]; idque quod ex naufragio [2] recuperari potuit in manibus repositum fuit Petri Blondeti [3], institoris seu factoris dicti Glaudii Martinet [4]; sed demum, ordinatione vestra [5], seu officiariorum vestrorum, illa ad manus vestras posita sunt, ea tamen intentione, sicut accepimus, ut fiat habenti jus restitutio. Rogamus vos igitur, quantum valemus, quathinus [6] res ipsas in manibus ipsius Blondeti dimissas, si stent, aut illarum extimationem saltem, et si rem justam petimus, contemplacione tamen nostra atque in veri principis officio fungaturi, restitui faciatis eidem consiliario nostro Joanni de Vaulx, seu portitori litterarum ab eodem consiliario potestatem habenti. Rem enim nobis gratissimam facietis, et ad similia seu majora nos obligabitis; atque ubi apud nos vobis gratum aliquid extiterit, quod in offensam fidei nostre catholice non cadat, libenter complacebimus.

Scriptum Turonis, etc.

II.

Au roi de Bone.

Loys, par la grâce de Dieu, roy de France, conte de Prouvence et seigneur de Marceille, à le illustrissime roy de Bonne, nostre chier ami, salut et cognoissance de nostre foy catholique. Pour ce que nous avons délibéré, o l'aide de Dieu omnipotent, eslever en nostre païz de Prouvence la navigacion et fréquenter la marchandise de noz subgectz avecques les vostres, par manière qui s'en ensuive utilité et proffit d'une partie et d'autre; et la benivolence accoustumée entre la majesté du roi de Thunys, vostre père, auquel présentement escrivons, et la vostre, et celle de bonne mémoire du roy de Sicille nostre oncle, non pas seullement soit conservée, maiz accroissée; dont vous avons bien voulu advertir, en vous priant bien affectuensement qu'il vous plaise à noz subgetz, lesquelz viendront pratiquer et troquer de par de là, les traicter favorablement tout ainsi que fesiez par le temps que nostre dit oncle vivoit, car aussi ferons nous aux vostres subgets, quant le cas adviendra.

Et pour ce que nostre féal conseiller et trésorier en nostre païz du Daulphiné, Jehan de Vaulx, lequel nous avons retenu à nostre service pour ses vertus, congnoist mieulx la manière de trafficquer les ungs avecques les autres, depuis le temps qu'il estoit général dudit païz de Prouvence, nous avons esté par lui advertiz que sa navire, de

---

[1] « Naufragavit Trepolitum, » dans Charrière, *Négoc. de la France dans le Levant*, t. I, p. cxxi.

[2] Les mots : « Idque quod ex naufragio, » etc., sont effacés dans la minute et remplacés par d'autres mots aujourd'hui illisibles.

[3] Dans la lettre au roi de Tunis : « Ordinatione illustrissimi regis de Bonne, filii vestri. »

[4] Les mots : « Erant que plurima bona dicti consiliarii nostri que dictus Martinetus dimiserat in » manibus Petri Blondeti », qu'on lit au bas de la minute de la Bibliothèque impériale, semblent, par le sens, appartenir à un renvoi qui aurait précédé les mots « Sed demum. »

[5] Dans la lettre au roi de Tunis : « Ordinatione illustrissimi regis de Bonne, filii vestri. »

[6] Dans la lettre au roi de Tunis : « Quathinus exortando scribere dignemini eidem illustrissimo » regi filio vestro ut res ipsas, » etc.

laquelle estoit patron Glaude Martinet, par fortune de mer, est tumbée à naufrage; dont et de tout autre inconvénient que advenir luy porroit avons esté desplaisans et serions, pour les mérites et services faiz par lui envers nous; pour laquelle chose on envoye par devers vous [1]....... avec toutes puissances de recouvrer tous et chacuns biens et marchandises lesquels estoient ès mains de Pierres Blondet, facteur dudit Martinet, lesquelles depuis par vous ont esté prinses avecques promesse par vous faicte de les rendre. Si vous prions très-chierement que tant pour satisffaire à l'office de vrai prince, que aussi pour contemplacion de nous, vous plaise faire rendre ausdits messagiers tous et iceulx biens et marchandises par vous prinses ou leur juste valleur et estimacion, par manière qu'il ne demeure endommaigé; et jà soit que la requeste soit juste, néantmoins nous ferez-vous un singulier plaisir. Et si par deçà avoit aucune chose qui vous feust à plaisir, en le nous signifiant, nous efforcerons très-voluntiers de vous en complaire, saulve l'offence de nostre foy.

[1] Dans la lettre au roi de Tunis : « On envoie par devers vous tout expressément l'ung des familiers » et serviteurs de notre maison. » — En marge : *Ponantur hic nomina.*

IV.

RÉPUBLIQUE DE GÊNES.

1155-1465.

I.

1155-1164.

Contrats et sociétés de commerce par-devant notaire relatifs au commerce des Génois à Tunis, Tripoli, Ceuta, Salé, Bougie et autres lieux d'Afrique.

Monumenta Patriæ. Chartar., t. II, col. 391, 386, 804, 884, 976. Turin, 1854.
Extraits des actes de Jean Scriba, notaire de Gênes [1].

1155, 2 septembre.

Lambertus Guercius, Ogerius Nocentius, Sigifredus Guardator, Fabianus Paruchi [2]. Nos, Gandulfus Garretus et Anna, filia quondam Vassalli Castance, jugales, confitemur nos accepisse mutuo a te, Wilielmo Filardo, libras quinque et solidos quatuor; pro quibus promittimus dare tibi, navi Georgii Sana eunte Tunisim et redeunte inde, ad

---

[1] Les *Monumenta Patriæ* renferment dans le tome II un grand nombre d'emprunts, de quittances, de contrats de société analogues à ceux que nous réunissons ici comme exemples. Nous indiquerons seulement les principaux, avec leur date.

Barbarie en général. 1162, 6 octobre. Association et apport de fonds de divers Génois pour un voyage à faire en ce pays. Col. 817.

Tunis. 1157, 1160, 1162, 1163, 1164. Associations entre Génois pour faire le commerce avec Tunis. Col. 399, 812, 891, 899, 900, 976, 984. — 1157, 1158, 1164. Emprunts pour commercer avec Tunis. Col. 413, 550, 975. Actes de 1156 d'où résulte que les habitants de Savone participaient aux expéditions des Génois à Tunis et sur la côte de Barbarie. Col. 329.

Tripoli. 1157, 1160, 1164. Associations et emprunts. Col. 386, 706, 925, 959, 962.

Ceuta. 1160, 1161, 1162, 1163, 1164. Associations et emprunts pour commercer avec Ceuta, exclusivement, ou avec Ceuta, Séville et la Provence. Col. 667, 702, 759, 769, 775, 777, 804, 814, 885, 944, 971.

Salé. 1162, 1163. Emprunts et actes divers. Col. 801, 884, 892, 896.

M. Canale cite un emprunt de 1184 contracté à l'occasion d'un voyage à faire de Gênes en Sicile ou à l'une des trois villes de Ceuta, Tunis et Bougie. *Nuova storia di Genova*, t. I, p. 382; *Dei contratti marittimi*, Florence, 1858.

[2] Ce sont les témoins de l'acte.

unum mensem postquam discarricata fuerit, de quatuor quinque sicut fuerint pro computacione. Quod si non fecerimus, penam dupli pro sorte et pena boni pignoris quibus volueris in solutum pro sorte et pena tua auctoritate et sine consulum jussu; et facias inde tu et heredes tui...... Actum in ecclesia Sancti Joannis Baptiste, millesimo centesimo quinquagesimo quinto; quarto nonas Septembris, indictione secunda. (*Extrait*.)

1157, 6 juin.

Testes Bertramus magister Antelami, Ansaldus magister Antelami, *etc*. Albertonus de Custode, Obertus Corsus, Enricus Fledemerius ad invicem professi sunt se contraxisse societatem in quam confessi sunt ad invicem quod Albertonus et Obertus contulerunt in ipsam societatem libras quadraginta duas communiter, et Enricus Fledemerius libras viginti unam. Cum omni ista societate, debet ire laboratum Tripolim, nominatus Enricus, et inde quo voluerit, per totam istam et sequentem estatem. In reditu, omnis ipsa societas debet micti in potestatem ipsorum, et, capitali extracto, omne proficuum debent dividere per medium. Ultra has, confessi sunt quod predictus Enricus portat de suo libras novem que ut alie et lucrari et expendere debent per libram. Actum in ecclesia Sancti Johannis, millesimo quinquagesimo septimo, octavo idus Junii, indictione quarta.

1162, 22 juillet.

Testes Johannes Auter, Fulco Gambarellus, Bonus Johannes Pedegellus, Lanfrancus Ferrarius, Donadeus Gobus. Giromius portat miliare rami [1], quod cum naulo constat libras sexdecim et dimidiam, Eustachii; quod laboratum [debet] apud Septam, et inde quo maluerit. In reditu, in potestatem ejus [reducere debet] proficuum et capitale, sed quartam proficui habiturus est inde. Actum in capitulo, millesimo centesimo sexagesimo secundo, undecimo kalendarum Augusti, indictione nona.

1163, 15 septembre.

Testes, *etc*. Ego Wilielmus Licius profiteor cepisse a te Wilielmo, quondam Ribaldi Filardi, libras centum, implicatas in lacta [2], in nixadra [3], in croco [4] et auriplumento [5] et b...... [6], quas ad quartam lucri laboratum portare debeo apud Sale, aut quo iverit navis qua proficisci paratus sum. In reditu in potestatem tuam vel tui nuncii reducere debeo capitale et proficuum. Et capitali diducto, de proficuo ei quartam consensit ipse Wilielmus per libram, autem inde facere debet expensas sicut de aliis rebus quas portat per libram. Actum in capitulo, millesimo centesimo sexagesimo tertio decima quinta die Septembris, indictione decima.

[1] En 1164, un navire génois porta six quintaux de cuivre à Tripoli. *Monum. Patriæ*, t. II, col. 962.
[2] Je crois qu'il faut lire *lacca* ou *lacha*, et qu'il s'agit ici de la laque, résine susceptible d'être colorée, dont il s'est fait dès le moyen âge un grand commerce. (Pegolotti, p. 297, 299, 314-315, 366.)
[3] *Nixadra*, sens inconnu.
[4] Safran, jaune végétal.
[5] Orpiment, jaune métallique.
[6] Lacune à l'original.

1164, 11 août.

Testes, *etc*. Professus est Ugo Scotus se portare laboratum Alexandriam libras centum filiorum quondam Wilielmi de Volta, ad quartam proficui. Inde, si, cum rebus Wilielmi Richerii quas portat, iverit Buccam, vel Septam, vel Garbum, aut Yspaniam, et cum ipsa similiter pecunia ire debebit, in reditu in potestatem Ingonis de Volta vel ejus nuncii reducere debebit capitale et proficuum, et, tracto capitali de proficuo, quartam habere debebit, sicut ei convenit Ingo de Volta, qui presens interfuit. Actum in capitulo, millesimo centesimo sexagesimo quarto, undecima Augusti, indictione undecima.

II.

1160.

Extrait concernant un traité de paix et de commerce conclu pour quinze ans par l'envoyé des consuls de la république de Gênes et le roi almohade de Maroc, Abd-el-Moumen.

Muratori, *Script. rerum Italic.*, t. VI; *Annales de Caffaro*, col. 277. Revu sur le ms. de la Bibl. imp. de Paris; Suppl. latin, n° 773, fol. 11 v°.

Insuper quoque legatum alium Ottonem Bonum, Nicolini fratrem[1], nobilem et sapientem virum ad regem Moadinorum[2] mandaverunt [consules], qui per omnes terras eorum Moadinorum cum magno honore receptus fuit, et ad regem apud Marochum[3] perrexit et honorifice multum ab eo receptus fuit. Et pacem, usque ad quindecim annos, cunctis Januensibus rex hoc modo firmavit : ut per omnes terras Moadinorum et posse ipsorum secure Januenses cum omnibus rebus suis mari et terra debeant ire; et in aliqua terra ipsorum nisi de centum octo nullam[4] dare debeant conductionem[5], excepto Buzee[6], ubi decimum debent, quia quartum[7] ipsius decimi debet reverti ad commune Janue.

[1] « Otonembonum, Nuvoloni fratrem. » Ms. de Paris.
[2] « Moadimorum. » Ms. de Paris. Les Almohades.
[3] « Morochum. » Ms. de Paris.
[4] « Nullam. » Ms. de Paris. Dans Muratori, « Millia », qui n'a pas de sens.
[5] « Condicionem. » Ms. de Paris.
[6] « Buzee », Bougie, est fourni par le Ms. de Paris. Muratori donne dans le texte « Bureæ » et en variante, d'après un autre Ms., « Buzui ». Bougie, ancienne capitale des princes Hammadites, conquise en 1151 par Abd-el-Moumen (Rhoud-el-Kartas, p. 379), faisait alors partie de l'empire des Almohades, qui comprenait tout le Magreb.
[7] « Quintum. » Ms. de Paris.

III.

1181, 1ᵉʳ juin. A Majorque.

Traité de paix conclu pour dix ans entre la république de Gênes et Abou-Ibrahim Ishak, roi de Majorque, par l'ambassadeur génois Rodoan de Moro.

Turin. Archives du royaume. *Genova. Trattati e materie politiche.* Anciennement à Gênes, *Cantera seconda.*
Traduction française par M. S. de Sacy, *Notices et extraits des manuscrits*, t. XI, p. 7.

TEXTE LATIN, CONTEMPORAIN DU TEXTE ARABE [1].

Anno Dominice nativitatis millesimo centesimo octuagesimo primo, in consulatu Ansaldi de Tanclerio, Anselmi Garrii, Idonis Picii Bisacini et sociorum. Carta legationis quam Rodoanus legatus detulit Majorica. Interpretatio.

Carta pacis firme, stabilis et indissolubilis, quam precepit, per gratiam Dei et cooperante ejusdem clementia, alfachinus [2] magnus Ebo-Abraam Isaac Eben-Macomet, Ebem-Ali, quem Deus manuteneat! honorabili Januensi legato, Rodoano de Mauro, sapienti et prudentissimo, quem Deus manuteneat! pro archiepiscopo et clero Januensi atque consulibus et consiliariis et magnatibus ejusdem civitatis, qui habent posse solvendi et ligandi, quos Deus manuteneat! qui ipsum legatum miserant cum cartis ipsorum, quibus habebat omnimodam facultatem et firmandi et stabiliendi pacem vice ipsorum;

[1] On exécuta deux copies originales du texte arabe, comme il est dit à la fin de la rédaction. L'un de ces originaux resta à la cour de Majorque; l'autre fut apporté à Gênes et se trouve aujourd'hui à Turin. La version latine fut écrite à Majorque même, tout l'indique, au dos de ce second instrument arabe, qui devint l'original chrétien. Voyez la note 2 de la page 112.

[2] Le mot *Alfaqui* signifie littéralement : jurisconsulte, docteur. Dans la chancellerie des rois maures des îles Baléares, il était employé avec un sens plus élevé et comme titre honorifique.

TRADUCTION PAR M. DE SACY DU TEXTE ARABE.

Au nom du Dieu clément et miséricordieux. Que Dieu soit propice à tous les prophètes et leur accorde le salut!

Traité de pacification, et conventions réciproques arrêtées, avec la bénédiction de Dieu et son assistance, et ratifiées sous ses auspices favorables, entre le très-illustre alfaqui Abou-Ibrahim-Ishac, fils de Mohammed, fils d'Ali, que Dieu lui conserve longtemps la puissance et lui accorde de glorieuses victoires! et l'illustre ambassadeur Rodoan de Moro, que Dieu lui fasse la grâce de faire ce qui est agréable à sa divine majesté!; ledit ambassadeur stipulant au nom de l'archevêque, des grands, illustres et magnifiques consuls, et des sénateurs et notables de Gênes, investis de l'autorité pour lier et délier, et de tous les autres citoyens de ladite ville, grands et petits, que Dieu, par sa bonté, perpétue leur gloire! et arrivé ici de par eux, à la date des présentes, chargé de leurs pouvoirs et de la traduction qui en a été faite à Gênes. Par lesdites lettres, il appert qu'ils lui ont donné pleins pouvoirs et l'ont constitué leur représentant, à l'effet de stipuler le présent traité, tant à leur avantage qu'à leur charge, en sorte que cette affaire soit par lui arrêtée entre les deux parties contractantes, et qu'il la termine de telle manière qu'elle soit irrévocablement obligatoire de part et d'autre.

Le très-illustre alfaqui Abou-Ibrahim Ishac, fils de Mohammed, fils d'Ali, que Dieu lui accorde son secours et son assistance! et l'illustre ambassadeur Rodoan de Moro, esdit nom

cum quo sane prudentissimo legato Rodoano, alfachinus predictus Boabraam, in hunc modum, de pace concorditer convenit, sicut dictum est, pro archiepiscopo et consulibus et magnatibus Janue, quos Deus manuteneat! quorum vicem legatus ipse gerebat.

1. Videlicet quod Januenses et homines districtus eorum, a Corvo[1] usque Niciam, sint salvi et securi in insula Majorice et Minorice et Utica[2] atque Formenteria, in mari et terra, et per homines et posse ejus atque galeas et cursales suos omnes qui debent salvare et custodire eos ubicumque invenerint, et nullam demum eis offensionem, quod Deus nolit, ullomodo facere.

2. 3. E converso, convenit idem legatus, pro archiepiscopo, consulibus et magnatibus, alfachino, quod Januenses et habitantes a Nicia usque Corvum salvabunt et custodient universos homines prescriptarum quattuor insularum; et quod non offendent ipsum alfachinum, terram aut homines ejus, nec per se nec per alios, nec cum aliis, nec opem, nec consilium prestabunt contra eum; nec infra eorumdem districtum, a Nicia videlicet usque Corvum armabitur lignum, quod of-

[1] Localité du cap de Porto-Venere, formant le golfe de la Spezzia, où commençaient alors les dépendances de la république de Pise.
[2] Pour : *Ivica*.

des habitants de Gênes, que Dieu leur facilite les moyens de faire ce qui lui est agréable! ont conclu les conventions suivantes avec une entière droiture de cœur et une parfaite pureté d'intentions, prenant Dieu à témoin et s'engageant avec serment à accomplir toutes les clauses du présent traité, et apportant aux présentes stipulations une sincérité qui entretiendra entre eux une amitié constante, et resserrera de plus en plus les liens d'une bonne intelligence réciproque.

1. Le très-illustre alfaqui Abou-Ibrahim Ishac, fils de Mohammed, fils d'Ali (que Dieu lui accorde son secours et son assistance!), promet à l'illustre ambassadeur Rodoan de Moro et à ses commettants susdits les archevêque, consuls et autres citoyens de Gênes (que Dieu, par sa bonté, leur accorde le succès!), qu'aucun des habitants de ses États, de Majorque, Minorque, Iviça et Formenteira (que Dieu daigne les garder!), ne portera aucun dommage, soit par terre, soit par mer, au territoire de Gênes, qui s'étend depuis Nice jusqu'à Corvo, et qu'aucun de ses gens, de ceux qui seront sur ses galères et de ses gens de guerre, ne commettra aucune hostilité contre qui que ce soit des habitants des lieux appartenant à ladite république, en sorte que lesdits habitants n'éprouveront ni tort ni dommage quelconque de la part des quatre îles susdites.

2. De son côté aussi, l'illustre ambassadeur susnommé, Rodoan de Moro, au nom de ses commettants susdits, les archevêque, consuls et habitants de Gênes, tant grands que petits, promet qu'aucun d'eux ni de leurs employés et de leurs gens de guerre embarqués sur leurs galères ou autres bâtiments, ne fera aucun tort par terre ni par mer, en quelque manière que ce soit, aux quatre îles Majorque, Minorque, Iviça et Formenteira, ni à leurs habitants, et que lesdits habitants n'éprouveront de leur part aucune violence ou dommage.

Les deux parties contractantes ont promis d'exécuter les susdites conventions avec une égale et parfaite réciprocité dans leurs États respectifs, conformément aux stipulations du

fendat ipsum alfachinum, vel aliquem ex predictis insulis aut hominum ipsius.

4. Quod si aliquis de districtu Janue supra determinato cum aliquo de inimicis iret ejus super ipsum vel terram ejus, de eo debet sicut de inimicis rex facere.

5. Alfachinus vero convenit legato et preceptum generale fecit ut si, quod Deus avertat! navis aliqua Januensium, vel de districtu Janue, in aliqua prescriptarum insularum naufragium pateretur, quod homines sui eos

présent traité; et le susdit ambassadeur a soumis à l'exécution desdites clauses ses commettants précédemment nommés, en vertu des pleins pouvoirs qu'ils lui ont donnés et des autorisations contenues dans l'écrit dont il est porteur, et par lequel ils ont promis avoir pour bon et agréable tout ce qui serait par lui fait et consenti.

3. L'illustre ambassadeur susdit, Rodoan de Moro, que Dieu lui accorde la grâce de faire ce qui est agréable à sa divine volonté! s'est pareillement engagé envers le très-illustre alfaqui Abou-Ibrahim Ishac, fils de Mohammed, fils d'Ali, que Dieu lui accorde son secours et son assistance! à ce qui suit, tant pour lui que pour ses commettants susdits, qu'il a expressément soumis, savoir: qu'ils ne machineront rien qui puisse faire tort à aucune des quatre îles susnommées, soit par eux-mêmes, soit en aidant et assistant contre elles leurs ennemis, par paroles, actions, secours d'hommes ou d'argent.

Le très-illustre alfaqui Abou-Ibrahim Ishac, que Dieu l'aide de son secours et de son assistance! s'engage à la réciprocité de la même convention envers le susdit ambassadeur Rodoan de Moro et ses commettants, promettant ne leur faire aucun dommage et ne donner contre eux aucun secours d'hommes ou d'argent.

4. Il a été pareillement convenu, et le susdit ambassadeur Rodoan de Moro, que Dieu lui accorde les moyens de faire ce qui est agréable à sa divine volonté! a consenti à ladite clause, tant pour lui que pour ses commettants, que si quelqu'un des habitants des États de Gênes, s'étant embarqué sur un bâtiment des nations ennemies des quatre îles, que Dieu les garde! et qui sont en état de guerre avec elles, vient à être pris, les habitants desdites îles agiront envers lui comme envers leurs ennemis.

5. De son côté, le très-illustre alfaqui Abou-Ibrahim Ishac, fils de Mohammed, fils d'Ali, que Dieu l'aide de son secours et de son assistance! leur promet que, dans le cas où un de leurs vaisseaux viendrait à périr dans les

salvare naufragos et eorum bona, nec inde auferre vel minuere, sed quicquid inde habere possent restituere; excepto si de pecunia que jacet in fundo recuperanda ullam inde conventionem cum Sarracenis [et] Christianis fact[a esset]; que conventio, si intercederet, firma sicut equum est servetur.

Hic est tenor mutue conventionis et pacis quam fecit alfachinus Isaac Eben-Macomet Eben-Ali, quem Deus manuteneat! cum jamdicto honorabili legato Rodoano de Mauro, pro archiepiscopo, consulibus et magnatibus Janue, quorum vicem gerebat; et quam versa vice alfachino Eben-Macomet Eben-Ali prefatus, honorabilis et prudens legatus, fecit pro archiepiscopo et consulibus et magnatibus Janue, pro quibus venerat. Que debet pura perseverare utrinque et firma ac inconcussa, stabilisque et indissolubilis permanere.

Terminus vero ejusdem conventionis est decennium, a die videlicet ejusdem conventionis, primo die mensis Saffar, qui latine dicitur Junius [1], anni Macomet quingentesimo septuagesimo septimo.

Acta fuit hec conventio et convenerunt inter se super his omnibus alfachinus et legatus, data fide et dextera dextere ad invi-

[1] M. de Sacy fait observer (p. 14, n.) que le texte arabe indique seulement le mois de *Safar*, et que le texte latin seul donne le quantième précis du jour où fut conclu le traité. Cette circonstance nous prouve évidemment que le texte latin fut rédigé peu après la rédaction du texte arabe, et peut-être même sous les yeux de l'ambassadeur chrétien et du roi musulman, conformément à l'usage suivi et presque toujours expressément rappelé en Afrique dans les traités du treizième, quatorzième et quinzième siècle.

eaux de l'une des quatre îles, personne ne s'appropriera rien de ce que la mer jetterait sur le rivage; s'ils veulent louer des hommes pour retirer ce qui se trouvera dans la mer, ils en auront toute liberté.

Le très-illustre alfaqui Abou-Ibrahim Ishac, fils de Mohammed, fils d'Ali, que Dieu l'aide de son secours et de son assistance! et l'illustre ambassadeur Rodoan de Moro, contractant au nom des archevêque, consuls et autres habitants susdits de Gênes, tant grands que petits, que Dieu leur accorde la grâce de faire ce qui est agréable à sa divine volonté! ont stipulé le présent traité de paix comme un moyen d'empêcher tout ce qui pourrait nuire aux deux parties contractantes ou être désagréable à l'une ou à l'autre, c'est-à-dire aux habitants des quatre îles susdites et à ceux des États de Gênes.

Le très-illustre alfaqui Abou-Ibrahim, fils de Mohammed, fils d'Ali, que Dieu l'aide de son secours et de son assistance! et l'illustre ambassadeur Rodoan de Moro, au nom de ses commettants susnommés, que Dieu leur facilite l'exécution de ce qui lui est agréable! ont fixé à cette trêve et à ces conventions stipulées entre eux, et présentement ratifiées, le terme de dix années consécutives, à commencer de l'époque des présentes, savoir : du mois de Safar, correspondant au mois de Juin de l'année 577, pour que cela soit le fondement d'une union et le lien d'une alliance entre les deux parties.

Le très-illustre alfaqui, que Dieu l'aide de son secours et de son assistance! ainsi que l'ambassadeur Rodoan de Moro, pour ceux au nom desquels il contracte et s'engage, se sont garanti réciproquement, en se frappant dans la main et en jurant au nom de Dieu, l'observation fidèle du présent traité et l'exécution la plus scrupuleuse desdites conventions, déclarant contracter l'engagement de tenir et exécuter tout ce qui est contenu dans les présentes, avec des intentions sincères, exemptes de toute subtilité qui pourrait les rendre suspectes. Ils ont pris à témoin Dieu, le meilleur des témoins, sur tout le contenu du présent écrit, et se sont garanti réciproquement, par

cem, quod hec omnia sine macula observentur, et illibata permaneant. Et qui contra facere presumeret, contra legem suam faceret et fidem.

les engagements regardés dans toute croyance et toute religion comme les plus forts et les plus obligatoires, que les stipulations de la présente pacification sont faites de bonne foi, sincèrement, avec les intentions les plus parfaites et les meilleures, et avec les vues les plus justes et les plus généreuses. Quiconque y contreviendra, se rendra coupable d'une infraction qui ne tournera que contre lui-même et contre sa religion. C'est Dieu qui est le juge de ce que nous disons, il est témoin de tout ce que dessus et le garant de notre fidélité à exécuter le tout de la manière la plus convenable. Louanges soient rendues à Dieu, le maître des mondes! Le présent écrit a été fait double.

Toutes [a] choses dépendent de l'ordre de Dieu; qu'il soit exalté et honoré!

[a] Ces derniers mots écrits au bas de l'original arabe en gros caractères entrelacés formaient le seing ou signature du roi de Majorque.

IV.

1188, au mois d'août. A Majorque.

Traité de paix et de commerce conclu pour vingt ans entre la république de Gênes et Abou-Mohammed Abd-Allah, fils d'Ishak, roi de Majorque, par Nicolas Lecanozze, ambassadeur génois.

Turin. Archives du royaume. Genova. Trattati e materie politiche. Anciennement à Gênes, Cantera seconda. Traduction interlinéaire latine du texte arabe publiée par M. de Sacy, Notices et extraits des manuscrits, t. XI, p. 17.

In nomine Omnipotentis, pii et misericordis. Carta pacis firmæ et stabilis, factæ, bona et spontanea voluntate, ab elmir sublimi, Abo-Machomet Abd-ella, filio Isaac, ebn-Machomet, ebn-Ali, quem Deus manu teneat! cum alto et egregio legato Januensium, Nicola Leccans nuptias, quem Deus manu teneat! quam pacem fecit et recepit idem legatus, per archiepiscopum et consules et sapientes Januæ, qui propterea eum cum multa legalitate miserunt, observandam inviolatam per Januenses omnes et de districtu Januæ, quos Deus manu teneat! Qui Nicola, legatus Januæ, cartam Januensium consulum detulit, in qua continebatur ut verbis suis fidem haberetur, tanquam ab ore Januensium consulum prolatis et omnium Januensium intus et exterius, quos Deus manu teneat! Quæ pax facta fuit per bonam fidem et legalitatem ab utraque parte, sicut in carta inde facta continetur. Et rex ille Abem-Machomet Abd-ella, ebem

Isaac ebem Machomet, ebem Ali, quem Deus manu teneat! de prædicta conventione facta cum Nicola Leccans nuptias legato, et cum archiepiscopo et consulibus et omnibus Januensibus et de districtu Januæ, tenetur secundum quod scriptum est in eadem carta, sic [1].

1. Nulla persona sui districtus debet venire, nec offensionem ullam facere, in Januenses vel districtus Januæ.

2. Et omnes [homines] ejus et galeæ ipsius non debent offendere Januenses, in terra vel mari, nec offensionem facere a Corvo usque insulam Sanctæ Margaretæ super Canebam sitam.

3. Et quod omnes naves januenses debent salvari et custodiri ab hominibus sui districtus et a galeis suis, per totam terram suam, et per Garbum et Yspaniam, et per universas partes, ubicumque inventas, ubicumque vadant vel undecumque veniant.

4. Et si quando aliqua navis Januensium in partibus suis forte, quod Deus advertat [2]! naufragium passa fuerit, quod debeant [adjuvari] ab hominibus sui districtus pro parva et convenienti quantitate [3]; nec ultra quod convenerint invicem debent accipere homines sui. Hoc autem promisit rex, pro honore et amore Januensium et honore ipsius.

5. Item, nullus Januensis qui Majoricam venerit causa mercandi, aut forte iverint [4] Garbum vel Yspaniam, vel inde redierint, ullum drictum dare debet; et promisit illos salvare et guardare et eis exhibere honorem.

6. Item, promisit dare Januensibus fundicum, ubicumque Januensibus placuerit, et furnum et balneum, in unaquaque septimana per diem unum, sine aliquo drictu; et ecclesiam unam in qua orare debeant Januenses, et facere ministerium Dei.

Et hoc pro amore Januensium, quos Deus manu teneat! facit et donat Ebo Macomet Abd-ella eben Isaac ebo Macomet eben Ali, quem Deus manu teneat! per legatum Januæ, Nicolam Leccans nuptias, qui ex parte archiepiscopi et consulum Januensium et omnium Januensium, quos Deus manu teneat! hæc quæsivit. Hanc conventionem firmam et illibatam promisit rex Majoricæ observandam per se et homines suos.

Hæc sunt ea quæ sibi convenit Nicola, ex parte archiepiscopi et consulum Januæ et omnium Januensium :

7. Januenses non debent facere aliquod malum neque offensionem in terra sua, nec adjuvare inimicos ipsius contra eum, neque per factum, aut per dictum, vel per personam, seu per pecuniam; et salvare debent et guardare terram suam, et homines suos, et res eorum, mari et terra, et in omnibus partibus ubicumque inventos.

8. Et [si] superior rex forte invenerit aliquem Januensium cum suis inimicis, eum offendentem, quod ipse faceret inde vindictam si ullum habere et capere poterit. Et firmum et stabile debet haberi et teneri per archiepiscopum et consules Januæ, et consiliatores et omnes Januenses.

---

[1] Les alinéas et les numéros que nous donnons aux paragraphes ne sont marqués ni dans l'original arabe ni sur la traduction latine.

[2] *Sic.*

[3] *Sic.*

[4] *Sic.*

Et ita continebatur in carta quam Nicola Leccans nuptias ex parte ipsorum adduxit regi Majoricæ, quod firmum et ratum debebat permanere usque annos viginti, secundum quod ipse convenerat, tanquam si per consules factum esset.

Actum apud Majoricam, mense Jumedi lachar, in Augusto videlicet, anni Macomet DLXXXIIII. Facta fuit hæc pax et conventio inter regem Majoricæ et commune Januæ. Testis sit Deus solus, qui bonus testis est, melior et potior omnibus testibus, inter regem Majoricæ et consules Januæ, secundum legem omnium hominum. Et Deus velit et illi placeat quod bene observetur ab utraque parte; et qui contra fecerit, Deum offendet, et seipsum, nisi illam firmam et illibatam servabit; et qui bene illam servaverit, Deum serviet; et faciet inde beneplacitum Deo, et suam et suorum honestatem servabit, quia Deus testis bonus est inter homines, et specialiter inter regem Majoricæ et Januenses. Expleta est carta. *Baulile*, id est : per gratiam Dei, firma et stabile permanere debente. In mense Augusto. *Eleamaro cullao lile gel oas*, id est : Deus qui est melior omnibus rebus, et habet omnium potestatem.

V.

1236 ou 1237, 26 février. A Gênes.

Cession faite par des armateurs de Savone à des citoyens de Gênes des droits et répétitions qu'ils avaient à exercer contre l'émir et la ville de Ceuta, à l'occasion de la destruction d'un de leurs navires.

Turin. Archives du royaume, *Pandette Richeriane*, *fogliazzo* II, col. 8, 2ᵉ cahier de Bonvassal de Cassina, notaire, 1237-1239.

Nos, Jacobus Caracapa et Vuillelmus Formica, Saonenses, fatemur vobis, Bulgaro de Platealonga, Oberto de Porta et Vuillelmo de Quarto, nos debere dare vobis bisancios 547 bonos de miliarensibus et rectos, scilicet : tibi Bulgaro bisancios 354 1/4 pro pretio locorum novem navis cujusdam quæ dicebatur *S. Marcus*, quam nobis vendidisti et tradidisti et quæ navis erat locorum 16, et quæ navis combusta fuit apud Septam per Calculinos [1]; pro quibus bisanciis 547 damus, cedimus et tradimus vobis in solutum pro dictis partibus omnia jura, actiones et raciones reales et personales utiles et directas quæ et quas habemus et nobis competunt versus regem Septæ et Saracenos et universitatem Septæ et versus collectores qui constituti sunt et pro tempore erunt ad colligendum bisancios pro restauracione dampni et perditæ illati et illatæ Januensibus apud Septam, *etc.* [2].

[1] C'étaient, à ce qu'il semble, des croisés espagnols. Voy. l'Introduction histor., ann. 1235.

[2] Ainsi à l'original. On trouve dans les registres de Richeri d'autres mentions concernant les relations de Gênes et de ses rivières avec Ceuta au treizième siècle :

1235. Nomination de l'amiral des galères génoises qui doivent aller à Ceuta. (*Index des fogliazzi*; I et II, fol. 343.)

1236. Quelques habitants de Vintimille arment une galère destinée au voyage de Ceuta pour compte de la république de Gênes. (*Index*, fol. 352.)

1237 et 1239. Consuls génois à Ceuta. (*Index*, fol. 352 vᵒ, 357.)

VI.

1236, 10 juin. [A Tunis.]

Traité de commerce, conclu pour dix ans, entre la république de Gênes et Abou-Zakaria-Yahia, roi de Tunis et de Tripoli, par Conrad de Castro, ambassadeur génois.

Turin. Archives du royaume. Genova. *Trattati diversi e materie politiche.* Orig. en parchemin.

Hec est convencio pacis firmate inter Busacharinum, dominum Affrice, ex una parte, et Cunradum de Castro, legatum comunis Janue, pro comuni, ex altera [1].

1. Videlicet quod dictus Busacharinus dedit et confirmavit pacem communi Janue et universis Januensibus, dans eis fidanciam in personis et rebus per totum suum districtum, scilicet a Tripoli de Barbaria usque ad fines regni Buzee, vendendo licenter ubique infra predictas confines, vendendo et emendo mercaciones et negociaciones, et specialiter in locis illis et terris infra predictas coh[er]entias in quibus Januenses uti consueverunt negociandi causa. In aliis vero locis de districtu suo, nisi in illis in quibus negociandi causa uti consueverunt Januenses, non dedit eis licenciam vendendi nec applicandi [2], nisi necessitate urgente, videlicet pro aptandis [3] eorum navibus et lignis ibidem, si eos necessitas compelleret, vel pro victualibus ad suum et marinariorum suorum usum competentibus, absque aliqua alia negociatione, ab eis ibidem nec etiam mencionem de ipsa faciendo.

2. Si vero aliquis Januensis exiret, pro guerra [facienda, et] nocendo alicui Sarraceno de Janua, vel de districtu Janue, vel aliunde, teneantur capere ipsum et interficere et res suas representare Moadis. Si vero eum personaliter habere non possent, teneantur res suas capere et representare Moadis. Si vero aliquis Januensis malefactor inveniretur rebellis, et Moadi armarent galeas contra illum malefactorem, teneantur Januenses armare ligna sua et ire simul cum Moadis.

3. Preterea, tenentur Januenses non facere guerram nec offendere aliquem qui habeat pacem cum Moadis in aliquo portu, nec in aliqua riperia de districtu Moadorum.

4. Insuper, teneantur Januenses non navigare in aliquo subtili ligno armato, nec deferre in navibus suis aliquem Sarracenum, nec cum eis navigare. Si quis vero contrafaceret, videlicet quod in navibus suis deferret Sarracenos, vel cum eis navigaret, non tenentur ei Moadi observare pacem.

5. Preterea, teneantur Januenses solvere drictum consuetum sine aliqua additione. Et rex cum suis tenentur non inponere Januensibus aliquid de novo quod non sit consuetum. Et Januenses de eo quod deferrent in milliarensibus et argento, in auro de paiola [4], et virgis aureis, solvant vinctenum, sicut consueverunt, et debeat et veheri et

---

[1] L'original ne porte ni alinéas ni numéros.
[2] Les renouvellements de 1250 et 1272 laissèrent subsister cette restriction.
[3] Cf. le traité de 1272, art. 1. L'original de 1236 porte *opetandis*.
[4] *Aurum de paiola,* l'or en lingots et destiné au creuset ou chaudron; *pairol,* en roman.

honerari in terris Moadiorum [1], et debent duci per viam justicie et rectitudinis a Moadis et auxiliari ab eis, secundum quod decet illos qui pacem habent cum Moadis.

6. Si vero Januenses inventi fuerint a galeis Moadorum, vel a stola galearum suarum, non debent offendi ab eis in personis nec in rebus. Si quis vero Sarracenus eos offenderet, debent de eo plenariam cumsequi justitiam et rationem.

7. Si vero aliquis Januensis venderet navem vel lignum alicui Januensi, vel Christiano, qui esset in pace Moadiorum, non debet inde solvere drictum; si autem aliis venderet, qui non sint in pace, drictum inde solvere debet. Nec de naulio navium suarum seu lignorum drictum solvere debent.

8. Si vero aliquam mercationem in terris Moadorum detulerint, quam vendere nequeant, possint eam licenter sine dricta reducere quocumque velint. Si vero Januenses in navibus suis homines aliquos ad terras Moadorum detulerint qui sint in pace Moadorum, sint tanquam Januenses. Si autem in pace Moadorum non essent homines illi, non sint securi in personis aut rebus.

9. Si vero Moadi necesse haberent navibus Januensium, possent licenter habere terciam partem navium illarum quas in terris suis invenirent, facta prius conventione de naulo cum dominis et participibus dictarum navium secundum quod ecum esset, sine lexione parcium [2].

10. Preterea, si naves suas locarent curie ad certum honus deferendum, et illud honus habere non possent, nichilominus solvi debent ad conventionem habita[m] inter eos. Preterea, non possit curia impedire aliquam navem Januensium que honerata esset.

11. Et si Januenses ab inimicis suis insequerentur et venirent ad aliquem locum de districtu Busacharini, Sarraceni loci illius debent Januenses suscipere et eis pro viribus consilium et auxilium prestare contra inimicos eorum quousque inimici de loco illo recederent.

12. Si vero naves vel ligna Januensium naufragium paterentur in aliqua parte sui districtus, possint securiter [habere] id quod naufragio liberarent, sine eo quod ibi venderent vel emerent mercationem.

13. Preterea in omnibus civitatibus illis in quibus Januenses utuntur cum mercationibus et uti consueverunt, debent habere sine aliis per se fondicum speciale.

14. Insuper tenentur officiarii curie non permittere [3] aliquem Sarracenum emere a Januensi [qui] non sit cognitus pro legale negociatore.

15. Insuper aliquis mercator Januensis non debeat nec possit interdici vel detineri in persona aut rebus pro aliquo malefactore in toto prenominato districtu. Si vero aliquis Januensis aliquam injuriam pateretur, possit licenter se personaliter presentare in curia pro justicia postulanda et jure consequendo.

16. Quidquid autem vendiderint in calega [4], cum testibus dugane, et extra calegam

---

[1] *Moadii*, les Almohades.

[2] Cf. le traité pisan de 1230, art. 9, et les traités génois de 1250, art. 14; de 1272, art. 23; de 1433, art. 30.

[3] A l'original *promittere*.

[4] A l'encan.

per torcimanos curie cognitos, sit supra duganam [1]. Omnes vero torcimani dugane debent esse comunes in vendendo et emendo. Nec debent dare Januenses nisi bisancios decem de centenario bisanciorum et milliarenses v pro torcimania [2].

17. Si vero caristia communis victualium esset in Januensi civitate, possint licenter extrahere Januenses naves quinque honeratas victualibus, prestita cautione quod naves illas cum honere Januam ducerent, si granum valeret in Affrica a b[isanciis] III usque tres et dimidium pro quolibet caffexeto, sine aliquo drictu. Si vero granum ultra predictum precium valeret, non teneantur prestare predictum honus [3].

18. Preterea, debent Januenses universi salvari et custodiri et honorari in personis et rebus in universis locis et terris et partibus, quas predictus Busacharinus anmodo aquiret seu conquistabit, utendo jure suo et rationibus plenarie in ipsis terris et partibus secundum modum justicie et secundum quod in aliis terris et partibus suis utuntur.

Anno Dominice Nativitatis M° CC° XXX° VI°, indictione VII, die X mensis Junii, usque ad annos decem.

VII.

1250, 18 octobre. [A Tunis.]

Traité de commerce conclu pour dix ans entre Abou-Abd-Allah Mohammed Mostancer-Billah, roi de Tunis, et la république de Gênes, par Guillelmino Cibo, ambassadeur génois.

Publié par M. de Sacy, *Notices et extraits des manuscrits*, etc., t. XI, p. 22, d'après l'original sur parchemin aujourd'hui à Turin, Archives du royaume. *Genova. Trattati e materie politiche.*

Hec est conventio pacis firmate inter mirum Boadile, regem Tunexis, ex una parte, et Guillelmum Cibo, legatum communis Janue, pro communi, ex altera, usque ad annos decem proxime venturos.

1. Videlicet quod dictus mir Boadile dedit et confirmavit pacem communi Janue et universis Januensibus, dans eis fidanciam in personis et rebus, per totum suum districtum, quem habet nec amodo acquiret, vendendo ubique licenter per totum districtum ejus, vendendo et emendo mercationes et negociationes, et specialiter in locis illis in quibus Januenses uti consueverunt causa negociandi. In aliis vero locis de

---

[1] C'est-à-dire que la douane arabe était responsable du payement des ventes faites à l'encan dans son sein et devant témoins, comme des ventes faites hors de l'encan, par ses propres drogmans.

[2] « *Pro torcimania* » m'est fourni par les traités génois de 1250, art. 2, et de 1433, art. 20. Il y a au ms. de 1236 : *p. coros*.

[3] Voyez, sur la disposition générale renfermée dans cet article, le traité vénitien de 1251, art. 21; le traité génois de 1250, art. 13; de 1272, art. 17; de 1433, art. 26, et l'art. 7 du traité de 1445, modificatif des bases précédentes en raison de l'abaissement de la monnaie.

districtu suo, nisi in illis in quibus negotiari uti consueverunt Januenses, non dedit eis licentiam vendendi nec applicandi, nisi necessitate urgente, pro aptandis[1] eorum navibus et lignis ibidem, si eos necessitas compelleret, vel pro victualibus ad suum et marinariorum suorum usum competentibus.

2. Item, quod Januenses non dabunt nec solvent pro drictu nisi b[isantios] decem per centum, et m[iliarenses] v. pro torcimania. Et Januenses de omni eo quod portabunt in terris suis, de bissanciis et miliarensibus et de auro, non dabunt nisi b[isancios] v. per centum, ad modum consuetum[2].

3. Item, si aliquis Januensis vendet navem vel lignum suum alicui Januensi, vel etiam alicui extraneo habenti pacem cum Moadinnis[3], non teneatur solvere decenum; si vero venderet alicui non habenti pacem cum Moadinnis, solvent decenum.

4. Item, si aliquis Januensis merces aliquas apportabit, et non poterit eas vendere, liceat ipsi Januensi portare ubi voluerit, sine aliqua dacione.

5. Item, concessit dictus mir Boadile et precepit ut Januenses debeant habere in Tunesin et in aliis terris suis omnes fundicos quos unquam habuerunt, ut habere consueverunt, cum omnibus juribus et rationibus suis.

6. Item, de toto eo quod Januenses vendent in duganna, in calega et extra calegam, per manum de turcimannis dugannæ, in presentia testium dugannæ, teneatur duganna respondere ipsis Januensibus.

7. Item, si aliquod lignum Januensis naufragium passus fuerit, et accesserit ad aliquem locum Moadinorum, liceat eis exhonerari in terra, salvi et securi cum omnibus rebus suis, sine eo quod aliquid vendant vel emant.

8. Item, si Januenses persequerentur ab aliquo inimico eorum; vel inimicis, et ipsi Januenses accederent ad aliquem locum vel portum Moadinorum, quod illi de illo loco ubi accederent, teneantur adjuvare et defendere ipsos Januenses. Et non defendetur Januensibus quin possent exhonerari res suas in terra, quando, ut supra dictum est, persequerentur ab eorum inimicis; imo, prestetur auxilium et consilium ipsis Januensibus, donec inimici eorum recesserint de illo loco.

9. Item, omnes turcimanni sint in societate emendi et vendendi, sic quod aliquis non habeat proprium turcimannum.

10. Item, bastasi et calavi debent reverti ad bonum modum et consuetudinem ad quam erant in tempore pacis vetere[4], et omnes bonos mores et consuetudines tenere, nec aliquem malum morem nec consuetudinem imponere super Januenses.

11. Item, promisit dictus mir Boadile salvare et custodire omnes Januenses in personis et rebus, in omnibus terris et locis et partibus suis per totum districtum suum [, quem habet] nec ammodo acquiret, et eos defendere ab omnibus personis.

[1] Cf. le traité génois de 1272, art. 1. L'original porte *optandis*.
[2] Cf. le traité de 1236, art. 5.
[3] « *Moadinni* veut dire les *Almohades*, ou mieux *Almowahhids*. Les princes de la famille des Abou-» Hafs ou plutôt Benou-Hafs, qui régnaient à Tunis, se regardaient comme vassaux des Almohades, » sur lesquels ils avaient usurpé la souveraineté de cette partie de l'Afrique. » M. de Sacy.
[4] Ainsi à l'original.

12. Item, non capietur aliquis Januensis negociator pro aliquo alio malefactore.

13. Item, si propter caristiam quàm Januenses haberent, eos necessitas urgeret, liceat communi Janue ext[r]haere naves quinque honeratas granni annuatim de terra Moadinorum; hoc tamen si caffesetum valeret in Barbaria bisancios III. usque in b[isanciis] III. et dimidio, ad caffesetum de Moadinis, sine aliqua dacione; ita tamen quod teneantur Januenses portare Janue, et non in alia parte. Si vero ultra b[isancios] III. m[illiarenses] v. valeret caffesetum, non teneantur permittere ext[r]haere[1].

14. Item, si esset necesse navis Moadinnis pro transferendis rebus suis, debent Januenses eis concedere tertiam partem navium que essent in portu eorum, dantes eisdem convenientem naulum, sicut inter se concordabunt, tamen secundum justitiam et rationem, sine dampno utriusque partis; salvo tamen quod non detineatur aliqua navis honusta sive incepta honerari. Et si naulisaverint naves Januenses pro certa quantitate, et non potuerint habere totum honus, nihilominus debeant habere totum naulum de eo quod eis fuerit conventatum, ex quo ceperit honerari[2].

15. Item, si offensio aliqua vel gravamen facta fuerit alicui Januensi, liceat ei ante regem presentare se, pro justitia postulanda.

16. Item, non debent Januenses solvere drictum de naulo alicujus navis vel ligni[3].

17. Item, teneantur Januenses non navigare cum aliquo ligno cursariorum, nec portare aliquem Sarracenum in eorum navibus, qui cum cursalibus navigarent.

18. Item, Sarraceni salventur et custodientur Janue et districtu ejus.

19. Item, si aliquis Januensis exire[t] sive iret in cursum pro offendere Sarracenis, sive exiverit de Janua vel de alia parte, teneantur Januenses capere ipsum malefactorem et eum interficere, et res malefactorum dare in virtute Moadinnorum. Et si personas malefactorum habere non possent, debent Januenses res malefactorum dare Moadinnis. Et si forte Moadinni vellint armare vassa sua vel ligna pro capiendis dictis malefactoribus, teneantur Januenses simul armare et esse cum Moadinnis simul ad capiendum dictos malefactores.

20. Item, Januensibus portabitur honor in terris Moadinnorum, et procedetur secundum bonum morem.

21. Item, si aliquis qui non sit Januensis, fuerit in navibus Januensis, et sit de illis qui habeant pacem cum Moadinnis, solvat drictum eodem modo ut Januenses; si vero non haberet pacem cum Moadinnis, sit defidatus[4] in personis et rebus, in voluntate Moadinnorum.

22. Item, de auro vendito in cecha Tunesis et Bucee, non solvatur drictum, nisi sicut consuetum est.

---

[1] Voy. le traité génois de 1236, art. 17.

[2] Cf. les traités génois de 1236, art. 9, et de 1433, art. 30.

[3] Cf. traité de 1272, art. 10.

[4] « *Defidatus* est sans doute pour *diffidatus* ou *diffidiatus*. Voy. Ducange, au mot *Diffidare*. » M. de Sacy, p. 25. — L'original du traité que nous avons revu à Turin porte *defidatus*. Cf. le traité génois de 1272, art. 22. Le *défi* constituait les parties en état d'hostilité, ou au moins les plaçait dans la situation d'étrangers qui ne sont liés réciproquement par aucun traité.

23. Item, teneantur Januenses qui armabunt Janue et [in] ejus districtu non offendere alicui in portu Moadinnorum.

24. Item, si gallee Moadinnorum invenerint Januenses in navibus vel lignis, non offendent eis in personis vel rebus; et si contra factum fuerit, mir Boadile cum Moadinnis tenetur facere reparari et restituere.

Ad hanc pacem firmandam interfuerunt cum dicto legato Rubaldus Macia, Januensis consul in Tunexi, et Johannes de Maroco, et ego Michael, scriba consulatus Januensis Tunexis, qui hanc conventionem scripsi, precepto predicti legati et predicti consulis, anno Dominice Nativitatis millesimo CC° quinquagesimo, indictione octava, die XVIII mensis Octubris.

Ego Michael de Sancto Donato, sacri imperii notarius, precepto predicti legati et predicti consulis scripsi.

VIII.

1251, 11 juillet. A Gênes.

Un marchand arabe de Tunis promet au représentant d'armateurs de Porto Venere, qui l'avaient pillé en mer, de renoncer, lui et ses associés, au bénéfice du ban décrété contre eux pour ce fait de piraterie par le podestà de Gênes, s'ils lui remettent, dans le délai de quinze jours, la somme de vingt-cinq livres de Gênes.

Gênes. Archives des Notaires. Actes du notaire Mathieu de Prédono. Reg. de l'an 1248 et suiv., fol. 154.

In nomine Domini. Amen. Ego Bocherius, Sarracenus et negotiator de Tunexis, promitto et convenio tibi, Conrado de Paxano, recipienti nomine et vicce hominum de Portu Venereo, videlicet nomine illorum qui erant sive qui fuerunt in cursu in quo me et socios meos deraubaverunt, sive in quo ego deraubatus fui, et qui mecum concordati non sunt, quod si ipsi, hinc usque ad dies quindecim proximos, dederint et solverint mihi, per se vel per procuratorem suum, libras viginti quinque Janue, in peccunia numerata, quod faciam et curabo ita quod erunt absoluti ab illo banno in quo, mea occasione, positi sunt per potestatem Janue; et quod ab inde in antea ipsos non molestabo occasione dicte raubarie, nec molestati erunt per aliquem socium meum, nec per aliquam aliam personam. Alioquin, penam dupli, tibi stipulanti, spondeo; et proinde omnia bona mea habita et habenda tibi pignori obligo.

Et hoc fecit in presentia et voluntate et confirmante magistro Abul Faihli Lesedi, Sarraceno.

Actum Janue, in domo Ugonis Fornarii. Testes : Albertus de Ricio, notarius et Bacegius Exentis, anno Dominice Nativitatis millesimo CC° L° I°, indictione VIII°, die XI° mensis Julii.

IX.

1251, 2 août. A Gênes.

Charte de nolis du navire *le Grand Paradis* pour un voyage à faire à Tunis avec des marchandises et des passagers.

Turin. Archives du royaume. Registres de Richeri dits *Pandette Richeriane*, 3ᵉ cahier des livres de Barthélemy Fornari, notaire, Fogliazzo 1, col. 8.

Conradus Guarcus, Poncius Riccius, Petrus Aurie et Guido Spinula, participes navis quæ dicitur *Paradisus magnus*, naulizant Wuillelmo Sabernie, Idoni Lescario, Wuillelmo Bonizo, Lanfranco Dugo Spinule, Lanfranco Bixie, Lanfranco Aurie, Panzanino Panzano et Ansaldo Luxio pro uno ex filiis Jacobi Panzani, Bonifacio de Vivaldo, Joannino Guidonis, Joannis Spinule, Ansaldo Aurie et Johanni de Levanto, mercatoribus, predictam navem pro viatico Tunexi faciendo; quam navem promittunt habere paratam cum marinariis 100, inter quos sint 20 balisterii et 60 marinarii muniti ad ferrum et duo nauclerii et cum peciis 10 de antennis et cum mollis 20 de agumenis novis que non sint madefacte, ultra alias madefactas, et cum anchoris 23. Et promittunt non habere in dicta navi ultra peregrinos 100, inter quos non sit aliqua femina. Versa vice, dicti mercatores promittunt onerare in dicta navi tot merces que sint cantaria 8,000. Ibi testis Simonettus quondam Martini Aurie, etc.[1]

X.

1272, 6 novembre. A Tunis.

Traité de commerce, conclu pour dix ans, entre la république de Gênes et l'émir Abou-Abd-Allah Mohammed-el-Mostancer-Billah, roi de Tunis, par Opizon Adalard, ambassadeur génois.

Bibl. de l'École des chartes, 4ᵉ série, t. III, p. 442, d'après l'expédition originale des Archives du royaume, à Turin. Orig. en parchemin. *Genova. Trattati e materie politiche.*

In nomine Domini, amen. Hec est pax et convencio stipulata, promissa et firmata inter dominum Miramamolinum Boabdile, regem Tunexis, sive Yayam Benabdelmec,

---

[1] On trouve dans Richeri quelques autres faits concernant les rapports de Gênes avec Tunis :

Le 4 août 1251, Guillaume Boccanegra et ses associés nolisent le *Saint-Pierre* pour faire le voyage de Tunis. (Mathieu de Prédono, notaire.)

Le 10 juin 1253, Lanfranc Uso di Mare afferme à l'encan de la commune de Gênes les revenus de la chancellerie (*scribania*) de Tunis, des boutiques et des magasins appartenant à la république, à Tunis. (Barthélemy Fornari, notaire.)

En 1267, Moïse de Tunis était greffier ou secrétaire de la commune de Gênes à Tunis, pour la langue arabe. (Barth. Fornari, notaire, 3ᵉ cahier. Fogliazzo I, fol. 109, col. 8; fol. 122, col. 3.)

dictum Bolasem, chaytum[1] dugane Tunexis, pro dicto rege, et Moamet Ybenali Ybenabraym, alchadi[2] de Tunexi, nomine dicti Miramamolini ex una parte; et Opizonem Adalardum, filium quondam Ottonis Adalardi, legatum et misaticum dominorum Oberti Spinule et Oberti Aurie, communis et populi Januensis, ex altera.

1. Primo, videlicet quod dictus dominus Miramamolinus Boadile dedit et confirmavit pacem communi Janue et universis Januensibus et singulis, dans eis fiduciam in personis et rebus per totum suum districtum, quem habet et ammodo acquiret, vendendo ubique licenter per totum districtum ejus, vendendo et emendo mercaciones et negociaciones, et specialiter in locis illis in quibus Januenses uti consueverunt causa negociandi. In aliis vero locis de districtu suo non dedit eis licentiam vendendi nec applicandi, nisi necessitate urgente pro aptandis[3] eorum navibus et lignis ibidem, si eos necessitas compelleret, vel pro victualibus ad suum vel marinariorum suorum usum competentibus.

2. Item, quod dicti Januenses dabunt et solvent de illis mercibus quas vendent in dictis terris ut consuetum est, et non ulterius. Et de milliarensibus, moneta auri, dabunt et solvent medium drictum, ut consuetum est, et non ultra.

3. Item, quod aliquis Januensis non apportet monetam in Tunexi que non sit de bono argento fino; et si aliquis aportaret, vel aportabit, liceat dugana ipsam accipere et incidere, et de ipsa suam facere voluntatem.

4. Item, promisit salvare omnes Januenses in personis et rebus, de omnibus terris suis et locis et partibus suis per totum districtum suum quem habet et ammodo acquiret et eos defendere ab omnibus personis.

5. Item, si aliquis Januensis vendet navem vel lignum suum alicui Januensi, vel etiam alicui extraneo habenti pacem cum Moadinis, non teneatur solvere aliquem drictum; si alicui non habenti pacem, solvat drictum.

6. Item, habeant et habere debeant Januenses in Tunexi, et in aliis terris suis, omnes fundacos quos unquam habuerunt, vel habere consueverunt, cum omnibus juribus et racionibus suis, in quibus non debeant stare aliqui extranei, nisi ad eorum voluntatem.

7. Item, quod de auro quod vendetur per dictos Januenses in cecha[4] Tunexis, sive in aliis terris dicti domini, non teneantur solvere drictum, nisi sicut consuetum est.

8. Item, si aliquis Januensis vendet alicui Januensi vel Cristiano aliquas merces, non teneantur solvere aliquem drictum[5].

9. Item, si aliquis Januensis merces aliquas aportabit in terris dicti domini et non poterit eas vendere, sive noluerit, liceat ipsi Januensi merces ipsas portare et extrahere ubicumque voluerit sine aliqua dacione.

---

[1] Le caïd ou directeur de la douane.
[2] Le cadi ou juge.
[3] Ainsi dans l'original. Cf. les traités de 1236, art. 1, et 1250, art. 1.
[4] A l'hôtel des Monnaies.
[5] Cette disposition, que les Vénitiens avaient insérée dans leurs traités avec Tunis, n'était pas dans le traité génois de 1250.

10. Item, non debeant Januenses solvere drictum de naulo alicujus navis vel ligni[1].

11. Item, si Januensis vendet lignum seu navem alicui Saraceno, non teneatur solvere drictum[2].

12. Item, si aliquod lignum Januensium naufragium passus fuerit, et accesserit ad aliquem locum Moadinorum, sive dicti regni, liceat eis exhonerare in terra, salvi et securi cum omnibus rebus, sine eo quod aliquid vendant vel emant[3].

13. Item, si Januenses persequerentur ab aliquo inimico eorum vel inimicis, cum ipsi Januenses accederent ad aliquod locum vel portum Moadinorum, vel dicti regis, quod illi de illo loco ubi accederent teneantur adjuvare et defendere ipsos Januenses. Item, non defendetur Januensibus quin possint exhonerare res suas in terra, quando, ut predictum est, persequerentur ab eorum inimicis, imo prestetur auxilium et consilium ipsis Januensibus donec inimici eorum recesserint de ipso loco[4].

14. Item, non capietur aliquis Januensis vel negociator pro aliquo alio malefactore.

15. Item, de toto eo quod Januenses vendent in dugana per manum torcimanorum dugane in presentia testium dugane, dugana teneatur respondere ipsis Januensibus.

16. Item, omnes torcimani sint in societate emendi et vendendi, sic quod aliquis non habeat proprium torcimanum.

17. Item, si propter karistiam quam Januenses haberent liceat communi Janue extrahere naves quinque oneratas grano annuatim de terris dicti domini, hoc tamen si caffesetum valeret in Barbaria bisancios tres usque in bisanciis tribus et dimidio, sine eo quod detur vel solvatur aliquod drictum; ita tamen quod teneantur portare Januam, et non in alia parte; si vero ulterius bisancios tres et dimidium valeret caffesetum, non teneantur permitti extrahere[5].

18. Item, quod tota ista pax teneatur omnibus singulis Januensibus in omnibus terris dicti domini Miramamolini et per totum districtum suum.

19. Item, teneantur Januenses non navigare cum aliquo ligno cursariorum nec portare aliquem Saracenum in eorum navibus que cum cursalibus navigarent.

20. Item, Saraceni salventur et custodientur Janue et in districtum Janue.

21. Item, si aliquis qui sit Januensis exiret sive in cursum iret pro offendere Sarracenis, sive exiverat de Janua vel de alia parte, teneantur Januenses capere ipsum malefactorem et eum interficere si cum poterint, et res malefactorum esse in virtute Moadinorum. Et si personas malefactorum habere non possent, res malefactorum quas habere poterint ea esse debeant Moadinis. Et si forte Moadini vellent armare vassa sua vel ligna pro capiendis dictis malefactoribus, teneantur Januenses similiter armare et esse cum Moadinis similiter ad capiendum dictos malefactores.

[1] Cf. l'art. 14 du traité vénitien de 1251.

[2] Cette disposition n'était qu'implicitement renfermée dans le traité de 1250.

[3] On n'admettait pas le droit de bris, mais on ne voulait pas que les naufragés pussent profiter du cas de sinistre pour faire acte de commerce dans les lieux autres que ceux où ils avaient le droit d'aborder habituellement (cf. art. 1); c'est ce que signifient les mots : *Sine eo quod aliquid vendant vel emant.*

[4] Cet article et le précédent sont reproduits textuellement du traité de 1250.

[5] Cf. le traité génois de 1236, art. 17.

22. Item, si aliquis, qui non sit Januensis, iverit in navibus Januensium, et sit de illis qui habeant pacem cum Moadinis, solvat drictum eodem modo ut Januenses; si vero non habuerit pacem cum Moadinis, sit defidatus in personis et rebus ad voluntatem Moadinorum[1].

23. Item, si necesse esset navis Moadinis sive dicto regi pro transferendis rebus suis, debent Januenses eis concedere terciam partem navium qui essent in portu eorum, videlicet ipso rege vel ipsis Moadinis dantibus et solventibus illis quibus dicte naves essent convenientem naulum sicut inter se concordabunt; salvo tamen quod non detineatur aliqua navis honusta vel incepta honerari. Et si naulizaverint naves Januensium pro certa quantitate et non poterint habere totum honus, nichilominus debeant habere totum naulum de eo quod eis fuerint conventatum ex quo inceperit honerari[2].

24. Item, teneantur Januenses qui armabunt Janue vel in ejus districtu non offendere in portu sive in portis Moadinorum vel dicti regis.

25. Item, si galee dicti regis sive Moadinorum invenerint Januenses in navibus vel lignis, non offendent eis in personis vel rebus.

Predictam autem pacem dicte partes modo et forma prescripta aprobaverunt, ratificaverunt et confirmaverunt duraturam hinc ad annos decem proxime venturos, prout retraxit et torcimanavit michi notario infrascripto, Michael de Viali, torcimanus ad predicta, de arabico in latinum, presentibus testibus Bonanato de Facio, consule Januensium in Tunexi et Muso Cibo. Et etiam interfuerunt ad predicta testes Sarraceni El Casem, El ben Ali [etc.].

Actum Tunexi, in palatio dicti domini Miramamolini, anno Dominice Nativitatis millesimo ducentesimo septuagessimo secundo, indicione quinta decima, die vi° Novembris, inter terciam et nonam.

Ego Francischus de Seguembaldo, sacri imperii notarius, rogatus, scripsi.

XI.

1287, 9 juin. A Tunis.

Convention entre Lucheto Pignoli, ambassadeur de la république de Gênes, et les commissaires nommés par le roi de Tunis, pour satisfaire aux réclamations de divers marchands génois qui faisaient le commerce avec Tunis. — Extraits.

Turin. Archives du royaume. *Genova. Trattati e materie politiche.* Orig. en parchemin.

In nomine Domini, amen.

Accessit in tempore milleximi istius instrumenti ad altam presentiam Tunexis, tranquilet eam Deus! presentiam dominatoris nostri, et domini nostri el-Calife, el-Imem, el-Mostenser Bille, el-Moaier, Biennesserille, Miramamorini, Ebo-Afs Ebini Lomara

[1] Les quatre articles précédents ne diffèrent presque en rien de la rédaction de 1250.
[2] Cf. le traité de 1236, art. 9.

Rassidi, roboret eos Deus cum auxilio suo et adminiculetur ipsis cum adjutorio suo, et perpetuet regnum suum et faciat durare Sarracenis benediccionem suam! Luchetus Pignolus, Januensis, accedens in tempore milleximi istius instrumenti ex parte domini Enrici Bruxamuntia, potestatis Janue, et ex parte dominorum capitaneorum Oberti Spinule et Conradi Aurie, et ex parte ancianorum et consiliariorum comunis et populi Janue, petens et requirens confirmacionem de omni eo quod continetur in instrumento pacis Jacobi Aurie, et petens pro communi eorum et aliquibus mercatoribus debita apud duganam alte presentie, tranquilet eam Deus! et petens quod dixit quod accidit aliquibus Januensibus ex parte aliquorum Pissanorum in aliquibus portibus alte presencie, exaltet Deus candelabrum suum et renovet lumina sua! Et dixit dictus nuncius quod commune Janue precepit ei petere has peticiones, et hostendidit litteram ex parte ipsorum continentem adventum dicti nuncii, et petendi debita et damna; et hostendidit instrumentum ex parte ipsorum, continens, prout vidimus et legimus, procuratio[nem] communis in dictum nuncium. Et dictum instrumentum est scriptum manu notarii Ugolini Scarpa. Et nomina testium : Loysus Calvus, Lanfrancus de Vallario, Gabriel Caplata; et interfuerunt ad hoc de fratribus minoribus : frater Pelegrus, frater Bernardus; et de mercatoribus januensibus : Bonifacius Imbriachus, Bonavinus filius Facioli, Johanninus Grillus, Opecinus Panzanus, Leonardus de Singembaldo, Paschalis de Faciolo, Marinus de Minula; et de mercatoribus Venetiarum : Marcus Cayrosus et Franciscus Julianus; et de Catalanis : consul eorum Petrus Cabritus, et de mercatoribus eorum Ferreri Salar.

Et petiit dictus nuncius debita, et illud quod dixit ut de damnis in portibus et aliis, et sunt inferius nominata. De quibus est Rubei de Turcha et Janorum, et bisancios decem et novem milium de damnis quodquod ista acciderunt super eo in Bucia [1], et fecit sibi scriptum instrumentum testibus, ante tempus isti instrumenti; et Lanfranchi et Petri Porrhi bisancios duodecim millium et Per de Meliorato de Clausaro bisancios duodecim millium, septem milium nonagintos tres; et Marini de Ginsulfo bisancios 3410 [2]; et Oberti Luxcardi bisancios 250; et Vivaldi Vandure bisancios 600; et Bonfilii de Sagona bisancios 2220; et Vassali Olethe de Finario, bisancios 665; et petiit satisfactionem de debito Paschalis Ususmaris et sociorum ejus, cujus summa est bisancios 20393, et petiit satisfactionem de instrumento facto de Verdereto et sociorum ejus, et omnium Januensium, qui habent instrumenta cum testibus Saracenorum, seu scripturam in cartulariis dugane testimoniatis super duganam seu super aliquem extra duganam.

Et petiit quod ematur de pecunia dugane domos quas dixerunt que sunt de possessionibus eorum in fundico Januensium pro habitando eas, et fiat graciam de preciis earum communi, et quod elargetur eis in fundico eorum, et quod incipiatur in hoc.

Et petiit quod non capiatur ab eis in dugana id cujus petitio fuit consueta de rotulis in pondere mercium eorum et canna de tellis in balla, et medietas jarre olei in centum

---

[1] A Bougie.
[2] *Sic.*

jarris, et quartam miliarensii in omni jarra de oleo; et quod non capiatur ab eis macium de sacho lini et miliarenses tres in cantario de lana, et boldronis deductis de terris de foris, et miliarenses tres in omni centum pellibus de agninis; et bisancios septem et miliarensem unum in omni centum coriis bovinis; et miliarenses viginti unum in omni centum pellibus becunis; et miliarenses septem et dimidium in omni cantario de cera, quam ement in alta presentia et universis terris ejus; et miliarenses octo in omni centum bisanciis de quibus emunt dictas merces; et quod currantur in mercibus eorum uno cursu; et quod non capiatur decima de se ipsis, sed capiatur decima de preciis earum tantum.

Et dixit specialissimus munifice porte habens fidelitates que habent addicionem prerogacionis et precessionis, senex magnificentior, magnificatus, altior, preferendus, honorabilis, purus, Ben Maamet, filius senis, magnificentioris, honorabilioris, Ebirabie, quod nos confirmamus pacem Jacobi Aurie, et confirmamus omnia que continet instrumentum dicte pacis.

Et similiter confirmamus instrumentum Pascalis Ususmaris et sociorum ejus, secundum tenorem dicti instrumenti sine diminutione [1].

Predictam autem confirmationem et promissionem dicte partes, videlicet dictus Ben Maamet, nomine dicti domini Miramamolini Ebo-Afs et de ejus mandato, ut asserit, et dictus Luchetus, nuncius communis Janue, nomine ipsius communis, promisserunt habere ratam et firmam secundum quod superius continetur, et secundum quod interpretavit Abramus Sechelus, torcimanus, qui novit linguam Christianorum et Sarracenorum, et ea attendere et observare facere, et in aliquo non retractare nec contrafacere vel venire.

Testes vocati et rogati : fratres Pelegrinus et Bernardus de ordine Fratrum minorum, presbiter Tealdus capellanus ecclesie Sancte Marie de fondico Januensium in Tunexi, Petrus Cabritus consul Catalanorum in Tunexi, Ferrerius Salar Catalanus, Marchus Cairosus et Franciscus Julianus Venettiysi, Bonifacius Imbriacus, Marinus de Minula, Bonanatus de Facio, Especinus Paçanus, Johanninus Grillus, Pascalis de Facio; Yecha Ben-Maamet Binibusaico, Yecha Bolaassem Beneissem, provisor dugane Tunexis, Yecha Adoloet, [etc.], afachini et archadini.

Actum Tunexi, in palacio regie Majestatis, anno Dominice Nativitatis M°CC°LXXXVII°, indictione quatuordecima, die nona Junii, circa vesperas. Et plura instrumenta unius tenoris fieri rogaverunt.

Ego, Leonardus de Sigembaldo, notarius sacri imperii et communis Janue, rogatus, scripsi.

---

[1] A la suite, une énumération assez longue de conventions et de contrats faits avec divers expéditeurs de Gênes, que l'on confirme.

XII.

1373, 4 août. A Gênes.

Extraits d'un contrat de nolis passé entre des marchands de Pise et un patron de Gênes, pour un voyage et un achat de laine de Barbarie, à faire à l'île de Gerba, sur la côte d'Afrique.

Bibl. de l'École des chartes, 4ᵉ série, t. III, p. 449, d'après l'expédition originale conservée dans les archives de M. le chevalier Roncioni, à Pise.

In nomine Domini, amen.

Thomas Murcius, civis Janue, suo nomine proprio, ex una parte, et Johannes Alopardi de Pisis, suo nomine proprio..... etiam tanquam procurator Guiraldi de Viro de Pisis...

Confitentur... videlicet quia dictus Thomas promisit... dicto Johanni... mittere unum quodcumque navigium voluerit ipse Thomas de quibuscumque locis et partibus vollet dictus Thomas districtus Janue ad quemdam locum vocatum A li Zerbi, partium Barbarie; dictumque navigium de Janua vel districtu recedi facere intra diem vigesimum Septembris proxime venturum, et ipsum iri et navigari facere, continuato viagio, ad dictum locum de Li Zerbi; ibique super dicto navigio onerari et imponi facere cantaria quingenta lane barbarische usque in octingenta, ad cantarium barbariscum, in electione dicti Thome de cantariis trecentis. Qua lana onerata, tallis qualis onerata fuerit,..... promisit cum dicto navigio et super eo conduci facere ad portum Pisarum, continuato viagio, vel alio non mutato, salvo tamen semper in predictis et infrascriptis justo Dei impedimento, maris vel gentium. Ita tamen et acto quod, dicto navigio navigando, possit in eundo et redeundo, vel stare, portum facere, onerare et exhonerare, in quibuscumque locis et partibus Sicilie et ubique voluerit dictus Thomas; et non propterea intelligatur dictum viagium esse mutatum. Quo navigio appricato in portu Pisarum, promisit et convenit dicto Johanni ibidem dictam lanam titulo et ex causa venditionis tradere dicto Johanni in dicto portu Pisarum ad barcaricium dicti navigii pro precio et finito precio florenorum auri trium boni et justi ponderis, conii Florentie, de singulo et pro singulo cantario lane predicte, quantitatis predicte... solutione cujus precii [1].

Actum Janue, in Bancis [2], ad bancum notarii infrascripti, anno Dominice Nativitatis millesimo tricentesimo septuagesimo tertio, indictione decima, secundum cursum Janue, die quarta Augusti.

---

[1] Suivent les conditions générales des contrats de nolis, analogues à celles que l'on trouve dans le nolissement du 10 août 1263, parmi les pièces de Pise.

[2] A la place nommée encore *Piazza di Banci*, entre le port et la bourse.

XIII.
1388, janvier-mai. De Gênes.

Lettres du doge et du chancelier de la république de Gênes au doge et au chancelier de la république de Venise pour demander le concours de la seigneurie de Venise à l'expédition que la république de Gênes préparait contre le royaume de Tunis de concert avec les rois d'Aragon et de Sicile et les États de Pise, Lucques et Sienne [1].

1388, 22 janvier. De Gênes.

Le doge de Gênes écrit au doge de Venise au sujet d'une expédition qui pourrait être concertée entre les deux républiques, avec le concours des rois d'Aragon et de Sicile, et des républiques de Pise, Lucques et Sienne, pour agir en commun sur la côte d'Afrique. Le doge de Gênes propose la réunion des forces de l'expédition pour le mois de mai suivant.

1388, 22 janvier. De Gênes.

Le chancelier de la république de Gênes écrit au chancelier de Venise au sujet de divers points de la proposition d'une expédition à frais communs en Afrique, et sur le désir qu'aurait le doge de Gênes de connaître l'avis de la seigneurie de Venise sur les moyens d'exécuter l'expédition.

1388, 2 mars. De Gênes.

Le doge de Gênes remercie le doge de Venise de l'offre de cinq galères vénitiennes pour l'expédition projetée, lesquelles galères doivent se réunir à la flotte génoise, au mois de mai suivant, à Trapani, en Sicile. Le doge de Gênes exprime des doutes sur l'exactitude des récits de vols et de pirateries faits par certains marchands à leur retour des côtes d'Afrique.

1388, 1er avril. De Gênes.

Le doge de Gênes annonce au doge de Venise que les galères de la république ne pourront sortir du port de Gênes avant le 15 mai suivant.

1388, 14 avril. De Gênes.

Le doge de Gênes annonce au doge de Venise que la république se propose de porter à quinze le nombre des galères, et à six le nombre des navires (*ligneta*) armés pour l'expédition d'Afrique. Les Siciliens préparent, de leur côté, huit galères, et les Pisans deux.

1388, 6 mai. De Gênes.

Le doge de Gênes annonce que le départ des quinze galères et des six lins armés est différé jusqu'au 25 mai courant. Par des lettres de Sicile, on apprend que les Arabes n'ont aucune connaissance de l'expédition projetée, et qu'ils n'ont pas fait de préparatifs de défense.

---

[1] La copie des documents dont nous n'avons conservé que l'analyse ci-jointe a été envoyée d'Italie au ministère de la guerre par M. Paul de Musset. Elle a été égarée à Paris lors de la translation des archives du ministère de l'Algérie à Alger. Nous avons vainement recherché les originaux à Venise et à Gênes.

XIV.

1391, 17 octobre. A Tunis.

Confirmation pour dix ans, obtenue par Gentile de Grimaldi et Luchino de Bonavey, ambassadeurs génois, du traité conclu le 18 août 1383 par Frédéric Lecavelo entre la république de Gênes et le roi de Tunis, Aboul-Abbas Abou-Bekr. Rachat des captifs chrétiens [1].

Turin. Archives du royaume. *Genova. Trattati e materie politiche.* Orig. en parchemin.

In nomine Domini, amen. Nobilis vir, dominus Saidy Maamet Ben Buylel, procurator et in hac parte locumtenens et procuratorio nomine serenissimi principis et domini Muley Bolabes, Dei gratia, regis Tunexi, Sarchi, Garbi et tocius Barbarie, ut de procura constat et aparet per infrascriptos testes dugane Tunexis, videlicet Saydy Boaldile Bencaoici, domini dugane, Sydy Boadilel Benapussac, testimon [2]. dugane, Sydy Abdulait Logarme et Sydy Maamet Bennelaio, scribe dugane, dicto nomine ex una parte; et nobiles et egregii viri domini Gentilis de Grimaldis et Luchinus de Bonavey, cives Januenses, ambaxiatores, syndici et procuratores magnifici et excelssi domini domini Antonioti Adurni, Dei gratia, ducis Januensis et populi defenssoris, suique consilii et communis Janue, ut de procura et syndicatu constat publico instrumento scripto Janue, in cancelaria ducali, manu Antonii de Credencia, notarii et cancelarii, hoc anno, die quarta Augusti, ex parte altera; dictis nominibus et quolibet dictorum nominum, ad infrascripta pacta, compositionem et confirmationem pacis et concordia pervenerunt et pervenisse confessi fuerunt; renunciantes dicte [partes], dictis nominibus, exceptioni dicte confirmationis et composicionis pacis et concordie non factarum et non confirmatarum, rei sic ut supra et infra non geste, et sic non se habentis, doli, mali, metus actioni, condicioni sine caussa et omni alii juri; habentes noticiam et veram sinceram sentenciam de pace et concordia alias factis et firmatis inter nobilem virum dominum Saydy Maamet Ben Buylel, procuratorem et in ipsa parte locum tenentem serenissimi principis domini domini Muley Bolabes, Dei gratia, regis Tunexis, Sarchi, Garbi et tocius Barbarie, ex una parte, et nobilem virum Frederichum Lecavelum, ambaxatorem, syndicum et procuratorem magnifici et excelssi domini domini Anthonioti Adurni, ducis Januensis et dicti communis Janue ex parte altera; de quibus pace et concordia constat publico instrumento scripto manu Nicolai de Tellia, notarii quondam Guillelmi, MCCCLXXX° III°, die XVIII Augusti; et de quibus et singulis dicte partes [3] . . . .; et etiam habentes noticiam et veram scienciam quod post dictam pacem et concordiam inter dictos dominos Seydy Maamet Ben Buylel, procuratorem et

---

[1] Nous n'avons pu retrouver le traité du 18 août 1383, obtenu à Tunis par Frédéric Lecavelo du roi Aboul-Abbas.

[2] Probablement *turcimani*, le drogman de la douane.

[3] Ici, et plus bas, quelques mots effacés à l'original.

locumtenentem dicti serenissimi domini regis ut supra dictis guerris, offenssis et discussionibus, finem imponere et ad veram et bonam pacem et concordiam pervenire.....

1. Idcirco, prefata regia Majestas, ex una parte, sive dictus dominus Saydi et dicti domini Gentillis et Luchinus, ambaxatores, syndici et procuratores dictis nominibus ex altera parte, ratificaverunt et de novo confirmaverunt pacem supradictam, de qua patet dicto instrumento, scripto manu jamdicti Nicolai de Tellia, notarii, supradictis anno et die, et in omnibus et pro omnibus, et sub pactis et modis, penis, promisionibus et obligacionibus in dicto instrumento dicte pacis contentis.

2. Item, extitit per pactum expressum inter dictam regiam Majestatem, ex una parte, et dictos dominos Gentillem et Luchinum, ambaxatores, syndicos et procuratores presentes ex altera, quod dicta regia Majestas teneatur dare, tradere, liberare, relassare omnes Januenses, tam maschulos quam feminas, captos et captivos, quos et quas habebat et habet in toto territorio sue regie Majestatis usque ad illam diem qua Oliverius de Mar[t]inis, olim ambaxatorem communis Janue, recesit de Tunexi, que fuit die octava Jullii de LXXXXI°, anni presentis. Et dicti domini Gentillis et Luchinus, ambaxatores et syndici, nomine et vice dicti communis, teneantur dare et solvere eidem regie Majestati doblas auri sexdecim milia sive valorem ipsarum tantum, sine aliqua alia avaria, sive expensis, pro redemptione dictorum captivorum, ut supra.

3. Item, prefata regia Majestas promisit et convenit eisdem dominis Gentilli et Luchino ambaxatoribus, ut supra, dare, tradere et liberare, relassare omnes et singulos captivos Januenses tam masculos quam feminas, captos per homines et subditos dicte regie Majestatis, a die VIII° Jullii anni presentis, quo Oliverius de Martinis, ollim ambaxator communis Janue, re[cessit de] portu Tunexis usque die XXXI Augusti, quo supradicti domini Gentillis et Luchinus, ambaxatores ut supra, aplicuerunt Tunexim. Et prefati domini Gentillis et Luchinus, ambaxatores ut supra, promiserunt et tenentur dare et solvere eidem regie Majestati tot doblas pro quolibet capite captivorum, captorum ut supra, quot asendunt illi primi Januenses, ad rationem de doblis XVI, et pro rata.

4. Item, tenentur et debeant predicti domini Gentillis et Luchinus ambaxatores et syndici, ut supra, quod si per aliquem Januensem capti fuissent aliqui Saraceni subditi dicte regie Majestati, ipsos dare et tradere eidem regie Majestati liberi et absque ullam solutionem. Et dicta regia Majestas tenetur dare et liberare et relassare tantos captivos Januenses de illis postea captis libere et absque ullam solutionem quantos[1] . . . . VI° unus alteri et alter alteri.

5. Item, dicta regia Majestas promisit et tenetur . . . . seu furtam de toto posse et territorio eidem regie Majestati liberari et absque ullam solutionem . . . . tam in habere quam in personis absque ula redempcione solucione et exceptione.

6. Item, promisserunt et tenentur prefatti domini Gentillis et Luchinus, ambaxatores

---

[1] Ici et plus bas le parchemin est corrodé.

ut supra, dicte regie Majestati quod peccunia quam dicta regia Majestas asseruit habere et recipere debere a quondam Symone Lechaveli . . . . magnifico domino duci quod totum reperietur de bonis dicti quondam Symonis prefatus magnificus dominus dux fieri faciet solutionem eidem regie Majestati. Et in casu vero quod de bonis dicti quondam Symonis non reperietur, tunc prefatti domini Gentillis et Luchinus, ambaxatores et syndici ut supra, promiserunt eidem regie Majestati tenere dictum debitum dicti quondam Symonis in dugana Tunexis in debito de doblis XXI quas dictum commune Janue habere et recipere debet in dicta dugana ut aparet per instrumentum pacis factum per Frederichum Lecavellum, videlicet tantam quantitatem quanta fuerit declarata et cognita quod dicta regia Majestas recipere deberet a dicto quondam Symone pro rata secundum quod dictum commune Janue contare debet in dicta dugana et secundum quod declaratum fuerit per Imperialem Gentillem, qui erat tunc particeps in cocha dicti quondam Symonis pro karatis duobus et per Frederichum Lecavellum pro expensis coche predicte dicti quondam Symonis pro parte spectanti dicte regie Majestati.

Et quod presens confirmatio pacis predicte scribatur et mitatur ad omnes terras loca et duganas subditas dicte regie Majestati; et quod teneantur atendere quod dictam confirmationem pacis et omnia observentur cum effectu. Et quod presens confirmatio pacis et pacta scripta et aposita in dicto instrumento, scripto manu jamdicti Nicolai de Tellia, notarii, et eciam omnia alia scripta durent et observari debeant per dictas partes hinc ad annos decem proxime venturos.

Et omnia interpretata et traslatata fuerunt, interpretando et torzimanando de lingua arabica et saracena in lingua latina et de latina in lingua arabicha et saracena, per Laudum de Segoreto de Pissis, habitatorem Tunexis, interpretem seu torzimanum.

Que omnia et singula supradicta dicte partes, dictis nominibus, sibi ad invicem promiserunt atendere, complere et observare et atendi, compleri et observari facere et ratta et firma habere et tenere.

Actum in Tunexis palatio sive castro regali, sub cuba sive capella dicti domini regis, anno Dominice Nativitatis millesimo trecentessimo nonagessimo primo, indictione XIIII^a secundum curssum Janue, die decima septima Ottubris, hora circa duas de nocte, et secundum millessimum arabichum sive saracenum anno septingentessimo nonagessimo tercio, die XVII^a Cydy Cayde XI^a menssis anni sui, presentibus testibus ad hec vocatis et rogatis : alcayto Guillelmo Cibo, Januensi; alcayto Alvero, filio quondam Ferrandi Benisituf; alcayto Antonio Navara; Loderico Alvanco et Jacobo de Clossa de Quarto, mercatoribus in Tunexi.

Ego, Nicolaus de dominis de Paxano, quondam Oberti, imperiali auctoritate notarius, et scriba dictorum dominorum ambaxatorum, syndicorum et procuratorum communis Janue, predictis omnibus interfui et rogatus scripsi.

XV.

1392, 4 janvier. A Gênes.

Sentence du collége des juges de Gênes, décidant que les habitants de la commune de Savone sont obligés de contribuer à l'armement et à l'entretien des galères envoyées par la république de Gênes sur les côtes de Romanie, de Barbarie et d'Espagne.

Turin. Archives du royaume. *Liber jurium reip. Genuens.*, fol. 474; *Bibl. de l'École des chartes*, 4ᵉ série, t. III, p. 451; *Monumenta Patriæ*, *Lib. jur.*, t. II, col. 1182.

In nomine Domini, amen. Cum per illustrem et magnificum dominum, dominum ducem et consilium et commune Janue armate sint nonnulle galearum, quarum una transmissa fuit ad partes Romanie pro facienda pace in partibus illis, et due ad partes Barbarie inimicorum communis Janue, et una ad custodiam occasione Maurorum et piratarum, et una ad partes Ispanie, pro pace tractanda; et per prefactum illustrem et magnificum dominum ducem et ejus consilium requisiti fuerint et sint Saonenses et Saone commune ut conferant et conferre debeant in ipsarum galearum armamentis, prout, per ipsos dominum ducem et consilium, asseritur commune Saone teneri [vigore] conventionum, quod ipsi Saonenses recusare videntur, dicentes se ad id non teneri vigore conventionum, maxime cum armate non sint occasione guerre et propter guerram, et cum non sint soliti conferre in armamentis galearum que non sunt in numero decem galearum vel plurium; et super predictis per ipsum illustrem et magnificum dominum ducem et consilium requiratur a colegio judicum civitatis Janue consilium an dictum commune Saonense teneatur in armamentis dictarum galearum conferre vigore et forma dictarum conventionum, sic vel nec :

Super themate vero suprascripto, Christi nomine invocato, consulit colegium judicum civitatis Janue, a quo super predictis consilium petitur, Saonenses et Saone commune teneri ad conferendum in armamentis dictarum galearum, atenta conventione.

Quorum qui interfuerunt nomina sunt hec, ut infra [1] :

Millesimo trecentesimo nonagesimo secundo, indictione quartadecima, secundum cursum Janue [2], die quarta Januarii.

Ego, Conradus Mazurrus, sacri imperii notarius et communis Janue cancelarius, predictis interfui et rogatus scripsi.

---

[1] Suivent les noms des juges présents.

[2] *Secundum cursum Janue*, se rapporte à l'indiction 14ᵉ. Gênes était pour ce calcul en retard d'un an sur le style ordinaire des autres pays.

XVI.

1433, 19 octobre. A Tunis.

Traité de paix et de commerce conclu pour vingt ans, par André de Mari, entre la république de Gênes et Abou-Farès, roi de Tunis, Bône et Bougie, confirmant le traité conclu précédemment avec Abou-Farès au nom de la république et du duc de Milan, seigneur de Gênes, par Christophe Marruffo.

Turin. Archives du royaume. Genova. Trattati e materie politiche. Petit cahier en papier.
Écriture du temps.

Jhesus. In nomine Domini, amen. Nobilis vir, dominus Molei Siech, locumtenens et procurator ac procuratorio nomine serenissimi principis domini domini Molei Bofers, Dei gratia, regis Tunicis, Sarchi, Garbi et totius Barbarie, ut de procura et bailia ejus constat et apparet per infrascriptos testes dugane Tunicis, etc.[1] dicto nomine ex una parte; et nobilis vir dominus Andreas de Mari, quondam Cipriani, sindicus et procurator illustrissimi principis domini domini ducis Mediolani et comunis Janue, ut de ejus sindicatu et procura constat publico instrumento, scripto manu Jacobi de Bracelis, notarii et comunis Janue canzellerii, anno proxime elapso, die....[2], ad refirmandam pacem diu tractatam per Christofforum Maruffum, tunc ambasiatorem dicti domini ducis Mediolani et comunis Janue, inter subdictos dicte regie Majestatis ex una parte et subdictos dicti domini ducis Mediolani et comunis Janue ex altera; et in qua quidem pace primitus continentur pacta et solutiones que facte et facta fuerunt per subdictos comunis Janue dicte regie Majestati pro captione Abem Sichare, capti a Januensibus; pro qua captione, deductis dampnis illatis eo tunc Januensibus per subditos dicte regie Magestatis et ultra ea, ambassatores dicti domini domini ducis Mediolani et comunis Janue se obligaverunt dicte regie Magestati solvere duplas septem milia in quoddam dricto imposito super mercibus ipsorum Januensium deferendis Tunicem, ultra drictum consuetum, usque ad integram solutionem earum de quibus quoniam jamdiu integra solutio facta fuit, ut apparet evidenter per duganam Tunicis et tanfitum[3] in arabico scriptum penes mercatores Januenses in Tunece conmorantes presentialiter existentem. Ideo in hac pacis confirmatione non fit mentio de eis. Renuntiantes dicte partes dictis nominibus exceptioni dictorum pactorum compositionis et pacis etc.[4]

1. Imprimis, nanque videlicet quod omnes Januenses, venientes et seu aportantes Tunicem et ad omnes alias terras subdictas dominationi regie magestatis Tunicis et que terre pro ea dominatione distringantur, sint salvi et securi in ere et personis eorum et salvi et custoditi a subdictis dicte regie Magestatis cum omnibus mercibus eorum, tam in veniendo, stando, mercando et negotiando, quam recedendo, in omnibus terris et

---

[1] Ainsi à l'original, comme dans toute la suite du traité.
[2] Lacune à l'original.
[3] Le *tenfids* ou *quittance* de la douane arabe. Voy. les traités pisans, 1313, art. 43, 44; 1353, art. 41.
[4] Les alinéas et les numéros suivants sont à l'original.

locis subdictis dicte regie Magestatis, quas nunc habet vel pro tempore acquirere [poterit], sive fuerint salvi, sive naufragi, sint salvi, sani et securi, in personis rebus et ere eorum.

2. Item, si acciderit in portu Tunicis, seu in aliquo portu, terra, loco jurisditionis regie Majestatis, quod Januenses impedirentur seu fieret dampnum vel prejuditium ab inimicis eorum in personis vel rebus, non teneatur dicta regia Majestas ad aliquam emendeam faciendam ex predictis; et similiter non pettatur Januensibus aliquo modo de eo quod fecerent in portu Tunicis, vel aliis locis subditis regie Majestati cum inimicis suis de dampnis et injuriis per eos illatis.

3. Item, si aliquis Januensis, vel qui pro Januense se distringatur, pro debito recipere debuerit, vel petierit aliquod debitum, vel conqueri voluerit de aliquo debito, juribus, dampno vel emendea ab aliquo Sarraseno, vel ab aliquo Christiano qui sit sub pace regie Magestatis, teneatur dugana eidem facere racionem et expedire ipsum Januensem a debitore suo tam de debitis quam de injuriis.

4. Item, quod Januenses habeant in Tunice et alliis terris subdictis dicte regie Majestatis fondicos pro eorum habitatione, cum apotheciis, furnis et omnibus juriditionibus suis et eclexiam. Et non possit in fondicis eorum aliqua alia persona habitare vel stare, nisi cum eorum voluntate. Et teneatur dugana in rehedificatione ipsorum fondicorum, laborare et aptari facere et solvere et expendere de pecunia dicte dugane prout consuetum est; et quod a dicta dugana construatur et muretur in Tunice fondicus; videlicet quod dictus fondicus fiat et fieri debeat expensis curie sive dugane. Et quod nullus in ipsum fondicum intrare valeat, sine expressa licentia Januensium. Et quod apponantur porterii qui proibeant quibuslibent Saracenis et quibusconque alliis personis ne ingrediantur in fondicum sine voluntate consulum seu mercatorum Januensium, nisi cum torcimano dugane.

5. Item, habeant Januenses in omnibus terris alte regie Majestatis consulem vel consules, qui faciant vel faciat rationem inter eos. Et si aliquis Saracenus conquestus fuerit de aliquo Januense, teneatur eum requirere coram consule Janue, et consul debeat eum expedire et rationem facere; et si hoc non faceret, tunc Saracenus possit se lamentare in dugana. Et si aliquis Januensis vel qui pro Januense distringatur petere voluerit vel debuerit ab aliquo Saraceno vel aliqua alia persona que sit sub pace dicte regie Majestatis, tunc Januensis debeat racionem petere in dugana; et dugana teneatur facere racionem et eum expedire ab eo.

Iste capitulus facit duo capitula, in maurisco.

6. Item, quod omnes Januenses et qui pro Januensibus distringantur de rebus et mercibus eorum quas vendiderint in Tunice vel in alliis terris vel locis dicte regie Majestatis, non solvant pro ipsis rebus et mercibus, nisi decimum tantum, sine aliqua aditione.

Istud capitulum est septimum in ordine, in morisco, et sic subsequntur.

7. Item, quod Januenses non solvant vel solvere debeant de auro vel argento, duplis vel moneta quam portaverint in Tuncce et regno, nisi solummodo medium decimum tantum, sine aliqua adictione.

8. Item, si aliquis Januensis apportaverit monetam falsam que non sit ad ligam ceche regie Majestatis, et venerit ad manus officiallis dugane, ille officiallis possit ipsam monetam accipere et si voluerit incidere et sibi accipere medium decimum, et postea reddere et restituere illi cujus fuerit.

9. Item, quod mercantie, res et rauba que venerint seu aportabuntur in dugana Tunicis, vel in quocumque alio locho regie Majestatis per dictos Januenses, non debeat misificari seu apreciari nisi debito precio; et super hoc non fiat eis violentia vel fortia.

10. Item, quod illud drictum vel medium drictum quod solvere debeat seu teneatur[1], quod [pro] dictis rebus et mercibus non solvant nec teneantur solvere nisi a die venditionis per eos facte de dictis rebus usque ad duos menses tunc proxime venturos. Et si de mercibus quas vendiderint solutionem consequti non fuerint, teneatur dugana eis satisfacionem fieri facere per emptorem, et tunc solvere debeat drictum suum. Et si solutionem consequtus non fuerit, non teneatur solvere aliquod decimum pro predictis.

11. Item, quod si aliquis Januensis vel qui pro Januense distringatur aportaverit aliquas res, merces vel mercantias, lapides pretiozos, perlas, smeraldos, aurum vel argentum, vel aliquas alias res, vel merces ad aliquas terras dicte regie Majestatis, et ipsas res vel merces vendere noluerit, non compelatur ad ipsas vendendum, sed licite possit ipsas res et merces reddire et portare ad quequnque loca voluerit, sine eo quod prestet vel solvat aliquod drictum pro ipsis rebus vel mercibus.

12. Item, quod de toto eo quod Januenses vendiderint et solverint drictum possint emere et extrahere merces et res sine eo quod solvant nec solvere teneantur aliquod drictum pro tanta quantitate quanta vendiderint.

13. Item, quod Januenses possint de naullo lignorum, galearum vel navium ipsorum merces emere quas voluerint in terris subditis dicte regie Majestatis, sine eo quod solvant pro ipsis rebus et mercibus drictum vel medium drictum, vel aliquid aliud.

14. Item, quod si aliquis Januensis, vel qui pro Januense distringatur, vendiderit alicui[2] Saraceno, vel Christiano qui sit sub pace dicte regie Majestatis, navem, galeam vel aliquod aliud lignum, non teneatur solvere aliquid drictum, vel medium drictum, vel aliquid aliud. Et possint licite emere de pretio ipsorum lignorum, galearum vel navium quas vendiderint merces vel res consuetas in terris alte regie Majestatis, sine eo quod solvant aliquod drictum, ut supra dictum est. Et si emptor fuerit Christianus qui non sit sub pace regie Majestatis, de precio capiatur drictum quantitatis monete pro qua fuerit venditum.

15. Item, si Januenses vendiderint inter eos aliquas res vel merces vel aliquibus alliis Christianis, non teneantur aliquod drictum solvere; nec aliquid aliud si venditor fuerit Januensis vel aliquis alius Christianus qui sit in pace cum ipsa regia Majestate.

16. Item, si aliquis Januensis vel qui pro Januense distringatur, vendiderit aliquas merces vel res in terris subditis dicte regie Majestatis, et voluerint transitum facere ad alias terras subditas dicte regie Majestatis, possint licite ire et emere res quas voluerint;

---

[1] Cf. art. 6 et 7.
[2] A l'original : « Vel qui per Januensem distringatur, vendiderit aliqui. »

et de eo quod vendiderit, teneatur dugana facere dicto venditori instrumentum testimoniorum [1], quod possit emere et portare res et merces quas voluerit, sine eo quod solvat aliquod drictum. Et etiam possit ipse venditor facere procuratorem qui emat pro eo, non solvendo ipse vel procurator suus aliquod drictum vel aliquod aliud, ut supra dictum est.

17. Item, quod omnes merces et totum illud quod Januenses vendiderint per manus torcimanorum, vel in callega, cum testimoniis, quod ipsa venditio sit et esse debeat sub fidejubsione dugane; et similiter in omnibus terris et locis subdictis dicte regie Majestati. Et omne illud quod vendiderint sine callega, testibus vel torcimanis, quod dugana non propterea teneatur in aliquo.

18. Item, quod si aliquis Januensis vendiderit aliquas merces per manus torcimanorum, et habuerit arram sive caparrum, et ille qui ipsas emere voluerit ipsas merces viderit, forum non possit frangi aliquo modo; et dugana teneatur accipi facere dictas merces et solvi facere dicto Januensi per dictum emptorem qui ipsas emit.

19. Item, quod si aliquis Januensis emerit mercimonia vel aliquas alias res ab aliquo officiale vel misiri alte regie Majestatis, vel de aliqua terra que sit subdita alte regie Majestati, et habuerit de emptione instrumentum testimoniatum in manu sua, quod non possit frangi dicta venditio per officialem predictum, nec etiam per aliquem allium successorem suum, sed sit dicta venditio firma, et firma permanere debeat.

20. Item, quod omnes torcimani sint et esse debeant equales in torcimania, et in eis non sit aliqua diferentia nec proprietas. Et solvantur dictis torcimanis pro eorum torcimania miliarenses quinque de argento de omni centanario bisantiorum tantum, sine aliqua additione [2].

21. Item, quod Januenses habeant et habere debeant in dugana Tunicis et in omnibus terris subdictis dicte regie Majestati scribam, qui faciat ipsis Januensibus suas rationes quandocumque voluerint. Et possint Januenses, facta racione et habita arbara expeditionis sue, quo voluerint ire sine aliquo impedimento tam per mare quam per terram. Et si forte dicti Januenses reddierint ad alia loca, non possint nec debeant iterato molestari vel gravari de dicta racione facta, ad aliquam racionem faciendam alia occaxione; salvo quod si dicte rationes facte fuissent erronee et false, licitum sit.

22. Item, quod permitant ire et redire omnes Januenses qui ire voluerint locys consuetis in navibus, lignis et galeis eorum pro eorum necessitatibus, prout consuetum est; et eis non defendatur ire et redire in vilis et terris, prout consuetum est. Nec etiam possit prohiberi quod emant granum, farinam vel alia victuallia pro patronis et marinariis ipsorum lignorum, galearum et navium, vel aliquorum aliorum lignorum. Et non petatur eis de predictis aliquod drictum.

Istud est in duobus capitulis, in morescum.

23. Item, quod si Januensis aliquis, vel qui pro Januense distringatur, diceret aliquod malum, seu dampnum dederit Saracenis vel Christianis, seu alicui persone, non prop-

---

[1] Plutôt *testimoniatum*, comme à l'article 19.
[2] Cf. le traité génois de 1236, art. 16.

terea aliquis Januensis seu qui pro Januense distringatur molestetur seu impediatur vel detinetur in persona vel rebus; ita quod pater non teneatur pro filio, nec filius pro patre, nec alter pro altero dicta causa molestari vel gravari possit in aliquo.

24. Item, quod ille consul, vel officialis, qui erit deputatus et remanere debuerit in Tunice et in alliis terris et locis subditis dicte regie Majestatis, pro comune Janue, possit et debeat intrare ad inclinandum regie Majestati bis in mense; et quod possit notificare regie Majestati esse et conditionem mercatorum Januensium.

25. Item, si acciderit quod curia regie Majestatis concederet alicui Christiano, aliquo modo, quod barche vel ligna eorum venirent ad Guletam Tunicis, seu usque ad duganam, teneatur ipsa regia Majestas similiter concedere ipsis Januensibus.

26. Item, quod Januenses possint emere in terris subditis alte regie Majestati, quolibet anno, caffizios quindecim millia grani, quando granum valuerit bisantios quinque vel minus, portando vel deferendo Januam, si tunc esset caritudo in Janua et in alio loco, non solvendo de ipso grano aliquod drictum. Et si granum valuerit plus supradicto pretio, et alta regia Majestas vellet ipsis Januensibus gratiam facere de toto vel de parte, possit sine strepitu judicii [1].

27. Item, quod si acciderit quod aliquod lignum cujuscumque conditionis existat, galea vel navis Januensium, vel aliquod aliud lignum, venisset, aut passa vel passum fuisset naufragium ad aliquas terras subditas alte regie Majestati, pro aliquibus necesitatibus, possint Januenses licite discarigare, sine alicujus contraditione persone, tot res et merces quas voluerint, et ibi stare et morari, salvi et securi in personis et ere, sub spe regie Majestatis et in omnibus terris ejus. Et si de mercibus quas discarrigaverint vel mare projecerit in terram, de ipsis rebus carrigare voluerint in ipsis lignis, galeis vel navibus quibus accideret illud vel etiam in aliquibus alliis lignis, libere possint ipsas res discarigare et de ipsis rebus facere ad eorum libitum voluntatis, sine eo quod solverent aliquod drictum.

28. Item, quod si aliquis Christianus esset vel navigaret in aliqua nave, galea vel ligno alicujus Januensis; et ille Christianus haberet pacem cum dicta regia Majestate, tamquam Januensis reputetur in omnibus, exceptis illis personis que fecissent personaliter dampnum alicui Saraceno subdicto dicte regie Majestati.

29. Item, si aliquod lignum, galea vel navis alicujus Januensis esset in mari vel in portubus, et aliquod lignum, galea vel navis Saracenorum subditorum dicte regie Majestati similiter esset, quod dicti Januenses salventur et custodiantur ab ipsis Saracenis, in personis, rebus vel ere eorum.

30. Item, quod si regia Majestas vellet pro aliquibus ejus necessitatibus naulizare aliqua ligna Januensium que esse[n]t in portu Tunicis, quod ipsa regia Majestas possit naulizare tertiam partem omnium lignorum que tunc invenirentur in portu Tunicis et portare res et merces quo voluerint, dumtaxat de naullo fuerit in concordio cum patronis dictorum lignorum, et dugana teneatur de ipso naulo [2]. Et quod non possit

[1] Cf. les traités génois de 1236, art. 17; de 1250, art. 13; de 1272, art. 17; de 1445, art. 7.
[2] Cf. les traités génois de 1236, art. 9; de 1250, art. 14; de 1272, art. 23.

aliquod lignum naulizare nec habere quod jam esset carrigatum vel incipisset carrigare. Et si de dicto naullo essent in concordio, tunc dugana teneatur solvere totum dictum naullum, nonobstante quod non carrigassent totum dictum lignum vel ligna.

Ista sunt duo capitula.

31. Item, quod ipsi Januenses non graventur de torcimania sue censarie septe, nisi de gitutis (?) duobus novis pro rotulo uno.

32. Item, quod tam curia quam dugana quam etiam alie singulares persone facere debeant solutionem de eo quod dare debuerint procuratoribus quorumcunque Januensium sive debentium recipere ab ipsis, obstendendo eis procuras legitime scriptas in latino, non obstante quod non sint scripte in arabico, et quod dicta procura translatetur de latino in arabico et quod passare debeat inter Saracenos ad posse pettere [1].

33. Item, quod sit licitum ipsis Januensibus emere lanas, bodronos, agnones, coria et alias merces a quibuscumque Arabis et Saracenis, in fondico in quo lane, bodroni, coria et alie merces supradicte vendi consueverunt, et ipsas res et merces defferri facere ad magazenos ipsorum, sicut ab antiquo consueverunt.

Istud capitulum est in tribus capitulis, in moresco.

Et quod ipsi Januenses, de mercibus que vendentur per ipsos non teneantur dare seu facere taram ad scoasimentum, imo ponderetur et tara detur sachi sporte et similia sicut gravabunt seu in pondere erunt. Et quando dicti mercatores Januenses voluerint recedere de Tunice, vel de alliis terris et locis dicte regie Majestatis, quod dugana teneatur mittere unum testimonium in fondico dictorum mercatorum Januensium, qui testis videre debeat capsam, bonetam et stumatios dictorum mercatorum Januensium, et, omnibus visis, ligari debeant et carrigari, absque eo quod amplius inquirantur in dugana vel in alio loco.

34. Item, quod mercatores Januenses non teneantur solvere nec debeant, pro eorum rauba seu mercibus, bastaxiis, ragaxiis, caramariis et aliis similibus, nisi sicut ab antiquo solvere consueverunt, et tam pro censariis quam pro quibuscumque aliis avariis.

35. Item, quod dicta pax pasare debeat in omnibus terris subditis dicte regie Majestati, quas nunc habet vel pro tempore aquiret; et quod aliqua persona seu officialis dicte regie Majestatis non possint nec debeant diminuere nec destruere aliquod ex dictis capitulis, nec per consuetudinem, nec per aliquem alium modum. Et quod dicta pax scribatur et mittatur ad omnes terras, loca et duganas subditas dicte regie Majestatis. Et quod teneantur et atendantur dicta capitula prout in dicta carta pacis continetur; et observetur cum efectu.

36. Item, quod aliquis Januensis non audeat nec presumat navigare in aliquibus lignis cursalium, que faciant cursum contra regiam Majestatem predictam; sed omnes Saraceni subditi dicte regie Majestati esse debeant et inteligantur salvi et securi in ere et personis, in civitate Janue et in omnibus terris subditis comunis Janue.

37. Item, quod si aliquis Januensis, vel qui pro Januense distringatur, armasset lignum sive galeam pro eondo in cursum contra Saracenos subditos dicte regie Majestati,

[1] Cf. le traité pisan de 1397, art. 21.

teneantur Januenses suum posse facere in capiendo ipsos cursales et in personis et ere; et si eos ceperint, vindictam facere tamquam de cursalibus fieri debet, et es eorum dare et consignare in dugana Tunicis; et si eos personaliter habere non poterit bene, publicentur eorum bona si reperientur ipsorum cursariorum dicte dugane. Et si forsitan dicta regia Majestas vellet armare ligna vel galeas, pro eondo vel mittendo ad capiendum ipsos cursalles, tunc teneantur Januenses ei dare et prestare auxilium, consilium et favorem, et si opporteret etiam cum eis ire ad capiendum et fugandum ipsos cursales et malefactores [1].

38. Item, quod si aliquis Januensis armasset aliquam galeam vel lignum pro eondo in cursum, et aliquis Saracenus exiret de Tunice vel de terris subditis dicte regie Majestati, tunc ipsi Januenses teneantur et debeant ipsos Saracenos custodire et goardare si ad eorum manus pervenerint, tam in ere quam in personis. Et similiter si Sarecini essent in cursum contra aliquas gentes, et Januenses essent vel recederent de Tunice vel de terris subditis dicte regie Majestati, teneantur et debeant dicta regia Majestas et dugana ipsum Januensem vel Januenses, si ad manus ipsorum cursariorum pervenerint, sanos et salvos facere, tam in ere quam in personis; sane semper intelecto quod omnes et singuli Januenses sint salvi et sicuri a dictis cursalibus in ere et personis, in quibuscumque locis, tam in mare quam in terra. Et si forte Januenses egerent auxilio dicte regie Majestatis, ipsa sibi illud tradere teneatur.

39. Item, quod si aliqua persona que non esset Januensis navigaret ad dictas terras dicte regie Majestatis cum dictis Januensibus, tractetur et tractari debeat et honorari a subditis dicte regie Majestatis prout Januenses tratantur et honorantur, salvo tamen quod dicta talis persona, que non esset Januensis ut supra, solvat et solvere debeat drictum suum prout debet, et non sicut Januensis. Et quod Saraceni in Janua solvant et tractentur sicut Januenses in Tunice.

40. Item, quod dicti Januenses excusare debeant et minus solvere dicte dugane quam alie persone miliarenses decem pro singulo cantario lane.

Lectis dictis capitulis in presentia domini viceregis [2] et aliis [3] testibus inscriptis [4] ac dicti domini Andree, sindici prenominati, dixit dictus Andreas sindicus esse de eis omnibus de acordio. Tamen deficiunt capitula quinque inscripta addicta in ipsa pace per Christoforum Maruffum, olim sindicum, etc., qui tunc dictam pacem firmavit; que capitula ipse Andreas sindicus in hac pace conscribi per et adjungi [fecit]. Et quorum capitulorum tenor est talis.

41. Item, quod captivi subditi illustrissimo domino domino duci Mediolani et comuni Janue sint et esse inteligantur in pace predicta.

42. Item, quod pro omnibus captivis subditis prefacto illustrissimo domino et comunitati predicte solvantur regie Majestati duple cedecim milia in mercibus, videlicet de quibus infra fit mentio; de quibus mercibus que portabontur occaxione dicte solucionis

---

[1] Cf. le traité florentin de 1421, art. 26.
[2] Au Ms. : *Viciregum*.
[3] *Sic*.
[4] On a toujours écrit, dans ces derniers traités génois, *inscriptus* et non *infrascriptus*.

fiende nullum solvatur drictum in Tunice, nec in alio loco subdito dicte regie Majestati.

43. Item, quod quam cito fuerit in Tunice persona misa per illustrissimum dominum jamdictum et comunitatem predictam que se oferat ad solutionem predictarum dublarum cedecim milia, et rex viderit quod illa persona portaverit merces pro dicta solutione fienda, quod in ipsa nave in qua apportaverit ipsas merces, possit mitere omnes captivos si voluerit; et quod dicta regia Majestas teneatur eidem consignare seu consignari facere omnes captivos existentes in Tunice et in toto regno ipsius regie Majestatis in mensem unum, aplicata nave in portu Tunicis.

44. Item, quod, transacto dicto mense, si contingeret in regno ipsius regie Majestatis inveniri aliquem captivum subditum illustrissimi domini domini ducis Mediolani et magnifice comunitatis Janue, teneatur dicta regia Majestas, ad requisitionem consuli vel alterius cujuscumque persone, illos tradere vel tradi facere et penitus liberare.

45. Item, quod ex nunc, predicta regia Majestas debeat inquiri facere in toto suo regno omnes subditos predictos illustrissimo domino domino et magnifice comunitati predicte, ut supra fit mentio, ut semel reperti non possint aliqualiter alienari.

Merces requisite per dictam regiam Majestatem, pro solutione de qua supra fit mentio, sunt ut infra, videlicet : argentum, freixi treue [1], telle Burgundie, masticum; panni de Florentia, de florenis quadraginta quinque in quinquaginta pecia; pipir, singiber, canella, safranum, corsaneli, acoloriti [2], gladii parvi et aurum filatum.

Quibus capitulis, ut supra additis, etiam lectis, dixit dictus Andreas sindicus etc. : « Non veni ab his qui miserunt me nisi ad firmandum pacem continentem omnia supra- » dicta capitula, cum dictis ultimis quinque capitulis, et ad firmandum dictam pacem » et omnia contenta in pace firmata per dictum Christoforum Maruffum; » in presentia et coram locumtenente regio in omnibus negociis regiis, vocato Macomet Aben Abdilazen, coram quo fuit publicata carta ista, presente ipso Andrea, sindico, etc. Et dictus vicerex, de acordio cum ipso Andrea, restaverunt de sententia omnium capitulorum suprascriptorum, et omnia in eis contenta firmaverunt. Qui Andreas, sindicus ut supra, ultra predicta petit solvi non debere quoddam drictum vocatum in arabico *tavale,* in latino vero *feitri*, quod est ultra decimum et torcimaniam; qui dictus vicerex fuit contentus ipsum drictum anulare, videns hoc esse bonum et utile.

Predicta autem pax, conventio et pacta facta sunt inter dictas partes, dictis nominibus; et inteligantur esse inter omnes terras, homines et subditos dicte regie Majestati quas nunc habet et pro tempore aquiret; et etiam inter Buzeam, Bonam et quascumque alias terras dicte regie Majestatis; et non frangantur per aliquem maistratum vel duganam aliquam dicte regie Majestatis, nec de modo [3] aliquo vel consuetudine, per aliquem frangi possint omnia et singula suprascripta, vel eorum aliquod. Et scri-

---

[1] Nous ne savons pas la signification de ces mots.
[2] Sorte de draps?
[3] A l'original : *de domo*.

batur dicta pax per omnes terras subditas dicte regie Majestati, ut ipsa pax atendetur et observetur. Et que pax, conventio et pacta, de quibus supra continetur, duret et observari debeat per dictas partes, ut supra, usque ad annos viginti proxime venturos, incipientes die quarta mensis arabia Rabe-elevel, anno 837, secundum cursum arabicum; secundum vero cursum januensem 1433, indicione undecima, secundum Janue cursum die 19ᵃ Octobris.

Suprascripta pax et omnia contenta super interpetrata et translata fuerunt de lingua arabica in latinam per Bartholomeum de Rugiono, civem rebati Tunicis, interpretem sive torcimanum in Tunice in singulis negociis Januensium, etc.

Testes autem Saraceni, qui testificantur de potestate et bailia viceregis predicti, et qui se in presenti pace pro testibus subscripserunt, sunt : Aben Tals, Aben Maroan et Aben Canfod, testes et officiales dugane Tunicis, etc. Qui vero de bailia dicti Andree, sindici, etc., testificantur, ipsa bailia prius visa : Branchaleo de Guzulfis, Clemens Cicer, Bartholomeus de Diano, Raphael Jhavarius, Franciscus de Benvisia, Ambroxius de Bracelis, Thomas Lecavelum.

Actum in Tunice, in domo dicti domini viceregis, in loco solite audientie, anno, mense, die et testibus de quibus supra fit mentio.

Millesimo quatercentesimo trigesimo quarto, die decima quarta Julii, extractum est ut supra de actis publicis notarii inscripti, scribe dicti domini Andree ambasiatoris, etc. Paulus de Vallegia de Rapallo, notarius.

Millesimo quatercentesimo trigesimo nono, die decima Aprilis, extractum est, ut supra, de originali dicte pacis, reposito penes me, canzelarium inscriptum et custodem privilegiorum comunis Janue. Thomas de Credentia, cancellarius.

XVII.

1445, 29 décembre. A Tunis.

Confirmation et prorogation, pour douze ans, du traité de 1433, et additions à ce traité, obtenues du roi Abou-Omar-Othman par Zacharie Spinola, ambassadeur génois.

Turin. Archives du royaume. *Genova. Trattati e materie politiche.* A la suite du traité de 1433.

Millesimo quatercentesimo quadragesimo quinto, die vigesima nona Decembris, in Tunice.

In nomine Domini, amen. Hec est refirmatio et aditio pacis et nonnulorum capitulorum additorum in ea, inter serenissimum regem Tunicis et spectabilem dominum Zacariam Spinulam, oratorem magnifice comunitatis Janue, etc. [1], interpetrata [2] et

---

[1] Ainsi à l'original, ici et dans toute la suite de la pièce.
[2] On a généralement écrit : « interpetrare, interpes. »

translata de arabico in latinum per Abram Fava, judeum, interpetrem, in presentia spectabilis domini Cipriani de Mari, consulis Januentium in Tunice, etc., et mei notarii inscripti ad hec specialiter vocati et rogati.

Et primo, in carta pacis predicta aditum est ut infra, videlicet :

Laudetur solus Deus! Postquam venit ad civitatem nostram Tunetam, magnificam civitatem, videlicet serenissimi regis nostri Maurorum, pugnantis in honorem Dei, coronem regallium, altioris domini regnantis, hoc tempore domini Molei Abo-Amar Othomen, fili domini et regis nostri altissimi, quondam Molei Boabdile Mahamet, fili domini nostri et regis Molei Abofrs, cujus hanima requiescat in Domino! nominati in predicta carta pacis, orator Zacaria Spinula, Januensis, quem Dominus dirigat in bonum! pro parte illustris domini ducis Januentium, domini Raphaelis Adurni, etc., et magnifice comunitatis Januc, etc., misus ad confirmandam pacem suprascriptam in omnibus et per omnia, prout supra continetur, quod quidem nos prefactus rex confirmamus et aprobamus, sive nostro nomine confirmavit et aprobavit Molei Soech Aboabdile Mahamet, filius Abolames Amet Benaboliel, locumtenens noster.

Imprimis, addidimus ad id quod restat de pace supradicta duodecim annos, videlicet complementum viginti annorum, inchoandorum a die qua scripta fuit dicta additio, quam additionem dictus orator ratificavit et confirmavit.

Item, si aliquis patronus navis Januensis vel districtualis naulizare vult navem suam Saracenis, subdictis prefacti regis, non permittatur ipsi tali patrono ipsam navem suam naulizare nisi dimitat fidejusiones seu obsides idoneos, ita et taliter quod ab hinc post hac neque comune Janue neque mercatores obversantes in regno Tunetis teneantur seu obligati sint neque possint eis inferri molestia, pro qualiconque casu interveniente de navibus seu patronis Januensium quos naulizari continget per Saracenos, imo solum teneantur et obligati sint fidejubsores seu obsides per ipsos patronos dimitendos ut supra. Et hec acta sunt et confirmata per pretactos Molei Siech, locumtenentem regium, et dominum Zachariam Spinulam, oratorem predictum, per medium interpetris soliti Januentium, visa litera credentie dicti oratoris, facta pro parte prefacti illustris ducis et comunitatis Janue, presentibus domino Cipriano de Mari, quondam Cipriani, consule, Luchas de Vivaldis quondam Jacobi, Luchexio Spinula Franci, Constantino de Marinis quondam Dominici, et Guirardo de Ponte quondam Jacobi, die quarta mensis Safar, anno 848, secundum Saracenos, et secundum Christianos 1444, die [1]..... Madii, affirmantibus dicto consule et mercatoribus dictam literam credentie esse literam illustris domini ducis Januensium et comunitatis Janue, etc., presentibus etiam duobus testibus legis maurische, videlicet Molei Bocher, patruo regio, et Cidi Amet Ben Quait, cadi castrorum regiorum.

In nomine Domini, amen. Hec sunt capitula, in papiru crocea facta et inita, inter serenissimum regem Tunete et prefactum dominum Zachariam oratorem, etc., extra cartam pacis predicte.

1. Primo, si contingat muros fondaci Januensium seu aliquam ex domibus ruinari,

---

[1] Lacune à l'original.

quod refitiantur et rehedificentur sumptibus prefacti regis, juxta extimationem magistri ipsius laboris. Etiam quod possint habere furnum in dicto fondico, pro usu Januensium in eo loco existentium.

2. Item, quod quecunque navis Januensium magna possit de Tunexe extraere centum cantaria biscoti et parva quinquaginta, sine eo quod solvant aliquod drictum. Et si navis fuerit mediana, inter magnam et parvam, stetur de quantitate dicti biscoti in discretione domini dugane.

3. Item, quod, sicut continetur in carta pacis, Januenses [et] districtuales[1] non teneantur solvere neque torcimaniam neque aliquid aliud, nisi solum decem pro centanario. Et si contingeret exonerari per Januenses aliquas merces in quovis loco subdito prefacto regi, causa deferendi in Tunexe, non debeant aperiri neque videri, imo permitantur conduci in Tunexe ubi solvant drictum earum.

4. Item, liceat omnibus Januensibus et districtualibus de mercibus quas exoneraverint in Tunexe et solverint drictum earum, eas extrahere de Tunexe et conducere in quibuscumque locis subditis dicto serenissimo regi, absque eo quod solvant aliud drictum ultra eum quod solverint in Tunete.

5. Item, si contingat aliquem Januensem captivari per Saracenos subditos dicto regi et conducatur in Tunexe, debeat dari et consignari consuli vel mercatoribus, ad ejus vel eorum simplicem requisitionem.

6. Item, quod merces Januensium que conducentur in dugana Tunetorum non teneantur in dugana, imo cito expediantur per alcaitum dugane sine mora. Etiam quod quam cito naves Januensium aplicuerint in portu Tunetis, dentur barche et mitantur ad marinam pro expedictione ipsarum mercium.

7. Item, quia in carta pacis continetur quod Januenses possint quolibet anno extrahere de Tunexe caffesia quindecim milia frumenti, quando valet bisantios quinque cafisium unum; quia moneta nunc mutata est, declaratum est quod ipsi Januenses possint extrahere dicta caffisia quindecim milia frumenti, quando valet bisantios quindecim vel infra cafisium unum; intelecto quod sit in Janua defectus frumenti sive caristia, et non aliter. Et non teneatur solvere pro eis aliquod drictum sicut in carta pacis continetur[2].

8. Item, quod omni anno, liceat consuli Januensium ponere in Tunece duas vegetes[3] vini francas et sine solutione alicujus drictus.

Rogerius de Castilione, notarius, etc. Ciprianus de Mari, consul, etc., manu propria exemplavi.

---

[1] A l'original : « districtualis. »
[2] Voyez, sur les dispositions de cet article, le traité génois de 1433, art. 26.
[3] Tonneaux. A l'original : « negetas. »

XVIII.

1452, 6 février. A Tunis.

Lettre d'Abou Omar Othman, roi de Tunis, au doge de Gênes, suivie d'une Note énumérant les griefs de l'émir et de ses sujets contre divers marchands génois.

Turin. Archives du royaume. *Genova. Trattati e materie politiche.* Orig. sur papier de la traduction génoise.

I.

A lo nome di Dio, e servo di Dio, e chi a speranza in Dio, quello chi regie con posanza di Dio che a fama e serve per amor di Dio, signor di cathalochi [1], Othomem, figliolo di nostro signor Boabdile Macomet, figliolo di nostro signor Bofers Abdalazize, figlolo di Bolabez Amet, figlolo di nostri signori grandi trapazati, Dio lo mantegna e li dia victoria! a lo alto grande duxe di Zenoa e la soa natione e a lo comune grande, e a queli chi ano la signoria e queli chi ano a vedeire la soa signoria, Ydio li acresci e li mete in bona via! e Dio la dato più che non a impromezo. Dapoy di questo, avemo scripto questa lettera aprezo de la nostra presentia alta, de la casa nostra antiqua othomeme, in Tunici, la guardata, Ydio la goarda e la aza in la fede alzata, che li dia la luce in lo moresmo e in tuto lo suo paize, e la bandera de la victoria li copre, e la impromeza de la victoria verra! E questo facemo per mantegneire la bona voluntade che è infra noy, e fede promisa nom se rompa, e la promiza intra noi se de mantegneire; e quello chi la mantiene sia di Dio; e avemo impromiso di mantegneire le carte che voi e noy debiamo compire.

Ano facto li vostri chi sono in la paxe, senza vostra voluntade, ne voi lo aveti intezo, quello che sono li capitoli, li quali ve mandamo inclusi, che voy li compiti, quello che avemo scripto; e voi li guardati con lo ochio de la justicia como speramo che fareti; alora sapiremo che la amicicia dura averra vogla e la verità avera logo. Et nostro ambasiatore vi portera questa letera, e sera a la vostra presentia e vi demandera quello con viritade.

Mandiamo e mandemo a lo duce, che Dio lo meta in bona via! duo cavali uno con cola e freno di queli che cavalco, e uno gamelo corradore di terra di Nigri, per avizarve de bona amicicia chè intra noy, per la vostra grandeza che è infra li vostri. Requeriamo che lo duxe sia in aiuto e favore a lo nostro ambasiatore, a lo quale amo comizo che compera astori [2] e altre cose. E faciati che lo nostro ambasiatore vignia contento. Laudato sia Idio sempre!

A di XIIII de la luna de Maaram DCCCLVI, zoè a di VI de Februario 1452.

---

[1] *Cathalochi, catholici,* les fidèles, les croyants.
[2] Des autours pour la chasse au vol.

II.

Al nome di Dio, quelo chi dimanda la riposta da lo duxe de Zenoa e la comunitade, che Dio lo converta in la via de la veritade! Questi sono capitoli, li quali ve diro di zota.

1. E primo, de la nave que acata Lucheize Spinula, in la quale e participavo per lo quarto; e quando la ano acatada e stato in presentia de lo consolo chi era a quel tempo, mesc Cipriam, et li merchadanti e insimo me regorda che con ello non mo impagiaze e era per pacto che lo quarto de lo guadagno aveze; e lo dicto Lucheze ne a tradito in la nave e in la roba de Mori, e a fato tanto che a facto supra la [1] .... con la quale li Mori stavam seguri; si che questo è grande tradimento.

2. El segondo capitolo. Mandamo per lo consolo e tuti li mercadanti zenovexi e tuti inzema andano a Lucheize, e parlano con seigo de lo tradimento che fava, e restano contenti in zonze nolo a la roba de Tripoli, la quale roba deveria portare a Tripoli, e la porta a Tunixe, e contrafece; e fece che li Mori erano contenti de pagare piu nolo solamenti per avere le loro robe e perche se spagiezem con bone da loro [2], lo quale comenzia a discarrigar, lo primo jorno in pocho a discarrigare, e post stava monti jorni a discarrigare, degandone parole. E così vidando lo consolo con li mercadanti ge torna e si ge portam li noli che volze lo dicto Lucheze; e questo chi li portavan per nolo nom era in carta de nolizamento, e resta cotento con lo consulo e mercadanti de discarrigar presto la roba, e non ne feze niente. E quando li mercadanti ge scrivevan, non voleva risponder. E perlongo, per infin che vino corzari e ge intrevene quelo che glie intervenuto. E questo è tradimento chiaro. E si vende la nave a Redalagona [3], come amo inteizo, e si preize la parte de la mercadantia.

3. El terzo, del facto de Luca Balaram, el genoize, lo qua noriza la so naue a li Mori, per porta grani a Tripoli, e lo carrigano; e tradi, che porta li dicti grani a Zenoa, e sè li a vendui a Zenoa, e si dice : « Pagero lo che valevan li grani. » Questa è traditoria clara, e si semo advizati che non è stato punito per questo, ni repreizo, e questi suni quelli chi rompono la pace.

4. El quarto, de Juliam de Virdura, lo qua amo inteizo che a preizo Mori e si li a tegnui per schiavi; e fo in compagnia de fuste de Catalani, e sono partimento de lo aveire e de li Mori a li Catalani. E questo è de lo vostro paize, e ge non è stato punito; e questo ancora è quello che rompe la pace.

5. El quinto. El caito Amet Bensait se lamenta che per lo pasao ge stato preizo una naveta, partiendo de Gaita, per Francesco zoè Jacobo [4] Calvo, carrigao de legnami e ferro, in la varzna de dicto D. E si fo scripto monte vote de questa cosa, e non ne a avuto, salvo d° m. e ge non na mai avuo la risposta. E questo fo per mano de lo consolo, chi era mesc Cipriam. E così lo mercadante, chi se chiama Macomet Bencelim e

---

[1] Un mot illisible.
[2] Mots incertains.
[3] Au roi d'Aragon.
[4] Les mots « zoè Jacobo » sont écrits en interligne.

Sade, tripolino, e altri li quali ano aveire da Lucheize; e non a voluto pagare quello che de dare.

6. El sexto, de uno corzaro zinoeze, lo quale preize una fusta de queli de Bona, e tene li Mori per sforza e si avemo ricaptato parte de Mori da Johanne de Nave, cattalano, e questo è stato Juliano Verdura predicto zoè Lucho Negro. E voi sapeti che tuto questo distruge la pace seaudo tradimenti chiari. E noi ve dimandemo riposta de questi, capitolo in capitolo.

7. El septimo, de lo facto de Mondino e Franchino, che amo tenuti; li quali eram mercadanti a Sfax. Sono fuei da Sfax, e sono vegnuti a trovar Lucheize, e sono preizi, e si ne aveivan parlato lo consolo e li mercadanti chi li dovezemo retegnire loro e li soi beni; e questo no amo facto salvo quando semo restato con li mercadanti de acordio. E de questo facto, Jacobo de Piroli, lo banche, ve ne a mandato scriptura; e noi ve demandemo raxom de le nostre cosse, così como voi fe de le vostre.

8. El octavo. Como ne [1] ... emo, como è stato a Tripoli, e a Sfax li compagni de Constantino de Marino, con moneta de stampa nova, stampata al modo de questa terra, zoè nazari [2]. Se questo fazam li nostri, incorrono in pena de aveire taglato la mano; e così credemo che voi altri ne fazati.

Yo, Bartomu Ferades, fasu testimoni, come quista letera es traletata de moriscu in latinu.

Yo, Jachomo Dapetori, torsimano de Jenouese, straletai questa letera de morischo in latino.

Questa è la letera e li capitoli, zoè la copia, che ve manda lo signor re de Tunice, a la illustrissima Signoria vostra, in morischo, tranlatata in latino [3].

XIX.

1456, 5 janvier. [De Gênes.]

Le doge et le conseil des anciens de la ville de Gênes prient le roi de Tunis de faire mettre en liberté, conformément au traité existant entre le roi et la république, dix habitants de l'île de Corse, sujets de la république, attendu que les habitants de l'île ne peuvent être responsables des actes d'un pirate, leur concitoyen, nommé Anechino, qui attaque les chrétiens aussi bien que les Sarrasins.

Gênes. Archives de la banque de Saint-Georges. *Lettere de' protettori di San Giorgio.* Registr. 1454-1457. Sans pagin.

Excellentissimo et potentissimo principi et domino, domino regi Tunetis et totius Africe, etc. [4].

[1] Le papier est corrodé ici et plus loin.

[2] *Nazari*, chrétien. Il s'agit de fausse monnaie arabe fabriquée en Europe et introduite par des Génois à Tunis.

[3] Au dos est écrit : « A lo illustro, excelso duxe de Zenoa e la comunitade e li antiani e li grandi in la soa generatione e apreciati in la fede loro in la justicia. » Plus bas : « Tunetis. »

[4] Ainsi à l'original.

Excellentissime et potentissime princeps et domine. Siamo certi che la Signoria vestra non habbia noticia de li damni, injurie et robarie le quale molti patroni de galee et fuste, subditi de la Excellentia vestra, sepenumero commetteno contra li subditi nostri; perciochè quando consyderemo cum quanta pace et tranquillità la vestra corona governa tutti li soi regni, principalmenti per essere amatrice de justicia, in verità manifestamenti intendiamo che se la Signoria vestra havese noticia de quelli presumisseno violare la sancta pace la quale est inter la vestra Excellentia et noi, asperamenti puniria simili trasgressori. Per le quale caxone, havemo deliberato de fare noticia et querela a la Signoria vestra de le injurie facte alli nostri, et quella pregare ghe piacia de provedeire in modo che li nostri subditi, li quali facile sono cognoscuti, de cetero non siano preixi, captivati, derobati et malmenati, como sono stati in lo tempo passato, contra la dispositione de la dicta pace.

Et perciochè havemo noticia decem de li nostri Bonifacini sono imprexonati et male tractati per caxone de quello est imputato haveire facto Anechino, Corso, supplichiamo la Signoria vestra ghe piacia de intendere quanto est indegna et indebita cosa li dicti Bonifacini patiscano pena per simile caxone. Primum, lo dicto Anechino, benchè sia Corso, tamen mai non è stato a nostra obedientia, ma piuttosto ha armato fusta et galea extra li nostri loghi, et, seando corsale, ha damnificato così li nostri como li altri. Verum est che havendo lui preizo una fusta de Catalani, prope Bonifacio, in la quale erano captivi alcuni Bonifacini et quinque Mauri, se approxima a lo dicto loco de Bonifacio et per denari fo contento de liberare li Bonifacini, et a quelli dede doi de li cinque Mauri, li quali volontarie se sono baptezati et facti cristiani. Li altri trei, lo dicto Anechino, non habbiandole volsuti comprare li Bonifacini, poscia ha venduto in Pisa et in Ligorna. De li quali trei seandone capitato uno in questi paixi, lo magnifico officio de Sancto Georgio nostro lo ha ricomperato per lire cento cinque de Zenoa, sperando che la Signoria vestra ghe farà restituire questi denari de la elemosina. Et così cómo havemo facto recumperare questo uno, non per debito, ma per complacentia de la Signoria vestra, in verità, se fosse possibile, faremo ricomperare li altri doi, li quali sono in Sicilia.

Può aduncha manifestamenti intendere la Excellentia vestra quanto est indebito che li predicti Bonifacini siano puniti et retegnuti per quello ha facto lo predicto Anechino, lo quale, como havemo dicto, numquam è stato ad obedientia nostra, ma piuttosto, como perfido corsale, ha damnificato così li nostri como li altri. Et la somma prudentia vestra bene intende che de quelli doi Mauri se sono volontarie baptezati et facti cristiani in Bonifacio, non possemo ni devemo disponere aliter. Per la quale cosa, iterum atque iterum supplichemo la benignità vestra che, per debito de justitia et per contemplazione nostra, se degne de fare liberare senza alchuna dilatione li dicti decem Bonifacini et tuti li altri subditi nostri, como dispone la sancta pace la quale est inter la vostra Signoria et noi.

Et perciochè Alfunso de Istria et alcunhi altri Corsi, subditi nostri, non sono ancora stati liberati, quoniam se dice sono stati preixi in galee catalane, avvizemo la Signoria vestra che lo dicto Alfunso et altri sono subditi nostri, et Vinceutello de Istria, fratello de lo dicto Alfunso, est de li piu fideli et cari vasalli nostri habbiamo in Corsica. Verum est che lo dicto Alfunso et altri Corsi seando stati preixi da Catalani, postea, per la loro probitate, sono stati adoperati da quelli; ma quam primum hano potuto liberarse da Catalani, o per denari o per fuga vel aliter, semper sono ritornati a la obedientia nostra, como s'è experimentato in tutti quelli hanno potuto. Preghiamo adunca la benignità de la Signoria vostra che, sea per debito de justitia, sea per liberalità et per compiaceire a noi, li quali como est manifesto havemo havuto et semper haveremo grande veneratione a la Excellentia vestra, se degne de fare liberare etiam lo dicto Alfunso et li altri Corsi; la quale cosa accepteremo in loco de singolare beneficio, offereandose sempre prompti et appareggiati in tutte quelle cose le quale pertegnano ad honore et amplitudine de la vestra Signoria, la quale se degne de rendere et satisfare a lo nobile consolo nostro super le riqueste nostre soprascripte.

Data die v Januarii 1456. Petrus de Campofregoso, dux Januensium et magnificum consilium antianorum, etc.

XX.

1456, 5 janvier. [De Gênes.]

Les protecteurs de la banque de Saint-Georges adressent au consul de la république à Tunis la lettre précédente qu'ils adressent au roi de Tunis au nom du doge et du conseil des Anciens; ils lui envoient en même temps l'un des Maures rachetés par leurs soins.

Gênes. Archives de la banque de Saint-Georges. *Lettere de' protettori di San Giorgio.* Registr. 1454-1457.

Nobili et prestanti viro, Simoni Calvo, consuli Januensium Tunete negociantium, concivi nostro dilectissimo.

Accepimus, vir nobilis et prestans, concivis noster dilectissime, per navem Tadei Spinule, litteras vestras, et item postea alias vestras die 18ª Novembris superioris scriptas; ex eisque intelleximus quam diligens fueritis non solum circa liberationem eorum Corsorum et Corsarum quos in dicta nave ad nos transmisistis, sed etiam quantum laboraveritis in tentanda liberatione illorum decem Bonifacinorum et Alfunsi de Istria ac aliorum Corsorum quos, propter objectiones in litteris vestris memoratas, ex illa miserabili captivitate hactenus eruere non potuistis. Nos, lectis litteris vestris, curavimus, sub nomine illustris domini ducis et consilii, scribi litteras illi potentissimo domino regi, quas his annexas invenietis. Earumque exemplum etiam vobis mittimus, ut vos planius intelligatis multiplices rationes in illis declaratas propter quas Bonifacini et Alfonsus ac alii jure retineri non debent, non obstantibus oppositionibus vobis factis. Preterea, in hac nave Palmaria vobis transmittimus unum ex illis tribus Mauris per Anechinum corsum venditis, quem summa diligentia perquisitum redemimus pro pretio librarum centum et quinque monete Januensis. Rogamus igitur et hortamur diligentiam vestram ut exemplum dictarum litterarum serenissimo illi principi scriptarum diligentius perlegatis, et de tota hac materia sermonem habeatis cum viro egregio Johanne Francisco Palmario, qui etiam a nobis oretenus super his instructiones habuit; et post hec, dictas litteras illustris domini ducis et consilii excelsi illius potentissimi principis idoneo tempore presentetis et omni studio ac diligentia innitamini a Celsitudine sua impetrare liberationem Bonifacinorum et aliorum prenominatorum qui, ut diximus, nequaquam juste retineri possunt. Et si forsitan, ope aut favore mercatorum nostrorum egeritis, illos confidenter deposcite, quoniam eis scripsimus quantum necessarium arbitrati sumus[1]. Longiores super his litteras ad vos dedissemus, nisi perspicue intelligeremus prudentiam vestram nullis instructionibus, affectum vero in rempublicam nullis cohortationibus indigere; parati semper in omnia concernentia decus et commoda vestra.

Data die v Januarii 1456. Protectores.

XXI.

1456, 6 octobre. [De Gênes.]

Les protecteurs de l'office de Saint-Georges de Gênes prient le roi de Tunis de faire mettre en liberté les Corses qui pourraient se trouver prisonniers dans ses États, les habitants de l'île de Corse étant sujets de la république de Gênes et devant participer aux bénéfices des traités existants entre la république et le roi.

Gênes. Archives de la banque de Saint-Georges. *Lettere de' protettori di San Giorgio.* Registr. 1454-1457.

Serenissimo et potentissimo principi et domino, domino regi Tunetis et totius Africe.

Serenissime et potentissime domine rex. Siamo certi che la potentissima Segnoria vestra est semper disposita observare la sancta pace la quale est inter la Serenità vestra et la nostra comunità. Per la qual cosa, supplichiamo la benignità vestra che se degne fare liberare tuti li Corsi, così masculi come femene, li quali se troveno captivi in le citate et terre de la Segnoria vestra, perciochè tutti li habitatori de la insula de Corsica sono subditi et vassalli nostri et debeno godere la sancta pace. Preghiamo aduncha la Serenità vestra se degne de fare liberare subito tuti li dicti Corsi sono in lo suo regno, la quale liberatione, benchè se debbia fare in observatione de la pace, tamen noi accepteremo in loco de singulare gratia et beneficio. Offeriandosi semper prompti et pparechiati ad ogni cosa pertinente ad honore et amplitudine de la potentissima Signoria vestra.

Data die vi Octobris 1456. Per la Serenità vestra semper appareggiato, lo officio de Sancto Georgio, de la città de Janua.

[1] La copie de la lettre des protecteurs de Saint-Georges aux négociants génois résidant à Tunis, du 5 janvier 1456, se trouve à la suite des précédentes, ainsi que la copie d'une lettre des protecteurs à J. F. Palmari, du 8 janvier.

XXII.

1465, 15 mars. A Tunis.

Confirmation, pour trente ans, des traités existants entre la république de Gênes et le roi de Tunis Abou-Omar-Othman, et additions aux traités conclus. par Antoine de Grimaldi, ambassadeur génois.

Turin. Archives du royaume. *Genova. Trattati e materie politiche.* A la suite des traités de 1433 et 1445.

1464, die 15 Marcii, in Tunexo.

Pax cum serenissimo rege Tunecis, refirmata per spectabilem dominum Antonium de Grimaldis, oratorem pro parte illustrissimi domini ducis Mediolani, domini Janue et inclitum comune Janue, pro annis triginta proxime futurorum, ad modum Maurorum; ad quam adjuncta sunt capitula tria ut infra.

1. Et primo, quod non liceat alicui patrono fustarum Maurorum capere Januenses, nec raubas eorum; quod si continget, illico in Tunexe liberentur, et restituatur ipsis Januensibus raubas quas amixerint, datto juramento amittentibus. Ad quod si non stare voluerint Mauri, eo tunc producere debeant dampnificati exclaracionem ab illustri dominacione Janue de valore mercium amisarum, et eo tunc sint patroni fustarum obligati ad solvendum et ultra puniri debent ne in tali errore perseverare audeant.

2. Item, quod omnibus Januensibus liceat espedire omnes raubas et merses de dugana, solvendo pro ipsis drictum suum de mercibus in tanta rauba illo tunc et quod postea non posint molestari mercatores ad aliquam racionem fiendam cum scriba et testibus dugane, imo inter ipsos Mauros ipsas raciones faciant.

3. Item, quod de omnibus pannis et ceteris aliis mercibus que venduntur per mercatores cuivis Saraceno, non possint ipsas restituere pro aliquo respectu postquam consignate fuerint, salvvo si in ipsis reperiretur aliqua macula que videre non se poset; et eo tunc emendo falsificatum vendea stare non debeat.

V.

ROYAUME DES DEUX-SICILES.

1180-1479.

I.

1180-1181.

Extraits concernant des traités conclus par Guillaume II, roi de Sicile, avec les rois d'Afrique.

I.

Robert du Mont, *Chronic.*, ap. Pertz, *Monumenta Germaniæ. Scriptores*, t. VI, p. 528, 530.

1180.

Rex Marroc, in cujus potestate est tota Affrica et etiam Saraceni qui sunt in Hispania, mittebat filiam suam, ut quidam rex Sarracenorum duceret eam in uxorem. Quam stolus et galee regis Sicilie [1] invenerunt et adduxerunt ad dominum suum; unde rex letus pacificatus est cum patre ejus, illa reddita; et pater ejus reddidit regi Sicilie duas civitates, scilicet Affricam [2] et Sibiliam [3], quam Sarraceni abstulerant Willermo regi Sicilie, patri istius regis.

1181.

Mansamuz, rex Malsamitorum [4], qui fere dominatur totius Affrice, reedificare cepit Cartaginem antiquam, adjutus ab omnibus Agarenis, qui terram illam incolunt.

II.

Anonyme du Mont-Cassin, ap. Muratori, *Scriptores Italiæ*, t. V, col. 70.

1181.

Dominus noster rex fecit treguam apud Panormum cum rege Maxamutorum, usque ad decem annos, mense Augusti.

---

[1] Le roi Guillaume II, dit le Bon.
[2] El-Mehadia, port de Kairouan.
[3] *Sibilia* ou Zouila, faubourg d'El-Mehadia.
[4] Les Almohades, que les chrétiens appelaient les *Masmouda*.

II.

[1231, 19 ou 20 avril.]

Traité de paix et de commerce conclu pour dix ans entre l'empereur Frédéric II, roi de Sicile, et Abou-Zakaria-Yahia, roi de Tunis, par Vibald, envoyé de l'empereur [1].

Leibniz, *Codex juris gent. diplom.*, t. I, p. 13; Lünig, *Codex Italiæ diplom.*, t. II, p. 878; Dumont, *Corps diplomatique*, t. I, p. 168; Huillard-Bréholles, *Hist. diplom. Frider.*, t. III, p. 276.

In nomine Dei misericordis, miseratoris. Incipimus cum laude Dei maximi et, invocatione illius prelaudata, petimus prosperitatem. Laus Deo, scienti abscondita, futura, extantia, qui est eternus, post finem omnis viventis.

Tandem, hoc est diploma pacis benedicte, si voluerit Deus excelsus et pretiosus, que est inita per benedictionem Dei, cujus toga est picta gemmis observationis jurisjurandi, et rami illius penetrarunt usque ad celum felicitatis, quam senior, excellens, magnificus, reverendus, fidelis preeminentie, benedictus et fortunatus Abbuissac, filius senioris, honorandi, reverendi defuncti Abiebrahim, filii senioris, sanctificati, legis Dei militis et defensoris Abihafri; de quibus Deus sibi complacuit, et duxit illos ad rectitudinem consilii et electionis, quemadmodum fecit eos arbitros consiliorum et secundum voluntatem suam sic fieri vel non, ordinavit, mediante Vibaldo, Christiano equite, fideli legato regis celebris, maximi Romanorum Friderici, Cesaris, imperatoris Rome et regis Sicilie et Saxonie, concordet eum Deus et ducat ad rectitudinem et prosperitatem, secundum optimam intentionem! cum in potestate sua hoc posuisset, quem miserat predictus rex, cum quo contraxit fedus per manus legati sui Vibaldi, equitis fidelis, secundum conventiones, quarum postea sequetur declaratio in hoc diplomate.

Inter quas est ut dimittantur illis omnes qui sunt in Africa ex captivis Christianorum, qui capti fuerunt in tempore pacis, sive mares sive femine, sive parvi sive magni, ex omnibus qui adhuc amplectuntur legem christianismi; et etiam ut ipsi dimittant omnes captivos Mahometanos qui sunt apud eos amplectentes legem mahometismi, sive sint mares vel femine, parvi vel magni.

Et ut tollantur vexationes et exactiones ordinarie et solite exigi a Christianis navigantibus ad provincias Africe, a mercatoribus insule Sicilie, Calabrie, Principatus et Apulie. Et ut ipsi etiam tollant omnes exactiones solitas exigi secundum morem et ordinem a navigantibus Africanis ad predictas regiones predicti regis, de quibus diximus, ut sint libere.

Et etiam detur illis dimidium tributi insule Cosire [2], signatum et ordinarium tempore

---

[1] Ce document, d'une rédaction si différente des traités ordinaires conclus par les princes chrétiens avec les émirs d'Afrique, paraît être une traduction moderne et très-négligée d'un ancien texte arabe perdu.

[2] L'île de Pentellaria, entre la Sicile et l'Afrique, à peu près inhabitée aujourd'hui. Les Arabes l'appellent *Cossura*. Ibn-Bekri, *Descript. de l'Afrique*, trad., p. 110.

messis solite; neque habeant Christiani in predicta insula Cosire jurisdictionem super ullum Mahometanum, preter prefectum Mahometanum, missum a predicto rege Sicilie, nomine suo, ad regendos tantummodo populos Unitatis [1], et sit occupatus in negotiis populi Unitatis, quem Deus honorificet!

Omne hoc prestatur illis hoc pacto, ut ipsi etiam se obligent et habeant curam restituendi omne quod in hoc mari depredatur a piratis Christianis, qui subsunt imperio dicti regis et qui sunt sub sua jurisdictione, subjecti suo dominio et potentie, ex omnibus jurisdictionibus suis, preter Genuam, Pisam, Marsiliam et Venetias, cum jam declaratum sit quod isti predicti populi, pro personis et statu, jam pacem inierint cum domino nostro califa, sacerdote, imperatore fidelium.

Qui rex predictus se obligat restaurare et satisfacere omne quod usurpatur ab unoquoque ex omnibus gentibus subditis sue ditioni, sive sint mercatores et milites in omnibus regionibus Africe, ut persolvatur omnibus euntibus et venientibus per eam ex incolis suis, et ut etiam satisfaciat omnibus euntibus ab Africa ex incolis suis usque ad provinciam Egypti, et qui ad alias regiones sint navigantes et iter facientes cum caravalis euntibus ad Africam.

Et ut etiam reddant secura omnia littora Africe, oppida, regiones et provincias cum presidiis, portibus et limitibus.

Et ut etiam si aliquis introiverit in portum aliquem ex portibus Africe, vel refugerit ad aliquod littus ex littoribus suis, sive sit habitatum vel desertum, jam sit securus ab incolis Africe et ab omnibus Mahometanis, Egyptiis et aliis, ut si aliquis refugerit ad aliquod littus ex littoribus Africe et receperit damnum et molestiam ab aliquo subdito regi predicto, obligabuntur ipsi ad resarciendum damnum.

Et ut etiam ne[que] irritent neque provocent aliquem ex illius incolis, spe vel timore; neque conculcent partem aliquam in illa sponte sua damnificandi causa; neque auxilium prestent aliis gentibus ad id faciendum, et se obligent restaurare omne quod amittetur et auferetur ex illa regione ab omnibus Christianis, subditis predicto regi et subditis imperio illius, ut antea dictum fuit; secundum has conditiones et pacta contra eos et cum ipsis cum quibus inita est pax in spatium continuorum decem annorum, quorum principium incipit ab initio et inscriptione ipsius diplomatis.

Et sic statutum est ut omnia adimplerentur, de quo se obligavit sic fore pro parte regis, imperatoris Rome et insule Sicilie et Saxonie, illius legatus et obses Vibaldus, eques predictus, qui dixit se ab ipso accepisse mandatum et negotium pacis pro ipso, et ut statuat negotia loco imperatoris, secundum quod declaravit epistola sua et promisit verba illius se servaturum. Sic senior, honorandus, reverendus et excellens Abbuissac cum ipso conditiones composuit, Deus concordet auxilia illorum et corroboret intentiones suas! secundum ordinem predictum; cum illi dedisset judicium acerrimum ad hoc ordinandum et mittendum ad eum. Benedicat eum Deus, qui perducat illum ad rectitudinem consilii, qui est ejus custos et dignus protector! Hec contraxit inter illos fore servata, secundum pactum Dei inter ipsos actum quo se obligavit; et

---

[1] Les Almohades.

quicumque illud amplectitur prosper evadit et lucratur; et qui ad eum refugit liberaliter et qui ad illud recurrit, securus redditur. Factum est diploma hoc juramento ad confirmanda que in eo sunt, et in Deo est spes authore mundi et creatore.

Hec pax predicta fuit contracta cum predicto legato christiano, in presentia illorum, quorum Deus misereatur, Mahometanorum et Christianorum. Et testes intellexerunt omne hoc quod presentatum est ad omne quod diximus, et illorum quos vocavit senior, magnificus, honorandus et benedictus et corroboratus virtute Dei, Abbuissac predictus, Deus perpetuet altitudinem eorum et prosperitatem illorum! quod ipsis attinet de hoc et de testimonio interpretum infradictorum et quod ipsis attinet, quod declararunt et intellexerunt quod Christianis predictus omne hoc confirmasset accepisse et testimonia dedisse de toto, dimidio mensis Jamadalacheri, anno DCXXVIII.

Et ex pactis quibus hec pax contracta fuit, expleta et perfecta est quod nemo ex mercatoribus Mahometanorum qui navigat eundo et redeundo ad regiones et provincias predicti regis ad merces tantum impediatur, secundum confederationes predictas, et persolvat decimam. Et hoc diploma est certum, verum et utile, ut petierunt illud; et est clarum et perfectum.

Hametes Mahometis filius, filii Geber Alceroani et Hametes Omar filii Omar Hametis filii Albilbal et Abduzerami Abdalla filius Alcorasci et Mahometes Benabilcazin Brin Balbin Alcorasci, Hascan Abdalla, filius Binalchaim Athami.

In eo sunt etiam scripta testimonia litteris latinis testium et magni Romanorum regis.

III.

1240, 23 janvier. De Civita Castellana.

Frédéric II, écrivant à Nicolas Spinola, amiral du royaume de Sicile, lui annonce qu'il approuve son projet d'armer quatre navires et quatre galères pour courir sur la caravane des marchands génois et vénitiens, ses ennemis, lorsqu'elle viendra de Terre sainte au mois de mai; il lui recommande de ne rien entreprendre jusqu'à nouvel avis contre le roi de Tunis, qui, nonobstant la trêve, accueille et favorise les Génois et les Vénitiens. — Extrait d'une lettre ayant trait à diverses affaires.

Carcano, *Reg. imp. Freder.*, p. 324; Huillard-Bréholles, *Hist. dipl. Frid.*, t. V, p. 686-687.

Nicolino Spinule, ammirato regni. Quod vero nobis de carobana mercatorum Januensium et Venetorum significasti, qui de ultramarinis partibus circa mensem Madii soliti sunt venire, et nunc quia tregua inter Christianos et Saracenos rupta est in partibus illis, providisti quod si venirent facile possent capi, si quatuor naves et totidem galeas nostras armari contra eos et bene mandaremus muniri; placet nobis et volumus ut hoc studeas ordinare et mictere contra eos, sicut honori et commodis nostris melius videris expedire. De facto autem regis Tunnisi, ut scripsisti, cui ad certum tempus treguam de gratia nostra concessimus, et ipse in partibus suis Januenses et Venetos, infideles nostros, recipit atque fovet, noveris nos speciales nuncios nostros ad eundem in proximo directuros, post quorum reditum procedes sicut te instrui faciemus. Interim super hoc in aliquo non procedas.

IV.

[Vers 1268.]

Extrait des registres de la chancellerie de Charles d'Anjou concernant l'arriéré du tribut dû par le roi de Tunis au roi de Sicile.

Tutini, *Discorsi de' sette officii overo de' sette grandi del regno di Napoli*. Rome, in-4°, 1666. *Degli ammiranti*, p. 64. Extr. du reg. 1267, 1, fol. 224.

Tributum Tunesi debitum regi Siciliæ anno quolibet est bisantiorum triginta quatuor[1] milia tercentum triginta tribus; quorum bisantiorum quolibet valet tarenos auri duos et dimidium; et sic reductis ipsis bisantiis ad tarenum aureum, sunt tarenorum triginta tria milia viginta tribus[2], quibus tarenis reductis in uncias auri sunt unciæ duo millia, octuaginta triginta tribus. Collecta igitur bisantiorum dictorum summa per tribus annis, pro quibus tributum ipsum debetur dicto regi, ascendit ad bisantiorum centum milia.

Summa dictorum tarenorum, pro eisdem tribus annis, unciarum octo milia trecenta tribus unum.

V.

1270, 5 novembre. Au camp près de Carthage.

Rescrit de Charles d'Anjou, roi des Deux-Siciles, défendant l'extraction des vivres de ses États et exemptant de tous droits de sortie les provisions que l'on transporterait dans l'île de Sicile, où l'armée chrétienne devait prochainement se rendre.

Naples. Anciennes Archives du royaume, *Fascicoli*, t. IX, n° 6.

Karolus, Dei gratia, etc. Secreto Apulie, etc. Cum nos, cum excellenti magnifico principe karissimo domino et nepote nostro Philippo, Dei gratia, rege Francorum illustri, ac toto exercitu Christiano, concedente domino, ad partes Sicilie e vestigio revertamur, volumus et fidelitati tue precipiendo mandamus quatenus victualia, bladum, seu merces alias extrahi et extra regnum Sicilie, preterquam ad partes Sicilie, ubi merca-

[1] Dans la quittance de Charles d'Anjou, du 5 mai 1273, le chiffre du tribut est de 33,333 besants.
[2] Ce nombre est inexact. Ce serait 85,832 taris.

toribus illa deferre volentibus plenam sine jure aliquo exiture concedimus tenore presentium potestatem, absque speciali mandato nostri culminis aliquatenus non permittas. Data in castris prope Cartaginem, quinto Novembris, quartedecime indictionis, regni nostri anno sexto [1].

VI.

1272, 15 septembre. A Melfi.

Charles d'Anjou charge les maîtres de l'hôtel des monnaies de Messine de désigner, pour accompagner à Tunis l'amiral de Sicile, un homme capable de vérifier la qualité de l'or et de l'argent qui doit être remis au nom de l'émir. — Extrait.

Naples. Archives du royaume. *Regist. cancellar. regiæ. Carolus I*, 1272, A.

Scriptum est siclariis sicle [2] Messane, etc. Cum nobilem virum Philippum de Tussiaco, regni Sicilie amiratum, dilectum consanguineumque nostrum, pro petendo et recipiendo a rege Tunisii hiis in quibus nobis tenetur specialiter destinemus, fidelitati vestre (mandamus) quatenus aliquem bonum virum providum et fidelem, qui aurum et aliam monetam ab ipso rege recipiendam eligere ac approbare plene noveritis et reprobare,.... assignetis amirato predicto cum eo ad predictum regem Tunisii propterea pro facto curie nostre de vestibus et expensis necessariis ad iter de pecunia curie nostre.... providere curetis. Datum Melfie, anno Domini, etc., XV° Septembris, XV° indictione.

VII.

1273, 8 mai. A Trani.

Charles d'Anjou reconnaît avoir reçu de la part du roi de Tunis, Abd-allah Mohammed Mostanser Billah, les sommes qui lui revenaient pour son tiers de l'indemnité de guerre convenue lors de la levée du siège de Tunis, et pour les arrérages du tribut dû à la Sicile.

Forges Davanzati, *Dissert. sopra la secunda moglie del re Manfred.* Naples, 1791, in-4°, p. L, n° 50; *Bibl. de l'École des chartes*, 4° série, t. V, p. 226.

Karolus, etc. Notum facimus universis quod religiosus vir Jacobus de Taxo, procurator Hospitalis Sancti Johannis Jerosolimitani in Messana, Johannes de Lentino,

---

[1] Ce rescrit est inséré dans une déclaration du juge de Barlette, en date du 13 janvier 1271, constatant l'expédition de certaines quantités de viandes salées, d'huile et de fromages, faite de Barlette pour la Sicile, sans qu'il eût été perçu les droits habituels de sortie. Charles d'Anjou avait étendu la même faveur aux vivres apportés directement du royaume de Naples à Carthage, où il campait encore avec le roi Philippe III son neveu. Le 22 octobre 1271, le juge royal d'Otrante constatait que divers marchands, en vertu des ordres du roi Charles d'Anjou, avaient été autorisés à exporter des vins destinés à l'armée de Tunis, sans payer des droits de sortie. (*Bibl. de l'École des chartes*, 4° série, t. V, p. 224.)

[2] La *zeccha*.

Matheus de Riso, milites et fideles nostri, missi olim cum Roberto infante, justitiario Sicilie ultra flumen Salsum, et Nicolao de Ladomonia de Panormo, fidelibus nostris, per excellentiam nostram ad magnificum virum, hemir Emominium, Machumettum, regem Tunisii et dominum Africe, pro petendo et recipiendo ab eo, vel a camerario suo, toto auro quod idem rex nobis solvere tenebatur, secundum pacta et conventiones que fecimus cum eodem, tam ex eo quod ipse ac sui antecessores consueverant mictere regibus Sicilie et Frederico, quondam Romanorum imperatore, quod debemus recipere duplicatum; quam etiam tertia parte nos contingente de quantitate debita per regem eumdem magnifico principi domino Philippo, regi Francorum, karissimo domino et nepoti nostro, nobis, aliisque nobilibus ac baronibus, qui cum ipso rege in obsidione Tunisii extiterunt; assignaverunt in camera nostra, die lune primo et sequenti die martis presentis mensis Madii, hujus prime indictionis, apud Tranum [1]; tam pro parte sua quam predictorum sociorum suorum de curia nostra tunc absentium, magistro Nicolao Bucelli, dilecto clerico, thesaurario, consiliario et familiari nostro, ac magne curie nostre magistro rationali, nomine et pro parte dicti regis Tunisii, de predicta tertia parte nobis contingente, certam quantitatem milliarisiorum et plattarum de argento [2], pro unciarum auri decem et septem millibus et quingentis, ad generale pondus regni nostri Sicilie, ad rationem videlicet de quinquaginta turnensibus grossis de argento in pondere pro uncia auri una ejusdem ponderis; nec non et in milliarisiis de argento bisanciorum triginta tria millia trecentos triginta tres et tertiam partem unius bisancii, missa nobis ab eodem rege, ad rationem de milliarisiis decem pro uno bisancio, pro tributo presentis anni dicte prime indictionis, ut dixerunt nuncii supradicti. In cujus rei memoriam et ipsorum nunciorum cautelam, presentes tibi de predicta pecunia in nostra camera, sicut superius distinguitur, assignata fuerit, nostre Majestatis sigillo jussimus communiri.

Datum Trani, per Johannem de Masnelio, archidiaconum Panormitanum, regni Sicilie vicecancellarium, anno Domini MCCLXXIII, v Madii, prime indictionis.

VIII.

1285 environ.

Extrait de la décharge donnée par le roi Charles d'Anjou au chevalier Barthélemy de la Porte de ses fonctions de justicier de Sicile au delà du fleuve Salso. Article concernant les dépenses faites par le justicier pour prévenir le roi des intelligences que paraissaient avoir les révoltés de Sicile avec le roi de Tunis.

Naples. Archives du royaume. *Reg. cancell. reg.*, 1268, O. fol. 75.

Item, auctoritate officii sui, Nicolo Marchisano, nuncio suo, misso per eundem Bartholomeum, predicto tempore officii sui, ad presenciam nostram, ad significandum

---
[1] Trani, sur l'Adriatique.
[2] Lingots d'argent.

nova de processibus regis Tunissi, qui dicebatur tunc temporis in Siciliam, in subsidium nostrorum rebellium accessurus; de quibus inquirendis et inctimandis diversa mandata receperat, pro expensis suis eidem viagii, unciam unam; et Laurencio de Trapano, pro naulo cujusdam barce sue, que detulit eundem nuncium per mare a Panormo usque ad partes Principatus, ut celerius mitterentur pro eo quod non recipiebat ipsum negocium tarditatem, pro expensis suis ejusdem viagii, uncias quatuor.

IX.

1319, 27 février. De Catane.

Le conseil de l'infant Pierre, vicaire général de Sicile, fils du roi Frédéric de Sicile, sur les plaintes d'Étienne de Branciforte, capitaine et châtelain des îles de Gerba et Kerkeni, prie les jurés de la ville de Syracuse de lever les difficultés qui empêchaient l'envoi de vivres à la garnison royale de l'île de Gerba.

Rosario Gregorio, *Considerazioni sopra la storia di Sicilia*, 2e édit., Palerme, 1831, in-12, t. II, p. 566. Dipl. ann. 1319 in Arch. civ. Syracus., p. 53.

Inclyti infantis domini Petri, serenissimi domini regis Friderici primogeniti et vicarii generalis consilium, juratis civitatis Syracusarum, amicis suis, salutem.

Stephanus de Brachiisfortibus, miles, capitaneus et castellanus insularum Gerbarum et Gerbinarum, coram domino dicto infante præsens, nuper exposuit quod vos, ea occasione dumtaxat quod in civitate ipsa quo ad præsens ut asseritur victualia venduntur pretio plus solito cariori, eidem nuncio suo in oneratione certæ quantitatis victualium onerandorum per ejus nuntium in quodam vassello ferendorum apud insulam Gerbarum, pro usu et sustentatione regiorum fidelium in eadem insula degentium, impedimenta præstatis hujusmodi victualium quantitatem in vasellum ipsum onerari nullatenus permittis; et supplicavit super hoc sibi per dictum dominum infantem opportuno remedio provideri. Cujus supplicatione admissa, vobis ex parte dicti domini infantis mandamus quatenus prædictam quantitatem victualium per dictum nuntium dicti Stephani de dicta civitate extrahi et ferendi abinde ad dictam insulam sine molestia permittatis.

Datum Cataniæ, xxvii Februarii, ii indictione.

X.

1364, 31.... De Messine.

Frédéric III, roi de Sicile, nomme Jean de Clermont, seigneur de Clermont et de Bibona, châtelain des îles de Gerba et Kerkeni, avec droit de juger les causes civiles et criminelles, pour le cas où, grâce à ses efforts, Jean de Clermont parviendrait à soumettre de nouveau ces deux îles à la couronne de Sicile.

Rosario Gregorio, *Considerazioni sopra la storia di Sicilia*, t. III, p. 360.
Ex regest. reg. cancell. ann. 1364, fol. 40.

Fridericus, etc.

Nobili Johanni de Claromonte, comitatus Claromontis et terræ Bibonæ domino, consiliari, familiari et fideli suo, etc.

De fide, strenuitate, sufficientia et legalitate vestris nostra excellentia confidente, vos in capitaneum insularum Gerbarum et Quercinarum, ac castellanum castri ejusdem insulæ Gerbarum et turris dictæ insulæ Quercinarum, cum cognitione causarum criminalium et civilium in eisdem insulis movendarum, a primo Septembris, proximæ futuræ indictionis, in antea, usque ad beneplacitum nostræ Majestatis et mandatum, quocumque seu quibuscumque insulas ipsas occupatas tenentibus, quas sicut veridice credimus vestri strenuitate, industria atque potentia ad mandatum et dominium nostrum devolventur, inde amotis etiam et ejectis, recepto a vobis fidelitatis et ipsius capitaniæ officio bene et legaliter exercendo corporali et debito, ad sancta Dei evangelia juramento, duximus fiducialiter statuendum. Ea propter, fidelitati vestræ mandamus, [quod], ad prædictas insulas vos præsentialiter conferentes, dicta officia capitaniæ et castellaniæ in eisdem insulis, castro et turri, ad honorem et fidelitatem nostri culminis nostræque curiæ commodum, a dicto primo Septembris v indictionis in antea, dicto nostro beneplacito perdurante, studeatis prudenter, sollicite, diligenter et fideliter exercere.

Datum Messanæ, 31 ......[1], quartæ indictionis.

[1] Le nom du mois manque.

XI.

1392, 25 février. De Catane.

1. Lettre de don Martin le Vieux, duc de Montblanc, père de Martin Ier, dit le Jeune, roi de Sicile, à Aboul-Abbas, roi de Tunis, en lui envoyant comme ambassadeurs Guillaume de Talamanca et Vito de Malcondignis. — 2. Instructions pour les ambassadeurs, chargés de demander au roi de Tunis la restitution de l'île de Gerba, comme ayant appartenu de tout temps à la couronne de Sicile [1].

Rosario Gregorio, *Considerazioni sopra la storia di Sicilia*, t. III, p. 360, 361.
Ex reg. officii protonotarii, anni 1392, lit. E, fol. 117 verso.

I.

Al molt alt prencep, Abulahambet, rey de Tunis, de nos en Marti, del molt alt senyor en Pere, de bona memoria, rey d'Arago, fill, e, per la gratia de Deu, duc de Munt Blanch, comte de Luna, e senyor del marquesat e de la ciutat de Sorgerb, salut com a rey, per qui volriem honor e molta bona ventura.

Sapiats que nos, sobre alguns affers por los amats consellers nostres mossen Guillem de Talamancha, majordom del rey de Sicilia, nostre fill, e mossen Vito de Malcondignis, los quals a vos tremetem per aquesta raho dehidors a vos de part nostra, haviem los dits cavallers de nostra intentio informats plenariament sobre aquello, pregants vos affectuosament que a tot ço quells dits cavallers ous diran da parte nostra sobre los affers desus dites, donets fe e creença plenaria axi com si nos de paraula vos dihem.

Dada en Cathania, sots nostre segell secret, a xxv dies de Febrer, del any de la Incarnatio de nostre Senyor M CCC XCII, primæ indictionis. — Lo Duch [2].

II.

Memoria sia a mossen Guillelm Talamancha e mossen Vito, de ço que ha[n] a fer ab lo rey de Duniç, de part de senyor Duch e del rey de Sicilia.

1. Primo, que, feta al dit rey deguda reverentia e dites las salutationes acostumbrades, li diguen de part del dits senyors com la illa de Gerba es estada del rey de Sicilia de tant temps ença que no es memoria en contrari; et com han posseyda longament aquella; et com l' amirall [3], lo qual diretament [4] cobra la dita illa, axi metcix ha tenguda o posseyda per lonch temps aquella; per que requirem lo dit rey que la

---

[1] Martin le Vieux ou Martin II, duc de Montblanc, gouvernait la Sicile au nom du roi son fils Martin Ier, ou Martin le Jeune, et au nom de son frère Jean Ier, roi d'Aragon. Il succéda à son frère Jean dans le royaume d'Aragon en 1395, et à son fils dans le royaume de Sicile en 1409.

[2] A la suite est écrit dans le registre : « Dominus dux mandavit Raymundo de Cumbis. Dirigitur » regi de Tuniç. Item alia similis fuit missa eidem regi, ex parte domini regis. »

[3] L'amiral de Sicile, Mainfroy de Clermont.

[4] Dans le texte des instructions renouvelées en 1393 : « derrament. »

dita illa les facta restituir et tornar ab tots ses drets e pertinenties segons que ab antich es acostumat.

2. Apres, demanen restitucio des totes les rendes e drets per lo dit rey rehebudes del temps ença que la dita illa han tenguda occupada; pero da co fahen aquella millor composicion que poran.

3. Item, facen tant com poran que hajen [1] tots los catius Christians, los quals son en poder del dit rey, axi Sicilians com Cathalans. Et si tots no les poram haver, que almeyns haiens los Sicilians; com en negun cas nols poguessen haver, facen ne ab ell la millor havinença que poran, axi quen puxen exir per via de rescat, si en altra manera nols poden haver.

4. Item, que se lo dit rey no volia restituir la dita illa, dient o allegant que saria rebellada contra ell [2] e que no es a sa obedientia, facen en lo dis cas quel dit rey liure als dits senyors lo castell, si es en son poder, fornit de vituales e armes; et que prometa et jure al alquible [3], que no dara favor ni ajuda a aquell qui vues te la [4] dita illa, ans [5] per son poder fara que los dits senyors la haien; et que sobre la recuperacio da quelles dara tota favor e ajuda que pora al stol dels dits senyors e a lur gent. E per ço com lo dit rey, sens alguna raho, se occupa la dita illa, e sia rahonable que ell la hajud [6] a cobrar als dits senyors, facen ab ell que per la dita raho en ajuda de cobrar aquella don alguna suma de diners, com sia stada perduda per so colpe.

5. Item, que en cas que lo dit rey denegas que la dita illa no es d'aquest regne, sia respost que molt, axi [por] Christians com Moros, se pot provar clarament que la dita illa es estada et es del dit regne de Sicilia, de tant de temps ença que no es memoria de homes en contrari, e axi mateix per les obres que son estades faces en la dita illa per los reyes.

6. Item, si lo dit rey [fa] e complex les dites coses, plau als dits senyors que formen pau per part lur ab lo dit rey, axi que los Moros de tot son regne puxan venir mercadejar, esser e estar en lo dit regne de Sicilia.

7. Et si lo dit rey de Tuniç faya dupte, dien que vol pau e amistat ab lo rey de Arago, poden en lo dit cas appuntar ab ell lo feyt dell trahut, que es tengut de fer al dit rey d'Arago.

8. Et poden li offerir que si, sobre aco ques convendram sobre lo dit feyt, lo dit rey de Tuniç vol tremetre missagers al dit rey d'Arago, que los dits senyors axi mateix hi tremetran lurs missagers. Et faran per lur poder quel dit rey de Arago complesca [7] ço que ells acordaran ab lo dit rey.

---

[1] Au texte : « comparan que hacen. »

[2] « Contra ell », en 1393; « que ell », en 1392.

[3] Au texte : « ab alquile »; en 1393 : « al alquible »; vers la direction du Midi, vers la Mecque.

[4] Au texte : « cela ».

[5] En 1393 : « ni ajuda a quell qui vuis te la dita illa ans ».

[6] Au texte : « la havid »; en 1393 : « la ains ».

[7] « Compleca », en 1393; « complesco », en 1392.

XII.

1393, 22 avril. De Catane.

Martin le Jeune, roi de Sicile, assisté de Martin le Vieux, duc de Montblanc, son père, donne plein pouvoir à Guillaume de Talamanca et Hugues de Santa Paz de prendre possession de l'île de Gerba et de la gouverner en son nom. — Extrait.

Rosario Gregorio, *Considerazioni sopra la storia di Sicilia*, t. III, p. 363.
Ex registr. protonotar., ann. 1393, fol. 9.

En el nombre de Dios, amen. Nos, D. Martin, e duenya Marya, per la gracia di Dios, roy e reyna de Ssicilia, e de los ducados de Athenes e de Neopatria duque e duquessa, e nos infante don Martin, del mult alto D. Pedro, de buena memoria, roy d'Aragon fillo, e per la gracia di Dios duque de Monblanc, conte de Luna e senyor del marquesado de la ciutat de Sagorbe, governador general per lo mult alt senior D. Jean, rey d'Aragon, ermano e senyor nostro muyt car, en tut sus regnos e terras, coadjutor de la dicha reyna en lo regimento del regno e ducados sopredichos, e padre e legitimo administrador del dicho rey.

Con tenor de la present, constituimos, creamos e ordinamos vostros, noble mosser Huc de Sancta Pau e mosser Guglielm Talamanca, conselleros nostros muit amados, de los quales muyto confiamos, yes saper ademandar, haver e receber, per nos e parte nostra, la insula de Gerba, laqual ye di pertinincies del regno nuestro subredicho, e todos los castellos, terras, villas e lugares, losquales syen en la dicha insula, todes e qualesquera otras insulas, terras, villas, lugares a nos pertenescentes o pertenecer devientes, o qui a nos o nostra senyoria e juridicion sequteren en la dicha insula subjugar, sobsmeter o domar, por qualquiera rason e manera; e haun demandar qualesquieras trahudos a nos devidos por qualesquiera persones que haien tenida la dicha insula, [etc.]; e qualesquera promissiones en nombre nostro, e por nos a qualesquera persones fazer; de qualesquera hombres, publados o habitantes en la dicha insula o otras qualesquera juras fidelitates e homenatges en nombre nostro, e por nos recebir e accettar; todos e qualesquera privilejos, franquezes, libertades e immunitades a los hombres e universitades de los lugares de la dicha insula e otros losquales a nos se querran donar, confirmar, o si a vos otros sera bien visto de nuevo atorgar, [etc.]; e de todas las sobredichas coses, carte e cartas en nombre nostro e per nos faczer e atorgar con todas clausoles, [etc.]. Vos accomandamos todas nostras vezes con la present, por laqual promettemos haver por firmo todo, [etc.].

Dada en la ciudad de Cathania, a 22 dias de April, de la I. indicion, del anno de la Incarnacion M CCC XCIII. — Lo Duch[1].

[1] A la suite : « Dominus dux mandavit mihi Raymundo de Cumbis. »

XIII.

1393, 24 avril. De Catane.

Lettre de créance et instructions de Martin le Vieux, duc de Montblanc, pour Hugues de Santa Paz et Guillaume de Talamanca, envoyés auprès du roi de Tunis et du seigneur de Tripoli, à l'occasion des affaires de Gerba.

Rosario Gregorio, *Considerazioni*, t. III, p. 366. Ex registro officii protonotarii, anni 1393, fol. 34 et.35.

I.

Anno 1393, 24 Aprilis, primæ indictionis.

Sepades que nos sobre alguuos afferes por el noble mosser Huc de Sancta Pau y mosser Guillelm Talamancha, conselleros nuestros muyt amados, a vos parte nuestra dizidores havomos los sobredichos de nuestra intencione plenamente informados. Porque vos rogamos que a todo aquello que los dichos mosses [Huc e] Guillelm vos diran pro parte nuestra sobre los dichos afferes, dedes fe y creenca, assin como si nos vos lo diziamos de palaura. Dada in Cathania, con nuestro sigillo secreto, a xxiv dias de Abril, de la primera indicion, del anno de nuestro Senyor 1393. — Lo Duch[1].

II.

Capitula ambaxiatæ regis Tunisii. Memoria al noble mosser Huc de Santa Pau y mosser Guillielm Talamanca, de zo que han a fer por lo senyor rey y por la senyora reyna de Sicilia et por lo senyor duch, al lo[2] rey de Tuniz e al lo senyor de Tripol de Barbaria e altres, por vigor del poder que sen porten.

1. Primierament, iran a Tripol et diran de part dellos dichos senyores al senyor de Tripol como a los dichos senyores es estat offert por q. Juheu a ellos lermes ab[3] letra de creenca por parte sua que si li volien far[4] valenza contre lo dit rey de Tuniz o altros sus enemichos, que ell liuraria a los dichos senyores lo castell y villa de Gerba, laqual pertayn a los dichos senyores por certos justos titolos; e enquare darien trahut al dits seniors, e los catius Christians que tenen.

2. Item, com los dits senyors, no contrastant que ja haguesen deliberat de trametre al dits rey de Tunis por requerir lo quels liurassen la dita illa, laqual pertayn a ell segons dit es, e quells donassen lo trahut de que entesa la creenca a ells esplicada por lodit Juheu, han apres deliberat de trametre al dit senyor de Tripol lurs missatgers por la raho sobre dita.

3. Sabut ab lo dit senyor de Tripol quina valenca vol quels dits senyors li facen, plau als dits senyors que concorden ab ell de zo que deman axi com mils e pus profi-

---

[1] A la suite de la lettre de créance est écrit dans le registre : « Similis litera fuit missa, sub eadem data, mandato et signo, pro chadi Ali Benamar Bensebet et pro cayt Catem Benchalk alla. »
[2] Pour : « ab lo ».
[3] Au texte : « al ».
[4] Au texte : « for ».

tesament poran far¹ als dits senyors, e facen en tot cas que lo dit senyor liure encontinent lo dit castell e illa de Gerba en ma e poder dels dits missatgers, reebents aquella por lo dits senyors.

4. Item, que possen en seguratat que de aqui avant lo dit senyor de Tripol respongesen als dits senyors del trahut ques concordaran.

5. Item, que haien dels aquella major suma de diners que poran.

6. Item, que demanen et haien tots los catius Christians que son en lur poder.

7. Item, que sublesquen poderosament lo castell de Gerba; et si per ventura no li podien ben proveher, façats que haien tals rahenes por la dita raho daquells als quals lo comanaran que los dits lo puxen haver a lur ma toda vegada quel .... ².

8. Item, que provesquen ab los de Gerba que trameten als dits senyors lurs missatgers axi com ja havien acordat.

9. Item, que si por los de Gerba e lo dit senyor de Tripol era demanada ajuda de galeas, que plau als dits senyors quells en profiren³ a quellas que demanaran ells ...... a quellas.

10. Item, que apres que saran concordes .... abans axi com mills los prega tinguen manans si fer se pora que lo dit senyor de Tripol facen prestech al dit senyor dal .... suma de diners, laqual li sia assignada sobre les rendes de la dita illa o lo trahut por ell feader.

11. Et si ab lo dit senyor de Tripol nos poran concordar, vajen tantost al rey de Tunis, et facen al dit rey seguda reverencia, et dints les salutacions acostumades, diguen de part dels dits senyors, [etc.].⁴

XIV.

1393, 13 et 16 mai. De Catane.

Lettres de don Martin le Vieux annonçant que les habitants de l'île de Gerba ont reconnu la souveraineté et reçu les officiers du roi de Sicile.

Rosario Gregorio, *Considerazioni*, t. III, p. 370, 371. Ex regist. offic. protonotarii, anni 1393, fol. 48; ann. 1393-1397, fol. 273.

I.

A la duchesse de Montblanc, Marie Lopez de Luna, sa femme.

Anno 1393, 13 die Maii, primæ indictionis.

Duquessa. Por tal com sabem quen havrets plaer, vos informamos que nos y lo rey vostre fill y la reyna som ben sans, merce de Deu. Pregamos vos quens scrivats sovre del stament de la terra e del passatge de Cerdenna. Nos havemos hauts letres de Tripol

---

¹ Au texte : « por ». — Art. 5, au texte : « quae » pour « que »; Art. 6 : « haren » pour « haien ».
² Cette lacune et les suivantes sont dans le texte de Gregorio.
³ Profiten?
⁴ Suivent les instructions remises dès le 25 février 1392. Voy. ci-dessus p. 161.

y de la illa de Gerba, fahent nos assaber queis tramettesen, car ells reclamavent tot jorn nostra senyoria y nostro nom. Tripol stava assagat por mar y por terra por lo rey de Tunis, por que nos hi havem tremes lo noble mosser Huc de Sancta Pau, lo prom, e mosser Guillelm Talamanca; losquals nos ham tremesa una letra de laqual vos trametem traslat. Missatgers y datores des altres ciutats son vangut a nos por ordenar del stament de la terra, etc.[1]... — Lo Duc[2].

II.

A Bernard Incabrera, conseiller de la couronne.

Anno 1393, 16 Maii, primæ indictionis.

Consanguinee, consiliaris, familiaris et fidelis noster.

Richiputi novamenti per la nostra Excellentia et intisi li vostri litri, rispundimu chi lu animu nostru tantu di lu vostru applicari cum saluti quantu di lu bonu et amorusu ascuntra chi vi annu factu la bona genti di Bacilona, havi riciputu singulari plachiri e bona voglia. Insuper vi significamu comu, dapoi chi vui partistivu diza, su vinuti a la nostra Majestati ambaxiaturi di Tripoli et isula di Gerbi, faceunduni a sapiri per loru litri speciali, li quali per una majur chiaritia vi mandamu præsentibus alligati, comu li ditti lochi hannu alzatu li banderi e chiamatu lu nostru regali nomu, supplicanduni expressè chi mandassimu per fari prindiri la possessioni et dominiu di Tripuli et isula de Gerba preditti; per laqual cosa la nostra Excellentia ci havi mandatu una galea cum lu nobili misser Ugho di Santa Pace e misser Guglielmu Talamanca. E cum li novi ni succedirannu, e di quistu e di altri vindi, scrivirimu particularimenti, notificanduvi comu è provistu in Dei nomine a lu dictu segiu in la settimana proxima ventura.

Datum Cathaniæ, anno Dominicæ Incarnationis M CCC XC III, die XVI Maii, primæ indictionis. — Lo Duch[3].

XV.

1398, 3 mars. De Palerme.

Lettre de Martin le Jeune, roi de Sicile, à Abou-Farès Abd-el-Aziz, roi de Tunis, au sujet de la négociation d'un traité entre le royaume de Tunis d'une part, la Sicile et l'Aragon d'autre part.

Rosario Gregorio, *Considerazioni*, t. III, p. 372. Ex registr. regiæ cancellariæ, ann. 1399, fol. 109 v°.

Anno 1398, 3 Martii, VII ind.

Martinus, [Dei gratia], rex Siciliæ, et Athenarum et Neopatriæ dux, et illustrissimi et invictissimi principis domini, domini regis Martini, regis Aragonum, Valentiæ, Majoricæ,

---

[1] Ainsi dans Gregorio; et précédemment : « trametem traslat missatgers, y datores les altret ciutats » son vangut. »

[2] La lettre est en catalan, la suivante en sicilien.

[3] A la suite, est écrit dans le registre : « Dominus dux mandavit mihi notario. Dirigitur : Dilecto » consanguineo et caro nostro, Bernardo Incabrera. »

Sardiniæ et Corsicæ, comitisque Barchinonæ, Rossilionis et Çaretaniæ primogenitus, dictorumque suorum regnorum gubernator generalis, Abbadeb Hatii, regi excellenti in sua supradicta [1] et magno inter gentes suas, regi Tuneti, cum dilectione salutem.

Litteras vestras gratanter recepimus; earumque serie intellecta, vos duximus præsentibus declaranda quod à præfato illustrissimo Aragonum rege, nostro genitore reverendo, de his quæ suæ scripsimus Majestati, super pace a nobis per vos requisita, nullum huc usque habuimus responsum; sed, ipso obtento, vobis illico rescribemus cum clausulis necessariis; interea vero de tregua per vos jam inita ac vestri complacentiam ac salutem navigantium quamplurimum contemplantium quam per regnum nostrum et nostros subditos mandavimus et facimus observari per totum mensem Aprilis, ut in vestris literis continetur. Deus, protector omnium, nos [2] protegat, prosperet et conservet.

Datum in urbe nostra Panormi, die tertia Martii, VII ind. — Rex Martinus [3].

XVI.

1409, 10 mai. De Cagliari.

Martin Ier, dit Martin le Jeune, roi de Sicile, répondant aux lettres qu'il avait reçues de Samuel Sala, juif de Trapani, chargé conjointement avec son frère Élie de négocier un traité de paix avec le roi de Tunis, dit à Samuel que le traité ne peut être conclu définitivement sans le consentement du roi Martin II, roi d'Aragon, son père; il ajoute qu'on peut cependant convenir d'une trêve avec le roi de Tunis, et qu'en attendant rien n'empêche de terminer l'affaire du rachat de certains Maures, dont la somme a été fixée à trente mille doubles.

Rosario Gregorio, *Considerazioni*, t. III, p. 372. Ex reg. officii protonotarii, ann. 1408, fol. 237.

1409, 10 Maii, II indict.

Rex Siciliæ, etc., Xamueli.

Ricippimu li toi littri, intissu lu memoriali chi ni mandasti, e zò chi to frati ni havi expostu di tua parti. Breviter ti respondimu chi la pachi, di la quali tu scrivi farisi intru lu re di Tunisi et la nostra Majestati, comu tu sai, non si pò ben fari nè trattari senza cunsensu di lu serenissimu signuri re di Araguna, nostru caru patri et signuri; ne per lu trattamentu di la ditta pachi si havi ad impacciari lu riscaptu di li Mori, si lu dittu re di Tunisi indi avi voglia. Però ti dichimu chi havendu lu riscattu di li ditti Mori cum effectu, zò esti videlicet trenta mila dubli, sicunduchi illi hannu scriptu et trattatu cum la nostra Excellentia, simu cuntenti chi sia firmata treva intru nui dui, la quali duri ad beneplacitu di l'una et di l'autra; infra lu quali tempu si purria trattari la pachi et mandari a lu dittu signuri re di Araguna. Ita quod, quandu alcuna di li parti la voglia rumpiri, sia tinutu, pri nunciu certu, denunciarilu et a la persuna certa; et poi denun-

---

[1] *Sic.*
[2] Vos?
[3] A la suite est écrit : « Dominus rex mandavit mihi J. de Aritio, protonotario regio. »

ciatu, la ditta treva duri per dui misi, comu vidirai per lu dittu memoriali, lu quali ti mandamu præsentibus interclusu; intendendu sempri chi hagiamu prima lu riscaptu di li ditti Mori, et poi si fermi la treva; et lu riscaptu sia tuttu in dinari comu è predittu di supra.

Datum in Castro Calleri, x Maii, secundæ indicionis. — Rex Martinus [1].

XVII.

1409, 10 mai. De Cagliari.

Instructions du roi Martin le Jeune à Samuel Sala pour la conclusion d'un traité de paix avec le roi de Tunis.

Rosario Gregorio, *Considerazioni*, etc., t. IV, p. 373. Ex registro officii protonotarii, ann. 1408, fol. 237 v°.

Responsioni fatti per lu serenissimu signuri re di Sichilia ad Xamueli Sala, judeu di Trapani, supra quillu chi illu scripsi a lu dittu signuri re, di lu trattamentu di la pachi chi fu toccatu lu dittu Xamueli per lu illustri re di Tuniz.

1. In primis, lu dittu Xamueli purrà respundiri et diri a lu dittu re di Tuniz comu, per firmamentu di la ditta pachi, è necessariu chi [a]nchi sia lu consensu et voluntati di lu serenissimu signuri re di Araguna, patri di lu dittu signuri re di Sichilia; et però, intratantu si pur lu dittu signuri re di Tuniz ha voglia di la ditta pachi, mentri chi la ditta pachi si tratta, et alcunu vaya et vegna da lu dittu signuri re di Tuniz e contentu si po trattari et firmari interim treva intra lu dittu signuri re di Sichilia et lu prefatu re di Tuniz per lu modu infrascriptu, videlicet.

2. Chi la ditta treva sia firmata intru ipsi dui princhipi ad beneplacitu duratura di l'unu e di l'autru re; ita quod quillu chi non la vurrà plui tiniri, sia tinutu restituirila et notificarila per nunciu certu al autru princhipi, videlicet a la sua persuna propria; et poi di la noticia predittu, duri oy servisi illesa la ditta treva per dui misi; infra lu quali nulla si faci novitati, immo tutti quilli persuni mercanti oy altri chi vayanu di l'una parti all' autra, per viguri e spiranza di la treva predittu, pozanu ricogliri li loru mercancii et debiti, et tornarisindi a li loru paisi.

3. La quali treva esti cuntentu lu dittu signuri re firmari per lu modu supradittu; ita tamen chi primu hagia lu dittu signuri re di Sichilia trenta mila dubli in dinari per lu riscattu di li Mori, sicundu ipsu havi finatu cum la sua Majestati. Et havendu li ditti dinari, lu dittu signuri firmirà la ditta treva, infra la quali si purrà procediri a lu trattamentu di la pachi.

4. Et si, per avventura, lu dittu Xamueli non purrà affiniri et obtiniri li supraditti cosi secundu li suprapositi maneri et modi, intantu sindi torni.

Datum in Castro Calleri, die 10 mensis Maii, secundæ indictionis, anno 1409.

[1] A la suite est écrit dans le registre : « Dominus rex mandavit mihi, Jacobo de Gravina. Dirigitur » Xamueli Sala. »

XVIII.

1409, 10 mai. De Cagliari.

Lettres patentes du roi Martin le Jeune en faveur de Samuel et Élie Sala, juifs de Trapani, chargés par lui d'une négociation en Afrique.

Rosario Gregorio, *Considerazioni*, t. III, p. 375. Ex. reg. offic. protonot. ann. 1408, fol. 237 verso.

Rex Martinus, Dei gratia, etc.

Universis et singulis officialibus regni nostri Siciliæ tam præsentibus quam futuris ad quos spectat, fidelibus nostris, gratiam, etc. Universis et singulis officialibus et aliquibus suis servitiis Xamuelem Salam et Eliam ejus fratrem, de Trapano, Judeos, servos nostræ cameræ, ob quod nos et illustris regina Siciliæ, nostra carissima consors, eisdem Xamueli et Eliæ, vel alteri eorum, aliquas litteras specifice concesserimus, quas volumus ipsis degentibus nostris serviciis inviolabiliter observari; et propterea fidelitati vestræ et cuilibet vestrum, de certa nostra scientia præcipiendo, mandamus quatenus omnes et quascumque litteras per nos aut dictam reginam, nostram carissimam consortem, dictis Xamueli et Eliæ, vel ipsorum alteri, in eorum favoribus factas, juxta earum tenorem penitus observetis et per quoscumque observari integre faciatis.

Datum in Castro Calleri, decimo Maii, secundæ indictionis.

XIX.

1438-1451.

Extraits de la Chronique de Saint-Martin des Échelles, près de Palerme, relatifs aux missions et aux ambassades que remplit en Afrique le frère Julien Mayali, au nom du roi d'Aragon et du vice-roi de Sicile.

Bibliothèque de l'École des chartes, 4ᵉ série, t. V, p. 233.

Ann. 1438.

Alfonsus rex fratrem Julianum Mayali, nostrum monachum, legatum suum apud regem Tuneti, pro tractanda pace vel treva ad certum tempus, sicut ipse rex Maurus requisierat, prout ipsi fratri Juliano bene visus fuerit, regia aucthoritate destinavit. Apparet ejus privilegium, sub tenore sequenti :

« D. Alfonso, per la gratia di Deu, re d'Aragona, di Sicilia dieza e dilla di lu Faru,
» di Valentia, di Hungaria, di Hierusalem, di Majorca, di Sardigna e Corciga, conti di
» Barsilona, ducha d'Athenas e di Neopatria, et ancora conti di Rosilio, ni e di Ccri-
» tania, a mui venerabili e religiusu homu fraì Julianu, di l' ordini di l' observantia di
» San Binidittu, nostru oraturi, devotu e dilettu, nostra gratia e bona voluntati costu-
» mata .... e la nostra regali prudentia in li ardui e necessarii negotii concernent

» maximi ac primu lu servitiu di nostru signori Deu appressu di la nostra Majestati, e
» ancora di la bona e pacifica statu e sincera tranquillitati di li nostri fidili sudditi e
» vassalli per buon complimentu di quilli statuiti e eligiti homini, [etc.]. Per tantu,
» havendu nui determinatu in la menti nostra mandari a li inclitu re di Tunisi per fir-
» mari li negotii subscritti, di liquali ipsu re fu promotori, mandanduni primu com littri
» diversi et finaliter missagi a la nostra Majestati. [etc.]. Aduncu, havendu nui perfetta
» fiducia di la vostra discretioni, maturitati, prudentia, authoritati, aptitudini et indus-
» tria, per li presenti nostri literi vi costituimu et fachimu e ordinamu embaxiaturi e
» nunciu nostru a lu dittu re de Thunesi, [etc.]. Supra li quali cosi connexi e emer-
» genti da quilli, vi damu tuttu quillu putistati, authoritati, unchi e vichendi ki nui
» havimu e putriamu usari, si fussimu presenti in la nostra sidi regali, e cum obligationi
» di tutti nostri beni presenti e futuri, ki observisimu e tinirimu tuttu zo ki per vui circa
» la ditta pachi oy treva serra cum lu dittu re capitulatu, trattatu, promisu, firmatu e
» conclusu oy juratu di nostra parti; non contravinirimu in alcuna cosa per alcuna via,
» conditioni oy causa manifesta oy occulta. In testimoniu di liquali cosi, comandamu
» essiri fatta la presenti carta, cum nostru sigillu pendenti sigillata et subsignata di la
» nostra manu.

» Dati in la chitati di Cayta, lu primu jornu di Dichembru, di la secunda inditioni,
» in lu annu di la Nativitati di lu nostru Signori Jesu Christu milli quattru centu trentu
» ottu ; di lu nostru regimentu, di quistu regnu di Sichilia dieza di Faru, anni quattru,
» e di li altri nostri regni vinti tri. Rex Alphonsus. Registrata. »

Rex Thuneti, cum audisset per litteras sibi directas a fratre Juliano Mayali quod in maritimis suis applicuisset ambassiator regis Alfonsi, rescripsit ipsi fratri Juliano ambassiatori arabica lingua ut securo accederet in sua civitate Thuneti, sub tenore sequenti :

« Laudato un Solo senza moglie, ne figli. Saperà il frate della fe, Cristiano, e eremita
» desviato del mondo, Julian, Dio lo consegli e lo auventuri e complisca in gratia, e li
» complisca la promesa! Qui arrivò vostra carta per manu dell' alcaide delli cavaleri
» Christiani, dechiarandoci la causa della vostra venuta, e havemu inteso la bona
» volunta. Havemu spedito il ditto alcaide per voi venire alla nostra sittà di Thunisi,
» che Idio la conservi! e intendere de voi a bocca. Noi comandamo il vostro venire
» con la forza di questa carta, potente, securo, senza dubio publico, senza inganno ni
» fe, fassari secondo in letto di questo securamente. Salve. Scritta al mese di Moha-
» ram, a xxjjj. giorno. »

Ann. 1443.

Alfonsus rex commisit fratri Juliano Mayali, nostro monacho, suo ambasciatori, dum esset in civitate Thuneti quatenus deberet se operari cum Octumen[1], rege Tuneti, ut restitueret Michaeli Lorres, mercatori in Siracusis, navilium onustum frumenti quod Mauri indebite occupaverant. Apparent ejus litteræ, anni 1443.

---

[1] Abou-Omar-Othman, qui avait succédé en 1435 sur le trône de Tunis à son frère Abou-Abd-Allah, petit-fils et successeur d'Abou-Farès.

Ann. 1443.

Lop Ximen Durrea, prorex in Sicilia, fratri Juliano Mayali, nostro monacho, regio ambasciatori, per suas literas direttas in civitate Tuneti significavit quatenus deberet eum de regiis negotiis advisare, nam post ejus recessum a Sicilia nihil novi de eo habuerat. Apparent ejus litteræ sub ultimo Maii 1443.

Ann. 1451.

Nicolaus, Papa quintus, attendens quod multi ex Christi fidelibus in regno Thunisi constitutis et inter Saracenos viventibus, proxime preterito anno Jubilei ad Almam Urbem pro consequendis indulgentiis, causantibus viarum discriminibus et aliis impedimentis, ire nequiverant, ac cupiens eorum animarum saluti consulere, ipsis fidelibus utriusque sexus in regno Tunicis incolis, seu quavis causa ibi constitutis, neve penitentibus et confessis idoneo sacerdoti per eos eligendo, dummodo per quindecim dies visitaverint ecclesiam aut oratorium, ad quam seu quod pro divinis audiendis accedere consueverant, ac quintam partem expensarum quas si ad Almam Urbem, preterito anno Jubilei, pro ipsis consequendis indulgentiis accessissent, in eundo, stando et redeundo, juxta qualitates personarum, verisimiliter fecissent, pro redemptione fidelium captivorum ab infidelibus detemptorum, in fratris Juliani Mayali monachi sancti Martini de Panhormi, seu alicujus ad hoc per eum constituendi manibus, in pecunia numerata vel equivalentibus rebus, deposuerint, seu persolverint, concessit plenariam remissionem peccatorum ipsorum, ac plenissimam indulgentiam, sicut si accessissent personaliter ad Urbem pro consequendo Jubileo, ac ipsi sacerdoti authoritatem eos absolvendi tribuit, ita quod ipse confessor laborem personalem quem quilibet eorum si propterea ad ipsam Urbem venisset passus fuisset, commuttet prout sibi videbitur in alia opera pietatis. Apparet ejus bulla, sub kalendis Decembris, anni 1451.

XX.
1470, 10 mai. A Palerme.

Instructions de Lop Ximenès Durrea, vice-roi de Sicile, à Pierre-Antoine de Foligno, envoyé en ambassade auprès du roi de Tunis pour traiter de la paix au nom de Ferdinand d'Aragon, roi de Naples, et de Jean II d'Aragon, son oncle, roi d'Aragon, de Navarre et de Sicile.

Palerme. Archives royales. Registr. de la chancellerie royale, ann. 1469-1470. Indict. III, fol. 126 verso.

Memoriale, instrucione et capituli dati à vui magnifico Pietroanton di Fuligno, di quillo haviti affari per lo illustri vicerè di Sichilia, con lo altissimo signuri re di Tunisi.

Avendo lo dicto illustri signuri noticia, et per lettre del serenissimo signuri re Ferrando, et ancora per exposicion vostra, chi vuy andati al dicto re di Thunisi, per praticari la pace infra lu dicto serenissimo re Ferrando et il dicto re di Thunisi, in la quali lu dicto excellenti re Ferrando, come bon figlio e nepote de la Magestà del signor re don Joan, vorria intercludiri lo dicto so cio et soy vassalli; et per quisto haiate voluto sapere dal dicto illustri vicere se volia la pace se firmasse infra lu dicto re di Thunisi et la Magestà del signor re, secundo la forma di uno memoriali à vui dato à lo dicto illustri vicerè; per ipso, vi si rispundi chi nulla potestà, nè commissione ha de la Magestà del signor re firmare et concludere dicta pace; ma perchi ha opinione chi lo signor re sarrà contento firmare la pace secundo firmerà et concluderà el dicto serenissimo re Ferrando, so nepote et figlio, lo qual lo dicto vicerè è certissimo procura l'utili et lo beneficio di li regni et vassalli di so cio, como li soi proprii, si contenta chi vui firmate dicta pace con condicione si à lo signore piacherà, et quella ratificare vorrà, de la cui ratificacione lo dicto vicerè farà resposta inclusiva o exclusiva infra quattro mese, da correre dal jorno chi per vui, ò per altro per vostra parte, ò d'altro per parte del dicto re di Tunisi, li sarrà denunciato et notificato la pace essere firmata, con reservacione de la ratificacione et sequuto pracimento de la Magestà del signor re.

Firmata dicta pace, ut supra, domanda il dicto illustri vicerè chi inter dicti temporis, zoè dal jorno chi dicta pace sarrà firmata et denunciata, sino siano passati li dicti quattro misi domandati à fari resposta di la ratificacione et prachimento de la Magestà del signor re don Joanni, si levi onni offesa da tutti li vassalli del dicto re di Thunisi et li homini regnicoli et habitaturi di quisto regno; ita ut interea nè quisti nè quilli non si possano l'uno all'altro offendere, predare, nè captivare, nè receptare a cui predasse li regnicoli et habitaturi di quisto regno. Et è contra, quisti non possano, nè debiano receptare quilli chi predassiru, offiudissiru, oy captivassiru li vassalli del dicto re di Tunisi. Et piachendo al dicto re di Tunisi firmare la pace con li condicione et pacti dicti de sopra, è contento lo dicto illustre vicerè firmare la dicta pace, di la quali promette fare tutti quilli sicuritati chi in tal materia et pace sono consueti fare; et e contra, cosi digia fare lo dicto excellente re di Thunisi.

Datum in urbe felici Panormi, die XI mensis Madii, III° indictionis MCCCCLXX. — Lop Ximenez Durrea [1].

1. Chi lo re di Tunisi è contento dare tutti li captivi del reame de Napoli et de soi figlioli, zoè di li figlioli del rè di Tunisi.

2. Chi lo signor re debia liberare tutti li captivi chi sua Magestà tene del reame di Tunisi, zoè di Tunisi et di li terri de lo reame.

3. Et li altri Christiani, chi tene le cortisani del re et soy Mori, à Tunisi et tutto lo so reame, de li captivi che so in lo reame di Napoli, fimini, masculi, grandi et pichioli, ciascheduno di esso sia rescapti quaranta dubli. In quisto sè intenda quelli chi so di età; li altri vanno in conto de li patri et de li matri.

4. Et quelli chi non hanno patri nè matri, et su di età, si rescaptinu vinti dobli; et cossi sè faze de quelli Mori chi sono in lo reame.

5. Chi li navili chi vanno traversi, siano franchi de parte a parte.

[1] A la suite : « Dominus vicerex mandavit mihi Gerardo Aglata, protonotario. »

6. Chi li mercante del reame chi andiranno in Tunisi non pageno, sino come le altre nacioni chi so in pace.

7. Chi qualcuna nacione navigarà con li navili del signore re sia secura in Tunisi; et chi siano comprisi in la pace tutti li habitaturi del reame, et cossi Mazara et Lipari [1].

8. Chi la pace se fazi à xxx anni, dal dì chi si fermara.

9. Chi non sia licito offendere, nè li mari de dicti parte, nè portare preda havendo presa, nè li mari di li altri dominii; et portandola, sia lecito retorla.

10. Chi lo re di Tunisi recepa lu consolo mandarà re Ferrando, de la Magestà del signor re don Joan [e] del Papa.

11. Chi a quilli serranno liberati, sia licito portare con seco ogni cosa chi avessero.

XXI.

1470, 16 juillet. A Palerme.

Lettre de Lop Ximenès Durrea, vice-roi de Sicile, au roi de Tunis, remise à André Navarre, chargé de négocier la paix entre le roi de Tunis et Jean II, roi d'Aragon, de Navarre et de Sicile.

Palerme. Bibl. du sénat. Mss. de Rosario di Gregorio, 2, 2, G. 10, d'après un registre de la chancell. royale de Luc Pullastra, ann. 1470, n° 49, fol. 58 verso.

Illustrissime et potentissime princeps et domine.

Nui di presenti destinamo a la regali persona vostra lo magnifico misser Andrea Navarro, ambaxiaturi ordinato per la Majestati de lo serenissimo signuri re nostro signuri, per trattare de la pace tra sua Majestati et essa vostra regali persuna, como più extensamente potrà la excellentissima persuna vostra intendiri, per esso ambaxiaturi. Et per quanto la pace et concordia è cosa digna et da laudare da ogni persuna, per li sengularissimi effetti continuamento soccedino per quilla, ni pari la Signoria vostra abrazirià et condescenderà facilmenti a la conclusione, in la quali confortamo et pregamo, majormente che possiamo, la Regalità vostra, la quali per essere amaturi di essa pace ne reporterà da tutto il mondo non mediocre laude; et li subditi di vostra Signoria per quella sentiranno singolari commoditati et beneficio, offerendone dal canto nostro quanto possamo operare et servire la regali persuna vostra in quisto regno.

Datum Panormi, xvi Julii, iii indictionis, mccccxx [2]. — Dominus vicerex, pro serenissimo principe et domino rege Joanne, Dei gratia, rege Aragonie, Sicilie, Navarre, Valentie, Majoricarum et Corsice, comite Barchinone, Rossilionis et Ceritanie. Regni Sicilie vicerex, Lop Ximenez Durrea [3].

---

[1] Le val de Mazzara est toute la partie occidentale de la Sicile où se trouve la ville de Palerme, à l'ouest des îles Lipari.

[2] A la suite : « Dominus dux mandavit mihi Lucæ Pullastra. »

[3] A la suite, on lit sur le registre : « Similes facte fuerunt directe Sidanachyamur, dohanerio regis » Tunisi; nec non Sidachiamet, et altera primogenito ejusdem regis. »

XXII.
1472, 20 novembre. A Palerme.

Lop Ximenès Durrea, vice-roi de Sicile, accorde mille salmes de blé à Raphaël Vives et Emmanuel Bon, ambassadeurs chargés de négocier un traité entre le roi de Tunis et le roi Jean II d'Aragon, roi d'Aragon, de Navarre et de Sicile.

Palerme. Archives royales. Reg. de la chancellerie royale, ann. 1472-1473, indict. vi, fol. 171 verso.

Joannes, etc., vicerex, etc., magnificis viris, Raphaeli Vives et Manueli Bon, oratoribus destinatis per sacram regiam Majestatem serenissimi regis predicti ad serenissimum regem Tunisii, regiis fidelibus dilectis, salutem.

Cum zo sia chi nui, considerando vui andando ambaxiaturi a lo dicto serenissimo re di Tunisi, per firmari et concludiri la treuga infra lo serenissimo predicto re nostro et lo re di Tunisi, secundo la forma di li instructioni et capituli a vui per nui dati, vi sarrà necessario fari multa dispisa, la quali haviti offerto de propriis pecuniis fari, vi hagiamo promiso et offerto, cussi como per tenuri di la presenti nostra provisioni deliberate et consulte in regia et nostra bona fidi per la consideracioni predicta, promettimo et offerimo dari à vui predicti magnifici, oy à cui vui per vostra parti vurriti, turnati chi sariti di la ditta ambaxiata, et havendo concluso et accordato la dicta treuga, secundo, ut predicitur, la forma et continencia di li dicti capituli et istructioni, salmi di formento di la misura generali milli, in qualsivogla portu oy carricaturi di lo regno à vui benvisto, et carricati supra quillo oy quilli navilii chi vui vurriti, franchi di omni dispisa fino chi sarranno carricati supra li dicti navilii. In cujus rei testimonium, presentem fieri jussimus, parvo regio sigillo in dorso munitam.

Datum Panormi, die xx. mensis Novembris, vi. indictionis. MCCCCLXXII. — Lop Ximenez Durrea [1].

XXIII.
1472, 20 novembre. A Palerme.

Lop Ximenès Durrea, vice-roi de Sicile, promet à Raphaël Vives, ambassadeur du roi de Portugal, de lui faire compter la somme de soixante mille doubles d'or sur le produit de la bulle de la croisade, après la conclusion de la paix qui doit se négocier, par ses soins, entre le roi d'Aragon et de Sicile et le roi de Naples d'une part, et le roi de Tunis d'autre part, et après la délivrance de cinq cents captifs Chrétiens retenus dans les États du roi de Tunis.

Palerme. Archives royales. Reg. de la chancellerie royale, ann. 1472-1473, indict. vi, fol. 171.

Nos, don Lop Ximenes Durrea, regni Sicilie vicerex.

Promictimo, per nomo et parti da la Majestati di lo segnor re, a vui, magnifico messer Raffaeli Vives, ambaxiaturi di lo serenissimo re di Portugallo, chi di li primi

---

[1] A la suite : « Dominus vicerex mandavit mihi Gerardo Aglata, protonotario. »

dinari chi nixiranno di la bulla si ha ad haviri da lo Santo Patre, concordata tamen chi sarrà la pachi infra li serenissimi re di Aragona et di Sicilia et la majestati di re Ferrando, si intrari chi vorrà, di l'una parte et lo serenissimo re di Tunisi de l'altra, dari et consignari dubli sessantamilia, valenti reale d'oro sessantamilia, oy luiri sessantamilia di monita reali di Valencia, di li quali vi donamo commissioni chi fazati a tutta vostra voluntati, per zoè pozati dari, permettiri, lanzari, insinezari et qualsivoglia altra cosa chi a vui sarrà benvista fari, per modo et forma chi la pachi sia conclusa, et li captivi chi teni lu dictu re di Tunisi siano liberati, in summa di chinco chento. Et vulimo chi, di li dicti sexantamilia dubli chi richiputo aviriti, in la forma predicta, per la redemptioni di li chinco chento captivi chi nexiranno per la pachi accordata infra li dicti serenissimi rei, non vi poza essiri domandato compto per nixuno di li officiali di la Majestati di lo segnor re, ne per altra via nixuna; per chi nostra incommutabili voluntati è chi non vi poza essiri domandato compto cussi como quilli may havissivo richiputo. Et tutto quisto vi promettimo per nomo et parti de lo segnori re, et juramo, in nostra bona fide et verbo regio, di tiniri et compliri tutti li cosi supradicti, et in nullo quilli con[tra]veniri, et essiri tenuto a tutto damno chi per tali contravencioni vui putissivo patiri. In cujus rey testimonium, presentes fieri jussimus, magno regio sigillo in dorso munitas.

Datum Panormi, die XX. mensis Novembris, VI. indicionis, millesimo quatricentesimo septuagesimo secundo. — Lop Ximenes Durrea [1].

XXIV.

1473, 19 décembre. A Palerme.

Ban du vice-roi de Sicile portant proclamation de la trêve conclue pour deux ans entre le roi d'Aragon, de Navarre et de Sicile et le roi de Tunis, et ordonnant d'observer fidèlement la paix dans les îles de Sicile, Malte, Gozzo et Pentellaria.

Palerme. Archives royales. Registr. de la chancellerie royale. Antoine Monacho, chanc., ann. 1473-1474, indict. VII, fol. 128 et 174.

Die XVIIII Decembris, VII indicionis. Magister Simon de Perino, publicus preco Panormi, retulit se de mandato illustris domini viceregis, emisisse et publicasse, alta voce, per loca publica et consueta Panormi, infrascriptum bannum, videlicet:

Sia manifestu ad omni persuna di qualsivogla statu, gradu et condicioni sia, comu, infra la Majestati di li signuri re et lu serenissimu re di Tunisi, è stata accordata, pactata et firmata treva, per anni dui continui et compliti, da incomenzari da lu primu jornu di Gennaro di lu presenti anno, VII[a] indictione; infra li quali dui anni, si ha di praticari e tractari la paci infra la predicta Majestati di lu signuri re et lu predictu serenissimu re di Thunisi. La quali treva duranti, li vassalli et subditi di la dicta regia

[1] A la suite : « Dominus vicerex mandavit mihi Gerardo Aglata, protonotario. »

Majestati non ponnu, nè divinu offendiri, nè dampnificari, in persuna nè in beni, in mari, nè in terra, li vassalli et subditi di lu dictu serenissimu re di Thunisi, nè loro mercancii, robbi, cosi et beni di qualsivogla specia et generacioni, dinari, joii, auru et argentu, navi, galeri, fusti, nè altri maritimi vasselli, nè qualsivogla altra loru cosa, directè ne indirectè. Et similmente li vassalli et subditi di lu dictu serenissimu re di Thunisi, in mari nè in terra, nun ponnu nè divinu offendiri, nè dampnificari, directè vel indirectè, in persuna nè in beni, li vassalli et subditi di la dicta regia Majestati, nè loru mercancii, robbi, cosi et beni, di qualsivogla specia et generacioni, dinari, joii, auru et argentu, navi, galeri, fusti, nè altri maritimi vasselli, nè qualsivogla altra loru cosa. Immo, l'una et l'altra parti pozanu liberamenti praticari, andari, stari et tornari al loru voluntati insembla in la terra et signuria di l'una et di l'altra parti, liberi et securi, comu si infra ipsi fussi bona amicicia et pachi, duranti li dicti dui anni di la dicta treva. Et pertantu, lu illustri et potenti signuri vicerè dichi et comanda à tutti et singuli chitadini, incoli et habitaturi di quistu regnu, Maltisi et Gozitani et di la Pantillaria, chi, sub pena di la vita et publicacioni di loru beni, digianu teniri, actendiri et servari ad unguem la treva predicta, duranti li dicti dui anni.

XXV.

1473, 23 décembre. A Palerme.

Lop Ximenès Durrea, vice-roi de Sicile, nomme Jacques Bonanno consul dans le royaume de Tunis, avec le droit d'instituer des vice-consuls, au nom des rois d'Aragon et de Naples, pour les deux années de la trêve récemment arrêtée et pour la suite, si le traité de paix dont on s'occupe est définitivement conclu.

Palerme. Archives royales. Reg. de la chancellerie royale, ann. 1473-1474, indict. vii, fol. 108.

Joannes, etc., vicerex, etc., magnifico viro Jacobo Bonanno, utriusque juris doctori, et ejusdem regni Sicilie magistro rationali, regio consiliario dilecto, salutem. Cum firmata noviter treuga inter nos, nomine et pro parte serenissimorum dominorum nostrorum regum patris et filii, et magnificum Sidibuta Zaralchardum, alcai di Tunisi, ut ambaxiatorem, ac nomine et pro parte serenissimi regis Tunisii, Mule Obtumen, pro dictis regibus et eorum subditis et vassallis, duratura per annos duos, a primo mensis Januarii proxime venturi in antea continue numerandos, nos, pro conservacione dicte treugue, ad ipsius ambaxiatoris supplicacionem, sibi licenciam et facultatem concessimus nominandi consulem in hoc regno suisque insulis coadjacentibus predictis subditis et vassallis regis Tunisii; ipseque de consensu et ordinacione nostra elegerit et nominaverit in consulem vos, eumdem magnificum Jacobum, supplicando ut, super his, opportunas provisiones faceremus exercendi et administrandi dictum consulatus officium per totum regnum Sicilie et insulas coadjacentes, cum juribus, jurisdictionibus, auctoritatibus et ceteris aliis ad hujusmodi officium spectantibus, sicuti et prout consules aliarum nacionum in eodem regno exercent et administrant; propterea nos, acceptantes et confirmantes dictam nominacionem, vos, eumdem Jacobum, in consulem dictorum omnium vassallorum et subditorum confluencium de cetero et commorancium sive transeuncium, durante treuga predicta et deinceps, si pacem que tractatur firmari contingerit, inter dictos serenissimos dominos reges et eorum subditos et dicti serenissimi regis Tunisi, in dicto toto regno et insulis coadjacentibus, creamus, facimus et ordinamus; disponentesque quod vos, prefatus Jacobus, dictum consulatus officium et nominacionem prefatam, nonobstante quod sitis regius officialis et consiliarius, possitis acceptare et exercere, cum facultate substituendi nomine vestro, in omnibus et singulis civitatibus et terris dicti regni vobis benevisis, substitutum et substitutos, qui, nomine et loco vestri, dictum consulatus officium exerceant et administrent, durante treuga prenominata et deinceps, si pacem que tractatur firmari contingerit inter dictos dominos reges et eorum subditos, ac cum omnibus juribus, preheminenciis, lucris, emolumentis, prerogativis, auctoritatibus et jurisdicione ad dictum consulatus officium spectantibus et pertinentibus, prout et sicut alii consules in dicto regno exercere et administrare melius et plenius consueverunt. Mandantes propterea universis et singulis dicti regni et insularum coadjacentium officialibus, quacumque dignitate fungentibus, et personis tam presentibus quam futuris, quatenus vos, prefatum Jacobum, in consulem modo premisso et enarrato, habeant, reputent atque tractent, et ab aliis faciant observari, prestantes vobis eidem Jacobo tamquam consuli in occurrentibus circa administracionem vestri consulatus officii, auxilium omne et favorem, prout ad unumquemque ipsorum spectabit officium, observantes prefatam nostram provisionem ad unguem, si gratia regia eis cara est, et penam unciarum mille pro quolibet cupiunt evitare.

Datum in urbe felici Panormi, die XXIII mensis Decembris, VII indicionis, MCCCCLXXIII. — Lop Ximenez Durrea [1].

XXVI.

1475, 8 juin. De Catane.

Lettre de Lop Ximenès Durrea, vice-roi de Sicile, au roi de Tunis, lui annonçant l'envoi à Tunis de Guillaume de Peralta, comme ambassadeur des rois de Castille et de Sicile, chargé de s'entendre avec lui au sujet de la prorogation de la trêve et de la conclusion définitive d'un traité. Instructions du vice-roi à Peralta pour son ambassade.

Palerme. Bibl. du sénat, Mss. de Rosario di Gregorio, 2, 2, G. 10. *Diplom. et bullæ*, 1416-1587.

I.

Serenissime et potentissime domine, post recommendationem.

Per alcuni facendi di non piccola importanza, concernenti lo servizio di la Maestati di lo serenissimo signore re di Castella et di Sicilia, suo figlio, et di la Serenità vostra,

[1] A la suite : « Dominus vicerex mandavit mihi Gerardo Aglata, protonotario. »

et lo comuni et universali servitio di li regni et vassalli di li ditti Maestati et di vostra regali persuna, tramittimo à quillo, per nostro ambaxiaturi, lo magnifico misser Guillelmo di Peralta, thesoreri generali di la prefata Maestati, cum nostri istruttioni, et per trattari de allongamento de la treva, et possirisi pluy commodamenti seguiri la paci; supplicamo la Regalità vostra li plaza à lo dicto magnifico thesoreri generali, nostro ambaxiaturi, donari in dubia fidi et credenza, como à la persuna propria nostra. Et si da nui li plazerà fazamo per suo servitio cosa alcuna, lo farrimo volentieri et di optimo animo et volontati.

Datum in civitate Cathanie, VIII. Junii, VIII. indictionis, MCCCCLXXV.

Pro sacra regia Majestate serenissimi et christianissimi domini, domini nostri regis Aragonum, Sicilie, Navarre, etc. — Regni Sicilie vicerex, Lop Ximenez Durrea[1].

II.

Memoriali et instruttioni commisi et commendati a vui, magnifico misser Guillelmo di Peralta, thesoreri generali di la Maestati di lo serenissimo signor re di Aragona, di Sicilia, etc., di quillo haviti di trattari cum lo serenissimo signor rè di Tunisi, per parte di lo illustre signor viceré di quisto regno, don Lop Ximenez Durrea.

1. Primieramenti, ricomandiriti lo ditto signuri viceré in gratia di lo dicto serenissimo, et offeriti di parti nostra di quanto poterimo fari et operari per sua Serenitati lu farimu cum prompto animo.

2. Appresso, explicati à la dicta Serenitati la bona et singulari voluntati teni la Maestati di lu signuri re et nui verso la paci trà sua Maestati et esso serenissimo, per lu generali et comuni beneficio et commodità di li genti et vassalli di li dicti signuri, li quali senza dubio havendo bona paci, et possendo securamenti traficari, trattari et negotiari, consequiteranno grandi utilitati, non senza beneficio et avantagio di li cabelli, dohani et dritti di la Maestati, et anchi di esso serenissimo rè di Tunisi.

3. Et perchi, per assai facendi d'importantia, et per la guerra di la dicta Maestati ha havuto con lo re di Fransia, fin' ora non è stato possibili tramettiri imbaxiaturi à lo ditto serenissimo per trattari la pace, farriti la excusationi di la Maestati di lo signor re et nostra; et dirriti non è restato per la volontati, ma solum per li occupationi di la guerra. Però, à lo presenti, chi al grandi et immortali Dio ha piaciuto exaltari et sublimari la sacratissima casa di Aragona di gloriosissima gloria et triumpho, et fari et ordinari rè di li regni di Castella la Maestati di lu serenissimo signor re di Sicilia, figlio di la ditta Maestati, la quali senza alcuno dubio hogi si pò diri essiri lu majuri re et più alto di la Christianità, per commissione di la ditta Maestati, havimo deliberato donari carico à vui, ditto magnifico, chi habeati à trattari et concludiri cum lo dicto serenissimo re treva, per altri due anni, per putiri più comodamenti trattari et pratticari di la pace et concordia trà la ditta Maestati et esso serenissimo re di Tunisi.

4. Et per quisto, per farsi la conditione di la pace megliu per l'una parte et per l'altra, essendo vui ditto magnifico con lo ditto serenissimo re di Tunisi, per nostra

[1] A la suite : « Dominus vicerex mandavit mihi Luce Pullastra. Dirigitur regi Tunisii. »

parti, proponiriti per ogni modo, et cum quilla diligentia sia possibili, di fari allongari et extendiri la treva trà li ditti signori re et soi vassalli, et maxime di quisto regno, per altri anni dui, computandi dal tempo chi sarrà finita et terminata la treva chi è à lu presenti. Et piacendo à lu ditto serenissimo, farriti et firmiriti da nostra parti quilli scripturi saranno necessari, et talchi li possamo fari intimari et publicari, et quilla si possa inviolabilmenti observari da tutti subditi et vassalli di la ditta Maestati, et presertim di quisto regno. Danduvi in quisto ampla et sufficientissima potestati, auctoritati et facultati cum li dipendenti et emergenti; et constituimmuvi imbaxiaturi per nostra parti, como vicerè di quisto regno, et habenti expressa licentia di la dicta Maestati, et ogni cosa pertinenti à la conclusioni di la dicta treva per anni dui, possati concludiri et trattari et firmari como farria la persuna nostra, et si nui personalmenti trattassimo la ditta treva et fussimo presenti cum lo dicto serenissimo re di Tunisi, per la causa preditta.

Datum in charissima civitate Cathanie, die VIII. Junii, anno à Nativitate Domini MCCCCLXXV. — Lop Ximenez Durrea [1].

XXVII.

1476, 7 février. De Palerme.

Lettre de Guillaume de Peralta et de Guillaume Pujades, ambassadeurs des rois d'Aragon et de Sicile auprès du roi de Tunis, adressée à un membre de la famille royale de Tunis, pour le remercier de l'intérêt qu'il avait apporté à la conclusion de la paix.

Palerme. Archives royales. Reg. de la chancellerie royale, ann. 1473-1476, ind. IX, fol. 194.

Magnifice vir regie, dilecte et amice noster carissime.

Richippimo una vostra littera, scritta in Tunisi à XXV di Novembre. Et intiso quanto ne screvete supra lo facto di la pachi infra li serenissimi signuri nostri re di Aragona et di Sicilia, e lo alto re di Tunisi, vi respundimo chi havimo havuto multo cara la opera et fatiga haviti portato per concludiri la dicta pachi, di la qual cosa vi laudamo et restamo contentissimi. Undi ni scriviti chi interea chi vui sarriti iza per referirndi [2] lu appuntamento haviti preso con lo dicto alto rè di Tunisi, ancorchi espirassi lo tempo di la treva, non volissimo consentiri si fazi novitati alcuna alli vassalli di lo dicto alto rè, nè chi si armino fusti contra ipsi, et si alcuna cosa si fachissi contra nostra voluntati, quilla fachissimo refari et satisfari à cui toccarà interesso, cussi como vui dichiti haviri provisto dal loco lo dicto serenissimo rè di Tunisi; vi respundimo chi nui, di la parti nostra, providirimo chi non si farrà novitati alcuna, nè consentiremo si armino fusti

---

[1] A la suite : « Dominus vicerex mandavit mihi Luce Pullastre. »
[2] Une copie porte : « riferirmi. »

contra li dicti vassalli; et tutto damno si fachissi al loro, farrimo satisfari, cussi vi incarricamo vugliati fari providiri per lo dicto serenissimo re di Tunisi, cumu nui ancora li scrivimo.

Ex Panormo, die VII Februarii, VIIII indictionis. A vostro honori,
Guillelmo de Peralta, Guillelmo Pujades.

XXVIII.

1479, 8 décembre. A Palerme.

Votes du conseil des notables de la ville de Palerme relatifs au traité de paix qu'il s'agissait de conclure avec le roi de Tunis.

Palerme. Archives royales. Registre d'Artale de Mignia, secrétaire, de l'an 1479, IX ind., fol. 53 v°.

Die mercurii, VIII Decembr., XIII indictionis, MCCCCLXXIX.

Fuit propositum per illustrem dominum viceregem de facto treuge seu pacis cum rege Tunesiorum, seu Saracenorum.

Illustris dominus Marchio est in voto quod detur licentia biremibus, que sunt ad presens armate, seu armande de proximo, quod possint accedere in Barbariam, cum fidejussionibus licitis et consuetis.

Illustris dominus magister Justiciarius est in voto quod fiat pax cum dicto rege Tunisii.

Illustris dominus comes Calatabellotte concurrit cum illustri domino Marchione.

Dominus Locumtenens concurrit cum illustri domino magistro Justiciario.

Illustris dompnus Petrus de Luna concurrit cum illustri domino magistro Justiciario.

Dominus Angelus Maza, unus ex judicibus magne regie curie, concurrit cum illustri domino magistro Justiciario.

Illustris dominus comes Sclafani, cum illustri domino magistro Justiciario.

Dominus Mossumeli, seu Manfrede, est in voto quod fiat pax, et quod provideatur de ambaxiatore sufficienti.

Dominus Raynaldus Subtili, unus ex judicibus magne curie, est in voto quod non fiat pax.

Dominus Jacobus de Bonanno, magister rationalis, concurrit cum illustri D. magistro Justiciario.

Dominus Joannes de Ansalono, alter ex judicibus magne curie, est in voto quod non tractetur pax nisi cum honore regio; verum si petitur pax ex parte regis Tunisii, et ipse offert restituere que accepit seu habet a vassallis regis, tunc fiat pax.

Dominus Prothonotarius est in voto, si pax potest fieri cum honore regio, quod fiat, quia videtur profigua.

Dominus Nicolaus de Sabia, judex magne regie curie, est in voto dicti magistri Justiciarii; verum tractetur cum honore regio, et sic etiam restituerint alii concurrentes cum dicto voto.

Dominus Chiminne concurrit cum illustri magistro Justiciario.

Dominus Pretor felicis urbis Panormi dixit quod vult conferre cum consilio Universitatis urbis, seu aliquorum officialium.

Nobilis Petrus Antonius de Imperatore, juratus Panormi, concurrit cum dicto domino Pretore.

Dominus Lucas Bellacera, magister rationalis, concurrit cum illustri domino magistro Justiciario.

Dominus Gibilline concurrit cum illustri domino magistro Justiciario, et aliis sequentibus votum.

Dominus Camarate est in voto quod fiat pax.

Dominus Advocatus fiscalis est in voto quod fiat pax, quia profigua.

Dominus Joannes de Villaragut, magister rationalis, est in voto quod fiat pax, verum tractetur cum honore regio.

Dominus Joannes de Valguarnera, filius primogenitus domini Asari, concurrit cum illustri domino magistro Justiciario.

Dominus Guido de Crapona, judex magne regie curie rationum, concurrit cum illustri magistro Justiciario.

Dominus Chifale est in voto quod tractetur pax.

Dominus Galiani concurrit cum illustri magistro Justiciario.

Regius Locumtenens in officio Conservatoris est in voto quod tractetur pax, verum cum honore regio.

Dominus Careni concurrit cum D. Camarate.

Dominus Jacobus de Chirco concurrit cum illis qui votarunt quod fiat pax; verum cum honore regio tractetur.

Dominus Scalette, dominus Aule, et dominus Rahalmutium, cum illustri domino magistro Justiciario.

Dominus Gilbertus Valguarnera et dominus Geronimus de [1] ...... concurrunt cum illustri domino magistro Justiciario.

Dominus Petrus Bonacolta concurrit cum illustri domino Marchione.

Dominus Nicolaus Sollima, cum illustri domino magistro Justiciario.

Dominus Petrus de Speciali, quod tractetur pax cum regio honore.

Dominus Rainerius Agliata, cum illustri magistro Justiciario.

Reliqui jurati Panormi concurrerunt cum domino Pretore.

Dominus Secretus Panormi, cum illustri magistro Justiciario.

Et post, illustris dominus Vicerex, auditis dictis votis, dixit quod alia die de his habebitur colloquium seu congregabit consilium.

[1] Lacune au registre.

VI.

ROYAUME DE MAJORQUE.

1231-1339.

I.

1231, 17 Juin. Cap de Perra, dans l'île de Majorque?

Traité en vertu duquel les Arabes du royaume de Majorque se soumettent à la domination de Jacques Ier, roi d'Aragon, comte de Barcelone, seigneur de Montpellier.

Paris. Bibl. impér., départ. des Mss. *Carton de Majorque.* Aujourd'hui Mss. latin n° 9261, charte n° 1.
Expédition originale de l'an 1281.

Hoc est translatum sumptum fideliter a quodam instrumento sigillato sigillo dependenti illustrissimi domini Jacobi, Dei gratia, regis Aragonum, bone memorie quondam, tenor cujus talis est :

1 [1]. In nomine Creatoris, ego alfaqui [2] Aboabdille Mafomet, filius domini alfaqui Abolança Aly Abineixem, alcady et alcaid insule Minoricarum, per me et per omnes senes et sapientes, et per totum populum et habitatores insule supradicte, presentes et futuros, habito consilio et voluntate omnium, et presentibus alfaqui Abolaçan Aly, fratre meo, et alfaqui Aboaçmen Abenhacam, et alfaqui Aboabdille Abenmomanna, et alcaid Abemodien Abnalhaçan, et alfaqui Aboaly Abenmoanna, et Aboabdille Abenuçaçiç, et Abealbeç Ibnap Abdulcarim, et Abulabez Ibnabenxerim, et Abuasmen Abenxeraicon, et Haron Abenresch, et Mucatrif Abingaçen, et Mahomad Abinçaquen, et Mahomad Abenbacar, et Huçayn Ibnalfi, et Mahomad Abençaida, et Aly Abenyahex, concedimus et recipimus in dominum naturalem et proprium vos dominum Jacobum, regem Aragonum et regni Mayoricarum, comitem Barchinonis et dominum Montispessulani, et heredes vestros tenentes regnum Mayoricarum; et nos facientes vobis homagia, fidelitates et juramenta, defeximus nos et renunciamus omnibus dominacionibus, convenienciis et fidelitatibus et juramentis que usque in hunc diem fecerimus alicui persone. Et per recognicionem dominacionis vestre et fidelitatis qua vobis tenemur et tenebimur, damus, concedimus et liberamus vobis in presenti potestatem castri

---

[1] Les numéros ni les alinéas ne sont à l'original de ce traité, ni aux originaux des traités suivants.
[2] Voyez ci-dessus p. 109, note 2.

de Majoricis; ita quod signum vestrum sive vexillum ponatur per manus quinque personarum vestrarum in sumitate castri, et clametur alta voce ab ipsis personis vestris nomen et dominium vestrum, et hoc facto reddatur castrum alfaqui qui modo est ibi, vel illi qui ibi erit substitutus, per nos et per vos confirmatus. Quam potestatem promittimus vobis dare et liberare, vel mandatario vestro, sine contradicto, singulis annis, semel in anno, quandocumque vos volueritis; set ille persone, reddito castro alfaqui, ut dictum est, statim repatriare teneantur.

2. Ad mayorem etiam recognicionem vestre dominacionis, promittimus vobis et heredibus vestris, vel mandatariis vestris, dare singulis annis nongentos almudinos ordei et centum tritici. In unoquoque scilicet almudino contineatur centum almudinos de mut abohaç, quos persolvemus in festo sancti Johannis mensis Junii, de collecta uniuscujusque anni; et centum cabeças inter boves et vacas qui sint de duobus annis usque ad sex, et trescentas cabeças inter capras et capronos, et ducentas cabeças inter moltones et oves; et duo quintaria de mantega, et habeat in quolibet quintario quatuor pesas; et bestiarium detur nuncio vestro singulis annis in mense Marcii, in littore maris, ante almudainam de portu Minoricarum. Quibus traditis mandatario vestro, ipse de cetero suis sumptibus et expensis custodiat supradicta.

3. Item, promittimus vos et homines vestros et res eorum juvare et deffendere bona fide, toto posse, contra omnes homines, et facere pro vobis et pro mandato vestro pacem et guerram, infra insulam nostram tamen; nec recipiemus aliquem cursarium vel inimicum vestrum in terra vel mari.

4. Item, si aliquid lignum Christianorum incurreret naufragium in insula Minoricarum, promittimus omnia bona illa colligere et servare et reddere domino suo vero, vel vobis, nisi dominus verus inveniretur. Et si forte esset lignum Sarracenorum, bona illa possimus requirere, et illa ponere in opere castri. Et eodem modo fiat, si lignum nostrum de Minoricis deveniret in aliquo loco dominacionis vestre.

5. Item, promittimus quod si captivus aliquis exiret vel fugeret de regno Majoricarum et veniret ad Minoricas, quod reddamus illum, nisi erit specialiter de insula Minoricarum; set de alio loco non teneamur.

6. Item, omnes quintas lignorum hominum terre vestre concedimus vobis quod eas habeatis. Set de aliis hominibus qui non fuerint de dominacione vestra, habeatis vos medietatem, et nos aliam medietatem ad opus castri. Que quinte colligantur per manum alfaqui qui est ibi modo et erit post ipsum.

7. Et nos, Jacobus, rex predictus, per nos et nostros heredes et nostros homines, promittimus vos omnes habitatores Minoricarum et singulos defendere et salvare et omnia bona vestra in terra et mari. Et per gratiam specialem et honorem quam vobis volumus facere, concedimus vobis quod nullus Christianus vel Judeus possit habitare continue in insula Minoricarum, nisi esset de voluntate vestra. Et propter hoc concedimus et confirmamus *pro* alfaqui super vos, in nostro loco, venerabilem et legalem alfaqui qui modo est ibi, nomine Aboabdille Abenixem, ut sit alfaqui in tota vita sua. Et post obitum ejus, liceat vobis eligere alfaqui de vobis aliis quem volueritis. Et sint semper alfaqui et alcayd et alcadi et almoxariff de vobis. Et quando elegeritis alfaqui,

faciatis nobis scire per vestrum nuncium et litteras, causa ut confirmemus ipsum; et nos debemus mittere nuncium nostrum tunc, qui accipiat juramentum ab illo, ut servet vobis omnia supradicta. Et si forte inter vos non concordabitis de eleccione, nos possimus eligere pro alcayd unum de vobis et constituere cum consilio senium vestrorum.

8. Item, concedimus et donamus vobis quod quandocumque aliquis vel aliqui vestrum venire volueritis in loco quolibet terre nostre causa negociandi, sitis salvi et securi, et franqui et liberi de pedatico et de leçda et de omni demanda que possit fieri causa mercantie.

9. Item, concedimus vobis quod quandocumque ligna Sarracenorum causa negociandi venerint ad *Minoricas*, dum ibi in terra vel in portu fuerint, non capiantur a nobis vel graventur nec ab hominibus nostris; sed, exito de portu, non teneamur inde.

10. Item, concedimus quod quilibet habitator Minoricarum, cum voluntate de alfaqui qui ibi fuerit, possit se transferre ad morandum ubi voluerit in terra Sarracenorum vel Christianorum. Et si venerit ad Mayoricas, quod sit de furo aliorum Sarracenorum qui fuerint de illa partida in qua venerit.

11. Item, promittimus quod si, eventu gencium vel inimicorum, auxilium vobis fuerit necessarium, quod, quando vestrum nuncium habebimus, succuremus vobis et faciemus vobis auxilium et deffendemus vos sicut nostros homines proprios; et quandocumque illum nuncium vos destinare oportuerit pro succursu exigendo et fuerit apud Mayoricas, quod ille qui teneat nostrum locum guidet illum et ducat illum ad nos salvum et securum.

12. Denique, promittimus quod si aliquis hominum nostrorum ceperit Sarracenum habitatorem Minoricarum, vel in loco aliquo terre nostre de cetero fuerit captivatus, reddemus illum absolutum et liberum cum omnibus rebus suis.

Datum apud Capud Petre, xv kalendas Julii, anno Domini millesimo CC° tricesimo primo.

Signum † Jacobi, Dei gratia, regis Aragonum et regni Mayoricarum, comitis Barchinonis et domini Montispessulani.

Hujus rei testes sunt : F. prepositus Tarrachonensis. Frater R. de Serra, commendator domus Templi Mayoricarum. Frater R. de Pelarrava. Frater Bn. de Altaripa. B. de Sancta Eugenia. B. de Foxa. Cainarius. G. R. de Pavo. Assalim de Gual. Sancius de Orta. P. Maça. Garcia de Orta. Dompnus Ladro. Lupus Ex. de Luçia.

Signum Guillelmi, scribe, qui, mandato domini regis et predictorum Sarracenorum, hanc cartam scribi fecit, loco, die et anno prefixis.

Signum Petri Mercerii, notarii publici Mayoricarum, testis. Signum Michaelis Rotlandi, notarii publici Mayoricarum, testis.

Nos, Poncius, Dei gratia, Majoricensis episcopus, notum facimus universis hoc presens transcriptum sive transumptum fuisse sumptum per manum Jacobi Mercerii, publici Majoricarum notarii, de quodam instrumento sigillato sigilo dependenti, bone memorie, domini Jacobi, Dei gratia, regis Aragonum, et secundum morem et formam qui et que consuevit servari in civitate Majoricarum in transcribendis instrumentis de suis originalibus; et quod tanta fides consuevit adhiberi sumptis seu transcriptis sicut originalibus suis, dum tamen sint sumpta et transcripta secundum dictum morem et secundum sollempnitatem per quam presens transcriptum est transumptum de dicto originali; et quod Petrus Mercerii et Michael Rotlandi, de quibus in presenti carta fit mencio et in ipsa subsignarunt, et etiam Jacobus Mercerii, qui hoc transcriptum scripsit et etiam subsignavit, erant et fuerunt notarii publici Majoricarum et officio notarie publice utebantur, anno et die quibus subscripserunt et subsignaverunt. In quorum testimonium, nostrum sigillum cereum presenti carte seu transcripto duximus apendendum.

Signum Jacobi Mercerii, notarii publici Mayoricarum, qui hoc translatum scripsit et cum originali instrumento comprobavit et clausit, XIII° kalendas Marcii, anno Domini millesimo CC° LXXX° primo.

Cum raso et emendato in linea XIII°, ubi dicitur *pro* et in linea XVII°, ubi dicitur *Minoricas*[1].

II.

1235, 10 septembre. A Iviça.

Pierre, infant de Portugal, seigneur du royaume de Majorque, donne à moitié fruit à des Sarrasins d'Iviça diverses fermes et hameaux lui appartenant.

Paris. Bibl. impér. Départ. des Mss. *Carton de Majorque.* Aujourd'hui Mss. latin n° 9261, charte n° 2. Original.

Hoc est translatum fideliter translatatum a quodam instrumento [sigillato] sigillo majori pendenti domini infantis, cujus tenor talis est :

Notum sit omnibus quod nos P., Dei gratia, regni Majoricarum dominus, per nos et omnes heredes et successores nostros, damus, concedimus et laudamus vobis Ablon et Mucatil, Zahale, Abdelle, Abendnet, et Mahomet, Abenhaten, et omnibus aliis Saracenis nostris de Balasia, qui fuerunt de Eviza, et successoribus vestris, in proprium, alcherias Gebilalqueren, et Bemmaymon, et rafal Benimarzut, que omnia sunt in portione nostra, in loco qui dicitur Exarq.; ita quod de cetero predictas alquerias et predictum rafal, cum domibus ejusdem et cum omnibus pertinentiis suis, cum terminis, terris, pratis, paschuis, herbis, aquis, lignis, vineis, arboribus diversorum generum, et cum omnibus ibi pertinentibus et pertinere debentibus ad predicta omnia de abisso usque ad celum, habeatis vos et vestri, teneatis, possideatis et expletetis in proprium; tali conditione quod non eligatis vel proclametis ibi alium dominum nisi nos et successores nostros. Et tam vos quam vestri dabitis nobis, vel successoribus nostris, bona fide, sine engano, medietatem omnium fructuum, panis, vini, olei et canabi et omnium inventionum, venationum et lucrorum terre seu maris que Deus vobis dederit. Et etiam dabitis bajulo nostro, quem vobis assignaverimus, pro labore suo, de quolibet parc

---

[1] Nous avons imprimé ces mots en italique dans notre texte, aux pages 183 et 184.

bovum duas quarterias panis de eo quem dederit vobis Deus; et servietis nobis, cum opus fuerit; et faciemus vobis expensas dum in nostro servitio fueritis. Promittimus vobis hec omnia supradicta facere, habere et tenere contra omnes personas in pace, absque aliquo contradictu. Datum apud Evizam, IIII° ydus Setembris, anno Domini M° CC° XXX° V°.

Signum P., Dei gratia, regni Majoricarum domini. Hujus rey testes : Domnus P. Alcala; M. Burgi Sancti Vincentii; P. Romeu; P. Ortiz; Garcia Lopiz; Domnus Monio; Menendus Garsie; P. Cervera; G. Exemeniz; Gilus Salviz; Michael Nuniz; Menendus Garsia; P. Eveyra; P. Giluz; Magister Bs.; Fernandus Organiz; Jacobus de Afarigio; Willelmus scriba; Gil Peleriz.

Signum Petri Iheris, notarii domini infantis, qui hanc cartam scripsit, cum litteris suprascriptis, in penultima linea ubi dicitur : « Et servietis nobis cum opus fuerit; et » faciemus vobis expensas dum in nostro servitio fueritis »; et eam propria manu clausit, loco, die et anno prefixis.

Signum Bernardi de Rupe, testis. Signum B...... testis.

Signum Guillelmi de Vilaselato, notario d'Eviza, pro magistro Johanne, qui hoc translatum de originali fideliter translatavit, VI kalendas Setembris, anno Domini M° CC° L° quarto.

III.

1237, 9 juillet. De Viterbe.

Grégoire IX charge Raymond de Pennafort, de l'ordre des frères Prêcheurs, son chapelain et son pénitencier [1], d'instituer un évêque dans le royaume de Majorque, nouvellement reconquis par le roi d'Aragon sur les Sarrasins. — Extrait.

Rinaldi, *Annal. eccles.*, 1237, § 27, t. XXI, p. 167. Ex lib. XI, ep. 159.

Gratias agentes gratiarum omnium largitori, qui, per charissimi in Christo filii nostri illustris regis Aragonum et aliorum Christi fidelium ministerium, propriam causam gerens, regnum Majoricarum dudum a Sarracenis invasum cultui restituit Christiano, ac volentes ecclesiæ Majoricanæ pastore carenti, quæ ad nos nullo medio pertinet, de persona idonea providere, per quam commissus sibi populus cœlesti irrigui foveatur homore, circumspectioni vestræ, de qua plenam fiduciam obtinemus, provisionem ipsius ecclesiæ duximus committendam. Quocirca, mandamus quatenus talem eidem ecclesiæ proficiatis in episcopum et pastorem qui tanto congruat oneri et honori; ac faciatis ei a suis subditis obedientiam et reverentiam debitam exhiberi, cui vos, fratres episcopi, etc.

Dat. Viterbii, VII idus Julii, [anno XI].

[1] Il fut créé en 1238 grand maître de l'ordre de Saint-Dominique.

IV.

1278, 13 juin. A Tunis.

Confirmation pour cinq ans, entre Yahia-el-Ouathec-Billah-el-Makloué, roi de Tunis, et Jacques Ier, roi de Majorque, comte de Roussillon et de Cerdagne, seigneur de Montpellier, du traité conclu en 1271 entre Jacques Ier, roi d'Aragon, son père, et le roi de Tunis[1].

> MM. Champollion et Reinaud, *Doc. hist. extraits de la Bibl. royale*, t. I, p. 87. *Collect. de doc. inédits concernant l'hist. de France*. Revu sur l'original de la Bibl. impériale de Paris. *Ancien carton de Majorque*. Aujourd'hui Mss. latin n° 9261, charte n° 8.

In nomine Domini, amen. Venit tempore hujus carte ad honorabilem curiam et excellentissimam Elluetich Bille Elmoad, gracia Dei, domini Elmiromomemni Ebolacrie filio Elmiremomemni, quem Deus foveat et crescat! Bernardus de Ulmis, miles, ambaxiator et nuncius domini Jacobi regis Majoricarum, comitis Rossilionis et Ceritanie, et domini Montispessulani, qui dixit et locutus fuit de pace quam fecerat pater ejus cum curia Tunicii supradicta, pro se et filiis suis, domino Petro et domino Jacobo, et pro suis magnatibus et aliis omnibus hominibus sue terre, pro observandis et complendis omnibus que continentur in presenti instrumento ipsius pacis, ut continetur in alia parte hujus carte. Et ipse ambaxiator locutus fuit ex parte dicti domini sui de dicta et pro dicta pace; et dominus rex Tunicii Elmiromomemni, maximus et honorabilis, autenticavit et voluit tali modo et forma quod debeat fieri et observari totum illud quod in dicta pace continetur.

1. Et ita quod omnes amici curie Tunicii sint ejus et suorum amici, et quod omnes inimici curie Tunicii sint ejus et suorum similiter inimici.

2. Item, quod si stolus honorabilis curie Tunicii fugaret aliquod lignum quod intraret in aliquem portum sive locum sue terre, quod ipsi non debeant illud deffendere; et quod si homines illius ligni descenderent in terram, quod debeat de eis fieri sicut in altera parte presentis instrumenti continetur.

3. Item, quod si aliqua navis vel aliquod lignum, magnum vel parvum, de gentibus dicti domini Elmiromomemni, vel ejus stolus, intraret in aliquem portum sive locum de suis terris, quod homines illius loci debeant eum deffendere et salvare.

4. Item, quod si aliquis stolus vel aliqua navis sive lignum, magnum vel parvum, intraverit in aliquem portum vel locum de suis terris pro colligendo aut accipiendo aquam vel victualia, vel aliquod infriscamentum, seu pro aptando aut reparando ipsam navem vel lignum, quod homines illius loci debeant eis dare et permittere accipere predicta, et libere emere res eis necessarias pro predictis; et quod sint salvi et securi in avere et persona.

5. Item, quod non permittent aliquos inimicos curie Tunicii emere vel vendere vel partem tenere cum eis, nec eos recipient vel mittent in eorum navibus sive lignis;

---

[1] Cette confirmation est écrite au bas de l'expédition authentique du traité de 1271.

et si facerent vel inveniretur quod facerent contra predicta, quod persona et avere eorum sit ad mandatum doane curie Tunicii, et ipsa doana possit inde facere quicquid velit.

6. Item, quod dictus dominus Jacobus debeat attendere et complere totum et quicquid comprehenditur et dicitur in dicta pace, quam fecit pater ejus, et in hac pace cum eo facta, sive fuerit amicus sive inimicus dicti sui fratris.

7. Item, quod omnes ejus mercatores debeant esse in tota terra dicti domini Elmiremomemni salvi et securi in avere et persona eorum. Et quod possint vendere mercationes eorum, et emere postea quas emere voluerint et portare. Et quod possint vendere et naulisare eorum naves et ligna. Et quod de directu et medio directu doane debeant facere sicut est actenus consuetum.

8. Et hec pax facta et firmata est per annos quinque.

Que omnia dictus ambaxiator et nuncius dicti domini Jacobi regis, pro parte ejus, firmavit et fecit, sicut habuit in mandatum a dicto domino suo.

Et etiam firmavit eam servus excellentissimi domini Elmiremomemni Ya-Ya Ebni Abidel Malech.

Et hec fuerunt diebus decem et octo primi mensis anni Sarracenorum, qui vocatur Moarron, sub annis DC. LXX. VII. Actum est hoc in domo dicti moxeriffi Tunicii, idus Junii, anno Domini M° CC° LXX° VIII°. Presentibus fratre Arnaldo de Furno et fratre Bn. de Sala de ordine Sancti Ffrancisci. Testes sunt Geraldus de Rivis, Raynerius Scorcialupi, Jacobus de Monte Acuto. Ego, frater Arnaldus de Furno, qui predictis interffui, pro me et fratre Bn. de Sala, subscribo.

Raynerius, filius quondam Scorcialupi, Pisani, imperiali auctoritate notarius publicus, predictis omnibus interffui et pro teste subscripsi. Signum Guillelmi de Bonastre, notarius publicus per dominum regem Aragonum in Tunicio, qui hoc scripsit et clausit loco, die et anno prefixis.

V.

1313, au mois de janvier. A Tunis.

Traité de paix et de commerce conclu pour douze années solaires entre don Sanche, roi de Majorque, comte de Roussillon et de Cerdagne, seigneur de Montpellier, et Abou-Yahia Zakaria-el-Lihyan roi de Tunis, par Grégoire Salembe, ambassadeur du roi de Majorque.

MM. Champollion et Reinaud, *Doc. hist.*, t. I, p. 300. Revu sur l'expédition originale existant à la Bibl. impériale. *Carton de Majorque*. Aujourd'hui Mss. latin n° 9261, charte n° 29.

Hoc est translatum, sumptum fideliter et factum a quodam instrumento arabico treugue, pacis et amicicie, facte et firmate per illustrem dominum Aboyahiam Çachariam, regem Tunicii, et per honorabilem Gregorium Salembe, missum sive nuncium, sindicum et procuratorem excellentissimi domini Sancii, Dei altissimi gratia, regis Majoricarum, comitis Rossilionis et Ceritanie, et domini Montispessulani. Cujus instrumenti, transumpti et conversi de arabico in linguam sive loquelam catalanam, sive catalaniscam, legente, interpretante et explanante Johanne Egidii, interprete sive turcimanno, qui linguam sive loquelam et litteram arabicam satis apte et perfecte scit et intelligit ac cognoscit, in omnibus et per omnia talis est :

En nom de Deu, piados et misericordios. Oratio fassa Deu sobr'el senyor nostre Mahomet è als seus parents è companyons, è saludem lo ab salutatio complida !

Aquesta es carta de pau benahuyrada, è es fermada per manament del senyor senyor nostre, lochtenent de Deu è princep nostre, l'exalçat per manament de Deu, el victorios per gratia de Deu, el Miramomeni Aboyahia Çacharia, fil del senyor nostre al-amir Abolabeç, fil dels amirs Artexedi, mantenga'ls Deus ab sa victoria! els alonch la sua bona ajuda et aja perdurabletat son regne, è mantenga á la universitat de la Morisma la lur gracia! Con sapiats qu'el alcayt honrat Gregori Salembe ar'es en Tuniç, guard la Deus! demanan la pau, que la volia fermar ab la alta senyoria, assegur la Deus! per aquel quil' trames, l'exalssat rey è de gran nomenada, en Sanxo, fil d'el exalçat rey è de gran nomenada, en Jacme rey de Malorcha, è de les altres (ilas) á aquela sotsjaens, è sots son regne è sots la sua obediencia, que fermas ab el sobre adobar los estaments è que anassen ab goig les lurs voluntats! segons qu'els mostra d'asso per procuratio publica de part d'aquel quil' tramet d'amunt dit; è que sia aquesta dita pau per temps de deu ans solars. E asso es vengut en lo mes de Febrer, en la primeria, lo començament del mes de Xuviel, de l'an de setcents è dotçe, es recontat en asso les covinences que d'aval s[on escrit¹]es, que sia :

1. Que tots aquels qui venran de la gent de Malorcha è de la sua senyoria, sien segurs de seguretat de Deu alt, en persona è en aver, en l'estament que sera vengut, è que estara; è comprant è venent en la ciutat de Tuniç, la qual Deus alt salvu! è en les altres terres, que ela guarde! ne anant á ela o vinent.

2. È á els no sia estesa ma, ne á els no sia negun greuge, per negun d'aquels de la Ciutat Alta d'amunt dita, ni per neguns altres lochs seus, losquals son sots ela, ni sots la sua obediencia, ni d'aqui avant conquistaran, ab voluntat de nostre senyor.

3. È auran fondech en la Ciutat Alta d'amunt dita, è en Bona², á lur estar apropriat á els. E á els, en aquel, no sera negun companyo sino á lur voluntat.

4. È auran consol, loqual sera jutge entr'eyls.

5. È auran forn en lo dit fondech.

6. È quan apparran en la [Ciutat Alta mal g]ens o malfeytors, de gents de Malorcha o de les sues partides, que no o sapie lo rey de Malorcha, no sia res dit ne demanat á negun dels seus mercaders en la Ciutat d'amunt dita per rahon d'aquela cosa.

7. È no daran als bastays qui portaran la lur mercaderia, la qual pervenia á els de la [marina³?], lo quart del loguer del careu qui aura aportada la sua mercaderia de la Goleta.

[1] La pièce a souffert en quelques endroits, où l'écriture est aujourd'hui illisible.
[2] A Tunis et à Bone.
[3] Cf. l'art. 19 du traité de Tunis avec l'Aragon, du 21 février 1314.

8. È si sera atrobada á negun dels mercaders neguna cosa amagada, á aquel no sia pres negun altre dret sino ço que acostumat es [de dee è de] feyt, è per asso negun altre greuge no li fos feyt[1]. E que no sia cercat lo fondech per neguna d'aquestes rahons.

9. Et tot ço que aduran de mercaderia á la Ciutat Alta, è á les altres terres sues, no paguen sino solament lo dee [en ço que vendran] de mercaderia; [è] mig dee d'argent è d'or[2]. E no li sia pres de sso que adura de forment è d'ordi[.... feyt] loqual es acostumat[3].

10. È sia abatut á els de les mercaderies que aportaran lo dret del rotol, qui era acostumat de dar en lo pes[4].

11. È quan alcu vendra alcuna mercaderia, è lo comprador la aura regoneguda, no la puga tornar, sino era encamarada è falsa.

12. È tot ço que vendran de lurs mercaderies en lassoch[5], de que agen pagat dret, no li sie pres megsen[6] ni s-neguna altra cosa.

13. È sia vedat á aquels qui volran ixir de la Ciutat Alta per corssejar en mar, sobre hommes de Malorcha è les altres gents sotsmeses á ela, en leyn gran o poch, de qualque maneria sia, vedament complit; è que sia tornat tot sso que aurien pres, d'aver è de pressones.

14. È axi deia vedar lo rey de Malorcha tots ceyls qui volguessen corssejar per mar sobre neguna de les gents de la Ciutat Alta, laqual Deus salvu! en leyn gran o poch, o de qualque altra maneria fos. E si negun n'ixia meyns de sa sabiduria, sia á el que li o vet, è que fees satisfer à aquels tot ço que aurien pres d'aver, ni d'ommes ni de fembres, è que negu no [........ 7] en leyn de corssaris, fins qu'en sien levades les coses que sien de cors.

15. È que negu no compre de les gents de Malorcha ne de les altres terres, de la dom qui corssejas sobre la Ciutat d'amunt dita, homens ne fembres, ne altres coses.

16. È atretal, la Ciutat Alta no compre homens ne fembres qui fossen preses, ni altres coses que fossen de Malorcha ne de les altres terres sues.

17. È tota nau que fos en lo port de la Ciutat Alta, o en altre port de les terres sues, á tots las gents de la Ciutat Alta o altres, sarrayns fossen o christians, qui anassen o venguessen, en neguna guisa, no'ls contrast negu á les gents de Malorcha en demanar viandes ni altres coses.

18. È atretal, tota nau que fos en lo port de Malorcha o en altres ports d'aqueles terres, en neguna guisa, no'ls contrasten á negun de la Ciutat Alta qui demanassen viandes o altres coses.

---

[1] Cf. Traité de Venise de 1438, art. 4, etc.

[2] Cf. les traités de l'Aragon avec Tunis : 1271, art. 23; 1314, art. 12.

[3] Cf. les traités de l'Aragon : 1271, art. 25; 1314, art. 13.

[4] Cf. l'art. 21 du traité d'Aragon de 1314.

[5] MM. Champollion et Reinaud : « en l'estols. »

[6] *Megzen, maczem*, probablement droit de magasinage. Cf. ci-après, p. 194, art. 4, et le traité d'Aragon de 1314, art. 23.

[7] MM. Champollion et Reinaud suppléent ici : « no puxc renegar »; nous préférerions : « no goze anar. »

19. È no fos fet á negu greuge de la dita Ciutat per negun hom de Malorcha ni per negun altre; è si o fos, lo rey de Malorcha li fassa satisfaction d'aquel.................. á de Malorcha, o que la doana lui fassa satisfactio d'aquel [1].

20. È que sien tenguts que no devalaron en les terres en que no a doanes, sino per necessitat d'exartia o de viandes, o per altres estruments que aguessen mester; [............. mas que aqui no] venen res, ne y compren [2].

21. È quan falira alcun leyn de les gents de Malorcha en la ribera de la Ciutat Alta, o en la ribera de les yles sues, o en riberes de les [terres sues], sien tengudes les....... .... è que sio reten totes les coses que la mar gitas en terra è tota la lur fusta [3].

22. È tots aquels de Malorcha qui fossen en leyns de Sarrayns, que los fos fet atretal.

23. È axi sia....... á tot leyn de la Ciutat Alta........................ [4].

24. È tota mercaderia que els aportassen è no la poguessen vendre ni espeegar, qu'els sia legut de tornar la en qualque terra se vulian, meyns de pagar al[cun... delme. E tot sso que conpraran? les patrons?.....] non pagaran dret ni mig dret [5].

25. È que no sia demanat á negu mercader sarray qui vaja á la Ciutat Alta o venga d'aquela, neguna cosa d'asso con novelament los demanen, sso es los dos è mig per centenar.

È asso fon testimoni sobr'el missatge Gregori Salembe de Malorcha d'amunt dit, procurador ab plen poder sobre sso que li era comes en aquesta carta, è el era en san estament, è en franch albitre. E hom qui era latinat en lengua sarraynesca, segons que oym d'aquel per qui corren los honrats manaments per les sues mans, guard lo Deus è'l fassa benahuyrat! dona licentia en testimoniejar aquesta pau beneyta.

È fo present á aquesta pau: frare Nycholau d'Amyon, è frare Romeu de Falchs, è en Bernat de Fonts, è en Jacme Rostaygn consol del rey d'Arago, è n' Orsset Testudinis, è en Lemo notari Escortxalupo, è Bernat de Bel-vey notari, è en Lorenç de Berga, escriva dels cavaliers christians, è en Johan Gil turcimayn, qui sobreveeren sobre la carta de la procuracio que avie aportada aquel Gregori missatge d'amunt dit, nomena en ela, el segel de cera que y era en ela penjant; è ligiren lo segel, è digueren è significaren que era verdader; aquels qui'l veeren digueren que era trames del rey de Malorcha, en Sanxo d'amunt dit, è certificaren la procuratio esser complida.

È de tot asso testimoniejaren al canelar de vint è tres dies de la quaresma axelsade en l'an de set cents è dotçe, sapie Deus la sua benedictio! E asso turcimanya turcimayn per los frares.

Fon testimoni de la carta, Mahomet fil de Abdelhach fil de Hissa, è l'altre testimoni

---

[1] Cf. les dispositions de l'art. 4 du traité d'Aragon de 1314.

[2] Cf. le second alinéa de l'art. 18 du traité de 1271 entre les rois de Tunis et d'Aragon.

[3] Cf. l'art. 21 du traité de 1271, et l'art. 9 du traité du 21 février 1314, entre Tunis et l'Aragon.

[4] C'est probablement la disposition des articles 6 du traité de 1271 et 5 du traité de 1314, conclus entre Tunis et l'Aragon, disposition qui assure la réciprocité de la protection à tout vaisseau musulman naufragé sur les côtes chrétiennes.

[5] Cf. l'art. 24 du traité d'Aragon de 1271 et l'art. 12 du traité de 1314. La réexportation en franchise des marchandises non vendues était assurée par tous les traités.

Abdella fil de Mahommet el Gorexi, è l'altre testimoni Mohamet fil de Hassen fil de Asmet fil d'En Aly Ellachhami.

Ego, Bonanatus de Turribus, presbiter, pro teste, subscribo. Ego, Bernardus de Ultzina, scriptor juratus fundici domini regis Aragonum in Tunicio, pro teste, subscribo.

Signum Bernardi de Pulcro-Vicino, notarii publici, auctoritate excellentissimi domini regis Aragonum in Tunicio, qui hoc translatum fideliter translatavit et fecit, et cum suo originali instrumento, legente et explanante dicto turcimanno, de verbo ad verbum legaliter comprobavit et clausit, Tunicii, sexto kalendas Februarii, anno ab Incarnatione Domini millesimo trescentesimo duodecimo.

Et postea, dixit dictus turcimannus quod illud quod superius dicitur de furno [1] non erat in dicto instrumento arabico, set hoc dixit dictus turcimannus de mandato dicti regis Tunicii et dicti alfaquini, qui precipiendo dixerunt quod illud quod dicitur de furno adderetur in dicto instrumento.

VI.

1339, 15 avril. A Tlemcen.

Traité de paix et de commerce, conclu pour dix ans, entre Jacques II, roi de Majorque, comte de Roussillon et de Cerdagne, seigneur de Montpellier, et Aboul-Hassan-Ali, roi de Maroc, par les soins d'Amalric de Narbonne et autres envoyés du roi de Majorque.

MM. Champollion et Reinaud, *Doc. hist. extraits de la Bibl. royale*, in-4°, t. I, p. 112.
D'après l'original catalan et arabe. Bibl. impériale. *Carton de Majorque.*
Aujourd'hui Mss. latin 9261, charte n° 37.

NOTA. Les deux textes originaux de ce traité sont écrits en deux colonnes sur la même feuille de parchemin. Le texte catalan, les signatures et les sceaux des contractants et témoins chrétiens sur la première colonne à gauche; le texte arabe, avec les signatures et les sceaux qui s'y réfèrent, à droite.

TEXTE ORIGINAL CATALAN.

En nom de Deu, sia á totz manifest qui aquesta carta veuran ni ausiran, co aquesta carta es assessegament de pau que es formada devant è per lo seyor don Abol-Chaçen Ali, per la gracia de Deu, rey dels Sarrains, fil del seyor rey dels Sarrains don Abu-Zayd, fil del senyor rey dels Sarrains don Abu-Juzeff Jacop, fil d'Abdelach, eyxals Deus son poder! è per sa voluntat atorgat entre eyl

TRADUCTION PAR M. REINAUD DU TEXTE ORIGINAL ARABE.

Au nom du Dieu clément et miséricordieux, ... que Dieu soit propice à notre seigneur et notre maître Mahomet, ainsi qu'à sa famille, et qu'il leur accorde le salut!

Savoir faisons à quiconque lira cet écrit noble, ou en entendra parler, que c'est un traité de trêve, d'amitié, d'alliance et de paix; ce traité a été fait en présence, par ordre et avec la permission de notre maître le sultan,

---

[1] C'est la phrase formant notre article 5.

è'ls nobles n'Almarich vescomte de Narbona, en Amalrich de Narbona, seyor de Talayra, en Dalmau de Castelnou, el honrat n' Uget de Totzo, missagers trameses ab plen poder per lo molt alt è molt poderos è vertader seyor en Jacme, per la gracia de Deu, rey de Malorcha, comte de Rosseylo et de Cerdanya, è senyor de Montpellier. Los quals demonditz missagers an poder conplit per fermar pau, segons qu'es contengut en una letra de cresensa que vench dins sagel de cera, è per lo poder donat á els per una carta scrita en pargami, bolada ab la bola del plom.

1. È esta carta e pau qu'el atorga è l'afferma lo seyor rey don Abol-Chaçen demondit, á tems de deu ayns, è ques comten á comte cristianesch, è comensa lo primers die de Mayg de l'ayn d'avayl scrit primer venens, sotz les condicions d'avayl scrites, sos á saber.

2. Qu'els sotzmeses de quascuna part d'els demonditz seyors reys, qu'els navegassen d'abdos partz, sien sals è segurs en bens e en persones, en nevelis, anant è venent, en mar è en terra, en portz è en totz altres locs è marines d'els demonditz seyors reys; è que d'asso demondit sia feta crida per los portz, è marines, è terres de quascun d'els ditz seyors reys, manan cascun d'els ditz seyors á lurs officials que la dita pau dejen servar è abtener per lo demondit temps.

3. Encara, que si per aventura negun

par la grâce de Dieu, émir des musulmans, Aboul-Hassan-Ali, fils de notre maître l'émir des musulmans, Abou-Sayd, fils de notre maître l'émir des musulmans Abou-Youssouf-Yacoub, fils de Abd-Alhacc, que Dieu élève son État comme il a élevé son pouvoir; de concert avec les commissaires nommés ci-dessous, à savoir, Amalric (Nemalryc), vicomte (biscond) de Narbonne, Amalric de Narbonne, prince de Thaleyra, Dalmaou de Castelnau, et Uguet de Totzo, investis des pleins pouvoirs, et envoyés par le sultan noble, généreux et loyal, don Jacques (Djacmé), par la grâce de Dieu sultan de Mayorque, comte de Roussillon et de Cerdagne, et seigneur de Montpellier (Monbeschlyer); ces commissaires représentaient le sultan de Mayorque, en vertu d'un écrit émané de lui et d'un acte de délégation, l'un et l'autre écrits portant l'empreinte d'usage.

1. Le traité a été ratifié par le sultan Aboul-Hassan susnommé, et celui-ci s'est obligé à l'observer comme les députés susnommés se sont obligés au nom de leur sultan susnommé don Jacques : ce traité sera d'obligation pour les États de chacun des deux sultans susnommés, pour ses sujets et pour tout ce qui se trouve sous son autorité, pendant un intervalle de dix années solaires, dont la première commencera au 1er du mois de Mai prochain, d'après la date du présent écrit, et aux conditions suivantes.

2. Les voyageurs pourront aller et venir des États de chacune des deux parties dans les États de l'autre, chargés de toute sorte d'objets, et garantis en leur personne, dans leurs biens, dans leurs navires et dans tout ce qui les intéresse, et cela par terre et par mer, dans les ports et ailleurs. Aucun homme de l'un des deux côtés ne pourra nuire aux hommes de l'autre, ni les inquiéter, soit à l'arrivée, soit au départ.

3. Si un navire de l'un des deux États, de

naveli de la una part ho de l'altra d'elsditz seyors reys ho venia meyns en qualque loch de les terres ho marines delsditz seyors reys, ho prenia terra per forsa de mar, que tot so quen restaurassen, ho restaurar pogessen, fos tornat ad aquel de qui seria, axi robes con persones, è totes altres coses, è asso engualment á quascuna de les partz.

4. Item, qu'els mercaders del seyor rey de Malorcha no traguen de la terra del seyor rey don Abol-Chaçen cavayls, ni armes, ni blat, ni cuyrs salatz ni adobatz, sos á saber : cuyrs de bous è de bachs; et totes altres coses hic pugen trar, que mercadaries sien, pagan les mercaders los dretz è matzems [1], segons costuma corrent en les terres del demondit seyor rey don Abol-Chaçen.

5. D'altra part, que á totz los corsaris sia deffes per los ditz seyors reys que no deyen dapnificar la una part ni l'altra. È si per aventura s'esdevenia qu'el dit manament delsditz seyors reys negun corsari trenquas è dan donava, que del dan donat deyen [2] los ditz seyors reys als malsfaytors fer fer esmena; è part l'esmena, deyen fer fer dels persones justicia, per tal que bona pau è ferma s'ensegesca entre los demonditz seyors reys de tot lo temps demondit entre eyls è lurs sotzmeses.

quelque espèce qu'il soit, fait naufrage, ou s'il est entraîné, soit par le vent, soit par la mer, sur les côtes de l'autre Etat, il y aura sûreté complète pour le navire, pour l'équipage, et pour les richesses, les marchandises et les approvisionnements qui se trouvent sur le navire. Tout cela sera remis au propriétaire, et on ne retiendra rien de ce qui lui appartient.

4. Les chrétiens des États de don Jacques ne pourront emporter des pays musulmans susindiqués, ni blé, ni armes, ni chevaux, ni peaux salées et tannées, provenant soit de vaches, soit de chèvres. Mais toutes les autres marchandises seront à la libre disposition des chrétiens, sous réserve toutefois des usages précédents, tels que péages convenables et droits établis, et cela pour toute l'étendue des États de notre maître [a] le sultan Aboul-Hassan, conformément à ce qui s'y est observé dans les temps passés. Aucune des marchandises exportées ne sera passible d'une augmentation de droits, et les chrétiens n'auront rien à donner de plus que ce qu'autorisent les usages.

5. De part et d'autre, on veillera à ce que ce traité n'éprouve pas de violation, ni qu'on ne s'éloigne d'aucune de ses dispositions, comme de donner lieu à quelque désordre dans les ports, de faire peur aux voyageurs, ou de se permettre un dégât quelconque. Si quelqu'un se porte à un acte de ce genre, son souverain fera faire les poursuites nécessaires, et obligera le coupable à réparer le mal qu'il

[a] Ces expressions *notre maître* pourraient faire croire que le roi de Majorque reconnaissait en quelque sorte la suzeraineté du roi de Maroc; mais ce serait une erreur. Il faut savoir qu'au moyen âge, dans ces sortes de négociations, chaque partie contractante s'attachait de préférence à la version rédigée dans sa langue, et faisait peu d'attention à l'autre version. L'expression *notre maître* se trouve aussi dans la version arabe des traités faits entre le sultan d'Égypte et la république de Gênes, qui certes n'était pas disposée à sacrifier son indépendance. Voyez à cet égard mes *Extraits des historiens arabes relatifs aux guerres des croisades*. Paris, 1829. (M. Reinaud.)

---

[1] Ou : *maczem*. Voyez ci-dessus, p. 190, note 6.
[2] A l'original : « deyen fer los ditz seyors reys als malfaytors fer fer. »

6. È totes les coses è les raons demondites è scrites, ferma è lausa è aproa è promet de fer tener et servar lo demondit seyor rey don Abol-Chaçen, è los ditz missagers per lo poder á els donat per lo molt alt è molt poderos seyor rey de Malorcha demondit, è prometen la pau è les coses desus dites fer tener è observar al demondit seyor rey de Malorcha.

È á mayor fermetat, lo seyor rey don Abol-Chaçen hi a scrit de sa ma è a y posat son sagel de cera; els demonditz missagers del demondit seyor rey de Malorcha hi possen lurs sagels. È qui scriure sap, scrisca son nom.

Ffeyt fo asso á la vila de Tremice, al palu del dit seyor rey don Abol-Chaçen, digous, á quinze jorns del mes d'Abril, l'ayn de M. CCC. trenta nou.

Nos, en Dal. de Castelnou, á mager fermetat de les razons demont dites, hi escrivem de nostra man è y pozam nostre segel.

Nos, Amalric de Narbaona et de Talaira.

(Au bas, quatre sceaux de cire plaqués, aujourd'hui détruits.)

6. De part et d'autre, les magistrats des pays de côtes apporteront une attention extrême à ce traité, et ils veilleront à son exécution. Le traité sera notifié des deux côtés, de manière à recevoir sa plus grande publicité; en sorte que, par un effet de la puissance du Dieu très-haut, les dispositions en soient parfaitement connues et observées.

En foi de quoi notre maître le sultan Aboul-Hassan a écrit son *élamé* [a] ordinaire, et a ordonné d'apposer son cachet. De leur côté, les députés et plénipotentiaires chrétiens susnommés ont apposé leurs sceaux [b], et ceux d'entre eux qui savaient écrire, ont écrit leurs noms.

Tout cela a été conclu le jour du jeudi, 5 du mois de Schoual béni de l'année 739, correspondant au 15 du mois d'Avril, style étranger, de l'année 1339 (de J. C.).

Écrit à la date ci-dessus.

(Au bas, un sceau plaqué sur papier et cire.)

[a] *Élamé* ou *alama*, sorte de paraphe renfermant une sentence pieuse. Voyez M. Reinaud, *Monuments arabes, persans et turcs du musée Blacas*, t. I, p. 107 et suiv.

[b] Le cachet du sultan existe encore; malheureusement il est trop fruste pour qu'on en puisse lire les légendes. (M. Reinaud.)

VII.

RÉPUBLIQUE DE VENISE.

1231-1540.

I.

1231, 5 octobre. A Tunis.

Traité de paix et de commerce négocié pour quarante ans par Pierre Delfino entre la république de Venise et le roi de Tunis.

MM. Tafel et Thomas, *Fontes rerum Austriacarum*, t. XIII. *Documents de Venise*, t. II, p. 303. Vienne, 1856. D'après le Mss. de Saint-Marc. Latin, n° ccxxx, fol. 64.

In nomine [Dei] pii et misericordis. Oretur ad Deum per dominum regem nostrum et prophetam Macumetum et genus suum et soccios ejus, [et] salvatione salventur.

1[1]. Hoc con instrumento paccis et hoc quod per contratum est confirmatum con Moradinis[2] per totum regnum Barbarie et inter Christianos Veneticos, pro infrascriptis pactis continetur, et hoc per manum et tratamentum legat[i] eorum Petri Delphini, missi ab eis; et quod Venetici concesserunt et firmaverunt quod idem tractaret per eos, et religaverunt ea que ipse religavit pro[p]tter eos, ut genus Veneticorum sit salvum quando pervenerit in regnum Barbarie, hoc est Barbarem; et securitatem [habeat] tam in terra quam im mare, in rebus et personis, secundum quod consuetum est consuetudinis pacis.

2. Et quando noceret eis aliquis de mercatoribus Saracenis vel de merchatoribus Christianis qui pacem haberent con Mordinis, et acciperent et caperent aliquid de eorum havere, in aliquo portu de portubus regni Barbarie, quod doana expediat eos jure et restituat predictam rem Veneticis.

3. Et habeant clibanum ad coquendum panem; et locetur eis balneum, quandocunque eis opus fuerit, secundum cursum consuetudinis eorum.

4. Et quod non accipiantur ab eis nisi decimum in mercibus venundatis, et medium

---

[1] Nous ajoutons les numéros aux articles de ce traité et des traités suivants.

[2] *Moradini*, et plus loin, art. 2, 9 et 13, *Mordini* et *Moardini*, est la traduction latine d'Almohades. On remarquera l'extrême incorrection du seul texte que nous ayons de ce traité.

decimum auri et argenti, ad quod consuetum est. Et non pertineat eis[1] aliquod aliud in doana, nisi quod constitutum [est] ad tursumanum[2] et [quod] certum [et usitatum est[3]] ab aliis Christianis.

5. Item, quod habeantur consules existentes in fontico eorum. Et quod quantum[4] contingerit jus aliquorum[5] Christianorum [ad] Venet[icum], transmitantur ad consules Venet[icorum]. Et similiter, [quando] Veneticus habebit aliquid jus ad aliquem Christianorum, transmittatur ad consules Christianorum.

6. Item, [quando] emergeret aliqua petitio inter mercatores Saracenos et Veneticos, non debet aliquis capi, nisi in quem pertinebat jure in proprio nomine. Et nullus eorum capiatur pro altero, nisi quando fuerit fidejussor rei. Et quando alliquis fuge[ri]t mercator con havere Saraceni, ut dux Jacobus Teuphulo Venetiarum expediat illud ab eis, con omni solennitate juris, quando inveniret et haberet habere quod a suo habere faciet rex emendari.

7. Item, quod de omnibus mercimoniis que vendiderint Venetici in caliga et extra per manum [de] trucimanis[6], quod fiat sub fidejussione doane. Et quod ad 15 dies fiat solutio eorum, ex quo vendiccio facta fuerit. Et quod non impediatur in vendicione que fecerint de rebus ejus; vel si voluerint illas res reddere, nullatenus eis aliquid dicatur, nisi per voluntatem eorum.

8. Item, quod nabullum de navibus quod possint trahere sine dando dricti de abere quod naulizabuntur[7].

9. Similiter, de navibus suis, quando vendiderint Christianis habentibus paccem cum Moardinis, non debent inde dare drictum. Et quando preparaverint se profisciscendi con suis navibus, non impediantur in aliquo, occasione navium Saracenorum.

10. Et quando mortuus fuerit aliquis de suis mercatoribus, ipsi Veneti in rebus metipsis quas dimiserit, nullatenus impediantur, et faciant in totum quitquid volunt.

11. Quantum aliquis de Saracenis aliquid jus in eo haberet, quod inde suppleatur ei jus. Si vero aliquid eorum non esset totum suum habere, fiat in custodia doane, donec specialle mandatum veniat a rege eorum.

12. Et quando aliqua navis de suis naufragium fecerit in terram regni Barbarie, fiat salvum totum quod inventum fuerit, et quod nemo impediat de eis in aliquo. Et si forte major pars hominum mortui fuerint, totum suum habere salvetur et dimittatur, et non impediatur in aliquo. Et si forte omnes morerentur, quod totum illud habere fiat sub custodia doane, donec venerint litere regis eorum, cui tribuantur.

13. Item, quod quando contigerint eis necessitas caristie per singulum annum vel

[1] Eis, s'entend ici des officiers et préposés de la douane arabe.

[2] Et mieux *ad tursumaniam*, ou *trucimaniam, torcimaniam*, le droit des drogmans ou interprètes.

[3] Le Ms. porte : « nisi qui constitutus Turcumanum et certus ab aliis Christianis ». Voyez pour le sens de cette disposition l'art. 10 du traité suivant de 1251.

[4] Pour « quando », comme à l'article 11.

[5] Pour « alicui ».

[6] Au Ms. « trucinis ».

[7] Cf. l'art. 14 du traité de 1251; l'art. 13 du traité de 1271; l'art. 13 des traités de 1305 et 1317, etc.

[plures] annos, et certum fuerit quod fame[m] habuerint, quod tradat[ur] eis per annum caricum [de] grano vel victuarias octo navium per annum famis, dum inveniretur granum ad tres bizantios de miliarensibus [1] usque ad tres et dimidium singullum caffisum et [de] caffisis moardinis; quod si forte ultra hoc pretium fuisset, non licet eis caricum. Et quando eis [dabitur] predictum caricum, quod non pertineat aliquid curie nec familiaribus, sed sine aliquo precio et servicio eis largiantur.

14. Et quando voluerint mercatores Veneti discari[ca]mentum rerum suarum, et habere caricia [2] et vastassos [3], quod valeant habere; et nullo modo contradicatur eis. Et quod valeant habere scribanum Christianum suum in doana, ad eorum voluntatem.

15. Et quando venerit navis de curso vel gallea ex civitate Venetiarum, et noceret alicui Saracenorum, quod non impediatur Veneticus occasione cursariorum, in personis et rebus. Et quando exiverint cursarii de Venetiis, navis vel galea sive aliquod lignum aliud, vel de propinquis partibus ejus regni, et nocebit alicui Saracenorum de regno Barbarie, in terra sive in mari, quod rex eorum expediat eos a nocentibus, si inveniret vel respiceret ut haberet aliquod habere quod ab eo emendaretur.

16. Et quando pervenerit genus Veneticorum ad vendicionem faciendam et cumparandum [4] in locis ubi fuerit doana, in regno Barbarie, quod non impediantur ad hoc.

17. Item, quod de fontico quod est a nome [5] eorum non introeat in illud aliqui[s] ad habitandum, nisi de heorum voluntate.

18. Hoc totum religatum est pactum pacis, ad hec omnia suprascripta, usque ad terminum quadraginta annorum, a termino hujus et presentis privilegii.

Ad hec testificavit omnia et testatus est senex felicissimus, altus, benedictus, triumphator, gloriosus, benignus et gratiosus, fortunatus, laudabilis et sapiens vir, Himina Hamedus, filius senioris, benigni, bone memorie, et benedicti, virtudiosi, quando sanctificati, salvet Deus altitudine[m] ejus et prosperet ac permaneat eorum generosum! con testimonio ejus ad hec, et ad christianum Petrum Delphinum, predicta que in hoc dicta sunt per intra.... [6] et per turcimanum Saracenorum, ad confermationem et ad raccionem obedientie ejus Petrus, quod hec omnia concessit.

In termino decimo dierum Metromacharum [7], de anno vigessimo nono sexcentessimo Macumeti prophete.

[1] Au Ms. : « misiensibus ». Cf. l'arf. 21 du traité vénitien de 1251 et l'art. 13 du traité génois de 1250, pour la restitution du mot *miliarensibus* et pour le sens général de l'article.

[2] Des canots pour débarquer les marchandises.

[3] *Vastassi*, ou *bastasi, bastasii, bastaxi*, des portefaix. Cf. les traités suivants de 1251, art. 25; de 1271, art. 23; de 1305 et 1317, art. 25; de 1356, art. 4 et suiv.; de 1392, art. 24; et les traités pisans, imprimés ci-dessus, p. 33, 81.

[4] Cf. le traité vénitien de 1251, art. 19. Au Ms. « cumparanda ».

[5] Forme vulgaire, pour « ad nomen. »

[6] Sans doute : « interpretem ». — A la seconde ligne au-dessus : « eorum generosum! », est pour : « eorum genus! »

[7] Il est probable qu'il s'agit ici du mois de Moharrem, premier mois de l'année arabe, et qu'au lieu de *metromacharum* on doit lire *mensis Moharrem*. Mais il resterait à expliquer une difficulté. D'après les tables de l'*Art de vérifier les dates*, l'an 629 de l'hégire commença le 29 octobre, et la date chrétienne indiquée à la fin du traité porte que l'acte fut conclu le 5 octobre.

Testes : Abdissalle et Benassa et Lucursa Abdirame et Delinadessare et Bembuchasse et Soami Abdella et Herisissim et Termini Larchati Machumeti et Beni et Delumona et Ben Scienctile.

Actum est hoc in civitate Tunixi [1], anno Nativitatis Domini MCCXXX primo, indicione quarta, quinta die in proeunte mensse Octobri.

II.

1251, 1er avril. A Tunis.

Traité de paix et de commerce pour quarante ans entre Marin Morosini, doge de Venise, et Abou-Abd-Allah el-Mostancer-Billah, roi de Tunis et de Tripoli, négocié à Tunis par Philippe Giuliani, ambassadeur vénitien.

Venise. Archives générales. *Libr. Paetorum*, I, fol. 164 v°; et *Libr.* II, fol. 3. Publié par nous dans la *Nouvelle Revue encyclopédique*, t. II, ann. 1847, p. 130;
publié par MM. Tafel et Thomas, *Font. rer. Austr.*, t. XIII. *Doc. de Venise*, t. II, p. 450.

In nomine Dei pii et misericordis.

Hec est pagina bene fortunate pacis, formate inter dominum mirum Boabdilem, soldanum Barbarie, filium alti et potentis miri, Buccacharium, bone memorie, filii alti et potentis ac sapientis seni Boaomet, filii alti et potentis ac sapientis seni Ebenebiafes, ex parte una, et inter magnificum seu inclitum dominum Marinum Maurocenum, ducem Veneciarum, ex altera, per manum videlicet Bochomem, gaytum doane, et mandato ejusdem soldani miri Boabdile, et per manum nobilis ac sapientis viri Phylippi Juliani, legati ejusdem domini Marini Mauroceni, ducis Veneciarum, qui ad hec destinatus fuit Tunissum ab ipso domino duce, pro requirenda seu reformanda pace atque firmanda secum usque ad terminum annorum XL, ab incarnatione [2] anni quo presens pactum conscriptum fuit. Per cujus pacis vinculum, universum genus Venetorum salvum atque securum fore debet ubique per totum dominium regni ejus, prout infra per capitula sequentia plenius demonstratur.

1. Hoc est, quod homines Veneciarum in mari et in terra, jubet prefatus soldanus per totum suum regnum quod debeant esse, tam a Barbaris quam ab aliis gentibus cujuscunque generationis sint, salvi et securi, in personis et rebus suis; et eos et res ipsorum in sua soldanus recipit protectione. Et quando nocebit ipsis Venetis aliquis ex mercatoribus Sarracenis, vel de mercatoribus Christianis qui pacem habebunt cum Moadinis, et accipient eis aliquid de ipsorum avere, vel capient aliquem ipsorum in aliquo portu de partibus regni Barbarie, doana debeat eos expedire jure, atque restituere sibi perdita et ablata.

[1] Au Ms. : « Tuxim ».
[2] Plutôt : « ab inchoatione. »

2. Et habere debent clibanum ad coquendum panem in suis fundigis.

3. Et fundiga habere libere debent deputata ad suum nomen, et pro suo habitare. Et nemo ausus sit intrare in ipsa fundiga ubicumque fuerint per totum suum regnum, nisi cum sua voluntate ad habitandum. Que quidem fundiga, doana quotiens fuerit oportunum facere debeat reaptari.

4. Et dominus dux Veneciarum per suam voluntatem constituere suos consules in eisdem fundigis debet, ad faciendam rationem et justitiam inter homines Veneciarum, et eos regendum.

5. Item, habere debent scribanum Christianum ubicumque fuerit doana, in ipsa existentem ad suam voluntatem.

6. Item, balneus concedatur seu preparetur hominibus Veneciarum, quandocumque eis oportuerit, absque precio.

7. Et de rebus seu mercationibus ab eisdem venditis non debet eis tolli de dricto, nisi decimum.

8. Et de auro et de argento quod homines Veneciarum ad cecham vendiderint, nullum datium solvere debeant curie vel doane, nec in venditione nec in emptione.

9. Et de perlis atque lapidibus preciosis aut aliis zois omnibus quas Veneti soldano vendiderint, simili modo nullum datium aut drictum persolvere debent, nec in vendendo nec in comparando.

10. Et dona vel datium aliud non debent tollere nec habere ab hominibus Veneciarum, nisi quia turcimanni habere debent ab ipsis id quod soliti sunt, et quod certum et usitatum est ab aliis Christianis [1].

11. Item, quando aliqua petitio seu questio emergeret inter mercatores Sarracenos et Venetos, non debet aliquis capi pro eo ex Venetis, nisi ipse qui ei pertinebat jure in proprio nomine. Et nullus eorum capiatur pro altero, nisi quando fuerit fidejussor ei.

12. Et quando aliquis merchator Veneciarum fugerit cum avere Sarraceni, dux Veneciarum, dominus Marinus Maurocenus, expedire debeat illos ab eis cum omni sollempnitate juris, quando inveniet et habebit de ipsorum avere de quo faciet eis dictam emendam.

13. Et de omnibus mercimoniis quas vendiderint Veneti in caligo [2] seu extra, per manus de turcimanis, usque ad quindecim dies fieri solutio debet suprascriptarum mercimoniarum, postquam venditio facta fuerit; et esse debent fidejussores doane [3], ita quod non inpediantur in venditione quam fecerint de dictis rebus suis; quas si noluerint vendere quod sibi restituantur; et nullatenus eis aliquid dicatur ex inde aliquo modo vel occasione, nisi cum sua voluntate.

14. Item, similiter, homines Veneciarum possint et debeant extrahere nabulum suarum navium absque datio seu dricto de avere quod naulizabunt.

---

[1] Cf. l'art. 4 du traité de 1231.

[2] Pour *caliga*, à l'enchère. Art. 7 de 1231.

[3] C'est-à-dire que la douane arabe répondait aux Chrétiens du prix des marchandises qu'ils avaient vendues par son intermédiaire, ainsi qu'il est plus clairement exprimé dans les traités génois de 1236, art. 7, et de 1250, art. 6.

15. Item, similiter quando vendiderint homines Veneciarum naves suas Christianis habentibus pacem cum Moadinis, non debeant ex inde dare drictum.

16. Et quando preparaverint se ad proficiscendum cum suis navibus non impediantur in aliquo, occasione navium Sarracenorum.

17. Et quando mortuus fuerit aliquis de mercatoribus Veneciarum, ipsi Veneti qui presentes fuerint ad ipsius obitum intromittant ipsa bona que demiserit idem defunctus; et ea omnia dominentur; et nullatenus impediantur, et faciant inde totum et quicquid voluerint; salvo tantum quantum aliquis Sarracenus jus habebit in illis de quibus ipsum jus eidem suppleatur. Si vero aliquis cum ipso defuncto non fuerit[1], totum suum avere fiat in custodia doane, donec speciale mandatum veniat a duce eorum quid inde debeat fieri.

18. Et quando veniret navis de cursu vel galea extra civitatem Veneciarum, et noceret alicui Sarracenorum, homines Veneciarum non impediantur occasione corsariorum in personis nec rebus. Et quando exirent corsarii de Veneciis cum nave vel galea sive aliquo alio ligno, vel de propinquis partibus sibi subjectis, et nocebit alicui Sarracenorum de regno Barbarie in terra seu in mari, quod dux eorum expedire debeat ipsos Sarracenos a nocentibus si inveniet, et habebit de illorum avere unde possit satisfacere eis.

19. Et quando pervenerit genus hominum Veneciarum ad venditionem faciendam et comparandum in locis quibus fuerit doana, in regno Barbarie, quod non impediantur ad hec.

20. Et quando aliqua navis hominum Veneciarum naufragium passa fuerit in terra regni Barbarie, debet esse salvum totum et quicquid de suis rebus evaserit de mari; et nemo impedire debeat eos in aliquo. Et si forte major pars hominum navis ejusdem mortua fuerit et aliquis eorum salvabitur, totum et quidquid salvabitur de avere et rebus omnibus dicte navis ei dimittantur et non inpediantur in aliquo. Et si forte omnes morerentur, totum illud avere seu res fiat sub custodia doane, donec litteras mandet dominus dux Veneciarum significans cui ea tribuantur.

21. Item, quando contingerit quod apud dictos Venetos erit karistia frumenti pro quolibet anno seu annis dummodo certum fuerit quod karistiam habeant, libertatem habere debent homines Veneciarum caricandi duodecim naves ubicumque voluerint per totum regnum Barbarie jam dicti soldani, de frumento seu quocumque alio victualio aut blado, donec invenietur granum ad bisantia tria de milliarensibus, vel usque ad tria et dimidium, pro quolibet gasiffo[2] de gasiffis moadinis. Quod si forte ultra hoc precium ascenderit, non licebit eisdem Venetis habere dictum frumentum seu bladum. Et quando dabitur eis libertas tollendi predictum frumentum, non pertinebit inde aliquid curie nec familiaribus ejus, sed sine aliquo precio[3] et servicio eis concedi debet.

---

[1] C'est-à-dire, si le marchand mourait en un lieu où il n'y eût pas d'autres Vénitiens. Cf. l'art. 16 du traité de 1271.

[2] *Gasiffum*, altération chrétienne du mot *cafisium*, le Cafis, mesure arabe.

[3] En sus du prix d'achat. Cf. sur la disposition générale ci-dessus, p. 118, note 3.

22. Mandat similiter atque precipit suis subditis civitatum et locorum sui regni, et specialiter in Tripuli et in Buzea, ut homines Veneciarum sint salvi et securi in personis et rebus; et non compellantur ad solvendum in ipsis terris de rebus et mercationibus suis et pecunia, nisi tantum quantum solvitur in Tunixio.

23. Et quando contingerit quod aliquis Christianorum habebit jus super Veneticum, convenire seu vocare ipsum debet ante consulem Venetiarum. Et quando similiter Venetus habebit aliquod jus contra aliquem Christianorum, transmittatur ad consules Christianorum.

24. Item, quando mercatores Veneti suas res et mercimonia vendiderint ubique per regnum Barbarie, et solverint ex inde drictum in doana, ipsa doana litteras eis concedet ut, absque datio amplius solvendo seu dricto, acceptam pecuniam de venditione ab ipsis facta, secum possint libere deportare ac implicare seu investire apud quemcumque locum voluerint regni ejus.

25. Et quando mercatores Veneciarum voluerint facere discaricamentum et caricamentum rerum suarum et avere charabos et bastasios, habere debent ad suam comoditatem; et nullo modo contradicetur eis.

26. Item, plumbum extra gabellam esse debet pro hominibus Veneciarum, et libere comparare debent ubique dictum plumbum, per totum suum regnum.

27. Et ecclesia de fundico quod est deputatum ad nomen hominum Veneciarum apud Tunissum pro sue voluntatis arbitrio aggrandari et reformari debet.

Hec capitula sunt pacti et bene fortunate pacis que petit vir nobilis atque sapiens Phylippus Julianus, legatus incliti ducis Veneciarum, magnifico seu potenti domino miro Boabdile, soldano Tunissi.

Que quidem pax de mandato ipsius soldani tractata et firmata est per manum Bechomem, gayti doane, et per manum nobilis antedicti Phylippi Juliani, legati prefati domini Marini Mauroceni, potentis atque magnifici Veneciarum ducis, ad hec transmissi ad presentiam ipsius soldani, ad terminum annorum XL. primorum; in presentia Moabdorum subscribendorum, qui dicta omnia et singula contestantur super jam dictum gaytum et super dictum legatum domini ducis Veneciarum antedictum, ex voluntate et conscientia utriusque, die primo mensis Aprilis, percurrente anno quingentesimo [1] XLVIIII. Maumeti prophete.

Testes : Abderamen filius archiepiscopi, Boabidile Ebenziet Elle, Boabdile Susi, Bolcasse Benbara, Boatmet, Eben Erasse, Bolcassen El Moreisse, Bollabesse Elorbosi, Bellasen Ebenemiame, Boabidile Ebenerasse.

Actum est apud Tunissum presens pactum, in aula regia, percurente anno ab Incarnatione Domini nostri Jhesu Christi, millesimo ducentesimo, quinquagesimo primo, mense Aprilis, die primo, per indiccionem nonam.

[1] Lisez : *sexcentesimo*.

III.

1271, au mois de juin. [A Tunis.]

Traité négocié par Jean Dandolo, ambassadeur vénitien, renouvelant pour quarante ans le traité de 1251. Lettre d'Abou-Abd-Allah-Mahommed-el-Mostancer-Billah, roi de Tunis, à Laurent Tiepolo, doge de Venise, précédant le traité[1].

Venise. Archives générales. *Libri Pactorum*, I, fol. 165 v°, lib. II, fol. 4 v°. MM. Tafel et Thomas, *Fontes rerum Austriacarum*, t. XIV. *Doc. de Venise*, t. III, p. 118.

I.

In nomine Dei et sui missi Machometi. Et laudem Dei et benedictionem ejus habeamus.

Ex parte servi Dei, Machometi et Mirimamoni, quem Deus adjuvet in victoriis suis et eum manuteneat per potentiam suam! Ista littera venit judici civitatis Veneciarum, et illi qui est pro regere proficuum terre, videlicet Laurentio Teupulo, quem Deus manuteneat in altitudine sua et compleat status suos! Mittimus quidem vobis litteram nostram de statu nostro Tunixi, quem Deus manuteneat per suam sanctissimam potenciam! et regraciamus Domino Deo de potentia boni quod habemus; et facimus vobis notum quod vester nuntius, Joannes Dandulus nomine, junxit ad nos et nobis dixit secundum quod vos dixeratis eidem, cui nos diximus ea que volumus quod vobis dicat cum gratia Dei soli. Facta fuit ista littera XXII. mensis Sauel[2], qui est mensis Saracenorum, tempore Mahometi currente DC. LX. VIIII[3], secundum cursum Saracenorum, et currente secundum cursum Christianorum M° CC° LXXI°, mensis Junii[4].

II.

In nomine Dei pii de pietosis in laudem Dei, Machometi, prophete humilis, super omnes societates suas Sarracenorum. Ista littera est ad renovandum pacem que erat ligata per preceptum domini nostri caliphe, qui se regit cum Deo, Miramamoni Abo Abdale Ebnolomera Rasidin, quem Deus manuteneat in victoria sua et salvet per suam potenciam, et manuteneat benedictionem Dei super Sarracenos! Et pactum quod olim fuit factum duraturum usque ad annos XL, quod factum fuit die VI. intrante Maaram, annis DC. XLVIIII.[5] de Machomet, cum Venetis, renovamus et affirmamus usque ad

---

[1] Les deux documents formaient une seule et même pièce. Ils sont précédés de la note suivante dans le livre des Pactes : « Hoc est pactum regis Tunixi, quod fecit domino Johanni Dandulo, » ambaxatori domini ducis, quod fuit translatum de saraceno in latino apud Venecias. »

[2] Le mois de Schoual.

[3] Ainsi au registre Ier des Pactes, ce qui est la bonne date. Au registre II et à l'édition de Vienne, DC. LX. VIII.

[4] Au registre Ier des Pactes : « M° CC° LXXI°, primo mensis Junii; » ce qui paraît une erreur.

[5] Marin a lu 640.

complementum de xl. annis Sarracineschis, sicut in alio pacto olim facto continetur in millesimo cc.xli[x.] quod recordavimus antea, pro ampliare eorum voias omnes et pro complere suas sperancias; ita quod current per proficuum suum pro ligatione scripta in ista carta. Et hoc erit pro mercatoribus terre Veneciarum in temporibus in quibus descendent ad terram Tunixi, quam Deus manuteneat! et ad alias terras ad quas habebunt licentiam eundi.

1. Et erunt salvi et securi in personis et havere. Et si veniret eis aliquod nocumentum vel enganum a Saracenis vel a Christianis, qui stant in pace Tunixi, erit facta ratio et vindicta bene et complete. Et si quid ipsis acceptum fuerit, erit bene redditum; ita quod nihil amittent.

2. Et ubicumque homines Veneciarum venient in terris in quibus erit eis licitum ire, habebunt furnum ad coquendum panem suum et fonticum pro suos hospitare, ita quod nullus cum eis stabit, si ipsi noluerint; et eis fient que fuerint necessaria bene et complete.

3. Item, conducent secum consules pro justicia reddenda inter eos in omnibus terris ad quas fuerit eis licitum ire. Et conducent unum scribanum per omnes terras dominii mei ad quas ibunt pro facere eorum rationes de eo quod dare et recipere deberent ad doanas et pro custodire bona ipsorum.

4. Item, licentiam habeant eundi ad balnea, quandocumque voluerint, secundum quod antea consuetum erat per consuetudinem veterem.

5. Et de omnibus mercationibus quas Veneti comparabunt et vendent, non solvent nisi decimum, secundum usançam propriam.

6. Item, de auro et de argento quod adducent et vendent ad cecam, quam Deus manuteneat! non solvent aliquod datium, sicut stetit usança.

7. Et si adducent perlas, rubinos, petrarias[1] aut alias çoias, occasione presentandi, similiter nihil solvent.

8. Et facta eorum current secundum consuetudinem doane et sicut alii Christiani, sine alio adjungimento.

9. Item, quod nullus Venetus, occasione aliqua, compelli debeat ad solvendum aliquid pro aliquo alio per fraudem quam fecisset doane vel alicui Sarraceno, nisi forte antea fecisset securitatem pro eo.

10. Et si quis Venetus remanebit debitor doane vel alicui Sarraceno et fugerit, consul faciet rationem pro eo et solvet pro eo.

11. Item, omnes mercatores qui vendent suas mercationes in caligam, vel per manus de missetis[2] recipient solutionem a die qua vendent usque ad quindecim dies.

12. Et nullus mercator astringetur vendere mercationes suas; sed vendere possit id quod voluerit et retinere etiam id quod voluerit.

13. Item, domini lignorum de eo quod nauliçabunt ligna sua possint emere mercationes ad tantum quantum ascendet id quod habebunt de naulo, non solvendo aliquod decimum vel dacium.

---

[1] Pierreries. Au Ms. « predarias. » — [2] Intermédiaires, courtiers.

14. Item, si aliquis Christianus, qui sit in pace, vendet lignum suum alicui homini qui sit in pace nobiscum, nullum datium solvet de ipsa venditione.

15. Item, quando ligna sua parata erunt ad recedendum, non habebunt aliquod impedimentum a nobis.

16. Insuper, si aliquis Venetus mercator obierit et dimittet aliquid havere, si in presentia mortis sue fuerit aliquis Venetus, recommendabitur illud havere illi Veneto in sua fide usquequo adjunget preceptum sui domini quod voluerit quod faciat de ipso havere. Tamen, si defunctus fuerit debitor aliquibus, solvantur de havere suo debita ejus. Et si quis Venetus non erit in presentia mortis ejus, havere quod remanebit ponatur in dohana in salvamento, usquequo dominus ejus mittet ad accipiendum ipsum havere, et tunc dabitur.

17. Item, si aliquod lignum propter fortunam maris ruperit prope terras dominii nostri, bona que erunt in ligno recomendabuntur illis de ligno qui evadent. Et si forte aliqui non evadent de ligno, bona ligni erunt in custodia et salvamenti nostri dominii.

18. Et si qua caristia esset in terris Veneciarum, et scietur per certum quod duret per unum annum vel plus, possint Veneti de provinciis nostris honerari ligna XII. de frumento, ad rationem biçantiorum III. pro modio Tunixi, de biçantiis ceche, de quo frumento nullum datium solvere debent, sive presens[1].

19. Item, si apparebit aliqua navis in mari in cursum que sit de Venetis, et ipsi Veneti Saracenis dampnum non fecerint, eorum adventus nobis non displicebit, nec eos astringemus. Sed si ipsi Veneti facerent aliquod dampnum in toto dominio Tunixi, vel alicui Sarraceno aut Christiano qui sit in pace nobiscum, dominus suus debet inquirere factum navis qualiter fuerit, ita quod recuperetur havere Sarraceni.

20. Item, nullus debet poni ad martirium pro aliquo facto[2].

21. Insuper, dominatio Tunixi mittet litteras per omnes suos districtus et dominia sua, recomendando quod sint custoditi et salvi sicut sunt in propria terra Tunixi, quam salvet Deus! Et similiter, in omnibus locis que nos aquistabimus, a Levante usque in Ponentem, erunt Veneti salvi et securi; et facere poterunt consules in omnibus terris sicut voluerint.

22. Item, Veneti solvent barchas sicut consuetum est.

23. Insuper, si quis exiverit Tunixum et ibit ad alias terras nostras, et habebit cartam continentem quod persolutum habeat decimum, ibit salvus et securus sine impedimento, nec aliquid ab eo requiretur amplius. Et quandocunque necesse fuerit onerare et dishonerare ligna vestra, eritis adjuti cum barchis et primiaciis, sicut est consuetum.

24. Item, si invenietur plumbum in terra, habebitis libertatem ipsum emendi.

25. Insuper, omnes Sarraceni qui Venecias venient, erunt salvi in personis et havere.

---

[1] C'est-à-dire que les Vénitiens n'étaient tenus, dans le cas prévu, ni de payer les droits de sortie ni de donner des présents aux officiers de la douane pour l'extraction du blé.

[2] Le traité de 1251 ne renfermait pas cette disposition, que l'on crut inutile de reproduire dans les traités suivants.

Testes quidem qui fuerunt presentes alteri paci sunt presentes etiam in ista pace, que facta est in testimonio illius qui misit requirendo pacem, sicut firmatum est in ista littera.

Facta fuit hec presens carta anno de Machomet DC. LXVIIII, in testimonio Helcasem, filii Aly, filii Albara Tenachi Seet, filii Abraham, filii Eicmar, Erami Emi. Laudatus sit Dominus Deus de ista carta, que est bene firmata in testimoniança Machometi, filii Daly, filii Abrayn.

IV.
1274-1281.

Délibérations du grand conseil de Venise relatives au commerce et aux consuls des Vénitiens à Tunis et aux réclamations que divers marchands de Venise avaient à faire valoir contre le trésor royal de Tunis.

Venise. Archives générales. *Maggior Consilio*. Regist. 1. *Liber communis.*

I.

De illis qui vadunt Clarenciam et ad illas partes [1] et Tunixum, quod solvant pro bizanto et ypperpero [2].

Millesimo ducentesimo septuagesimo quarto. Indictione tercia. Die XI° exeunte Decembre. Capta fuit pars quod omnes illi qui nunc iverunt Clarenciam, Choronem et in Moream, et illi qui venerint de cetero de dictis partibus in Veneciam, et de cetero ad dictas partes ibunt, debeant hic in Venecia solvere ad racionem soldorum XXVI. pro ypperpero; et illi eciam qui iverunt nunc et ibunt de cetero Tunixum, solvere debeant hic in Venecia ad racionem soldorum X. pro bizanto. Et si consilium est contra, sit revocatum quantum in hoc. Pars de XX.

II.

De consule misso Tunixum [3].

Millesimo ducentesimo octuagesimo primo. Indictione nona. Die XXVII Aprilis. Fuit capta pars quod mittatur Tunixium quidam sapiens homo, qui sit consul ibi per unum annum. Et debeat esse nuncius ad dictum regem Tunixii cum commissione infrascripta; et habeat unum presbiterum secum et quatuor famulos et duos equos in Tunisio. Et debeat habere pro suo salario omnes redditus quos habet comune Venecie in Tunisio per illum annum; et possit portare secum mercatum, et ducere et mittere sicut ei placuerit per illum annum.

---

[1] La Morée et toute la Romanie.
[2] Fol. 20, num. LXXXIII.
[3] Fol. 95, num. VII.

III.
Pro consule misso Tunixum [1].

Millesimo ducentesimo octuagesimo primo. Indictione nona. Die XXVII Aprilis. Pars capta fuit quod ille qui vadit consul sive nuncius exponere debeat coram ipso domino rege, ex parte domini ducis, sicut ei melius videbitur expedire, qualiter quidam nostri Veneti recipere debent a curia ipsius domini regis, tempore sui predecessoris, certam pecunie quantitatem, sicut satis est manifestum, dicendo quod si hoc facit, mercatores Veneti qui consueverant in suo regno venire in magna quantitate illuc venient, quod esset magna utilitas hominibus sui regni, et in parvo tempore plus esset ejus utilitas quam illud quod recipere debeant Veneti; rogans ipsum dominum regem, ex parte ipsius domini ducis, tam pro eo quod est justum et racionabile, quam ipsius domini ducis amoris intuitu et per gratiam, quod dicta solutio debeat fieri ipsi ambaxatori pro illis qui recipere debent cicius quod fieri poterit ad eorum utilitatem, qui debent recipere secundum quod ipse melius poterit operam exhibere pro facto predicto.

IV.
De salario consulis Tunixii et intrate comunis [2].

Millesimo ducentesimo octuagesimo primo. Indictione VIII^a. Die XVII Maii. Capta fuit pars quod consul Tunixii accipiatur ad duos annos sicut erat ad unum annum, et habeat duas partes introituum fonticorum et furni et taberne, et tercia pars sit comunis pro aptacione fontici. Et debeat tenere tres famulos, unus quorum sciat scribere, et duos equos. Et illos denarios quos habebit de condempnacionibus, ipse mittat in aptacione fontici sicut ei bene videbitur simul cum illo quod superest. Et habeat forum. Et si consilium est contra, sit revocatum quantum in hoc.

V.
[Vers 1300.] Entre les mois de février et de septembre.

Instructions de Pierre Gradenigo, doge de Venise, à Marin de Molino, chargé de se rendre à Tunis pour se plaindre au roi des dommages et dénis de justice éprouvés par divers Vénitiens dans ses États.

Marin, *Storia civile e politica del commercio de' Veneziani*, t. VI, p. 322; Ex quadam commissione in pergamena, in rotulo. MM. Tafel et Thomas, *Doc. de Venise*, t. III, p. 392, d'après une copie de la Bibl. Saint-Marc.

1 [3]. Nos, Petrus Gradonicus, etc., vobis, Marino de Molino, committimus quod ire debeatis in nostrum nuncium ad serenissimum dominum regem [4]...... Tunixi. Sed

---
[1] Fol. 95, num. VIII.
[2] Fol. 95, num. VIIII.
[3] Les paragraphes existent à l'original; nous y ajoutons les numéros d'ordre.
[4] En blanc.

volumus quod antequam loquamini cum eo, loqui debeatis cum viro nobili Angelo Marcello, consuli nostro illic, et aliis nostris fidelibus, etc.; et, sumpta informatione, postea, quando vobis videbitur, accedatis ad regem, et salutato, et expositis verbis benevolentie, decenter significate ei quod facta sint sub suo dominio contra nostros fideles molesta et gravia que illi displacitura firmiter credimus, et convenit etiam quod amicitiam inter ipsos et nos diminuet, etc.

2. Nam vir nobilis Marcus Carosus emit olim gabellam vini Tunisii a domino rege predicto pro bisantiis 34 millia, per unum annum, cum conditione, sicut accepimus, quod non debebat ei accipi dicta gabella per totum annum predictum et quod tot non erat quasi vinum in mari, etc.; et procuravit vinum conduci in copia, et a sex mensibus ultra, quibus modium vini fuerat ibi, ita quod dicit se perdidisse in dictis sex mensibus de gabella circa bizantios 6 millia. Fecit tantum vinum conduci quod securus erat, quod restauraretur de eo quod prius amiserat, et etiam de lucrari, si eam tenuisset pro anno, bizantios 20 millia. Verum, quando scitum fuit per dominum regem tantum vinum esse in Tunisio, ad sugestionem alicujus voluit quod gabella auferet, et dedit eam cuidam Pisano per bizantios 10 millia ultra illud quod dedit ei de illa Marcus predictus. Et nos, per nobilem virum Marinum Michaelem, [tunc [1]] consulem nostrum in Tunisio, misimus litteras dicto regi; qui respondit consuli nostro quod commisit cuidam officiali suo, qui dicitur Ben Mechim, quod satisfaceret ei. Et consul fuit sepius cum dicto Ben Mechim, qui ita produxit factum in longum quod dictus consul complevit suum consulatum. Quare, nomine nostro, rogabitis regem ut satisfaciat de bizantiis 20 millia domino Marco. Sed si intelligeritis in Tunisio aliqua per que videretur vobis dictam quantitatem maximam esse, diminuite petitionem, ut vobis videbitur.

3. Item, discretus vir Clemens Bondeminus, fidelis noster, fuit in portu Tunisii per Pisanos derobatus, et notum est regi et aliis de Tunisio et de modo; et damnificatus de ligno combusto per eos et de mercationibus suis in ligno et de arnesiis et marinariis solutis pro tempore non servito, usque ad summam bizantiorum 7 millia et 26; et per consules sententiatum est in Tunisii doana. Verum, per dictum regem satisfactum est ei de bizantiis 2 millia et 200, et non permittebatur discedere nisi faceret quietationem de toto damno predicto. Unde, cum contineatur in pactis quod alta sua potentia debet satisfieri facere de damnis et injuria nostris facta a Saracenis et a Christianis qui sunt in sua pace, requiretis et rogabitis ut faciat satisfacere de toto quod restat. Tamen, si plus obtinere nequibitis, sitis contentus in fine de eo quod restat de sententia consulum. Sed si dictus Clemens vellet facere quietationem de minore quantitate, debeatis esse contentus.

4. Item, cum nobilis vir Nicolaus Contarenus, fidelis noster, de proximo mense Septembris elapsi, cum quadam sua nave onerata frumenti, ivisset de Sicilia in portu Tunisii, et vendidisset ipsum frumentum in Tunisio, et de parte recepisset solutionem et deberet recipere de integro, commisit nobili viro Michaeli, tunc consuli, quod dictum reliquum exigeret a debitoribus, et de eo solveret debitum suum de lana quam emeret valentem pretium dicti frumenti non soluti; et cum fecisset onerari in dicta

---

[1] Tafel et Thomas. Marin : « quem consulem. »

navi lanam dictam, dohanerii regis dixerunt quod solveret medium drictum curie regis. Et ipse respondit quod non debeat solvere, quia lana erat empta de denariis frumenti quod est franchum in introitu et exitu; et consul nolebat quod solveret. Sed dohanerii retinuerunt dictum Nicolaum per dies tres et ultra, et coegerunt eum solvere bizantios 377 et miliarisios septem. Unde dicatis quod nostri debent esse salvi in habere et personis et honorati in suo dominio, et quod grave habemus et quod satisfieri faciat de dicta summa dicto nostro fideli et reprehendere dictos dohanerios et ordinare quod de cetero similia non contingant. Sed, si dictus Nicolaus vellet facere quietationem de minori quantitate; sitis contentus.

5. Item, cum, die primo Februarii nuper elapsi, tarida Simeonis Boni et Petri Victuri, fidelium nostrorum, existeret in portu Tunisii, due gallee et unus galeonus quorum armatores fuerant Guilielmus Rondello et Jacobus Vincentius de Finari et Venturinus de Plumbino [1], accedentes ad dictam taridam, dederunt ei plura prelia, in quibus dictus Simeon fuit occisus; et ascendentes tandem ipsam taridam, occiderunt pedotam ipsius et vulneraverunt ambos pennenses et sex ex marinariis, derubantes omnia que invenerunt, frangendo capsellas et spoliando omnes de fortia omnibus bonis suis, et nudos expellentes de ipsa, ita quod damnificati fuere in bizantiis 7695, et pro damno quo dicta tarida navigare non potuit tempore congruo z. [bizantiis?] 1000 ad gross. ut habetis in nota sigillati.

6. Eodem modo, ut consul qui nunc est ibi ad nos scripsit, dum tarida quedam nobilium virorum Joannis Superantii et illorum de ca' da Pesaro, de qua erat patronus Blasius Danti, foret in dicto portu Tunisii, quidam de Castello de Castro [2], cum quadam navi et cum quadam galea et cum quodam galeone armatis, damnificaverunt eam in mercationibus et rebus pro valore bizantiorum 1520 et milliaresiorum 6.

7. Item, cum Marinus de Magnoto, de Ragusio, fidelis noster, venisset in portu Tunisii, cum quadam sua tarida, onerata vino greco et aliis rebus, due naves de Sicilia, quarum una vocabatur *Aquila*, et alia *S. Salvator*, ceperunt dictam taridam cum rebus que erant in ipsa; et quamvis dictus rex quemdam ambasciatorem regis Sicilie qui erat Tunisii et consulem Catelanorum ad dictam taridam mitterent per facere eam relaxari cum rebus deintus, responderunt illi de duabus navibus quod eam non redderent, sed eam conducerent in Siciliam cum rebus. Et est possibile quod eam illuc conduxerint. Sed, sive in Siciliam sive alio conduxerint, noster fidelis nihil habere potuit, cujus damnum fuit, sine naulo, quod habere debebat de mercatoribus forinsecis de rebus que intus erant, uncie auri mille. Unde, placeat domino regi satisfacere juxta pacta.

8. Preterea, eo tempore quo fidelis dominus Michael fuit consul in Tunisio, fuit vendita per regem gabella vini cuidam Pisano, dicto Raynerio Martello, que pro nescia qua occasione postea rex detinuit et abstulit gabellam; et per dictam capparam dictus consul noster non potuit habere per illos sex menses 50 bizantios quos dare debent consuli Venetorum pro quolibet mense illi qui emunt dictam gabellam, pro eo quod non debeat facere vendi vinum in fontico Veneto; de quibus sex mensibus debet habere

[1] De Finale, sur le golfe de Gênes, et de Piombino, dans l'île d'Elbe.
[2] Cagliari.

bizantios CCC. Et ideo, rogabitis eum quod heredibus dicti Dominici Michael satisfaciat illud quod poteritis fideli nostro.

9. Item, nobilis vir Franciscus Julianus stetit in servitio dicti regis cum equis et armis per menses 44, et debebat habere in diem bizantios 3, quod ascendit bizantios 3860 [1]. De quibus recepit in pluribus vicibus bizantios 1800. Restat habere 2160. Et pro honore regis, ipse tenuit plures equos et majorem familiam quam alii ejusdem conditionis, ut scire potest per Christianos et Saracenos, ita quod tota dicta pecunia fuit expensa. Rogabitis ut satisfaciat.

10. Item, cum discretus vir Joanninus Magistri Petri, gestor negotiorum nobilium virorum Marini et Joannis Superantii in Tunisio, magnas exercuerit ibi mercationes pro illis nobilibus, tam cum officialibus curie quam cum aliis, et vellet de Tunisio discedere, ipse fecit ante discessum rationem et quietationem cum omnibus creditoribus suis; et etiam ille qui erat messeruffus, nomine Fachim Boamiram, fecit dicto Joannino quoddam scriptum continens quod ipse Joanninus plene rationem omnibus fecerat et omnibus satisfecerat quod debebat et quod nullo tempore molestari posset; et dictus Fachinus messeruffus promisit solvere Philippo Bono bisantios 2241 et milliaresios [2] ..... et dicebat personaliter se soluturum dictam pecuniam ducendo de die in diem usque per annum et ultra; et in fine se excusabat, dicendo quod dictus Joanninus habebat de rationibus curie circa quantitatem predictam, et non solvit. Sed dicti nobiles miserunt dictum Joanninum adhuc Tunisium pro faciendo omnes rationes dicto messeruffo, et incontinenti fecit eum detineri et constrinxit eum solvere sibi dictam quantitatem, licet dictus Joanninus se offerat semper protestans se paratum facere adhuc omnes rationes a capite usque in finem. Sed nihil ei valuit, immo oportuit eum solvere. Et ideo, rogabitis dictum regem quod faciat sibi restitui dictam pecuniam, et intelligetis dictam responsionem regis faciendo id boni quod poteritis.

11. Preterea, debeatis eidem exponere alia damna et injurias quas per consulem nostrum dictum vel per alios intelligetis esse factas nostris fidelibus, ut melius vobis videbitur convenire honori nostro, requirendo de omnibus emendam. Et si satisfaciat, facietis quietationem si a vobis petit. Si vero denegaverit satisfactionem ac duceret in longum, aggravetis negotium regi et aliis qui habent locum; et intra alia gravamenta, dicatis quod, si per eum non satisfiet, nos non poterimus pati quod nostri eant in terras suas. Et inde, dicatis nostris quod ita se parent de eorum negotiis ut quandocumque precipiemus eis discessum, ipsi ilico discedant, sub penis quibus nobis videbitur.

12. Debetis habere pro vestro salario hujus ambasciarie z. [bizantios?] 400, et habere sex servitores de quibus unus sit coquus, et quilibet x grossos pro una robba, salvo quod coquus et dispensator habebunt singuli y/ [yperperos?] 15 gross.

13. Item, debetis habere sacerdotem et 4 tubatores, quos debetis accipere sicut melius poteritis. Debetis ire et stare ad expensas comunis Veneti quousque vestram faciatis ambasciatam. Sed, ipsa facta, habebitis a comune y/40 gross. pro expensis in mense, et insuper naulum si redibitis per mare. Si vero rediretis per terram, debetis

---

[1] Ou 3960.
[2] Tafel et Thomas : « Meraneserios. » Le nombre manque à la suite.

habere y/40 grossos pro mense pro expensis, et insuper vecturas 8 requirendum, et non aliud. Et si plus expenderitis, expendetis de vestro; et si minus, illud quod superfuerit deveniat in comune.

14. Dona que nos mittimus domino regi presentabitis ei ex parte nostra, salvo quod ex ipsis donis possitis dare quibus vobis videbitur de curia sua usque ad z. 400. Dona vero que recipietis, adducetis ad nostram presentiam.

15. Et in vestro discessu, si discedatis ab eo cum obtentu vestre intentionis, recomendabitis altitudini sue consulem nostrum et alios nostros qui erunt in terris suis. Et si aliqui de nostris fidelibus essent in suis carceribus, rogabitis eum pro parte nostra ut eos vobis donet.

16. Observabitis omnia vobis commissa bona fide, et observabitis formas consiliorum de donis et gratiis non recipiendis, nisi pro nostro comuni, et de ratione reddenda sicut ipsa consilia continent de scripturis curie nostre reddendis.

17. Jurastis proficuum et honorem Venetorum, stando, eundo et redeundo. Et volumus quod debeatis inquirere de omnibus nostris qui iverunt ad Castellum de Castro, post nostram inhibitionem, et nobis adducatis in scriptis, aut omnes finit [1] ....

VI.

1305, 3 août. A Tunis.

Traité de paix et de commerce conclu pour dix ans entre Pierre Gradenigo, doge de Venise, au nom de la république, et Abou-Acida Mohammed, fils d'Yahya El-Ouathec El-Makloué, roi de Tunis, par les soins de Marc Caroso, ambassadeur vénitien.

Venise. Archives générales. *Libr. Pactorum*, I, fol. 56.

In nomine Dei pii et misericordis. Hec est pagina pacis perfecte nodate. Laudavit ipsam, et firmavit judicium suum, ex licentia dominatoris nostri et domini nostri el-Imen Emunstanserii Bile, auxiliante virtute Dei, Emiramomini Eboabdilei, filii dominatoris nostri et domini nostri el-calife el-Imen Elque Ehiqui Bilei, roborati virtute Dei, et Buzacharie, filii dominatoris nostri et domini nostri al-calife el-Imen Emunstanserii Bile, auxiliati virtute Dei, Emiramomini Eboabdile Ibcn Elomarai Rasidi, roboret ipsos Deus cum auxilio suo et aminiculetur cum ajutorio suo et substineat universitates Sarazenorum cum sua gratia! et eorum proprium anticum et novum, ipso prefulgente veriora in consiliorum, per quem meritum et gratiam et dignitates sibi conveniunt, senis, magnificentioris, altioris, carioris, excelsioris, fidelioris, felicioris, colocati, preferendi, magnificati, appropinquati, puri Ebu-Iaie, filii proprii eorum et proprii eorum antecessorum, senis, magnificentioris, altioris Ebulabes, manuteneat Deus honorem suum et prelaturam suam! cum nobili et sapiente viro domino Marco Caroso, Veneto, veniente

---

[1] Les derniers mots manquent.

tempore presentis instrumenti ad altam presentiam, custodiat eam Deus et conservet ipsam! nunctio sive legato ex parte domini Petri Gradonici, magnifici seu incliti ducis Venecie, Dalmatie at Chroatie, et domini quarte partis et dimidie tocius imperii Romanie, petente nodari pacem genti Venecie et sui districtus, cum qua extendatur suum desiderium et status eorum in utilitatem discurrat, ad spacium annorum decem solarium, quod incipit a tempore hujus instrumenti. Concessa fuit ei voluntas ejus in pactis in carta ista subscribendis.

1. Hoc est quod sint omnes mercatores de Venecia et sui districtus et homines sui, ubicumque applicuerint in terris alte presentie, ubicumque doane fuerint, salvi et securi in personis et rebus suis; et custoditi et honorati in omnibus portubus terrarum, ubi fuerint doane et in Rassazibili[1], ab omni gente sua et qui sunt sub obedientia sua. Et si aliquis ipsorum substinuerit dampnum aut injuriam a dictis Sarazenis, quod alta presentia faciet eis satisfieri de injuria et de dampno.

2. Item, quod possideant fonticum quod cognitum est pro eorum habitare in alta presentia Tunisis, custodiat eam Deus! cum suo oratorio, id est ecclesia et furno, in omnibus eorum utilitatibus, sicut actenus consuetum est eis. Quod fonticus aptetur quandocumque oportunum fuerit, nec in ipso aliquid portetur nisi cum voluntate eorum; nec habitet aliquis cum ipsis, nisi cum voluntate eorum. Et erit habitatio eorum in omnibus terris alte presentie et in omnibus terris que aquirentur in futurum, cum adjutorio Dei, secundum quod gratia facta fuit super eos in alta presentia, Tunisio.

3. Item, quod ponant consules pro se ad jus et justitiam faciendi inter eos in omnibus dictis terris. Et quod ponant[2] etiam pro se scribas in omnibus dictis terris, ad faciendum eorum rationes in doana, et certificandum quod dare et recipere debent. Et si aliquis Sarazenorum vel aliquis Christianorum qui non esset de suis haberet aliquam petitionem super aliquem eorum, quod consul eos expediat; et si consul eos non expedierit, doana judicet et expediat eos.

4. Item, quod solvant de eis que vendent de mercatantiis quas aportant decimam, hoc est ad rationem de bizantis decem pro centenario de bizantis. Et dimittantur eis a tempore hujus instrumenti in futuro tempore ea que rogavit eis dimitti, que sunt : miliarisii quinque per centenarium de bizantis, et rotulum unum per pesum, et quarta de miliarisio per zaram olei, et mediam zaram per centenarium de zaris, et macium unum de lino per saccum, et sacci III. per lignum, et zara una de oleo per lignum et miliarizii VIII. per centenarium de bizantis cum quibus emunt. Et de rebus que invenirentur de eis que abscondunt, solvere debeant nisi drictum.

5. Item, quando aliquis eorum vendet aliquam de mercantiis suis, et emptor eam

---

[1] *Rassazibilis, Rasacibilis*, en arabe *Ras-as-Sebil, Ras-es-Silsila*, l'entrée du Chemin ou du Canal. On désignait ainsi l'entrée du canal de la Goulette fermée par une chaîne, le *Caput Guleti* de l'art. 35. Voyez le traité de Pise, 1313, art. 17; le traité d'Aragon du 21 février 1314, art. 19. Quelquefois, comme aux articles 1 et 22, *Rassazibilis* paraît avoir le sens général de port ou de lieu de débarquement quelconque.

[2] Au Ms. : « ponantur ».

scrutatus fuerit, et firmata erit venditio ipsius, non debet revocari ipsum forum, salvo si in ipsa esset falsitas vel magagna.

6. Item, quando aliquis Venetorum emerit mercantiam ab aliquo officialium cum carta testificata, et alius officialis erit in loco illius, ipse officialis non revocet illud quod emerit a primo, salvo si in ipsa venditione videretur falsitas vel vitium.

7. Item, quando aliquis eorum vendiderit mercatantiam, et solverit ex ipsa drictum in aliqua terrarum alte presentie, et vellit emptionem facere cum ipsa pecunia in alia terra quam in illa, fiat sibi lictera in doana ipsius dicte terre quod emat cum ipsa ubicumque voluerit de predictis terris, sine solvere de ipsa aliquod drictum.

8. Item, quod solvant de eo quod aportant de auro et de argento mediam decimam. Et de eo quod vendent de ipso in cecha, vel in doana, pro curia altissima, non debet solvere aliquod drictum, nec in venditione, nec in emptione, cum ipso precio.

9. Item, de eo quod aportant de pulchritudinibus et perlis ac lapidibus preciosis, et vendent curie altissime, non debent aliquid solvere. Et si vendiderint alteri quam curie altissime, quod ipsi solvant secundum cursum consuetum.

10. Item, quando aliquis eorum fugerit et dare debeat havere doane vel alicui Sarazenorum vel Christianorum, quod illud non petatur alicui Venetorum, nisi suus steterit fidejussor; set consul teneatur inquirere illum et res suas, et satisfacere de eo quod illi invenietur de rebus suis. Et si consul non possit satisfactionem facere, quod dux Venecie sit satisfactor illius, et solvat pro ipso de eo quod illi invenietur.

11. Item, de eo quod vendent per manus trucimanorum cum testificatione testium doane, doana sit fidejussor; et de eo quod vendent in calica, doana sit etiam fidejussor. Et debet eis fieri solutio infra dies quindecim. Et de eo quod emitur ab ipsis pro curia altissima, exaltet eam Deus! dabitur eis precium ejus usque ad dies xv, si venditio fuerit sine termino.

12. Item, non cogatur aliquis Venetorum vendere aliquam de suis mercantiis, sed in sua voluntate consistat vendere illud quod vult et redire illud quod vult; et de eo quod redibit non debet aliquid solvere.

13. Item, quod emant cum naulis suarum navium mercantias absque solvere de ipsis drictum.

14. Item, si aliquis eorum vendiderit lignum suum alicui Christiano, de eis qui sunt in pace Moadinorum, glorificet eos Deus! non debet exinde solvere aliquod drictum. Et si emerit cum ipso precio aliquas mercationes, non debet solvere de eo quod emet cum illo precio aliquod drictum.

15. Item, quando aliquis ipsorum voluerit navigare cum suo ligno et preparatus est, non debet ei contradici, aliqua occasione, quando expeditus est a doana, et solverit id quod solvere debuerit, et acceperit albara[1].

16. Item, non debet eis accipi aliquod de suis lignis nomine curie altissime, quando eis[2] oportunum est, nisi cum voluntate sui patroni.

17. Item, quando aliquod de lignis Venetorum pateretur naufragium circa aliquam

---

[1] Le *Bérat*, ou son compte acquitté par la douane.
[2] Au traité de 1317 : « quando ei ».

terrarum alte presentie, tranquillet eam Deus! illi qui de ipso ligno evaserint erunt securi in personis et rebus suis. Et quicquid ejecerit in mare de rebus suis et de ipso lignamine postquam junxerit ad terram, etsi non evaderit aliquis ex eis qui essent in ipso ligno, erit totum illud quod mare ejecerit de eo postquam junxerit ad terram in custodia alte presentie, quousque veniat ex parte domini ducis Venecie quod inde fieri debeat. Et secundum quod in litteris domini ducis continebitur, sic fiet.

18. Item, quod scribantur ex parte alte presentie, tranquillet eam Deus! littere ad omnes terras suas pro faciendo tenorem hujus pacis.

19. Item, si aliquis Venetus ascenderit super aliquod aliud lignum quam in suis lignis, quod lignum non sit armatum, et pateretur naufragium, quod ipse sit in tali ratione quali si esset in suo ligno.

20. Item, si aliquis Venetus decesserit in aliqua terrarum alte presentie et fecerit testamentum, commissarius habeat bona ejus. Et si inordinate decesserit, erunt ea que remanebunt in manu consulis. Et si super eum erit aliqua petitio a Saraceno vel Christiano, satisfiet petenti de eis que remanebunt. Et si ipsi debebitur ab aliquo, satisfiet ab illo, et dabitur comissario vel consuli. Et si consul non esset ad presens, erunt ea que remanebunt in custodia doane, quousque veniant lictere a domino duce Venecie quid de ipsis fieri debeat.

21. Item, quando aliquis eorum armaret lignum de cursu, vel aliud lignum quam de cursu, et dampnificaret aliquem Saracenorum dictorum, ubicumque esset, vel aliquem mercatorum Saracenorum in aliquo dictorum portuum qui sunt in pace alte presentie, quod mercatoribus qui erunt in alta presentia non debeat ea contradici de causa, nec in personis nec in rebus suis; sed dominus dux Venecie teneatur facere inquiri illum et omnia bona ejus in omnibus terris suis, et vendere illud, et mittere pretium suum in manibus Moadinorum, exaltet eos Deus!

22. Item, si aliquis Venetorum invenerit aliquem Saracenorum qui sunt in pace alte presentie, tranquillet eam Deus! in aliquo suorum portuum predictorum, vel in Rassazibili[1], non dampnificabit eum in persona nec in rebus suis; et erunt salvi et securi ab ipsis. Et si eum dampnificaret, quod dominus dux Venecie tenetur facere inquiri ipsum dictum lignum et omnia bona illius qui armaverit, et vendere illud, et mittere precium magazeno Moadinorum, exaltet eos Deus! sicut fit de cursariis[2]. Et non debet contradici alicui eorum pro eo quod aliquis faciet in alta presentia, tranquillet eam Deus! in omnibus portubus suis[3], nec in persona, nec in rebus suis.

23. Item, si ligna alte presentie, tranquillet eam Deus! invenerit aliquem Venetorum, non contradicet ei in persona, nec in rebus suis.

24. Item, si in terra eorum erit caristia, dummodo palam fuerit et certum, tam si esset per unum annum quam per plures, dabitur eis licentiam caricandi duodecim naves de frumento in terris alte presentie; hoc est cum pacto quod precium unius cafesii sit ad rationem de bizantis tribus et dimidio, vel minus. Et de eo quod eis conceditur

---

[1] Voyez art. 1.
[2] Au traité de 1317 : « si sit de cursariis ».
[3] Au Ms. : « nec in omnibus portubus suis in persona ».

non solvent alicui dacium nec exenium, ad hoc quod dominus dux mittat litteras suas de hoc, quas consul apresentabit.

25. Item, quod [non] possint petere bastasii nec caravarii ultra consnetum cursum.

26. Item, quod licitum sit Venetis intrare balneum quando oportunum eis est, sicut consuetudo fuit.

27. Item, quando plumbum inventum fuerit, quod licitum eis sit emere, absque solvere inde aliquod drictum.

28. Item, conceditur eis de gratia quod consul eorum possit osculari amplum tapetum regis, perpetuet eum Deus! semel in mense.

29. Item, si aliquis eorum petit facere rationem suam in doana, non prolongetur expeditio sua ultra dies octo.

30. Item, quod exeant ad eorum ligna in horis consuetis, cum precepto domini doane.

31. Item, quod possint emere pro eorum lignis quicquid eis necesse est pro panatica.

32. Item, quod [non] permittatur aliquis officialium de doanis nec de aliis facere Venetis novitates.

33. Item, de eo quod vendent inter se non debet venditor solvere decimam quando vendit, sed debet illud scribi super emptorem in discaricamento suo. Et non debet de eo peti drictum, donec vendet.

34. Item, quicumque Sarazenus applicuerit de terris alte presentie ad terras eorum, erit securus in persona et rebus suis, custoditus et honoratus.

35. Item, quando concedetur alicui generatoni de generatonibus Christianorum ire et venire ad caput Guilete[1] cum barchis eorum, concedetur etiam Venetis.

Testificantur infrascripti super testificationem magnificentioris, senis, altioris, carioris, fidelioris, felicioris, magnificati et propinquati Abo-Iaie, conservet eum Deus! de hiis que per ipsum dicta sunt in presenti instrumento, et est in statu complementi testificationem facere; et super testificationem nobilis viri, domini Marci Caroso, nuntii predicti, sicut nodavit hanc pacem, et est in statu obedientie et confessionis et voluntatis, hoc est cum interpretatione illius qui consuetus est interpretationem facere. Et turcimanavit cum ipsis Vanni Buscetus, Pisanus, in die Martis, tertio mensis qui appellatur sarazenica lingua Maaran, anno septingentesimo quinto, secundum cursum Saracenorum, que dies concordantur cum die tercio intrantis mensis Augusti, qui est sub anno Incarnationis Domini nostri Jesu Christi millesimo CCC° quinto, indictione tertia.

Presentes hiis fuerunt frater Guilielmus Bonselli et Bellingerius Catellanus, de ordine Minorum; atque nobiles viri Niccholaus de Stella, Michaeletus Michael, Marcus Barozi, Victor Caroso, Veneti, qui fuerunt omnes contenti de pace ista, et quod audierant a dicto nuntio quod de hoc contentus erat.

Nomina testium Sarazenorum qui hiis interfuerunt et de saracenica carta pacis testificati fuerunt, et in ipsa de propriis manibus scripserunt, sunt hec : Habrajm Eben-

[1] Cf. art. 34 du traité vénitien de 1392; art. 37 du traité de 1437.

Easam, Eben-Cali Rabaiobdala, Eben-Maomet El-Corasi. Est etiam alia subscriptio saracenica in eadem carta, que hoc modo interpretatur : Ad laudem Dei, signavit confirmationem instrumenti suprascripti Abdoram E Eben Asben Eben Dalame Elbeloi.

Et die tertio ejusdem mensis Augusti, idem nobilis vir Marcus Carosus, ambaxator dicti domini ducis Venecie, secum euntibus infrascriptis, videlicet Nicolaus de Stella, Michaletus Michael, Marcus Barozi, Victor Caroso, comparuit ante suprascriptum regem; et ibidem confirmavit ipse rex quicquid factum erat per dictum secam [1].

Actum est hoc in regali palatio Tunisii.

Ego, Nicolaus Stella, his omnibus interfui, manu mea subscripsi.

Ego, Victor Caroso, id.

Ego, Michaletus Michael, id.

Ego, Marcus Barozi, id.

Ego, Marcus Cio, presbiter Sancti Hermajore, et notarius, videns et audiens hec omnia in saracenica lingua per assenem, qui dicitur Abraim Secali, interpretatorem dicti regis, et ab eodem assene fore in latinum reducta, in presentia suprascriptorum nobilium Venetorum, in publicam formam redegi, nihil addens vel minuens quod sententiam mutet, complevi et roboravi.

VII.

1317, 12 mai. A Tunis.

Traité de commerce entre Jean Soranzo, doge de Venise au nom de la république, et l'émir Abou-Yahya Zakaria El-Lihyani, roi de Tunis, conclu pour quinze ans par Michelet Micheli, ambassadeur vénitien [2].

Venise. Archives générales. *Libr. Pactorum*, III, fol. 127.

In nomine Dei pii et misericordis. Hec est pagina pacis perfecte nodate. Laudavit ipsam, et firmavit judicium suum ex licencia dominatoris et domini nostri principis el-califa el-Imen Cayn, auxiliante virtute Dei, Emiramoni Ebo-Iaie Zacharie filii, directus dominator, roboret ipsos Deus, cum auxilio Dei, et aminiculetur cum adjutorio suo, et substineat universitates Saracenorum cum gratia sua! tanquam ad illum qui est in loco filii ejus, cui pertinet habere hereditatem post sui decessum, el-emir magnificioris, altioris, carioris, excelssioris, fidelioris, existentis loco regis Boabdile, manuteneat Deus honorem suum et prelaturam suam! cum nobili ac sapiente viro domino Michaleto Michaeli, Veneto, veniente tempore presentis instrumenti ad altam presentiam, tranquilet eam Deus et conservet ipsam! nuncio sive legato ex parte domini Johannis Superantio, magnifici seu incliti ducis Venecciarum, Dalmatie atque Chroatie, et domini

---

[1] Par le scheik ou émir arabe, chargé de la négociation.
[2] Ce traité est la confirmation presque littérale du traité de 1305.

AU MOYEN AGE.

quarte partis et dimidie totius imperii romani, petente nodari pacem genti Veneciarum, et sui districtus, cumqua extendatur suum desiderium et status eorum in utilitatem discurat, ad spacium annorum quindecim solarium, quod incipit a tempore hujus instrumenti. Concessa fuit ei voluntas ejus in pactis in carta ista subscribendis.

1. Hoc est, quod sint[1] omnes mercatores de Veneciis et sui districtus, cum quo extendant suum desiderium[2], et homines sui, ubicunque aplicuerint in terris alte presentie ubicunque doane fuerint, salvi et securi in personis et rebus suis, et custoditi ac honorati in omnibus portubus terrarum ubi fuerint doane et in Rasaçibili ab omni gente sua, et qui sunt sub obedientia sua. Et si aliquis ipsorum substinuerit dampnum aut injuriam a dictis Saracenis, quod alta presentia faciet ei satisfieri de injuria et dampno.

2. Item, quod possideant fonticum quod cognitum est pro eorum habitare in alta presentia Tunixii, custodiat eam Deus! cum suo oratorio, id est ecclesia et furno et omnibus eorum utilitatibus, sicut actenus consuetum est. Et quod fonticus aptetur quandocumque oportunum fuerit; nec in ipso aliquid ponatur, nisi cum voluntate eorum. Et erit habitatio eorum in omnibus terris alte presentie, et in omnibus terris que acquirerentur in futuro, cum adjectorio Dei, secundum quod gratia facta fuit super eos in alta presentia, Tunixio.

3. Item, quod ponant consules pro se ad jus et justitiam faciendam inter eos in omnibus dictis terris. Et quod ponant pro se scribas in omnibus dictis terris ad faciendum eorum rationes in doana, et certificandum quod dare et recipere debent. Et si aliquis Saracenorum vel aliquis Christianorum, qui non esset de suis, haberet aliquam petitionem super aliquem eorum, quod consul eos expediat; et si consul eos non expedierit, doana videlicet expediat eos.

4. Item, quod solvant de eis que vendent de mercanciis quas aportant decimam; hoc est ad rationem de bisantiis decem pro centenario de biçantiis. Et dimittatur eis a tempore hujus instrumenti in futuro tempore ea que rogaverunt eis dimitti, que sunt : miliaressii quinque pro centenario de bisançiis; et rotolum unum per pessum et quartam de miliaressio per zarram olcy et mediam zaram per centenarium de çaris, et maçium unum de lino per sacum; saçi tres per lignum, et zara una de oleo per lignum, et miliaressii octo per centenarium de bisançiis cum quibus emunt. Et de rebus que invenirentur de eis que abscondunt, solvere debeant nisi drictum[3].

---

[1] « Sint », comme aux traités de 1305 et de 1427; et non « sicut », répété au traité de 1392.

[2] « Cum quo extendant suum *desiderium* ». Ces mots, reproduits de la fin du préambule précédent, semblent avoir été altérés dans les transcriptions des registres des Pactes. Ils ne sont pas à l'article 1er du traité de 1305. Dans l'article 1er du traité de 1392, le passage correspondant est ainsi : « Cum quibus extendatur suum *dexiderium*. » Les copistes paraissent avoir mis « *desiderium* » pour « *dominium* ». L'article 1er du traité de 1438, en dialecte vénitien, est en effet ainsi conçu : « Che tuti i marcadanti da Veniexia e del suo destreto, cum i quali se destende el suo *dominio*. » A la fin du préambule du traité de 1392, on lit également : « Cum quibus extendantur suum *dominium*. »

[3] C'est-à-dire que ces marchandises ne devaient pas être confisquées, et que le propriétaire était tenu seulement d'en payer les droits.

5. Item, quando aliquis eorum vendet aliquid de mercanciis suis, et emptor eam scrutatus fuerit, firmata erit venditio ipsa; non debet revocari ipsum forum, salvo si [in] ipsa esset falsitas vel magagna.

6. Item, quando aliquis Venetus emerit mercanciam ab aliquo officialium cum carta testificata, et alius officialis erit loco illius, ipse officialis non revocet illud quod emerit a primo, salvo si [in] ipsa venditione videretur falsitas vel vitium.

7. Item, quando aliquis eorum vendiderit mercantiam, et solverit ex ipsa drictum in aliqua terrarum alte presencie, et velit emptionem facere cum ipsa peccunia in alia terra quam in illa, fiat sibi littera in doana ipsius dicte terre, quod emat cum ipsa ubicumque voluerit de predictis terris, sine solvere de ipsa aliquod drictum.

8. Item, solvant de eo quod aportant de auro et de argento mediam decimam. Et de eo quod vendent de ipso in ceca, vel in doana, pro curia altissima, non debent solvere aliquod drictum, nec in vendicione, nec in emptione, cum ipso precio.

9. Item, de eo quod aportant de pulcritudinibus et perlis et lapidibus preciosis, et vendent curie altissime, non debent solvere. Et si vendiderint alteri quam curie altissime, quod ipsi solvant secundum cursum consuetum.

10. Item, quando aliquis ipsorum fugerit et dare debeat havere doane vel alicui Saracenorum vel Christianorum, quod illud non petatur alicui Venetorum, nisi suus steterit fidejussor; sed consul teneatur inquirere illum et res suas, et satisfacere de eo quod illi invenietur ei de rebus suis. Et si consul non possit satisfactionem facere, quod dux Veneciarum sit satisfactor illius, et solvat pro ipso de eo quod inveniretur ei de rebus suis.

11. Item, de eo quod vendent per manum de turcimanis cum testificatione testium doane, doana sit fidejussor; et de eo quod vendent in caliga, doana sit etiam fidejussor. Et debet eis fieri solutio infra dies XV. Et de eo quod emitur ab ipsis pro curia altissima, exaltet eam Deus! dabitur eis precium [infra] dies quindecim, si venditio fuerit sine termino.

12. Item, non cogatur aliquis Venetorum aliquam de suis mercanciis [vendere]; sed in sua voluntate consistat vendere illud quod vult, [et redire illud quod vult]; et de eo quod reddibit non debet aliquid solvere.

13. Item, quod emant cum naulis suarum navium mercancias absque solvere de ipsis drictum.

14. Item, si aliquis Venetorum vendiderit lignum suum alicui Christiano, de eis qui sunt in pace Moadinorum, glorificet eos Deus! non debet ex inde solvere aliquod drictum. Et si emerit cum ipso precio aliquas mercationes, non debet solvere de eo quod emerit cum illo precio aliquod drictum.

15. Item, quando aliquis ipsorum voluerit navigare cum suo ligno et preparatus erit, non debet ei contradici, aliqua occasione, quando expeditus erit a doana, et solverit quod solvere debuerit, et acceperit albara.

16. Item, non debet eis accipi aliquod de suis lignis nomine curie altissime, quando ei[1] oportunum est, nisi cum voluntate sui patroni.

---

[1] Au traité de 1305 : « quando eis ».

17. Item, quando aliquod de lignis Venetorum pateretur naufragium circa aliquam terrarum alte presentie, tranquillet illam Deus! illi qui de ipso evaserint erunt securi in personis et rebus suis. Et quidquid ejecerit mare de rebus suis et de ipso lignamine postquam junxerit ad terram, etsi non evaderet aliquis ex eis qui essent in dicto ligno, erit totum illud quod mare ejecerit de eo postquam junxerit ad terram in custodia alte presentie, quousque venerit ex parte domini ducis Veneciarum quod inde fieri debeat. Et secundum quod in litteris domini ducis continebitur, sic fiet.

18. Item, quod scribantur[1] ex parte alte presentie, tranquillet eam Deus! littere ad omnes terras suas pro faciendo tenorem hujus pacis.

19. Item, si aliquis Venetus ascenderit super aliquod aliud lignum quam in lignis suis, quod lignum non sit armatum, et pateretur naufragium, quod ipse sit in tali ratione quali esset in suo ligno.

20. Item, si aliquis Venetus decesserit in aliqua terrarum alte presentie et fecerit testamentum, comissarius habeat bona ejus. Et si inordinate decesserit, erunt ea que remanebunt in manu consulis. Et si superevenerit[2] aliqua petitio a Saraceno vel Christiano, satisfiet petenti de eis que remanebunt. Et si ipsi debebitur ab aliquo, satisfiet ab illo, et dabitur commissario vel consuli. Et si consul non esset ad presens, erunt ea que remanebunt in custodia doane, quousque veniant littere a domino duce Veneciarum quid de ipsis fieri debeat.

21. Item, si aliquis ipsorum armaret lignum de cursu, vel aliud lignum quam de cursu, et dampnificaret aliquem dictorum Saracinorum, ubicumque essent, vel aliquem mercatorum Saracinorum, in aliquo dictorum portuum, quod mercatoribus qui erunt in alta presentia non debeat contradici, eadem causa, nec in personis, nec in rebus suis; sed dominus dux Veneciarum tenetur facere inquiri illum et omnia bona ejus in omnibus terris suis, et vendere illud, et mittere precium suum in manibus Moabdinorum, exaltet eos Deus!

22. Item, si aliquis Venetorum invenerit aliquem Saracenorum in aliquo dictorum portuum suorum, vel in Rassaçibili, non dampnificabit eum nec in persona, nec in rebus suis; et erunt salvi et securi ab ipsis. Et si eum dampnificaret, quod dominus dux Veneciarum tenetur facere inquiri ipsum dictum lignum et omnia bona illius qui armavit, et vendere illud, et mittere precium magaçeno Moabdinorum, exaltet eos Deus! si sit de cursariis[3]. Et non debet contradici alicui eorum pro eo quod alius facit in alta presentia, tranquillet eam Deus! in omnibus portubus suis[4], nec in persona, nec in rebus suis.

23. Item, si ligna alte presentie, tranquillet eam Deus! inveniret aliquem Venetorum, non contradicet ei in persona, nec in rebus suis[5].

24. Item, si in terra eorum esset caristia, dummodo palam et certum fuerit, tam si

---

[1] Au Ms. : « scribatis ».
[2] Au traité de 1305 : « Et si super eum erit ».
[3] Au traité de 1305 : « sicut fit de cursariis ».
[4] Au Ms. : « nec in omnibus portubus suis in persona nec in rebus suis ».
[5] Cet article a été omis, comme superflu, dans le traité de 1392 et les traités postérieurs.

esset per unum annum quam per plures, dabitur eis licencia caricandi duodecim naves de frumento in terris alte presentie; hoc est cum pacto unius cafesii, quod precium sit ad rationem de bisanciis tribus et dimidio, vel minus. Et de eo quod eis conceditur, non solvent alicui datium nec examen[1], ad hoc quod dominus dux mittat litteras suas de hoc, quas consul appresentabit.

25. Item, quod non possint petere bastaii nec caravarii ultra consuetum cursum.

26. Item, quod licitum sit Venetis intrare balneum quando oportunum erit eis, sicut consuetudo fuit.

27. Item, quando plumbum inventum fuerit, quod licitum sit eis emere, absque solvere inde aliquod drictum.

28. Item, conceditur eis, de gratia, quod consul [osculari possit] amplum tapedium regis, perpetuet eum Deus! semel in mense.

29. Item, si aliquis eorum petit facere rationem in doana, non prolongetur expeditio sua ultra dies octo.

30. Item, quod exeant ad eorum ligna in oris consuetis, cum precepto domino doane.

31. Item, quod possint emere pro eorum lignis quicquid eis necesse erit pro panatica.

32. Item, quod non permittatur aliquis officialium de doanis nec de aliis facere Venetis novitates.

33. Item, de eo quod vendent inter se non debet solvere venditor decimam quando vendit, sed debet illud scribi super emptorem in discalcamento suo. Et non debet peti de eo drictum, donec vendet.

34. Item, quicumque Saracenus aplicuerit de terris alte presentie ad terras eorum, erit securus in persona et rebus suis, custoditus ac honoratus.

35. Item, quando conceditur alicui generationi de generationibus Christianorum ire et venire ad caput Guleti cum barchis eorum, conceditur et Venetis.

Testificantur infrascripti super testificationem el-emir nobilis, altioris, carioris, celsioris, fidelioris, felitioris, permanentis in loco regis Boabdala, conservet eum Deus! de hiis que per ipsum dicta sunt in presenti instrumento, et est in statu complementi testificationem facere; et super testificationem nobilis viri domini Michaleti Michaeli, nuncii predicti, sicut nodavit hanc pacem, et est in statu obedientie et confessionis et voluntatis, hoc est cum interpretatione illius qui consuetum est interpretationem facere. Et turcimanavit cum ipsis Moagus Saracenus, turcimanus doane, in die Jovis, [in mense] qui appellatur in lingua saraçenica Safar, septingentesimo septimo decimo, secundum cursum Saracenorum, qui dies [et annus] concordantur cum die duodecimo intrante mense Maii, qui est sub anno Incarnationis Domini nostri Jhesu Christi, millesimo trecentesimo septimo decimo, indictione quinta decima[2].

---

[1] Au traité de 1305 : « exenium ». Cf. art. 23 de 1438.

[2] Le mois de mai 1317 de l'ère chrétienne concorde et avec le mois de Safar 717 de l'hégire, et avec le règne de Jean Soranzo, doge de Venise. Marin, qui n'a jamais fait la différence des années lunaires aux années solaires, n'est donc pas fondé à ajouter ici : *L'epoca non si accorda col tempo del doge Soranzo, nè con l'anno de l'egira, cio poco importa*, t. VI, p. 335.

Presentes hiis fuerunt : frater Petrus Guardianus, frater Michael de Renal, Catellanus, ordine Minorum, Andriolus Imbriago consul Janue, Jacobus Michael consul Catallanorum, Orseus Seudini consul Majolice, Vido Pisanus consul Sicilie; mercatores Christianorum : Robertus Spinola Januensis, Bernardus Cibo Januensis, Lemo scriba Pisanorum, Petrus Caxela scriba Janue, Bernardus scriba Catellanorum, atque Nicolaus presbiter, Thomasinus Justinianus et Angelus Alberengo, Veneti, qui fuerunt omnes contenti de pace ista, quod audierant a dicto nuncio quod de hoc contentus erat.

Nomina testium Saracenorum qui iis interfuerunt et de saracenica carta pacis testificati fuerunt, et in ipsa propriis manibus subscripserunt, sunt hec : Maometo filius Ali, filius Ase, Elaemir Abdala, filius Maomet Curasi, Moamet filius Sumail, filius Maxoris Ebesbai.

Et die eodem dicti mensis Maii, nobilis vir dominus Michaletus Michael, ambaxiator dicti domini ducis Veneciarum, cum sequentibus infrascripti[s], videlicet dominus Thomasinus Justinianus, atque Angelus Alberengo, Veneti, comparuerunt ante suprascriptum regem ; et ibidem confirmavit ipse rex, existens loco regis[1], quicquid factum erat per dictum secam[2].

Actum est hoc in regali palacio Tunixii.

Ego, Thomasinus Justinianus, hiis omnibus interfui et subscripsi.

Ego, Angelus Berengo, hiis omnibus interfui et subscripsi.

Ego, Nicolaus Rustego, presbiter Sancti Johannis decollati, et notarius, videns et audiens hec omnia in saracenica lingua per Moagum, saracenum turcimanum doane, interpretatorem dicti regis et ab eodem Moago fore in latinum reducta in presentia suprascriptorum nobilium Venetorum, in publica forma redegi, nichil addens vel minuens quod sentencia mutet, complevi et roboravi.

VIII.

1321, 3 mars. A Venise.

Prix et condition du sel de l'île d'Iviça et de l'Afrique à Venise.

Venise. Archives générales. *Commemoriali*, lib. II, fol. 96.

M. CCC. XXI°, indictione IIIIe, die tercio Martii.
Ordo salis, consultus per Dominum, IIII^{or} consiliarios et omnes tres salinarum.

Quod detur ordo sali de Eviza tenenti colorem rubeum, quod sit bonus et mercadante ad libras VII. denar. ad grossum pro modio quolibet dicti salis.

Item, quod detur ordo sali de Raxababese[3], seu de Li Çerbi[4], tenenti colorem rubeum, quod sit bonus et mercadante de libris VI. denar. ad grossum pro modio quo-

---

[1] Les mots : « existens loco regis » ont été écrits par erreur dans la transcription des Pactes.
[2] Par le négociateur arabe.
[3] Lacs salés du royaume de Tripoli. Voyez ci-après, p. 224, art. 4.
[4] L'île de Gerba.

libet dicti salis adducendo de illis partibus Venecias cum navigio Venetorum, et inde movendo, causa veniendi Venecias, cum ipso sale hinc, ad festum sancti Andree proxime venturum, indictione v^a, incipiendo solutionem pro ipso sale, secundum usum camere salis maris.

IX.

1356, 9 juin. A Tripoli.

Traité perpétuel de paix et de commerce entre Ahmed Ibn-Mekki, seigneur de Tripoli et des îles de Gerba, et Jean Gradenigo, doge de Venise, conclu par Bernabo Giraldo, envoyé vénitien.

Venise. Archives générales. En original dans la série des pièces détachées. *Doc. turcs et arabes;* en copie dans les *Commemoriali*, lib. V, fol. 77.

In Christi nomine, amen. Anno ejusdem Nativitatis millesimo trecentesimo quinquagesimo sexto, indictione nona, die nono mensis Junii, quod in lingua saracena dicitur anno septingentesimo quinquagesimo septimo, mensis Junii, die nono.

Serenissimus et excelsus dominus, dominus Johannes Gradonico, Dei gratia Veneciarum, Dalmacie atque Crohacie dux, inclitus dominus quarte partis et dimidie tocius imperii Romanie, ac universitas et comune Veneciarum, cum consiliis ad hujusmodi opportunis, et ipsa consilia cum prefatis domino duce et comuni, ex una parte; ac magnificus et potens dominus, dominus Ameth Beinichin, de Caps et de Facx, et insule Zerborum, et Cherchene ac Tripolis et districtus dominus generalis, ex altera parte; considerantes, quanta ex nunc possit eis ac eorum mercatoribus, civibus, subditis et fidelibus utilitas et commodum provenire, ac intendentes simul amorem perpetuum et benivolentiam conservare, ydoneo inter eos tractatu prehabito, unanimiter pervenerunt ad infrascriptam concordiam declaratam, super subsequentibus pactis et conventionibus initis et firmatis ac comoditer celebratis inter eos, tam super facto securitatis et salvationis personarum, bonorum, mercationum et rerum omnium, et singulorum mercatorum, civium et fidelium ac districtualium et subditorum prefati serenissimi domini ducis et comunis Veneciarum, intendentium conversari in partibus, terris et locis dominio dicti domini Ameth suppositis et subjectis, quam super facto concordandi cum eo de pretio salis partium suarum et aconcii[1] et reformationis comerciorum[2], doanarum seu datiorum, franchitatum et libertatum mercatorum ipsorum, volentium, ut premittitur, conversari et frequentare terras et loca submissa dictioni predicti domini, quam etiam super multis aliis infra denotatis, per ordinem tractatis, fideliter et instanter, et, Christi gratia, penes dictum dominum Ameth, ex procuratione et vigili solicitudine prudentis viri seris[3] Bernabe Giraldo, fidelis tractatoris et nuncii domi-

---

[1] De l'italien : « acconciare », réviser, régler.
[2] Il y a au texte original : « comerelorum », et mieux à la copie des Commémoriaux : « comerciorum ».
[3] De l'italien : « ser ».

nationis ducalis, per eam transmissi ad dominum antedictum, occasione conveniendi et paciscendi cum eo super omnibus et singulis infrascriptis, in hunc modum laudabiliter pro complectis, videlicet.

1 [1]. In primis, quod omnes et singuli mercatores, cives et fideles ac districtuales et subditi prefati domini ducis et comunis Venetiarum possint et valeant, omni impedimento cessante, ire, redire, venire et stare securiter et quiete, cum salvatione et tutela personarum, averis, mercationum et bonorum suorum, in omnibus et singulis partibus, terris et locis presentialiter subjacentibus et subjectis dominio prefati Ameth, scilicet a Facx usque Mesuratam, et consimiliter in omnibus terris et locis que per eum de cetero aquirerentur, solvendo doanam et drittum, sicut solvi debet.

2. Item, quod omne navigium Venetorum mercatorum, civium et fidelium, ac districtualium et subditorum dicti domini ducis et comunis Venetiarum, possit et valeat ire, venire et stare, cum salvatione et securitate sua, in omnibus terris et locis, dominio prefati domini subjacentibus, et similiter quod per eum de cetero aquirerentur. Et si, occasione adversi temporis, vel fortune, vel male gentis, videlicet pirratarum vel cursariorum, vel sinistri alterius cujuscumque, navigium aliquod Venetorum civium et fidelium predictorum periret, seu naufragium pateretur, quod Deus advertat! in terra, vel in mari, quod omnes existentes super dicto navigio, realiter et personaliter sint securi. Et quod dictus dominus Ameth utatur tali provisione et ordine, per suas terras et loca, quod ab aliquibus gentibus dicti boni homines in eorum personis et rebus molestari nequeant, vel offendi, ita et taliter quod securi permaneant et a periculo defendantur; et consimiliter quicquid mare rejiceret in terram de rebus et mercationibus eorum et lignamine dicti navigii postquam ad terram applicuerint et pervenerint. Et si, quod Deus advertat! nullus eorum, qui super dicto navigio forent, evaderet, omne id, et totum quod mare de dicto navigio ejiecisset postquam terram attigerit, et totum districtum domini supradicti, in custodia et protectione remanebit ipsius, donec per ducale dominium ordinabitur et scribeatur quod fieri debeat de premissis. Et in ipso facto, secundum continentiam litterarum ducalium procedatur. Et ad similem conditionem teneantur, ac in omnibus et per omnia que in presenti capitulo sunt inscripta, prefatus dominus dux et comune Venetiarum equaliter sint astricti.

3. Item, quod detur et consignetur consuli Venetorum qui per ducale dominium mitteretur in Tripolim unum fonticum, in quo stare et habitare possit cum mercatoribus Venetis, civibus et fidelibus domini ducis et comunis Venetiarum; in quo fontico reponere et gubernare omnes res et mercimonia sua, et facere sua facta possint et mercationes eorum. Et possit dictus consul compellere et intromittere unumquemque Venetum et fidelem ducalis dominii; et de Veneto ad Venetum rationem et justitiam reddere, ac tenere de peticione, placito, questione, ratione, causa, vel alio quovis facto, quod unus cum alio haberet, faceret, vel tractaret, vel peteret coram dicto consule terminari. Et quod ipse consul habeat libertatem mittendi unum vice-consulem in qualibus terrarum et locorum prefato domino subjectorum.

---

[1] Les paragraphes et les numéros ne sont ni à l'original, ni à la transcription des Commémoriaux.

4. Item, quod dictus dominus Ameth teneatur et debeat dare, pro quolibet caffisio salis Rassamabesii [1] mensuras tres pro caffisio, mensuratas cum mensura que noviter de Veneciis ad has partes per ducale dominium est transmissa, bullata et sigillata cum bulla comunis Veneciarum, que mensura stare debet in manibus consulis Venetorum. Et debet recipere et habere dictus dominus pro quolibet caffisio salis predicti, miliaresios duos. Et pro arabis salinarum [2], pro quolibet caffisio salis miliaresios duos; et pro illis de camellis, qui salem ad mare defferunt [3], pro quolibet caffisio salis, miliaresios duos; et pro illis de carabis qui ad navem salem deportant, pro quolibet caffisio salis miliaresium unum et quartam unam miliaresii; quod totum ascendit ad summam miliaresiorum septem et quarte miliaresii. Et debent habere arabi saline, secundum consuetudinem, barile unum vini pro quolibet centenario caffisiorum. Et debent habere arabi pro toto carico navis, saccos quatuor biscoti unius cantarii pro quolibet sacco, et rotulos viginti quinque casei, qui dividentur secundum beneplacitum et mandatum patroni, de die in diem, donec navis complecte fuerit onerata. Et habere debent illi de carabis pro quolibet viagio, quo vadunt caricati ad navem, rotulum unum panis, pro quolibet, et rotulos tres casei pro omnibus illis de carabis.

5. Item, quod quilibet mercatorum, civium et fidelium ac districtualium et subditorum prefati domini ducis et comunis Veneciarum teneantur et debeant solvere pro doana quarumlibet mercationum et lignaminis de abbete [4] et larice [5], decem pro centenario.

6. Item, pro omni ligamine rotondo et remigio et lanceis, viginti quinque pro centenario.

7. Item, pro omni navigio onerato planchonis, debet habere prefatus dominus tres planconos.

8. Item, pro quolibet navigio caricato lignamine rotondo, debet habere predictus dominus petias viginti.

9. Item, pro quolibet navigio onerato ferro, si ascenderit a quadraginta canthariis supra, debet habere prefatus dominus virgas quatuordecim. Et si mercator vellet retinere ferrum pro se in magazeno, tunc teneatur et debeat solvere pro quolibet cantario bisantios duos, quos emptor solvere teneatur.

10. Item, quod in omnibus terris et locis prefato domino subditis et subjectis, tam in facto salis quam in facto quarumlibet aliarum mercationum, debeat compensari et computari dobra bisantios sex, de mercatore ad mercatorem; et bisantius computari et compensari sive cunctari debeat miliaresios decem ad aurum.

11. Item, quod omnes Veneti mercatores et subditi prescripti domini ducis et comunis Veneciarum, si ponent in terris et locis domini sepedicti aurum vel argentum, non debeant aliquid solvere pro intrata, salvo quod dictum argentum doane debeat presentari.

[1] Les sebka ou lacs salés du territoire de Tripoli.
[2] Les ouvriers, porteurs et chargeurs qui travaillaient à la saline même.
[3] Ceux qui transportaient le sel à dos de chameau des lacs salés au rivage de la mer.
[4] Sapin.
[5] Mélèze.

12. Item, si aliquis predictorum mercatorum, civium, districtualium et subditorum premissi domini ducis et comunis Venetiarum haberet aurum vel argentum, et ipsum vellet ponere in zecha, occasione faciendi exinde monetam, dobras vel miliaresios de cunio domini supradicti, solvere debet pro cuniatura cujuslibet dobre miliaresios quinque ad aurum, et pro cuniatura cujuslibet rotuli argenti bisantios quatuor ad aurum.

13. Item, si aliquis predictorum mercatorum et civium ponetur in aliqua dictarum terrarum et locorum predicto domino subjectorum aliquas merces seu mercationes, et non posset eas vendere et expedire, et vellet ipsas de dictis locis et terris extrahere, quod possit et valeat dictas mercationes extrahere, solvendo medium drictum. Et si mercationes easdem portare vellet ad aliquam aliarum terrarum et locorum predicto domino subjectorum, teneatur et debeat ibi medium drictum solvere similiter, accipiendo a doana albara, in qua contineatur et declaretur qualiter ipse mercator solvit medium drictum pro mercationibus antedictis, portando etiam illas secum ad terram et locum illum ad quem dicta mercimonia voluerit deportare.

14. Item, quod prefatus dominus teneatur et debeat ponere doanarios qui manuteneant, et rationem et justiciam reddant inter mercatores Christianos et Saracenos, ut administrentur eorum cuilibet jura sua, ita et taliter quod nullus mercatorum ipsorum gravatum se reputet vel deceptum.

15. Item, quod predictus dominus teneatur et debeat ponere unum pessatorem ad doanam, legalem et justum, qui ponderet mercationes quas mercatores ement et vendent. Et si, modo aliquo vel ingenio, aliquis mercatorum ipsorum eum in fallo sive fraude aliqua reperiret, videlicet quod non ponderaret juste et legaliter ut tenetur, quod statim ab officio suo cassari debeat, nec ad ipsum amplius reassumi; sed loco ejusdem, alius qui sit legalis et bonus per antedictum dominum debeat subrogari; et quod mercationes de novo debeant ponderari.

16. Item, quod quilibet mercatorum Venetorum fidelium et subditorum ejusdem domini ducis et comunis Venetiarum portare et ponere valeat, in dictis terris et locis prefato domino subditis et subjectis, tantum vinum quod pro se ac familia sua sufficiat, absque solutione doane.

17. Item, quod quilibet mercator qui emet aliquam ex mercationibus que vendentur ad caricam, tam ponderis quam numeri, quam etiam cujuscumque alterius maneriei, non debeat facere amoveri de fontico, nisi prius facta solutione.

18. Item, si aliquis mercator Saracenus daret in credentia alicui mercatori Veneto mercationem aliquam vel imprestitum vel aliquod aliud occasione debiti, et dictus mercator Venetus faleret vel moriretur, quod non possit recurri nec regressus habere contra aliquem alium mercatorem dicta de causa, salvo quod per dominum Tripolis scribatur ducali dominio quod intromitti debeat de bonis mercatoris predicti morientis, ut prediciitur, vel falentis, per satisfactionem debiti supradicti.

19. Item, quod providus vir ser Mansus Mansi, civis Pisarum, esse debeat trucimanus in doana, et coram presentia domini prelibati, quando aliquis mercator fidelis vel subditus ducalis dominii vellet habere introytum et loqui domino suprascripto de aliquo negotio vel servitio; quoniam dictus Mansus insimul fuit tractator cum predicto

sere Bernaba Girardo et perquisitor promovendi, inveniendi et generandi concordiam et federa hujusmodi, inter predictum dominum ducem et comune Venetiarum ac dominum Tripolis antedictum.

20. Item, quod quando patroni et mercatores ducalis dominii volunt pro expeditione navium doanam facere, de presenti expediantur sine aliquo intervallo, ne viagium suum perdant; et quod, expeditis navibus, non possint modo aliquo vel ingenio retineri, quando viagium suum prosequantur. Et si, aliqua ratione vel causa, retineretur aliqua navium predictarum, quod omne damnum et interesse subsecutum exinde intelligatur incurrere dominus Tripolis antedictus. Et quod themones, neque vella dictarum navium non possint modo aliquo retineri, omni novitate cessante, dantibus nihilominus plezariam vel signum patronis dictarum navium pro arboragio et anchoragio sicut debent.

21. Item, quod quilibet mercatorum subditorum et fidelium domini ducis et comunis Venetiarum debeat solvere pro qualibet bota vini quam ipse ponet dobras quatuor et quartam unam dobre; et pro quolibet barile vini, miliaresios quinque; quorum dictorum denariorum, dobre tres sint curie domini supradicti, et una dobra et una quarta dobra, aliis officialibus aplicetur.

22. Item, quod quilibet mercator fidelis et subditus ducalis dominii debeat solvere ad extrahendum de terra lanam sucidam [1] thominos quinque pro bisantio.

23. Item, debet solvere pro quolibet canthario lane gratuse unum bisantium, et de precio quo constabit dicta lana unum thominum pro bisantio, et pro turcimanaria thominum unum pro bisantio.

24. Item, quod pro tracta cujuscumque speciarie solvantur duo pro centenario.

25. Item, de precio quo constabunt bechine, duo pro centenario.

26. Item, pro quolibet corio bovino et camellino, thomini quinque.

27. Item, de precio quo costabunt agnine, thomini quinque pro bisantio.

28. Item, de precio quo costabunt boldroni [2], thomini quinque pro bisantio.

29. Item, pro quolibet canthario dictorum boldronorum, miliaresii quinque.

30. Item, quod pro tracta tapetorum, bocharanorum et aliorum omnium que laborantur in terra, aliquid non solvatur.

31. Et quod quilibet mercator libere possit extrahere suam capselam, absque solutione alicujus doane; et quod non possit nec debeat aliquatenus aperiri.

32. Item, quod pro tracta cujuslibet cantharii dactilorum [3] et basesiorum [4], solvatur quarta miliaresii pro bisantio de eo quod costant.

33. Item, quod pro tracta cujuslibet zare olei, solvantur miliaresii quinque.

34. Item, quod pro biscocto et omnibus aliis victualibus necessariis pro viagio navium, nichil solvi debeat ullo modo.

Et propterea, conventiones et pacta jamdicta cum memorato domino Ameth habita et firmata per dictum ser Bernabam Girardo, factorem, tractatorem et nuntium prefati domini ducis et comunis Venetiarum, pro eis et eorum nomine facientem, et omnia alia

---

[1] « Lana sucida », laine non nettoyée. « Lana gratusa », bourre, ou laine de dernière qualité.
[2] Des toisons. — [3] Des dattes. — [4] Des bananes?

et singula in eisdem comprehensa et declarata, ac in presentia suprascripti Ameth Benichin vulgata, lecta et exposita per me Bonifatium, notarium infrascriptum, ex interpretatione et explanatione discreti viri ser Mansi Mansi, civis Pisarum, jamdicti trucimani, ac domestici curie antedicte domini antedicti, ipse dominus Ameth, per se ac successores suos, cum eodem domino duce et comuni Venetiarum ac successoribus domini ducis predicti, voluit et habere perpetuo se obtulit et intercedit, ac omni effectu et plenitudine, sub pena sue fidei atque legis, inviolabiliter habere et efficaciter attendere, ac toto suo posse, solempniter observare prefato domino duci et comuni Venetiarum et successoribus antedictis, et per ejus mercatores fideles et fideles et subditos facere firmiter adimpleri, promisit mihi notario infrascripto, tamquam publice persone stipulanti et recipienti, vice et nomine prefati domini ducis et comunis Venetiarum, ac successorum et aliorum quorum interesse posset; [non] contrafaciendo predictis vel alicui predictorum, per se vel alios, de jure vel de facto, aliqua ratione vel causa, sed firma potius grata et rata habendo ac tenendo quecumque in suprascriptis pactis et conventionibus sunt inscripta, auctoritate domino inter dictas partes, continue ac inviolabiliter duratura. Et e converso, et simili modo, ipse dominus dux et comune Venetiarum, per se et successores, sub eorum fide et sacramento, prefato domino Ameth et successoribus suis, quecumque per dictum eorum tractatorem, factorem et nuntium, in premissis et circa facta et operata fuerint, plenius efficere et pro posse promiserunt efficialiter observare, et per eorum mercatores, fideles et subditos effectualiter facere adimpleri uberius et attendi. Et convenientes insimul partes predicte per stipulationem solempnem, in singulis antedictis, hinc me intervenientem ad predicta pacta et concordiam, et in eis contenta, videlicet, una pars cum altera et altera cum altera, ut supra tangitur, concorditer et amicabiliter devenerunt, assentierunt ac pro complemento et pleniori efficatia omnium premissorum firmiter promiserunt se cum omni studio et promptitudine taliter curaturos et facturos quod quidquid in premissorum capitulorum tenore colligitur, pro se vel alio ullo tempore infringere non temptabunt; sed pocius, per se ac successores suos, observabunt de cetero, et observari et [ad]impleri facient suo posse; remotis exceptionibus, cavilationibus et oppositionibus quibuscumque, et omnibus aliis inventionibus, coloribus et cavillis, per quas jamdicte partes vel earum aliqua possent contra predicta vel aliquod eorumdem, quovis modo, pretextu vel ingenio, provenire.

Actum in Tripoli Barbarie, in palatio habitationis prefati magnifici domini Ameth, presentibus nobilibus viris dominis Johanne Fuscareno, filio quondam viri nobilis domini Petri Fuscareni, de contracta Sancti Pauli, de Veneciis; Stephano Quirino, filio viri nobilis domini Nicolai Quirino Boetio, de dicta contracta; ser Francisco Moyse, de contracta Sancti Barnabe de Veneciis; ser Sabastiano Spirito, de contracta Sancti Yeremie, de Veneciis, et Petro ser Seraphini, de contracta Sancte Sophie, de Veneciis, omnibus civibus Venetiarum, testibus ad premissa vocatis specialiter et rogatis, et aliis.

Ego, Bonifacius de Carpo, publicus imperiali auctoritate notarius et ducatus Veneciarum scriba, premissis omnibus et singulis presens fui, et ea in presentia domini supradicti, cum exemplo alterius instrumenti, tenoris hujusmodi scripti et roborati in lingua et littera saracena per manum Mahometh Benchasim Benmerise, Tripolis notarii publici, ac laudati et subscripti per manum Casim Benachie Beneissem Helimcerisse, et per manum Habetheramen, Heben Abdel Salem, Heben Abdel Gafar, Helmalcarim, notariorum publicorum terre predicte, in sentencia et effectu concorditer ascultata, de voluntate et consensu partium predictarum, scripsi et in premissam formam redegi, et signum meum consuetum apposui[1].

X.

1358, 26 juin. A Tripoli.

Protestation et déclaration de représailles de Marc Venier, armateur vénitien, contre Ahmed Ibn-Mekki, seigneur de Tripoli et des îles voisines, qui avait fait saisir les biens et marchandises de Marc Venier, à l'arrivée d'un navire arabe, monté par des Génois, venant d'Alexandrie, tous pactes et traités généraux conclus entre la république de Venise et le seigneur de Tripoli demeurant fermes et respectés[2].

Venise. Archives générales. *Commemoriali*, lib. VI, fol. 95.

In Christi nomine, amen. Anno Nativitatis ejusdem millesimo trecentesimo quinquagesimo octavo, indictione undecima, die vigesimo sexto mensis Junii, in Tripoli, in castro magnifici domini domini Daffer, caydi, vicarii et locumtenentis pro excelso et magnifico domino domino Ameth Beinichin, de Caps et de Facx, et insularum Zerborum et Chercheni, ac Tripolis domino generali. Quoniam, de anno preterito de MCCCLVII, indictione decima, die XXVIII. mensis Maii, dum in Tripoli reperisset se sapiens vir dominus Marcus Venerius, civis Veneciarum, de contrata sancte Crucis, cum suis nonnullis mercatoribus, rebus et denariis et aliquorum nobilium Venetorum et mercatorum, quedam chocha Saracenorum de Tonixtu, caricata mercibus et speciebus dictorum Saracenorum, veniens de partibus Alexandrie, applicuisset in portu Tripolis, cujus choche erat patronus quidam dominus Otavianus Cravie, Januensis, cum multis Januensibus mercatoribus et marinariis dicte choche, dictus dominus Octavianus scripsisset per suas litteras patentes mercatoribus Christianis existentibus in Tripoli, et specialiter dicto domino Marcho Venerio, quatinus sibi placeret ascendere dictam chocham, cum multum affectarent ipse patronus et merchatores Januenses sentire de novis partium Ponentis et Janue, ac etiam si placebit eisdem mercatoribus christianis qui ascendent emere poterunt de mercibus et speciebus suis euntibus in dicta chocha; quam litteram recepit dictus ser Marcus, hostendens et legens ipsam magnifico domino

---

[1] La ratification du présent traité par la république de Venise est transcrite dans le même volume des Commémoriaux, fol. 79.

[2] Le document est intitulé dans le registre : « Protestatio contra dominum Tripolis, pro bonis nostrorum. »

Ameth, domino generali Tripolis, asserens quod, si sibi placeret, ipse ser Marcus ascenderet dictam chocham et aliter non; qui dominus tribuit licentiam plenariam ascendendi et eundi, precipiens cuidam Angelo Bonbochier, trucimano, quod deberet ascendere simul cum dicto ser Marco; qui Angelus noluit ascendere, et dictus ser Marcus ascendit absque ipso; et dum foret in predicta chocha, quidam de suprascriptis marinariis Januensibus ipsius choche, substractivo et iniquo modo, exclamantes dicebant manu armata et invadentes : « Incidamus omnes istos canes et proditores, quare volunt » nos vendere! » Et ceperunt ipsum patronum et dictum ser Marcum ac et omnes alios mercatores Saracenos, et ipsos posuerunt infra in duabus copertis, ducentes se et extrahentes dictam chocham de dicto portu Tripolis, conduxerunt ipsam Rodum, dimittentes ipsum ser Marcum super quodam scholeo, apud Candidam. Et dum suprascriptus dominus Ameth hoc persentiret, intromitti et sequestrari ac accipi fecit cuncta mercimonia, res et bona ac denarios ipsius ser Marci, ipsaque bona rettinendo apud se, putans quod ipse dominus Ameth predictum ser Marchum hoc fieri fecisse. Et dum ad noticiam ipsius domini Ameth pervenisset suprascriptum ser Marcum non fuisse participem, sed sine culpa aliqua suprascripti damni et dispendii illati et facti per dictos Januenses ipsis Saracenis mercatoribus, scripsit per suas litteras efficaces excelso et magnifico domino duci quatenus, si dictus Marcus, per se vel suum certum nuntium specialem compareret, sibi fieri faceret integralem satisfactionem et restitutionem ipsorum denariorum et bonorum; accessit Tripolim coram suprascripto domino Daiffer, caido et vicario pro ipso domino Ameth in Tripoli, hostendens et presentans ipsas litteras ducales tanquam persone representanti magnificentiam ipsius domini Ameth, requirens et rogans suprascriptum dominum caydum pro parte ipsius excelsi domini ducis quatenus sibi placeret fieri facere restitutionem et satisfactionem suorum bonorum et denariorum acceptorum et detentorum per suprascriptum dominum Tripolis. Cui caydus respondit quod nichil habebat in preceptis seu mandatis a suo domino de aliqua restitutione seu satisfactione fienda dicto ser Marco [1]......... Cui caydus semper respondebat ut prefertur......... Tandem, suprascriptus dominus Marcus, videns et cognoscens intentionem suam, protestatus fuit et denuntiavit protestando ipsi domino caydo et vicario suprascripto, representanti personam ipsius domini Ameth jamdicti, quod omne damnum, interesse, expense sequute et que imposterum sequerentur, occasione denariorum et bonorum eidem ser Marco retentorum per suprascriptum Ameth, essent et intelligerentur esse super sepedictum dominum Ameth et suos cives subditos et fideles, et quod in quibuscumque partibus, terris et locis in quibus reperirentur bona, mercimonia, res sive denarii ipsius domini, suorum fidelium et subditorum, ipse ser Marcus possit sibi solvere et facere solvi et fieri integram solutionem et satisfactionem omnium suorum bonorum et denariorum sibi ablatorum et retentorum per predictum dominum Ameth, ascendentium ad suprascriptam summam duplarum M. v^c., salvis et reservatis pactis, conventionibus et capitulis pactorum que dominus dux et commune Veneciarum habent cum prelibato domino Ameth, domino Tripolis generali.

[1] Nous omettons ici le détail des instances réitérées de Marc Venier, pour obtenir satisfaction du seigneur de Tripoli ou de son caïd.

Cui protestationi et denuntiationi fuerunt presentes, in dicto castro et loco, providi viri Franciscus Formarinus quondam Thome, contrate Sancti Viti, [etc.] omnes cives Veneti et alii ad predicta vocati et rogati. Ego, Leonardus de Anzoletto, etc.[1].

XI.

1362, 4 et 11 mai. De Venise.

Lettre de créance et commission de Laurent Celsi, doge de Venise, à Pierre Santi, notaire ducal, chargé de se rendre à Tripoli, pour se plaindre des vexations exercées contre les marchands vénitiens et pour racheter ceux de ses nationaux qui étaient retenus captifs.

Venise. Archives générales. Série à classer, intitulée : *Documenti arabi e turchi*. Original scellé.

I.

Magnifico et potenti viro, Ameth Benichim de Caps et de Facx et insule Zerborum et Cherchene ac Tripolis et districtus domino generali, amico dilecto, Laurentius Celsi, Dei gratia dux Veneciarum, etc.[2], salutem et sincere dilectionis affectum. Cum virum providum Petrum Sancto, notarium et fidelem nostrum ad Magnitudinis vestre presenciam pro aliquibus nostris agendis dirigamus, rogamus eamdem quatinus eidem in dicendis parte nostra fidem placeat credulam adhibere. Data in nostro ducali palacio, die iiii° Maii, xv° indictionis.

II.

Nos, Laurentius Celsi, Dei gratia dux Veneciarum, etc. Committimus tibi, provido viro Petro Sancto, notario et fideli nostro, quod vadas ad nobilem virum Johannem Bembo, vicecapitaneum galearum culphy[3], cui expones quod, sicut ipse scit, nos dedimus in mandatis nobili viro Petro Baseio, capitaneo culphy, quod omnes litteras et mandata sibi missa et facta per nos pro capitanaria culphy deberet eidem Johanni assignare et quod ipse Johannes ea observare et implere deberet quemadmodum debuisset idem Petrus. Cum igitur, inter alia mandata, ipse habuit a nobis litteras eundi si posset ad partes Tripolis, ad procurandum relaxationem quorumdam nostrorum fidelium olim captorum per homines dicte terre, cum choca de cha Paruta[4], et ad petendum restitutionem et emendam coche et rerum ablatarum, et emendam plurium aliorum damnorum illatorum nobis et nostris per homines dicti loci, sicut in pluribus litteris et mandatis assignatis dicto capitaneo et que nunc assignate sunt per dictum capitaneum eidem Johanni plenius continetur; licet non dubitemus ipsum esse solicitum suo posse ad

---

[1] *Sic.* C'est le notaire, rédacteur de la protestation.
[2] *Sic.*
[3] Du golfe de Venise.
[4] Avec le navire de la maison Paruta.

executionem mandatorum nostrorum, tamen, habentes singulariter cordi relaxationem predictorum captivorum, qui jam duobus annis fuerunt in magna miseria et stant in periculo perditionis anime et corporis, misimus te ad eum, ad replicandum sibi mandatum prefatum et hortandum et inducendum eum quo cicius poterit, sine manifesto periculo galearum sibi commissarum et gentis nostre ac navigiorum nostrorum, ire debeat ad dictas partes Tripolis, et ibi procurare et facere ea que in dictis nostris litteris et mandatis plenius continetur, ita quod exinde apud Deum et nos possit merito commendari.

Et si dictus vicecapitaneus erit in actu eundi, tunc vadas simul cum eo, et postea cum eo quod erit factum et secutum per via sua redibis Venecias et relationem de gestis nobis facies.

Si autem ipse non esset in actu eundi vel ire possendi, tunc dicas ei pro parte nostra quod deponat vel deponi faciat te in aliqua parte insule Scicilie, unde tu possis comode ire ad partes Tripolis predictas, ad quas ibis quo cicius poteris cum litteris nostris ad dominum dicte terre; et eidem expones injurias, gravitates et damna facta per suos contra nostros indebite et injuste; et aggravabis factum cum verbis decentibus, et petes relaxationem et libertatem nostrorum fidelium captorum et restitutionem navigii et rerum et emenda damnorum; et super hoc instabis et facies totum posse tuum. Et si non posses obtinere totaliter intentionem nostram, procures saltem quod nostri fideles predicti relaxentur, et de restitutione rerum et emenda damnorum facies quam melius poteris. Et cum eo quod habueris et feceris, Venetias revertaris, et de receptis possis facere finem et remissionem dicto domino.

Et si dominus Tripolis conquireret vel diceret quod aliquid deberet recipere ab aliquibus nostris fidelibus, dicas quod nos fecimus[1] et essemus semper parati cuicumque nuncio suo quem ad nos miserit facere sic plenam rationem et justitiam quod ipse habebit quicquid de jure debuerit.

In casu quo tu vadas sine nostris galeis et compleas nostram intentionem de relaxatione dictorum captivorum, habere debes a nostro communi ducatos auri CC^{tos}, de quibus dari tibi fecimus C. In casu autem quo non compleas dictam nostram intentionem, vel in casu quo capitaneus iret cum nostris galeis illuc, habere debes solum ducatos centum, eundo, stando et redeundo omnibus tuis expensis.

Fecimus tibi dari copiam mandati alias facti capitaneo nostro culphy et copiam damnorum, que omnia, et etiam tuam commissionem presentem, ostendere debeas eidem vicecapitaneo, ut sit de omnibus informatus.

Concedimus etiam tibi quod de bonis nostrorum damnificatorum que recuperare debes in Tripoli, possis subvenire illis nostris fidelibus carceratis, pro expensis et redditu eorum, de ducatis CL. per viam mutui dividendis inter eos, secundum necessitates eorum, quos postea ipsi teneantur restituere illis ad quos spectabunt.

Jurasti proficuum et honorem Venecciarum, eundo, stando et redeundo.

Data, in nostro ducali palatio, die undecimo Maii, XVe indictionis.

---

[1] *Sic*, pour : « fuimus ».

XII.

[1392, 4 juillet. A Tunis.]

Traité de paix et de commerce conclu pour dix ans, entre Abou-l-Abbas-Ahmed, roi de Tunis, et Antoine Venier, doge de Venise, par Jacques Valaresso, envoyé comme ambassadeur et consul de Venise à Tunis.

Venise. Archives générales. *Commemoriali*, lib. VIII, fol. 163 v° [1].

In nomine Dei pii et misericordis. Hec est pagina perfecte pacis nodate [2]. Laudavit ipsam et firmavit suum judicium ex licentia dominatoris et domini nostri principis [el-]calife, el-Iman Chayn, auxiliante Dei virtute, emir Elmomenin, Ebul-Abes Amet, filius quondam dilectorum virorum dominorum regum, roburet ipsum Deus cum Dei auxilio et aminiculetur cum adjutorio suo et substineat universitates Saracenorum cum gratia sua! el-emir magnificioris, altioris, carioris, excelsioris, fidelioris existentis loco regis Boabdile Maumet Bem-Buiel, manuteneat Deus honorem suum et prelaturam suam! cum sapiente et nobili viro domino Jacobo Vallaresso, Veneto, veniente tempore presentis instrumenti ad altam regis presentiam, tranquilet eam Deus et conservet ipsam Deus! nuncio sive legato ex parte domini Antonii Venerio, magnifici seu incliti ducis Venetiarum et cetera, petente nodari pacem genti Venetiarum et suorum districtuum, cum quibus extendantur suum dominium et status eorum in utilitatem discurat, ad spacium decem annorum solarium, quod incipit a tempore hujus instrumenti. Concessa fuit ei voluntas ejus, ut in carta ista subscribuntur.

1 [3]. Hoc est, quod sint [4] omnes mercatores de Venetiis et sui districtus, cum quibus extendatur suum dexiderium [5], et homines sui, ubicumque applicuerint in terris alte presentie, ubicumque dohane fuerint, salvi et securi [6], in personis et rebus suis, et custoditi ac honorati in omnibus portibus terrarum ubi fuerunt doane et in Rassabili [7],

---

[1] On a inscrit ce titre dans le registre, en tête du traité : « Exemplum pactorum initorum inter serenis-
» simum dominum dominum ducem et comune Venetiarum ex una parte, et dominum regem Tunisii
» ex altera, de verbo ad verbum, ut jacet. » Ce traité, qui reproduisait ceux de 1305 et 1317, fut
renouvelé presque littéralement en 1427.

[2] Au renouvellement de 1427 : « notate ».

[3] Le traité est divisé en paragraphes non numérotés; mais la numérotation que nous ajoutons
au texte répond bien à l'ordre et aux divisions établis originairement par les négociateurs même,
comme l'on voit par les détails de quelques discussions rappelés dans la lettre du consul vénitien
du 5 juillet, imprimée ci-après, p. 238.

[4] A l'original, mais par erreur : « sicut ». Voyez le traité de 1317, art. 1, note 1.

[5] Voyez le traité vénitien de 1317, art. 1, ci-dessus, p. 217, note. 2.

[6] « Fuerint », répété ici par erreur.

[7] Au renouvellement de 1427 : « et meapacibili » pour : « et in Rassacibili ». Voyez le traité de 1305, art. 1. Ci-dessus, p. 212, note 1.

ab omni gente sua et qui sunt sub obedientia. Et si aliquis ipsorum substinuerit danum aut injuriam a dictis Saracenis, quod alta presentia faciet ei satisfieri de injuria et damno [1].

2. Item, quod possideant fonticum quod cognitum est pro eorum habitare in alta presentia Tunixii, custodiat eam Deus! cum oratorio suo, una ecclesia, cum uno furno et omnibus eorum utilitatibus, sicut actenus consuetum est. Quod fonticum aptetur, quomodocumque opportunum fuerit; nec in ipso aliquid ponatur, nisi cum voluntate eorum. Et erit habitatio eorum in omnibus terris alte presentie et in omnibus terris que aquirerentur in futuro, cum adjutorio Dei, secundum quod gratia facta fuit super eos in alta presentia Tunisii.

3. Item, quod ponant consules pro se ad jus et justitiam faciendam inter eos in omnibus dictis terris. [Et quod ponant etiam pro se scribas in omnibus dictis terris [2]], ad faciendum eorum rationes in dohana et certificandum quod dare et recipere debent. Et si aliquis Saracenorum vel aliquis Christianorum qui non essent de suis haberet aliquam peticionem super aliquem eorum, quod consul eos expediat; et si consul eos non expedierit, doana videlicet expediat eos.

4. Item, quod solvant de eis que vendent de mercantiis quas aportant decimam, hoc est, ad rationem de bisanciis decem pro centenario de bisanciis. Et dimittantur eis, a tempore hujus instrumenti in futuro tempore, ea que rogavit eis dimitti : rottulum unum per pesum, et quartam de miliaresio per zaram olei, et mediam zaram pro centenario de zaris, et zara una pro quolibet navigio, et miliaresii octo pro centenario de bisantiis cum quibus emunt. Et de rebus que invenirentur de eis que ascondunt, solvere debeant duos drictus [3]. Et dimittantur eis quinque miliaresii pro quolibet centenario de introytu qui vocatur *mursuruf*. Et conventum fuit inter eos dominos, quare erat differencia [4] inter predictos de quinque miliaresiis qui vocantur *mursuruf*, quod instrumentum saracenicum quod Veneti habent hic mittetur, et secundum quod in predicto instrumento presens capitulum sonaret, ita fieret; quare predictus ambaxiator asserebat sibi dimitti de decima quinque milliaresios pro quolibet centenario de bisanciis; et predictus dominus tenens locum regis asserebat quod sibi non debebant dimitti de decimo aliquid, sed quinque miliaresii qui debebat sibi dimitti erant quinque miliaresii qui vocantur *mursuruf*, quod reliqui Christiani preter Venetos solvere tenentur [5].

5. Item, quando aliquis eorum venderit aliquam de mercanciis suis, et emptor eam scrutatus fuerit, firmata erit venditio ipsius; [et] non debet revocari ipsum forum, salvo si [in] ipsa [venditione] esset falsitas vel magagna.

6. Item, quando aliquis Venetus emerit mercanciam ab aliquo officiali cum carta

---

[1] Voyez l'art. 1 du traité de 1438.

[2] Les mots que nous ajoutons ici entre crochets se trouvent dans la copie du renouvellement de ce traité, conclu en 1427. Voyez aussi les traités antérieurs.

[3] Légère aggravation des anciens traités vénitiens. Voyez art. 4 du traité de 1438, p. 251.

[4] Au Ms. « differentiam ».

[5] Voyez ci-après, p. 241 et 242, la lettre du consul vénitien du 5 juillet 1392. Tout cet article fut conservé dans le renouvellement de 1427.

testificationis, et alius officialis erit loco illius, ipse officialis non revocet illud quod emerit a primo, salvo si in ipsa venditione videretur falsitas vel vicium.

7. Item, quando aliquis eorum vendiderit mercanciam, et solverit ab ipsa drictum in aliqua terrarum alte presentie, et vellit emptionem facere cum ipsa pecunia in alia terra quam in illa, fiat sibi littera in doana ipsius dicte terre quod emat cum ipsa ubicumque voluerit de predictis terris, sine solvere de ipsa aliquod drictum.

8. Item, quod solvant de eo quod aportant de auro et argento mediam decimam. Et de eo quod vendent de ipso, in cecha vel in doana, pro curia altissima, non debent solvere drictum aliquod, nec in venditione, nec in emptione, cum ipso precio.

9. Item, de eo quod portant de pulcritudinibus et perlis et lapidibus preciosis, et venderetur curie altissime, non debent solvere. Et si vendiderint alteri quam curie altissime, quod ipsi solvant secundum cursum consuetum.

10. Item, quando aliquis ipsorum fugerit et dare debeat havere doane, vel alicui Saracenorum et Christianorum, quod illud non petatur alicui Venetorum, nisi suus steterit fidejussor; sed consul teneatur inquirere illum et res suas, et satisfacere de eo quod illi invenientur de bonis suis.

11. Item, de eo quod vendent per manus de trucimanis cum testificatione testium doane, doana sit fidejussor; et de eo quod vendent in caliga, doana sit etiam fidejussor. Et debet eis fieri solutio infra dies quindecim. Et de eo quod emitur ab ipsis pro curia altissima, exaltet eam Deus! dabitur eis precium [infra] dies quindecim, si venditio fuerit sine termino.

12. Item, non cogatur aliquis Venetorum aliquam de suis mercanciis [vendere[1]], sed in sua voluntate consistat vendere illud quod vult; et de eo quod reddibit, non debet aliquid solvere.

13. Item, quod emant cum naulis suarum navium mercancias absque solvere de ipsis drictum.

14. Item, quod si aliquis Venetorum vendiderit lignum suum alicui Christiano, de eis qui sunt [in pace[2]] Moadinorum, glorificet eos Deus! non debet exinde solvere aliquod drictum. Et si emerit cum ipso precio aliquas mercancias, non debet solvere de eo quod emerit cum illo aliquod drictum precio.

15. Item, quando aliquis ipsorum voluerit navigare cum suo ligno, et preparatus esset, non debet ei contradici, aliqua occasione, quando expeditus est a doana, et solverit id quod debuerit et acceperit albara.

16. Item, non debet eis accipi aliquid de suis lignis, nomine curie altissime, quando ei opportunum est, nisi cum voluntate sui patroni. Ut discordia non oriatur ex hoc capitulo, consuetum est ab antiquo tempore citra quod quodlibet navigium solvat tres dublas auri et unam squarcinam. Et hoc notificamus vobis, quod dominus rex petivit in hoc consuetudinem antiquam conservare.

17. Item, quando aliquod de lignis Venetorum pateretur naufragium circa aliquam

---

[1] Cf. le traité de 1305, le renouvellement de 1427, et le traité de 1438, art. 13.

[2] « In pace ». Ces mots indispensables sont omis dans les textes de 1392 et de 1427.

terrarum alte presentie, tranquilet eam Deus! illi qui de ligno ipso evaserint, erunt securi in personis et rebus. Et quicquid ejiciet mare de rebus suis, et de ipso lignamine, postquam junserit ad terram, etsi non evaderetur aliquis ex eis qui essent in dicto ligno, erit totum illud quod mare ejecerit de eo, postquam junserit ad terram, in custodia alte presentie, quousque venerit ex parte domini ducis Venetorum quid fieri debeat. Et secundum quod in litteris domini ducis continebitur, sic fiet.

18. Item, quod scribantur[1] ex parte alte presentie, tranquilet eam Deus! littere ad omnes terras suas pro faciendo tenorem hujus pacis.

19. Item, si aliquis Venetus ascenderit super aliquod aliud lignum quam in suis lignis, quod lignum non sit armatum, et pateretur naufragium, quod sit ipse in tali ratione quali esset in suo ligno.

20. Item, quod si aliquis Venetus decesserit in aliqua terrarum alte presentie, et fecerit testamentum[2], commissarius habeat bona ejus. Et si inordinate decesserit, erunt ea que remanebunt in manu consulis. Et si super eum erit aliqua peticio a Saraceno vel Christiano, satisfiat petenti de eis que remanebunt. Et si ipsi debebitur ab aliquo, satisfiet ab illo, et dabitur commissario vel consuli. Et si consul non esset ad presens, erunt ea que remanebunt in custodia doane, quousque veniant littere a domino duce Venetorum, quid de ipsis fieri debeat.

21. Item, si aliquis ipsorum armaret lignum de cursu, vel aliud lignum quam de cursu, et danificaret aliquem dictorum Saracenorum ubicumque essent, vel aliquem mercatorem Saracenorum, in aliquo dictorum portuum, quod mercatoribus qui erunt in alta presentia non debeat contradici eadem causa, nec in personis, nec in rebus suis, sed dominus dux Venetorum tenetur facere inquiri illum et omnia bona ejus in omnibus terris suis, et vendere illud et mittere precium suum [in manibus] Moabdinorum, exaltet eos Deus!

22. Item, si aliquis Venetorum invenerit aliquem Saracenorum in aliquo dictorum portuum suorum, vel in Rassacibili, non dannificabit eum in persona, nec in rebus suis; et erunt salvi et securi ab ipsis. Et si eum dannificaret, quod dominus dux Venetiarum tenetur facere inquiri illud dictum lignum et omnia bona illius qui armaverit et venderit illud, et mittere precium magaçeno Moabdinorum, exaltet eos Deus! si [sit] de cursariis[3]. Et non debet contradici alicui pro eo quod alius facit in alta presentia, tranquilet eam Deus! nec in omnibus portubus suis, in persona nec in rebus suis[4].

23. Item, si in terra eorum esset carestia, dummodo pallam et certum fuerit, tam si esset per unum annum[5] quam per plures, dabitur eis licentiam caricandi duodecim naves de frumento in terris alte presentie, hoc est cum pacto unius cafexii quod pre-

---

[1] L'original porte «scribatis», comme en 1317, art. 18. Le renouvellement de 1427 rétablit «scribantur».

[2] Traités de 1305, 1317, 1438. Au texte de 1392 : « secesserit testatum »; au renouvellement de 1427 : « secesserit testamentum ».

[3] Cf. le traité de 1317. Au renouvellement de 1427 : « sicut de cursaria ».

[4] On n'a pas reproduit, en 1392, l'article 23 des traités précédents, ce qui détruit la corrélation des articles suivants.

[5] « Unum annum », au renouvellement de 1427. En 1392 : « unam manum ».

cium sit ad rationem de bisanciis tribus et dimidio, vel minus. Et de eo quod eis conceditur, non solvent alicui dacium, nec examen[1], adhuc quod dominus dux mittat litteras suas de hoc, quas consul aprexentabit.

24. Item, quod non possint petere bastaxii nec caravarii ultra consuetum cursum.

25. Item, quod licitum sit Venetis intrare balneum quando opportunum est eis, sicut consuetudo fuit.

26. Item, quando plumbum inventum fuerit, quod licitum sit eis emere absque solvere inde aliquod drictum.

27. Item, conceditur eis de gratia quod consul [osculari possit[2]] amplum tapedum regis, perpetuet eum Deus! semel in mense.

28. Item, si aliquis eorum petit facere rationem in doana, non prorogetur expedictio sua ultra dies octo.

29. Item, quod exeant ad eorum ligna in horis consuetis, cum precepto domini doane.

30. Item, quod possint emere pro eorum lignis quidquid eis necesse est pro panaticha.

31. Item, quod non permittatur aliquis officialis de doanis nec de aliis facere Venetis novitates.

32. Item, de eo quod vendent inter se, non debet solvere venditor decimam quando vendit, sed debet illud scribi super emptorem, in discalamento suo. Et non debet peti de eo drictum donec vendet.

33. Item, quicumque Saracenus applicuerit de terris alte presentie ad terras eorum, erit securus in persona et rebus suis, custoditus ac honoratus.

34. Item, quando conceditur alicui generationi de generationibus Christianorum ire et venire ad caput Galeti[3] cum barchis eorum, conceditur etiam Venetis.

Hoc pacis instrumentum fuit transvectum de lingua arabica in latinam, et turcimanatum per turcimanum doane, de quodam instrumento saracenico, testificato per predicte doane testes, scilicet venerabilem virum dominum doane Tunisii civitatis vocatum Ebu-Abdile Maumet Bencasip, et venerabilem virum Ebu-Adile Maumet Bemberinoson, et venerabilem virum Abdeluat Huarien, et venerabilem virum Amet Benicanile, et confirmatum per reverendum dominum dominum Abdu-Adile Maumet Bem-Builel, regis tenenslocum, cum voluntate, precepto regis domini. Et transvectum pacis presentis prelectum fuit reverendis dominis fratri Placito, ordinis Sancti Benedicti, nunc ecclesiam Christianorum Tunisii regenti, Michaeli quondam Francisci Zusii de Florentia, Petro quondam Laurencii Bidaco de Pisis, Thome quondam Nicolai de Cicavera[4] de Janua, Beltramo Leonardi de Senis, Johanni Mauro quondam domini Laurencii Mauro de Venetiis, Petro quondam Paganucii de Pisis, Phylippo Baxadonna, mercatoribus

---

[1] « Exenium », en 1305 et 1317, art. 24. « Examen », en 1392, comme au renouvellement de 1427.

[2] Ces mots, omis aux traités de 1317 et de 1392, ainsi qu'au renouvellement de 1427, sont fournis par le traité de 1305. Cf. art. 28 de 1438.

[3] *Galeti*, pour *Guleti*, la Goulette. Au renouvellement : *Galeote*. Cf. art. 37 du traité de 1438.

[4] Ou *Licavera* pour *Licavela*. Thomas Lecavello, qui signe plus bas.

ad hoc specialiter vocatis, in predicte civitatis Tunisii doana; qui presenti prelecture et scripture interfuerunt, et in signum veritatis testimonii suis propriis manibus subscripserunt.

Ego, frater Placitus, ordinis Sancti Benedicti, ad presens regens ecclesiam Sancti Francisci terre Tunisii, ad omnia supradicta interfui, vidi et audivi, et ita testor. Et signum meum pono. Et signum meum est tale[1].

Io, Michel de Francesco Ciosi, de Fiorenza, sono testimone delle predecte cose; per più chiareza, mi soscrivo de mia mano propria.

Ego, Petrus Bindachi de Pisis, de predictis sum testis; et per majorem cautelam pono signum meum, tale.

Ego, Thomas Lecavillum, quondam Nicolai, civis Janue, de predictis sum testis; et per majorem cautelam pono signum meum, tale.

Ego, Johaneto Mauro, testis, subscripsi.

Ego, Beltramus Leonardi, de Senis, sum testis de predictis; et per majorem cautelam pono signum meum, tale.

Io, Piero di Paganino, di Pise, sono testemonio a le soprascripte cosse; e per majore chiareza, io scrivo de mia mano propria, e meto et lo mio segno, dele.

Ego, Phylippus Baxadona, de Venetiis, testis, subscripsi.

(Locus sigilli.) Ego presbiter, Franciscus Paulo, ecclesie Sancti Cassiani, et notarius Venetiarum, audiens et videns hec omnia in saracenicha lingua, per trucimanum doane interpretatorem dicti regis, et ab eodem Morag fore in latino reducta, in presentia nobilium virorum testium suprascriptorum, in publicam formam redegi, nichil addens vel minuens, quod sentencia mutet, complevi et roboravi[2].

XIII.

[1392], 4 juillet. De Tunis.

Lettre du roi de Tunis au doge de Venise au sujet de la paix de ce jour.

Venise. Archives générales. *Commemoriali*, lib. VIII, fol. 166 [3].

Servus Dei, confidens in Deo, rex credentium, Bulabes Amet, filius quondam Buadile, quondam filii Buycia Bubequer, regis Tunisii, suo amico, Anthonio Venerio, Veneciarum duci, in eo per quem regnant principes, salutem. Vestre Nobilitatis litteras per dilectum ambaxatorem vestrum Jacobum Vallaresso nobis presentatas intelleximus, et

---

[1] A la suite de chacun de ces articles se trouve le seing du témoin.

[2] A la fin est écrit : « Nota quod dictum instrumentum, tam in lingua latina quam saracenicha, et » alique littere domini regis et consulis Tunisii sunt in bancho statutorum. »

[3] En tête est écrit : « Translatio litterarum domini regis Tunisii ducali dominio, pro pace secum » firmata missarum. »

vestrum ençennium amicabiliter ut decet recepimus, et cum predicto pacem ad spacium decem annorum duraturam firmavimus. Et ut melius prefata pax observetur, omnes captivos Venetos sibi libentissime dedimus; et omnes cum nostris pecuniis emimus a nostre dominationis subditis, illos quoque qui in terris nostri dominii propinquis erant per presens nostrum navigium vestre amicicie mittimus. Illos vero qui in terris longinquis sunt, nostris subditis locum nostrum ibidem teuentibus in scriptis expresse mandavimus quod omnes Venetos in eorum terris detentos quam cicius hic vestro ambaxatori et consuli libere mitterent. Quod et ita fiet. Valeat nostra amicicia per temporum curicula longiora.

Data in nostro regali palatio, quarto die mensis Julii, anni presentis.

XIV.

1392, 5 juillet. De Tunis.

Lettre du consul, Jacques Vallareso, au doge de Venise, sur la négociation du traité arrêté la veille entre la république et le roi de Tunis.

Venise. Archives générales. *Commemoriali*, lib. VIII, fol. 166 [1].

Serenissime et excellentissime domine, mi domine. Die sexto Junii, adjunsimus ad portum Tunisii, et ibi invenimus unam galeam armatam Januensium, cum qua venerat dominus Oliverius de Marino pro suo ambaxiatore ad dominum regem; et erant dies decem et septem quod dictus descenderat in terram; et scivimus de aliis novis. Determinavimus adherere Marine [2], causa sciendi nova illius terre; et statim illi amataverunt nos, et statim fecimus projicere barcam in mare, et missimus trucimanum, facientes scire qualiter eramus galea Venetorum. Et cito, caput Marine venit in galeam, et dixit quod dominus rex, quum sciret quod ista galea aplicuerit, habebit magnam consolationem, dicens michi quod facerem sibi unam litteram quam apportaret domino regi; et illam dedi, et statim recessit.

Die septimo, circha horam sextam diei, venit dictus et dixit quod invenit dominum regem in viridario, et quum vidit litteram multum gavisus fuit; et cito in mane venit in civitatem et precepit uni suo barono quod veniret ad Marinam per me. Et circha hora octo diei, applicuit dictus cum multis equis et apportavit secum salvum conductum, dicens quod descenderem cum illis hominibus quos vellem. Et infra dominum Jacobum Civrano et me, propter honorem Vestre Serenitatis, determinavimus quod descenderem cum decem hominibus apud me.

---

[1] En tête est écrit dans le registre : « Copia litterarum missarum serenissimo ducali dominio » Venetiarum per nobilem virum ser Jacobum Vallaresso, ambaxatorem et consulem Tunisii. Nota » quod fuit exemplata de verbo ad verbum, ut in ea continentur. »

[2] Au rivage, à la Goulette.

Et descendens in terram, dictus baronus dixit michi : « Ambaxiator, bene veneris. » Et dixit per partem domini regis qualiter manebat Vestra Serenitas, et quod michi placeret ascendere ad equum, quia dominus dux volebat quod essem hodie ante suam presentiam. Et propter causam munerum, volui conferre cum domino Johanne Mauro et cum aliquibus mercatoribus qui venerant ad recipiendum me; qui dixerunt quod deberem illa facere descendi in terram; et sic feci. Et illo tunc, dicti mercatores dixerunt quod ponerent mentem faciendi pulcerima munera fratri domini regis quam alicui alio, quia ipse est totus istius civitatis; et cum istis verbis, ascendimus ad equum. Et in bona hora, circha hora viginti diei, fuimus Tunisio. Et intravimus in castrum domini regis, et, facta salutatione, secundum quod michi apparuit convenire propter honorem Vestre Serenitatis, apresentavi pro parte Vestre Magnitudinis duos ziffalchos, vellutum unum grane et octo paria panorum; quas dominus rex accepit gratanter, et dixit michi : « Ambaxiator, tu bene veneris. » Et interogavit me qualiter manebat Vestra Serenitas, et quod erat sibi de carum illos ziffalchos $\overline{\text{ii}}^a$ [duo millia] duble auri. Et dixit michi quod facerem apresentare illud quod volebam dare fratri suo, et ita feci; et interogavit me de multis novis que essent longiora narandi Vestre Dominacioni. Et postea dixit michi : « Vade ad videndum fratrem meum »; et ego rogans suam dominacionem expedimenti, notificans magnitudini sue temporis quo galea debebat hic manere; et recedens ab eo, fui sociatus ad domum sui fratris.

Et statim sicut vidit me, fecit me sedere apud eum, et faciens salutationem per partem Vestre Serenitatis, secundum michi apparuit convenire, presentans ei unum zifalchum vivum et unum mortuum, et unum vellutum, et paria quatuor panorum pro parte Vestre Magnitudinis. De quibus rebus accepit magnam consolationem, et dixit michi : « Gaudeas te, quod meus frater dominus rex [et] ego scivimus quod Veneti » sunt boni homines, et quod promittunt ipsi observant semper. » Et rogans eum quod rogaret dominum regem quod daret michi audientiam, et cum ipsis verbis recessi ab eo. Ipse fecit me associare uni pulcro viridario, in quo erat una pulchra stancia; et statim sicut ibi fui, fuerunt michi apresentate multi fructus et multe alie vivande, pro parte domini regis, et similiter pro parte sui fratris.

Et preteritis diebus quatuor, secundum consuetudinem istius regis, videns quod non mittebat pro me, fui consultus quod scriberem sibi unam litteram, et illam mittere fratri suo, qui apresentaret eam domino regi; et feci illam facere, et misi eam pro meo trucimano, rogans quod sibi essem reccomandatus, qui respondit : « Dic ambaxia- » tori quod gaudeat, ego ero cum meo fratre, et faciemus quod ipse habebit audien- » ciam. » Et die sequente, dominus rex misit michi unum medicum ad visitandum me, dicens quod dominus rex habuerat unam meam litteram in qua ego rogabam quod ipse daret michi audientiam, conquerenti de diebus preteritis; et ipse dixit quod dominus rex fecerat unum festum; et, factum illud, ipse audiret me; cum multis aliis verbis, michi offerens. Et fecit dicere michi quod ipse poterat multum prodesse michi. Et propter hoc, ego determinavi facere ei unum munus dublorum quinquaginta auri, tam cito habuissem meos captivos; et cum istis verbis ipse recessit.

Et in isto die, secretarius Mulle Zacharie, fratris domini regis, venit ad me cum multis verbis, dicens quod major pars captivorum erat in manibus suis domini, et quod pax et guerra manebat in ipso. Et ego respondidi quod ego intelligebam tenere suum dominum pro meo patre, et ipse pro meo fratre, omni bono suo placiter; et ipse dicens trucimano : « Credis quod meus dominus vellet dimittere omnes captivos sine aliqua » re »; et dictis his verbis, pro trucimano monstravi agrevari, et dixi : « Dominus rex » scripsit mee dominacioni quod ipse volebat bonam pacem cum comune Venetiarum. » Que pax esset ista, si deberet emere meos captivos? Istud numquam faceret comune » Venetiarum. » Et cum istis verbis recessit. Et factum festum domini regis, rogans quod daret expedimentum michi, et ipse respondit ei libenter, et quod ipse esset cum domino rege ut exponeret meam ambasiatam.

Die XIII istius, adhuc venit secretarius fratris domini regis, monstrans tenere societatem meam, et inquirere de meis confettionibus et de meo vino, cum multis suis aliis verbis; et in conclusione dixit trucimano : « Si ego non facerem aliquod pulcrum munus » domino suo, quod haberem magnam brigam habendi meam intencionem. » Et videns quod consultum fuerat michi pro omnibus quod ipse non recederet a me sine aliqua promissione, determinavi dicere ei, sicut haberem meos captivos Barbarie in mea libertate, facerem unum munus doplorum auri quinquaginta et suo domino doplorum ducentorum. Et istud faciebam de meo, ut istud bonum non remancret; et ipse fecit michi responder uni qui locutus fuerat cum ambaxatore Januensi quod proferte fuerunt sibi dublas quingentas; et ego feci dicere quod mirabar de illo quod ipse dicebat : « Tu bene scis quod Veneti non fecerunt aliquod danum tuo domino, nec petant du- » centos sexaginta captivos, » cum multis aliis verbis, quibus non essent narandi Vestre Dominationi. Et in ultimo, dixit pro parte fratris domini regis, quod quum ero ad presentiam domini regis, debeam laudare, seu magnificare eum, et petere captivos per gratiam, quia cogitabat facere sic, quod habebo meam intentionem; et cum isto recessit.

Die XVI, circha horas XX diei, dominus rex misit pro me unum suum baronum cum multis equis, et associavit me ante presentiam regis; et facta salutazione fecit me sedere, et exposui meam ambaxiatam secundum formam mee commissionis. Dominus rex fecit michi dicere : « Ego scivi quod Veneti sunt homines legales, et dicunt semper » veritatem, et id quod promittunt ipsi attendunt, et unquam nobis non fecerunt ali- » quod dannum; et ideo volo bonam et veram pacem cum comune Venetiarum amodo » in antea. Ego precipiam omnibus subditis meis et fidelibus, et in omnibus meis terris, » quod quilibet Venetus, et qui pro Veneto reputatur, ita in mare sicut in terra sint » tractati sicut amicos et fideles nostros. Ad factum captivorum, ego dico quod sum » dispositus emere omnes captivos de meis denariis et designare eos tibi. Ad factum » pactorum antiquorum, tu dicis quod confirmam tibi; da michi copiam illorum quod » vollo ea examinare; et cum examinavero, faciam tibi illud quod placebit. » Et preter causam quam jam feceram illam accopiare, dixi : « Magnifice domine, habeo hic. Si » vobis placet, ego dimittam copiam. » Et cum accepit, statim fecit ea legere et dixit michi : « Hora est tarda, vade in bona hora, quod una alia die mittamus pro te. » Et ego dixi : « Domine, fac michi hoc gaudium quod die crastina in mane videam cap-

» tivos in sua libertate. » Et ipse respondit : « Frater meus et isti alii dicunt quod tu es
» bonus homo; vade in bona hora, quia faciam de rebus que placebunt tibi. »

Et cum recesserim, veni ad meum viridarium ubi morabar. Et statim sicut fui in viridario, venerunt aliqui familiares domini regis, et apresentaverunt michi captivos et dixerunt : « Facias de istis sicut tibi placet. » Et statim feci eis extrahere ferros, et dictis familiaribus domini regis et sui fratris largivi dublas decem et septem auri, secundum consuetudinem suam.

Et propter honorem Vestre Majestatis, die decimo octavo, dominus rex misit pro me. Et cum essem ad sui presentiam, et salutato eo, dixit michi quod aliqua istorum capitulorum non sunt scripta sicut sunt nostra, dicens : « Habes illa in littera mores-
» cha? » Et ego dixi : « Non »; sed cogitabam quod ipsa sint Venetiis in littera morescha. Et isto instanti, precepit talibus suis baronis qui essent mecum ad aptandum ista capitula non minus longe, qui dixerunt michi quod quatuor capitula ex illis triginta quinque que sibi dederam non stabant sicut debebant; et ego sustinebam quod ita dicens quod non habebam libertatem ea aliter aptari, cum multis rationibus. Et transacto multo tempore, illi dixerunt michi differentias que erant in capitulo quarto [1] : « In isto tu
» dicis de decem pro centenario quod debes solvere de introitu, nos debemus tibi
» dimittere quinque miliaresios pro centenario de bisantiis. Hoc non faceret unquam
» tibi rex, quare non fecit unquam ad aliquem Christianum, sed quinque miliaresios
» quos vis dicere sunt illi qui vocantur *mursuruf*, qui dimissi fuerunt illo tempore ves-
» tro ambaxatori, et ita vult facere dominus rex tibi. Adhuc dicimus tibi, quod in hoc
» capitulo, ubi dicis quod de macio uno lini et saçi tres per lignum non debet solvere
» aliquid; nos dicimus tibi quod dominus rex aliquo modo non assentiret ad aliquos
» Christianos. Hoc adhuc in ultimo istius capituli, quod tu dicis de rebus que inveni-
» rentur de hiis que abscondunt, non debent solvere aliquod drictum, videtur tibi quod
» bene dicas! Omnes dicunt quod Veneti sunt boni homines, videretur quod velles
» quod illi qui facerent malum haberent bonum? Videretur tibi hoc conveniens? Certe
» non. Sed inquirerent bene ut nullus haberet occasionem malefaciendi. » Et isti responderunt : « Vis tu quod omnes illi qui asportabunt aliquid furtim, quod dominus rex
» accipiat totum illud, vel vis facere sicut faciunt omnes alii, qui solvunt duplum dric-
» tum? » In istis differenciis stetimus usque ad diem XXI hujus.

Et in isto die, dominus rex misit pro me. Et cum essem ad sui presentiam, precepit illis tribus baronis et dixit illis quod nos deberemus ire in illo loco ubi eramus consueti stare, et illinc non recedere donec deberemus mittere finem nostris differenciis. Et cum nos sederimus, unus illorum dixit meo trucimano : « Dicas ambaxiatori quod dominus
» rex dicit quod hodie sit bonus dies, et vult quod hodie ista pacta sint scripta. » Et dedit nobis in notam totum id quod vult facere comuni Venetiarum, et accepit unam scripturam in manu et illam fecit legere, et dixit continebat XXXII capitulis, sed volebat quod de tribus deberent facere sicut ipse volebat. Et tum fecit michi illa legere super differenciis vigesimi primi [2] capituli, quod loquitur de illis qui vadunt in cursu ; et dictis

[1] Voy. ci-dessus, p. 233, art. 4.
[2] Voy. ci-dessus, p. 235, art. 21.

multis rationibus, unus illorum fuit ad dominum regem, et retrocessit, et fuit contentus aptare dictum capitulum sicut stabat. — Differencie decimi sexti capituli [1], ubi dicit quod non debet nobis accipi aliquid de nostris lignis nomine regis, quum ei opportunum fuerit, nisi cum voluntate sui patroni; ad hoc dixerunt, ut discordia non horiatur ex hoc capitulo, consuetum est ab antiquo tempore citra quod quodlibet navigium solvit tres dublas auri et unam squarcinam. Et hoc notifico Dominacioni Vestre, quod dominus rex petivit in hoc consuetudinem antiquam conservare. — Differenciis quarti capituli factum fuit multas experiencias. Videns quod ipsi nolebant omnimode concludere, ut tanto bono non restaret, examinatam meam commissionem, in bona gratia concludimus in hac forma, videlicet quod solvant de eis que vendent de mercanciis quas aportant decimum, hoc est ad rationem de bisanciis decem pro centenario de bisanciis; et dimittantur eis a tempore hujus infrascripti in futuro tempore ea que rogavit eis dimitti, rotulum unum per pesum, et quartam de miliaresiis per zaram olei, et mediam zaram pro cento de zarris, et zara una pro quolibet navigio, et miliaresii octo pro centenario de bisantiis cum quibus emunt; et de rebus que invenietur [de eis] que abscondunt, solvere debeant duos drictus; et dimittantur eis quinque miliaresii pro cento de introitu qui vocatur *mursuruf*. Et conventum fuit inter predictos dominos, quia erat differentia inter nos de quinque miliaresiis qui vocantur *mursuruf*, quod instrumentum saracenicum antiquum quod Veneti habent hic mitteretur, et secundum quod in predicto instrumento presens capitulum sonaret, ita fieret; quare predictus ambaxiator asserebat sibi dimitti de decimo quinque miliaresios pro quolibet cento de bisanciis; et predictus dominus tenens locum regis asserebat quod non debebat sibi dimitti de decimo aliquod, sed quinque miliaresios quos debebant sibi dimitti erant quinque miliaresii qui vocantur *mursuruf*, quod reliqui Christiani preter Venetos solvere tenentur.

Et cum essent scripte predicte res, volens facere scribi testes, dixi quod volebam esse ad presentiam magnifici regis, et dixerunt quod erant contenti. Et omnes insimul ivimus ad presentiam sui; et, cum debita reverentia, dixi quod eram contentus de rebus scriptis, cum ista condicione quod non tenerer jurare hec pacta, si primo, per dominum regem, non fuissent michi assignati captivos omnes Bone, quos mittere possem cum nostra galea Veneciis. Quibus rebus, dominus rex fecit michi dicere quod esset certus quod per totum mensem Junii haberem captivos Bone Tunisio, et quod placebat ei id quod dixeram postquam non poterat facere aliter.

Die sequenti, ivi ad domum Mulle Zacharie, fratris domini regis, ad rengratiandum ei de illo quod ipse dixerat domino regi, ita de magnitudine Vestre Dominacionis sicut etiam in mea spicialitate. Et ibi fuerunt dicte multe res que essent longius narare; et in conclusione, pro suo secretario dictum fuit meo trucimano quod michi diceret quod esset magnum gaudium ei quod scriberem Vestre Dominacioni ut Vestra Magnitudo stabat ei aliquid de suo bono opere quod ipse fecit; que umiliter rogo non remaneat, quare erit juvabile multum illis qui debebunt uti hinc postquam.

Circa duos dies, venit ad me medicus domini regis, ostendens veniret ad visitandum me; et salutavit me pro parte domini regis, et fecit michi multas interogaciones que

---

[1] Voy. ci-dessus, p. 234, art. 16.

essent tediose narare Vestre Dominacioni; sed in conclusione dixit : « Dominus rex
» velet libenter scire si tu habes libertatem tue dominationis emendi aliquam rem. »
Et ego respondidi : « Non, sed si dominus rex vellet vendere aliquam rem que fieret
» pro mea dominacione, et ipse diceret michi, quam rem melius scirem respondere[m]
» ei. » Et ipse respondit : « Dominus rex habet oleum, frumentum, segetem, corros et
» boldronos. » Quibus rebus respondidi, quod noster comunis non faciebat mercanciam, nisi de duobus rebus, id est sale et segete.

Et dictis multis rebus super istis factis, interrogavit me si ego poteram facere venire
unam magnam navem que recepisset viagium Alexandrie, quia erant multi Saraceni
hic qui darent magnum naulum suarum mercium, et caricarentur olei, curaminis [1] et
boldronis. Quibus rebus respondidi : « Cum adjutorio Altissimi Dei, ista nostra galea
» transiet hinc et portabit nova pacis, ita ego cogito quod nostra navigia veniet hinc, et
» postea poteritis dare ordinem ad quod tempus veletis navigia et quante magnitudinis. »
Ad factum frumenti, segetis et salis, ego dixi si ei placeret dare michi precium et men-
suram, et mittere monstram Veneciis, ego scriberem Vestre Dominacioni de istis factis;
dicatis michi quod ego ero cum domino rege, et postea dicam tibi id quod respondet ipse
michi. Sed quia Vestra Dominazio sit ex toto provisa : hic valet granum quatuor duble
cafessii, quod sunt staria tres Veneciarum; et seges quinque? duble. Salem, dicit quod
ipsi habent de duabus sortis; sed de isto male possem dicere precium nec bonitatem.
Postquam recessit, aliquam responsionem istorum factorum non habui; et si aliqua
mentio ipse fieret, notificabo Screnitati Vestre.

Diebus quatuor mensis Julii, junxerunt hinc vestri captivi Bone, et cito ivi ad presentiam domini regis; qui sicut ibi fui, dessignavit michi illos, quod ego facerem sicut
vellem de ipsis. Et postea rogavi eum de expedimento, quod ipse faceret fieri instrumenta ut possem mittere illa ad Vestram Serenitatem cum dicta galea. Et statim commisit suis officialibus quod essent mecum, et videremus illa notare, et ita fecimus. Que
pacta sunt scripta unum in littera moresca, alterum in latinum. Que pax est firmata
per decem annos sicut continetur in illis.

Per presentem galeam, mitto Vestre Serenitati captivos xxxv, qui erant infra Bonam
et Tunisium. Alii qui sunt in omnibus partibus Barbarie, tenebo modum illos habendi
quam cicius potero, sicut promisit michi dominus rex. Et sicut habebo, illos mittam
cicius potero Vestre Serenitati, cui humiliter me recommendo.

Jacobus Vallaresso, ambaxator et consul Tunisii.

Data di quinto mensis Julii, in Tunisio [2].

[1] « Curaminis », du cuir; « boldronis », des toisons. On a dû ne pas rectifier les incorrections trop nombreuses de ce texte.

[2] A la suite, le copiste des Commémoriaux indique de nouveau le soin qu'il a mis à transcrire fidèlement la lettre précédente, où les négligences fourmillent : « Nota quod dicta littera de verbo ad » verbum, ut in ea punctualiter continetur, fuit exemplata. »
Jacques Valaresso, dans une seconde lettre du 5 juillet 1392 (*Commemor.*, lib. VIII, fol. 169), rend compte au Sénat d'une somme de quatre cent vingt ducats employée au rachat de divers captifs vénitiens détenus dans les villes de Tunis, Bone et Bougie; il demande s'il doit racheter un certain Gérard Fanucci, captif à Bone, qui parait être citoyen de Lucques et non de Venise.

XV.

1427.

Renouvellement du traité de 1392 obtenu par Bertuccio Faliero, ambassadeur vénitien, d'Abou-Farès-Abd-el-Aziz, roi de Tunis.

Venise. Archives générales. *Commemoriali*, lib. XII, fol. 29 v° [1].

In nomine Dei pii et misericordis. Hec est pagina perfecte pacis notate. Laudavit ipsam et firmavit suum judicium ex licentia dominatoris et domini nostri principis califer, el-Iman Cain, auxiliante Dei virtute, emir Elmomenin, Ebul-Abes Amet, filius quondam dilectorum virorum dominorum regum, roburet ipsum Deus cum Dei auxilio et aminiculetur cum adjutorio suo et substineat universitatem Saracenorum cum gratia sua! el-emir magnificioris, altioris, carioris, excelsioris, fidelioris existentis loco regis Boabdile Macomet Beim-Buiel, manuteneat Deus honorem suum et prelaturam suam! cum sapiente et nobili viro domino Jacobo Valaresso, Veneto, venienti tempore presentis instrumenti ad altam regis presentiam, tranquilet eam Deus et conservet ipsam Deus! nuncio sive legato ex parte domini Antonii Venerio, magnifici seu incliti ducis Venetiarum et cetera, petenti nodari pacem genti Venetiarum et suorum districtuum, cum quibus extendantur suum dominium et status quorum in utilitatem discurrat, ad spacium decem annorum solarium, quod incipit a tempore hujus instrumenti. Concessa fuit ei voluntas ejus, in carta ista subscribenda.

1. Hoc est, quod sint[2] omnes mercatores de Venetiis et sui districtus, cum quibus extendatur suum desiderium, et homines sui, ubicumque applicuerint in terris alte presentie, ubicumque dohane fuerint, salvi et securi, in personis et rebus suis, et custoditi ac honorati in omnibus portibus terrarum ubi fuerunt doane et in Rassacibili[3], ab omni gente sua et qui sunt sub obedientia. Et si aliquis ipsorum substinuerint damnum aut injuriam a dictis Saracenis, quod alta presentia faciet eis satisfieri de injuria et damno.

2. Item, quod possideant fonticum quod cognitum est pro eorum habitare in alta presentia Tunisii, custodiat eam Deus! cum oratorio suo, una ecclesia, cum uno furno

---

[1] En tête du renouvellement du traité est écrit ce qui suit, dans le registre des Commémoriaux : « Dum vir nobilis ser Bertucius Faletro, esset ambassiator ad serenissimum regem Tunisii, comperit » in manibus nostri consulis illic tunc existentis infrascripta pacta, celebrata inter illustre ducale » dominium et serenissimum regem Tunisii; que pacta idem ambassiator mandavit accopiari et » exemplari ad litteras prout jacent, per me, Nicolaum Petriani, dominii notarium, tunc secum » existentem. »

[2] Au Ms. : « sicut », par erreur; et « fuerint » répété plus loin, comme dans le texte de 1392.

[3] Au Ms. : « et meapacibili. » Voyez ci-dessus, p. 212, 232, notes.

et omnibus eorum utilitatibus, sicut actenus consuetum est. Quod fonticum aptetur, quandocumque opportunum fuerit; nec in ipso aliquid ponatur, nisi cum voluntate eorum. Et erit habitatio eorum in omnibus terris alte presentie, et in omnibus terris que aquirerentur in futuro, cum adjutorio Dei, secundum quod gratia facta fuit super eos in alta presentia Tunisii.

3. Item, quod ponant consules pro se ad jus et justitiam faciendam inter eos in omnibus dictis terris. Et quod ponant etiam pro se scribas[1] in omnibus dictis terris, ad faciendum eorum rationes in dohana et certificandum quod dare et recipere debeant. Et si aliquis Saracenorum vel aliquis Christianorum, qui non essent de suis, haberet aliquam peticionem super aliquem eorum, quod consul eos expediat; et si consul eos non expedierit, doana videlicet expediat eos.

4. Item, quod solvant de eis que vendent de mercantiis quas apportant decimam, hoc est, ad rationem de bisanciis x. pro centenario de bisanciis. Et dimittantur eis, a tempore hujus instrumenti in futuro tempore, ea que rogavit eis dimitti : rotulum unum per pesum, et quartam de millaresio per zaram olei, et mediam zaram pro centenario de zaris, et zaram unam pro quolibet navigio, et millaresii octo pro centenario de bisantiis cum quibus emunt. Et de rebus que invenirentur de eis que ascondunt, solvere debeant duos drictus[2]. Et dimittantur eis quinque milliaresii pro quolibet centenario de introitu quod vocatur *mursuruf*. Et conventum fuit inter eos dominos, quia erat differentia inter predictos de quinque milliaresiis qui vocantur *mursuruf*, quod instrumentum saracenicum quod Veneti habent hic mitteretur, et secundum quod in predicto instrumento presens capitulum sonaret, ita fieret; quia predictus ambassiator asscrebat sibi dimitti de decima quinque milliaresios pro quolibet centenario de bisanciis; et predictus dominus tenens locum regis asscrebat quod sibi non debebat dimitti de decimo aliquid, sed quinque milliaresii qui debebant sibi dimitti erant quinque milliaresii quod vocatur *mursuruf*, quod reliqui Christiani preter Venetos solvere tenentur.

5. Item, quando aliquis eorum vendet aliquam de mercanciis suis, et emptor eam scruptatus fuerit, firmata erit venditio ipsius; [et] non debet revocari ipsum forum, salvo si [in] ipsa [venditione] esset falsitas vel magagna.

6. Item, quando aliquis Venetus emerit mercanciam ab aliquo officiali cum carta testificationis, et alius officialis erit loco illius, ipse officialis non revocet illud quod emerit a primo, salvo si in ipsa venditione videretur falsitas vel vicium.

7. Item, quando aliquis eorum vendiderit mercanciam, et solverit de ipsa drictum in aliqua terrarum alte presentie, et velit facere emptionem cum ipsa pecunia in alia terra quam in illa, fiat sibi littera in dohana ipsius dicte terre, quod emat cum ipsa ubicumque voluerit de predictis terris, sine solvere de ipsa aliquod drictum.

8. Item, quod solvant de eo quod aportant de auro et argento mediam decimam. Et de eo quod vendent de ipso, in cecha vel in dohana, pro curia altissima, non debent solvere drictum aliquod, nec in venditione, nec in emptione, cum ipso precio.

[1] Au Ms. : « scribant. »
[2] Voyez ci-dessus, p. 233, note 3.

9. Item, de eo quod portant de pulcritudinibus et perlis et lapidibus preciosis, et venderetur curie altissime, non debent solvere. Et si vendiderint alteri quam curie altissime, quod ipsi solvant secundum cursum consuetum.

10. Item, quando aliquis ipsorum fugerit et dare debeat havere doane, vel alicui Saracenorum et Christianorum, quod illud non petatur alicui Venetorum, nisi suus steterit fidejussor; sed consul teneatur inquirere illum et res suas, et satisfacere de eo quod illi invenietur de bonis suis.

11. Item, de eo quod vendent per manus de trucimanis cum testificatione testium dohane, dohana sit fidejussor; et de eo quod vendent in caliga, dohana sit etiam fidejussor. Et debet eis fieri solutio infra dies xv. Et de eo quod emitur ab ipsis pro curia altissima, exaltet eam Deus! dabitur eis precium infra dies xv., si venditio fuerit sine termino.

12. Item, non cogatur aliquis Venetorum aliquam de suis mercanciis dare, sed in sua voluntate consistat vendere illum quod vult; et de eo quod reddibit, non debet aliquid solvere.

13. Item, quod emant cum naulis suarum navium mercancias absque solvere de ipsis drictum.

14. Item, quod si aliquis Venetorum vendiderit lignum suum alicui Christiano, de eis qui sunt [in pace] Moadinorum, glorificet eos Deus! non debet exinde solvere aliquod drictum. Et si emerit cum ipso precio aliquas mercancias, non debet solvere de eo quod emerit cum illo aliquod drictum precio.

15. Item, quando aliquis ipsorum voluerit navigare cum suo ligno, et preparatus esset, non debet ei contradici, aliqua occasione, quando expeditus est a dohana, et solverit id quod debuerit et acceperit albara.

16. Item, non debet eis accipi aliquid de suis lignis, nomine curie altissime, quando ei opportunum est, nisi cum voluntate sui patroni. Ut discordia non oriatur ex hoc capitulo, consuetum est ab antiquo tempore citra quod quodlibet navigium solvat tres dublas auri et unam squarcinam. Et hoc notificamus vobis, quod dominus rex petivit in hoc consuetudinem antiquam conservare.

17. Item, quando aliquod de lignis Venetorum pateretur naufragium circa aliquam terrarum alte presentie, tranquilet eam Deus! illi qui de ligno evaserint, erunt securi in personis et rebus. Et quicquid ejiciet mare de rebus suis et de ipso lignamine, postquam junserit ad terram, etsi non evaderetur aliquis ex eis qui essent in dicto ligno, erit totum illud quod mare ejecerit de eo, postquam junserit ad terram, in custodia alte presentie, quousque venerit ex parte domini ducis Venetorum quid fieri debeat. Et secundum quod in litteris domini ducis continebitur, sic fiet.

18. Item, quod scribantur ex parte alte presentie, tranquilet eam Deus! littere ad omnes terras suas pro faciendo tenore hujus pacis.

19. Item, si aliquis Venetus ascenderit super aliquod aliud lignum quam in suis lignis, quod lignum non sit armatum, et pateretur naufragium, quod sit ipse in tali ratione quali esset in suo ligno.

20. Item, quod si aliquis Venetus decesserit in aliqua terrarum alte presentie, et

fecerit[1] testamentum, commissarius habeat bona ejus. Et si inordinate decesserit, erunt ea que remanebunt in manu consulis. Et si super eum erit aliqua peticio a Saraceno vel Christiano, satisfaciat petenti de eis que remanebunt. Et si ipsi debebitur ab aliquo, satisfieri [debeat] ab illo, et dabitur commissario vel consuli. Et si consul non esset ad presens, erunt ea que remanebunt in custodia dohane, quousque veniant littere a domino duce Venetorum, quid de ipsis fieri debeat.

21. Item, si aliquis ipsorum armaret lignum de cursu, vel aliud lignum quam de cursu, et dannificaret aliquem dictorum Saracenorum ubicumque essent, vel aliquem mercatorum Saracenorum, in aliquo dictorum portuum, quod mercatoribus qui erunt in alta presentia non debeat contradici eadem causa, nec in personis, nec in rebus suis; sed dominus dux Venetorum tenetur facere inquiri illum et omnia bona ejus in omnibus terris suis, et vendere illud et mittere precium suum in manibus Moaldinorum, exaltet eos Deus!

22. Item, si aliquis Venetorum invenerit aliquem Saracenorum in aliquo dictorum portuum suorum, vel in Rassacibili, non dannificabit eum in persona, nec in rebus suis; et erunt salvi et securi ab ipsis. Et si eum dannificaret, quod dominus dux Venetorum tenetur facere inquiri illud dictum lignum et omnia bona illius qui armaverit et venderit illud, et mittere precium magazeno Moaldinorum, exaltet eos Deus! si sit[2] de cursaria. Et non debet contradici alicui pro eo quod alius facit in alta presentia, tranquilet eam Deus! nec in omnibus portibus suis, in persona nec in rebus suis.

23. Item, si in terra eorum esset carestia, dummodo palam et certum fuerit, tam si esset per unum annum quam per plures, dabitur eis licentia caricandi XII. naves de fromento in terris alte presentie; hoc est cum pacto unius cafexii quod precium sit ad rationem de bisanciis tribus et dimidio, vel minus. Et de eo quod eis conceditur, non solvent alicui dacium, nec examen, adhuc quam dominus dux mittat litteras suas de hoc, quas consul apresentabit.

24. Item, quod non possint bastaxii nec caravarii ultra consuctum cursum petere.

25. Item, quod licitum sit Venetis intrare balneum quando opportunum est eis, sicut consuetudo fuit.

26. Item, quando plumbum inventum fuerit, quod licitum sit eis emere absque solvere inde aliquod drictum.

27. Item, conceditur eis de gratia quod consul [osculari possit] amplum tapedum regis, perpetuet eum Deus! semel in mense.

28. Item, si aliquis eorum petit facere rationem in dohana, non prorogetur expeditio sua ultra dies octo.

29. Item, quod exeant ad eorum ligna in horis consuetis, cum precepto domini dohane.

30. Item, quod possint emere pro eorum lignis quidquid eis necesse est pro panaticha.

31. Item, quod non permittatur aliquis officialis de dohanis nec de aliis facere Venetis novitates.

[1] Au Ms. : « secesserit. ». — [2] Au Ms. : « si sicut ».

32. Item, de eo quod vendent inter se, non debet solvere venditor decimam quando vendit, sed debet illud scribi super emptorem, in diffalchamento suo. Et non debet peti de eo drictum donec vendet.

33. Item, quicumque Saracenus de terris alte presentie, quando applicuerit ad terras eorum, erit securus in persona et rebus suis, custoditus ac honoratus.

34. Item, quando conceditur alicui generationi de generationibus Christianorum ire et venire ad caput Galeote cum barchis eorum, conceditur etiam Venetis.

35. Item, precipit et ordinat omnibus terris alte presentie, quod si aliquis Saracenus dannificabit aliquem de nostris quod puniatur in havere et persona. Et e converso, si aliquis de nostris dannificaret Saracenos, similiter puniatur in havere et persona.

36. Et si casus daret quod in portu Tunisii reperirentur tres de nostris navibus, et dominus rex egeret una ex eis, tunc et eo casu, dominus rex possit accipere unam illarum in suis necessitatibus, solvendo nabulum illius.

Et dicta pax fuit confirmata ad annos maureschos 820 [1], quod esset secundum Christianos 1427.

Hoc pacis instrumentum fuit transumptum de lingua arabicha in latinam [2], et trucimanatum per trucimanum doane, de quodam instrumento saracenico, testificato per predicte dohane testes, scilicet venerabilem virum dominum dohane Tunisii civitatis, vocatum Abu-Abdile Maumet Bencasip, et venerabilem virum Ebu-Adile Maumet Bembinoscar, et venerabilem virum Abdeluat Huariem, et venerabilem virum Amet Benicalilem, et confermatum per reverendum dominum dominum Abdu-Adile Maumet Bem-Builel, regis tenens locum, cum voluntate, precepto domini regis. Et transumptum pacis presentis prelectum fuit reverendis dominis fratri Placito, ordinis Sancti Benedicti, nunc ecclesiam Christianorum Tunisii regenti, Michaeli quondam Francisci Zusii de Florentia, Petro quondam Laurencii Bindaco de Pisis, Thome quondam Nicolai de Licavera de Janua, Beltramo Leonardi de Senis, Johanni Mauro quondam domini Laurencii Mauro de Venetiis, Petro de Paganucii de Pisis, Philippo Basadona, mercatoribus, ad hec specialiter vocatis, in predicte civitatis Tunisii dohana; qui presenti prelecture et scripture interfuerunt, et in signum veritatis testimonii suis propriis manibus subscripserunt.

Ego, frater Placitus, ordinis Sancti Benedicti, ad presens regens ecclesiam Sancti Francisci terre Tunisii, ad omnia supradicta interfui, vidi et audivi, et ita testor. Et signum meum pono. Et signum meum est tale.

Io, Michiel de Francesco Cioso, de Fiorenza, sono testimone de le predette cose; per più chiareza, me o socrito de mia man propria.

Ego, Petrus Bindachi de Pisis, de predictis sum testis; et per majorem cautellam pono signum meum, tale.

---

[1] Lisez : 830.

[2] La fin du traité est la rédaction même de 1392, avec les mêmes drogmans et les mêmes témoins. Il est donc probable que Bertuccio Faliero se borna, en 1427, à faire recopier le traité de 1392, dont il trouva une expédition aux archives du consulat de Tunis, comme l'indique la note de son notaire mise en tête de la transcription des Commémoriaux, et qu'il en obtint du roi le renouvellement pur et simple avec l'addition des derniers articles, numérotés ici 35 et 36, et la mention de la nouvelle date 1427.

Ego, Thomas Lccavillum, quondam Nicolai, civis Janue, de predictis sum testis; et per majorem cautellam pono signum meum, tale.

Ego, Johannes Mauro, testis, subscripsi.

Ego, Beltramus Leonardi, de Senis, sum testis de predictis; et per majorem cautellam pono signum meum, tale.

Io, Piero de Paganuzo, da Pisa, son testimonio a le sorascrite cose; e per majore chiareza, io scrivo de mia mano propria, e meto et lo mio segno, delo.

Ego, Philippus Basadona, de Venetiis, testis, subscripsi.

Ego presbiter, Franciscus Paulo, ecclesie Sancti Cassiani, et notarius Venetus, audiens et videns hec omnia in saracenica lingua, per trucimanum dohane interpretatorem dicti regis, et ab eodem Morag fore [1] in latino reducta, in presentia nobilium virorum testium suprascriptorum, in publica forma redegi, nichil addens vel minuens, quod sententia mutet, complevi et roboravi.

XVI.

Avant 1433.

Lettre de François Foscari, doge de Venise, à Abou-Farès, roi de Tunis, en faveur de Jean de Canale, marchand vénitien, à qui la douane arabe détenait quarante-six balles de toile de Bourgogne.

Venise. Archives générales. *Ducali.* Boîte 16. Original.

Serenissimo et excellentissimo domino Buaffers Abdrasis Ebene Maulcne Abulabes Hamet, illustri regi Tunisii, Franciscus Foscari, Dei gratia, dux Venetiarum, etc., salutem et prosperorum successuum incrementa. Quamvis speremus indubie quod honorandissima Vestra Serenitas nobiles et cives nostros mercatores et mercationes ac res eorum faceret in regno suo humaniter tractari et favorabiliter expediri, tamen, cognoscentes quod intercessiones et preces nostre acquirunt eis magnum favorem apud Vestram Serenitatem, decrevimus eidem recommittere ad celerem expeditionem virum nobilem Johannem de Canali, mercatorem et civem nostrum, ut quadraginta sex balle telle de Burgondia, de ratione sua existentes in vestra doana, sibi expediantur favorabiliter et humane, cum expeditione celeri et votiva, secundum pacis inter nos inite continentiam et tenorem; quod licet sit debitum et honestum, tamen habebimus valde gratum. Cujus expeditio quanto celerior tanto acceptior nobis erit, ut supra dicta illa navi que consuli nostro ibidem videbitur valeant onerari, et de ipsis fieri atque disponi, juxta commissionem et voluntatem nostri nobilis antedicti[2].

[1] Cf. ci-dessus, p. 221, 237. Voyez aussi la fin du traité de 1305, p. 216.
[2] Le bas du parchemin, où se trouvait la date, est enlevé. Abou-Farès-Abd-el-Aziz est mort en 1433.

XVII.

1438, 30 mai. A Tunis.

Traité de commerce conclu pour vingt ans entre François Foscari, doge de Venise, et Abou-Omar-Othman, roi de Tunis, par Léonard Bembo, ambassadeur vénitien.

Venise. Archives générales. *Commemoriali*, lib. XIII, fol. 43 v°[1].

In nome de Dio, piatoso, gratioso; che domene Dio faci oration per nostro signor Mahamet, el profeta honorado! et per i suo compagni assai saludi! Et non è niuna forza, ni niuno fato se no cum l'aiuto de Dio, grande, honorado; e la nostra zentileza è da parte del signor Dio, et non ze altro cha lui. È stato presente davanti l'alto signor, in el qual è assai rezimento, Elameri Eliottomeni Elmet Ochieli, in lo luogo del signor nostro de Mori, che ha poder cum licentia del signor del mondo, che è herede de la signoria alta di suo progenitori, Ebi-Amar Ottomen, che Dio mandi in suo secorso i angeli del cielo et facil forte cum l'aiuto di suo sancti! filgio del nostro miser, nostro signor sancto, che a habudo bona lege, et quello a fato sempre come comanda la sua lege, et è stado gloria de tutti i Mori reali in tuto el tempo, si per uno come per tuti che sta in paradiso, Ebi-Abdile Mahamet El-Monsor, cum la gloria de Dio, fio del nostro misser e nostro signor luogotenente de Dio in la sua terra, che a habudo el rezimento per la vertu de Dio, et tuto el tempo a tegnudo el rezimento di Mori, lo santo emir Elmomenin Ebifers Abdelazis, fio del nostro signor, rezimento del mondo, che Dio daga pase a le sue aneme!

In lo luogo dove demo audientia, e principal del nostro rezimento de la terra di Tunis, che Dio la mantegna! el piui alto del suo par, l'onorado de la sua zente, Lunardo Bembo, Veniciano, ambaxador per el signor de Veniexia, lo grando del suo puovolo, el piui alto et honorado de la zente, et el piui aprisiado signor Francesco Foscari, doxe, che guarda i fati de Viniciani et fa il rezimento de tuto el suo puovolo, e stado presente el soradito ambaxador per lui et tuto el comun de Veniexia, et a presentado una lettera al signor re de credenza, per refermar la carta de la paxe che è fermada fra nui al tempo de nostri avi, lo alto signor Elfersi, soradito, e per Veniciani, et quelli che sono soto Veniciani, segondo la costuma che sta fra nui; et la lettera de credenza, che la portado cum lettera christianesca et ha el sigillo consueto. Et vedendo l'alto re che la dita lettera è vera, ha comanda chel se faza segondo la domanda che ha fato l'ambaxador et a comanda al suo luogotenente che provedi de far la domanda del dito ambaxador. El qual luogotenente se chiama Abu-Abdile Mahamet, fio del

---

[1] Le traité est précédé de ce titre dans le registre des *Commémoriaux* : « Pax per vigenium confecta » cum serenissimo domino Ottomen, Tunisii, etc., rege, per clarissimum virum dominum **Leonardum** » **Bembo**, oratorem, etc. »

vechio, honorado, Ebul-Abes Ahamet Banabiillel Ettumelleli, che Dio i faci ben a fermar la paxe benedeta cum l'ambassador Lunardo soradito ! affermando questa paxe che sia ferma cum gran fermeza, che non possa tornar in driedo, cum grande obligation al tempo de Vinitiani seguente dal millesimo scrito nela dita carta benedeta, segondo i capitoli che qui sotto seguirà et dichiarirà, in questo parlamento.

1. Che tuti i marcadanti da Veniexia et del suo destreto, cum i quali se destende el suo dominio, et i sui homini in ogni luogo dove razonzerano, nele terre de l'alta presentia, dove sera doane, salvi e seguri serano nele persone et nelle cosse soe; et guardadi et honoradi in tuti i porti dele terre dove sera doane, da ogni zente sua, et quelli che sono sotto obedientia sua. Et se alguno de quelli sostignera dano over inxuria da i diti Sarasini, che l'alta presentia a quelli faci satisfar de inzuria et de danno.

2. Item, che i posiedano el fontego el qual è cognossudo per suo habitar nela alta presentia de Tunis, guarda quella Dio! cum el suo oratorio, una giesia, cum el suo forno, et tute le sue utilitade, come da qui in avanti è sta consueto. El qual fontego sia consado ogni fiada che sera de bisogno; mancho alguna cossa sia messo in quello, salvo cum sua volunta. Et sarà la sua habitacion in tute le terre de l'alta presentia, et in ogni terre sera acquistade ne l'avegnir cum l'aiutorio de Dio, segondo la gratia fata a quelli de Tunis.

3. Item, che i metano consoli per si, che fazano rason et justicia fra loro, et in tute le dite terre, et che i metano et per si scrivano in tute le dite terre ad far le sue rason in dohana et certificar quello i deverano dar e recever. Et se algun Sarasin, over algun Christian i quali non fossono di soi, havesse alguna peticion sovra algun de quelli, chel consolo spaci quelli. Et se el suo consolo non i spacera, la dohana si i spaza.

4. Item, che i pagano de quello i vendera de le mercadantie le qual i portera dixe e meza per centener, zoè a rason de besanti x. per centener de besanti. Et sia lasado a quelli dal rotolo un per peso et mezo miliarese per zara d'oio, et meza zara per centener de zare, et una zara per zascadun navilio, et meliaresi oto per centener de bisanti cum i quali i comprano. Et de le cosse le qual fossono trovade contra l'ordene fossono intrade, diebano pagar do dreti[1].

5. Item, quando algun de loro vendera alguna de le sue mercadantie, et el comprador l'avera tolta, sia fermada quella vendeda, et non se debia revocar quel mercado, salvo se la non fosse falsa.

6. Item, quando algun Venitian comprarà marcadantia da algun official cum carta de testification, et altro offitial intrerà in luogo de quello, quel official non revoca quelo el qual l'avera compra dal primo, salvo se in quella vendeda la paresse alguna falsita over vicio.

[1] Au Ms. *detri*. Les objets entrés en fraude devaient payer double droit. On avait dit au consul vénitien, en 1392, que telle était la règle générale. (Voyez p. 241.) Néanmoins, dans quelques traités antérieurs (Venise, 1305 et 1317, art. 4; Majorque, 1313, art. 8), ces objets sont seulement soumis au simple droit. Dans le traité de 1392, le présent article est plus développé.

7. Item, quando algun de loro venderà marcadantia, et haverà pagado quella el dreto in alguna de le terre de l'alta presentia, et cum quei denari farà far alguna compreda in altra terra cha in quella, possa comprar dove el vorà de le preditte terre senza pagar algun dreto de quella.

8. Item, che i pagano de oro et arzento, che i porterà meza decima. Et de quello i venderà in zecha, over nela dohana, per la corte, non debano pagar dreto alguno, manche nel vender, ni nel comprar cum quel priesio [1].

9. Item, che i compra cum i noli dele sue nave mercadantie senza pagar de quei datio over dreto [2].

10. Item, de quello che i porta de zoieli, perle, et prie [3] preciose, et se vendesse a la corte, non se debia pagar; ma vendendo ad altri, pagano el corso consueto.

11. Item, quando algun de loro scamperà, et dovesse dar l'aver de la dohana, over ad altri di Sarasini, over Christiani, quello non sia domandado ad algun di Viniciani, salvo cha a lui; ma sia tegnudo el consolo cercar quello, et le sue cosse, et satisfar de quello el qual fosse trovado dei suo beni. Et sel non se trovasse di beni del dito, el consolo debia scriver al dose, et el dose debia cercar di suo beni et mandar a pagar de qua a chi die haver.

12. Item, de zo che i venderà per man de trucimano cum testemonianza, diese far el pagamento in fia zorni XV. Et de quel serà comprado da lor per la corte altissima, sera di a quelli el prexio, se la vendeda sera senza termene.

13. Item, non sia costreto algun Venician dar alguna de le soe mercadantie, ma sia in sua libertà a vender quello lui vorà; et de quello lui ritornerà, non debia pagar alguna cossa.

14. Item, se algun Venician venderà algun suo legno ad alguno Christian [che sia nella pace [4]] di Moadini, non debia pagar algun dreto; et se con quel priexio el comprerà mercadantie, non debia pagar de quello el comprera algun dreto.

15. Item, quando algun de quelli vorà navegar cum algun suo legno, et fosse apartado, non se possa contradir per algun muodo ni per alguna cason, quando lè spazado de la dohana, et haverà paga quello chel die et haverà tolto l'albara.

16. Item, non se die tuor ad algun de quei per nome della corte altissima, alcuna cossa de i suoi legni, quando lo i se de besogno, noma cum voluntade del suo patron, ma solo sia servado l'usanza antiga.

17. Item, quando algun legno de Veniciani se rompesse a le terre de l'alta presentia, quelli i quali se scapolerà serano seguri nel haver et nele persone, et quello el qual sera butado per el mar in terra. Et se el non scapolasse algun de quei che fosse nel dito legno, tuto quello el qual buterà el mar in terra, sia in guardia de l'alta presentia,

---

[1] Art. 8 de 1392.
[2] Art. 13 de 1392.
[3] Art. 9 de 1392. « Prie » est du pur vénitien, pour : « pietre. »
[4] Le sens exige que l'on supplée les mots placés ici entre crochets, conformément aux dispositions de tous les traités précédents : 1231, art. 9; 1251, art. 15; 1271, art. 14; 1317, art. 14. Voyez l'art. 14 de 1392.

fin che vignerà per parte de misser lo doxe de Veniexia quello se die far. Et segondo che nele lettere del dito misser lo doxe se contignerà, così se debia far.

18. Item, chel sia scrito per parte de l'alta presentia letere a tutte le sue terre per far el tenor de questa paxe, et niuno non se debia partir dal tenor de questa carta.

19. Item, se algun Venician morirà in alguna de le terre de l'alta presentia, et haverà testato, el commessario habia i suo beni; et sel morise desordenado, le cosse che romagnerà seranno in man del consolo. Et se el fusse alguna domanda da Sarasin, over Christian, sia satisfato a colui che domanda de quei beni. Et se lui dovesse haver da algun, sia dado al commessario, over al consolo; et se el consolo non fosse, sia dado quelle cosse in guarda della dohana, fin che vignerà lettere da misser lo doxe; et quello se debia far [1].

20. Item, se algun di loro armase legno de corso, over altro legno cha de corso, et danificase algun de diti Sarasini dove i se fosseno, over alcun di marcadanti di Sarasini in algun di diti porti, che ai marcadanti che sarano ne l'alta presentia non possa essere contradito per la dita cason, ni al consolo in persona, ni in haver. Ma el consolo avisi misser lo doxe de Veniexia, et sia tegnudo da de cercar, over far cercar quello, et tuti i sui beni in tute le sue terre, e quello far vender, et mandar el prexio suo de qua.

21. Item, se algun Venician troverà algun Saraxin in algun de diti sui porti, non dannificerà quello ni in persona, ni in aver, et sarano salvi et seguri da quei. Et se el dannificase, che miser lo doxe sia tegnudo de far cercar el dito legno, et tuti i beni de quelli che haverà armado et venderà quello et manderà el priexio di la, et non se die contradir ad alguni per lui.

22. Item, se alguno Moro, sotoposto a la majestà del re, piase alguna fusta de Christiani, et che li fosse algun Veniciano, sia quello salvo et seguro in persona et haver.

23. Item, se in la sua terra fosse carestia, si se la fosse per un anno come per piui, serà dado licentia a quei de cargar XII. nave de formento ne le terre de l'alta presentia; e questo he cum pato de un cafisso, el qual priexio sia a rason de besanti tre e mezo, over manco. Et de quello i vien concesso, non pagi algun datio, et miser lo doxe mandi sue lettere, le qual el consolo le presenta.

24. Item, se algun Venician porterà grano, over altre vitualie nele terre sotoposte a l'alta presentia, non pagi noma cinque per cento.

25. Item, che non possa i bastasi, ni cargieri, oltra l'usanza domandar.

26. Item, chel sia licito a Veniciani intrar in bagno quando li besognerà, come è consueto.

27. Item, quando el fosse trovado terra de piombo, sia licito a quelli comprar senza pagar algun datio.

28. Item, sia concesso a quei chel consolo possi intrar a la presentia del re et dir tuto quelo la de besogno.

29. Item, se alguno de loro domanda i sia fato rason in dohana, non sia prolongando el termene del suo spazamento oltra zorni oto.

[1] Art. 20 de 1392. Les autres articles, à l'exception des 33°, 36° et 38°, ont leur correspondant en 1392.

30. Item, che i siano ai suo legni a le hore consuete, cum comandamento del signor de dohana.

31. Item, che i possano comprar per i suo navilii quello sia de besogno, pan et altre cosse.

32. Item, chel non sia lasadó ad algun official de le dohane mancho ad altri far a Veneciani novità[1].

33. Item, chel sia dechiarido ai Veniciani, che ogni fiada che algun de lor fesse algun dano a Moro, over a altri c'a Mori, o in persona, o in haver, over in marchadantia che l'avesse noliza cum quelli, et in ogni altra cossa, chel non sia per questo tegnudo el consolo, ni i marcadanti; et non sia fato a lor algun oltrazo, ni in persona, ni in haver, ma solo sia tegnudo et obligado colui che fa el dano, over el suo piezo[2].

34. Item, de quello i venderà tra loro, non die pagar el vendador decima quando el vende, ma diese quello scriver sovra el comprador in suo desfalcamento, et non se die domandar da quello dreto fin chel venderà[3].

35. Item, che zascadun Sarasin de le terre de l'alta presentia, quando la zonzerà a le sue terre, el serà seguro in haver et in persona et serà guardado et honorado[4].

36. Item, comanda et ordena a tute le terre de l'alta presentia che se algun Sarasin dannificherà algun de nostri, chel sia punido in haver et in persona. Et per el simcle, se algun de nostri dannificherà Sarasini, sia punido in haver et in persona[5].

37. Item, quando el vien concesso ad alguna generation de Christiani andar et venir al cavo de la Goleta cum le sue barche, sia concesso a Veniciani ancor[6].

38. Et se caso desse che nel porto de Tunis, tre nave de le nostre se trovasse, et la majestà del re havesse besogno de una de quelle, in quel caso, miser lo re ne possi tuor una de quelle ne le sue necessitade, pagando nolo de quella[7].

Scrita in Tunis, di venere, cinque del mese nominado in moresco Elegze, compimento del suo anno che core 841, che è al mudo nostro a di xxx Mazo m° cccc° xxxviii°[8].

---

[1] Art. 31 de 1392.

[2] Le principe de la responsabilité personnelle, déjà rappelé, pour des cas différents, dans les articles 20 et 21 du présent traité, et confirmé de nouveau ici, se trouve plus ou moins explicitement affirmé dans tous les traités. Voyez traités vénitiens de 1231, art. 6, 15; de 1251, art. 11, 18; de 1271, art. 9; de 1392, art. 21, 22.

[3] Art. 32 de 1392.

[4] Art. 33 de 1392.

[5] Art. 35 de 1427, ajouté à la confirmation de 1392.

[6] Cf. les traités vénitiens de 1305 et 1317, art. 35; de 1392, art. 34 et dernier; les traités pisans de 1230, art. 13; de 1264, art. 16, etc.

[7] C'était admis partout en Afrique. Traité de Gênes de 1433, art. 30; le précédent traité de Venise de 1427, art. 36, etc.

[8] Ensuite et en marge est écrit sur le registre : « Nota quod per trucimanum ex arabica lingua in" » latinum hec pax translata fuit, et in manibus nobilis viri ser Blanchi Delfino, consulis Tunisii, » originarium in arabico remansit. »

XVIII.

1456, 9 octobre. A Tunis.

Confirmation pour trente ans des traités de paix et de commerce existant entre la république de Venise et Abou-Omar-Othman, roi de Tunis, obtenue par Maffeo de Pesaro, ambassadeur vénitien.

Venise. Archives générales. *Commemoriali*, lib. XV, fol. 34.

Confirmatio pacis cum serenissimo domino Ottomen, rege Tunisii, existente oratore spectabile et generoso viro domino Mafeo de cha de Pesaro, per annos xxx, etc.[1]

In nome de Dio, tuto sollo. L'è venuto al serenissimo, excellentissimo et altissimo Ottomen, signor re de Tunis suprascripto, che Dio lo mantegna! et Dio li dagi victoria! et Dio habia l'anima de suo avo Mulle Bufferes, nominato del ditto nome de l'altissima signoria de Tunis! il magnifico ambassador, lo amato intra li suoi, lo honorato ne li suo medemi, Mafio da cha de Pesaro, da Venexia. Et ha in commissione e podestà, per nome de la illustrissima signoria, et lo grande intra li suoi, e che tuti li suoi gli obbedisseno, che po comandare sopra de quelli, Francesco Foscari, doxe de Venexia e de tuto il suo dominio, Dio lo dreza ad la via justa! et Dio il guarda da la mala via! de concordia de tuta la signoria grande fra quelli che ha da comandar sopra tuti. Come lo dito magnifico ambassador ha commissione et libertà, per nome de la dicta signoria, che la confermatione de la charta de la pace cum lo altissimo signor re, come appare per le uxanze degli ambaxadori passati che hanno hauto libertà de confermar la pace per nome de l'altissima signoria; et per questo, el re se contenta et comanda al suo servo, lo più stretto et amato, Lisicche Muhadin, logotenente del signor re, et Molesicchellasir, lo grande et altissimo Bulfada Mahameth, fratello de lo vicere, comandatore sopra tuti li cortexani et officiali del re, et il più caro al re, nominato et honorato Boabdelen Mahameth Benboglel, chel conferma la sopradita charta de la pace et Dio dagi ad tuti duo fratelli la sua gratia. Et cussi ha confermato la dicta pace cum el predicto magnifico ambaxatore. Et sum d'acordo, et ha la conferma per anni xxx, nel raxon de lune xii all'anno. Et nel zorno de questa confermatione son rimasi d'acordo, secondo la continentia de la ditta charta de pace testimoniata, et segondo tuti gli capitoli nominati in epsa charta de pace, cum forma, modi et condicion specificade in quella; nominando capitolo per capitolo, et cosi punctalmente come è scripta; non azonzendo nè minuendo. I qual capitoli siano observadi, ne se possa ad alcun modo contrafar ad quelli. Et per questa caxone, il preditto magnifico ambassador et el soprascripto vicere hanno confermato li detti capitoli. I qual non se possa interrumper, revocar, ovvero retratar, per alcun modo, come i detti hanno convegnudo, over sono remaxi d'acordo, come è de consuetudine de pace fatte fra Mori e Venetiani. Le dicte parte hano confermato la ditta pace ne la bona hora, et el testimonio ha aldito de

---

[1] D'après les premiers mots du traité, on voit que ce titre, ou un titre analogue, se trouvait sur l'original même.

bocha de lo altissimo re. Et anco testimonia el vicere Bulfada soprascripto, come questa charta è stata leta, presente el predito magnifico ambaxador Mafio da cha de Pesaro; el qual ha inteso questa charta de confermatione de pace, et obligase ad quanto se contiene in quella.

Trucimanada per quel truciman de chi el se ha fida. Et cussi testifica el preditto testimonio haver haldito de bocha del prefato ambassador.

In Tunisio, die nono Octobris, M° CCCC° quinquagesimo sexto.

XIX.
1496-1520.

Extraits des Éphémérides ou Diarii de Marin Sanudo, dit le Jeune.

Venise. Bibl. de Saint-Marc. Mss. ital. Class. VII, num. 419 et suiv.

1496. Un parti de l'ile de Gerbà se donne au roi d'Espagne.

[Avril[1].] In questi giorni, se intese da Piero Martines, consolo di Cathelani, et etiam d'altri, come haveano letere di Messina di 19 marzo, di Piero Maruli, homo di gran fede, che advisava come l'ysola di Zerbe ch'è tra Tunis e Tripoli, laqual erra habitata da Mori, che voluntarie se havia fatto cristiani parte di lhoro et levato la insegna dil re di Spagna; et scrito di questa novità in Sicilia al vicere, et che erra zonto do ambassadori di la dicta isola ivi per andar in Spagna. Laqual ysola, ut dicitur, fa piu di XV milia anime. E tutto è stato mediante Nadalin Fantini, Veneto. Tamen la verità fo questa: che hessendo uno capo de Arabi, governador di quel locho, in differentia col re di Tunis, per cazon di certi danari, dette la rocha ad alcuni Cathelani per il re di Spagna. Tamen, niun si fece cristiano, et il re di Spagna li parse di tuor ditto dominio, ma la cossa rimase cussi in questo garbuio.

[Novembre[2].] Per letere di Ulixes Salvador, date in Sicilia, a Messina over a Palermo, come haveano nuova che Tripoli di Barbaria havia levato volontarie le insegne dil re di Spagna et havia seguito quello fece l'ysola de Zerbi; tamen una parte et la forteza si teniva per il re di Tunis, perchè è da saper che in Tripoli tra lhoro Mori è do parte, una chiamata *Cassari*, l'altra *Sguzi*; si che li in Tripoli seguite tal novità, ma non procedete di longo, perchè el re di Spagna non fece altro per esser molto lontano. Tamen quella ysola di Zerbi et la terra di Tripoli erra in queste novità.

1501. Courses d'un pirate turc, nommé Camalli.

[Septembre[3].] Nel qual locho[4], pocho avanti, erra stato Camalli, con 3 galie et 16 fuste, e fato gran danni, prese legni de Zenoesi; e poi se reduse a Tripoli a far

---

[1] Vol. I, fol. 82 v° — [2] Vol. I, fol. 282. — [3] Vol. IV, fol. 38 v°.
[4] A Piombino, sur la côte de Toscane.

botino, dove si dice è sua moier, e per trovar le galie di Barbaria, lequal di comandamento di la signoria nostra a ser Zuan Zantani, procurator nostro di l'armada, fato avuto in conserva la nave di ser Polo Calbo.

1503. Le sultan d'Égypte fait construire des barques sur la mer Rouge.

Post-scriptum d'une lettre de Dominique Capello, consul de Venise à Damiette, en date du 24 novembre 1503 [1].

Dapoi scripto e serado, ho avuto una letera dal Cayro da novo. Dice el signore soldam fa fare lì, al Cayro, fuste 4; lequal le mandano disfate in Althor [2]. Et poi, lì, le ficherano, et le manderano in India; perchè dicono in India comme harano visto quelle 4 fuste quelli de lì ne saperà far ancor lhoro a quel muodo et haverà marinari assai da queste bande.

1504-1520. Des galères de Barbarie.

[1504 [3].] Noto. El vene in questa terra con le galie di Barbaria uno orator dil re di Tunisi. Va al Turcho con xx persone. E per la signoria fo ordinato darli caxa e le barche. El qual fu in colegio. Et par vadi al Turcho per aiuto, perchè Spagna minaza tuorli il reame.

Da Tunis di Barbaria, di 16 Avosto, di ser Piero Bragadin, capitanio di le galie di Barbaria. Avisa che havendo inteso chel re di Tunis terra et mari havea mandato a Tripoli per vendicarsi con el signor di quel locho, nominato Monganis, el qual havea rebellato et usato grande crudeltà, in far occider alcuni merchadanti mori; per elqual aviso havea deliberato con el conseio di 12 andar a l'ixola de Zerbi, dove haveano auto optima compagnia da quel cayto, e aveano contato per valuta di ducati 10 in 12^m, con don di tutti i dreti di qual signor; elqual havea manda a pregar el capitanio che procurasse con la signoria nostra che de cetero le galie nostre fazano schalla in ditto locho, che prometeno redur la caravana di Saraxini et molti altri trafegi utili al ditto viazo. Item i patroni haveano tratto de nolo de li da ducati 400.

[1506 Avril [4].] A dì 20, intro le galie di Barbaria, numero tre, capitanio ser Domenego Capello, su le qual vene uno orator di Tunis, moro.

[1520. 20 mai [5].] Di Spagna, di ser Francesco Corner, el cavalier, orator nostro, date a Barzelona a dì 2 Mayo. Scrive zercha la letera di la suspension di le represaie.

Or, a la fin, ave la letera; qual basterà per le galie di Barbaria e per mexi 13, ut in literis. Con questo, il capitanio di Barbaria tocha le scale nominate nel salvoconduto; e non si vendì arme a Mori.

---

[1] Vol. V, fol. 700.

[2] Tor ou Althor est un petit port de la presqu'île du Sinaï, fréquenté par les navires qui se rendent à Suez. Cette localité attira l'attention des Portugais, qui en prirent possession et s'y fortifièrent. On y voit encore les ruines de leur château. *Travels in Arabia*, by lieutenant I. R. Wellested. Londres, 1838, 2 vol. in-8°, t. II, p. 8.

[3] Vol. VI, fol. 15 et 42.

[4] Vol. VI, fol. 211.

[5] Vol. XXVII, fol. 239.

XX.

XVᵉ-XVIᵉ siècles.

Extraits du Ms. intitulé *Regimenti*, de la Bibliothèque de Saint-Marc, renfermant des listes de consuls de la république en Afrique et de capitaines des galères de Barbarie.

Class. VII, n° 193, fol. 253, 268, 269.

Consoli in Tunesi di Barberia.

1407, ser Antonio Gritti, fu de Francesco.

Autres nominations en: 1410, 1412, 1415, 1416, 1418, 1420, 1424, 1426, 1428, 1432, 1435, 1438, 1439, 1441, 1443, 1444, 1446, 1447, 1450, 1452, 1454, 1459, 1462, 1465, 1466, 1469, 1472, 1473, 1474, 1479, 1482, 1486, 1488, 1489, 1493.

1493, ser Lunardo Caotorta, fu de Hieronimo.

Capitani delle galere del traffico.

Oltre tutte le predette mude de galere de mercantia, ne hanno Venetiani tenute alcun altre, con titolo de *galere del traffico*, d' all' anno 1432 fin all' anno 1508, che regnarono le guerre in Italia. E queste galere andavano trafficando con questa e quell' altra scala di Levante, in tempo che havevano gia fuori quelle alli viazzi dell' isole e città della Grecia, d' Aquemorte, Baruti, Fiandra, Romania, Cipro et Alessandria. E qui sotto saranno rezistrati quelli nobili che le comandarono.

1434, 20 februaro. Ser Lucca Tron, mazor.

1435, 1460, 1461, 1462, 1463, 1464, 1475, 1476, 1477, 1478, 1479, 1480, 1481, 1482, 1483, 1484, 1485, 1485, 1486, 1487, 1488, 1489, 1489, 1490, 1493, 1494, 1495, 1496, 1497, 1498, 1505, 1508.

1508, ser Zuane Moro fu sopracomito, fu di Damian.

Capetani delle galere al viazzo de Barberia.

Quando fu principiato dalle galere di mercantia il viaggio di Barberia, l' anno 1440, era il negotio della città cosi fiorito che in alcun tempo non è stato maggiore, perchè oltre queste ve n' erano altre otto mude di galere che navigavano in diverse parti del mondo, per questo effetto come s' è detto di sopra, che pur apportavano beneficio e comodo non pur al publico, rispetto alli datii, mannaressa et capi da mare che si facevano, et alla città tutta in universale, per l' abbondanza di tutte le cose, ma n' uscevano di grand utilità alle famiglie de nobili in particolare, perchè applicandosi molte con l' occasione del comendamento di queste galere alla mercantia, e per questo effetto

---

[1] Ce Ms., composé à la fin du dix-septième siècle, renferme les listes des gouverneurs civils et militaires, des consuls et autres magistrats nommés par la république dans ses colonies ou en pays étrangers. Il n'a aucun caractère officiel, et ses listes sont très-incomplètes

trattenevano fuori li loro figluoli, che se sono arrichite anco con pocho capitale molte case e allevato molti nobili, che, per la pratica acquestata nel mare, si sono poi adoperati in publico servitio, con gran frutto e beneficio della patria. Saranno però qui avanti [rezistrati] quelli capi che sono stati mandato a questa carica.

1440, 28 zen. Ser Antonio Condulmer, mazzor.

1443, 1444, 1444, 1445, 1446, 1447, 1449, 1451, 1452, 1453, 1454, 1455, 1456, 1457, 1458, 1459, 1460, 1461, 1462, 1462, 1463, 1464, 1465, 1466, 1467, 1468, 1469, 1471, 1471, 1472, 1473, 1475, 1477, 1478, 1479, 1479, 1480, 1481, 1482, 1484, 1485, 1486, 1487, 1488, 1489, 1489, 1490, 1492, 1493, 1494, 1495, 1495, 1496, 1498, 1499, 1500, 1501, 1502, 1503, 1503, 1504, 1505, 1507, 1507.

1508. Ser Pietro Mulla, fu di Paulo. Non andò per le guerre.
1519. Ser Toma Moro, fu d'Alessandro. Reffutò.
1519. Ser Maffeo Michiel, ai x savii, fu de Nicolò. Reffutò.
1519. Ser Francesco Contarini, fu sopracomito. Fu di Alessandro.
1520. Ser Alessandro Pesaro, fu alla camera. Fu de Niccolò.
1522. Ser Aluise Riva, fu sopracomito. De Benedetti.
1523. Ser Alessandro Contarini, fu sopracomito.

XXI.

1504, 24 mai. De Venise.

Instructions du conseil des Dix à François Teldi, chargé de se rendre au Caire pour concerter secrètement avec le sultan les moyens d'empêcher le développement du commerce des Portugais dans les Indes.

Venise. Archives générales. Conseil des Dix, *Misti*. Reg. XXX, fol. 49. Publié en 1856 par M. Samuel Romanin, *Storia documentata di Venezia*. Venise, t. IV, p. 535.

MDIIII, die XXIIII Maii. In concilio X, cum additione.

Commissio Francisci Teldi, profecturi ad dominum sultanum Babilonie. Et ipse accipiat de sua manu ipsam commissionem, sine nomine Principis.

Francisce, la fede che sempre habiamo cognossuta in ti verso el Stado nostro come bon citadin nostro venetiano, la prudentia insuper tua et la experientia tu hai de le cose del soldan del Cayero, per la longa prattica havuta in le parte Oriental, ne hanno facilmente indutti ad usar de l'opera tua in la infrascripta importantissima materia, laqual, come poi comprender, merita non manco secretissima che dextra et prudentemente esser governata.

Perhò te imponemo che, cum el primo passaio, te debi conferir a la volta de Candia et deli poi in Damiata, mostrando sempre cum tuti andar privatamente per tue facende de comprar zoje, come altre volte hai fatto, si che per alcuno etiam rector nostro over altri non se intendi che tu vadi per nome de la signoria nostra, per molti inconvenienti potriano seguir. De Damiata etiam cussì privato te conferirai al Cayero, dove cum dexterità farai secretamente intender al signor soldan per via del armiraglio, del diodar grando, del catibiser, over per via del miesele charchomis, come meglio te apparerà, in absentia del armiraglio torai la via del momendar, che tu hai a parlar secretamente cum sua Sublimità, solus cum solo.

Et cussì, quando te serà prestada la occasion, anderai alla presentia sua et presenterai le nostre letere de credenza, quale te habiamo fatto dar. Et poi, farai le debite salutation et conforti soliti per nome nostro et de la nostra signoria alla Excellentia sua, allegrandote de la sanità et prosperità de quella, cum parolle ample et efficace, come se convien.

Li subzonzerai poi che la Excellentia sua intese a bocca secretissime dal nobel citadin et orator nostro, Benedetto Sanudo, che fu l'anno passato al conspecto suo, quanto li facessemo intender circa la navigation de India trovada et molto facilitada per Portogallesi, confortando la Excellentia sua a farne opportuna provisione per lo grande et extremo danno de quella et de tuti li soi paesi; dal qual confesseremo nascer et depender molta jactura alli mercadanti nostri et nostre intrade, per el longissimo et, ut sic dicamus, perpetuo commertio che habiamo tenuto in quel paese cum utilità et comodità reciproca; et essendo retornado esso nostro orator, et fattone relatione de quanto li haveva imposto sua Sublimità, et parendone questa materia de singular et incomparabile importantia, stavamo in varii consulti cum li nostri primati che remedio potesse recever la cosa.

Stando in queste simele importantissime consultatione, sopravenne el venerabile frate Mauro, guardiano de Monte Sion, et hane presentate letere del prefato illustrissimo signor soldano molto amorevole et affectuose, lequal ne sta gratissime per veder la bona voluntà de sua Sublimità verso de nui et tuti li nostri mercadanti et subditi. Del che volemo che, per nome nostro et de la Signoria nostra, tu debi ringratiar sua Celsitudine cum ogni ampla forma de parolle, subjungendoli che siamo certissimi esser amadi da quella, et che li nostri mercadanti et subditi seranno cum veri effetti ben trattati nel paese de sua Excellentia et haveranno causa de continuar i lor commertii delì, et non pensar de cose et paese novi, per esser cussì costume de cadauno di star più volentiera dove sono meglio trattati et sperano mazor utilità. Ne sonno etiam state per un altra causa grate esse letere, zoè perchè vedemo el signor soldan excitarse alle provesione in una cossì importantissima materia.

Præterea, per la relatione del prefato venerabile Guardiano, et per la letion de la suprascripta letera del signor soldan, siamo rechiesti scriver al summo pontifice, re de Spagna et Portogallo, per far intermetter la navigation preditta et mancar de quella; nec non che cum i nostri primati senatori habiamo a conseglar quello ne appar a proposito in questa materia; li dirai che nui, cum ogni fede et retitudine, se habiamo forzati indrezar el prefato venerabile Guardiano per questo suo viazo, dandoli tuti quelli recordi et consegli habiamo possuto imaginarse per ben condur la cosa secundo el desiderio del signor soldan et nostro, che è una cosa medesima. Lè vero che non ne ha parso darli nostre letere al pontifice ne alli reali preditti, per non far, come indubitanter havessimo fatto, contrario effetto. Perchè tutti haverian creto che la venuta de questo Guardian non fusse sta de mera voluntà del signor soldan, ma mandado a requisition nostra, et haveria persa tuta la reputation, et a nui haveria dado grande cargo apresso el pontifice et tuti li altri Christiani. Videlicet ad voller mo prohibir hostilmente ditta navigation, questo ne serria impossibile per la longeza del camin che è de qua in Portogallo, che ne sonno quatro mille miglia; et poi per esser el re de Spagna suo suozero in mezo de qua a là; et è re potentissimo, che noviter ha acquistado tuto el regno de Napoli da le man del re de Franza; et confina cum el stado nostro in diversi luogi per mar et per terra. Sichè, per le cause predite, non habiamo possuto far altro che come predicemo recordar al Guardiano nel bisogno et provederli per le spese sue del camino. El qual, cum el nome de Dio, è noviter partito per andar verso Roma prima, et poi torrà la via de Spagna, et successive de Portogallo. Et se forzeremo per zornata advisar el signor soldan, dove se retroverà el guardian preditto.

Come de sopra te tochamo, sonno zonte, in li superior mesi proximi, in Portogallo, XIIII. nave venute da India, carge de specie et tra le altre da sporte cinque millia piper; le quale sonno sta mandate per quel re in Engelterra, Fiandra, Franza, Italia et quasi per tutol mondo, cum una extrema sua utilità et guadagno, adeo chel se existima essere fatto richissimo re. Et questo, per haver trovado le specie in excessivi precii per esser cussì costade in Alesandria et Damasco preter el consueto; che quando le specie fusseno state in bassi precii, come per i tempi passadi soleva esser, non serria seguido cussì grande inconveniente quanto è seguido per thesaurisar ha fatto esso re de Portogallo, el qual al presente se retrova oltre XII. nave supra el viaso, e XVI. se preparano tutavia per mandar a tuor de ditte specie. Et hormai vedemo esser forte facilitada la navigation de quelli mari de India, nè cognoscemo modo de posser nui proibir la navigation preditta, da laqual vedemo nascer incomparabil danno al signor soldan. Et nui etiam, oltra lo interesse de li nostri mercadanti, ne habiamo patido et patimo ne li datii nostri.

Lè vero che ne sonno sta proposti diversi partidi, et cum grande nostra utilità siamo invidadi et rechiesti a mandar a tuor le specie in Portogallo; et molti nostri mercadanti et subditi desiderariano questo, per non pagar nostri in quel paese alcun datio ma esser franchi. Tamen nui, che meritamente facemo existimatione del signor soldano, et che mal volentiera abandonessamo i traffegi de quelle parte, dove se puol dir che ab initio mundi habiamo pratica et dado et recevudo molta utilità, non habiamo voluto prestar orechia a partito che fin qui ne sia stato proposto. Immo habiamo deliberato mandar questo anno le nostre galie a i viazi de Alexandria et Baruti, cum questo fermo presuposito chel signor soldan che è re dei re, et che, per la gratia de Dio, ha ben el poter et modo, provederà che ditti Portogallesi mancheranno da la navigation preditta, et le specie torneranno al pristino corso et camin suo.

Le provision veramente che hora ne vanno per mente et che reputamo necessarie far per astalar questo corso de Portogallesi, sonno queste.

Prima, far provision per ogni via et modo che le specie in più quantità sia possibile siano condutte nel paese del signor soldan, per poter smachar et romper le specie de Portogallo; perchè vedendo mancharli el gran guadagno, li mancherà etiam la voluntà de mandar in India le sue nave a tuorle.

Secundo loco, chel signor soldan mandi cum ogni celerità oratori alli re de Chucin [1] et Chanenur [2], et altri luoghi che hanno dato recapito a Portogallesi, a persuaderli, richiederli et protestarli che non voglino più acceptare, nè vender, nè comprar da ditti Portogallesi, mettendoli davanti assai inconvenienti che segueno et sonno per seguir, come la sapientia del signor soldan saverà ben farli dechiarir. Ma questo non volemo pretermetter come cosa importantissima, et che indubitamente seguirà non li essendo advertido, videlicet che ditti Portogallesi ogni zorno anderanno domestegando et ingrossandose el viaso; et come se la vederanno ge potranno tuor el stado, et farse loro signori de quelle insule et paesi de Chucin et Canenur; il che quanto fusse a proposito o lassamolo judicar alla grande prudentia del signor soldan. Et perhò ogni hora più se confirmamo in opinione che la sua Grandeza non vorà patir, ma farà valide provisione circa questa materia, non solum secundo li ricordi nostri, ma oltra de quelli da si; intendendo meglio el sito de i lochi et modo de provederli che nui, farrà mazor et più valide provision degne de cussì sublime signor come è la Signoria sua.

Ne appareria etiam a proposito chel prefato signor soldan mandasse subito altri oratori alli re de Cholochut [3] et de Cembayt [4], li quali intendemo non haver voluto acceptare Portogallesi, immo data la repulsa et inimigandose cum quelli, persuadendoli a perseverar in questo bon proposito, perchè certamente fanno el ben loro; narrandoli li inconvenienti suprascripti, et facendoli intender de quanto danno li serria lassar condur specie per altro loco che per lo Egypto et per la Soria; et che astrenzino, se possibel serà, li re de Chucin et Cananur, a far el simile; et ulterius recordarli de quanto interesse li serria el perder l'exito de li comasi et altre cose vengono de lì, perdendo i commertii del paese del signor soldan; la cui signoria confortamo che come potentissima mandi ad adjuto alli prefatti re et altri che li bisognasse de zente et navilii, oltra le fuste che intendemo sua Sublimità za haver mandato, che molto laudamo; perchè non è dubio che non trovando Portogallesi chi li accepti et dagi specie, et tornando una volta o do vuodi indriedo senza esse specie, mai più se penseranno de tornar a quel viazo a perder el tempo, la spesa et reputation. Et perhò bisogna hora far provision a questi principii gajardamente, perchè in questo puncto consiste ogni bene et ogni male.

Queste sono quelle cose che hora ne occorreno et che ne par necessarie de proveder, essendo certissimi, come predicemo, chel signor soldan, quale ha mazor interesse, farà anchora mazor et più vive provision per tanto bisogno.

Ma, perchel soprascripto venerabil guardian de Monte Sion inter cetera ne ha ditto,

---

[1] Cochin, sur la côte de Malabar.
[2] Cananor, au nord de Cochin.
[3] Calicut.
[4] Cambaye.

et cussì contengono le lettere del signor soldan, che non se abstenendo Portogallesi dal viazo, sua Celsitudine farà serar el Sancto Sepolcro, item la chiesia de Monte Sinay et altre chiesie del suo paese, cosa certo che a nui non par poter offerir alcun remedio a questa navigatione, perchè per tal clausura non se moveria alcuno principe christiano alla guerra contro Portogallesi, et seria cum denigration de la reputation chel prefato signor soldan receve per haver nel paese suo ditti luogi, liquali etiam stando cussì aperti ge sonno de utilità. Et perhò confortarai per nome nostro sua Sublimità a non voller far innovation alcuna contra i luogi prediti, et in questo userai ogni diligentia et dexterità [1].

[De parte] 17. [De non] 5. [Non sincere] 2.

XXII.

1506, 23 avril. A Valladolid.

Sauf-conduit de Ferdinand le Catholique, roi d'Aragon, en faveur des galères de Venise pour commercer en Barbarie. — Extraits.

Venise. Archives générales. Doc. orig. à classer. Boîte 30, n° 706. Orig. scellé.

Nos, Ferdinandus, Dei gratia, rex Aragonum, Sicilie citra et ultra Farum, Hierusalem, Valencie, Majoricarum, Sardinie et Corsice, comes Barcinone, dominus Indiarum maris Oceani, dux Athenarum et Neopatrie, comes Rossilionis et Ceritanie, marchio Oristanni et Gociani, administrator et gubernator perpetuus regnorum Castelle, Legionis, Granate, etc.

Versantes in animo nostro amiciciam, fedus et concordiam diu inter nos et illustrissimam Venetorum dominacionem inviolabiliter observatam, decrevimus pro illius corroboratione, et ut negociacio mercantilis, ex qua maxima importatur utilitas, conservetur, quoniam ea que nostris regnis desunt defferuntur et quod superest exauritur, unde evenit quod gabelle et jura regia suscipiunt incrementum, et omnes incole et habitatores fructum et beneficium consequuntur; motique his et aliis respectibus, presentium tenore et de nostra certa sciencia deliberate et consulto, in nostris verbo et bona fide regiis, guidamus, affidamus et plenarie assecuramus quadriremas sive galeassas per dictam illustrissimam dominacionem ad provincias Barbarie destinatas et seu destinandas, nostrumque presentem salvumconductum bonum, validum

---

[1] Le 12 août 1505, Louis Segondino, secrétaire du conseil des Dix, se rendant au Caire, le conseil l'engage à chercher les moyens de parler au sultan, *semotis arbitris*, de l'importante affaire de Calicut, pour que le sultan se lie avec les princes de l'Inde et éloigne les Portugais de ce pays. *Misti*, XXX, fol. 146.

atque firmum concedimus capitaneis, patronis et seu conductoribus earumdem cum velis, exarcia, armis et aliis instrumentis, [etc.].

Ita quod liceat illis libere et impune de terris dicte dominacionis ad regna et terras nostras navigare et comerciare, [etc.] possintque insuper portare et deferre Mauros et Sarracenos, tam a dictis terris Venetorum quam ab aliis partibus ad partes Barbarie, negociandi causa, dum tamen persone et merces que in eisdem vehentur non sint de personis nobis rebellibus, nec sint heretici per inquisitores condemnati. Insuper, prohibemus quod non possint deferre ad Cristiane legis inimicos, nec ad alios inimicos nostros, cibaria, machinas, nec ullum aliud tormentorum sive artillerie genus, quod canonicis legibus sit prohibitum, [etc.].

Datum in villa Vallisoleti, xxiii die mensis Aprilis, anno a Nativitate Domini millesimo quinquagentesimo sexto, regnorumque nostrorum videlicet Sicilie ultra Farum anno tricesimo nono, Aragonum et aliorum vicesimo octavo, Sicilie autem citra Farum et Hierusalem quarto.

F. Yo el Rey.

V[idit]. Generalis thesaurarius.   V[idit]. Conservator generalis.

XXIII.
1508.

Lettres du roi de Tlemcen à Ferdinand le Catholique, roi d'Aragon, et au cardinal Ximénès, dans lesquelles l'émir se reconnaît vassal du roi d'Aragon et lui abandonne toutes les côtes de ses États, à l'exception de la ville de Tlemcen avec ses dépendances et de la ville de Remeset [1].

Venise. Bibl. de Saint-Marc. Mss. *Diarii di Marin Sanudo*, vol. VII, fol. 449, 450.

I.

Laudado sia Dio uno, e salvazion sia sopra el nostro signor Machometo! Al poderoso e molto famoso e generoso e valoroso re de Cristiani, don Fernando, de vostro fio e molto amado de vostro servizio, Aiaum, fio del re Agamarazan, che è salvo e perdonado. Dete me una lettera Piero Nunaz de Soria, marchadante, et ebi la intanto

---

[1] Délivré des dangers extérieurs par l'affaiblissement des Mérinides du Maroc au quinzième siècle, le royaume de Tlemcen s'affaiblit par les divisions intestines. « Les rois y étaient détrônés par l'am- » bition de leurs fils; les fils se disputaient l'héritage de leur père. » Au seizième siècle, dernier temps de leur existence, les Beni-Zian, rois de Tlemcen, ne parvinrent à conserver un reste d'autorité qu'au prix des concessions les plus humiliantes, soit à l'égard des princes musulmans, soit vis-à-vis des rois chrétiens. (Bargès, *Tlemcen*, p. 199; A. Brosselard, *Inscript. arabes de Tlemcen*.) On voit par les pièces publiées ici à quel degré de sujétion ils se réduisaient pour conserver leur capitale. Léon l'Africain parle des révolutions du royaume de Tlemcen et décrit ses principales villes dans le livre IVe de l'*Africa* (p. 105. Venise, 1837). Le dernier roi de ce pays fut détrôné par les Turcs et ses États furent réunis à la régence d'Alger en 1560.

come se vi fusse stato la presentia vostra. Quel che prima scrivo zercha questa negociazion èl fin de l'affetto; primo et ultimo Piero Nunaz me informò de l'amor et desiderio che mi haveti, et perchè lè amor de grandeza, Dio ponga abundantia et acrescha molto a la vostra vita! Cercha a la capitulazion che va confirmada de mio nome et de Abraham, mio secretario, et tutti i luogi de la costa del mar, i qualli sonno Gezin et Gerzin[1], Eleis e Querer e Mostagram e Chorim e Oram et Anain[2], e tutto el forzo de la costa del mar, sarano vostro, con parole de segurtade che dareti de re. Quel che me a da restar è la cità de Tremesen, con tutti i luogi che son con ella; e più la cità de Remeset, che è a la costa, dove io sto, perchè in quella è sepulto mio padre et mie avi. E per tutto quello che se concluderà, domando parola de segurtade, firmado de vostro nome e signado de vostro segno e de cinque cavalieri signori di vasali del vostro regno. E visto questo, avierò in ostaso un fiol che ò solo, e darò vi ne le man le forteze che sono in mio poder. E dandove io questo, me poreti dar aiuto e favor, hessendo quel che steti, azio io faza guerra ai altri luogi. Sopra tutto, vi mando un mio zudio, che si chiama Maimon, qual è persona fidel e certa; a lui dareti integra fe e credito, que tutto quel che per mio nome el traterà io autenticharò. El presente de li cavali è pocho, perchè non è trovado navilio con li qual possa venir quel che io voria, ma son presto per servir in ogni bon servizio. Et sora tutto, signor, vi prego che mi reziavati per vostro vasalo en la vostra protezion et nel vostro amor, qual è molto utele a tutti quelli che a voi si ricomandano.

II.

Copia di una lettera dil ditto re di Trimisen al cardinal di Spagna.

Laudato Dio, uno, potente, e salvaziom sia sora el nostro signor Machometo! Del servo de Dio, Jaiaum, fiol del re Mulei el Agamarazan, che è perdonado e salvo, a voi, el signor de Toleto, e plui valeroso religioso de Cristiani de la vostra terra, me oferisco per vostro amigo et per quel che comandareti. Al signor re scrivo, perchè tutto quello che li mando a dir sarà molto contratazion et fermeza. Io o sana voluntade per mantegnir la mia parola, et scrivo a voi azio che per vostra mano se fazi el tutto de lì con el re, poichè è vostro cargo le cosse de qui. Questo mio zudio, che si chiama Maimon, è homo fidel. Dateli en tutto credito, che lui parlerà per mio nome chiaramente con voi.

[1] Peut-être *Gerseliun* de Léon l'Africain, p. 104.
[2] Honein, Unain, Hone ou One (Bekri, *Description de l'Afrique*, p. 186), ville qui fut entièrement détruite en 1533 par ordre de Charles-Quint et qui servait de port à Tlemcen, était située entre l'embouchure de la Tafna et la ville moderne de Nemours. (Léon l'Africain, liv. IV, c. VIII, p. 107; Pellissier, *Mém. hist. et géogr.*, p. 42.) Le cap voisin porte encore sur nos cartes le nom de cap Hone. On l'appelle aussi cap Noé.

XXIV.

1508, 11 et 14 janvier, 12 juin. A Venise.

Commission ducale d'un capitaine des galères de Barbarie. Mise aux enchères et cahier des charges de l'adjudication des galères. Décision du Sénat au sujet des échelles d'Oran, d'Alger et de Bougie. — Extraits.

Venise. Archives générales. Doc. orig. détachés. Original en parchemin [1].

I.
Commissio.

1. Quod capitaneus gubernare debeat triremes.
2. Quod capitaneus in terris Venetis delinquentes teneatur presentare rectoribus illius loci.
3. Quod capitaneus imponat suis ne ferrant arma.
4. Quod capitaneus provideat piratibus, si contigerit.
5. Quod nullus audeat in culpho nisi de Venetiis extrahere argentum.
6. Quod capitaneus habere debeat in scriptis puntos effective galeotis.

10. Scire autem debes quod, postquam recesseris de Venetiis cum galeis tibi commissis, omnes balistrarii accepti ad bersaleum a media galea teneantur sequi viagium suum ac ire ad illud; et si contrafacient, habeantur pro falitis, et non possint navigare cum illis nostris navigiis usque ad annos quinque.

11. Item, teneris in redditu tuo, infra dies octo postquam applicueris Venetias, presentare condemnationes per te factas in hac capitanearia, ut exigantur ab officialibus quibus spectant.

13. Teneris autem, antequam recedas de Venetiis, accipere a patronis galearum quaternos ubi scripti sunt homines soldati; quos quaternos tenebis apud te, donec Venetias redieris. Et avanti che tu passi Polla, debi personalmente far la cercha de le tue galie, a galia a galia, facendo chiamar li homini a uno a uno.

24. Item, observabis partem infrascriptam contentam in incantu galearum predictarum, videlicet : « Teneantur et debeant dare dicte galee ducatos quinquaginta auri consuli nostro » Tunisii, causa redimendi subditos nostros qui sunt servi in partibus illis, loco unius pro c. Que » doble ponantur ad computum omnium mercimoniarum pro rata, prout fiunt varie, et postea » exigantur per patronos a mercatoribus, ut exiguntur nabula. »

27. Patroni dictarum galearum non carigent nec carigari faciant aliquid quod non sit scriptum in quaterno.

30. Bona morientium ab intestato, sub tua capitanearia debeas intromittere; et post dies viginti postquam Venetias applicueris, legibus debeas presentare.

---

[1] C'est le cahier original (petit in-4°) de la Commission qui devait être remise au capitaine des galères de Barbarie. Les premiers feuillets du Ms. manquent. Nous reproduisons les premiers articles de la table des rubriques, *Capitula commissionis*, transcrite à la fin, pour les remplacer. Le nom du capitaine devait se trouver au premier feuillet. Vraisemblablement c'était Pierre Mulla, capitaine dont le départ fut contremandé à cause de l'expédition envoyée en Afrique par le cardinal Ximénès, à la suite de laquelle Mers-el-Kébir, Oran et Bougie tombèrent au pouvoir du roi d'Espagne.

31. Et quia galee non onerantur equaliter tam eundo quam redeundo, quod inducit periculum armatis, relinquimus in discretione tua et libertate, tam eundo quam redeundo, de faciendo accipi de una galea in alia, sicut tibi melius videbitur.

17. Quod omnis mercator qui ibit cum dictis galeis teneatur habere [unum] crocum, veretonos et alia arma necessaria; que arma patroni teneantur facere poni in locis in quibus haberi possint, si opus erit.

33. Non debeas ullo modo carichare nec stare in Barbaria ultra terminos tue mude; et si contrafacies, teneantur advocatores intromittere et ducere te ad consilia, et quibus non possit poni minor pars quam pars in consilio Rogatorum, in 1420 die III° mensis Junii, sub pena ducatorum quingentorum auri pro quolibet contrafacientium; que omnia committantur advocatoribus predictis habentibus partem, ut de aliis sui officii.

MDVII°, die XI° Januarii, in Rogatis.

II.

Incantus.

1. In nomine Spiritus Sancti, et in bona gratia. Al viazo predicto siano deputate galie tre, videlicet li dui arsilii¹ venuti ultimamente de Levante et la galia fo de ser Sebastian Dolphin, venuta ultimamente de Barbaria.

2. Siano obligati i patroni nostri al arsenal haverle date fornite de tute cose necessarie, secundo el consueto, per tutto Fevrer proximo.

3. Siano deliberate per incanto a chi più offerirà. Et non vaglia l' incanto, se tutte tre non sarano deliberate.

7. Vadino le presente galie a Sargosa², e lì stiano zorni do; a Tripoli zorni VIII; a Zerbi³ zorni octo; a Tunis XV. Et possino star lì etiam meglio come al capitanio et patroni parerà. A Buzia zorni 4, al Zer⁴ 4; a Oran X, over Belis de la Gomera⁵; a One⁶, over in altro logo de la costa, come meglio parerà al conseglio di XII, cum segurtà però de le galee et merchadantie. A Malicha⁷ zorni VI, a Armaria⁸ octo. Possino capitanio et patroni parendoli remiter Malicha, et remetendola possino star in Armaria zorni X.

8. De ritorno: a Tunis zorni 6, havendo el partido a Saragosa zorni tre. Neli qual tutti lochi non se intende el di pel zonzer ne el di del partir⁹.

16. Siano azonti al presente incanto tutti i capitoli de abatalation de obligation, poste in lo incanto precedente¹⁰.

28. Non possino smontar in terra li capitanii oltra i ordeni de la comission sua, sotto pena de star un anno in preson.

¹ Navires de transport.
² Syracuse, en Sicile.
³ L'île de Gerba.
⁴ A Alger.
⁵ Velez de la Gomera.
⁶ Ville détruite près de l'embouchure de la Tafna. Voyez ci-dessus, p. 265, notes.
⁷ Malaga, en Andalousie.
⁸ Alméria.
⁹ On recommande ensuite d'examiner s'il y aurait avantage à toucher à Castellon, comme les habitants de ce lieu le demandent.
¹⁰ 17 et suiv. On recommande de réclamer les sommes et les indemnités dues aux marchands vénitiens qui ont précédemment commercé dans toutes les localités où touchera la Conserve, de veiller à leurs intérêts comme s'ils étaient présents, de régler les comptes anciens, etc.

39. Siano obligati i patroni delle galie predicte, nel ritorno suo, mandar nel arsenal nostro le galie loro desalborade.

40. Siano obligati et li patroni prefati dar per cadauno de loro ducati cinquanta al arsenal per el scevo, quali i patroni del arsenal sia obligati dar quando i palmerano.

52. Siano tenute queste galie, si qui come altrove, dove le andarano, levar tutte le marcadantie che per li nostri li sarano presentate, comenzando prima levar gotoni; da esserli presentadi zorni xx avanti el suo partir. E chi vora chargar gotoni, siano tenuti haver tolto le bolete sue fino a di 25 Marzo; el qual termene passado, più non se possi far.

54. Non se possi condur cum le soprascripte galie arme de alguna sorte, et tutte altre cosse prohibite, sotto pena de contrabando.

60. Dal mese de Novembrio ogni anno, fin un mese dapoi el partir de le galie da Venexia, da tutti i luoghi dove esse galie fanno scalla, non se possi per alguna nave over navilio tuor alguno viazo de Mori, over condur quelli de luogo a luogo, sotto pena de ducati 300 a cadauno contrafazenti. E tutti i noli et utilità siano de le galie retornade de questo viazo.

61. Per un mese avanti, e per un mese dapoi el partir de queste galie, non si possi meter alcuna nave al viazo de Barbaria, cioè da Tunis in suso, sotto tutte pene contenute ne li incanti passadi; et tutte le cosse che de cetero sarano conducte a le parte de Barbaria siano tenute pagar la mità del nolo a le presente galie, veramente pagade epse nave segondo la composition di Mori, cum i patroni, excepto vini, frute, vernicali, capse vuode [1]....... qual cum galie o cum nave se suol condur.

71. Sia etiam tenuti levar i consoli et cadaun nuntio de la nostra signoria, andando a spexe nostre, et tutte altre cosse che per le schalle de questo viazo se mandasseno senza nolo.

72. Tutti i zuchari et mantege de Bona siano obligadi a queste galie, i quali non possino esser chargadi ne istacii, se le galie non haverano el suo chargo.

74. Non possino queste galie in alcuno luogo fuor de questa terra levar spetie de nostri ne de forostieri, come no puol le galie de Aquemorte e de Fiandra.

80. L' ultima schalla in la qual dicti patroni sono tenuti meter le mercadantie si è Valenza. Et se alcune mercadantie remanerano in galia, sia tenute de pagar in ritorno mezo nolo, excepti i rami e stagni, di qual l' ultima schalla sia Tunis; cum questa condiction se i sarano conducti a Tunis verso Venetia, pagino mezo nolo.

82. Non se possi in Tripoli far marcadantia, salvo che in galia et al lido dal mar, non fazando perhò capane in terra, per alcun modo; ne si possi mandar marchadantie al castello et arzenti.

89. Non possino le galie dal traphego levar in Venetia rami, gotoni et spetie; levandole, siano tenute pagar nolo a le galie de Barbaria, caso que dicte galie non havesseno el suo chargo.

90. I comiti et paroni zuradi habino isno salarii et portade limitade per le leze nostre che sono l. $\overline{2}^m$ per uno de peso. Et non se intenda che i habino le portade sue se prima le galie non haverano suo chargo, excepto se i havesseno del suo proprio cavedal [2] dicta loro portada.

91. I comiti non habino de cetero el luogo de la stimaria, ma in quel loco siano armadi do banchi come sempre è sta usado, ma possino vender segondo usanza.

92. I comiti e paroni zuradi non habino de qui in avanti da far in le scaze, ne in corsia, ne in alcun altro luogo de le galie, salvo nei so scrigni limitadi.

94. Scrigni limitadi sono che el comito et paron zurado habino uno scrigno per uno solamente.

98. Preterea, sia abatalado el luogo de Tunis ad instantia del nobel homo ser Alovise

[1] Quelques mots effacés.
[2] Capital.

Contarini, quondam ser Jacomo, per marchadantie de più sorte usurpade dal serenissimo re de Tunis; erano ne le man de Constantin Petrici, nominato Chaocenturezo, defoncto, de razon de dicto zentilhomo; de lequal non havendo possuto conseguir el credito suo, sia firmiter statui et delibera che i dicti da Tunis haver comertio ne contractar cum nostri possino, et similiter nostri cum loro, se prima el dicto ser Alovise non sarà satisfacto. E se le galie nostre de Barbaria, over trafego, usar vorano de benefitio de dicta scala quomodocumque, non possino i patroni de quelle, marchadanti, over altri, contractar cum alcuno de dicto loco, se prima non havea pagato integre ducati 50 per galia, per la dicta satisfaction, al dicto ser Alovise, over suo comesso. Et ita, de tempo in tempo, sia obversato, fino ad integro pagamento de ducati 650, che è la valuta justificata de le marcadantie suprascripte.

99. El capitanio de le presente galie non lassi alcuno di nostri o forostieri desmontar in terra, in Buzia, a Zer, ne far de marchadantia in terra, ne in galia, ne lassi meter cossa alcuna in terra, se prima non sarà satisfacto a li damnificati per rason del Moro amazado, juxta la composition facta in scriptis per marchadanti. El qual acordo fo de mazi dusento de pene de struzo e de cantara VIII. de cera, al predicto luogo de Zer, e de cantara VII. de cera al luogo de Buzia.

101. Ceterum, che li zuchari che se trazerano de Scicilia per questa terra[1] dal zarano incantade dicte galie fino al meter de le galie de l'ano proximo futuro, siano obligadi a mezo nolo a le galie presente, per tanto quanto le mostrarano piaza al partir de Scicilia, excepti i privilegiadi.

102. De le deliberation da esser facte per el capitanio et patroni predicti, el capitanio et uno di patroni siano e se intendano esser la mazor parte.

Die XIII° Januarii, 1507.

III.

Prima galea deliberata fuit viro nobili Luce Pisani, quondam ser Nicolai, pro libris grossis 49.

Secunda galea deliberata fuit viro nobili Victori de Garzonibus, quondam ser Marini, pro libris grossis 31.

Tertia galea deliberata fuit viro nobili ser Joanni Contareno, ser Marci Antonii, pro libris grossis 20. Ph. ejus pater[2].

IV.

MDVIII°, die XII° Junii, in Rogatis.

Tra li altri capitoli posti nel incanto del viazo de le galie nostre de Barbaria, presi in questo conseglio, ne è uno specifica che li patroni siano obligati tochar le scalle de Buzia et Zer, ma perchè è sta dechiarito a la signoria nostra chel seria molto a proposito e più benefitio de dicte galie che le tochassenno, in loco de dicte due scalle, la scalla de Oran; aciochè le cose vadino cum ordine, anderà parte che per auctorità de questo conseglio sia preso che, al partir de dicte galie da Tunis, possino cum el conseglio di XII. deliberar quello meglio li parerà per benefitio de le galie predicte e marcadantie, over proseguir in tochar le dicte due scalle de Buzia el Zer, o in luoco de quelle la schala de Oran solamente.

Item, el capitanio de dicte galie sia confinado in galia per tutto vinti del instante, et sia obligato partir a di XXV, soto pena de ducati 500, da esser scossi per i nostri advocatori de comun, senza altro conseglio.

Date in nostro ducali palatio, die ultimo mensis Junii, indictione XI, MDVIII.

Aloysius Marinus, ducalis notarius.

[1] Pour Venise.
[2] Suivent quelques extraits du cahier des charges des adjudications de 1497 et 1498.

XXV.

1510, 10 novembre. De Palerme.

Extraits d'une lettre écrite de Palerme à la seigneurie de Venise par Pelegrino Venier, mentionnant la protection que le roi de Tunis ne cessait de donner aux Chrétiens dans ses États, malgré l'irritation de la population exaspérée par la prise de Tripoli, et rapportant les nouvelles qui circulaient sur l'union prochaine de l'Espagne et de Venise contre la France.

Venise. Bibl. de Saint-Marc. *Diarii di Marin Sanudo*, vol. XI, fol. 510.

Hora per letere de Tunis di 9, in forestieri, si ha quel serenissimo re haver fato bona compagnia a tutti i merchadanti Cristiani, non ostante la perdita de Tripoli[1]; che Mori con li suo papa volevano amazar tutti li Cristiani. E dito re montò a cavalo, e disse voleva fussero salvi per esser venuti sotto la fede sua, e quelli li ofenderà a pena la vita. Et la note, a trenta et 40 per fontego, teneva, fina chebeno la nova de la rota per Mori data a l'armada e zente de questa Catholica corona, de la qual fezeno festa; e[dopo?] pocho temeno. Le varde fureno levate, e nullo più danifichava quelli, ma stavano como prima. Per non esser letere de merchadanti nostri, et per esser venuto uno bregantim per particular forssi per la corte spazata de qui se intenderà; e quel re non voler pagar la nazion nostra come porta el dover, tamen di lhor nulla hanno, afermano. El prefato re star ben proveduto, et aver da numero $\frac{m}{20}$ schiopetieri; continuamente se exercitano in tal arte balestrieri più di $\frac{m}{20}$, altri d'altre arme armada da numero $\frac{m}{40}$; e per Arabi esser sta taglia la testa a quel signor. Faceva guerra con quelli e con el prefato re, per averli promesso ducati 300 milia de beverazo; e non temeno più di fuora. E da Arabi, dal capo de Cartagine e quelli contorni, aver presto a suo bisogni bon numero di zente a piedi ed a cavalo, talchè a dirlo li par fabule. E come erra zerti Zudei d'Alemagna renegati quali havea fato de continuo artelarie de diversse qualità e de bon numero, e con bon anemo stevano per la conquista de Tripoli. El suo manifesto in campo mandava tutti i Arabi atorno Tripoli, ma non si crede lo otegnirano tanto è la forteza sua. Et esser ben munito de ogni pressidio; e continue ne va di qui e de altre parte zente. Oltra che ne son letere de Barzelona de 9, alcuni dize stevano con dubito de breve la catholicha Maiestà contra Franza si scoprirà. E per qualche fidedigno è sta dito, e presto se sia per sentir tal effecto, questo catholico re con la nostra illustrissima signoria sarà in bona confederation e optima intelligentia; il che da tutti è ben firmado e disiato per l'antiquissimo odio hanno signanter questo regno contra Francesi, oltra che hanno necessità di molte cosse solite esser porta con le galie nostre che navega ubique di qui.

---

[1] Tripoli avait été pris par les Espagnols le 25 juillet précédent, un jeudi, fête de saint Jacques. Sanudo rapporte (vol. XI, fol. 337) la lettre datée de Tripoli du 29 juillet, dans laquelle Pierre de Navarre, commandant l'armée espagnole, rend compte de ce fait d'armes au vice-roi de Sicile. L'action avait été extrêmement meurtrière; mais Navarre se félicitait beaucoup de sa conquête : « Signor, dit-il au vice-roi, este ciudad es muchio mas de lo che yo crehia. »

XXVI.

1511, 30 décembre. — De Venise.

Instructions du Sénat de Venise à Dominique Trevisani, envoyé en ambassade en Égypte afin d'engager le sultan à s'opposer à l'extension de la navigation des Portugais dans les Indes et à repousser toutes les propositions que pourraient lui adresser les Français pour entrer en relations commerciales et politiques avec lui au détriment des Vénitiens.

Venise. Archives générales. Conseil des Dix. *Misti*, vol. XXXIV, fol. 121.

Commissio nobilis viri Dominici Trivisano, equitis, procuratoris oratoris ad dominum sultanum.

Havendo, tu, nobel homo et dilectissimo nostro, Domenego Trevisan, cavalier, procurator, orator nostro electo al signor soldan, havuta commissione dal senato nostro, copiosa in ogni parte, hanu parso farte questa altra instructione cum el conseio nostro di X. cum la zonta, come qui sotto intenderete, da esser per te exeguita cum ogni possibile secreteza. Te dicemo adonque che, sel te sarà parlato per el signor soldan de la navigation de Portogallesi nela India et del desyderio suo de obviarli, come cosa dannosa et de grandissimo maleficio, laudata la Excellentia sua in ogni provision che possi operar tal effecto, li dechiarirai largamente che non havemo mancho desyderio che tal navigatione se rompi et se perdi de quello che ha ley, perchè potemo dir chel interesse sii comune. Et se per aventura el te domandarà qualche maistro de far artellarie et navilii aut remi per essi, aut lanze et altre cose de questa natura, li dirai che la signoria sua consyderi, oltra el respecto ordinario che per le leze nostre christiane questo ne è devedato, in che termene siamo hora colligati cum el pontifice, capo de Christiani, cum el re de Spagna, cum el re de Agelterra; se cum el mezo de questa liga[1], cum la qual per ogni rasone speramo vindicarsi dei nostri inimici et recuperar il nostro, fassamo cosa chel pontifice reputasse indegna de Christiano, et quelli dui re, tollendo la indignation loro, se ne faria remedio a la nostra ruina. Et volemo dir questa parola in attestation de la verità, che uno de i precipui fundamenti che si toglia ne la liga de Cambray, facta per el re de Franza contra de nui, è questo che dicono, che non havendo voluto nui consentir a la unione de tuti i principi Christiani per tuor impresa in beneficio de la Christianità contra li inimici de quella, per el re de Franza se allegò questo, chel era necessario fossamo ruinati, altramente non se poteva in tal materia far alcun bon pensiero. Consyderi la Excellentia sua se hora se sentisse una minima de queste cose, se la faria rota irreparabile. Dondechè la Excellentia sua potrà haver dal signor Turco artellarie et lignami, navilii et ogni altra cosa a questo effecto necessario che ley medessima saperà domandar, oltra i lignami che la trazerà del colpho de la Giaza[2] che è abundante.

[1] La sainte ligue.
[2] Le golfe de Lajazzo, ou Aias, aujourd'hui golfe d'Alexandrette.

Verum sel intrasse a far querella del danno fattoli per quelli da Rhodi, de la captura de la sua armata nel colpho de la Giaza, et chel rechiedesse lo servissamo de la nostra armada, aziochè, cum la sua, el potesse vindicarse de loro, forse recordevele de quello facessemo per el prender de Magrabini[1] che erano sopra le gallie nostre dal trafego, excuserai la rechiesta esser penitus impossibile, per le rasone che sonno manifeste, come per la prudentia tua benissemo intendi, et meglio saperai exequir.

Et se te dicesseno chel gran maistro de Rhodi ha nela insula de Cypri, che lè de sua Excellentia per el dirrecto dominio, la gran commendaria che rende molti migliara de ducati, che li debiamo dar quella intrata in compensation de i damni factcli per Rhodiani, li responderai, come el pontifice è quello dispone de essa commendaria, come de cosa ecclesiastica, et a la Sanctità sua pertinente de la qual la è el patron, et non altri. Et se anche in questo proposito de Cypri sua Excellentia se dolesse chel se dagi in quella insula recepto di corsari per nostri, li dirai che uno de i stretti commandamenti che hanno i nostri representanti in quella insula, è che se abstegnino per quanto hanno chara la gratia nostra da tal cosa; et se sentiremo che alcuno habi prevaricato, li daremo tal punitione, che serano exemplo ad altri; perchè, per natural et peculiar nostro instituto, siamo inimici de corsari, et damo strectissimi ordeni a tuti nostri capetanei de nave et gallie che dove li possino trovar, facino de loro come de ladri; et cussì siamo per far nel advenir cum ogni efficacia.

Anchorchè se persuadiamo che le gallie de Alexandria harano fatta la muda sua quietamente et cum bona gratia del signor soldan, pur reputamo bene che habi ordene da nui et facultà de proveder in ogni occorrentia. Però te dicemo che se per qualche cosa, o impedimento, le gallie de Alexandria fusseno sta in quel porto i zorni statuidili per la muda sua, et tamen non havesseno potuto caregar per devedi, o altre difficultà; in questo caso, te damo auctorità che possi prorogar a le gallie predicte il cargare, per quel tempo che a te parerà conveniente; perchè tu dei ben consyderar questo sii el desyderio nostro che le vegnino carge. Il medesimo te dicemo de le gallie da Baruto[2], se anche a quelle fusse intervenuto qualche simile disturbo, che però non lo judicamo.

Et sel accadesse, che tamen non lo credemo, chel se convenisse fare qualche mastellata, lasserai che i consoli et da Damasco et de Alexandria facino le deliberation sue per el suo conseio secondo el consueto; et tu in tal materia prestarai tutto quello favor di beneficio de la natione che largamente se confidamo farai. Et quando ne le deliberatione de i consegli sopradicti ne fusse diversità, procurerai assetarli; et che tuto se fazi cum piui union sia possibile. Et intervenendone differentia tra le deliberation del conseglio de quelli de Damasco et quelli de Alexandria, volemo chel judicio sia tuo de approbar quella opinion che te parerà; et cussì se exequisca, contractando cum l'auctorità del conseio nostro di X. cum la zonta la observantia.

Tu intendi per li advisi havemo quanto sii contrario a le cose nostre el Pereto, consolo de Cathelani, però adhibirai ogni tuo studio et ingegno de deprimerlo et addurlo in odio del signor soldan, come affecto summamente desyderato da nui, et

[1] Les Maugrebins, les musulmans du Magreb.
[2] Beyrouth.

che reputamo grandemente utile a le cose nostre. El medesimo te dicemo de Tangribardi, che sempre ne è stato adverso; el quale è già piui mesi incarcerato. Torai la information necessaria da quelli consuli et mercadanti nostri, et procurarai per el poter tuo chel sii reducto in tal termene chel non habi modo piui de farne danno.

Come te è noto, lè andato al Caiero, overo è per andar, uno ambassador del re de Franza, per operar quanto el potrà contra el commodo nostro : chel signor soldan se drezi cum la nation francese, lassata la nostra. Il che tu intendi de quanto momento sii. Et però te commettemo, che cum ogni tuo ingegno et solertia, debi contraoperar, monstrando et cum rason, et cum la experientia, che ogni promissione fusse fatta per Francesi a la Excellentia sua, saria et captiosa et dolosa, solo ad questo effecto, che, privata la nation nostra de quelli commercii, el signor soldan et i subditi sui fussono messi in necessità de far tanto quanto desyderaseno loro Francesi, quali non hanno ne alcuno respecto de fede, ne de honor, dove ne sii utilità. Et per benignità de Dio, mediante la liga de la quale è fatta mentione, speramo che i Francesi predicti non harano meno travaglio in casa sua de quello hanno dato ad altri; sichè la Excellentia del signor soldan, cum ogni rason, non diè far alcuno novo pensier in tal materia, perchè certissimamente saria cum grandissimo danno de la Excellentia sua.

De parte, 23. — De non, 1. — Non syncere, 0.

XXVII.
1518, 22 mai. De Venise.

Dépêche du Sénat de Venise à François Cornaro, ambassadeur de la république auprès de Charles-Quint, au sujet du commerce des Vénitiens sur les côtes de Barbarie.

Venise. Archives générales. *Secreti, Senato.* Reg. XLVII, fol. 118.

MDXVIII, die XXII Maii.

Instruction si mandaal ambassador nostro appresso el re catholico [1].

Le galie al viazo de Barbaria fino al 1508, facevano el viazo suo nel modo infrascripto.

Partendose de i luochi de la signoria nostra, andavano in Sicilia, a Saragossa, et de lì a Tripoli de Barbaria, et poi a Zerbi, et poi a Tuniz, et poi in Buzia, et de lì al Zer [2]; de onde andavano in Oran et One [3], ambi lochi del regno de Trimissen [4], qual regno al presente occupa Barbarossa turco; et Oran è de la catholica Alteza.

---

[1] François Cornaro n'avait pas attendu ces instructions pour exposer au roi d'Espagne le fâcheux état du commerce vénitien en Barbarie. (*Diarii* de Marin Sanudo, vol. XXV, fol. 338.)

[2] Alger.

[3] One ou Honein, près de l'embouchure de la Tafna, n'existe plus. Voyez ci-dessus, p. 265, note.

[4] Tlemcen.

De lì, poi se conducevano nel regno de Fessa, in uno loco nominato Bedis de la Gomiera[1]. Del qual loco passavano in la Spagna a Malica, et poi in Armeria[2], et de lì a Valenza et Tortosa; et del ritorno toccavano Tunis, et poi a Saragosa in Sicilia.

Hora se vorià obtener che la catholica Alteza fusse contenta che le potesseno toccar li lochi de Barbaria de Levante, come è Tripoli, Zerbi et Tunis, Buzia et el Zer[3], poi Oran che è loco de sua Maestà, nel regno di Trimissen, et One loco de Mori, pur del regno predicto; et che etiam potesseno toccar nel regno de Fessa, paese de Barbaria verso Ponente, o Bedis de la Gomiera, o qualche altro loco del dicto regno, che parerà più expediente et nel proposito del viaggio quando se metteranno le galie, et de lì poi passino in la Spagna a Malica, et poi in Armeria, Valenza, etc.[4]

Queste sono tutte le scalle che doveria esser dato libertà che le galie potesseno toccar. Ma se pur la catholica Maestà non vorà che se tochino Tripoli, Busia, el Zer et One, et che la volesse che se toccasse Oran, se potra compiacer sua Alteza purchè la contenti che se tochino el Zerbi et Tunis, terre de Barbaria a Levante, et Bedis de la Gomiera, o qualche altro loco che parerà nel regno de Fessa, che è a Ponente. Et per che el potria occorrer che qualche uno de quelli de sua Alteza, per qualche suo particular interesse, dicesseno che se potrià etiam lassar star Tunis et Zerbi; et che le galie partite da Saragosa potriano andar alla drittura in Oran, se ha da dichiararli, che, oltra el danno grandissimo de le galie et mercantie che vanno sopra esse, che patiriano non toccando detti lochi, et del partido de Mori che togliono a Tunis, che è uno de li principali fundumenti del ditto viazo, el saria etiam de grandissimo danno a li lochi de la catholica Alteza, come de essa propria Maestà, perchè la ne riceveria grandissimo danno per li dretti spettanti a lei, come etiam per li lochi de Oran, Malica, Armeria, Valenza, etc.[5]; perchè toccando Zerbi et Tunis si conduceno de Venetia de li arzenti et metalli che comprano quelli de terra de Negri, et le conducono a le sue parte de mezo zorno in Ethiopia, come sono rami in pani, rami in verga, bande large, fil de rame, et similia; li qual Negri fano de ditte cose diversi lavori, che in quelli soi paesi costumano. Et tute le predicte merce, et etiam altre, come sono panni et spiga[6] et altro se vendeno a Zerbi et a Tunis, a tanti ori per valuta de ducati $\frac{m}{40}$ in circa, li qual tuti vengono a remaner poi in le terre sopradicte de la prefata catholica Maestà, in comprar sede, lane, grani, panni, et molte altre diverse sorte robe, cum le qual se

---

[1] Bedis de la Gomiera ou Velez de Gomera, appelé Badis par les Arabes, est un petit port de l'empire du Maroc, à peu près sur le méridien de Malaga. En avant de la ville, est un îlot qui reçut des Espagnols le nom de Peñon de Velez.

[2] Alméria, à l'est de Malaga.

[3] Depuis 1515, Barberousse était maître et roi d'Alger. Néanmoins les Espagnols occupaient encore en 1518 et parvinrent à conserver jusqu'en 1530, malgré les attaques réitérées des Turcs, le château fortifié élevé sur l'îlot, aujourd'hui compris dans la jetée, et situé au milieu de l'ancien port. Les Espagnols appelaient ce fort le Peñon d'Alger.

[4] Sic.

[5] Sic.

[6] Sorte de drap léger.

cargano le galie. Se die etiam farli intender, che, quando non si tocasse Tunis, resteriano li Mori de venir cum le galie et condur le telle, robe et mercantie sue che soleno valer da ducati 50 in $\frac{m}{60}$, el qual tutto denaro vien ad remaner poi et lui ne le terre et lochi sui, cum grandissimo utile de li dretti sui, et beneficio de le sui subditi. Concludendo che, essendo lassate le dette due scale, saria impossibile ditte gallie navigassero, et quando pur venisseno al viazo lassando ditte due scale, necessariamente mancherià tutta la predetta summa de danari sopra esse gallie; sichè quando le andassseno a i lochi de la catholica Alteza, non haveriano modo di poter far faccenda alcuna, nè dar alcun utile, nè a sua Alteza, nè a i lochi et subditi sui.

È etiam da saper che ad Oran et nel regno de Fessa se conducono et vendeno le cosse infrascripte: lache de ogni sorte, in gran quantità; alcune sorte di spetie minute; panni di seta et di lana; telle de varie sorte, et diverse altre qualità de merce, arzenti, rami in pan et in verga, bande et fil de rame, et rami lavoradi. Et sono comprati da mercadanti Mori, che li portano in terra de Negri come di sopra è ditto. Et tutte le prefate merce sono sta sempre portate cum ditte gallie za centenara de anni, nè senza esse potriano navigar.

È etiam da advertir sua Maestà che quando si promettesse di toccar Oran, che, non meno per suo utile che nostro, la vogli diminuir li dretti che se pagano nel Oran che è in molto mazor gravezza de quello che era a tempo che lera de Mori, perchè pagavano solum x. per cento, et adesso sono astretti pagar duo dretti, zoè x. al intrar et x. al trazer di Oran. Et benchè costumano li nostri mercadanti vender le robe sue cum condition che li compratori pagano tutti li dretti, tamen tutto è in maleficio de le mercantie de le gallie, perchè li compratori tanto meno le pagano; et questa è sta una de le principal cause da le qual è processo che le presente galie non ge sono andate. Oltra che per esser esso loco de sua Alteza, et al presente in discordia cum il resto del regno de Trimissen, mercadanti Mori non venirano, ne potriano venir lì; et le galie non haveriano fatto cosa alcuna. Et però sua Maestà potria ridur li dretti per le robe conducte per le gallie come è facto ne li lochi de sua Alteza, maxime nel Andelusia et regno de Granata, per le x. per cento o più che saria l'ordinario de pagar, la reducono in 3 o 4. per cento al più; il che redunderia in grande beneficio suo, perchè venderiano et comprariano molte più robe di quello si fa. Sichè non obstante che li dritti fusseno minori, la summa non di meno de li danari che si trazeriano di essi saria mazor; et potra etiam cum la sapientia sua ritrovar modo che li mercadanti Mori nè possano venir in ditto loco de Oran, perchè per compiacer sua Maestà se fara che le galie tocheranno esso loco.

Diesi etiam advertir l'orator che cum ditte gallie se suol condur qualche poca quantità di solfero, di valuta de ducati 200, in circa, che Mori operano in bianchezar le sue tele et altro; che quando pur sua Alteza non volesse se puol compiacerli, perchè el guadagno se ne fa è poco, essendo el capital da ducati 200, in circa.

De parte, 161. — De non, 3. — Non sincere, 0.

XXVIII.
1524, 9 avril. A Venise.

Décision du Sénat ordonnant que les marchandises vénitiennes non vendues en Barbarie et rapportées à Venise pourront être réexpédiées en franchise par les galères qui doivent prochainement partir pour l'Afrique.

Venise. Archives générales. *Senato, Mar.* Reg. XX, fol. 96.

MDXXIIII, die VIIII Aprilis.

Non essendo ullo modo da permetter che le galie destinate al viazo de Barbaria diferiscano la partita soa, acciochè andando in tempo tanto più breve habi a esser il suo viazo come si richiede per beneficio universal de tutti quelli lhanno ad far, et perhò anderà parte chel capitanio de le ditte galie sia confinato in galia per tutto dì XVII. de questo mese, essendo tenuto partir zorni do dapoi; et così le conserve soe successive de do in do zorni, sotto le pene contenute nel suo incanto, da esser scosse irremisibiliter per cadauno di avogadori de commun et savii del collegio nostro, senza altro conseglio.

Et perchè furono recondutte dal viazo de Barbaria, cum le galie ultimamente da quello venute, molte mercantie, che de questa città condutte de li non se potessero smaltir, lequal volendo quelli de chi le sono al presente remandar al ditto viazo, è conveniente che per esse non habino a pagar più cosa alcuna, havendo l'altra volta pagato come sempre quando lè accaduto simile caso è sta solito farse; perhò sia preso che per le ditte mercantie, quelli de chi le sono volendole mandar iterum cum le presente galie al ditto viazo de Barbaria, non siano tenuti pagar datio, constando per fede di officii dove solito pagarse, chel sia sta pagato come è preditto l'altra volta, quando le mandorno a esso viazo, si come convien alla honestà e equità.

De parte, 163. — De non, 2. — Non sincere, 6.

XXIX.
1540.

Marchandises importées et exportées entre Venise et l'Afrique [1].

Extrait de l'ouvrage intitulé : *Tariffa de i pesi e misure corrispondenti del Levante al Ponente*, composta per M. Bartholomeo di Pasi, da Vinetia. Venise, 1540, in-12, fol. 181 v° et suiv.

Bugia con Vinetia.

Di Vinetia, si tragono per Bugia quelle medesime robbe lequali sono tratte per Malica et Armaria : [Damaschini di ogni colore, e rasi [2] ma pochi, zambelotti, orme-

---

[1] Ce tarif, imprimé en 1540, paraît remonter à la fin du quinzième siècle. On en retrouve les éléments principaux dans un tarif de l'an 1493, conservé en manuscrit à la Bibliothèque de Saint-Marc, Mss. class. VII, n° DXLV.

[2] Satin.

sini¹, fustagni bianchi e negri; e tutte le sorti di specie, cosi grosse come minude, ma garofoli e fusti di garofoli assai, e alcune sorti di specie odorifere come sono benzui, muschio, ambracano², oldano, zibetto³, legno aloe, camphora e tigname assai. Tragonsino anchora gioie legade e dislegade, come sono perle, rubini e turchese e alcune altre gioie.]

Di Bugia, si tragono per Vinetia : sede, grana e polvere di grana, mandole, cere, zebibo e altre robbe.

Bona con Vinetia.

Di Vinetia, si tragono per Bona tutte quelle medesime robbe lequali sono tratte per Bugia. Et etiam tutte le altre robbe che fanno per Bugia, fanno anchora per Bona.

Di Bona, si tragono per Vinetia : sede, grana e polvere di grana, zebibo, mandole, cere e altre robbe.

Il Zero⁴ con Vinegia.

Di Zero, si tragono per Vinetia : oro barbaresco, mandole, zebibo, cere, grana e polvere di grana et altre robbe.

Horano.

Le robe lequali si tragono di Puglia e altre terre, come sono gottoni, olio, comini, anesi⁵ e galla per Vinetia, similemente si tragono di Horano. E le robbe che si tragono di Vinetia per Bugia e altre terre, si tragono anchora per Horano, come sono gottoni lavoradi, rami, guadi⁶ et tutte le altre robbe.

Il cantera dille cere di Horano e dilla grana, il quale si è rove 6, fa al grosso di Vinetia lire 200.

Il cantera delli gottoni di Horano, il quale si è rove 5, fa al peso sottile di Vinetia lire 257 in 260.

Il cantera dil guado di Horano, [etc.]

Arcudia di Barbaria.

Quelle medesime robbe lequali si tragono di Vinetia per Bugia e Horano, si tragono anchora per Arcudia, laquale è scala di Fesse.

Nota, che questa Arcudia ha due cantera. Il primo fa al grosso di Vinetia lire 105 in 106, e al sottile lire 166. Il secondo cantera fa al grosso di Vinetia lire 117, e al sottile fa in Vinetia lire 188.

One⁷ di Barbaria⁸.

Tripoli di Barbaria.

Di Vinetia si tragono per Tripoli : gottoni filadi, lini, tele di fontego dilla serpa di

---

¹ Taffetas léger.
² Ambre parfumé.
³ Civette.
⁴ Alger. Mêmes importations de Venise pour Alger que pour Bougie.
⁵ Lisez *aneti;* l'anet, plante odoriférante semblable au fenouil.
⁶ De la guède ou pastel, plante tinctoriale en bleu.
⁷ Voyez ci-dessus, p. 265, note.
⁸ Mêmes importations qu'à Arcudia, et mêmes exportations de cette échelle pour Venise.

settanta e di cento, panni di seda, veludi e damaschini di ogni sorte, rami, grepola [1], oropiumento [2], lacca, terra gritta, cenabrio, endego, bagade e di tutte le sorte di merci di fontego, lavori di lottone, filo di rame tirado, candelieri, bacili, sede di porco e osse da ferrali, e molte merci lequale si fanno in Vinetia.

Tragonsino anchora alcune specie grosse e minude, come sono : pevere, garofoli assai e fusti di garofoli, canelle, noce muschiade e alcune altre specie, riobarbaro e manna.

Tragonsino anchora alcune altre specie odorifere : benzui, muschio, zibetto, ambracano, legno aloe, camphora, boraso, storace, calamita, et igname. E si tragono anchora perle da onza e perle da conto, lequali si vendono a numero; e balassi perforadi, i quali si vendono a caratti; e altre robbe, ariento, e alcune sede crude e alcune altre cose.

Nota, che tutte le robbe che se vendono in galea non pagano datio alcuno. E vendendo in terra, si paga 12 per cento.

Tunise di Barbaria.

Nota, che tutte le robbe lequali si fanno per Tripoli fanno etiamdio per Tunise.

Zerle [3], laquale è isola.

Nota, che tutte le robbe lequali si tragono di Vinetia per Tripoli, si tragono anchora per Zerle, ditta isola. E quelle medesime robbe lequali si tragono di Tripoli, tragonsino anchora di Zerle.

[1] Tartre.
[2] Orpiment.
[3] L'île de Gerba.

VIII.

ROYAUME D'ARAGON.

1227-1512.

I

1227, 12 octobre. A Monçon, en Aragon.

Privilége de Jacques Ier, roi d'Aragon, seigneur de Montpellier, portant qu'aucun navire venant à Barcelone, soit des contrées d'outre-mer, soit d'Alexandrie, soit de Ceuta, ou se proposant de se rendre en ces pays, ne pourra faire un chargement d'aucune espèce de marchandises ou d'autres objets d'exportation quelconques tant qu'il y aura dans le port de Barcelone un navire appartenant à cette ville disposé à prendre le chargement.

Capmany, *Memorias sobre la marina, comercio y artes de Barcelona. Coleccion diplomatica*, Madrid, 1779, t. II, p. 11. Archives municipales de Barcelone.
Ex libr. virid., 1, fol. 213.

Manifestum sit omnibus quod nos, Jacobus, Dei gratia, rex Aragonum, comes Barchinonæ et dominus Montispessulani, attendentes fidelitatem et servitia quæ vos, fideles nostri cives et universitas Barchinonæ, prædecessoribus nostris et nobis semper exhibuistis et exhibetis assidue et instanter, volentes vos ideo nostris beneficiis et libertatibus ampliare, cum præsenti instrumento, ex regia liberalitate, hanc libertatem et gratiam vobis et vestris successoribus ac civitati Barchinonæ donamus et concedimus perpetuo specialem, quod aliqua navis, sive lignum aliquod, veniens de partibus transmarinis [1], aut de Alexandria, vel de Cepta, aut proponens ad partes pergere supradictas, de civitate Barchinonæ merces vel mercaturas, aut res aliquas, sive onus aliquod, non accipiat, ibi neque portet vel ducat ad partes supradictas, dummodo navis sive lignum barchinonense sit apud Barchinonæ, quod portet, vel portare velit onus prædictum, sive res et merces, et ad partes ducere supradictas. Sed, si quis, res vel merces suas aut mercaturas ad prædictas partes duxerit transmittendas, eas mittat et oneret in navi vel ligno barchinonensi, et non in aliis navibus vel lignis extraneis audeat aliquatenus onerare, vel per eas mittere merces vel res suas, aut in eis portare, dum navis vel lignum Barchinonæ ibi paratum fuerit ad portandum merces vel onera supradicta. Item, concedimus et donamus vobis dictis civibus et populo Barchi-

---

[1] On désignait particulièrement sous le nom de *Partes transmarinæ*, ou *ultramarinæ*, d'abord la Syrie, puis l'Asie Mineure, Constantinople et la Grèce, qui étaient ensemble la Romanie.

nonæ quod nulla navis extranea, nec lignum aliquod alienum, quod sit de terra sive de regno alieno, aut de comitatu Empuriensi et Apuliæ, Barchinonæ in aliquo loco ripariæ vestræ possit vel audeat vinum recipere aut emere ad portandum ad partes alienas, nisi de civitate Barchinonæ, nisi esset cum vestri licentia et assensu. Statuimus firmiter et mandamus bajulo, vicario, probis hominibus Barchinonæ et aliis universis bajulis, vicariis ac nobilibus Cathaloniæ, et officialibus sive hominibus nostris, præsentibus et futuris, et etiam illis qui merces mittere voluerint aut onerare in navibus supradictis, sive lignis, quod prædictam donationem et concessionem nostram ac omnia supradicta et singula teneant et observent ac faciant inviolabiliter observari. Nec quisquam huic statuto, vel privilegio nostro, audeat contraire. Quod qui faceret, iram et indignationem nostram, et pœnam mille aureorum se noverit incursurum, præsenti privilegio nichilominus in suo robore duraturo.

Datum Montissoni, IV. idus Octobris, era M. CC. LX. quinta, et anno Domini millessimo ducentesimo vicessimo septimo.

Signum Jacobi, Dei gratia, regis Aragonum, comitis Barchinonæ et domini Montispessulani.

Testes hujus rei sunt : Ferrarius infans Aragonum, Raymundus de Montecatheno, Guillelmus de Cervaria ; Ato de Focibus, majordomus Aragonum ; Rodericus de Lizana, Bernardus Guillelmi, Petrus Pomar, Raymundus Berengarii de Ager, Raymundus de Peralta, Guillelmus de Beranru, Bernardus de Aspes. Ego Arnaldus Grainaticus, scriptor domini regis, mandato ipsius, pro Petro Sancii notario suo, hoc scripsi, meumque signum apposui, loco, die et era et anno præfixis.

II.

1271, 14 février. A Valence.

Traité de paix et de commerce conclu pour dix ans entre Jacques I*er*, roi d'Aragon et de Majorque, seigneur de Montpellier, et Abou-Abd-Allah-Mahommed-El-Mostancer-Billah, roi de Tunis.

MM. Champollion et Reinaud, *Docum. hist. extraits de la Bibliothèque royale*, in-4°, t. I, p. 81. *Collect. de docum. inédits*, etc.; revu sur l'original de l'expédition notariée faite à Tunis en 1278, pour le roi de Majorque. Paris, Bibliothèque impériale, *Carton de Majorque*. Aujourd'hui Mss. latin n° 9261, charte n° 8.

Sapien tots homens qui aquesta carta veuran com pau è treves foron traictades entre nos, en Jacme, per la gracia de Deu, rey d'Arago, de Malorcha è de Valencia, comte de Barcelona è d'Urgel, è senyor de Monpesler, d'una part, el noble è honrat Miramomni Aboabdille, rey de Tuniz, de l'altra; per mar, so es assaber, è per terra, segons que daval es contengut.

1 [1]. Primerament, que tot Sarrahin de la terra del dit Miramomeni, de calque loc sia de la terra, so es assaber, de Çinetha á Benniaccor [2], entro á la senyoria del senyor rey de Tenez, qui venrra á les terres nostres, so es assaber, á Monpesler, Canet, Cochliure, Cadaguers, Roszes, Castello d'Empuries, Torezela de Mongrin, Sant Feliu, Barcelona, Tomaric, Tarregona, Tortosa, Paniscola, Borriana, Valencia, Cuylera, Denia, è altre calque loc nostre, de Salsos tro al loc qui es apellat Torres, è parteye terme ab Alacant, o á Mallorchas, o á Evisa, o en calque loch d'aquelles hilles, o en calque altre loc de nostra terra, sia salvs è segur, en cors è en aver, axi que nul hom no li gos fer dan ne sobres, mentre aquesta treua durara.

2. È si alcu o alcuns volien exir d'alcu loc de nostra terra per fer dan ad alcun de la terra del dit Miramomeni, o ad alcuns de sos ports, o de ses riberes, Sarrahins o alcuns homens aqui vinens o anans, o estans, en cors o en haver, nau gran o pocha, o galea, o leyn, o barcha, que nos que vedem è fasam vedar, que nos pusca fer per neguna maneria.

3. È si per aventura alcuns homens dels locs de la terra nostra d'amont dita, o d'altres locs de nostra terra, fahien dan ad alcuns d'aquels d'amont dits de la terra et de la senyoria del dit Miramomeni, en cors o en aver, que nos siam tenguts de retre è de restituir tot aquel dan als perdens, els jurans qual seria la perdoa aquella, o monstran.

4. È que tots aquels de la terra del dit Miramomeni, vinens á la nostra terra, o en alcuna illa de les nostres, o en qualque loc de la nostra senyoria, sien sauls è segurs, en cors è en aver, segons que dit es, tambe so es assaber de les gens de la terra com d'els richs homens qui aqui seran, o d'altres.

5. Item, que nul hom de nostra terra no aiut alcuns altres persones á fer mal á la terra del dit Miramomeni de Tuniz, ni á negunes coses qui sues sien.

6. Item, si alcuns leyns de la senyoria del dit Miramomeni se perdien en alcuns locs de nostra terra, o alcun Sarrahin de la sua senyoria qui fos en alcuna nau de Christians venia en alcuna de les illes nostres, qu'els homens d'aquel logar garden è deffenen aquel o aquels Sarabins è lurs coses, els fasen retre tots aquelles coses qui lurs fossen, qui ixissen de la mar.

7. Item, que tota nau qui sia en qualque port dels ports del dit Miramomeni, dels homens de la terra sua o d'altres, que y aia aquel dret quels seus homens auran.

8. Item, que negun mercader de nostra terra no vaia en neguna nau armada, si no o fahia pus l'armament ne fos tolt.

9. Item, que negun mercader de nostra terra no compre negunes coses de negun altre hom, lesquals fossen estades toltes de alcuns Sarrahins de la terra del dit Miramomeni, ni negun de lurs catius. È si per aventura, alcunes mercaderies o coses qui fossen toltes ad alcuns Sarrahins de la terra del dit Miramomeni, apres lo kalendar d'aquesta pau, eren trobades en alcuns locs dels d'amont dits de nostra terra, que aquels qui o aurien, que fossen destrets á retre aquelles coses.

[1] Les numéros ne sont pas à l'original.
[2] Le texte porte : « *de* Benniaccor, » mais il faut : « *á* Benniaccor, » ici comme à l'art. 13. De Zinetha à Beni Accor. De *Zenara* (atlas de Vesconte), *Zitnara* de l'atlas catalan, au delà de Tripoli; à Beni Accor, peut-être *Accor*, à l'ouest, entre Tenez et Cherchel.

10. Item, si per aventura l'estol del dit Miramomeni encalçava alcun leyn armat de Christians qui no fos de nostra senyoria ni de nostra terra, è aquel leyn armat se metia en alcuna villa de la nostra terra, o en alcuna hilla de les nostres, qu'els homens d'aquel loch no ajuden ad aquels Christians del leyn armat, ni fassen negun embarch ad aquel estol.

11. Item, si alcun leyn de Christians o d'altres homens volien mal fer á la terra del dit Miramomeni, o ad alcun de sos homens, è les galees del dit Miramomeni encalçaven aquels, è avien á venir en alcun loch de nostra terra, qu'els homens d'aquel loch nols lus deffenen, si en mar los podien pendre; mas si aquels Christians podien venir á terra, que aquels d'aquel loc nostre no fossen tenguts de deliurar aquels als Sarrahins, mas que venguen en poder nostre.

12. Item, si per aventura vent portava alcuna de les galees de Miramomeni en alcuna de les viles nostres, o de les hilles, o en alcuna de les riberes, o venien aqui per encalçar enemics, que pogessen aqui pendre aygua è refrescament, è que ayso nols fos vedat.

13. Item, si negun Sarrahin avia clams de Christians de nostra senyoria, que el provan la cosa, que li sia fet so que fer si deia. È aytambe semblantment, que tot Christia de nostra senyoria è altre home dels locs nostres, so es assaber d'amont dits, è de tots altres locs de nostra terra, qui venrran á les terres del dit Miramomeni, so es assaber de Çinetha á Benniaccor, entro á la senyoria del senyor de Tenez, sia salv è segur, en cors è en aver, axi que nul hom no li gos fer tort ni sobres, mas que pusquen vendre, (els puscha hom vendre[1]), è que no aien nul dan ni embarch, mentre aquesta treua durara.

14. Et si, per aventura, alcun d'els prenian en alcun d'aquels locs dan, en cors ni en aver, qu'el dit Miramomeni o esmen tot complidament, si que fos esdevengut aquel dan per alcun dels batles o altres officials seus, o per alcuns altres homens de sa terra; aquels perdens juran per so que auran perdut, o mostran.

15. Item, que les galees ni'ls leyns armats del dit Miramomeni no fassen mal en la terra nostra, ni ajuden negun qui mal hi volguesfer.

16. Item, que si alcun o alcuns volien exir en nau gran o pocha, o galea, o leyn, o barcha, d'alcun loc de la terra del dit Miramomeni per fer dan ad alcun de la terra nostra o de la senyoria nostra, o ad alcuns dels nostres ports o de nostres riberes, Christians o d'altres homens, qui aqui vinens, o anans, o estans, en cors o en aver, qu'el dit Miramomeni vet è fassa vedar que nos pusca fer en neguna manera.

17. Item, que tots los homens de la nostra senyoria que venrran en la terra del dit Miramomeni, sien honrats è gardats axi con los altres mercaders christians qui son ab el en pau è en treua, è que nol sia feta neguna custuma nova, si no axi com acustumat è usat es sa an rere. È qu'els sia cregut l'alfondech hon solon posar en Tuniz[2]. È que no'ls sia vedat de dir lurs hores[3], ni de sebelir lurs corsses.

18. Item, que ajen forn per coure lur pan.

[1] Les mots que nous renfermons entre parenthèses doivent être supprimés dans le sens de la phrase; un trait assez récent paraît recouvrir les points que l'ancien notaire de Tunis, Guillaume Bonastre, avait probablement marqués lui-même au-dessous de ces mots pour les annuler.

[2] Qu'on leur agrandisse le fondouc de Tunis, où ils logent habituellement. — [3] Les offices divins.

18 *bis*. Els dits homens nostres no dejen devalar en altres locs sino en aquels en quels es dada licencia de devallar, sino o fehien per obs, axi con de refrescar vianda, o per alcuna cosa que agessen obs á lur leyn, o á lur nau, o á lur barcha; mas que aqui no pogessen res vendre ni comprar, ni per asso aver noves ab les homens d'aquel loch.

19. Item, que negun mercader de la terra no vaia en nau armada, sino o fahia pus l'armament ne fos tolt.

20. Item, que negun mercader de la terra del dit Miramomeni ni altre home no compre negunes coses de nul altre hom, lesquals fossen estades toltes ad alcuns homens de la terra nostra, ni negun de lurs catius. É si, per aventura, alcunes mercaderies o coses qui fossen toltes ad alcuns homens de nostra terra, apres lo kalendar d'aquesta pau, eren trobades en alcun loch de la terra del dit Miramomeni o de la sua senyoria, que aquels qui o aurien, que fossen destrets á retre aqueles coses.

21. Item, que si alcuns leyns, o naus, o barches de nostra senyoria se perdien en alcuns locs de la terra del dit Miramomeni, o alcun hom de nostra terra qui fos en alcuna nau de Sarrahins venia en alcuna de les billes sues, qu'els homens d'aquel loc garden è deffenen aquel o aquels homens nostres è lurs coses, els fassen retre totes aquelles coses qui lurs fossen, qui ixissent de la mar.

22. Item, que tota nau qui sia en qualque port dels ports de la terra nostra, dels homens de la nostra terra o d'altres, aja aquel dret qu'els nostres homens auran.

23. Item, que de les mercaderies dels homens de la nostra terra sia pres delme, o mig delme de so que portaran en or o en argent, axi com acustumat es.

24. Item, que tota mercaderia que porten en qualque loch de la terra del dit Miramomeni, si no la poden aqui vendre o baratar ab altra, que la pusquen d'aqui trer è portar en qualsque altres terres se volrran, sens que no paguen delme.

25. Item, que de forment ni d'ordi que y porten no paguen delme.

26. Item, que de so que compraran los senyors de les naus, o dels leyns, o de les barques, de so que auran de loguer de la nau, o del leyn, o de la barcha, que non paguen per dret sino mig delme.

27. Item, que de tot so que vendran de lurs mercaderies en la duana ab testimonis de la duana, o per man del torçimayn, que la duana sia tenguda del preu.

28. Item, qu'els homens de la terra o de la senyoria nostra ajen á Tunis un consol o dos, qui demanen tots lurs drets è lurs custumas en la duana, è en altre loch, losquals sien lurs especials. Aytambe, que y ajen un escrivan especial, que no y aja res que fer ab altres persones, si no ab els.

29. Item, que si per aventura Miramomeni avia obs lurs naus o lurs leyns á portar los delmes o altres coses, que sia pres á ell lo terç per rason del nolit.

30. Item, si per aventura l'estol nostre encalçava alcun leyn armat de Sarrahins, qui no fos de la senyoria ni de la terra del dit Miramomeni, è aquel leyn armat se metia en alcuna vila de la terra del dit Miramomeni, qu'els homens d'aquel loch no ajuden á aquels Sarrahins d'aquel leyn armat, ni fassen negun embarch á aquel estol.

31. Item, si altre leyn de Sarrahins o d'altres homens volia mal fer á la terra nostra,

o á alcuns dels homens nostres, è les galees nostres encalçaven aquells, è avien á venir en alcun loc de la terra del dit Miramomeni, qu'els homens d'aquel loc[1] nols lur deffenen si en mar los pudien pendre; mas si aquels Sarrahins o altres homens podien venir á terra, que aquels d'aquel loch no fossen tenguts de delivrar aquels als Christians, mas que venguen en poder de Miramomeni.

32. Item, si per aventura vent portava alcuna de les galees nostres en alcuna de les viles de Miramomeni, o en alcuna de les riberes, o venien aqui per encalçar enemics, que pogessen aqui pendre aygua è refrescament, è aço que no fos vedat.

33. Item, que si negun Christian avia clam d'alcun Sarrahi que sia de la terra del dit Miramomeni, que el provan la cosa, que li sia fet so que fer s'en deja.

34. È aquesta pau è treua que deja durar de la festa de scent Johan, primera qui ven, á X. ayns. È si, per aventura, sobre aquesta pau è treua avia contrats en re, entre nos el dit Miramomeni, que y aia spasi per declarar aquel contrast per tres menses, pus la devent dita treua sera passada.

Laqual pau è treua, nos, en Jacme, per la gracia de Deu, rey d'Aragon d'amunt dit, loam è atorgam, per nos è per l'enfant en P. è per l'enfant en Jacme, fils nostres, è per los richs homens nostres, o altres homens de nostra terra. È prometem, per nos è per els, á tendre è complir aquella pau è treua, segons que d'amont es dit, á bona fe nostra, sens negun mal engan, tambe per mer come per terra, sobre la nostra lig.[2]

Datum Valencie, xvi° kalendas Marcii, anno Domini millesimo ducentesimo septuagesimo[3]. Signum Jacobi, Dei gratia, regis Aragonum, Majoricarum et Valencie, comitis Barchinone et Urgelli et domini Montispessulani. Testes sunt : Fferrandus Sancii filius domini regis; Petrus Ferrandi filius domini regis; Raimundus de Montechateno, Gaucerandus de Pinos, Berengarius de Anglaria. Signum Bartholomei de Porta, scriptoris domini regis predicti, qui mandato ejusdem hoc scripsit et clausit, loco, die et anno prefixis.

Raynerius Pisanus, filius quondam Scorcialupi, autentichum hujus vidi et legi, et ideo meum signum apposui et subscripsi.

Ego frater Arnaldus de Furno, qui predictis interffui, pro me et fratre Bn. de Sala, subscribo.

Signum Guillelmi de Bonastre, notarius publicus per dominum regem Aragonum in Tunicio, qui, mandato Bolphaçen, moxeriffi Tunicii, et instantia senum officialium doane curie Tunicii, hoc instrumentum, in domo dicti moxeriffi fideliter scribendo, scripsit, translatavit ab originali, et clausit, idus[4] Junii, anno Domini millesimo ducentesimo septuagesimo octavo[5].

[1] Les mots : « no aiuden á aquels » et suivants de l'article 30, et les mots : « Item...... d'aquel loc » de l'article 31 manquent au texte imprimé de la Collection des documents inédits.

[2] Au texte imprimé de la Collection : « sobre la nostra seynoria. »

[3] La chancellerie du roi d'Aragon a conservé jusqu'en 1350 l'usage de commencer l'année au 25 mars, fête de l'Annonciation. Le présent traité est donc de l'an 1271.

[4] Sic, ici et au bas de la confirmation du présent traité, faite le jour des ides de juin 1278.

[5] A la suite est écrit le texte de la confirmation du traité, arrêtée à Tunis, le 13 juin 1278, au nom de Jacques Ier, roi de Majorque, que nous avons donné précédemment, p. 187.

III.

1274, 18 novembre. A Barcelone.

Traité entre Abou-Yousouf-Yakoub, roi mérinide de Maroc, personnellement présent à Barcelone, et Jacques Ier, roi d'Aragon et de Majorque, seigneur de Montpellier, qui promet au roi de Maroc dix navires et cinq cents chevaliers, pour l'aider à faire la conquête de Ceuta.

Capmany, *Memorias. Coleccion diplomatica*, t. IV, p. 7. Archives de la couronne d'Aragon, à Barcelone.
Ex regest. 9, *Jacobi I*, part. 1, fol. 77.

Manifesta cosa sia á tots com nos, Aben-Juceff Miramomelli, senyor de Marrochs è de Fez è Suyalmoza è de ses pertinencies, senyor dels Benimarins, fem pau è amor perdurable per tots temps ab vos, noble en Jacme, per la gracia de Deu, rey d'Arago è de Mallorques è de Valencia, comte de Barcelona è d'Urgeyl, è senyor de Montpeller, nos ab vos et vos ab nos.

1. È puis que romanga aquella pau entrels vostres fills è los nostres en tal manera que vos nos façats ayuda á pendre Cepta, è que nos enviets deu naus armades è deu galees, è entre altres lenys è barches que sien á summa de cinquanta, è quens enviets sinc cents entre caballers è homens de liynatge. È nos prometemvos queus enviarem cent mille bizancios ceptils bons per aquest navili, et cent mille bizancios altres per aguisar la anada dels caballers. È si mes d'un an estaven los caballers en pendre Cepta, vos darem tant quant la quantitat del an sera que estien en pendre Cepta; è si tot l'an hi estaven, queus darem los cent mille bizancios, axi com dit es. È Cepta presa, prometemvos queus darem cinquanta mille bizancios á vos è als vostros per cascun an.

2. È encara, que darem al senyor dels caballers que vos hi enviarets cent bizancios per cada dia, cavayls á el è als altres qui vendran en ayuda nostra; è á cada cavaller, sengles camells, si avien en nengun loc anar ab nos; è al richome que y enviarets darem asembles sufficients, aquelles que á el mester seran per al viatge que faran ab nos.

3. È prometem que al cap del an, quen lexarem venir el richome è aquells cavallers, ab tot ço que guaynat hi auran; ab que vos nos refrasquets altres tants cavallers que sien ab nos tro ajam presa Cepta.

4. Encara, que y ajen eglesia è oratori aquells cavallers, segons que s'usa per los Cristians.

5. È encara, que darem al cavaller cada dia dos bizancios per cascun mes, pagar axi com la luna parescia. È aquestes coses, ço es á saber, la amor è la promessio del aver, prometem á vos, en fe de Deus è en la nostra, á bona fe, è sens engan atendre è complir.

È nos, en Jacme, per la gracia de Deu, rey d'Arago, de Mallorques è de Valencia, comte de Barcelona è de Urgell, è senyor de Montpeler, [prometem] á vos, Aben-Juceff Miramomelli, senyor de Marrochs è de Fez è de Sayalmeza è de ses pertinencias, è senyor dels Benimarins, en la fe que Deus nos ha dada, è en la nostra, d'atendre è de complir á vos los cinc cents cavallers è homens de liynatge queu dejen esser, è les deu naus è deu galees, entre lenys è barches tro á summa de sinquanta. È d'aço enviam vos en nostra carta ab nostra bolle segellada; è vos enviatsnosen vostra carta segellada è fermada, axi com s'usa entre vos.

Dat. Barchinonæ, decimo quarto kalendas Decembris, anno Domini millesimo ducentesimo septuagesimo quarto.

IV.

1285, 2 juin. A Col de Paniçar.

Traité conclu pour quinze ans entre Pierre III, roi d'Aragon et de Sicile, et Abou-Hafs, roi de Tunis, relativement au commerce de leurs États et au tribut dû par le roi de Tunis au roi de Sicile depuis le règne de Charles d'Anjou.

Capmany, *Memorias. Coleccion diplomatica*, t. IV, p. 9. Archives de la couronne d'Aragon.
Ex regest. *Petri III, ab ann. 1278 ad 1285, litteræ B*, fol. 81.

Sapien tots homens qui aquesta carta veuran com pau è tregues son tractades è atorguades entre nos, en Pere, per la gracia de Deu, rey d'Arago è Sicilia d'una part, è el noble el honrat Miralmomeni, Bohap, rey de Tunis, de la altra, per mar, ço es á saber, è per terra, segons que davayl es contengut.

1. Primerament, que tot Sarray de la terra del dit Miralmomeni, rey de Tunis, de qualque loc que sia de la sua terra que huy ha è d'aquella que d'aqui avant ganyara, quant á nos sera cert per ses letres o per son missatge d'aquella que aura ganyada, que vendra á les terres nostres dels regimes d'amunt dits d'Arago è de Sicilia, è á totes les altres terres que havem huy o d'aqui avant, ab la ajuda de Deu, ganyarem, en qualque loc, sia salv et segur, en cors è en haver; aixi que nuyl hom nol gos fer dan ni sobres, mentre aquesta pau è treuga durara.

2. Et si alcu o alcuns vulien exir d'alcun loc de nostra terra per fer dan á alcun de la terra o de la senyoria del dit Miralmomeni, o alcuns de sos ports o de ses riberes, Sarrayns o altres homens, aqui vinens, o annans, o estans, en cors o en aver, en gran nau o en poca, o galea, o leny, o barcha, que nos que vedem è façam vedar que nos puscha fer per nenguna manera.

3. Et si, per aventura, alcuns homens dels lochs de la terra nostra feyan dan á alcuns d'aquels d'amunt dits de la nostra o de la senyoria del dit Miralmomeni, en cors o en aver, que nos siam tenguts de retre è de restituir tot aquell dan als perdens, els jurant qual seria la perdua aquella, o mostrant ho.

4. Et que tots aquels de la terra del dit Miralmomeni vinents en la nostra terra, o en alcuna illa de les nostres, o en alcun loc de la nostra senyoria, sien salvs et segurs, en cors è en aver, segons que dit es, ço es á saber, de les gens de la terra, com dels richs homens qui aqui seran o d'altres.

5. Item, que nuyl hom de nostra terra no aiud á alcunes altres persones à fer mal á la terra del dit Miralmomeni, ni á nengunes coses que sues sien.

6. Item, si alcuns lenys de la senyoria del dit Miralmomeni se perdien en alcuns lochs de nostra terra, o alcun Sarray de la sua senyoria, que fos en alcuna nau de Crestians, venia en alcuna de les illes nostres, qu'els homens d'aquel logar guarden è defenen aquel o aquells Sarrayns è lurs coses, els facen retre totes aquelles coses que lurs fossen, que exisen de la mar.

7. Item, que tota nau que sie en qualque port dels ports del dit Miralmomnin, dels homens de la terra sua o d'altres, que haya aquel dret quels seus homens auran.

8. Item, que nengu mercader de nostra terra no vaia en nenguna nau armada, sino ho faya pus l'armament ne fos tolt.

9. Item, que nengu mercader de nostra terra, ne altre hom, no compre nengunes coses de negun altre hom les quals fossen estades toltes á alcuns Sarrayns de terra del dit Miralmomeni, ni nengun de lurs catius. Et si, per aventura, alcunes mercaderies o coses que fossen toltes á alcuns Sarrayns de la terra del dit Miralmomeni, apres lo kalendar d'aquesta pau, eren trovades en alcuns locs de nostra terra, que aquells qui ho aurien, fossen destrets á retre aquelles coses.

10. Item, si per aventura l'estol del dit Miralmomeni encalçaba alcun leny armat de Crestians que non fos de nostra sennoria, ne de nostra terra, è aquel leny armat se metia en alcuna vila de nostra terra, o en alcuna illa de les nostres, quels homens d'aquel loc no aiuden á aquels Crestians del leny armat, ne façen negun embarch á aquel estol.

11. Item, si alcun leny de Crestians o d'altres homens vulien malfer á la terra del dit Miralmomeni, o [ad] alcun de sos homens, è les galees del dit Miralmomeni encalçaven aquells, è avien á venir en alcun loc de nostra terra, qu'els homens d'aquel loc nol' los defenen, si en mar los podien pendre; mas si aquels Crestians podien venir á terra, que aquels d'aquel loc nostre no fossen tenguts de liurar aquels [als] Sarrayns, mens que venguen en poder nostre.

12. Item, si per aventura vent portava alcuna de les galees del dit Miralmomeni en alcuna de les nostras vilas o de les illes, o en alcuna de les riberes, o vinen aqui per encalzar enemics, que poguessen aqui pendre aigua è refrescament, è que aço nols fos vedat.

13. Item, que si nengu Sarray avie clams de nengu Crestia de nostra senyoria, qu'el provant la cosa, qu'el sia feit ço que fer si dega. E aitanbe semblanment, que tot Crestia de nostra senyoria è altre hom dels locs nostres de tota nostra terra, que ara avem, ne que d'aqui avant, si à Deu plau, aurem, qui venran á les terres del dit Miralmomeni, que ara à ne d'aqui avant aura, sia salv è segur, en cors è en aver, axi que nul hom nol gos fer tort ne sobres [1]; [mas] que puxen vender è comprar, è que no ayan dan ne embarch mentre aquesta treua durara.

[1] Dans Capmany : « ne sobres nostres : que, » etc.; mais cf. ci-dessus, p. 281, art. 1; p. 282, art. 13; p. 286, art. 1. *Sobres*, signifie ici surprise, trahison, *engannum*.

14. Et si, per aventura, alcun d'els prenia en alcun dels locs de la sua terra dan, en cors o en aver, qu'el dit Miralmomeni ho emen tot complidament, si que fos esdevengut aquest dan per alcuns dels batles o altres officials seus, o per alcuns altres homens de la sua terra, jurant los perdens ço que auran perdut, o mostrant ho.

15. Item, que les galees n'els lenys armats del dit Miralmomeni no façen mal en la terra nostra, ne aiuden á negun qui mal y volgues fer.

16. Item, que si alcun o alcuns vulien exir en nau gran o en pauca, o galea, o leny, o barcha, d'alcun loc de la terra del dit Miralmomeni per fer dan á alcun de la nostra terra, o á alcun de nostres riberes, Crestians, o altres homens, aqui vinens o anans o estans, en cors o en aver, quel dit Miralmomeni vet è face vedar que nos puscha fer en nenguna manera.

17. Item, que tots les homens de la nostra senyoria, qui venran en la terra del dit Miralmomeni, sien honrats è guardats; è nols sia feita ninguna costrenya nova, è que no sia vedat à els de dir lurs hores, ni de sebellir lurs corses.

18. Item, que hayan forns per coure lur pa. — È els dits homens nostres que no deien devallar en altres locs sino en aquels en quels es dada llicencia devallar, sino lo ho fayen per obs, axi con per refrescar vianda, o per alcuna cosa que haguessen obs á lur nau, o á lur leny, o á lur barcha; mas que aqui no poguessen res vendre ne comprar, ne per aço haver noves ab los homens d'aquel loc.

19. Item, que negu mercader de sa terra no vaya en nau armada, sino ho faye pus l'armament ne fos tolt.

20. Item, que negu mercader de la terra del dit Miralmomeni no compre negunes coses de nuyl hom, les quals fossen estades toltes à alcuns homens de la terra nostra ne negu de lurs catius. E si, per aventura, alcunes mercaderies o coses que fossen toltes á alcuns homens de nostra terra, apres lo kalendar desta pau, eran trovades en alcun loch de la terra del dit Miralmomeni o de la sua senyoria, que aquels qui ho aurien fosen destrets á retre aquelles coses.

21. Item, que si alcuns lenys, o naus, o barchas de nostra senyoria se perdien en alguns locs de la terra del dit Miralmomeni, o alcun hom de nostra terra qui fos en alcuna nau de Sarrayns venie en alcuna de les illes sues, qu'els homens d'aquel loc guarden è defenen aquel o aquels homens nostres è lurs coses, els facen retre totes aquelles coses que lurs fossen, que exisen de la mar.

22. Item, que tota nau que sie en qualque port dels ports de nostra terra, dels homens de nostra terra o d'altres, haia aquel dret qu'els homens nostres auran.

23. Item, que de les mercaderies dels homens de nostra terra sia près delme, è mig delme de ço que portaran en or o en argent, axi com acostumat es.

24. Item, que tota mercaderia que porten en qualque loc de la terra del dit Miralmomeni, si no la podien aqui vendre o baratar ab altra, que la puscan d'aquen trer è aportar en qualsque altres terres se volrran, sens que no paguen nengun dret.

25. Item, que de forment ne d'ordi que y porten, no paguen delme.

26. Item, de ço que compraran los senyors de les naus, è dels lenys, è de les bar-

ches, de ço que auran de loguer de la nau, o del leny, o de la barcha, que no paguen per dret sino mig delme.

27. Item, de tot ço que vendran de lurs mercaderies en la duana ab testimonis de la duana, o per man de turcimany, que la duana sia tenguda del preu.

28. Item, qu'els homens de la terra è de la senyoria nostra hayan á Tunis, è en los altres locs de la senyoria del Miralmomeni en los quals volran, fondecs de mercaderies, è consols qui demanen tots lurs drets è lurs costumes en la duana, è en altres locs. Et aytambe, que hayan escrivans lurs especials, qui no haian res á fer ab altres persones, sino ab els.

29. Item, si per aventura lo dit Miralmonmeni havia ops lurs naus o lurs lenys, á portar sos delmes o altres coses, que sie pres lo ters per raho de nolit.

30. Item, que si per aventura l'estol nostre encalçava alcun leny armat de Sarrayns, qui no fos de la terra ni de la senyoria del dit Miralmomeni, è aquel leny armat se metia en alcuna vila de la sua terra, qu'els homens d'aquel loc no ajuden á aquels Sarrayns del leny armat, ne facen negun embarch á aquel estol.

31. Item, si alcun leny de Sarrayns o d'altres homens volien mal fer á la terra nostra, o á alcuns de nostres homens, è les galees nostres encalçaven aquells, è avien á venir en alcun loc de la terra del dit Miralmomeni, qu'els homens d'aquel loc nols defenen si en mar los podien pendre; mas si aquels Sarrayns o altres homens podien venir à terra, que aquels d'aquel loc no fosen tenguts de liurar aquels als Crestians, mas que venguen en poder del dit Miralmomeni.

32. Item, si per aventura vent portaba alguna de les galees nostres en alcuna de les viles o de les riberes de la terra del dit Miralmomeni, o venien aqui per encalçar enemics, que poguessen aqui penre aygua è refrescament, è aço nols fos vedat.

33. Item, que si alcun Crestia aura clams de alcun Sarray qui sia de la terra del dit Miralmomeni, qu'el provant la cosa, que sia fet ço que fer si dega[1].

34. Item, qu'el dit Miralmomeni sia tengut de donar cascun any á nos d'amunt dit rey d'Arago è de Sicilia, o aqui nos manarem, lo tribut de Sicilia, loqual tribut es de XXXIII. mille CCC. XXXIII. bizancios è terça[2].

35. Item, que tots los cavallers o homens d'armes Crestians qui son huy, ne seran d'aqui avant, en la senyoria del rey de Tunis, que y sien tots per nos et que nos lus donem cap aquel que nos vulrem, è li mudem e li camiem quan nos vulrem. È qu'el dit Miralmomeni do al cap que nos y metrem per sa persona, è als cavallers è als homens d'armes, aytal sou com prenian el temps del noble en Guillem de Muncada; è usen en pagues è en judicis è en altres coses, en aquella forma qu'el dit temps usaven; è quels tenga la moneda á for de V. bizancios per dobla.

36. Item, que les esgleyes dels Crestians, è les esquelles[3] els oficis dels Crestians que no sien embargats; ans puschen fer complidament lur ofici, segons que fahien el temps del dit en Guillem de Muncada, è acostumat es.

[1] Le dispositif du traité de 1271, semblable au traité de 1285, s'arrête ici.
[2] Cf. ci-dessus, p. 156, 157. L'obligation est répétée à la fin du présent traité, art. 41.
[3] Les cloches.

37. Item, qu'el dit Miralmomeni do è atorg los fondecs de Sicilia è de Catalunya en tots los locs de la sua senyoria on meracadeiar vulran, ab tots los drets, axis com acostumat an d'aver; è quel senyor rey y meta consols aquells que volra.

38. Item, qu'els consols puschan entrar una vegada el mes davant Miralmomeni, per saber si el li volra res manar, è per mostrar lo dret dels homens de la senyoria del rey d'Arago.

39. Item, qu'el dit Miralmomeni atorg als Catalans, d'avant tots altres homens, la gabella de Tunis à preu cuvinent.

40. Et aquesta pau è treua que deia durar de huy en tro a quince ans. Et si, per aventura, sobre feyt d'aquesta pau è treua havia contrast entre nos è lo d'amunt dit Miralmomeni, que y haie despay per declarar aquest contrast, per tres meses, pus la dita treua sia pasada.

La qual pau è treua, nos, en Pere, per la gracia de Deu, rey d'Arago è de Sicilia d'amunt dit, loam è atorgam, per lo regne de Sicilia, per nos è per la noble reyna muller nostra, è per l'infant en Jacme fill nostre, qui deu eser hereter apres nos en lo dit regne, è farem à els fermar è atorgar; è per los regnes nostres d'Arago è de Valencia è de Catalunya, per nos, è per l'infant don Alonso, fill nostre mayor è hereter apres nos en los dits regnes. È prometen, per nos è per els, atendre è cumplir aquella pau è treua, segons que d'amunt es dit, à bona fe nostra, sens tot mal engan, tambe per mar com per terra, sobre nostra lig [1].

Datum apud Collem de Paniçars, quarto nonas Junii, anno Domini millesimo ducentissimo octuagessimo quinto.

Signum Petri, Dei gratia, Aragonum et Siciliæ regis.

Testes sunt : venerabilis Jacobus, Dei gratia, episcopus Oscensis; Arnaldus Rogerii, comes Pallariensis; Geraldus de Cervilione; Gilabertus de Crudiliis; Guillermus Raymundi de Josa; Raymundus de Craparia; Alamanus de Cervilione; Prepositus Celsonensis; Albertus de Mediona; Berengarius de Rosanes; Guillermus de Castro Aulino; Abdella Azeit; Mahomet Abolheix; Jucef Abenyeco; Abraham Abennieema, Saraceni.

[41 [2].] Item, lo dit Miralmomeni pag ades á nos, de mantinent qu'el misatge nostre sera á Tunis, cent mille bizancios del tribut de tres ans pasats pus nos tenguem Sicilia.

[42.] Item, tot ço que la casa de Tunis deu del temps pasat al rey Karles.

[43.] Item, aytan com romania á pagar del blat del qual Lorenço Rufo è sos tabalers trameseren de Sicilia, el temps que Karles la tenia, per vendre á Tunis, car depuis quel rey d'Arago tent Sicilia, trames misatge á Tunis que li fos donat aquel blat, y encara no era tot venut, o el preu d'aquel.

[44.] Item, qu'el paguen tot ço que preseren de la nau que fou embiada á Tunis de les ports de Valencia, carregada de Sarrayns è d'altres mercaderies.

---

[1] « Sobre la nostra seynoria », dans le traité de 1271, ci-dessus, p. 284.

[2] Ces articles, ajoutés probablement au traité après la signature de l'acte, ne sont pas numérotés dans Capmany.

V.

1292, mai. A Barcelone.

Jacques II, roi d'Aragon, de Sicile et de Majorque, charge Guillaume Olomar, citoyen de Barcelone, de se rendre à Tunis pour emprunter en son nom telle somme d'argent qu'il pourra obtenir de l'émir.

Capmany, *Memorias. Coleccion diplomatica*, t. IV, p. 79. Archives de la couronne d'Aragon.
Ex regest. *Secretorum regis Jacobi II*, 1292-1300, fol. 33.

Noverint universi quod nos Jacobus, Dei gratia, rex Aragonum, Siciliæ, Majoricarum et Valentiæ, ac comes Barchinonæ, constituimus et ordinamus vos fidelem nostrum Guillermum Ollomarii, civem Barchinonæ, procuratorem nostrum ad conferendum vos apud illustrem regem Tunicii, et requirendum, petendum et recipiendum ab eodem rege, nomine nostro, ex causa mutui, eam pecuniæ quantitatem quæ vobis expediens videatur, et cum eo abilius poteritis convenire, et ad faciendum regi prædicto cartam sive albaranum de quantitate peccuniæ quam ab eo, nomine nostro, ratione dicti mutui, recipere vos contingat; dantes et concedentes vobis licentiam et plenum posse requirendi, petendi et recipiendi, nomine nostro, mutuum ipsum, a rege prædicto, et omnia et singula in præmissis et circa præmissa faciendi, tractandi, procurandi, quæ juxta ipsius negotii qualitatem vobis visa fuerint necessaria et etiam opportuna. Nos enim gratum et ratum habebimus et habere promittimus quicquid per vos cum dicto rege Tunicii super tractato dicti mutui actum, procuratum fuerit sive gestum. In cujus rei testimonium, præsens procuratorium sigillo nostro appenditio jussimus communiri.

Datum Barchinonæ, decimo quinto kalendas Junii, anno Domini millesimo ducentessimo nonagessimo secundo.

VI.

1302, 1ᵉʳ juin. De Barcelone.

Les magistrats municipaux de Barcelone prient Abou-Yakoub-Yousouf, roi de Maroc, de permettre à leurs concitoyens d'exporter du blé de ses États à Barcelone aux prix accoutumés.

Capmany, *Memorias. Coleccion diplomatica*, t. II, p. 373. Archives municip. de Barcelone.
Ex libr. int. *Bolsa de conceils y ordinacions*, fol. 39.

Al molt alt, è molt poderos, è molt savi senyor, lo senyor Abo-Iacob, fill d'Abu-Jucef, amir Amuslami, rey de Marroches, per la gracia de Deu, de part dels conseglers è dels prohomens de la ciutat de Barcelona, saluts, ab appareylament de tot servey è de tota honor.

Per ço, senyor, car lo molt alt è poderos en Jacme, per la gracia de Deu, rey d'Arago, senyor nostre, es amich vostre, creem que per amor è per honor dell, fariets gracia è merce als seus sotsmeses. On, nos, senyor, humilment sopplicam á la vostra Senyoria que, per amor è per honor de la ciutat de Barcelona, laqual es á plaer, è á servey, è á honrament vostre, dejats fer gracia á aquella ciutat è als habitadors d'aquella que puscan treer de la terra è de la jurisdiccio vostra forment, per aportar tansolament en la ciutat de Barcelona, pagant empero aquells quil ne trauran III. dobles per cafiç, axi com antigament n'eren acustumats de pagar. È d'asso farets è gran be è gran plaer á la ciutat de Barcelona. È si vos, senyor, volets res que la ciutat de Barcelona pusca fer per vos, trametets nos ho á dir, que apareylats som de fer è de dir ço qui á vos plagues.

Dada en Barcelona, lo primer dia de Juny, en l'any de M. CCC. II.

VII.

1306, 6 janvier. A Saragosse.

Lettre de Jacques II, roi d'Aragon, à Abou-Acida-Mahomet, roi de Tunis, remise à Pierre de Fossé, maître d'hôtel du roi d'Aragon, chargé de se rendre à Tunis pour s'entendre avec l'émir au sujet de certains Sarrasins des royaumes de Tunis et de Maroc faits prisonniers par les Aragonais; au sujet de la moitié du droit de douane exigible à Tunis sur les marchandises d'Aragon abandonnée au roi Jacques II par suite d'un arrangement conclu précédemment avec son envoyé Raymond de Villeneuve; au sujet du consul particulier que réclamaient, sans nécessité, les gens du royaume de Majorque; enfin pour assurer l'émir du désir qu'avait le roi d'Aragon d'observer les traités existant entre les deux pays et d'empêcher les corsaires d'Aragon de courir sur les sujets tunisiens. Instructions particulières pour Pierre de Fossé.

Capmany, *Memorias. Coleccion diplomatica*, t. IV, p. 33. Archives de la couronne d'Aragon.
Ex regest. *Legationum Jacobi II, de ann. 1300 ad ann. 1310*, fol. 179.

1.

En Jacme, per la gracia de Deu, rey d'Aragon, de Valencia, de Serdenya, de Corcega, è conte de Barcelona, è de la sancta eglesia de Roma senyaler, almirayl è capitan general, al molt honrat, è molt noble, don Mahomat Amiramuçlemin, fill de Amiramuçlemin, salut, axi com á rey, á qui volem que Deus donas honor è bonaventura.

Rey, fem vos saber que reebem vostra carta de resposta sobre'l fet d'aquells Sarrahins de que nos vos trameserem lo feel nostre Berenguer Buçot, ab carta nostra, los quals havia preses Simon Ricart, mercader de Barcelona. En la qual carta, nos fees saber que aquests Sarrahins son de vostra tinença, è qu'els deliurassem ells è alcuns altres qu'en hi avia ab ells del rey Abenjacob[1]. On, enteses aquestes coses è totes les

[1] Abou-Yakoub-Yousouf, sultan mérinide de Maroc.

altres qu'en trameses á dir en la dita vostra carta, vos responem que nos, per servar è per guardar be è cumplidament axi com fer se deu, maiorment entre reys, la pau è les cuvinences que avem ab vos, vos feem á saber la preso dels dits Sarrahins, car no sabiem si eren de vostra senyoria; mas ara, pus ne som certificats per vos, trametem vos tots los d'amunt dits Sarrahins, ab lurs coses, per lo feel è familiar despenser de casa nostra, en Pere de Foçes, portador d'aquesta carta nostra. È si, per aventura, los fayl alcuna cosa de ço del lur, sapiats, rey, que nos avem ordonat quels sera retut be è complidament ab tots dans è messions qu'en ajen fetes. Encara, siats cert è segur que nos tendram sens falta neguna, è ferem tenir á nostres gents, la pau è les cuvinençes que avem ab vos; è encara que de nos, ne de nostres sostsmeses, ne de nostres gens, negun dan ne greuge no vendra á vos, ne á la vostra terra, ne á vostres gents.

Per esters, com nos ajam comanats al d'amunt dit Pere de Foçes alcuns capitols en escrits, segellats ab nostre segell, queus deja donar è demanar è pregar de part nostra, perço pregamvos, rey, de qu'el cregats sobre aquells de ço que en dira per honor de nos, car nos som apparellats de fer per vos semblant coses è molt majors. È si algunes coses vos plaen de nostres parts ne de nostra senyoria, fetsnos ho saber françosament, que nos ho cumplirem volenterosament.

Dada en la ciutat nostra de Zaragoza, á sis dies anats del mes de Janer, en l'any de Nostre Senyor mil tres cens è cinch. — Bernardus de Aversone, mandato regio.

II.

Aquests son los capitols los quals, de part del senyor rey d'Arago, ha á pregar è á demanar al molt honrat rey de Tuniç en Pere de Foçes, missatge del dit rey d'Arago.

1. Primerament, que com lo rey de Tuniç, segons la avinença que fo feta[1] entre ell è en Ramon de Vilanova, cavaller missatge del rey d'Arago, li age assignat la meytat del dret quels Cathalans paguen en Tuniç per certa quantitat de moneda, com ell mateix sab, de la qual meytat com sia de poca quantitat atart ne seria satisfet, qu'el prega curosament que li sia assignat entegrament tot lo dret quels Cathalans hi paguen, è ells auran breument la paga, è ell rey de Tuniç s'en sera alleviat.

2. Item, com lo rey d'Arago aja entes que homens de Maylorcha han demanat è request consol de si en Tuniç, è aço ells no pugan demanar ab raho, ne ha aut en Tuniç ne ha sino un consol dels Cathalans per lo rey d'Arago; quel prega quell no don laor que altre consol hi age de Catalans, sino el seu, axi com tots temps tro ara es estat acostumat, maiorment com lo rey de Maylorcha tengua lo regne de Maylorcha per lo rey d'Arago; è quel dret dels homens de Maylorcha vengua en la assignacio del rey d'Arago, axi com dels altres Cathalans.

3. Item, com lo rey d'Arago aja entes que, perço com en Jacpert de Castellnou fo mal á Tripol, qu'el rey de Tuniç, li fo levar lo dret dels homens de Maylorcha, è encara dels altres Catalans, tro qu'en Berenguer Buçot hi fo ab les cartes del rey d'Arago qu'el tornaren, mas ço qui levat ne fo el temps passat, no volgueren tornar;

[1] Ce traité remontait à cinq ans, c'est-à-dire à l'an 1302 environ. Voyez p. 294, art. 2; et cf. p. 296, note.

perço prega el rey d'Arago al rey de Tuniç que li man retre, perço maiorment com lo dit Jaçpert de Castellnou no arma en re del seu, ans parti de Sicilia, è hi torna com fo mal al rey de Tuniç. Qu'el rey d'Arago ben guarda en tota sa terra, si negun hom hi armas que no fara mal al rey de Tuniç, ne á les sues gents, ne á la sua terra; è si semblant cas hi esdevenia, prega el rey d'Arago al rey de Tuniç que s'en vulla fadigar en ell, ans que li leu la assignacio, ni que enantas contra les sues gents per tal, car ell hi retra ben è cumplidament son deute.

4. Item, prega el rey d'Arago al rey de Tuniç que, per honor è per amor d'ell, vulla fer gracia especial á les gents del dit rey d'Arago, que sien franches en Tuniç, axi com son los Genoveses, è tendra ho lo rey d'Arago en amor è en don especial d'ell. — Bernardus de Aversone, mandato regio.

VIII.

1307, 15 avril. A Montblanc.

Instructions remises à Pierre Bussot, consul catalan à Tunis, envoyé par Jacques II, roi d'Aragon, auprès du roi de Tunis, pour s'entendre au sujet de la moitié du droit de douane abandonnée précédemment au roi d'Aragon et des indemnités réclamées au roi de Tunis par divers Catalans; pour obtenir en outre de l'émir quelques subsides en argent destinés à aider le roi d'Aragon dans la conquête des îles de Sardaigne et de Corse [1].

Capmany, *Memorias. Coleccion diplomatica*, t. IV, p. 36. Archives de la couronne d'Aragon.
Ex regest. *Legationum Jacobi II*, 1300-1310, fol. 179.

Aquests son los capitols, los quals, de part del senyor rey d'Arago, ha á dir al rey de Tuniç en Pere Bussot, consol dels Catalans en Tuniç.

1. Primerament, diga de part del dit senyor rey d'Arago al rey de Tuniç que ben sap lo dit rey de Tuniç ab qual manera ell assigna al dit rey d'Arago, è al honrat en Ramon de Vilanova, cavaller, missatge seu, que li trames lavors, per la esmena de la nau del dit rey d'Arago, ab les coses qui eren en ella, appellada la *Estantona*, quis perde á la Grippia, en terra del dit rey de Tuniç, lo mig dret quels Catalans paguen en la duana de Tuniç [2]. È com del dit mig dret, del temps de la assignacio á ença, aja ahuts è retenguts, assi lo dit rey de Tuniç o sos oficials, quatuor mille bisancios è plus, pregal lo rey d'Arago el requer quels li fassa delivrar è retre, è per ell al dit Pere Bussot.

2. Item, lo prega el requer lo dit rey d'Arago, que com los seus procuradors per cobrar è demanar lo dit mig dret de sinch ayns á ença que la assignacio es feta, agen

---

[1] La commission royale, en date du 15 avril 1307, remise à Pierre Bussot, « consol nostre des » Catalans en Tunez, familiar è de casa nostra », énumérait plus sommairement que les présentes instructions les diverses questions qu'il avait à traiter avec le roi de Tunis.
[2] Pierre de Fossé n'avait donc pas obtenu ce que désirait le roi. Voyez p. 293, art. 1.

fets de messio, segons que li dira lo consol nostre, duo mille centum octuaginta novem bisancios è plus, que ell los li fassa retre è esmenar è liurar al dit Pere Bussot, com no sia cosa cuvinent que aquestes messions se sien ahudes à fer per aver la assignacio d'amunt dita. E encara, que fassa aver è tenir complidament la dita assignacio al dit consol, qu'el dit senyor rey d'Arago ara novellament ha fet sobre aço son procurador, tro que sia complidament pagat ço que li es degut.

3. Item, li diga com sab be lo rey de Tuniç que, en la treua, en les convinençes qui son entrel dit senyor rey d'Arago è el dit rey de Tuniç, qui foren fermades per lo dit en Ramon de Vilanova, per part del dit senyor rey d'Arago, es contengut que les gents de cada un dels dits reys sien salvs è segurs en ço del altre, que no ajen mal ne damnatge en cors ne en aver; è con sapia lo dit senyor rey d'Arago, per molts clams qui li son fets per les sues gents, que entayn com l'almirayl del rey de Tuniç arma galees è an á Tripol de Barberia, que troba en terra è en mar Catalans, gent del dit senyor rey d'Arago, de cincuanta personas á ençus, è aquelles auçis, els pres tot ço del lur; entre les quals hi hac una barca de vuit rems qui parti de Trapena, en la qual avia sis Catalans qui venien á Tuniç, è aquells pres á Cartayna, è donals á carnatge, entrels quals ny avia dos de Barcelona, qui eran germans, per nom Matheu Serra, l'altre Bernat Serra; encara, que quant lo dit almirayl arma en guayn en estiu pres á Tripol-lo-veyl, en Barberia, un leyn de Catalans, carregat d'ordi, de forment, è de faves, loqual leyn era d'en Jacme Despont, ciutada de Barcelona, è auçis les persones que y eren, è pres la roba è el leyn; è avia en lo dit leyn divuit Catalans, dels quals ne restauraren tres à vida, los quals encara son en catiu á Tripol, è son setallats. Maraveyllantse lo dit seynor rey d'Arago de les coses d'amunt dites, con les sofer lo dit rey de Tuniç contra la treua è les convinences que son entrells, pregal, el requer que ell li fassa esmena de totes les coses d'amunt dites, è per ell al dit Pere Bussot, son consol; è que fassa deliurar è absolrer meyns de rençó los dits tres catius qui encara son preses á Tripol; è que fassa manament que les sues gents no fassen mal ne dan á gents del dit rey d'Arago. Esters, sab be lo dit rey de Tuniç quel dit senyor rey d'Arago ha tengudes è servades la treua è les convinences, è les li tendra, si no roman por lo dit rey de Tuniç.

4. Item, li diga è li deman, de part del dit senyor rey d'Arago, que con la nau d'en Bernat Marquet, ciutada seu de Barcelona, vengues l'altra vegada de les parts de Alexandria á Tuniç, carregada d'avers è de mercaderies de Crestians, è de Sarrahins, è els Sarrahins per força fessen girar la dita nau á Tripol, en la qual girada ha rençada[1] la dita nau á Tripol, la qual nau es encorreguda ab tots los avers qui y eren de les sues gents, per algunes rahons, al dit senyor rey d'Arago è á la sua cort, quel rey de Tuniç fassa restitucio è esmena al dit senyor rey d'Arago de la dita nau, è dels avers qui y eren de les sues gents, de les quals lo dit consol lo certificara; è que la dita esmena sia feta al dit Pere Bussot, consol seu per ell.

[1] La nef fit naufrage à Tripoli, qui dépendait alors du roi de Tunis. On lit dans la Commission : « A Tripol de Barberia, terra sua; è la fusta, è la exarcia, è la roba de la dita nau han auts, è son » vengudes en poder dels oficials del dit rey de Tunis. »

5. Encara, con lo senyor rey d'Arago tenga por amic especial lo rey de Tuniç, axi com lo seus per tots temps han tenguts los reys de Tuniç, dels quals han preses è ahuts ajudes è secors; perço lo dit rey d'Arago prega aytant con pot lo dit rey de Tuniç que, per amor è per gracia d'ell, li vulla acorrer d'alguna covinent quantitat de moneda á la conquesta quel dit senyor rey d'Arago en breu enten á fer del regne de Serdenya è de Corsega. È sera cosa que ell molt li grahira. — Bernardus de Aversone, mandato regio.

IX.

1308, 20 août. [De Tunis.]

Lettre d'Abou-Acida-Mahomet, roi de Tunis, à Jacques II, roi d'Aragon, annonçant, en réponse à la lettre apportée à l'émir par Bernard de Sarrian, que le dernier traité de paix conclu entre les royaumes de Tunis et d'Aragon était renouvelé pour une durée de dix ans.

Capmany, *Memorias. Coleccion diplomatica*, t. IV, p. 38. Archives de la couronne d'Aragon.
Ex regest. *Diversorum 12, Jacobi I et II*, part. 1, fol. 95.

En nom de Deus, clement è misericordios, è alabament del senyor son missatger Mahomet, del servu de Deus, Mahomet Almiramomenin, fill de Almiramomenin, Deus per la sua merce crescha son poder! al rey molt noble, molt preat, nomenat alto rey d'Arago è de Valencia è de Murcia, è compte de Barcelona, don Jacme, fill del rey molt alt, molt noble è preat, don Pere, Deus endres ses faenes è compla sa voluntat en honra!

Femvos saber que nos vos enviam aquesta letra de la ciutat de Tuniç, Deus la guart de mal! Encara femvos saber que veerem la letra que vos trametes per vostre missatger honrat, fell, verdader, don Bernat de Sarrian; è parlam ab ell, è entesem ço quens dix, è tot quant vos dixes en la carta que trametes ab ell de la vostra part. È nos, atresi, dixem á ell ço queus dira de nostra part, è nos complim ço que vos demanas de nos. Aço fo per la amor è amistat que avets ab nos, è nos ab vos. Et el dit missatger ha renovat la pau, per la procuracio que aporta de vostra part, á deu ayns. En aquell term dells deu ayns, ha entrat ço que era romas de la pau primera[1]. È graym ho á Deus que la amor è la amistat è la veritat havem confermada ab vos, per el dit vostre missatger, qui ha enviat tant honrat è tant sabi missatger qui tractara tot be, è tota honra, è tota amor per les dues parts. È sapiats per cert, que no romas en ell de tractar, è aportar lo feit en ço que vos avets mester; è tal hom devets amar è honrar, è del podets saber que avem en la nostra amor, è quina voluntat havem de complir vostres coses, que vos som aparellat de complir la amor, è la amistat, è allo que vos vulats de nos.

Feyta la carta tres dies del mes de Rabe el primer, ço es, vint dias en Agost, ayno de set cents vuit ayns, ço es, en l'ayn mil trescents è vuit.

[1] Ce traité, que nous n'avons pas, est vraisemblablement la convention de 1302. Voyez p. 293, note.

X.

1309, 3 mai. A Barcelone.

Lettre de Jacques II, roi d'Aragon, de Sardaigne et de Corse, à Abou-Rebia Soliman, roi de Maroc, offrant les bases d'un traité d'alliance offensive et défensive contre tous rois maures, particulièrement contre le roi de Grenade, et énonçant les conditions et les subventions en argent qu'exigeait le roi d'Aragon pour continuer le siège de la ville de Ceuta, occupée par le roi de Grenade. — Instructions à don Jaspert, vicomte de Castelnau, chargé de se rendre au Maroc avec la flotte d'Aragon, pour remettre à Abou-Rebia la lettre du roi Jacques, et pour expliquer au sultan les circonstances qui avaient empêché le roi, malgré les instances de ses deux prédécesseurs immédiats, les sultans Abou-Yakoub et Abou-Thabet, son grand-père et son frère, d'attaquer la ville de Ceuta, tant qu'on n'avait pas obtenu du roi de Castille qu'il dégageât le roi d'Aragon de l'obligation contractée par le dernier traité de paix conclu entre ces princes de ne pas attaquer le roi de Grenade, vassal du roi de Castille.

Capmany, *Memorias. Coleccion diplomatica*, t. IV, p. 42. Archives de la couronne d'Aragon.
Ex regest. *Legationum Jacobi II, 1300-1310*, fol. 287 et 129.

I.

Al muy alto, è muy noble, è muy poderoso rey, Aborrabe, miramomelin de Marruecos, don Jayme, por la gracia de Dios, rey de Aragon, de Valencia, de Serdenya, de Corsega, cuende de Barcelona è de la santa eglesia de Roma senyalero, almirante è capitan general, saludes muchas como á rey que mucho amamos de coraçon, è cobdiciamos que Dios dé mucha de honra, è de buenaventura, è de victoria, contra todos sus enemigos, è quel lexe complir el su deseo è el su plaçer.

Rey noble, façemos vos saber que sobre los fechos tractados entre vuestro hermano, el rey Botebet[1], á qui fue por su mandadero Bernardo Seguin, amado nuestro, con noes de los quales vos sedes certificado, segunt nos envio decir el dicho Bernardo Seguin, è vos place que vengan á buen acabamiento, enviamos á vos, el noble è muy honrado è amado consellero nuestro, don Jaçpert viçconde de Castelnou; el qual vos enviamos con pleno poder de tractar è ordenar è firmar todas cosas que nos podiamos facer, como á aquel en quien mucho fiamos, è es certificado de todo nuestro entendimiento, porque vos rogamos, rey, que lo creades de quanto vos dira de parte nuestra. È porque nos entendiemos por el dicho Bernardo Seguin que vos queriades saber de nos è por nuestra carta quales eran aquellas cosas que eran tractadas, è las quales nos demandavamos ques complissen, mandamos las poner è escribir en esta carta nuestra, segunt se siguen.

1. Tractado es que los reyes sean amigo de amigo è enemigo de enemigo, contra todos los reyes del mundo de Moros.

2. Item, que el rey Aborrabe dara por cascuna galea con todo su complimiento è armada para quatro meses, dos mil doblas.

---

[1] Capmany : « Boceber. » Le sultan Abou-Thabet-Amer, mort en 1308. Son frère Abou-Rebia lui avait succédé.

3. Item, pasados aquestos quatro meses primeros, dara mil doblas por galea, de quatro en quatro meses, mientre menester las aura.

4. Item, el dito rey Aborrabe dara sueldo para mil cavalleros, para mantener la guerra, entro á tanto que aya acabado su entendimiento de Cepta.

5. Item, prometra è jurara en su ley que no aura paç ni tregua nunca con el rey de Granada, sin voluntad del rey de Aragon.

6. Item, quando sea presa Cepta, todo el mueble sea del rey d'Aragon, è las personas è el lugar sean del rey Aborrabe.

Dada en Barcelona, tres dias andados del mes de Mayo, en el anyo de Nuestro Senyor, de mil trescientos y nueve. — Bernardus de Aversone, mandato regio.

II.

Aço es ço qu'el noble en Jacpert, vescomte de Castellnou, deu dir al rey Aborrabe, de part del rey d'Arago.

Primerament, lo saludara de part del dit rey d'Arago.

En apres, li recomptara la gran amor è bona voluntat que fo el temps passat entre la casa de Marrochs è la casa del dit rey d'Arago, è especialment en temps de son avi, el rey Abenjacob[1]. Apres la mort del qual rey Abenjacob, lo rey Botebet, volent regonescer è refrescar la bona amor que avia ahuda son avi ab lo rey d'Arago, trames sos missatges al dit rey d'Arago, ço es, en Bernat Segui è ell veyll Abulabez fill de Gauramet, qui requeséren lo dit rey d'Arago, de part del dit rey Botebet, que li plagues que fos aquella amor entre ells, la qual era estada entre son avi è ell; encara pregaren, è demanaren que li plagues donar ajuda contra el rey de Granada, senialament de galees per cobrar Cepta del dit rey, qui la li tenia forçada, de la qual cosa ell se tenia fort per minuat, que tant vill rey com aquell fees á ell força; encara retrasqueren los dits missatges al dit rey d'Arago, que gran vergonya li era que tant vill hom con aquell tengues terra prop de tant noble rey com ell, è en sa presencia.

Apres recomptada la missatgeria, complidament è sabia per los dits missatges del rey Botebet, lo rey d'Arago respos, que ver era que tots temps era estada bona amor è pau entre la casa de Marrochs è la sua, è senyaladament en temps del rey Abenjacob, de qui el dit rey d'Arago havia membrança, è que li plahia molt que aquella fos mantenguda entre ells tots temps, á que era apparellat de fer en sos fets tot ço que ell pogues, axi com per amic leyal, guardant pero sa fe è sa leyaltat, la qual tots temps guardaren sos predecessors á tots sos amics. È aço deya per la amor è la convinença que era entre ell è el rey de Castella, la qual era aytal que el rey de Castella, el temps que fou pau ab lo dit rey d'Arago, lo reques el prega que volgues quel rey de Granada fos en aquella pau, axi com a vassayl del dit rey de Castella; è el rey d'Arago otorga ho, per honor del dit rey de Castella.

È axi, per aquesta raho, el rey d'Arago no podia otorgar la ajuda quels dits missatges demanaven contra el rey de Granada, mas que el dit senyor rey d'Arago, per amor è

[1] Abou-Yakoub-Yousouf, mort en 1307, aïeul d'Abou-Rebia Soliman et d'Abou-Thabet.

per honor del dit rey Botebet, è per que pogues satisfer á sa voluntat, è per lo retreyt que li fayen los missatges de part del rey Botebet, se trebayleria de tractar è procurar ab lo rey de Castella quel solves d'aquella covinença. Per la qual cosa, lo dit rey d'Arago trames encontinent un dels maiors de son conseyl al rey de Castella.

È feta aquesta resposta, fo fet alcun tractament de la ajuda que demanaven los dits missatges de part del rey Botebet, è de ço que aquell rey Botebet degues fer al dit rey d'Arago, del qual s'en porta un escrit en Bernat Segui, è romas ne altre en poder del dit rey d'Arago. È apres d'aço, partiren s'en los dits missatges; è á pochs dies ans que s'en fossen tornats, agueren ardir [1] cert quel dit rey Botebet era mort, è que era rey Aborrabe. È jaç sia quel dit rey d'Arago agues despagament de la mort del dit rey, pero hac gran pagament quan ohi que era rey Aborrabe, qui era son frare, è nebot d'aquell mateix rey Abenjacob, amic seu.

En apres, en Bernat Segui ab l'altre companyo seu, axi con aquell qui volia recaptar ço per que era vengut, torna, è dix al dit rey d'Arago si li plahia que el pogues dir aquella bona resposta á son senyor el rey Aborrabe, que el sabia per cert que á ell plauria aço mateix que plahia al rey Botebet. È el senyor rey respos li que li plahia molt que lui pogues dir secretament, è que ell è el rey de Castella se devien veure ensemps dins breus dies, è que faria tot son poder que pogues esser solt d'aquella covinença que havia ab lo rey de Castella, perque pogues fer la ajuda complidament quel rey Aborrabe hauria ops d'ell.

È apres d'aço, lo dit rey d'Arago è el rey de Castella hagueren vistes; è en aquell temps, vench en Pere Marti d'Orta al dit rey, ab la carta del dit rei Aborrabe, per la qual se mostrava que al rey Aborrabe plahia esser en amor è en covinença ab lo dit senyor rey; è aporta aytambe carta d'en Bernat Segui, en la qual se contenia clarament que el rey Aborrabe vulia è li plahia molt que ço que era tractat entrel dit senyor rey è el rey Botebet fos entre ells, è vengues à compliment. Per la qual cosa, lo rey d'Arago fermant se en la carta del dit rey Aborrabe, è en ço quel dit en Bernat Segui li trames á dir, se trebaylla molt fortament que acabas ab lo rey de Castella qu'el solves d'aquella covinença, è finalment accaba ho, è no tant solament acaba aço, mas encara qu'el dit rey de Castella mateix fees guerra al rey de Granada la qual comença á pochs dies.

È tantost, lo rey d'Arago d'amunt dit, veent que les galees nos' podien fer dins pocs dies, ne l'aparellament que y fa mester, mana fer gran quantitat de galees, per complir ço quel rey Aborrabe demanava, è que les pogues haver tant tost com los tractamens fossen endressats. È volch lo dit rey d'Arago que un conseller seu, don Gonçalvo Garcia, ab qui havia tractat d'aquests fets en Bernat Segui, trameses un missatge al dit en Bernat Segui, que procuras quel tractament vengues á acabament de part del rey Aborrabe, que de la part de ça tot era endreçat è acabat.

Lo qual missatge fo á en Bernat Segui, è ell respos al dit rey d'Arago è al dit conseller seu que el rey Aborrabe, è tots aquells de son conseyl, havien ahut gran plaer

---

[1] Probablement : « ardit », comme à la page suivante, deuxième paragraphe : « hon hac ardit », dans le sens de : « aldit ».

d'aquelles noves com les ohiren, è que plahia molt al rey Aborrabe que aquests tractamens venguessen á compliment, è que era apparellat è volenteros de complir è guardar totes aquelles coses que fermades serien entre ell è el dit rey d'Arago, è que guardaria encara mellor la amor è les covinences que no havien fet negun de sos predecessors, perço com una vegada son avi lo rey Abenjacob se empres ab los Crestians contra los Andaluços[1], è puys desempara los Crestians è fo ab los Andaluços; è que el no ho entenia á fer axi que abans hauria pau ab Jueus, que Deus confona! que no hauria ab los Andaluços. È perço demanava è vulia lo dit rey Aborrabe qu'el senyor rey d'Arago li trameses un hom honrat de son conseyl, ab plen poder de tractar è fermar sobre los tractaments d'amunt dits, los quals lo dit rey d'Arago li feés saber per sa carta declaradament.

È sobre aço, vench ab volentat del dit rey Aborrabe en Ramon Torro, parent d'en Bernat Segui. È tantost, lo senyor rey trames un cavaller de son conseyl, ab una galea, lo qual ha nom Artal Daçlor, al dit rey Aborrabe, lo qual anant son cami, fo á Cartagenia, hon hac ardit que avia galees del rey de Granada en mar, è no hac d'acort que passas á abant; ans trames lo dit Ramon Torro á en Bernat Segui ab una barcha, è perço, car no poch passar, tornasen al dit rey d'Arago.

De la qual cosa, lo senyor rey com la ohi fo molt despagat, è mantinent ordona que fossen armades galees è leyns tro á setse, les quals trames contra la dita armada del rey de Granada; è ordona aytambe qu'el noble en Jaçpert vescomte de Castelnou anas per missatge ab les dites galees al dit rey Aborrabe perço que pus segurament, è pus honrada, pogues anar, è encara que les galees anassen sobre Cepta en serven del dit rey Aborrabe, è que destrenguessen Cepta que socors de gents ne de vianda no y pogues entrar; è entretant lo dit rey d'Arago fo apparellar major quantitat de galees.

È mana encara al dit noble en Jaçpert, que fos d'avant lo rey Aborrabe per trer á compliment los tractamens d'amunt dits, è donali plen poder de fer totes aquelles coses, è tractar è fermar, quel dit rey d'Arago podria fer.

È axi requira è deman al dit rey Aborrabe que ell complescha è ferm è fassa complir los tractaments d'amunt dits, pus lo dit rey d'Arago, quant á la sua part es, ha començat á fer ço que ops era è es á aquests fets.

Item, parria raho que, pus lo senyor rey mou la guerra per lo rey de Marrochs, è li ajuda á destruir sos enemichs, que com el haura acabat son entenimeni de Cepta, ço que sera tost, quel dit rey ajut al rey d'Arago de galees è de moneda á fer la guerra al rey de Granada; è aço comena el senyor rey á en Jaçpert; mas pero finalment, que per aquest capitol no romangues[2].

---

[1] Les sujets du roi de Grenade.

[2] Les lettres de créance, datées du 3 mai 1309, remises au vicomte de Castelnau, en même temps que les précédentes instructions, portent que l'envoyé aragonais est autorisé : « á tractar, ordenar è » firmar, en nomne è de part nuestra, amor, posturas è conveniencias con el muy alto, muy noble, » è muy poderoso rey Aborrabe, miramomelin de Marruecos, contra el rey de Granada, è contra su » terra, sus gentes è sus valedores è contra todos otros Moros. »

XI.

1309, 8 mai. A Barcelone.

Traité de paix et de commerce entre Jacques II, roi d'Aragon, de Valence, de Sardaigne et de Corse, et le roi de Bougie, Abou-Zakaria, conclu pour cinq ans par Garcia Perez de Mora, mandataire du roi de Bougie.

Capmany, *Memorias. Coleccion diplomatica*, t. IV, p. 39. Archives de la couronne d'Aragon.
Ex regest. *Diversorum Jacobi I et II*, part. 1, fol. 95 B.

Aquesta es la treua feta entre el molt alt senyor, en Jacme, per la gracia de Deu, rey d'Arago, de Valencia, de Sardenya è de Corcega, è compte de Barchelona, è de la sancta esgleya de Roma senyaler, almyrant è capitan general; è el noble rey de Bugia, don Halit, fill del noble rey Abuçagrin, è en Garcia Periz de Mora, missatge et procurador seu per nom dell, del altra.

1. Primerament, que sia treua entre el dit senyor rey d'Arago è el dit rey de Bugia, sana è salva, è á bon enteniment, de la festa de sent Johan primerament á sinch anys continuament seguens, en axi que tot hom, de qualque condicio sia, de la terra è senyoria del dit senyor rey d'Arago pusca anar è estar, è exir salvament è segura, per mar è per terra, en la terra è senyoria del dit rey de Bugia, ab totes ses mercaderies, è ab tots sos bens è coses; è en aquella no sia embargat, ne empatxat per neguna raho, ells pagant lo dret que aien á pagar per les robes è mercaderies lurs. En aquesta matexa manera, que tot Sarrahi, de qualque condicio sia, de la terra è senyoria del dit rey de Bugia, pusca anar, è estar, è exir, salvament è segura, per mar è per terra, ab totes ses mercaderies, è ab tots sos bens è coses, exceptat coses vedades, en les terres è senyoria del dit senyor rey d'Arago, ells pagant lo dret que aien de pagar per les robes è mercaderies lurs.

2. Sia entes empero que tot mercader o altre de la senyoria del senyor rey d'Arago, qui sera en alcu loc de la senyoria del rey de Bugia, è volra partir d'aquel per anar en altre loc per terra, que sia tengut de denunciar ho á aquel qui sera en lo dit loch per lo dit rey de Bugia, per tal que aquell pus salvament è segura pusca anar la hon volra; en altra manera, si nou denunciaba, qu'el rey de Bugia no fos tengut de dan que negu hi preses; è aço mateix sia dels mercaders del rey de Bugia qui partiran d'alcun loch de la senyoria del senyor rey d'Arago, è volran anar per terra en altre loch.

3. Item, que tots los catius o catives qui sien de la terra o senyoria del senyor rey d'Arago, è son en la terra o senyoria del rey de Bugia, que sen encontinent retuts è absolts franchament è deliura, è liurats á aquells missatges quel senyor rey d'Arago hi tramet; è en aço enten lo senyor rey d'Arago, frare Francesc de Relat è sos companyons è sa companya. È atresi, que aquells catius o catives que sien del rey de Bugia, è son en la terra è senyoria del dit senyor rey d'Arago, que sien retuts è absolts franchament è deliura á aquell quel rey de Bugia volra.

4. Item, que con, en lo temps passat, molts è diverses Sarrahins mercaders è altres, de la terra è senyoria del rey de Bugia, hagen estat, usat è mercadejat en la terra è senyoria del senyor rey d'Arago, promet lo senyor rey d'Arago que si, per alcu o alcuns de la terra o senyoria sua, es deguda neguna quantitat de moneda á alcu o alcuns de la terra o senyoria del dit rey de Bugia, que fara incontinent á ells complidament satisfer en lurs deutes. È atresi meteix, promet lo rey de Bugia, è el dit en Garçia Periz en nom dell, que si á alcu o alcuns de la terra o senyoria del dit senyor rey d'Arago es deguda neguna quantitat de moneda per lo dit rey de Bugia, o alcu o alcuns de la terra o senyoria sua, que lurs sia incontinent per ell complidament satisfet en lurs deutes.

5. Item, que les gents del senyor rey d'Arago hagen en Bugia, è en los lochs de la terra è senyoria del dit rey de Bugia, aquells fondechs que antigament acostumaren d'aver, è que hagen aqui consol, è totes altres coses, segons que acostumat es estat en lo temps passat; è que hagen aqui aquelles franquees que y han Jenoveses è altres qui pus franchs sien en la dita terra è senyoria del dit rey de Bugia, exceptada la franquea quels Genoveses han en Gigra[1].

6. Item, qu'el senyor rey d'Arago deja fer ajuda al dit rey de Bugia, totavia que per ell ne sera request, dins los sinch anys, de deu galees, è de quatre ginys qui vagen en les dites galees, è tornen en aquelles, les quals galees è ginys lo dit rey de Bugia pusca menar contra Algeer, o altres terres de Moros, la hon li placia en ajuda sua, exceptats aquells qui son en pau o en treua ab lo dit senyor rey d'Arago. En axi quel rey de Bugia sia tengut de donar primerament dos mille dobles per armament de cascuna galea á quatre meses; è si les havia mester oltre les dits quatre meses, que sia tengut de donar sinch centes dobles á cascuna de les dites galees per cascun mes.

7. Item, volen è consenten lo dit senyor rey è el dit rey de Bugia, è el dit Garcia Periz de Mora, procurador seu, en nom dell, que si, per ventura, dins los sinch anys d'amunt dits, se donaba alcun dan per alcu corsari, o altre, de la una part al altre, que per aço no sia trencada en res la treua dessus dita, pus que del dit dan donat se pusca far rahonable è bastant satisfaccio è esmena per la part que el dan haura dat. Sia entes empero que cascu sia tengut de satisfer lo dan è esmena dins dos meses, depuys que per la part ne sera request, per missatge o per letres.

8. Item, que si dins los dits sinch anys pau o treua no era refermada o avenguda á mes temps entrel dit senyor rey d'Arago è el dit rey de Bugia, que, passats è cumplits los dits sinch anys, hagen terme los homens è gents de la jurisdiccio del senyor rey d'Arago de sis meses, dins los quals se degen esser espetxats è exits de la terra è senyoria del dit rey de Bugia, è que en asso nols sia fet negun embarch ne negun contrast. È atresi, que les gents de la terra è senyoria del dit rey de Bugia qui seran en la terra è senyoria del dit senyor rey d'Arago hagen terme de sis meses, en los quals se degen esser espetxats è exits de la terra è senyoria del dit senyor rey d'Arago, sens tot embarch, è sens tot contrast que nols sia fet[2].

[1] Djigelli, à l'est de Bougie, que l'on appelait autrefois en France Gigeri.
[2] Dans le renouvellement du traité, en 1323, on ajoute ici, article 11 : « Los quals sis meses » començen passats los dits quatre anys de la pau. »

9. Encara, promet lo dit en Garçia Perez de Mora, en nom del dit rey de Bugia, que dins un mes depus que la nau en que va sera á Bugia, lo rei de Bugia ratificara, è approbara aquesta treua de tots los capitols d'amunt dits, è segellara les cartes aquen fetes ab son segell; è si non feya, qu'el senyor rey d'Arago no sia en res d'aquesta treua, ne d'altres coses d'amunt contengudes, tengut ne obligat.

Feta è fermada fo aquesta treua d'amunt dita en lo palau del dit senyor rey d'Arago, en la ciutat sua de Barcelona, per lo dit senyor rey è per lo dit en Garçia Perez de Mora, procurador del dit noble rey de Bugia, è segellada ab los segells pendens del dit senyor rey d'Arago è d'en Garçia Perez de Mora, procurador d'amunt dit, dijous vuit dies anats del mes de Maig, del any de Nostre Senyor mil trescents nou, en presencia del honrat en Ramon, per la gracia de Deu, bisbe de Valencia, canceller è conseyler del senyor rey d'Arago; d'en Bernat de Sarria, almirayl è conseyler; d'en Gonçalbo Garçia, conseyler; d'en Artal Deslor, porter major; d'en Bernat Sabadia, vicecanceller; è d'en Pere de Soler, escriva del dit senyor rey d'Arago; è d'en Bernat de Soler, consol en Bugia per el dit senyor rey d'Arago.

XII.

1313, 10 mars. De Fargua.

Abou-Yahya Abou-Bekr, fils d'Abou-Zakaria, roi de Bougie, écrivant à Jacques II, roi d'Aragon, par Jean Poculuyl, consul catalan à Bougie, fait savoir au roi ses bonnes dispositions pour la conclusion d'un traité.

Capmany, *Memorias. Coleccion diplomatica*, t. IV, p. 50. Archives de la couronne d'Aragon.
Ex regest. *Legationum regis Jacobi II*, ann. 1310-1318, fol. 201.

En nom de Deu, lo piados, è la benedicio de Deu sobre el nostre senyor Mahomet, è sobre los seus, è la sua companya! D'en Abdylle el rey Amibequeri, fill del rey Abuçecri, fill dels reys agreçats, al rey molt noble, è molt alt, è nomenat, è honrat, è public, don Jayme, rey d'Arago è de Valencia, è de Barchelona, mantenga Deus la sua noblea è complesca la sua altea! salvos á vos è la merce de Deu lo alt, è la sua benediccio, è depuys lo grahiment de Deu l'alt è la benediccio sobre nostre senyor Mahomet, seu missatger criat, è sobre los seus, è sa companya, los guiadors del be, è als enluminadors de dretura, è la humiltat al senyor dreçador humilios.

Aquesta nostra escritura va á vos, escrivaus Deus l'alt ventura acurable, è noblea acabable, de nostre loc beneyt que ha nom Fargua[1], endreç lo Deu alt, en aquesta pregaria la alta, è adreçada, honrada per tots los lochs, è aluminada de les claredats, è grahiment á Deu molt, è apres d'aquest, mantenga Deus l'alt la vostra noblea è

[1] Nous ne connaissons pas cette localité.

cumpla la vostra altea! Sabets que entrevengue en nostra senyoria è la vostra ço que no fo mingua de concordament entre los reys antigament è novament, en manera que no y ha ahut reptir sobre neguna de les parts; è nos sabem la noblea de la vostra senyoria, è la honra vostra, è la altea de vostre loc; è vench á nos la vostra carta, la molt honrada, la qual fo legida davant nos, è entesem ço que si contenia, è enviamvos lo consol honrat, è el bon servidor leyal, que ha nom Johan Puculuyl, è informam á ell de ço ques cove á la vostra senyoria molt alta; è d'ell sabrets ço que es en nostra volentat, è ço que es profit á amdues les parts, ab la gracia de Deu l'alt. È ell mantenga la vostra noblea, è multiplic la vostra altea! È la salvacio sia sobre vos, è la gracia de Deu l'alt!

Fo escrita á divuit dies de Jumes lo segon, en l'any de setcents tretse.

XIII.

1314, 7 janvier, lundi. A Valence.

Traité de paix et de commerce, conclu pour cinq ans, entre Jacques II, roi d'Aragon, de Valence, de Sardaigne et de Corse, et Abou-Yahia Abou-Bekr, fils d'Abou-Zakaria, roi de Bougie, par Jean Poculuyl, consul catalan à Bougie.

Capmany, *Memorias. Coleccion diplomatica*, t. IV, p. 51. Archives de la couronne d'Aragon.
Ex regest. *Diversorum Jacobi I et II*, part. I, fol. 116.

Aquesta es la treua feta entre el molt alt senyor, en Jacme, per la gracia de Deu, rey d'Arago, de Valencia, de Cerdenya, de Corcega, è compte de Barcelona, è el molt noble don Abdille Amibequeri, rey de Bugia, fill del rey Abuçecri, è en Joan Poculuyl, consol de Bugia, è misatge del dit rey de Bugia.

1 et 2. (*Mêmes dispositions qu'aux articles 1 et 2 du traité de* 1309.)

3. Item, que tot mercader de la terra del rey d'Arago, ont que fassa port è vena, è haura pagat dret, sia en dines sia en roba, en la terra è senyoria del rey de Bugia, que, ab la moneda de la qual haura pagat dret, è atresi de les robes de que haura pagat dret, que, ab aquelles o ab aquella moneda, pusca anar, o per mar o per terra, en qualche loch se vulla de la dita senyoria; è smerçar la moneda o vendre aquelles robes de que haura pagat dret; è atreçi smerçar, franch de dret de duana, empero que deja denunciar á duana, axi de moneda con de robes, è que lin sia feyt albara de la duana on lo dret aura pagat, per tal que la ont ira esmerçar o vendre no li sia demanat dret. È aço matex sia entes dels mercaders de la terra del rey de Bugia, qui vendran en la terra del dit rey d'Arago.

4. Item, que tot mercader pusca mudar d'un leny en altre, o en careu, o en altre vexell, aquella mercaderia ques volra per navegar en qualque loch que li sia semblant.

5. Item, si per aventura alcu mercader o mariner, o altre hom de la terra o senyoria del dit senyor rey d'Arago, metia amagadament neguna mercaderia en la terra del dit rey de Bugia, è li era atrobada, qu'en pagas lo dret è les averies que pagar se deven.

6. Item, que null hom, Crestia ne Sarrahi, qui sia de la gabella, no gos entrar en nau, ne en leny, ne en vexell negu, per escorcollar ne per escreventar, per neguna raho, mas queu denuncien al alcayt de la duana, è qu'el alcayt queu fassa cercar ab homens seus, è ab un hom del consol.

7. Item, quel senyor rey d'Arago aja en Bugia consol, è los fondechs que les sues gens han acostumat d'aver; è que les franquees que audes han antigament, è si de melors ni ha, de Genoveses ne d'altre gent, que d'aquelles puscen usar; è quel dit consol, qui per lo dit rey hi sera, o son lochtinent, aia de la gabela, o del gabelot, la custuma que ha auda el temps passat.

8. Item, quels fondechs sien á manament del dit consol; è que nul Sarrahi, ne de duana, ne de gabela, no gos entrar als dits fondechs á fer negun ensig[1], si donchs nou feya ab voluntat del consol. È quel consol sia tengut de fer dret de tot mercader o altre qui sia de la terra del dit senyor rey d'Arago á Sarrahins è á Crestians.

9. Item, que negun mercader no sia tengut de comptar ab duana sino de mes en mes; è al cap del mes que compte de ço que aura venut, è que pach son dret. È si res aura prestat á duana, que li sia pres en compte, è que prene son albara.

10. Item, que tot deute que sia degut de temps passat á mercaders de la terra è senyoria del senyor rey d'Arago en duanes, ne que oficials d'aquelles ajen manlevat, o comprat ab carta, o ab albara, o ab testimonis, en la terra è senyoria del dit rey de Bugia, que als dits mercaders crestians ne sia fet compliment de paga, totavia que per aquells sia demanat. È axi matex sia entes, si á alcun mercader, o á altre de la terra del dit rey de Bugia, era degut alcun deute en la terra o senyoria del dit rey d'Arago, que lin sia fet compliment de paga.

11. Item, que si per ventura, dins los sinch anys d'amunt dits, se donaba alcun dan per alcuns corsaris o altres de la una part à l'altra, que per aço no sia en res trencada la treua desus dita, pus que del dan donat se pusque fer bastant è rahonable satisfaccio è esmena per la part qui el dan aura donat. Sia entes empero, que la part quel dan aura pres sia tenguda de denunciar è de manar à l'altra part, per letra o per missatge, dins tres meses depuys del dan donat. È si dins aquest temps no ere request o demanat, que la part qu' el dan aura donat non fos tenguda d'aqui à avant.

12. (*Mêmes dispositions qu'à l'article 8 du traité de* 1309.)

13. (*Article 3 de* 1309, *sauf la mention spéciale de frère François de Relat.*)

14. Item, qu'els leyns o altres vexells dels dits sotsmeses del rey d'Arago qui son estats preses è destenguts, o embargats, en la terra o senyoria del rey de Bugia, ab tota la moneda è totes les mercaderies è robes è altres coses, axi de Crestians com de Sarrahins, de la terra è senyoria del dit rey d'Arago, axi de mercaders com de mariners, è exarcies, è apparellaments dels dits leyns o altres vexells, o el preu qu'en sera haut, sia retut, absolt è deliurat franchament è deliura al consol d'amunt dit, en nom dels

---

[1] « Negun envig », dans le traité de 1323, art. 7.

mercaders è dels altres desus dits. È el senyor rey d'Arago sia tengut de haver tots los Sarrahins de la terra è senyoria del rey de Bugia qui son estats preses en la nau d'en Bonanat de Fornells, ço es aquells que son vius, los quals foren venuts en Valencia, è son catius en la sua terra o senyoria, è aquells dcia absoldrer è delliurar franchament è delliura.

15. Item, qu'el dit rey d'Arago reta o faça retre aquelles coses qu'en Arau corsari pres de les gens del dit rey de Bugia, o el preu d'aquelles, que munta á quantitat de mille sexcentis quadraginta sex dobles d'or.

16. Item, qu'el rey de Bugia sia tengut de dar al senyor rey d'Arago sinch mille dobles d'or, ço es, per cascun dels dits sinch ayns mille dobles, per les quals mille dobles per ayn lo consol d'amunt dit o son lochtinent prena, reeba è cuyla la meytat del dreyt dels mercaders de la terra o senyoria del dit senyor rey d'Arago, de totes les robes è mercaderies que pagaran dret en la duana de Bugia. È si al ayn complit, la dita meitat no bastaba á mille dobles, que la duana li faça complidament.

En testimoni de les coses d'amunt dites, forenne fetes dues cartes semblans, partides per letres, de les quals cascuna part deu tenir la una. È el dit senyor rey d'Arago, á mayor fermetat, mana les segellar ab lo seu segell pendent, è deven esser semblantment segellades ab lo segell del dit rey de Bugia.

È aço fo otorgat è fet per lo dit senyor rey d'Arago en la ciutat de Valencia, en lo reyal seu, diluns, set dies anats del mes de Jener, en l'ayn de Nostre Senyor de mil trescents tretse. — Guillelmus Augustini[1].

XIV.

1314, 21 février. [A Tunis.]

Traité de paix et de commerce conclu pour dix années solaires entre Abou-Yahia-Zakaria El-Lihyani, roi de Tunis, et Jacques II, roi d'Aragon, de Valence, de Sardaigne et de Corse, par les soins de Guillaume Oulomar, ambassadeur du roi d'Aragon.

Capmany, *Memorias. Coleccion diplomatica*, t. IV, p. 55. Archives de la couronne d'Aragon.
Ex regest. *Legationum Jacobi II*, 1310-1318, fol. 191.

En nom de Deu, misericordios, mercener. Aquesta es la carta de la pau beneyta, laqual es fermada per part del senyor, è senyor nostre, loctinent d'aquels qui son passats, present è senyorejant per manament de Deu, è exalçat per la gracia de Deu, Miramomeli Bujahie Sacharia, fill del senyor nostre almir Abulabeç, fill dels almirs Raxendins, mantengals Deus ab la sua victoria! els exalç ab la sua ajuda, è mantenga lo lur regne! è faça perseverar tots los Sarrahins per la sua gracia!

È en axi, quel honrat Guillem Oulomar fo empresent de la Alta Presencia de Tuniz, defena la Deus altisme! en ço que fo vist del rey qu'il trames, alt è noble è honrat, el manifest, excellent, en Jacme, rey d'Aragon, è de Valencia, è de Cerdenya, è de Corcega,

---

[1] A la suite est écrit dans le registre : « Per consulem Bugiæ fuit remissa domino regi, sigillata » sigillo ipsius domini regis, ut missa fuerat, simul cum alia quæ remansit in posse dicti regis Bugiæ » et cum sigillo pendenti prædicti regis Bugiæ. »

è compte de Barchelona, è de la [santa] egleya de Roma gonfanoner, è almirayl, è capita general, fill del rey noble, è molt honrat, en Pere, en lo fermament de la pau ferma ab la Presencia Alta, asegurs la Deus altisme! en ço que el avia de poder general, è bastant per part d'aquel quel trames davant dit, que sia aquesta pau á terme de deu anys solars per lo calendar d'aquesta carta è per les condicions que vengen, è son determenades dejus, è es :

1. Que sia la pau complidament á les terres de la Presencia Alta, asegur la Deus! è les terres del rey alt en Jacme davant dit, terra è mar, á levant è ponent, luny è prop, en ço que els poseexen ara per la lur ma è per la nostra; è ço qui entrara apres d'aco en la nostra senyoria è en la lur, el terme atermenat davant dit.

2. Que tot Sarrahi qui fatça viatge de la Presencia Alta, assegur la Deus altisme! o de les sues terres qui sesguarden á ella, è al seu regiment, que sia segur, ab segurtat de Deu altisme, en si, è en sos avers, è que nol aconseguesca negun dampnatge, è que no sia estesa envers ell neguna man agraviada, è queu vet lo rey noble en Jacme davant dit.

3. Qui volra exir de la sua terra á les terres de la Presencia Alta, mantenga la Deus altisme! per raho de cossejar en leny negun, de qualque manera sia, gran o poc, è no y atena negun de les sues terres, ne qui sia en la sua senyoria, è sota la sua obediencia, á negun qui sia en les ports de les terres de la Presencia Alta, asegurs la Deus altisme! sien Sarrahins, o altres qui no sien Sarrahins, vinent á ella, o atenent, o partent d'ella, de negun greuge fer.

4. Que tot aquell á qui conseguis dampnatge, qui fos de çells de les terres de la Presencia Alta, assegur la Deus altisme! en si o en sos avers, de negun d'aquels de les terres del rey noble en Jacme davant dit, que sia á ell de ferne enquisicio del fet d'aquells, è qu'els en fes fer esmena d'aquels qui aquella cosa fossen, apres que fos probat aço; è que sia tot aquel qui atena de les terres de la Presencia Alta, assegur la Deus altisme! á les terres del rey noble en Jacme davant dit, o á les illes sues, o alcun dels seus lochs, los quals son sots sa senyoria davant dita, que davallent seguramente en se meteix en lurs avers. È que negun no sia á qui placia lo lur dampnatge, d'aquels de la terra, ne de les terres de la Presencia Alta, assegur la Deus altisme!

5. Que negun leny qui trench á negun d'aquels de les terres de la Presencia Alta, en alcun loch de les terres del rey noble en Jacme davant dit, o sia Sarrahi de cels de les terres de la Presencia Alta, assegur la Deus altisme! en leny qui trench als Crestians que sien d'aquels d'aquel loch en lo qual se fara lo naufratge, que no si atrevescha negun dels á negun dels Sarrahins, è que nos meta entre els negun de ço que gitara la mar, que sia á els, de mercaderies, o de fustam.

6. Que tot leny que sia en port dels ports de les terres de la Presencia Alta, assegur la Deus altisme! sia poc o gran, sia d'aquels o d'altres, com de Sarrahins o Crestians, que sien en segurtat, en axi com aquels de la Presencia Alta, en feeltat è en pau; è que negu d'aquels de les sues terres no compre d'aquels qui cosejeran sobre cels de la Presencia Alta, negunes coses de lurs mercaderies, ne lurs catius; è que sils son atrobades negunes d'aqueles coses, apres del calendar del fermament d'aquesta pau, que sia demanat ab albara d'aquels; è quantque entre galea, o leny, o estol, o armada, è passa

myns de negun dampnatge de les terres de la Presencia Alta, assegur la Deus altisme! en port dels ports de les terres del rey noble en Jacme davant dit, o ylla de les ylles, o riba mar, que pusquen renovar de vianda ab lurs diners, è pendre aygua, è que no sien vedats d'aqueles coses.

7. È en axi, tot Crestia qui façe viatge de les terres del rey noble en Jacme davant dit á terra de les terres de la Presencia Alta, assegur la Deus altisme! o á port dels ports della ha devallar, que sia segur en la persona è en l'haver, è nol aconseguesca dampnatge, ne sia estesa á ell neguna man; è sia vedat qui ixirá de les terres de la Presencia Alta, assegur la Deus altisme! per raho de cossejar en leny dels lenys, de qualque manera sia, poc o gran, sobre negun d'aquels de les terres del rey noble en Jacme davant dit, è no y atena negun de les terres de la Presencia Alta, assegur la Deus altisme! ne que sia sots la sua senyoria, è sots sa obediencia, á negun qui sia en los ports de les terres del rey noble en Jacme davant dit, que Crestians sien o Sarrahins vinent á ella, o partent della per dampnatge.

8. Et que á tot aquel qui aconseguira dampnatge de cels de les terres del rey noble en Jacme davant dit, en si, o en sos avers, de negun d'aquels de les terres de la Presencia Alta, assegur la Deus altisme! que covenga á ell, qu'en deman de la sua raho, è del seu deliurament d'aquels qui auran passat apres lo fermament d'aço, è que sia tot aquell qui attendra á la Presencia Alta, assegur la Deus altisme! ó á terra de les sues terres, d'aquels de les terres del rey noble en Jacme davant dit, que el sia en si meteix, è en lo seu aver. È que no sia mantengut per la Presencia Alta negun qui vula dampnatge de la terra de les terres del rey noble en Jacme davant dit.

9. È que tot leny qui trench de les sues terres en alcun loch de les terres de la Presencia Alta, assegur la Deus altisme! o Crestia sia de cels de la sua terra, en leny trencuant de Sarrahins als Sarrahins, si aquels d'aquel loch en lo qual sera lo nautfrag d'amunt dit, que no s'y atanç negun hom dels Crestians; è ço qui gitera la mar que sia á els, de lurs mercaderies, o de lur fustam.

10. Et que tot leny que sia en port dels ports de les terres del rey noble en Jacme davant dit, poc o gran, sia de cels de la sua terra o d'altres, Crestians sien o Sarrahins, sie el lur juhi de les terres del rey noble en Jacme davant dit en comanda dit, è en fe de que no compre negun d'aquels de les terres de la Presencia Alta, assegur la Deus altisme! qui cossejera sobre çels de les terres del rey noble davant dit, negunes coses de lurs mercaderies, ne de lurs homens. È sils es atrovat negunes coses d'aqueles en apres del fermament d'aquesta pau, que els ne sien demanats ab albara d'aqueles coses.

11. È quant entrara galea, o leny, o armada, o passara sens dempnatge de les terres del rey noble Jacme davant dit, en port dels ports de les terres de la Presencia Alta, o costejeran en alcuna de les costeres, que pusquen renovar de vianda ab lurs diners, è prendrer è levar aygua, è que nols sien vedades aquestes coses.

12. È sia pres d'els lo delme en ço que vendran de mercaderies; è mig delme de ço que portaran en aur, è en argent. È tota mercaderia que aporten, è nos puscha vendre ni cambiar, que les sen puscha portar á quals parts se vula, portantla sen negun delme pagar.

13. Tot aquell qui atena ab forment è ordi, no pac delme, mas lo dret acustumat feit. È ço que compraran çels de nau en lur loguer de les lurs naus, o d'altres lenys les quals loguen, no sia pres dels en aço mig delme.

14. È ço que vendran de mercaderies en la duana per man de turcimanys, ab testimoniament, è ço sia segura la moneda, si es escrit en la duana.

15. È sia á els consol, un o dos, á demanar lo lur dret en la duana, è en altra part, è jutge en ço que sia entrels Crestians, Catalans è Aragoneses, en ço que sia dels o sobrels, en mar o en terra.

16. È sia á els forn per lo lur pan; è sials seguida la lur custuma. È habiten en lo lur fondech, axi con es acustumat. È sia á els escrivan propri, è no y aje part negun altre.

17. È quant sera mester neguna de les lurs naus á carregar, sien deu o mes, que sia pres deles la terça part, ab lo loguer de la cort.

18. È si ve negun dels ab dobles, o ab diners, è aura pagat lo mig delme, è no comprara negunes coses o compra per alguna quantitat, è romandra l'altra, qu'en sia escrit albara del remanent d'aqueles coses, que sia manifest en les terres de la Presencia Alta, assegur la Deus altisme! è no pac mig delme, ne en ço qu'en comprara per raho d'aquel albara; è sia correguda la custuma.

19. È no sia donat als bastaxes per lo portament de lurs mercaderies aportant en la mar, sino lo quart del loguer dels careus atenent en ells les lurs mercaderies al cap de la Cadena[1].

20. Quant sera trovat á alcun dels mercaders negunes coses de mercaderies amagadament, no sia pres dels en aço sino lo dret acustumat de delme o feit; è no sien agreviats sobre aço, ne escorcojats los lurs fondechs per raho d'aço.

[21[2].] È que sia tolt dels en ço que vendran de les mercaderies lo pes del dret del rotol acustumat en minuar[3].

[22.] È quant vendra negun d'els mercaderia, è la aura probada lo comprador, no la torn sobre la venda, ni per encamerament, ne per legra.

[23.] È tot ço que vendra en la cort de les lurs mercaderies, de les quals auran donat delme, no sia pres dels per elles matçem[4].

Testimonieja sobre aquest testimoniament lo missatge en Guillem Olomar, procurador general en ço qui es davant dit, è a ço tenir per ferm è segur, è esser aturcimanyat segons que es acustumat per los Sarrahins. È presenta lo missatge davant dit la sua procuracio en carta de pergami ab letra crestianescha, è avia en ella sagell pendent de cera vermeyla.

È foren presens, frare Guillem Guitar, guardian; è frare Jacme; el escriva dels Catalans, en Bernat de Bel-vehin; el escriva dels Pisans, Lemo Lertat Escorxalopi; el consol dels Catalans, Jacme Restany; el alcayt des cavalers Crestians, ara en la pre-

---

[1] Le *cap de la Cadena* est l'entrée du canal de la Goulette conduisant à Tunis et fermée par une chaine; le *Rasaçibilis* des traités vénitiens : 1317, art. 1, 22; 1392, art. 1.

[2] Ces trois dernières dispositions, que nous séparons en alinéas distincts, font partie de l'article 20 dans Capmany.

[3] Cf. l'article 10 du traité de Majorque et de Tunis de 1313. Les traités pisans avaient supprimé aussi cette exaction. Voyez ci-dessus, p. 52, note.

[4] Droit de magasinage. Voyez ci-dessus, p. 190, note.

sencia de Tuniç, mantengala Deus! en Bernat de Fons; è el capela qui venc en conserva del missatge d'amunt dit, en Gualvani de Verdeguer, è en Johan Gil, turcimany.

È legiren la procuracio davant dita, è la examinaren, è certificaren que era certa è ferma, è qu'el sagell pendent era sagell del rey d'Arago, è no avia dupte en ell, è que la procuracio davant dita representaba generalitat complida, de part del rey davant dit al missatge d'amunt dit; è testimoniejaren sobre aço tots, è els ho tengueren per cert è segur.

È á Johan Gil fo manat á enterpretar axi com en correguda usança d'enterpretar en semblant d'aquesta carta de la pau, en la manera davant dita, de ço que fo manat dels reys alts, enadesca Deus á la sua altea el seu exalçament per la sua man; mantengala Deus, è li do astrugea, è faça estar la sua noblea è la sua carestia!

È aço tot per lo calendari quart del mes del Caeda passat, vint y un dia del mes de Febrer, de l'any setcents tretçe, qui es segons nos, mil trescents tretçe [1].

XV.

[1315.]

La flotte équipée par les villes de Barcelone et de Valence ayant battu dans la présente année la flotte du roi de Tlemcen, Abou-Hammou (I*er* du nom), ennemi commun des rois d'Aragon et de Bougie, les magistrats municipaux de la ville de Barcelone chargent Bernard Benencasa, consul d'Aragon à Bougie, d'agir de concert avec Pierre Vigata, leur envoyé spécial, pour obtenir du roi, conformément aux conventions arrêtées par le consul avec l'émir, au nom des villes de Barcelone et de Valence, le payement de douze mille doubles d'or, somme à laquelle sont évalués les frais de l'armement; ils promettent au consul, en récompense de ses bons offices, une somme proportionnelle à celle qu'il pourra obtenir du roi de Bougie.

Capmany, *Memorias. Coleccion diplomatica*, t. II, p. 72. Archives municip. de Barcelone.
Lib. ordinat. et delib., 1314-1315.

Nos, en Ramon Ricart, n'Arnau de Serria, en Francesch Burgues, en Ramon ça Ruvira, en Arnau Bernat, conseyllers en aquest any de la ciutat de Barcelona, atorgam è regonexem á vos, en Bernat Benencasa, consol en Bugia per lo senor rey de Arago, que com vos be è profitosament haiats tractat qu'el rey de Bugia pach á la ciutat de Barcelona è á la ciutat de Valencia tot ço que l'armada que enguany es estada feta en la ciutat de Barcelona è de Valencia costa de fer; perço com les dites armades desbarataren è preseren l'armada del rey Bahamo [2], que nos havem feta aytal convinença ab vos que, per la raho d'amunt dita è perço com vos devets anar ab en Pere Vigata, que nos havem elet per missatge á anar al dit rey de Bugia, per haver

---

[1] A la suite, est écrit dans le registre : « Et dixit Guillermus Oulomarii quod similem cartam fecit » ipso nomine domini regis quam habuit rex Tunicii, cui etiam idem Guillermus dimisit procuratorium suum. »

[2] Mouça-Ibn-Othman, surnommé Abou-Hammou, dont Ibn-Khaldoun fait un grand éloge. *Histoire des Berbères*, t. III, p. 384. Il conquit Alger et réunit cette ville à son royaume.

d'ell XII. mil dobles, que costa l'armada nostra è aquella de Valencia, è devets ajudar al dit Pere Vigata en tot ço que vos bonament puscats en cobrar les dites XII. mil dobles; haiats, entre nos è la ciutat de Valencia, centum duplas auri, axi que si nos è la ciutat de Valencia havem les dites XII. mil dobles, que vos haiats entegrament les dites C. dobles, è si defalcava o falia á nos è á la ciutat de Valencia que no aguessen totes les dites XII. mil dobles, que axi com defalcaria á nos è á la ciutat de Valencia, defalcas á vos de les dites C. dobles, per sou è per l'obre; on nos prometem á vos, per nos è per los successors nostres en lo dit offici de la conseilaria, que la dita convinença vos sera tenguda, complida è observada sots obligatio dels bens de la dita ciutat. Per esters, es cert que nos havem livrat á vos de present XX. libras barceloneses de terno, lesquals se deven levar de la quantitat de les d'amunt dites C. dobles. È en testimoni d'aquesta cosa, manam vos fer aquest present albara per en Bernat Payares, scriva per aquest any del conseil de la ciutat de Barcelona, è segeilat ab lo segeil del dit conseil [1].

XVI.

1315, 28 avril. De Barcelone.

Les conseillers municipaux de la ville de Barcelone prient le lieutenant du consul catalan de Tunis de seconder les démarches de l'un de leurs concitoyens, qui se rend en cette ville, avec une lettre du roi d'Aragon, pour obtenir du roi de Tunis l'indemnité qui lui est due par suite du pillage de l'un de ses navires naufragé à Tripoli; ils déclarent que si l'émir ne fait pas restituer les objets volés et payer les dommages réclamés par le roi d'Aragon, ils auront soin de faire complétement indemniser leur concitoyen sur les biens et les marchandises des sujets du roi de Tunis.

Capmany, *Memorias. Coleccion diplomatica*, t. II, p. 74. Archives municip. de Barcelone.
Lib. ordinat. et delib., 1314-1315.

Al honrat è molt amat, en Jacme Restany, tenent loch del consol dels Catalans en Tuniç, o á tot altre loch tenent del consol dels Catalans en Tuniç, los consols è els prohomens de la ciutat de Barcelona, saluts è honor.

[1] Ce document n'est pas daté, mais une lettre des conseillers municipaux de Barcelone, écrite le 6 novembre 1315, en réponse à une réclamation que leur avaient adressée l'archevêque de Séville et l'amiral du roi de Castille au nom de la ville de Séville, en indique l'époque, et renferme quelques notions relatives à l'expédition entreprise contre le roi de Tlemcen, qu'il concerne. (Capmany, t. II, p. 75.) La ville de Séville avait armé quatre galères, un lin, une nef et une barque pour prendre part à l'expédition des villes de Barcelone et de Valence, et pour assurer la protection de ses marchands pendant les hostilités. Alphonse Joffré de Loaysa, amiral du roi de Castille, avait pris le commandement de ces forces. Raymond Ricart, capitaine, commandait celles de Barcelone; Barthélemy Mathoses, capitaine, celles de Valence. Les flottes restèrent et agirent pendant vingt jours en conserve. Une difficulté s'éleva ensuite au sujet du partage du butin et des esclaves pris sur une nef montée par un parent du roi de Tlemcen, qui était parvenu à s'échapper. Les magistrats de Barcelone répondent à la ville de Séville qu'on aurait eu tort de considérer comme prisonniers et comme butin de guerre les personnes ou les biens des sujets des rois de Tunis et de Bougie, attendu que l'Aragon était en paix avec ces princes, et qu'il avait été convenu entre les villes de Séville, de Barcelone et de Valence, à l'occasion du présent armement, que l'on partagerait tout le butin fait sur les Maures, à l'exception des sujets des rois de Tunis et de Bougie, et des biens leur appartenant.

Fem vos saber que en Bernat de Saus, fiyl d'en Berenguer de Saus, ciuteda de Barcelona, s'en va ab letra del senyor rey nostre al rey de Tuniç per raho d'una robaria que fo feta al dit Bernat de Saus, en lo loch de Tripoll Nou de Barberia, en una nau de Berenguer de Saus, qu'el dit Bernat fiyl seu menava, trencha è rompe per tempestat de mar. Perque, nos vos pregam è us requirim que vos ajudets al d'amunt dit Bernat, è li sias favorable en totes aquelles coses que ajudar li puscats è tenir loch, en tal manera que ell s'aja que loar de vos è nos vos en fassam gracies, ens en tingam per tenguts á vos. Car fem vos á saber que aço ens es fort á cor. Eus fem encara saber que, si el rey de Tuniç no li fa retre la robaria è el dan que preses è sostengues ha lo dit Bernat en la sua terra, axi com lo senyor rey nostre li ho tramet á dir, que nos procurarem que entegrament è grassa sia satiffet al dit Bernat dels bens è de les coses dels sotsmeses del rey de Tuniç. È si res vos plau que fer puscam per vos, fets nos ho saber françosament. Datum á xxvIII. del mes d'Abril.

XVII.
1319, 24 avril. De Barcelone.

Lettre de Jacques II, roi d'Aragon, à Abou-Tachfin Ier Abd-er-Rahman, roi de Tlemcen, et instructions du roi à Bernard Despuig et Bernard Zapila, envoyés à Tlemcen pour racheter les prisonniers chrétiens détenus dans les États de l'émir; pour traiter subsidiairement d'une convention de paix et de commerce entre les deux princes; de l'enrôlement de forces chrétiennes destinées au service du roi de Tlemcen sur mer ou sur terre; d'un présent annuel que les rois d'Aragon désiraient recevoir du roi de Tlemcen; et enfin de la diversion que le roi d'Aragon demandait à l'émir d'opérer sur les frontières du Maroc, dans le cas où lui-même viendrait à attaquer le roi de Grenade.

Capmany, *Memorias. Coleccion diplomatica*, t. IV, p. 67. Archives de la couronne d'Aragon.
Ex regest. *Legationum Jacobi II*, 1310-1318, fol. 360.

Al molt honrat è molt noble, en Abderrahamen Buceixfim, rey de Tirimiçe, de nos en Jacme, per la gracia de Deu, rey d'Arago, de Valencia, de Serdenya è de Corcega, è compte de Barcelona, salut com á rey, per qui volriem molta honor è bonaventura.

Rey, fem vos saber que alcuns sotsmeses nostres, parents è amichs dels catius de nostra terra qui son preses en la vostra terra, son venguts devant nos, clamant nos merce è sopligant que nos, per nostra pietat, deguesem escriure á vos è trametre nostre missatge per deliurament d'aquells. On, nos, rey, havent fiança que vos en aço farets per honor è per prechs nostres, è que volrets seguir la carrera dels vostres predecessors antichs, qui hageren bon amor è bon deute ab los nostres, la casa dels quals fo á plaer de la nostra casa, è la nostra de la lur, ordonam de trametre sobre aço á vos nostres missatges, ço es en Bernart Despuig, cavaller, è en Bernart Zapila, ciutada de Barcelona, portadors d'aquesta carta; los quals havem informats que per part nostra preguen á vos del deliurament dels dits catius. Per queus pregam curosament que vos, per prechs è per honor nostra, vulats deliurar è soure tots los dits catius, [etc.]

Dada en la ciutat de Barcelona, vintiquatre dias anats del mes de Abril, en l'any de Nostre Senyor mil trecents dinou.

I.

Sequitur informatio tradita nuntiis prædictis.

1. Primerament, saludenlo de part del senyor rey, ab convinents paraules, è demanenli de son estament; è sin' demana, diguenli d'aquell senyor rey è de la sua casa, que, merce de Nostre Senyor, es bo.

2. È presentenli la letra qu'el senyor rey li tramet, en laqual lo senyor rey lo prega molt curosament que per honor sua deia absoure è deliurar è tramettre á ell per los dits messatges tots los catius Crestians de la sua terra, qui son en poder è en la terra del dit rey de Tirimiçe. È els missatges, com sabran quel rey haia vista la letra, diganli, ab aquelles mellors è pus convinents paraules que puguen, com lo senyor rey d'Arago ha entes per molts dignes de fe quel dit rey de Tirimiçe, ja avans que fos rey è ara depuys que fo rey, havia è ha bon enteniment è bona volentat al dit senyor rey, è á la sua casa, è á les sues gens, è que fa molt bo comportament enves elles; de la qual cosa ha haut è ha gran plaer lo rey d'Arago, è specialment com la honor del regne es pervenguda á ell. È per aquella rabo, confiant de la sua amor è bona volentat, hali trameses aquests missatges ab sa letra, en laqual lo prega de la deliurança dels dits catius. È axi preguen lo molt curosament que ell, per prechs è per honor del dit senyor rey, li vula fer aquesta honor è aquesta gracia de deliurar è de trametre á ell los dits catius, com sera cosa que plaura molt al dit senyor rey d'Arago è luy grahira molt; è ell es aparellat en semblants coses è en majors oir è obehir sos prechs, è de fer per ell molt majors coses que aquestes, axi com per amich seu.

3. S'il rey de Tirimiçe respondra è otorgara de deliurar los catius, tots o la meytat, o alcuna partida tro á vint, sens que no demanas negun tractament de pau ne de treua, reebesen ho los missatges ab gracies, è tornasen s'en ab aquells quels serien liurats. Pero, si tots nols deliuren, facen los missatges lur poder quels en sien liurats com mes puguen. È en aquest cas, com haguesen aquests, demanasen per manera de justicia los mercaders de Valencia è d'altres locs, ab lurs coses, qui foren preses en pau o en treua per lo rey Bohamo, si troven que no haia catius.

4. Si, per aventura, lo rey de Tirimiçe respondra que es aparellat de obehir los prechs del senyor rey è de liurar los catius, mas que es bo que pau è amistat se referm entrel rey d'Arago è ell, è sobre aço los missatges seran demanats è requests de tractament de pau o de treua, diguen que ells han sobre aço poder, è quant tractaran vol entre[1], ab quels catius sien deliurats; è sobre aço, oien è consenten als tractamens; è sils es demanat, mostren la carta del poder que han, è seguesquen aquesta informacio.

[1] Lisez : « È qu'en tractaran volenter. »

5. È sil' rey de Tirimiçe de tot en tot denegaba, è no volia deliurar los dits catius, o la meytat, o una partida, al menys tro á cinquanta, los missatges si en' eren requests no consentisen als dicts tractaments, ans se espeegasen ab aquella mellor manera que poguesen, è sen tornasen; mas be esguarden que no isque dells de reebre una partida dels catius tro á la derreria que no poguesen als fer.

6. Sils dits tractaments se fan, pusquen atorgar tro á deu anys que sia pau o treua entrel rey d'Arago è el rey de Tirimiçe, havent empero tots los catius. È si nols podien haver tots, mas una partida, donen la pau segons la quantitat dels catius que poran haver major, á mes anys de pau o treua de deu anys á avall. Pero, si tro á trecents ne podien haver, donasenla á deu anys, è encara per doscents com als fer no poguesen; è si havien cinquanta, fos la pau á dos anys o á tres, en aquesta forma.

7. Primerament, que sia pau è amor è amistat entrel molt alt senyor rey d'Arago è el rey de Tirimiçe, per terra è per mar, á bon esteniment è á bona fe, sens frau è sens tot mal enginy, è quels mercaders è les altres gens del dit senyor rey d'Arago; è aytambe, los mercaders è les altres gens del rey de Tirimiçe pusquen venir è estar è mercadeiar è fer tots lurs affers en los regnes è terres de cascun dels dits reys, salvament è segura, è en fe de cadahu dels, pagant los drets acustumats; è que nols sia feta neguna novelletat.

8. Sils es demanat quel rey de Tirimiçe pogues haver galees de la terra del rey d'Arago, pusquen ho atorgar, en axi qui fossen fetes è armades á messio del rey de Tirimiçe en la terra del senyor rey, á Barcelona, o á Valencia, o la on lo rey de Tirimiçe se volgues dins la terra del dit senyor rey d'Arago; en axi encara qu'el almirayll, o aquell qui seria cap de les dites galees, sia mes per lo rey de Tirimiçe, ab assentiment è ab consell del dit rey d'Arago, perço com ell coneix mils les gens, en sabra guardar l'aventatge del servey del rey de Tirimiçe.

9. Item, si demanaven qui poguesen haver companya de homens á caball de la terra del dit senyor rey d'Arago, pusquen atorgar que hoc, á messio del rey de Tirimiçe; encara que si voliem alcun capdal ab la companya, queu atorgasen.

II.

Esters, sien informats los missatges que en los dits tractaments demanen en aquella mellor manera que puguesen les coses devall escrites.

1. Primerament, que pus lo rey de Tirimiçe vol haver amor è pau ab lo rey d'Arago è ab la sua casa, axi com los seus antichs hagueren, qui en donaren bona raho als reys d'Arago pasats, que aytambe lo rey de Tirimiçe deja fer alguna regonexença per amistat è per joyes al rey d'Arago, cascun any, durant la pau o treua.

2. È si demanaven de quant, diguessen que deu mille dobles cada any. È sils semblabla trop, poguesen consentir minuant, tota hora ab difficultat, tro á dos mille dobles per any. È de qualque quantitat se avenguessen per any, que hara fos tramesa per un any al senyor rey per los missatges ab los dits catius ensemps. Mas á la perfi, la on als no poguesen fer, leixada la demanda de les dobles, ab que cobren los catius tots o

bona partida, al menys tro á quantitat de cinquanta, segons que dit es, atorgasen la pau segons la forma d'amunt dita.

3. Poran dir los missatges en los tractaments que certa cosa es quels reys de Tirimiçe antichs, per amistat è amor que havien ab la casa d'Arago, servien cada any al rey d'Arago de trenta mil bezants. È axi los missatges esforcense de trerne com mes puguen per cada any, tro al menys de quantitat de mille dobles per any.

4. È sobre aço, á cumplir al senyor rey per cascun any de la pau o de la treua, prenguen aquella mellor seguretat que puguen.

III.

Esters, en los tractaments, demanen ço qu'es seguex; mas sino ho podien acabar, no romases lo fet.

1. Primerament, que sil rey d'Arago fahia enantament contra el rey de Granada, quel rey d'Arago è les seus gents poguesen haver, per lurs diners, tot ço que volguesen de viandes è d'altres coses en la terra del rey de Tirimiçe; è quel rey de Tirimiçe deia tenir empatxat, aytant com puga, lo rey de Marrochs, que de la sua terra no pogues venir aiuda al rey de Granada.

2. Item, quel rey de Tirimiçe deia tornar les duanes è les drets axi com antigament eren è solien usar los mercaders de la terra del senyor rey d'Arago, en la sua terra.

3. Item, que en la terra del dit rey de Tirimiçe no sia naufraig, quant á les gents del dit rey d'Arago.

XVIII.

1323, 1er mai. De Barcelone.

Lettre de Jacques II, roi d'Aragon, à Abou-Saïd-Othman, roi de Maroc, et instructions à Romain de Corbière, envoyé en ambassade au Maroc, 1° pour réclamer l'exécution de certains engagements pris à l'égard de l'Aragon lorsque les galères du roi Jacques aidèrent le prédécesseur d'Abou-Saïd à reprendre la ville de Ceuta sur le roi de Grenade; 2° pour demander un prêt d'argent et le renvoi momentané d'un certain nombre de chevaliers aragonais servant actuellement le roi de Maroc, et devenus nécessaires au roi Jacques dans sa guerre de Sardaigne et de Corse; 3° pour offrir le renouvellement des traités de paix et d'amitié, et promettre au roi de Maroc, s'il la réclame, la disposition, moyennant une solde, de quelques galères aragonaises.

Capmany, *Memorias. Coleccion diplomatica*, t. IV, p. 76. Archives de la couronne d'Aragon. Ex regest. *Legationum Jacobi II*, 1318-1327, fol. 147.

I.

Al molt alt, è molt noble, è molt poderos, Buçayt, rey de Marrochs è del Garb, en Jacme, per la gracia de Deu, rey d'Arago, de Valencia, de Sardenya è de Corsega, è compte de Barchelona, è de la santa esgleya de Roma senyaler, almirayl è capitan general, salut, axi com á rey per á qui volriem honor è bonaventura.

Rey, fem vos saber que, per alguns afers, trametem á la vostra presencia l'amat è feel nostre en Romeu de Corbera, conseller è de casa nostra, que aquesta carta vos presentara. E havemlo informat d'algunes coses queus deja dir, demanar è pregar de part nostra. On rey, vos pregam que vos lo dit missatge nostre vullats benignament reebre, è ohir, è creure á ell firmament, è sens tot dupte de tot ço queus dira per part nostra, è grahir vos ho hem molt.

Dada en Barcelona, primer dia del mes de Maig, en l'any de Nostre Senyor mil trescents vint è tres. — Bernardus de Aversone, mandato regio.

II.

Informatio tradita dicto nuntio.

1. Primerament, salut de part del senyor rey d'Arago lo dit rey de Marrochs, ab cuvinents paraules, è digali de son bon estament, è demanli del seu.

2. En apres, deja continuar sa missatgeria en aquesta forma : dientli que certa cosa es que entre les cases lurs, d'Arago è de Marrochs, ha estada en temps passad entrels predecessors dels dits reys, è encara entrel dit senyor rey d'Arago, amor è amistat bona, è convinençes de pau è de ajuda de la una casa á la altra; è senyaladament foren aquestes coses entrel dit senyor rey d'Arago è el rey Aborrabe[1], en tant encara quel senyor rey d'Arago qui havia pau ab lo rey de Granada, qui lavors era, li volch esser enemich è s'empres contra ell per lo dit rey Aborrabe, è feu ajuda á ell contral dit rey de Granada, qui li tenia forçada Cepta, de galees en gran quantitat; è hi trames en elles lo noble ça en rera en Jaçpert, veçcomte de Castellnou[2], quin fo davant lo dit rey Aborrabe, è puys ab les galees fo al fet de Cepta, com fo cobrada á la senyoria del dit rey Aborrabe. E jassia que de part del dit rey Aborrabe fossen al dit rey d'Arago atorgades alcunes coses, aixi de ajuda de sou de cavallers, per mantenir la guerra del dit rey de Granada, è de pagar les galees, com del moble de Cepta, empero no fo cumplit, è el dit rey Aborrabe hac son enteniment de Cepta; ne encara de ço que per aquesta raho fo assignat sobrel dret dels mercaders qui venen á la terra del dit rey de Marrochs, non fo res pagat ni satisfet al dit rey d'Arago.

3. È com ara lo dit senyor rey d'Arago, segons que creu que ha entes lo dit rey de Marrochs, haia grans fets è fort senyalats á gran honor sua è de son regne, per aquesta conquesta del regne seu de Sardenya è de Corsega, per raho de la qual conquesta, segons que ell pot be pensar, li ha covengut è li cove á fer molt grans messions è despeses; perço lo dit senyor rey, esguardant la bona amor è amistat que ha estat è sera, Deu volent, entre les cases d'Arago è de Marrochs, è confiant que en aytal è tant assenyalant fet, lo dit rey de Marrochs li sera bon amich è li ajudara, ha volgut trametre á ell lo dit en Romeu de Corbera.

4. Per quel prega que ell, esguardant les coses d'amunt dites, è specialment com lo dit senyor rey d'Arago ha ajudat, è es apperaylat de ajudar á ell è á la sua casa,

---

[1] Abou-Rebia-Soliman, prédécesseur d'Abou-Saïd, à qui le roi Jacques II envoya en ambassade, l'an 1309, le vicomte de Castelnau.

[2] Voyez ci-dessus, p. 297.

en semblant cas è en major, que vula è li placia de accorrerli d'aquella quantitat de moneda que pertanga al dit rey de Marrochs, è que sia de pendre al dit rey d'Arago, è ell grahir lin ha molt; è en aço, lo dit rey de Marrochs li dara á conexer la bona voluntat è la amor que li ha, è el rey d'Arago faria per ell, en semblant cas, è en maior, ço que fos honor sua è be de son regne.

5. È sil dit rey de Marrochs atorga que ajudara al dit senyor d'Arago, mas que vol saber de quina quantitat seria pagat lo rey d'Arago, diga lo dit en Romeu que be pot pensar lo dit rey de Marrochs quina ajuda se pertany á aytal rey com ell es, de fer á aytal princep com es lo rey d'Arago, è en tan grans affers, è aixi que ell hi faça segons qu'el senyor rey d'Arago espera è confia d'ell. È si ell volia qu'el dit missatge expressas la quantitat de que enten lo dit senyor rey d'Arago, pot dir que semblaria que almenys degues esser la dita ajuda de quaranta mille dobles d'or; è sobre aço faça sa puja de obtenir è haver aquella maior quantitat que puga. È finalment, si als no podia, quen preses tro á quantitat de deu mille dobles.

6. Si lo dit rey de Marrochs, per aventura, demanara que pus ell fa la dita ajuda, que en vol que totes les coses d'amunt dites, è ço que pugues esser demanat per les dites covinences, li sien diffinides è absoltes, respona lo missatge queu fara volenter, è qu'en ha poder.

7. Encara, sil dit rey de Marrochs demanara è volra que pau è amistat sia renovellada, è covinences fetes entrel senyor rey d'Arago è ell, diga lo dit Romeu quel senyor rey d'Arago, si ell li es bon amich en aquesta ajuda, es aparellat de donar hi loch tota hora que á ell placia. È si li demanaven ell si ha poder sobre aço, respondera que hoc, è, ab que la ajuda sia covinent, ell la fermara de part del rey d'Arago. È en aquell cas, mostras la carta del poder que s'en porta; è la forma de la pau fos aytal qual se conte en la forma del procuratori.

8. Item, dira al dit rey de Marrochs que com alcuns cavallers naturals del dit rey d'Arago, qui son en son serviy, entena lo dit senyor rey haver en son serviy, en aquest fet de la conquesta de Sardenya, pregalo que li placia de donar llicencia á ells que puguen venir al serviy del dit rey d'Arago, aquells, ço es á saber quel missatge li nomenara. E d'aço prega, per los prechs que ja li ha fets ab carta sua, que li tramete en Jacme Segui, ab cent homens á cavayl á la genetia[1].

9. Item, si demanen ajuda de galees, puga ho prometre, lo rey de Marrochs donant per cascuna galea, ab tot son compliment è armada, per quatre meses, tres mille dobles d'or; è passats los quatre meses primers, que do dos mil dobles d'or per galea de quatre meses, mentre mester les haura.

---

[1] Cavaliers armés de dards à la mode des Génois, et montés sur les chevaux d'Espagne appelés *genets* :

xx. mile Genevois sur genès chevauchant,
Qui portoient les dars de coi on va lançant.

(E. Charrière, *Chron. de Du Guesclin*, t. I, p. 391; M. Fr. Michel, *Hist. de la guerre de Navarre*, p. 513.)

XIX.

1323, 1er mai. De Barcelone.

Jacques II, roi d'Aragon, écrivant à Abou-Yahia Abou-Bekr, roi de Tunis et de Bougie, au sujet du traité conclu ce même jour à Barcelone, et lui adressant par un envoyé spécial les actes authentiques du traité, exprime au sultan son désir d'entretenir les bonnes relations qui ont toujours existé entre la maison d'Aragon et la maison de Tunis et de Bougie.

Capmany, *Memorias. Coleccion diplomatica*, t. IV, p. 81. Archives de la couronne d'Aragon. Ex regest. *Legationum Jacobi II*, 1318-1327, fol. 141.

De nos en Jacme, per la gracia de Deu, rey d'Arago, de Valencia, de Sardenya, è de Corcega, è compte de Barchelona, è de la santa esgleya de Roma senyaler, almirayl è capitan general, al molt noble, è molt honrat Miralmomeni Albubacc, rey de Tuniç è de Bugia, fill del mir Abuzecri, salut, axi com á rey, per qui volriem honor è bonaventura.

Rey, fem vos saber que vench devant nos l'alhayg Bumaruan Abdulmalich, loqual, ensemps ab Zayt Abenmahomat Alenzari, trames á la nostra presencia lo noble Abuabdella Mahomat, alfaqui vostre en Bugia, è nos reebem lo agradablement per honor vostre; et presenta á nos una carta vostra, la qual vos aviets tramesa al dit alfaqui, que la envias á nos; et encara nos presenta una letra de part del dit alfaqui. Per la qual vostra letra, entesem en qual manera era vostra voluntat que pau è amor fos tractada entre nos è vos per lo dit alfaqui, et que ço qu'el dit alfaqui ligaria o fermaria, que seria axi com si vos ho aguessets ligat è fermat; et tot ço que eyl faria ab nos, axi com si vos ho aguessets feyt personalment. Hon, rey, nos, entes complidament tot ço que en la dita letra vostra era contengut, et ço quens trames á dir lo dit alfaqui de part vostra, ab la dita letra sua, et encara ço qu'el dit missatge seu nos dix de paraula sobre aço, veents è conexents la bona voluntat que vos havets de haver amistat ab nos, è pensans encara en qual manera entre les cases d'Arago et de Tuniç è de Bugia, ha estat antigament è sera, Deu volent, d'acqui avant, pau è bona amor è covinençes d'amistat, ha plagut á nos de donar loch á la dita pau, confiants que vos la farets tenir è guardar be è complidament per la vostre part, ens complirets ço que s'y pertany. È nos, aytambe, la complirem è la guardarem per la nostra part. La qual pau es estada davant nos ordonada, de voluntat è consentiment del dit missatge, segons que en les cartes d'aquen fetes, las quals trametem á vos per lo feel è amat familiar nostre, conseyler è jutge de la nostra cort, en Lorenç Cima, missatge nostre, lo qual vos trameten per aço enformat plenerament de nostra voluntat, largament veurets esser contengut. È al dit missatge nostre podets creure fermament de tot ço queus dira de part nostre, sobre les coses d'amunt dites.

Dada en Barchelona, lo primer dia de Maig, del any de Nostre Senyor mil trescents vint è tres. — Bernardus de Aversone, mandato regio.

XX.

1323, 1ᵉʳ mai. A Barcelone.

Traité de paix et de commerce conclu pour quatre ans entre Jacques II, roi d'Aragon, de Valence, de Sardaigne et de Corse, et Abou-Yahia Abou-Bekr, roi de Tunis et de Bougie, confirmant expressément le traité conclu par Guillaume Oulomar, en 1314, avec Abou-Yahia-Zakaria, roi de Tunis [1].

Capmany, *Memorias. Coleccion diplomatica*, t. IV, p. 82. Archives de la couronne d'Aragon.
Ex regest. *Legationum Jacobi II*, 1318-1327, fol. 141 B.

Aquesta es la pau feta entrel molt alt senyor, en Jacme, per la gracia de Deu, rey d'Arago, de Valencia, de Sardenya è de Corsega, è comte de Barchelona è de la santa esgleya de Roma senyaler, almirayl è capitan general, el molt noble Miralmomeni Bubacc, fill del mir Abuzecri, rey de Tuniç è de Bugia, è Abdalmelich Bumaruan Alhaig, è Zayt Abinmahomet Alenzari, missatge del dit rey de Tuniç è de Bugia.

1. Primerament, que sia pau entrel dit senyor rey d'Arago è el dit rey de Tuniç è de Bugia, sana è salva, è á bon enteniment, á quatre anys, losquals comencen depuys que la dita pau sera fermada per abdosos los reys, è cridada, è publicada en los regnes è terres de cascu; en axi que tot hom, de qualque condicio sia, de la terra è senyoria del dit senyor rey d'Arago puscha anar, estar, è exir salvament è segura, per mar è per terra, en la terra è seynoria del dit rey de Tuniç è de Bugia, ab totes ses mercaderies, è ab tots sos bens è coses; è en aquella no sia embargat, ne enpetxat per neguna raho, ells pagant los drets que agen á pagar per les robes è mercaderies lurs. E en aquesta meteixa manera, que tot Sarrahi, de qualque condicio sia, de la terra è senyoria del dit rey de Tuniç è de Bugia, pusca anar è estar, salvament è segura, per mar è per terra, ab totes ses mercaderies, è ab tots sos bens è coses, exceptat coses vedades, en la terra è senyoria del dit rey d'Arago, ells pagant los drets que agen á pagar per robes è mercaderies lurs.

Sia entes empero que tot mercader o altre de la senyoria del dit rey d'Arago qui sera en alcun loch de la senyoria del dit rey de Tuniç è de Bugia, è volra partir d'aquell per anar en altre loch per terra, que sia tengut de denunciarho á aquell qui sera en lo dit loch per lo dit rey de Tuniç è de Bugia, per tal que aquell pus salvament è segura pusca anar la hon volra. En altra manera si non denunciaba, qu'el rey de Tuniç è de Bugia no fos tengut de dan que negu hi preses. È aço mateix s'enten dels mercaders Sarrahins del rey de Tuniç è de Bugia, qui partiran d'alcuns lochs de la senyoria del dit rey d'Arago, è volran anar en altre loch, per terra dins la dita senyoria.

2. Item, que tot mercader de la terra del dit rey d'Arago hon que faça port è vena è aura pagat dret, sia en diners, sia en robes, en la terra è senyoria del dit rey de Tuniç è de Bugia, que ab la moneda de la qual aura pagat dret, è atresi de les robes

---
[1] Ce traité reproduit et confirme les dispositions des traités séparés de 1309 et 1314.

de que aura pagat dret, ço es d'aquelles de que aura pagat dret en Tuniç o en altre loch d'aquell regne, que, ab aquelles è ab aquella moneda, pusca anar per mar o per terra en quals que lochs se vuylla de la senyoria o regne de Tuniç, è smerçar la moneda, o vendre aquelles robes de que aura pagat dret, è que sia franch de dret de duana; è semblautment sia observat en Bugia è en son regne de la moneda è de les robes de que sera pagat dret en Bugia, o en altre loch de son regne; empero queu deje denunciar á duana, axi de moneda com de robes, è que li sia feit albara de la duana hon lo dret aura pagat, per tal que la hon ira esmerçar o vendre no li sia demanat dret. È aço mateix sia entes de les mercaderies de la terra del rey de Tuniç è de Bugia que vendran en la terra del dit rey d'Arago.

3. Item, que tot mercader pusca mudar d'un leyn en altre, o en careu, o en altre vexell, d'aquella mercaderia que volra, per navegar en qualque loch que li sia semblant.

4. Item, que si per aventura alcun mercader o mariner, o altre hom de la terra o senyoria del dit rey d'Arago metia amagadament neguna mercaderia en la terra del dit rey de Tuniç è de Bugia, è li era trovada, qu'en pagas lo dret è les averies que pagar s'en deven è no als.

5. Item, null hom, Crestia ne Sarrahi, que sia de la gabella, no gos entrar en nau, o en leyn, o en vexell negun, per escorcoyllar, ne per estrambacar, per neguna rao; mas queu denunciy al alcayt de la duana, è que l'alcayt ho fassa cercar ab dos homens seus, è ab un hom del consol.

6. Item, quel senyor rey d'Arago aja en Tuniç è en Bugia consols, è los fondechs que les sues gents han acustumat d'aver, è aquelles franquees que audes han antigament; è si de melors ny ha, de Genoveses ne d'altra gent, que aquelles pusquen usuar. È quel consol de Bugia qui per lo dit rey hi sera, o son loctinent, aia de la gabela, o del gabellot, la custuma que ha auda en lo temps passat, ço es saber vint besants nous cascun mes. È el consol de Tuniç haja sinquanta besants per cascun mes, los quals li sien pagats de la duana, è aquests los sien pagats sens negun contrast. È encara que puxen fer forns dins los fondechs, è en aquells usar de coure pa. È que als dits consols sia satisfet per la cort del rey de Tuniç è de Bugia, de ço quels sia degut de temps passat.

7. Item, quels fondechs sien á manament dels dits consols; è que null Sarrahi de duana ne de gabela no gos entrar als dits fondechs, á fer negun envig[1], si donchs nou feya ab voluntat del consol. È aquell consol sia tengut de fer dret de tot mercader o altre qui sia de la terra del dit senyor rey d'Arago è á Crestians[2]. È que null Sarrahi de Crestia nos gos clamar per neguna rao, sino al dit consol, si doncs fadiga no era trovada al dit consol.

8. Item, que negun mercader no sia tengut de comptar ab duana, sino de mes en mes; è al cap del mes que compte de ço que haura venut, è que pach son dret. È si res haura prestat á duana, que li sia pres en compte, è que prene son albara.

[1] « Ensig », au traité de 1314 avec Bougie, art. 8.
[2] « A Sarrahins è á Crestians. » Fin de l'article 8, dans le traité de 1314 avec Bougie.

9. Item, que tot deute que sia degut de temps passat á mercaders de la terra è senyoria del senyor rey d'Arago en duanes, ne que oficials d'aquelles ajen manlevat o comprat[1] ab carta, o ab albara, o ab testimonis, en la terra è senyoria del dit rey de Tuniç è de Bùgia, que als dits mercaders Crestians ne sia fet compliment de paga, totavia que per aquells sia demanat. È axi meteix sia entes, si á alcun mercader o altre de la terra del dit rey de Tuniç è de Bugia era degut alcun deute en la terra o senyoria del dit rey d'Arago, que lin sia feyt compliment de paga.

10. Item, que si per ventura, dins lo temps de la pau d'amunt dita, se donava alcun dan per alcuns corsaris o altres de la una part á l'altra, que per aço no sia trenchada en res la pau desusdita, pus que del dan donat se puixa fer bastant è raonable satisfaccio, o esmena, per la part que el dan haura donat. Sia entes, empero, que la part qui el dan haura pres sia tenguda de denunciar è demanar aço á l'altra part per letra, o per missatge, dins tres meses depuys lo dan donat; è si dins aquest temps no era request o demanat, que la part qu'el dan haura donat no fos tenguda d'aqui á avant. Empero, que negun dan donat per les gens de la senyoria del dit senyor rey d'Arago á gens de la senyoria del dit rey de Tuniç è de Bugia, ne per negun dan donat per gens de la senyoria del dit rey de Tuniç è de Bugia á gens de la senyoria del dit senyor rey d'Arago, encara que fadiga de dret de les dites coses fos trovada en cascu dels dits reys, quels mercaders habitants en qualsevol loch de les d'amunt dites senyories, no sien preses ne embargats, ells ne lurs coses; ans estien è habiten è pusquen entrar è exir ab totes lurs robes è mercaderies, sanament è salva, sens negun dan, en persona ne en bens, perço com los mercaders son gent qui estan è van en fe dels senyors, è no deven pendre dan per fet d'altre[2].

11. Item, que si dins lo dit temps no era pau o treua refermada o alongada á mes temps entre el dit rey d'Arago è el dit rey de Tuniç è de Bugia, quels mercaders è altres gents agen en cascuna terra è senyoria espay de sis meses, dins los quals se sien espeegats d'aquella terra o senyoria, è pusquen exir d'aquella, salvament è segura, sens negun embarch ab totes lurs mercaderies è coses; los quals sis meses començen passats los dits quatre anys de la pau.

12. Item, neguns corsaris o altres enemichs del senyor rey d'Arago, qui hajen dat dan ab galees o altres lenys armats á les gens del dit rey, no puixen fer encant en neguns locs de la senyoria del dit rey de Tuniç è de Bugia, de persones ne de robes qui sien de la senyoria del dit rey d'Arago; è siu fan, protestat primerament per los consols qui adonc seran en los lochs del dit rey de Tuniç è de Bugia, è fadiga en aquell o en sos oficials atrobada, quel dit rey de Tuniç è de Bugia sia tengut de tot lo dan donat per aquells als quals sofferra de fer encant en la sua senyoria de persones è de bens dels sotsmeses del dit rey d'Arago. È semblanment sia tengut de fer en sa terra è senyoria lo dit senyor rey d'Arago de les gens del dit rey de Tuniç è de Bugia, et de les robes lurs.

13. Item, que de neguna nau, o leny, o barcha, los timons ne veles, o altra exarcia

---

[1] Au texte : « comptat »; mais cf. l'art. 10 du traité de 1314.
[2] Ces dispositions sont le développement de l'article 7 du traité de 1309.

traer nos dejen, perço car es gran peryl als dits lenys; lo consol empero assegurant que la dita nau o vexell deura pagar dret acustumat ans que isca de port.

14. Item, que tota roba que sia descarregada en raxiba o raxibes[1] de la dita senyoria del dit rey de Tuniç o de Bugia, è de aquella roba falha, qu'el dit rey de Tuniç è de Bugia sia tengut d'esmenar ço qu'en faillira, axi empero que en la dita raxiba o raxibes romanga lo guardia del loc, ensemps ab missatge del mercader de qui sera la dita roba.

15. Item, quels consols del dit senyor rey d'Arago, o sos lochstinents, qui seran en la senyoria del dit rey de Tuniç è de Bugia, no pusquen esser detenguts ne preses en duana, ne en altre loc, per alcuna rao, ells donans bastant fermança de dret.

16. Item, que negun Crestia o Crestiana de la senyoria del dit senyor rey d'Arago, per deute ne per negun altre cas civil ne criminal no puixa esser tret dels fondechs del dit senyor rey d'Arago, lo consol tinent aquells á dret è fermant dret per aquells complidament. En falta empero del consol, queu fassa l'alcayt de la duana, segons que es acustumat.

17. Item, que, per negun cas civil ne criminal que esdevenga en la senyoria del dit rey de Tuniç è de Bugia, de Crestia á Crestia, que sien de la senyoria del senyor rey d'Arago è sots lo seu consol, no haja res que veer lo dit rey de Tuniç è de Bugia, ne sos oficials; sino tansolament, lo consol del dit rey d'Arago qui aquells segons dret per lo dit rey d'Arago puixa condemnar o absolre.

18. Item, si alcun Crestia o Crestiana, per alcun cas civil o criminal, s'aura á remetre al dit rey d'Arago, que per la senyoria del dit rey de Tuniç è de Bugia no deja esser embargat.

19. Item, si alcun cas s'esdeve o contrast de Sarrahi ques' clam de Crestia, que sia sots lo dit consol, lo qual sia civil, que tansolament ho deja conexer lo dit consol; è qu'e[n] aço negun embarch no deja esser feyt per la senyoria del dit rey de Tuniç è de Bugia, ans sia feyt segons que es acustumat.

20. Item, que a negun mercader de la senyoria del dit rey d'Arago no deja esser presa roba, mercaderia, ne diners, per la senyoria del dit rey de Tuniç è de Bugia forçadament, sens volentat d'aquel de qui sera.

21. Item, que negun mercader ne sotsmes del dit rey d'Arago no sia tengut de pagar dret de la roba que no sera venuda, ans aquella, si vendre nos' pora, pusquen trer dels lochs de la senyoria del dit rey de Tuniç è de Bugia franchament, sens pagar alcun dret, è aquella pusquen trametre o portar ab si en qualsque leyns á ells ben vist sera, è en qualsque parts ells volran, ço es á saber en terra de Crestians o de Sarrahins, de qualque senyoria sia.

22. Item, que negun estrumaç, o caxes de mercaders é sotsmeses del dit rey d'Arago, en la exida, guardats ne uberts no sien.

23. Item, que negun naufraig no aja en la terra del dit rey de Tuniç è de Bugia, en persona ne en bens, ne semblantment en la terra del dit senyor rey d'Arago.

[1] Capmany traduit ces mots par « arrecifes », dans le sens de chaussée, quai ou môle de débarquement.

24. Item, que en les duanes è en los altres lochs del dit rey de Tuniç è de Bugia sien preses los drets antigament acustumats, axi de torcimanys, ancoratge, de bestays qui descarreguen la roba, de dar albara, de compte franch, è del fet del oli, com d'altres qualsques sien. E si novelletat alguna s'es feta, ne res anedit, part la custuma antiga, que sia revocat é levat de tot, è tornat al primer estament.

25. Item, que per vi no sia pagat dret negu, salvant de cent gerres è de cent gerres á en sus, una gerra á la porta; è de cent gerres á enjus no res, segons que es acustumat.

26. Item, si alcun mercader volra fer calga de qualque mercaderia sia, que la duana sia tenguda á menys falliment del comprador, com axi sia acustumat.

27. Item, quels fondechs losquals lo dit senyor rey d'Arago ha en los lochs de Tuniç è de Bugia se dejen obrar encontinent á messio del dit rey de Tuniç è de Bugia, perço que en aquells pusquen habitar los dits consols, mercaders è sotsmeses del dit rey d'Arago ab totes lurs robes è mercaderies.

28. Item, que estol o armada de poques o moltes galees, lenys, o altres vexells, que sien del dit rey d'Arago o dels seus sotsmeses, puixen venir, estar è esser salvament è segura en tots los ports è plages, è altres mars de la senyoria del dit rey de Tuniç è de Bugia, è pendre aqui viandes è refrescamens. E semblantment sia entes de la armada è gens del dit rey de Tuniç è de Bugia, è en la terra è mars del dit senyor rey d'Arago.

29. Item, que en Tuniç è en tot lo regne de Tuniç sien servades be è complidament, á bona fe, è á bon enteniment al senyor rey d'Arago è á las sues gens, en mar è en terra, totes è sengles condicions è avinences feytes entrel senyor rey d'Arago è en Guillen Oulomar, son missatge, è Bohaye Zacharia, la doncs rey de Tuniç; axi empero quel rey de Tuniç è de Bugia tenga segurs en los seus ports los leyns de les gents del rey d'Arago, è el rey d'Arago tendra è fara tenir á les sues gens la dita pau, segons que dit es.

30. Item, que tots los mercaders de la terra del dit senyor rey d'Arago qui ab lurs mercaderies anaren en la terra del dit rey de Tuniç è de Bugia, en fe del dit rey de Tuniç è de Bugia, segons que tots temps es estat acustumat, los quals sien estats preses, o levat ço del lur, que sien solts ells, è lurs bens restituits. E si á alcuns altres es estat retengut res de aço del lur, quels sia absolt è restituit aço, com sera clarament monstrat.

31. Item, quels consols, mercaders è sotsmeses del senyor rey d'Arago qui seran en la senyoria del dit rey de Tuniç è de Bugia pusquen exir dels locs on seran, de la senyoria del dit rey de Tuniç è de Bugia, ab totes lurs robes è mercaderies, sanament è salva, sens negun embarch, totavia que á ells plaura, ells empero satisfaent è pagant tot ço que per ells sera degut en duana è altres persones de la senyoria del dit rey de Tuniç è de Bugia.

32. Item, que si en alcun port del dit rey de Tuniç è de Bugia havia alcuna nau, o garinda, o altre vexell fos de sotsmeses del dit rey d'Arago, è aquell vexell lo rey de Tuniç è de Bugia o sos oficials havien mester á trametre en alcun loc de terra de

pau, que aquel vexell puxen aver è trametre, pagant cuvinent nolit, axi empero quel patro d'aquella nau o vexell no sia tengut de pagar quint del dit nolit.

33. Item, que si en alcun careu o leny de Sarrahins de la terra del dit rey de Tuniç è de Bugia havia alcun Sarrahi estrany que no fos de terra de pau, que aquell sia saul è segur de les gents del dit rey d'Arago; è semblantment sia feyt á les gents de la terra del dit rey d'Arago.

34. Item, si alcun patro, natural de la terra del rey d'Arago, levara alcun Sarrahi mercader o altre hom de la terra del dit rey de Tuniç è de Bugia, è aquel depuys vendra o liurara á corsaris, per diners o per altra falsa manera, qu'el dit rey d'Arago ne faça aquell punir rejeament com á fals è malvat, è faça retre lo dit Sarrahi, si sera trobat dins sa senyoria. Empero, s'il dit patro retia aquell Sarrahi, en cas que defendre nol pogues per batayla o en altra manera, qu'el dit rey d'Arago non fos tengut.

35. Item, que sil dit rey de Tuniç è de Bugia aura mester galees de la terra del dit rey d'Arago, d'una fins á vint, que les puixa haver; è per cascuna d'aquelles, armades á quatre meses, sia tengut de pagar tria milia dobles d'or; è si mes les haura mester, que les puixa haver á la raho d'amunt dita, axi empero que aquelles galees no vulla contra Crestians.

36. Item, qu'el dit rey de Tuniç è de Bugia sia tengut de dar al dit senyor rey d'Arago, per cascu dels dits quatre anys quatre milia dobles d'or, ço es, tria milia per Tuniç è mil per Bugia, les quals se paguen dels drets que les gents del dit senyor rey d'Arago paguen als dits locs. È sils dits drets è aço no bastaven, quel dit rey de Tuniç è de Bugia sia tengut de fer compliment á les dites quatre milia dobles.

En testimoni de les coses d'amunt dites, foren ne fetes dues cartes semblants, partides per letres, de les quals cascuna part deu tenir la una. È el dit senyor rey d'Arago, á major fermetat, mana les segellar ab son segell pendent; è deven semblantment esser segellades ab lo segell del dit rey de Tuniç è de Bugia. È asso fo atorgat è feyt per lo dit senyor rey d'Arago, en la ciutat de Barchelona, en lo palau seu, lo primer dia de Mayg, del any de Nostre Senyor mil trescents vint è tres [1].

XXI.

1323, 18 juin. De Barcelone.

Les conseillers municipaux de la ville de Barcelone prient les régents du consulat aragonais de Tunis de faire toutes diligences et dépenses nécessaires pour la délivrance d'un patron de Barcelone capturé avec son vaisseau par les Arabes, en présentant les lettres que le roi d'Aragon écrit à cet effet au roi de Tunis et de Bougie.

Capmany, *Memorias. Coleccion diplomatica*, t. II, p. 90. Archives municip. de Barcelone.
In lib. *Concil. ordinat. et litterar. missiv.*, 1325-1326.

Als honrats è discrets, en Bernat è en Jacme Vili, regents lo consolat de Tuniç, de part dels conseyllers è dels prohomens de la ciutat de Barcelona, salut è honor.

---

[1] A la suite est écrit : « Bernardus de Aversone, mandato regis, cui fuit lecta. »

Com lo senyor rey escrive al rey de Tuniç è de Bugia è á Mahumet Bencidamias, alfaqui de Bugia, que li reten en Francesch de Bugsa, patro de leny, ciutada de Barcelona, que preseren ab lo seu leny, è tenen pres á Bugia, perço, á instancia dels parents è amichs del dit Francesch, vos pregam afectuosament, de part de nos è de tota la ciutat, que vos, primerament per honor de Deus, è puis per esguardament de la ciutat, vista la present, dejats presentar les dites letres, è, de part de la ciutat è de nos, lo dit rey de Tuniç preguets que delivre lo dit catiu ab ço del seu, com sia stat pres en fe. E si per ventura, per aquestes coses haviets á fer mesions, no les dubtassets de fer, que nos vos ho faren pagar assi. E d'aço vos pregam que siats curoses, en manera que nos è la ciutat vos hajam que grair. Si res volets que fassam per vos, fetsnoso saber.

Dat. en Barcelona, dimecres, XVIII. jorns del mes de Juny.

XXII.

1357, 10 août. A Çarinena, en Aragon.

Lettre de Pierre IV, roi d'Aragon, de Majorque, de Sardaigne et de Corse, et comte de Roussillon, à Abou-Einan, roi de Maroc, prorogeant de cinq nouvelles années un traité de paix et d'alliance dernièrement conclu pour cinq ans à Saragosse avec ce prince, et admettant le roi de Grenade, Mahomet, aux stipulations de la paix générale de dix années.

Capmany, *Memorias. Coleccion diplomatica*, t. IV, p. 121. Archives de la couronne d'Aragon.
Ex regest. *Diversorum regis Alfonsi III et Petri III,* 1355-1359, fol. 303 B.

En el nombre de Dios, è de su bendita madre Santa Maria. Sea manifiesta cosa á todos quantos esta present carta veran como nos, don Pedro, por la gracia de Dios, rey d'Aragon, de Valencia, de Mallorca, de Serdegna è de Corsega, è conte de Barchelona, de Rossellon è de Cerdanya, sabientes nos por cierto, estos dias, en la nuestra muy noble ciudad de Zaragoza haber fechas è firmadas patzes è treugas por cinco anyos con vos, muy alto è muy noble, don Boannen, rey de Fez, de Miquinenza, de Sale, de Marruecos, de la villa de Sus, de Zajalmissa è de las tierras del Alquible[1], de Teça è de Tramicen è d'Alger, de Bogia, de Bescarat, de las tierras Daszep, de Cadiz è de las villas d'Algerit, de Tripol, de Tranger, de Cepta, de Gibeltar, de Ronda è de las tierras siguientes de ponent et de levant, è d'Africa è de la Andaluçia, segunt mas largament parece por otra carta á nos d'aquesta fecha, con seyelos de cada uno de nos seyalada, è con nuestras proprias manos subsignada, lo tenor de la qual es esto que se sigue :

« En el nombre de nuestro senyor Dios, è de la su bendita madre Santa Maria. Sea
» manifiesta cosa á todos quantos la present carta veran è oyran, como nos, don
» Pedro, » etc.[2].

[1] Le Midi.
[2] *Sic.*

È agora, hayamos entendido por el honrado è sabio don Xeriffe, mandadero del dito muyt alto è muy noble, don Boannen, en nuestra presencia constituido, que al dito rey Boannen plaçeria que la dita paz fuesse firmada por nos è por ell por otros cinco anyos, despues que los primeros cinco anyos scan complidos, dejus las condiciones è obligaciones sobreditas, porque d'esto se seguiria muyta honra á nos è al dito rey, è proveyto á los subjectos de cada uno de nos, è seria buen stado è pacifico de los regnos è tierras nuestras è del dito rey. Por esto, á demanda del dito mandadero por parte del muy alto è muy noble don Boannen, á nos feta, inducidos á aquesto, è querientes tener, catar è conservar la buena amigança, è firmas pazes que havemos con el dito rey don Boannen, el qual tenemos en compte de hermano, las sobreditas pazes, dejus las condiciones è obligaciones desuso contenidas, por honra del dito rey, por otros cinco anyos, complidos los cinco primeros, firmamos è atorgamos; asi que por diez anyos del dia de la firma de los primeros cinco anyos adelant avenideros, hayamos buenas paces è firmas con el dito muy alto è muy noble rey, don Boannen, è que sus subjectos è ell, è sus subjectos con nos, è con los nuestros, è dejus estas mismas condiciones è obligaciones, façemos è firmamos las sobreditas paces, por todo el tiempo sobredito de diez anyos, con el muy alto è muy noble don Mahóma, rey de Granada, è con sus subjectos, con condicion por exo que los ditos altos è muy nobles reys, don Boannen è don Mahoma, firmen las ditas paces por todo el tiempo sobredito de diez anyos, segunt de suso es dito è declarado. E porque las ditas paces è condiciones è las otras cosas sobreditas hayan mayor firmeza, mandamos quend sea feta la present carta, la qual mandamos seyelar con seyelo de la nuestra Magestat, è subsignada de nuestra propria mano. La qual fue feta en la villa de Carinyena, el decimo dia d'Agosto, en el anyo de la Natividat de Nuestro Senyor, mil trescientos sinquenta y siete, è de nuestro regno veint è dos.—Visa, Romeus.

Signo de nos, don Pedro, por la gracia di Dios, rey d'Aragon, de Valencia, de Mallorca, de Serdenya è de Corsega, è compte de Barcelona, de Rossellon è de Cerdanya, que la present paz con todas las otras cosas sobreditas loamos, atorgamos è por firmes havemos.— Rex Petrus.

Testimonios fueron presentes á les coses sobreditas, los nobles don Enrich, conte de Trastamara, è don Lop conte de Luna, è don Bernat de Cabrera, è don Pero Ferrandez Dijar, è don Alvaro Perez de Guzman, conselleros del dito senyor rey[1].

[1] A la suite est écrit dans le registre : « Dominus rex, in cujus posse firmavit [et juravit], mandavit
» mihi Bertrando de Pinos.

« NOTA. — De prædicta pace facta fuerunt duo publica similia instrumenta, in duobus pergameneis
» scripta; et in quolibet eorum, in parte dextera, conventiones pacis prædictæ firmatæ per dominum
» regem scriptæ erant et ejus sigillo Majestatis sigillatæ; et in altera parte sinistra, in qua nihil
» scriptum erat, aliæ similes conventiones, firmandæ per reges Boannen et Granatæ, in eorum lingua
» et idiomate, seu arabico, erant scribendæ et eorum sigilla erant apponenda. Quorum alterum traditum
» fuit nuncio regis Boannen et alterum Francisco de Portello, mercatori Majoricæ, qui causa reducendi
» ipsum instrumentum prædicto modo scriptum, firmatum et sigillatum, cum dicto nuncio attendere
» debebat; et fuit clausum per eundem scriptorem. »

XXIII.

1358, 1er juin. De Girone.

Lettre de Pierre IV, roi d'Aragon, à Abou-Einan, roi de Maroc, et instructions remises à Matthieu Mercer, Arnaud de France et Bertrand de Pinos, envoyés par le roi en ambassade auprès du sultan pour le dissuader d'accorder les secours d'hommes et de chevaux qui lui étaient demandés par le roi de Castille contre don Fernand, marquis de Tortose, seigneur d'Albaracin.

Capmany, *Memorias. Coleccion diplomatica*, t. IV, p. 124. Archives de la couronne d'Aragon.
Ex regest. *Diversorum regis Alfonsi III et Petri III*, 1333-1359, fol. 112.

I.

En Pere, per la gracia de Deu, rey d'Arago, etc. Al molt alt è molt noble, don Boannen, rey de Feç, del Guarb è del Exarch, salut com á rey per lo qual volriem molt vida è longa, ab creximent d'onor è de bona ventura.

Sapiats, rey, que nos, sobre alscuns affers tocans conservament de la pau ferma è benastrua que entre nos è vos è los sotsmeses de cascun es, segon que sabets....[1] temps, trametem á la presencia vostra los amats è feels consellers nostres, en Matheu Mercer, camerlench nostre, cavaller, en Arnau de França, en Bertran de Pinos, scriva nostre, de nostra entencio sobre les dits affers plenerament informats. Per que, rey, á la vostra Altea pregam, que á les paraules dels dits nostres consellers è embaxadors per part nostre, sobre conservament de la dita pau á vos dehidors, donets plena fe, axi com si de la nostra propria boca les ohiets, è complir aquelles per obra, axi com de vos confiam.

Dat. en Gerona, en lo primer dia de Juny, en l'any de la Nativitat de Nostre Senyor mil trescents sinquanta vuit. — Visa, Romeus[2].

II.

Instructions pour les ambassadeurs.

1. Primerament, los dits embaxadors diguen de part del senyor rey al dit rey Boannen, feta per ell primerament deguda salutacio, qu'el dit senyor rey ha entes qu'el rey de Castella, per ses letres è missatges s'esforcen de tractar ab lo dit rey Boannen que haia secors axi d'omens á cavall com en altra manera, del dit rey Boannen, contra l'alt infant en Ferrando, marques de Tortosa, è senyor d'Albarracin, è les terres sues, specialment contra les terres que ha en lo regne de Murcia, dient aquell rey de Castella que lo dit rey Boannen pot aço fer sens trencament de la pau è seguretat que ha ab lo senyor rey; è aço palie è acolore per dues rahons : La primera, car diu quel dit infant, en temps que la dita pau è seguretat se ferma, no era sotsmes

---

[1] Lacune.
[2] A la suite est écrit dans le registre : « Fuit directa præfato regi Boannen. Dominus rex mandavit » mihi, Petro de Tarrega. »

ne valedor del senyor rey, ans, en aquell temps, era ab lo rey de Castella è valedor seu, è per ell manave è fahia guerra contra lo senyor rey è sos regnes; è axi qu'el dit infant no fou entes ne compres en la dita pau ne seguretat. La segona, com les viles, lochs è castells, los quals lo dit infant ha dins lo regne de Murcia, diu lo rey de Castella que son dins sa regalia, è no dins regalia ne jurisdiccio del senyor rey.

2. Item, li diguen los dits embaxadors, qu'el dit secors, ne qualsevol altre, lo dit rey Boannen no pot ne deu donar al rey de Castella, segons tenor de la dita pau è seguretat; è aço, per tres rahons :

La primera, cor lo dit rey Boannen, segons que en la dita pau se conten, covench è promete al senyor rey que ell no pogues ajudar, ne alcun dels seus vassalls ne alcun d'aquells qui son sots los regnes seus á alcun enemich del senyor rey, ni al rey de Castella, ni altre rey, ne fill de rey, ne á altres gents, ne ciutats, ne á alcuna altra persona dins lo temps en aquella pau contengut, ne ab homens á cavall ne á peu; ne per terra ne per [mar], ne ab tresor, ne ab armes, ne ab viandes, ne ab alcuna altra ajuda, pocha ne molte. La segona, cor lo dit Boannen promet è covench al senyor rey que, no contrastans les covinences que lo dit rey Boannen havia ab lo dit rey de Castella, no pogues ne degues fer ajuda á aquell de Castella contra lo senyor rey, en poch ne en molt, en terra ne en mar, ab cavallers ne ab homens de peu, ne ab armes, ne ab victualia, ne ab loguer, ne ab tresor, dins lo dit temps; è es cert quel dit infant è germa del senyor rey, ere è fou tots temps vasall è natural del senyor rey, è fou è es domiciliat dins sos regnes; è son marquesat è totes ses terres, de les quals fo heretat per lo senyor rey n'Amfos, ha è te dins los regnes è regalies del senyor rey; per que manifestament apar que fou è es compres en la dita pau. La tercera, cor, posat que hoc posques dir que en lo dit temps lo dit infant no era vassall ne sotsmes del senyor rey, ço que ab raho ne ab veritat dir nos pot, empero encare vuy, è apres qu'el dit infant vench è á obediencia è servey del senyor rey, seria compres en la dita pau, car esta en veritat qu'el dit infant es vengut á obediencia del senyor rey, è es en lo servey, è sta è habita en sos regnes. Car manifesta è rahonable cosa es, que no tant solament los reys qui entre si fan paus è avinences, aquelles serven en les terres è sotsmeses que han en temps de la pau, ans encara en totes aquelles terres è sotsmeses quels pervenen apres, durant lo temps de la pau.

Ne contrasten les dites rahons è palliacions, per part del rey de Castella allegades, car la primera color o palliacio no es vera : cor segons que desus dit es, en lo dit temps lo dit infant era sotsmes è vassall del senyor rey; è con nou fos, abaste qu'en sia de present axi com es desus declarat. Ne la segona palliacio o color contraste, car no es vera : car certa cosa manifesta è notoria es que les terres les quals lo dit infant ha en lo dit regne de Murcia, son dins los regnes è regalies del senyor rey, è quel dit infant hac les dites terres per heretament è donacio del senyor rey n'Amfos, senyor è pare seu, qui en aquelles se retench ses regalies; è les dites terres foren declarades et aiutjades esser de jurisdiccio, senyoria è regalia del rey d'Arago, per sentencia arbitral ja antigament donada entre los predecesors del senyor rey d'Arago è el rey de Castella, è per aquells è tots lurs regnes è terres loada è confermada.

3. Item, los dits embaxadors s'en porten trellat de les paus fetes è fermades entre lo senyor rey è lo dit rey Boannen, è de la sentencia arbitral prop allegada. — Visa, Romeus [1].

XXIV.

1361, 17. décembre. A Barcelone.

Pierre IV, roi d'Aragon, comte de Roussillon, donne plein pouvoir au chevalier Bernard de Cabrera, son conseiller, pour conclure un traité de paix d'une durée qu'il sera maître d'apprécier avec le roi de Maroc.

Capmany, *Memorias. Coleccion diplomatica*, t. IV, p. 136. Archives de la couronne d'Aragon.
Ex Regest. *Pacium et treguarum regis Petri*, 1357-1362, fol. 85.

In Dei nomine, amen. Manifestum sit cunctis, quod nos, Petrus, Dei gratia, rex Aragonum, etc., tenore præsentis cartæ nostræ, seu instrumenti publici firmiter valituri, gratis et ex certa scientia, facimus, constituimus et ordinamus vos, nobilem et dilectum consiliarium nostrum, Bernardum de Capraria, militem, præsentem, et hujusmodi mandatum et procuratorium sponte suscipientem, certum et specialem nuntium, ambaxatorem et procuratorem nostrum, ad tractandum et firmandum pacem vel treugam, ad quodcumque tempus volueritis, cum rege Marrochitano; et super dicta pace vel treuga, quascumque conventiones et pacta ineundum, faciendum et firmandum; et pro ipsis pactis et conventionibus tenendis, complendis et servandis, quasvis securitates, cautiones, promissiones et obligationes, tam bonorum nostrorum quam alias, præstandum, tam cum pœnis et juramentis, quam alias quovismodo, prout vobis et vestro arbitrio videbitur faciendum; et omnia alia et singula tractandum, gerendum et expediendum in prædictis et circa ea, quæ vestro arbitrio necessaria, utilia, expedientia seu opportuna fuerint, et quæ nos possemus facere personaliter constituti, etiam si majora vel graviora fuerint superius expressatis, et quæ mandatum speciale requirerent, et omnia alia quæ fuerint congruentia seu expedientia, licet non necessaria alicui de prædictis; comittentes et conferentes vobis super eis omnibus et singulis, liberam et generalem administrationem et plenarie vices nostras; promittentes vobis et notario infrascripto, hæc a nobis nomine vestro et omnium illorum quorum interest, intererit, ac interesse potest et poterit, legitime stipulanti et recipienti, quod nos semper habebimus, et ex nunc pro tunc habemus, ratum et firmum quicquid per vos in et super prædictis, vel circa ea, factum fuerit sive gestum, et nullo tempore revocabimus; imo illud seu ea, quæque sint aut fuerint, per vos gesta, laudamus, approbamus et ratificamus, et firma esse volumus, ac si per nos, seu in nostra præsentia, facta essent, sub nostrorum omnium obligatione bonorum.

[1] A la suite est écrit dans le registre : « Dominus rex mandavit mihi, Petro de Tarrega. »
« Nota. — Similis littera clausa fuit missa et directa, de verbo ad verbum, videlicet a don Mahomet, » rey de Granada, de Malecha, d'Almeria è de Guadix. »

Actum est hoc in palatio regali, Barchinonæ, decimo septimo die Decembris, anno a Nativitate Domini millessimo trecentessimo sexagessimo primo, regnique nostri vicessimo sexto. Signum Petri, Dei gratia, regis Aragonum, Valentiæ, Majoricarum, Sardiniæ et Corsicæ, ac comitis Barchinonæ, Rossilionis et Ceritaniæ, qui hæc concedimus et firmamus, præsensque instrumentum sigillo Majestatis nostræ comuniri jubemus.

Testes hujus rei sunt : nobiles Gilabertus de Scintillis, majordomus, Olfus de Proxida camerlengus, et Bernardus de Ulzinellis legum doctor, thesaurarius, milites, consiliarii domini regis.

Signum mei, Jacobi Conesa, secretarii domini regis, ejusque auctoritate notarii publici per totam terram et dominationem ejusdem, qui præmissis interfui et hæc scribi feci et clausi [1].

XXV.

1439, 8 janvier. De Barcelone.

Les magistrats municipaux de Barcelone, en remerciant le roi de Tunis, Abou-Omar Othman, petit-fils d'Abou-Farès, des ordres qu'il a donnés dans l'intérêt d'un patron de Barcelone échoué près de Bone, lui signalent les vexations et les dommages que les naufragés ont eu à subir, nonobstant ses instructions, du caïd de Bone, et lui demandent justice ; ils lui rappellent qu'un patron de galiote a été récemment pendu en Sicile, pour avoir enlevé quelques Arabes ses sujets, qui ont été rendus à la liberté par les vice-rois.

Capmany, *Memorias. Coleccion diplomatica*, t. II, p. 239. Archives municip. de Barcelone.
Ex regest. *Letres closes*, 1438-1440, fol. 50.

Al molt alt è molt magnifich princep, [Hemulle-Hutumen,] rey de Tuniç.

Molt alt è molt magnifich princep e rey. Apres seguit lo cas de la galiota patronejada per Anthoni Gil, la qual s'es perduda en una seca prop lo loch de Bona de vostra senyoria, è havem sabut per letres de mercaders qui eren en Tuniç com vostra gran Altesa, ab sa royal provisio, haurie provehit è manat al vostres officials è subdits de Bona fessen bona companyia á les persones salvades de la dita galiota, è restituissen totes les robes è bens dels mercaders qui y eren, en virtut de les qual provisio è manament son stats cobrats certs bens, è s'en speren á cobrar, la qual cosa regraciam molt á vostra gran Altesa, eus en referim multiplicades accions de gracies, com sie cosa ben pertinent è deguda á vostra gran magnificencia è reyal dignitat. Pero, molt alt è molt magnifich princep è rey, havem sabut, la qual cosa recitam ab gran anuyg è desplaer, com lo vostro alcayd de Bona è altres subdits vostres, no contrestants vostres provisions è manaments, haurien vers si occupats, tolts è preses molts draps è altres robes è havers de la dite galiota, e haurien morts, nafrats è captivats alsguns dels mercaders, faentlos molt greu companyia, è causantlos molt grans è excessives mangeries è despeses. De les quals coses som dettenguts de gran admiracio, considerants les dites coses esser stades attentades è fetes, vostres dignes provisions no

---

[1] A la suite : « Dominus rex mandavit mihi, Jacobo Conesa. »

contrestants, ne haver deferit á aquelles. Perço, molt alt è molt magnifich princep è rey, á la vostra gran Altesa en do de gracia demanam, que, ateses les grans confederacio è amistat, les quals per la divinal gracia regnen entre lo molt alt è molt excellent princep rey è senyor nostre, è sos subdits è vassalls, è la vostra gran Altesa, è vostres subdits è vassaylls, vos placie, ab vostres reyals edictes è degudes provisions, fer castigar è punir, è del tot cessar totes les insolencies è dans donats als mercaders de la dite galiota, è fer los restituhir è tornar los draps, robes è havers, tòlts preses è occupats, franchs è quitis de totes mangeries, messions è despeses, continuant les loables provisions per vostra gran Altesa fetes, è proseguint los dits mercaders è tots los altres habitants dins vostres regnes è terres, partida dels quals son ciutedans è habitadors de aquetat ciutat, de specials gracies è favors, com lo dit molt alt è molt excellent princep rey et senyor nostre farie, è nosaltres, vassaylls è subdits naturals seus, en son cas è loch, fariem en semblants casos, è pus arduus per la vostra gran Altesa, è per los vostres subdits è vassaylls semblants coses è majors.

Reduhints á memoria á vostra gran magnificencia com los viç-reys de Sicilia, no ha gran temps, han fet penjar un home patro de galiota, lo qual havie preses certs vassaylls vostres los quals ben contents han tramesos á la dite vostra gran Altesa, la qual la divinal majestat vulle proseguir è al regiment de sos regnes è terres conservar benaventurament è votiva.

Scrita en Barcelona, á VIII. de Janer, del any M. CCCC. XXXIX.

A tots pl[a]er è honor de vostra gran Altesa apparellats, los consellers de la ciutat de Barcelona.

XXVI.

1444, 14 septembre. De Barcelone.

Les magistrats municipaux de Barcelone prient le roi d'Aragon, Alphonse V, d'engager le roi de Tunis à rendre la liberté à cinq cents chrétiens aragonais retenus en représailles de ce que certains Maures avaient été gardés comme prisonniers dans le royaume de Sicile, nonobstant la trêve existant entre les deux rois.

Capmany, *Memorias. Coleccion diplomatica*, t. II, p. 248. Archives municip. de Barcelone.
Ex regest. *Letres closes*, 1442-1444, fol. 60.

Sacræ regiæ Aragonum et Siciliæ Majestati.

Molt alt è molt excellent princep è poderos senyor. A nostro oido es pervengut qu'el rey de Tuniç dete presos en son regne dessus cinch cents Chrestians vassaylls è subdits de vostra gran senyoria, entre els quals ne ha be LXXX. de aquesta ciutat; è que aquests catius chrestians se rete è dete per occasio de certs Moros, los quals se diu son stats cativats en lo vostre regne de Sicilia, stant treva entre vos, Senyor, è lo dit rey de Tuniç. È si axi es, Senyor, com se diu, creem nosaltres esser expedient è necessari que y sie per vostra gran excellentia provehit, atessa la dura è molt aspra servitut, á la qual per la infeel senyoria los dits catius chrestians son subjugats, è per temptacio diabolical son induhits molts è tirats á llur infidelitat, abrenunciant á la santa fe catholica, è aquella abnegant. Perço, Senyor molt alt è molt excellent, supplicam molt humilment á vostra gran celsitut sie de merce vostra certificarvos de les dites coses; è si veres seran, provehir per vostra clemencia, segons millor ocorrera esser faedor, qu'els dits catius chrestians sien delliurats è jaquits. È aço, Senyor molt alt, haurem á gracia è merce á vostra excellent Magestat, la qual Deu omnipotent vulle per anys benaventuradament dilatats dirigir è tenir en sa proteccio al regiment de sos regnes è terres, ab glorios excalçament de vostra reyal corona.

Scrita en Barcelona, á XIV. de Setembre del any de la Nativitat de Nostre Senyor M. CCCC. XLIV.

Senyor, vostres humils servidors è vassayls, qui besants, etc., los Consellers de Barcelona.

XXVII.

1446, 20 novembre. De Cagliari.

Les conseillers et prud'hommes de Cagliari prient les magistrats municipaux de Barcelone d'inviter un de leurs compatriotes qui avait affermé du roi de Tunis le droit de pêcher le corail sur les côtes de Barbarie, à ne pas exiger des pêcheurs sardes le tiers du corail récolté, et à se contenter du dixième.

Capmany, *Memorias. Coleccion diplomatica*, t. II, p. 267. Archives municip. de Barcelone.
Ex volum. *Letterar. origin.*, ann. 1446.

Als molt honorables è molt savis senyors, los consellers de la ciutat de Barcelona.

Molt honorables è molt savis senyors. Segons clamor feta per diversos coralers, axi de les parts de Cathalunya com de aquesta terra de Caller è del Alguer[1], pescants en les mars de Barberia corals, en Rafel Vives, ara stant en Tunis, havia del rey de Tunis arrendat lo dret del dit coral, de que apres hauria fins vuy exhigida la tersa part de tot lo coral que y pescan, per forma que no y poden millorar, ans si desffan, ultra que stan á risch è perill de mar è de males gents; lo que es molt detestable è cosa inhumana qu'el dit Rafel, qui es christia è de nostra nacio, fasa tals coses, qu'el rey de Tunis, qui es strany á nostra ley, no faria, per conservar humanitat. Per queus pregam, tant com podem, vos sia plasent sobre aço haver degut rahonament ab en Luys Vives, germa del dit Rafel, morant en Barcelona, dega donar orde qu'el dit son germa sia content de la dehena part del coral ques pescara en les dites mars, o de cosa rahonable, contractant aquells, per manera que nos desfassan los dits coralers. È axi mateix pregam vostres reverencies, vos sia plasent scriure de part de vostres grans savieses una letra al dit Rafel, exortant aquell desista exhigir d'aqui avant tal inhuma

[1] Alghero, sur la côte ouest de la Sardaigne.

è fora de justicia dret, metentse al rahonable; è á cautela, si obs sera, vos placia impetrar sobre la urgent materia de la senyora reyna[1] letres ques pertany, è opportunes per mils subjugar á la raho lo dit Rafel. Als [n'havem a] scriure á vostres grans magnituts circunspectes, sino que el Sanct Sperit sia in proteccio de aquelles, ab deguda felicitat, offerintnos per aquelles fer lo que nosaltres posible sia.

Scripta en Castell de Caller, á xx. de Nohembre, l'any M. CCCC. XLVI.

A honor de vostres grans reverencias aparellats, los Concellers è prohomens de Caller[2].

XXVIII.

1447, 15 mai. De Barcelone.

Les conseillers municipaux de Barcelone prient le roi de Tunis Abou-Omar Othman de faire rapatrier un de leurs concitoyens resté en otage à Tunis, pendant que son frère transportait à Alméria certains marchands de Tunis avec leurs marchandises, le voyage de ces négociants ayant été bien et loyalement effectué comme il avait été convenu.

Capmany, *Memorias. Coleccion diplomatica*, t. II, p. 271. Archives municip. de Barcelone.
Ex regest. *Letres closes*, 1445-1447, fol. 160.

Al molt alt è molt magnifich princep, Hemulle[3] Hutumen, rey de Tuniç.

Molt alt è molt magnifich princep è rey. Sabut havem que en Pere Dezpla, ciutada d'aquesta ciutad, havia noliejada la sua nau á alsguns mercaders moros de la vostra ciutad de Tuniç, per portarlos ensemps ab lurs mercaderies á Almaria, del regne de Granada; è lavors per aquesta raho lo dit en Pere Dezpla dona en rehena á Ramon Dezpla, frare seu, è ciutada d'aquesta dita ciutat; è apres, la dita nau è los dits mercaders arribaren ab bon salvament á la dita ciutad d'Almaria. E som informats que los dits mercaders foren ben contents del dit en Pere Dezpla, è que vers ells havia fet lo degut, è que axi se mostraria per legitims documents. E nosaltres hajam gran voluntat que lo dit en Ramon Dezpla tornas en sa casa è entre sos amichs. Perço, molt alt è molt magnifich princep è rey, á la vostra gran Altesa en do de gracia demanam, que, atteses les grans confederacio è amistat, les quals per la divina gracia regnen entre lo molt alt è molt excellent princep rey è senyor nostre, è sos subdits è vassalls, è la vostra gran Altesa, è sos subdits è vassalls, vos placia licenciar lo dit en Ramon Dezpla, è que isqua de la rehena en que sta, en tal forma, que proseguint lo de special gracia è favor, s'en puscha venir è tornar entre sos amichs. E aço regraciarem

---

[1] Marie de Castille, femme d'Alphonse V d'Aragon.

[2] Le 14 décembre 1446, les magistrats de Barcelone informent la municipalité de Cagliari qu'à leur recommandation Louis Vivès s'entendra avec son frère pour que les coralleurs de Cagliari et d'Alghero soient traités comme ceux de Barcelone et de la côte d'Aragon. Capmany, *Coleccion diplom.*, t. II, p. 268.

[3] El-Moula Abou-Omar Othman. *El-Moula* est un titre commun signifiant *le Maître*.

molt á vostra gran Altesa, la qual la divinal Magestat vulle proseguir, è al regiment de sos regnes è terres conservar, benaventuradament è votiva.

Scrita en Barcelona, a xv. de Maig del any de la Nativitat de Nostre Senyor M. CCCC. XLVII.

A tot servey è honor de vostra gran Altesa apparellats, los concellers de la ciutat de Barcelona[1].

XXIX.

1462, 2 décembre. De Barcelone.

Les magistrats municipaux de Barcelone recommandent au roi de Tunis plusieurs marchands catalans qui se rendent dans son royaume pour leur commerce, en assurant le sultan du bon accueil que trouveront à Barcelone les marchands arabes ses sujets.

Capmany, *Memorias. Coleccion diplomatica*, t. II, p. 287. Archives municip. de Barcelone.
Ex regest. *Letres closes*, 1465-1468.

Al molt alt è molt magnifich princep, lo rey de Tuniç.

Molt alt è molt magnifich princep è rey. Per quant en Bernat Soldevila è Francesch Florença, mercaders de aquesta ciutat, van aqui, ab lurs robes è mercaderies, è desijem grantment aquells è tots altres mercaders nostres per vostra gran Altesa è subdits d'aquella esser ben tractats, axi com nosaltres tractam è havem voluntat de tractar açi los vostres, perço, molt alt è magnifich princep è rey, á vostra gran Altesa en do è gracia demanam que, considerades les graus confederacio è amistat, lesquals, per gracia divina, son entre nosaltres è aquesta ciutat è ciutedans d'aquella è la vostra gran Altesa è vostres subdits è vassalls, vos placia los dit Bernat Soldevila è Francesch Florença, è altres mercaders è ciutedans d'aquesta ciutat, haver per ben recomenats, donant è fahentlos donar tota aquella favor, ajuda è endreça que de vostra gran magnificencia speram; en tal manera que liberalment è sens empaix d'algu puixen aqui negociajar, contractar, traure è portar lurs mercaderies è avers, car nostra voluntat es esser fet dels vostres en aquesta ciutat lo semblant com lo dit es. È aço sera cosa que regraciarem molt á vostra gran Altesa, laqual la divina magestat vulle proseguir, è al regiment de sos regnes è terres conservar benaventuradament è votiva. E les dites coses los dessus dits vos informeran, placieus donarlosne fe è crehença.

Scrita en Barcelona, á II. de Decembre, del any M. CCCC. LXII.

A tot servey è honor de vostra gran Altesa apparellats, los concellers de la ciutat de Barcelona.

[1] Capmany signale trois autres lettres du même registre relatives au rapatriement de Raymond Despla, ou Des Plas, écrites aux personnages suivants : « Al molt honrat senyor Raphael Vives, mer» cader en Tuniz; al molt noble alcayit Nabi, en Tuniz; al molt noble e magnifich Mulle Bonbodilley » Mulle Eyrech, en Tuniz. »

XXX.

1473, 6 février. De Barcelone.

Les conseillers municipaux de Barcelone prient le roi de Bougie d'ordonner que les biens des marchands catalans détenus depuis longtemps à la douane par ses officiers, à la suite de l'agression de quelques marins catalans contre un navire des Majorquains leurs ennemis, biens qui n'avaient pas été réclamés à cause des guerres et des troubles dont avait souffert l'Aragon jusqu'à ces derniers temps, soient enfin rendus au mandataire de la commune, afin que les autres marchands aragonais se trouvent encouragés à fréquenter, comme par le passé, le port de Bougie.

Capmany, *Memorias. Coleccion diplomatica*, t. II, p. 287. Archives municip. de Barcelone.
Ex regest. Letres closes, 1471-1473.

Al molt alt è molt magnifich, lo rey de Bogia.

Rey molt alt è molt magnifich. La gloriosa fama entre los princeps del mon de vostra equitat è justicia spandida se es en esser de veritat actual mostrade, è lo just è glorios acte fet per vostra reyal magnificencia en delliurar los mercaders, qui sots vostra fe reyal exits de la nau d'n Colell, meteren lurs mercaderies en duana d'aqueixa vostre ciutat; car jatsiá dits mercaders fossen venguts ab dita nau, è lo patro stant en lo port assegurat hagues delinquit, invasint la fusta dels Mallorquins, lavors inimichs nostres, empero pus, sens intervencio, sabuda è voluntat dels dits mercaders stant en terra era stat fet, aquells no culpaven, ne fonch cosa digne, vostres officials sabents vostra fe è seguretat reyal esser los donade en vostra absencia, haver aquells detenguts è lurs mercaderies; è perço vostra gran Altesa en aqueixa ciutat retornada, usant de ses equitat è virtuts acustumades, sabuda la ignoscencia dels dits mercaders, molt justament delliura aquells. E som certs per la mateixa justicia haguera delliurades lurs mercaderies si fossen stades demanades; han y obstat les infestissimas guerras, qui en aquestes parts son stades, perturbants no solament lo negoci mercantivol, mes encare tots los humans actes. Ara, rey molt alt è molt magnifich, cobrat lo repos, es trames á la gran magnificencia vostra per aquesta causa lo portador de la present, appellat Johan Sala, confiants la dilacio del temps no haura mudat è menys diminuit lo exercici de vostra acustumada justicia; placieus ferli restituir dites mercaderies, en lesio de vostra reyal fe è injustament per vostres officials detengudes; car axi es pertanyent á just è virtuos rey. E mes vos placia haver per recomenat lo dit portador, è altres mercaders Christians, è signantment aquells d'aquesta ciutat de Barcelona. Significant á la gran Altesa vostra, que en aquesta ciutat molts se preparen per anar fer la negociacio mercantivol en aqueixes vostres senyorias. E si lo portador d'aquesta sera per la magnificencia vostra acceptat è desempatxat, com de vostres acustumades virtuts es sperat, encontinent molts seran aqui per dita negociacio. Si algunes coses podem fer per lo plaer de vostra gran Altesa, som apparellats complir de molt bona voluntat.

De Barcelona, á vi de Fabrer, any mil quatrecents setanta è tres.

A tots plaer[1] è honor de vostra gran Altesa apparellats, los Consellers de la ciutat de Barcelona.

[1] Au texte : « paler ».

XXXI.

1510, 2 septembre. A Monçon.

Privilége de Ferdinand le Catholique, roi d'Aragon et des Deux-Siciles, accordant aux habitants de la ville et du comté de Barcelone, conformément à une requête qui lui était présentée par les syndics de Barcelone durant la tenue des Cortès de Monçon, la liberté de commercer avec franchise dans les villes et ports de Bougie et de Tripoli récemment conquises, et toutes autres villes qui pourraient être conquises par le roi en Afrique. — Extraits.

Capmany, *Memorias. Coleccion diplomatica*, t. II, p. 320. Archives municip. de Barcelone.
Ex *Lib. virido*, III, fol. 101.

Nos Ferdinandus, Dei gratia, rex Aragonum, Siciliæ citra et ultra Pharum, Hierusalem, Valentiæ, Majoricarum, Sardiniæ et Corsicæ, comes Barchinonæ, dux Athenarum et Neopatriæ, comes Rossilionis et Ceritaniæ, marchio Oristanni et Gotiani.

Assidua meditatione pensantes ad commodum et utilitatem civitatis nostræ Barchinonæ et illius civium et incolarum, quæ [etc.]; ostenso itaque Majestati nostræ per dilectos nostros, Johannem Berenguarium Aguilar, consiliarium in capite, Bernardum Severum Zapila, cives et sindicos ejusdem civitatis Barchinonæ, in curiis quas in præsentiarum Montissoni celebramus, quodam privilegio serenissimi regis Jacobi bonæ memoriæ regis Aragonum, datum Barchinonæ decimo octavo kalendas Januarii anno millessimo trecentessimo vicessimo tertio [1], in et cum quo dictus serenissimus rex facit cives dictæ civitatis præsentes et futuros, liberos et exemptos, francos et immunes penitus et perpetuo, cum omnibus eorum bonis et mercibus suis habitis et habendis, in quibuscumque civitatibus, castris, villis et locis ubicumque situatis, tam per eundem regem Jacobum quam per successores suos habitos, acquisitos per modum conquestæ aut vel emptionis, vel quovis alio titulo acquisitos, et quæ tempore dictæ concessionis habebat et tenebat successoresque sui in posterum acquirent per conquestam vel alium quemcumque titulum lucrativum, sine causa et omni lezda, pedagio, portatico, usatico, duana, ancoragio, passagio et gabella, et omni alia quacumque impositione seu consuetudine, novis seu veteribus statutis et statuendis quæ dici nominari et excogitari possint seu possent aliqua ratione.

Et, ut dicti sindici Majestati nostræ exposuerunt, præfati cives et incolæ Barchinonæ sunt in possessione pacifica utendi, gaudendi immunitate et franquitate dictorum jurium ubique regnorum et terrarum nostrarum; cumque nuper, divina favente gratia, acquisiverimus nonnullas principales civitates Africæ, videlicet Bugiam [et] Tripolim, in diesque initu divino acquirere speramus, civesque et incolæ dictæ civitatis cupidi eas partes victualibus, monimentis et aliis rebus illich necessariis munire et ab eis partibus alias mercantias extrahere, dictasque immunitates et franquitates eis observari; propterea Majestati nostræ humiliter præfati sindici exposuerunt, ut cum ipsi tempore quo dictæ civitates et provinciæ per infideles possidebantur, licet civibus et incolis dictæ

[1] Capmany ne publie pas le texte de ce privilége du roi Jacques II, du 15 Décembre 1324, dont il parle dans son exposé historique. *Memorias*, t. I, part. II, p. 86.

civitatis libera facultas esset eas partes navigandi et in illis commerciandi, attamen, eo tempore quo Sarraceni eas civitates incolebant, et franquitas et immunitas jurium prædictorum ipsis nec observabantur [nec poterant observari[1]]; nunc autem, postquam, divina clementia civitates ditioni nostræ christianæ subegit, nostroque imperio et dominio commendavit[2] sub Christi nomine et fide regendas et gubernandas, præfati sindici Majestati nostræ humiliter supplicarunt ut in dictis civitatibus Bugiæ et Tripoli, unde primordium dicta conquesta habuit, eam franquitatem, immunitatemque per dictum bonæ memoriæ regem Jacobum concessam eidem civitati Barchinonæ et illius incolis, laudare, ratificare et confirmare, et quatenus opus sit de novo concedere, in easdemque civitates de conquesta Aragonum acquisitas et Dei permissu acquirendas, protendere, extendere et ampliare dignaremur, cum jam juxta calendato privilegio sit concessa ea facultas in terris acquisitis et acquirendis, liberamque facultatem civibus et incolis dictæ civitatis concedere dignaremur eas partes petendi et in illis commerciandi de nostra solita benignitate.

Atque nos, læto fronte dicta supplicatione benigne commoti, volentes eam Barchinonæ civitatem debitis prosequi favoribus, prænominatorum vectigalium franquitates confirmamus, et quatenus opus sit de novo concedimus, liberamque facultatem impartimur eisdem civibus et incolis dictas partes Barbariæ acquisitas et acquirendas petendi et navigandi, et in eis commerciandi, cum immunitate et franquitate dictorum vectigalium, nostræque hujusmodi laudationis, confirmationis, et quatenus opus sit novæ concessionis, facultatis et permissus munimine et præsidio roboramus et validamus.

Serenissimæ propterea Joannæ, reginæ Castellæ, Legionis, Granatæ, et principi Gerundæ, archiducæ Austriæ, ducissæque Burgundiæ, filiæ et primogenitæ nostræ carissimæ, gubernatricique generali, ac post felices et longævos dies nostros in omnibus regnis et terris nostris immediatæ hæredi et legitimæ successori, intentum aperientes nostrum, sub paternæ benedictionis obtentu, dicimus et rogamus; illustribus propterea spectabilibus, magnificis consiliariis, dilectis et fidelibus nostris quibuscumque, locumtenentibus generalibus, admiratis, viceadmiratis, capitaneis generalibus et particularibus tam maritimis quam terrestris exercitus, gubernatoribus, duaneriis, [etc.] quocumque nomine nuncupatis et jurisdictione quacumque fungentibus, tam in regni coronæ nostræ Aragonum quam in partibus Africæ et Barbariæ, dicimus [etc.] quatenus hujusmodi nostrum privilegium, [etc.] observent, tenerique et observari inviolabiliter facient, [etc.]. In cujus rei testimonium præsentem fieri jussimus, nostro communi sigillo impendenti munitam.

Datum in villa Montissoni, die secundo mensis Septembris, anno a Nativitate Domini millessimo quingentessimo decimo, regnorum nostrorum videlicet Siciliæ ultra Pharum anno quadragessimo tertio, Aragonum et aliorum tricessimo secundo, Siciliæ autem citra Pharum et Hierusalem octavo.

Yo, el Rey[3].

---

[1] Au texte : « ipsis nec poterat observabantur. »

[2] Au texte : « commendant. »

[3] A la suite : « Vt. (vidit) Augustinus, vicecancellarius. Vt. Generalis thesaurarius. Vt. Consiliaris » generalis. — Dominus rex mandavit michi Michaeli Velasques Climent. Vis. (visa) per Vicarium, » Thesaurarium et Consiliarem generales. » In Diversorum, XI, fol. ccc. viii.

XXXII.

1511, 18 décembre. A Burgos.

Pragmatique sanction de Ferdinand le Catholique portant qu'en raison des subsides votés pour l'expédition d'Afrique par ses sujets de Catalogne, d'Aragon et du royaume de Valence, le roi impose un droit de cinquante pour cent en sus des droits ordinaires sur toutes les étoffes de laine d'origine étrangère à ses États qui seraient importées dans les villes de Bougie, Tripoli et Alger, ou autres possessions de la couronne d'Aragon en Afrique; le roi assurant d'ailleurs à ses sujets des pays de Catalogne, d'Aragon et de Valence la liberté de commercer en Afrique en payant les droits établis [1].

Capmany, *Memorias. Coleccion diplomatica*, t. II, p. 323. Archives municip. de Barcelone.
Ex *Lib. virido*, III, fol. 103.

Nos Ferdinandus, Dei gratia, rex Aragonum, Siciliæ citra et ultra Pharum, Hierusalem, Valentiæ, Majoricarum, Sardiniæ et Corsicæ, comes Barchinonæ, dux Athenarum et Neopatriæ, comes Rossilionis et Ceritaniæ, marchio Oristani et Gotiani.

Multi principum consueverunt exteris nationibus quique jugo subjectionis et fidelitatis eorum minime astringuntur, commercium et contractationem regnorum atque terrarum suarum interdicere. Nos autem, aliter sentientes, omnes admittimus, ut, quum omnium conditor ad usum hominum in terris creavit, et natura dante omnibus communia esse voluit, privata non fiant; sed tamen inter omnes proximos quos, humana divinaque ratione cogente, diligere debemus, subditorum nostrorum nativorumque earum terrarum quas jure gentium et civili acquisivimus dilectos esse oportet, quandoquidem illos maxime fovere, et augere tenentur omnibus quibus decet fomentis ac privilegiis a tramite juris et rationis minime abhorrescentibus, neque illam quoque pacto perturbantibus, ut locupletentur et earum terrarum, quas non sine ipsorum subditorum nostrorum ope et opera, Deo semper auctore, ditioni nostræ subegimus, fructum aliquem habeant pinguiorem, quo medio expeditionem quam ad amplificandum nostrum in Mauritanis oris Africanisque imperium juvare, divinoque cultui et nostris servitiis satisfacere possint.

Sane, cum multi subditorum nostrorum, videlicet Cathalani, Aragonenses, Valentini, et id genus, quorum donativo in curiis generalibus per nos eis apud Montissonum celebratis nobis facto, res dictæ sanctæ expeditionis non parum aucta est, cum sine magnis pecuniarum summis fieri non possit; Africanas provincias, civitatesque, et oppida, portus, plagias et stationes quas ultra Mediterraneum habemus, adire, et illo varii generis merces et mercimonia afferre et vehere, seu afferri et vehi facere, exonerare, et de hac super illis varie contrahere, ac inde alia exportare consuescant;

[1] Les Catalans réclamèrent contre cette pragmatique, qui, sous des apparences très-libérales, supprimait en réalité les plus importants avantages concédés à leur commerce par l'ordonnance de 1510. Voyez Capmany, *Memorias*, t. I, 2ᵉ part., p. 86.

visum nobis est illos in eo negotio atque commercio præ cæteris hominibus frugiferis donare privilegiis, juraque ac regalias nostras respectu exterorum advenarum, et in eis terris, provinciis, et oppidis diversantium augere.

Quamobrem, tenore præsentis, nostra ex certa scientia atque consulto, jus quinquaginta pro quolibet centenario valoris et justæ æstimationis quorumcumque pannorum laneorum extraneorum, qui non sint facti seu operati in terris sive dominiis ditionis nostræ, quæ a die publicationis præsentium ab inde vehentur et aportabuntur tam in civitate Bugiæ, Tripolis et Algerii, quam etiam ad alias terras, oppida et provincias Africanas ditioni coronæ nostræ Aragonum subjectas, a quibuscumque mercatoribus et aliis personis etiam vassallis et subditis nostris, præter alia jura consueta et jam antehac imposita, imponimus et oneramus per quoscumque officiales perceptores et collectores jurium nostrorum ad quos attineat, exigendum et levandum; præsentisque nostra pragmatica sanctionis ad beneplacitum nostrum durante, dicimus et sancimus ut abinde nemo audeat et præsumat de dictis pannis laneis extraneis, et non factis seu operatis in dominiis et terris ditionis nostræ, portare seu vehere in dictas civitates terras et oppida Africanas, et in eisdem civitatibus contrahere, vendere, emere, permutare, aut aliter commerciari, nisi persoluto dicto jure et imposito quinquaginta pro quolibet centenario dicti valoris, æstimationis, sive pretii dictorum pannorum lanæ extraneorum.

Si quis autem secus ageret, confiscationis ipsorum pannorum laneorum extraneorum, applicationisque curiæ et fisco nostris pœnam ipso facto incurrat totiens quotiens contrafecerit. Quapropter, eodem tenore dicimus, præcipimus, et mandamus capitaneo generali nostro civitatum et regnorum Bugiæ et Tripolis, et ejus vicesgerenti, et aliis capitaneis generalibus et particularibus, almesuariis, almoxarisiis, juriumque nostrorum perceptoribus et collectoribus in ipso regno et aliis terris, provinciis, civitatibus, et oppidis Africanis ditioni nostræ subjectis, constitutis et constituendis, præsentibus et futuris, ad incursum nostræ indignationis et iræ, pœnæque florenorum auri Aragonum decem millium, ut nostram hujusmodi juris impositionem et onerationem, pragmaticam sanctionem, voluntatem, atque decretum, forma illius diligenter inspecta, teneant inviolabiliter et observent, faciantque per singulas civitates, terras, portus, plagias, et stationes Africanas jam dictas nobis subjectas, voce præconia publicari et insinuari, ne inde ignorantiam prætendere valeant seu etiam allegare. Caveantque a contrario quavis causa, si præter pœnæ jam dictæ, indignationis et nostræ incursum sustinere nolunt. In cujus rei testimonium præsentem fieri jussimus nostro impresso sigillo munitam.

Datum in civitate Burgorum, die XVIII. mensis Decembris, anno a Nativitate Domini millesimo quingentesimo undecimo.

Yo, el Rey [1].

---

[1] A la suite est écrit dans le registre : « Vt. Conservator generalis. Vt. Augustinus, Vicec. Generalis Thesaurar. *In Diversorum* XIII, fol. cc. XLIX.

XXXIII.

1512, 24 août. A Logrono.

Lettre du roi Ferdinand le Catholique au lieutenant du trésorier général de la couronne, faisant défense à lui-même lieutenant du trésorier général, à tous capitaines de vaisseaux, gouverneurs et autres officiers établis par le roi en Afrique d'empêcher les citoyens de Barcelone de commercer librement dans le pays, sans payer aucuns droits de douane ou autres.

Capmany, *Memorias. Coleccion diplomatica*, t. II, p. 325. Archives municip. de Barcelone.
Ex *Lib. virido*, III, fol. 106.

Ferdinandus, Dei gratia, rex Aragonum, Siciliæ citra et ultra Pharum, Hierusalem, [etc.] magnifico et dilecto consiliario nostro Alphonso Sanchez, militi, locumtenenti nostri generalis thesaurarii, universis præterea et singulis capitaneis et patronis quarumcumque navium, triremium, et aliorum vasorum maritimorum, capitaneis, insuper et gubernatoribus nostris jurisdictionem pro nobis in partibus Africæ exercentibus, nec non et collectoribus quorumcumque jurium et vectigalium novorum et veterum in eisdem Africæ partibus, præsentibus et futuris, salutem et dilectionem.

Quia cives et incolæ civitatis nostræ Barchinonæ prætendunt ipsos posse navigare et commerciari in istis Africæ, ac aliarum quarumcumque infidelium nationum partibus, tute, libere et secure, et sine impedimento aliquo; prætendunt etiam ex eorum privilegiis esse liberos et immunes ab omni lezda, pedatico, mensuratico, portatico, et aliis juribus et impositionibus, novis et veteribus statutis et statuendis quæ dici nominari, seu excogitari possent, prout in eorum privilegiis latius exprimuntur, quorum privilegiorum omnium nedum generalem confirmationem a nobis obtinuerunt, verum super ipsa immunitate et commercio eis tuto et securo ad istas partes specialem confirmationem eisdem Barchinonensibus nostro cum privilegio concessimus, necnon celebrando curias generales in Montissoni, ad supplicationem trium brachiorum curiæ Cathalanorum per capitulum curiæ confirmavimus et concessimus omnibus Cathalanis, quod eas partes Africæ tute, libere et secure navigare, petere, et in eis commerciari possent, revocata inde certa præconizatione, instante vobis dicto Alphonso Sanchez, in aliquibus partibus Cathalonie facta, cum qua fuit interdicta facultas aliquas partes Africæ petendi et commerciandi, prout de prædictis omnibus clare liquet per ipsa privilegia per reges Aragonum concessa et per nos confirmata, ac per ipsum actum curiæ vim et robur judicii in curia dati obtinentis et promptam executionem habentis.

Cumque præfati Barchinonenses prætendant se inquietari et perturbari in commerciando et navigando ad eas Africæ partes, et in eorum licentia, permissu, ac facultate contra eorum privilegia et actum curiæ ad supplicationem curiæ per nos editum; ideo Majestatem nostram adeundo, nobis humiliter supplicari fecerunt circa observationem eorum privilegiorum et capituli curiæ, [ut] salubriter eis consulere dignaremur. Atque nos, dicta supplicatione benigne suscepta, quia semper menti nostræ est capitula curiæ et privilegia vassallis et subditis nostris observare et observari facere; tenore præsentis, de nostri certa scientia, deliberate et consulto, vobis et vestrum unicuique ad quem spectet, dicimus et mandamus, pena florenorum auri decem mille adjecta, quatenus eosdem Barchinonenses libere, tute et secure sinatis et permittatis partes Africæ et alias infidelium nationes petere, navigare, et in eis commerciari, juxta dictum capitulum curiæ et privilegia per nos et per retro reges Aragonum prædecessores nostros, clari nominis, ut prædicitur, concessa.

Nec non observetis et observare faciatis et mandetis eisdem Barchinonensibus immunitatem et franquitatem jurium et vectigalium quorumcumque, novorum et veterum juxta eorum privilegia memorata; quæ quidem privilegia et capitulum curiæ in omnibus et per omnia exequi et compleri volumus, juxta illorum seriem et tenorem pleniores. [etc.]

Datum in civitate Lucronii, die XXIV. mensis Augusti, anno a Nativitate Domini millesimo quingentesimo duodecimo.

Yo, el Rey.

XXXIV.

1512, 24 août. A Logrono.

Nouveau privilége du roi Ferdinand le Catholique confirmant aux habitants de la Catalogne la faveur de commercer librement et sans payer aucuns droits dans les royaumes de Tunis, Alger, Tripoli et Bougie, et ordonnant à ses officiers de restituer aux Catalans les marchandises à eux appartenant, dont ils avaient exigé la livraison des émirs de Tenez et de Tlemcen.

Capmany, *Memorias. Coleccion diplomatica*, t. II, p. 326. Archives municip. de Barcelone.
Ex Lib. *virido*, III, fol. 87.

Don Fernando, per la gracia de Deu, rey de Arago, de les Dos Sicilies, de Hierusalem, de Valencia, de Mallorques, de Cerdenya, de Corcega, comte de Barcelona, duch de Athenes y de Neopatria, comte de Rossello y Cerdanya, marques de Oristan y de Gociano, al magnifich y amat conseller nostre, mossen Alphonso Sanchez, cavaller, loctinent de nostre general thesorer, salut y dileccio.

Recordantnos que celebrant corts en la vila de Monço, en l'any M. C. X, á supplicacio dels tres staments de la cort dels Cathalans, haver fet y ordenat un capitol de cort del tenor seguent :

« Item, molt alt y catholich princep, rey y senyor, pus á la divina clemencia plau
» que en los vostres benaventurats dies se conquisten los regnes y terres de Africa,
» que pertanyen á la corona de Arago, de que vostres vassalls o sotsmesos de la dita
» corona son constituhits en summa contentacio è alegria, è perço son moguts en
» demanar gracia y merce á vostra Altesa; los tres staments de la cort general del
» principat de Cathalunya supliquen á vostra.Altesa que li placia per capitol de cort
» otorgar è consentir al vostre principat de Cathalunya, è á tots è sengles poblats è

» habitants en aquells, presents y sdevenidors, qui hajen y tingan haver comerci en
» los regnes de Tuniç, Alger, è Tripol y Bogia, è altres pertanyents á la dita corona
» de Arago, axi conquistats y conquistadors; è que puxen entrar y exir, estar en los
» dits regnes è terres, en aquells portar qualsevol robes, mercaderies, è vitualles, è
» altres coses sens enpaig de sa Magestat è de vostres officials presents y sdevenidors;
» y aço no derogant á les constitucions, capitols è actes de cort, privilegis, aixi en
» comu com en particular atorgats als ecclesiastichs è militars, cintats, viles è llochs
» reals. È encara, de present, li placia revocar è haver per revocada la crida feta per
» manament de vostra Magestat en algunes parts de Catalunya, prohibint lo comerci
» per als regnes de Tremicen, de Thenes, y ciutat de Ora, en quant sie prejudicial al
» dit principat, è als dits poblats è habitants en aquell, manant sobre aço despatxar
» oportunes provisions; è que en dits regnes de Tremiçen, è Thenes, è ciutat de Ora
» puguen los poblats en lo present principat portar tota natura de vitualles. — Plau al
» senyor rey. »

È com los capitols è actes de cort sien juy en cort donat; lo qual te prompte y spe-
dida execucio, y segons los sindichs de la nostra ciutat de Barcelona, en Pere Girgos,
Dionis Pau, Bernat Saver Zapila, y micer Hieronim Malet doctor, ab gran clamor,
han exposat á la serenissima reyna dona Germana, consort y loctinent general nostre
en les corts generals que de present en la vila de Monço celebra, vos dit mossen
Alfonso Sanchez, en virtut de certa convencio dihuen haver feta ab nos, recusau
observar y complir lo dit acte de cort, prenent y occupant vos les robes y bens que
los Cathalans porten en les parts de Berberia; y poch ha dihuen haveu instat los reys
de Thenes y de Tremiçen queus donassen unes robes que tenien de Cathalans; de que
sentintse molt agraviats los prenominats sindichs, han humilment supplicat á la prefata
serenissima reyna intercidis per ells ab nostra Magestat manassem observar lo dit acte
de cort.

È nos, considerant que es cosa molt justa è conforme á raho que lo preinsert capitol
de cort, lo qual es judici fet en cort, á la observança del qual nos som obligats, sie
servat; per tant, ab tenor de les presents, de nostra certa sciencia, deliberadament y
consulta, y encara per primera y segona jussions, è sots la ira è indignacio nostra, è
pena de deu mil florins d'or, de vostres bens, si lo contrari fareu, exigidors, vos diem
y manam que lo preinsert capitol y totes coses en aquell contengudes tengau, guardeu
y observeu, tenir, guardar y observar fassau, è no y contravingau per alguna causa o
raho. È si robes ni mercaderies de alguns Cathalans aveu preses contra serie del dit
capitol, las hi restituhiau, è no façau lo contrari, per alguna causa o raho, per quant
nostra gracia teniu chara, y la pena d'amunt dita desitjau evitar.

Dada en Logronyo, á XXIV. del mes de Agost, any M. D. XII.

Yo, el Rey[1].

[1] A la suite : « Vt. (vidit) Conservator generalis. Vt. Augustinus Vicecancellarius. Vt. Generalis
» Thesaurarius. » In Diversorum, XVI, fol. LIX.

IX.

RÉPUBLIQUE DE FLORENCE.
1363-1445.

I.
1363, 1er février. A Florence.

Extrait de la protestation dressée par un notaire de Florence au nom des associés des maisons Cauco et Vituri, de Venise, contre divers Florentins qui avaient été leurs facteurs en Barbarie et à Avignon, et qui refusaient de rendre leurs comptes.

Venise. Archives générales. *Commemoriali*, VI, fol. 142.

In Christi nomine, amen. Anno Nativitatis ejusdem M CCC LXII, indictione xv, die primo mensis Februarii.

Constitutus in palacio dominorum priorum artium et vexiliferri justicie civitatis Florencie, ante ostium camere in qua ipsi domini ad prebendum audienciam sepius congregantur, ego Damianus de Zandeguiliis, notarius et in hac parte nuncius serenissimi et excellentissimi domini domini Laurentii Celsi, Dei gratia, ducis incliti Veneciarum et communis ejusdem, ad ipsos dominos priores et vexiliferum pro infrascriptis causis cum litteris credulitatis ipsius domini ducis missus, non valens habere aditum ad ipsos dominos priores et vexiliferum, sibi tamen facta prius conscia de me per cancellarium et hostiarios tres eorum, et presertim non valens ad eos intrare cum notario vel testibus, dicendo, protestor et protestando dico, ante hostium camere suprascripte, tanquam in presentia dictorum dominorum priorum et vexiliferri, in hec verba, videlicet :

Primo, quod cum Michael de Liçcio, civis et habitator Florencie, missus alias in factorem ad partes Barbarie per viros nobiles dominos Jacobum et Danielem Cauco fratres ac Danielem et Bernardum Vituri, similiter fratres, socios, cives et habitatores Veneciarum, cum magna ratione et summa bonorum ipsorum sociorum, pridem redierit Florenciam a partibus supradictis; qui quidem ejus reditus fuit de mense Junii nuper ellapso; et hoc sentito, predicti domini Jacobi Cauco et Daniel Vituri, suo nomine et dictorum fratrum suorum, venerint Florenciam, ut a dicto Michaele videre possent rationem de aministratione bonorum sibi recommissorum [1].....

[1] Michel de Lizzio refuse de rendre ses comptes. Il est d'abord emprisonné, puis relâché, malgré les réclamations de Barthélemy des Bardi, mandataire des Vénitiens associés.

II.

1421, 5 octobre. [A Tunis.]

Traité perpétuel de paix et de commerce entre Abou-Farès Abd-el-Aziz, roi de Tunis, d'une part, la république de Florence et de Pise et le seigneur de Piombino, d'autre part, conclu en 1421 par Barthélemy de Galéa, ambassadeur de Florence, et ratifié en 1423 par les soins de Neri Fioravanti, ambassadeur florentin.

Bibliothèque de l'École des chartes, 4ᵉ série, t. V, p. 228, sous la date de 1424.
Amari, *Diplomi Pisani,* p. 151 et 326.

NOTA. — Le texte latin de ce traité porte à la fin (p. 353) la date arabe du 7 de Schoual 827, laquelle répondrait au 2 septembre 1424; tandis que l'original arabe est daté du 7 de Schoual 824, ce qui répond au 5 octobre 1421. Il y a erreur manifeste dans la date de l'instrument chrétien, puisqu'il est certain que le traité fut apporté à Florence par Neri Fioravanti, qualifié d'ambassadeur de la république à Tunis, dès le 22 décembre 1423, comme on le voit dans une note originale écrite à la chancellerie de Florence au bas du parchemin arabe (ci-après, p. 354). M. Amari fait remarquer cette différence de millésime entre les deux actes originaux, et l'explique en supposant que la ratification et la traduction du traité apporté par Fioravanti avaient été retardées de deux ans, peut-être par suite de la mort de Barthélemy de Galea, et que le traducteur Abraham, ou le copiste de la traduction, en effectuant sa copie au mois de décembre 1423, donna au traité la date de l'hégire 827, année musulmane qui avait commencé le 5 du mois de décembre 1423, en laissant tels qu'il les trouvait les mentions du jour et du mois de l'année de l'hégire 824, sans tenir compte des neuf mois à courir encore avant d'atteindre réellement le 7 de Schoual. (*Diplomi pisani,* p. 430.) Cette explication ingénieuse et savante est peut-être la plus vraie. Il en est une autre plus simple, mais réellement moins probable : c'est de supposer que le millésime 827 a été écrit pour 824 par une erreur de l'interprète Abraham ou du copiste qui écrivait sous sa dictée lors de la traduction officielle du traité, faite à Tunis en présence du consul florentin.

TEXTE ORIGINAL CHRÉTIEN, CONTEMPORAIN DU TEXTE ARABE.

In nomine Dei, qui creavit celum et terram, qui est spes nostra. Ex mandato domini nostri regis Tunisii, dominus noster, qui habet spem ejus in Deo, et est dominus cum Dei auxilio, qui custodit vim suam et vires Saracenorum, Molei Bofers Abdelasis, quem Deus manuteneat in vita propter Saracenos! et cui Deus concedat lungam vitam, et ei det multa bona! filii domini nostri et amoris nostri et vite nostre, Molei Bolabex, cujus anima requiescat, filii domini nostri

TRADUCTION PAR M. AMARI DE L'ORIGINAL ARABE.

Lode a Dio unico.
Copia non testificata del trattato di benedetta pace. Il testo, dopo il motto preliminare, (corre così) :
Lode a Dio in ogni fortuna.
E dopo la formola : Nel nome di Dio, ec., e : Benedica Iddio [a], ec., *(prosegue in questo tenore)* [b] :

---
[a] Cf. ci-après le projet de traité de 1414.
[b] Les mots du libellé que nous imprimons ici en italique n'appartiennent pas à la première rédaction originale arabe gardée à Tunis à la cour du roi; ils ont été ajoutés par le notaire ou secrétaire qui dressa l'*expédition* arabe, servant d'original, pour être envoyée à Florence, avec la traduction latine du drogman Abraham.

Molei Boabdile Mahomet, cujus anima requiescat, filii domini nostri Molei Boax, filii Molei Bolabex, quorum anime requiescant!

Non è possanza nè forza in altri che in Dio grande ed eccelso, e Dio è la nostra speranza ed ottimo protettore.

Arrivato all' eccelsa, famosa ed illustre capitale, la città di Tunis, guardata (da Dio), sede del nostro signore e padrone, il califo, l' Imam, il re magnanimo, (reggente) con piacer di Dio l' impero dell' islam, ombra di Dio su la terra, promotore delle virtù religiose ed esecutore dei precetti divini, fidante in Dio, rinforzato da Dio con la vittoria, vittorioso per divina bontà, puro, umile, glorioso, affaticante a difender i Musulmani e il culto sì che (godano piena) tranquillità, il principe dei Credenti, onor dei re e dei sultani, combattente per la causa del Signore dei Mondi, Abu-Faris-Abd-el-Aziz, che Dio perpetui il regno de' suoi, innalzi lor dignità sopra i gradi delle lucide (stelle), lor accordi durevole felicità e favore, perpetui nell' uman genere la benedizione del loro governo e mantenga lor califato a beneficio dei Musulmani; figlio del nostro signore e padrone il califo, l'Imam, il re magnanimo, (reggente) con piacer di Dio l' impero dell' islam, ombra di Dio su la terra, promotore delle virtù religiose ed esecutore dei precetti divini, fidante in Dio, rinforzato da Dio con la vittoria, vittorioso per divina bontà, puro, umile, glorioso, affaticante a difender i Musulmani e il culto sì che (godano piena) tranquillità, il principe dei Credenti, onor dei re e dei sultani, combattente per la causa del Signore dei Mondi, il santo, già accolto nella misericordia (di Dio), Abu-l-'Abbas-Ahmed, figlio del nostro signore e padrone l' illustre emiro, magnanimo, singolare, solerte, virtuoso, perfetto, dotto, giusto, il prode e fiero, l' accetto (a Dio), il solerte, il santo già accolto nella misericordia (di Dio), Abu-Abd-Allah-Mohammed, figlio del nostro signore e padrone il califo, l'Imam, fidante in Dio, rinforzato da Dio con la vittoria, il principe dei Credenti, il santo già accolto nella misericordia (di Dio), Abu-Iahia-Abu-Bekr, discendente degli emiri giusti, che Iddio

Confitemur prout coram nobis se presentavit mercator Bartholomeus, quondam Jacobi de Galeo, florentinus, pro parte ejus comunitatis et dominorum ipsius, et est eorum ambaxator; et fuit in presentia regis Tunisii, quem Deus manuteneat! Et presentavit coram nobis licteras, quas pro parte ejus comunitatis portavit, per quas manifeste apparet, ipsum esse ambaxatorem. Etiam instrumentum testatum per quod potest queque facere in beneficio pacis cum domino rege nostro, quem Deus manuteneat! Et hec omnia scripta sunt in lingua latina et licteris, cum bulla ejus comunitatis. Que lictere cognite fuerunt per consules et mercatores christicolas, qui testificati sunt esse ejusdem comunitatis.

Rogavit christicola nominatus, per ambaxariam pro parte ejus comunitatis predicte, regem, quem Deus manuteneat! quod sibi concedat ex gratia quod mercatores florentini et pisani, et omnes eorum subdicti, et pro Jacobo de Appiano, domino Plumbini, cum ejus subdictis, quod omnibus istis fiat prout infra sequitur, et primo.

1. Quod omnes homines florentini aut pisani, aut qui sunt in presente pace benedicta, venientes ad locum Tunisii, vel ad loca subposita dicto regno, voluntarie aut per fortunam coacti, sint liberi et securi in habere[1] et personis a gubernatore loci ubi aplicabunt, et ab ejusdem habitatoribus loci, et in omnibus locis aquirendis per regem predictum in futurum.

li abbia tutti nella sua misericordia e li innalzi al settimo cielo!

Il mercatante Bartolommeo, figlio di Giacomo d.lk.lia (de Galea), il fiorentino, da parte di quel comune e dei signori di loro gente, dei quali era ambasciatore, si appresentò questo Cristiano all' eccelso personaggio (del califo), che Iddio lo csalti e mantenga! ed csibì al nobil trono una lettera credenziale del detto comune, ed un atto per lo quale, da parte del comune, gli si dava autorità di ultimare l' accordo come gli paresse, e (gli si promettea) d'accettare i termini di pace ch' egli fosse per fermare, e quelli che gli fossero accordati dall' eccelso personaggio (del califo). Coteste (scritture crano) in carattere *rumi* [a], col noto *'alama* [b] ch'essi (Fiorentini) soglion porre a tali (atti); e i consoli cristiani e loro mercatanti ben conosciuti ne attestarono l' autenticità.

Donde il detto Cristiano da parte de' suoi committenti, dei quali si è fatta menzione, pregò l' eccelso personaggio, cui esalti e mantenga Iddio! di concedere all' universale dei Fiorentini e dei Pisani, ai quali son preposti (i detti signori), e che (vivono) sotto il loro reggimento, e similmente a Giacomo d'Appiano, signore di Piombino, ed a tutti (gli abitatori delle) loro province, che fossero trattati a tenore di ciò che è divisato qui appresso.

Capitolo 1. Tutti i Fiorentini, Pisani ed altri compresi nel (presente) accordo, i quali vengano, deliberatamente ovvero per caso, nella eccelsa capitale o in alcun paese da lei (dipendente), sieno assicurati e guarentiti nella persona e nell' avere, coll' aman del governatore di quel paese ov' essi giungano, e di tutti i Musulmani che vi soggiornino o che escan da quello, sudditi dell' eccelso per-

---

[1] *Habere* ou *havere*, presque toujours écrit *here*, dans les Mss.

[a] En caractères chrétiens.
[b] Les Arabes appellent *Alama* ou *Elamé* l'invocation pieuse que les notaires chrétiens, comme les notaires musulmans, écrivaient en tête des diplômes.

2. Item, quod si aliquis Florentinorum injuriatus aliquem fuerit, quod ejus consul teneatur eum punire juxta ipsorum rictum. Et si alius offenderit Florentino, quod consul offendentis teneatur ipsum punire.

3. Item, quod si aliquis predictorum Florentinorum vel contentorum in presenti pace, erit debitor vel creditor alicujus persone, et de [eo] appareant testes; quod dominus dugane teneatur jus inter ipsos facere et eos expedire.

4. Item, quod mercatores florentini et pisani, et omnes qui in presenti pace concluduntur, habeant fondacum pro eorum habitatione in quo habitare non possint nisi quos voluerint Florentini. Et si aliqua domus ruinatur, dugana teneatur ipsam retificare. Et quod habere debeant porterios, silicet ostiarios, Saracenos bone fame et fide dignos pro dicto eorum fondaco.

5. Item, quod habere debeant in Tunisio consulem et in omnibus locis regni Tunisii. Et si aliquis Florentinus debebit alicui Saraceno, quod eorum consul teneatur eum expedire; quod si consul facere non curabit, dominus dugane ipsum expediet. Et si aliquis Florentinus erit creditor alicujus Saraceni, quod dominus dugane teneatur ipsum expedire, et tam Florentinos et Pisanos quam omnes in presenti pace contentos.

6. Item, quod dicti in presenti pace contenti teneantur solvere eorum dirictum tam

sonaggio (del califo). Valga questo medesimo patto pei paesi musulmani ch' egli sarà per conquistare.

Capitolo 2. Giungendo nella eccelsa capitale alcun (uomo) delle due città anzidette di Firenze e Pisa, e (trovandovisi con) altro (cristiano), di nazione che vi abbia console, nessuno osi di far oltraggio all' altro; e quando alcuno ne faccia, si richiederà il console della nazione dalla quale sia venuto l' oltraggio di (applicare) al colpevole la (pena) ch' è ordinata (in sua legge?) per quel (delitto).

Capitolo 3. Quando alcuno dei Pisani ed altri compresi nel (presente) accordo richiegga alcun (altro cristiano (?) di pareggiare) un conto, (risultante da titoli) convalidati di testimonianze, e il debitore non gli soddisfaccia, dovrà pagarlo il preposto della dogana. Lo stesso si praticherà nel caso d' un Pisano o altro uomo compreso nell' accordo che fosse debitore.

Capitolo 4. Che la comunità dei Pisani, ed altri compresi nel presente accordo, abbia fondachi apposti per soggiornarvi e mercatarvi, nei quali non possano dimorare con essi altre persone se non quelle che lor piacciano. La dogana dovrà riedificare le fabbriche dei detti fondachi che andassero in rovina. I detti (Fiorentini e Pisani) vi terranno portinai fidati per custodirli.

Capitolo 5. Abbian essi un console nell' eccelsa capitale, al pari che negli altri paesi (dipendenti) da quella, il quale amministri la giustizia tra loro. Quando alcun Musulmano abbia diritti da sperimentare contro un Pisano, lo paghi il console; e se questi non possa, lo soddisfaccia il preposto della dogana, per chi di dritto. Similmente se un Pisano sia creditore d' un Musulmano, resti il soddisfacimento a cura del preposto della dogana. Lo stesso s' intenda di quanti entrano nel presente accordo insieme coi Pisani.

Capitolo 6. Tutte le gravezze ordinate a carico de' Pisani nelle immissioni ovvero estra-

introytus quam exitus, juxta consuetudinem dugane; excepto quod de argento, margaritis, lapidibus preciosis et auro debent solvere dimidium dricti.

7. Item, quod omnes res et merces que conducuntur per Florentinos, et alios in presenti pace contentos, in Tunisio et in omnibus locis dicti regni, debeant extimari in dugana secundum precium temporis tunc currentis; et quod duganerii teneantur expectare mercatores, de eo quod erunt debitores in dugana, pro dricto suarum mercium, menses sex, incipiendo dictum tempus a die qua exient eorum merces de dugana. Et quod duganerii teneantur ipsos expedire de omnibus mercibus que per eos vendentur ad calegam, silicet all' incanto, cum interprete et testibus. Et [si] venderent absque interprete et teste, tunc duganerii eos non expedire tenentur.

8. Item, quod contenti in presenti pace possint emere navigia in portubus regni Tunisii ab habentibus pacem cum rege Tunisii, absque solvere decimum; sed si emerent ab non habentibus pacem, tunc solvere teneantur decimum tocius precii emptionis.

zioni, rimarranno quali ha usato di riscuoterle la dogana; eccetto l' argento, le gioie, gli smeraldi, i rubini e l' oro, sui quali i Pisani pagheranno soltanto una mezza decima. Lo stesso s' intenda di quanti entrano nel presente accordo insieme coi Pisani.

Capitolo 7. Giugnendo con le merci loro nella eccelsa capitale, ovvero nei paesi da lei (dipendenti), si valuteranno le merci secondo i prezzi correnti; ma per pagare i dritti ragionati (in tal modo), si accorderà loro la dilazione di sei mesi dal giorno del trasferimento di esse merci in dogana. Correggasi [a] : Si prenderà della merce stessa (la quantità che risponda) al valsente (del dritto). Sarà obbligo della dogana di soddisfarli (del valore) di tutte le merci che vendessero per mano de' turcimanni, in halka e con testimonianze. Lo stesso avrà luogo negli altri paesi dipendenti dall' eccelsa capitale. La dogana non pagherà quella (roba) che vendessero fuori dogana, senza halka, nè testimonianze.

Capitolo 8. I suddetti non pagheranno decima per le navi o (altri) legni che comperassero nella eccelsa capitale o paesi (dipendenti) da lei, quando il venditore sia di nazione confederata (con lo Stato di Tunis). Se nol sia, dovranno la decima del prezzo.

---

[a] Cet article est la reproduction et s'éclaire du rapprochement de l'article 7 du traité pisan de 1397 et du projet de traité de 1414 avec le seigneur de Piombino. Le passage du texte arabe du présent article doit se traduire exactement ainsi : « Si accorderà loro la dilazione di sei mesi dal » giorno del trasferimento di esse merci in dogana; » *piuttosto* : si prenderà della merce, etc. » M. Amari pense que le rédacteur ou copiste arabe ayant reproduit par erreur ces mots de l'ancien traité de 1397 : « Si accorderà loro la dilazione, etc. », au lieu de les effacer, en a modifié et rectifié le sens dans la phrase qui suit : « Si prenderà della » merce, etc. », précédée du mot *piuttosto*, que M. Amari remplace par le mot *correggasi*. Observation analogue pour deux passages de l'article 9. Mais l'addition *piuttosto*, etc., nous semble une explication et un complément plutôt qu'une correction des mots qui précèdent.

9. Item, quod si aliquis predictorum Florentinorum vellet transferre vel transmittere de mercibus conductis in aliquo locorum regni istius, de quibus solverit drictum dugane, ad alium locum dicti regni, quod duganerii sibi facere teneantur instrumentum per quod alibi non cogatur ad solvendum alterum drictum. Et si mercator Florentinorum aliquem procuratorem constituerit pro expedire ejus merces, quod dugana non possit accipere aliquod drictum a dicto procuratore, quia sufficit primum drictum per constituentem solucutum.

10. Item, quod si Florentini predicti vendiderint aliquas merces ad calegam, seu allo incanto, cum interprete et teste; quod dominus duganerius teneatur ipsos expedire.

11. Item, quod si aliquis Florentinorum vendet aliquas merces alicui Saraceno et emptor viderit dictas merces, et capparrum, sive arbon [1], pro ipsis dederit per manus interpretis; quod, in quantum dictus emptor recusaret dictam emptionem, dominus dugane teneatur dictum emptorem cogere ad observandum, et omnino procurare quod Florentinus habeat precium suarum mercium sic venditarum.

12. Item, quod si aliquis predictorum in presenti pace contentorum emerit ab aliquo alcayde, gubernatore vel domino alicujus loci regni istius, et dictus Florentinorum de hoc haberet instrumentum; quod dicta vendia sive contractum non possit nec debeat retroire. Et si dictus presidens fuerit remotus a regimine loci predicti, quod ejus in dicto regimine succedens, teneatur pro remoto observare dicto Florentino.

Capitolo 9. Nel caso che alcun Pisano, giunto con merci all' eccelsa capitale, abbia pagati su quelle i dazii alla dogana, ma non venendogli fatto di vender tutte le merci, voglia andarsene (col rimagnente) in altro paese dello Stato, la dogana gli rilascerà un berát [a] che attesti il pagamento del dazio su le dette merci, se il mercatante non debba niente altro. È lecito al Pisano di far procura ad altri, correggasi [b] : a chi voglia, per comperare nei paesi dello Stato quelle merci ch' ei voglia, non pagando su quelle il dazio che una sola volta. Lo stesso s' intenda di quanti altri sono compresi nel presente patto, correggasi : accordo.

Capitolo 10. Se alcun Pisano voglia vendere una merce qualunque per mezzo di turcimanno, all' incanto e con testimonianza, il preposto della dogana sarà tenuto di soddisfarnelo. Sia nella medesima condizione chiunque altro entra nel presente accordo insieme coi Pisani.

Capitolo 11. Quando un Pisano abbia venduta alcuna merce per mano di turcimanni, n' abbia egli presa l' arra, e il compratore abbia esaminata la merce, non si possa annullare la vendita. E (se il compratore non si acqueti a ciò), si renderà giudizio contro di lui (obbligandolo) a prendere (la merce) ed a pagarne il prezzo. Siano nella medesima condizione (tutti) coloro ch' entrano nel presente accordo insieme coi Pisani.

Capitolo 12. Quando alcun dei suddetti comperi alcuna merce dai capitani o governatori dell' eccelsa capitale o d' altro paese dipendente da essa, e che il compratore abbia in mano l' atto di vendita convalidato da testimonii, non possa il governatore annullarlo, nè il suo successore in quell' oficio.

---

[1] Arrhes. *Arbon* ou *Arban* est le mot arabe

[a] Une quittance. Ci-dessus, p. 78.
[b] Voyez l'observation ci-dessus, p. 348, note *a*.

13. Item, quod omnes interpretes teneantur servire omnibus mercatoribus comuniter et pariter; et quod dicti interpretes non possint recusare servicia alicujus mercatoris. Et quod de omni mercato habere debeant dicti interpretes, videlicet, de centum miliarensibus quod ascendet mercatum, dimidium miliarensem [1].

14. Item, quod habere debeant bancherios scientes consuetudines locorum, qui debent facere eorum raciones cum dugana; et facta ratione, teneantur duganerii facere appodixiam expedimenti dictis mercatoribus; et habita dicta appodixia, possint dicti mercatores tam per terram quam per mare absque impedimento recedere. Et si contigerit ipsos redire, quod non possint constringi a dugana reiterare dictas raciones jam calculatas, nisi de jure.

15. Item, quod omnes predicti possint de nave descendere et in ipsa ascendere ad eorum libitum, et per civitates et loca emere et vendere ad eorum beneplacitum, absque alicujus contradictione persone. Et quod nemo eis possit vetare emere farinam et frumentum pro vittu marinariorum navis seu navium eorum. Et de hiis victualibus pro nave emptis, non tenentur solvere aliquod drictum. Et quod non teneatur alter Florentinorum pro altero pro aliquo crimine vel causa tam debiti, homicidii quam alterius occaxionis.

16. Item, quod eorum consul possit bis in mense intrare ad presentiam regis, et cum eo loqui, absque contradictione.

17. Item, quod barche suorum navigiorum possint intrare usque ad capud canalis [2], absque contradictione.

[1] Les drogmans, faisant en même temps office de courtier, étaient donc payés à raison de demi pour cent de la valeur des marchandises vendues par leur intermédiaire.

[2] À l'entrée du canal de la Goulette.

Capitolo 13. Che tutti i turcimanni siano adoperati cumulativamente nel loro oficio, e che niuno abbia turcimanno suo particolare. I turcimanni siano rimunerati alla ragione di cinque dirhem di zecca sopra ogni cento dinar decimali di zecca, moneta corrente.

Capitolo 14. Che i suddetti abbiano scrivani nell' eccelsa capitale e nei paesi dello Stato, i quali facciano lor conti quante volte essi (mercatanti) lo vogliano. Soddisfatto che sia il conto d' un (mercatante), possa questi viaggiare per terra o per mare. Allora gli si scriverà il berat di commiato che attesti il pagamento. E se poscia torni alla capitale, non gli sarà rifatto il conto se non per legittima cagione.

Capitolo 15. Che loro sia lecito di andare e venire dai loro legni nelle ore in cui è solito di salirvi. Loro sia lecito al pari di percorrere liberamente il paese, ne' luoghi ove abbiano goduta cosiffatta licenza [a]. Non sia loro vietato di comperare quanto grano e farina abbisogni pel vitto dei marinai e padroni dei legni; e per questo non si richiegga da loro alcun dritto. Nessun di loro sarà imprigionato nè molestato pei fatti imputati ad altrui in materia criminale, religiosa o pecuniaria.

Capitolo 16. I loro consoli saranno ammessi a vedere il nobil trono (del califo) due volte al mese, e loro si accorderà, senza veruno impedimento, di favellare all' alto personaggio, che Dio lo esalti e mantenga.

Capitolo 17. Quando si permetta ad alcuna nazione cristiana di andare con le barchette al capo del canale, si permetterà anco ai suddetti.

[a] Voyez M. Amari, p. 430, et le traité pisan de 1397, art. 15. Cf. le traité de Florence de 1445, art. 24.

18. Item, quod si aliqua eorum navis pro casu fortuitu velit exonerare et ostendere carinam, et postea reonerare, illud facere possit absque aliquo impedimento, et absque solvere aliquod drictum. Et quod navis, marinarii, mercatores, merces et bona ipsorum sint salva et sicura in toto regno predicto.

19. Item, quod si aliquis non predictorum navigaverit cum predictis, videlicet cum navigio predictorum, sit securus ac si esset Florentinus. Et si dictus non Florentinus dampnificasset Saracenis, fiet ei secundum quod fecerit. Et si aliquis Florentinus navigaret cum aliquo navigio non Florentinorum, et dictum navigium incideret in manus Saracenorum subdictorum dicto regi, quod dicti Saraceni non possint dampnificare dictum navigium in mercibus vel personis.

20. Item, quod si aliquod navigium Florentinorum reperiret aliquod navigium Saracenorum subdictorum regis Tunisii, quod dicti Florentini non possint dampnificare dictos Saracenos in habere vel personis; et per consequens, Saraceni predicti non valeant dampnificare Florentinos.

21. Item, quod si predicti habebunt procuratorem causa recuperandi aliquas peccunias vel alia, et de hoc testes appareant, quod dominus dugane teneatur ipsos expedire.

22. Item, quod predicti non debent solvere pro mercibus ipsorum tam conducendis

Capitolo 18. Accadendo ad alcun legno dei Pisani fortuna di mare, rottura, o (altro caso per cui) occorresse di risarcire il legno, sia lor lecito di scaricarlo, e non sia loro impedito di (salire su) quello; e ciò (tanto nella capitale) quanto nei paesi dello Stato. La gente del detto legno sarà salva e guarantita nella persona e nell' avere, dalla parte dell' alto personaggio (del califo) et di cui vive sotto la obbedienza di lui; ciò anche (s'intenda) per le merci e per ogni capo di traffico. Tutta la roba che saranno per iscaricare, o che il mare getterà alla spiaggia, potrà da essi a piacer loro riportarsi al proprio legno o in alcun altro, senza pagare dritto di sorta.

Capitolo 19. I Cristiani d'ogni generazione che viaggino in nave o legno qualunque appartenente ai Pisani, fosse o no (la nazione di) quelli in pace (con lo Stato di Tunis), saranno trattati dalla pubblica autorità al paro dei Pisani, e ciò quanto al (beneficio generico dell') aman e niente altro. Che se alcun di essi Cristiani abbia recata ingiuria a Musulmani, sarà trattato secondo che richiegga il suo misfatto. Qualunque Pisano viaggi in nave o altro legno di altra generazione di Cristiani, e sia incontrato da alcun legno dell' eccelsa capitale o d' altro paese dello Stato, non verrà molestato.

Capitolo 20. Trovandosi alcuna nave o legno pisano in alto mare o nel porto dell' eccelsa capitale o altro dello Stato, e sendo incontrato dai legni dell' eccelsa capitale, questi non faran loro offesa di sorta, ed essi (Pisani) saranno sicuri e guarantiti in loro persone, averi e legni.

Capitolo 21. Quando alcun Pisano abbia nell' eccelsa capitale procuratore per riscuotere suoi crediti di danaro o altro, (risultanti da atto) convalidato di testimonianze, sarà a carico del preposto della dogana di soddisfare cotesti crediti.

Capitolo 22. I suddetti (Pisani) saranno trattati secondo la consuetudine quanto al

quam extrahendis nisi solitum drictum et consuetudines assuetas, et quod addi non possit dricto et consuetudinibus solitis.

23. Item, quod si aliquis officialis, vel sequens curiam, erit debitor alicui Florentino cum testibus, quod possit procurari per modum quod sit plene soluptus.

24. Item, quod si aliquis non Florentinus, nec contentus in presenti pace, appulerit ad regnum istud cum navigio Florentinorum, sit securus in habere et persona, sed de ejus mercibus debet solvere drictum et consuetudines aliorum extraneorum.

25. Item, quod per duganerios aut per alterum non possit opponi alicui capitulorum predictorum pacis predicte benedicte, quam Deus vult[1]... omnium locorum regni Affrice, prout dictum est.

26. Item, quod si aliquod navigium remigerum exiet de locis subdictis Florentinis, causa navigandi, et dampnificaverit aut novitatem aliquam faciet Saracenis, quod Florentini debeant accipere dictum navigium, et homines in eo existentes occidere, et accipere eorum bona, ubi reperiri possunt, in eorum territorio existencia, et processum ex dictis bonis transmittere hic in dugana Tunisii. Et si non possent accipere dictum navigium nec personas, quod teneantur perquirere bona ipsorum et, ut supra, transmit-

[1] Lacune comblée dans la rédaction arabe.

dazio (doganale), al trasporto in barche, al scaricare [a] ed a tutt' altra prestazione solita, e continueranno a pagarli senza alcuno aumento.

Capitolo 23. Se alcun Pisano abbia dritti da sperimentare contro alcun servitore dell' alto personaggio (del califo), o contro altro Musulmano, (dritti risultanti da atto convalidato) di testimonianze, e voglia far procura ad altri per lo sperimento di tai dritti, non gli sarà vietato.

Capitolo 24. Quando alcun Cristiano di qualsivoglia nazione viaggi in nave o legno dei Pisani alla volta dell' eccelsa capitale o d' altro paese dello Stato, sarà guarentito nella persona e nell' avere; eccetto il caso ch' egli abbia alcuna merce : nel qual caso ne pagherà ciò ch' è dovuto dagli uomini di sua propria nazione.

Capitolo 25. Niuno di parte dell' alto personaggio (del califo) nè d' altri, abbia autorità di mutare alcun capitolo dei patti descritti di sopra nel presente benedetto accordo, se piaccia al sommo Iddio nella sua possanza, ch' egli sia sempre lodato! L' ordinamento di questo accordo è stato significato per iscritto a tutti i paesi dell' Affrica (propria), e i patti saranno quivi osservati in favor di essi Pisani a tenore del testo del presente (atto).

Capitolo 26. Uscendo in corso alcun legno o nave di Pisa o della sua giurisdizione, e commettendo rapine o (altri) danni contro i Musulmani, rimarrà a carico dei Pisani di catturare il detto legno; e sarà messo a morte cui lo monti, e presi i loro averi dovunque si trovino nei detti paesi (di Firenze e Pisa), o in altro luogo dello Stato. Cotesti averi saranno consegnati alla dogana (di Tunis). Che se non si possano catturare le persone, si consegneranno i (soli) averi alla detta dogana. Quante volte l'alto personaggio (del

[a] Voyez, p. 81, l'art. 22 du traité de 1397.

tere in dugana Tunisii. Et si navigium seu navigia remigera exierint de locis regni istius causa inquirendi cursarios, quod Florentini teneantur exire in predictorum Saracenorum auxillium. Et si aliquod navigium Florentinorum exierit, causa inquirendi cursarios, et invenerit aliquod navigium Saracenorum regni istius, non possint dictis Saracenis aliquod dare impedimentum nec dampnum inferre. Et si in dicto Saracenorum navigio esset aliquis Saracenus extraneus, quod non possint dictum extraneum dampnificare in havere vel persona. Et quod si venerit aliquod navigium Florentinorum inimicorum Florentinis ad locum istum, teneantur mercatores Florentini exire cum Saracenis ad preliandum dictos Florentinorum rebelles, et solvere stipendia hominibus pro expugnare dictos rebelles. Et si pro casu fortuitu navigia Saracenorum subdictorum regi isto applicarent ad partes Florentinorum vel contentorum in presenti pace, quod dicti Saraceni sint salvi et securi in havere et personis, ac sint bene tractati et honorati.

27. Item, quod si aliquis Florentinorum apportaverit aliquas merces vel jocalia, et ipsa non invenerit ad vendendum, et voluerit ipsa reportare, illud facere possit absque solvere aliquod drictum introytus vel exitus.

28. Item, quod supradicti venire debeant cum eorum mercantiis in Tunisio, et ibi emere et vendere juxta rittum loci.

Et hoc est instrumentum pacis perpetue secundum voluntatem prefati domini regis Tunisii, quem Deus manuteneat! qui confessus extitit omnia et singula capitula suprascripta sibi per nos lecta penitus observare.

Que pax scripta fuit, de ejus voluntate et mandato, anno 827, die septimo mensis Xuel, secundum Saracenorum cursum (5 ottobre 1421)[1].

[1] Voyez ci-dessus, p. 344, *Nota*.

califo) armi legni per dar la caccia a corsali, sian tenuti i Pisani ad armare anch' essi in aiuto di tale (impresa), e mandare (coteste forze navali) dove sarà loro indicato [a], (e tenervele) per tutto il tempo della impresa. Se nom pisano armi alcun legno nei detti paesi o in altro luogo dello Stato, non recherà danno di sorta ai Musulmani dell' eccelsa capitale nè d' altri paesi dipendenti da essa. (Similmente) i Musulmani (di altri Stati?) che viaggino dalla eccelsa capitale (alla volta d' altro paese), non riceveranno danno di sorta da alcun Pisano. E venendo alcun Pisano da nemico nel porto dell' eccelsa capitale o d' altro paese dello Stato, i Pisani che soggiornino nell' eccelsa capitale saran tenuti di dare aiuto ai Musulmani e di uscire insieme con essi a combattere il nemico.

E che i Musulmani, (capitando) nei territorii pisani, sieno trattati, quanto alle gravezze ed ai noli (da pagare), secondo le usanze, e siano guarentiti in loro persone, averi e navi; onorati e difesi in ogni loro vicenda, avere e negozio.

Capitolo 27. Se alcun Pisano rechi merce, mercanzia, pietre (preziose) o altro simile delle cose suddette nell' eccelsa capitale e non possa venderla, non vi sia sforzato, anzi possa portarla ove gli piaccia, senza dovere per quella alcun dritto.

Capitolo 28. Possano (sempre) venire all' eccelsa capitale con loro merci per venderle, o comperarne (delle altre), secondo il solito.

. Tutto ciò (costituisca) un accordo perenne; e perenne duri la possanza e prosperità di essi (califi di Tunis), che Iddio li aiuti! e accresca lor vittorie con la sua bontà e grazia! In questo (accordo) entrerà Piombino al par che le province di essi (Fiorentini e Pisani).

Si è stipulato questo accordo d' ordine dell' alto ed augustissimo personaggio, il padrone, il sultano, il principe, il re aiutato

[a] Voyez ci-dessus, p. 83, note *a*.

Io, Lucha, di ser Nardo da Lonciano, chonsolo de' Fiorentini in Tunizi, fo testimonanza come questa è chopia della charta de la pacie, tuccimanata per Abran giudeo, a parola a parola [1].

(da Dio) e vittorioso, il combattente la guerra sacra, (Abu)-Fàris-(Abd-el)-Aziz, che Iddio perpetui la sua dinastia! accresca le vittorie di quella, ne rassodi la prosperità e renda a lei soggetta tutta la terra coi suoi abitatori! (Il califo) ha ordinata la (stipulazione) di questo benedetto accordo, a un di presso nel tenore (scritto) di sopra; (e ciò) a dì sette del riverito mese di Scewal, dell' anno ottocento ventiquattro (5 ottobre 1421).

Riconoscansi i beneficii e le benedizioni che Dio (ci ha accordati) con la sua bontà e generosità. Non avvi altro Signore, nè altri è da adorare che lui [a].

[1] Au dos du parchemin est écrit : *Capitula pacis firmate cum serenissimo rege Tunisii, in latino*, etc.

[a] Au dos du parchemin arabe est écrit : *Carte della pace facta col serenissimo re di Tunis, avute da Neri Fioravanti, a di xxii di dicembre* 1423. Un acte de la seigneurie de Florence, du 23 décembre 1423, donne à Neri Fioravanti la qualité d'ambasciatore a Tunis. (Amari, p. 430.)

III.

1444, 23 novembre. De Florence.

Lettre de créance de la république de Florence adressée à Abou-Omar-Othman, roi de Tunis, pour Baldinaccio d'Antonio degli Erri, chargé de se rendre à Tunis comme ambassadeur de la république.

Amari, *Diplomi Arabi*, p. 360.

Regi Tunisi.

Quamvis, serenissime et gloriosissime princeps, longo sane intervallo locorum a vestro regno disjuncti simus, tamen, audientes quotidie a nostris mercatoribus qui isthic diutius morati fuerunt, quanta justitia universos populos vestre ditioni obnoxios Vestra Sublimitas gubernet, quanta rursus magnanimitate ornata sit, quanta denique humanitate et clementia nostros mercatores et tractet et accipiat; majori quodam studio inflamamur ad eam non solum diligendam et amandam, verum etiam et colendam et observandam. Libenterque ageremus omnia que Vestre Serenitati grata fore putaremus. Quis, enim, tali regi merito omnibus in rebus obsequi non debet, qui non solum in suos, verum etiam in alienigenas justus, clemens, benignus ac humanissimus est? Quod profecto summopere est laudandum. Nam nihil humanum a se alienum putare, cum ad ceteros homines spectat, tum precipue ad reges quos eternus ac immortalis Deus iccirco in summo rerum fastigio collocavit, ut humanum genus universum quoad possent, juvarent, augerent, tuerentur denique atque defenderent. Quod cum a vestra sapientia et justitia fieri audiamus, nobis gratissimum erit si commertiis et federibus cum ea conjuncti simus. Quapropter, Vestre Celsitudini clarissimum et dilectissimum civem nostrum Baldinacium Antonii filium ex Erronum familia mittimus, ut ei aliqua nostre reipublice oportuna referat; cui, tanquam nobis, omnibus in rebus fidem plenissimam adhibere dignetur. Nec his aliud nisi quod nostram rempublicam universosque nostros cives et mercatores magnopere commendamus Vestre Serenitati. Cui omnibus in rebus placere prompti ac parati sumus.

Datum Florentie, die XXIII. Novembris MCCCCXLIIII.

IV.

1445, 23 avril. [A Tunis.]

Traité de paix et de commerce conclu pour trente et une années solaires entre la république de Florence et de Pise et le roi de Tunis, par l'ambassadeur Baldinaccio d'Antonio degli Erri.

Traduction italienne de M. Amari, sur une expédition de l'original arabe, *Diplomi Arabi*, p. 169.

Nel nome di Dio clemente e misericordioso. Benedica Iddio al nostro signore Maometto, il nobil Profeta, e sua schiatta e compagni, e dia loro ottima pace.

Lode a Dio, signore dei mondi. Giunto all'alto personaggio dell'Imam combattente delle guerre sacre, sultano e direttore (nelle vie della salute), il nostro signore e padrone il principe dei Credenti, ausiliare della religione combattente nella causa del signore dei mondi, onore dei re e de'sultani, gemma solitaria dell'età ed unico (eroe) del secolo, il fidante in Dio, aiutato da lui con la vittoria, vittorioso per bontà di Dio, combattente nella causa di lui, Abu-Omar-Othman, figlio del nostro signore e padrone, il riverito e possente sultano, il martire, aiutato (da Dio) ed ausiliare (dei Credenti), l'Imam operoso, egregio e perfetto, il santo accolto nella misericordia (di Dio), Abu-Abd-Allah-Mohammed, il vittorioso, che Dio santifichi il suo spirito e gli dia per soggiorno gli svariati giardini! figlio del nostro signore e padrone il principe dei Credenti, beato nella misericordia del massimo Misericordioso, onore dei re e dei sultani, il chiarissimo e purissimo, il difensore (della nazione), pronto a lanciarsi contro i forti in battaglia e ad intraprendere le grandi cose, il lodatissimo protettore degli ingegni, il fidante in Dio, combattente nella sua causa, beato nella sua misericordia, Abu-Faris-Abd-el-Aziz, che Dio benedica il suo sepolcro e raddoppi il suo guiderdone e la sua mercede (nella vita futura)! discendente dei nostri signori e padroni i califi giusti, principi ricordati (nella storia), che Dio li abbia tutti nella sua misericordia!

L'onorevole e riverito (?) ambasciatore Baldinaccio, figlio di Antonio (degli) Erri, fiorentino, da parte dei (componenti il magistrato del) comune, i riveriti in lor popolo, principali tra' loro correligionarii, (i componenti il magistrato del) comune dei Fiorentini e dei Pisani, per chiedere l'accordo, (il califo), del quale Dio perpetui i giorni e dia vittoria agli eserciti ed alle bandiere di lui! delegò allo sceikh della ossequiata casa e ciambellano della riverenda dinastia, l'illustre sceikh, elevato, riverito, (l'uomo) di gran seguito ed autorità, felicissimo, tenuto in sommo conto, abilissimo, chiarissimo, gratissimo, generosissimo, degnissimo di fidanza, Abu-Abd-Allah-Mohammed, (figliuolo dello) sceikh elevato, tenuto in sommo conto, ossequiato, spettabilissimo, onorando, l'uomo d'altissimo ingegno, l'accolto nella misericordia (di Dio), Abu-l-Abbas-Ahmed-ibn-Abi-Helâl-Iatmali, che Dio lo conservi perfettamente (nelle sue presenti condizioni) e gli faccia conseguire ogni sua speranza! la stipulazione di questo benedetto accordo. Ond' egli l'ha stipulato col suddetto ambasciatore a (queste condizioni):

1[1]. Che i Musulmani, giugnendo nel territorio della nazione (che ferma) questo accordo, sieno assicurati in loro persone e averi; e similmente i Cristiani sudditi, giugnendo nei paesi del principe dei Credenti, al quale il Sommo Iddio accordi la vittoria! e in tutte le province da lui (dipendenti), siano quivi assicurati nelle persone e negli averi: e ciò, durante il tempo dell'accordo il quale è stato stipulato per trentuno anni solari consecutivi, da cominciare nel mese agemi[2] d'Aprile, che cade nel mese di Moharrem dell'anno ottocento quarantanove (1445).

2. Quante volte un legno musulmano arrivi nelle province di essi (Fiorentini e Pisani), ovvero un legno cristiano in quelle del principe dei Credenti, (i sudditi di) ciascuna delle due parti (possano) risarcire i danni del legno e provvedersi di vettovaglie, senza che nessuno ne li impedisca e nessuno lor faccia ostacolo.

3. Se un legno musulmano insegua un legno cristiano di nazione che non sia in pace (con lo Stato di Tunis, e il legno inseguito) entri in alcun porto di essi (Fiorentini e Pisani), eglino nol proteggeranno nè difenderanno in alcun modo. (Reciprocamente) si osservi la medesima (condizione) quando alcun nemico di essi (Fiorentini e Pisani) si rifugga in alcun porto di queste province (di Tunis).

4. Trovandosi insieme tre legni dei Cristiani sudditi nei porti di queste province, se ne prenderà uno, pagando il nolo al padrone; e il principe dei Credenti adoprerà il detto (legno) come vorrà.

5. Tutti i giudizi (che intervenissero) tra loro ed i Musulmani, (ovvero) tra loro ed uomini d'(altra) nazione della medesima religione (cristiana), saranno spacciati dal preposto della dogana, senza che vi si possa intromettere verun altro.

6. Su tutti i legni ch'essi venderanno a Cristiani, si pagherà un quinto del prezzo. Sarà (questa tassa) a carico del venditore: il quale, all'uscire (dallo stato di Tunis),

---

[1] Le texte arabe n'a ni les divisions ni la numérotation des paragraphes qu'a marqués M. Amari dans sa traduction, et que nous conservons.

[2] Étranger.

non pagherà alcun dritto su le merci che avesse comperate col detto prezzo (della nave venduta).

7. Avvenendo che alcun legno loro, o di abitanti delle loro province, esca (in corso) ad effetto di nuocere ai Musulmani, ovvero entri in alcun porto musulmano con malo intento, è debito di essi (Fiorentini e Pisani) di prendere gli uomini del legno, metterli a morte e spogliarli (d'ogni facoltà). Che se non possano (i Fiorentini e Pisani) ritrovare i detti (corsali), o ch'ei si riparino in luogo nel quale non si possano prendere, sarà tenuta (la repubblica) di confiscare il loro avere e mandarlo all'eccelsa capitale, Tunis.

8. Se alcun corsale di essi (Fiorentini e Pisani) entri in alcun porto musulmano, e si trovi nel medesimo porto, o in altro di queste benedette province, alcun legno di essi (Fiorentini e Pisani), debba (la gente di esso legno) armarlo ed uscire (dal porto) per dar battaglia a quel corsale e catturarlo.

9. Se alcun di loro (cittadini) abbia commesso delitto a danno di Musulmani, e dopo qualche tempo di assenza dal (paese di) essi (Fiorentini e Pisani) vi ritorni pria che spiri il termine del (presente) accordo, è debito de' (Fiorentini e Pisani) di catturarlo e farne giustizia, ove il possano.

10. Quante volte alcun di loro legni rechi delle merci, si prenderanno in dogana dieci e mezzo (dinar) grossi soltanto per ogni cento (di valore), secondo la costumanza dei confederati, e si chiameranno gli amîn[1] dei mercati ad apprezzare le merci. Se (i mercatanti Fiorentini e Pisani) vogliano pagar la decima in contanti, si rilasceranno loro le merci, e il preposto della dogana lor darà sei mesi di dilazione al pagamento. Se poi al mercatante non piaccia di pagar in danaro, si prenderà la decima in derrata, secondo il prezzo assegnato alla (mercanzia). Chiunque di loro ne occulti alcuna porzione per iscansare[2] la tassa della decima, sendo ciò scoperto dal preposto della dogana, pagherà doppia decima.

11. Su l'oro, argento, rubini e pietre preziose, importati e venduti da loro, pagheranno una mezza decima; ma non dovranno nulla per la parte che rimanga invenduta e la portin via. Quanto se ne comprerà per uso del ben fornito magazzino (del califo) sarà assolutamente francato d'ogni dritto.

12. Similmente su tutte le (altre) merci che non vendessero, non saranno soggetti a gravezza, se le rimbarchino e non le vendano (su i legni?).

13. È obbligato il preposto della dogana di accordare loro l'uso del fondaco loro, che s'addimanda il Fondaco dell'*Akâba*, al quale si farà il pavimento[3] e tutte le riparazioni necessarie, e sarà cinto di mura, senza ch'essi vengano obbligati per questo a (spender) nulla. Possano poi a proprie spese fabbricare un forno per (cuocere) il pane, ed una chiesa per (esercitare il) loro culto. Non dimorerà con essi (nel fondaco) nessun uomo di altra nazione, a meno ch'essi nol vogliano.

14. Sbarcando con loro merci in alcun paese di queste province e pagando la

---

[1] Les experts jurés.
[2] Pour se soustraire au payement.
[3] Littéralement : on devra mettre les nattes.

decima, se poi vogliano trasferire la merce in altra terra delle medesime province, sarà loro rilasciato, nel luogo dove abbian soddisfatta la decima, un attestato (del seguito pagamento); e non dovranno più nulla negli altri luoghi.

15. Occorrendo che sbarchino con merci in paese di provincia, e n'abbiano alcuna destinata alla eccelsa capitale Tunis, il kaid del paese sarà in obbligo d'imbarcar quella merce e mandarla alla dogana della capitale.

16. Quando alcun di loro mercatanti voglia andarsene o far (qualche) viaggio, il preposto della dogana sceglierà uno scrivano per fargli il conto e spedirgli il commiato senza ritardo. A questo effetto gli si rilascerà un berât. Ritornato poscia in patria, s'egli venga (di nuovo) nell' eccelsa capitale o in altro luogo di queste benedette province, non gli sarà rifatto il conto del(le operazioni) passate, e rimarranne la responsabilità allo scrivano nominato di sopra.

17. Nel caso che, arrivato alcuno dei loro legni, voglia praticare in (esso e in altri) legni loro alcun mercatante (fiorentino o pisano) il quale dimori nel nostro Stato e non abbia liquidato il conto (con la dogana), nè ottenutone il commiato, costui darà idoneo mallevadore pel suo ritorno, e potrà allora andar dove gli piaccia.

18. Quel cittadino loro che terrà l'oficio di console nell' eccelsa capitale, sarà ammesso a presentarsi dinanzi l'alto seggio (del califo) due volte al mese, per compiere gli affari dei quali abbia carico.

19. Siano liberi di provvedersi delle vittuaglie bisognevoli, secondo le note usanze della dogana, ed anche di tenere chi serva loro da spenditore e fattorino.

20. Avvenendo che alcuno di lor legni faccia acqua, o sia (altrimenti) sdrucito, potranno essi risarcirlo e sbarcarne le merci; le quali volendo portar via senza venderle, non saranno obbligati a (pagar) nulla.

21. Se in alto mare si spezzi in loro (legni), per furia dei venti, qualche tavola, o (faccia avaria alcuna) merce, possano (approdare nello Stato di Tunis e) far ciò (ch'è detto nell' articolo precedente); e lor gente sarà assicurata nelle persone e negli averi.

22. Quando alcun di loro comperi alcun legno di confederati (con lo Stato di Tunis), il quale legno non sia notoriamente addetto alla pirateria, (il compratore fiorentino o pisano) non paghi nessun dritto. Comperandolo di (nazione) non confederata, dovrà la decima del valsente.

23. Quando alcun di loro noleggi legno di nazione non confederata, il quale non sia notoriamente addetto alla pirateria, possa (il mercatante fiorentino o pisano) frequentare col detto legno l' eccelsa capitale, e non sia lecito a nessun legno di Musulmani di offender quello. I (Musulmani) che l'offendano, saranno puniti.

24. Abbian essi un console, secondo l'usanza, in ciascuno dei paesi nei quali sogliono venire legni e mercatanti......[1].

25. ..... e i sensali mezzo dinar per cento su quello che venderanno per conto loro, ma la senseria non sarà obbligatoria.

[1] Lacune dans le texte.

26. Venendo a morte alcun mercatante, sia in Tunis o in altra città, il governatore del paese farà l'inventario dell'eredità con (atto convalidato di) testimonianze; potrà anche farlo il console (fiorentino o pisano).

27. Quando alcun di essi costituisca un procuratore per (riscuotere) credito provato contro un Musulmano o contro altri, se il convenuto sia solvibile, sarà obbligo del preposto della dogana di soddisfare questo (credito) senza ritardo.

28. All'uscita (dallo Stato di Tunis, i Fiorentini e Pisani) non son tenuti ad altro pagamento che quello consueto pei confederati Genovesi, senza diminuzione nè aumento.

29. Venendo in loro legni uomini (di nazione) non confederata, pagheranno alla dogana ciò ch'è solito pei non confederati, sendo obbligato il padrone della nave di far conoscere (i nomi loro) al preposto della dogana. Costoro saranno issofatto assicurati nelle persone e negli averi.

30. Dei tessuti di valore e delle pietre preziose che recassero, non sarà preso nessun (capo di roba), se non di loro contentamento e piacimento, per compera e vendita.

31. Per le merci che venderanno con (atti convalidati di) testimonianze, se il compratore ricusi la consegna della merce[1] a favor del venditore o d'altri (per esso), il preposto della dogana costringerà (il primo) a far la consegna di questa merce secondo ragione, a meno ch'egli non presenti prova manifesta e ammissibile (di nullità della compera).

32. Quando alcun Musulmano viaggi nelle teride appartenenti al comune di essi (Fiorentini e Pisani), il comune sarà mallevadore di che che avvenga a costui, sia offesa fattagli proditoriamente, o che non se n'abbia più notizia. Su le navi non appartenenti al comune nessun Musulmano viaggerà senza malleveria; restando (l'osservanza di) questo a responsabilità del comune.

33. Nel caso che alcun di essi (mercatanti fiorentini e pisani) abbia stipulato contratto di vendita o compera con qualche governatore (di terre nello Stato di Tunis), e che il governatore sia stato scambiato, non sia lecito al successore di annullare nessuna (condizione) di cotesto atto.

A nessun governatore della eccelsa capitale, nè delle province, sia lecito disdire alcuna delle (condizioni) distintamente espresse in questo (trattato; anzi) essi tutti son tenuti di procacciarne l'osservanza, con l'aiuto del Sommo Iddio.

Hanno attestato il giuramento prestato dal suddetto ambasciatore Baldinaccio sopra quanto a lui si riferisce nel presente atto, e ciò per averlo ben compreso dai cenni e dalle parole di lui interpretate dalle persone degne di fede che gli faceano da turcimanni; ed (hanno affermato di) conoscerlo come ambasciatore del comune suddetto, secondo ciò ch'è ricordato di sopra e ch'è stato udito dai probi sceikhi, che il Sommo Iddio li guardi[2]!.....

[1] Voyez l'*Errata-corrige* de M. Amari.

[2] On n'a que l'expédition du texte original arabe de ce traité exécutée pour être envoyée à Florence avec le texte original chrétien, aujourd'hui perdu. Dans l'original arabe, les témoins musulmans devaient être nommés ici.

Ha permesso (il cadi?) che (i suddetti testimoni) giurassero su (la verità delle condizioni) ch'egli intese affermare da loro riguardo ad esso (ambasciatore; cioè) la costui sanità (di mente), la libertà d'azione e l'autorità (di contrarre). E ciò alla metà del mese di Dio, Moharrem, dell'anno ottocento quarantanove (23 aprile 1445).

Questa è copia dell'atto che confermi l'accordo appo di loro [1].

[1] C'est-à-dire : « Ceci est la copie de l'acte qui doit faire témoignage du traité chez les Chrétiens. » Au bas du parchemin arabe, on écrivit cette cote, à Tunis ou à Florence : *Lode a Dio. Questo è il diploma dell'accordo coi Fiorentini e i Pisani*.

X.

LA SEIGNEURIE DE PIOMBINO
ET
DE L'ILE D'ELBE.

1414.

1414, septembre.

Projet de traité de paix et de commerce entre Jacques d'Appiano, seigneur de Piombino, et Abou-Farès, roi de Tunis[1].

Traduit de l'original arabe par M. Amari, *Diplomi Arabi*, p. 137.

Nel nome di Dio, clemente e misericordioso. Benedica Iddio largamente al nostro signore e padrone Maometto, il nobil profeta, al pari che a sua schiatta e compagni, e dia loro santissima pace.

Non è possanza nè forza in altri che in Dio grande ed eccelso.

Arrivato all' eccelsa, famosa ed illustre capitale, la città di Tunis, guardata (da Dio), sede del nostro signore e padrone, il califo, l'Imam, il re magnanimo, (reggente) con piacer di Dio l'impero dell'islam, ombra di Dio su la terra, promotore delle virtù religiose ed esecutore dei precetti divini, fidante in Dio, rinforzato da Dio con la vittoria, vittorioso per divina bontà, puro, umile, glorioso, affaticante a difender i Musulmani e il culto sì che (godano piena) tranquillità, il principe dei Credenti, onor dei re e dei sultani, combattente per la causa del signore dei mondi, Abu-Faris-Abd-el-Aziz, che Dio perpetui il regno de suoi, innalzi lor dignità sopra i gradi delle lucide (stelle), lor accordi sempiterna felicità, favore e benedizione, e mantenga lor califato a beneficio

---

[1] Ce projet, qui paraît n'avoir été jamais converti en traité définitif, est identique au traité florentin de 1421, lequel reproduisait les dispositions du traité pisan de 1397. Nous ne répéterons pas les observations qu'ont nécessitées quelques passages de ces documents.

dei Musulmani! figlio del nostro signore e padrone il califo, l'Imam, il re magnanimo, (reggente) con piacer di Dio l'impero dell'islam, ombra di Dio su la terra, promotore delle virtù religiose ed esecutore dei precetti divini, fidante in Dio, rinforzato da Dio con la vittoria, vittorioso per divina bontà, puro, umile, glorioso, affaticante a difender i Musulmani e il culto sì che (godano piena) tranquillità, il principe dei Credenti, onor dei re e dei sultani, combattente per la causa del signore dei mondi, il santo, già accolto nella misericordia (di Dio), Abu-l-'Abbas-Ahmed, figlio del nostro signore e padrone l'illustre emiro, magnanimo, solerte, virtuoso, perfetto, dotto, giusto, il prode e fiero, l'accetto (a Dio), il solerte, il santo già accolto nella misericordia (di Dio), Abu-Abd-Allah-Mohammed, figlio del nostro signore e padrone il califo, l'Imam, fidante in Dio, rinforzato da Dio con la vittoria, il principe dei Credenti, il santo già accolto nella misericordia (di Dio), Abu-Iahia-Abu-Bekr, discendente degli emiri giusti, che Iddio li abbia tutti nella sua misericordia e li innalzi al settimo cielo!

Il mercatante Bartolommeo K..iano di Biu..o [1], da parte del signore di sua gente, l'onorato in sua schiatta, Giacomo, conte d'Appiano, capitano di Porto [Baratto [2]], Suvereto, San Lorenzo, Montione, B..tial (Vignale?), Valle, Scarlino, Alma del Mare, Buriano, Laduafank (Badia al Fango [3]?), isola d'Elba, isola di Monte Cristo, e dei (territorii) che sarà per conquistare in appresso, preposto ai pubblici affari dei popoli di que' paesi, il detto cristiano Bartolommeo, ambasciatore di esso (Giacomo d'Appiano) e di lor comune, si appresentò all'eccelso personaggio (del califo), che Iddio lo esalti e mantenga! ed esibì al nobil trono una lettera credenziale del detto capitano, ed un atto per lo quale, da parte di costui e del comune, si dava ad esso (ambasciatore) autorità di ultimare l'accordo come gli paresse, e (gli si promettea) d'accettare i termini di pace ch'egli fosse per fermare, e quelli che gli fossero accordati dall'eccelso personaggio (del califo). Coteste (scritture erano) in carattere rumi, col noto 'alama ch'essi (Pisani) soglion porre a tali (atti); e i consoli cristiani e loro mercatanti ben conosciuti ne attestarono l'autenticità.

Donde il detto cristiano da parte de' suoi committenti, dei quali si è fatta menzione, pregò l'eccelso personaggio, cui esalti e mantenga Iddio! di concedere a tutti i Pisani abitatori dei detti paesi, ai quali son preposti (il detto capitano e gli altri magistrati) e che (vivono) sotto il loro reggimento, che fossero trattati a tenore di ciò che è divisato qui appresso.

Capitolo 1. Tutti i Pisani nominati in (questo atto), i quali vengano, deliberatamente ovvero per caso, nella eccelsa capitale o in alcun paese da lei (dipendente), sieno assicurati e guarentiti nell'avere e nella persona, coll'aman del governatore di quel paese ov'essi giungano, e di tutti i Musulmani che vi soggiornino o che escan da quello, sudditi dell'eccelso personaggio (del califo). Valga questo medesimo patto pei paesi musulmani ch'egli sarà per conquistare.

[1] Ou *Boi..o*.
[2] Porto-Baratto, petit port au nord de la ville de Piombino, qui était la ville principale et le chef-lieu de la principauté des comtes d'Appiano, et qui néanmoins n'est pas nommée dans l'acte.
[3] Localité inconnue.

Capitolo 2. Giungendo nella eccelsa capitale alcun Pisano, e (trovandovisi con) altro (cristiano), di nazione che vi abbia console, nessuno osi di far oltraggio all'altro; e quando alcuno ne faccia, si richiederà il console della nazione dalla quale sia venuto l'oltraggio di (applicare) al colpevole la (pena) ch'è ordinata (in sua legge?) per quel (delitto).

Capitolo 3. Quando alcun Pisano richiegga alcun (altro cristiano (?) di pareggiare) un conto, (risultante da titoli) convalidati di testimonianze, e il debitore non gli soddisfaccia, dovrà pagarlo il preposto della dogana. Lo stesso si praticherà nel caso d'un Pisano debitore.

Capitolo 4. Che la comunità dei Pisani abbia fondachi appositi per soggiornarvi e mercatarvi, nei quali non possano dimorare con essi altre persone se non quelle che lor piacciano. La dogana dovrà riedificare le fabbriche dei detti fondachi che andassero in rovina. I Pisani vi terranno portinai fidati per custodirli.

Capitolo 5. Abbian essi un console nell'eccelsa capitale, al pari che negli altri paesi (dipendenti) da quella, il quale amministri la giustizia tra loro. Quando alcun Musulmano abbia diritti da sperimentare contro un Pisano, lo paghi il console, e se questi non possa, lo soddisfaccia il preposto della dogana, per chi di dritto. Similmente se un Pisano sia creditore d'un Musulmano, resti il soddisfacimento a cura del preposto della dogana.

Capitolo 6. Tutte le gravezze ordinate a carico de' Pisani nelle immissioni ovvero estrazioni, rimarranno quali ha usato di riscuoterle la dogana; eccetto l'argento, le gioie, gli smeraldi, i rubini e l'oro, sui quali i Pisani pagheranno soltanto una mezza decima.

Capitolo 7. Giungendo con le merci loro nella eccelsa capitale, ovvero nei paesi da lei (dipendenti), si valuteranno le merci secondo i prezzi correnti; ma per pagare i dritti ragionati (in tal modo), si accorderà loro la dilazione di sei mesi dal giorno del trasferimento di esse merci in dogana. Sarà obbligo della dogana di soddisfarli (del valore) di tutte le merci che vendessero per mano de' turcimanni, in halka e con testimonianze. Lo stesso avrà luogo negli altri paesi dipendenti dall'eccelsa capitale. La dogana non risponderà di quanto i Pisani vendessero fuori dogana, senza halka, nè testimonianze.

Capitolo 8. I Pisani non pagheranno decima per le navi o (altri) legni che comperassero nella eccelsa capitale o paesi (dipendenti) da lei, quando il venditore sia di nazione confederata (con lo Stato di Tunis). Se nol sia, dovranno la decima del prezzo.

Capitolo 9. Nel caso che alcun Pisano, giunto con merci all'eccelsa capitale, abbia pagati su quelle i dazii alla dogana, ma non venendogli fatto di vender tutte le merci, voglia andarsene (col rimagnente) in altro paese dello Stato, la dogana gli rilascerà un berât che attesti il pagamento del dazio su le dette merci, se il mercatante non debba niente altro. È lecito al Pisano di far procura a chi voglia per comperare nei paesi dello Stato quelle merci ch'ei voglia, non pagando su quelle il dazio che una sola volta.

Capitolo 10. Se alcun Pisano voglia vendere una merce qualunque per mezzo di turcimanno all'incanto e con testimonianza, il preposto della dogana sarà tenuto di soddisfarnelo.

Capitolo 11. Quando un Pisano abbia venduta alcuna merce per mano di turcimanni, n'abbia egli presa l'arra, e il compratore abbia esaminata la merce, non si possa annullare la vendita. E (se il compratore non si acqueti a ciò), si renderà giudizio contro di lui (obbligandolo) a prendere (la merce) ed a pagarne il prezzo.

Capitolo 12. Quando alcun Pisano comperi alcuna merce dai capitani o governatori dell'eccelsa capitale o d'altro paese dipendente da essa, e che il Pisano abbia in mano l'atto di vendita convalidato da testimonii, non possa il governatore annullarlo, nè il suo successore in quell'oficio.

Capitolo 13. Che tutti i turcimanni siano adoperati cumulativamente nel loro oficio, e che niuno abbia turcimanno suo particolare. I turcimanni siano rimunerati alla ragione di cinque dirhem di zecca sopra ogni cento dinar decimali di zecca, moneta corrente.

Capitolo 14. Che i Pisani abbiano scrivani nell'eccelsa capitale e nei paesi dello Stato, i quali facciano lor conti quante volte essi (Pisani) lo vogliano e richieggano. Soddisfatto che sia il conto d'un (mercatante pisano), possa questi viaggiare per terra o per mare. Allora gli si scriverà il berât di commiato che attesti il pagamento. E se poscia torni alla capitale, non gli sarà rifatto il conto se non per legittima cagione.

Capitolo 15. Che loro sia lecito di andare e venire dai loro legni nelle ore in cui è solito di salirvi. Loro sia lecito al pari di percorrere liberamente il paese nei luoghi ove abbiano goduta cosiffatta licenza. Non sia loro vietato di comperare quanto grano e farina abbisogni pel vitto dei marinai e padroni dei legni; e per questo non si richiegga da loro alcun dritto. Nessun Pisano sarà imprigionato nè molestato pei fatti imputati ad altrui in materia criminale, religiosa o pecuniaria.

Capitolo 16. I consoli pisani saranno ammessi a vedere il nobil trono (del califo) due volte al mese, e loro si accorderà, senza veruno impedimento, di favellare all'alto personaggio, che Dio lo esalti e mantenga.

Capitolo 17. Quando si permetta ad alcuna nazione cristiana di andare con le barchette al capo del canale, si permetterà anco ai Pisani.

Capitolo 18. Accadendo ad alcun legno dei Pisani fortuna di mare, rottura, o (altro caso per cui) occorresse di risarcire il legno, sia lor lecito di scaricarlo, e non sia loro impedito di (salire su) quello; e ciò (tanto nella capitale) quanto nei paesi dello Stato. La gente del detto legno sarà salva ed assicurata nella persona e nell'avere, dalla parte dell'alto personaggio (del califo) e di cui vive sotto la obbedienza di lui : ciò anche (s'intenda) per le merci e per ogni capo di traffico. Tutta la roba che saranno per iscaricare, o che il mare getterà alla spiaggia, potrà da essi a piacer loro riportarsi al proprio legno o in alcun altro, senza pagare dritto di sorta.

Capitolo 19. I Cristiani d'ogni generazione che viaggino in nave o legno qualunque appartenente ai Pisani, fosse o no (la nazione di) quelli in pace (con lo Stato di Tunis), saranno trattati dalla pubblica autorità al paro dei Pisani, e ciò quanto al (beneficio generico dell') aman e niente altro. Che se alcun di essi Cristiani abbia recata ingiuria a Musulmani, sarà trattato secondo che richiegga il suo misfatto. Qualunque Pisano viaggi in nave o altro legno di altra generazione di Cristiani, e sia incontrato da alcun legno dell'eccelsa capitale o d'altro paese dello Stato, non verrà molestato.

Capitolo 20. Trovandosi alcuna nave o legno pisano in alto mare o nel porto dell'eccelsa capitale o altro dello Stato, e sendo incontrato dai legni dell'eccelsa capitale, questi non faran loro offesa di sorta, ed essi (Pisani) saranno sicuri e guarentiti in loro persone, averi e legni.

Capitolo 21. Quando alcun Pisano abbia nell'eccelsa capitale procuratore per riscuotere suoi crediti di danaro o altro, (risultanti da atto) convalidato di testimonianze, sarà a carico del preposto della dogana di soddisfare cotesti crediti.

Capitolo 22. I suddetti (Pisani) saranno trattati secondo la consuetudine quanto al dazio (doganale), al trasporto in barche, al scaricare ed a tutt'altra prestazione solita, e continueranno a pagarli senza alcuno aumento.

Capitolo 23. Se alcun Pisano abbia dritti da sperimentare contro alcun servitore dell'alto personaggio (del califo), o contro altro Musulmano, (dritti risultanti da atto convalidato) di testimonianze, e voglia far procura ad altri per lo sperimento di tai dritti, non gli sarà vietato.

Capitolo 24. Quando alcun Cristiano di qualsivoglia nazione viaggi in nave o legno dei Pisani alla volta dell'eccelsa capitale o d'altro paese dello Stato, sarà guarentito nella persona e nell'avere; eccetto il caso ch'egli abbia alcuna merce: nel qual caso ne pagherà ciò ch'è dovuto dagli uomini di sua propria nazione.

Capitolo 25. Niuno di parte della dogana o d'altro (oficio) abbia autorità di mutare alcun capitolo dei patti descritti di sopra nel presente benedetto accordo, se piaccia al sommo Iddio nella sua bontà, ch'egli sia sempre lodato! L'ordinamento di questo accordo sarà significato per iscritto a tutti i paesi dell'Affrica (propria), e i patti saranno quivi osservati in favor di essi Pisani a tenore del testo del presente (atto).

Capitolo 26. Uscendo in corso alcun legno o nave dei paesi suddetti o della loro giurisdizione, e commettendo rapine o (altri) danni contro i Musulmani, rimarrà a carico dei Pisani di catturare il detto legno o nave, mettere a morte cui lo monti, e prendere loro averi dovunque si trovino nei paesi anzidetti. Cotesti averi saranno consegnati alla dogana (di Tunis). Che se non si possano catturare le persone, si consegneranno i (soli) averi alla detta dogana. Quante volte l'alto personaggio (del califo) armi legni per dar la caccia a corsali, sian tenuti i Pisani ad armare anch'essi in aiuto di tale (impresa), e mandare (coteste forze navali) dove sarà loro indicato, (e tenervele) per tutto il tempo della impresa. Se uom pisano armi alcun legno in alcuno dei suddetti paesi, non recherà danno di sorta ai Musulmani dell'eccelsa capitale nè d'altri paesi dipendenti da essa. (Similmente) i Musulmani (di altri Stati?) che viaggino dalla eccelsa capitale (alla volta d'altro paese), non riceveranno danno di sorta da alcun Pisano. E venendo alcun Pisano da nemico nel porto dell'eccelsa capitale o d'altro paese dello Stato, i Pisani che soggiornino nell'eccelsa capitale saran tenuti di dare aiuto ai Musulmani e di uscire insieme con essi a combattere il nemico.

E che i Musulmani, andando (capitando) nei territorii pisani, sieno trattati, quanto alle gravezze ed ai noli (da pagare), secondo le usanze, e siano guarentiti in loro persone, averi e navi; onorati e difesi in ogni loro vicenda e negozio.

Tutto ciò (costituisca) un accordo perenne; e perenne duri la possanza e prosperità di essi (califi di Tunis), che Iddio li aiuti e accresca lor vittorie con la sua bontà e grazia.

Ha stipulato questo benedetto e prospero accordo il servo dell'alto personaggio, dell'Imam, del padrone, del combattente la guerra sacra, dell' (Abd-el)-Aziz sopra nominato in quest'atto, che Iddio prolunghi la vita di lui! e dia vittoria, per sua bontà, alle vincitrici bandiere ed insegne (dei principi della dinastia)! il servo della loro nobil porta, creatura di loro beneficenza, riconoscente lor belle virtudi[1]..... illustrissimo, onorato, egregio, ossequiato, reverendo, eccelso, splendidissimo, spettabile, felicissimo..... lo ha stipulato a favor di essi (Pisani) per (parte di) esso (califo), che Dio sia contento di lui! con coteste (condizioni), e loro le ha accordate da parte di esso (califo).

Hanno attestato il giuramento (che prestò)..... suddetto, al par che il detto cristiano, con le qualità attribuite all'uno ed all'altro nel presente (atto); avendo entrambi abilità (di contrarre a questo effetto) e comunicando in lingua arabica, per mezzo d'interpreti. (Il detto.....) ha sanzionato, a Dio piacendo, questo benedetto accordo in favor di essi (Cristiani), in vista di un nobile scritto di man del (califo), cui Dio aiuti e conduca alla vittoria! per lo quale fu ordinata cosiffatta sanzione del presente accordo. (E ciò) il dì..... dell'anno ottocento diciassette, il quale risponde al mese agemi di Settembre, dell'anno suddetto (1414).....[2].

(27). Si è pattuito inoltre che se alcun Pisano rechi merce, mercanzia, pietra (preziosa) o altro simile delle cose suddette nell'eccelsa capitale e non possa venderla, non vi sia sforzato, anzi possa portarla ove gli piaccia, senza dovere per quella alcun dritto[3].

(28). Si è pattuito ancora ch'essi (Pisani) possano venire all'eccelsa capitale con loro merci per venderle o comperarne (delle altre), secondo il solito[4].

---

[1] Ici et plus bas, aux endroits marqués par des points, devaient être écrits les noms du ministre négociateur et des témoins.
[2] La date de l'hégire n'est pas indiquée. Les souscriptions manquent aussi.
[3] Cette disposition, ajoutée comme la suivante hors rang et après le libellé de la date, forme le 27e article du traité florentin de 1421.
[4] Article 28e et dernier du traité de 1421.

SUPPLÉMENT

aux

TRAITÉS DE LA RÉPUBLIQUE DE PISE.

1184, 1ᵉʳ et 2 Juin.

Traité de paix et de commerce entre la république de Pise, qui associe la ville de Lucques à ses négociations, et Abou-Ibrahim Ishak, seigneur des îles Baléares, conclu pour dix ans et six mois lunaires par Sigiero di Ugucionello de' Gualandi, ambassadeur pisan. Lettre d'Abou-Ibrahim Ishak à l'archevêque et aux consuls de Pise au sujet de la conclusion du traité précédent.

Le texte latin du traité, dans Tronci, *Memorie istoriche della città di Pisa*, p. 148; et dans Tola, *Codex diplom. Sardiniæ*, t. I, col. 877; les textes du traité et de la lettre dans Amari, *Diplomi Arabi*, p. 230 et 274.

NOTA. — Les doubles textes originaux du traité de paix et de la lettre d'Abou-Ibrahim sont écrits chacun séparément sur une feuille de parchemin, conservées aujourd'hui l'une et l'autre aux Archives de Florence; le texte arabe au recto et l'interprétation latine au verso de la feuille. Cette disposition est analogue à celle des textes du traité conclu en 1181 par la république de Gênes et le même prince Abou-Ibrahim, avec lequel le traité pisan a de nombreux rapports. Voyez ci-dessus, p. 109.

C'est par erreur qu'Abou-Ibrahim Ishak, de qui émanent ces documents, a été précédemment (p. 109 et 113, n.) qualifié de *roi* de Majorque ou des îles Baléares. Il ne prenait pas le titre d'*émir*, que s'attribua son fils. N'osant se déclarer entièrement indépendant et ne voulant pas cependant reconnaître la suzeraineté des Almohades, Abou-Ibrahim, comme les autres membres de la famille des Beni Ghania qui ont occupé avant lui la seigneurie des îles Baléares, se contentait de la qualification d'*alfaqui*, littéralement jurisconsulte ou docteur. Ce titre, remarque M. Amari (*Diplomi*, p. 449), indique vraisemblablement que les Beni Ghania s'étaient élevés à la souveraineté des îles Baléares, à la chute de l'empire almoravide, comme chefs du conseil municipal ou de la *Gema* de Majorque. Dans le traité qu'Abou-Mohammed, fils d'Abou-Ibrahim Ishak, conclut avec la république de Gênes en 1188, ce prince est qualifié d'*émir* et de *roi*. (Voyez ci-dessus, p. 113.)

I.

1184, 1ᵉʳ Juin.

TEXTE LATIN CONTEMPORAIN DU TEXTE ARABE DU TRAITÉ.	TRADUCTION, PAR M. AMARI, DE L'ORIGINAL ARABE.
In nomine Dei, qui est pius et misericors et miserator. Hec est carta firmamenti et ligamenti pacis quam, per gratiam et adjutorium Dei, alfachi Ebubraim Isaach, filius Macumate, filii Ali, quem Deus manuteneat!	Nel nome di Dio clemente e misericordioso. Lode a Dio, signore dei mondi, ch'egli benedica a tutti i profeti! Scrittura dell'accordo, convenzione, pacificazione e pattuizione che assentono, con la

firmavit cum Sigerio, quondam Ughicionelli Gualandi, legato archiepiscopi Pisanorum et consulum et senatorum et universi populi, qui vice eorum habet potestatem sibi ab eis datam ligandi atque solvendi.

Dictus, namque, alfachi Ebubraim Isaac, filius Macumate, filii Ali, pro se, et Sigerius Ughicionelli Gualandi, pro Pisanorum archiepiscopo et consulibus et pisano populo, firmaverunt pacem et amicitiam inter se, cum fide et veritate.

benedizione e l' aiuto di Dio, e col (divino) favore di lui, stringono, convalidano e fermano l'illustrissimo fakih Abu-Ibrahim-Ishak-ibn-Mohammed-ibn-Ali, cui Dio aiuti e gli dia vittoria! e l' illustre ambasciatore Sigiero, figlio di Guccionello, figlio di Gualandi, al quale Dio agevoli il (compimento delle opere) che a lui siano accette! ambasciatore dell' arcivescovo di Pisa e dei possenti e illustri ottimati, i consoli e i savii del consiglio, i magistrati e gli altri notabili e popolani di essa (città), dei quali Iddio perpetui l' onoranza (accompagnata dal) suo (santo) timore! (Il quale ambasciatore) or è qui giunto con una lettera di essi (reggitori del comune pisano), e con la traduzione di essa (nella lingua) di loro paesi; la quale lettera porta com' eglino abbiano incaricato esso ambasciatore di (trattare) tutti lor negozii, e costituitolo plenipotenziario per fermare la presente pace (con tutti) i diritti e doveri (che ne risultano), darne guarentigie e ultimarla definitivamente tra le due parti, a Dio piacendo.

Donde l' illustrissimo fakih, Abu-Ibrahim-Ishak-ibn-Mohammed-ibn-Ali, cui Dio aiuti e gli dia vittoria! e l' illustre ambasciatore Sigiero, figlio di Guccionello, figlio di Gualandi, (stipulante) da parte dei suddetti Pisani, i quali Dio secondi al (compimento delle opere) che a lui siano accette! hanno fermata la presente tregua, con animo puro, (sgombro) di reticenze e disegni (sinistri; proponendosi veramente) di mandare ad effetto il trattato e (compiere) gli intendimenti (che lo dettano); facendosi a sancire con giuramento tutti i buoni patti contenuti in questo scritto; (ed operando entrambi) con quella schiettezza, per la quale dura e si mantiene insieme (con la pace) l' amistà, e, coltivata, diviene sincero, saldo e indissolubile consorzio.

1. Et convenit dictus alfachi Ebubraim cum predicto Sigerio, quod nulla galea, neque aliquod navigium, neque aliquis homo de Majorica et Minorica, et Evisa atque Formenteria, faciet aliquod malum vel contra-

1. Promette dunque l' illustrissimo fakih Abu-Ibrahim-Isuak-ibn-Mohammed-ibn-Ali, cui Dio aiuti e gli dia vittoria! per la presente convenzione, all'illustre ambasciatore Sigiero, figlio di Guccionello, figlio di Gualandi, ed ai

rium hominibus Pisanæ civitatis et ejus districtus, et eorum insularum, videlicet Sardineæ et Corsicæ et Ilbæ et Planusiæ et Montis Christi et Gorgonæ et Gilii et Caprariæ, in terra vel aqua, in persona vel havere, cum galea, vel alio navigio, vel alio quolibet [modo], et hominibus Lucanæ civitatis et ejus districtus.

2. Et ideo, dictus Sigerius, pro Pisanorum archiepiscopo et Pisana civitate et pro Lucana civitate, convenit memorato alfachi, quod nulla galea neque aliquod navigium, nec aliquis homo de Pisana civitate et Lucana civitate, neque de prefatis insulis Pisanæ civitatis, faciet aliquod malum vel contrarium predicto alfachi, vel ejus hominibus predictarum quattuor suarum insularum, terra vel aqua, in personis vel havere, per se vel per aliquas alias submissas personas; neque cum aliqua potestate, seu hominibus, se ponent aut convenient pro aliquo malo vel contrario eis faciendo.

3. Et sic ad invicem inter se promiserunt et convenerunt ut dictum est [1].

suoi committenti ricordati di sopra, l' arcivescovo, i consoli e l' intero popolo di Pisa, i quali Dio agevoli a (penetrarsi del santo) suo timore! che nessuno dei suoi sudditi abitatori delle quattro isole, Maiorca, Minorca, Ivisa e Formentera, offenderà in alcun modo, in mare nè in terra, (lo Stato di) Pisa, città o contadi, (luoghi) interiori o confini, nè le isole ad essa (Pisa appartenenti, cioè) : Sardegna, Corsica, Elba, Pianosa, Monte Cristo, Gorgona, Giglio e Capraia ; e che nessuno degli uomini di esse (isole Baleari), nè i loro ausiliari, nè le ciurme [a], nè i combattenti di lor galee commetteranno atto ostile contro alcuna persona appartenente ai paesi di essi (Pisani) ed alle regioni e luoghi (nominati di sopra), nè alcuna (di queste persone) riceverà, da parte delle quattro isole (Baleari), ingiuria nè danno. La città di Lucca col suo Stato, entra nel presente accordo e va trattata nello stesso modo che i suddetti Pisani, tanto nei dritti quanto nei doveri (risultanti dall' accordo).

2. E similmente il suddetto illustre ambasciatore Sigiero, figlio di Guccionello, figlio di Gualandi, da parte dei suoi committenti l'arcivescovo, i consoli e la gente di Pisa, notabili e popolani, i Lucchesi e tutti gli abitatori di quello Stato, promette che nessuno di loro, nè delle ciurme e combattenti di (loro) galee, nè d'altri (legni) offenderà con alcuna maniera d'ingiuria o danno, in terra nè in mare, le quattro isole, Maiorca, Minorca, Ivisa e Formentera, nè alcuno degli abitatori quivi accolti, nè del popolo ed ottimati appartenenti a quelle.

3. Entrambi i (contraenti) hanno reciprocamente promesso tutto questo nello stipulare la presente pacificazione per le province dei due (Stati), e sono venuti a conchiudere e confermare questa (stipulazione) con perfetta uguaglianza di condizioni d'ambo le parti. Il detto ambasciatore ha reso obbligatorio tutto

---

[1] Cet article n'est en réalité que la répétition, avec confirmation nouvelle, des obligations acceptées par les parties contractantes au commencement du traité.
Le traducteur chrétien, rendant, en l'abré-

[a] Les forçats ramant sur les galères.

ciò pei suoi committenti da lui nominati, secondo l'incarico datogli e l'oficio commessogli con la lettera ch'egli recava di loro parte, (nella quale dichiararono) che avrebbero accettato ogni suo fatto ed opera in questo (negozio).

Tra le (condizioni) che l'illustre ambasciatore Sigiero, figlio di Guccionello, figlio di Gualandi, che Dio lo agevoli a (penetrarsi del santo) suo timore! ha promesso all'illustrissimo fakih Abu-Ibrahim-Ishak-ibn-Mohammed-ibn-Ali, che Dio lo aiuti e gli dia vittoria! condizioni su le quali si rimase d'accordo, e ch'egli rese obbligatorie pei suddetti suoi committenti, è ch'eglino non armino (legni) a danno di alcuna di queste quattro isole sopra nominate; (e ciò nè direttamente) da loro stessi, nè dando aiuto con parole nè con fatti, con uomini nè con danaro, ad alcun nemico di dette (quattro isole, che intendesse) a danno di quelle. E l'illustrissimo fakih Abu-Ibrahim-Ishak-ibn-Mohammed-ibn-Ali, che Dio lo aiuti e gli dia vittoria! ha promesso su questo particolare, al detto ambasciatore Sigiero ed ai suoi committenti, la medesimo (condizione) stipulata da costui, (cioè) ch'egli non offenderà essi (Pisani e Lucchesi), nè darà (altrui) aiuto contro di loro, con uomini nè con danaro.

4. Si quis tamen, Pisanus vel Lucensis, fuerit inventus in navi inimicorum predicti alfachi navicare, pro inimico capiatur.

geant, le sens de la rédaction arabe, a considéré comme superflus les développements de cet article dans le texte musulman. Ces développements ne sont pas en effet rigoureusement nécessaires et paraissent surabondants après les déclarations précédentes. Les prescriptions mêmes du second paragraphe de l'article arabe, qui interdisent spécialement et expressément la course des navires chrétiens contre les majorquains et des navires majorquains contre les Chrétiens, sont complètement renfermées dans la stipulation générale des articles 1 et 2.

4. Tra le cose convenute da entrambi, e fermate (specialmente) dal detto ambasciatore Sigiero, figlio di Guccionello, figlio di Gualandi, al quale Dio agevoli (il compimento delle opere) che a lui sieno accette! (fermate) a nome suo proprio e dei detti suoi committenti, è che qualunque abitatore dei paesi loro, imbarcato su navi che appartengano ai nemici di queste quattro isole, che Dio le custodisca! mossi (effettivamente) a danno delle isole medesime, ove sia preso, venga trattato come i nemici delle quattro isole.

5. Et si qua navis Pisanorum vel Lucensium naufragium passa fuerit in aliqua predictarum insularum dicti alfachi, dabit eis auxilium et consilium pro rebus ipsis naufragis recuperandis; et recuperata, salvabit; et si voluerint aliquas personas pretio adquirere in aliqua predictarum insularum pro eorum rebus recuperandis, dabit eas eis.

6. Et hec pax firmata est inter eos in termino decem annorum et mensium sex, in cursu lunæ.

Et fuit hec carta scripta nonodecimo die mensis Saphar, anno a predicatione Macumet quingenteno octuagesimo, anno vero Dominicæ Incarnationis MCLXXXV, indictione secunda, ipsa die kalendarum Junii.

Et sic Deum inde testem et mediatorem vocaverunt, quod predicta omnia facient per bonam fidem, sine fraude et malo ingenio, usque ad predictum terminum, et observabunt [1].

5. Inoltre, l'illustrissimo fakih Abu-Ibrahim-Ishak-ibn-Mohammed-ibn-Ali, che Dio lo aiuti e gli dia vittoria! ha promesso ai medesimi (Pisani e Lucchesi) che quante volte alcun legno loro faccia naufragio in queste quattro isole, non saranno impediti (i padroni di ricuperare) tuttociò che il mare ne metta fuori e gitti a terra; e che, volendo essi (padroni) prendere a nolo (uomini e barche) per cavar fuori ciò (che rimanga) in acqua, il possano liberamente, a Dio piacendo. L'illustrissimo fakih Abu-Ibrahim-Ishak-ibn-Mohammed-ibn-Ali, che Iddio lo aiuti e gli dia vittoria! e l'illustre ambasciatore Sigiero, figlio di Guccionello, figlio di Gualandi, stipulante per l'arcivescovo, i consoli e il popol tutto di Pisa e di Lucca, sopradetti, i quali Dio secondi al (compimento delle opere) che a lui sieno accette, hanno statuito che il presente accordo (comprenda il reciproco) divieto, nelle quattro isole (Balcari) e nei paesi suddetti di Pisa e Lucca, di qualunque (atto), il quale potesse nuocere ad (alcuna) delle due parti, o recare ingiuria ad alcuno dei due Stati.

6. L'illustrissimo fakih Abu-Ibrahim-Ishak-ibn-Mohammed-ibn-Ali, che Dio lo aiuti e gli dia vittoria! e il detto ambasciatore Sigiero, figlio di Guccionello, da parte dei suoi committenti nominati di sopra, i quali Dio secondi al (compimento delle opere) che a lui sieno accette! hanno assegnato alla presente tregua convenuta e ferma convenzione, un termine di dieci anni e sei mesi, da contarsi dalla data della presente scrittura, ch' è la notte diciannovesima del mese di Sefer, corrispondente al primo giorno del mese di Giugno, secondo il (calendario) agemi [a], dell' anno cinquecento ottanta (1184), (nel qual termine [b]) avrà corso e vigore il patto fermato.

L'illustrissimo fakih Abu-Ibrahim-Ishak-ibn-Mohammed-ibn-Ali, che Dio lo aiuti e

---

[1] Au bas de la charte chrétienne est écrit : « De facto Majoricæ. » Au dos du parchemin arabe, de deux mains différentes, toutes deux anciennes : « Carta rex Magiorica dño Sigeri. Pax regis Majo- » ricæ, quam adduxit Sigerus Ughicionelli Gua- » landi, nel 1185. »

[a] Étranger. Voyez p. 56, note.
[b] C'est-à-dire pendant les dix ans et six mois. Voyez M. Amari, p. 449, note u.

gli dia vittoria! e l' illustre ambasciatore Sigiero, figlio di Guccionello, figlio di Gualandi, che Dio lo agevoli a (penetrarsi del santo) suo timore! rappresentante di chi lo deputava e costituiva (in detto suo oficio), son venuti entrambi al batter destra a destra, giurando innanzi a Dio, ch' ei sia lodato! di compiere tutto ciò, osservarlo nel modo più egregio, ed attenersi, con animi sgombri d' ogni sospetto, a quanto (hanno fermato) in questa scrittura. Ed hanno chiamato a testimone di ciò che si contiene nel presente atto Iddio, ch'è l'ottimo tra i testimoni; (obbligandosi) coi più sacri vincoli (che si conoscano) in qualsivoglia credenza o religione, (a far che) il presente accordo sia compiutamente e lealmente osservato, con le intenzioni più larghe e benigne, e con gli atti più conformi a giustizia e generosità. Chi violerà (questo accordo), violerà la propria religione e (tradirà) l' anima sua propria.

Sia giudice Iddio di quanto noi diciamo; egli, testimone di tutti questi (patti); egli, mallevadore della loro pienissima osservanza a chi devierà in questo dal (dritto) sentiero, ei darà gastigo esemplare.

Lode a Dio, signore dei mondi!

Della (presente) scrittura (si son fatte) due copie.

Quivi il nome di mio padre va bene; il nome dello ambasciatore va bene; e la voce *Junio* va bene. Siane lode a Dio! Vi ha una postilla, (cioè le parole): « Tanto nei dritti quanto nei doveri, » e va bene [a].

Siane lode a Dio! Regge ogni cosa Iddio glorioso e possente.

---

[a] Comme les notaires chrétiens, les rédacteurs arabes étaient dans l'usage de constater et d'approuver à la fin des actes les additions ou corrections régulièrement faites au texte par des surcharges ou des renvois. Il y avait eu des ratures et des retouches au nom de Mohammed-ibn-Ali, père d'Abou-Ibrahim; au nom de l'ambassadeur pisan; et au mot « juin » de la date; les mots arabes répondant au passage : « Tanto nei dritti quanto nei doveri » avaient été ajoutés à la rédaction première en interligne. Le secrétaire régularise toutes ces corrections dans ce paragraphe et ajoute à la fin l'invocation pieuse ou « Alama », qui est la souscription du prince de Majorque.

II.

1184, 2 Juin.

TEXTE LATIN CONTEMPORAIN DU TEXTE ARABE DE LA LETTRE.

In nomine Dei, qui est pius et misericors et miserator. Venerabili Pisanorum archiepiscopo, et consulibus et veteranis omnibus, et universo populo, quos Deus manuteneat! Isaac, filius Macumate, filii Ali, eorum amicus, qui eos diligit et honorat, salutem et amorem et gratiam et bonam voluntatem.

Gratias referimus omnipotenti Deo, qui verbo suo celum et terram firmavit, et nobis dedit cognitionem, quia ipse est veritas et potentia, atque lumen; et ostendit nobis per prophetam suum, qualiter ei credere debeamus, et ejus mandata observare, et quid ipse a nobis vult et nos ab eo requirimus.

Cartam nostram mittimus ad vos, scriptam vigesimo secundo [1] die infra mensem Saphar, anno a predicatione Macumet quingeno octuagesimo, in mense Junio. Et prius, vidimus cartam vestram magnam et honorabilem et sapienter scriptam, delatam nobis per manum vestri missatici, nobilis et sapientis viri Sigerii quondam Ughicionelli Gualandi.

Quam cartam et quem missaticum hono-

TRADUCTION, PAR M. AMARI, DU TEXTE ARABE.

All' arcivescovo, consoli, anziani e notabili di Pisa, che Dio li mantenga disposti ad (operar) quanto gli sia accetto!

Dal riconoscente lor potenza e dignità, Isacco-ibn-Mohammed-ibn-Ali.

Nel nome di Dio, clemente e misericordioso; che egli benedica a tutti i suoi profeti e lor dia piena pace! Lode a Dio, signore dei mondi, quegli la cui parola si è compiuta a favore dei suoi schietti adoratori, e i cui indubitabili miracoli mostrano lui essere il re, la manifesta verità! E che le sue sante benedizioni (scendano) sopra i profeti da lui inviati!

Dopo ciò, o riveriti signori, illustri e potenti, vi scriviamo, grati al sommo Iddio, implorando le sue grazie, chiedendogli il suo aiuto e custodia, e affidandoci in lui, ch' ei sia lodato e (si attesti) non esistere altro Iddio che lui!

(Vi scriviamo) correndo il ventesimo dì del mese di Sefer, anno cinquecentottanta, che corrisponde al primo del mese agemi di Giugno, dopo il ricapito della vostra riverita lettera, recataci dal vostro ambasciatore, l' illustre Sigiero figlio di Guccionello figlio di Gualandi, uomo di chiara fama appo di voi, come si scorge dalla riverita vostra lettera, al quale (auguriamo) che Dio agevoli (ogni opera) che a lui sia accetta.

Col quale abbiam compito tutte le parti di onoranza, cortesia, attenzione e grata accoglienza che saprete da lui medesimo, se a Dio piaccia; e gli abbiamo soddisfatto in tutte le domande presentate a nome vostro, (volendo noi) far ossequio alla vostra dignità, onorare

---

[1] M. Amari remarque (p. 399) que le traducteur chrétien, ayant mal lu un caractère arabe de la lettre originale, a mis par erreur 22 de Saphar, au lieu de 20. Le traité fut rédigé le 19 de Saphar, ou 1er juin, et la lettre fut écrite le lendemain, 20 de Saphar, ou 2 juin.

rifice recepimus, cum multa diligentia et magno amore, et honorem ei exibuimus, sicuti ab eo plenarie poteritis addiscere. Et firmavimus cum eo, vestra vice recipiente, pacem et amicitiam, sicut ipse mandatum et potestatem a vobis habebat eam nobiscúm firmandi et complendi. Et cartam ei dedimus vobis deferendam de pactis et conventionibus, que inter nos et vos sunt [1].

[1] Au bas est écrit : « Pax Majoricæ, quam » adduxit Sigerius Ughicionelli Gualandi. »

la vostra missione e mantenere quella amicizia che noi osserviamo al par di voi fedelmente e schiettamente : così Dio ne faccia conseguitare bene e..... prospero e durevole.

Tra noi e il suddetto ambasciatore vostro Sigieri si è stipolato l'accordo nel modo da lui disposto ed approvato in vostro nome, a tenore della vostra lettera e secondo (le facoltà) comprese nell'atto che voi gli deste per far questo, e promettere l'osservanza dei patti contenuti in esso (trattato, avendo lui dichiarato) che quanto ha promesso (debba intendersi) promesso, accettato, approvato e ratificato da voi tutti. E tanto abbiam noi fermamente stabilito con essolui, come vedrete dalla copia che vi perverrà per (mano di) lui, (mentre) il consimile qui è già messo in esecuzione alla lettera e nello spirito. Chieggiamo a Dio in tutto ciò il suo aiuto e indirizzo, e ch' egli accordi in questo affare favore e sostegno per sua bontà : chè non v'ha altro Dio che lui. Vi mandiamo piene e segnalate salutazioni, com' è debito. E fidiamo in Dio.

FIN DES DOCUMENTS.

TABLE CHRONOLOGIQUE

DES DOCUMENTS.

I.

LETTRES ET BULLES DES PAPES.
1053-1512.

I. — 1053, 17 décembre. Lettre de Léon IX à Thomas, évêque en Afrique. Le pape déplore l'état de l'Église de ce pays, où l'on comptait autrefois deux cent cinq prélats, et qui est réduite maintenant à n'avoir que cinq évêques; le pape engage l'évêque Thomas à défendre avec ses collègues, Pierre et Jean, les prérogatives de l'archevêché de Carthage contre les empiétements de l'évêque de *Gummi*, qui voudrait s'arroger le droit de consacrer les évêques et de convoquer les conciles en Afrique. . . 1

II. — 1053. Léon IX, écrivant à Pierre et à Jean, évêques en Afrique, les loue de la déférence qu'ils témoignent à l'Église romaine et du zèle qu'ils montrent en défendant les droits de l'archevêque de Carthage contre les prétentions de l'évêque de Gummi; il les engage à persévérer dans ces sentiments, attendu que l'archevêque de Carthage, alors même que cette ville deviendrait entièrement déserte et inhabitée, doit conserver la prééminence que lui ont donnée sur toute l'Afrique, après le pontife de Rome, les conciles et les décisions du Siége apostolique. 3

III. — 1073, 16 septembre. De Capoue. Grégoire VII se plaint au clergé et au peuple de Carthage de la désobéissance de quelques chrétiens de la ville contre l'archevêque Cyriaque, dont ils ont dénoncé les actes aux Sarrasins. 5

IV. — 1073, 16 septembre. De Capoue. Grégoire VII exhorte Cyriaque, archevêque de Carthage, à supporter courageusement les mauvais traitements qu'il endure de la part de ses ouailles et de la part du roi ou émir des Sarrasins, plutôt que de céder à des exigences réprouvées par les saints canons, en ce qui concerne les ordinations. 5

V. — 1076, au mois de juin. De Rome. Grégoire VII, regrettant que l'Afrique, où florissaient autrefois un si grand nombre d'évêchés, n'ait pas aujourd'hui trois évêques pour consacrer un nouveau prélat, charge Cyriaque, archevêque de Carthage, de lui envoyer à Rome un sujet régulièrement élu, auquel il imposera les mains. 6

VI. — 1076. Grégoire VII annonce au clergé et au peuple de la ville de Bone, dans la Mauritanie sitifienne, qu'il a consacré le prêtre Servand, élu par eux pour évêque; il les engage à obéir à leur nouveau prélat et à pratiquer toujours les préceptes divins, afin d'inspirer le respect de la religion chrétienne aux Sarrasins, au milieu desquels ils vivent. . . 7

VII. — 1076. Grégoire VII annonce à Anzir ou En-Nacer, prince hammadite, roi de la Mauritanie sitifienne, que sur sa demande il a consacré évêque le prêtre Servand; il le remercie de ses bonnes dispositions à l'égard des Chrétiens de ses États, et lui fait savoir que deux nobles Romains, Albéric et Cencius, heureux de ce qu'ils ont appris de sa bienveillance, lui envoient des messagers pour l'assurer de leur désir de lui être en tout agréables.   7

VIII. — 1198, 8 mars. De Latran. Innocent III prie le roi de Maroc, Abou-Yousouf-Yacoub El-Manzor, d'accueillir favorablement les porteurs des présentes lettres, tous membres d'un nouvel ordre religieux fondé pour le rachat et l'échange des prisonniers chrétiens.   8

IX. — 1226, 17 mai. De Latran. Honorius III, voulant aider les Frères Prêcheurs et les Frères Mineurs demeurant dans le royaume de Maroc à remplir plus facilement leur mission au milieu des peuples étrangers, les autorise à porter la barbe, à modifier leur costume et à recevoir les aumônes en argent.   9

X. — 1233, 27 mai. De Latran. Grégoire IX au roi de Maroc. Le pape, en espérant que le prince finira par reconnaître les vérités de la religion chrétienne, le remercie de la bienveillance qu'il témoigne aux religieux Mineurs habitant ses États, et particulièrement au frère Agnello, évêque de Fez; il l'assure de son amitié et de ses vœux pour la prospérité de son règne, tant qu'il ne se montrera pas l'ennemi du Christ, car si l'émir cessait d'être l'ami du Christ, le saint-siége serait dans l'obligation d'interdire aux Chrétiens de le servir. . . 10

XI. — 1235, 15 mai. De Pérouse. Grégoire IX, répondant aux lettres du roi de Tunis et au rapport que lui ont fait de sa part deux nobles citoyens génois, lui dit que, la question dont il s'agit entre eux nécessitant un traité régulier, il envoie à Tunis frère Jean, ministre de l'ordre des religieux Mineurs de Barbarie, pour s'entendre plus complétement avec lui. . . 11

XII. — 1237, 12 juin. De Viterbe. Grégoire IX, se félicitant de l'état satisfaisant de l'Église dans le Maroc, annonce aux Chrétiens du pays qu'il leur envoie comme évêque, pour les diriger spirituellement au milieu des peuples qui méconnaissent le Christ, un prêtre instruit et prudent déjà consacré à leur intention, les engageant à le reconnaître et à lui obéir. . . 11

XIII. — 1245, 24 septembre. De Lyon. Innocent IV autorise le grand maître et les chevaliers de l'ordre de Saint-Jacques à accepter la donation que le roi de Salé semble vouloir leur faire de ses États en demandant le baptême; il autorise l'ordre à fonder des couvents et des hôpitaux dans ce pays, s'il était remis en leur pouvoir. 12

XIV. — 1246, 25 octobre. De Lyon. Innocent IV prie les rois de Tunis, de Ceuta et de Bougie, d'accorder leur protection à l'évêque du Maroc et aux religieux Mineurs que le prélat jugerait à propos d'envoyer dans leurs États pour les besoins spirituels des Chrétiens qui les habitent et de ceux qu'y attire le commerce. . . . 13

XV. — 1246, 31 octobre. De Lyon. Innocent IV remercie le roi de Maroc des priviléges et des bienfaits de tout genre qu'à l'exemple de ses prédécesseurs il accorde à l'Église dans ses États; il se félicite des succès que le roi a obtenus contre ses ennemis avec l'aide des Chrétiens appelés en Afrique par ses prédécesseurs; il l'exhorte à se convertir à la foi chrétienne, lui promettant l'appui particulier du saint-siége; il l'engage enfin, en lui recommandant le nouvel évêque du Maroc, à donner à ses sujets chrétiens, dans l'intérieur de son royaume ou sur le bord de la mer, des places fortifiées dont il conserverait le haut domaine, et dans lesquelles les Chrétiens pourraient, lorsque les circonstances l'exigeraient, se mettre en sûreté et faire venir plus facilement des secours extérieurs; ce qui serait non moins utile à eux-mêmes qu'avantageux au royaume. . . . 14

XVI. — 1246, 19 décembre. De Lyon. Innocent IV, annonçant aux Chrétiens d'Afrique la nomination du nouvel évêque du Maroc, Loup, leur mande qu'ils doivent obéir au prélat dans toutes les choses spirituelles, comme ils obéissaient à son prédécesseur Agnello. 15

XVII. — 1251, 16 mars. Innocent IV prie de nouveau le roi de Maroc d'accorder des places de défense sur le bord de la mer aux Chrétiens de ses États, pour que leurs femmes et leurs familles puissent être en sûreté au milieu des Sarrasins, pendant qu'eux-mêmes sont dans les armées du roi ou employés à d'autres services publics; le pape annonce au Miramolin que si les sécurités demandées n'étaient pas accordées, le saint-siége se verrait obligé de charger l'évêque du Maroc de défendre aux Chrétiens du pays de servir le roi, et aux autres Chrétiens de se rendre dans ses États. . . 16

XVIII. — 1290, 9 février. De Rome. Nicolas IV, s'adressant aux barons, aux chevaliers et à tous les hommes d'armes chrétiens servant dans les armées des rois de Maroc, de Tunis et de Tlemcen, leur recommande de veiller avec soin à leur vie, afin de faire honorer toujours la religion chrétienne, tant par les Chrétiens que par les infidèles, au milieu desquels ils vivent; il les engage à reconnaître Rodrigue, envoyé par le saint-siége en Afrique comme évêque du Maroc et légat apostolique, à obéir à ses ordres et à ses délégués en tout ce qui concerne la religion. 17

XIX. — 1295, 11 août. D'Anagni. Boniface VIII concède en fief à Roger Doria, amiral de Sicile, les îles de Gerba et de Kerkeni, près Tunis, récemment conquises par Doria sur les Arabes et reconnues pour n'avoir pas été possédées depuis un temps immémorial par aucun prince ou seigneur chrétien. 18

XX. — 1419, 4 mai. De Florence. Martin V, faisant droit aux plaintes que lui ont adressées les Chrétiens habitant la ville et le diocèse de Maroc touchant l'éloignement de leur évêque Pierre, qui, au mépris des devoirs du saint ministère, continue à demeurer hors de son diocèse et loin de l'Afrique, institue frère Martin de Cardenas, de l'ordre des frères Mineurs, comme vicaire de l'évêque, pour résider au milieu d'eux. 20

XXI. — 1512, 30 juillet. De Rome. Jules II autorise le P. Christophe Radelenes, nommé par lettres de ce jour évêque de Constantine, à ne pas se rendre dans son diocèse et à résider dans le diocèse de Brême, à cause du danger qu'offre le séjour en Afrique. 21

II.

RÉPUBLIQUE DE PISE.

1133-1397.

I. — 1133, 1166. Extraits de la chronique de Bernard Marangone concernant des traités de paix conclus entre la république de Pise et divers rois arabes d'Afrique. 22

II. — 1157, 10 juillet. De Tunis. Lettre d'Abou-Abd-Allah Ibn-Abd-el-Aziz, roi de Tunis, à l'archevêque et au peuple de Pise, rappelant et validant les dispositions d'un traité de paix et de commerce arrêtées oralement à Tunis par l'envoyé de la république de Pise, le reïs Abou-Tamim Meïmoun, fils de Guillaume. . . 23

III. — 1181, 19 mai. De Pise. Lettre de l'archevêque, des consuls, des conseillers et du peuple de Pise à Abou-Yacoub-Yousouf, fils d'Abd-el-Moumen, roi almohade d'Afrique, au sujet d'une difficulté qu'on opposait aux Pisans pour l'extraction des cuirs et maroquins du royaume de Bougie. 27

1184. (Voyez le Supplément, p. 367.)

IV. — 1186, 15 novembre. Traité de paix et de commerce conclu pour vingt-cinq ans entre Abou-Yousouf-Yacoub, fils d'Abou-Yacoub-Yousouf, calife almohade, et la république de Pise, pour le commerce des Pisans à Ceuta, Oran, Bougie et Tunis, et sur les côtes d'Andalousie, excepté à Almeria. 28

V. — 1237. Lettre de deux Arabes, sujets du roi de Tunis, à Ubaldo Visconti, podestà de Pise, relative à une affaire litigieuse pendante à Gênes. 30

VI. — 1234 ou 1229, fin du mois d'août. A Tunis. Traité de commerce conclu pour trente ans entre la république de Pise et le roi de Tunis, Abou-Zacharia-Yahya, fils d'Abou-Hafs. 31

378   TABLE CHRONOLOGIQUE DES DOCUMENTS.

VII. — 1240, 8 mai. A Pise. Décision d'arbitres nommés par le podestà de Pise, autorisant le chapelain des Pisans établis à Tunis à occuper ou à louer une boutique située près du fondouc des Pisans à Tunis, et réclamée à tort par une société de marchands de Pise comme leur ayant été vendue par la république. 35

VIII. — 1259, 25 avril. A Pise. Le camérier de l'archevêque de Pise remet, au nom de ce prélat, au mandataire du prêtre Opitho, l'administration spirituelle et temporelle de l'église de Sainte-Marie de Tunis, et lui donne décharge de la somme de dix livres pisanes, payées pour le cens annuel que ladite église doit à l'archevêché de Pise. 37

IX. — 1261, 22 mars. A Pise. Notice d'un prêt fait à un citoyen de Pise, de la maison des Lanfranchi, à l'occasion d'un voyage et d'une expédition de marchandises qu'il devait envoyer à Bougie.—1271. Quittance de la somme prêtée. 37

X. — 1263, 10 août. A Pise. Charte de nolisement, ou contrat de nolis, passé entre divers négociants et armateurs de la ville de Pise pour un voyage à Bougie. 38

XI. — 1264, 11 août. A Tunis. Traité de paix et de commerce conclu pour vingt ans entre la république de Pise et Abou-Abd-Allah-el-Mostancer, roi de Tunis, par Parent Visconti, ambassadeur pisan 43

XII. — 1271, 29 avril. A Pise. Le prêtre Jaffero, nommé par l'archevêque de Pise recteur de l'église des Pisans à Bougie, ayant été obligé de quitter cette ville à cause de l'expédition dirigée par le roi de France contre le royaume de Tunis, l'archevêque investit de nouveau Jaffero de la même cure, sur la demande de ses concitoyens revenus à Bougie. 47

XIII. — 1309-1310. Extraits de quittances entre négociants d'Italie commerçant en Afrique. 48

XIV. — 1313, 14 septembre. A Tunis. Traité de paix et de commerce conclu pour dix ans entre Abou-Yahya-Zakaria-el-Lihyani, roi de Tunis, et la république de Pise, par Jean Fagioli et Rainier del Bagno, ambassadeurs pisans. 49

XV. — 1353, 16 mai. A Tunis. Traité de paix et de commerce conclu pour dix ans entre la république de Pise et l'émir Abou-Ishac, IIe du nom, Ibrahim Abou-Yahya Abou-Bekr, roi de Tunis, par Rainier Porcellini, ambassadeur pisan 55

XVI. — 1358, 9 avril. Traité de paix et de commerce accordé pour dix ans, sous forme de privilége, à Pierre de la Barbe, ambassadeur pisan, par Abou-Einan Farès, fils d'Aboul-Hacen, de la dynastie mérinide d'Abd-el-Hack, roi de Maroc, d'Alger, de Bougie, Tripoli et autres terres. 66

XVII. — 1397, 14 décembre. A Tunis. Traité de paix et de commerce conclu entre la république de Pise et Abou-Farès Abd-el-Azis, roi de Tunis, par les soins d'André del Campo, fils de Michel, ambassadeur de Pise. . . . 70

III.

ROYAUME DE FRANCE.

1138-1482.

I. — 1138. Traité dans lequel les Marseillais contractent une alliance offensive et défensive avec la république de Gênes, pour dix ans; ils promettent à la république, si elle leur fait obtenir un traité de paix du roi de Maroc, ou si elle promet de les défendre contre le roi de Maroc au delà de ces dix ans, de les indemniser de tous les dommages qu'ils auraient pu leur occasionner depuis dix années; ils s'engagent dès maintenant à observer la paix à

TABLE CHRONOLOGIQUE DES DOCUMENTS.

l'égard des sujets du roi de Maroc et à défendre à leurs corsaires, s'ils en armaient, d'attaquer les Marocains. 88

II. — 1228. Extraits d'un statut de la ville de Marseille relatifs au commerce des Marseillais en Barbarie, et particulièrement au commerce de vin qu'ils faisaient à Ceuta, Oran, Bougie et Tunis. 89

III. — Vers 1255. Extraits d'un statut de Marseille relatifs à la nomination des consuls marseillais dans les pays d'outre-mer et en Barbarie 90

IV. — 1268, 20 avril. A Marseille. Nomination par le viguier et le conseil de la ville de Marseille, au nom du roi de Sicile, de Hugues Borgonion, marchand de Marseille, aux fonctions de consul pour le voyage qu'il doit faire à Bougie sur un navire appartenant à Hugues La Rue et ses associés. 91

V. — 1270, 21 novembre. A Tunis. Traité de paix et de commerce conclu pour quinze années, après la mort de saint Louis, entre Abou-Abd-Allah-Mohammed-el-Mostancer-Billah, roi de Tunis, et Philippe III, roi de France, Charles d'Anjou, roi de Sicile, et Thibaut, roi de Navarre. 93

VI. — 1282, 24 octobre. Abou-Yousouf-Yakoub, roi de Maroc, promet de secourir Alphonse X, roi de Castille, contre lequel son fils Sanche s'était révolté, et s'engage à adhérer à toute alliance formée pour le même objet entre le roi Alphonse et Philippe le Hardi, roi de France 96

VII. — 1293, 15 juin. De Bougie. Les consuls et les commerçants de Marseille établis à Bougie se plaignent à la commune des vexations qu'ils éprouvent et de la difficulté qu'ils ont à faire respecter leurs franchises de la part du roi de Bougie, nonobstant les traités existant entre la commune et le roi. 97

VIII. — Fin du treizième siècle. Énumération par provenance des marchandises étrangères qui se vendaient en Flandre à la fin du treizième siècle. 98

IX. — 1317, 17 décembre. A Marseille. Le sénéchal du comté de Provence, en exécution de lettres patentes de Robert, roi de Sicile, comte de Provence, mande au clavaire ou trésorier de la ville de Marseille d'envoyer, aux frais du trésor royal, une galère et un messager à Tunis et à Bougie pour réclamer du roi de Bougie le payement des dommages dus à divers marchands de Marseille qui avaient été détenus en prison et dépouillés de leurs biens à Bougie, attendu que les réclamations de cette nature doivent être faites à la diligence et aux dépens des rois de Sicile, par suite des pactes intervenus entre le roi Charles Ier d'Anjou, aïeul du roi Robert, et les citoyens de la ville de Marseille. — Mandement analogue au sujet de la poursuite des pirates qui infestaient la mer de Marseille. 99

X. — 1390, 18 avril et 7 mai. Quittance de Jean de Bethencourt d'une somme de cent francs à lui accordée par le duc de Touraine pour l'aider à faire son voyage de Barbarie. — Quittance de Gadiffer de la Salle d'une somme de deux cents francs d'or reçue pour le même objet. 102

XI. — Vers 1482. De Tours. Louis XI fait savoir au roi de Bone et au roi de Tunis son désir de développer les relations commerciales existant entre leurs États et le comté de Provence, qui lui est dévolu héréditairement par la mort du roi de Sicile, son oncle; il prie ces princes de faire restituer le chargement d'un navire de Jean de Vaulx, receveur général de Provence, récemment naufragé sur la côte d'Afrique. 103

IV.

RÉPUBLIQUE DE GÊNES.
1155-1465.

I. — 1155-1164. Contrats et sociétés de commerce par-devant notaire relatifs au commerce des Génois à Tunis, Tripoli, Ceuta, Salé, Bougie et autres lieux d'Afrique. 106

II. — 1160. Extrait des *Annales de Gênes*, de Caffaro, concernant un traité de paix et de commerce conclu pour quinze ans par l'envoyé des consuls de la république de Gênes avec le roi almohade de Maroc, Abd-el-Moumen. 108

III. — 1181, 1er juin. A Majorque. Traité de paix conclu pour dix ans entre la république de Gênes et Abou-Ibrahim-Ishak, alfaqui ou seigneur de Majorque, par l'ambassadeur génois Rodoan de Moro. 109

IV. — 1188, au mois d'août. A Majorque. Traité de paix et de commerce conclu pour vingt ans entre la république de Gênes et Abou-Mohammed-Abd-Allah, fils d'Ishak, roi de Majorque, par Nicolas Lecanozze, ambassadeur génois. 113

V. — 1236 ou 1237, 26 février. A Gênes. Cession faite par les armateurs de Savone à des citoyens de Gênes des droits et répétitions qu'ils avaient à exercer contre l'émir et la ville de Ceuta, à l'occasion de la destruction d'un de leurs navires. 115

VI. — 1236, 10 juin. A Tunis. Traité de commerce, conclu pour dix ans, entre la république de Gênes et Abou-Zakaria-Yahia, roi de Tunis et de Tripoli, par Conrad de Castro, ambassadeur génois. 116

VII. — 1250, 18 octobre. A Tunis. Traité de commerce conclu pour dix ans entre Abou-Abd-Allah-Mohammed-Mostancer-Billah, roi de Tunis, et la république de Gênes, par Guillelmino Cibo, ambassadeur génois. . . . 118

VIII. — 1251, 11 juillet. A Gênes. Un marchand arabe de Tunis promet au représentant d'armateurs de Porto Venere, qui l'avaient pillé en mer, de renoncer, lui et ses associés, au bénéfice du ban décrété contre eux pour ce fait de piraterie par le podesta de Gênes, s'ils lui remettent, dans le délai de quinze jours, la somme de vingt-cinq livres de Gênes . . 121

IX. — 1251, 2 août. A Gênes. Charte de nolis du navire le *Grand Paradis* pour un voyage à faire à Tunis avec des marchandises et des passagers. 122

X. — 1272, 6 novembre. A Tunis. Traité de commerce, conclu pour dix ans, entre la république de Gênes et l'émir Abou-Abd-Allah-Mohammed-el-Mostancer-Billah, roi de Tunis, par Opizon Adalard, ambassadeur génois. 122

XI. — 1287, 9 juin. A Tunis. Convention entre Lucheto Pignoli, ambassadeur de la république de Gênes, et les commissaires nommés par le roi de Tunis, pour satisfaire aux réclamations de divers marchands génois qui faisaient le commerce avec Tunis 125

XII. — 1373, 4 août. A Gênes. Extraits d'un contrat de nolis passé entre des marchands de Pise et un patron de Gênes, pour un voyage et un achat de laine de Barbarie, à faire à l'île de Gerba, sur la côte d'Afrique 128

XIII. — 1388, janvier-mai. De Gênes. Lettres du doge et du chancelier de la république de Gênes au doge et au chancelier de la république de Venise pour demander le concours de la seigneurie de Venise à l'expédition que la république de Gênes préparait contre le royaume de Tunis de concert avec les rois d'Aragon et de Sicile et les États de Pise, Lucques et Sienne. 129

TABLE CHRONOLOGIQUE DES DOCUMENTS. 381

XIV. — 1391, 17 octobre. A Tunis. Confirmation pour dix ans, obtenue par Gentile de Grimaldi et Luchino de Bonavey, ambassadeurs génois, du traité conclu le 18 août 1383 par Frédéric Lecavelo entre la république de Gênes et le roi de Tunis, Aboul-Abbas-Abou-Bekr. Rachat des captifs chrétiens 130

XV. — 1392, 4 janvier. A Gênes. Sentence du collége des juges de Gênes, décidant que les habitants de la commune de Savone sont obligés de contribuer à l'armement et à l'entretien des galères envoyées par la république de Gênes sur les côtes de Romanie, de Barbarie et d'Espagne 133

XVI. — 1433, 19 octobre. A Tunis. Traité de paix et de commerce conclu pour vingt ans, par André de Mari, entre la république de Gênes et Abou-Farès, roi de Tunis, Bône et Bougie, confirmant le traité conclu précédemment avec Abou-Farès au nom de la République et du duc de Milan, seigneur de Gênes, par Christophe Maruffo 134

XVII. — 1445, 29 décembre. A Tunis. Confirmation et prorogation, pour douze ans, du traité de 1433, et additions à ce traité, obtenues du roi Abou-Omar-Othman par Zacharie Spinola, ambassadeur génois 142

XVIII. — 1452, 6 février. A Tunis. Lettre d'Abou-Omar-Othman, roi de Tunis, au doge de Gênes, suivie d'une Note énumérant les griefs de l'émir et de ses sujets contre divers marchands génois 145

XIX. — 1456, 5 janvier. De Gênes. Le doge Pierre de Campo Frégoso et le conseil des anciens de la ville de Gênes prient le roi de Tunis de faire mettre en liberté, conformément au traité existant entre le royaume de Tunis et la république, dix habitants de l'île de Corse, sujets de la république, attendu que les habitants de l'île ne peuvent être responsables des méfaits d'un pirate, leur concitoyen, nommé Anechino, rebelle aux lois de son pays, qui attaque les Chrétiens aussi bien que les Sarrasins 147

XX. — 1456, 5 janvier. De Gênes. Les protecteurs de la banque de Saint-Georges adressent au consul de la république à Tunis la lettre précédente, écrite au roi de Tunis au nom du doge et du conseil des Anciens; ils lui envoient en même temps l'un des Maures rachetés par leurs soins 149

XXI. — 1456, 6 octobre. De Gênes. Les protecteurs de l'office de Saint-Georges de Gênes prient le roi de Tunis de faire mettre en liberté les Corses qui pourraient se trouver prisonniers dans ses États, les habitants de l'île de Corse étant sujets de la république de Gênes et devant participer aux bénéfices des traités existant entre la république et le roi 150

XXII. — 1465, 15 mars. A Tunis. Confirmation, pour trente ans, des traités existants entre la république de Gênes et le roi de Tunis Abou-Omar-Othman, et additions aux traités conclus par Antoine de Grimaldi, ambassadeur génois 151

V.

ROYAUME DES DEUX-SICILES.

1180-1479.

I. — 1180-1181. Extraits de diverses chroniques concernant des traités conclus par Guillaume II, roi de Sicile, avec les rois d'Afrique. . . 152

II. — 1231, 19 ou 20 avril. Traité de paix et de commerce conclu pour dix ans entre l'empereur Frédéric II, roi de Sicile, et Abou-Zakaria-Yahia, roi de Tunis, par Vibald, envoyé de l'empereur 153

III. — 1240, 23 janvier. De Civita Castellana. Frédéric II, écrivant à Nicolas Spinola, amiral du royaume de Sicile, lui annonce qu'il approuve son projet d'armer quatre navires et quatre galères pour courir sur la caravane des marchands génois et vénitiens, ses ennemis, lorsqu'elle viendra de Terre sainte au mois de mai; il lui recommande de ne rien entreprendre jusqu'à nouvel avis contre le roi de Tunis, qui, nonobstant la trêve, accueille et favorise les Génois et les Vénitiens. — Extrait d'une lettre ayant trait à diverses affaires. 155

IV. — Vers 1268. Extrait des registres de la chancellerie de Charles d'Anjou concernant l'arriéré du tribut dû par le roi de Tunis au roi de Sicile. 156

V. — 1270, 5 novembre. Au camp près de Carthage. Rescrit de Charles d'Anjou, roi des Deux-Siciles, défendant l'extraction des vivres de ses États et exemptant de tous droits de sortie les provisions que l'on transporterait dans l'île de Sicile, où l'armée chrétienne devait prochainement se rendre. 156

VI. — 1272, 15 septembre. A Melfi. Charles d'Anjou charge les maîtres de l'hôtel des monnaies de Messine de désigner, pour accompagner à Tunis l'amiral de Sicile, un homme capable de vérifier la qualité de l'or et de l'argent qui doit être remis au nom de l'émir. 157

VII. — 1273, 8 mai. A Trani. Charles d'Anjou reconnaît avoir reçu de la part du roi de Tunis, Abd-Allah-Mohammed-Mostancer-Billah, les sommes qui lui revenaient pour son tiers de l'indemnité de guerre convenue lors de la levée du siège de Tunis, et pour les arrérages du tribut dû à la Sicile 157

VIII. — 1285 environ. Extrait de la décharge donnée par le roi Charles d'Anjou au chevalier Barthélemy de la Porte de ses fonctions de justicier de Sicile au delà du fleuve Salso. Article concernant les dépenses faites par le justicier pour prévenir le roi des intelligences que paraissaient avoir les révoltés de Sicile avec le roi de Tunis. 158

IX. — 1319, 27 février. De Catane. Le conseil de l'infant Pierre, vicaire général de Sicile, fils du roi Frédéric de Sicile, sur les plaintes d'Étienne de Branciforte, châtelain des îles de Gerba et Kerkeni, prie les jurés de la ville de Syracuse de lever les difficultés qui empêchaient l'envoi de vivres à la garnison royale de Gerba. 159

X. — 1364, 31.... De Messine. Frédéric III, roi de Sicile, nomme Jean de Clermont, seigneur de Clermont et de Bibona, châtelain des îles de Gerba et Kerkeni, avec droit de juger les causes civiles et criminelles, pour le cas où, par ses efforts, Jean de Clermont pourrait soumettre de nouveau ces deux îles à la couronne de Sicile. 160

XI. — 1392, 25 février. De Catane. 1. Lettre de dom Martin le Vieux, duc de Montblanc, père de Martin Ier, dit le Jeune, roi de Sicile, à Aboul-Abbas, roi de Tunis, en lui envoyant comme ambassadeurs Guillaume de Talamanca et Vito de Malcondignis. — 2. Instructions pour les ambassadeurs, chargés de demander au roi de Tunis la restitution de l'île de Gerba, comme ayant appartenu de tout temps à la couronne de Sicile. 161

XII. — 1393, 22 avril. De Catane. Martin le Jeune, roi de Sicile, assisté de Martin le Vieux, duc de Montblanc, son père, donne plein pouvoir à Guillaume de Talamanca et Hugues de Santa-Paz de prendre possession de l'île de Gerba et de la gouverner en son nom. . 163

XIII. — 1393, 24 avril. De Catane. Lettre de créance et instructions de Martin le Vieux, duc de Montblanc, pour Hugues de Santa-Paz et Guillaume de Talamanca, envoyés auprès du roi de Tunis et du seigneur de Tripoli à l'occasion des affaires de Gerba. 164

XIV. — 1393, 13 et 16 mai. De Catane. Lettres de dom Martin le Vieux annonçant que les habitants de l'île de Gerba ont reconnu la souveraineté et reçu les officiers du roi de Sicile. 165

XV. — 1398, 3 mars. De Palerme. Lettre de Martin le Jeune, roi de Sicile, à Abou-Farès-Abd-el-Aziz, roi de Tunis, au sujet de la négociation d'un traité entre le royaume de Tunis d'une part, la Sicile et l'Aragon d'autre part. . 166

XVI. — 1409. 10 mai. De Cagliari. Martin Ier, dit Martin le Jeune, roi de Sicile, répondant aux lettres qu'il avait reçues de Samuel Sala, juif de Trapani, chargé conjointement avec son frère Élie de négocier un traité de paix avec le roi de Tunis, dit à Samuel que le traité ne peut être conclu définitivement sans le consentement du roi Martin II, roi d'Aragon, son père; il ajoute qu'on peut cependant convenir d'une trêve avec le roi de Tunis, et qu'en attendant rien n'empêche de terminer l'affaire du rachat de certains Maures, dont la somme a été fixée à trente mille doubles. 167

XVII. — 1409, 10 mai. De Cagliari. Instructions du roi Martin le Jeune à Samuel Sala pour la conclusion d'un traité de paix avec le roi de Tunis. 168

XVIII. — 1409, 10 mai. De Cagliari. Lettres patentes du roi Martin le Jeune en faveur de Samuel et Élie Sala, juifs de Trapani, chargés par lui d'une négociation en Afrique. . 169

XIX. — 1438-1451. Extraits de la Chronique de Saint-Martin des Échelles, ou des Grès, près de Palerme, relatifs aux missions et aux ambassades que remplit en Afrique le frère Julien Mayali, au nom du roi d'Aragon et du vice-roi de Sicile. 169

XX. — 1470, 10 mai. A Palerme. Instructions de Lop Ximenès Durrea, vice-roi de Sicile, à Pierre-Antoine de Foligno, envoyé en ambassade auprès du roi de Tunis pour traiter de la paix au nom de Ferdinand d'Aragon, roi de Naples, et de Jean II d'Aragon, son oncle, roi d'Aragon, de Navarre et de Sicile. ... 171

XXI. — 1470, 16 juillet. A Palerme. Lettre de Lop Ximenès Durrea, vice-roi de Sicile, au roi de Tunis, remise à André Navarre, chargé de négocier la paix entre le roi de Tunis et Jean II, roi d'Aragon, de Navarre et de Sicile. . 173

XXII. — 1472, 20 novembre. A Palerme. Lop Ximenès Durrea, vice-roi de Sicile, accorde mille salmes de blé à Raphaël Vives et Emmanuel Bon, ambassadeurs chargés de négocier un traité entre le roi de Tunis et le roi Jean II d'Aragon, roi d'Aragon, de Navarre et de Sicile. 174

XXIII. — 1472, 20 novembre. A Palerme. Lop Ximenès Durrea, vice-roi de Sicile, promet à Raphaël Vives, ambassadeur du roi de Portugal, de lui faire compter la somme de soixante mille doubles d'or sur le produit de la bulle de la croisade, après la conclusion de la paix qui doit se négocier, par ses soins, entre le roi d'Aragon et de Sicile et le roi de Naples d'une part, et le roi de Tunis d'autre part, et après la délivrance de cinq cents captifs chrétiens retenus actuellement dans les États du roi de Tunis. 174

XXIV. — 1473, 19 décembre. A Palerme. Ban du vice-roi de Sicile portant proclamation de la trêve conclue pour deux ans entre le roi d'Aragon, de Navarre et de Sicile et le roi de Tunis, et ordonnant d'observer fidèlement la paix dans les îles de Sicile, Malte, Gozzo et Pentellaria. 175

XXV. — 1473, 23 décembre. A Palerme. Lop Ximenès Durrea, vice-roi de Sicile, nomme Jacques Bonanno consul dans le royaume de Tunis, avec le droit d'instituer des vice-consuls, au nom des rois d'Aragon et de Naples, pour les deux années de trêve récemment arrêtée et pour la suite, si le traité de paix dont on s'occupe est définitivement conclu. ... 176

XXVI. — 1475, 8 juin. De Catane. Lettre de Lop Ximenès Durrea, vice-roi de Sicile, au roi de Tunis, lui annonçant l'envoi à Tunis de Guillaume de Peralta, comme ambassadeur des rois de Castille et de Sicile, chargé de s'entendre avec lui au sujet de la prorogation de la trêve et de la conclusion définitive d'un traité. Instructions du vice-roi à Peralta pour son ambassade. 177

XXVII. — 1476, 7 février. De Palerme. Lettre de Guillaume de Peralta et de Guillaume Pujades, ambassadeurs des rois d'Aragon et de Sicile auprès du roi de Tunis, adressée à un membre de la famille royale de Tunis pour le remercier de l'intérêt qu'il avait apporté à la conclusion de la paix. 179

XXVIII. — 1479, 8 décembre. A Palerme. Votes du conseil des notables de la ville de Palerme relatifs au traité de paix qu'il s'agissait de conclure avec le roi de Tunis. 180

VI.

ROYAUME DE MAJORQUE.

1231-1339.

I. — 1231, 17 juin. Cap de Perra, dans l'île de Majorque. Traité en vertu duquel les Arabes du royaume de Majorque se soumettent à la domination de Jacques Ier, roi d'Aragon, comte de Barcelone, seigneur de Montpellier. . 182

II. — 1235, 10 septembre. A Iviça. Pierre, infant de Portugal, seigneur du royaume de Majorque, donne à moitié fruit à des Sarrasins d'Iviça diverses fermes ou hameaux lui appartenant 185

III. — 1237, 9 juillet. De Viterbe. Grégoire IX charge Raymond de Pennafort, de l'ordre des frères Prêcheurs, son chapelain et son pénitencier, d'instituer un évêque dans le royaume de Majorque, nouvellement reconquis par le roi d'Aragon sur les Sarrasins. 186

IV. — 1278, 13 juin. A Tunis. Confirmation pour cinq ans, entre Yahia-el-Ouathec-Billah-el-Makloué, roi de Tunis, et Jacques Ier, roi de Majorque, comte de Roussillon et de Cerdagne, seigneur de Montpellier, du traité conclu en 1271 entre Jacques Ier, roi d'Aragon, son père, et le roi de Tunis. 187

V. — 1313, au mois de janvier. A Tunis. Traité de paix et de commerce conclu pour douze années solaires entre don Sanche, roi de Majorque, comte de Roussillon et de Cerdagne, seigneur de Montpellier, et Abou-Yahia-Zakaria-el-Lihyani, roi de Tunis, par Grégoire Salembe, ambassadeur du roi de Majorque. 188

VI. — 1339, 15 avril. A Tlemcen. Traité de paix et de commerce conclu pour dix ans entre Jacques II, roi de Majorque, comte de Roussillon et de Cerdagne, seigneur de Montpellier, et Aboul-Hassan-Ali, roi de Maroc, par les soins d'Amalric de Narbonne et autres envoyés du roi de Majorque. 192

VII.

RÉPUBLIQUE DE VENISE.

1231-1540.

I. — 1231, 5 octobre. A Tunis. Traité de paix et de commerce négocié pour quarante ans par Pierre Delfino entre la république de Venise et le roi de Tunis. 196

II. — 1251, 1er avril. A Tunis. Traité de paix et de commerce pour quarante ans entre Marin Morosini, doge de Venise, et Abou-Abd-Allah el-Mostancer-Billah, roi de Tunis et de Tripoli, négocié à Tunis par Philippe Giuliani, ambassadeur vénitien 199

III. — 1271, au mois de juin. A Tunis. Traité négocié par Jean Dandolo, ambassadeur vénitien, renouvelant pour quarante ans le traité de 1251. Lettre d'Abou-Abd-Allah-Mahommed el-Mostancer-Billah, roi de Tunis, à Laurent Tiepolo, doge de Venise, précédant le traité. 203

IV. — 1274-1281. Délibérations du grand conseil de Venise relatives au commerce et aux consuls des Vénitiens à Tunis et aux réclamations

TABLE CHRONOLOGIQUE DES DOCUMENTS. 385

que divers marchands de Venise avaient à faire valoir contre le trésor royal de Tunis. . 206

V. — Vers 1300. Entre les mois de février et de septembre. Instructions de Pierre Gradenigo, doge de Venise, à Marin de Molino, chargé de se rendre à Tunis pour se plaindre au roi des dommages et dénis de justice éprouvés par divers Vénitiens dans ses États. . 207

VI. — 1305, 3 août. A Tunis. Traité de paix et de commerce conclu pour dix ans entre Pierre Gradenigo, doge de Venise, au nom de la république, et Abou-Acida Mohammed, fils d'Yahya-el-Ouathec-el-Makloué, roi de Tunis, par les soins de Marc Caroso, ambassadeur vénitien 211

VII. — 1317, 12 mai. A Tunis. Traité de paix et de commerce entre Jean Soranzo, doge de Venise, au nom de la république, et l'émir Abou-Yahya-Zakaria-el-Lihyani, roi de Tunis, conclu pour quinze ans par Michelet Micheli, ambassadeur vénitien 216

VIII. — 1321, 3 mars. A Venise. Prix et condition du sel de l'île d'Iviça et de l'Afrique à Venise. 221

IX. — 1356, 9 juin. A Tripoli. Traité perpétuel de paix et de commerce entre Ahmed-Ibn-Mekki, seigneur de Tripoli et des îles de Gerba, et Jean Gradenigo, doge de Venise, conclu par Bernabo Giraldo, envoyé vénitien 222

X. — 1358, 26 juin. A Tripoli. Protestation et déclaration de représailles de Marc Venier, armateur vénitien, contre Ahmed Ibn-Mekki, seigneur de Tripoli et des îles voisines, qui avait fait saisir les biens et marchandises de Marc Venier, à l'arrivée d'un navire arabe, monté par des Génois, venant d'Alexandrie, tous pactes et traités généraux conclus entre la république de Venise et le seigneur de Tripoli demeurant fermes et respectés. . . 228

XI. — 1362, 4 et 11 mai. De Venise. Lettre de créance et commission de Laurent Celsi, doge de Venise, à Pierre Santi, notaire ducal, chargé de se rendre à Tripoli pour se plaindre des vexations exercées contre les marchands vénitiens et pour racheter ceux qui étaient retenus captifs. 230

XII. — 1392, 4 juillet. A Tunis. Traité de paix et de commerce conclu pour dix ans entre Aboul-Abbas-Ahmed, roi de Tunis, et Antoine Venier, doge de Venise, par Jacques Valaresso, envoyé comme ambassadeur et consul de Venise à Tunis 232

XIII. — 1392, 4 juillet. De Tunis. Lettre du roi de Tunis au doge de Venise au sujet de la paix de ce jour 237

XIV. — 1392, 9 juillet. De Tunis. Lettre de Jacques Valaresso au doge de Venise sur la négociation du traité arrêté la veille entre la république et le roi de Tunis. 238

XV. — 1427. Renouvellement du traité de 1392, obtenu par Bertuccio Faliero, ambassadeur vénitien, d'Abou-Farès-Abd-el-Aziz, roi de Tunis 244

XVI. — Avant 1433. Lettre de François Foscari, doge de Venise, à Abou-Farès-Abd-el-Aziz, roi de Tunis, en faveur de Jean de Canale, marchand vénitien, à qui la douane arabe détenait sans juste cause quarante-six balles de toile de Bourgogne. 249

XVII. — 1438, 30 mai. A Tunis. Traité de paix et de commerce conclu pour vingt ans entre François Foscari, doge de Venise, et Abou-Omar-Othman, roi de Tunis, par Léonard Bembo, ambassadeur vénitien. 250

XVIII. — 1456, 9 octobre. A Tunis. Confirmation pour trente ans des traités de paix et de commerce existant entre la république de Venise et Abou-Omar-Othman, roi de Tunis, obtenue par Maffeo de Pesaro, ambassadeur vénitien 255

XIX. — 1496-1520. Extraits des Éphémérides ou Diarii de Marin Sanudo, dit le Jeune . . 256

XX. — xve-xvie siècles. Extraits du Ms. intitulé *Regimenti*, de la Bibliothèque de Saint-Marc, renfermant les listes de consuls de la république en Afrique et de capitaines des galères de Barbarie. 258

XXI. — 1504, 24 mai. De Venise. Instructions du conseil des Dix à François Teldi, chargé de se rendre au Caire pour concerter secrètement avec le sultan les moyens d'empêcher le développement du commerce des Portugais dans les Indes. 259

49

XXII. 1506, 23 avril. A Valladolid. Sauf-conduit de Ferdinand le Catholique, roi d'Aragon, en faveur des galères de Venise pour commercer en Barbarie 263

XXIII. — 1508. Lettres du roi de Tlemcen à Ferdinand le Catholique, roi d'Aragon, et au cardinal Ximénès, dans lesquelles l'émir se reconnaît vassal du roi d'Aragon et lui abandonne toutes les côtes de ses États, à l'exception de la ville de Tlemcen avec ses dépendances et de la ville de Remeset. 264

XXIV. — 1508, 11 et 14 janvier, 12 juin. A Venise. Commission ducale d'un capitaine des galères de Barbarie. Mise aux enchères et cahier des charges de l'adjudication des galères. Décision du Sénat au sujet des Échelles d'Oran, d'Alger et de Bougie. 266

XXV. — 1510, 10 novembre. De Palerme. Extraits d'une lettre écrite de Palerme à la seigneurie de Venise par Pelegrino Venier, mentionnant la protection que le roi de Tunis ne cessait de donner aux Chrétiens dans ses États, malgré l'irritation de la population exaspérée par la prise de Tripoli, et rapportant les nouvelles qui circulaient sur l'union prochaine de l'Espagne et de Venise contre la France. . . 270

XXVI. — 1511, 30 décembre. De Venise. Instructions émanant du conseil des Dix, et données au nom du Sénat de Venise, à Dominique Trevisani, envoyé en ambassade en Égypte afin d'engager le sultan à s'opposer à l'extension de la navigation des Portugais dans les Indes et à repousser toutes les propositions que pourraient lui adresser les Français pour entrer en relations commerciales et politiques avec lui au détriment des Vénitiens 271

XXVII. — 1518, 22 mai. De Venise. Dépêche du Sénat de Venise à François Cornaro, ambassadeur de la république auprès de Charles-Quint, au sujet du commerce des Vénitiens sur les côtes de Barbarie. 273

XXVIII. — 1524, 9 avril. A Venise. Décision du Sénat ordonnant que les marchandises vénitiennes non vendues en Barbarie et rapportées à Venise pourront être réexpédiées en franchise par les galères qui doivent prochainement partir pour l'Afrique. 276

XXIX. — 1540. Marchandises importées et exportées entre Venise et l'Afrique. 276

VIII.

ROYAUME D'ARAGON.

1227-1512.

I. — 1227, 12 octobre. A Monçon, en Aragon. Privilége de Jacques Ier, roi d'Aragon, seigneur de Montpellier, portant qu'aucun navire venant à Barcelone, soit des contrées d'outre-mer, soit d'Alexandrie, soit de Ceuta, ou se proposant de se rendre en ces pays, ne pourra faire un chargement d'aucune espèce de marchandises ou d'autres objets d'exportation quelconques tant qu'il y aura dans le port de Barcelone un navire appartenant à cette ville disposé à prendre le chargement. 279

II. — 1271, 14 février. A Valence. Traité de paix et de commerce conclu pour dix ans entre Jacques Ier, roi d'Aragon et de Majorque, seigneur de Montpellier, et Abou-Abd-Allah-Mahommed-èl-Mostancer-Billah, roi de Tunis. . . . 280

III. — 1274, 18 novembre. A Barcelone. Traité entre Abou-Yousouf-Yakoub, roi mérinide de Maroc, personnellement présent à Barcelone, et Jacques Ier, roi d'Aragon et de Majorque, seigneur de Montpellier, qui promet au roi de Maroc dix navires et cinq cents chevaliers, pour l'aider à faire la conquête de Ceuta. . . 285

IV. — 1285, 2 juin. A Col de Paniçar. Traité conclu pour quinze ans entre Pierre III, roi d'Aragon et de Sicile, et Abou-Hafs, roi de Tunis, relativement au commerce de leurs États et au tribut dû par le roi de Tunis au roi de Sicile depuis le règne de Charles d'Anjou. 286

V. — 1292, mai. A Barcelone. Jacques II, roi d'Aragon, de Sicile et de Majorque, charge Guillaume Olomar, citoyen de Barcelone, de se rendre à Tunis pour emprunter en son nom telle somme d'argent qu'il pourra obtenir de l'émir. 291

VI. — 1302, 1ᵉʳ juin. De Barcelone. Les magistrats municipaux de Barcelone prient Abou-Yakoub-Yousouf, roi de Maroc, de permettre à leurs concitoyens d'exporter du blé de ses États à Barcelone aux prix accoutumés 291

VII. — 1306, 6 janvier. A Saragosse. Lettre de Jacques II, roi d'Aragon, à Abou-Acida-Mahomet roi de Tunis, remise à Pierre de Fossé, maître d'hôtel du roi d'Aragon, chargé de se rendre à Tunis pour s'entendre avec l'émir au sujet de certains Sarrasins des royaumes de Tunis et de Maroc faits prisonniers par les Aragonais; au sujet de la moitié du droit de douane exigible à Tunis sur les marchandises d'Aragon abandonnée au roi Jacques II par suite d'un arrangement conclu précédemment avec son envoyé Raymond de Villeneuve; au sujet du consul particulier que réclamaient, sans nécessité, les gens du royaume de Majorque; enfin pour assurer l'émir du désir qu'avait le roi d'Aragon d'observer les traités existant entre les deux pays et d'empêcher les corsaires d'Aragon de courir sur les sujets tunisiens. Instructions particulières pour Pierre de Fossé. 292

VIII. — 1307, 15 avril. A Montblanc. Instructions remises à Pierre Bussot, consul catalan à Tunis, envoyé par Jacques II, roi d'Aragon, auprès du roi de Tunis, pour s'entendre au sujet de la moitié du droit de douane abandonnée précédemment au roi d'Aragon et des indemnités réclamées au roi de Tunis par divers Catalans; pour obtenir en outre de l'émir quelques subsides en argent destinés à aider le roi d'Aragon dans la conquête des îles de Sardaigne et de Corse. 294

IX. — 1308, 20 août. De Tunis. Lettre d'Abou-Acida-Mahomet, roi de Tunis, à Jacques II, roi d'Aragon, annonçant, en réponse à la lettre apportée à l'émir par Bernard de Sarrian, que le dernier traité de paix conclu entre les royaumes de Tunis et d'Aragon était renouvelé pour une durée de dix ans. 296

X. — 1309, 3 mai. A Barcelone. Lettre de Jacques II, roi d'Aragon, de Sardaigne et de Corse, à Abou-Rebia Soliman, roi de Maroc, offrant les bases d'un traité d'alliance offensive et défensive contre tous rois maures, particulièrement contre le roi de Grenade, et énonçant les conditions et les subventions en argent qu'exigeait le roi d'Aragon pour continuer le siége de la ville de Ceuta, occupée par le roi de Grenade. — Instructions à don Jaspert, vicomte de Castelnau, chargé de se rendre au Maroc avec la flotte d'Aragon, pour remettre à Abou-Rebia la lettre du roi Jacques, et pour expliquer au sultan les circonstances qui avaient empêché le roi, malgré les instances de ses deux prédécesseurs immédiats, les sultans Abou-Yakoub et Abou-Thabet, son grand-père et son frère, d'attaquer la ville de Ceuta, tant qu'on n'avait pas obtenu du roi de Castille qu'il dégageât le roi d'Aragon de l'obligation contractée par le dernier traité de paix conclu entre ces princes de ne pas attaquer le roi de Grenade, vassal du roi de Castille. 297

XI. — 1309, 8 mai. A Barcelone. Traité de paix et de commerce entre Jacques II, roi d'Aragon, de Valence, de Sardaigne et de Corse, et le roi de Bougie, Abou-Zakaria, conclu pour cinq ans par Garcia Perez de Mora, mandataire du roi de Bougie 301

XII. — 1313, 10 mars. De Fargua. Abou-Yahya Abou-Bekr, fils d'Abou-Zakaria, roi de Bougie, écrivant à Jacques II, roi d'Aragon, par Jean Poculuyl, consul catalan à Bougie, fait savoir au roi ses bonnes dispositions pour la conclusion d'un traité 303

XIII. — 1314, 7 janvier, lundi. A Valence. Traité de paix et de commerce, conclu pour cinq ans, entre Jacques II, roi d'Aragon, de Valence, de Sardaigne et de Corse, et Abou-Yahia-Abou-Bekr, fils d'Abou-Zakaria, roi de Bougie, par Jean Poculuyl, consul catalan à Bougie. 304

XIV. — 1314, 21 février. A Tunis. Traité de

paix et de commerce conclu pour dix années solaires entre Abou-Yahia-Zakaria-el-Lihyani, roi de Tunis, et Jacques II, roi d'Aragon, de Valence, de Sardaigne et de Corse, par les soins de Guillaume Olomar, ambassadeur du roi d'Aragon. 306

XV. — 1315. La flotte équipée par les villes de Barcelone et de Valence ayant battu dans la présente année la flotte du roi de Tlemcen, Abou-Hammou (Ier du nom), ennemi commun des rois d'Aragon et de Bougie, les magistrats municipaux de la ville de Barcelone chargent Bernard Benencasa, consul d'Aragon à Bougie, d'agir de concert avec Pierre Vigata, leur envoyé spécial, pour obtenir du roi, conformément aux conventions arrêtées par le consul avec l'émir, au nom des villes de Barcelone et de Valence, le payement de douze mille doubles d'or, somme à laquelle sont évalués les frais de l'armement; ils promettent au consul, en récompense de ses bons offices, une somme proportionnelle à celle qu'il pourra obtenir du roi de Bougie 310

XVI. — 1315, 28 avril. De Barcelone. Les conseillers municipaux de la ville de Barcelone prient le lieutenant du consul catalan de Tunis de seconder les démarches de l'un de leurs concitoyens, qui se rend en cette ville, avec une lettre du roi d'Aragon, pour obtenir du roi de Tunis l'indemnité qui lui est due par suite du pillage de l'un de ses navires naufragé à Tripoli; ils déclarent que si l'émir ne fait pas restituer les objets volés et payer les dommages réclamés par le roi d'Aragon, ils auront soin de faire complétement indemniser leur concitoyen sur les biens et les marchandises des sujets du roi de Tunis. 311

XVII. — 1319, 24 avril. De Barcelone. Lettre de Jacques II, roi d'Aragon, à Abou-Tachfin Ier Abd-er-Rahman, roi de Tlemcen, et instructions du roi à Bernard Despuig et Bernard Zapila, envoyés à Tlemcen pour racheter les prisonniers chrétiens détenus dans les États de l'émir; pour traiter subsidiairement d'une convention de paix et de commerce entre les deux princes; de l'enrôlement de forces chrétiennes destinées au service du roi de Tlemcen sur mer ou sur terre; d'un présent annuel que les rois d'Aragon désiraient recevoir du roi de Tlemcen; et enfin de la diversion que le roi d'Aragon demandait à l'émir d'opérer sur les frontières du Maroc, dans le cas où lui-même viendrait à attaquer le roi de Grenade. 312

XVIII. — 1323, 1er mai. De Barcelone. Lettre de Jacques II, roi d'Aragon, à Abou-Saïd-Othman, roi de Maroc, et instructions à Romain de Corbière, envoyé en ambassade au Maroc, 1° pour réclamer l'exécution de certains engagements pris à l'égard de l'Aragon lorsque les galères du roi Jacques aidèrent le prédécesseur d'Abou-Saïd à reprendre la ville de Ceuta sur le roi de Grenade; 2° pour demander un prêt d'argent et le renvoi momentané d'un certain nombre de chevaliers aragonais servant actuellement le roi de Maroc, et devenus nécessaires au roi Jacques dans sa guerre de Sardaigne et de Corse; 3° pour offrir le renouvellement des traités de paix et d'amitié, et promettre au roi de Maroc, s'il la réclame, la disposition, moyennant une solde, de quelques galères aragonaises 315

XIX. — 1323, 1er mai. De Barcelone. Jacques II, roi d'Aragon, écrivant à Abou-Yahia Abou-Bekr, roi de Tunis et de Bougie, au sujet du traité conclu ce même jour à Barcelone, et lui adressant par un envoyé spécial les actes authentiques du traité, exprime au sultan son désir d'entretenir les bonnes relations qui ont toujours existé entre la maison d'Aragon et la maison de Tunis et de Bougie. 318

XX. — 1323, 1er mai. A Barcelone. Traité de paix et de commerce conclu pour quatre ans entre Jacques II, roi d'Aragon, de Valence, de Sardaigne et de Corse, et Abou-Yahia Abou-Bekr, roi de Tunis et de Bougie, confirmant expressément le traité conclu par Guillaume Olomar, en 1314, avec Abou-Yahia-Zakaria, roi de Tunis. 319

XXI. — 1323, 18 juin. De Barcelone. Les conseillers municipaux de la ville de Barcelone prient les régents du consulat aragonais de Tunis de faire toutes diligences et dépenses nécessaires pour la délivrance d'un patron de Barcelone capturé avec son vaisseau par les Arabes, en présentant les lettres que le roi d'Aragon écrit à cet effet au roi de Tunis et de Bougie. 324

XXII. — 1357, 10 août. A Carinena, en Aragon.

Lettre de Pierre IV, roi d'Aragon, de Majorque, de Sardaigne et de Corse, et comte de Roussillon, à Abou-Einan, roi de Maroc, prorogeant de cinq nouvelles années un traité de paix et d'alliance dernièrement conclu pour cinq ans à Saragosse avec ce prince, et admettant le roi de Grenade, Mahomet, aux stipulations de la paix générale de dix années. 325

XXIII. — 1358, 1er juin. De Girone. Lettre de Pierre IV, roi d'Aragon, à Abou-Einan, roi de Maroc, et instructions remises à Matthieu Mercer, Arnaud de France et Bertrand de Pinos, envoyés par le roi en ambassade auprès du sultan pour le dissuader d'accorder les secours d'hommes et de chevaux qui lui sont demandés par le roi de Castille contre don Fernand, marquis de Tortose, seigneur d'Albaracin. 327

XXIV. — 1361, 17 décembre. A Barcelone. Pierre IV, roi d'Aragon, comte de Roussillon, donne plein pouvoir au chevalier Bernard de Cabrera, son conseiller, pour conclure un traité de paix d'une durée qu'il sera maître d'apprécier avec le roi de Maroc. 329

XXV. — 1439, 8 janvier. De Barcelone. Les magistrats municipaux de Barcelone, en remerciant le roi de Tunis, Abou-Omar-Othman, petit-fils d'Abou-Farès, des ordres qu'il a donnés dans l'intérêt d'un patron de Barcelone échoué près de Bone, lui signalent les vexations et les dommages que les naufragés ont eu à subir, nonobstant ses instructions, du caïd de Bone, et lui demandent justice; ils lui rappellent qu'un patron de galiote a été récemment pendu en Sicile, pour avoir enlevé quelques Arabes ses sujets, qui ont été rendus à la liberté par les vice-rois 330

XXVI. — 1444, 14 septembre. De Barcelone. Les magistrats municipaux de Barcelone prient le roi d'Aragon, Alphonse V, d'engager le roi de Tunis à rendre la liberté à cinq cents chrétiens aragonais retenus en représailles de ce que certains Maures avaient été gardés comme prisonniers dans le royaume de Sicile, nonobstant la trêve existant entre les deux rois. 331

XXVII. — 1446, 20 novembre. De Cagliari. Les conseillers et prud'hommes de Cagliari prient les magistrats municipaux de Barcelone d'inviter un de leurs compatriotes qui avait affermé du roi de Tunis le droit de pêcher le corail sur les côtes de Barbarie, à ne pas exiger des pêcheurs sardes le tiers du corail récolté, et à se contenter du dixième. 332

XXVIII. — 1447, 15 mai. De Barcelone. Les conseillers municipaux de Barcelone prient le roi de Tunis Abou-Omar-Othman de faire rapatrier un de leurs concitoyens resté en otage à Tunis, pendant que son frère transportait à Alméria certains marchands de Tunis avec leurs marchandises, le voyage de ces négociants ayant été bien et loyalement effectué comme il avait été convenu 333

XXIX. — 1462, 2 décembre. De Barcelone. Les magistrats municipaux de Barcelone recommandent au roi de Tunis plusieurs marchands catalans qui se rendent dans son royaume pour leur commerce, en assurant le sultan du bon accueil que trouveront à Barcelone les marchands arabes ses sujets 334

XXX. — 1473, 6 février. De Barcelone. Les conseillers municipaux de Barcelone prient le roi de Bougie d'ordonner que les biens des marchands catalans détenus depuis longtemps à la douane par ses officiers, à la suite de l'agression de quelques marins catalans contre un navire des Majorquains leurs ennemis, biens qui n'avaient pas été réclamés à cause des guerres et des troubles dont avait souffert l'Aragon jusqu'à ces derniers temps, soient enfin rendus au mandataire de la commune, afin que les autres marchands aragonais se trouvent disposés à fréquenter, comme par le passé, le port de Bougie. 335

XXXI. — 1510, 2 septembre. A Monçon. Privilége de Ferdinand le Catholique, roi d'Aragon et des Deux-Siciles, accordant aux habitants de la ville et comté de Barcelone, conformément à une requête qui lui était présentée par les syndics de Barcelone durant la tenue des Cortès de Monçon, la liberté de commercer avec franchise dans les villes et ports de Bougie et de Tripoli récemment conquises, et toutes autres villes qui pourraient être conquises par le roi en Afrique. 336

XXXII. — 1511, 18 décembre. A Burgos. Pragmatique sanction de Ferdinand le Catholique

portant qu'en raison des subsides votés pour l'expédition d'Afrique par ses sujets de Catalogne, d'Aragon et du royaume de Valence, le roi impose un droit de cinquante pour cent en sus des droits ordinaires sur toutes les étoffes de laine d'origine étrangère à ses États qui seraient importées dans les villes de Bougie, Tripoli et Alger, ou autres possessions de la couronne d'Aragon en Afrique; le roi assurant d'ailleurs à ses sujets des pays de Catalogne, d'Aragon et de Valence la liberté de commercer en Afrique en payant les droits établis. . 338

XXXIII. — 1512, 24 août. A Logrono. Lettre du roi Ferdinand le Catholique au lieutenant du trésorier général de la couronne, faisant défense à lui-même lieutenant du trésorier général, à tous capitaines de vaisseaux, gouverneurs et autres officiers établis par le roi en Afrique, d'empêcher les citoyens de Barcelone de commercer librement dans le pays, sans payer aucuns droits de douane ou autres. . . . 340

XXXIV. — 1512, 24 août. A Logrono. Nouveau privilége du roi Ferdinand le Catholique confirmant aux habitants de la Catalogne la faveur de commercer librement et sans payer aucuns droits dans les royaumes de Tunis, Alger, Tripoli et Bougie, et ordonnant à ses officiers de restituer aux Catalans les marchandises à eux appartenant, dont ils avaient exigé la livraison des émirs de Tenez et de Tlemcen. . . . 341

IX.

RÉPUBLIQUE DE FLORENCE.
1363-1445.

I. — 1363, 1er février. A Florence. Extrait de la protestation dressée par un notaire de Florence au nom des associés des maisons Cauco et Vituri, de Venise, contre divers Florentins qui avaient été leurs facteurs en Barbarie et à Avignon, et qui refusaient de rendre leurs comptes 343

II. — 1421, 5 octobre. A Tunis. Traité perpétuel de paix et de commerce entre Abou-Farès Abd-el-Aziz, roi de Tunis, d'une part, la république de Florence et de Pise et Jacques d'Appiano, seigneur de Piombino, d'autre part, conclu en 1421 par Barthélemy de Galéa, ambassadeur de la république de Florence, et ratifié en 1423 par les soins de Neri Fioravanti, ambassadeur florentin 344

III. — 1444, 23 novembre. De Florence. Lettre de créance de la république de Florence adressée à Abou-Omar-Othman, roi de Tunis, pour Baldinaccio d'Antonio degli Erri, chargé de se rendre à Tunis comme ambassadeur de la république. 354

IV. — 1445, 23 avril. A Tunis. Traité de paix et de commerce conclu pour trente et une années solaires entre la république de Florence et de Pise et le roi de Tunis, par l'ambassadeur Baldinaccio d'Antonio degli Erri. 355

X.

SEIGNEURIE DE PIOMBINO ET DE L'ILE D'ELBE.
1414.

1414, septembre. Projet de traité de paix et de commerce entre Jacques d'Appiano, seigneur de Piombino, et Abou-Farès, roi de Tunis. 361

SUPPLÉMENT
AUX TRAITÉS DE LA RÉPUBLIQUE DE PISE.

1184, 1ᵉʳ et 2 juin. Traité de paix et de commerce entre la république de Pise, qui associe la ville de Lucques aux avantages de ses négociations, et Abou-Ibrahim-Ishak, seigneur des îles Baléares, conclu pour dix ans et six mois lunaires par Sigiero di Ugucionelli de' Gualandi, ambassadeur de la république de Pise. Lettre d'Abou-Ibrahim-Ishak à l'archevêque et aux consuls de Pise au sujet de la conclusion du traité précédent.............. 367

FIN DE LA TABLE CHRONOLOGIQUE.

TABLE DES MATIÈRES.

	Pages
Préface	I
Introduction historique	XXIX

DOCUMENTS.

		Pages
I.	Lettres et bulles des Papes.	1
II.	République de Pise.	22
III.	Royaume de France.	88
IV.	République de Gênes.	106
V.	Royaume des Deux-Siciles.	152
VI.	Royaume de Majorque.	182
VII.	République de Venise.	196
VIII.	Royaume d'Aragon.	279
IX.	République de Florence.	343
X.	Seigneurie de Piombino et de l'île d'Elbe.	361
	Supplément aux traités de la République de Pise.	367
	Table chronologique des documents.	375

FIN.

TABLE DES MATIÈRES DE L'INTRODUCTION.

Le Magreb et ses délimitations.	1
Mobiles des invasions arabes.	2
Gouvernement équitable des Arabes dans les pays conquis.	3
Le Christianisme n'est pas proscrit par eux. . . .	3
Chrétiens indigènes restés en Afrique après la conquête.	4
A la fin du xe siècle, la puissance arabe décline, et les nations chrétiennes reprennent l'avantage dans toute la Méditerranée.	5
1002-1050. — Les Chrétiens, plus confiants, portent la guerre sur les côtes d'Afrique. Ils enlèvent aux Arabes la Sardaigne et la Corse.	7
ixe-xie sièc. — Au milieu des guerres et des invasions, tous rapports religieux et commerciaux n'avaient pas cessé entre l'Afrique et les Chrétiens.	9
x^e-xie sièc. — Prospérité de l'Afrique aux xe et xie siècles.	12
1048-1052. — Les Zirides, gouverneurs du Magreb au nom des califes d'Égypte, se déclarent indépendants. Invasion des Arabes de la haute Égypte dans le Magreb.	13
x^e-xie sièc. — Persistance et diminution des évêchés et des centres chrétiens en Afrique. Empiétements de l'évêque de Gummi.	14
1053. — Les papes maintiennent la prééminence du siége de Carthage. . . .	16
1007-1090. — Démembrement du royaume des Zirides. Création du royaume des Hammadites à El-Cala, puis à Bougie, dans la Mauritanie Sitifienne.	17
1063-1159. — Principauté des Beni-Khoraçan à Tunis.	18
1073. — Difficultés de l'évêque de Carthage avec ses fidèles et avec l'émir du pays.	18
1068-1076. — Diminution des évêchés et des centres chrétiens en Afrique. . . .	20
1076-1077. — Rapports amicaux de Grégoire VII et d'En-Nacer, roi berbère de la Mauritanie Sitifienne.	22
1053-1082. — Origine des Almoravides. Ils font la conquête du Magreb occidental jusqu'à Alger.	24
1083-1100. — De la ville d'Alger. Les Almoravides soumettent l'Espagne musulmane.	25
1057-1075. — Suite des succès chrétiens. Conquête de la Sicile.	27
1087. — Suite des succès chrétiens. Prise et pillage d'El-Mehadia.	28
1067-1091. — Bougie devient la capitale du royaume des Hammadites. Avantages de sa situation.	30
1120-1150. — La nouvelle secte des Almohades s'élève contre les Almoravides et fait des conquêtes dans le Maroc et en Espagne.	31
1100-1147. — Milices chrétiennes au service des Almohades et des Almoravides. .	32
1087-1147. — Alternatives de relations commerciales et d'hostilités entre les Chrétiens et les Arabes. Navire des moines de la Cava.	33
1133-1138. — Traités des Pisans et des Génois avec les princes almoravides. Accord des Génois avec les Provençaux en vue du commerce du Maroc.	35
1157. — Situation avantageuse des Pisans à Tunis.	37
1087-1157. — Que les premiers traités arrêtés en ce temps entre les Chrétiens et les Arabes furent vraisemblablement des conventions verbales et non écrites.	39
1147-1159. — Abd-el-Moumen détruit la dynastie des Almoravides, le royaume des Hammadites de Bougie et la principauté des Beni-Khoraçan de Tunis.	41
1134-1152. — Roger II, roi de Sicile, fait des conquêtes sur la côte d'Afrique, et détruit le royaume des Zirides d'El-Mehadia.	42

TABLE DES MATIÈRES DE L'INTRODUCTION.

1134-1154.	— Gouvernement éclairé et équitable de Roger à l'égard des Arabes. .	44
1159-1163.	— Abd-el-Moumen, continuant ses conquêtes, chasse les Francs d'El-Mehadia, et étend l'empire almohade sur tout le nord de l'Afrique.	45
1153-1188.	— Commerce et traités génois dans l'empire almohade.	47
1166-1184.	— Traités et relations des Pisans avec les Almohades.	48
1186.	— Diplôme commercial accordé par Yacoub Almanzor aux Pisans. .	50
1180-1181.	— Traité de paix et de commerce entre le roi almohade Yousouf et le roi de Sicile.	51
1181.	— Origine du tribut payé par les rois de Tunis aux rois de Sicile. . . .	52
1181-1203.	— Traités des Pisans et des Génois avec les Ibn-Ghania, princes des Baléares, jusqu'à la conquête de Majorque par les Almohades. . .	53
1200-1203.	— Importance du commerce des Pisans à Tunis sous le gouvernement du cid Abou-Zeïd Abou-Hafs. . .	55
1200-1203.	— Lettres de marchands arabes à des Pisans.	58
1184-1205.	— Ali et Yahya Ibn-Ghania relèvent le parti almoravide contre les Almohades, et règnent quelque temps à Bougie et à Tunis. . . .	60
1204-1207.	— Le sultan En-Nacer reconquiert le Magreb oriental, et nomme Abou-Mohammed, le Hafside, son lieutenant à Tunis.	62
1207-1221.	— Bonnes relations des commerçants d'Italie et de Provence avec la Tunisie et avec le Maroc pendant l'administration d'Abou-Mohammed, le Hafside.	63
1177. 1199-1206.	— D'Abd-el-Kerim et d'Ali Ibn-Ghazi Ibn-Ghania, souverains d'El-Mehadia.	65
1114-1192.	— Persistance et diminution des populations chrétiennes en Afrique. .	67
1114-1192.	— Colonies européennes éparses dans le pays.	69
1198-1226.	— Les Almohades protégent les ordres religieux.	70
1212-1238.	— Démembrement de l'empire almohade.	72
1229-1262.	— Origine du royaume chrétien de Majorque.	74
1227-1258.	— Commerce de l'Aragon avec l'Afrique.	75
1228-1236.	— Établissement de la dynastie des Hafsides à Tunis par Abou-Zakaria-Yahya Ier.	76
1235.	— Formation du royaume des Beni-Zian à Tlemcen.	78
1213-1248.	— Origine et fondation de la dynastie des Mérinides à Fez.	79
1234-1235.	— Les Génois rançonnent la ville de Ceuta.	81
1229-1236.	— Traités de commerce d'Abou-Zakaria-Yahya Ier, roi de Tunis, avec les Chrétiens.	82
1229-1236.	— Principes généraux de ces traités et des traités conclus antérieurement et postérieurement par les Chrétiens avec les Arabes du Magreb.	83

I. Mesures protectrices des personnes et des biens des Chrétiens. 85

§ 1. *Sécurité des personnes. — Liberté des transactions.* 85

§ 2. *Juridiction et irresponsabilité des consuls.* 86

§ 3. *Propriété de fondouks, d'églises et de cimetières.* 89

§ 4. *Responsabilité individuelle.* 92

§ 5. *Proscription du droit d'aubaine.* . . 93

§ 6. *Proscription réciproque de la piraterie.* 94

§ 7. *Protection des naufragés et abolition du droit d'épaves.* 97

§ 8. *Admission d'étrangers sous pavillon allié.* 98

§ 9. *Garanties pour le transport, la garde, la vente et le payement des marchandises.* 100

§ 10. *Réexportation en franchise des marchandises non vendues.* 100

II. Prescriptions d'ordre général et de police concernant les Chrétiens. 101

§ 1. *Des ports ouverts seuls au commerce chrétien.* 101

§ 2. *De la liberté du culte.* 104

§ 3. *Prescriptions diverses. — Bains. — Police des ports.* 105

§ 4. *Des droits de douane sur les importations et les exportations.* 106

TABLE DES MATIÈRES DE L'INTRODUCTION.

1° *Importations. — Droits principaux*	108
2° *Exportations. — Droits principaux*	110
§ 5. *Mesures contre la contrebande*	110
§ 6. *Droit de préemption*	112
§ 7. *Arrêt de prince*	113
§ 8. *Réciprocité de protection et de traitement due aux sujets et marchands arabes*	114
III. Observations générales	115
1230-1250. — Commerce des Génois en Afrique.	116
1230-1255. — Commerce des Marseillais.	117
1230-1276. — Commerce du Languedoc et du Roussillon.	118
1200-1216. — Ménagements d'Innocent III pour les Arabes de Sicile.	120
1220-1226. — Soulèvement des Arabes de Sicile. Les dernières familles musulmanes de l'île sont transférées à Lucera.	121
1227-1242. — Bonnes relations de Frédéric II avec les princes arabes d'Égypte et du Magreb.	122
1227-1254. — Rapports amicaux des rois du Maroc avec les Papes.	124
1233-1251. — Évêché de Fez ou de Maroc.	124
1227-1254. — Chrétiens servant dans l'armée et le gouvernement des rois de Maroc et de Tlemcen.	125
1246-1266. — Innocent IV demande à El-Saïd et à Omar-el-Mortéda l'occupation de quelques places fortes dans le Maroc pour les auxiliaires chrétiens.	127
1250-1264. — Renouvellement des traités de Tunis avec Gênes, Venise et Pise.	129
1250-1264. — Étendue du commerce des Pisans. Fibonacci apprend les mathématiques à Bougie.	130
1252. — Origine des privilèges florentins en Afrique.	131
1153-1263. — Relations accidentelles des nations du nord de l'Europe avec le Magreb.	133
1266-1268. — Le roi de Tunis soutient les ennemis de Charles d'Anjou, et refuse de payer le tribut dû à la Sicile.	134
1270. — Observations sur la seconde croisade de saint Louis.	135
1270. — Intérêt personnel et presque exclusif du roi de Sicile dans la croisade de 1270.	136
1270. — Du traité de unis et des avantages qu'il assurait au roi de Sicile.	137
1271-1278. — Les Chrétiens renouvellent leurs traités avec le roi de Tunis.	140
1274-1282. — Alliances momentanées des sultans de Maroc et des rois chrétiens.	141
1282. — Alliance projetée d'Abou-Yousouf-Yacoub, roi de Maroc, et de Philippe III, roi de France.	142
1277-1282. — Pierre III, roi d'Aragon, intervient dans les débats des émirs de Tunis.	143
1277-1282. — Réponse du Pape aux propositions du roi d'Aragon.	145
1283-1318. — Séparation des royaumes de Tunis et de Bougie.	146
1284-1318. — Commerce des Marseillais. Que les constitutions pontificales prohibant ou limitant les rapports des Chrétiens avec les Sarrasins ne s'appliquaient pas aux côtes du Magreb.	147
1290-1300. — Des milices chrétiennes servant dans les armées des rois du Magreb.	147
1290-1300. — Que les hommes de ces milices n'étaient ni des renégats ni des transfuges.	148
1290-1300. — Leur recrutement approuvé par les princes chrétiens.	149
1290-1300. — Approuvé par le Saint-Siége.	150
1290-1300. — Leur utilité dans les guerres des émirs arabes.	152
1260-1313. — Nombreux captifs chrétiens en Afrique.	153
1285-1309. — Le tribut dû par le roi de Tunis à la Sicile passe à la couronne d'Aragon, puis au roi de Naples.	154
1289-1310. — De l'île de Gerba et de sa population.	156
1289-1310. — Conquise par Roger Doria, l'île reste aux héritiers de l'amiral sous la suzeraineté apostolique.	157
1289-1310. — Tentatives des rois de Tunis pour reprendre Gerba.	158
1310-1311. — Muntaner devient capitaine de Gerba et de Kerkeni au nom du roi de Sicile, seigneur usufruitier des îles.	159

TABLE DES MATIÈRES DE L'INTRODUCTION.

1311-1313. — Muntaner seigneur de Gerba pendant trois ans sous la suzeraineté du roi de Sicile, à qui passe la souveraineté définitive de l'île. . 160

1313-1335. — D'un nouveau tribut qui aurait été payé par les rois de Tunis aux rois de Sicile pendant l'occupation de Gerba. 161

1335. — Les rois de Sicile perdent Gerba et les autres îles du golfe. 162

1335. — Du nouveau et de l'ancien tribut de Tunis à la Sicile. 162

1287-1339. — Difficultés inévitables du commerce. 163

1292-1323. — Subsides d'argent, d'hommes et de navires échangés entre les rois d'Aragon et de Sicile et les rois arabes. Prise de Ceuta par l'armée de Maroc et d'Aragon. 166

1292-1323. — Divisions politiques du Magreb. Prospérité de Tunis. 169

1305-1317. — Nouveaux traités des Chrétiens avec les rois d'Afrique. Modification des traités vénitiens. Du maintien possible des traités non expressément renouvelés. 170

1313-1353. — Traités des Pisans. Révolutions et désordres en Afrique. Invasion des Mérinides à Tunis. 172

1317-1364. — Relations de Gênes, de Naples et de la Sicile avec l'Afrique. Rares notions sur ces rapports. 174

1302-1344-1349. — Traités des rois de Majorque avec l'Afrique jusqu'à la réunion du royaume de Majorque à l'Aragon et du bas Languedoc à la France. Les rois de Majorque veulent avoir un consul particulier à Tunis. 175

1302-1345. — Traités des rois d'Aragon avec les rois de Bougie, de Tlemcen, de Maroc et de Tunis. 178

1320. — Le commerce chrétien, borné au littoral, ne pénétrait pas dans l'intérieur de l'Afrique. 183

1318-1375. — Principales échelles de la côte d'Afrique. 184

1350. — Usages généraux du commerce chrétien en Afrique. 185

I. Des douanes arabes. 186

§ 1. Des personnes préposées et employées aux douanes. 186

1. Directeur de la douane. — Importance de ses fonctions. — Sa juridiction. 186
2. Fonctionnaires et employés arabes. 188
3. Interprètes. 189
4. Agents chrétiens. 190
5. Portefaix et canotiers. 191

§ 2. Des ventes entre Chrétiens et Musulmans. 192
1. Des ventes faites dans l'intérieur et sous la responsabilité de la douane. Halka. 192
2. Des ventes faites en dehors de la douane. 194

§ 3. Des droits de douane. 194
1. Droits principaux. 194
   a. Importations. 194
      Exemption entière. . . 195
      Exemption du demi-droit. 196
   b. Exportations. Franchises diverses. 197
2. Droits additionnels. 198
   a. Drogmanat ou mursuruf. 199
   b. Droit d'ancrage, d'abordage, d'arborage, ou de navigation. 201
   c. Droit des portefaix ou déchargeurs. 201
   d. Droit dû aux canotiers. 201
   e. Albara. 201
   f. Compte franch. 201
   g. Droits de balance, de pesage, mesurage, magasinage. 201
   h. Droit de rotl. 202
   i. Droit de quint. 203
   j. Matzem. 203
   k. Fedo. — Feitri. — Tavale. 204

§ 4. De la perception et du fermage des droits de douane. 204

§ 5. Des règlements de compte avec la douane. — Bérat. — Tenfids. — Départ des marchands. 206

TABLE DES MATIÈRES DE L'INTRODUCTION.

II. Tableau des échanges entre les Chrétiens et les Arabes d'Afrique............ 209
  § 1. *Importations d'Europe en Afrique*... 209
    1. *Oiseaux de chasse*...... 209
    2. *Bois*........... 209
    3. *Métaux*.......... 210
    4. *Armes*........... 210
    5. *Métaux précieux. Monnaies*.. 210
    6. *Bijoux*........... 210
    7. *Quincaillerie et mercerie*... 210
    8. *Laques et mastic*....... 211
    9. *Draps et tissus*........ 211
    10. *Matières textiles*....... 211
    11. *Substances tinctoriales*..... 211
    12. *Substances aidant à la teinture ou au blanchiment*..... 211
    13. *Céréales*........... 212
    14. *Épiceries*.......... 212
    15. *Parfums*........... 212
    16. *Substances médicinales*..... 212
    17. *Vin*............ 212
    18. *Navires*........... 214
    19. *Verres et verroteries*...... 214
    20. *Objets divers*........ 215
  § 2. *Exportations d'Afrique*........ 215
    1. *Esclaves*.......... 215
    2. *Chevaux*.......... 216
    3. *Poissons salés*........ 216
    4. *Cuirs*............ 216
    5. *Écorces de Bougie*....... 217
    6. *Substances tinctoriales et servant à la teinture*...... 217
    7. *Sel*.............. 217
    8. *Sucre*........... 218
    9. *Cire*............ 218
    10. *Huile*........... 218
    11. *Céréales. — Prix du blé en Afrique*........ 219
    12. *Fruits et herbes*........ 220
    13. *Étoffes, tapis*........ 221
    14. *Matières textiles, laines, coton, lin*.............. 221
    15. *Vannerie*........... 222
    16. *Métaux*............ 222
    17. *Objets divers*......... 222

1350. — Importance relative du commerce du Magreb............. 223
1355. — La ville de Tripoli, gouvernée par un émir indépendant, est pillée par les Génois......... 224
1356. — Traité des Vénitiens avec le seigneur de Tripoli........... 225
1358. — Ressentiment de la population de Tripoli contre les Chrétiens.... 227
1357-1367. — Traités et alliances des Pisans et des rois d'Aragon avec les rois de Maroc. Nouvelle invasion mérinide dans l'est de l'Afrique... 228
1366-1378. — Rapports des Pisans avec les rois de Bougie, de Bone et de Tunis sous Aboul-Abbas II. Fin de l'occupation mérinide dans le Magreb oriental............ 230
1313-1400. — Nombreux captifs chrétiens en Afrique............. 232
1313-1400. — Piraterie des Chrétiens...... 233
1313-1400. — Elle tend à diminuer....... 235
1313-1400. — La piraterie se développe au contraire en Afrique......... 236
1360-1378. — Difficultés inévitables du commerce. 238
1381. — Rivalité des Vénitiens et des Génois. 238
1388. — Les Génois attaquent le royaume de Tunis et s'emparent de l'île de Gerba............ 239
Juin-septembre 1390. — Expédition des Génois et du duc de Bourbon contre El-Mehadia............ 240
1390. — Étonnement des Arabes de se trouver en guerre avec les Français. 241
1391-1397. — Renouvellement des traités de paix entre les Chrétiens et le roi de Tunis.............. 242
1391 ou 1392. — Traité vénitien. Récit des négociations envoyé par l'ambassadeur Valaresso au doge de Venise. 244
1392-1409. — Négociations et trêves successives entre le royaume de Tunis, la Sicile et l'Aragon........ 249
1350. — Du commerce florentin en Afrique au XIVᵉ siècle......... 251
1356-1407. — Florence cherche à s'établir dans la Méditerranée et aspire à être une puissance maritime........ 252
1414. — Commerce de Piombino et de l'île d'Elbe.............. 254

TABLE DES MATIÈRES DE L'INTRODUCTION.

1421.	— Florence, devenue puissance maritime par l'acquisition de Livourne et de Porto-Pisano, se substitue aux Pisans.	255
1421-1423.	— Son premier traité avec le roi de Tunis, conclu par Barthélemy de Galea, ratifié par les soins de Neri Fioravanti.	256
1445.	— Nouveau traité florentin conclu par Baldinaccio d'Antonio degli Erri. Modification des tarifs de douane à l'égard des sujets de la république de Florence.	257
1438-1465.	— Élévation du tarif de la douane de Tunis pour les nations chrétiennes.	258
1433-1443.	— Difficultés inévitables du commerce.	259
1415.	— Le développement de la piraterie dans l'ouest du Magreb amène la fondation des premiers établissements militaires des Portugais et des Espagnols en Afrique.	260
1415.	— Prise et occupation de Ceuta par les Portugais.	261
1419-1433.	— Chrétiens et évêques résidant à Maroc.	262
1420-1465.	— Derniers traités des Génois en Afrique.	263
1424-1440.	— Prospérité et commerce général de Venise. Son commerce avec la Barbarie.	265
1427-1456.	— Ses nouveaux traités avec les rois de Tunis.	267
1450.	— Observations générales sur la rédaction et la traduction officielle des traités conclus entre les Chrétiens et les rois du Magreb au moyen âge.	269

I. Rédaction et traduction des traités. 270

§ 1. *Multiplicité des originaux. Existence en Europe d'originaux arabes*. . . 270

§ 2. *Aperçu général des formes suivies pour la négociation et la rédaction d'un traité*. 275

§ 3. *Faits particuliers de la rédaction de quelques traités italiens et espagnols*. 277

§ 4. *Numérotation des articles*. 283

§ 5. *Différence du traducteur et du notaire chargé d'écrire le traité. Lieu de la conclusion du traité*. 284

§ 6. *Lettres et diplômes accompagnant ou remplaçant les traités*. 288

II. Comparaison des originaux et des traductions. 290

§ 1. *Différences nombreuses existant entre les originaux arabes et les traductions chrétiennes, officielles et contemporaines, de ces traités. Que ces différences n'étaient ni intentionnelles ni frauduleuses*. 290

§ 2. *Différences dans les préambules*. . . 293

§ 3. *Différences dans le dispositif. En général, la rédaction chrétienne abrége l'expression et n'altère pas le sens*. 294

§ 4. *Clauses favorables aux Chrétiens omises dans l'instrument chrétien*. . . . 298

§ 5. *De quelques différences plus graves entre les textes chrétiens et arabes*. 299

§ 6. *Fausses conséquences où peut conduire l'opinion que les traducteurs avaient l'intention arrêtée d'altérer les textes arabes dans l'intérêt des Chrétiens. Défense du texte latin du traité de 1353 rejeté par M. Amari*. 302

§ 7. *Résumé. — Les textes chrétiens qui donnent l'interprétation et non la version du texte arabe sont des documents sincères et authentiques*. . . 307

1412-1451.	— La Sicile, après avoir vainement essayé de reconquérir Gerba, vit en paix avec les rois de Tunis.	310
1437-1456.	— Griefs et réclamations des marchands arabes et chrétiens.	311
1453-1492.	— Funeste effet de la prise de Constantinople par les Turcs.	313
1456-1492.	— Le commerce des Chrétiens se maintient néanmoins sur la côte d'Afrique.	314
	Du commerce français.	315
1482.	— Louis XI cherche à développer le commerce d'Afrique.	317
1453-1479.	— Dernières relations de la Sicile avec les rois de Tunis. Décadence de la Sicile.	318
1439-1479.	— Du commerce de l'Aragon avec l'Afrique jusqu'à la réunion des couronnes d'Aragon et de Castille.	320
1453-1492.	— Les rois de Castille occupent quelques positions en Afrique pour concentrer leurs efforts contre Grenade, qui capitule.	322
1458-1481.	— Établissements militaires des Portugais dans le nord de l'Afrique.	324
1487-1497.	— Révolution opérée dans le commerce de la Méditerranée par la	

découverte du cap de Bonne-Espérance............ 324

1503-1504. — Vains efforts de Venise pour ruiner le commerce des Portugais dans les Indes............... 326

1487-1518. — Les découvertes des Portugais ne nuisent pas directement au commerce de Barbarie........ 328

1456-1508. — Commerce vénitien au Magreb à la fin du xve siècle. Escales principales des galères de Barbarie... 329

1460-1512. — Commerce des Florentins. Escales et itinéraire de leurs galères. Prix de nolis pour la Barbarie.... 332

1465-1514. — Le commerce génois, en décadence dans l'Orient, se maintient en Afrique............. 337

1465-1515. — Garde chrétienne du roi de Tunis. Débris des anciennes populations chrétiennes............ 339

L'Espagne n'eut jamais une politique commerciale vis-à-vis de l'Afrique. Ximénès poursuit en Afrique les Maures andalous et leurs alliés. Charles-Quint passe en Espagne pour combattre les Turcs................. 340

La décadence et la barbarie de l'Afrique septentrionale datent surtout des conquêtes de Barberousse................ 341

FIN DE LA TABLE DES MATIÈRES

DE L'INTRODUCTION.

ADDITIONS ET CORRECTIONS AUX DOCUMENTS.

Page 2, note 1. Rectifier la note en supprimant la phrase : *Ce nom ne figurant pas dans les listes..... de création récente.*

Page 5, document IIIe. Après *salutem*, ajoutez : *et apostolicam benedictionem.*

Page 8, dernière ligne. Au lieu de : *minorum*, lisez : *minorem*.

Page 11, ligne 2 du texte. Au lieu de *eorum*, lisez : *earum.*

Page 22, ligne 3 du texte. Après le mot *Pisis*, ajoutez : (l. *Pisas.*)

Page 23. Dans le sommaire du traité, supprimer le mot *oralement*. Même correction à la page 377.

Page 28. Dans le sommaire de l'acte, après le mot *Traité*, ajoutez : *ou Privilége.*

Page 30, ligne 23. Au lieu de : *lore paese*, lisez : *loro paese.*

Page 46. Supprimer la note 1.

Page 53, note 1. Au lieu de : *pour compte*, lisez : *à cause.*

Page 68, art. 12, 1re ligne. Au lieu de : *alcuno nostro legno*, lisez : *vostro.*

Page 76, 2e colonne, avant-dernière ligne du § répondant au n° 7 *bis*. Au lieu de : *prestio vero*, lisez : *presti overo.*

Page 90, ligne 21. Ajoutez : Pardessus, *Collection de lois maritimes*, t. IV, p. 256.

Page 108, document IIIe. Après 1160, ajoutez : ou 1161.

Page 109. Au lieu de : *Abou-Ibrahim Ishak, roi de Majorque*, lisez : *seigneur de Majorque.*

Page 116, art. 2, ligne 1 et 2. Rétablir le texte ainsi : *alicui Sarraceno [sive exiverat] de Janua.* Cf. traité de 1272, art. 21.

Page 117, art. 8. Il serait mieux de former un article séparé de la fin du §, commençant à ces mots : *Si vero Januenses*, etc.

Page 141, art. 44, 3e ligne. Au lieu de : *consuli*, lisez : *consulis.*

Page 142, pièce XVII. Au sommaire, ajoutez : *et par le consul Cyprien de Mari.*

Page 130, 5e ligne du texte. Au lieu de : *testimon. dugane*, lisez : *testimonius dugane.*

Page 130, fin de la page. Remplacer la note 2 par ces indications : *Cf. page* 139, art. 33.

Page 176. Rectifier ainsi le sommaire de la pièce XXV, 1473, 23 décembre : *Lop Ximenès Durrea ou de Urrea, vice-roi de Sicile, au nom des rois d'Aragon et de Naples, autorise Jacques Bonanno, maître des comptes de Sicile, à accepter les fonctions de consul du roi de Tunis, en Sicile,* etc.

Page 182, au sommaire de la pièce. Au lieu de : *Arabes du royaume de Majorque*, lisez : *Arabes de l'île de Minorque.* Même correction à la page 384.

Page 187, indication des sources. Au lieu de t. Ier, lisez : *t. II.* Même correction aux pages 188, 192 et 280.

Page 188, date de la pièce. Au lieu de : 1313, *au mois de janvier*, lisez : 1313, 27 *janvier.*

Page 190, art. 12, 1re ligne. A la suite des mots : *en lassoch*, ajoutez : [*en la cort.*]

Même page, note 5. A la suite de la note, ajoutez : *pour en la cort.* Cf. traité d'Aragon, 1314, art. 23, page 309.

ADDITIONS ET CORRECTIONS.

Page 197, art. 11, 2e ligne. Au lieu de : *Si vero aliquid eorum non esset*, etc., lisez : *Si vero aliquis eorum [cum ipso defuncto] non esset*, etc.

Page 221. Supprimer la note 1.

Page 224, art. 6. Au lieu de : *ligamine*, lisez : *lignamine*.

Page 232, note 3. Ajoutez à la fin : *La Note ou Projet de l'ambassadeur chrétien contenait trente-cinq paragraphes ou chefs de demandes* (capitula) *distincts ; la note des négociateurs arabes en avait seulement trente-deux. Valaresso rappelle ces deux circonstances dans sa lettre au doge* (Documents, page 241.) *Le traité définitif renferme trente-quatre dispositions. En subdivisant la trente-deuxième* (page 236), *on retrouverait les trente-cinq articles du projet chrétien.* Voyez l'Introduction, page 284.

Pages 232-238. *Le traité vénitien conclu à Tunis, la lettre du sultan Aboul-Abbas à Antoine Venier et le rapport adressé de Tunis au doge par le consul de la république, tous documents que nous avons datés, d'après un Index des Archives de Venise de l'année 1392, nous paraissent plutôt de l'année 1391. A l'original latin du traité, seul original que nous ayons, la date a été omise. La lettre de l'émir et le rapport du consul sont datés des 4 et 5 juillet, sans millésime, ni indiction. Les sources historiques font défaut pour préciser l'année du traité. La Chronique de Raphaël Caresino, chancelier de la république, s'arrête à l'an 1388. Navagiero est postérieur ; les extraits de la Vie des doges de Venise de Sanudo, publiés par Muratori, ne donnent rien sur le voyage de Valaresso à Tunis. Néanmoins, la négociation et la conclusion du traité nous paraîtraient plutôt de 1391 que de 1392, et nous aurions préféré donner au traité la première date, au lieu de le citer sous l'année 1392. Il est certain en effet que Valaresso, arrivé à Tunis le sixième jour du mois de juin, trouva encore dans la rade la galère à bord de laquelle était venu l'ambassadeur génois, Olivier de Martino.* (Voyez sa lettre, p. 238.) *Or il est certain que Martino repartit de Venise le 8 juillet 1391* (traité génois d'octobre 1391, art. 2, p. 131); *et rien ne nous autorise à affirmer qu'il retourna en Afrique en 1392.*

Page 240, 1re ligne. Au lieu de : *suis domini*, lisez : *sui domini*.

Page 252, art. 12. Rétablissez ainsi la dernière ligne : *sera di[e] a quelli el prexio, se la vendeda sera senza termene*, [*in fia zorni* xv.], et ajoutez en note : Cf. *l'article* 11 *des précédents traités de* 1305, 1317, 1392, pages 213, 216, 234.

Page 290. Supprimez la note 1.

Page 293, art. 3, 2e ligne. Supprimez la virgule après : *Tuniç.*

Page 300, ligne 22. Au lieu de *serven*, lisez : *servey.*

Page 301, au sommaire. Au lieu de : *le roi de Bougie, Abou-Zakaria*, lisez : *le roi de Bougie, Abou-Yahya Abou-Bekr, fils de Abou-Zakaria.*

Page 309, art. 23, 1re ligne. Au lieu de : *vendra*, lisez : *vendran.* Cf. p. 190, art. 12.

Page 323, art. 24, 4e ligne. Au lieu de : *ne res anedit*, lisez : *ne resa, ne dit.*

Page 336, 9e ligne du texte. Au lieu de : *datum Barchinonœ*, texte de Capmany, lisez : *dato Barchinonœ.*

TABLE GÉNÉRALE.

	Pages
Préface．	i-xxix
Introduction historique．	1-342
Documents．	1-374
Table chronologique des Documents．	375-391
Table des matières de l'Introduction．	393-399
Additions et corrections．	401-402

FIN.

DU MÊME AUTEUR:

HISTOIRE DE L'ILE DE CHYPRE SOUS LE RÈGNE DES PRINCES DE LA MAISON DE LUSIGNAN. Trois volumes in-8°. Paris, Imprimerie impériale. 1852-1861.

NOTICE SUR LA CONSTRUCTION D'UNE CARTE DE L'ILE DE CHYPRE. In-8°, 50 pages, avec une carte de l'île. Paris, 1862.

NICOSIE, ses souvenirs historiques et sa situation présente. In-8°, 88 pages. Paris, 1847.

NOTICE SUR LES MONNAIES ET LES SCEAUX DES ROIS DE CHYPRE DE LA MAISON DE LUSIGNAN. In-8°, 50 pages. Extrait de la *Bibliothèque de l'École des chartes*. Paris, 1846.

MÉMOIRES SUR LES RELATIONS POLITIQUES ET COMMERCIALES DE L'ASIE MINEURE AVEC L'ILE DE CHYPRE AU MOYEN AGE. In-8°, 80 pages. Paris, 1844.

NOTES D'UN VOYAGE ARCHÉOLOGIQUE EN ORIENT. Inscriptions du moyen âge en Chypre et à Constantinople. In-8°, 56 pages. Paris, 1846.

DESCRIPTION DES ÉGLISES ET DES CHATEAUX DE CONSTRUCTION FRANÇAISE EN CHYPRE. In-8°, 55 pages. Extrait des *Archives des missions scientifiques*. Paris, 1850.

NOTICE SUR L'ÉTAT ACTUEL DE L'ILE DE CHYPRE. In-8°, 35 pages. 1847.

ESSAI DE CLASSIFICATION DES CONTINUATEURS DE L'HISTOIRE DES CROISADES DE GUILLAUME DE TYR. In-8°, 76 pages. 1860.

ARCHIVES ET BIBLIOTHÈQUE DE MALTE, suivi du recueil des Inscriptions de la cathédrale de Cité-la-Valette. In-8°, 240 pages. Imprimerie impériale. 1857.

RAPPORT SUR LE RECUEIL DES ARCHIVES DE VENISE INTITULÉ *LIBRI PACTORUM REIPUBLICÆ*. In-8°, 86 pages. Imprimerie impériale. 1852.

RAPPORT A M. LE COMTE VALEWSKI, ministre d'État, sur la Correspondance des ambassadeurs vénitiens résidant en France et les documents propres à la compléter. In-8°, 62 pages. Imprimerie impériale. 1864.

DES POSSESSIONS FRANÇAISES EN ALGÉRIE AVANT 1830. In-8°, 96 pages. 1840.

PRINCIPAUX TRAITÉS DE PAIX ET DE COMMERCE DE LA FRANCE AVEC LES ÉTATS BARBARESQUES. Extrait du *Tableau de la situation des établissements français en Algérie en 1840*, publié par M. le Ministre de la guerre. In-folio. Imprimerie royale. 1841.

APERÇU DES RELATIONS COMMERCIALES DE L'ITALIE AVEC L'AFRIQUE SEPTENTRIONALE AU MOYEN AGE. In-folio, 32 pages. Imprimerie royale. 1845.

PARIS. TYPOGRAPHIE DE HENRI PLON, IMPRIMEUR DE L'EMPEREUR, RUE GARANCIÈRE, 8.

www.ingramcontent.com/pod-product-compliance
Lightning Source LLC
Chambersburg PA
CBHW052035290426
44111CB00011B/1515